Boller
Hartmann

Volkswirtschaftslehre
für das Berufskolleg –
Berufliches Gymnasium

Boller
Hartmann

Volkswirtschaftslehre

für das Berufskolleg – Berufliches Gymnasium

Merkur
Verlag Rinteln

Wirtschaftswissenschaftliche Bücherei für Schule und Praxis
Begründet von Handelsschul-Direktor Dipl.-Hdl. Friedrich Hutkap †

Verfasser:
Dr. Eberhard Boller, Dipl.-Hdl., Siegen
Gernot B. Hartmann, Dipl.-Hdl., Emmendingen

* * * * *

1. Auflage 2011

Gesamtherstellung:
MERKUR VERLAG RINTELN Hutkap GmbH & Co. KG, 31735 Rinteln

E-Mail: info@merkur-verlag.de
lehrer-service@merkur-verlag.de
Internet: www.merkur-verlag.de

ISBN 978-3-8120-**0585-2**

Vorwort

Dieses Lehrbuch richtet sich nach dem Fachlehrplan Volkswirtschaftslehre – Fachbereich Wirtschaft und Verwaltung (Grundkurs) in Nordrhein-Westfalen für die Bildungsgänge, die zu einem Berufsabschluss nach Landesrecht und zur **allgemeinen Hochschulreife (AHR)** oder zu beruflichen Kenntnissen und zur allgemeinen Hochschulreife führen. Es beinhaltet für **alle** in diesem Lehrplan aufgeführten Kursthemen die jeweils festgelegten **Themen und Inhalte** unter besonderer **Beachtung** der im Lehrplan gemachten **Hinweise.**

Für die Arbeit mit dem vorgelegten Lehrbuch möchten wir auf Folgendes hinweisen:

- Zweck dieses Buches ist es, die oft komplizierten und abstrakten Lerninhalte der Volkswirtschaftslehre allen Schülerinnen und Schülern **verständlich** zu erschließen. Aus diesem Grund haben wir darauf geachtet, komplexe Themengebiete in **kleinere Lerneinheiten** mit anschließender **Kurzzusammenfassung** und **zielgerichteten Übungsaufgaben** zu gliedern.
- Die oft sehr **theoretischen** Inhalte der Volkswirtschaftslehre wurden zum besseren Verständnis und zur Veranschaulichung bewusst mit **vielfältigen Beispielen** aus der **Lebens- und Erfahrungswelt** der Schülerinnen und Schüler unterlegt bzw. deren praktische Relevanz mit entsprechenden Artikeln oder Zeitungsmeldungen untermauert.
- Von den Autoren wurde bewusst darauf geachtet, dass die vom Lehrplan geforderten Inhalte **vollständig und umfassend** behandelt werden, sodass außerhalb des Lehrbuches **keine zusätzlichen Materialien** (z. B. Kopien) erforderlich sind. Es obliegt der **didaktischen Freiheit** der jeweiligen Lehrerinnen und Lehrer, in welcher Breite und Tiefe die einzelnen Themen im Unterricht behandelt werden.
- Zahlreiche **Abbildungen, Schaubilder,** Begriffsschemata, Gegenüberstellungen und Zusammenfassungen erhöhen die **Anschaulichkeit und Einprägsamkeit** der Information.
- Ein **ausführliches Stichwortverzeichnis** hilft Ihnen dabei, Begriffe und Erläuterungen schnell aufzufinden.

Wir hoffen, mit der Vorlage dieses Buches die erforderlichen Unterrichtshilfen für die praktische Umsetzung der Lerninhalte geben zu können. Für jede Art von Anregungen und Verbesserungsvorschlägen danken wir allen Benutzern im Voraus.

Wir wünschen Ihnen einen guten Lehr- und Lernerfolg!

Die Verfasser

Inhaltsverzeichnis

Kursthema: Die Strukturen und Prozesse einer Volkswirtschaft

Kursthema: Das Entscheidungsverhalten der Wirtschaftssubjekte am Markt

Kursthema: Die Rolle des Staates in gesamtwirtschaftlicher Perspektive

Kursthema: Die Stabilisierungsaufgaben und Stabilisierungspolitik

Kursthema: Von der Volkswirtschaft zur Weltwirtschaft

Kursthema: Die Strukturen und Prozesse einer Volkswirtschaft

1 Die Volkswirtschaftslehre und ihre Arbeitsweise

1.1 Einordnung von Betriebswirtschaftslehre (BWL) und Volkswirtschaftslehre (VWL)

Bei der Volkswirtschaftslehre handelt es sich um eine Disziplin, deren **Erkenntnisobjekt** die Wirtschaft ist, wobei sämtliche Überlegungen grundsätzlich auf dem **„Phänomen der Güterknappheit"** basieren.

Merke:

Unter dem Begriff **„Wirtschaften"** versteht man ganz allgemein den Bereich menschlichen Handelns, der in **planvollen** Verfügungen über die **knappen** Mittel zur Erfüllung der menschlichen Bedürfnisse besteht.

Im Kern beschäftigt sich die Volkswirtschaftslehre damit, Phänomene und Probleme des gesellschaftlichen Wirtschaftsprozesses mithilfe **wissenschaftlicher** Methoden zu klären.

Einordnung der Volkswirtschaftslehre in die wissenschaftlichen Disziplinen

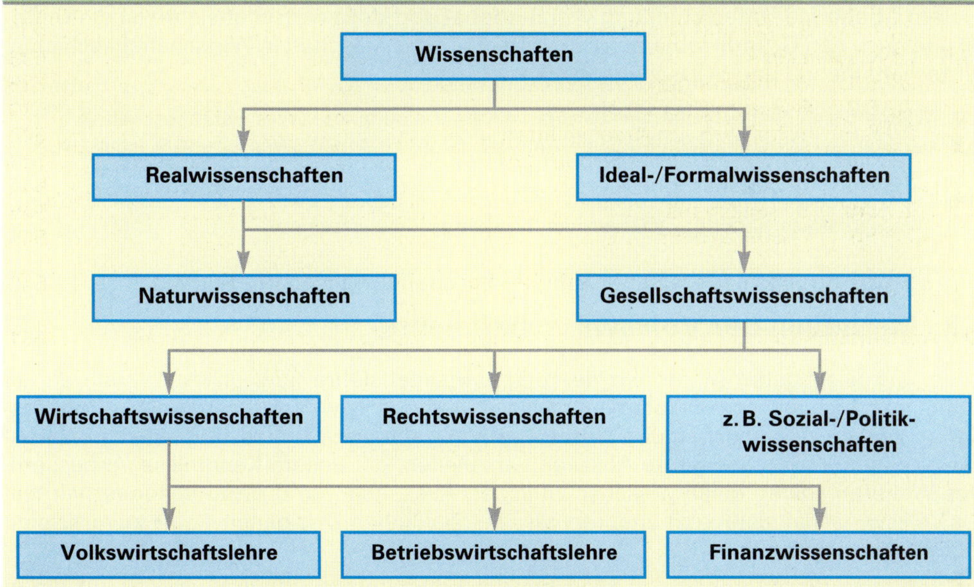

Auffällig ist, dass sich insbesondere im deutschen Sprachbereich eine Systematik der Wirtschaftswissenschaft herauskristallisiert hat, die eine strikte **Trennung** zwischen Volkswirtschaftslehre auf der einen und Betriebswirtschaftslehre auf der anderen Seite vornimmt.

Merke:

Die Abgrenzung der beiden Disziplinen Volks- und Betriebswirtschaftslehre erfolgt im Wesentlichen über die **Betrachtungsperspektive** der wirtschaftlichen Probleme und Phänomene. Während bei der **Betriebswirtschaftslehre** der Schwerpunkt der Betrachtung auf der Sichtweise eines einzelnen Betriebes (**mikroökonomische** Betrachtung) liegt, der bestimmte Interessen verfolgt, untersucht die **Volkswirtschaftslehre** überwiegend **gesamtwirtschaftliche** Zusammenhänge (**makroökonomische** Betrachtung).

Bildlich gesprochen lässt sich der Unterschied beider Disziplinen wie folgt umschreiben: Betrachtet der **Betriebswirt** die wirtschaftlichen Geschehnisse, indem er von Einzelwirtschaften und ihren internen Abläufen ausgeht, quasi aus der **Froschperspektive,** so „schwebt" der **Volkswirt** gewissermaßen einem Adler gleich über dem gesamtwirtschaftlichen Geschehen und beobachtet den Wirtschaftsprozess aus der **Vogelperspektive.**

Mit dem Begriff der Volkswirtschaft wird also insbesondere hervorgehoben, dass die Perspektive nicht auf Einzelwirtschaften beschränkt bleiben soll, sondern das Hauptaugenmerk vielmehr auf das **Zusammenspiel der Einzelwirtschaften** innerhalb einer **Gesamtwirtschaft** gelegt wird. Volkswirtschaftslehre im engeren Sinne beschränkt sich dabei auf die Betrachtung des Zusammenspiels von Einzelwirtschaften **innerhalb nationaler** Grenzen; Volkswirtschaftslehre **im weiteren Sinne** hingegen beschäftigt sich mit gesamtwirtschaftlichen Zusammenhängen **unabhängig von nationalen** Grenzen im Sinne einer Weltwirtschaft.

Wesentlich bedeutsamer als die historisch – vor allem durch das deutsche Universitätssystem – bedingte Unterscheidung von Betriebs- und Volkswirtschaftslehre ist die Unterteilung nach den **Grundproblemen** der Wirtschaftswissenschaft in Wirtschaftsgeschichte, Wirtschaftstheorie und Wirtschaftspolitik.

- Während sich die **Wirtschaftsgeschichte** im Kern mit der Frage „Was war?" beschäftigt,
- versucht die **Wirtschaftstheorie** eine Antwort darauf zu finden „Was ist und weshalb ist es so?".
- Die (Theorie der) **Wirtschaftspolitik** hingegen versucht darüber hinaus das Problem zu lösen „Was ist realisierbar und wie lassen sich bestimmte Ziele erreichen?".

1.2 Methoden der Volkswirtschaftslehre

Bevor die wichtigsten Methoden der Volkswirtschaftslehre kurz umrissen werden, ist noch einmal deutlich hervorzuheben, dass die Methodik bzw. Vorgehensweise dieser Disziplin – wie der Wissenschaft überhaupt – nach herrschender Auffassung vor allem darauf gerichtet sein sollte, **geeignete** Aussagen abzuleiten, die unsere Kenntnisse verbessern. Des Weiteren sollten diese wissenschaftlichen Aussagen – und diese Besonderheit teilt die Volkswirtschaftslehre mit anderen wissenschaftlichen Disziplinen – eine **zuverlässige** Basis für **Vorhersagen** bilden.

Zur Erfüllung dieser Ansprüche kann bei der Erkenntnisgewinnung weniger auf die in anderen wissenschaftlichen Disziplinen üblichen kontrollierten Laborversuche oder Experimente zurückgegriffen werden, sodass der Wirtschaftswissenschaftler zu untersuchende Zusammenhänge und mögliche kausale Gesetzmäßigkeiten in erster Linie **gedanklich** erfassen und durchdringen muss. Vor diesem Hintergrund kommt der **Beobachtung der Wirklichkeit** eine besondere Bedeutung zu. Dies geschieht vor allem durch

Aufzeichnungen des Wirtschaftsgeschehens in Form von **Statistiken** (z. B. durch das Statistische Bundesamt in Wiesbaden, die Bundesagentur für Arbeit, die Deutsche Bundesbank, die Europäische Zentralbank), die eine wesentliche Grundlage zur Überprüfung wirtschaftswissenschaftlicher Theorien (Hypothesen) darstellen.

Mit Blick auf die Komplexität des Wirtschaftsgeschehens ist es nahezu unmöglich, alle Facetten der Realität bei der Gewinnung von Erkenntnissen mit zu berücksichtigen. Somit vollzieht sich ökonomisches Denken – nicht nur im vorliegenden Lehrbuch, sondern typischerweise – in Form von Modellen, die lediglich einen Teil der komplexen Realität abbilden.

Merke:

Modelle sind eine **gedankliche Hilfskonstruktion** zur **vereinfachten** Abbildung der Realität. Einfache Modelle abstrahieren die Wirklichkeit und werden anschließend dem **Prinzip der abnehmenden Abstraktion** folgend durch schrittweise Einführung zusätzlicher, realitätsnaher Annahmen nach und nach verbessert.

Beispiel:

Untersucht man in der Volkswirtschaftslehre den Verlauf der nachgefragten Menge, so beschränkt sich diese Betrachtung beispielsweise auf die Änderung der Nachfragemenge bei Variation des Preises des nachgefragten Gutes.

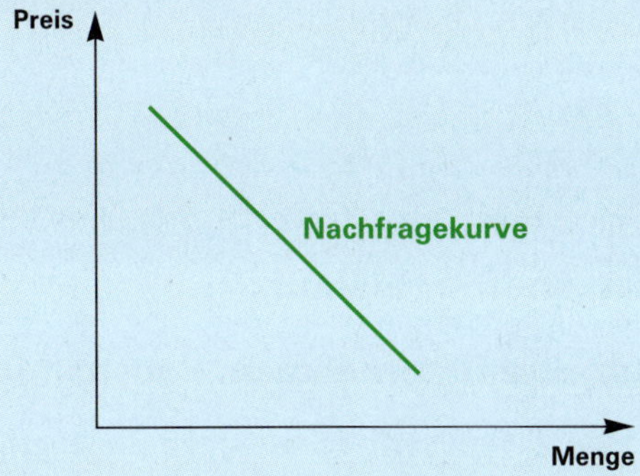

Dabei bleiben andere Faktoren, z. B. die Einkommensentwicklung, die Veränderung der Qualität des nachgefragten Produktes, die Bedeutung dieses Produktes innerhalb der Bedürfnishierarchie des Nachfragers oder gar die Preisentwicklung anderer Güter, zunächst außen vor. Erst nach und nach werden in das vereinfachte Ausgangsmodell auch diese Faktoren mit einbezogen, um komplexere Zusammenhänge zu veranschaulichen und gedanklich zu durchdringen.

Als weiteres typisches Beispiel für die Vorgehensweise nach dem Prinzip der abnehmenden Abstraktion kann der Übergang vom Modell des einfachen Wirtschaftskreislaufs zum erweiterten Wirtschaftskreislauf angeführt werden (vgl. Kapitel 5.1).

Ein wertvolles Hilfsmittel bei der Konstruktion von Modellen ist die sogenannte **Ceteris-paribus-Klausel** („unter sonst gleichen Bedingungen“), die es im Kern ermöglicht, den Einfluss einer Größe als **Ursache** (in vorgenanntem Beispiel die Preisänderung) auf eine andere Größe im Sinne einer **Wirkung** (in obigem Beispiel die nachgefragte Menge) isoliert unter Konstanz der übrigen Bedingungen zu untersuchen. So ermöglicht diese

2 Boller-Hartmann 978-3-8120-0585-2

Klausel beispielsweise eine Aussage darüber zu treffen, wie sich die nachgefragte Menge nach Gut X ändert, wenn der Preis für dieses Gut fällt und alle anderen Bedingungen (z. B. Qualität dieses Gutes, Einkommen der Haushalte, Preise anderer Güter) unverändert bleiben.

Zusammenfassung

- Die Volkswirtschaftslehre ist eine Disziplin, deren **Erkenntnisobjekt** die Wirtschaft ist, wobei sämtliche Überlegungen grundsätzlich auf dem **„Phänomen der Güterknappheit"** basieren.
- Der Kern der Volkswirtschaftslehre besteht darin, Phänomene und Probleme des gesellschaftlichen Wirtschaftsprozesses mithilfe **wissenschaftlicher** Methoden zu klären.
- Während bei der **Betriebswirtschaftslehre** der Schwerpunkt der Betrachtung auf der Sichtweise eines **einzelnen** Betriebes (**mikroökonomische** Betrachtung) liegt, der bestimmte Interessen verfolgt, untersucht die **Volkswirtschaftslehre** überwiegend **gesamtwirtschaftliche** Zusammenhänge (**makroökonomische** Betrachtung).
- Ökonomisches Denken vollzieht sich typischerweise in Form von **Modellen,** die lediglich einen Teil der komplexen Realität abbilden.
- **Modelle** sind eine **gedankliche Hilfskonstruktion** zur vereinfachten Abbildung der Realität.
- Einfache Modelle abstrahieren die Wirklichkeit und werden anschließend dem Prinzip der **abnehmenden Abstraktion** folgend durch schrittweise Einführung zusätzlicher, realitätsnaher Annahmen nach und nach verbessert.
- Ein wertvolles Hilfsmittel bei der Konstruktion von Modellen ist die sogenannte **Ceteris-paribus-Klausel.**

1.3 Arbeiten mit Modellen am Beispiel des einfachen Wirtschaftskreislaufs

1.3.1 Wirtschaftssubjekte Unternehmen, Haushalt und Staat

Jeder von uns kommt tagtäglich mit **wirtschaftlichen Sachverhalten** in Berührung. Ganz gleich ob wir in den unterschiedlichsten Geschäften lebensnotwendige oder weniger notwendige Waren kaufen, ob wir eine Kinokarte erwerben, mit dem Handy telefonieren, per Internet über entsprechende Portale entgeltlich Musik herunterladen oder ob wir eine Schule besuchen bzw. einen Ausbildungsplatz mit dem Ziel annehmen, später durch die Ausübung einer entsprechenden Arbeit Geld zu verdienen. Wir alle konsumieren tagtäglich vielfältige Produkte und Dienstleistungen, die andere Menschen bzw. Unternehmen oder staatliche Institutionen erzeugt haben und für uns bereithalten.

Wenn wir früher oder später einer Arbeit in einem Unternehmen oder einer staatlichen Einrichtung nachgehen, interessiert uns nicht nur, ob die Arbeit Spaß macht oder zumindest nicht als unangenehm empfunden wird und ob wir ein gutes Betriebsklima vorfinden, sondern auch die Höhe der Vergütung. Wenn wir das verdiente Geld schließlich ausgeben, werden wir uns zumeist die Frage stellen, ob die Preise der Güter und Dienstleistungen, die wir kaufen wollen, angemessen und für unser verfügbares Budget akzeptabel sind. Wir sind, ob wir wollen oder nicht, Glieder einer Gesellschaft und damit der Wirtschaft.

Merke:

- Die **Wirtschaft** ist ein wichtiger Teil des sozialen Lebensbereichs, der im Kern die **Versorgung mit Gütern und Dienstleistungen** zum Gegenstand hat.
- Die **Volkswirtschaft** ist die Summe aller Einrichtungen und sozialen Handlungen, die der Bedarfsdeckung – also der Versorgung mit Gütern und Dienstleistungen – innerhalb eines Staates dienen.

Mit dem Alltagswissen über wirtschaftliche Erscheinungen können wir nicht erklären, weshalb bestimmte ökonomische (wirtschaftliche) Sachverhalte so und nicht anders ablaufen. Dies ist vielmehr Aufgabe wissenschaftlicher Untersuchungen (Analysen). Bei der Erkenntnisgewinnung kann die Volkswirtschaftslehre dabei weniger auf die in anderen wissenschaftlichen Disziplinen üblichen kontrollierten Laborversuche oder Experimente zurückgreifen. Der Wirtschaftswissenschaftler muss vielmehr zu untersuchende Zusammenhänge und mögliche ursächliche Gesetzmäßigkeiten in erster Linie gedanklich durchdringen. Hierbei kommt der **Beobachtung der Wirklichkeit** eine besondere Bedeutung zu.

Wegen der Komplexität der Wirklichkeit beschränken sich die Beobachtungen oft auf Ausschnitte von Wirtschaftsprozessen. Dies wird im Folgenden am Beispiel des Zusammenspiels der **Wirtschaftssubjekte** Haushalte und Unternehmen am Modell des einfachen Wirtschaftskreislaufs gezeigt. Der Staat als Wirtschaftssubjekt bleibt bei diesem Modell zunächst außen vor, wird aber dann im erweiterten Wirtschaftskreislauf[1] mit in die Betrachtung eingeschlossen.

1.3.2 Grundzüge des Wirtschaftsprozesses

Merke:

- Unter **Wirtschaftsprozess** versteht man den wiederkehrenden Ablauf von **Produktion und Konsum.**
- In einer **marktwirtschaftlichen** Wirtschaftsordnung werden die Wirtschaftsprozesse von den einzelnen **Marktteilnehmern** (Haushalte, Unternehmen, Staat) **dezentral** geplant. Die Planungen werden anschließend über den **Markt** in Form von **Angebot** und **Nachfrage** koordiniert.

Die Wirtschaftsprozesse und somit auch die wirtschaftlichen Einheiten wie z.B. Haushalte, Unternehmen und staatliche Institutionen lassen sich **mikroökonomisch** oder **makroökonomisch** betrachten.

(1) Begriffe Mikro- und Makroökonomie[2]

Eine **mikroökonomische Betrachtungsweise** liegt vor, wenn einzelne Wirtschaftseinheiten (z.B. ein Unternehmen) von „innen" untersucht werden. Untersuchungsgegenstand sind betriebliche Prozesse wie z.B. Beschaffung, Forschung und Entwicklung,

1 Vgl. hierzu Kapitel 5.1.

2 Mikro (griech.): klein. Makro (griech.): groß.

Fertigung und Absatz. Die Mikroökonomie sieht die wirtschaftlichen Abläufe in einem Unternehmen aus **einzelwirtschaftlicher (betriebswirtschaftlicher)** Perspektive[1].

Bei der **makroökonomischen Betrachtungsweise** werden Gesamtgrößen (z. B. die Summe aller Banken, aller Handelsunternehmen) in die Analyse (Untersuchung) einbezogen. Darüber hinaus werden die Beziehungen der Unternehmen zu allen übrigen wirtschaftlichen Einheiten (z. B. zu den privaten Haushalten, zum Staat oder zum Ausland) unter Berücksichtigung wirtschaftlicher, sozialer, demografischer[2] und rechtlicher Gegebenheiten und Entwicklungen untersucht. Die Makroökonomie erforscht wirtschaftliche Vorgänge aus **gesamtwirtschaftlicher (volkswirtschaftlicher)** Sicht.

(2) Mikroökonomische Betrachtungsweise

Jedes Unternehmen ist in ein Geflecht von rechtlichen und wirtschaftlichen Beziehungen mit seiner Umwelt (z. B. seinen Lieferanten, seinen Kunden, seinen Geldgebern, dem Staat und dem Ausland) verbunden. Je besser die Beziehungen des Unternehmens zu seiner Umwelt gestaltet sind, desto reibungsloser verlaufen die betrieblichen Prozesse.

Um seine Hauptfunktion – die Leistungserstellung – erfüllen zu können, muss das Unternehmen **Produktionsfaktoren**[3] **(Leistungsfaktoren)** beschaffen und einsetzen. Die Produkte müssen abgesetzt werden, wobei der Erlös der Bezahlung der eingesetzten Produktionsfaktoren dient (Arbeitsentgelte einschließlich Sozialleistungen, Zinsen, Mieten, Pachten, Bezahlung der beschafften Stoffe, Energien, Betriebsmittel). Außerdem müssen die Eigenkapitalgeber eine angemessene Gewinnbeteiligung erhalten. Dem **Güterstrom** (Sachgüter und Dienstleistungen) „fließt" also ein **Geldstrom** entgegen, der in der Geschäfts- und Betriebsbuchführung seinen Niederschlag findet.

Die Güter- und Geldströme werden von **Informationsströmen** überlagert, denn jeder wirtschaftliche, technische und personelle Vorgang löst eine Information (Nachricht, Mitteilung) aus.

Unter **Information** wird ein zweckorientiertes Wissen (ein „Informiertsein") verstanden, das zur Erreichung eines bestimmten Ziels erforderlich ist. (In der Datenerfassung werden die Informationen als Daten bezeichnet.)

Beispiel:

Die Unternehmensleitung hat u. a. auch aufgrund von Plandaten zu entscheiden. Solche Plandaten können sein: künftige Nachfrageentwicklung, künftige preispolitische Maßnahmen der Konkurrenz, voraussichtliche Lage am Arbeitsmarkt.

---

1 Perspektive (lat.): Betrachtungsweise, Sichtweise.

2 Demografie (griech.): Bevölkerungswissenschaft, Bevölkerungsstatistik.

3 Faktor (lat.): Mitbewirker. **Produktionsfaktoren** (Leistungsfaktoren) wirken an der Leistungserstellung eines Unternehmens mit. Man unterscheidet menschliche, materielle und immaterielle Leistungsfaktoren. Zu den menschlichen Leistungsfaktoren gehören die ausführende und die leitende (dispositive) Arbeit. Materielle Leistungsfaktoren sind z.B. Ausgangsstoffe (Rohstoffe), Betriebsmittel und Gebäude. Zu den immateriellen Leistungsfaktoren gehören u.a. Patente und Lizenzen.

(3) Makroökonomische Betrachtungsweise

Wie bereits angedeutet, befasst sich die Makroökonomie u. a. mit den Unternehmen unter den Bedingungen des wirtschaftlichen und sozialen Wandels, den Herausforderungen der sich ändernden rechtlichen Bedingungen und nicht zuletzt mit den Anforderungen, die die fortschreitende wirtschaftliche Globalisierung[1] mit sich bringt.

Wirtschaftlicher Wandel	Hier geht es z. B. um die Probleme, die eine sich ändernde Konjunkturlage, der Wettbewerb, die Kosten- und die Preisentwicklung, die Konzentration,[2] die Beschäftigung und die Rolle des Staates (insbesondere seine Wirtschaftspolitik) mit sich bringen.
Sozialer Wandel	In diesem Zusammenhang wird untersucht, wie ein Unternehmen auf Änderungen im Arbeitsrecht (Entwicklung der Arbeitsentgelte, Sozialabgaben, Urlaub, Arbeitszeit, Kündigungsschutz) optimal[3] reagieren sollte, um sich am Markt behaupten zu können. Zu untersuchen sind weiterhin die Fragen, die der demografische Wandel (in Deutschland also der Bevölkerungsrückgang aufgrund niedriger Geburtenzahlen) aufwirft.
Technischer Fortschritt	Mit dem technischen Fortschritt – man denke hier nur an die neuen Formen der Telekommunikation, Informatik, Informationstechnik, Medizintechnik, Biotechnologie, Gentechnoligie, Nanotechnologie[4] – verändern sich auch die Ansprüche an Bildung und Ausbildung in den Schulen und in den Unternehmen.

1.3.3 Einfacher Wirtschaftskreislauf

Um den einfachen Wirtschaftskreislauf verstehen zu können, bedienen wir uns eines Modells. Ein Modell ist ein von der Wirklichkeit weitgehend losgelöstes Denkschema, dessen Ergebnisse nur unter den von vornherein festgelegten Voraussetzungen gültig sind. Diese Voraussetzungen – auch **Prämissen** genannt – sind notwendig, weil nur so eindeutige Aussagen gemacht werden können. Die Modelle haben die Aufgabe, wesentliche Eigenschaften einer Erscheinung verständlich und deutlich sichtbar zu machen. So bedient sich z. B. der Architekt des Modells, wenn er zeigen will, wie das von ihm geplante Gebäude im Wesentlichen aussehen soll. Der Physiker zeigt am Atommodell den prinzipiellen Aufbau eines Atoms, obwohl ein Atom natürlich nicht so aussieht wie das aus Kugeln aufgebaute Modell.

1 Globus (lat.): Erde. Globalisierung: erdweite Ausdehnung, Verflechtung. Näheres zum Thema Globalisierung siehe Kapitel 2 des Kursthemas: Von der Volkswirtschaft zur Weltwirtschaft.

2 Konzentration (lat.): Zusammenballung, Machtzusammenballung.

3 Optimal (lat.): bestmöglich.

4 **Nanotechnologie** beschäftigt sich mit der Forschung und Konstruktion in sehr kleinen Strukturen. Ein Nanometer entspricht einem millionstel Millimeter. Nano (griech.: Zwerg) umfasst Forschungsgebiete aus der belebten und unbelebten Natur.
Anwendungen entstehen in der Energietechnik (Brennstoff- und Solarzellen), in der Umwelttechnik (Materialkreisläufe und Entsorgung) oder in der Informationstechnik (neue Speicher und Prozessoren), aber auch im Gesundheitsbereich. Nanotechnologie ist ein Oberbegriff für unterschiedlichste Arten der Analyse und Bearbeitung von Materialien, denen eines gemeinsam ist: Ihre Größendimension beträgt ein bis einhundert Nanometer.
Die Nanotechnologie erarbeitet z. B. die Grundlagen für immer kleinere Datenspeicher mit immer größerer Speicherkapazität für hochwirksame Filter zur Abwasseraufbereitung, für photovoltaische Fenster, für Werkstoffe, aus denen sich in der Automobilindustrie ultraleichte Motoren und Karosserieteile fertigen lassen, oder für künstliche Gelenke, die durch organische Nanooberflächen für den menschlichen Körper verträglicher sind.

(1) Voraussetzungen zum Modell „einfacher Wirtschaftskreislauf"

Für unser einführendes Modell legen wir folgende **Voraussetzungen (Prämissen)** fest:

- Es gibt noch **keinen Staat.**
- Es gibt **keine Außenhandelsbeziehungen (geschlossene Volkswirtschaft).**
- Sämtliche Unternehmen fassen wir zum **Sektor**[1] **„Unternehmen"** zusammen.
- Sämtliche privaten Haushalte fassen wir zum **Sektor „private Haushalte"** zusammen.

(2) Beschreibung des Modells „einfacher Wirtschaftskreislauf"

Das Zusammenwirken der **Wirtschaftssubjekte** „Private Haushalte" und „Unternehmen" lässt sich wie folgt darstellen:

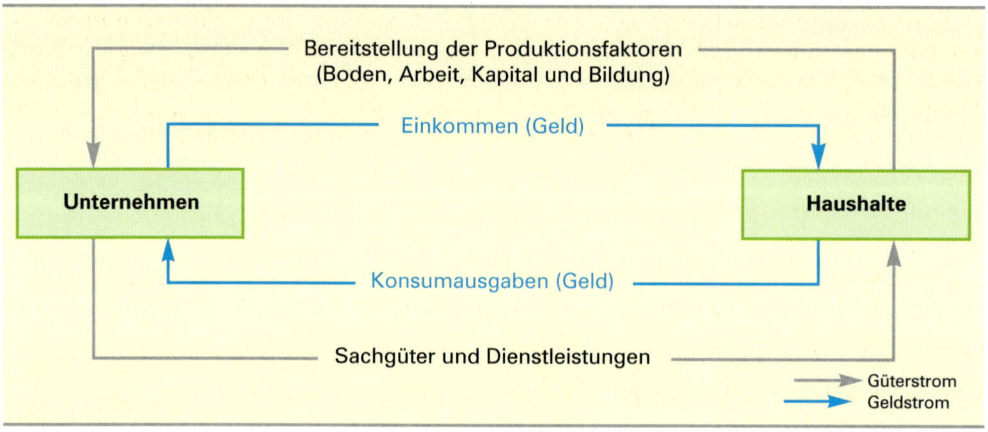

Erläuterungen:

- **Güterkreislauf**

  Die privaten Haushalte stellen dem Unternehmen die Produktionsfaktoren[2] Boden, Arbeit, Kapital und Bildung zur Verfügung. Im Produktionsprozess kombinieren die Unternehmen die Produktionsfaktoren und stellen auf diese Weise Güter her, die sie wiederum an die Haushalte verkaufen. Der Güterkreislauf umfasst somit die Faktorleistungen der Haushalte und die Güterbereitstellung durch die Unternehmen.

- **Geldkreislauf**

  Für die Faktorleistungen erhalten die Haushalte als Gegenleistung von den Unternehmen Einkommen (Lohn, Gehalt, Pacht/Miete, Zinsen, Gewinne). Die Einkommen der Haushalte sind die Kosten der Unternehmen. Die produzierten Güter werden an die Haushalte verkauft. Mit den Verkaufserlösen bestreiten die Unternehmen dann die Kosten für die Produktionsfaktoren. Dem Güterstrom fließt somit ein gleich großer Geldstrom entgegen.

1 Sektor: Ausschnitt; hier: die Zusammenfassung gleichartiger wirtschaftlicher Einheiten, also von Wirtschaftssubjekten.

2 Volkswirtschaftliche Produktionsfaktoren sind Grundelemente, die bei der Produktion mitwirken.

1.3.4 Kritik am Modell des Wirtschaftskreislaufs

In dem Modell wird unterstellt, dass sich die realen und monetären Ströme entsprechen. Dies gilt allerdings nur dann, wenn die Haushalte ihr **gesamtes** Einkommen (Y: yield) konsumieren. In der Realität haben die Haushalte bezüglich der **Verwendung** ihres Einkommens **zwei** Möglichkeiten: **Konsum** (C: consumption) oder Konsumverzicht in Form von **Sparen** (S: save). Konsumverzicht bedeutet zunächst einmal, dass verfügbare Einkommensteile nicht für Konsum verwendet werden. Bezüglich der Einkommensverwendung privater Haushalte gilt also:

$Y = C + S$ **(Einkommensverwendungsgleichung).**

Durch den geringeren Konsum der Haushalte werden Produktionskapazitäten nicht in Anspruch genommen, die nunmehr statt für die Herstellung von Konsumgütern für die Produktion von **Produktionsgütern** genutzt werden können. Das so **gebildete Sachkapital** steht den Unternehmen im Rahmen des Produktionsprozesses **langfristig** zur Verfügung (I: Investition). Hierdurch erhöhen sich die volkswirtschaftlichen Produktionskapazitäten, was letztlich mit einem **Anstieg des „volkswirtschaftlichen Vermögens"** gleichzusetzen ist. Unternehmen können also entweder Konsum- oder Produktionsgüter herstellen. Für die Entstehung von Einkommen gilt also:

$Y = C + I$ **(Einkommensentstehungsgleichung).**

Da sich beide Wertströme in ihrer Größe entsprechen, kann man sie gleichsetzen und nach mathematischen Grundregeln wie folgt umformen:

$$C + I = C + S$$
$$I = S$$

In dem Modell des einfachen Wirtschaftskreislaufs fehlt also dieser Prozess des **Vermögenszuwachses** (Geldvermögen bei den Haushalten, Realvermögen bei den Unternehmen) innerhalb einer Volkswirtschaft.

Zusammenfassung

- Die **Wirtschaft** ist ein wichtiger Teil des sozialen Lebensbereichs, der im Kern die **Versorgung mit Gütern und Dienstleistungen** zum Gegenstand hat.
- Die **Volkswirtschaft** ist die Summe aller Einrichtungen und sozialen Handlungen, die der Bedarfsdeckung innerhalb eines Staates dienen.
- Unter **Wirtschaftsprozess** versteht man den **wiederkehrenden** Ablauf von **Produktion und Konsum.**
- In der **Wirtschaftslehre** unterscheidet man zwischen **einzelwirtschaftlicher** (mikroökonomischer) und **gesamtwirtschaftlicher** (makroökonomischer) **Betrachtungsweise.**

■ **Das Unternehmen aus ...**

... mikroökonomischer Sicht	... makroökonomischer Sicht
Untersuchungsgegenstände: ■ Leistungserstellung (z. B. Antikörpertechnologie, Bioinformatik, Gentest-Entwicklung) ■ Beschaffung (z. B. Material, Geräte, Laboreinrichtungen, Personalbeschaffung) ■ Finanzierung (Eigenkapital, Fremdkapital) ■ Absatz (z. B. Marketing, Lagerung, Transport) ■ Rechnungswesen (Betriebsbuchführung, Geschäftsbuchführung, Statistik, Steuerwesen) ■ Unternehmensführung (z. B. Organisation, Führungsstil, Mitbestimmung)	Untersuchungsgegenstände: ■ Wirtschaftlicher Wandel (z. B. Konjunktur, Preisentwicklung, Entwicklung der Arbeitsentgelte, der Konkurrenz, des Außenhandels) ■ Sozialer Wandel (z. B. Bevölkerungsentwicklung, Zu- und Abwanderung, Ausbildung der Arbeitskräfte, Entwicklung des Altersaufbaus der Bevölkerung) ■ Wirtschaftspolitik (z. B. Konjunktur- und Wachstumspolitik, Struktur, Gesundheits-, Bildungs-, Sozial-, Steuer- und Umweltschutzpolitik) ■ Technischer Fortschritt ■ Rechtliche Rahmenbedingungen (z. B. Gesellschaftsrecht, Arbeitsrecht, Datenschutz, Tarifvertragsrecht)

- Der **einfache Wirtschaftskreislauf** vollzieht sich zwischen den Sektoren Unternehmen und private Haushalte.
  - Die **privaten Haushalte** stellen den Unternehmen Produktionsfaktoren (vor allem Arbeit) zur Verfügung. Sie erhalten hierfür **Einkommen** (z. B. Löhne, Gewinne, Mieten, Pachten).
  - Die **Unternehmen** stellen den privaten Haushalten Konsumgüter zur Verfügung. Sie erhalten hierfür **Geldmittel (Umsatzerlöse).**
- Den **Güterströmen** stehen **Geldströme** gegenüber.

Übungsaufgabe

1

1. Unterscheiden Sie zwischen einzelwirtschaftlicher und gesamtwirtschaftlicher Betrachtungsweise!
2. Stellen Sie fest, ob nachfolgende Themengebiete vorwiegend mikroökonomische oder makroökonomische Tatbestände betreffen:

   2.1 Rechtsformen der Unternehmung

   2.2 Preisbildung

   2.3 Globalisierung der Märkte

   2.4 Möglichkeiten der Kreditbeschaffung

   2.5 Aufgaben der Buchführung

   2.6 Kalkulation

   2.7 Wirtschaftsordnung der Bundesrepublik Deutschland

   2.8 Konjunkturentwicklung

   2.9 Unternehmensorganisation

2.10 Träger der Wirtschaftspolitik
2.11 Grundlagen der Mitarbeiterführung
2.12 Führungsstile

3. Übertragen Sie das Schaubild eines einfachen Wirtschaftskreislaufes in Ihr Hausheft!

Aufgaben:

3.1 Beschriften Sie die Pfeile im Schaubild!

3.2 Wie verhalten sich der Güter- und Geldkreislauf zueinander?

3.3 Sind die beiden Kreisläufe wertmäßig gleich groß? Begründen Sie Ihre Entscheidung!

3.4 Welche Annahme wird über die Konsumausgaben der Haushalte in diesem Modell gemacht?

2 Das Problem der Knappheit: Ursachen und Lösungen

2.1 Entstehung von Nachfrage

2.1.1 Bedürfnisvielfalt

2.1.1.1 Begriff und Arten der Bedürfnisse

(1) Begriff Bedürfnisse

Merke:

Unter **Bedürfnissen** versteht man Mangelempfindungen der Menschen, die diese zu beheben bestrebt sind. Die Bedürfnisse sind die Antriebe (Motive) für das wirtschaftliche Handeln der Menschen.

Im Zusammenhang mit den Bedürfnissen unterstellt die Wirtschaftswissenschaft, dass die Bedürfnisse der Menschen **unersättlich** sind, sie also fortwährend bestrebt sind, einen **immer höheren Versorgungsgrad** zu erreichen.

(2) Gliederung der Bedürfnisse

- **Gliederung der Bedürfnisse nach der Dringlichkeit**

Bedürfnis	Erläuterungen	Beispiele
Existenzbedürfnisse	Sie sind körperliche Bedürfnisse. Sie müssen befriedigt werden: Ihre Befriedigung ist lebensnotwendig.	Hunger, Durst; das Bedürfnis, sich vor Kälte schützen zu wollen.
Kulturbedürfnisse	Sie entstehen mit zunehmender kultureller, also auch technischer, wirtschaftlicher oder künstlerischer Entwicklung, weil die Ansprüche, die der Einzelne an das Leben stellt, wachsen.	Sich modisch kleiden wollen; der Wunsch nach einer Ferienreise; ein eigenes Auto fahren wollen.
Luxusbedürfnisse	Von Luxusbedürfnissen spricht man, wenn sich die Bedürfnisse auf Sachgüter oder Dienstleistungen richten, die sich in einer bestimmten Gesellschaft nur wenige Begüterte leisten können.	Modellkleider, eine Villa mit Swimmingpool und/oder eine Segeljacht besitzen wollen.

Eine genaue Abgrenzung zwischen Kultur- und Luxusbedürfnissen ist nicht möglich. Gemeinsam ist ihnen, dass ihre Befriedigung **nicht** unbedingt lebensnotwendig ist.

Gliederung der Bedürfnisse nach dem Bedürfnisträger

Bedürfnis	Erläuterungen	Beispiele
Individualbedürfnisse[1]	Sie richten sich auf Güter, die der Einzelne für sich allein (bzw. innerhalb seiner Familie, d.h. seines privaten Haushalts) konsumieren kann.	Die Wünsche, Pizza zu essen, Getränke zu sich zu nehmen, ein eigenes Auto zu besitzen.
Kollektivbedürfnisse[2]	Sie werden mit Gütern befriedigt, die allen Mitgliedern der Gesellschaft zur Nutzung zur Verfügung stehen sollten.	Wünsche, auf einer Landstraße Motorrad zu fahren, ein öffentliches Verkehrsmittel zu benutzen, seine Kinder in eine öffentliche Schule zu schicken; das Bedürfnis, in einer sauberen Umwelt zu leben.

Mit zunehmender Industrialisierung ist zu beobachten, dass die Kollektivbedürfnisse anwachsen. Die Ansprüche an den Staat werden immer umfangreicher (z.B. Forderungen nach besseren Schulen, mehr Universitäten, mehr Umweltschutz, bessere Straßen).

Gliederung der Bedürfnisse nach der Bewusstheit der Bedürfnisse

Bedürfnis	Erläuterungen	Beispiele
Offene Bedürfnisse	Bei offenen Bedürfnissen handelt es sich um solche Mangelempfindungen, die dem Einzelnen bewusst sind.	Im Anschluss an eine Doppelstunde Sport verspürt ein Schüler den Wunsch, ein Getränk zu sich zu nehmen, um den Durst zu löschen.
Latente[3] **Bedürfnisse**	Sie sind beim Einzelnen unterschwellig vorhanden und müssen erst noch durch die Umwelt geweckt werden. Die Bewusstwerdung dieser im Unterbewusstsein bereits existenten Wünsche wird durch einen „äußeren Reiz" ausgelöst.	So hat gewiss jeder schon einmal die Erfahrung gemacht, dass er bei einem Bummel durch die Stadt – angelockt von einer Schaufensterauslage oder einem herrlichen Essensduft – etwas gekauft hat, was bis zu diesem Zeitpunkt nicht auf seiner „Einkaufsliste" stand.
Manipulierte Bedürfnisse	Bei manipulierten Bedürfnissen handelt es sich um ein Mangelempfinden, das gezielt von Werbung, Politik, Medien oder anderen Manipulatoren erzeugt wird. Dabei spricht insbesondere die Werbung nicht nur (latent) vorhandene Bedürfnisse an, sie erzeugt vielmehr bei den Zielgruppen auch neuartige Bedürfnisse.	Das Image der aktuellen Pop- und Rock-Stars und die damit verbundene Art, sich zu schminken oder zu kleiden, wird regelmäßig von gewissen Medien zur Mode stilisiert und infolge millionenfach verkauft. Zudem wird häufig beim Kauf eines Produktes eine Elitezugehörigkeit suggeriert oder ein Produkt mit Sexualität verknüpft, um es auf diese Weise attraktiv zu machen („sex sells"). Weitere Beispiele sind Modetrends bei Frisuren, Schönheitsoperationen.

1 Individualbedürfniss: Bedürnisse des Einzelnen (von Individuum: Einzelwesen).

2 Kollektiv: Gesamtheit, Gemeinschaft.

3 Latent: versteckt.

Bedürfnispyramide nach Maslow

Der Mensch wird, wenn er vernünftig (rational) handelt, zunächst die Bedürfnisse zu befriedigen suchen, die ihm am dringlichsten erscheinen. Der amerikanische Psychologe Abraham Maslow hat deshalb das Konzept einer Bedürfnispyramide entwickelt. Nach Maslow wird der Wunsch zur Befriedigung der Bedürfnisse einer höheren Pyramidenstufe erst dann erreicht, wenn die Bedürfnisse der Vorstufe weitestgehend befriedigt sind.

A. Maslow

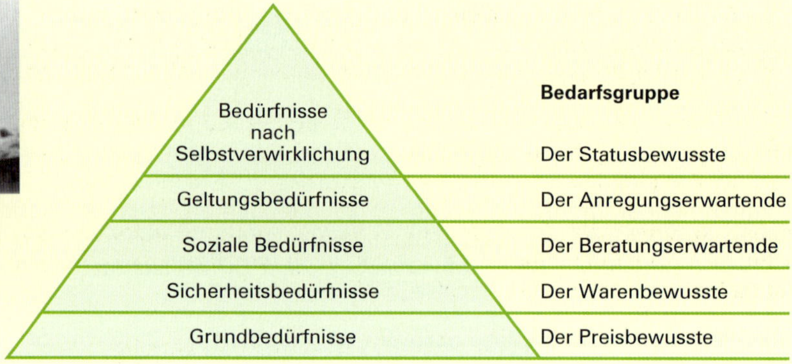

Beispiel:

Ein Schüler kauft einen Pullover und erfüllt damit ein **Grundbedürfnis,** weil er nicht frieren möchte. Fordert er bewusst eine gute Faserqualität, so erreicht er damit das **Sicherheitsbedürfnis.** Mit der Auswahl von Farbe und Design befriedigt er das **soziale Bedürfnis** und zum Teil das Geltungsbedürfnis. Beim Einkauf erwartet er Beratung und Anregung zum Kombinieren mit Hemd, Krawatte, Tuch und befriedigt damit sein **Geltungsbedürfnis.** Indem er eine besondere Marke kauft (der Pullover trägt das Zeichen einer Premiummarke) in der Absicht, einen Lebensstil zu erreichen, wird ein Statuskauf vorgenommen. So trägt der Pullover durch die Selbststilisierung zur **Selbstverwirklichung** bei.

2.1.1.2 Bedarf

Da die Bedürfnisse der Menschen unbegrenzt sind, können sie mit Blick auf die nur **begrenzt** vorhandenen (finanziellen) **Mittel** nicht alle befriedigt werden. Der **Teil** der Bedürfnisse, der sich von dem **verfügbaren** Taschengeld oder Einkommen bzw. den Ersparnissen realisieren lässt, wird als Bedarf bezeichnet.

Beispiel:

Der 17-jährige Philipp, der sein monatliches Taschengeld schon aufgebraucht hat, würde sich gerne den neuesten Harry-Potter-Film im Kino ansehen. Leider bleibt dieser Wunsch zunächst ein Bedürfnis. Erst wenn er zu Beginn des neuen Monats von seinen Eltern seine 50,00 EUR Taschengeld erhält, könnte er sich den Film im Kino anschauen. Das Bedürfnis wird erst dann zum konkreten Bedarf.

Merke:

Die mit Kaufkraft versehenen Bedürfnisse bezeichnet man als **Bedarf.**

2.1.1.3 Nachfrage

Merke:

Die **Nachfrage** ist der Teil des Bedarfs, der **tatsächlich** am Markt an Gütern und Dienstleistungen **nachgefragt** wird.

Der Bedarf muss **nicht** in vollem Umfang mit der am Markt tatsächlich nachgefragten Gütermenge übereinstimmen, da unterschiedliche Gründe dazu führen können, dass Güter, die in den Bedarfskreis des Einzelnen fallen, letztlich nicht nachgefragt werden.

Die Nachfrage des Einzelnen basiert also auf dessen Bedürfnissen. Dabei ist die konkrete Nachfrage von verschiedenen Kriterien abhängig, wie beispielsweise den Preisen der Güter, der Konsumsumme und Bedürfnisstruktur des Nachfragenden.[1]

Welchen **Aufwand** die Unternehmen in der heutigen Zeit betreiben, um die Bedürfnisse des Einzelnen zu beeinflussen und somit seine **Nachfrage** bzw. konkrete Kaufentscheidung zu **lenken,** verdeutlicht nachfolgender Artikel.

Warenästhetik am Beispiel von Duschgel

[...] Wer einen Drogeriemarkt betritt, um ein Duschgel zu kaufen, steht vor Regalen, auf denen die Angebote Dutzender von Markenartikeln mit meist mehreren Produktlinien und zahlreichen Varianten versammelt sind. Unterschieden wird zwischen Produkten für Männer, Frauen, Kinder und Senioren; es gibt edel aufgemachte und simpel verpackte Duschgels, einige für den Abend oder das Wochenende, andere für morgens und wochentags; wählen kann man ferner zwischen sportlichen, esoterischen, gesundheitsbewussten, stimulierenden und beruhigenden Artikeln.

[...] Fühlen sich deren Besitzer nach einem anstrengenden Arbeitstag frustriert und gestresst, so greifen sie vielleicht zu einem Mittel, dessen Name einen „Beruhigenden Abend" verheißt; sind sie an einem anderen Tag noch abenteuerlustig und wollen sich statt auf dem Sofa lieber in der Disco vom Arbeitstrott erholen, dann stimmen sie sich darauf mit einem Duschgel ein, das vielleicht den Namen „Energy Risk" trägt.

Doch der Name allein führt noch nicht zur Öffnung eines Fiktionsraumes. Vielmehr bedarf es einer raffinierten Inszenierung. Ähnlich wie ein Romantext soll das Produktdesign einen inneren Film in Gang setzen: Es gilt, dem Konsumenten ein ihm sympathisches Rollenangebot zu machen oder ihn zumindest ein wenig aus seinem Alltagserleben herauszuholen. Wie das durch eine Kombination verschiedener Sinnesreize gelingen kann, sei am Beispiel des Duschgels „Beruhigender Abend" [...] erläutert:

Im Unterschied zu vielen anderen Duschgels ist der Name hier auf Deutsch aufgedruckt [...]. Allein, dass sie in der Muttersprache angesprochen werden, wirkt für viele Menschen schon beruhigend, enthält doch das sonst dominierende Englisch einen Beiklang von Business oder Outdoor-Abenteuer. Ein klassisch ruhiger Schriftzug – ohne dynamisierende Kursivierung – verheißt dagegen Stabilität.

Noch wichtiger ist aber, dass sich weiße Schrift von einem dunkelblauen Hintergrund abhebt: Mit keiner anderen Farbe wird so stark Entspannung, Erholung und Vertrauen assoziiert; man kann an die „blaue Stunde" nach Arbeitsschluss, aber auch an Schlaf- und Beruhigungsmittel denken, deren Verpackungen häufig blau sind.

Die Form des Produktkörpers verstärkt das Empfinden von Beruhigung und Einkehr zusätzlich. Seine Symmetrie, keineswegs selbstverständlich bei Duschgels, wirkt stabil und harmonisch, die Wölbung der eher flachen Flasche macht einen geschmeidigen Eindruck.

---

1 Vgl. hierzu ausführlicher Kapitel 2.2.1 zum Kursthema: Das Entscheidungsverhalten der Wirtschaftssubjekte am Markt.

Doch geht es nicht nur um visuelle Reize. Wer sich für ein Duschgel interessiert, will vor einer Kaufentscheidung vielleicht auch wissen, wie dieses duftet. Wird aus diesem Grund die Verschlusskappe geöffnet, ist jedoch – noch bevor ein olfaktorischer Reiz wahrnehmbar ist – das Ohr angesprochen. Zwar achten viele nicht bewusst auf das Sound-Design, es wirkt aber unterschwellig. In diesem Fall assoziiert man mit dem Ton, den das Öffnen des Verschlusses auslöst, ein erleichtertes Seufzen. Damit wird suggeriert, dass in dem Moment, in dem man das Duschgel benutzt, die Entspannung einsetzt: Es ist, als dürfe man befreit ausatmen.

Das Gel selbst riecht dezent, ist nicht stark parfümiert, und wer mag, kann den auf der Packung angekündigten „Sandelholzduft" erahnen, der ein Flair von Wärme verheißt. Neben dem Geruch ist schließlich die Substanz des Gels bedeutsam. Es fließt milchig weiß und cremig wie Sahne aus der Flasche. Das wird als Verwöhnung empfunden. Das Weiß verheißt nicht nur Reinheit, sondern erinnert gar an Muttermilch. „Beruhigender Abend" suggeriert also, man dürfe zu den eigenen Ursprüngen zurückkehren, in eine warme Welt ohne Entfremdung, in ein behütetes Zuhause.

[...] Das Duschgel wird somit als eine Art Psychotherapie verstanden: Es soll dabei helfen, den Alltagsfrust hinter sich zu lassen und sich zu regenerieren. [...] Es erzeugt eine Stimmung, es überhöht den Alltag, es stiftet Bedeutungen und damit auch Sinn.

[...] Kann man Konsumgüter also einerseits zur Ausprägung oder Umgestaltung der eigenen Identität nutzen – dies ist die Idee „warenästhetischer Erziehung"! –, so konsumiert man andererseits häufig nur mit Rücksicht auf einzelne Stimmungen, die man intensiver erleben oder denen man entgehen will. [...] Mittlerweile ist die Choreographie der Emotionen zum alltäglichen Programm geworden, das selbst schon beim Kauf einer Zahnbürste, eines Joghurts oder eben eines Duschgels stattfindet. Mehr als je zuvor modellieren nahezu alle Gebrauchsgüter die jeweilige Lebenswelt. [...]

Quelle: Informationen zur politischen Bildung Nr. 308.

2.2 Bedürfnisse und Güter

2.2.1 Begriff Güter

Bedürfnisse wollen befriedigt werden. Wer Hunger hat, braucht Nahrung. Wer Durst hat, braucht Getränke, um seinen Durst zu stillen. Wer friert, braucht Kleidung. Wer Neues wissen will, braucht Informationen (z.B. eine Zeitung, das Internet). Und wer krank ist, braucht eine ärztliche Beratung. Der Gebrauch oder Verbrauch aller Sachen und Dienstleistungen, die der Bedürfnisbefriedigung dienen, erhöhen das Wohlbefinden des Menschen. Man sagt, dass die Bedürfnisbefriedigung „Nutzen" stiftet.

Merke:

Die Mittel, die dem Menschen Nutzen stiften, heißen **Güter**.

2.2.2 Arten der Güter

(1) Freie Güter und wirtschaftliche Güter

Freie Güter

Die freien Güter, d.h. solche, die in unbeschränktem Maße zur Verfügung stehen (z.B. Luft, Sonnenstrahlen, Meerwasser), können von jedem Menschen nach Belieben in Anspruch genommen werden. Sie sind nicht Gegenstand des Wirtschaftens. Allerdings ist zu bemerken, dass sich die Zahl der freien Güter durch den Raubbau an der Natur (Vernichtung der Tierwelt, Verschmutzung der Binnengewässer, der Meere und der Luft) immer mehr verringert. Die ehemals freien Güter werden zu wirtschaftlichen Gütern und es gilt, sie mit Verstand (rational) zu verwalten und zu verteilen.

Wirtschaftliche Güter

Diese Güter stehen nur beschränkt zur Verfügung, d.h., sie sind **knapp.** Da ihre Gewinnung bzw. Herstellung Kosten verursacht, werden sie gegen Entgelt am Markt angeboten und erzielen einen Preis. Zu den wirtschaftlichen Gütern zählen die **Sachgüter**[1] (z.B. Lebensmittel, Kleidung, Fahrzeug), die **Dienstleistungen**[2] (z.B. Beratung durch einen Rechtsanwalt, Unterricht, Durchführung eines Dauerauftrags durch die Bank) oder **Rechte**[2] (z.B. Planung, Firmenwert, Gebrauchsmuster).

Beispiel:

Zwischen den Begriffen **Knappheit** und **Seltenheit** besteht ein Unterschied. Malt der Sonntagsmaler Fröhlich z.B. ein Bild, so besteht dieses Bild nur ein Mal auf der Welt. Das Bild ist „selten". Will indessen kein Mensch dieses Bild haben, geschweige denn kaufen, ist das Bild nicht knapp. Knappheit liegt nur vor, wenn die Bedürfnisse nach bestimmten Gütern größer sind als die Zahl dieser verfügbaren Güter.

(2) Konsumgüter und Produktionsgüter

Güterart	Erläuterungen	Beispiele
Konsumgüter	Güter, die der unmittelbaren Bedürfnisbefriedigung dienen, nennt man Konsumgüter (konsumieren: verzehren). Man spricht deshalb auch von **Gegenwartsgütern.**	Eigentumswohnung, Kühlschrank, ein Laib Brot, eine Kiste Mineralwasser.
Produktionsgüter	Güter, die zur Herstellung (Produktion) von Wirtschaftsgütern benötigt werden, heißen Produktionsgüter. Weil die Produktionsgüter letztlich der Erzeugung von Konsumgütern dienen sollen, heißen sie auch **Zukunftsgüter.**	Rohstoffe, Fabrikgebäude, Handelshäuser, maschinelle Anlagen, Transportanlagen, Werkzeuge.

1 Sachgüter stellen **materielle Güter** dar.

2 Dienstleistungen und Rechte stellen **immaterielle Güter** dar.

(3) Private und öffentliche Güter

Gliederungskriterien Rivalität und Ausschlussprinzip

Die wirtschaftlichen Güter lassen sich nach deren Eigenschaften in Bezug auf Rivalität und Ausschließbarkeit unterteilen.

Rivalitätsprinzip	Kann ein Gut stets von nur einem Konsumenten oder Produzenten genutzt werden, so herrscht Rivalität in Bezug auf die Nutzung des Gutes. Ist ein Gut hingegen nur kollektiv nutzbar, so spricht man von fehlender Rivalität im Konsum.
Ausschlussprinzip	Während bei einem Teil der Güter alle von der Inanspruchnahme ausgeschlossen werden, die nicht den geforderten Preis zu zahlen bereit sind, wird die Nutzung bei dem anderen Teil der Güter nicht von der Zahlung eines Entgelts abhängig gemacht, da dies entweder technisch nicht möglich ist (z. B. Straßenbeleuchtung, Leuchtturm, äußere Sicherheit) oder nicht zweckmäßig erscheint (z. B. Schulbildung, innere Sicherheit).

Auf der Basis dieser Eigenschaften lassen sich die wirtschaftlichen Güter – wie nachfolgende Übersicht verdeutlicht – in vier Gruppen unterteilen.

		Rivalitätsprinzip möglich	
		Ja	**Nein**
Ausschlussprinzip möglich	**Ja**	**private Güter** **Beispiele:** ■ Handy ■ Motorroller ■ verstopfte Mautstraße	**Kollektivgüter** **Beispiele:** ■ Feuerwehr ■ Kabelfernsehen ■ unverstopfte Mautstraße
	Nein	**gesellschaftliche Güter (Allmendegüter)**[1] **Beispiele:** ■ Umwelt ■ Meeresfische ■ verstopfte öffentliche Straße	**(reine) öffentliche Güter** **Beispiele:** ■ Alarmsirene ■ Landesverteidigung ■ nicht verstopfte öffentliche Straße

Merke:

- **Private Güter** sind dadurch gekennzeichnet, dass sowohl Konkurrenz in Bezug auf deren Nutzung besteht als auch alle von der Inanspruchnahme ausgeschlossen werden können, die nicht den geforderten Preis zu zahlen bereit sind.

1 Allmende: gemeinsam genutztes Gemeindeland.

- Alle anderen Güter haben **„öffentlichen Charakter"**, da ihnen entweder die Ausschließbarkeit und/oder die Rivalität im Konsum fehlen. Funktionieren weder das Rivalitäts- noch das Ausschlussprinzip, spricht man von **rein öffentlichen Gütern.**

Problem des Trittbrettfahrerverhaltens

Da bei den privaten Gütern das Ausschluss- und Rivalitätsprinzip funktioniert, werden diese über den Markt bereitgestellt. Der Konsument kann nur dann den Nutzen aus dem Gut ziehen, wenn er den Marktpreis zu zahlen bereit ist. Der Anbieter kann also davon ausgehen, dass sein Gut – eine entsprechende Nutzenstiftung vorausgesetzt – von den Interessenten zum Marktpreis gekauft wird.

Ist hingegen das Ausschlussprinzip nicht anwendbar, kann also ein Anbieter nicht allen, die an dem Gut interessiert sind, den Nutzen des Gutes bis zum Kauf vorenthalten, liegt **Wettbewerbsversagen** vor.[1] Der Einzelne neigt dann dazu, möglichst ohne Zahlung des Marktpreises am Konsum des Gutes zu partizipieren **(Trittbrettfahren).**

Beispiel:

Das Gut äußere oder innere Sicherheit wird durch Militär und Polizei für eine bestimmte Region „produziert". Damit erhöht sich die Sicherheit aller dort wohnenden Menschen. Einzelne Personen können bereits aus technischen Gründen (äußere Sicherheit) bzw. mangels Zweckmäßigkeit (innere Sicherheit) nicht vom Nutzen des Gutes „Sicherheit" ausgeschlossen werden. Entsprechend ist es für den einzelnen Bürger vorteilhaft, die Dringlichkeit seiner Nachfrage nach solchen Gütern nicht offenzulegen. Er wird versuchen, am Konsum des Gutes teilzuhaben, ohne einen Preis zu bezahlen.

Aus Sicht des Individuums ist es mit Blick auf die kostenlose Nutzung geradezu rational, die Beteiligung an den Kosten für Sicherheit abzulehnen, wodurch eine Finanzierung dieses Gutes auf freiwilliger Basis unmöglich wird. Wegen dieses **Trittbrettfahrerverhaltens** ist ein Anbieten des Gutes für einen privaten Unternehmer also uninteressant. Gelöst werden kann das Trittbrettfahrerproblem u.a. durch die Bereitstellung der Güter durch den Staat und die Finanzierung der Güter über staatlichen Zwang (Gebühren, Beiträge, Steuern).

Problem der Nutzungsintensität[2] von öffentlichen Gütern

Öffentliche Güter werden vom Staat bzw. in dessen Auftrag von Dritten produziert und der Öffentlichkeit zur Verfügung gestellt. Wegen des Trittbrettfahrerverhaltens kommt es allerdings zu unerwünschten **externen Effekten,** die sich aus dem Spannungsfeld zwischen **individueller** und **kollektiver Rationalität** ergeben. So ist es aus Sicht des Individuums nur allzu vernünftig, möglichst viele kostenlose Güter zu konsumieren, aus Sicht der Gemeinschaft hingegen wäre ein sparsamer Umgang mit den knappen Gütern wünschenswert.

Merke:

Das **Trittbrettfahrerverhalten** führt häufig zu einer **Unterversorgung** (im Extremfall sogar zu einer „Nullversorgung") **mit öffentlichen Gütern** bzw. einem **Überkonsum von Allmendegütern.**

1 Vgl. hierzu und im Folgenden Bartling, H. und Luzius, F.: Grundzüge der Volkswirtschaftslehre, 15. Auflage 2004.

2 Intensität: Stärke.

3 Boller-Hartmann 978-3-8120-0585-2

Beispiel:

Unterstellen wir, dass für die Schafzüchter im Allgäu eine flächenmäßig begrenzte kommunale Gemeinschaftsalm zur Verfügung steht. Individuell rational handelt der Schafzüchter, wenn er zur Steigerung seines Einkommens möglichst viele Schafe auf dieser Alm kostenlos weiden lässt. Durch dieses Verhalten kommt es allerdings zu einer Futterknappheit und einer Verödung des Weidelandes, sodass die Schafzucht in diesem Gebiet eingestellt werden muss. Jeder Schafzüchter schädigt also durch sein individuell rationales Verhalten seine Züchterkollegen. Unter dem Aspekt der kollektiven Rationalität wäre also eine andere Handlungsweise wünschenswert.

So hat die Vergangenheit eindrucksvoll gezeigt, dass es zu enormen Schäden an gesellschaftlichen Ressourcen, insbesondere der Umwelt, gekommen ist. Die wesentliche Ursache für diese Entwicklung liegt darin, dass im Umweltbereich sogenannte externe Effekte in Form **externer Kosten**[1] auftreten. Hierbei handelt es sich um negative Wirkungen, bei denen Verursacher und Betroffener nicht übereinstimmen. Derartige Effekte liegen immer dann vor, wenn durch die Produktion bzw. den Konsum von Wirtschaftseinheiten anderen Wirtschaftssubjekten Nachteile (externe Kosten) entstehen, die **nicht über das Preissystem** erfasst werden und auch **nicht in die Rechnung des Verursachers** mit eingehen.

Beispiel:

Ausstoß von CO_2 bei der Produktion bzw. dem Heizen eines Wohnhauses, Abgabe von Dieselruß an die Umwelt durch die Nutzung eines Dieselfahrzeuges.

Merke:

Unter **externen Kosten** versteht man all jene Kosten, die **nicht** in den Marktpreisen enthalten sind, da sie nicht vom eigentlichen Verursacher getragen werden.

2.2.3 Beziehungen zwischen Güterangebot und Bevölkerungswachstum

Ein wesentliches Ziel der Wachstumspolitik einer Volkswirtschaft ist eine **Erhöhung des Inlandsproduktes**[2] **pro Kopf der Bevölkerung,** d. h., Zielgröße ist der Quotient aus Inlandsprodukt und Bevölkerungszahl. Steigt die Bevölkerungszahl, so ergeben sich **zwei Effekte.**

$$\text{Zielgröße} = \frac{\text{Inlandsprodukt}}{\text{Bevölkerungszahl}}$$

- Zunächst erhöht sich unmittelbar der Nenner der Zielgröße, wodurch sich die Pro-Kopf-Güterversorgung **tendenziell verschlechtert,** weil die Zahl der Verbraucher ansteigt.
- Allerdings ermöglicht die steigende Bevölkerungszahl, dass sich mehr Menschen am Produktionsprozess beteiligen, wodurch es – unter sonst gleichen Bedingungen – zu einer **Erhöhung des Güterangebots** kommen müsste, was den ersten Effekt ausgleichen kann.

1 Vgl. hierzu ausführlich Kapitel 3.2.1.2.

2 Inlandsprodukt: Das Inlandsprodukt gibt die wirtschaftliche Leistung an, die im Inland erbracht wird.

Bevölkerungswachstum kann somit über die quantitative Ausweitung des Produktionsfaktors Arbeit das Güterangebot einer Volkswirtschaft stärker, gleich stark oder weniger stark ansteigen lassen, als es dem Bevölkerungswachstum entspricht. Somit kann Bevölkerungswachstum also – je nach unterstelltem Szenarium – zu einer Besser-, Gleich- oder Schlechterversorgung des Einzelnen führen.

Merke:

Eine generelle Aussage über den Einfluss des **Bevölkerungswachstums** auf das **Güterangebot** lässt sich nicht treffen. In diesem Zusammenhang kommt u.a. dem **technischen Fortschritt** eine wichtige Rolle zu.

Dass Bevölkerungswachstum mit **steigendem Ressourcenverbrauch** einhergeht, ist jedoch unstrittig. Welche Probleme der mit dem Bevölkerungswachstum verbundene Anstieg von Ressourcenknappheit mit sich bringt, verdeutlicht nachfolgende Abbildung am Beispiel von Energie.

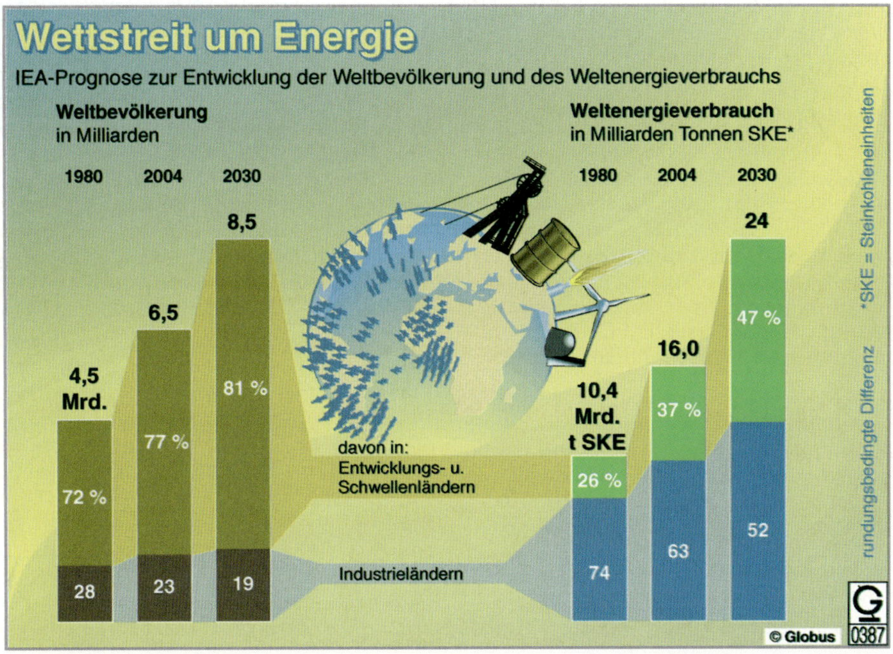

Der Energiehunger der Welt ist unstillbar. Liegt der Verbrauch heute bei 16 Milliarden Tonnen Steinkohleneinheiten, so wird er nach einer Prognose der Internationalen Energieagentur (IEA) bis 2030 um weitere 50 Prozent auf 24 Milliarden Tonnen zunehmen. Besonders hungrig sind die Entwicklungs- und Schwellenländer. Ihr Anteil am weltweiten Energieverbrauch wird von 37 Prozent auf 47 Prozent wachsen. Am hungrigsten ist China. Allein das Reich der Mitte könnte 2030 zwölf Prozent des Weltenergiebedarfs für sich beanspruchen. Trotz der Aufholjagd der armen Länder rechnet die IEA damit, dass auch 2030 immer noch 1,4 Milliarden Menschen, also 16 Prozent der Weltbevölkerung, keinen Zugang zu kommerzieller Energie haben werden und damit weiter vom Wohlstand ausgeschlossen bleiben.

2.3 Nutzenmaximierung

2.3.1 Notwendigkeit des wirtschaftlichen Handelns

Den unbegrenzten Bedürfnissen des Menschen stehen nur begrenzte Mittel (knappe Güter) gegenüber. Aus der Knappheit der Gütervorräte folgt, dass der Mensch bestrebt sein muss, mit den vorhandenen Gütern vernünftig (z.B. sparsam) umzugehen, um die bestmögliche Bedürfnisbefriedigung zu erzielen. Der Mensch ist gezwungen zu wirtschaften.

Unbegrenzte Bedürfnisse

Knappe Güter — Lösung → Wirtschaftliches Handeln

Private Haushalte – Quelle und Ziel wirtschaftlicher Aktivität

Eine alleinerziehende, arbeitslose Mutter erhielt im Jahr 2010 auf Basis der als „Hartz IV" bezeichneten Grundsicherung für Arbeitsuchende als Regelleistung monatlich 359 Euro, für ihre 16-jährige Tochter 281 Euro sowie zusätzlich Miet- und Heizkosten für die Unterkunft. Das Kindergeld wurde als Einkommen angerechnet. Dass die Notwendigkeit, mit den verfügbaren Mitteln sinnvoll umzugehen, existenziell ist, liegt in diesem Fall auf der Hand, da der Spielraum für freie Entscheidungen denkbar knapp ist.

Ein verheirateter Vorstandsvorsitzender einer Bank und Vater einer Tochter hätte angesichts der Finanzkrise zwei Jahre zuvor auch Grund zum Klagen gehabt. Er musste sich mit nur zehn Prozent seines Vorjahreseinkommens begnügen. Statt 14 Millionen erhielt er nur 1,4 Millionen Euro. Mag die Höhe dieses so erheblich gekürzten Einkommens für die meisten Menschen unvorstellbar sein, so sind auch in diesem Fall möglicherweise Verbindlichkeiten zu begleichen, und es besteht der Wunsch, den erreichten Lebensstandard zu halten. Auch wenn die beiden Beispiele extreme Gegensätze abbilden, weisen sie doch Gemeinsamkeiten auf. Sowohl die alleinerziehende Mutter und ihre Tochter als auch der Bankmanager mit seiner Familie werden zu der Gruppe der privaten Haushalte gezählt. Die privaten Haushalte sind die kleinsten wirtschaftlichen Einheiten, die im Gegensatz zu den Unternehmen für die eigene Bedarfsdeckung wirtschaften. Die eigenständige Haushaltsführung stellt sie vor komplexe organisatorische und wirtschaftliche Herausforderungen. Sie verlangt vielfältige Abwägungen, die einerseits frei und selbstbestimmt, andererseits aber auch von sozialen Konventionen und Normen oder durch andere soziale Akteure und Institutionen beeinflusst, beeinträchtigt oder begrenzt getroffen werden.

Im Grundsatz müssen beide eingangs genannten Haushalte wirtschaften, um ihre Bedürfnisse zu befriedigen, auch wenn die ihnen zur Verfügung stehenden Mittel unterschiedlich sind. Dass sie wirtschaften müssen, resultiert aus der Annahme, dass Bedürfnisse grundsätzlich unbegrenzt sind, aber die zur Verfügung stehenden Mittel knapp, weshalb immer Entscheidungen zu treffen sind, welche Ziele mit welchen Mitteln angestrebt werden.

So fragt sich vielleicht die alleinerziehende Mutter in dem einen Haushalt, ob sie sich und ihrer Tochter ab und zu etwas Besonderes gönnen könnte, ob sie die bisher frei einteilbare Zeit gegen ganztägige Arbeitszeit – oft mit nur geringfügig höherem Einkommen – eintauschen oder eine weit entfernte Arbeit mit weniger Zeit für die Tochter annehmen sollte. Dem Bankmanager in dem anderen Haushalt mag sich trotz seines hohen Einkommensniveaus die Frage stellen, ob er den erreichten Lebensstandard halten kann oder weniger Arbeitszeit aufwenden sollte, um mehr Zeit mit der Familie zu verbringen.

Relativ betrachtet ist so für jeden Haushalt etwas knapp. Entscheidungen zur Verwendung des Einkommens, der Zeit und der verfügbaren Güter sind unumgänglich und bedingen immer einen Verzicht auf mögliche Alternativen. Denn man kann nicht zur gleichen Zeit an seinem Arbeitsplatz tätig sein, Kinder aufziehen, Freunde besuchen, Urlaub machen und lange schlafen. Ob für 200 Euro notwendige Lebensmittel gekauft werden oder für zwei Millionen Euro ein als standesgemäß angesehenes Anwesen – in beiden Fällen stehen die Mittel für andere Verwendungszwecke zu diesem Zeitpunkt nicht zur Verfügung.

Quelle: Informationen zur politischen Bildung, Heft 308.

Merke:

- Unter **Wirtschaften** versteht man ein planvolles menschliches Handeln, um eine optimale Bedürfnisbefriedigung zu erreichen.
- Sind die Bedürfnisse größer als die Gütermenge, die zu ihrer Befriedigung bereitsteht, liegt **Knappheit** vor.

2.3.2 Begriff ökonomisches Prinzip

Bei vernünftigem (rationalem) Verhalten erfolgt das Bewirtschaften der knappen Güter nach dem sogenannten **ökonomischen Prinzip.** Zur Umsetzung des wirtschaftlichen Handelns sind zwei Handlungsmöglichkeiten denkbar: nach dem Maximal- und Minimalprinzip.

Von der Maximierung des Nutzens

Um angesichts der Vielzahl von Optionen zu ermessen, welche Entscheidung für welche Alternative unter Berücksichtigung von Bedürfnissen und Knappheit rational ist, bieten sich Kosten-Nutzen-Analysen an. Ökonomen beziehen dabei nicht nur die Kosten des gewünschten Gutes ein, sondern auch die Kosten für die entgangene zweitbeste Alternative, die sogenannten Verzichts-, Alternativ- oder Opportunitätskosten.

Warum dies sinnvoll ist, wird deutlich bei der Entscheidung, entweder ein Studium oder eine Ausbildung aufzunehmen. Die Entscheidung für ein Studium bedingt den Verzicht auf das gegenwärtige Ausbildungseinkommen, während die Entscheidung für eine Ausbildung den Verzicht auf ein höheres Einkommen in der Zukunft bedeuten kann. Die Berücksichtigung der Lebenshaltungskosten während dieser Zeit ist dagegen irrelevant, denn sie fallen in beiden Fällen an. Manche Verzichtskosten einer Ausbildung lassen sich allerdings schwer beziffern, wie etwa die individuelle Bereicherung durch Bildung, die größeren Freiheiten des Studienalltags oder die besseren Anstellungs- und Entfaltungsmöglichkeiten nach einer akademischen Ausbildung.

Da von knappen Ressourcen ein bestimmter Druck ausgeht und fortgesetzte Irrtümer kostspielig sind, unterstellen Ökonomen, dass Menschen aus der Menge möglicher Alternativen vorrangig jene auswählen, die am ehesten ihrem Nutzen dienen. Sie unterstellen, dass die Menschen fähig sind, zweckrational entweder verfügbare Mittel so einzusetzen, dass sie den größtmöglichen Nutzen daraus ziehen (Maximumprinzip), oder die Kosten zu minimieren, um einen bestimmten Nutzen zu realisieren (Minimumprinzip).

Die Ökonomen nehmen mit dem Modell des homo oeconomicus an, dass Individuen ihren Nutzen maximieren wollen, während ihre Entscheidungen durch Preise, Einkommen, Institutionen (die sogenannten Restriktionen) eingeschränkt werden, und dass individuelle Verhaltensänderung auf der Änderung von Restriktionen basiert, weniger aber aufgrund veränderter Werthaltungen erfolgt. Mit diesen Annahmen können Ökonomen einfachere Modelle entwickeln, denn Werte sind schwierig zu modellieren und zu messen.

Quelle: Informationen zur politischen Bildung, Heft 308.

(1) Maximalprinzip

Das **Maximalprinzip** besagt: Mit den **gegebenen Mitteln** ist der **größtmögliche (maximale) Erfolg (Nutzen)** anzustreben.

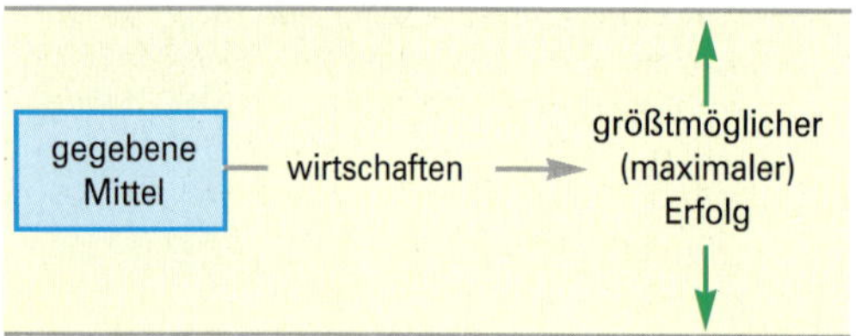

Beispiel:

Das Lebensmittelhaus Hans Wetzel e.Kfm. setzt sich zum Ziel, mit der vorhandenen Anzahl an Mitarbeitern den größtmöglichen Gewinn zu erzielen.

(2) Minimalprinzip

Das **Minimalprinzip** besagt: Einen **geplanten Erfolg** (Nutzen) mit dem **geringsten (minimalen) Einsatz an Mitteln** zu erreichen.

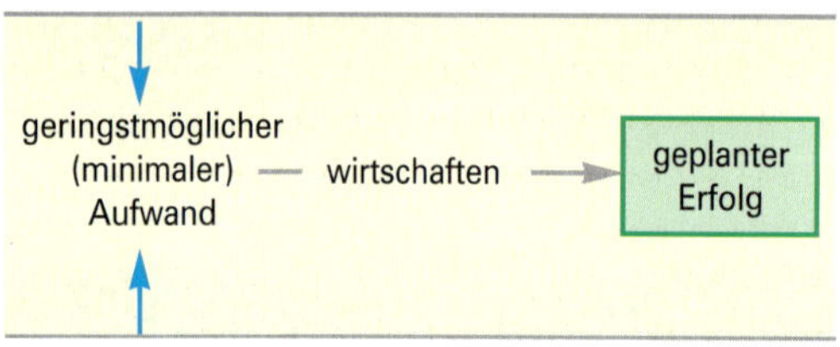

Beispiel:

Eine Fast-Food-Kette möchte die Umsatzerlöse des vergangenen Jahres beibehalten. Zugleich soll allerdings die Mitarbeiterzahl drastisch reduziert werden.

Unsinnig, d.h. logisch nicht umsetzbar, wäre die Formulierung des ökonomischen Prinzips dergestalt, dass mit geringstmöglichen Mitteln ein größtmöglicher Erfolg angestrebt werden soll. So ist es beispielsweise undenkbar, ohne jeglichen Lernaufwand alle Prüfungsaufgaben richtig zu beantworten.

2.3.3 Anwendungsbeispiele für das wirtschaftliche Prinzip

(1) Private Haushalte

Ein **privater Haushalt** (z.B. ein einzelner Verbraucher [Einpersonenhaushalt] oder eine Familie [Mehrpersonenhaushalt]) handelt dann nach dem ökonomischen Prinzip, wenn er sein Nettoeinkommen (gegebene Mittel) so verwendet, dass er einen höchstmöglichen Nutzen erzielt **(Nutzenmaximierung)** oder ein geplantes Einkommen mit dem geringstmöglichen Arbeitsaufwand erreichen möchte **(Aufwandsminimierung).**

Beispiel:

Kauft eine Person für ihren Haushalt „blindlings" ein, ohne auf Preise und Qualitäten zu achten, verschwendet sie ihr Haushaltsgeld. Auf diese Weise wird sie für sich und ihre Familie nicht den höchstmöglichen Nutzen erzielen, der mit dem gegebenen Budget (geplante Ausgabensumme) erreichbar wäre. Nach dem ökonomischen Prinzip, und zwar nach dem Maximalprinzip, handelt die Person dann, wenn sie die Preise vergleicht und die jeweils günstigsten Kaufmöglichkeiten wahrnimmt, um so mit dem vorhandenen Budget möglichst viele Güter einkaufen zu können.

(2) Betriebe

Ein **Betrieb** richtet sich dann nach dem ökonomischen Prinzip, wenn er mit den geplanten Kosten je Zeitabschnitt einen größtmöglichen Gewinn zu erzielen trachtet **(Gewinnmaximierung)**. Der Betrieb handelt auch dann nach dem ökonomischen Prinzip, wenn er einen geplanten Gewinn mit dem geringstmöglichen Mitteleinsatz erreichen möchte **(Kostenminimierung)**.

Beispiel:

Ein Handwerksmeister, der nicht darauf achtet, dass sparsam mit Material und sorgfältig mit Maschinen und Werkzeug umgegangen wird, verstößt gegen das ökonomische Prinzip, in diesem Fall gegen das Sparprinzip (Minimalprinzip).

2.3.4 Nutzentheorie[1]

2.3.4.1 Begrifflichkeit

Der Begriff „Nutzen" lässt sich auf zweierlei Art verwenden. So zieht man den Nutzenbegriff einerseits zur **Erklärung menschlichen Handelns** heran, indem man beispielsweise folgende Aussage trifft: „Das einzelne Wirtschaftssubjekt verhält sich so, dass es seinen Nutzen möglichst maximiert."

Andererseits kann der Begriff des Nutzens auch bei der **Beurteilung von Alternativen** verwendet werden. Wirtschaftssubjekte treffen beispielsweise Konsumentscheidungen, indem sie verschiedene Konsumalternativen auf der Basis einer **subjektiven Nutzeneinschätzung** sortieren, um dann schließlich ihre Wahl zu treffen.

Beispiel:

Leonie und Michel machen gemeinsam mit ihren Eltern einen Sonntagsausflug mit dem Fahrrad. Bei einer Rast an einem Ausflugslokal dürfen sie sich entweder ein Erfrischungsgetränk oder ein Eis aussuchen. Beide entscheiden sich jeweils für eine Flasche Apfelschorle, da ihnen das Getränk unter den gegebenen Umständen offensichtlich einen **größeren** Nutzen stiftet als ein Eis.

In der ökonomischen Theorie versteht man unter dem Nutzen das Maß für die Fähigkeit eines Gutes oder einer Gütergruppe, die Bedürfnisse eines wirtschaftlichen Akteurs (z.B. eines Privathaushalts) zu befriedigen.

Merke:

Der **Nutzen** ist ein **Maß für die Bedürfnisbefriedigung**, die ein Konsument durch den Konsum von Gütern erzielt.

---

1 Mit Blick auf die im Lehrplan zu dem nachfolgenden Themengebiet aufgeführten Hinweise wird die Nutzentheorie bewusst im Rahmen dieses Kapitels ausführlich behandelt. Dies geschieht insbesondere vor dem Hintergrund einer besseren Verständlichkeit der Gesamtzusammenhänge, da die an dieser Stelle des Lehrplans angeführten Inhalte nicht isoliert, sondern vielmehr im Gesamtkontext der Nutzentheorie zu betrachten sind.

Auf eine im Rahmen des weiter unten aufgeführten Kursthemas „Das Entscheidungsverhalten der Wirtschaftssubjekte am Markt" vorgesehene erneute Abhandlung der Nutzentheorie (vgl. Lehrplan zu dem Thema „Das Entscheidungsverhalten der privaten Haushalte als Nachfrager") wird zwecks Vermeidung von Redundanzen verzichtet.

2.3.4.2 Erstes Gossen'sches Gesetz[1]

(1) Gesamtnutzen und Grenznutzen

Den meisten Menschen ist bewusst, dass bei zunehmender Bedürfnisbefriedigung irgendwann einmal eine **Sättigung** eintritt. Wir hören dies tagtäglich im Radio und im Fernsehen, wenn z.B. gesagt wird, dass der Absatz an DVD-Playern stagniere oder gar zurückgehe, weil der Markt gesättigt sei. Ähnliche Feststellungen werden auch bei anderen Produkten getroffen. Wir wollen untersuchen, was es damit auf sich hat.

Beispiel:

Angenommen, ein Jugendlicher isst für sein Leben gern Bananen. Er plant eine durchschnittliche tägliche Ausgabe von 3,60 EUR für Bananen. Sein Nutzen (der Umfang seiner individuellen Zufriedenheit) entwickelt sich mit zunehmendem Bananenverzehr wie in nachfolgender Tabelle angegeben. Dabei unterstellen wir, dass der Nutzen messbar ist.

Preis je Banane in EUR	Gekaufte Menge in Stück	Gesamtnutzen (willkürliche Maßeinheiten)	Grenznutzen (willkürliche Maßeinheiten)
3,60	1	20	20
1,80	2	35	15
1,20	3	45	10
0,90	4	50	5
0,72	5	50	0
0,60	6	45	– 5

Die Tabelle bedarf einiger Erläuterungen. Man erkennt, dass unser Verbraucher seinen Nutzen steigern kann, wenn die Preise sinken und er sich demzufolge mit zusätzlichen Bananen versorgen kann. Bei einer Preissenkung von 0,90 auf 0,72 EUR könnte er sich sogar 5 Bananen kaufen, falls er bei seinem Haushaltsplan bleiben möchte. Wenn er jedoch ökonomisch handelt, wird er dies nicht tun, sondern sein Geld für andere Zwecke ausgeben, weil sein Grenznutzen mit zunehmendem Bananenkonsum nicht mehr steigt. Der Grund: Mehr als $4\,{}^1/_2$ Bananen will er pro Tag unter keinen Umständen essen; die Bananen werden ihm zuwider. Die Sättigungsgrenze ist bei viereinhalb Bananen erreicht.

Merke:

- Der Nutzen ist **ordinal,**[2] nicht aber **kardinal**[3] messbar, weil niemand sagen kann, um das Wievielfache der Nutzen steigt oder fällt, wenn die ihm zur Verfügung stehenden Wirtschaftsgüter vermehrt oder vermindert werden.
- Die individuellen Nutzenempfindungen weichen voneinander ab.

---

1 Hermann Heinrich Gossen (1810–1858) war der Begründer der so genannten Grenznutzenschule. Seine Erkenntnisse fanden in der damaligen Zeit jedoch keine Beachtung.

2 Ordinal: der Ordnung nach, der Reihenfolge nach (z.B. besser – schlechter, schöner – weniger schön – hässlich).

3 Eine kardinale Messung liegt vor, wenn mithilfe eines Maßstabs (kg, m^2, m^3 usw.) eine exakte Unterscheidung vorgenommen werden kann. „Kardinal" (lat.) heißt wörtlich „Haupt...", „Grund...". Die Kardinalzahl ist die Hauptzahl.

In den beiden nachfolgenden Abbildungen ist die Entwicklung des **Gesamtnutzens** mit zunehmender Güterversorgung dargestellt. Der Gesamtnutzen steigt **unterproportional**[1] bis zur **Sättigungsgrenze**. Wird die Sättigungsgrenze überschritten, nimmt der Gesamtnutzen ab.

Da der Gesamtnutzen mit zunehmender Güterversorgung nur degressiv zunimmt, nimmt der **Grenznutzen** ab. Der Grenznutzen wird **negativ,** wenn der Konsument die **Sättigungsgrenze überschreitet.**

Im oberen Teil der Abbildung stellen die grünen Felder die Grenznutzen (Nutzenzuwachs je zusätzliche Gütereinheit) dar.[2] Sie entsprechen dem Inhalt der Felder im unteren Teil der Abbildung. Der Gesamtnutzen im oberen Teil der Abbildung ergibt sich aus der Addition der grünen Felder bzw. aus der **Gesamtnutzenkurve.** Aus der Grafik ist ersichtlich, dass z. B. der Gesamtnutzen bei 4 Gütereinheiten 50 Nutzeneinheiten (Maßstab für die Intensität der Nutzenempfindung) beträgt.

Das blaue Feld im oberen Teil der Abbildung zeigt die Abnahme des Gesamtnutzens, wenn die Sättigungsgrenze überschritten wird. Der Gesamtnutzen sinkt auf 45 Nutzeneinheiten. Der Grenznutzen ist also negativ, wie das blaue Feld im unteren Teil der Abbildung erkennen lässt.

Gesamtnutzen und Grenznutzen

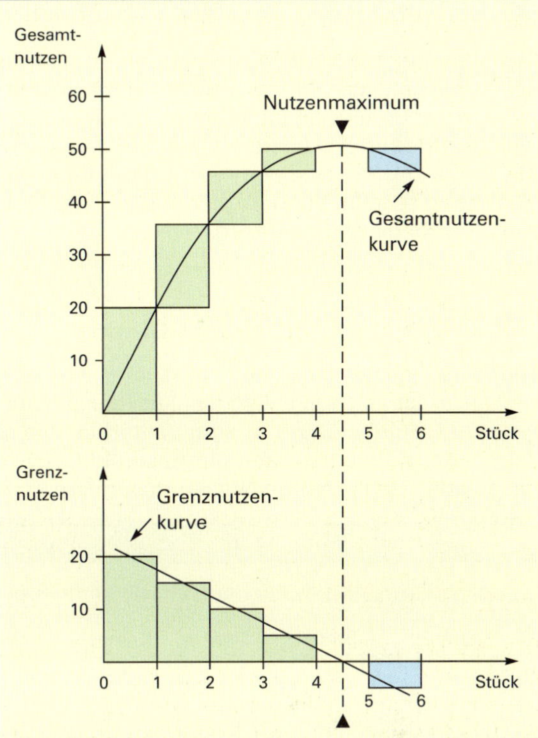

Merke:

- Der **Gesamtnutzen** ist die Summe aller Nutzenempfindungen eines Verbrauchers bei einem bestimmten Versorgungsniveau.
- Der **Grenznutzen** ist der Nutzenzuwachs, der dann entsteht, wenn der Verbraucher eine zusätzliche Gütereinheit konsumiert.

(2) Gesetz der Wertabnahme

Der Zusammenhang zwischen Versorgungsniveau und Nutzenentwicklung ist der Volkswirtschaftslehre schon seit langem bekannt. Er wurde von Hermann Heinrich Gossen erstmalig formuliert und daher als „Erstes Gossen'sches Gesetz" bezeichnet.

1 Proportional: im gleichen Verhältnis; unterproportional: langsamer zunehmend als eine Bezugsgröße.

2 Grenzwerte sind Zwischenwerte. Sie müssen daher in einer grafischen Darstellung auch als Zwischenwerte eingetragen werden.

Merke:

Das **Erste Gossen'sche Gesetz** besagt: Mit zunehmender Bedürfnisbefriedigung nimmt der Grenznutzen ab.[1]

(3) Bedeutung des Gesetzes vom abnehmenden Grenznutzen

Die Bedeutung des Gesetzes vom abnehmenden Grenznutzen besteht in der Erklärung der Tatsache, dass der Verbraucher seine Wertvorstellungen von einem Gut nach der letzten ihm zur Verfügung stehenden Einheit dieses Gutes ausrichtet. „Der Platz des Wassers auf unserer Wertskala wird nicht durch den unendlich großen Nutzen eines Glases Wasser bestimmt, das uns vor dem Verdursten retten würde, wenn uns nur dieses eine Glas zur Verfügung stünde, sondern durch den Nutzen der letzten Dosis, die wir zum Baden oder zum Blumengießen benutzen."[2]

2.3.4.3 Zweites Gossen'sches Gesetz

Bisher haben wir lediglich untersucht, wie sich **Gesamtnutzen** und **Grenznutzen** entwickeln, wenn sich der Verbraucher (der private Haushalt) **einem Wirtschaftsgut** gegenübersieht. Zu überlegen ist aber weiterhin, wie sich der Verbraucher verhält, wenn er bei gegebener Konsumsumme die **Auswahl** unter **mehreren Arten von Konsumgütern** treffen soll und dabei seinen Nutzen maximieren möchte.

Beispiel:

Angenommen, ein privater Haushalt (ein Verbraucher) hat folgende Bedürfnisstruktur:

Getränke	Brot	Fleisch	Gemüse	Seife	Genussmittel	
6						vom Haushalt gekaufte Gütermenge
5	5					
4	4	4				
3	3	3	3			
2	2	2	2	2		nicht befriedigte Bedürfnisse
1	1	1	1	1	1	

Die Zahlen bedeuten die Grenznutzen je Einheit der genannten Güter. Die Versorgung mit einer ersten Einheit Getränke (z.B. einer Flasche Milch) bringt beispielsweise einen Nutzenzuwachs von 6 Einheiten, die Beschaffung einer ersten Einheit Gemüse (z.B. 1 kg Rotkraut) schafft dem Haushalt nur einen Nutzen von 3 Einheiten. Noch weniger Wert legt der Haushalt auf Genussmittel (z.B. 1 Tafel Schokolade). Die Grenznutzenwerte in der Tabelle drücken also zugleich die Dringlichkeit der Bedürfnisse nach den einzelnen Gütern aus. Nehmen wir weiter an, dass unser Haushalt 10 GE zur Verfügung hat und jede Gütereinheit 1 GE kostet, so wird er 4 Einheiten Getränke, 3 Einheiten Brot, 2 Einheiten Fleisch und 1 Einheit Gemüse kaufen. Der Rest der Bedürfnisse bleibt unbefriedigt. Ein restloser Nutzenausgleich ist nur möglich, wenn die Güter vollständig teilbar sind. Bei nicht restlos teilbaren Gütern wäre z.B. ein vollständiger Nutzenausgleich nicht möglich, wenn der Haushalt 12 GE ausgeben wollte. Bei 15 GE hingegen kann der Ausgleich wieder geschaffen werden.

---

1 Andere sprechen vom **„Gesetz der Wertabnahme"**. „Gesetze" im volkswirtschaftlichen Sinne stellen keine Naturgesetze dar. Es handelt sich vielmehr um Tendenzen, die immer wieder von Ausnahmen durchbrochen sein können.

2 Röpke, W.: Die Lehre von der Wirtschaft, S. 25.

Unser Beispiel zeigt, dass das **Maximum der Bedürfnisbefriedigung** dann erreicht ist, wenn sich die **Grenznutzen der zur Verfügung stehenden Güter ausgleichen.** Jede andere Verwendungskombination erbringt einen niedrigeren Gesamtnutzen (Summe aller Grenznutzen).

Beweis:

Kauft der Haushalt mit seinen 10 GE 4 Einheiten Getränke, 3 Einheiten Brot, 2 Einheiten Fleisch und 1 Einheit Gemüse, beträgt sein Gesamtnutzen 40 Nutzeneinheiten (6 + 5 + 4 + 3 + 5 + 4 + 3 + 4 + 3 + 3).

Kauft er hingegen statt Gemüse eine zusätzliche Einheit Fleisch, beträgt sein Gesamtnutzen nur 39 Nutzeneinheiten (18 Nutzeneinheiten bei den Getränken, 12 beim Brot und 9 beim Fleisch). Nur im Fall des Grenznutzenausgleichs hat er ökonomisch gehandelt, also seinen Gesamtnutzen maximiert.

Merke:

Das **Zweite Gossen'sche Gesetz** besagt: Der private Haushalt (der Verbraucher) hat dann seinen Nutzen maximiert, wenn sich die Grenznutzen der von ihm verwendeten Güter ausgleichen **(Gesetz des Nutzenausgleichs).**

2.3.4.4 Bilanzgerade und Haushaltsoptimum

Die Grenznutzenanalyse geht davon aus, dass der Konsument hinsichtlich der Konsumalternativen angeben kann, um wie viel der Grenznutzen des einen Gutes zu dem eines anderen Gutes **absolut** differiert, was aber in der Realität so **nicht** möglich ist.

Vor diesem Hintergrund basiert die **moderne Nutzentheorie** auf der Vorstellung, dass Nutzen allenfalls in einer Ordinalskala messbar ist, d.h., der Konsument ist lediglich in der Lage, den Nutzen einzelner Güter in eine **natürliche Rangfolge** zu bringen. So kann der Konsument durchaus entscheiden, ob er in einer bestimmten Situation von zwei Gütern eines dem anderen vorzieht oder sie als **„nutzenindifferent"** bezeichnet. Dies ermöglicht ihm, seine knappen finanziellen Mittel dergestalt aufzuteilen, dass er sich Tag für Tag bzw. Monat für Monat entscheiden kann, welche Güter ihm im Vergleich zu anderen einen höheren Nutzen stiften und welche Güter er somit am Markt nachfragt.

Bei **Nutzenindifferenz** stiften die Güter einen **gleich hohen Nutzen.** Unterstellt man, dass ein Konsument zwischen zwei Gütern auswählen kann, so gibt eine **Indifferenzkurve** alle möglichen Mengenkombinationen dieser beiden Güter an, bei denen der Nutzen aus seiner Sicht gleich groß ist. Betrachtet man beispielsweise die Indifferenzkurve 1 (I_1) auf der folgenden Seite, so erreicht der Haushalt bei Güterkombination 1 einen ebenso hohen Nutzen wie bei Güterkombination 2. Möchte der Haushalt also eine im Vergleich zu Güterbündel 1 größere Menge von Gut 1 (+ Δ Gut 1) konsumieren, so muss er hierfür auf den Konsum einer entsprechenden Menge des Gutes 2 (– Δ Gut 2) verzichten.

Da normalerweise – Nichtsättigung vorausgesetzt – eine mengenmäßig höhere Versorgung zu einem höheren Nutzen führt, gilt allgemein: Je weiter eine Indifferenzkurve vom Ursprung des Koordinatensystems entfernt liegt, desto höher ist das Nutzenniveau, das sie verkörpert.

Die **Bilanzgerade** (auch **Budget-** oder **Haushaltsgerade** genannt) ist der geometrische Ort **aller maximal erwerbbaren** alternativen Güterbündelkombinationen bei **gegebenem Einkommen** und **gegebenen Preisen.** Steigt das Haushaltseinkommen oder fallen die Preise für beide nachgefragten Güter, so verschiebt sich die Bilanzgerade weiter nach rechts, sodass eine weiter vom Ursprung entfernte Indifferenzkurve und somit ein höheres Nutzenniveau realisiert werden kann.

Unterstellt man, dass sich die Nachfrage eines Haushaltes auf zwei Güter beschränkt, so lässt sich mithilfe der Indifferenzkurvenanalyse das **Haushaltsoptimum** bestimmen. Theoretisch kann der Haushalt all jene Güterkombinationen realisieren, die auf bzw. links von der Bilanzgeraden liegen. Da der **Gesamtnutzen** umso **höher** ist, je **weiter** die **Indifferenzkurve** vom Ursprung entfernt liegt, erreicht der Haushalt bei gegebener Bilanzgerade dort sein Nutzenmaximum, wo die Bilanzgerade die am „weitesten" vom Ursprung entfernte Indifferenzkurve tangiert. In nachfolgender Abbildung läge das **Nutzenmaximum** des Haushalts also im **Tangentialpunkt** von **Bilanzgerade** und **Indifferenzkurve 2** (I_2).

Indifferenzkurven und Bilanzgerade

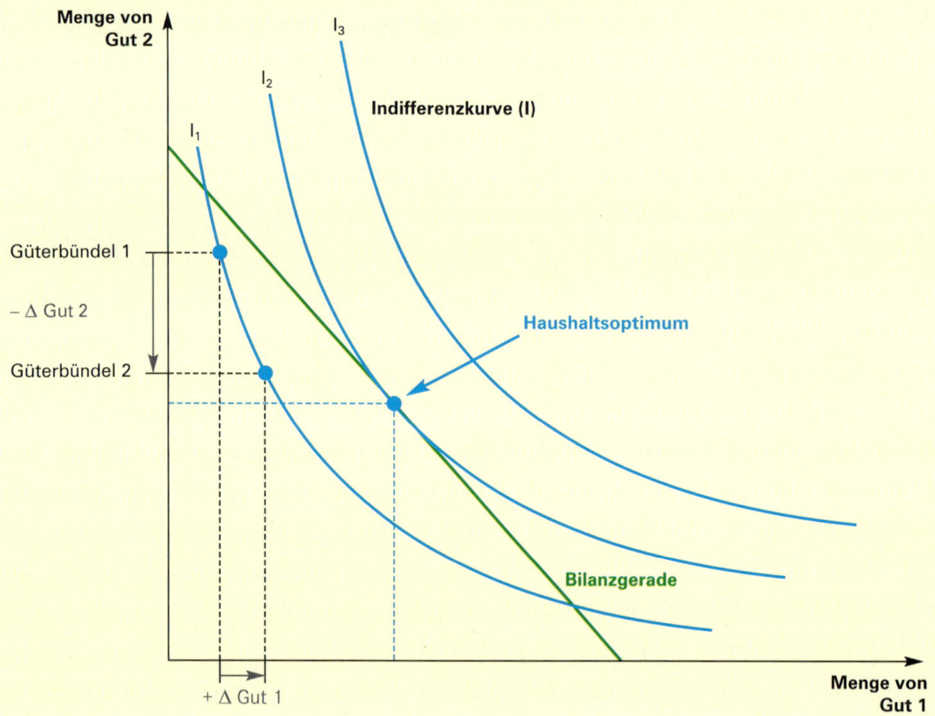

2.4 Kritische Betrachtung des ökonomischen Prinzips

2.4.1 Homo oeconomicus und menschliches Verhalten in der Realität

(1) Begriff Homo oeconomicus

Die Wirtschaftstheorie unterstellt in ihren Modellen grundsätzlich, dass die Wirtschaftssubjekte immer nach dem ökonomischen Prinzip handeln. Wirtschaftssubjekte sind die wirtschaftlich handelnden Einzelpersonen, Gruppen und Organisationen (z.B. Betriebe, staatliche Stellen, Gewerkschaften, Unternehmensverbände).

Merke:

Wirtschaftssubjekte, die ihr **gesamtes** Handeln ausschließlich an dem **ökonomischen Prinzip** ausrichten, bezeichnet man als **„Homo oeconomicus"**.

Handlungsbestimmend für den Homo oeconomicus ist das Streben nach **Nutzenmaximierung (Konsumenten)** bzw. nach **Gewinnmaximierung (Produzenten)**. Viele Modelle der Volkswirtschaftslehre basieren auf dieser Fiktion[1] des Homo oeconomicus.

In der Realität hingegen lässt sich aufzeigen, dass Wirtschaftssubjekte ihr Handeln eben nicht ausschließlich an dem ökonomischen Prinzip ausrichten, sondern nicht selten andere Motive das Handeln des Einzelnen prägen.

Beispiele:

Vorführungen im Kino werden am Wochenende besser besucht als Vorführungen unter der Woche, und das, obwohl diese mitunter wesentlich preiswerter angeboten werden.

Ein Landwirt arbeitet weiterhin in seinem Betrieb, obwohl er bei gleicher Anzahl von Arbeitsstunden in einem Unternehmen ein wesentlich höheres Einkommen erzielen könnte.

Mit der wissenschaftlichen Untersuchung rationalen Verhaltens beschäftigt sich unter anderem die **Spieltheorie,** die ein besonderes Gewicht auf das Studium menschlicher Interaktionen legt. Die spieltheoretische Modellbildung geht von einem allgemeinen Entscheidungsproblem für mehrere Individuen aus und betont die Aspekte von Konflikt und Kooperation, die sich aus der konkurrierenden Zielsetzung der einzelnen Individuen ergeben. Wie derartige Untersuchungen den „Homo oeconomicus" widerlegen, soll am Beispiel des **„Ultimatum-Spiels"** verdeutlicht werden.

(2) Ultimatum-Spiel

Bei diesem Spiel handelt es sich um die Simulation einer ökonomischen Entscheidung. Die Grundidee des Spiels besteht darin, dass ein feststehender Betrag (z.B. 1000,00 EUR) unter zwei Personen (A und B) aufgeteilt werden soll. Dabei muss Spieler A dem Spieler B unter Angabe eines Ultimatums ein Angebot unterbreiten, wie viel Letzterer erhalten soll. Die strengen Spielregeln sehen vor, dass beide Personen nicht miteinander kommunizieren dürfen, sodass keine Verhandlungen im eigentlichen Sinne stattfinden. Des Weiteren gilt, dass das Spiel nicht wiederholbar ist. Spieler B hat nach Unterbreitung des Angebots nunmehr zwei Optionen:

1 Fiktion: Vorstellung, Vermutung.

- Er nimmt dieses Angebot an mit der Konsequenz, dass der Betrag dann entsprechend dem Vorschlag des Spielers A zwischen beiden Personen aufgeteilt wird.
- Lehnt B das Angebot ab, so gehen beide Parteien leer aus; der Geldbetrag ist unwiderruflich verloren.

Der Wirtschaftstheorie folgend müsste eigentlich gelten, dass Spieler A im Sinne der Nutzenmaximierung dem Spieler B einen möglichst geringen Betrag anbietet, um sein Einkommen zu maximieren. Spieler B hingegen müsste dem Rationalprinzip folgend jeden Betragsvorschlag akzeptieren. So bedeutet beispielsweise ein Angebot von 1,00 EUR, dass Spieler B bei Annahme des Angebots diesen Euro erhält, wohingegen er im Falle einer Ablehnung nichts erhalten würde.

Tatsächlich aber zeigen die Ergebnisse dieses spieltheoretischen Versuchs – unabhängig vom zu verteilenden Betrag, des Kulturkreises oder anderer Einflussfaktoren –, dass im Gegensatz zur bloßen Maximierung des Nutzens (hier Einkommens) die meisten Menschen hohen Wert auf Fairness legen. So haben nur wenige Spieler in der Rolle der Person A eine stark „ungleiche" Verteilung vorgeschlagen. Gleichzeitig war zu beobachten, dass die Bereitschaft der Spieler B, einen Verteilungsvorschlag zu akzeptieren, abnahm, je schlechter der Verteilungsschlüssel für ihn ausfiel.

Merke:

Wie die **Spieltheorie** belegt, richten Menschen ihr gesamtes Handeln nicht ausschließlich an dem ökonomischen Prinzip aus, vielmehr scheinen andere Werte – wie beispielsweise Solidarität, Fairness und Gerechtigkeit – ihnen gleichfalls von Bedeutung zu sein.

Grenzen rationaler Nutzenmaximierung

Im realen Leben stößt das Prinzip der Nutzenmaximierung an seine Grenzen: Es scheint geradezu ihr Gegenteil zu bewirken. Der permanente Vergleich und die rastlose Suche nach der besten Option führen bei ständig sich ändernden Möglichkeiten dazu, das Gegebene kaum genießen zu können, dauernd Verzichtskosten zu spüren und noch nicht einmal verlässliches Routineverhalten zu entwickeln. Somit kann die Nutzenmaximierung geradezu als Voraussetzung zum Unglücklichsein dienen. Die rationale Entscheidung für den größten Vorteil hat insofern ihre Grenzen, als Kosten und Nutzen der Entscheidungsalternativen oft ungewiss und für die Zukunft schwer vorauszusehen sind. Informationen müssen nicht nur angemessen ausgewählt, wahrgenommen und berücksichtigt, sondern auch bewertet und gewichtet werden. Dabei sind die eigenen Präferenzen oft gar nicht bewusst, vielmehr scheint das Gespür für die eigenen Bedürfnisse so begrenzt wie für die notwendigen Mittel.

Angesichts der Vielfalt der Möglichkeiten scheinen Wahlentscheidungen des Nutzenmaximierers heute vor allem eins zu erzeugen: Stress. Es wird zunehmend deutlich, dass Menschen sich weder ständig rational verhalten können noch wollen. Sie neigen zu systematischen Wahrnehmungsfehlern und Fehleinschätzungen, bilden Automatismen aus, wägen Entscheidungen nicht lange ab und stellen sie oft nachträglich in einen Vernunftzusammenhang.

- Menschen neigen zu Unterschätzungen und Überschätzungen, vermeiden gerne aktive Entscheidungen und entwickeln Daumenregeln, um den Entscheidungsdruck zu senken.
- Sie vergleichen in der Regel sehr wohl, suchen dabei aber – vor allem, wenn sie sich über den Wert eines Gutes unsicher sind – nach bestimmten Ankern wie zum Beispiel Marken oder Preisen, die nicht unbedingt etwas mit der gegebenen Entscheidung zu tun haben müssen.
- Ihre Angst vor Verlusten ist größer als die Freude über Gewinne. So halten sie an Entscheidungen fest, wenn „versunkene" Kosten durch frühere Entscheidungen damit verbunden sind. Kreditkarten und Flatrates lindern den Schmerz des Bezahlens, da sie die Vorstellung erzeugen, „etwas umsonst" zu bekommen. Die Konsumnachfrage reagiert sensibler auf Preiserhöhungen als auf Preissenkungen.

- Aus Gründen der Fairness sind Menschen auch bereit zu Opfern. Wenn sie negative Handlungen anderer sanktionieren, reagiert das Belohnungszentrum im Gehirn positiv.
- Auch Kooperation wirkt sich als Nutzen aus. So scheinen Menschen eher bereit, umsonst Hilfe zu leisten als gegen Bezahlung. Monetäre Anreize berücksichtigen eben nur einen Teil der zugrundeliegenden Motive. Sie können auch das Gegenteil bewirken und freiwillige Kooperation verdrängen.

Für ein gutes Leben, für Glück und Zufriedenheit ist der absolute materielle Wohlstand oft weniger bedeutsam als angenommen, wichtiger sind Veränderungen in Wohlfahrt und Besitz sowie der Vergleich mit anderen.

Quelle: Informationen zur politischen Bildung, Heft 308.

2.4.2 Verantwortungsvoller Umgang mit der Knappheit natürlicher Ressourcen

Neben dem ökonomischen Prinzip werden in neuerer Zeit auch andere Prinzipien genannt. Diese weiteren Prinzipien sind – im Unterschied zu den ökonomischen Prinzipien – allesamt geprägt von einer **wirtschaftsethischen Grundhaltung.** Im Zentrum dieser Prinzipien stehen also Werte wie etwa Verantwortung, Solidarität oder Humanität. Die Rechtfertigung derartiger wirtschaftsethischer Normen ergibt sich aus den Folgen wirtschaftlichen Handelns für andere Menschen und die Umwelt. Die zugrunde liegenden Maßstäbe des Agierens im Sinne dieser Prinzipien orientieren sich in erster Linie an **Gerechtigkeit** und einen **verantwortungsvollen Umgang** mit der Knappheit natürlicher Ressourcen.[1]

Beispiele für **weitere Prinzipien des Wirtschaftens** sind:

Ökologisches Prinzip	Mit der zunehmenden **Umweltbelastung** durch die Industriestaaten und der gleichzeitigen Erkenntnis der **Endlichkeit der Rohstoffvorräte** rückten in den letzten Jahrzehnten verstärkt ökologische Aspekte in den Fokus des wirtschaftlichen Handelns, die lange Zeit außer Acht gelassen bzw. vernachlässigt wurden. Ziel des Handelns nach dem ökologischen Prinzip sollte es sein, bei allen (wirtschaftlichen) Handlungen die Umweltbelastungen und den Ressourcenverbrauch möglichst auf ein Minimum zu reduzieren. Als Beispiele für einen schonenden Umgang mit dem Leistungsfaktor Natur (Umwelt) können angeführt werden: ■ umweltfreundliche Produktionstechniken (Reduzierung des Ressourcenverbrauchs, Einbau von Filteranlagen), ■ Produktion umweltfreundlicher Produkte (Mehrwegflaschen bzw. -verpackungen, Produkte aus nachwachsenden Rohstoffen), ■ Recycling von gebrauchten Rohstoffen. Im Rahmen des Handelns nach dem ökologischen Prinzip ist es durchaus möglich, dass die Umsetzung umweltbewusster Maßnahmen mit höheren Kosten einhergehen kann. Nicht zuletzt deshalb versucht der Staat in einigen Bereichen unter ökologischen Gesichtspunkten auf die Entscheidungen der Wirtschaftssubjekte Einfluss zu nehmen, z. B. über Aufklärungsbroschüren, Umweltschutzgesetze, Steuern (höhere Besteuerung umweltschädlicher Güter) oder Subventionen (Zuschuss für Solaranlagen, verbilligte Kredite für energetische Sanierung von Wohnhäusern).
Angemessenheitsprinzip	Viele kleinere Betriebe (z.B. Einzelhandelsbetriebe, Handwerker) handeln nach dem **Angemessenheitsprinzip.** Sie sind zufrieden, wenn der Betrieb nach Ansicht der Geschäftsinhaber einen **angemessenen Gewinn** abwirft.

1 Vgl. hierzu Kapitel 3.1.2.2 und Kapitel 3.1.2.3, S. 55ff.

Human-prinzip	Das **Humanprinzip** zielt auf den Leistungsfaktor Arbeit ab. Es besagt, dass die Arbeit der **Selbstverwirklichung und -bestätigung** dient und sich unter humanen Bedingungen vollziehen soll.
Prinzip der gerechten Güterverteilung	Im Rahmen dieses Zieles wird eine „angemessene" Verteilung von materiellen Gütern und Ressourcen angestrebt. Dabei ist jedoch nicht nur der Zugang zu den Gütern der Befriedigung von Grundbedürfnissen wie Ernährung, Kleidung oder Wohnung gemeint, sondern auch eine Chancengleichheit bzw. Chancengerechtigkeit in Bezug auf medizinische Versorgung oder Zugang zu Bildung.

Zusammenfassung

- Unter **Bedürfnissen** versteht man **Mangelempfindungen** der Menschen, die diese zu beheben bestrebt sind. Die Bedürfnisse sind die **Antriebe** (Motive) für das wirtschaftliche Handeln der Menschen.
- Bedürfnisse lassen sich unterscheiden nach der **Dringlichkeit,** dem **Bedürfnisträger** und nach der **Bewusstheit.**
- Die mit **Kaufkraft** versehenen Bedürfnisse bezeichnet man als **Bedarf.**
- Die Mittel, die dem Menschen **Nutzen** stiften, heißen **Güter.**
- **Private Güter** sind dadurch gekennzeichnet, dass sowohl das Ausschluss- als auch das Rivalitätsprinzip funktionieren. Alle anderen Güter haben **„öffentlichen Charakter".**
- Das **Trittbrettfahrerverhalten** führt häufig zu einer **Unterversorgung** mit öffentlichen Gütern bzw. einem **Überkonsum** von Allmendegütern.
- Eine generelle Aussage über den Einfluss des **Bevölkerungswachstums** auf das **Güterangebot** lässt sich nicht machen. In diesem Zusammenhang kommt u.a. dem **technischen Fortschritt** eine wichtige Rolle zu.
- Unter **Wirtschaften** versteht man ein planvolles menschliches Handeln, um eine **optimale** Bedürfnisbefriedigung zu erreichen. Bei derartigem Verhalten erfolgt das Bewirtschaften der knappen Güter nach dem **ökonomischen Prinzip.**
- Der **Nutzen** eines Gutes ist nur **ordinal** messbar, der Konsument kann also bei der Wahl von Konsumalternativen lediglich eine natürliche **Reihenfolge** bestimmen.
- Unter **Grenznutzen** versteht man den **Nutzenzuwachs,** der durch den Konsum **einer zusätzlichen** Gütereinheit entsteht.
- Das **Erste Gossen'sche Gesetz** lautet: Mit **zunehmender** Bedürfnisbefriedigung durch ein Gut **nimmt** der **Grenznutzen ab.**
- Das **Zweite Gossen'sche Gesetz** besagt: Der Konsument erreicht dann sein **Nutzenmaximum,** wenn er seine Konsumsumme so verteilt, dass die verschiedenen **konsumierten Güterarten** jeweils den **gleich hohen Grenznutzen** erbringen.
- Die **moderne Nutzentheorie** basiert auf der Vorstellung, dass Nutzen allenfalls in einer **Ordinalskala** messbar ist, d.h., der Konsument lediglich in der Lage ist, die Nutzen einzelner Güter in eine **natürliche Rangfolge** zu bringen.
- Bei Nutzenindifferenz stiften die Güter einen gleich hohen Nutzen. Unterstellt man, dass ein Konsument zwischen zwei Gütern auswählen kann, so gibt eine **Indifferenzkurve** alle möglichen Mengenkombinationen an, bei denen der Nutzen aus seiner Sicht gleich groß ist.
- Die **Bilanzgerade** (Budgetgerade) ist der geometrische Ort **aller maximal erwerbbarer alternativer** Güterbündelkombinationen bei **gegebenem Einkommen** und **gegebenen Preisen.**
- Das **Haushaltsoptimum** erreicht bei **gegebener Bilanzgerade** dort sein **Nutzenmaximum,** wo die Bilanzgerade die am „weitesten" vom Ursprung entfernte **Indifferenzkurve tangiert.**

- Wirtschaftssubjekte, die ihr **gesamtes** Handeln ausschließlich an dem ökonomischen Prinzip ausrichten, bezeichnet man als **„Homo oeconomicus".**
- Wie die Spieltheorie belegt, richten Menschen ihr gesamtes Handeln **nicht ausschließlich an dem ökonomischen Prinzip** aus, vielmehr scheinen andere Werte – wie beispielsweise **der verantwortungsvolle Umgang mit der Knappheit natürlicher Ressourcen** – ihnen gleichfalls von Bedeutung zu sein.

Übungsaufgaben

2

1. Bilden Sie zu der folgenden Aussage vier Beispiele und begründen Sie Ihre Ansicht!

   Die Feststellung, dass die Bedürfnisse den ganzen wirtschaftlichen Prozess in Gang setzen, ist eine Vereinfachung und wird der heutigen Wirklichkeit nicht voll gerecht. Es ist nicht immer so, dass zuerst Bedürfnisse vorhanden sind und als solche empfunden und dann durch Kaufentschluss und Kaufkraft zur wirksamen Nachfrage werden, dass dann Güter und Mittel produziert werden, um dem Bedürfnis zu entsprechen. Immer häufiger geht die Produktion einfach neue Wege und schafft Güter, für die zunächst keine Nachfrage vorhanden sein kann, weil niemand diese Güter kennt: Die Nachfrage muss vielmehr erst geweckt werden ..."

   (Aus: Störig, Wirtschaft im Entscheidungsbereich, 6. Aufl., Frankfurt/München 1971, S. 27).

2. Nennen Sie je fünf eigene Beispiele für lebensnotwendige und nicht lebensnotwendige Bedürfnisse!
3. Erklären Sie an einem eigenen Beispiel, warum in der Bundesrepublik Deutschland die heutigen Kulturbedürfnisse vor wenigen Jahrzehnten noch Luxusbedürfnisse waren!
4. Worin unterscheiden sich die Existenzbedürfnisse von den Kulturbedürfnissen?

3

1. Welchem Zweck dient die Bereitstellung der Güter durch die Volkswirtschaft?
2. 2.1 Worin unterscheiden sich die freien Güter von den wirtschaftlichen Gütern?

   2.2 Bilden Sie hierzu jeweils zwei Beispiele!
3. Es ist nicht selten, dass ein Gut einmal ein Produktionsgut, einmal ein Konsumgut ist. Beispiel: Strom im Industriebetrieb – Strom im Haushalt.

   Aufgabe:

   Geben Sie weitere Beispiele (mindestens vier) an!
4. Ordnen Sie folgende Mittel der Bedürfnisbefriedigung den Sachgütern oder den Dienstleistungen zu:

   Nahrungsmittel, Kohle, Anlageberatung, Gebäude, Massage, Auto, Maschinen, Leistungen des Zahnarztes, Kran, Blumenstrauß, Unternehmertätigkeit.
5. Begründen Sie, warum die Luft und das Wasser zunehmend zu wirtschaftlichen Gütern werden!

4 **Textauszug:**

„In den hoch industrialisierten Ländern wird zwar der Mensch dazu erzogen, viel zu konsumieren. So hängt sein Sozialprestige, also das Ansehen, das der Einzelne in der Gesellschaft genießt, von dem Konsumstandard ab, den er sich leisten kann. ‚Es verwundert deshalb nicht, wenn der Einzelne durch Steigerung seines Konsums seine soziale Position zu verbessern oder zumindest zu erhalten sucht und wenn auf diese Weise die Bedürfnisse immer schneller steigen ... Es gibt andere Kultursysteme, in denen der Mensch zur Selbstgenügsamkeit erzogen wird. Hier ist keineswegs selbstverständlich, dass die Bedürfnisse mit der Produktion zunehmen'.[1] Aber selbst in den entwickelten Ländern scheint das Wachstum

1 Külp, B.: Grundfragen der Wirtschaft, 1967, S. 49.

4 Boller-Hartmann 978-3-8120-0585-2

der Bedürfnisse abzuflachen. Wie anders wäre es sonst erklärlich, dass das Problem der Absatzschwierigkeiten und der damit verbundenen Arbeitslosigkeit sich in den Vordergrund schiebt. Die Unternehmen werden gezwungen, den Absatzmarkt planmäßig zu gestalten (Marketing), um ihren Absatz zu sichern und auszuweiten. ‚Es hieße die Augen vor der Wirklichkeit verschließen, wollte man auch hier noch davon sprechen, dass die Bewältigung der Knappheit das einzige und wichtige Problem sei.'"[1]

Aufgaben:

1. Definieren Sie den Begriff Bedürfnis!
2. Teilen Sie die Bedürfnisse
   2.1 nach ihrer Dringlichkeit und
   2.2 nach den gesellschaftlichen Befriedigungsmöglichkeiten ein!
3. Nach weit verbreiteter Auffassung sind die Bedürfnisse der Menschen unbegrenzt. Lesen Sie zunächst den obigen Text durch und nehmen Sie sodann Stellung zu dieser These!

5

1. Wirtschaftliche Güter lassen sich nach deren Eigenschaften in Bezug auf Rivalität und Ausschließbarkeit unterteilen. Auf der Basis dieser Kriterien lassen sich die wirtschaftlichen Güter in vier Gruppen unterteilen.

   Aufgaben:

   1.1 Erläutern Sie kurz das Rivalitäts- und das Ausschlussprinzip!

   1.2 Übertragen Sie die Übersicht von S. 32 – ohne die dortigen Beispiele – in Ihr Aufgabenheft und vervollständigen Sie diese anschließend, indem Sie nachfolgende Beispiele in die Übersicht eintragen:

   - Straßenbeleuchtung
   - Laptop
   - MP3-Player
   - Bauland in Ballungsgebieten
   - saubere Luft
   - Telefonfestnetz
   - überfüllter städtischer Kindergarten
   - terrestrische[2] Rundfunkübertragung
   - Fußballübertragung im „Pay-per-view-Verfahren"
   - öffentliches Schwimmbad
   - Warnsignal eines Leuchtturms
   - verstopfte öffentliche Straßen

2. Von der Möglichkeit, bisher rein öffentliche Güter in sogenannte private Güter „umzuwandeln", berichtet nachfolgender Artikel:

Teststrecke in Lemgo

Straßenbeleuchtung per SMS

Von Markus Rinke

Dunkle Abende, unbeleuchtete Straßen – ein unwohles Gefühl auf dem Heimweg. Viele Kommunen schalten nachts die Straßenbeleuchtung aus. Im Lippischen Lemgo sind die Bürger nicht nur sparsam, sondern auch findig. Hier sollen die Lampen per Kurzmitteilung angehen.

„Wir haben hier einen tollen Fahrradweg und eine tolle Beleuchtung, aber nachts geht das Licht aus", sagt Angelika Grote. Die Stadt Lemgo spart seit drei Jahren nachts Strom. Um elf Uhr werden in den Außenbezirken die Laternen abgestellt. Rund 50000 Euro spart die Stadt so jedes Jahr. Doch der Mutter von zwei Jugendlichen war es ein Dorn im Auge, dass die Kinder im Dunklen nach Hause kommen. „Gerade am Wochenende, wenn die Jugendlichen auf Parties sind, wollen sie nicht abgeholt werden." Aber es gibt eine Lösung: Ehemann Dieter Grote wählt mit seinem Handy eine Kurzmitteilung an die Stadtwerke und schon wenige Sekunden später ist der stockdustere Weg durch Laternen ein wenig erleuchtet.

---

1 Külp, B.: Grundfragen der Wirtschaft, 1967, S. 50.

2 Terrestrisch (lat.): durch Sendemasten, nicht über Kabel oder Satellit (gesendet, empfangen).

Und die Umsetzung ist relativ einfach. Ähnlich wie beim Parkschein Ziehen per Handy ist in den Schaltkästen ein Modem eingebaut. Der Fußgänger schickt eine SMS mit einer Nummer an die Stadtwerke. Von dort geht das Signal weiter an den Schaltkasten und schon geht das Licht an. Bei den modernen Lampen, die schnell leuchten und relativ wenig Strom verbrauchen, ist das technisch kein Problem, versichert Georg Klene, der das Projekt bei den Stadtwerken leitet. Der Fußgänger muss sich allerdings mit seinem Handy bei den Stadtwerken registrieren lassen und später den Strom bezahlen. Damit soll der Missbrauch vermieden und Geld verdient werden.

Für die zwei Kilometer lange Teststrecke soll eine 15 Minuten dauernde Beleuchtung 50 Cent kosten. Allerdings ist das nur ein grober Richtwert und zumindest für Dieter Grote nebensächlich: „Das ist schon ein tolles Gefühl, wenn man hier mit dem Handy das Licht einschalten kann." Angenehmer Nebeneffekt für die Grotes ist dabei, dass es sich bei der Versuchsstrecke genau um den Weg handelt, den die Kinder immer aus Lemgo nach Hause nehmen.

Doch die Lipper gelten nicht umsonst als sparsam und geschäftstüchtig. Bisher ist es noch ein Versuch, doch die Stadtwerke haben das Anschalten der Laternen per SMS als Patent angemeldet und damit große Pläne: „Wir können das deutschlandweit einsetzen und stehen schon aktiv mit mehreren Kommunen in Kontakt", sagt Georg Klene. Noch in diesem Jahr stellt er die Idee in einer Stadt im Ruhrgebiet vor. Und Dieter Grote hat bereits weitere Pläne: So könnten Rettungswagen nachts Einsätze in Wohngebieten beleuchten lassen, Taxifahrer ihren Kunden Licht vor der Haustür als besonderen Service anbieten oder Jogger an Winterabenden das Flutlicht eines Sportplatzes anschalten.

Quelle: www.wdr.de

Aufgabe:

Diskutieren Sie weitere Möglichkeiten der Umwandlung öffentlicher Güter in private Güter! Gehen Sie bei Ihren Vorschlägen auch auf die konkrete Umsetzung ein und erläutern Sie mögliche Probleme bei der Umsetzung!

6

1. Nennen Sie zwei eigene Beispiele für das Handeln nach dem ökonomischen Prinzip
   1.1 im privaten Haushalt und
   1.2 im wirtschaftlichen Betrieb!

2. Begründen Sie, warum Minimalprinzip und Maximalprinzip zwei Ausprägungen des wirtschaftlichen Prinzips darstellen!

3. Fräulein Rudolph ist Sekretärin und verdient monatlich 2300,00 EUR netto. Sie legt monatlich 300,00 EUR von vornherein bei ihrer Bank an, den Rest gibt sie für Miete, Lebensmittel, Kleidung, Körperpflege, Genussmittel und Unterhaltung aus. Sie macht regelmäßig Preisvergleiche und informiert sich beim Kauf von Gebrauchsgütern in Verbraucherzeitschriften über Preise und Qualitäten, sodass sie grundsätzlich so preiswert wie möglich kaufen kann.

   Aufgabe:

   Nach welchem Prinzip **und** nach welcher Ausprägungsform dieses Prinzips handelt sie?

   A nach dem wirtschaftlichen Prinzip?
   B nach dem Minimalprinzip?
   C nach dem Maximalprinzip?
   D nach dem Bedarfsprinzip?
   E nach dem Angemessenheitsprinzip?

   Kreuzen Sie die richtige Antwortkombination an! (Falls Ihnen das Buch nur leihweise überlassen wurde, schreiben Sie die Lösungsnummer bitte in Ihr Heft!)

   3.1 A, C ① 3.3 A, D ③ 3.5 B, E ⑤ 3.7 A, E ⑦
   3.2 A, B ② 3.4 A, E ④ 3.6 B, D ⑥ 3.8 D, E ⑧

4. Beurteilen Sie diese Formulierung des ökonomischen Prinzips:

   „Mit möglichst geringem Aufwand an Mitteln soll der größtmögliche Erfolg erzielt werden."!

5. Zwischen dem ökonomischen Prinzip und den Prinzipien der Humanisierung der Arbeit und der Schonung der Natur besteht ein inneres Spannungsverhältnis.

   Aufgaben:

   5.1 Formulieren Sie ein Beispiel, wo es zwischen diesen Prinzipien zu Spannungen kommen kann!

   5.2 Diskutieren Sie die Frage, ob zwischen den drei Prinzipien eine Abstufung nach der Dringlichkeit möglich ist!

7

1. Unterscheiden Sie die Begriffe Gesamtnutzen und Grenznutzen!
2. Warum ist der Nutzen nicht kardinal messbar?
3. Der Grenznutzen eines privaten Verbrauchers je 100 g zusätzliche Einheit Brot entwickelt sich mit zunehmender Brotmenge wie folgt:

Brotmenge insgesamt	100	200	300	400	500	600
Grenznutzen je 100 g Brot in Nutzeneinheiten	60	35	25	15	10	0

   Aufgaben:

   3.1 Zeichnen Sie die Gesamtnutzenkurve und die Grenznutzenkurve!

   3.2 Welche Aussagen lassen sich aufgrund dieser Kurven machen?

4. Welche Bedeutung hat der Grenznutzen für die Nutzenerwägungen eines Haushalts?
5. Formulieren Sie das Erste Gossen´sche Gesetz!
6. Beweisen Sie mithilfe eines selbst gewählten Beispiels (mindestens drei Güter bzw. Gütergruppen), dass ein privater Haushalt sein Nutzenmaximum dann erreicht, wenn die Grenznutzen der ihm zur Verfügung stehenden Güter gleich sind!
7. Definieren Sie das Zweite Gossen´sche Gesetz!

3 Die effiziente Kombination der Produktionsfaktoren

3.1 Produktionsfaktoren Boden/Umwelt, Arbeit/Wissen und Kapital

3.1.1 Begriff Produktionsfaktoren

Das Produzieren im volkswirtschaftlichen Sinn, also das Beschaffen, Erzeugen und Verteilen von Gütern, geht auf die Vereinigung der beiden Grundelemente **Boden/Umwelt**[1] und menschliche **Arbeit** zurück. Diese beiden Grundelemente werden daher auch als **ursprüngliche (originäre) Produktionsfaktoren**[2] bezeichnet.

Merke:

Produktionsfaktoren sind alle Hilfsmittel (Ressourcen), die bei der Produktion mitwirken.

Neben den **originären Produktionsfaktoren Natur** und **Arbeit** setzt der Mensch als weitere Hilfsmittel noch die Produktionsfaktoren **Kapital** und **Bildung** ein, um den Erfolg seiner Arbeit zu erhöhen.

3.1.2 Produktionsfaktor Boden/Umwelt[3]

3.1.2.1 Leistungen des Produktionsfaktors Boden/Umwelt

Merke:

- Der **Produktionsfaktor Boden/Umwelt** umfasst die **Erdoberfläche** und **alle von der Natur bereitgestellten Ressourcen** (z. B. Bodenschätze, Wind, Sonne, Klima, Wasser, Pflanzen, Tiere).
- Der Produktionsfaktor Boden/Umwelt dient dem Menschen als **Anbaufaktor,** als **Abbaufaktor** und als **Standortfaktor.**

Anbaufaktor	Die Natur liefert uns den **Boden,** die **Luft,** das **Wasser** und die **Sonnenenergie.** Vor allem der Boden dient der Produktion auf vielfache Weise. In der landwirtschaftlichen Produktion ist er **Anbaufaktor,** indem mit seiner Hilfe Nahrungsmittel (z. B. Getreide) oder Rohstoffe (z. B. Baumwolle) hervorgebracht werden. Der Boden liefert der Forstwirtschaft den wichtigen Rohstoff Holz (z. B. zur Herstellung von Möbeln, Baumaterialien oder Papier).

1 Da der Boden bei der Produktion eine ganz wesentliche Rolle spielt, wird in der Volkswirtschaftslehre statt vom Produktionsfaktor „Boden/Umwelt" vom Produktionsfaktor **„Natur"** gesprochen.

2 Faktor: Mitbewirker, mitbestimmender Grund.

3 Anstelle des Begriffs Boden/Umwelt wird auch der Begriff Boden isoliert verwendet.

Abbaufaktor	Zugleich ist der Boden ein **Abbaufaktor,** indem er uns Rohstoffe wie z.B. Kohle, Erze, Erdgas oder Erdöl liefert. Die Bodenschätze sind jedoch nicht unerschöpflich und es lässt sich absehen, dass diese bald ausgebeutet sein werden. Damit wird sich die Menschheit einem neuen Knappheitsproblem gegenübersehen, dem nicht mit primär wirtschaftlichen, sondern nur mit technischen Mitteln begegnet werden kann (z.B. Entwicklung neuer Technologien zur Erschließung weiterer Energiequellen).
Standortfaktor	Ferner gibt uns der Boden die Flächen, die wir für die Erstellung von Fabrikanlagen, Handelsgeschäften oder land- und forstwirtschaftlichen Betrieben benötigen. Der Boden dient als **Standortfaktor.**

Mehr als die Hälfte der Fläche Deutschlands dient der Landwirtschaft und über 47000 Quadratkilometer werden für Siedlungs- und Verkehrsflächen benötigt; dieser Teil wuchs in den letzten Jahren pro Tag im Schnitt um 94 Hektar. Der Wald bedeckt immerhin fast ein Drittel Deutschlands. Dabei gibt es aber von Bundesland zu Bundesland erhebliche Unterschiede. Unter den Flächenstaaten hat Nordrhein-Westfalen mit 22,3 Prozent den höchsten und Mecklenburg-Vorpommern mit 7,9 Prozent den niedrigsten Anteil von Siedlungsflächen.

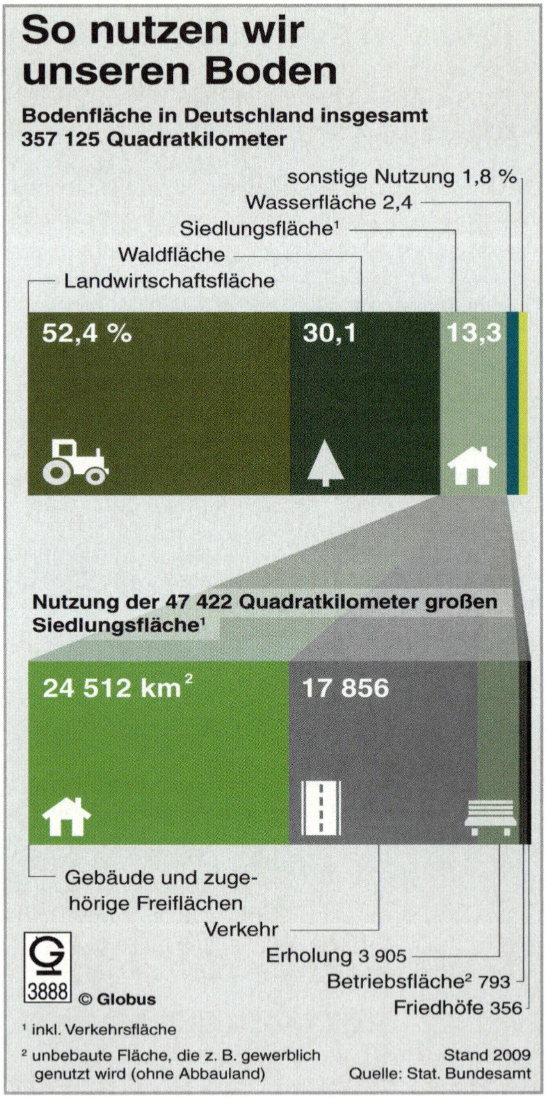

3.1.2.2 Ökologische Folgen durch die Nutzung der Natur als öffentliches Gut

Lange Zeit wurde die Natur als kostenloser Produktionsfaktor gesehen, den man beliebig „nutzen", „benutzen" und „ausbeuten" kann. In der heutigen Zeit, in der die natürlichen Ressourcen immer knapper werden, die Natur als „kostenlose" Lagerstätte für Abfälle aller Art missbraucht wird und täglich zahlreiche Tier- und Pflanzenarten für immer ausgerottet werden, beginnt sich die Ansicht durchzusetzen, dass die Natur nicht länger als „Gratisquelle" und als „Gratisdeponie" betrachtet werden darf.

Die Benutzung der Natur als Deponie, also die **Umweltbelastung,** tritt in folgenden Formen auf:

Luftverschmutzung	Die Luft enthält viele Verunreinigungen, die teilweise auf natürliche Quellen (z. B. Staub aus Vulkanausbrüchen und aus Verwehungen), in immer stärkerem Maße jedoch auf das menschliche Produzieren und Verbrauchen zurückzuführen sind (z. B. industrielle Stäube, Abgase und Abwässer, Verbrennungsrückstände, Abwärme, Radioaktivität).
Gewässerbelastung	Binnengewässer und Meere werden zunehmend durch giftige Stoffe verschmutzt. Dünge- und Reinigungsmittel enthalten Nitrate und Phosphate, die die Flüsse in die Meere schwemmen. Chemieabfälle werden in den Meeren „verklappt". Ungereinigte Abwässer ergießen sich in Flüsse und Meere. Radioaktive Abfälle und andere gefährliche Stoffe werden in die Meere versenkt.
Bodenbelastung	Luft-, Wasser- und Bodenverschmutzung hängen eng zusammen. Die in der Luft enthaltenen Schadstoffe werden abgeregnet und gelangen in den Boden und von dort in die Gewässer. Düngemittel, Unkraut- und Insektenvertilgungsmittel belasten die Böden immer stärker.

Die Folgen der Umweltverschmutzung sind die weitere Zerstörung von naturnahen Räumen und Erholungslandschaften, Vergiftung der Nahrungsmittel mit Chemierückständen und Radioaktivität, Klimaveränderungen, Vernichtung der Arten und letztlich Entziehung der Lebensgrundlagen der Menschen.

Die Frage ist, was man tun kann, um die verhängnisvolle Entwicklung zu bremsen. Notwendig ist eine globale Umweltpolitik im Sinne eines **verantwortungsvollen Umgangs mit der Knappheit natürlicher Ressourcen**, die bislang nur in Ansätzen vorhanden ist. Eine Form der globalen Umweltpolitik ist die **Konzeption des nachhaltigen Wirtschaftens.**

3.1.2.3 Nachhaltigkeit des Wirtschaftens

(1) Begründungszusammenhang und Begriffsklärung

Globale Umweltprobleme wie die Erwärmung der Erdatmosphäre, das Ozonloch oder die Vernichtung der tropischen Regenwälder zeigen, dass eine Globalisierung der Maßnahmen zur Erhaltung unserer Lebensgrundlagen notwendig ist.

Nebenstehende Grafik macht das Ausmaß der weltweiten Umweltzerstörung deutlich, die sich tagtäglich wiederholt.

Die Überwindung der immer größer werdenden Kluft zwischen armen und reichen Ländern, aber auch zwischen Arm und Reich innerhalb einzelner Volkswirtschaften bedarf ebenfalls globaler Anstrengungen.

Dabei steht außer Frage, dass die **Industrieländer** eine **besondere Verantwortung** für eine Reduzierung der weltweiten Umweltbelastungen haben, da sie für den Großteil der weltwirtschaftlichen Produktion verantwortlich sind. Würde man nämlich den Ressourcenverbrauch der Industrieländer auf die Entwicklungsländer übertragen, so würde dies zum **Kollaps der Öko-Systeme** der Welt führen.

Auf der UNO-Konferenz „Umwelt und Entwicklung" in Rio de Janeiro im Jahre 1992 wurde die Resolution[1] **Agenda 21** beschlossen, die bis heute von 179 Staaten (darunter auch Deutschland) unterzeichnet wurde. Die Agenda 21 ist ein Handlungsprogramm für das 21. Jahrhundert. Sie fordert als Leitziel eine nachhaltige Entwicklung (engl.: **sustainable development**).

Merke:

Nachhaltiges Wirtschaften bedeutet, dass wir heute so leben und handeln, dass künftige Generationen überall eine lebenswerte Umwelt vorfinden und ihre Bedürfnisse befriedigen können.

Der Begriff der Nachhaltigkeit stammt ursprünglich aus der Forstwirtschaft und wurde erstmals Anfang des 18. Jahrhunderts von Hans Carl von Carlowitz verwendet. Die vom Bergbau ausgelöste Holzknappheit veranlasste ihn zur Erarbeitung eines **Nachhaltigkeitskonzepts**[2] zur Sicherung des Waldbestands als natürliche Ressource für die Holzwirtschaft, wonach immer nur so viel Holz geschlagen wird, wie durch Wiederaufforstung nachwachsen kann. Auf heutige Verhältnisse übertragen ist außerdem dafür zu sorgen, dass dem Wald nicht die **natürlichen Lebens- und Wachstumsvoraussetzungen** entzogen werden, z.B. durch Schadstoffe im Boden und in der Luft (saurer Regen, Waldsterben), durch Klimawandel (Treibhauseffekt) oder durch Schädigung der Erdatmosphäre (Ozonloch).[3]

1 Resolution: Beschluss, Entschließung.

2 Konzept: Entwurf, Plan.

3 Vgl. http://www.learn-line.nrw.de/angebote/agenda21/info/nachhalt.htm#Mag3eck, 12.08.2005.

Dass sich die Bundesrepublik Deutschland in den letzten Jahren in diesem Punkt auf dem richtigen Weg befindet, verdeutlicht nachfolgende Abbildung.

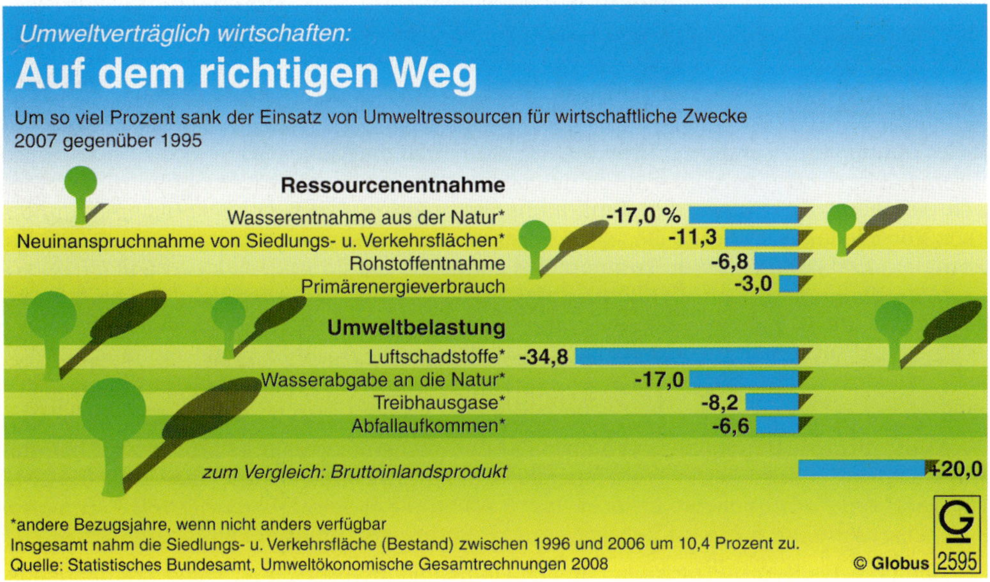

(2) Ziele der Agenda 21

Die **Agenda 21** fordert, dass Industrienationen und Entwicklungsländer zukunftsfähige, dauerhafte und tragfähige Konzepte erstellen, die

- ökologisches Gleichgewicht,
- ökonomische Sicherheit und
- soziale Gerechtigkeit

schaffen **(„Magisches Dreieck" der Nachhaltigkeit)**.

Damit die Agenda 21 ihre Ziele erreicht, müssen insbesondere die reichen Industrienationen ihre ressourcenfressende und umweltschädigende Produktions- und Lebensweise umstellen.

Im Sinne einer **nachhaltigen Entwicklung** sollen insbesondere die **Industrieländer** durch eine veränderte Wirtschafts-, Umwelt- und Entwicklungspolitik die Bedürfnisse der heutigen Generation befriedigen, ohne dabei jedoch die Chancen künftiger Generationen zu gefährden oder gar zu zerstören.

In **Schwellen- und Entwicklungsländern** bezieht sich die Agenda 21 in erster Linie auf Aspekte wie Armutsbekämpfung, Bevölkerungspolitik, Bildung, Gesundheit, Trinkwasserversorgung sowie die ländliche Entwicklung.

Die Agenda 21 versteht sich insgesamt als Maßnahmebündel, das vorrangig internationale Organisationen und nationale Regierungen anspricht, aber auch alle weiteren politischen Ebenen auffordert, im Sinne dieser Ziele zu agieren. Da viele globale Probleme am besten auf der örtlichen Ebene zu lösen sind, besteht beispielsweise in Deutschland ein Beschluss zahlreicher **Kommunen** zur Erarbeitung einer **„Lokalen Agenda 21"** zur Realisierung von Nachhaltigkeit in ihrer Region.

(3) Klimapolitik

In Anlehnung an die Agenda 21 wurde im Jahr 1992 die Klimaerwärmung zum zentralen Thema auf dem Umweltgipfel in Rio de Janeiro. Als Ergebnis dieser Konferenz beschlossen die Teilnehmerstaaten die **Klimarahmenkonvention.** Diese zu konkretisieren und daraus Verpflichtungen für die einzelnen Staaten abzuleiten, erwies sich jedoch als äußerst komplex: Erst nach 5 Jahren konnten sich zunächst 158 Vertragsstaaten nach langwierigen Verhandlungen beim **Weltklimagipfel** 1997 in Kyoto auf verbindliche Regelungen einigen. Das am 16. Februar 2005 in Kraft getretene und 2012 auslaufende Abkommen legt erstmals völkerrechtlich verbindliche Zielwerte für den Ausstoß von Treibhausgasen in den Industrieländern fest, welche die hauptsächliche Ursache der globalen Erwärmung sind.

Im **Kyoto-Protokoll** (benannt nach dem Ort der Konferenz Kyoto in Japan) wird ein **globales Ziel** zur Reduktion der Treibhausgase für die **1. Verpflichtungsphase 2008 bis 2012** vorgegeben: Im Durchschnitt dieser Jahre sollen die **Industrieländer** ihre CO_2-Emissionen[1] insgesamt um **5,2 %** im Vergleich zum Referenzjahr 1990 senken.

Im Rahmen des Kyoto-Protokolls hat sich Deutschland verpflichtet, seine Treibhausgasemissionen im Durchschnitt der Jahre 2008 bis 2012 um mindestens 21 % im Vergleich zu 1990 zu reduzieren. Mit 957 Millionen Tonnen CO_2-Äquivalenten hat Deutschland sein Kyoto-Ziel bereits im Jahr 2007 erreicht und muss daher in den 5 Folgejahren 2008 bis 2012 dafür sorgen, dass die Emissionen nicht wieder steigen.

Für die Zeit nach dem Ende der 1. Verpflichtungsphase, also ab 2013, streben die Vertragsstaaten des Kyoto-Protokolls eine Nachfolge-Vereinbarung an, die oft mit **Kyoto-II** bezeichnet wird.

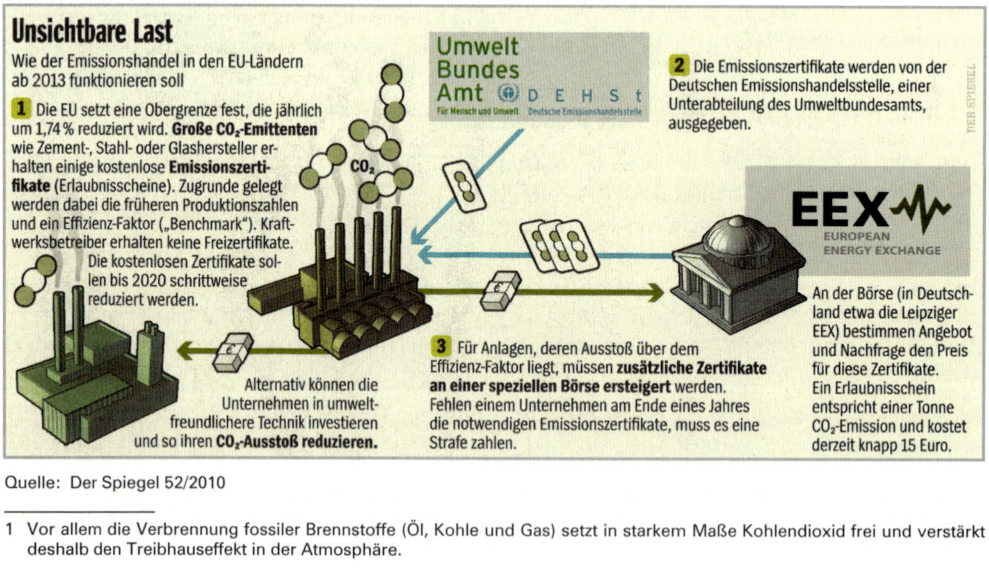

Quelle: Der Spiegel 52/2010

1 Vor allem die Verbrennung fossiler Brennstoffe (Öl, Kohle und Gas) setzt in starkem Maße Kohlendioxid frei und verstärkt deshalb den Treibhauseffekt in der Atmosphäre.

Seit einigen Jahren gibt es in der EU den **Emissionshandel**: Wer Kohlendioxid (CO_2)-Abgase in die Atmosphäre ausstoßen möchte, muss Emissions-Zertifikate in ausreichender Menge vorlegen können. Wenn ein Energiekonzern beispielsweise den Ausstoß ausweiten möchte, weil ein neues Werk in Betrieb genommen wird, muss er Zertifikate nachkaufen.

3.1.3 Produktionsfaktor Arbeit/Wissen

(1) Arbeit

Der zweite ursprüngliche Produktionsfaktor ist die Arbeit. Wir leben nicht im Schlaraffenland, in dem uns die gebratenen Tauben in den Mund fliegen. Selbst dort, wo uns die Natur Nahrungsmittel liefert, ohne dass sie angebaut bzw. erzeugt werden müssen (z.B. Pilze, Waldbeeren), bedarf es einer gewissen Anstrengung, sie zu suchen, zu pflücken und zuzubereiten. Es sind also geistige und körperliche Anstrengungen des Menschen notwendig.

Manche Arbeiten erfordern vorwiegend geistige Kräfte (anordnende, verwaltende, organisierende Tätigkeiten). Andere Arbeiten wiederum sind vorwiegend körperlicher Natur (Handarbeit, Arbeit an Maschinen, Führen von Fahrzeugen usw.) Im ersten Fall spricht man von **geistiger Arbeit,** im zweiten von **körperlicher Arbeit.**

Merke:

Arbeit im Sinne der Volkswirtschaftslehre ist die auf Bedarfsdeckung, d.h. auf Erzielung von Ertrag bzw. Einkommen gerichtete **körperliche und geistige Tätigkeit** der Menschen.

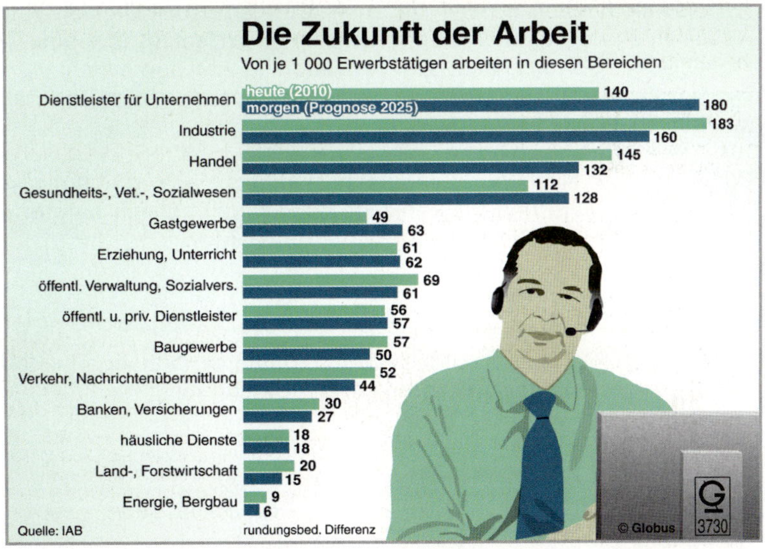

Die Zukunft der Arbeit liegt im Dienstleistungsbereich. Waren dort Mitte der 90er-Jahre weniger als zwei Drittel aller Erwerbstätigen beschäftigt, so sind es heute rund 73 %. Bis zum Jahr 2025 wird ihr Anteil weiter auf fast 77 % steigen. Das geht aus einer Studie des Instituts für Arbeitsmarkt- und Berufsforschung (IAB) hervor. Neue Arbeitsplätze werden vor allem bei den Dienstleistungen für Unternehmen entstehen: Heute sind dort 140 von je 1000 Erwerbstätigen beschäftigt; im Jahr 2025 werden es 180 von je 1000 sein. Darin sind auch die Firmen enthalten, deren Dienste vorher von den Industrieunternehmen selbst erbracht wurden und heute unter dem Stichwort Outsourcing vermehrt zugekauft werden.

Träger des Faktors Arbeit ist der **einzelne** Mensch. Die Natur stellt in aller Regel keine gebrauchsfertigen Güter für uns zur Verfügung, sondern nur Rohstoffe bzw. Energiequellen, die der Mensch erst gewinnen oder erschließen muss. Die zu diesem Zweck vom Mensch aufzuwendende Arbeit hat eine **quantitative** (die Zahl der Arbeitskräfte) und eine **qualitative** Seite (der Ausbildungsstand der Arbeitskräfte).

(2) Wissen

Spätestens seit der ersten industriellen Revolution hat das **Wissen** um die Herstellung von Gütern stark an Gewicht zugenommen. Deshalb rechnet man heute das Wissen entweder als **vierten Produktionsfaktor** zu den drei klassischen Produktionsfaktoren hinzu oder ordnet es dem Faktor Arbeit zu. Eine gute Ausbildung ist eine Investition in die eigene Arbeitskraft, die zu besserer Entlohnung führen kann. Zudem hat man in zahlreichen Studien nachweisen können, dass ein höherer Bildungsabschluss das Risiko von Arbeitslosigkeit verringert.

Vor diesem Hintergrund ist Bildung für breite Bevölkerungsschichten die beste Investition in die Zukunft jedes Einzelnen und somit auch eines Staates. Dies erklärt auch, warum das Recht auf Bildung zu den Grundrechten unseres Landes zählt. Heute versteht man unter **„Recht auf Bildung"** auch die Weiter- und Höherbildung.

In den Entwicklungsländern ist die Bedeutung des Produktionsfaktors Wissen längst erkannt worden, aber ökonomische, gesellschaftliche und politische Strukturen verhindern noch eine breite Ausbildung der Bevölkerung und somit auc h einen stärker ansteigenden Wohlstand.

Die Industriestaaten können deshalb vergleichsweise hochwertigere Güter als Entwicklungsländer herstellen, weil sie unter anderem über ein höheres Maß an Bildung im weitesten Sinne, vor allem aber **technischem Wissen (Know-how[1], Human Capital[2])** verfügen. Umfang und Qualität der Produktion hängen somit nicht nur von den Produktionsfaktoren Boden/Umwelt, Arbeit und Kapital, sondern auch vom **technischen Fortschritt** der wirtschaftenden Menschen ab.

Da Bildung und Ausbildung dem Menschen nicht von vornherein gegeben sind, sondern oft mühevoll erworben werden müssen, handelt es sich bei der Bildung ebenfalls um einen **abgeleiteten** (derivativen) **Produktionsfaktor**.

Merke:

Unter dem **Produktionsfaktor Wissen (Bildung)** versteht man die Summe an organisatorischem und technischem Wissen (Know-how).

1 Know-how (engl.): gewusst wie.

2 Human Capital (engl.): menschliches Kapital (Bildung, technisches Wissen und Können, Ausbildungsstandard).

In der Bundesrepublik Deutschland wird – wie in vielen anderen Volkswirtschaften auch – die Ausgestaltung des Bildungssystems im Wesentlichen durch die Bildungspolitik bestimmt. Die **Bildungspolitik** beinhaltet die Gesamtheit aller **finanziellen, personellen** und **inhaltlichen** Entscheidungen, die das gesetzliche Rahmenwerk sowie die **institutionelle und organisatorische Struktur des Bildungswesens** betreffen.

Die Bereitstellung des Gutes Bildung bzw. Sicherung eines bestimmten Bildungsniveaus ist ein aus dem **Grundgesetz** ableitbares gesellschaftliches Ziel. Es besteht faktisch ein **Monopol des Staates** als **Bildungsanbieter;** begründet dadurch, dass Bildung als **öffentliches Gut** bezeichnet wird, sowie mit der These, nur der Staat kann die von der Verfassung geforderte **Einheitlichkeit der Lebensverhältnisse** gewährleisten. Schließlich gilt die **persönliche Qualifikation** nach wie vor als **wichtigste Erwerbsquelle** und stellt somit eine wesentliche Grundlage für den **individuellen Wohlstand** dar. Nicht zuletzt deshalb muss eine gezielte Förderung der Bildung von „Humankapital" als Teil einer auf mehr **Chancengleichheit** abstellenden **Vermögenspolitik** angesehen werden.

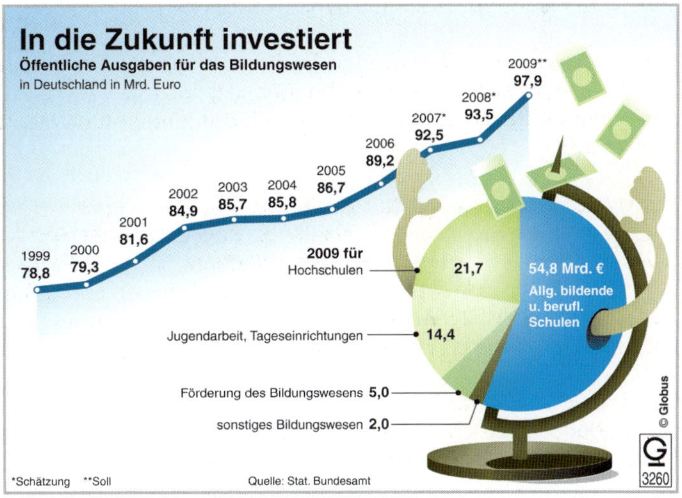

Merke:

Mit Blick darauf, dass das Bildungsniveau eines Landes wesentlichen Einfluss auf den Wohlstand dieser Volkswirtschaft hat, werden Ausgaben in diesem Bereich als **Investitionen für die Zukunft** verstanden.

3.1.4 Produktionsfaktor Kapital

3.1.4.1 Begriff Kapital und die Kapitalbildung

(1) Begriff Kapital

Produzieren ist durch die **Kombination**[1] der beiden ursprünglichen Produktionsfaktoren **Arbeit** und **Natur** möglich. In der Regel setzt der Mensch noch ein weiteres Hilfsmittel – das **Kapital** – ein, um den Erfolg seiner Arbeit zu erhöhen. Solche Hilfsmittel sind z.B. Werkzeuge, Jagdwaffen, Transportmittel, Maschinen, Nutztiere und Nutzpflanzungen sowie immaterielle (nicht gegenständliche) Anlagegüter wie z.B. Suchbohrungen, Computerprogramme und Urheberrechte (z.B. Patente).

Merke:

Unter **Kapital** im volkswirtschaftlichen Sinn verstehen wir **produzierte Produktionsmittel** materieller und immaterieller Art.

Beispiel:

Um uns den Begriff des Kapitals klarzumachen, greifen wir zu einem sehr vereinfachenden naturalwirtschaftlichen[2] Modell.

Angenommen, eine kleine Gruppe Schiffbrüchiger landet auf einer einsamen Insel. Die Leute haben nichts gerettet außer den Kleidern, die sie auf dem Leib tragen. Um ihre Existenz zu sichern, ernähren sie sich tagelang nur von Früchten, Wurzeln und Kleingetier. An den Ufern und in den Bächen gibt es jedoch Fische genug und in den Wäldern lebt Wild in Hülle und Fülle. Da wenig Hoffnung auf Rettung besteht, beschließen die Schiffbrüchigen, einige geschickte Leute vom Früchtesammeln freizustellen, damit diese Angelgeräte und Jagdwaffen herstellen können. Dieser Entschluss bedeutet für die Schiffbrüchigen zunächst teilweisen Verzicht auf die gewohnte Menge Nahrungsmittel, also Konsumverzicht. Nach Fertigstellung der Jagdgeräte (des „Kapitals") erhöht sich jedoch die täglich zur Verfügung stehende Nahrungsmittelmenge (Fisch, Fleisch). Die Befriedigung der Existenzbedürfnisse ist gesichert. Weiterer Konsumverzicht fällt den Schiffbrüchigen leichter, wenn sie z.B. ihren Lebensstandard durch das Anfertigen von Kleidung oder den Bau von Hütten erhöhen wollen.

Durch den vorläufigen Verzicht auf die Produktion von Konsumgütern können Produktionsgüter hergestellt werden. Diese Produktionsgüter erleichtern anschließend die Herstellung von Konsumgütern und erhöhen gleichzeitig die Wirksamkeit der Arbeit (Arbeitsproduktivität). In welchem Umfang die Arbeitsproduktivität gesteigert werden kann, hängt dabei nicht nur von der Menge, sondern auch von der Qualität (dem technischen Fortschritt) der Produktionsgüter ab.

(2) Kapitalbildung

Das mithilfe der beiden ursprünglichen Produktionsfaktoren Arbeit und Natur geschaffene Kapital im volkswirtschaftlichen Sinne stellt einen dritten **abgeleiteten (derivativen) Produktionsfaktor** dar, der der Erleichterung und Erweiterung der Produktion dienen kann.

1 Kombination: Zusammenwirken.

2 Eine Naturalwirtschaft ist eine Wirtschaft ohne Geld als Zwischentauschgut.

Merke:

- Die Herstellung von Kapital im volkswirtschaftlichen Sinne erfordert **Konsumverzicht (Sparen).**
- Die Höhe der Kapitalbildung ist bedeutsam für das **Wachstum der Wirtschaft.**

Bedeutung der Kapitalbildung für die Produktion

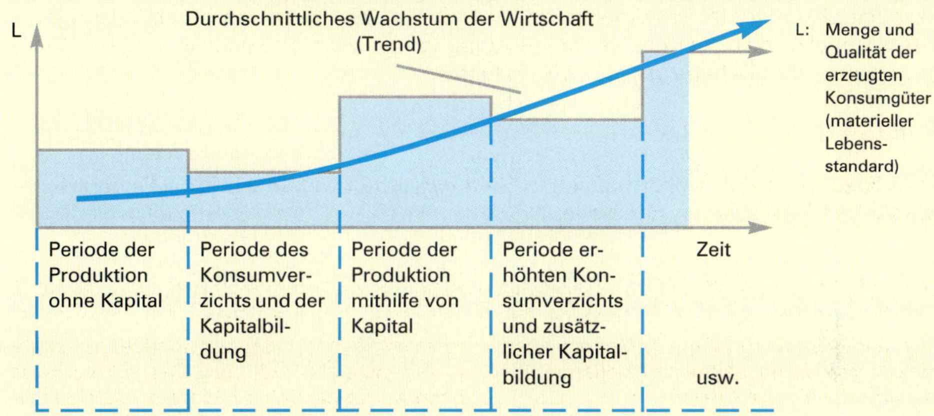

3.1.4.2 Kapitalbildung und Investition

In einer **Geldwirtschaft** erfolgt das **Sparen** i.d.R. nicht durch Vorratsbildung, sondern durch Verzicht auf vollständige Ausgabe des Geldeinkommens. Dort wird also zunächst **Geldkapital** gebildet, das anschließend zur **Investition** (Bildung von **Kapital** im volkswirtschaftlichen Sinne) führen kann. Das Sparen führt nämlich nur dann zur Kapitalbildung, wenn die gesparten Mittel von den Wirtschaftssubjekten (den wirtschaftlich Handelnden) in Produktivvermögen investiert werden.

Merke:

Die Anlage von Geld- und Sachkapital in Produktivvermögen wird als **Investition** bezeichnet.

Wichtige **Investitionsbegriffe** sind:

Ersatzinvestition	Die meisten Produktionsmittel (Investitionsgüter) nützen sich im Zeitablauf ab. Soll die Produktionskraft einer Wirtschaft erhalten bleiben, müssen Ersatzinvestitionen (Reinvestitionen) vorgenommen werden.
Nettoinvestition	Soll jedoch die Leistungskraft einer Volkswirtschaft erhöht werden, so müssen die Bruttoinvestitionen (Gesamtinvestitionen) in Anlagegüter die Reinvestitionen übersteigen. Die über die Reinvestitionen hinausgehenden Investitionen nennt man Nettoinvestitionen. Sind die Nettoinvestitionen positiv, liegt eine Kapitalneubildung vor.

Rationalisierungsinvestition	Auch wenn die Nettoinvestitionen null sind, kann die volkswirtschaftliche Kapazität steigen, falls die Reinvestitionen technische Verbesserungen beinhalten (Verbesserungsinvestitionen, Rationalisierungsinvestitionen). In Wirklichkeit gehen Erweiterungs-, Erneuerungs- und Verbesserungsinvestitionen Hand in Hand.
Bruttoinvestition	Die Summe aller Investitionen in Vorräten **(Vorratsinvestition)** und Anlagen **(Anlageinvestition)** bezeichnet man als Bruttoinvestition.

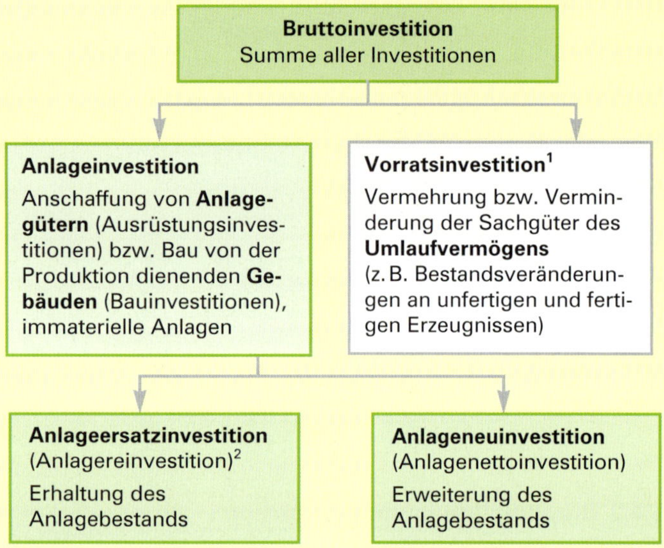

Zusammenfassung

- **Produktionsfaktoren** sind alle Grundelemente, die bei der Produktion mitwirken.
- Der **Produktionsfaktor Boden/Umwelt (Natur)** umfasst die Erdoberfläche und alle von der Natur bereitgestellten Ressourcen.
- **Nachhaltiges Wirtschaften** bedeutet, dass wir heute so leben und handeln, dass künftige Generationen überall eine lebenswerte Umwelt vorfinden und ihre Bedürfnisse befriedigen können.
- Eine **umweltbewusste** Unternehmensleitung kann dazu beitragen, Kosten bei gleichzeitiger Schonung der Umwelt zu sparen.

---

1 Der Begriff **„Vorratsinvestition"** meint immer Nettoinvestitionen bei Vorräten (Waren, unfertige und fertige Erzeugnisse, Roh-, Hilfs- und Betriebsstoffe). Wenn die Vorratsinvestitionen gleich null sind, bedeutet das nicht, dass die Unternehmen nichts in die Vorräte investiert hätten. In diesem Fall ist in der betrachteten Periode (z.B. ein Jahr) lediglich der Zu- und Abgang (bei konstanten Preisen) gleich hoch. Vorratsinvestitionen können auch negativ sein. In diesem Fall wurden mehr Vorräte abgesetzt als eingekauft bzw. neu produziert wurden.
Sind die Anlageinvestitionen negativ, ist in einer bestimmten Periode ein Teil der Ersatzinvestitionen unterlassen worden.

2 Es ist wahrscheinlich, dass die Ersatzinvestitionen Verbesserungen beinhalten (Verbesserungsinvestitionen), sodass selbst dann eine Steigerung der Produktion möglich ist, wenn die Nettoinvestitionen gleich null sind.

- Der **Produktionsfaktor Arbeit (einschließlich Wissen)** ist die auf Bedarfsdeckung zielende Verrichtung körperlicher und geistiger Tätigkeiten.
- Unter **Kapital** im volkswirtschaftlichen Sinn verstehen wir **produzierte Produktionsmittel** materieller und immaterieller Art.
- Die Herstellung von Kapital im volkswirtschaftlichen Sinne erfordert **Konsumverzicht** (Sparen).
- Die Anlage von Geld- und Sachkapital in Produktivvermögen wird als **Investition** bezeichnet.
- Unter dem **Produktionsfaktor Bildung** versteht man die Summe an organisatorischem und technischem Wissen (Know-how).
- Mit Blick darauf, dass das Bildungsniveau eines Landes wesentlichen Einfluss auf den **Wohlstand** dieser Volkswirtschaft hat, werden Ausgaben in diesem Bereich als **Investitionen für die Zukunft** verstanden.

Übungsaufgabe

8 1. Der Anteil der Produktionsfaktoren an einem Gut kann unterschiedlich hoch sein. Übertragen Sie die nachstehende Tabelle in Ihr Aufgabenheft und füllen Sie diese aus, indem Sie die Bedeutung der volkswirtschaftlichen Produktionsfaktoren angeben! (1: große Bedeutung; 2: mittlere Bedeutung; 3: verhältnismäßig geringe Bedeutung)

Gut	Bedeutung der Produktionsfaktoren		
	Arbeit/Wissen	Boden/Umwelt	Kapital
Ölraffinerie Friseur Bank Spielwarengeschäft Bauernhof			

2. Präsident Lincoln verbot 1865 in den USA die Sklaverei. „Mit einem Schlag hat er damit einen großen Teil des Kapitals zerstört, das der Süden im Laufe der Jahre angesammelt hatte."

   Aufgabe:

   Nehmen Sie zu dieser Aussage Stellung!

3. Erklären Sie den Vorgang der Kapitalbildung an einem selbst gewählten Beispiel!

4. Begründen Sie, warum angespartes Geldkapital volkswirtschaftlich kein Sachkapital darstellt!

5 Boller-Hartmann 978-3-8120-0585-2

3.2 Kombination der Produktionsfaktoren

3.2.1 Begriffsklärungen

3.2.1.1 Produktion

Der **Begriff Produktion** wird in Praxis und Wissenschaft sehr unterschiedlich gebraucht.

Im weitesten Sinne	Danach ist **Produktion** jegliche Kombination von Produktionsfaktoren zur Erstellung einer wirtschaftlichen Leistung.
Im engeren Sinne	Danach umfasst die **Produktion** ■ die **Gewinnung von Rohstoffen** in Gewinnungsbetrieben (z. B. Eisenerzförderung), ■ die **Herstellung von Erzeugnissen** in Fertigungsbetrieben (z. B. die Produktion von Garnen, Werkzeugmaschinen oder Arzneimitteln), ■ die **Bearbeitung von Rohstoffen und Vorerzeugnissen** in Veredelungsbetrieben (z. B. das Färben von Tuchen, das Herstellen von Leder) und ■ die **Ausführung von Dienstleistungen** durch Dienstleistungsbetriebe (z. B. die Durchführung von Transporten, die Versicherung von Risiken oder die Bereitstellung verkaufsfertiger Warensortimente).
Im engsten Sinne	Hier wird der Begriff **Produktion** mit dem Begriff **Fertigung** (Fabrikation, Herstellung) gleichgesetzt. Dies ist der lediglich in der Industriebetriebslehre verwendete Produktionsbegriff.[1] Die **Hauptaufgabe** der **Produktion i. e. S.** (der **Fertigung**) ist, die vom Markt gewünschten Produkte herzustellen.

3.2.1.2 Betriebs- und volkswirtschaftliche Kostenbegriffe

(1) Betriebswirtschaftlicher Kostenbegriff

In der Kostenrechnung werden nur die Aufwendungen erfasst, die ursächlich im Zusammenhang mit der Herstellung, der Lagerung und dem Verkauf der Erzeugnisse stehen.

Merke:

Unter dem Begriff **Kosten** versteht man den betrieblichen und relativ regelmäßig anfallenden Güter- und Leistungsverzehr zur Erstellung betrieblicher Leistungen, gemessen in Geld (z. B. Löhne, Gehälter, Geschäftsmiete, Aufwendungen für Rohstoffe, Bürobedarf).

Die Begriffsbestimmung der Kosten enthält somit **vier Merkmale**:

- Kosten können sich sowohl im **mengenmäßigen Verbrauch von Gütern** als auch in **erbrachten Diensten** niederschlagen.
- Kosten sind in **Geldeinheiten** bewertet.
- Kosten stehen in einem **unmittelbaren Bezug zu den Leistungen,** sie sind also leistungsbedingt.
- Kosten müssen **innerhalb der Abrechnungsperiode** verursacht worden sein.

1 Vgl. Wöhe, G.: Einführung in die Allgemeine Betriebswirtschaftslehre, 18. Aufl. 1993, S. 491f.

(2) Externe Kosten (soziale Kosten)

Begriffsklärungen

Externe Kosten sind zurückzuführen auf sogenannte externe Effekte.

Merke:

- Wirkungen, bei denen **Verursacher** und **Betroffener nicht** übereinstimmen, bezeichnet man als **externe Effekte.**
- Kosten, die nicht demjenigen angelastet werden, der sie verursacht hat, bezeichnet man als **externe Kosten** oder **soziale Kosten.**

Derartige Effekte liegen immer dann vor, wenn durch die Produktion bzw. den Konsum von Wirtschaftseinheiten anderen Wirtschaftssubjekten Vorteile (externe Erträge) oder Nachteile (externe Kosten) entstehen.

Beispiele:

Externe Erträge: Erholungsgebiet nach Anlage eines Stausees zur Energieerzeugung. Durch die Produktion von Honig wird der Obstanbau begünstigt.

Externe Kosten: Durch Produktionsprozesse der chemischen Industrie wird CO_2 ausgestoßen. Ein Sägewerk verursacht erhebliche Lärmemissionen.

Als Folge dieser externen Effekte stimmen die einzel- und volkswirtschaftlichen Ertrags- bzw. Kostenrechnungen ökonomischer Aktivitäten nicht überein. So sind bei externen Erträgen die privaten Erträge des „Verursachers" geringer als die gesamtwirtschaftlichen (soziale Erträge), wohingegen bei negativen Effekten der Verursacher gesamtwirtschaftlich relevante Kosten verursacht (soziale Kosten), die nicht in seiner privaten Kostenrechnung erscheinen.

Aufgabe der Politik wäre es nunmehr, diese externen Effekte möglichst zu neutralisieren und dem Verursacher entsprechend zuzuschreiben.

Merke:

Durch ein System von **Steuern** und **Subventionen** kann man die **privaten** Kosten an die **sozialen** Kosten angleichen. Während Verursacher externer Kosten z.B. zu besteuern sind, müssten die Verursacher positiver Effekte subventioniert werden.

Problem der Erfassung von externen Kosten

Der Hauptgrund für die Nichterfassung der externen Kosten ist darin zu sehen, dass die Nutzung des weitgehend „freien Gutes" Umwelt keinen Preis hat und das Marktsystem somit auch nicht die Knappheit dieses Gutes signalisiert. Vor diesem Hintergrund lenken die Marktsignale die Produzenten und Konsumenten in die falsche Richtung. Der **marktwirtschaftliche Selbststeuerungsmechanismus versagt.** Als Folge dieser externen Effekte werden beispielsweise umweltbelastende Güter mit zu niedrigen Preisen kalkuliert und angeboten, als dies bei Zurechnung mit allen durch sie verursachten Kosten – also beispielsweise inklusive der für die Beseitigung der mit ihrer Produktion bzw. mit ihrem Konsum verbundenen Umweltschäden – der Fall wäre. Durch diese verzerrte Preisbildung tritt bei zu hoher Produktion von Umweltproblemgütern eine Fehlsteuerung von Produktion und Verbrauch auf, die mit entsprechenden Umweltschäden verbunden ist.

Merke:

- Da die **natürliche Umwelt** ein lebenswichtiges, aber auch knappes Gut ist, muss sie **bewirtschaftet werden,** ihre „Inanspruchnahme" also über den Preis am Markt Berücksichtigung finden.
- Die Aufgabe des Staates im Rahmen der **Umweltpolitik** besteht nunmehr darin, diesen **„Defekt des Selbststeuerungsmechanismus"** zu korrigieren; denn solange der Staat als „Anwalt der Umwelt" nicht eingreift, bleiben die externen Kosten unberücksichtigt.
- Ziel dieser Politik ist also die **Internalisierung**[1] **der externen Effekte,** d.h., die Wirtschaftsrechnung muss vervollständigt werden mit der Folge, dass die Marktsteuerung wieder funktioniert.

Dem **Verursacherprinzip** folgend müssen also die Kosten für die Vermeidung oder Beseitigung der Umweltbelastung demjenigen zugerechnet werden, der für die Entstehung dieser Belastung verantwortlich ist. Durch diese Zurechnung der Kosten werden umweltbelastende Güter nicht mehr mit zu niedrigen Preisen kalkuliert und angeboten, wodurch eine Fehlsteuerung von Produktion und Konsum vermieden wird. Die Internalisierung externer Effekte ist jedoch sehr problematisch, da beispielsweise der „Verursacher" der Umweltbelastung nicht immer eindeutig identifiziert werden kann. Auch die Wahl des richtigen Instrumentariums stellt die Politik vor Probleme. Zwar sind sich die Politiker und Ökonomen über das Erfordernis der Internalisierung externer Effekte durch die staatliche Umweltpolitik einig, die Meinungen über die Maßnahmen der Zielrealisation gehen allerdings weit auseinander.

(3) Opportunitätskosten[2]

Dadurch, dass den unendlich großen Bedürfnissen der Menschen nur begrenzte finanzielle Mittel zu deren Befriedigung zur Verfügung stehen, entsteht ein Spannungsverhältnis. Zur Überwindung der Knappheit der Güter auf der einen Seite und der Knappheit der Kaufmittel auf der anderen Seite sind die Wirtschaftssubjekte gezwungen, zu wirtschaften. **Wirtschaften** bedeutet somit letztlich nichts anderes, als die aufgezeigten Spannungen durch **planvolles Handeln** so weit wie möglich zu verringern und somit einen **größtmöglichen Nutzen** zu realisieren.

Hierbei gilt es allerdings zu berücksichtigen, dass jede **wirtschaftliche Entscheidung** mit Blick auf die generelle Knappheit ihren Preis hat: den **Nutzenentgang** der **zweitbesten Lösung.** Diesen Nutzenentgang bezeichnet man in der Volkswirtschaftslehre auch als **Opportunitätskosten (Alternativkosten**[3]**).** Wie derartige Kosten bei alltäglichen Entscheidungen anfallen, verdeutlicht nachfolgendes Beispiel.

1 Internalisierung: Zurechnung externer Effekte und dadurch verursachter sozialer Kosten auf den Verursacher.

2 Opportun (lat.): In der gegenwärtigen Situation von Vorteil. Opportunität: Zweckmäßigkeit in der gegenwärtigen Situation.

3 Alternativ (lat.-fr.): wahlweise, zwischen zwei Möglichkeiten die Wahl lassend.

Beispiel:

Die 17-jährige Sophie verfügt aufgrund verschiedener Ferienjobs über insgesamt 1 500,00 EUR. Mit diesem Geld könnte nunmehr entweder einer der beiden seit längerer Zeit gehegten Wünsche – eine dreiwöchige Urlaubsreise in die USA anzutreten bzw. einen neuen PC nebst Flachbildschirm und Drucker anzuschaffen – realisiert werden oder das angesparte Kapital für den in naher Zukunft geplanten Kauf eines Autos erhöht werden. Unabhängig davon, für welche Verwendung sich Sophie letztlich auch entscheiden mag, auf die beiden anderen Alternativen müssen sie dann (zunächst einmal) verzichten. Dieser Verzicht beziffert dann die Opportunitätskosten ihrer Entscheidung.

Merke:

- Die **Opportunitätskosten (Alternativkosten)** geben an, auf wie viele Einheiten eines Gutes bei der Produktion eines anderen Gutes verzichtet werden muss.
- Opportunitätskosten entstehen nur für **knappe Produktionsfaktoren,** für **nicht knappe Produktionsfaktoren** sind sie stets **gleich null.**

3.2.2 Produktionspotenzial und Transformationskurve

3.2.2.1 Produktionspotenzial

Merke:

Das **gesamtwirtschaftliche Produktionsergebnis** einer Volkswirtschaft, das bei **vollständiger Auslastung** (Vollbeschäftigung) und **optimaler Kombination aller Produktionsfaktoren** hergestellt werden kann, bezeichnet man als **Produktionspotenzial.**

Da eine Volkswirtschaft nie alle Bedürfnisse der Menschen befriedigen kann, muss eine Entscheidung getroffen werden, welche Bedürfnisse vorrangig befriedigt werden sollen, d. h., welche Güter bereitzustellen, also zu produzieren sind. Eine solche Entscheidung bedeutet aber gleichzeitig, dass auf die Produktion anderer Güter, die der Befriedigung anderer Bedürfnisse dienen könnten, verzichtet werden muss. Den Nutzenentgang, der durch diesen Verzicht entsteht, bezeichnet man als **Opportunitätskosten (Alternativkosten).** Diese Problematik machen wir uns im Folgenden mithilfe eines einfachen Modells klar.

3.2.2.2 Transformationskurve

(1) Verlauf der Transformationskurve (Produktionsmöglichkeitskurve)

In unserem Modell nehmen wir an, dass in einer Volkswirtschaft nur zwei Güter (bzw. Güterarten) produziert werden sollen.[1] Bei vollständiger Ausnutzung des **Produktionspotenzials** der Volkswirtschaft **(Vollbeschäftigung)** sei zwischen Getreideanbau und/oder Straßenbau zu wählen. Das Getreide steht stellvertretend für die Produktion von **Individualgütern,** der Straßenbau stellvertretend für die Herstellung von **Kollektivgütern.** Wir wollen unterstellen, dass unsere Modellwirtschaft – als ein Extrem – mit den verfügbaren Mitteln (Arbeitskräfte, Maschinen) bei gegebenem technischem Stand 1500 km Straßen je Periode herstellen kann, wenn sie bereit ist, auf das Getreide völlig zu verzichten. Das andere Extrem – so wird weiterhin angenommen – besteht in der Erzeugung von 10 Millionen Tonnen Getreide, falls überhaupt keine Straßen gebaut werden. Innerhalb dieser beiden Grenzfälle gibt es natürlich eine Vielzahl weiterer Möglichkeiten, ein Produktionsziel teilweise durch ein anderes zu **substituieren,** d.h. zu ersetzen. Anders ausgedrückt: Man kann den Straßenbau in Getreideanbau und umgekehrt **transformieren** (umwandeln). So ist es möglich, auf **etwas** Getreide zu verzichten und dafür einige Kilometer Straßen zu bauen. Je mehr auf den Getreideanbau verzichtet wird, desto mehr Straßen können gebaut werden. Es ergibt sich z.B. nebenstehende Substitutionstabelle.

Möglichkeiten	Straßen in 100 km	Getreide in Mio. t
A	15	--
B	14	2
C	12	4
D	9	6
E	5	8
F	--	10

Substitutionstabelle[2]

Die Erzeugung eines Gutes A erfordert also bei Vollbeschäftigung den Verzicht auf die Erzeugung eine Gutes B. Die Mengeneinheiten eines Gutes B, auf die bei der Mehrproduktion eines Gutes A verzichtet werden muss, bezeichnet man als **Opportunitätskosten** oder als **Alternativkosten.**

Beispiel:

Wird die Getreideproduktion von 2 auf 4 Mio. t Getreide erhöht, betragen die Opportunitätskosten 200 km Straßen, d.h., es muss auf den Bau von 200 km Straßen verzichtet werden.

1 Wegen der Knappheit der Güter ist es nicht möglich, genügend Güter für *jeden* Bedarf herzustellen. Die Frage ist immer, wie viel der gewünschten Güter innerhalb der gegebenen Produktionsmöglichkeiten, d.h. bei gegebener Kapazität der Volkswirtschaft, hergestellt werden sollen. Um ein derart schwieriges Problem erörtern zu können, muss man vereinfachen, d.h. ein Modell konstruieren. Schlussfolgerungen aus einem Modell – mögen sie noch so logisch sein – können nicht ohne Weiteres auf die Wirklichkeit übertragen werden. Dies ist nur möglich, wenn die Prämissen auch in der Wirklichkeit zutreffen.

2 Beispiel nach Samuelson, P.: Volkswirtschaftslehre. Eine Einführung, Bd. 1, 1965, S. 31ff.

Die Werte aus der Tabelle auf der vorherigen Seite lassen sich auch grafisch darstellen. Verbindet man die einzelnen Punkte (geglättete Kurve), erhält man eine **Transformationskurve,** auch **Kapazitätslinie** oder **Produktionsmöglichkeitskurve** genannt. Sie zeigt, dass bei gegebenem technischem Stand und bei gegebenem Produktionspotenzial die Gesellschaft immer vor der Wahl steht, entweder ein Gut A (d.h. eine Güterart A) oder ein Gut B (d.h. eine Güterart B) oder eine Kombination beider zu produzieren. Jeder Punkt, der innerhalb der Kurve liegt (z.B. Punkt Z), bedeutet, dass die Kapazität nicht voll ausgenutzt ist **(Unterbeschäftigung,** d.h. Arbeitslosigkeit, freieKapazitäten der Unternehmen und/oder unausgenutzte Rohstoffquellen bzw. -reserven). Die Wirtschaft könnte sowohl mehr Kollektivgüter (z.B. Straßen) als auch mehr Individualgüter (z.B. Getreide) erzeugen.

Transformationskurve

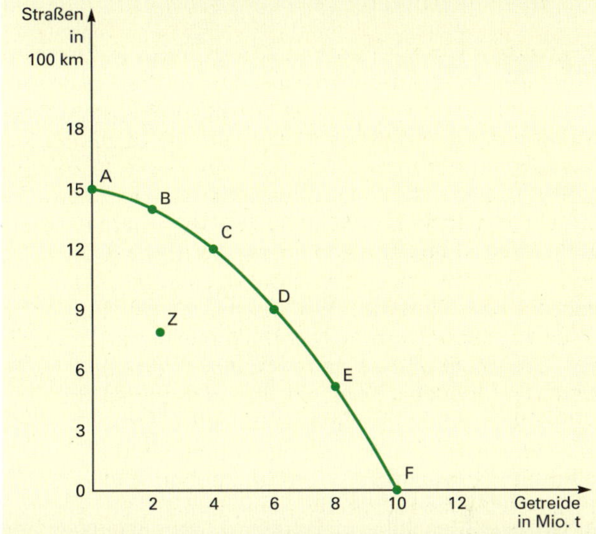

Merke:

- Durch die **Transformationskurve (Produktionsmöglichkeitskurve)** werden alle möglichen Kombinationen von zwei Gütern aufgezeigt, die in einer Volkswirtschaft – bei voller Ausschöpfung des Produktionspotenzials und optimaler Kombination der Produktionsfaktoren – höchstens hergestellt werden können.
- Wird innerhalb der Transformationskurve produziert, liegt **Unterbeschäftigung** vor. Die Volkswirtschaft könnte noch mehr Güter produzieren.
- Wird genau auf der Transformationskurve produziert, liegt **Vollbeschäftigung** vor. Die Mehrproduktion einer Gütergruppe geht immer zulasten einer anderen.
- Eine **rechts von der Transformationskurve liegende Güterkombination** kann bei gegebenem Bestand an Produktionsfaktoren und technisch-organisatorischem Wissen **nicht verwirklicht** werden.

(2) Gesetz der zunehmenden Opportunitätskosten

Wird in einer Volkswirtschaft die in Punkt D markierte Güterkombination (siehe obige Transformationskurve) realisiert, so verfügt diese am Ende der Produktionsperiode über 6 Mio. t Getreide (Konsumgüter) und 900 km Straßen (Produktionsgüter). Soll nunmehr künftig eine höhere Menge an Konsumgütern produziert werden (z.B. Menge E, d.h. 8 Mio. t Getreide), so lässt sich dies nur unter Verzicht auf eine bestimmte Menge an Investitionsgütern (ca. 400 km Straßen) realisieren. Dieser **Substitutionsvorgang** entlang der Transformationskurve kann mithilfe der Opportunitätskosten gemessen werden. Dieses Messkonzept gibt beispielsweise an, auf welche Menge an Produktionsgütern verzichtet werden muss, wenn die Menge an Konsumgütern um eine Mengeneinheit steigen soll.

Merke:

$$\textbf{Opportunitätskosten} = \frac{\text{Verringerung der Menge der Produktionsgüter}}{\text{Erhöhung der Menge der Konsumgüter}}$$

Die Zunahme der Opportunitätskosten lässt sich aus dem Verlauf der Produktionsmöglichkeitskurve begründen.

Die dargestellte Transformationskurve (siehe vorherige Seite) verläuft konvex, d.h., sie hat einen nach außen gekehrten „Bauch". Warum? Um 2 Mio. Tonnen Getreide zu erhalten, müssen wir auf 100 km Straße verzichten. 4 Mio. Tonnen Getreide erfordern bereits einen Verzicht auf 300 km Straße. Der Grund ist darin zu sehen, dass bei steigender Getreideproduktion zum einen Arbeitskräfte in der Landwirtschaft angestellt werden müssen, die die Arbeit dort nicht kennen, entsprechend langsamer arbeiten und Fehler machen, und zum anderen Böden herangezogen werden müssen, die unfruchtbarer sind bzw. klimatisch ungünstiger als die bisherigen liegen, was wiederum ein Mehr an Düngemitteln und Maschineneinsatz bzw. Arbeitseinsatz bedeutet. Bei zunehmender Getreideproduktion nimmt also der Einsatz von Mensch und Maschine überproportional zu.[1]

(3) Ausweitung der Transformationskurve

Eine bestimmte Transformationskurve gilt in einer Volkswirtschaft nur für einen verhältnismäßig kurzen Zeitraum. Wird das Produktionspotenzial erweitert, verschiebt sich die Transformationskurve nach „rechts" (siehe nebenstehende Abbildung). Dies ist z.B. der Fall, wenn die Zahl der arbeitsfähigen und -willigen Personen zunimmt und/oder Produktionsanlagen der Wirtschaft erweitert werden (Erweiterungsinvestitionen). Schließlich trägt der technische Fortschritt zur Ausweitung des Produktionspotenzials (Rechtsverschiebung der Transformationskurve) der Wirtschaft bei.

Wachsende Wirtschaft

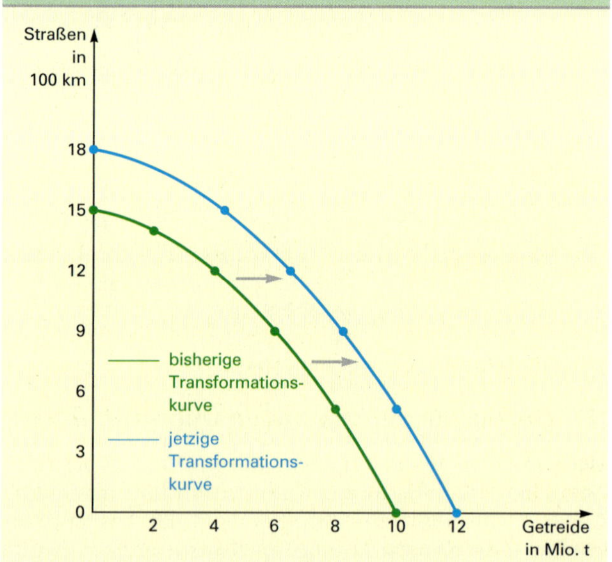

1 Anders ausgedrückt: Mit zunehmendem Einsatz von Arbeit und sonstiger Produktionsmittel nimmt der physische (körperliche) Ertrag nur unterproportional zu („Ertragsgesetz").

3.2.3 Optimale Allokation der Produktionsfaktoren

(1) Gesamtwirtschaftliche Produktionsfunktion

Die Güter werden durch die Kombination der Produktionsfaktoren (z.B. menschliche Arbeit, Rohstoffe, Maschinen, Fabrikanlagen und Handelshäuser) im Produktionsprozess hergestellt. Das Produktionsergebnis (Output) wird einerseits bestimmt durch die Menge und Qualität der eingesetzten Produktionsfaktoren (Input) und andererseits durch die gewählte Kombination der Produktionsfaktoren.

Der Zusammenhang zwischen eingesetzten Produktionsfaktoren und Produktionsergebnis lässt sich mathematisch als Produktionsfunktion beschreiben.

Produktionsergebnis = f (Natur, Arbeit, Kapital)

Merke:

Eine **Produktionsfunktion** zeigt die Abhängigkeit eines mengenmäßigen (physischen) Ertrags vom mengenmäßigen Einsatz eines Produktionsfaktors bzw. einer Produktionsfaktorengruppe (kurz Faktorgruppe).

(2) Einsatz der Produktionsfaktoren nach dem Maximalprinzip

Welche Güterkombination in einer vollbeschäftigten Wirtschaft anzustreben ist, muss politisch entschieden werden. Nach dem ökonomischen Prinzip (Maximalprinzip) müssen die Entscheidungsträger (z.B. die Regierungen, die Parlamente) die zu erzeugende Güterkombination anstreben, die der Gesellschaft den höchsten Nutzen bringt (optimale Güterkombination). Dies ist die Güterkombination, bei der der Nutzengewinn aus der Mehrproduktion des Gutes A den Nutzenverlust aus der Verringerung der Produktion des Gutes B gerade ausgleicht. Die zur Erstellung der optimalen Güterkombination erforderliche Faktorkombination wird in der Fachsprache als **optimale Faktorallokation**[1] **(optimale Allokation der Produktionsfaktoren)** bezeichnet. Liegt eine optimale Faktorallokation vor, dann produziert die Volkswirtschaft auf der Produktionsmöglichkeitskurve, d.h., es besteht Vollbeschäftigung.

Merke:

Die **Allokation der Produktionsfaktoren** ist dann **optimal,** wenn bei gegebenen ökonomischen Daten der Nutzengewinn aus der Mehrproduktion eines Gutes den Nutzenverlust aus der Verringerung der Produktion eines anderen Gutes ausgleicht.

3.2.4 Kostengünstigste Kombination der Produktionsfaktoren (Minimalkostenkombination)

(1) Begriff Minimalkostenkombination

Bei der Minimalkostenkombination wird diejenige Kombination der Produktionsfaktoren gesucht, die bei gegebenem Kostenbudget den höchsten Output erbringt bzw. bei gegebener Ausbringungsmenge die geringsten Kosten verursacht. Die Preise der einzelnen Produktionsfaktoren sind dabei ebenso vorgegeben wie die Technologie.

1 Faktor (lat.): Mitbewirker.
Allokation (lat.): Aufteilung. Hier: Aufteilung der Produktionsfaktoren auf alternative Verwendungen.

Merke:

Eine **Minimalkostenkombination** ist die Umsetzung des **ökonomischen Prinzips** im **Produktionsbereich** einer Unternehmung. So wird entweder ein **gegebenes Ziel** mit geringstem Aufwand (Minimumversion) angestrebt, oder es soll mit **gegebenem Aufwand** (Maximumversion) eine möglichst große Ausbringungsmenge erreicht werden.

Voraussetzung für das Auffinden der Minimalkostenkombination ist, dass die Produktionsfaktoren untereinander austauschbar (substituierbar) sind. Durch die Substitution besteht die Möglichkeit, eine bestimmte Ausbringungsmenge durch verschiedene, technisch gleich effiziente Kombination von Produktionsfaktoren zu erstellen.

(2) Produktion als Kombinations- und Substitutionsprozess

Es wurde bereits deutlich, dass die Produktion das Ergebnis eines **Kombinationsprozesses** von Produktionsfaktoren (kurz: „Faktoren") ist. Ändert sich das technische Wissen und/oder ändern sich die Faktorpreise, werden auch die Produktionsfaktoren ganz oder teilweise gegeneinander ausgetauscht, d.h. **substituiert.**

Beispiele:

Menschliche Arbeit wird durch Maschinenarbeit – Metalle, Holz und Leder durch Kunststoffe – Heizöl durch Sonnenenergie ersetzt.

Merke:

Die Wandlungen der Produktionsverhältnisse sind durch ständige **Substitutionsvorgänge** gekennzeichnet.

Beispiel:

Das Kombinations- und Substitutionsproblem lässt sich am besten mit einer Boulding-Tabelle[1] verdeutlichen. Die **Zeilen** zeigen die mögliche mengenmäßige Produktion (Ausbringung, Output) bei unterschiedlichem Einsatz (Input) des Produktionsfaktors A (im Beispiel Arbeit), die **Spalten** die mögliche mengenmäßige Produktion bei unterschiedlichem Einsatz des Produktionsfaktors M (im Beispiel Maschinen).

Einsatzmenge des Produktionsfaktors M (Maschinen) / Ausbringung (Stanzteile) / Einsatzmenge des Produktionsfaktors A (Arbeit in Stunden)

M \ A	1	2	3	4	5	6	7	8	9	10
10	25	40	50	58	66	74	81	89	95	100
9	24	39	49	56	63	70	78	84	90	95
8	23	38	48	53	60	68	74	80	85	89
7	22	37	46	50	57	64	70	74	75	81
6	21	35	43	47	54	60	66	70	72	74
5	20	33	40	44	50	55	59	63	65	66
4	18	29	36	40	44	50	52	54	57	58
3	16	25	30	33	37	40	43	46	48	50
2	13	20	23	25	28	30	33	36	38	40
1	10	13	15	17	19	21	22	23	24	25

1 Vgl. Woll, A.: Allgemeine Volkswirtschaftslehre, 4. Aufl. 1994, S. 113.

Aus der Tabelle lässt sich somit ablesen, dass z.B. beim Einsatz von 4 Arbeitsstunden und 7 Maschinen je Periode ein Output von 50 (im Beispiel 50 Stanzteile) erzeugt werden kann.

Welche Kombination der Betrieb tatsächlich wählt, hängt von den Faktorpreisen ab. Setzt sich der Betrieb z.B. zum Ziel, 50 Stanzteile zu produzieren, könnte er – falls er die Kosten[1] außer Betracht lässt – folgende Faktorkombinationen wählen:

Arbeit in Stunden:	3	4	5	6	10
Zahl der Maschinen:	10	7	5	4	3

Beträgt der Stundenlohn 40,00 EUR und die Maschinenkosten 60,00 EUR je Maschine, erhält man folgende Werte:

Arbeitskosten (Löhne):	120,00	160,00	200,00	240,00	400,00
Maschinenkosten:	600,00	420,00	300,00	240,00	180,00
Gesamtkosten:	720,00	580,00	500,00	480,00	580,00

Bei einem Stundenlohn von 40,00 EUR und Kosten von 60,00 EUR je Maschine wird der Betrieb die Faktorkombination 6 Arbeitsstunden und 4 Maschinen wählen, weil dies die kostengünstigste Faktorkombination ist, um 50 Stanzteile herzustellen.

Steigen die Löhne auf 65,00 EUR bei gleichbleibenden Maschinenkosten, wird der Produktionsfaktor Arbeit im Verhältnis zum Produktionsfaktor Maschinen teurer. Deswegen werden Arbeitsstunden durch Maschinen substituiert,[2] **wenn der Betrieb nach dem ökonomischen Prinzip** (hier nach dem **Minimalprinzip**) handelt.

Arbeitskosten (Löhne):	195,00	260,00	325,00	390,00	650,00
Maschinenkosten:	600,00	420,00	300,00	240,00	180,00
Gesamtkosten:	795,00	680,00	625,00	630,00	830,00

Die kostengünstigste Faktorkombination („Minimalkostenkombination") besteht jetzt aus dem Arbeitseinsatz von 5 Arbeitsstunden (5 · 65,00 EUR) und 5 Maschinen (5 · 60,00 EUR).

Bei einer Produktion mit **nicht austauschbaren** Produktionsfaktoren (**limitationale** Produktionsfunktion) gibt es nur eine effiziente Ausbringungsmenge, die ausschließlich durch technische Gegebenheiten bestimmt wird.

Beispiel:

Ein Fahrrad und ein Fahrradkurier, ein Lkw und ein Lkw-Fahrer.

Ein Austausch der einzelnen Produktionsfaktoren wäre nicht sinnvoll, da die Faktoren in einem festen Verhältnis zueinander stehen.

3.2.5 Ökonomische und soziale Folgen einer Faktorsubstitution

Von der Faktorsubstitution ist hierzulande in erster Linie der Produktionsfaktor **Arbeit** betroffen, der zumeist durch den Produktionsfaktor Kapital ersetzt wird.

1 Kosten: Faktoreinsatzmenge · Preise

2 Substituieren: austauschen, ersetzen.

Merke:

Der **Austausch des Faktors Arbeit durch das Kapital** setzt sich insbesondere immer dann weiter fort, wenn sich der **Faktor Arbeit** durch entsprechende Lohnsteigerungen oder durch die Erhöhung von Lohnnebenkosten weiter **verteuert** bzw. der **technische Fortschritt** neue Möglichkeiten eines Austauschprozesses erschließt.

Beispiele:

Die Entwicklung von Geldausgabeautomaten oder Kontoauszugsdruckern ermöglichte die Freisetzung von Kassierern und Servicepersonal in Banken und Sparkassen.

Die Entwicklung von Schweißrobotern sorgte für Massenentlassungen in der Automobilindustrie.

Die Auswirkungen dieses andauernden Substitutionsprozesses führen u.a. zu einer **Zunahme der Arbeitslosigkeit** mit den entsprechenden negativen Begleiterscheinungen für den Einzelnen und die Gesamtheit.

Gleichwohl können von dem Substitutionsprozess auch positive Auswirkungen auf die Arbeitskräfte ausgehen, indem neue Techniken die Arbeitskräfte entlasten (z.B. Entlastung von zeitintensiven Routinearbeiten). Des Weiteren werden die Arbeitskräfte durch den Substitutionsprozess mehr gefordert, wodurch auch die Motivation der Mitarbeiter wächst.

Schließlich trägt der Substitutionsprozess auch zu einer Mehrung des Wohlstandes bei. So ist in vielen Bereichen durch entsprechenden Maschineneinsatz die Fertigung großer Stückzahlen möglich. Dies führt nicht nur zu einer Ausweitung des Güterangebots insgesamt, sondern nach dem Gesetz der Massenproduktion[1] über fallende Stückkosten auch zu sinkenden Preisen bei den entsprechenden Produkten. Dies ermöglicht einem größeren Kreis von Nachfragern den Kauf oder Zusatzkonsum dieser Produkte, sodass eine Besserversorgung der Bevölkerung erreicht wird.

3.3 Produktivität, Wirtschaftlichkeit und Rentabilität

3.3.1 Produktivität

(1) Begriff

Die allgemeine Formel zur Berechnung der Produktivität lautet:

$$\textbf{Produktivität} = \frac{\text{Ausbringung (Output) je Periode}}{\text{Faktoreinsatz (Input) je Periode}}$$

Wichtige **Teilproduktivitäten** sind die **Arbeits-** und die **Kapitalproduktivität.**

1 Mit steigender Produktionsmenge sinken die Produktionskosten pro Stück. Während die variablen Kosten pro Stück konstant bleiben, sinken die fixen Kosten pro Stück mit zunehmender Beschäftigung.

(2) Kapitalproduktivität

Merke:

Bezieht man die Ausbringungsmenge auf das eingesetzte Sachkapital, erhält man die **Kapitalproduktivität.**

Das Problem hierbei ist, dass man die verschiedenen Formen des Sachkapitals (Gebäude, Maschinen, Geschäftsausstattung, Werkzeuge) nicht addieren kann. Vielmehr müssen die verschiedenen Sachkapitalteile (betriebswirtschaftlich: Sachvermögensteile) mit ihren Preisen beziffert und die so ermittelten Werte addiert werden. Um die einzelnen Produktivitätskennzahlen im Zeitablauf vergleichbar zu machen, müssen die einmal gewählten Preise beibehalten werden: Es wird mit **konstanten** (gleich bleibenden) Preisen gerechnet.

In der Praxis wird zur Berechnung der Kapitalproduktivität meist nur das im Sachanlagevermögen[1] investierte Kapital zugrunde gelegt.

Beispiele:

Ein Bauunternehmen erstellte im Monat April mit seinen 24 Beschäftigten 2000 m^3 Raum, im Mai 2400 m^3. Die geleisteten Arbeitsstunden betrugen im April 3840 und im Mai 4416 Stunden. Der Einsatz an Gebäuden, Betriebs- und Geschäftsausstattung, Maschinen und Fahrzeugen blieb unverändert (Wert zu konstanten Preisen: 300000,00 EUR).

Die Kapitalproduktivität berechnet sich wie folgt:

$$\textbf{Kapitalproduktivität} = \frac{\text{Ausbringung je Periode}}{\text{eingesetztes Sachkapital}}$$

Die Zahlen des Beispiels ergeben folgende Werte:

Monat	Kapitalproduktivität
April	$\frac{2000}{300000} = 0{,}006^2/_3$
Mai	$\frac{2400}{300000} = 0{,}008$

(3) Arbeitsproduktivität

Merke:

Die **Arbeitsproduktivität** ist das **Verhältnis** von hergestellter **Produktionsmenge** zu eingesetzter **Arbeitskraft.**

1 Das Vermögen ist das in einem Betrieb investierte Geldkapital. Zum Sachanlagevermögen gehören alle Vermögensteile, die dem Betrieb über mehrere Jahre hinweg dienen (z.B. Gebäude, Maschinen, Geschäftsausstattung, Fahrzeuge).

Dividiert man eine gegebene Ausbringungsmenge je Periode durch die Anzahl der in dieser Periode beschäftigten Arbeitskräfte, erhält man die Produktivität je Arbeitskraft. Wird die Ausbringungsmenge je Periode durch die insgesamt geleisteten Arbeitsstunden je Periode dividiert, ergibt sich die Produktivität je Arbeitsstunde.

Allgemein gilt:

$$\textbf{Arbeitsproduktivität} = \frac{\text{Ausbringung je Periode}}{\text{Arbeitseinsatz}}$$

Beispiel:

Aus unserem vorangestellten Zahlenbeispiel lassen sich folgende Produktivitätskennziffern errechnen:

Monat	Arbeitsproduktivität
April	$\frac{2000}{3840} = 0{,}52\ \text{m}^3/\text{h}$
Mai	$\frac{2400}{4416} = 0{,}54\ \text{m}^3/\text{h}$

Produktivitätskennzahlen sind **Mengenverhältnisse.** Um bei Mehrproduktunternehmen die Ausbringung (den Output) auf einen Nenner bringen zu können, müssen die verschiedenartigen Produkte mit Preisen beziffert werden. Eine Vergleichbarkeit der Produktivitätskennzahlen ist dann erreicht, wenn die einmal gewählten Preise unverändert beibehalten, d. h. konstant gehalten werden.

(4) Bedeutung der Produktivitätskennzahlen

Produktivitätskennzahlen dienen **inner-** und **zwischenbetrieblichen** Vergleichen. So kann z. B. ein Landwirt die Bodenproduktivität seines Betriebs in mehreren Jahren ermitteln und mit der seiner Konkurrenzbetriebe vergleichen. Liegt die Bodenproduktivität des Landwirts z. B. unter dem Durchschnitt, wird er versuchen, die Ursachen aufzudecken und Maßnahmen zur Produktivitätsverbesserung ergreifen.

Das Hauptproblem jeder Produktivitätsberechnung ist, dass die Veränderung des Outputs nicht auf einen Produktionsfaktor allein zurückgeführt werden kann (Zurechnungsproblem).

Beispiel:

Bauen 20 Arbeiter in 100000 Arbeitsstunden ein Haus, eine andere Arbeitsgruppe von 20 Arbeitern aber ein gleiches Haus in nur 80000 Stunden, so war die Arbeitsproduktivität der zweiten Gruppe größer. Kann man aber die Mehrleistung der zweiten Gruppe einfach dem Produktionsfaktor Arbeit zurechnen? Dies wäre nur möglich, wenn die technische Ausstattung beider Gruppen gleich war, die Mehrleistung also etwa auf besserer Ausbildung, größerem Leistungswillen oder größerer Leistungsfähigkeit der Arbeiter beruhte. Möglicherweise waren aber die Maschinen und Werkzeuge der zweiten Arbeitsgruppe besser und leistungsfähiger. Dann war die Mehrleistung auf den Faktor Kapital zurückzuführen. Möglich ist aber auch, dass die Produktivitätssteigerung auf die Mehrleistung beider Produktionsfaktoren zurückzuführen ist.

(5) Bedeutung der gesamtwirtschaftlichen Arbeitsproduktivität

Durch die Steigerung der Arbeitsproduktivität, die vor allem auf den technischen Fortschritt (z. B. auf die Automatisierung)[1] zurückzuführen ist, nimmt die Pro-Kopf-Erzeugung zu. Damit die **Mehrproduktion** auch gekauft werden kann, müssen die Einkommen (also auch die Löhne und Gehälter der Unselbstständigen) steigen. Daher rechtfertigt sich auch die Forderung der Gewerkschaften, die Löhne und Gehälter mindestens in Höhe des Produktivitätsfortschritts zu erhöhen. Steigende Arbeitsproduktivität bedeutet somit auch steigenden materiellen Lebensstandard.

Die Kehrseite der Produktivitätssteigerungen ist die Gefahr der Entstehung technologischer Arbeitslosigkeit.[2] Zunehmende Produktivität bedeutet, dass die gleiche Produktmenge mit immer weniger Arbeitskräften bzw. Arbeitsstunden erstellt werden kann.

3.3.2 Wirtschaftlichkeit

(1) Begriff

Der Begriff „Wirtschaftlichkeit" ist nicht neu. Er taucht z. B. in den Familien immer dann auf, wenn der Kauf eines neuen Autos zur Diskussion steht. Nicht nur auf die äußere Form soll es ankommen, sondern auf die „Wirtschaftlichkeit". Hierbei überlegt man sich, dass der Wagen zwar „etwas bringen soll", stellt dieser Leistung jedoch die aufzubringenden Kosten gegenüber.

Merke:

Unter **Wirtschaftlichkeit** versteht man das Verhältnis von **Leistung** zu **Kosten.**

Unter **Leistung** versteht man die in Geld gemessene Ausbringungsmenge. **Kosten** sind die in Geld gemessenen Einsatzmengen der Produktionsfaktoren.

Die Wirtschaftlichkeitskennzahl berechnet sich wie folgt:

$$\textbf{Wirtschaftlichkeit} = \frac{\text{Leistung}}{\text{Kosten}}$$

(2) Wirtschaftlichkeit und Produktivität

Die Wirtschaftlichkeit ist von der Produktivität zu unterscheiden. Während die **Produktivität** ein reines Mengenverhältnis ausdrückt (z. B. m^3 umbauten Raums je Arbeitsstunde) bzw. mit konstanten Output- und Inputpreisen rechnet, werden bei **Wirtschaftlichkeitsberechnungen** tatsächliche Preise zugrunde gelegt.[3]

---

1 Unter **Automatisierung** versteht man den Weg zur Automation. Automation ist die vollständig mechanisierte Durchführung von Arbeiten mithilfe von Maschinen, die in der Lage sind, selbstständig einen oder mehrere Arbeitsgänge ohne menschliches Zutun durchzuführen.

2 Technologische Arbeitslosigkeit: durch die technische Entwicklung (z. B. durch die Automatisierung) herbeigeführte Arbeitslosigkeit.

3 Wird bei Wirtschaftlichkeitsberechnungen mit konstanten Preisen gerechnet, spricht man von „mengenmäßiger Wirtschaftlichkeit". Sie stellt ebenfalls eine mögliche Produktivitätskennzahl dar.

Beispiel:

In einer Schreinerei werden nur Türen in einer genormten Qualität und Größe hergestellt. Zehn Arbeitskräfte stellten im August in insgesamt 1620 Arbeitsstunden 540 Türen, im September in 2030 Arbeitsstunden 690 Türen und im Oktober in 2320 Arbeitsstunden 812 Türen her.

Im August und im September kostete den Betrieb eine Arbeitsstunde 25,00 EUR, im Oktober aufgrund von Tariflohnerhöhungen 27,00 EUR.[1] Die übrigen Kosten betrugen 10000,00 EUR monatlich.

Der Verkaufspreis je Tür betrug im August 100,00 EUR. Aufgrund der schwieriger werdenden Absatzverhältnisse musste der Verkaufspreis in den Monaten September und Oktober auf 90,00 EUR je Tür gesenkt werden.

In diesem Beispiel wird ferner angenommen, dass alle hergestellten Türen auch verkauft wurden. In diesem Fall ergeben sich folgende Kennzahlen für die Produktivitäts- und Wirtschaftlichkeitsentwicklung.

Kennzahl / Monat	Arbeitsproduktivität	Wirtschaftlichkeit
August	$\frac{540}{1620} = \underline{\underline{0,33}}$	$\frac{54000,00}{50500,00} = \underline{\underline{1,07}}$
September	$\frac{690}{2030} = \underline{\underline{0,34}}$	$\frac{62100,00}{60750,00} = \underline{\underline{1,02}}$
Oktober	$\frac{812}{2320} = \underline{\underline{0,35}}$	$\frac{73080,00}{72640,00} = \underline{\underline{1,01}}$

Aus den Zahlen des Beispiels erkennt man zunächst, dass die Produktivität gestiegen ist. Dies kann auf mehrere Ursachen zurückzuführen sein. Einmal kann die Routine der Arbeitskräfte zugenommen haben. Ferner kann es sein, dass die innerbetriebliche Arbeitsteilung verbessert wurde. Außerdem ist es möglich, dass moderne Maschinen und Werkzeuge eingesetzt wurden.

Trotz Steigerung der Arbeitsproduktivität ist die Wirtschaftlichkeit gesunken. Dies ist darauf zurückzuführen, dass einmal die Absatzpreise um 10 % zurückgegangen sind, zum anderen aber mit erhöhten Kosten zu rechnen war: Das Verhältnis von Leistung zu Kosten hat sich verschlechtert.

(3) Bedeutung der Wirtschaftlichkeitskennzahlen

Wirtschaftlichkeitsberechnungen dienen der Leistungs- und Kostenkontrolle im inner- und zwischenbetrieblichen Vergleich. Die Wirtschaftlichkeitskontrolle allein reicht nicht aus; denn die bloße Feststellung, dass die Wirtschaftlichkeit eines Betriebes gesunken ist, bringt weder eine Kostenersparnis noch eine Leistungssteigerung.

Es ist möglich, dass die Geschäftsleitung versucht, festgestellte Kostenerhöhungen in die Absatzpreise einzukalkulieren. Diese Maßnahme verbessert die Wirtschaftlichkeit jedoch nur, wenn der Markt Preiserhöhungen zulässt, wenn also die Kunden die Preiserhöhungen hinnehmen, ohne weniger nachzufragen.

1 Die Kosten je Arbeitsstunde sind für den Betrieb wesentlich höher als der Lohn, den der Arbeitnehmer erhält. Der Betrieb (der Arbeitgeber) muss zusätzlich noch einen Teil der Krankenkassenbeiträge, der Pflegeversicherungsbeiträge, der Rentenversicherungsbeiträge und der Arbeitslosenversicherungsbeiträge tragen.

In vielen Fällen ist es jedoch so, dass die Geschäftsleitung versuchen muss, einer Verschlechterung der Wirtschaftlichkeit durch Kostenersparnis einerseits und durch Absatzförderung andererseits (z.B. Werbung, Produktgestaltung) entgegenzuwirken.

Kosten lassen sich beispielsweise durch Erhöhung der Ausbringungsmenge und durch Substitution arbeitsintensiver durch kapitalintensive Fertigungsverfahren senken.

3.3.3 Rentabilität

(1) Begriff

Eine weitere Messzahl wirtschaftlicher Ergiebigkeit ist die Rentabilität.

Merke:

Unter **Rentabilität** versteht man den prozentualen Anteil eines erzielten Gewinns an einem eingesetzten Kapital.

Wird nichts anderes gesagt, bezieht sich die Rentabilitätskennzahl auf ein Jahr. Sie stellt somit nichts anderes als die **Verzinsung** eines investierten Kapitals dar.

$$\textbf{Rentabilität} = \frac{\text{Gewinn} \cdot 100}{\text{eingesetztes Kapital}}$$

(2) Rentabilität und Produktivität

Von der Produktivität unterscheidet sich die Rentabilität dadurch, dass die Produktivität ein reines **Mengenverhältnis** angibt, während die Rentabilität eine **Wertbeziehung** darstellt.

(3) Rentabilität und Wirtschaftlichkeit

Die Rentabilität zeigt die Verzinsung eines eingesetzten Kapitals, die Wirtschaftlichkeit gibt das Verhältnis von Leistung zu Kosten an.

Rentabilität, Wirtschaftlichkeit und Produktivität hängen zusammen: Eine Erhöhung der Produktivität und Wirtschaftlichkeit kann zur Steigerung der Rentabilität beitragen.

6 Boller-Hartmann 978-3-8120-0585-2

Beispiel:

Mit einer Maschine zum Anschaffungswert von 42000,00 EUR stellt man im Jahr bei 1920 Arbeitsstunden 50000 Werkstücke her. Sie wird von einer Arbeitskraft bedient. Abschreibung, Verzinsung und Instandhaltung betragen jährlich 8400,00 EUR. Die Arbeitsstunde kostet 8,00 EUR. Der Wert je Werkstück beträgt 0,50 EUR.

Eine verbesserte Maschine stellt hingegen in der gleichen Zeit 58000 Werkstücke her. Ihr Anschaffungswert beträgt 60000,00 EUR, die jährlichen Maschinenkosten belaufen sich auf 12000,00 EUR. Die Lohnkosten sind die gleichen.

Produktivität, Wirtschaftlichkeit und Rentabilität betragen also:

Messzahlen / Maschinen	Produktivität (je Arbeitsstunde)	Wirtschaftlichkeit	Rentabilität
Maschine A	$\frac{50000}{1920} = \underline{\underline{26,04}}$	$\frac{25000}{23760} = \underline{\underline{1,05}}$	$\frac{1240 \cdot 100}{42000} = \underline{\underline{2,95\,\%}}$
Maschine B	$\frac{58000}{1920} = \underline{\underline{30,21}}$	$\frac{29000}{27360} = \underline{\underline{1,06}}$	$\frac{1640 \cdot 100}{60000} = \underline{\underline{2,73\,\%}}$

(4) Arten der Rentabilität

Im obigen Beispiel wurde die Rentabilität eines **Einzelobjekts** gemessen. Daneben interessiert aber auch die Rentabilität des gesamten Unternehmens. Dabei wird zwischen **Unternehmerrentabilität (Eigenkapitalrentabilität)** und **Unternehmensrentabilität (Gesamtkapitalrentabilität)** unterschieden.

Merke:

- Bei der **Unternehmerrentabilität** wird der Reingewinn zum eingesetzten **Eigenkapital** in Beziehung gesetzt. Die Unternehmerrentabilität ist also der prozentuale Anteil des Reingewinns am Eigenkapital.
- Die **Unternehmensrentabilität** ist der prozentuale Anteil des Reingewinns zuzüglich Zinsaufwand am Gesamtkapital des Unternehmens. Die Zinsaufwendungen müssen berücksichtigt werden, weil sie als Einkommen der Kapitalgeber ebenfalls vom Unternehmen erwirtschaftet werden müssen.

Beispiel:

Ein Industriebetrieb ist mit 1600000,00 EUR Eigenkapital und 1200000,00 EUR Fremdkapital finanziert. Der Reingewinn betrug 320000,00 EUR. Für das aufgenommene Fremdkapital wurden 96000,00 EUR Zinsen bezahlt.

Die Unternehmerrentabilität errechnet sich folgendermaßen:

$$\begin{aligned} 1600000{,}00 \text{ EUR} &\mathrel{\hat=} 100\,\% \\ 320000{,}00 \text{ EUR} &\mathrel{\hat=} x\,\% \end{aligned}$$

$$x = \frac{320000 \cdot 100}{1600000} = \underline{\underline{20\,\%}}$$

Allgemein:

$$\textbf{Unternehmerrentabilität} = \frac{\text{Reingewinn} \cdot 100}{\text{Eigenkapital}}$$

Die Unternehmensrentabilität wird folgendermaßen ermittelt:

$$\begin{aligned} 2\,800\,000{,}00 \text{ EUR} &\hat{=} 100\,\% \\ 416\,000{,}00 \text{ EUR} &\hat{=} \; x \; \% \end{aligned}$$

$$x = \frac{416\,000 \cdot 100}{2\,800\,000} = \underline{\underline{14{,}86\,\%}}$$

Allgemein:

$$\textbf{Unternehmensrentabilität} = \frac{(\text{Reingewinn} + \text{Zinsaufwand}) \cdot 100}{\text{Gesamtkapital}}$$

Zur Beurteilung der Geschäftslage kann neben der **Kapitalrentabilität** auch die **Umsatzrentabilität** von Bedeutung sein.

Merke:

Unter **Umsatzrentabilität** versteht man den prozentualen Anteil des Reingewinns am Umsatz zu Verkaufspreisen.

Beispiel:

Beläuft sich der Umsatz eines Geschäfts in einem Jahr auf 320000,00 EUR und beträgt der Reingewinn 16000,00 EUR, ergibt sich die Umsatzrentabilität wie folgt:

$$\begin{aligned} 320\,000{,}00 \text{ EUR} &\hat{=} 100\,\% \\ 16\,000{,}00 \text{ EUR} &\hat{=} \; x \; \% \end{aligned}$$

$$x = \frac{16\,000 \cdot 100}{320\,000} = \underline{\underline{5\,\%}}$$

Allgemein:

$$\textbf{Umsatzrentabilität} = \frac{\text{Reingewinn} \cdot 100}{\text{Umsatz}}$$

Überblick über die Arten der Rentabilität

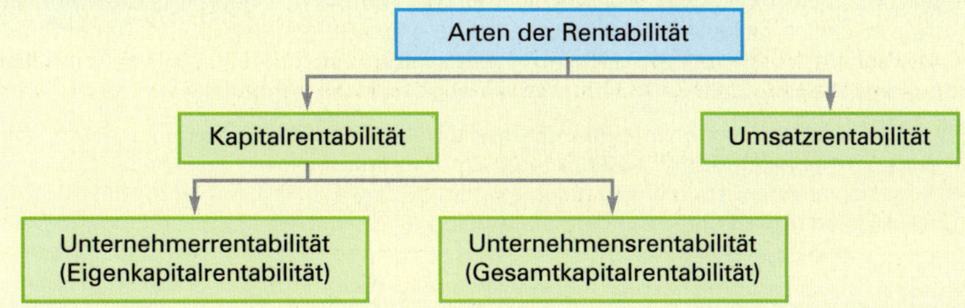

(5) Bedeutung der Rentabilitätskennzahlen

Die Rentabilitätskennzahlen gehören in marktwirtschaftlich orientierten Wirtschaftsordnungen zu den wichtigsten betrieblichen Kennzahlen. Die vergleichsweise hohe und längerfristig als sicher angesehene Rentabilität bestimmt, wohin letzten Endes das investierte Kapital fließt (z. B. in Erfolg versprechende Zukunftsbranchen,[1] in Gebiete mit niedrigen Arbeits-, Sozial- und Steuerkosten.)

Zusammenfassung

- Im **weitesten Sinne** versteht man unter **Produktion** jegliche Kombination von Produktionsfaktoren zur Erstellung einer wirtschaftlichen Leistung.
- Im **engsten Sinne** wird der Begriff Produktion mit dem Begriff **Fertigung** gleichgesetzt.
- Unter dem Begriff **Kosten** versteht man den betriebsbedingten und relativ regelmäßig anfallenden Güter- und Leistungsverzehr zur **Erstellung** betrieblicher Leistungen gemessen in Geld.
- Wirkungen, bei denen Verursacher und Betroffener **nicht** übereinstimmen, bezeichnet man als **externe Effekte.**
- Durch ein System von Steuern und Subventionen kann man die **privaten Kosten** an die **sozialen** Kosten **angleichen.** Während Verursacher externer Kosten z. B. zu besteuern sind, müssten die Verursacher positiver Effekte subventioniert werden.
- **Opportunitätskosten** sind der entgangene Nutzen für die beste, nicht gewählte Handlungsalternative.
- Opportunitätskosten entstehen nur für **knappe Produktionsfaktoren,** für **nicht knappe** Produktionsfaktoren sind sie stets **gleich null.**
- Das gesamtwirtschaftliche Produktionsergebnis einer Volkswirtschaft, das bei **vollständiger Auslastung (Vollbeschäftigung)** und **optimaler Kombination aller Produktionsfaktoren** hergestellt werden kann, bezeichnet man als **Produktionspotenzial.**
- Durch die **Transformationskurve** werden alle möglichen Kombinationen von zwei Gütern aufgezeigt, die in einer Volkswirtschaft bei voller Ausschöpfung des Produktionspotenzials und optimaler Kombination der Produktionsfaktoren höchstens hergestellt werden können.
- **Produktionsfaktoren** lassen sich verschiedentlich **kombinieren** oder **substituieren** (ersetzen).
- Eine **Produktionsfunktion** zeigt die Abhängigkeit eines mengenmäßigen Ertrags vom mengenmäßigen Einsatz eines Produktionsfaktors bzw. einer Produktionsfaktorengruppe.
- Die **Allokation der Produktionsfaktoren** ist dann optimal, wenn bei gegebenen ökonomischen Daten der Nutzengewinn aus der Mehrproduktion eines Gutes den Nutzenverlust aus der Verringerung der Produktion eines anderen Gutes ausgleicht.
- Eine **Minimalkostenkombination** ist letztlich die Umsetzung des **ökonomischen Prinzips** im Produktionsbereich einer Unternehmung. So wird entweder ein gegebenes Ziel mit geringstem Aufwand (Minimumversion) angestrebt oder es soll mit gegebenem Aufwand (Maximumversion) eine möglichst große Ausbringungsmenge erreicht werden.
- Die **Produktivität** gibt ein rein **mengenmäßiges Verhältnis** wieder und sagt nur etwas über die technische Ergiebigkeit der Produktion aus. Ob dadurch auch ein finanzieller Erfolg erzielt wird, lässt sich aus der Produktivität nicht ersehen. Allerdings wird eine unproduktive Produktion zu Verlusten führen und kann damit langfristig die Betriebsaufgabe zur Folge haben.

1 Branche: Wirtschaftszweig. Von la branche (frz.): Zweig.

- Die **Wirtschaftlichkeit** setzt die Leistung zu den Kosten ins Verhältnis und zeigt damit auf, ob die erstellte Leistung zu einem Betriebsgewinn geführt hat. Es handelt sich um ein Wertverhältnis.
- Die **Kapitalrentabilität** bezieht dagegen den Gesamterfolg (mit den neutralen Aufwendungen und Erträgen) auf das eingesetzte Kapital und rechnet so dessen Verzinsung aus.
- Auf Dauer besteht zwischen diesen **drei Größen** folgender enger **Zusammenhang**:
Durch den technischen Fortschritt wird das mengenmäßige Ergebnis der Produktion steigen (hohe Produktivität). Die Steigerung der Produktionsmenge führt in der Regel zu einer Senkung der Kosten je Stück (Massenproduktionsgesetz) und damit zu einer höheren Wirtschaftlichkeit, die im Normalfall auch zu einer Steigerung der Rentabilität führt.

Übungsaufgaben

9 Für eine Volkswirtschaft gilt nebenstehende Substitutionstabelle mit zwei Gütern, und zwar „Maschinen" (stellvertretend für Zukunftsgüter) und „Personenwagen" (stellvertretend für Gegenwartsgüter).

Möglichkeiten	Personenwagen (je Periode)	Maschinen (je Periode)
A	6000	—
B	5000	2000
C	4000	3000
D	3000	3800
E	2000	4500
F	1000	5000
G	–	5250

Aufgaben:

1. Zeichnen Sie die Transformationskurve!
2. Die Darstellung der Wahlentscheidung mithilfe von Transformationskurven ist ein stark vereinfachendes Modell.
   2.1 Erklären Sie, was unter einem Modell zu verstehen ist!
   2.2 Begründen Sie die Notwendigkeit, mit volkswirtschaftlichen Modellen zu arbeiten!
3. Was sagt die von Ihnen gezeichnete Transformationskurve (Aufgabe 1) aus?
4. Begründen Sie, warum die in Aufgabe 1 gezeichnete Transformationskurve konvex verläuft!
5. Angenommen, die in Aufgabe 1 genannte Volkswirtschaft stellt 3000 Personenwagen und 2500 Maschinen her. Welche gesamtwirtschaftliche Situation liegt vor? Begründen Sie Ihre Antwort!
6. Angenommen, die Nachfrage nach Personenwagen beträgt 4000 Stück je Periode und die Nachfrage nach Maschinen 4500 Stück je Periode. Welche gesamtwirtschaftliche Situation liegt vor? Begründen Sie Ihre Antwort!
7. Wie wirkt sich der technische Fortschritt auf den Verlauf einer Transformationskurve aus?
8. Unter welchen Bedingungen könnten sich Transformationskurven nach „links" verschieben?
9. Suchen Sie nach einem sinnvollen Zahlenbeispiel, bei dem Sie lineare Transformationskurven erhalten!
10. Nennen und begründen Sie die Faktoren, die den Verlauf einer Transformationskurve bestimmen!
11. Welche gesellschafts- und wirtschaftspolitischen Vor- und Nachteile ergeben sich, wenn sich eine Volkswirtschaft zur verstärkten Produktion von Zukunftsgütern (Produktionsgütern) zulasten der Produktion von Gegenwartsgütern (Konsumgütern) entschließt?

12. Wie ändert sich Ihre Antwort, wenn Sie annehmen, dass in einer vollbeschäftigten Wirtschaft die Produktion militärischer Güter zulasten der Produktion ziviler Güter ausgedehnt wird?

13. Verdeutlichen Sie den Unterschied der Produktionsmöglichkeiten einer
    13.1 unterbeschäftigten und
    13.2 vollbeschäftigten Wirtschaft!

10

1. Inwiefern stellt die Produktion einen ständigen Kombinationsprozess von Produktionsfaktoren dar?
2. Inwiefern stellt die Produktion einen ständigen Substitutionsprozess von Produktionsfaktoren dar?
3. In der Tabelle auf S. 74 wird gezeigt, mit welchen Faktorkombinationen ein Betrieb eine bestimmte Menge Stanzteile erzeugen kann.

   Aufgaben:

   3.1 Mit welchen Faktorkombinationen kann der Betrieb jeweils 40 Stanzteile erzeugen?

   3.2 Angenommen, der Betrieb setzt sich zum Ziel, 40 Stanzteile zu erzeugen. Die Arbeitskosten betragen 40,00 EUR je Stunde, die Maschinenkosten belaufen sich auf 30,00 EUR je Maschine. Welche Faktorkombination wird der Betrieb wählen, wenn er nach dem ökonomischen Prinzip handelt?

11

„Durch die Anwendung neuer Techniken, durch Produktionsveränderungen und durch organisatorische Rationalisierungsmaßnahmen werden Arbeitsinhalte verändert und bisherige Tätigkeiten überflüssig. Herkömmliche Qualifikationen werden nutzlos. Das Veränderungstempo beschleunigt sich. Eine Analyse des Bundesministeriums für Forschung und Technologie lässt erkennen, dass vor allem diejenigen Branchen Beschäftigungszuwächse erzielt haben, die überdurchschnittlich Informations- und Kommunikationstechniken einsetzen.

Als Folgen für den Arbeitnehmer sind zu erwarten bzw. bereits eingetreten:
- Traditionelle soziale Strukturen der Arbeitswelt werden zerstört, weil der Bildschirm zum neuen ‚Arbeitskollegen' und Gesprächspartner wird wie zum Beispiel bei der computergesteuerten Sachbearbeitung.
- Facharbeiterqualifikationen werden nicht mehr benötigt, wenn zum Beispiel CAD-Systeme[1] die Aufgaben von technischen Zeichnern übernehmen.
- Die Automatisierung in der Produktion wird vor allem an- und ungelernte Arbeitskräfte freisetzen, so können zum Beispiel Industrieroboter komplette Montagetätigkeiten in der Automobilproduktion durchführen.
- Im Büro übernehmen Textsysteme die Tätigkeit der Schreibkräfte sowie Routinetätigkeiten der Sachbearbeiter. So wurden in Versicherungskonzernen durch Textverarbeitungssysteme bis zu 30 % der Beschäftigten eingespart.
- Industrieroboter ersetzen nach Untersuchungen in Automobilfabriken im Durchschnitt vier Arbeitskräfte.
- Numerisch gesteuerte Werkzeugmaschinen haben die vierfache Produktivität gegenüber konventionellen Maschinen.
- CAD-Systeme in Konstruktionsbüros sparen bis zu 20 % der technischen Zeichner und Detailkonstrukteure ein.

Die durch die neuen Technologien veränderten Arbeitsplatzinhalte erfordern zunehmend folgende Qualifikationen:
- Kreativität,
- abstraktes, theoretisches Denken (Umgang mit Software),

---

1 Unter **C**omputer **A**ided **D**esign (CAD) versteht man computerunterstütztes Konstruieren. Das Zeichenbrett wird hier durch den Bildschirm ersetzt.

- planerisches Denken (Flussdiagramme, Software-Abläufe),
- Bereitschaft zur Teamarbeit,
- Flexibilität (Akzeptanz neuer Verfahren),
- Lernbereitschaft (‚lebenslanges Lernen').

Allerdings muss bei allen Auswirkungen des Einsatzes der neuen Technologien auf die Arbeitsplätze auch berücksichtigt werden, dass Arbeitslosigkeit auch von anderen Einflüssen abhängig ist wie zum Beispiel von konjunkturellen Einflüssen, von internationaler Konkurrenz, vom Arbeitszeitvolumen. Viele Untersuchungen beziehen sich zudem einseitig auf eine Betrachtung des industriellen Sektors. Hier erhebt sich die Frage, ob diese Betrachtung gerechtfertigt ist, d. h., ob dieser Sektor zukünftig eine große Rolle für die Beschäftigung spielen wird."

Quelle: Henning, B.: Sozioökonomische Perspektiven der neuen Technologien, in: Grundfragen der Ökonomie, hrsg. von der Bundeszentrale für politische Bildung, Bonn 1989, S. 390f.

Aufgaben:

1. Von welchem Substitutionsprozess ist in obigem Textauszug die Rede?
2. Nennen Sie negative Auswirkungen dieses Substitutionsprozesses!
3. Kann der genannte Substitutionsprozess auch positive Auswirkungen für die Arbeitskräfte haben? Begründen Sie Ihre Meinung!
4. Im obigen Text wird gesagt, dass Arbeitslosigkeit u.a. vom Arbeitszeitvolumen abhängig sei. Erklären Sie diese Aussage!

12

1. Definieren Sie die Begriffe

   1.1 Produktivität,

   1.2 Wirtschaftlichkeit und

   1.3 Rentabilität!

2. Ein Glaser stellt zusammen mit seinen drei Gesellen nur Fenster gleicher Größe und Qualität her. Der Verkaufspreis je Stück beträgt 150,00 EUR. Im Monat Mai stellten er und seine drei Gesellen in insgesamt 720 Arbeitsstunden 100 Fenster her, die auch verkauft wurden. Die Gesamtkosten der Glaserei betrugen im gleichen Monat 11500,00 EUR. Das Eigenkapital belief sich auf 280000,00 EUR.

   Berechnen Sie

   2.1 die Produktivität,

   2.2 die Wirtschaftlichkeit und

   2.3 die Eigenkapitalrentabilität!

4 Die Arbeitsteilung als Organisationsprinzip des Wirtschaftens

4.1 Begriff Arbeitsteilung

Müsste jeder Einzelne die von ihm benötigten Schuhe, Kleider, Nahrungsmittel usw. selbst herstellen, so würde ihm dies wohl nur mühsam und wahrscheinlich in schlechter Qualität gelingen. Sicher würde er weder eine besondere Fähigkeit, noch eine überdurchschnittliche Geschicklichkeit bei der Herstellung dieser Güter erlangen, da er die einzelnen Güter nicht häufig genug herstellt. Der Ertrag seiner Arbeit wäre sehr gering.

Merke:

Unter **Arbeitsteilung** versteht man die Auflösung einer Arbeitsleistung in Teilverrichtungen und/oder das Zusammenwirken von Arbeitenden in der Weise, dass jeder Arbeitende eine besondere Aufgabe erfüllt.

4.2 Arten der Arbeitsteilung

4.2.1 Gesellschaftliche Arbeitsteilung (überbetriebliche Arbeitsteilung)

Berufsbildung	Sie ist gegeben, wenn sich die Mitglieder einer Gesellschaft auf bestimmte Tätigkeiten spezialisieren.
Berufsspaltung	Sie ist gegeben, wenn sich die Grundberufe infolge der technischen Entwicklung aufspalten. **Beispiele:** Aus dem einstigen Händler wurde der Einzelhändler, der Großhändler, Exporteur oder Importeur. Aus dem Schlosser wurde der Bauschlosser und Maschinenschlosser oder aus dem Bader der Herrenfriseur, der Damenfriseur und der Zahnarzt.

4.2.2 Technische Arbeitsteilung (innerbetriebliche Arbeitsteilung)

Einst vollzogen sich Produktion und Verbrauch innerhalb einer Großfamilie, z.B. innerhalb eines sich selbst versorgenden Bauernhofs (geschlossene Hauswirtschaft). Mit der **Berufsbildung** und **Berufsspaltung** wurden die Produktionsstätten mehr und mehr aus den Haushalten ausgegliedert: Es entstanden die **wirtschaftlichen Betriebe.** Die Eigentümer dieser Betriebe konnten oft die anfallende Arbeit nicht mehr allein bewältigen und stellten Arbeitskräfte („Gesellen" in Handwerksbetrieben, „Gehilfen" in Handelsbetrieben) ein. Mit der Berufsbildung ging somit die **technische (innerbetriebliche) Arbeitsteilung** Hand in Hand.

Arbeitsteilung			
gesellschaftliche Arbeitsteilung (überbetriebliche Arbeitsteilung)		**technische Arbeitsteilung (innerbetriebliche Arbeitsteilung)**	
Berufsbildung (Beispiele)	Berufsspaltung (Beispiele)	Funktionsbildung (Arbeitsbildung) (Beispiele)	Arbeitszerlegung (Beispiele)
Schmied	→ Hufschmied → Klempner	→ Beschaffung und Lagerung	→ Belege sortieren ↓
Schlosser	→ Bauschlosser → Maschinenschlosser	→ Finanzen und Rechnungswesen	Belege kontieren ↓
Schneider	→ Herrenschneider → Damenschneider	→ Personalverwaltung	Kontrollieren ↓
Bäcker	→ Konditor → Brotbäcker	→ Absatz (Verkauf)	Buchen ↓
Händler	→ Großhändler → Einzelhändler		Belege ablegen

Die technische Arbeitsteilung hat die Aufgabe, die Ergiebigkeit der menschlichen Arbeitsleistung im wirtschaftlichen Betrieb zu steigern. Sie führt zu immer enger werdenden Tätigkeitsbereichen der Arbeitenden, bis schließlich am Fließband nur noch wenige Handgriffe notwendig sind. Erst die **Automation** bringt die Ablösung dieser in kleinste Handgriffe zerlegten Arbeit durch elektronisch gesteuerte und sich selbst kontrollierende Maschinen.

Merke:

Die Aufteilung eines Arbeitsvorgangs unter dem Gesichtspunkt der technischen Möglichkeiten bzw. des zweckmäßigen Maschineneinsatzes nennen wir die **technische Arbeitsteilung.**

4.2.3 Volkswirtschaftliche Arbeitsteilung

Gütererstellung und Bedarfsdeckung erfolgen in verschiedenen **Zweigen der Wirtschaft.** Die arbeitsteilige Wirtschaft lässt sich vertikal („senkrecht") oder horizontal („waagerecht") einteilen.

Merke:

Eine **vertikale volkswirtschaftliche Arbeitsteilung** liegt vor, wenn die Wirtschaftszweige stufenmäßig von der Urproduktion bis hin zum Verbrauch eingeteilt werden.

Im Allgemeinen wird die Volkswirtschaft in folgende **Wirtschaftsstufen** eingeteilt:

Erzeugungsbetriebe	Darunter fallen die **Urproduktionsbetriebe** (Landwirtschaft, Fischerei, Jagd, Bergbau), die **Produktionsmittelbetriebe** (z. B. Herstellung von Maschinen, Fertigteilen, Werkzeugen für den eigenen und fremden Bedarf) und die **Konsumgüterbetriebe** (z. B. Herstellung von Konserven, Getränken, Kühlschränken, Radiogeräten).
Verteilungsbetriebe	Sie bringen die Güter in die Nähe des Verbrauchers (Großhandel, Einzelhandel, Außenhandel).
Verbrauch	Er findet in den **privaten** und **öffentlichen Haushalten** statt. Öffentliche Haushalte (öffentliche Gemeinwesen, im weitesten Sinne der „Staat") sind z. B. die Haushalte des Bundes, der Länder, der Gemeinden. Die Haushalte stellen gewissermaßen das letzte Glied der Wirtschaft dar.

In die gesamte vertikale Gliederung der Wirtschaft lassen sich die **Dienstleistungsbetriebe** nicht ohne Weiteres einfügen, weil sie **allen Wirtschaftsstufen dienen.** Zu den Dienstleistungsbetrieben rechnen die **Verkehrsbetriebe,** die die Beförderung von Gütern von Betrieb zu Betrieb und an die Haushalte übernehmen, die **Banken** (Kreditinstitute), die **Versicherungen,** die **Mittlerbetriebe** (Makler, Vertreter, Kommissionäre) und die **Werbeagenturen.** Ferner müssen auch die Betriebe der **Rechtsanwälte,** der **Steuerberater,** der **Wirtschaftsprüfer** und die **Auskunfteien** zu den Dienstleistungsbetrieben gerechnet werden.

Der Begriff vertikale Arbeitsteilung ist folglich nicht so aufzufassen, als ob ein steter Strom von wirtschaftlichen Gütern von der Urproduktion bis hin zum Verbrauch stattfände. Einmal dienen die Dienstleistungsbetriebe allen Wirtschaftsstufen (auch den Haushalten), zum anderen beliefern die Produktionsmittelbetriebe alle Erzeugungs-, Handels- und Dienstleistungsbetriebe (Produktionsumwege). Gleichfalls dient der Handel allen Wirtschaftsstufen. Jede Wirtschaftsstufe ist also in ein Geflecht vielfacher wirtschaftlicher Beziehungen eingebettet.

Jede Wirtschaftsstufe umfasst wiederum eine Vielzahl von Betrieben, die gewissermaßen auf gleicher Ebene liegen **(horizontale Arbeitsteilung),** weil keine Stufe in einem Betrieb allein alle erforderlichen Leistungen erbringen kann.

Merke:

Die **Aufteilung der Volkswirtschaft** in die Wirtschaftsstufen **Erzeugung, Verteilung** und **Verbrauch** bezeichnet man als **volkswirtschaftliche Arbeitsteilung.**

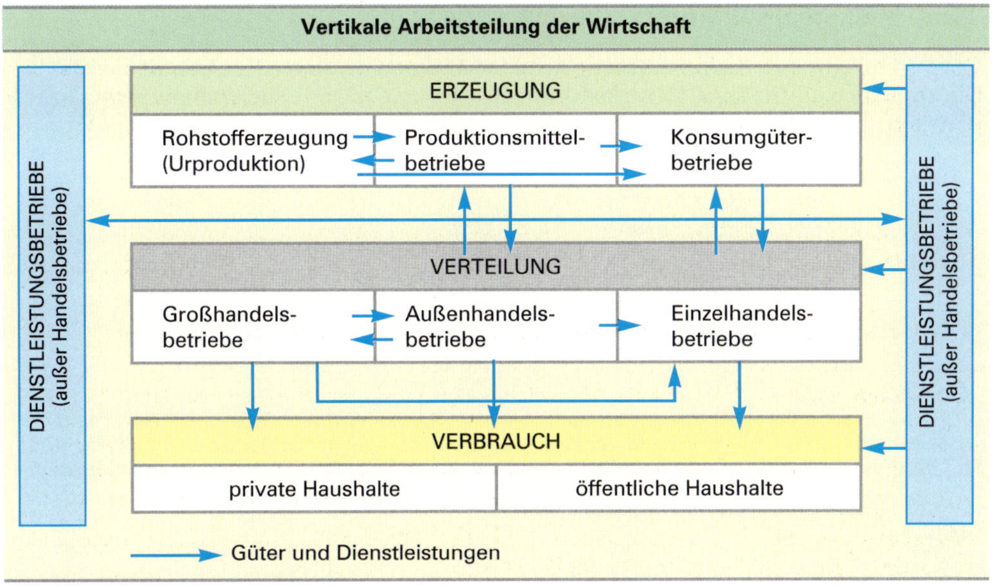

4.2.4 Internationale Arbeitsteilung

Länder mit Außenhandel (gegenseitigem Warenaustausch) betreiben **internationale Arbeitsteilung.** Gründe für den Außenhandel sind:

- Güter, die eine Volkswirtschaft nicht oder nicht in ausreichendem Maß selbst produzieren kann, werden eingeführt (importiert), in der Bundesrepublik Deutschland z.B. Südfrüchte, Mineralstoffe. Die Gegenleistung besteht in der Ausfuhr (im Export) von Halb- und Fertigerzeugnissen, die die Handelspartner nicht selbst oder nicht in der gewünschten Qualität herstellen können (oder wollen).
- Güter, die eine Volkswirtschaft nur mit höheren Kosten als andere Volkswirtschaften herstellen kann, werden importiert. Die auf diese Weise eingesparten Produktionsfaktoren können zur Herstellung anderer Güter eingesetzt werden, die möglicherweise kostengünstiger als im Ausland produziert werden können.

  Nicht nur bei **absoluten,** sondern auch bei **relativen (komparativen) Kostenvorteilen** kann die internationale Arbeitsteilung für die beteiligten Länder von Vorteil sein.

Beispiel:

Angenommen, sowohl im Land A als auch im Land B werden je Periode[1] 500000 t Rohöl und 500 Maschinen hergestellt. Es bestehen keine Handelsbeziehungen zwischen den beiden Ländern. Die hergestellten Güter werden in den betreffenden Ländern gekauft, um den eigenen Bedarf zu decken.

1 Periode: Zeitabschnitt (z.B. 1 Monat, 1 Jahr).

Die Produktionskosten werden in Arbeitsstunden ausgedrückt.

Länder	Kosten für 1 t Rohöl (Öl) in Arbeitsstunden	Kosten für 1 Maschine (Ma) in Arbeitsstunden
A	20	50000
B	80	60000

Die **komparativen**[1] **Kosten** betragen:

Länder	Komparative Kosten	
	Öl : Ma	**Öl : Ma**
A	1 : 2500	0,0004 : 1
B	1 : 750	$0{,}001\overline{33}$: 1

Das Land B stellt beide Produkte teurer als das Land A her, denn im Land B werden für eine t Rohöl 80 Arbeitsstunden (im Land A 20 Arbeitsstunden) und für eine Maschine 60000 Arbeitsstunden (im Land A 50000 Arbeitsstunden) benötigt. Dennoch lohnen sich die **Spezialisierung** und der **Außenhandel** (die **internationale Arbeitsteilung**). Beweis: Spezialisiert sich das Land A nach Aufnahme der Handelsbeziehungen auf das Öl, weil es dieses vergleichsweise billiger als Maschinen herstellt, und das Land B auf die Produktion von Maschinen, weil es diese vergleichsweise billiger als Rohöl produzieren kann, ergibt sich folgendes Ergebnis:

Länder	**Land A**		**Land B**		**Gesamtkosten beider Länder**
Güterart	Rohöl	Maschinen	Rohöl	Maschinen	
Kosten **vor** der internationalen AT in Arbeitsstunden	10000000	25000000	40000000	30000000	105000000
Kosten **nach** der internationalen AT in Arbeitsstunden	20000000	–	–	60000000	80000000

Durch die Spezialisierung spart das Land A 15 Mio. Arbeitsstunden und das Land B 10 Mio. Arbeitsstunden. Die ersparten Arbeitsstunden können zur Kapazitätserweiterung bei der Ölförderung und im Maschinenbau und/oder für den Ausbau anderer Wirtschaftszweige eingesetzt werden.

Das vorangestellte Beispiel verdeutlicht, dass die Vorteilhaftigkeit des Handels zwischen zwei Ländern nicht von den absoluten Produktionskosten abhängt, sondern von den **relativen Kosten** der produzierten Güter zueinander.

Merke:

Grundsätzlich ist der **Handel zwischen zwei Ländern** immer **vorteilhaft,** wenn bei beiden Handelspartnern **unterschiedliche Produktionskostenstrukturen** existieren, d.h., wenn ein Land für ein produziertes Gut auf weniger Einheiten eines anderen Gutes verzichten muss als das andere Land (niedrigere **Opportunitätskosten**[2]).

1 Komparativ (lat.): vergleichsweise, relativierend.

2 Den Nutzenentgang durch einen Verzicht auf eine Alternativanlage bezeichnet man als Opportunitätskosten. Zu Einzelheiten siehe S. 68f.

Nach der **Theorie der komparativen Kostenvorteile** sind internationaler Handel und internationale Arbeitsteilung selbst für solche Länder von Vorteil, die alle Güter nur zu höheren Kosten erzeugen können als das Ausland. Sie müssen sich nur auf die Produktion jener Güter spezialisieren, die sie vergleichsweise (komparativ) am günstigsten herstellen können. In der Realität lässt sich dies vor allem auf Handelsbeziehungen zwischen hoch und niedrig industrialisierten Ländern anwenden. Dabei ist zu beachten, dass nichts über die Verteilung des Handelsgewinnes oder die Effekte der Spezialisierung ausgesagt wird.

Merke:

Wenn jedes Land die Güter produziert, bei denen es **absolute** Kostenvorteile hat, kann durch die internationale Arbeitsteilung die **Gesamtproduktion** gesteigert werden.

4.3 Beurteilung der Arbeitsteilung

Vorteile	Nachteile
■ Steigerung der Produktivität (z. B. Leistungssteigerung durch Routinearbeit); infolgedessen ■ Einkommensverbesserungen; ■ spezielle Begabungen lassen sich zum Nutzen des Einzelnen und der Gesellschaft entfalten; ■ Ausbildung für spezielle Tätigkeiten ist kürzer als für nicht spezialisierte Arbeiten; Schaffung von Arbeitsplätzen auch für angelernte und ungelernte Arbeitskräfte; ■ Arbeitsteilung erleichtert den Einsatz von Maschinen; damit wird dem Arbeitenden die Arbeit erleichtert; ■ kleinere Arbeitsaufgaben, deshalb bessere Beherrschung der Arbeit.	■ Gesundheitliche Schäden durch einseitige Belastung körperlicher und geistiger Funktionen; ■ Umstellungsschwierigkeiten bei Verlust oder Veränderung des Arbeitsplatzes; ■ gegenseitige Abhängigkeit der Arbeitenden (Verlust der Selbstständigkeit); ■ der Arbeitende verliert die Übersicht über den Gesamtzusammenhang seiner Tätigkeit; ■ die Arbeit erscheint dem Einzelnen sinnlos; ■ Monotonie der Arbeit führt zum Verlust der Arbeitsfreude (Beruf wird zum „Job“); ■ seelische Schäden können die Folge sein; ■ schöpferische Tätigkeit oft nicht oder kaum mehr möglich; ■ hoher Kapitaleinsatz notwendig.

4.4 Geldwirtschaft als logische Folge der Arbeitsteilung

4.4.1 Entstehung, Arten und Funktionen des Geldes

4.4.1.1 Geschichtliche Entwicklung des Geldes und der Geldarten

Ist von „Geld“ die Rede, so meint man zunächst zu wissen, was das ist. Soll man aber den Begriff Geld definieren, so stößt man auf Schwierigkeiten. Nicht anders ergeht es den Wissenschaftlern, die immer wieder aufs Neue daran gehen, das Wesen des Geldes zu deuten. Begriff und Aufgabe des Geldes kann man nur verstehen, wenn man sich über seine Entstehungsgründe Gedanken macht.[1]

1 Quelle: D. C.: Geld zu jeder Zeit, Geschichten vom Geld am Rande der Geschichte, 3. Aufl., o. J., S. 5 und S. 12.

Umgang mit Geld

[...] Wie wir mit Geld umgehen, hat Folgen: Erfolg, Zufriedenheit, vielleicht sogar Glück – obschon Geld allein ja nicht glücklich machen soll – kann der erlangen, der Geld souverän einsetzt. Wer dazu nicht in der Lage ist, wird zum Opfer seiner Lebensumstände, seines Verhaltens, mitunter auch seiner Anhäufung von Finanzmitteln. [...]

Zu Beginn des 20. Jahrhunderts war Sparsamkeit eine Pflicht, Verschuldung tabu. Entsprechende Einstellungen und ein entsprechendes Verhalten sind bis heute in der älteren Generation weit verbreitet. In den jüngeren Kohorten haben sie sich indes relativiert. Verschuldung und Ratenkäufe sind weit verbreitet und gelten nicht mehr als anstößig. Hedonistische Einstellungen und „Geld als Mittel zu Konsum und Lebensgenuss“ spielen heute eine größere Rolle.

[...] Verglichen mit anderen Nationen haben die Deutschen einen ausgeprägten Hang zur Sparsamkeit, zumindest was ihre Normen und Einstellungen betrifft. [...] Das Wollen und Sollen der Deutschen unterscheidet sich jedoch mittlerweile von ihrem Tun. Die Sparquote ist zwar relativ hoch, international aber keineswegs überragend. 2008 haben die Deutschen 11,6 Prozent ihres verfügbaren Einkommens gespart [...]. In Österreich, Frankreich, Irland, Spanien und der Schweiz wurde aber 2008 gleich viel oder sogar mehr gespart.

[...] Untersuchungen belegen, dass ältere Menschen im Vergleich zu jüngeren weniger gern Schulden machen, zufriedener mit der eigenen finanziellen Lage und mit dem erreichten Besitzstand sind, weniger Risikolust verspüren, sparsamer mit Geld umgehen, ihren Finanzhaushalt disziplinierter führen und Geld strenger kontrollieren, ehrlicher in Geldgeschäften sind, mit Geld positivere Assoziationen verbinden.

[...] Jugendlichen wird heute oft nachgesagt, sie gäben sehr viel Geld für unvernünftige Dinge aus (insbesondere für das Telefonieren, für Computerspiele etc.), sie könnten nicht mit Geld umgehen und gerieten daher oft in Schulden. [...] Demgegenüber bescheinigten Studien 2002 drei Viertel der Jugendlichen ein weitgehend rationales und marktkonformes Konsumverhalten. [...] Verschuldet waren 2002 etwa 20 Prozent, überschuldet circa sieben Prozent der Jugendlichen. Damit konnten etwa gleich viele Jugendliche wie Erwachsene ihre Verbindlichkeiten in absehbarer Zeit nicht begleichen. [...] Die Ergebnisse zeigen auch, dass die Überschuldung meist vorübergehend war: eine Übergangsphase im Leben der Jugendlichen. Je höher sich die Einkünfte von Jugendlichen beliefen, insbesondere die selbst verdienten, desto rationaler war ihr Konsumverhalten.

[...] Der richtige Umgang mit Geld ist auch von Normen geprägt, etwa Normen, wie über Geld zu sprechen (oder nicht zu sprechen) ist. Zahlreiche Sprichworte wie „Über Geld spricht man nicht, man hat es“, sind ein Hinweis darauf, dass das Thema Geld in Deutschland weitgehend tabuisiert ist. Jeder empirische Sozialforscher weiß, dass Fragen zum persönlichen Einkommen von großen Bevölkerungsteilen nicht beantwortet werden, vor allem dann, wenn die genaue Einkommenshöhe genannt werden soll. [...]

Die Tabuisierung hat Folgen: [...] Wer nicht mit Geld umgehen kann, fällt der Missachtung vieler Mitmenschen anheim, wird möglicherweise gar als lebensuntüchtig bezeichnet. Dessen ungeachtet ist souveränes Umgehen mit Geld kein Thema. Selbstzweifel und Unsicherheiten müssen die betroffenen Menschen in der Regel mit sich selbst austragen. Lernen, mit Geld umzugehen und Geldkompetenz werden so nicht gefördert.

Aber nicht nur die Tabuisierung trägt dazu bei, dass Wissen über kompetentes Umgehen mit Geld sich so zögernd verbreitet. Hinzu kommt: Geld hat in bestimmten Bevölkerungsteilen ein schlechtes Image. Wer sich als „Finanzfuchs“ erweist, genießt einen eher schlechten Ruf. Die Beschäftigung mit Geld gilt als wenig rentabel, sowohl was finanzielle Gewinne als auch Lustgewinn und soziale Anerkennung betreffen. Viele Menschen sind, möglicherweise bedingt durch paternalistische Traditionen des „Versorgungsstaats“, im Bereich der persönlichen Finanzen unmündig. Sie sind es einfach nicht gewohnt, in diesen Bereichen aktiv zu werden.

Geld gilt in großen Bevölkerungsteilen als schwierige Materie. Das schreckt ab, sich damit zu befassen. Dass viele dieser Menschen sich in Beruf und Freizeit mit mindestens ebenso schwierigen Sachverhalten befassen, widerspricht dem nicht. Geld gilt weithin als abstrakte, lebensferne Angelegenheit. Populär: Geld ist nicht „sexy“.

Quelle: Stefan Hradil, „Wie gehen die Deutschen mit Geld um?“, in: APuZ 26/2009. S. 33ff.

(1) Tauschlose Wirtschaft

In früheren Zeiten, als die Menschen noch in sogenannten „geschlossenen Hauswirtschaften" lebten, gab es keinen oder nur geringen Gütertausch. Die weitaus meisten der von den Menschen benötigten Güter wurden von ihnen innerhalb der Großfamilie (in der geschlossenen Hauswirtschaft) selbst hergestellt. Die geschlossene Hauswirtschaft war daher Produktions- und Verbrauchsstätte zugleich. In der Regel war daher ein Tauschmittel („Geld") nicht erforderlich.

(2) Naturaltauschwirtschaft

In reiner Form wird es diese tauschlose Wirtschaft jedoch nicht gegeben haben. Die einzelnen Großfamilien konnten sich sicher manche Dinge nicht oder nicht in ausreichendem Maß selbst beschaffen (z. B. Rohstoffe wie Salz, Metalle, Bernstein). Andere Güter wird man in Mengen hergestellt haben, die den eigenen Bedarf überstiegen. Es war also möglich,

Ware gegen **Ware**

zu tauschen. Dieser **unmittelbare** (direkte) Tausch war jedoch umständlich und zeitraubend.

(3) Warengeldwirtschaft

Der größte Nachteil der Naturaltauschwirtschaft war, dass es kein Gut gab, das **allgemein** als Tauschmittel anerkannt wurde. Es war daher ein großer Fortschritt in der wirtschaftlich-gesellschaftlichen Entwicklung, als sich die Menschen in bestimmten Regionen auf ein einziges Tauschgut einigten, dem alle einen Tauschwert zumaßen, obwohl das Gut mitunter zu einem unmittelbaren Gebrauch überhaupt nicht zu verwenden war.

Merke:

Ein von allen Tauschpartnern anerkanntes **Zwischentauschgut** bezeichnet man als **Geld.**

Die Warengeldwirtschaft ist die erste Stufe der Geldwirtschaft. An die Stelle des unmittelbaren Tauschs tritt der **mittelbare** (indirekte) Tausch:

Ware gegen **Geld** – **Geld** gegen **Ware.**

Als allgemeines Tauschmittel (Geld) fanden anfänglich Waren mit verhältnismäßig langer Lebensdauer Verwendung, die notfalls zugleich der unmittelbaren Bedürfnisbefriedigung dienen konnten (Warengeld als Nutzgeld).

Solches Nutzgeld waren beispielsweise Vieh (heutige Bezeichnungen für Geld oder Geldeinheiten wie pecus, pecunia = Vieh lassen darauf schließen),[1] Pfeilspitzen, Spieße (z.B. Obolus[2] = Bratspieß oder Drachme[3] = eine Handvoll Spieße).

1 Auch heute noch wird das aus dem Lateinischen stammende Wort „pekuniär" im Sinne von geldlich verwendet.

2 Wenn jemand „seinen Obolus„ (gr.) entrichtet, hat er einen kleinen Beitrag bezahlt. Ein Obolus war im alten Griechenland eine kleine Silber-, später Kupfermünze.

3 Die Drachme war eine griechische Münze.

Warengeld kam gleichermaßen als Schmuckgeld vor (z.B. Muscheln, Perlen und Edelmetalle). Besonders die Edelmetalle (Gold, Silber, Kupfer) hatten gegenüber den übrigen Waren Vorteile: Sie waren verhältnismäßig leicht transportierbar und teilbar.

Rechts und links chinesische, in der Mitte ein russischer Teeziegel

Schmuckgeld aus dem Sudan
Quelle: Archiv Dr. Runge, Hamburg

Zu dem geldgeschichtlich wohl interessantesten Tauschmittel zählt das nebenstehend abgebildete Steingeld von einer Inselgruppe aus Mikronesien, einem Gebiet im westlichen Pazifik.

Auf die Geschichte dieses Steingeldes, welches sogar zeitweise mit der Deutschen Mark in einem festen Austauschverhältnis stand, soll in der anschließenden Abhandlung näher eingegangen werden.

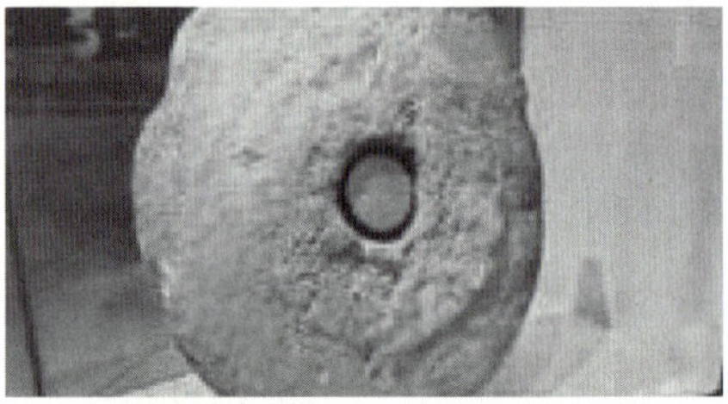

Quelle: Geldmuseum in Frankfurt am Main.

Das oben abgebildete Steingeld ist ein auf der Insel Ulithi in Yap-Islands, einem Bundesstaat von Mikronesien, verwendetes Tauschmittel. Es besteht aus Stein, welcher auf den benachbarten Inseln gefunden wurde. Die Steine wurden von Männern mit Kanus teilweise über eine Entfernung von etwa 210 Seemeilen (ca. 390 km) nach Yap-Islands gebracht. Die Größe der Steine reicht von 10 cm Durchmesser bis hin zu Scheiben mit einem Durchmesser von 3 Metern. Der Wert des Steines lag darin, dass auf dem Atoll von Yap-Islands keine natürlich entstandenen Steine zu finden sind. Einer Legende nach soll es derartiges Steingeld seit 500 bis 600 Jahren auf Yap-Islands geben.

Für jeden einzelnen Stein gab es eine mündliche Erzählung darüber, wie er nach Yap gebracht wurde und welche Abenteuer dabei überstanden werden mussten. Es kam auch vor, dass jemand bei so einer Expedition starb. So fand man beispielsweise auf der Insel Gagil einige Steine, in die jeweils die Namen der bei der Expedition Verunglückten eingraviert worden waren.

Gegen Ende des 19. Jahrhunderts erhöhte sich die Menge an Steingeld in großem Maße, was zu einer „Inflation" bei dem Steingeld führte. Die Geschichte dieser Inflation basiert auf folgenden Ereignissen:

Im Jahr 1871 fischten die Bewohner der Inselgruppe Yap nach einem mehrtägigen Sturm den Schiffbrüchigen David O'Keef aus dem Wasser. Der Medizinmann brachte den jungen Mann irisch-amerikanischer Abstammung schnell wieder auf die Beine. Da er ohne Schiff seine Reise nicht fortsetzen konnte, nutzte er die Zeit, um die Lebensweise der Inselbewohner zu studieren. Vor allem die riesigen und enorm schweren Steinräder, von ein bis zwei Meter Durchmesser und einem Loch in der Mitte, hatten es ihm angetan.

Ein „Rai", manchmal auch „Fai" genannt, hatte eindeutig einen hohen Wert. Sie lehnten an den Hütten oder säumten den Wegesrand. Für einen mannshohen Stein konnten zur damaligen Zeit zirka 3000 Kokosnüsse eingetauscht werden, ein Stein von 35 Zentimeter Durchmesser brachte 400 dieser Früchte. Wurde mit einem Rai bezahlt, steckten mehrere Männer eine Holzstange durch das Loch und schleppten ihn weg. Dabei wogen einige Exemplare über 3 000 Kilogramm! Fand ein Besitzerwechsel von einem der ganz großen „Geldstücke“ statt, ließ man ihn einfach stehen. Da die Eigentümer bekannt waren, wurde ein Transport zum neuen Eigentümer überflüssig. Ein Inselbewohner brachte es zu hohem Ansehen und großem Einfluss, wenn er in mehreren Dörfern Steine besaß.

David O'Keef fand heraus, dass das Steingeld aus Aragonit bestand, eine Gesteinsart, welche es nur auf der 210 Seemeilen entfernten Nachbarinselgruppe Palau gab. Der Transport erfolgte in kleinen Auslegerkanus und dauerte, günstiges Wetter vorausgesetzt, mindestens fünf Tage. Nicht selten gerieten die kleinen Boote mitten im Stillen Ozean in ein Unwetter, kenterten und Mann und Stein fielen ins Wasser. So war die Geldbeschaffung nicht nur mühsam, sondern auch äußerst gefährlich. Aber das war noch nicht alles. Um das Gestein auf Palau abbauen zu dürfen, mussten die Männer aus Yap-Islands zusätzlich für die Bewohner schwerste Arbeiten verrichten.

Dann erst durften sie sich ihrer eigentlichen Aufgabe, der Gelderzeugung, widmen. Mithilfe von Feuer wurde der Stein vom Fels gespalten, dann wurde er mit Muschelwerkzeugen in die runde Form gebracht und schließlich mittels Korallen in die Mitte ein Loch gebohrt.

Als O'Keef nach Monaten seine Reise auf einem vorbeikommenden Schiff fortsetzen konnte, beschloss er, mit dem Transport der Steine Geld zu verdienen. In Hongkong organisierte er eine chinesische Dschunke sowie Eisenwerkzeuge. Nach seiner Rückkehr setzte in Yap-Islands eine regelrechte Steingeldhysterie ein. Die Geldstücke wurden aufgrund der neuen Möglichkeiten immer größer und schwerer. Dreißig Jahre lang transportierte er Steingeld und bekam dafür von den Inselbewohnern „Kopra“, das Fruchtfleisch der Kokosnuss. Diesen Kokosnuss-Rohstoff konnte O'Keef bei einer deutschen Handelsvertretung in Zahlung geben und bekam dafür andere Güter oder europäisches Geld. Teilweise verpfändeten die Bewohner mehrere Jahresernten, um die Transportkosten zu bezahlen. Die Insel wurde zu dieser Zeit von Deutschen verwaltet. Die damalige Kolonialverwaltung erwarb mehrere große Exemplare des Steingeldes und sicherte sich so den Status eines reichen und mächtigen Häuptlings. Durch die Eingliederung in das Geldsystem wurde die Kolonialverwaltung gleichzeitig auch in das System der sozialen und politischen Rangklassen eingebunden. So herrschte ein gutes Verhältnis zwischen den Insulanern und der deutschen Kolonialmacht. Die Kolonialverwaltung brachte die Steine ins Verhältnis zur deutschen Währung, machte sie also konvertierbar.[1] Ein Stein von acht bis zehn Zentimeter Durchmesser hatte den Wert von fünfundzwanzig Pfennig, ein Stein von bis zu zwanzig Zentimeter Durchmesser repräsentierte fünfzig Pfennig und ein Stein mit 40 Zentimeter wurde dem Zweimarkstück gleichgesetzt.

1914, zu Beginn des Ersten Weltkrieges, verließen die Deutschen die Region. Man zählte im Jahre 1929 über 13 000 Steine auf der Insel. Heute sind noch zirka 6 500 Steine vorhanden, ihr Gebrauch reduziert sich auf rituelle Zahlungen, dient aber durchaus noch als Brautpreis oder zur Demonstration von Reichtum. Dabei bleibt der Stein in der Regel unbewegt vor Ort, nur der Eigentümer wechselt. David O'Keef war zu seiner Zeit auf Yap-Islands sehr beliebt und erlangte hohes Ansehen. Im Jahre 1901 kam er von einer Seereise nicht zurück. So wie er aus dem Meer gekommen war, ging er dorthin zurück.

Quelle: Wikipedia sowie Blauwasser 04/2005.

(4) Wägegeldwirtschaft

Die Verwendung des Metalls (Barren, Stäbe) als allgemeines Tauschmittel war zwar ein Fortschritt, brachte jedoch beim Zahlungsvorgang einige Mühe mit sich. Die Metallstücke mussten abgeschlagen, auf ihren Feinheitsgehalt geprüft und gewogen werden. (Die Bezeichnung Rubel[2] deutet darauf hin: Rubel = abgeschlagenes Stück.)

1 Unter Konvertierbarkeit bzw. Konvertibilität versteht man die freie Austauschbarkeit der Währungen verschiedener Länder zum jeweiligen Wechselkurs.

2 Der Rubel ist die Währungseinheit Russlands und einiger Nachfolgestaaten der früheren Sowjetunion.

7 Boller-Hartmann 978-3-8120-0585-2

(5) Münzgeldwirtschaft

Es waren im 7. Jh. v. Chr. die **Lyder,**[1] die die Münze erfanden. Die von den Metallstäben oder -barren abgeschlagenen Scheiben wurden mit einer **Prägung** versehen, mit der der König den Feingehalt und das Gewicht garantierte. Manche Münznamen erinnern an diese Entwicklungsstufe des Geldes, z. B. Gulden[2] (= gülden, aus Gold), Sou[3] (lat. Solidus, d. h. aus solidem Gold) oder Pfund[4] bzw. Livre[5] (= Angabe des Gewichts des Metalls).

Münzen, deren Metallwert dem aufgeprägten Wert (= Nennwert, Nominalwert) entsprachen, heißen **Kurantmünzen.** Damit auch Güter geringeren Wertes mit Geld bezahlt werden konnten, gab es sogenannte **Scheidemünzen,** deren Nennwert **über** dem Metallwert lag. Beim heute gültigen Münzgeld liegt der Nennwert regelmäßig über dem Metallwert (unterwertig ausgeprägte Münzen).

Silbertetradrachme von Athen (um 460 v. Chr.)
Vorderseite: Kopf der Göttin Athene
Rückseite: Eule

Griechische Münze mit dem Kopf des Poliorketes von Makedonien (306 – 283 v. Chr.)

Solidus aus Gold mit dem Kopf Konstantins des Großen (um 280 – 337 n. Chr.)

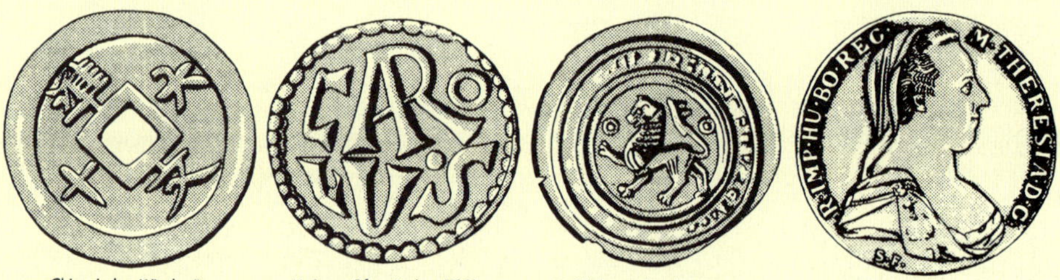

Chinesische Käschmünze (500 v. Chr. – 1912)

Mainzer Pfennig (um 780) – Die Buchstaben CAROLUS sind das Signet Karls des Großen (742 – 814)

Hohlpfennig (Brakteat) Heinrichs des Löwen (1129 – 1195) 2. Hälfte des 12. Jahrhunderts

Maria-Theresientaler – Zahlungsmittel bis in die Gegenwart (z. B. in Afrika)

(6) Papiergeldwirtschaft

Weil den Kaufleuten des Mittelalters die Aufbewahrung des Geldes in ihren Häusern zu unsicher war, entstanden Kaufmannsbanken, die Edelmetallbeträge gegen Quittung („Noten") in Verwahrung nahmen. Bald gewöhnte man sich daran, diese Scheine selbst zu übertragen und nicht das bare Geld. Im Prinzip war damit das **Papiergeld** (die Banknote) entstanden.

---

1 Das Reich der Lyder befand sich im 6. und 7. Jahrhundert v. Chr. an der Westküste Kleinasiens. Der letzte Lyderkönig hieß Krösus. Die Lyder waren ein Handelsvolk. Ihr Gold fanden sie im goldführenden Fluss Paktolos.

2 Der Gulden (abgekürzt hfl) war bis zur Einführung des Euro die Währungseinheit der Niederlande.

3 Der Sou ist das französische 5-Centimes-Stück. (1 französischer Franc = 100 Centimes.)

4 Das englische Pfund (£) ist die Währungseinheit Großbritanniens.

5 Livre (frz.) = Pfund (alte Währungseinheit Frankreichs).

Die Zahlungen mit Papiergeld konnte man so lange unbedenklich vornehmen, wie man sicher sein konnte, dass die Banken bei Vorlage des Papiers die entsprechende Münzgeldsumme auszahlten. Jedoch merkten die Banken bald, dass nicht alle Noten zur gleichen Zeit eingetauscht wurden, dass sie also mehr Noten ausgeben konnten (z.B. Kredite gewähren konnten), als Deckung in Münzen vorhanden war. Das konnte nur so lange gut gehen, wie die Banken diese **Geldschöpfung** nicht übertrieben und vor allem das **Vertrauen** der Geldanleger in die Banken vorhanden war. In dem Augenblick nämlich, in dem alle Anleger zugleich die Auszahlung ihrer Guthaben forderten, musste sich herausstellen, dass die Bank nicht in der Lage war, alle Guthaben auszuzahlen. Nach einer Reihe von Bankzusammenbrüchen übernahmen daher die **Staaten** die Aufsicht über die Banken. Nur zuverlässige Banken erhielten das Recht, Noten in Umlauf zu bringen, ein Recht, das heutzutage allein die Zentralnotenbanken (in der Bundesrepublik Deutschland die Deutsche Bundesbank) kraft Gesetzes besitzen.

(7) Giralgeldwirtschaft

Seit etwa 100 Jahren gewinnt das **Giralgeld** zunehmend an Bedeutung. Es existiert nur auf den **Girokonten** der Kreditinstitute.

Das Wort „Giro" kommt von „Kreis", „Ring". Gelder, die auf Girokonten liegen, kann man nämlich von Konto zu Konto überweisen, weil die Kreditinstitute gewissermaßen „ringförmig" miteinander in Verbindung stehen. Girokonten sind laufende Konten (Kontokorrentkonten; vgl. §§ 355ff. HGB), die dem „laufenden" Zahlungsverkehr dienen.

(8) Elektronisches Geld

Eine Weiterentwicklung stellt das „elektronische Geld" (E-Geld) dar. Es handelt sich dabei um Werteinheiten in Form einer Forderung gegen die ausgebende Stelle, die

- auf elektronischen Datenträgern gespeist sind,
- gegen Entgegennahme eines Geldbetrags ausgegeben werden und
- von Dritten als Zahlungsmittel angenommen werden, ohne gesetzliches Zahlungsmittel zu sein [§ 1 XIV KWG].

Kein elektronisches Geld liegt vor, wenn Herausgeber und Akzeptant[1] der Werteinheiten identisch[2] sind und wenn die Werteinheiten lediglich Vorauszahlungen für bestimmte Sach- oder Dienstleistungen darstellen (z.B. Telefonkarten).

Das Kreditwesengesetz rechnet die Ausgabe und Verwaltung von elektronischem Geld (E-Geld) zu den Bankgeschäften. Die Geschäfte unterliegen damit der Aufsicht der Bundesanstalt für Finanzdienstleistungsaufsicht.

1 Akzeptieren (lat.): annehmen, einverstanden sein. Der Akzeptant ist derjenige, der die von ihm herausgegebene Werteinheit gegen die versprochene Leistung annimmt.

2 Identisch (lat.): völlig gleich, übereinstimmend, ein und dasselbe.

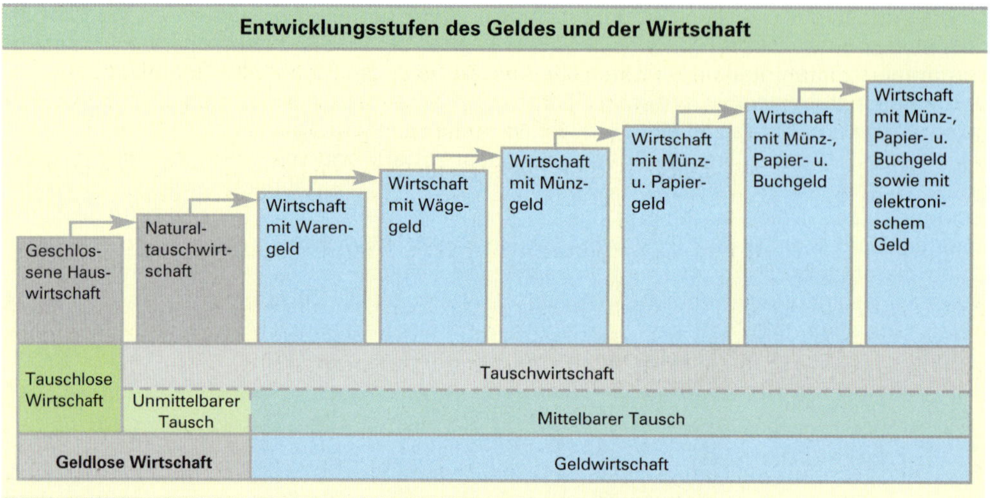

4.4.1.2 Geldmengenbegriffe der Europäischen Zentralbank[1]

Die Europäische Zentralbank (EZB) unterscheidet folgende Geldarten:

(1) Bargeld

Hierunter fallen Münzen und Banknoten.

Münzen	Die in der Bundesrepublik Deutschland umlaufenden Euro-Münzen sind durchweg Scheidemünzen, weil ihr Materialwert niedriger als ihr Nennwert ist (unterwertig ausgeprägte Münzen). Die deutschen Euro-Münzen werden im Auftrag der Bundesregierung von den **staatlichen Prägeanstalten** geprägt und von der Deutschen Bundesbank in Umlauf gebracht. (Das Gleiche gilt für die übrigen WWU-Länder, deren Münzen im Auftrag der jeweiligen Regierungen geprägt und von den zuständigen nationalen Zentralbanken in Umlauf gebracht werden.)[1] Die im Auftrag der Bundesregierung hergestellten Münzen kommen dadurch in Umlauf, dass der Bund die Münzen zum Nennwert an die Deutsche Bundesbank verkauft. Nach Einführung des Euro bestanden die WWU-Staaten weiterhin auf das **alleinige Recht** der Münzprägung (auch **Münzmonopol** oder **Münzregal** genannt), da der bei Verkauf der Münzen aus der Differenz zwischen den **Produktionskosten** und dem **Nennwert** anfallende Gewinn den jeweiligen Regierungen zusteht. Dies ist auch der Grund dafür, dass die Euromünzen regelmäßig bei den nationalen Zentralbanken sortiert und den Ursprungsländern gegen Verrechnung zurückgegeben werden. In welchem Umfang die nationalen Zentralbanken Euromünzen von den Regierungen aufkaufen, wird durch die EZB festgelegt.
Banknoten	Das alleinige Recht zur Ausgabe von Banknoten besitzt die Europäische Zentralbank.

1 Zur Europäischen Zentralbank siehe Kapitel 4.4.2 im Rahmen des Kursthemas „Die Stabilisierungsaufgaben und Stabilisierungspolitik".

2 Das Recht, Münzen ausgeben zu können, liegt bei den Mitgliedstaaten der WWU. Im Gegensatz zu den Euro-Banknoten besitzen die Euro-Münzen eine Seite mit nationalen Motiven (z.B. die deutschen Euro-Münzen das Brandenburger Tor oder den Bundesadler).

(2) Täglich fällige Einlagen (Sichteinlagen)

Hierunter versteht man die Summe aller jederzeit (d. h. bei Sicht) fälligen Einlagen der privaten Haushalte, der Unternehmen (Nichtbankenunternehmen) und der zum Staatssektor gehörenden Länder, Gemeinden und Sozialversicherungsträger.

Die Summe aus **Bargeldumlauf** und **täglich fälligen Einlagen** bezeichnet die EZB mit dem Symbol M1. Die Geldmenge M1[1] ist das am engsten gefasste monetäre Aggregat.[2]

M1 = Bargeldumlauf + täglich fällige Einlagen

Indem man zur Geldmenge M1 die **kurzfristigen Einlagen,** d. h. die Einlagen mit vereinbarter Laufzeit von bis zu zwei Jahren und die Einlagen mit vereinbarter Kündigungsfrist von bis zu drei Monaten hinzuzählt, erhält man die Geldmenge M2.

M2 = M1 + kurzfristige Einlagen

Die weit gefasste Geldmenge M3 ergibt sich, indem man zu M2 bestimmte **marktfähige Verbindlichkeiten des Bankensektors**[3] (z. B. Schuldverschreibungen mit einer Laufzeit von weniger als zwei Jahren, Geldmarktpapiere wie z. B. Bankakzepte und Repogeschäfte)[4] hinzurechnet.

M3 = M2 + sonstige marktfähige Verbindlichkeiten des Bankensektors

4.4.1.3 Währung und Währungsarten

Der Begriff Währung stammt aus dem Mittelhochdeutschen „werunge" und bedeutet „Gewährleistung". Gewährleistet (garantiert) werden soll der Wert des Geldes eines Staates.

Merke:

Die gesetzliche Regelung des Geldwesens eines Staates oder einer Wirtschafts- und Währungsunion bezeichnet man als **Währung.**

Je nach dem **Stoff,** aus dem eine Währung besteht bzw. an den die umlaufende Geldmenge gebunden ist, spricht man von **gebundener** oder von **freier (manipulierter) Währung.**[5]

1 M von money (engl.): Geld.

2 Aggregieren (lat.): zusammenfassen, zusammenzählen. Aggregat: Zusammenfassung. Monetär (lat.): geldlich, geldmäßig, in Geld ausgedrückt.

3 Der Fachausdruck für Bankensektor heißt Sektor der Monetären Finanzinstitute (MFI-Sektor). Er umfasst vor allem die nationalen Zentralbanken, die EZB, Kreditinstitute und andere Finanzinstitute.

4 Die Kreditinstitute können sich beim ESZB finanzielle Mittel beschaffen, indem sie beleihungsfähige Wertpapiere an das ESZB für eine bestimmte Zeit verkaufen. Diese Geschäfte bezeichnet man als Pensions- oder Repo-Geschäfte. Repo ist die Abkürzung für Repurchase (engl. Rückkauf). Das „o" am Ende hat sich wegen der Aussprache durchgesetzt. (Näheres zu den Pensionsgeschäften des ESZB siehe Kapitel 4.5.2, im Rahmen des Kursthemas „Stabilsierungsaufgaben und Stabilisierungspolitik).

5 Manipulieren: handhaben, verändern.

(1) Gebundene Währungen

Sie sind an ein Währungsmetall gebunden (z.B. Gold oder Silber). Folgende Formen waren im Laufe der Wirtschaftsgeschichte von Bedeutung:

Goldumlauf-währung	Sie liegt vor, wenn a) vollwertig ausgeprägte Goldmünzen oder b) Banknoten, die jederzeit von der Zentralbank in Gold umgetauscht werden müssen, im Umlauf sind. Die Goldumlaufwährung bestand z.B. im Deutschen Reich von 1873 bis 1914. Seit 1909 waren Banknoten im Umlauf, die jederzeit in Gold einlösbar waren.
Goldkern-währung	Bei dieser Form der gebundenen Währung sind nur noch Banknoten und Scheidemünzen als gesetzliche Zahlungsmittel im Umlauf. Das umlaufende Geld muss aber vollständig oder zu einem bestimmten Teil (z.B. zu einem Drittel) mit Gold gedeckt sein. Für die Zentralbank besteht keine Einlösungspflicht in Gold.
Golddevisen-währung	Bei dieser Währung muss der Geldumlauf durch Gold oder durch Devisen gedeckt sein. Genauso wenig wie bei der Goldkernwährung gibt es gegenüber Inländern eine Einlösungspflicht in Gold; gegenüber Ausländern besteht jedoch Einlösungspflicht durch die Zentralbank. Von 1924 bis 1931 hatte das Deutsche Reich eine Golddevisenwährung. Die USA hoben die Einlösungspflicht erst 1971 auf.

(2) Freie Währung

Hier ist die Bindung an einen Stoff (z. B. Gold) aufgehoben. Es handelt sich also um eine reine Papierwährung. Die Geldmengenvermehrung bzw. -verminderung ist durch die Notenbank frei manipulierbar. Eine freie Währung wird deshalb auch als manipulierte Währung bezeichnet. Dies schließt nicht aus, dass auch **manipulierte Währungen** durch Gold und Devisen „gedeckt" sein können. Die Gold- und Devisenbestände haben jedoch nur die Aufgabe, dem internationalen Zahlungsausgleich (z. B. der Bezahlung von Importen) zu dienen. Die Währung der Europäischen Wirtschafts- und Währungsunion ist eine manipulierte Währung.

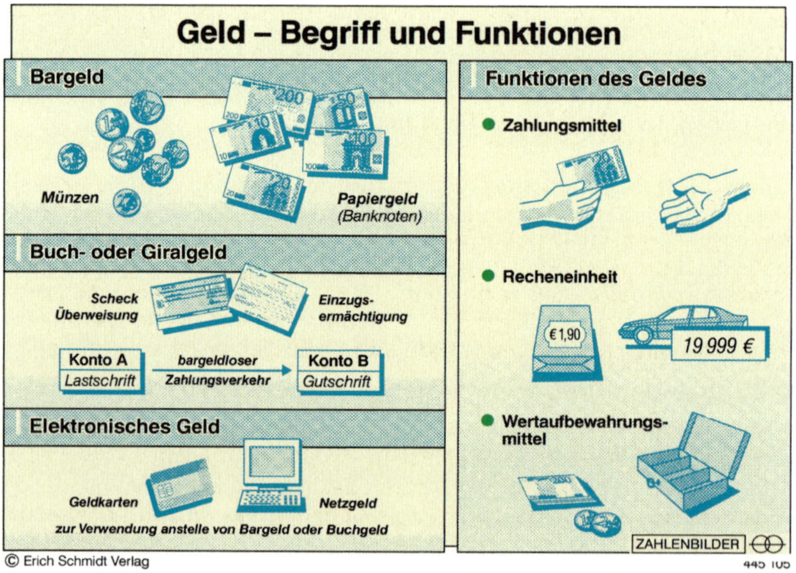

4.4.2 Funktionen (Aufgaben) des Geldes

(1) Grundfunktionen des Geldes

Geld ist alles, was die Funktionen des Geldes erfüllt. Die wesentlichen Funktionen des Geldes sind in der nachstehenden Abbildung wiedergegeben:

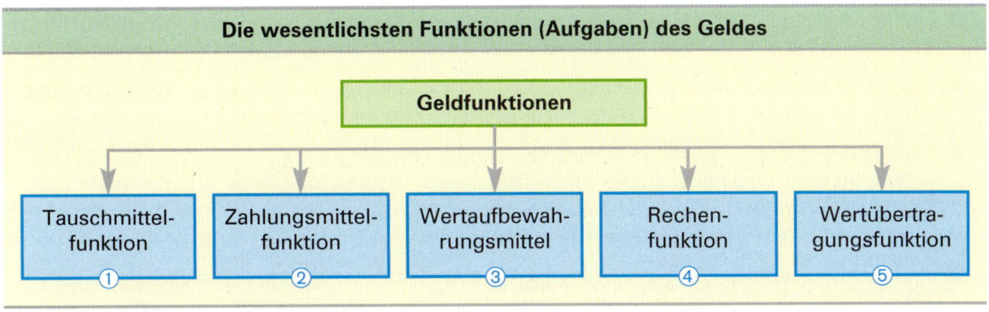

① **Geld ist allgemeines Tauschmittel.** Als allgemein anerkanntes Tauschmittel ermöglicht es, den *indirekten* Tausch vorzunehmen, also Güter zu kaufen und zu verkaufen.

② **Geld ist Zahlungsmittel.** Auch andere Vorgänge als Tauschgeschäfte können mit Geld bewerkstelligt werden. So kann man mit Geld einen Kredit gewähren, Schulden tilgen, Steuern zahlen oder einen Strafzettel begleichen.

③ **Geld ist Wertaufbewahrungsmittel.** Geld muss man nicht sofort ausgeben, sondern man kann es „aufbewahren„, also sparen. Diese Funktion hat das Geld natürlich nur dann, wenn sein Wert nicht durch Inflation aufgezehrt wird.

④ **Geld als Recheneinheit.** Das Geld ist der Maßstab (der Wertmesser) für die verschiedenartigsten Güter. Mit Hilfe der in Geld ausgedrückten Preise können diese addiert werden. Nur so ist es beispielsweise möglich, Bilanzen und Gewinn- und Verlustrechnungen zu erstellen, die Wirtschaftlichkeit und Rentabilität eines Betriebs zu errechnen.

⑤ **Geld ist Wertübertragungsmittel.** Das Geld macht es möglich, Vermögenswerte zu übertragen, ohne dass körperliche Gegenstände übereignet werden müssen. So kann man Geld verschenken oder vererben.

(2) Gesetzliches Zahlungsmittel

Das Geld kann seine Funktionen (Aufgaben) nur wahrnehmen, wenn die Wirtschaftssubjekte **Vertrauen** in das Geld besitzen. Gestützt wird dieses Vertrauen durch die gesetzliche Bestimmung, dass jeder Schuldner, der mit **Banknoten** zahlt, dies mit befreiender Wirkung tut, und dass jeder Gläubiger das Notengeld in Zahlung nehmen muss. In den modernen Volkswirtschaften ist das Geld also gesetzliches Zahlungsmittel.

In der WWU sind die **Euro-Banknoten** gesetzliches Zahlungsmittel.

Für die **Euro-Münzen** gilt Folgendes: Obwohl sie von den nationalen Regierungen geprägt und von den nationalen Zentralbanken in Umlauf gebracht werden, sind sie in allen WWU-Ländern gesetzliches Zahlungsmittel. Allerdings ist außer den ausgebenden Behörden niemand verpflichtet, mehr als fünfzig Münzen im Gesamtbetrag von 100,00 EUR bei einer einzelnen Zahlung anzunehmen. Man sagt deswegen auch, dass Münzen „beschränkt gesetzliche Zahlungsmittel" sind.

Zusammenfassung

- Unter **Arbeitsteilung** versteht man die Auflösung einer Arbeitsleistung in Teilverrichtungen und/oder das Zusammenwirken von Arbeitenden in der Weise, dass jeder Arbeitende eine besondere Aufgabe erfüllt.
- Berufsbildung und Berufsspaltung nennen wir die **gesellschaftliche Arbeitsteilung.**
- Die Aufteilung eines Arbeitsvorgangs unter dem Gesichtspunkt der technischen Möglichkeiten bzw. des zweckmäßigen Maschineneinsatzes nennen wir die **technische Arbeitsteilung.**
- Die Aufteilung der Volkswirtschaft in die Wirtschaftsstufen Erzeugung, Verteilung und Verbrauch bezeichnet man als **volkswirtschaftliche Arbeitsteilung.**
- Grundsätzlich ist der Handel zwischen zwei Ländern **immer** vorteilhaft, wenn bei beiden Handelspartnern **unterschiedliche Produktionskostenstrukturen** existieren, d.h. wenn ein Land für ein produziertes Gut auf weniger Einheiten eines anderen Gutes verzichten muss als das andere Land **(niedrigere Opportunitätskosten).**
- Wenn jedes Land die Güter produziert, bei denen es **absolute Kostenvorteile** hat, kann durch die internationale Arbeitsteilung die Gesamtproduktion gesteigert werden.
- Die wichtigsten **Entwicklungsstufen des Geldes** sind:

  1. Warengeld,
  2. Wägegeld,
  3. Münzgeld,
  4. Papiergeld,
  5. Giralgeld und
  6. elektronisches Geld.
- Der Begriff **Bargeld** umfasst Münzen und Banknoten.
- Das **Giralgeld** befindet sich auf den Konten der Kreditinstitute. Es handelt sich dabei um Buchgeld, über das jederzeit verfügt, d. h. mit dem jederzeit gezahlt werden kann.
- Die EZB verwendet folgende Geldmengenbegriffe:

  M1: Bargeldumlauf + täglich fällige Einlagen;

  M2: M1 + Einlagen mit vereinbarter Laufzeit $\leqq$ 2 Jahre + Einlagen mit vereinbarter Kündigungsfrist $\leqq$ 3 Monate;

  M3: M2 + Repogeschäfte + Geldmarktfondsanteile + Geldmarktpapiere und Schuldverschreibungen bis zu 2 Jahre.
- Unter **Währung** versteht man die gesetzliche Regelung des Geldwesens eines Staates oder eines Währungsgebiets.
- Die Währung der Europäischen Wirtschafts- und Währungsunion ist eine **manipulierte (= freie) Währung.**
- Das **Wesen des Geldes** äußert sich in seinen **Funktionen** (Aufgaben). Diese sind:
  - Tauschmittelfunktion
  - Zahlungsmittelfunktion
  - Wertaufbewahrungsfunktion
  - Rechenfunktion
  - Wertübertragungsfunktion
- In den modernen Volkswirtschaften ist das Geld **gesetzliches Zahlungsmittel.**

Übungsaufgaben

13

1. Erklären Sie das Wesen der Arbeitsteilung!
2. Bilden Sie zwei Beispiele zur gesellschaftlichen Arbeitsteilung!
3. Lesen Sie zunächst sorgfältig nachstehenden Text durch!

   Das Produzieren geht auf die Vereinigung der beiden Grundelemente Boden (Natur) und Arbeit (Mensch) zurück. Um den Sachverhalt klarzumachen, sei ein einfaches Beispiel gewählt. Angenommen, ein einzelner Mensch lebe auf einer Insel und könne bei normaler Anstrengung pro Tag ein Kaninchen mit der Hand fangen, das er auch am gleichen Tag zur Erhaltung seiner Lebensfähigkeit verzehren muss. Den Rest des Tages muss er schlafen. Es ist ohne Weiteres einzusehen, dass unter diesen Umständen eine Produktionssteigerung, also eine Verbesserung seines **Lebensstandards,** nicht möglich ist. Die Wirtschaft unseres Robinsons ist **stationär** (auf gleicher Stufe stehen bleibend). Nehmen wir aber weiter an, dass sich unser Inselbewohner eines Tages dazu entschließt, einen Tag lang zu hungern und währenddessen eine Falle zu bauen. Die Falle erfüllt ihren Zweck und künftig fängt Robinson im Durchschnitt 2 Kaninchen, sodass er sich sogar Vorräte an Trockenfleisch anlegen kann. Die so frei gewordene Arbeitszeit verwendet Robinson zum Bau weiterer Fallen, zur Schaffung von Jagd- und Angelgeräten und zum Bau einer Unterkunft …

   Aufgabe:

   Welcher wirtschaftliche Vorgang ist hier auf einfache Weise beschrieben? Kreuzen Sie die **zutreffendste** Antwort an! (Falls Ihnen das Buch nur leihweise überlassen wurde, schreiben Sie die Lösungsnummern bitte in Ihr Aufgabenheft!)

   3.1 Der Text beschreibt das Wesen der Produktion. [1]
   3.2 Im Text wird das Wesen der Produktionsfaktoren beschrieben. [2]
   3.3 Im Text werden die volkswirtschaftlichen Produktionsfaktoren definiert. [3]
   3.4 Der Text beschreibt den Begriff „Lebensstandard". [4]
   3.5 Der Text beschreibt die Kapitalbildung im volkswirtschaftlichen Sinne. [5]

4. Grenzen Sie die gesellschaftliche Arbeitsteilung von der technischen Arbeitsteilung ab!
5. Welche Vor- und Nachteile hat die technische Arbeitsteilung

   5.1 für den Betrieb und
   5.2 für den arbeitenden Menschen?

14

1. Unterscheiden Sie die originären und die derivativen volkswirtschaftlichen Produktionsfaktoren!
2. Interpretieren Sie nachstehende Textauszüge (Häuptling Seattle, 1855, in seiner Stellungnahme an den Präsidenten der Vereinigten Staaten zu dessen Angebot, die Gebiete seines Stammes zu kaufen)!

   „Wenn wir unser Land verkaufen, so müsst ihr euch daran erinnern und eure Kinder lehren: Die Flüsse sind unsere Brüder – und eure –, und ihr müsst von nun an den Flüssen eure Güte geben, so wie jedem anderen Bruder auch … Wir wissen, dass der weiße Mann unsere Art nicht versteht. Ein Teil des Landes ist ihm gleich jedem anderen, denn er ist ein Fremder, der kommt in der Nacht und nimmt von der Erde, was immer er braucht. Die Erde ist sein Bruder nicht, sondern Feind, und wenn er sie erobert hat, schreitet er weiter. Er lässt die Gräber seiner Väter zurück – und kümmert sich nicht. Er stiehlt die Erde von seinen Kindern – und kümmert sich nicht. Seiner Väter Gräber und seiner Kinder Geburtsrecht sind vergessen. Er behandelt seine Mutter, die Erde, und seinen Bruder, den Himmel, wie Dinge zum Kaufen und Plündern, zum Verkaufen wie Schafe oder glänzende Perlen. Sein Hunger wird die Erde verschlingen und nichts zurücklassen als eine Wüste …

Ich bin ein Wilder und verstehe es nicht anders. Ich habe tausend verrottende Büffel gesehen, vom weißen Mann zurückgelassen – erschossen aus einem vorüberfahrenden Zug. Ich bin ein Wilder und kann nicht verstehen, wie das qualmende Eisenpferd wichtiger sein soll als der Büffel, den wir nur töten, um am Leben zu bleiben. Was ist der Mensch ohne die Tiere? Wären alle Tiere fort, so stürbe der Mensch an großer Einsamkeit des Geistes. Was immer den Tieren geschieht – geschieht bald auch den Menschen. Alle Dinge sind miteinander verbunden. Was die Erde befällt, befällt auch die Söhne der Erde ...

Es ist unwichtig, wo wir den Rest unserer Tage verbringen. Es sind nicht mehr viele. Noch wenige Stunden, ein paar Winter – und kein Kind der großen Stämme, die einst in diesem Land lebten oder jetzt in kleinen Gruppen durch die Wälder streifen, wird mehr übrig sein, um an den Gräbern eines Volkes zu trauern – das einst so stark und voller Hoffnung war wie das eure. Aber warum soll ich trauern über den Untergang meines Volkes; Völker bestehen aus Menschen – nichts anderem. Menschen kommen und gehen wie die Wellen im Meer.

Auch die Weißen werden vergehen, eher vielleicht als alle anderen Stämme. Fahret fort, euer Bett zu verseuchen, und eines Nachts werdet ihr im eigenen Abfall ersticken. Aber in eurem Untergang werdet ihr hell strahlen – angefeuert von der Stärke des Gottes, der euch in dieses Land brachte – und euch bestimmte, über dieses Land und den roten Mann zu herrschen ..."

3. Begründen Sie, warum man den volkswirtschaftlichen Produktionsprozess als sinnvolle Kombination von Produktionsfaktoren bezeichnen kann!

4. Warum führt die Arbeitsteilung zur Produktivitätssteigerung?

5. Stellen Sie kurz die Arten (Erscheinungsformen) der Arbeitsteilung dar!

6. Erörtern Sie kurz die Vor- und Nachteile der Arbeitsteilung! Überwiegen nach Ihrem Urteil die Vor- oder die Nachteile? Begründen Sie Ihre Meinung!

7. „Adam Smith beginnt sein bedeutendes Buch ‚Eine Untersuchung über die Natur und die Ursachen des Volkswohlstandes' (**‚Inquiry into the nature and causes of the wealth of nations'**) mit den Worten: ‚Die Arbeit des Volkes ist der Fonds, aus dem es ursprünglich mit allen erforderlichen Unterhaltsmitteln, deren es bedarf, versehen wird. Dieser Fonds besteht sowohl aus den unmittelbaren Produkten der Arbeit als auch aus denjenigen, die man im Tausch für diese Produkte im Ausland hat kaufen können.'

   Die wirtschaftliche Ergiebigkeit der Arbeit ist im Lauf der Jahrhunderte stets größer und größer geworden. Smith erklärt dies aus der Arbeitsteilung. Um seine These zu verdeutlichen, konstruiert er das berühmte Nadel-Beispiel: Während ein Arbeiter vielleicht eine, aber sicher nicht mehr als 20 Nadeln pro Tag verfertigen kann, verfertigen in einer kleinen Fabrik, die Smith besucht, zehn Arbeiter – von denen der eine den Draht zieht, der andere ihn schneidet, ein dritter die Spitzen schärft usw. – 48000 Nadeln täglich. Dank der hier geübten Arbeitsteilung gelang es also, die Produktivität eines Arbeiters von höchstens 20 auf 4800 Nadeln, d.h. um das 240fache zu steigern."[1]

   Aufgaben:

   7.1 Wer war Adam Smith?

   7.2 Von welcher Art Arbeitsteilung ist im ersten Absatz des Textes die Rede?

   7.3 Welche Art Arbeitsteilung beschreibt Adam Smith mit seinem Stecknadelbeispiel?

8. Warum ist das Sparen Voraussetzung der Neukapitalbildung?

9. Warum führt Sparen nicht in jedem Fall zur Neukapitalbildung?

1 Quelle: Zimmermann, L.J.: Geschichte der theoretischen Volkswirtschaftslehre, 1954, S. 55f.

10. Unterscheiden Sie zwischen freiwilliger und erzwungener Ersparnis! Bilden Sie je zwei Beispiele!

11. In einer Volkswirtschaft wurden insgesamt 50 Mrd. GE für produktive Zwecke investiert. Davon sind 5 Mrd. GE in zusätzlichen Vorräten angelegt worden, 30 Mrd. GE wurden für den Ersatz verbrauchter Anlagen verwendet.

Aufgaben:

11.1 Definieren Sie die im Aufgabentext angesprochenen Investitionsarten!

11.2 Berechnen Sie die Höhe der Nettoinvestition!

15

1. Die Theorie der komparativen Kosten stammt von David Ricardo.[1]

Aufgaben:

1.1 Erklären Sie, was die Theorie der komparativen Kosten aussagt!

1.2 Das berühmte „Wein-Tuch-Beispiel" von Ricardo setzte voraus, dass in Portugal der Arbeitsaufwand je Einheit Wein 80, in England aber 120 sei. Hingegen betrage der Arbeitsaufwand in Portugal je Einheit Tuch 90, in England 100.

Berechnen Sie, um wie viel Prozent Wein- und Tuchproduktion steigen, wenn sich Portugal auf die Herstellung von Wein und England auf die Herstellung von Tuch spezialisiert!

Land	Wein	Tuch
Portugal	80	90
England	120	100

2. **Unterrichtsvorschlag: Rollenspiel**

Freudenberg, eine hübsche Stadt am Rand des Siegerlandes mit einer eindrucksvollen Kulisse alter Fachwerkhäuser. Die Bürger des Ortes sind seit einigen Wochen sehr beunruhigt, denn eine Zementfabrik plant, sich in ihrer Stadt, die über große Kalksteinvorkommen verfügt, niederzulassen.

Die Manager der Zementfabrik haben den Gemeinderat von Freudenberg gebeten, einen Teil des Gemeindegrundes, auf dem zurzeit viele kleine Schrebergärten angelegt sind, zu verkaufen. Darüber hinaus wurden auch mehrere Kleinlandwirte angesprochen, ihren Grund und Boden teilweise zu verkaufen, damit das neue Zementwerk möglichst in der Nähe der Kalksteinvorkommen gebaut werden kann. Zudem muss ein Teil des an die Schrebergärten angrenzenden Waldes, in dem sich eines der wenigen Brutgebiete seltener Vögel befindet, abgeholzt werden.

In Freudenberg herrschen unterschiedliche Auffassungen über die geplante Errichtung der Fabrik. Da sich die Bewohner in Befürworter und Gegner gespalten haben, wurden unterschiedliche Interessengruppen gebildet.

Um sich über die verschiedenen Meinungen der Bürger zu informieren, hat der Gemeinderat vor der endgültigen Entscheidung über den geplanten Bau der Zementfabrik die Interessengruppen zu einer öffentlichen Gemeinderatssitzung im Gasthof „Alte Schmiede" eingeladen.

Die Interessengruppen treffen sich bereits **20 Minuten vor** der anstehenden Sitzung, um eine gemeinsame Linie festzulegen. Als Interessengruppen vertreten sind:

- die Mitglieder des Gemeinderates,
- Umweltschützer und
- Arbeitsuchende,
- die Unternehmensmanager.

Überlegen Sie, in welcher Interessengruppe Sie gerne mitarbeiten möchten und finden Sie sich am jeweiligen „Stammtisch" ein. Nach ca. 20 Minuten Vorbereitungszeit sollte die Gemeinderatssitzung beginnen.

1 Englischer Volkswirtschaftler (1772 – 1823).

Abbildung: Rollenkarten

Mitglieder des Gemeinderates

Sie sind Mitglied des Gemeinderates und wurden von den Zementwerkmanagern bereits im Vorfeld gefragt, ob Sie den kalksteinhaltigen Gemeindegrund, auf dem zurzeit die Schrebergärten stehen, verkaufen würden.

In den vergangenen Tagen mussten Sie allerdings feststellen, dass es nicht nur Befürworter für die Errichtung des Zementwerkes innerhalb der Bevölkerung gibt.

Um die Situation nicht weiter eskalieren zu lassen, haben Sie die Einberufung einer öffentlichen Gemeinderatssitzung beschlossen, an der die unterschiedlichen Interessenvertreter (z. B. Zementwerkmanager, Naturschützer, Arbeitsuchende) teilnehmen.

Umweltschützer

Als Bürger Freudenbergs sind Sie von Geburt an eng mit ihrer Heimat verwurzelt. Dabei lieben Sie vor allem die reizvolle Landschaft dieses Ortes und sind zudem sehr naturverbunden.

Mit großem Entsetzen haben Sie deshalb in den vergangenen Tagen die Nachricht verfolgt, dass unweit Ihres Wohnhauses auf dem Schrebergartengelände ein Zementwerk errichtet werden soll. Um dies zu verhindern, haben Sie sich sofort der Bürgerinitiative **„Naturfreunde Freudenberg“** angeschlossen, deren Ziel es ist, die Errichtung des Zementwerks – zumindest unter den derzeitig geplanten Bedingungen – zu verhindern.

Arbeitsuchende

Nach Beendigung Ihrer Ausbildung möchten Sie sich beruflich verändern und als kaufmännischer Angestellter zu einem Großunternehmen wechseln. Wie Ihnen die Arbeitsagentur mitteilte, sind die Aussichten auf eine gut dotierte Stelle in dieser Region allerdings gering. Mit großem Interesse haben Sie deshalb die Nachrichten von der geplanten Errichtung des Zementwerkes verfolgt, da hierdurch 500 Arbeitsplätze im kaufmännischen Bereich entstehen sollen.

Um Ihre Interessen zu wahren, haben Sie sich deshalb der neu gegründeten Bürgerinitiative **„Arbeit für Freudenberg“** angeschlossen, die eine Errichtung des Zementwerkes befürwortet.

Unternehmensmanager

Als Unternehmensmanager und Mitinhaber eines der weltweit führenden Zementherstellers planen Sie die Errichtung einer Zementfabrik in Freudenberg. Nach ersten Untersuchungen handelt es sich um eines der größten Kalksteinvorkommen Deutschlands, welches leicht zugänglich ist und somit entsprechend geringe Abbaukosten verursacht.

Nachdem Ihnen sowohl der Gemeinderat als auch die angesprochenen Bauern bereits Bereitschaft für den Verkauf des Geländes signalisiert haben, werden Sie vom Bürgermeister zu einer öffentlichen Gemeinderatssitzung bestellt, da sich Widerstand innerhalb der Bevölkerung breitgemacht hat.

16

1. Berichten Sie kurz über die geschichtliche Entwicklung des Geldes und der Geldarten!
2. Unterscheiden Sie die Begriffe Bargeld und Giralgeld!
3. Erklären Sie die Geldmengenaggregate M1, M2 und M3!
4. Definieren Sie den Begriff Währung!
5. Erklären Sie, was unter einer manipulierten Währung zu verstehen ist!
6. Erläutern Sie die Funktionen des Geldes! Formulieren Sie anschließend 5 Beispiele, an denen die unterschiedlichen Geldfunktionen deutlich werden!

7. Günter Schmölders[1] sagte einmal sinngemäß: „Geld ist, was gilt, wo es gilt und so viel wie es gilt". Interpretieren Sie diesen Ausspruch!

8. Sehen Sie sich die Abbildungen verschiedener Münzen auf der S. 98 an! Versuchen Sie zu erklären, woher die Redewendung „Eulen nach Athen tragen" kommt!

9. Frau Renate Oberbrucker kaufte am 15. März vom Privatmann Xaver Reich einen gebrauchten Pkw zum Preis von 960,00 EUR, zahlbar in bar am 31. März. Als Frau Oberbrucker am 31. März in Banknoten zahlen wollte, verweigerte Herr Reich die Annahme des Geldes mit der Begründung, er wolle den Gegenwert lieber in Schweizer Franken zum heutigen Kurs, weil dies die sicherere Währung sei.

   Was kann Frau Oberbrucker tun, um sich ihrer Schulden zu entledigen?

1 Günter Schmölders, geb. 1903, bedeutender Finanzwirtschaftler und Volkswirt, schrieb u.a. über Psychologie des Geldes (1966), Geldpolitik (2. Aufl. 1968) und Finanzpsychologie (2. Aufl. 1970).

5 Das Bruttoinlandsprodukt (BIP) als Kennzahl der gesamtwirtschaftlichen Tätigkeit

5.1 Erweiterter Wirtschaftskreislauf

Bei diesem Modell des Wirtschaftsprozesses wird die Kreislaufdarstellung noch um den **Staat,** die **Kreditinstitute** und das **Ausland** erweitert, wobei zwischen allen fünf Wirtschaftssubjekten jeweils Beziehungen in Form eines Geld- und Güterkreislaufes bestehen.

5.1.1 Erweiterung des einfachen Wirtschaftskreislaufes um den Sektor Staat

Wird die Darstellung des einfachen Wirtschaftskreislaufs um den Sektor **Staat** ergänzt und betrachtet man lediglich die **Zahlungsströme** zwischen den Sektoren der „Nichtfinanziellen Kapitalgesellschaften" (Unternehmen), „Private Haushalte" und „Staat", so ergibt sich beispielsweise folgendes Schaubild:

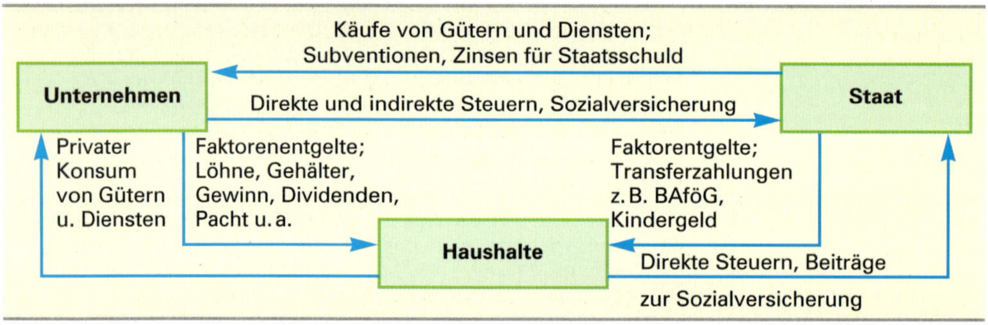

5.1.2 Erweiterung des einfachen Wirtschaftskreislaufes um die Sektoren Staat, Banken und Ausland

Erweitert man nunmehr das Schaubild auf alle **fünf** Sektoren, so ergeben sich beispielsweise folgende Geld- und Güterströme:

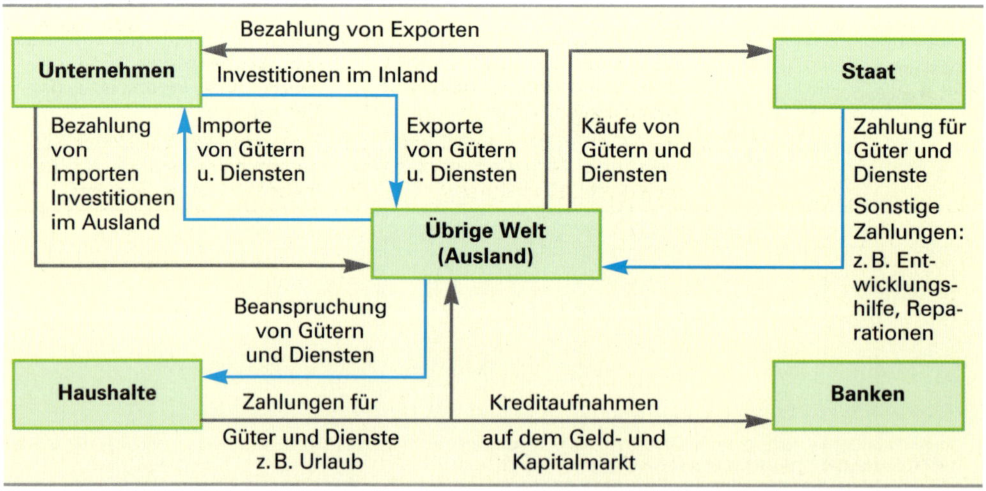

Zu einigen Kreislaufströmen des erweiterten Modells sind in nachfolgender Tabelle Beispiele aufgeführt.

Beziehung zwischen	Geldkreislauf	Güterkreislauf
Haushalt und Staat	■ Der Auszubildende Carsten Clever bezahlt von seinem Weihnachtsgeld die Kfz-Steuer. ■ Familie Müller erhält Kindergeld.	■ Hans Schmidt arbeitet als Lehrer an einer staatlichen Schule. ■ Die Stadt Siegen baut eine neue Spielstraße.
Haushalt und Banken	■ Der vermögende Daniel Duck erhält eine Zinsgutschrift für sein Sparguthaben. ■ Der Angestellte Ralf Schupp zahlt an seine Bank Kontoführungsgebühren.	■ Der Immobilienbesitzer Hans Becker vermietet sein Geschäftshaus an die Sparkasse Siegerland. ■ Die Volksbank Gießen verkauft einem Münzsammler eine Goldmünze.
Haushalt und Ausland	■ Dem in Luxemburg arbeitenden Egon Kling wird sein Gehalt an die Sparkasse Duisburg überwiesen. ■ Die preisbewusste Tanja Spar bezahlt ihren in Italien gekauften Kleinwagen.	■ Der Spekulant Bodo Bostellani legt einen Teil seines Vermögens in den USA an. ■ Ein kalifornischer Winzer versendet eine Kiste Wein an einen deutschen Weinliebhaber.
Unternehmen und Staat	■ Die Hinkelstein AG überweist ihre Körperschaftsteuer an das zuständige Finanzamt. ■ Der Staat tätigt Subventionszahlungen an deutsche Unternehmen.	■ Die Firma Hochbau GmbH erstellt ein neues Berufsschulgebäude im Auftrag eines Landkreises. ■ Die städtische Müllabfuhr entsorgt den Müll der Firma Ballast GmbH.
Unternehmen und Banken	■ Die Computer GmbH erhält eine Gutschrift für gelieferte Hardware. ■ Die Kölner Bank eG belastet die Fritz Verzug AG mit Sollzinsen.	■ Die Paper GmbH beliefert die örtliche Sparkasse mit Büromaterial. ■ Die Volksbank Ruhr Mitte eG verkauft der „Second-Hand KG" ausrangierte Büromöbel.
Unternehmen und Ausland	■ Die Maschinenbau AG erhält eine Dividendenzahlung auf ausländische Aktien. ■ Die Möbel Import GmbH überweist eine Rechnung an einen italienischen Zulieferer.	■ Die Wassertechnik OHG entsendet einen Ingenieur in den Sudan. ■ Ein deutsches Maschinenbauunternehmen mietet ein Betriebsgebäude in Portugal.

5.1.3 Die gegenseitige Abhängigkeit der Wirtschaftssektoren

Sie kennen diese zarten Gebilde, die man als Mobile bezeichnet. Der leiseste Windhauch setzt sie in Bewegung. Jedes am Gestänge hängende Figürchen, Tierchen oder was auch immer, bewegt sich scheinbar unabhängig von allen anderen. In Wirklichkeit aber hängt die Bewegung eines dieser Gegenstände von den Bewegungen aller anderen Gegenstände ab: Wird nur ein Gegenstand angestoßen, bewegen sich alle anderen auch. „Interdependenz" nennt man diese Erscheinung, also gegenseitige Abhängigkeit.

Die Fähigkeit des Menschen, gegenseitige Abhängigkeiten zwischen mehreren Bereichen (z. B. zwischen den Wirtschaftssektoren, der Wirtschaft und der Gesellschaft, der Wirtschaft und der Natur) zu entdecken und zu bewerten, bezeichnet man als „vernetztes Denken". Dieses Denken in Zusammenhängen wird an den folgenden zwei einfachen Beispielen verdeutlicht.

Beispiel 1:

Der Staat kürzt die Ausgaben, um zu sparen. Unter anderem kauft er weniger Sachgüter und Dienstleistungen bei den Unternehmen. Dadurch sinken die Erlöse der Unternehmen und ihre Gewinne nehmen ab. Die Unternehmen wiederum schütten weniger Gewinne aus; den Unternehmerhaushalten fließen geringere Einkommen als zuvor zu. Außerdem haben die Unternehmen weniger Aufträge, müssen also u. U. Arbeitskräfte entlassen. Somit verdienen auch die Arbeitnehmerhaushalte weniger. Die Folge ist, dass auch die privaten Haushalte weniger Geld für Konsumgüter ausgeben können. Die Unternehmen erleiden also erneute Erlöseinbußen. Die Gewinne nehmen weiter ab bzw. die Verluste zu. Aufgrund der gesunkenen Gewinne und Haushaltseinkommen nehmen aber auch die Steuereinnahmen des Staates ab.

Auch das Ausland kommt nicht „ungeschoren„ davon. Da die Unternehmen mit sinkenden Aufträgen rechnen müssen, importieren sie auch weniger Rohstoffe, Halb- und Fertigwaren. Folglich nimmt das Ausland auch weniger Geld ein, sodass es selbst weniger bei den inländischen Exporteuren kauft.

Die Kreditinstitute spüren ebenfalls den wirtschaftlichen Rückgang. Da sich die Unternehmen sinkenden Umsätzen gegenübersehen, fragen sie auch nicht mehr so viel Kredite nach, denn kein vernünftiger Mensch investiert (kauft z. B. eine neue Maschine), wenn sich diese Investition nicht lohnt.

Beispiel 2:

Angenommen, die privaten Haushalte fangen an, plötzlich mehr zu kaufen als zuvor. Sie blicken optimistisch in die Zukunft, beispielsweise deswegen, weil die Friedensverhandlungen in Krisengebieten zum Erfolg geführt haben. (Ein Wunschtraum vielleicht, aber wer weiß?) Die Wirkung auf unsere empfindliche Wirtschaft ist verblüffend. Die Umsätze der Unternehmen steigen. Sie machen deshalb wieder Gewinne. Folglich nehmen sie auch wieder mehr Kredite auf, um die Aufstockung der Lager zu finanzieren. Hält die Konsumfreudigkeit der privaten Verbraucher an, werden von den Unternehmen auch wieder zusätzliche Arbeitskräfte eingestellt. Die Arbeitslosigkeit nimmt ab.

Auch der Staat hat Grund zur Freude. Die Steuereinnahmen steigen wieder, sodass er seinerseits mehr ausgeben kann. So kann er beispielsweise den Unternehmen wiederum mehr Aufträge erteilen. Die Gewinne steigen weiterhin. Die Gewerkschaften können kräftigere Lohnerhöhungen durchsetzen, sodass die Einkommen der Arbeitnehmer wachsen.

Auf die Dauer spürt auch das Ausland den Aufschwung. Die inländischen Importeure führen mehr Rohstoffe, Halb- und Fertigwaren ein. Auf diese Weise wird wiederum das Ausland in die Lage versetzt, selbst mehr zu importieren.

5.2 Ermittlung des Bruttoinlandsprodukt (BIP)

5.2.1 Grundlegendes

5.2.1.1 Begriff

Einer der wichtigsten Indikatoren zur Beurteilung der **aktuellen Wirtschaftslage** und des **Wohlstands** einer Volkswirtschaft ist die Entwicklung des **Bruttoinlandsproduktes**. Zudem gilt diese Größe als zentrale Entscheidungsgrundlage für die **Fiskalpolitik (Konjunkturpolitik)**. Vor diesem Hintergrund werden im weiteren Verlauf dieses Kapitels die Grundzüge zur Ermittlung dieser Größe dargestellt.

Merke:

Das **Bruttoinlandsprodukt (BIP)** ist ein **Maß** für die **wirtschaftliche Leistung** und den **Wohlstand** einer Volkswirtschaft in einem bestimmten Zeitraum. Es misst den Wert der **im Inland** hergestellten **Waren und Dienstleistungen** (Wertschöpfung), soweit diese nicht als Vorleistungen für die Produktion anderer Waren und Dienstleistungen verwendet werden.

Das BIP wird in jeweiligen Preisen und preisbereinigt errechnet. Auf Vorjahrespreisbasis wird die „reale" Wirtschaftsentwicklung im Zeitablauf **frei von Preiseinflüssen** dargestellt. Die **Veränderungsrate** des **preisbereinigten** BIP dient als **Messgröße** für das **Wirtschaftswachstum** einer Volkswirtschaft (vgl. nachfolgende Abbildung). Das BIP ist damit die **wichtigste Größe** der volkswirtschaftlichen Gesamtrechnungen.

Wirtschaftswachstum in Deutschland[1]
Veränderung des preisbereinigten Bruttoinlandsprodukte gegenüber dem Vorjahr in %

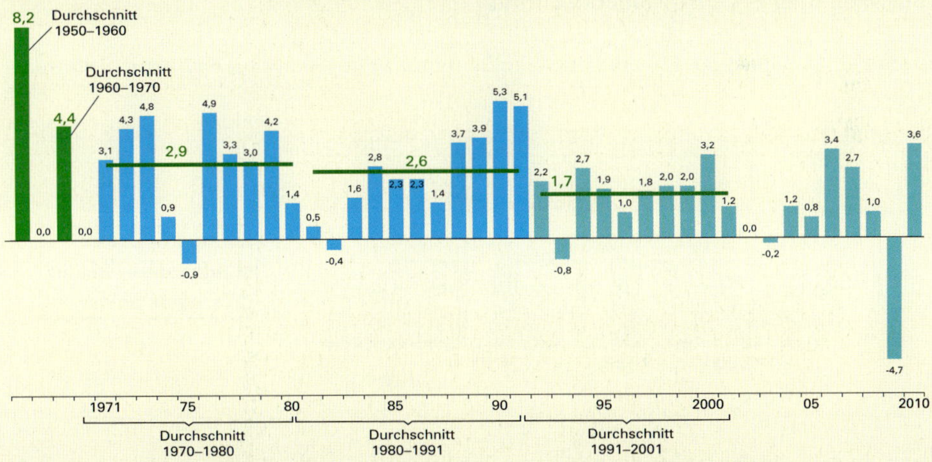

1) Die Ergebnisse von 1950 bis 1969 (Früheres Bundesgebiet) sind wegen konzeptioneller und definitorischer Unterschiede nicht voll mit den Ergebnissen von 1970 bis 1991 (Früheres Bundesgebiet) und den Angaben ab 1991 (Deutschland) vergleichbar. Die preisbereinigten Ergebnisse von 1950 bis 1969 (Früheres Bundesgebiet) sind in Preisen von 1991 berechnet. Die Ergebnisse von 1970 bis 1991 (Früheres Bundesgebiet) sowie die Angaben ab 1991 (Deutschland) werden in Preisen des jeweiligen Vorjahres als Kettenindex nachgewiesen.

Quelle: Statistisches Bundesamt, Bruttoinlandsprodukt 2010 für Deutschland, Begleitmaterial zur Pressekonferenz, Frankfurt a. M. 2011.

8 Boller-Hartmann 978-3-8120-0585-2

Des Weiteren lässt sich mittels der volkswirtschaftlichen Gesamtrechnung die **Bedeutung** der einzelnen **Wirtschaftssektoren** innerhalb einer Volkswirtschaft aufzeigen. Untergliedert man die verschiedenen Zweige einer **arbeitsteiligen** Wirtschaft in **vertikaler** Richtung, so lassen sich folgende Wirtschaftsbereiche unterscheiden:

Wirtschaftsbereiche	Erläuterungen
Erzeugung (primärer Sektor)	Die Funktion dieses Sektors ist die **Bereitstellung** von Rohstoffen. Hierzu zählen beispielsweise land- und forstwirtschaftliche Betriebe, Fischereien, Bergbauunternehmen, Kiesgruben, Erdöl- und Erdgas fördernde Betriebe.
Weiterverarbeitung (sekundärer Sektor)	Gegenstand dieser Unternehmen ist die **Umwandlung** der Rohstoffe in Investitions- und Konsumgüter.
Verteilung (tertiärer Sektor)	Unternehmen dieser Wirtschaftsstufe übernehmen die **Verteilung** der Güter vom Produzenten bis zum Endverbraucher. Hierzu zählen in erster Linie Handelsbetriebe.
Sonstige Dienstleistungsbetriebe	Die Übernahme von **Hilfsfunktionen** bei der Erzeugung, Weiterverarbeitung und Verteilung von Gütern obliegt den Dienstleistungsunternehmen, die **ebenfalls** dem **tertiären Sektor** zugerechnet werden (z. B. Kreditinstitute, Versicherungen, Verkehrsbetriebe).

Die Bedeutung der einzelnen Wirtschaftssektoren **verändert** sich im Zeitablauf. Wie nachfolgende Abbildung zeigt, hat sich auch in Deutschland in den letzten zweihundert Jahren eine deutliche Verlagerung vom primären zum sekundären und schließlich zum tertiären Sektor vollzogen. Nicht ohne Grund spricht man hierzulande nicht mehr von der Industrie-, sondern von der **Dienstleistungsgesellschaft,** da mittlerweile **mehr als zwei Drittel aller Arbeitsplätze** im tertiären Sektor angesiedelt sind. Die Ursachen für diesen **Strukturwandel** sind sehr vielschichtig, wie beispielsweise: Veränderung der Nachfrage, neue Technologien oder Produktivitätsfortschritte.

Prozentuale Aufteilung der Erwerbstätigen in Deutschland gegliedert nach den drei Sektoren

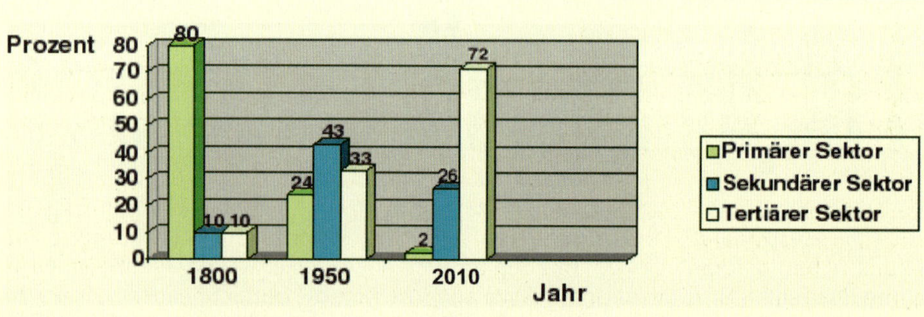

Welchen **Anteil** die **Beschäftigten dieser Sektoren** im Jahr 2010 zum Bruttoinlandsprodukt unseres Landes beisteuerten, dokumentiert die folgende Abbildung, wobei anzumerken ist, dass die Bereiche öffentliche und private Dienstleister, Finanzierung, Vermietung und Unternehmensdienstleister sowie Handel, Gastgewerbe und Verkehr dem tertiären Sektor zuzurechnen sind.

Wirtschaftsstruktur in Deutschland 2010
Anteil der Wirtschaftsbereiche am Bruttoinlandsprodukt[1] in %

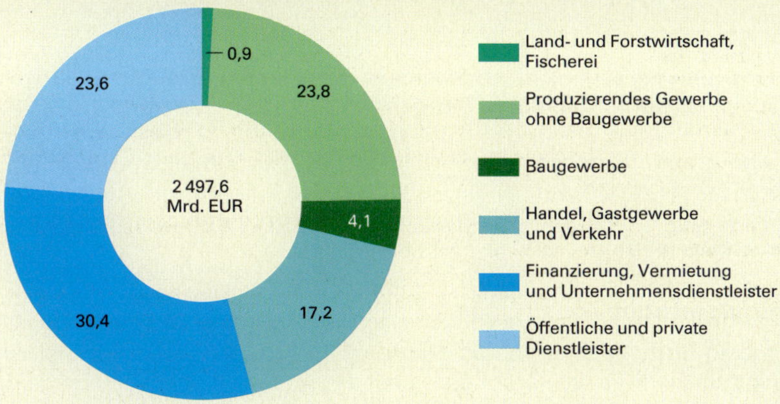

1) Gemessen als Anteil der nominalen Bruttowertschöpfung des jeweiligen Wirtschaftsbereichs an der nominalen Bruttowertschöpfung insgesamt.

Quelle: Statistisches Bundesamt, Bruttoinlandsprodukt 2010 für Deutschland, Begleitmaterial zur Pressekonferenz, Frankfurt a. M. 2011.

5.2.1.2 Arten und Bestimmungsgründe des quantitativen Wirtschaftswachstums

(1) Abgrenzung des Begriffs Wirtschaftswachstum

Das Wirtschaftswachstum wird an den **Schwankungen des Bruttoinlandsprodukts** gemessen. Es ist üblich, dass wirtschaftliche Wachstum als langfristige durchschnittliche Entwicklung des realen Bruttoinlandsprodukts anzusehen.

Merke:

Eine Wirtschaft **wächst,** wenn das Bruttoinlandsprodukt Zuwachsraten aufweist. Verändert sich das Bruttoinlandsprodukt in einer Folgeperiode (z. B. im Folgejahr) nicht, **stagniert**[1] die Wirtschaft. Man spricht von **„Nullwachstum"**.[2] Nimmt das Bruttoinlandsprodukt ab, liegt ein wirtschaftlicher Niedergang vor.

Für die Statistiker und Wirtschaftspolitiker ist es im Einzelfall sehr schwierig, positive und negative „Wachstumsraten" als Konjunktur- und/oder Wachstumserscheinung zu interpretieren.[3] In den Medien[4] und im Sprachgebrauch der Politiker wird daher meistens **jede** Zunahme des realen Bruttoinlandsprodukts als „Wachstum" bezeichnet. Von einem Wirtschaftswachstum dürfte man jedoch nur dann sprechen, wenn die **Leistungsfähigkeit** der

1 Stagnieren (lat.): stillstehen. Stagnation: Stillstand.

2 Der Ausdruck „Nullwachstum" ist zwar üblich geworden, ist jedoch in sich widersinnig. Kein Wachstum heißt Stagnation (Stillstand). Ebenso ist der Begriff „negatives Wachstum" im Grunde falsch, weil hier eben kein Wachstum (kein „Größerwerden"), sondern ein Schrumpfungsprozess vorliegt.

3 Interpretieren (lat.): deuten, erklären. Interpretation: Auslegung, Deutung (auch von Statistiken, Texten u.a.).

4 Mit Medien (lat.), Mehrzahl von Medium, sind hier Mittel gemeint, mithilfe derer Nachrichten verbreitet werden (z.B. Hörfunk, Fernsehen, Internet, Zeitungen und Zeitschriften). Die gedruckten Medien werden als Printmedien bezeichnet (von to print [franz., engl.]: drucken).

Wirtschaft (das **Potenzial**) zunimmt. Solange eine Wirtschaft unterbeschäftigt ist, d.h. Arbeitslosigkeit herrscht und/oder Kapazitäten brachliegen, spiegelt die Zunahme des realen Bruttoinlandsprodukts lediglich einen Konjunkturaufschwung wider.

Merke:

Die Wachstumsrate sagt nichts darüber aus, wie viel der **Einzelne** von der gesamtwirtschaftlichen Leistung bzw. deren Zuwachs erhält.

Einen ersten groben Durchschnittswert liefert das **Bruttoinlandsprodukt je Einwohner**. Ein weiterer Durchschnittswert ist die Aufteilung des Volkseinkommens in das Arbeitnehmerentgelt einerseits und die Unternehmens- und Vermögenseinkommen andererseits **(Einkommensverteilung)**.

(2) Wachstumraten

Das am realen Bruttoinlandsprodukt gemessene Wirtschaftswachstum ist ein **quantitatives Wachstum,** weil es die Veränderung der allgemeinen Lebensumstände der Bevölkerung – die so genannte **„Lebensqualität"** – nicht oder nur unzureichend misst. Um ein **qualitatives Wachstum** zu beschreiben, bedarf es weiterer Indikatoren wie z.B. die Einkommensverteilung, der Bildungsgrad, die Lebenserwartung und der Umfang der Umweltbelastung.

(3) Bestimmungsgründe des quantitativen Wirtschaftswachstums

Die wichtigsten Bedingungen des quantitativen Wirtschaftswachstums sind:

- gute Ausbildung der arbeitenden Bevölkerung („Human capital");
- gute Gesundheit der arbeitenden Bevölkerung;
- Bevölkerungswachstum;
- technischer Fortschritt;
- ausgeglichene Wirtschaftsstruktur;
- ausgebaute Infrastruktur;
- optimistische Zukunftserwartungen der Wirtschaftssubjekte;
- optimale Auslastung der Produktionskapazitäten;
- stetige Neuinvestitionen (Nettoinvestitionen), die aus hohen Ersparnissen finanziert werden sollten;
- ausreichend zur Verfügung stehende Rohstoff- und Energiequellen (Ressourcen).

5.2.1.3 Bedeutung des quantitativen Wirtschaftswachstums

Die Forderung nach „mehr Wirtschaftswachstum" ist heute in aller Munde, und zwar aus folgenden Gründen:

- Der materielle Lebensstandard wird erhöht, denn mehr Produktion bedeutet höhere Einkommen.
- Wachstum hilft, Arbeitsplätze zu sichern und zu vermehren. Arbeitnehmer, die in wachstumsschwachen Wirtschaftszweigen ihre Arbeitsplätze verlieren, können in wachstumsstarken Branchen wieder Beschäftigung finden. Wachstum trägt dazu bei, strukturelle Probleme besser lösen zu können.

- Wirtschaftswachstum ermöglicht es, die Entwicklungshilfe zu erhöhen, ohne dass der Lebensstandard der Industrieländer vermindert werden muss.
- Durch Wirtschaftswachstum können die Ziele einer sozialverträglichen Einkommens- und Vermögensverteilung ohne allzu harte Konflikte leichter erreicht werden, weil nur der Zuwachs, nicht aber die Substanz umverteilt werden muss.
- Die Sozialversicherungen sind durch die Versicherten nur dann ohne nennenswerte Beitragserhöhungen finanzierbar, wenn das Wirtschaftswachstum über das Produktivitätswachstum hinausgeht, sodass zusätzliche sozialversicherungspflichtige Arbeitsplätze entstehen können. Der Grund: Ist das Wachstum ausschließlich auf den Produktivitätsfortschritt zurückzuführen, wird mit der gleichen Anzahl von Arbeitskräften bzw. Arbeitsstunden eine Mehrleistung erbracht. Zusätzliche Arbeitsplätze entstehen nur dann, wenn die Wirtschaft Erweiterungsinvestitionen vornimmt.
- Die hohen Kosten des Umweltschutzes können nur dann aufgebracht werden, wenn die zusätzlichen Mittel auch verdient werden, denn die Entwicklung neuer Verfahren zur Energiegewinnung, Wiederverwendung von Abfällen (Recycling) und der Übergang zu einer umweltschonenderen Abfallbeseitigung („Entsorgung") kostet Geld.
- Quantitatives Wachstum bringt mehr Steuereinnahmen. Die Regierungen von Staaten, die nicht verschuldet sind, können mehr Geld für Bildung, Forschung, die Verbesserung der Infrastruktur, Soziales und vieles andere mehr ausgeben. Die Regierungen von Ländern mit defizitären Staatshaushalten haben die Möglichkeit, Schulden zu tilgen oder zumindest die zusätzlichen Kreditaufnahmen (Nettokreditaufnahmen) zu verringern.

Die bisher erfolgreichste deutsche Staatsgründung – dieses Prädikat hat sich die Bundesrepublik Deutschland vollauf verdient. Denn in den rund 50 Jahren ihres Bestehens (Ostdeutschland seit 1990 eingeschlossen) schaffte sie – gemessen am Fortschrittstempo vorangegangener Jahrzehnte im Kaiserreich, in der Weimarer Republik und während der Naziherrschaft – einen wirtschaftlichen Aufstieg ohnegleichen.

Von 1949 bis 1995 hat sich die Wirtschaftsleistung mehr als versiebenfacht.

Ein solches Tempo war in der Zeit davor nicht einmal ansatzweise erkennbar. Immer wieder wurde die Wirtschaftstätigkeit durch Krieg und Krisen zurückgeworfen. Nach dem 2. Weltkrieg war das Leistungsniveau sogar fast wieder auf den Stand am Anfang des 20. Jahrhunderts zurückgefallen. Rückschläge gab es zwar auch in der jüngsten Zeit; die erste Rezession fand im Jahr 1967 statt, dann folgten zwei Ölkrisen. Doch verglichen mit der bewegten Vergangenheit, nehmen sich diese Rückschläge wie harmlose Betriebsunfälle aus.

5.2.2 Grundbegriffe der volkswirtschaftlichen Gesamtrechnung anhand eines Modells

Wie sich nun die verschiedenen Größen der volkswirtschaftlichen Gesamtrechnung konkret zusammensetzen und wie diese Größen zwischen den Sektoren Haushalt, Unternehmen, Staat und Ausland strömen, soll mittels einer modellhaften Betrachtung näher dargestellt werden.

Modellannahmen

- Im nachstehenden Modell werden folgende **Annahmen** getroffen:

  - Die direkten Steuern der privaten Haushalte (H) und der Unternehmen (U) bleiben außer Betracht, ebenso die Sozialversicherungsabgaben.
  - Soweit der Staat (St) Sach- oder Dienstleistungen erbringt, wird er dem Sektor Unternehmen (U) zugerechnet.
  - Die Sozialleistungen des Staates werden nicht berücksichtigt, wohl aber die staatlichen Zuschüsse (Z) an die Unternehmen (U).

- In unserem Modell werden noch folgende **gesamtwirtschaftliche Größen** verwendet:

Konsumausgaben der privaten Haushalte (C_{pr})	500 Mrd. GE[1]
Konsumausgaben des Staates (C_{St})	180 Mrd. GE
Arbeitnehmerentgelt (E_{nu}: Nichtunternehmereinkommen), d. h. Einkommen aus unselbstständiger Arbeit	450 Mrd. GE
Unternehmens- und Vermögenseinkommen (Unternehmenseinkommen: E_u)	198 Mrd. GE
Produktions- und Importabgaben (Gütersteuern: indirekte Steuern = T_{ind}[2])	200 Mrd. GE
Subventionen (Gütersubventionen: Zuschüsse an Unternehmen: Z)	20 Mrd. GE
Exporterlöse (Ex)	19 Mrd. GE
Importausgaben (Im)	11 Mrd. GE
Saldo der Erwerbs- und Vermögenseinkommen zwischen In- und Ausland zuzüglich des Saldos aus empfangenen Subventionen aus der EU und geleisteten Produktions- und Importabgaben an die EU (F)[3]	2 Mrd. GE
Bruttoinvestitionen (I_{br})	250 Mrd. GE
Ersatzinvestitionen (Ab)	110 Mrd. GE

- Unterstellt wird weiterhin, dass die Unternehmen ihre **gesamten Gewinne an die privaten Haushalte ausschütten** und der **Staatshaushalt ausgeglichen** ist.

---

1 GE: Geldeinheiten (z. B. EUR, US-$, £).

2 T von „Tax" (engl.): Steuer. Die Produktions- und Importabgaben sind Steuern und Zölle, die die Unternehmen nach dem Willen des Gesetzgebers in ihre Absatzpreise einkalkulieren und auf die Letztverbraucher überwälzen (indirekte Steuern). Die Steuerbelastung durch die indirekten Steuern wird durch die Subventionen an die Unternehmen (Gütersubventionen) verringert. Die Statistik saldiert daher die Gütersteuern mit den Gütersubventionen (T_{ind} – Z). Der Saldo zwischen den Gütersteuern und -subventionen heißt **Nettoproduktionsabgaben.**

3 Der Saldo F setzt sich wie folgt zusammen:

	Aus dem Ausland bezogene Erwerbs- und Vermögenseinkommen	7 Mrd. GE
	Von der EU erhaltene Subventionen	3 Mrd. GE
	Aus dem Ausland bezogen	10 Mrd. GE
–	An das Ausland bezahlte Erwerbs- und Vermögenseinkommen	5 Mrd. GE
–	An die EU bezahlte Produktions- und Importabgaben	3 Mrd. GE
	Saldo der Primäreinkommen aus der übrigen Welt (F)	2 Mrd. GE

In diesem Fall erfolgt das gesamtwirtschaftliche Sparen (S) in den privaten Haushalten.

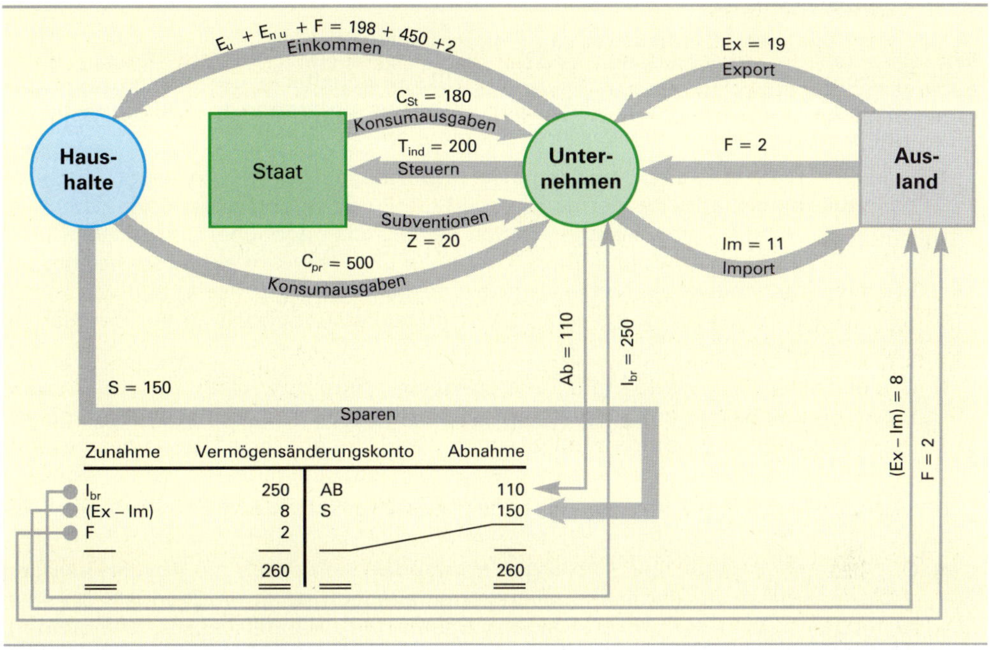

Zum Verständnis des vorangestellten Kreislaufbilds müssen folgende Grundbegriffe und Grundtatbestände bekannt sein:

- In einer wachsenden (evolutorischen) Volkswirtschaft muss **gespart** werden, damit die zusätzlichen Investitionen (Nettoinvestitionen: I) finanziert werden können. Eine Wirtschaft, die alles verbraucht, was sie erzeugt, kann nicht wachsen **(stationäre Wirtschaft).**[1]
- Auch eine stationäre Wirtschaft muss **investieren,** um den Bestand an Produktionsmitteln zu erhalten, denn im Laufe einer Wirtschaftsperiode (z.B. ein Jahr) verlieren die meisten materiellen und immateriellen Anlagegüter an Wert. So werden z.B. Kraftfahrzeuge, Maschinen und maschinelle Anlagen abgenutzt, sodass sie abgeschrieben und durch neue ersetzt werden müssen. Soweit Investitionen zum Erhalt des Anlagebestands erforderlich sind, handelt es sich um **Ersatzinvestitionen (Reinvestitionen).** Sie werden in der volkswirtschaftlichen Gesamtrechnung mit den Abschreibungen (Ab) gleichgesetzt.

  Die **Bruttoinvestitionen** (I_{br}) sind die gesamten Investitionen einer Volkswirtschaft während einer Periode. Sie setzen sich aus den **Ersatzinvestitionen** und den zusätzlichen Investitionen **(Erweiterungsinvestitionen: I)** zusammen. Die Erweiterungsinvestitionen – auch **Nettoinvestitionen** genannt – **vergrößern den Anlagenbestand** und damit die Kapazität der Volkswirtschaft.

Beispiel:

Bruttoinvestitionen (I_{br})	250 Mrd. GE
– Reinvestitionen (Ab)	110 Mrd. GE
= Nettoinvestitionen (I)	140 Mrd. GE

1 Eine **wachsende** Wirtschaft, also eine Wirtschaft, die von Jahr zu Jahr mehr erzeugt, bezeichnet man als **evolutorische** (sich entwickelnde) **Wirtschaft.**

- Um einen geschlossenen Geldkreislauf zu erhalten, benötigt man eine **Vermögensänderungsrechnung.**

  Das **Vermögensänderungskonto** sagt Folgendes aus:

  - **Bruttoinvestitionen** (I_{br}) vergrößern das volkswirtschaftliche Gesamtvermögen. Sie werden (ebenso wie in der Bilanz eines einzelnen Unternehmens) auf der Sollseite (Aktivseite) des Vermögensänderungskontos erfasst.
  - Sind die **Exporterlöse** (Ex) **höher** als die **Importausgaben** (Im), so **steigt per Saldo das volkswirtschaftliche Vermögen,** weil die Forderungen gegenüber dem Ausland höher sind als die Verbindlichkeiten des Inlands gegenüber dem Ausland. Der Saldo aus Exporterlösen und Importausgaben (Ex – Im) wird als **Außenbeitrag** bezeichnet. Ein positiver Außenbeitrag wird deshalb auf der Sollseite (Aktivseite) des Vermögensänderungskontos erfasst, ein negativer Außenbeitrag auf der Habenseite (Passivseite).
  - Ist der Saldo der Erwerbs- und Vermögenseinkommen zwischen In- und Ausland zuzüglich des Saldos aus empfangenen Subventionen aus der EU und den geleisteten Produktions- und Importabgaben an die EU (F) positiv, so steigt das gesamtwirtschaftliche Vermögen. Der positive Saldo F wird infolgedessen auf der Sollseite (Aktivseite) des Vermögensänderungskontos gebucht. Ein negativer Saldo F erscheint auf der Habenseite (Passivseite) des Vermögensänderungskontos.
  - Das gesamtwirtschaftliche Vermögen vermindert sich durch die **Abschreibungen** (Ab), denn diese stellen die in Zahlenwerten ausgedrückten Wertverluste der Ausrüstungen (z.B. maschinelle Anlagen), Bauten (z.B. Handelshäuser, Werkstätten) und „sonstigen Anlagen“ (immaterielle Anlagen wie z.B. EDV-Software, Urheberrechte, Nutztiere und Pflanzen) dar. Die Abschreibungen müssen deshalb auf der Habenseite (der Passivseite) des Vermögensänderungskontos gebucht werden.
  - Der **Saldo** des Vermögensänderungskontos zeigt das gesamtwirtschaftliche **Sparen** (S). Er steht zum Ausgleich auf der Habenseite des Vermögensänderungskontos. Ist der Vermögenszuwachs größer als die Vermögensminderung, muss die Differenz (der Saldo) gespart (nicht verbraucht) worden sein.

5.2.3 Inlandsprodukt, Nationaleinkommen und Volkseinkommen

(1) Überblick über die wichtigsten Messzahlen der volkswirtschaftlichen Gesamtrechnung

Auf der Grundlage des vorangestellten Modells zeigt die nachfolgende Übersicht die Zusammensetzung der wichtigsten Messzahlen der gesamtwirtschaftlichen Leistung wie z. B. des **Inlandsproduktes** und des **Nationaleinkommens.**

Beziehungen zwischen wichtigen Begriffen volkswirtschaftlicher Gesamtrechnungen

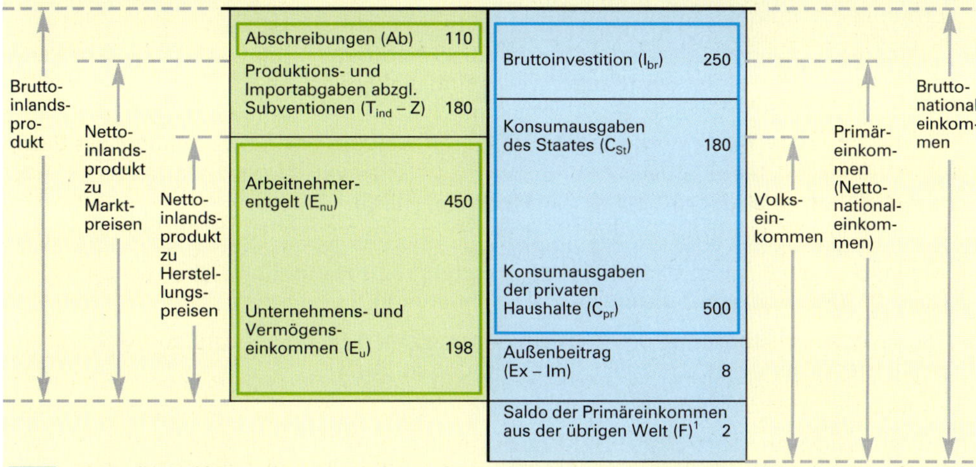

: inländische Verwendung: $I_{br} + C_{St} + C_{pr}$.

: Bruttowertschöpfung nach Abzug der Produktions- und Importabgaben (Gütersteuern) abzgl. Subventionen (Gütersubventionen): Bruttowertschöpfung zu Herstellungspreisen: BIP – (T_{ind} – Z).

(2) Unterscheidung Bruttoinlandsprodukt und Bruttonationaleinkommen

Wie aus der Abbildung zu entnehmen ist, unterscheiden sich die beiden **zentralen** Größen der Gesamtrechnung – das Bruttoinlandsprodukt (BIP) und das Bruttonationaleinkommen (früher: Bruttosozialprodukt) – durch den sogenannten **Saldo der Primäreinkommen,** eine Größe, die sich durch **zwei unterschiedliche Betrachtungsweisen** ergibt.

So steht im Zentrum der Ermittlung des **Bruttoinlandsproduktes** die Erfassung der Leistung in einem **Wirtschaftsgebiet,** d. h. die Produktion von Waren und Dienstleistungen für einen bestimmten Zeitraum unabhängig davon, ob **Inländer oder Ausländer** an der Erstellung beteiligt waren **(Inlandskonzept).**

Im Mittelpunkt der Erfassung des **Bruttonationaleinkommens** hingegen stehen die Güter und Dienstleistungen, die mit Hilfe der **Faktorleistungen (Arbeit, Kapital) der Inländer** eines bestimmten Gebietes erbracht wurden, also unabhängig davon, ob diese Faktorleistung im Inland oder im Ausland **(Inländerkonzept)** erstellt wurde.

Zieht man – vereinfacht dargestellt – also von dem Bruttoinlandsprodukt alle Leistungen ab, die Ausländer im Inland erstellt haben und addiert man im Gegenzug die Leistungen, die Inländer im Ausland erbracht haben, so gelangt man zum Bruttonationaleinkommen. Diese Differenz zuzüglich des Saldos von erhaltenen Subventionen und geleisteten Produktions- und Importabgaben bezeichnet man als Saldo der Primäreinkommen aus der übrigen Welt.

1 Siehe Fußnote 3 auf S. 118.

(3) Erläuterungen zum Inlandsprodukt

- Vom **Bruttoinlandsprodukt (BIP)** wird gesprochen, weil in dieser Messgröße die Bruttoinvestitionen (I_{br}) enthalten sind.
- Zieht man vom Bruttoinlandsprodukt die Abschreibungen (Reinvestitionen: Ab) ab, erhält man das **Nettoinlandsprodukt.** In ihm sind nicht mehr die Bruttoinvestitionen (I_{br}), sondern die Nettoinvestitionen (I) enthalten.

  Da die Unternehmen in ihre Verkaufspreise für Anlage- und Konsumgüter die Gütersteuern abzüglich der Gütersubventionen ($T_{ind} - Z$) einkalkulieren, handelt es sich hier um das **Nettoinlandsprodukt zu Marktpreisen** (NIP_M).
- Das um die Nettoproduktionsabgaben ($T_{ind} - Z$) verminderte Nettoinlandsprodukt zu Marktpreisen (NIP_M) ist das **Nettoinlandsprodukt zu Herstellungspreisen** (NIP_H), das auch als **Nettowertschöpfung** (W_n) bezeichnet wird.
- Die **Bruttowertschöpfung** (W_{br}) ist die Summe aus dem Nettoinlandsprodukt zu Herstellungspreisen (NIP_H) und den Abschreibungen (Ab).

(4) Erläuterungen zum Nationaleinkommen

- Das **Bruttonationaleinkommen (BNE)** ergibt sich, indem zum Bruttoinlandsprodukt der Saldo der Erwerbs- und Vermögenseinkommen zwischen In- und Ausland zuzüglich des Saldos der empfangenen Subventionen aus der EU und den geleisteten Produktions- und Importabgaben an die EU (F) hinzugerechnet wird:

  $$BNE = BIP + F$$

  Von der **Verwendungsseite** her gesehen errechnet sich das Bruttonationaleinkommen wie folgt:

  $$BNE = I_{br} + C_{St} + C_{pr} + (Ex - Im) + F$$

- Zum **Primäreinkommen (Nettonationaleinkommen zu Marktpreisen: NNE_M)** gelangt man, wenn man vom Bruttonationaleinkommen (BNE) die Abschreibungen (Ab) absetzt.
- Werden vom Primäreinkommen die Nettoproduktionsabgaben ($T_{ind} - Z$) abgezogen, ergibt sich das **Volkseinkommen (E),** das auch als Nettonationaleinkommen zu Herstellungspreisen (NNE_H) bezeichnet werden kann.

(5) Erläuterungen zum Begriff Produktionswert

Ein weiterer wichtiger Begriff der volkswirtschaftlichen Gesamtrechnungen ist der Produktionswert. Er ergibt sich, indem man zur Bruttowertschöpfung zu Herstellungspreisen die **Vorleistungen** (VL) hinzurechnet. (In der Statistik wird der Produktionswert i.d.R. zu Herstellungspreisen ausgewiesen).

$$Produktionswert = NIP_H + Ab + VL$$

Die Vorleistungen sind also nicht im Bruttoinlandsprodukt enthalten, weil sie Verkäufe von Unternehmen an andere Unternehmen darstellen, d.h. die **Käufe** aller Unternehmen den **Verkäufen** aller Unternehmen entsprechen.

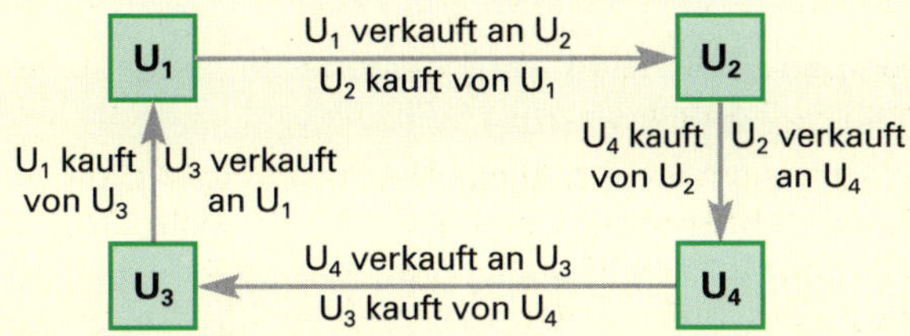

Zu den Vorleistungen gehören z. B. die Käufe bzw. Verkäufe von Roh-, Hilfs- und Betriebsstoffen sowie von Waren, Aufwendungen für Fremdreparaturen, Provisionen für Vermittlertätigkeiten anderer Unternehmen, Zinsen für von Unternehmen (z.B. Banken) bereitgestellte Kredite, Versicherungsbeiträge, Mieten und Pachten an andere Unternehmen.

5.2.4 Nominelles und reales Inlandsprodukt

Steigendes Inlandsprodukt bedeutet noch nicht automatisch, dass die Volkswirtschaft auch tatsächlich im angezeigten Umfang mehr produziert hat. Das Wachstum kann **ganz oder teilweise auf gestiegene Preise** zurückzuführen sein. Das zu **jeweiligen** (tatsächlich gezahlten) Preisen bewertete Inlandsprodukt bezeichnet man als **nominelles Inlandsprodukt.**

Will man die tatsächliche Mehrleistung einer Volkswirtschaft erfahren, muss man vom nominellen Inlandsprodukt die **Preissteigerungen abziehen.** Dann erhält man das **reale Inlandsprodukt.** Seit 2005 erfolgt die Berechnung der Entwicklung der realen Wirtschaftsleistung nicht mehr in Preisen eines festen Basisjahres, sondern in Preisen des Vorjahres, d. h., die jeweiligen **Gütermengen des betrachteten** Jahres werden mit den **Preisen des Vorjahres** multipliziert und dann addiert.

Hierdurch können jedoch die Realwerte der einzelnen Jahre nicht miteinander verglichen werden, da ihnen jeweils **unterschiedliche** Preise zugrunde liegen. Vor diesem Hintergrund veröffentlicht das Statistische Bundesamt – wie nachfolgender Auszug aus dem Monatsbericht der Deutschen Bundesbank verdeutlicht – keine Absolutwerte des realen Bruttoinlandsproduktes mehr, sondern lediglich so genannte Indexwerte **(Volumenindizes).**

1. Entstehung und Verwendung des Inlandsprodukts, Verteilung des Volkseinkommens

Position	2008	2009	2010	2008	2009	2010	2009 1.Vj.	2009 2.Vj.	2009 3.Vj.	2009 4.Vj.	2010 1.Vj.	2010 2.Vj.	2010 3.Vj.
	Index 2000=100			Veränderung gegen Vorjahr in %									
Preisbereinigt, verkettet													
I. Entstehung des Inlandsprodukts													
Produzierendes Gewerbe (ohne Baugewerbe)	112,7	93,9	103,6	– 3,4	– 16,7	10,3	– 20,3	– 22,9	– 15,9	– 6,9	7,2	12,7	8,9
Baugewerbe	77,9	76,5	77,9	– 1,0	– 1,8	1,8	– 5,5	– 3,3	0,7	0,5	– 2,2	5,6	3,5
Handel, Gastgewerbe und Verkehr 1)	118,9	111,8	115,5	4,4	– 6,0	3,3	– 6,8	– 7,5	– 5,8	– 3,7	0,5	3,5	3,9
Finanzierung, Vermietung und Unternehmensdienstleister 2)	118,2	116,8	119,0	2,7	– 1,2	1,9	– 1,2	– 1,7	– 1,3	– 0,5	1,3	1,9	2,5
Öffentliche und private Dienstleister 3)	108,5	110,4	112,7	2,4	1,7	2,1	1,1	1,5	1,9	2,5	2,8	1,6	2,1
Bruttowertschöpfung	112,3	106,4	110,6	1,1	– 5,3	4,0	– 6,8	– 7,6	– 4,9	– 1,9	2,7	4,6	4,1
Bruttoinlandsprodukt 4)	110,4	105,2	109,0	1,0	– 4,7	3,6	– 6,3	– 6,8	– 4,4	– 1,3	2,2	4,3	3,9

Quelle: Monatsbericht der Deutschen Bundesbank, Januar 2011, S. 61*.

Die Berechnung dieser Indexwerte lässt sich an folgendem Beispiel verdeutlichen:

Beispiel:

Güter	Jahr 1 (Basisjahr)			Jahr 2			Jahr 3		
	Mengen	Preise	nominale Werte	Mengen	Preise	nominale Werte	Mengen	Preise	nominale Werte
A	2	15,00	30	3	10,00	30	5	12,00	60
B	4	10,00	40	5	16,00	80	6	15,00	90
C	6	30,00	180	8	35,00	280	10	30,00	300
D	8	25,00	200	7	30,00	210	6	40,00	240
nom. BIP			**450**			**600**			**690**

1. Schritt: Berechnung des realen Bruttoinlandsproduktes (BIP) nach der Vorjahrespreismethode:

Berechnung des realen BIP = Gütermenge der jeweiligen Betrachtungsperiode · Preise Vorjahr

Berechnung des realen BIP 2. Jahr = 3 x 15 + 5 x 10 + 8 x 30 + 7 x 25 = 510
Berechnung des realen BIP 3. Jahr = 5 x 10 + 6 x 16 + 10 x 35 + 6 x 30 = 676

2. Schritt: Ermittlung der Volumenindizes

Berechnung der Volumenindizes = Realwert Betrachtungsperiode : Nominalwert Vorjahr

Berechnung des Volumenindexes 2. Jahr = 510 : 450 = 1,133
Berechnung des Volumenindexes 3. Jahr = 676 : 600 = 1,127

3. Schritt: Ermittlung der Kettenindizes

Berechnung der Kettenindizes n-tes Jahr = 100 · Volumenindex 2. Jahr · ... Volumenindex n-tes Jahr

Berechnung des Kettenindexes 2. Jahr = 100 x 1,133 = 113,3
Berechnung des Kettenindexes 3. Jahr = 100 x 1,133 x 1,127 = 127,689

4. Schritt: Ermittlung der Wachstumsrate

$$\text{Berechnung der Wachstumsrate} = \frac{\text{Kettenindex Betrachtungsperiode} \cdot 100}{\text{Kettenindex Vorjahr}} - 100$$

$$\text{Berechnung der Wachstumsrate 2. Jahr} = \frac{113{,}3 \cdot 100}{100} - 100 = 13{,}3\,\%$$

$$\text{Berechnung der Wachstumsrate 3. Jahr} = \frac{127{,}689 \cdot 100}{113{,}3} - 100 = 12{,}7\,\%$$

5.2.5 Entstehungs-, Verwendungs- und Verteilungsrechnung

Das BIP wird – wie auch nebenstehendes Schaubild verdeutlicht – über die Entstehungs-, Verwendungs- und Verteilungsseite berechnet.

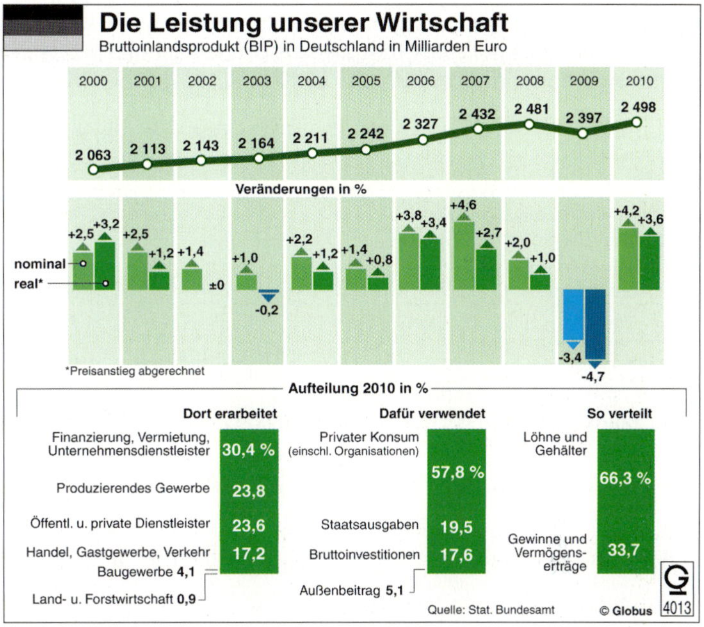

5.2.5.1 Entstehungsrechnung

Die Entstehungsrechnung erfasst die wirtschaftliche Leistung einer Periode nach ihren Quellen, d. h. nach den **Wirtschaftsbereichen** (z. B. produzierendes Gewerbe [ohne Baugewerbe], Baugewerbe, Handel, Gastgewerbe und Verkehr, Finanzierung, Vermietung und Unternehmensdienstleister, öffentliche und private Dienstleister).

Entstehung des Inlandsprodukts 2010 (Veränderungen gegenüber Vorjahr in Prozent)	
Produzierendes Gewerbe (ohne Baugewerbe)	10,3
Baugewerbe	1,8
Handel, Gastgewerbe und Verkehr	3,3
Finanzierung, Vermietung und Unternehmensdienstleister	1,9
Öffentliche und private Dienstleister	2,1
Bruttoinlandsprodukt	**3,6**

Quelle: Monatsbericht der Deutschen Bundesbank, Januar 2011, S. 61*.

5.2.5.2 Verwendungsrechnung

Eine andere Möglichkeit, das BIP zu errechnen, setzt an der **Nachfrageseite** an. Dabei wird untersucht, wofür die hergestellten Güter und Dienstleistungen verwendet wurden. So kann beispielsweise ein PC in einer Volkswirtschaft für den privaten Konsum verwandt werden, er könnte allerdings auch in Form einer Investition in einem Unternehmen zum

Einsatz kommen oder gar in das Ausland exportiert werden. Im Rahmen der Verwendungsrechnung (Ausgabenansatz) werden die **Ausgaben** für die **Endverwendung von Waren und Dienstleistungen** ermittelt, d.h. private und staatliche Konsumausgaben, Investitionen sowie Außenbeitrag (Exportüberschuss = Exporte minus Importe). Die Verwendungsrechnung für das Jahr 2010 weist folgende Größen aus.

Verwendung des deutschen Bruttoinlandsprodukts 2010
(Zahlen in Mrd. Euro in jeweiligen Preisen)

Private Konsumausgaben		1444,46
Konsumausgaben des Staates		486,31
Bruttoinvestitionen		440,64
– Ausrüstungen	167,47	
– Bauten	249,38	
– Sonstige Anlagen	28,34	
– Vorratsveränderungen	– 4,55	
Außenbeitrag (Exporte minus Importe)		126,19
Bruttoinlandsprodukt		**2497,60**

Quelle: Statistisches Bundesamt, Bruttoinlandsprodukt 2010 für Deutschland, Begleitmaterial zur Pressekonferenz, Frankfurt a.M. 2011.

Wie sich in den vergangenen Jahren das **Konsumverhalten** und demzufolge auch das **Sparen** der **privaten Haushalte** in Abhängigkeit der Einkommensentwicklung verändert haben, zeigt nebenstehende Übersicht.

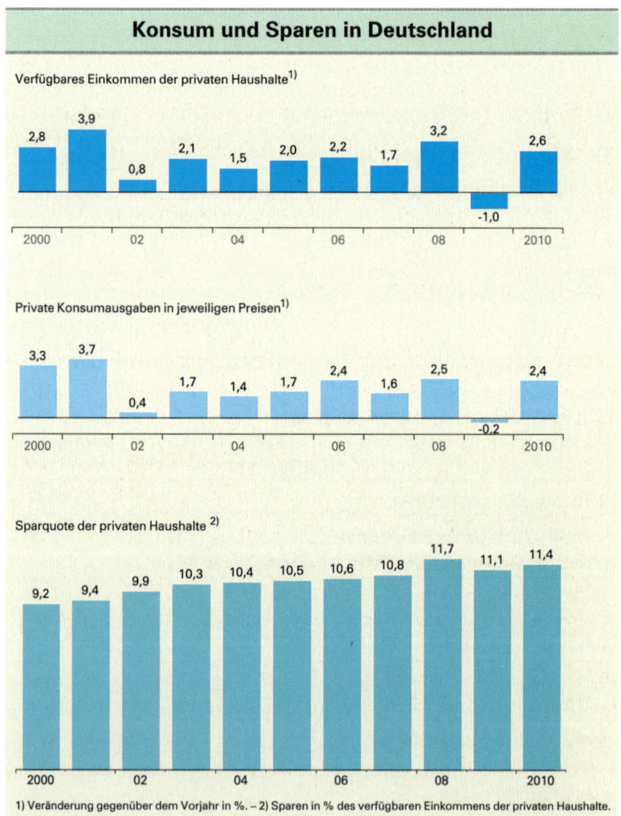

Quelle: Statistisches Bundesamt, Bruttoinlandsprodukt 2010 für Deutschland, Begleitmaterial zur Pressekonferenz, Frankfurt a.M. 2011.

Auf welche Güter und Dienstleistungen sich die Konsum-Milliarden der Haushalte in Deutschland konkret verteilen, dokumentiert nachfolgendes Schaubild.

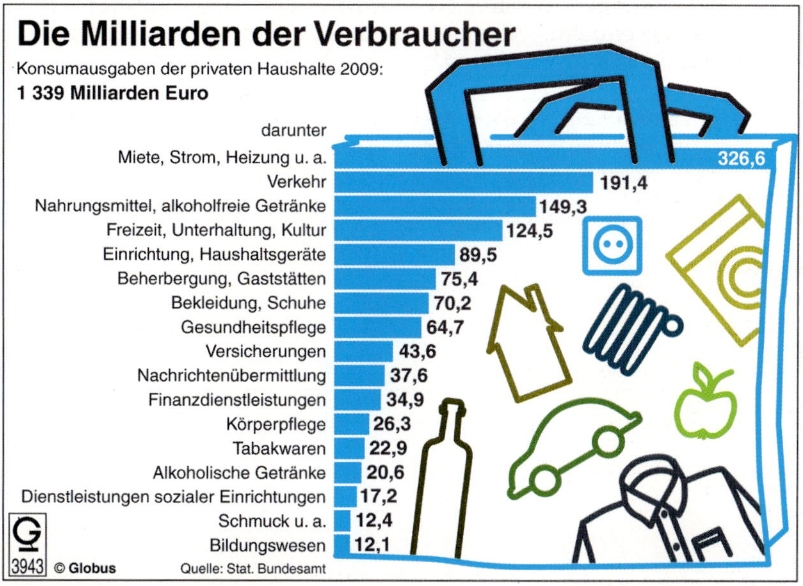

Die privaten Haushalte in Deutschland haben im Jahr 2010 mehr als 1,3 Billionen Euro für den Konsum ausgegeben. Den größten Posten im Budget der Haushalte beanspruchte das Dach überm Kopf: Miete, Strom, Heizung, Wasser und Müll verschlangen fast 327 Milliarden Euro, darunter allein 62 Milliarden Euro für Strom und Heizung. Ihre persönliche Mobilität ließen sich die deutschen Verbraucher 191 Milliarden Euro kosten; so viel beanspruchten Auto, Kraftstoffe, Fahrten mit Bus und Bahn oder der Flug ans Urlaubsziel. An dritter Stelle folgt das leibliche Wohl: Die Aufwendungen für Essen und Trinken summierten sich auf 149 Milliarden Euro. Auch für das Freizeitvergnügen, für Unterhaltung und Kultur gaben die Deutschen mit fast 125 Milliarden Euro einen dreistelligen Milliardenbetrag aus.

5.2.5.3 Verteilungsrechnung

Die Verteilungsrechnung ermittelt die Aufteilung des **Volkseinkommens** auf das **Arbeitnehmerentgelt** und das **Unternehmens- und Vermögenseinkommen** wie z.B. Zinsen, Dividenden, Gewinne, Miet- und Pachterträge. Für das Jahr 2010 ergab sich folgende Verteilung des Volkseinkommens.

Verteilung des Volkseinkommens 2010 (Zahlen in Mrd. Euro)	
Arbeitnehmerentgelt (Inländer)	1 257,90
+ Unternehmens- und Vermögenseinkommen	640,60
= Volkseinkommen	1 898,60*
+ Produktions- und Importabgaben an den Staat abzüglich Subventionen	275,30
+ Abschreibungen	353,20
= Bruttonationaleinkommen	2 527,00*
– Primäreinkommen aus der übrigen Welt (Saldo)	– 29,40
= **Bruttoinlandsprodukt**	**2 497,60**

* Rundungsdifferenzen

Der **prozentuale** Anteil des **Arbeitnehmerentgelts** am Volkseinkommen wird als **Lohnquote** bezeichnet. Sie stellt die materielle Einkommenslage der Arbeitnehmer schlechter dar als sie ist, weil in Deutschland rund die Hälfte aller Vermögenseinkommen den Arbeitnehmern zufließen.

Der **prozentuale** Anteil des **Unternehmens- und Vermögenseinkommens** heißt **Gewinnquote** (Profitquote).

Die Entwicklung der Lohn- und Gewinnquote in den letzten Jahren in der Bundesrepublik Deutschland zeigt die folgende Übersicht.

Arbeitnehmerentgelt, Unternehmens- und Vermögenseinkommen in Deutschland

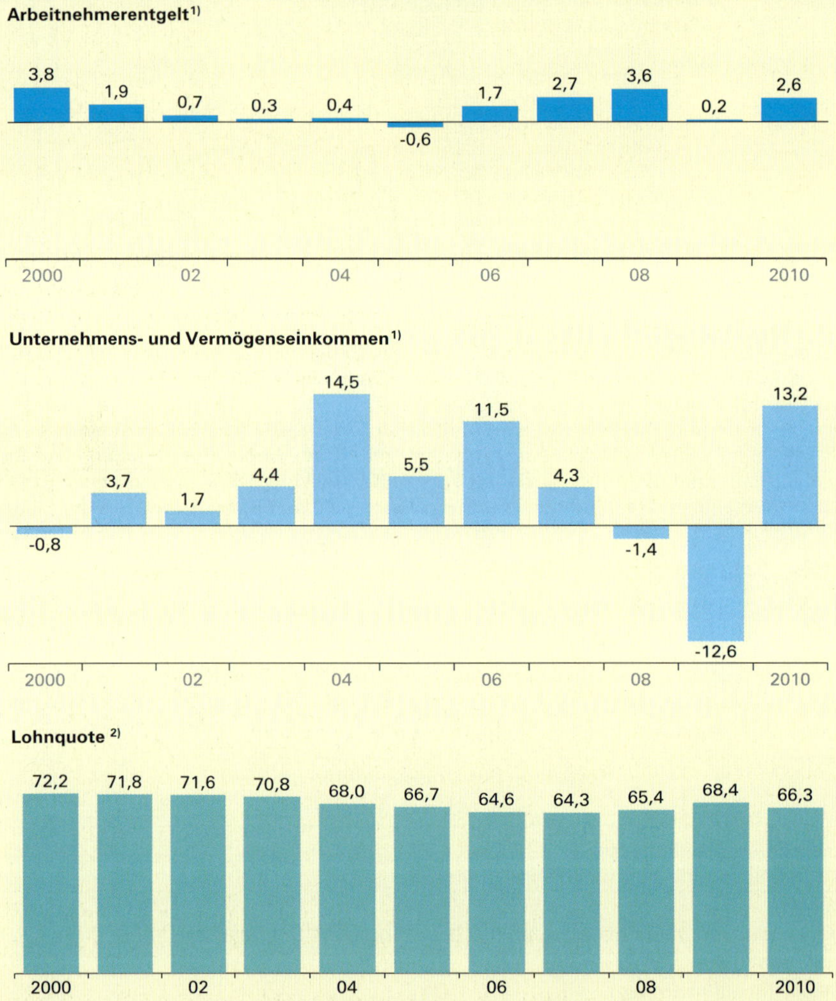

1) Veränderung gegenüber dem Vorjahr in %. – 2) Arbeitnehmerentgelt in % des Volkseinkommens.

Quelle: Statistisches Bundesamt, Bruttoinlandsprodukt 2010 für Deutschland, Begleitmaterial zur Pressekonferenz, Frankfurt a. M. 2011.

5.3 Kritik am Modell des BIP als Wohlstandsindikator

(1) Erfassungs- und Bewertungsprobleme

Obwohl wirtschaftliche Tatbestände **quantitativer**[1] Natur sind, stößt man bei der Erfassung und Berechnung dieser Tatbestände auf Schwierigkeiten.

Aus der **Betriebswirtschaftslehre** kennen Sie die Probleme, die sich bei der **Bewertung** des Vermögens und/oder der Schulden ergeben.

In der **Ökonometrie**[2] treten zu den Bewertungsproblemen die **Erfassungsprobleme,** sodass **Schätzungen** erforderlich werden, die auf mehr oder weniger willkürlichen **Annahmen** beruhen.

Beispiele:

- Die Leistungen des Staates werden nicht auf dem Markt gehandelt. Viele staatliche Leistungen sind unentgeltlich. Deshalb gibt es für die staatlichen Leistungen keine Marktpreise. Bei der Berechnung der volkswirtschaftlichen Gesamtleistung werden deshalb die staatlichen Leistungen mit den Herstellungspreisen bewertet.
- Die Höhe der verschiedenen Messzahlen gesamtwirtschaftlicher Leistung hängt u.a. davon ab, ob Abschreibungen nachgewiesen und wie diese berechnet werden. Abschreibungen sind keine direkt messbare Größe, sondern ein kalkulatorischer Posten, der nach festgelegten Grundsätzen bewertet wird. Die Berechnung der volkswirtschaftlichen Abschreibungen unterscheidet sich daher von den Berechnungs- und Bewertungsgrundsätzen im einzelwirtschaftlichen Rechnungswesen. Die volkswirtschaftlichen Abschreibungen gehen vom Wiederbeschaffungswert aus; sie stellen deshalb eine fiktive (angenommene) Größe dar.

(2) Die Gesamtleistung ist teilweise zu hoch bewertet

Die volkswirtschaftliche Gesamtleistung (z.B. das Bruttonationaleinkommen und das Bruttoinlandsprodukt) ist vor allem deshalb zu *hoch* berechnet, weil die **sozialen Kosten,** die abgesetzt werden müssten, nicht erfasst werden.

Merke:

Unter **sozialen Kosten** versteht man den Verbrauch von Produktionsfaktoren, der nicht vom einzelnen Verursacher, sondern von der gesamten Gesellschaft getragen werden muss (z.B. stetiger Abbau nicht ersetzbarer Rohstoffe, Zerstörung der natürlichen Umwelt durch Verbauung und Verschmutzung, Entstehung von Krankheiten durch Lärm, Schmutz und Unfälle).

Die Gesamtleistung wird auch deswegen zu hoch wiedergegeben, weil Teile der sozialen Kosten der Gesamtleistung hinzugerechnet werden, so z.B. die Behandlungskosten von Unfallopfern und Berufskranken, die Reparaturen an Unfallfahrzeugen oder -maschinen sowie die Neuanschaffungen von Fahrzeugen und Maschinen, die aufgrund von Unfällen erforderlich werden.

1 Quantitativ: mengenmäßig.

2 Die Ökonometrie hat die Aufgabe, Theorien mithilfe der Wirtschaftsstatistik auf ihre Richtigkeit hin zu überprüfen.

9 Boller-Hartmann 978-3-8120-0585-2

(3) Die Gesamtleistung ist teilweise zu niedrig bewertet

Merke:

Zu **niedrig** ist die Gesamtleistung insofern, als die nicht auf den Märkten in Erscheinung tretenden Leistungen unberücksichtigt bleiben.

Hierzu rechnen z. B. die Kindererziehung, die Arbeitsleistungen im privaten Haushalt oder die Leistungen der Kleingärtner.

Zu diesen legalen[1] Vorgängen der **Schattenwirtschaft** kommen die illegalen[2] wie z. B. Schwarzarbeit, Beschäftigung illegaler Einwanderer sowie Lieferungen und Leistungen ohne Rechnung. Die im Rahmen der Schattenwirtschaft geschaffenen Leistungen finden **nur als Schätzgröße** Berücksichtigung.

Auch die Leistungen des Staates sind nicht ausreichend bewertet. Da es für staatliche Leistungen keine „Marktpreise" gibt (z. B. Dienstleistungen der Justiz, der Behörden, der Schulen und Universitäten), müssen diese zu Herstellungspreisen bewertet werden.

Der Gesamtleistung hinzugerechnet werden sollten auch die **sozialen Leistungen** (der „soziale Nutzen").

Merke:

Zu den **sozialen Leistungen** rechnen alle der gesamten Gesellschaft zugute kommenden Nutzeffekte, wie z. B. die Umwelt erhaltende Tätigkeit der Landwirtschaft, der Erholungswert rekultivierter Industrielandschaften, die Ausbildungsleistungen der Unternehmen oder die Nutzung der Infrastruktur.[3]

5.4 Wohlstandsmessung durch weitere Indikatoren

Das durch Mehr- oder Wenigerrechnung bereinigte Bruttonationaleinkommen bzw. Bruttoinlandsprodukt bleibt nach wie vor ein **eindimensionaler Wohlstandsmaßstab,** da lediglich quantitativ (zahlenmäßig) erfassbare Größen berücksichtigt werden können. Qualitative Dimensionen,[4] die so genannte **Lebensqualität** (Gesamtheit aller Lebensumstände in einer Gesellschaft), werden nicht berücksichtigt. Die Lebensqualität kann nur mithilfe **sozialer** oder **ökologischer Indikatoren** beschrieben werden, die sich meist einer Bewertung in Geld entziehen. Soziale und ökologische Indikatoren sind qualitative Größen, die wesentliche Tatbestände der Gesellschaft wiedergeben.

1 Legal: gesetzlich, erlaubt.

2 Illegal: ungesetzlich, verboten.

3 Unter Infrastruktur sind alle der Allgemeinheit dienlichen öffentlichen und privaten Einrichtungen zu verstehen (z.B. private und öffentliche Straßen, Eisenbahnen, Krankenhäuser, Schulen, Kindergärten, Versorgungseinrichtungen).

4 Dimension: Abmessung, Ausdehnung; hier: Gesichtspunkte.

Beispiele:

Die Qualität der medizinischen Versorgung lässt sich z.B. ablesen an der Geburtensterblichkeit, der Müttersterblichkeit, der Zahl der Krankenbetten oder an den Wartezeiten zwischen dem Auftreten einer Krankheit und der Aufnahme in ein Krankenhaus.

Die Qualität des Arbeitslebens spiegelt sich z.B. in den Arbeitslosenzahlen, in der Zahl der offenen Stellen oder in der Zahl der Arbeitsunfälle und Berufskrankheiten wider.

Zu den Indikatoren, die soziale und ökologische Aspekte berücksichtigen, zählen z.B. der Wohlstandsmaßstab Net Economic Welfare (NEW) oder der Human Development Index.

5.4.1 Net Economic Welfare (NEW)

Für einen neuen verbesserten Wohlstandsindikator trat der Nobelpreis-Ökonom Samuelson vom berühmten Massachusetts Institute of Technology in Cambridge (USA) ein. In seinem klassischen Lehrbuch „Economics" stellte Samuelson in den 70er Jahren erstmals den Wohlstandsmaßstab Net Economic Welfare (NEW) als „korrigierte Version des realen Bruttoinlandsproduktes" vor.

Merke:

Einen Ansatz zur Wohlstandserfassung bietet der sogenannte **Net Economic Welfare (NEW).** Dieser Index geht zuerst von dem Bruttoinlandsprodukt aus, welches um die **sozialen Kosten bereinigt** und um die **privaten Dienste erweitert** wird.

Bei der Berechnung dieses Indikators werden **Sozialkosten** wie verschmutzte Gewässer und verdreckte Luft, gleichgültig ob sie den Verursachern angelastet werden oder nicht, zu messen versucht und vom Sozialprodukt einer Volkswirtschaft **subtrahiert.** Nach diesem Maßstab sind z.B. die Wohlstandsunterschiede zwischen Großstadt- und Landbevölkerung geringer als in der üblichen Statistik, da höhere Kosten für Müllabfuhr, Verbrechensbekämpfung, Verkehrsregelung und andere städtische Dienste sowie der längere Weg zum Arbeitsplatz als wohlstandsmindernd berücksichtigt werden.

Andererseits werden **positive Beiträge** zum Volkswohlstand, die wegen fehlenden Marktpreises nicht in der Berechnung des Bruttoinlandsproduktes enthalten sind, zum New Economic Welfare einer Volkswirtschaft hinzugerechnet. Hierzu zählt die Hausarbeit, die mit dem Durchschnittsgehalt berufstätiger Personen bewertet wird, oder der Wert zusätzlicher Freizeit, der Stunden- oder Wochenlohnsätzen gleichgesetzt werden kann. Staatsausgaben für Verteidigung oder Verwaltung gehen nicht als positiver Beitrag in das NEW ein, da mehr Soldaten oder Beamte noch keine bessere Gesellschaft bedeuten.

Die Grundlage für Samuelsons Konzept bildet eine Studie der Ökonomen William Nordhaus und James Tobin, in der die beiden Wirtschaftsforscher bereits den Größenunterschied zwischen dem Bruttoinlandsprodukt und einem neuen Wohlstandsmaßstab zu schätzen versuchten. Auf der Basis der Tobin-Nordhaus-Zahlen kalkulierte Samuelson, dass der tatsächliche Wohlstandszuwachs in den vergangenen Jahrzehnten maßlos überschätzt worden ist. Unter Berücksichtigung der Sozialkosten ist nach seiner Ansicht der wirtschaftliche Fortschritt in der Vergangenheit erheblich bescheidener ausgefallen, als dies die Zuwachsraten des Bruttoinlandsproduktes vermuten lassen.

Da die sozialen Kosten im Wachstumsprozess steigen, folgert Samuelson, dass die Diskrepanz zwischen dem quantitativen Wachstum gemessen am Bruttoinlandsprodukt und dem wirklichem Wohlstandsgewinn künftig noch zunehmen wird.

Kritiker des New-Economic-Welfare-Ansatzes halten das Konzept allerdings für einen Versuch, das nicht Messbare zu messen. Dieser Kritik entgegnet Samuelson jedoch, dass es besser sei eine ungenaue Vorstellung von dem zu haben, was man wolle, als eine genaue Vorstellung von dem, was man nicht wolle.

5.4.2 Human Development Index (HDI)

Der **Human Development Index** (Index der menschlichen Entwicklung) versucht seit 1990 mit einer Maßzahl den Stand der menschlichen Entwicklung in den Ländern der Welt abzubilden. Dieser Index wird jährlich im Weltentwicklungsbericht (Human Development Report, HDR) veröffentlicht, welchen das United Nations Development Programme (UNDP), das Entwicklungsprogramm der Vereinten Nationen, herausgibt.

Merke:

Der Human Development Index als Messzahl für den Entwicklungsstand eines Landes setzt sich aus **drei Komponenten** zusammen:

- **Lebenserwartung** bei der Geburt,
- **Ausbildung** (Alphabetisierung der erwachsenen Bevölkerung, Einschulungsrate in Grund-, Sekundär- und Hochschulen) und
- **Kaufkraft** (Bruttoinlandsprodukt pro Kopf).

Darüber hinaus enthält der Human Development Report eine Vielzahl zusätzlicher Daten aus dem ökonomischen, sozialen und politischen Bereich.

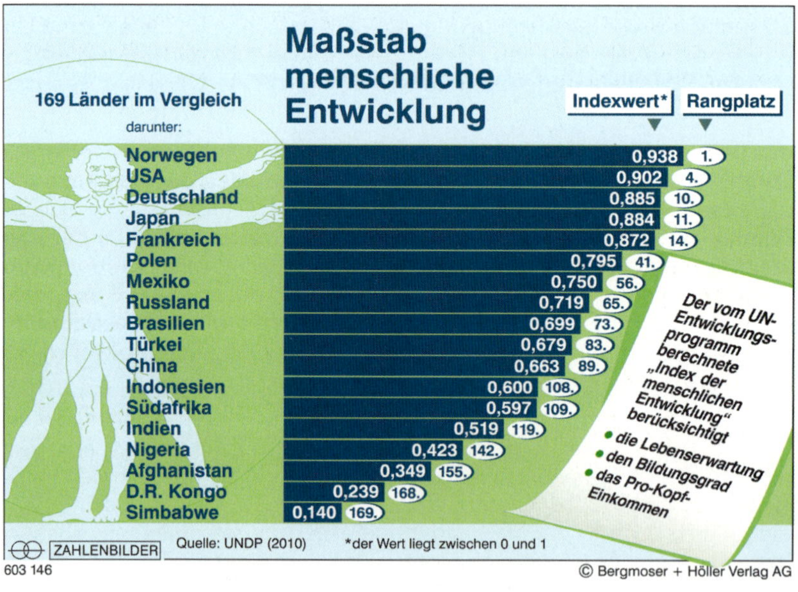

Entwicklungsstand und Wohlergehen eines Landes und seiner Menschen nur anhand des Bruttoinlandsprodukts zu messen, wird zu Recht als ungenügend empfunden. Vor allem für die Lebensverhältnisse in der Dritten Welt ist ein Maßstab, der sich allein an der marktbezogenen Wirtschaftsleistung orientiert, von beschränkter Aussagekraft. Aufschlussreicher erscheint eine Antwort auf die Frage, ob und inwieweit eine Steigerung des Bruttoinlandsprodukts zur **menschlichen Entwicklung** beiträgt. Das *UN-Entwicklungsprogramm (UNDP)* versteht darunter „einen Prozess, der die Möglichkeiten des Einzelnen erweitert", ihm also zu einem längeren und gesunden Leben, einem bestimmten Maß an Bildung und einem ausreichenden Einkommen verhilft. Schon ein flüchtiger Vergleich zwischen „reichen" und „armen" Ländern zeigt, dass wirtschaftlicher Erfolg nicht automatisch mit höherer **Lebensqualität** einhergeht. So ist es möglich, dass Länder mit niedrigem Bruttoinlandsprodukt ihrer breiten Bevölkerung einigermaßen befriedigende Lebensbedingungen bieten, während in viel wohlhabenderen Staaten manchmal extreme soziale Gegensätze herrschen.

Um solche Vergleiche auf eine feste, nachprüfbare Grundlage zu stellen, hat das UNDP einen besonderen Maßstab ausgearbeitet: den **Index der menschlichen Enwicklung.** Dabei wird für jedes Land ein Satz statistischer Kennzahlen, in denen sich die durchschnittliche Lebenserwartung, das Bildungsniveau und das kaufkraftbereinigte Pro-Kopf-Einkommen niederschlägt, zu einem einzigen Indexwert gebündelt.

Unter den 169 Ländern, für die dieser Index 2010 neu berechnet wurde, liegt *Norwegen* an der Spitze: Dort haben die Neugeborenen eine Lebenserwartung von 81 Jahren; die durchschnittliche Schulbesuchsdauer der Erwachsenen beläuft sich auf 12,6 Jahre und das mittlere Pro-Kopf-Einkommen beträgt, nach Kaufkraft umgerechnet, rund 58 810 US-$. Den letzten Rang belegt Simbabwe (mit einer Lebenserwartung von 47 Jahren, 7,2 Jahren Schulbesuch und einem Pro-Kopf-Einkommen von lediglich 176 US-$). Von den 42 Ländern mit einem „niedrigen" Grad an menschlicher Entwicklung (Indexwerte von 0,470 und darunter) liegen allein 35 auf dem afrikanischen Kontinent.

Als wesentliche **Kritikpunkte** am HDI werden angeführt, dass gewisse Elemente wie beispielsweise Einkommensunterschiede innerhalb eines Landes oder zwischen Geschlechtern, sowie die politische Freiheit des Landes keine Berücksichtigung finden. Auch unterscheidet der HDI nicht zwischen Städten und ländlichen Gebieten.

Abschließend ist festzuhalten, dass **alle existierenden Indikatoren** zur Wohlstandserfassung eines Landes (also auch der NEW und der HDI), **nur einzelne Teile** dessen erfassen, was den Wohlstand als Ganzes ausmacht. Es wird lediglich versucht, die Mängel des Bruttoinlandsproduktes durch einzelne Aspekte zu ergänzen. Eine **ganzheitliche Lösung** für das Problem der Wohlstandserfassung **gibt es jedoch noch nicht.**

5.5 Grenzen und Gefahren des quantitativen Wachstums

Wirtschaftliches Wachstum bedeutet einen immer intensiveren Abbau der Rohstoffvorkommen (Ressourcen)[1] und zunehmende Belastung der Umwelt durch Industrieabfälle. Darüber hinaus bringt die Steigerung der industriellen Produktion i. d. R. wachsende Masseneinkommen mit sich, was sich wiederum in mehr Autos, mehr Waschmitteln, mehr Einwegverpackungen, mehr Ölheizungen usw. niederschlägt. Die Umwelt wird durch die Folgen des Wirtschaftswachstums daher von drei Seiten belastet:

- Ausbeutung natürlicher Ressourcen (Rohstoffquellen),
- Umweltverschmutzung durch Industrieabfälle und -abgase sowie
- Umweltverschmutzung durch private Haushalte.

1 Ressource (lat., franz.): wörtl. Quelle; hier: Rohstoffvorrat.

Die Gefahren, die der Menschheit aus dem Spannungsverhältnis (Antinomie)[1] zwischen Wachstum und Bedrohung der Umwelt in nächster Zukunft drohen, beschrieb 1972 Dennis Meadows in seinem Werk „Die Grenzen des Wachstums".[2] Das Buch fand weltweite Beachtung. Der Anstoß für diese Veröffentlichung war eine Einladung des italienischen Unternehmers Aurelio Pecci an dreißig Persönlichkeiten verschiedener Nationalitäten (Wissenschaftler und Praktiker) aus den verschiedensten Berufen und Disziplinen (Fachrichtungen), um die Gefahren zu diskutieren, denen die Menschheit in der Gegenwart und in der Zukunft durch ungehemmtes Wirtschaftswachstum ausgesetzt ist. Aus dieser Versammlung entstand der heute noch bestehende **„Club of Rome"**.

Anlässlich einer Zusammenkunft in Massachusetts legte Jay W. Forrester das grundlegende Werk „Der teuflische Regelkreis" vor. Er versucht darin, anhand eines Computermodells die Abhängigkeiten zwischen folgenden Faktoren zu erklären:

- Versorgung der Menschen mit Industriegütern,
- Nahrungsmittelversorgung,
- Bevölkerungswachstum,
- Umweltverschmutzung und
- Verbrauch an Rohstoffen.

Der Club of Rome prophezeite eine „Verschmutzungskrise", die zu Beginn des 21. Jahrhunderts zu einem wirtschaftlichen Rückgang, zu einer Unterversorgung großer Teile der Menschheit und sogar zu einem drastischen Bevölkerungsrückgang führen würde.

Die düsteren Voraussagen des Club of Rome sind nicht oder nicht in vollem Umfang eingetreten, weil sich die Produktionsbedingungen verändert haben. So ist es z.B. gelungen, eine Entkopplung zwischen Wirtschaftswachstum und Energieverbrauch zu erreichen. Durch vielfache Recycling-Maßnahmen konnte das Wachstum des Ressourcenverbrauchs verringert werden.

Dennoch sind die Gefahren, die das ungebremste materielle Wirtschaftswachstum mit sich bringt, nicht gebannt. Bereits durch das Inganghalten des heutigen, die reichsten zehn Prozent privilegierenden Konsums wird ein angsterregender Raubbau getrieben:

Gegenwärtig

- werden täglich 9,1 Milliarden m^3 Frischwasser verbraucht,
- rotten wir täglich rund siebzig Tier- und Pflanzenarten aus,
- werden täglich 26000 Hektar Tropenwald vernichtet,
- blasen wir täglich rund 65 Mio. Tonnen Kohlendioxid (CO_2)[3] in die Luft,
- nimmt das verfügbare Ackerland um 27000 Hektar pro Tag ab,
- werden jährlich 253000 Tonnen Fische gefangen.

Angesichts dieser Gefahren, die das ungehinderte materielle Wirtschaftswachstum mit sich bringt, zogen schon Forrester, Meadows und andere Autoren in den siebziger Jahren des letzten Jahrhunderts den Schluss, dass das rein materielle Wirtschaftswachstum gestoppt werden müsse. Das Wort vom „Nullwachstum" *(„World of Non Growth")* machte die Runde. Das „Nullwachstum" kann indessen keine Lösung des **Zielkonflikts** zwischen **Wirtschaftswachstum** und **Umweltschutz** sein, weil sonst keine Verbesserung des mate-

1 Antinomie (griech., lat.): Widerspruch, Gegensätzlichkeit.

2 Meadows, D. u.a.: Die Grenzen des Wachstums, Bericht des Club of Rome zur Lage der Menschheit, 1972.

3 Vor allem Kohlendioxid wird für den erdweiten (globalen) Temperaturanstieg (den „Treibhauseffekt") verantwortlich gemacht. Wenn der Anstieg nicht aufgehalten und zurückgefahren wird, wird nach den Prognosen der Klimaforscher eine Klimakatastrophe eintreten.

riellen Lebensstandards der Völker möglich wäre. Der Club of Rome ist deshalb bald von seiner radikalen Forderung nach einem Wachstumsstopp abgegangen und verlangte den Übergang vom bisherigen exponentiellen zum **organischen Wachstum**.[1] Auch wurde den einzelnen Regionen der Erde zugestanden, unterschiedliche Wachstumsraten anzustreben, etwa dahingehend, dass den Entwicklungsländern die höchsten Wachstumsraten zugebilligt werden sollten.

Der Übergang zum organischen Wachstum stellt jedoch nur **eine** Möglichkeit dar, den Zielkonflikt zwischen Wachstum einerseits und Umweltschutz andererseits zu entschärfen und eine gewisse Zielharmonie herbeizuführen. Weitere Alternativen sind:

- Dämpfung der reinen Erweiterungsinvestitionen zugunsten der Entwicklung umweltfreundlicher Produktionsverfahren und Produkte,
- Klimaschutz durch den Einsatz erneuerbarer Energien (z.B. Windenergie, Wasserkraft, biogene[2] Festbrennstoffe, biogene flüssige und gasförmige Brennstoffe, biogener Abfall, Solarenergie,[3] Fotovoltaik[4] und Geothermie),[5]
- Verminderung des Raubbaus an Rohstoffen durch verstärktes Recycling, d.h. durch eine verstärkte Rückführung von Abfällen in den Produktionsprozess („Kreislaufwirtschaft"),
- internationale Vereinbarungen für einen erdumfassenden Umweltschutz,
- Übergang zu einer biologischen Lebensmittelerzeugung,
- Investitionen in Ökosysteme,
- Ausweitung des tertiären Sektors,[6] z.B. durch verstärkte Pflege und Betreuung kranker, behinderter und alter Menschen, durch Maßnahmen zur Erhöhung der öffentlichen Sicherheit und des Rechtsschutzes für die Bürger oder durch Intensivierung der Weiterbildungs- und Umschulungsmaßnahmen.

Der Verbrauch von natürlichen Ressourcen (zum Beispiel Energie, Wasser) und die Schäden durch Eingriffe in Natur und Landschaft (z.B. durch Ausstoß von Kohlendioxid) sind schwierig zu bewerten. Andererseits ist die Idee nicht neu, dass natürliche Ressourcen nur begrenzt verfügbar sind und dafür bezahlt werden sollte (z.B. realisiert in der sogenannten Ökosteuer) bzw. nicht vermeidbare Eingriffe durch andere Maßnahmen des Naturschutzes ausgeglichen werden sollten (z.B. Eingriffsregelung als Instrument des Naturschutzrechts). Die Studie „The Economics of Ecosystems and Biodiversity" be-

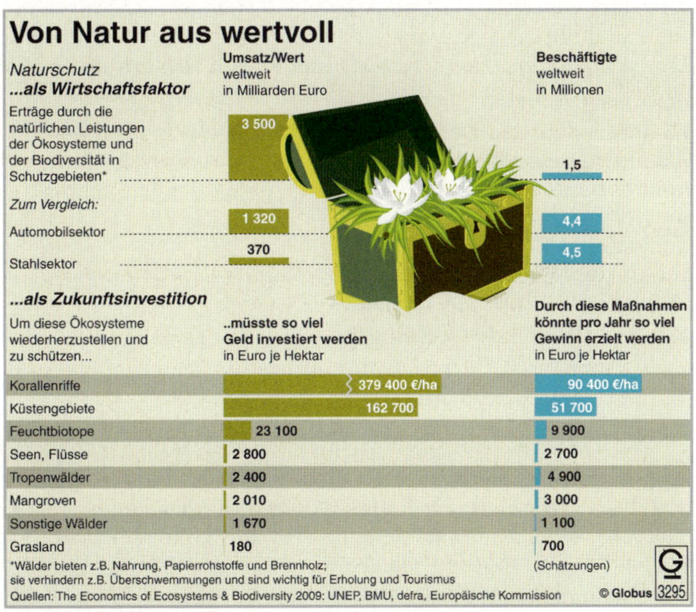

1 Vgl. Mesarovic, M. und Pestel, E.: Menschheit am Wendepunkt, 2. Bericht an den Club of Rome, 1974.

2 Biogen (griech.): von Lebewesen (Tiere, Pflanzen, Pilze) stammend.

3 Solarenergie (lat.): Sonnenenergie.

4 Fotovoltaik: Erzeugung von elektrischem Strom aus Sonnenenergie.

5 Geothermie (griech.): Erdwärme.

6 Tertiärer Sektor: dritter Sektor (Dienstleistungsbereich).

wertet die Auswirkungen des Verlusts von Naturräumen auf das menschliche Wohlergehen. So sind aufgrund des Klimawandels zum Beispiel die Korallenriffe massiv bedroht. Doch lohnt es – auch ökonomisch – allemal, in die Rettung von Ökosystemen zu investieren, auch wenn es im Falle der Korallenriffe besonders teuer wäre (379400 Euro pro Hektar). Denn auf der anderen Seite „erwirtschaften" diese auch „Gewinn". So spielen Korallenriffe nicht nur als Nahrungsquelle und für den Küstenschutz eine wesentliche Rolle, sondern sind auch für die pharmazeutische Industrie und den Tourismus von großer Bedeutung – ein Wert, der mit 90400 Euro je Hektar und Jahr beziffert wurde.

Während sich also die Grenzen des Wachstums im primären Sektor (Landwirtschaft, Fischwirtschaft, Forstwirtschaft) und im sekundären Sektor (Sachgüter produzierende Industrie und Handwerk) immer deutlicher abzeichnen, sind Wachstumsgrenzen im Dienstleistungsbereich nicht sichtbar.

Ein wirtschaftliches Wachstum, das durch Einführung Rohstoff schonender Produktionsverfahren, durch Umweltschutzinvestitionen und durch Ausweitung des Dienstleistungsbereichs gekennzeichnet ist, wird als **qualitatives Wachstum** bezeichnet. Ein Programm allerdings, das anstelle des quantitativen Wachstums das qualitative Wachstum setzt, kostet Geld. Qualitatives Wachstum wird zulasten des materiellen Lebensstandards gehen müssen. Andererseits wird es die Lebensqualität erhöhen und zugleich Arbeitsplätze durch die Entwicklung und die Anwendung neuer umweltfreundlicher Produktionsverfahren schaffen. Zwischen den Zielen **„qualitatives Wachstum"** und **„Umweltschutz"** besteht so unter Umständen **Zielharmonie**.

Entwicklung der Wirtschaftsbereiche in Frankreich
von 1800 – 2100 nach Fourastié[1]

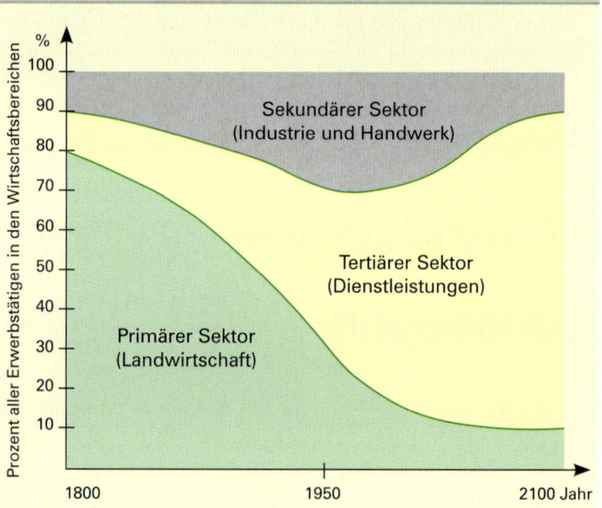

Zusammenfassung

- Beim Modell des **erweiterten Wirtschaftskreislaufes** wird die Kreislaufdarstellung noch um den **Staat**, die **Banken** und das **Ausland** erweitert, wobei zwischen allen fünf Wirtschaftssubjekten jeweils Beziehungen in Form eines Geld- und Güterkreislaufes bestehen.
- Die **statistische** Erfassung **aller** wesentlichen gesamtwirtschaftlichen Zahlungsströme (Kreislaufgrößen) bezeichnet man als **volkswirtschaftliche Gesamtrechnung.**
- In einer **wachsenden** Volkswirtschaft muss gespart werden.

1 Quelle: Gasser, Ch.: Unternehmensführung im Strukturwandel, Krise der Dynamik, Zürich 1974, S. 67.

- **Bruttoinvestitionen** setzen sich aus Ersatzinvestitionen und den Erweiterungsinvestitionen (Nettoinvestitionen) zusammen.
- Der Saldo aus Exporterlösen und Importausgaben wird als **Außenbeitrag** bezeichnet.
- Das **Bruttoinlandsprodukt** kann – je nachdem welcher Untersuchungsaspekt im Vordergrund steht – auf **unterschiedlichen** Wegen berechnet werden, und zwar durch Entstehungs-, Verwendungs- und Verteilungsrechnung.
- **Bestimmungsgründe des quantitativen Wachstums** sind Quantität und Qualität der zur Verfügung stehenden Produktionsfaktoren.
- Bei der Berechnung des Wohlstandsindikators **Net Economic Welfare (NEW)** werden **Sozialkosten** wie verschmutzte Gewässer und verdreckte Luft vom Sozialprodukt einer Volkswirtschaft **subtrahiert.** Andererseits werden **positive Beiträge** zum Volkswohlstand, die wegen fehlenden Marktpreises nicht in der Berechnung des Bruttoinlandsproduktes enthalten sind, zum New Economic Welfare einer Volkswirtschaft **hinzugerechnet.**
- Der **Human Development Index (HDI)** als Messzahl für den Entwicklungsstand eines Landes setzt sich aus **drei Komponenten** zusammen: **Lebenserwartung, Ausbildung** und **Kaufkraft.**
- Das **quantitative Wirtschaftswachstum** findet seine **Grenzen** allein schon dadurch, dass die Ressourcen der Erde endlich sind. Hinzu kommt, das sich die negativen Folgen des ungebremsten quantitativen Wirtschaftswachstums auf die Wirtschaft selbst auswirken (Rückkopplung). Beispiele sind: Erwärmung der Meere, Abschmelzen des Polareises und der Gletscher, Orkane, Hochwasser, Dürrekatastrophen, Austrocknen von Binnenmeeren und -seen usw.).
- Das an der Entwicklung des realen Bruttoinlandsprodukts gemessene **quantitative Wachstum** steht mit den Zielen des Umweltschutzes im Widerspruch (Zielkonflikt).
- **Wachstumsformen** (-arten) sind:

  a) quantitatives Wachstum als

     aa) zyklisches Wachstum,

     ab) stetiges Wachstum in Form des exponentiellen, linearen und organischen Wachstums;

  b) qualitatives Wachstum.
- **Qualitatives Wachstum** kann den Zielkonflikt zwischen Wirtschaftswachstum einerseits und Umweltschutz andererseits lösen (Zielharmonie) oder zumindest mildern.
- Wichtige **Voraussetzungen** des **stetigen Wirtschaftswachstums** sind:
  - stetige Neuinvestitionen (Nettoinvestitionen),
  - hohe Sparquote,
  - gut ausgebildete Bevölkerung (human capital),
  - gute Gesundheit der Bevölkerung,
  - stetiges Wachstum der Bevölkerung,
  - ausgewogene Wirtschaftsstruktur und
  - ausgebaute Infrastruktur.
- Die wichtigsten **wachstumspolitischen Maßnahmen** des Staates sind daher:
  - Investitions- und Sparförderung,
  - Bildungspolitik,
  - Gesundheitspolitik,
  - Bevölkerungspolitik,
  - Förderung des technischen Fortschritts,
  - sektorale und regionale Strukturpolitik,
  - Infrastrukturpolitik.

Übungsaufgaben

17 1. Der Wirtschaftskreislauf ist ein Modell, das die Beziehungen der Teilnehmer einer Volkswirtschaft darstellt. Kennzeichnen Sie nachfolgende Aussagen mit einer

(1), wenn diese die Beziehung zwischen Haushalt und Unternehmen betreffen und zum Güterstrom zählen,

(2), wenn diese die Beziehung zwischen Haushalt und Unternehmen betreffen und zum Geldstrom zählen,

(3), wenn diese die Beziehung zwischen Haushalt und Staat betreffen und zum Güterstrom zählen,

(4), wenn diese die Beziehung zwischen Haushalt und Staat betreffen und zum Geldstrom zählen,

(5), wenn diese die Beziehung zwischen Haushalt und Kreditinstitut betreffen und zum Geldstrom zählen,

(6), wenn diese die Beziehung zwischen Unternehmen und Staat betreffen und zum Geldstrom zählen,

(7), wenn diese die Beziehung zwischen Unternehmen und Staat betreffen und zum Güterstrom zählen,

(8), wenn diese die Beziehung zwischen Unternehmen und Kreditinstitut betreffen und zum Geldstrom zählen,

(9), wenn diese die Beziehung zwischen Unternehmen und Kreditinstitut betreffen und zum Güterstrom zählen und eine

(0), wenn nichts zutrifft!

a)	Monika Glück erhält für ihr Kind monatlich 184,00 EUR Kindergeld.	
b)	Der Auszubildende Hans Hansen kauft zwei Lehrbücher für die Berufsschule.	
c)	Der Bankdirektor Dr. Schümmelfeder arbeitet nebenberuflich bei der privaten Hochschule für Bankwirtschaft als Dozent.	
d)	Dr. Schümmelfeder erhält dafür von diesem Bildungsträger eine monatliche Honorarzahlung.	
e)	Frau Sonnenschein verbringt ihren Urlaub auf den Bahamas.	
f)	Ingo Lück vermietet ein Ladenlokal in Siegen an McRonalds.	
g)	Die monatliche Miete legt Herr Lück auf einem Sparkonto an.	
h)	Für das Sparkonto erhält Herr Lück einmal im Jahr eine Zinsgutschrift.	
i)	Die Obelix GmbH produziert kleine Hinkelsteine für den Hausgebrauch und bietet sie dem Endverbraucher über eine Supermarktkette an.	
j)	Petra Pump nimmt sich bei ihrer Hausbank einen Kredit auf.	
k)	Linda Schmidt arbeitet als Lehrerin an einer staatlichen Schule.	
l)	Die Energy AG erhält vom Staat eine Millionen EUR Subventionen für den Bau einer neuen Windkraftanlage.	

m) Das Siegener Bankhaus vermietet eine Wohnung an eine Auszubildende.	
n) Die „Software GmbH" übernimmt die Wartung der Computer der Sparkasse Weserland.	
o) Das Landesvermessungsamt vermisst das Firmengelände des Bauunternehmers Alois Geiger.	
p) Der Blumenladen „Blütenzauber e.K." erhält eine Zinsgutschrift der Sparkasse Siegerland.	
q) Die Volksbank Kiel führt die Abgeltungsteuer und den Solidaritätszuschlag an das Finanzamt ab. Die Zinsgutschrift betraf den Privatkunden Friedrich Hausch.	

18 1. Erklären Sie die Begriffe Bruttoinvestition, Reinvestition, Nettoinvestition, Produktions- und Importabgaben sowie Nettoproduktionsabgaben!

2. Erläutern Sie folgende Symbole: BIP, BNE, C_{St}, C_{pr}, E, (Ex – Im), F und NNE!

3. Angenommen, das Bruttonationaleinkommen eines EU-Landes beträgt 2100 Mrd. GE.

Aufgabe:

Berechnen Sie das Nettoinlandsprodukt, wenn die Nettoproduktionsabgaben (T_{ind} – Z) 320 Mrd. GE, die Abschreibungen 270 Mrd. GE, die von Inländern aus dem Ausland bezogenen Erwerbs- und Vermögenseinkommen 32 Mrd. GE und die von Ausländern bezogenen Erwerbs- und Vermögenseinkommen 25 Mrd. GE betragen! Der Saldo zwischen den von der EU bezogenen Subventionen und den an die EU gezahlten Nettoproduktionsabgaben ist null.

4. Wie hoch ist das Nettoinlandsprodukt in der Aufgabe 3, wenn unter sonst gleichen Bedingungen die von Ausländern bezogenen Erwerbs- und Vermögenseinkommen 35 Mrd. GE betragen?

5. Das statistische Amt eines Landes liefert u.a. folgende gesamtwirtschaftlichen Daten (Zahlen in Mrd. GE):

– Bruttowertschöpfung der Wirtschaftsbereiche		
Produzierendes Gewerbe (ohne Baugewerbe)	835	
Baugewerbe	200	
Handel, Gastgewerbe und Verkehr	600	
Sonstige Wirtschaftsbereiche	700	2335
– Saldo der Primäreinkommen aus der übrigen Welt[1]		+ 16
– Konsumausgaben der privaten Haushalte		1300
– Konsumausgaben des Staates		400
– Bruttoinvestitionen		540
– Außenbeitrag		+ 95
– Abschreibungen (Nettoinvestitionen)		300
– Nettoproduktionsabgaben[2]		260
– Arbeitnehmerentgelt		1390
– Unternehmens- und Vermögenseinkommen		385

Aufgaben:

5.1 Berechnen Sie das Bruttoinlandsprodukt, das Nettoinlandsprodukt zu Herstellpreisen, das Bruttonationaleinkommen, die inländische Verwendung des Bruttonationaleinkommens, das Primäreinkommen und das Volkseinkommen! Der Saldo der Primäreinkommen aus der übrigen Welt entfällt je zur Hälfte auf das Arbeitnehmerentgelt und die Unternehmens- und Vermögenseinkommen.

1 Siehe Fußnote 3 auf S. 118.

2 Siehe Fußnote 2 auf S. 118.

5.2 Stellen Sie die Entstehungs- und Verwendungsrechnung des Bruttoinlandsprodukts und die Verteilung des Volkseinkommens dar!

5.3 Unter welcher Bedingung sind Brutto- und Nettoinlandsprodukt gleich groß? (Theoretischer Grenzfall). Wie bezeichnet man eine Volkswirtschaft, in der dies der Fall ist?

5.4 Unterscheiden Sie die Begriffe nominelles und reales Bruttoinlandsprodukt!

5.5 Unter welcher Bedingung ist das Bruttonationaleinkommen kleiner als das Bruttoinlandsprodukt?

5.6 Welche Bedeutung hat die Ermittlung der Messzahlen (Kennzahlen) der gesamtwirtschaftlichen Leistung?

5.7 Welche Kritik wird an der herkömmlichen Berechnung der Messzahlen der gesamtwirtschaftlichen Leistung geübt?

5.8 Was kann die Größe „Bruttonationaleinkommen" über den Wohlstand der Bevölkerung eines Landes aussagen?

6.

Weg mit dem Bruttoinlandsprodukt!

... Im Jahr 2010 hat die Bundesrepublik Deutschland ein Bruttoinlandsprodukt in Höhe von 2497,60 Mrd. EUR erwirtschaftet. Ist das viel, ist das wenig? Müssen wir besorgt sein, dürfen wir stolz sein?

2497,60 Mrd. EUR sind weder viel noch wenig, sondern falsch. Denn im Bruttoinlandsprodukt wird vieles gar nicht erfasst und vieles zwar richtig erfasst, aber falsch bewertet.

Das Bruttoinlandsprodukt misst so ziemlich alles, was in der Wirtschaft vorgeht. Nur nicht das – so meint GEO-Chefredakteur Adolf Theobald –, worauf es im Leben ankommt.

Zum Beispiel: Die Arbeit der Hausfrau, sofern sie kein Einkommen hat, zählt nicht. Mütter, die ihre Kinder ohne Entgelt großziehen, werden vom Bruttoinlandsprodukt übersehen. Kämen zwei Mütter dagegen auf die listige Idee, ihre Kinder auszutauschen und sich für die Betreuung gegenseitig und monatlich je 1000 EUR zu zahlen, wäre das Bruttoinlandsprodukt im selben Monat um 2000 EUR gestiegen.

Nicht erfasst wird auch die Schwarzarbeit, sie geht an Staat und Statistik vorbei. Und nicht erfasst wird auch die sogenannte Schattenarbeit wie z.B. die gesamte Do-it-yourself-Bewegung. Beide, die legale und die illegale Schattenarbeit, machen, nach groben Schätzungen, bereits die Hälfte des offiziellen Bruttoinlandsprodukts in der Bundesrepublik Deutschland aus.

Oscar Wilde[1] hat einmal formuliert, es gebe Menschen, die von allem den Preis, aber von nichts den Wert kennen. Er muss dabei an Politiker gedacht haben. Sie lieben es, aus der Statistik des Bruttoinlandsprodukts falsche Schlüsse zu ziehen. So wird zum Beispiel ein Auto, das viele Kosten verursacht, in der nationalen Gesamtrechnung letztlich immer wertvoller, denn die Reparaturen erhöhen ja das Inlandsprodukt. Und Umweltschäden, die uns an den Rand des Ruins bringen können, erhöhen unseren Reichtum ins Unermessliche – wegen der Reparatur, der Folgekosten. Um zum Beispiel den Schwarzwald wieder aufzuforsten, bräuchte man 6 Mrd. EUR. Ein toller Erfolg in unserer Gesamtrechnung. Ein kranker Mensch, der die Pharma-Industrie am Laufen hält, ist allemal ein besserer Inlandsprodukt-Produzent als ein gesunder. Denn der verursacht ja keine Kosten, bringt also auch keine Einnahmen.

Dass Statistiker uns reich rechnen? Na gut. Wenn aber Politiker die jährliche Steigerungsrate wie einen Fetisch behandeln, auf den man hören muss, dann wird es gefährlich.

Adolf Theobald

Quelle: GEO, Heft 2/1986, S. 148 f. Text und Angaben zum BIP wurden aktualisiert.

Aufgaben:

6.1 Nehmen Sie Stellung zu dem Zitat: „Das Bruttoinlandsprodukt misst so ziemlich alles, was in der Wirtschaft vorgeht. Nur nicht das, worauf es im Leben ankommt."

6.2 Stellen Sie anhand des Textes zusammen, welche Korrekturen am Maßstab BIP nach Meinung des Verfassers notwendig sind!

1 Engl. Schriftsteller, Verf. von „Das Bildnis des Dorian Gray".

7. Im Jahr 20.. ist das reale Bruttoinlandsprodukt eines Landes um 62 Mrd. GE gesunken, während das nominelle Bruttoinlandsprodukt um rd. 29 Mrd. GE gestiegen ist.

Aufgaben:

7.1 Wie erklärt sich die unterschiedliche Entwicklung des realen und des nominellen Bruttoinlandsprodukts im Jahr 20..?

7.2 Angenommen, das reale Inlandsprodukt stieg um 1,5 %, das nominelle Bruttoinlandsprodukt um 2,5 %. Wie hoch war die Preissteigerungsrate?

7.3 Angenommen, das reale Bruttoinlandsprodukt stieg um 1,8 % und die Preissteigerungsrate betrug 2,5 %. Um wie viel Prozent stieg das nominelle Inlandsprodukt?

7.4 Angenommen, die Preissteigerungsrate betrug 3 % und die Steigerung des nominellen Bruttoinlandsprodukts belief sich auf 4,6 %. Um wie viel Prozent stieg das reale Bruttoinlandsprodukt?

8. An der gängigen Berechnung der Messgrößen der gesamtwirtschaftlichen Leistung wird häufig Kritik geübt.

Aufgaben:

8.1 Nennen und erläutern Sie mindestens drei Kritikpunkte!

8.2 Erklären Sie in diesem Zusammenhang die Begriffe soziale Kosten und soziale Leistungen!

8.3 Bringen Sie je ein eigenes Beispiel für soziale Kosten und soziale Leistungen!

8.4 Erklären Sie die Begriffe Lebensqualität und soziale Indikatoren!

8.5 Nennen Sie zwei eigene Beispiele für soziale Indikatoren!

9. Das statistische Amt eines Landes veröffentlichte die folgenden Zahlen (in Mrd. EUR):

Konsumausgaben des Staates	750
Bruttoinvestitionen	850
Abschreibungen	620
Produktionsabgaben an den Staat abzüglich Subventionen	480
Konsumausgaben der privaten Haushalte	2750
Exporte	840
Importe	780
Saldo der Primäreinkommen aus der übrigen Welt	+ 48

Aufgaben:

9.1 Ermitteln Sie das Bruttoinlandsprodukt!

9.2 Berechnen Sie das Volkseinkommen!

9.3 Erläutern Sie kurz mittels eines Beispiels, wie es zu dem Unterschied zwischen Bruttonationaleinkommen und Bruttoinlandsprodukt kommen konnte!

9.4 Beschreiben Sie die Entwicklung einer Volkswirtschaft für die beiden nachfolgenden Fälle:

Jahr	Abschreibungen	Bruttoinvestitionen
1. Jahr	850 Mrd. EUR	890 Mrd. EUR
2. Jahr	780 Mrd. EUR	720 Mrd. EUR

9.5 Beurteilen Sie, ob eine sinkende Lohnquote zwangsläufig zu einer Verschlechterung des Lebensstandards der abhängig Beschäftigten geführt haben muss!

9.6 Nennen Sie neben dem Bruttoinlandsprodukt zwei weitere nichtökonomische Größen für die Beurteilung des Wohlstandes eines Landes!

10. Zur Lösung nachfolgender Aufgabenstellungen nutzen Sie bitte den Auszug aus dem Monatsbericht der Deutschen Bundesbank zur Entstehung und Verwendung des Inlandsprodukts sowie der Verteilung des Volkseinkommens!

1. Entstehung und Verwendung des Inlandsprodukts, Verteilung des Volkseinkommens

Position	2008	2009	2010	2008	2009	2010	2009 1.Vj.	2009 2.Vj.	2009 3.Vj.	2009 4.Vj.	2010 1.Vj.	2010 2.Vj.	2010 3.Vj.
	Index 2000=100			Veränderung gegen Vorjahr in %									
Preisbereinigt, verkettet													
I. Entstehung des Inlandsprodukts													
Produzierendes Gewerbe (ohne Baugewerbe)	112,7	93,9	103,6	- 3,4	- 16,7	10,3	- 20,3	- 22,9	- 15,9	- 6,9	7,2	12,7	8,9
Baugewerbe	77,9	76,5	77,9	- 1,0	- 1,8	1,8	- 5,5	- 3,3	0,7	0,5	- 2,2	5,6	3,5
Handel, Gastgewerbe und Verkehr 1)	118,9	111,8	115,5	4,4	- 6,0	3,3	- 6,8	- 7,5	- 5,8	- 3,7	0,5	3,5	3,9
Finanzierung, Vermietung und Unternehmensdienstleister 2)	118,2	116,8	119,0	2,7	- 1,2	1,9	- 1,2	- 1,7	- 1,3	- 0,5	1,3	1,9	2,5
Öffentliche und private Dienstleister 3)	108,5	110,4	112,7	2,4	1,7	2,1	1,1	1,5	1,9	2,5	2,8	1,6	2,1
Bruttowertschöpfung	112,3	106,4	110,6	1,1	- 5,3	4,0	- 6,8	- 7,6	- 4,9	- 1,9	2,7	4,6	4,1
Bruttoinlandsprodukt 4)	110,4	105,2	109,0	1,0	- 4,7	3,6	- 6,3	- 6,8	- 4,4	- 1,3	2,2	4,3	3,9
II. Verwendung des Inlandsprodukts													
Private Konsumausgaben 5)	103,5	103,3	103,9	0,7	- 0,2	0,5	- 0,2	0,3	- 0,6	- 0,3	- 0,3	- 0,5	1,2
Konsumausgaben des Staates	107,2	110,2	112,7	2,3	2,9	2,2	3,3	2,7	3,3	2,1	3,2	1,4	1,6
Ausrüstungen	127,2	98,4	107,7	3,5	- 22,6	9,4	- 20,6	- 25,7	- 23,4	- 20,5	1,3	9,5	11,4
Bauten	87,0	85,7	88,1	1,2	- 1,5	2,8	- 6,1	- 3,4	0,9	2,1	- 1,1	6,7	4,4
Sonstige Anlagen 6)	145,0	153,2	163,0	6,5	5,6	6,4	5,7	5,0	5,8	6,1	6,7	7,2	6,3
Vorratsveränderungen 7) 8)	.	.	.	- 0,2	- 0,3	0,8	0,0	- 0,7	0,1	- 0,5	0,0	1,9	0,5
Inländische Verwendung	102,7	100,8	103,4	1,2	- 1,9	2,6	- 1,6	- 2,6	- 1,4	- 2,0	0,4	3,4	2,9
Außenbeitrag 8)	.	.	.	- 0,1	- 2,9	1,1	- 4,9	- 4,4	- 3,1	0,6	1,7	1,1	1,1
Exporte	168,6	144,5	165,0	2,5	- 14,3	14,2	- 16,7	- 19,9	- 15,3	- 4,7	8,1	18,7	16,5
Importe	146,0	132,3	149,5	3,3	- 9,4	13,0	- 8,0	- 13,0	- 9,9	- 6,7	4,3	18,1	15,2
Bruttoinlandsprodukt 4)	110,4	105,2	109,0	1,0	- 4,7	3,6	- 6,3	- 6,8	- 4,4	- 1,3	2,2	4,3	3,9
In jeweiligen Preisen (Mrd €)													
III. Verwendung des Inlandsprodukts													
Private Konsumausgaben 5)	1 413,2	1 411,1	1 444,5	2,5	- 0,2	2,4	- 0,3	0,3	- 0,9	0,2	1,6	1,4	3,1
Konsumausgaben des Staates	449,6	472,1	486,3	3,4	5,0	3,0	5,5	4,9	6,1	3,6	4,3	2,6	2,0
Ausrüstungen	201,6	154,7	167,5	2,9	- 23,3	8,3	- 21,2	- 26,3	- 24,1	- 21,3	0,1	8,1	10,3
Bauten	241,5	240,1	249,4	4,5	- 0,6	3,9	- 3,8	- 2,4	0,8	2,7	- 0,9	8,0	6,1
Sonstige Anlagen 6)	28,3	27,9	28,3	2,8	- 1,4	1,4	- 0,5	- 1,7	- 2,0	- 1,4	1,1	1,6	1,7
Vorratsveränderungen 7)	- 12,4	- 27,3	- 4,6	.	.	.	.	.	.	.	.	.	.
Inländische Verwendung	2 321,8	2 278,6	2 371,4	2,8	- 1,9	4,1	- 1,5	- 2,6	- 1,6	- 1,8	1,7	5,2	4,2
Außenbeitrag	159,5	118,5	126,2	.	.	.	.	.	.	.	.	.	.
Exporte	1 177,9	978,8	1 146,5	3,2	- 16,9	17,1	- 18,9	- 23,1	- 18,5	- 6,5	8,6	21,7	20,7
Importe	1 018,4	860,3	1 020,3	5,2	- 15,5	18,6	- 13,2	- 19,5	- 17,6	- 11,5	5,4	24,3	22,6
Bruttoinlandsprodukt 4)	2 481,2	2 397,1	2 497,6	2,0	- 3,4	4,2	- 5,2	- 5,7	- 2,8	0,0	3,2	5,1	4,2
IV. Preise (2000 = 100)													
Privater Konsum	112,4	112,5	114,6	1,7	0,1	1,8	- 0,1	0,0	- 0,3	0,6	1,9	1,9	1,9
Bruttoinlandsprodukt	109,0	110,5	111,1	1,0	1,4	0,6	1,3	1,2	1,7	1,3	1,0	0,7	0,3
Terms of Trade	99,1	103,1	100,8	- 1,2	4,0	- 2,2	3,3	3,8	5,3	3,4	- 0,5	- 2,6	- 2,7
V. Verteilung des Volkseinkommens													
Arbeitnehmerentgelt	1 223,3	1 225,9	1 257,9	3,6	0,2	2,6	1,4	0,4	- 0,2	- 0,6	1,5	2,7	3,1
Unternehmens- und Vermögenseinkommen	647,7	566,0	640,6	- 1,4	- 12,6	13,2	- 21,1	- 21,6	- 7,4	1,9	17,5	20,5	8,7
Volkseinkommen	1 871,0	1 791,8	1 898,6	1,8	- 4,2	6,0	- 7,2	- 7,3	- 2,8	0,2	6,7	8,0	5,0
Nachr.: Bruttonationaleinkommen	2 520,9	2 430,9	2 527,0	1,8	- 3,6	4,0	- 5,4	- 5,7	- 3,0	- 0,3	3,3	5,2	3,8

Quelle: Statistisches Bundesamt; Rechenstand: November 2010. Erste Jahresergebnisse für 2010: Rechenstand Januar 2011. — 1 Einschl. Nachrichtenübermittlung. — 2 Kredit- und Versicherungsgewerbe, Grundstückswesen, Vermietung und Unternehmensdienstleister. — 3 Einschl. Häusliche Dienste. — 4 Bruttowertschöpfung zuzüglich Gütersteuern (saldiert mit Gütersubventionen). — 5 Einschl. Private Organisationen ohne Erwerbszweck. — 6 Immaterielle Anlageinvestitionen (u. a. EDV-Software, Urheberrechte) sowie Nutztiere und -pflanzen. — 7 Einschl. Nettozugang an Wertsachen. — 8 Wachstumsbeitrag zum BIP.

Monatsbericht der Deutschen Bundesbank, Januar 2011, S. 61*.

Aufgaben:

10.1 Ermitteln Sie, um wie viel Prozent das nominale Bruttoinlandsprodukt von 2009 auf 2010 gestiegen ist; runden Sie das Ergebnis auf eine Stelle hinter dem Komma!

10.2 Berechnen Sie die prozentuale Veränderung des realen Bruttoinlandsprodukts von 2009 auf 2010 (Ergebnis auf eine Stelle hinter dem Komma runden)!

10.3 Wie viel Prozentpunkte des Wachstums des nominalen Bruttoinlandsprodukts sind auf Preissteigerungen zurückzuführen?

10.4 Erläutern Sie kurz den Unterschied zwischen dem nominalen und dem realen Bruttoinlandsprodukt!

10.5 Berechnen Sie die prozentuale Veränderung der Lohnquote von 2009 auf 2010!

10.6 Wie hoch waren die Bruttoinvestitionen im Jahr 2010 (in Mrd. EUR)?

10.7 Was versteht man unter den Vorratsveränderungen in Höhe von – 4,6 Mrd. EUR?

10.8 Wie hoch ist die prozentuale Veränderung des preisbereinigten Außenbeitrages von 2009 auf 2010?

11. 11.1 Stellen Sie fest, welche Leistungen **nicht** in die Berechnung des Bruttoinlandsprodukts eingehen!

1. Ein Gartenbaubetrieb schneidet vor einem Altenwohnheim gegen Entgelt den Rasen.
2. Eine Hausfrau backt einen Kuchen.
3. Ein Arzt untersucht bei einem Hausbesuch einen Kranken.
4. Ein Nachbar hilft beim Setzen eines neuen Zaunes.
5. Der städtische Straßendienst reinigt die Bürgersteige.
6. Die Bürger einer Gemeinde reinigen wöchentlich einmal den Bürgersteig selbst.
7. Die Verkehrswacht erteilt kostenlosen Verkehrsunterricht für Schulanfänger.

11.2 Nehmen Sie kritisch Stellung zur Errechnung des Bruttoinlandsprodukts!

12. Die wirtschaftliche Leistung einer Volkswirtschaft und deren Veränderung (Wirtschaftswachstum) wird von statistischen Ämtern gemessen und in den Größen Bruttoinlandsprodukt (BIP) und Bruttonationaleinkommen (BNE) ausgedrückt.

Aufgaben:

12.1 Grenzen Sie das Bruttoinlandsprodukt gegenüber dem Bruttonationaleinkommen ab!

12.2 Entscheiden Sie in den nachfolgenden Fällen, welche der beiden Größen im Inland und im Ausland durch die beschriebenen Vorgänge ansteigt!

12.2.1. Gebietsfremde mit erstem Wohnsitz in den Niederlanden arbeiten in Deutschland.

12.2.2 Deutsche vermieten ihre Ferienwohnungen an der portugiesischen Küste. Die Mieteinkünfte fließen nach Deutschland.

12.2.3 Amerikanische Investmentgesellschaften beteiligen sich an deutschen Unternehmen aus dem Bereich der Umwelttechnologie. Aus diesen Beteiligungen fließen ihnen Kapitalerträge zu.

13. Das reale Bruttoinlandsprodukt dient als wichtigster Indikator für die Messung des Wohlstandes einer Volkswirtschaft.

Aufgaben:

13.1 Begründen Sie, warum das reale Nettoinlandsprodukt in Bezug auf die Versorgung der Bevölkerung mit Gütern und Dienstleistungen aussagefähiger ist als das reale Bruttoinlandsprodukt?

13.2 Welche Art des Nationaleinkommens wird durch das Volkseinkommen dargestellt und worin unterscheidet sich dieses vom Nettonationaleinkommen zu Marktpreisen?

13.3 Ergänzen Sie folgende Aussage: *In jeder geschlossenen Volkswirtschaft entspricht der Wert der Nettoinvestition der Höhe der ...!*

13.4 Nehmen Sie kritisch Stellung zu der Aussage, dass die Steigerung des realen Bruttoinlandsproduktes in jedem Fall auch zu einer Steigerung der Lebensqualität der Bevölkerung führt!

14. 14.1 Ergänzen Sie in der nachfolgenden Übersicht die fehlenden Größen der volkswirtschaftlichen Gesamtrechnung (die Ziffern 2 bis 5 können in beliebiger Reihenfolge genannt werden)!

<table>
<tr><th colspan="2">Entstehung des BIP</th><th colspan="2">Verwendung des BIP</th></tr>
<tr><td rowspan="4">= Bruttowertschöpfung aller Wirtschaftsbereiche</td><td>Abschreibungen auf Sachkapital</td><td>②</td><td rowspan="4">= Bruttoinlandsprodukt</td></tr>
<tr><td>①</td><td>③</td></tr>
<tr><td rowspan="2">Nettoinlandsprodukt zu Faktorkosten</td><td>④</td></tr>
<tr><td>⑤</td></tr>
</table>

14.2 Was unterscheidet die Bruttowertschöpfung aller Wirtschaftsbereiche von ihrem Bruttoproduktionswert?

14.3 Erläutern Sie kurz, unter welcher Voraussetzung das nominale Bruttoinlandsprodukt gleich dem realen Bruttoinlandsprodukt ist!

14.4 Durch welche Position unterscheidet sich das Bruttoinlandsprodukt vom Bruttonationaleinkommen?

19

1. Bisher bestand i. d. R. ein Spannungsverhältnis zwischen Wirtschaftswachstum und der damit einhergehenden Umweltbelastung. Nennen Sie konkrete Beispiele, möglichst anhand aktueller Meldungen der Nachrichtenmedien!

2. Begründen Sie, warum der Umweltschutz für jeden Einzelnen in vieler Hinsicht von Bedeutung ist!

3. Es gibt Umweltbelastungen, die vorwiegend im eigenen Land, manchmal sogar auch lokal verringert werden können. Viele Umweltprobleme können jedoch nur länderübergreifend (global) bewältigt werden.

   Lesen Sie nachstehende Textauszüge und nehmen sie zur Frage Stellung, welche Umweltprobleme vorwiegend lokal bzw. national und welche nur global angegangen werden können!

   Textauszug 1:

   Vor allen Dingen haben die Einwohner großer Städte das Problem, hohen Feinstaubkonzentrationen ausgesetzt zu sein. Die größten Verursacher von Feinstaub im Straßenverkehr sind Nutzfahrzeuge (Lkw, Landwirtschaft) aller Art ohne Plastikfilter sowie der Abrieb von Autoreifen. Der Begriff Feinstaub umfasst alle Partikel,[1] die kleiner als zehn Mikrometer, d. h. weniger als PM10 sind, wobei PM für *particular matter* steht. Auf diesen Wert beziehen sich die meisten Grenzwerte. Besonders gefährlich sind die Teilchen unter 2,5 Mikrometer, weil sie tief in die Lunge gelangen und nicht mehr hinausgefördert werden können (etwa durch Husten). Asthma, Allergien, Herzinfarkt und Lungenkrebs können die Folge sein. Kürzlich wurde nachgewiesen, dass Feinstaubbelastung auch das Risiko für Mittelohrentzündung bei Kleinkindern erhöht ...

   Quelle: Informationen aus: natur + kosmetik, Februar 2007, S. 100.

1 Partikel (lat.): Teilchen. (Siehe Part: Anteil, der Partner: Teilhaber).

Textauszug 2:

Eine ökologische Katastrophe

Beim Discounter kosten 250 Gramm Garnelen rund drei Euro. Doch der Preis für Natur und Menschen ist wesentlich höher. So wurden für den Bau großer Shrimpsfarmen an den Küsten Mittelamerikas, Südostasiens und Afrikas über eine Million Hektar Mangrovenwälder[1] zerstört. Sie waren die Kinderstube vieler Fische und schützten die Küste vor Wirbelstürmen. Der Betrieb der Shrimpsfarmen belastet Böden, Grundwasser und das Meer mit Antibiotika[2] und Chemikalien. Die Profite gehen nicht an die lokale Bevölkerung, sondern an private Investoren. 2,5 Millionen Tonnen Shrimps werden jährlich in Farmen gezüchtet. Bei wild gefangenen Garnelen sieht die Bilanz kaum besser aus. Deren Bestände gehen weltweit zurück. Für jedes Kilogramm Garnelen verenden fünf bis zehn Kilogramm anderer Tiere als Beifang, darunter Haie und Schildkröten.

Quelle: SCHROT & *KORN*, Januar 2007, S. 27.

Textauszug 3:

Wintersportgebiete gefährdet

PARIS (dpa). Der Klimawandel gefährdet nahezu alle Wintersportgebiete in Deutschland und fast drei Viertel der Skiregionen in Österreich. Das ergaben Berechnungen der Organisation für wirtschaftliche Zusammenarbeit und Entwicklung (OECD), die gestern veröffentlicht wurden. Am besten kämen noch die hohen Schweizer Lagen im Wallis und in Graubünden davon, doch blieben auch das Berner Oberland oder die Zentralschweiz nicht verschont.

Derzeit gelten laut OECD 609 der 666 mittelgroßen und großen Skiregionen in den Alpen als schneesicher. Sie haben demnach für mindestens 100 Tage im Jahr mindestens 30 Zentimeter Schnee in der mittleren Abfahrtslage. Wenn die durchschnittliche regionale Jahrestemperatur um ein weiteres Grad Celsius steigt, seien aber nur noch rund 500 Gebiete schneesicher. Bei zwei Grad Anstieg wären es 400 und bei vier Grad nur noch 200 Skiregionen.

Quelle: Badische Zeitung vom 14. Dezember 2006.

Textauszug 4:

Die Erde im Schwitzkasten

Seit Beginn der Wetteraufzeichnungen fallen die sechs wärmsten Jahre in die Zeit von 1998 bis 2005. Bis Ende des 21. Jahrhunderts wird es auf der Erde im Schnitt um bis zu 5,8 Grad wärmer. Das steht im vorläufigen vierten Klimabericht des Weltklimarats der Vereinten Nationen. Ursache dafür ist der Ausstoß von Treibhausgasen. Von einem dieser Gase, dem Kohlendioxid, hat sich in der Atmosphäre in den letzten hundert Jahren mehr angesammelt als in 20000 Jahren zuvor.

Quelle: DUH *welt,* 3/2006, S. 6.

1 Mangroven (engl.): immergrüner Laubwald in flachen Küstengewässern. Sie schützen bei Stürmen das Hinterland vor Überschwemmungen.

2 Antibiotikum (griech.): biologischer Wirkstoff gegen Krankheitserreger. Mehrzahl: Antibiotika.

10 Boller-Hartmann 978-3-8120-0585-2

Textauszug 5:

Schlammlawine fordert über 400 Opfer

MANILA (dpa). Eine verheerende Schlammlawine aus vulkanischem Geröll hat auf den Philippinen mindestens acht Dörfer verschüttet und wahrscheinlich mehr als 400 Menschen in den Tod gerissen. Auslöser war der Taifun Durian, der heftige Regenfälle mit sich brachte. Die Wassermassen sorgten dafür, dass der Schlamm an den Berghängen ins Rutschen kam …

Schlammlawinen sind auf den Philippinen keine Seltenheit. Erst im Februar waren bei einem Erdrutsch mehr als 1 000 Menschen ums Leben gekommen. Verantwortlich gemacht werden oft illegale Rodungen. Skrupellose Geschäftemacher und verzweifelte Menschen auf der Suche nach irgendetwas, das zu Geld zu machen ist, fällen hektarweise Bäume. Ohne Wurzeln verliert der Boden Haftung. Bei heftigen Regenfällen können Hänge dann schnell ins Rutschen geraten …

Quelle: Badische Zeitung vom 2. Dezember 2006.

Textauszug 6:

Täglich wird in Deutschland die Fläche von 200 Fußballfeldern zubetoniert. Die Konsequenz: Böden werden versiegelt, Grundwasservorkommen beeinträchtigt, Tier- und Pflanzenarten verschwinden. Jetzt haben sich erstmals 15 führende Naturschutz- und Umweltorganisationen – darunter der NABU – in einem gemeinsamen Positionspapier dazu geäußert und es der Parlamentarischen Staatssekretärin im Bundesumweltministerium Astrid Klug übergeben.

Noch immer werden mit erheblichen Mengen an Steuergeldern für Wohn- und Gewerbesiedlungen sowie Straßenbau auf der grünen Wiese finanzielle Altlasten von morgen geschaffen, die angesichts des Bevölkerungsrückgangs später niemand mehr unterhalten und bezahlen kann. Täglich verschwinden über 100 Hektar freie Landschaft durch Straßen, Parkplätze oder Neubauten – mit verheerenden Konsequenzen für Umwelt und Natur. Böden werden versiegelt und Grundwasservorkommen beeinträchtigt, während andererseits Hochwassergefahren zunehmen. Darüber hinaus wird die Landschaft immer mehr eingeschnürt, früher häufige Tier- und Pflanzenarten verschwinden immer mehr.

Quelle: Naturschutzbund Deutschland e.V.: www.nabu.de vom 18. Mai 2006.

4. 4.1 Welche Indikatoren bestimmen nach Meinung des UNDP den Wohlstand einer Volkswirtschaft?

   4.2 Umschreiben sie den Begriff Lebensqualität!

Kursthema: Das Entscheidungsverhalten der Wirtschaftssubjekte am Markt

1 Die Bedeutung des Marktes für eine Volkswirtschaft

1.1 Begriff Markt

In einer marktwirtschaftlich orientierten Wirtschaftsordnung stellen alle Wirtschaftssubjekte – also die **Haushalte** (in der Regel als **Nachfrager**) sowie die **Unternehmen** (zumeist in der Rolle der **Anbieter**) – ihrem **Eigeninteresse** folgend **selbstständig** Wirtschaftspläne auf. Dabei versuchen die **Anbieter** (Unternehmen) ihre Pläne am Ziel der **Gewinnmaximierung** auszurichten, wohingegen sich die **Nachfrager** (Haushalte) bei ihren Planungen überwiegend an dem Ziel der **Nutzenmaximierung** orientieren. Die **Gegensätzlichkeit** dieser Planungsgrundlage wird deutlich, wenn man sich vor Augen führt, dass die **Anbieter** im Rahmen ihrer Zielsetzung bemüht sein werden, entsprechend **hohe Preise** durchzusetzen. Die **Nachfrager** demgegenüber versuchen, mit den ihnen zur Verfügung stehenden Mitteln (Bilanzgerade) ein möglichst hohes Nutzenniveau zu realisieren, also zu möglichst **niedrigen Preisen** ihren Bedarf zu decken.

Beide „Parteien" sind bestrebt, ihre individuellen Planungen am Markt zu realisieren.

- So ermöglicht der Markt den **Anbietern,** ihre Güter entsprechend ihren Zielvorstellungen anzubieten und sich über die Nachfrage zu informieren.
- Den **Nachfragern** hingegen bietet der Markt die Möglichkeit, sich über das Angebot zu informieren und ihre Kaufentscheidung unter Berücksichtigung der Nutzenmaximierung zu treffen.

Merke:

Ökonomisch betrachtet versteht man unter **Markt** den Ort, an dem Angebot und Nachfrage aufeinandertreffen.

Letztlich erfolgt über den Markt ein **Ausgleich** zwischen den **entgegengesetzten** Interessen von Anbietern und Nachfragern, da sich als Ergebnis des Marktgeschehens **ein** Preis (der sogenannte Gleichgewichtspreis) bildet, über den die unterschiedlichen Zielsetzungen der Marktteilnehmer „ausbalanciert" werden **(Selbststeuerungsmechanismus des Marktes).**

1.2 Einteilung der Märkte

In einer Volkswirtschaft gibt es nicht nur einen Markt, sondern eine **Vielzahl** von Märkten, die sich nach verschiedenen Kriterien untergliedern.

Kriterium	Erläuterungen
Marktobjekt	■ **Gütermärkte**: Auf diesen Märkten werden Sachgüter und Dienstleistungen gehandelt. ■ **Faktormärkte**: Marktobjekte sind die Produktionsfaktoren Arbeit (Arbeitsmarkt), Boden (Immobilienmarkt) und Geldkapital als Vorstufe zum Realkapital (Finanzmärkte).
Organisationsgrad	■ **Organisierte Märkte**: Das Marktgeschehen verläuft nach bestimmten, festgelegten Regeln, wobei Zeit und Ort ebenfalls determiniert sind (z.B. Börse, Auktion, Messe). ■ **Nicht organisierte Märkte**: Das Marktgeschehen ist nicht an einen festen Ort oder eine bestimmte Zeit gebunden.
Marktzutritt	■ **Offene Märkte**: Anbieter wie Nachfrager haben freien Zugang zu diesem Markt. Es bestehen keinerlei Zugangsbeschränkungen. ■ **Beschränkte Märkte**: Der Marktzutritt ist an die Erfüllung bestimmter Voraussetzungen (z.B. Konzessionen, Befähigungsnachweise) gebunden. ■ **Geschlossene Märkte**: Der Marktzutritt ist nur einem bestimmten Teilnehmerkreis vorbehalten (z.B. Staat als Nachfrager von Rüstungsgütern).
Vollkommenheitsgrad	■ **Vollkommene Märkte**: Märkte, auf denen es nur einen einheitlichen Preis für ein bestimmtes Gut geben kann. ■ **Unvollkommene Märkte**: Märkte, auf denen es für ein bestimmtes Gut unterschiedliche Preise gibt.
Anzahl der Anbieter und Nachfrager	■ **Polypolistische Märkte:**[1] Vollständige Konkurrenz, d.h. unzählige Anbieter und Nachfrager treten auf dem Markt auf. ■ **Oligopolistische Märkte:**[2] Märkte, bei denen auf einer und/oder beiden Marktseiten wenige Konkurrenten vorhanden sind. ■ **Monopolistische Märkte:**[3] Märkte, bei denen sich auf einer und/oder beiden Marktseiten nur ein Marktbeteiligter befindet.

1.3 Marktformen

Im Folgenden vertiefen wir zwei Gliederungskriterien: die Gliederung des Marktes

- nach dem **Vollkommenheitsgrad** und
- nach der **Anzahl der Anbieter und Nachfrager**.

1 Die Vorsilbe poly... bedeutet in Fremdwörtern „viel", z.B. in „Polygamie" die Vielehe.

2 Die Vorsilbe olig... bedeutet in Fremdwörtern „wenig", z.B. in „Oligarchie" die Herrschaft weniger.

3 Die Vorsilbe mono... bedeutet in Fremdwörtern „ein", z.B. in „Monotonie" die Eintönigkeit.

1.3.1 Gliederung des Marktes nach dem Vollkommenheitsgrad

(1) Vollkommener Markt

Für das Vorliegen **eines vollkommenen** Marktes müssen nachfolgende Voraussetzungen erfüllt sein:

Voraussetzungen	Beispiele
Ein Einheitspreis entwickelt sich nur dann, wenn auf dem Markt vollkommen gleichartige Güter gehandelt werden: Die **Güter** müssen **homogen** sein.	Banknoten, Aktien einer bestimmten Aktiengesellschaft, Edelmetalle, Baumwolle eines bestimmten Standards.
Angebot und Nachfrage müssen gleichzeitig an einem bestimmten Ort aufeinandertreffen **(Punktmarkt).**	Nur die an einem bestimmten Tag bei einem Börsenmakler zusammenlaufenden Kauf- und Verkaufsaufträge bestimmen den Kurs (den Preis) des Tages.
Anbieter und Nachfrager müssen eine vollständige Marktübersicht **(Markttransparenz)** besitzen.	Eine Hausfrau hat dann eine vollständige Marktübersicht, wenn sie die Preise und Qualitäten aller angebotenen Waren kennt. – Ein Anbieter besitzt die vollkommene Marktübersicht, wenn ihm die Kaufabsichten der Kunden bekannt sind. (Vollständige Markttransparenz findet sich folglich nur an der Börse.)
Anbieter und Nachfrager müssen **sofort** auf Änderungen der Marktsituation **reagieren können.**	Der Börsenspekulant hat jederzeit die Möglichkeit, sich telefonisch an der Börse über den Stand der Nachfrage, des Angebots und der Kurse zu informieren (Markttransparenz). Zugleich hat er die Möglichkeit, z.B. bei steigenden Kursen mehr anzubieten oder weniger nachzufragen (schnelle Reaktionsfähigkeit).
Käufer und Verkäufer dürfen sich nicht gegenseitig bevorzugen **(Keine Präferenzen[1]).**	■ Eine **sachliche Präferenz** liegt vor, wenn ein Käufer der Meinung ist, dass das Produkt des Herstellers A besser als das des Herstellers B ist, auch wenn beide Produkte objektiv gleich (homogen) sind. ■ Eine **zeitliche Präferenz** ist gegeben, wenn z.B. ein Käufer den Lieferer A bevorzugt, weil dieser schneller liefern kann. ■ Von **räumlicher Präferenz** spricht man z.B., wenn die räumliche Nähe des Marktpartners zu Bevorzugungen führt. ■ **Persönliche Präferenzen** bestehen z.B. dann, wenn ein Kunde ein Geschäft aufgrund besonders kulanter und freundlicher Bedienung bevorzugt.

(2) Unvollkommener Markt

Fehlt nur **eine** der genannten Bedingungen, spricht man von einem **unvollkommenen Markt.** Annähernd vollkommene Märkte sind die Ausnahme, unvollkommene Märkte die Regel.

1 Präferenz: Vorrang, Bevorzugung.

1.3.2 Gliederung des Marktes nach der Anzahl der Anbieter und Nachfrager

Polypolistische Märkte	Vollständige Konkurrenz, d.h. unzählige Anbieter und Nachfrager treten auf dem Markt auf.
Oligopolistische Märkte	Märkte, bei denen auf einer und/oder beiden Marktseiten wenige Konkurrenten vorhanden sind.
Monopolistische Märkte	Märkte, bei denen sich auf einer und/oder beiden Marktseiten nur ein Marktbeteiligter befindet.

Die einzelnen Märkte lassen sich nach der **Anzahl** der jeweiligen **Marktteilnehmer** untergliedern. Diese Form der Klassifikationen von Marktformen wurde erstmals durch den Wissenschaftler Heinrich Freiher **von Stackelberg** vorgenommen. Hinter einer derartigen Aufteilung der Märkte steht folgende Vermutung: Je weniger Konkurrenten den Wettbewerb aufnehmen, desto eher werden sie über Marktmacht verfügen. Strukturiert man die Anzahl der Anbieter und Nachfrager auf einem Markt in **quantitativer** Hinsicht in die Kategorien „einer", „wenige" und „viele", so erhält man folgendes Grundschema mit insgesamt **neun** verschiedenen **Marktformen.**

Zahl der Nachfrager / **Zahl der Anbieter**	**einer**	**wenige**	**viele**
einer	zweiseitiges Monopol	Angebotsmonopol mit oligopolistischer Nachfrage	Angebotsmonopol
wenige	Nachfragemonopol mit oligopolistischem Angebot	zweiseitiges Oligopol	Angebotsoligopol
viele	Nachfragemonopol	Nachfrageoligopol	vollständige (polypolistische) Konkurrenz

vollkommene Märkte — unvollkommene Märkte

Aus dieser Untergliederung ergeben sich in erster Linie Konsequenzen für die Verteilung der **Marktmacht** zwischen Anbietern und Nachfragern. So dürfte die Marktmacht zwischen Anbietern und Nachfragern bei einem Angebotsmonopol anders verteilt sein als bei einem Nachfragemonopol. Während im ersten Fall die stärkere Verhandlungsposition wegen fehlender Alternativen für die Nachfrager auf Seiten des Anbieters liegt **(Verkäufermarkt),** ist bei der zweiten Marktform der Nachfrager in der besseren Position **(Käufermarkt).** Diese ungleiche Verteilung von Marktmacht bleibt nicht ohne Folgen für den Preisbildungsprozess am Markt.

Wie sich die Preisbildung in den einzelnen Marktformen vollzieht, ist jedoch nicht zuletzt auch stark abhängig von den **qualitativen** Komponenten eines Marktes und hierbei insbesondere von dem Vollkommenheitsgrad.

Die quantitativen und qualitativen Kriterien zur Markteinteilung lassen sich miteinander kombinieren, wodurch eine Vielzahl unterschiedlicher Märkte gegeneinander abgegrenzt werden kann.

Um den **Preisbildungsprozess** bei unterschiedlichen Marktformen differenzierter zu betrachten, soll der **Grad der Vollkommenheit eines Marktes** nachfolgend mit in die Überlegungen zur Preisbildung einbezogen werden.

Zahl der Anbieter / **Vollkommenheitsgrad**	**einer**	**wenige**	**viele**
vollkommener Markt	vollkommenes Angebotsmonopol	vollkommenes Angebotsoligopol	vollkommen polypolistische Konkurrenz
unvollkommener Markt	unvollkommenes Angebotsmonopol	unvollkommenes Angebotsoligopol	unvollkommene polypolistische Konkurrenz

Zusammenfassung

- Unter **Markt** versteht man den ökonomischen Ort, an dem sich Angebot und Nachfrage treffen.
- Nach der **Anzahl der Anbieter und Nachfrager** unterscheidet man in:
  - polypolistische Märkte,
  - oligopolistische Märkte,
  - monopolistische Märkte.
- Nach dem **Vollkommenheitsgrad** unterscheidet man in:
  - vollkommene Märkte und
  - unvollkommene Märkte.

Übungsaufgaben

20

1. Unterscheiden Sie die Begriffe
   1.1 vollkommener Markt – unvollkommener Markt;
   1.2 polypolistischer Markt – oligopolistischer Markt – monopolistischer Markt!
2. Nennen Sie die einzelnen Prämissen des vollkommenen Marktes und begründen Sie, warum die einzelnen Prämissen erfüllt sein müssen, wenn für ein Gut nur ein Gleichgewichtspreis (Einheitspreis) existieren soll!
3. Charakterisieren Sie das Wesen des vollkommenen polypolistischen Markts und begründen Sie, warum das vollkommene Polypol einen theoretischen Grenzfall darstellt!

2 Das Entscheidungsverhalten der privaten Haushalte als Nachfrager

2.1 Nutzentheorien und Nutzenmaximum

Die Inhalte dieses Themengebietes wurden bereits im Rahmen des Kursthemas „Die Strukturen und Prozesse einer Volkswirtschaft“ in Kapitel 2.3.4 ausführlich behandelt.

Dort finden sich detaillierte Erläuterungen zu den an dieser Stelle im Lehrplan aufgeführten Gossen´schen Gesetzen sowie zu den Begrifflichkeiten Gesamtnutzen, Grenznutzen, Nutzenindifferenz und Haushaltsoptimum.

2.2 Einzel- und Gesamtnachfrage

Im Folgenden wird zunächst die Einzelnachfrage **(individuelle Nachfrage)**, genauer gesagt deren Bestimmungsgrößen, behandelt. Im Anschluss daran erfolgt die Ableitung der Gesamtnachfrage **(Marktnachfrage)** aus der individuellen Nachfrage.

2.2.1 Bestimmungsgrößen der Einzelnachfrage (individuelle Nachfrage)

2.2.1.1 Individuelle Nachfragekurve in Abhängigkeit vom Preis eines Gutes

Aufgrund der Lebenserfahrung wissen wir, dass zwischen den Güterpreisen und der Nachfrage nach Gütern ein Zusammenhang besteht. Dies liegt einmal daran, dass uns bei hohen Preisen der Besitz des Geldes mehr Wert ist (mehr „Nutzen“ bringt) als der Besitz des Gutes, zum anderen aber daran, dass wir uns mit unserem Einkommen bestimmte Güter einfach nicht mehr „leisten“ können, wenn sie zu teuer werden.

Wir können also davon ausgehen, dass ein privater Haushalt (z. B. ein Mehrpersonenhaushalt, ein Single-Haushalt) unter sonst gleichen Bedingungen in der Regel bei steigenden Preisen weniger Wirtschaftsgüter, bei fallenden Preisen mehr Wirtschaftsgüter nachfragt. Dieser Sachverhalt wird mit dem „Gesetz der Nachfrage“ beschrieben.

Merke:

Nach dem **„Gesetz der Nachfrage“** steigt die Nachfrage mit sinkendem Preis und sinkt die Nachfrage mit steigendem Preis des nachgefragten Gutes.

Die meisten privaten Haushalte verhalten sich nach dem „Gesetz der Nachfrage“. Man spricht deshalb vom normalen Nachfrageverhalten oder kurz von der **normalen Nachfrage.**

In der nebenstehenden Abbildung ist unterstellt, dass das Budget des Haushalts und seine Bedürfnisstruktur gegeben sind. Da das Budget eines Haushalts aber auch von seinem Einkommen abhängig ist, kann man auch sagen, dass die individuelle Nachfrage nach einem Gut nur dann in Beziehung zum Preis dieses Gutes gesetzt werden kann, wenn die Bedürfnisstruktur und das Einkommen des Haushalts konstant sind.

Individuelle Nachfrage eines Vier-Personen-Haushalts nach Kartoffeln

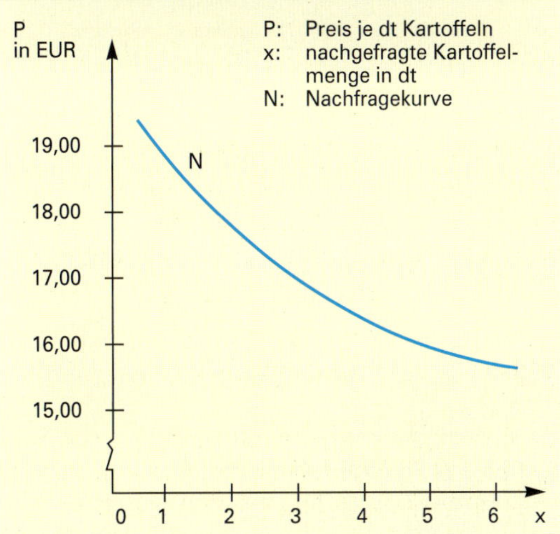

Merke:

Ändert sich der **Preis** unter sonst gleichen Bedingungen, findet eine **Bewegung auf der Kurve** statt. Um eine Bewegung auf der Kurve zum Ausdruck zu bringen, verwenden wir die Begriffe **„steigen"** oder **„sinken"**.

Die Nachfragekurven der einzelnen Haushalte, also ihre **individuellen Nachfragekurven,** sind verschieden, weil sie unterschiedliche Bedürfnisstrukturen haben.

Beispiele:

- Ein Haushalt, der z.B. wenig Wert auf Fleisch legt, wird bei Fleischpreiserhöhungen leichten Herzens auf größere Fleischeinkäufe verzichten. Seine **Nachfragekurve** nach Fleisch verläuft verhältnismäßig **flach.**
- Für einen anderen Haushalt sind z.B. Kartoffeln das wichtigste Lebensmittel überhaupt. Er wird seine Nachfrage kaum einschränken, wenn die Kartoffelpreise steigen. Seine **Nachfragekurve** verläuft **sehr steil.**
- Ein anderer schließlich verhält sich wie ein „Snob". Er kauft nur, wenn die Ware teuer ist und wenn andere sich die Ware nicht mehr leisten können. Seine individuelle Nachfrage ist **anomal.**

2.2.1.2 Einkommensänderungen und individuelle Nachfrage

Steigt das Einkommen eines privaten Haushalts und damit sein Budget, wird sich seine Nachfragekurve nach „rechts" verschieben. Diese Verschiebung (von N_0 nach N_1) bedeutet, dass der Haushalt gewillt ist, bei **jedem** denkbaren Preis **mehr** als bisher zu kaufen.

Die **Verschiebung einer Kurve** ist von der Bewegung auf einer Kurve scharf zu unterscheiden. Um eine Verschiebung einer Kurve zum Ausdruck zu bringen, verwenden wir die Begriffe **„zunehmen"** oder **„abnehmen"**.

Zunehmende Nachfrage

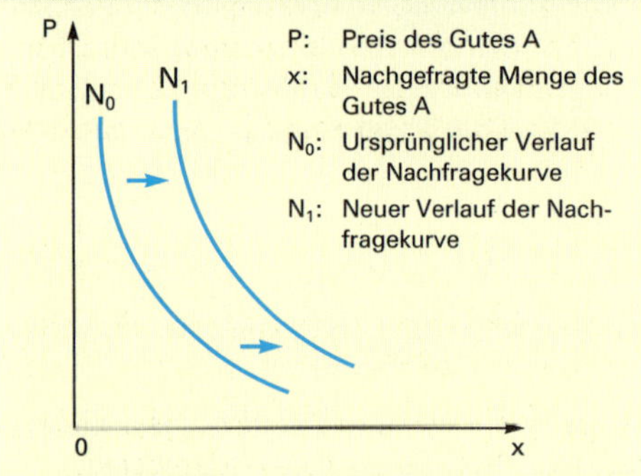

Abnehmende Nachfrage

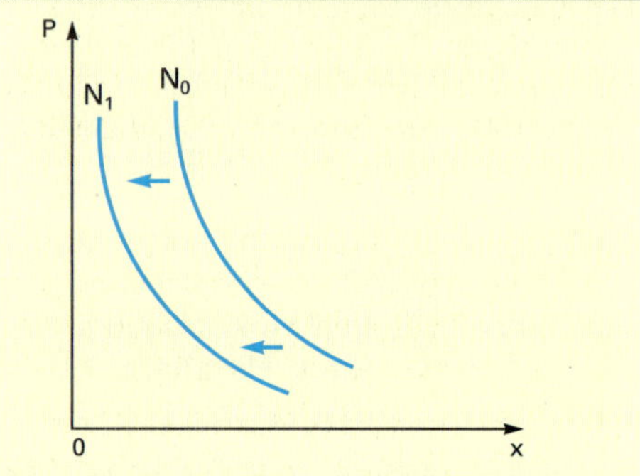

Merke:

- Die **individuelle Nachfrage** hängt von der **Bedürfnisstruktur des Haushalts**, dem **Preis eines Gutes** und von der **Höhe des Einkommens** ab.
- **Steigt** das Einkommen, **nimmt** die Nachfrage **zu** (**Rechtsverschiebung** der Nachfragekurve).
- **Sinkt** das Einkommen, **nimmt** die Nachfrage **ab** (**Linksverschiebung** der Nachfragekurve).

2.2.1.3 Änderungen der Bedürfnisstruktur und individuelle Nachfrage

Eine Verschiebung der Nachfragekurve kann auch durch eine Veränderung der **individuellen Bedürfnisstruktur** bewirkt werden.

Beispiel:

Aufgrund der Antiraucherkampagne mag es sein, dass ein Haushalt (ein Verbraucher) seinen Zigarettenkonsum zu reduzieren wünscht. Hat er bisher bei einem Preis von 4,00 EUR je Zigarettenschachtel täglich 2 Schachteln erworben, kauft er nunmehr bei gleichem Preis und gleich bleibendem Einkommen nur noch eine Schachtel. Die Nachfragekurve verschiebt sich nach **„links"**.

Merke:

- Die individuelle Haushaltsnachfrage ist – unter sonst gleich bleibenden Bedingungen – von der **individuellen Bedürfnisstruktur** des Haushalts abhängig.
- Nimmt die **Intensität** des Bedürfnisses nach einem Gut **zu,** nimmt auch die **Nachfrage zu.**
- Nimmt die **Intensität** des Bedürfnisses **ab,** nimmt auch die **Nachfrage ab.**

2.2.1.4 Preisänderungen anderer Güter und individuelle Nachfrage

Die Nachfrage nach einem bestimmten Gut kann sich auch ändern, wenn sich der Preis eines anderen Gutes (oder die Preise anderer Güter) ändert. Bei **Substitutionsgütern** führt die **Preiserhöhung** beim **Gut A** regelmäßig zu einer **Zunahme** der Nachfrage beim **Gut B.** Bei **Komplementärgütern** wird die Nachfrage nach dem **Gut B abnehmen,** wenn der **Preis** des **Gutes A steigt.**

Merke:

- **Substitutionsgüter** sind Güter, die in den Augen des Haushalts austauschbar sind (z. B. Bier – Wein; Kartoffeln – Nudeln; Feuerzeug – Streichhölzer).
- **Komplementärgüter** sind Güter, die nur zusammen verbraucht bzw. gebraucht werden können (z. B. Kaffeebohnen – Wasser; Benzin – Auto; Teller – Besteck).

Beispiele:

- **Substitutionsgüter:** Steigt z. B. der Preis von Feuerzeugen, dürfte die Nachfragemenge nach Streichhölzern steigen.

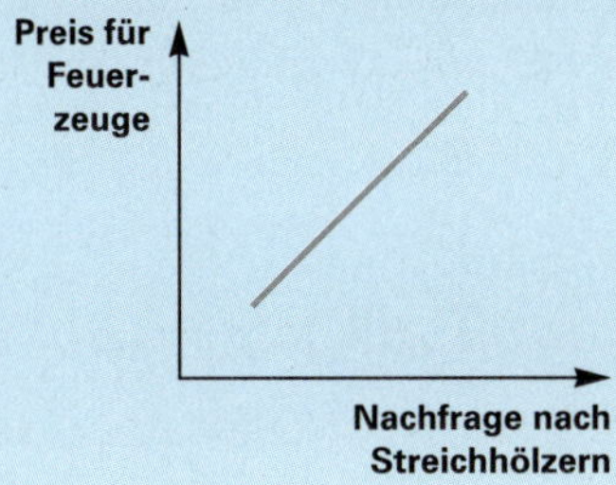

- **Komplementärgüter:** Steigt beispielsweise der Preis für Tintenpatronen, dürfte die Nachfrage nach Tintenstrahldruckern zurückgehen.

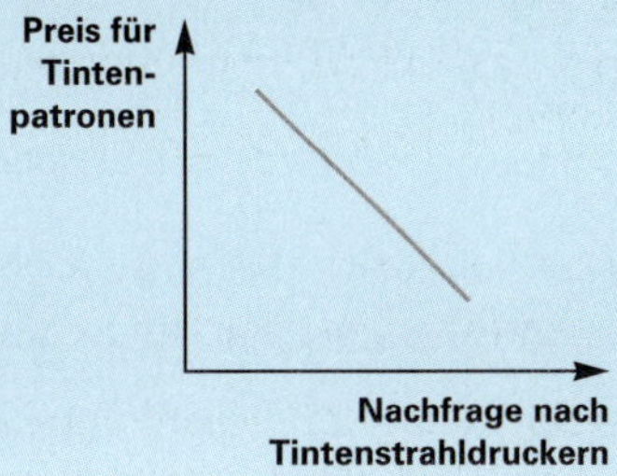

Merke:

- Die Nachfrage des privaten Haushalts nach einem bestimmten Gut ist unter sonst gleichen Bedingungen von dem **Preis eines anderen Gutes** bzw. vom Preis anderer Güter abhängig.
- Die Richtung der Nachfrageänderung bestimmt sich danach, ob es sich um Substitutionsgüter oder um Komplementärgüter handelt.[1]

1 Beeinflusst eine Preisänderung beim Gut A (z. B. Brot) die Nachfrage nach einem Gut B (z. B. Radiergummi) überhaupt nicht oder nicht merklich, spricht man von **„indifferenten Gütern“.**

2.2.1.5 Weitere Bestimmungsgründe der individuellen Nachfrage

Selbstverständlich gibt es noch eine ganze Reihe weiterer Bestimmungsgründe der individuellen Nachfrage. So ist es beispielsweise für die Nachfrage eines Haushalts nicht gleichgültig, ob er **Vermögen** im Hintergrund hat oder nicht. Selbst der Aufbau (die Struktur) des Vermögens spielt eine Rolle.

Beispiel:

Ein Arbeitnehmer, der sein Vermögen in einer Eigentumswohnung angelegt hat, wird bei steigenden Preisen und gleich bleibendem Einkommen seine Nachfrage nach den Gütern des täglichen Bedarfs einschränken müssen. Ein anderer, der ein gleich großes Vermögen auf dem Bankkonto hat, unterliegt diesem Zwang in gleicher Situation nicht.

Auch die **Erwartung künftiger politischer und wirtschaftlicher Ereignisse** beeinflusst die Nachfrage des Haushalts.

Beispiel:

Erwartet der Haushalt steigende Preise, mag es sein, dass er zu den jetzt noch günstigen Preisen kauft. Die Erwartung sinkender Einkommen (die Erwartung steigender Arbeitslosigkeit) wird zu abnehmender Nachfrage und steigender Ersparnis führen.

Zusammenfassung

- Das Verhalten der Nachfrager folgt dem sogenannten **Nachfragegesetz,** wonach die am Markt nachgefragte Menge eines Gutes umso **kleiner** ist, je **höher** der Preis dieses Gutes ist. Umgekehrt **steigt** die am Markt nachgefragte Menge, wenn der Preis für dieses Gut **sinkt.**
- **Ändert** sich der **Preis** des Gutes unter sonst gleichen Bedingungen, findet eine Bewegung **auf** der Kurve statt.
- **Substitutionsgüter** sind Güter, die in den Augen der Nachfrager austauschbar sind.
- **Komplementärgüter** sind Güter, die nur zusammen verbraucht bzw. gebraucht werden können.
- Überblick über die **Einflussfaktoren der individuellen Haushaltsnachfrage**:

Die **Nachfrage** des Haushalts nach einem bestimmten Gut A **nimmt ab,** wenn	Die **Nachfrage** des Haushalts nach einem bestimmten Gut A **nimmt zu,** wenn
■ die Intensität des Bedürfnisses nach dem Gut A abnimmt, ■ sein Einkommen sinkt, ■ der Preis eines Komplementärgutes B steigt, ■ der Preis eines Substitutionsgutes B sinkt, ■ der Haushalt pessimistische Zukunftserwartungen hegt.	■ die Intensität des Bedürfnisses nach dem Gut A wächst, ■ sein Einkommen steigt, ■ der Preis eines Komplementärgutes B sinkt, ■ der Preis eines Substitutionsgutes B steigt, ■ der Haushalt optimistische Zukunftserwartungen hegt.

2.2.2 Ableitung der Marktnachfrage (Gesamtnachfrage) für ein Gut

2.2.2.1 Begriff Marktnachfrage

Im vorigen Kapitel haben wir gesehen, dass ein Haushalt unter sonst gleichen Bedingungen in der Regel bei steigenden Preisen weniger Wirtschaftsgüter, bei fallenden Preisen mehr Wirtschaftsgüter nachfragt. Dabei ist zu berücksichtigen, dass die Nachfrageänderungen aufgrund von Preisänderungen bei den **einzelnen Haushalten** unterschiedlich sind, weil jeder Haushalt eine andere Bedürfnisstruktur besitzt. Wollen wir wissen, wie sich die Nachfrage **aller Haushalte** nach einem Gut bei Preisänderungen dieses Gutes verhält, müssen wir gedanklich die individuellen Nachfragen aller Haushalte nach diesem Gut **zusammenfassen** (aggregieren).

Merke:

Die **Marktnachfrage (Gesamtnachfrage)** für ein Gut ist die **Nachfrage aller privaten Haushalte** für dieses Gut. Sie ergibt sich aus der **Aggregation**[1] (Queraddition) **aller individuellen Haushaltsnachfragen.**

2.2.2.2 Mengenmäßige Marktnachfrage

Beispiel:

Die Preisabhängigkeit der Nachfrage zweier Haushalte sei wie folgt festgelegt:

Preis in EUR je kg	Nachgefragte Mengeneinheiten (kg Kartoffeln) je Zeiteinheit (je Woche) durch die Haushalte		Marktnachfrage nach Kartoffeln beider Haushalte (1) + (2)
	Müller (1)	Schmidt (2)	
1,00	–	–	–
0,80	0,5	–	0,5
0,60	1	1	2
0,40	1,5	2	3,5
0,20	2	3	5
0,00	2,5	4	6,5

Aggregation der individuellen mengenmäßigen Haushaltsnachfragekurven zur mengenmäßigen Marktnachfragekurve

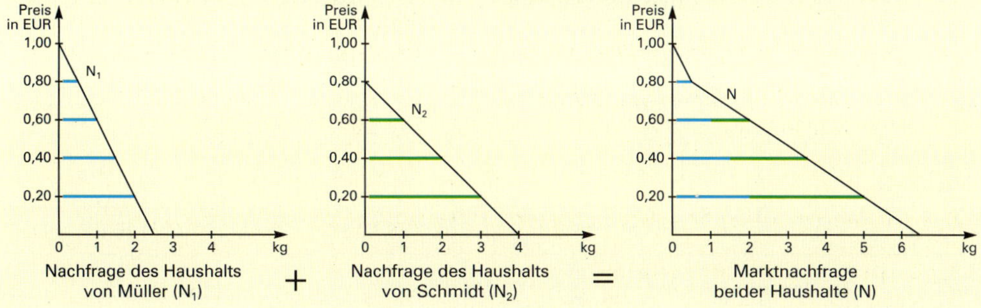

1 Aggregation: Vereinigung, Zusammenfassung.

Die **mengenmäßige Marktnachfrage** („mengenmäßig" deshalb, weil Preis und nachgefragte Menge in Beziehung gesetzt werden) verhält sich demnach wie folgt **(Gesetz der Nachfrage):**

Merke:

- Bei einem konstanten Gesamteinkommen steigt die Marktnachfrage mit sinkenden Preisen.
- Bei einem konstanten Gesamteinkommen fällt die Marktnachfrage mit steigenden Preisen.

2.2.2.3 Monetäre Marktnachfrage

Derselbe Zusammenhang lässt sich auch mit einer **monetären Nachfragekurve** darstellen. Dabei gehen wir von einer **linearen Nachfragekurve** aus (vgl. Abbildung links).

Die **monetäre Nachfragekurve** (Umsatzkurve) zeigt an, welche Umsätze (Menge · Preis) bei verschiedenen Preisen und gegebener Nachfragereaktion möglich sind (vgl. Abbildung rechts).

Mengenmäßige Marktnachfragekurve

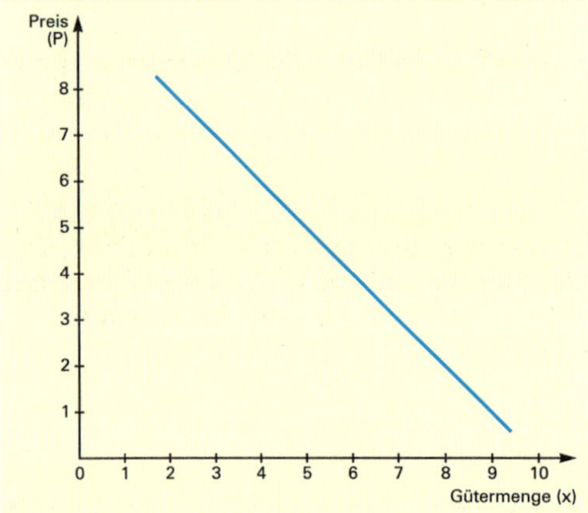

Monetäre Marktnachfragekurve

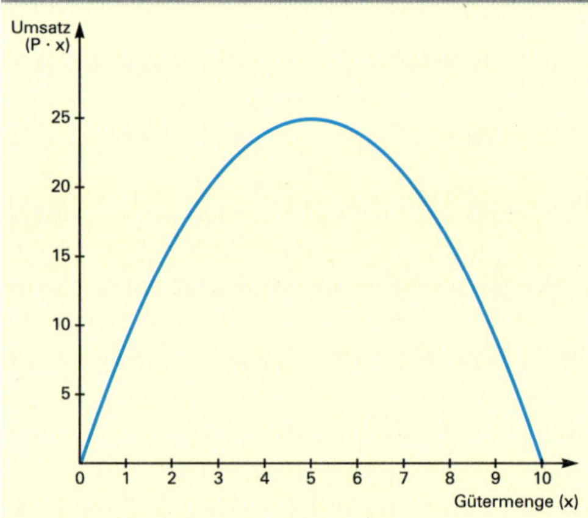

Die abgebildete monetäre Nachfragekurve drückt folgende Abhängigkeiten aus:

Preis	10 GE	9 GE	8 GE	7 GE	6 GE	5 GE	4 GE	3 GE	2 GE	1 GE
Mengenmäßige Nachfrage	–	1	2	3	4	5	6	7	8	9
Umsatz	–	9 GE	16 GE	21 GE	24 GE	25 GE	24 GE	21 GE	16 GE	9 GE

Der **Graph der Nachfragefunktion,**[1] d. h. die Nachfragekurve, ist bei den einzelnen Gütern verschieden. Außerdem wird er in Wirklichkeit keine lineare Gestalt aufweisen.

1 Die grafische Darstellung einer Funktion bezeichnet man in der modernen Mathematik als „Graph einer Funktion". Zur sprachlichen Vereinfachung wird jedoch in der volkswirtschaftlichen Literatur nach wie vor z.B. von Nachfragekurve oder „Nachfragefunktion" gesprochen.

Der **Erkenntniswert** der **monetären Nachfragekurve** ist beträchtlich. Sie zeigt, dass **Preissenkungen** bei einem Gut bei normaler Nachfrage zwar den **mengenmäßigen Absatz** erhöhen, **nicht unbedingt** aber den **Umsatz.** Umgekehrt führen **Preiserhöhungen** zwar zur **Verringerung** des mengenmäßigen **Absatzes, nicht** aber **immer** zu einer **Umsatzerhöhung.**[1]

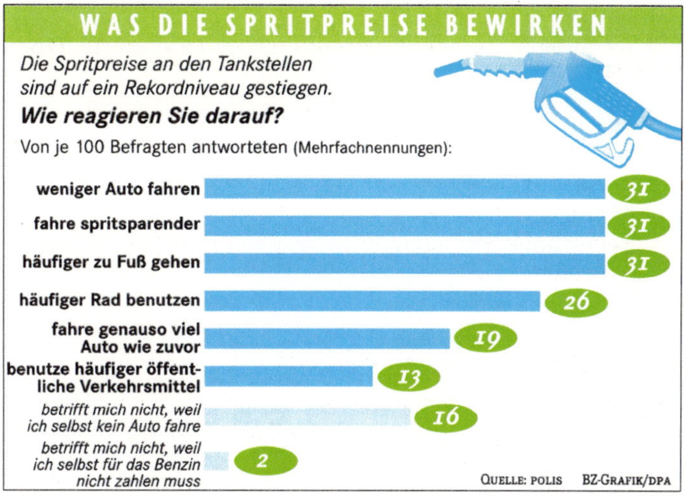

2.2.2.4 Bestimmungsgründe der Marktnachfrage

Die Marktnachfrage ist abhängig von den Faktoren, die die **individuelle Nachfrage** bestimmen, von der **Zahl der nachfragenden Haushalte** und von der **Einkommensverteilung.**

(1) Faktoren der individuellen Nachfrage

Die Marktnachfrage nach einem Gut ergibt sich aus der Aggregation (Queraddition, Zusammenfassung) aller individuellen Nachfragekurven für ein Gut. Daraus folgt, dass die Gestalt (der Verlauf) der Marktnachfragekurve von **allen Faktoren, die die individuellen Nachfragekurven beeinflussen,** mitbestimmt wird.[2]

(2) Anzahl der Nachfrager

Daneben sind Verlauf bzw. Veränderung der Entwicklung der Marktnachfrage für ein Gut von der **Zahl der nachfragenden Haushalte** abhängig.

Beispiel:

Wächst z.B. die Bevölkerung um 10 % bei gleich bleibendem Pro-Kopf-Einkommen, ist zu erwarten, dass unter sonst gleich bleibenden Bedingungen die Nachfrage nach einem bestimmten Gut (sagen wir Schwarzbrot) ebenfalls um 10 % zunimmt.

Dies bedeutet, dass sich die Nachfragekurve nach „rechts" verschiebt: Zu jedem denkbaren Preis wird aufgrund des Bevölkerungswachstums mehr nachgefragt.

1 Über die genauen Beziehungen zwischen Nachfrageänderungen einerseits und Preisänderungen andererseits gibt die Nachfrageelastizität Auskunft, die wir im Kapitel 2.3.1 behandeln werden.

2 Vgl. hierzu die Ausführungen in Kapitel 2.2.1.

Tägliche Nachfrage nach Brot bei einer Bevölkerung von 60 Millionen

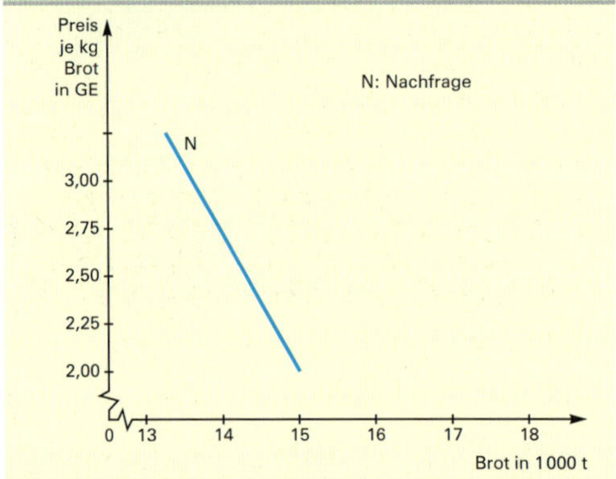

Tägliche Nachfrage nach Brot bei einer Bevölkerung von 66 Millionen

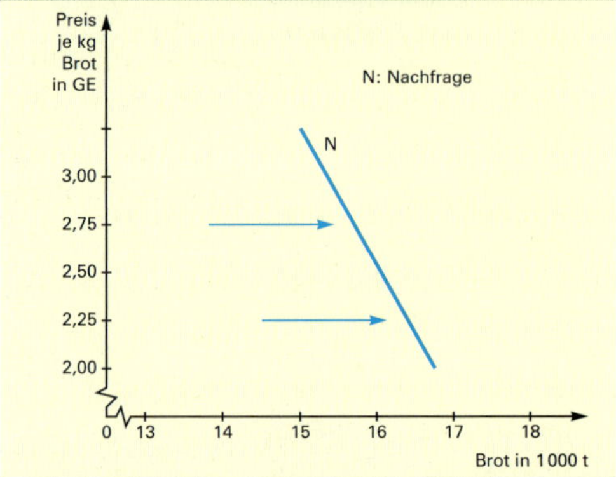

Schrumpft hingegen die Bevölkerung, wird unter sonst gleich bleibenden Bedingungen die Marktnachfrage (Gesamtnachfrage) früher oder später zurückgehen. Die Nachfragerückgänge spüren zunächst die Industrien, die die Nachfrage befriedigen, die unmittelbar und mittelbar mit der Zahl der Kinder zusammenhängt (Babynahrung, Kinderwagen, Laufställe, Kinderbetten, Kinderkleidung, Kinderspielzeug, Ausstattung für Kindergärten, Kinderheime und Schulen, Lernmittelhersteller usw.). Überkapazitäten, Arbeitslosigkeit und Einkommensrückgänge (Strukturkrisen) können die Folge sein.

Merke:

Bei einem **Bevölkerungswachstum** nimmt im Allgemeinen die **Marktnachfrage zu,** bei einem **Bevölkerungsrückgang ab.**

(3) Einkommensverteilung

Die Marktnachfrage (Gesamtnachfrage) für ein Gut hängt auch davon ab, ob die Einkommen der Bevölkerung gleichmäßig oder ungleichmäßig verteilt sind. Je ungleichmäßiger die Einkommen verteilt sind, desto geringer wird die Nachfrage vor allem nach Gütern des Wahlbedarfs (z.B. Luxusreisen) sein, weil sich lediglich eine geringe Zahl der Haushalte diese Güter leisten kann. Mit **zunehmender Gleichheit** der Einkommen (bei gleich bleibendem Gesamteinkommen) wird die Nachfrage im Allgemeinen **zunehmen,** weil eine immer größere Zahl von Haushalten in die Lage versetzt wird, das angebotene Gut bezahlen (kaufen) zu können.

Zusammenfassung

- Die **Marktnachfrage** (Gesamtnachfrage) für ein Gut ergibt sich aus der **Queraddition aller** individuellen Haushaltsnachfragen.
- **Preissenkungen** bei einem Gut bei normaler Nachfrage **erhöhen** zwar den **Absatz, nicht** jedoch unbedingt den **Umsatz.**
- **Preiserhöhungen** bei einem Gut bei normaler Nachfrage **verringern** zwar den **Absatz, nicht** jedoch unbedingt den **Umsatz.**
- Die **Marktnachfrage** ist von den **gleichen Faktoren** abhängig wie die **individuelle** Nachfrage.

- Die **Marktnachfrage** für ein Gut ist zudem abhängig von der **Zahl** der nachfragenden Haushalte. Bei einem **Bevölkerungswachstum** nimmt im Allgemeinen die Marktnachfrage **zu,** bei einem **Bevölkerungsrückgang** hingegen **ab.**
- Die **Marktnachfrage** für ein Gut ist zudem abhängig von der **Einkommensverteilung** bei den nachfragenden Haushalten. Allgemein gilt: Je **ungleichmäßiger** die Einkommen verteilt sind, desto **geringer** ist die Gesamtnachfrage.

Übungsaufgabe

21

1. Definieren Sie den Begriff Marktnachfrage (Gesamtnachfrage) für ein Gut!
2. Erklären Sie mit eigenen Worten, wie die Marktnachfrage für ein Gut zustande kommt!
3. Die individuellen Nachfragekurven folgender Haushalte nach kg Kartoffeln je Woche sind bekannt:

Armbruster	Bertram	Czerny	Dietermann
$P = 1 - \frac{2}{5}x$	$P = 0{,}8 - \frac{1}{5}x$	$P = 1 - \frac{1}{5}x$	$P = 0{,}5 - \frac{1}{10}x$

P: Preis je kg Kartoffeln; x: kg Kartoffeln.

Aufgaben:

3.1 Ermitteln Sie die Gesamtnachfrage nach Kartoffeln entsprechend der Tabelle auf S. 157!

3.2 Zeichnen Sie die vier Nachfragekurven und konstruieren Sie die Gesamtnachfragekurve durch Queraddition!

4. Neben den Einkommens-, Bedürfnis- und Preisänderungen anderer Güter gibt es weitere Bestimmungsgründe der Gesamtnachfrage nach einem Gut.

Aufgabe:

Wie wirken sich die Veränderungen dieser Faktoren auf die Gesamtnachfrage aus? Begründen Sie Ihre Antwort!

5. In einer Volkswirtschaft gibt es 30000 Haushalte, die gewillt sind, eine 120-m^2-Wohnung zu mieten. Die Monatseinkommen verteilen sich wie in nachstehender Tabelle. Weiterhin wird unterstellt, dass die Haushalte bis zu 50% ihres Einkommens für diese Wohnungen ausgeben wollen. Unter diesen Bedingungen lässt sich die Nachfrage nach Wohnungen bei alternativen Mietpreisen errechnen.

Aufgaben:

5.1 Füllen Sie die nachstehende Tabelle aus:

Anzahl der Haushalte	Einkommen in GE	Gesamteinkommen in Mio. GE	Nachfrage nach 120-m^2-Wohnungen in Stück bei einem Mietpreis von:					
			400 GE	500 GE	750 GE	1000 GE	1250 GE	1500 GE
10000	900	9,0						
8000	1250	10,0						
6000	1900	11,4						
4000	2400	9,6						
2000	5000	10,0						
30000	—	50,0						

5.2 Zeichnen Sie die Nachfragekurve nach Mietwohnungen!

5.3 Wie verhält sich die Nachfrage, wenn die Einkommen gleichmäßiger verteilt wären? Nehmen wir an, dass das Gesamteinkommen in Höhe von 50 Mio. GE gleich bleibt, jedoch wie in nachstehender Tabelle angegeben verteilt ist.

11 Boller-Hartmann 978-3-8120-0585-2

Füllen Sie die Tabelle aus:

Anzahl der Haushalte	Einkommen in GE	Gesamteinkommen in Mio. GE	Nachfrage nach 120-m²-Wohnungen in Stück bei einem Mietpreis von:					
			400 GE	500 GE	750 GE	1000 GE	1250 GE	1500 GE
10000 8000 6000 4000 2000	1000 1500 2000 2500 3000	10,0 12,0 12,0 10,0 6,0						
30000	—	50,0						

5.4 Zeichnen Sie die neue Nachfragekurve nach Mietwohnungen!

5.5 Wie wirkt sich die Einkommensnivellierung (Angleichung) auf die Nachfrage aus? Begründen Sie die von Ihnen festgestellte Entwicklung!

2.3 Nachfrageelastizitäten

2.3.1 Direkte Preiselastizität der Nachfrage

2.3.1.1 Begriff und Arten der direkten Preiselastizität der Nachfrage

(1) Begriff direkte Preiselastizität der Nachfrage

Untersuchen wir zunächst die (lineare) Nachfragekurve. Angenommen, eine Nachfragekurve hat die in der nachfolgenden Abbildung gezeigte Gestalt.

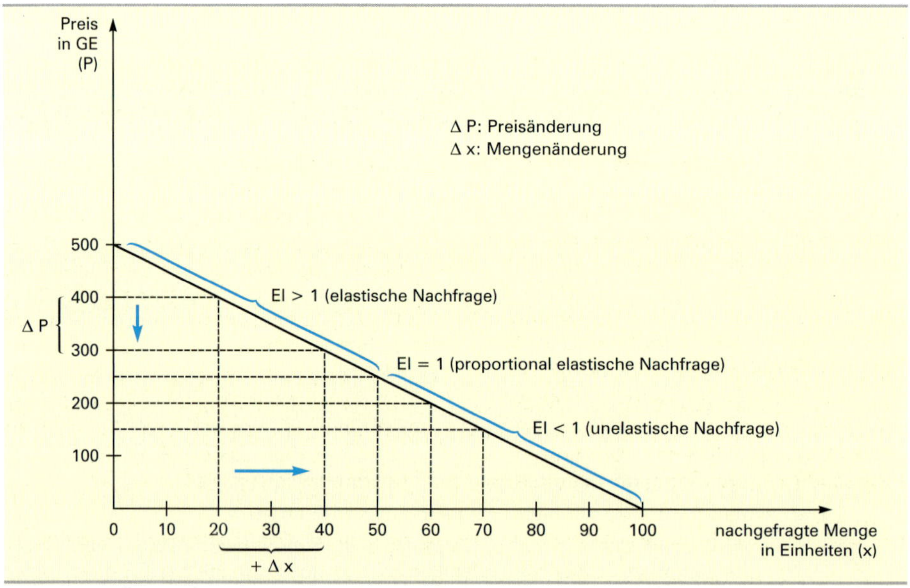

Beträgt in der obigen Abbildung der bisherige Preis z.B. 400 GE, liegt die nachgefragte Menge bei 20 Einheiten. Sinkt der Preis auf 300 GE, steigt die nachgefragte Menge auf 40 Einheiten. Der Zuwachs der Gütermenge (Δ x) beträgt, bezogen auf die **bisher** nachgefragte Menge (x), 100 %. Die Preissenkung (Δ P) beläuft sich, bezogen auf den **bisherigen** Preis, auf – 25 %. Dieser Zusammenhang kommt im Begriff der **direkten**[1] **Preiselastizität** der Nachfrage zum Ausdruck.

Merke:

- Die **direkte Preiselastizität der Nachfrage** (El_{dir}) ist das Verhältnis einer **prozentualen Nachfrageänderung** für ein bestimmtes Gut zu einer **prozentualen Preisänderung** dieses Gutes.
- $El_{dir} = \frac{\text{prozentuale Nachfrageänderung}}{\text{prozentuale Preisänderung}} = \frac{\Delta x \text{ in } \%}{\Delta P \text{ in } \%}$

(2) Elastische und unelastische Nachfrage

Die direkte Preiselastizität der Nachfrage ist im Normalfall **negativ,** weil **Preiserhöhungen** ein **Sinken** bzw. **Preissenkungen** ein **Steigen** der mengenmäßigen Nachfrage nach sich ziehen. In der neueren Literatur hat man, um einen positiven Wert für die direkte Nachfrageelastizität zu erhalten, die Berechnungsformel mit – 1 multipliziert.[2] Wir werden uns im Folgenden dieser Übung anschließen:

$$El_{dir} = \frac{\Delta x \cdot 100}{x} : \frac{\Delta P \cdot 100}{P} = \frac{\Delta x \cdot 100 \cdot P}{x \cdot \Delta P \cdot 100} = \frac{\Delta x}{\Delta P} \cdot \frac{P}{x}$$

Die Symbole bedeuten:

El_{dir}: direkte Preiselastizität der Nachfrage
Δx: Mengendifferenz (Unterschied zwischen bisher nachgefragter und jetzt nachgefragter Menge)
ΔP: Preisdifferenz (Unterschied zwischen bisherigem Preis und neuem Preis)
x: bisher nachgefragte Menge
P: bisheriger Preis

Beispiele:

- Die direkten Preiselastizitäten der Nachfrage aus der Abbildung von vorhergehender Seite berechnen sich auszugsweise wie folgt: Sinkt der Preis von 400 auf 300 GE, beträgt die direkte Preiselastizität 100 % : 25 % = 4. Die Elastizitätskennziffer 4 bedeutet, dass sich bei einer Preisänderung von beispielsweise 1 % die nachgefragte Menge um das Vierfache, also um 4 % ändert.
- Würde der Preis z. B. von 300 auf 250 GE abnehmen, stiege die nachgefragte Menge von 40 auf 50 Einheiten. Die prozentuale Preisänderung beträgt dann $16^2/_3$, die prozentuale Mengenänderung 25 %, die Nachfrageelastizität demnach 1,5.
- Nimmt z. B. der Preis von 250 GE auf 200 GE ab, steigt die Nachfrage von 50 auf 60 Einheiten. Die Mengenzunahme beläuft sich auf 20 %, die Preisabnahme ebenfalls auf 20 %. Die Elastizität ist 1 (proportional elastische Nachfrage).
- Eine weitere Preissenkung, etwa von 200 GE auf 150 GE (25 %), bewirkt eine Nachfrageerhöhung von 60 auf 70 Einheiten ($16^2/_3$ %). Die direkte Preiselastizität der Nachfrage beträgt 0,66.

1 Direkt: unmittelbar. Hier ist der unmittelbare Zusammenhang zwischen Nachfrageänderung und Preisänderung angesprochen.

2 Es ist üblich, nur die Kennziffer für die direkte Preiselastizität mit – 1 zu multiplizieren. Alle übrigen Elastizitätskennziffern (vgl. Kapitel 2.3.2 und Kapitel 2.3.3) werden mit ihren tatsächlichen Werten ausgewiesen.

Die Untersuchung der Nachfragekurve zeigt uns also, dass die Werte für die Preiselastizität in **jedem Punkt** der Kurve **unterschiedlich** sind.[1]

Merke:

- Sind die Änderungen der nachgefragten Mengen prozentual (relativ) **größer** als die prozentualen Preisänderungen (die Elastizität ist größer als 1), spricht man von **elastischer Nachfrage.**
- Sind die prozentualen Mengenänderungen **kleiner** als die prozentualen Preisänderungen (die Elastizität ist kleiner als 1), ist die Nachfrage **unelastisch.**

In den nachstehenden Tabellen wird die Abbildung von S. 162 rechnerisch aufbereitet und die Wirkung einer Preissenkung auf den Umsatz dargestellt.

Vor der Preissenkung nachgefragte Menge (x)	Nach der Preissenkung nachgefragte Menge	Mengenänderung (Differenz = Δ x)	Prozentuale Mengenänderung (Δ x in % von x)
0	20	20	∞ %
20	40	20	100 %
40	50	10	25 %
50	60	10	20 %
60	70	10	$16^2/_3$ %

Bisheriger Preis (P)	Neuer Preis	Preisänderung (Δ P)	Prozentuale Preisänderung (Δ P in % von P)	$\frac{\Delta x \text{ in } \%}{\Delta P \text{ in } \%}$	Elastizität	Wirkung der Preissenkung auf den Umsatz (x · P)
500	400	100	20 %	$\frac{\infty\,\%}{20\,\%}$	∞	↓
400	300	100	25 %	$\frac{100\,\%}{25\,\%}$	4	Umsatz steigt ↓
300	250	50	$16^2/_3$ %	$\frac{25\,\%}{16^2/_3\,\%}$	1,5	Umsatz unverändert
250	200	50	20 %	$\frac{20\,\%}{20\,\%}$	1	↓ Umsatz sinkt
200	150	50	25 %	$\frac{16^2/_3\,\%}{25\,\%}$	0,66	↓

1 Die hier dargestellte Methode zur Berechnung der Elastizitätskennziffern genügt für praktische Zwecke vollkommen. Mathematisch ist sie jedoch ungenau, weil die Elastizität in jedem einzelnen Punkt der Nachfragekurve einen anderen Wert aufweist. Eine exakte Elastizitätsberechnung ist nur möglich, wenn man von sehr kleinen (gegen null tendierenden) Veränderungen der Preise und Mengen ausgeht (dx bzw. dP).

Genauere Werte für die Elastizität erhält man, wenn man die Preis- bzw. Mengenveränderungen nicht auf die bisherigen Preise bzw. Mengen bezieht, sondern die Durchschnittswerte als Basis nimmt. Sinkt z.B. der Preis von 250 auf 200 GE (siehe Abbildung auf S. 162) und steigt infolgedessen die nachgefragte Menge von 50 auf 60 Stück, so ergibt sich ein mittlerer Preis von 225 GE und eine mittlere Menge von 55 Stück. Die prozentuale Mengenänderung beträgt dann 9,09%, die prozentuale Preisänderung 11,11 %, die Elastizitätskennziffer 0,82. Der Vorteil dieser Berechnungsmethode liegt nicht nur darin, dass sie genauer ist, sondern man erhält auch die gleichen Elastizitätswerte, gleichgültig, ob man von sinkenden oder steigenden Preisen bzw. Mengen ausgeht.

(3) Formen der elastischen und unelastischen Nachfrage

In der Wirklichkeit streuen die Elastizitäten **nicht** in ihrer ganzen Breite von 0 bis ∞. Von der Nachfrage nach **lebensnotwendigen Gütern** (nach Gütern des **Zwangsbedarfs**) wird gesagt, dass sie eine **niedrige Nachfrageelastizität** aufweisen, während von den **Kultur- und Luxusbedürfnissen** (nach Gütern des **Wahlbedarfs**) behauptet wird, dass die **Nachfrageelastizität hoch** sei (vgl. Abbildung 1). Statistische Untersuchungen zeigen jedoch, dass dem nicht unbedingt so sein muss.

Der in Abbildung 2 gezeigte Abschnitt einer Nachfragekurve zeigt den Bereich **unelastischer Nachfrage**: Eine **relativ starke Preisänderung** bewirkt nur eine **relativ geringe Nachfrageänderung.** Die Nachfrage ist, wie man verkürzt zu sagen pflegt, „unelastisch". Wirtschaftlich gesehen spielt der Bereich der elastischen Nachfrage bei dieser Kurve keine Rolle. (Beispiele: Nachfrage nach Babynahrung oder nach Süßstoff für Zuckerkranke, Nachfrage nach Kraftstoff für den Pkw, Nachfrage nach Zigaretten.)

Elastische Nachfrage (Nachfrage nach Gütern des Wahlbedarfs): Bei Preissenkungen (-erhöhungen) steigt (sinkt) die Nachfrage verhältnismäßig stark.

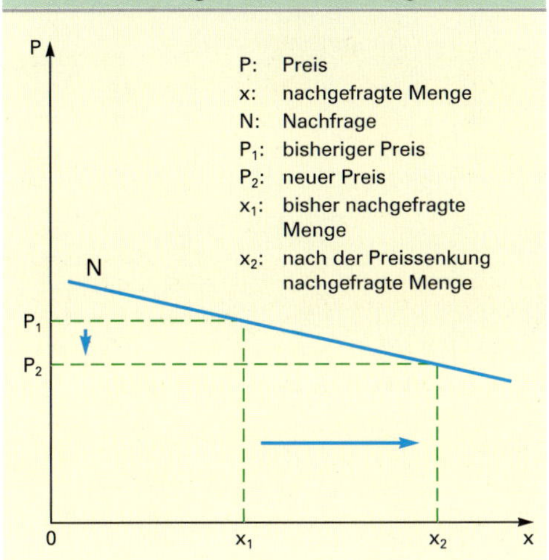

Abb. 1

Unelastische Nachfrage (Nachfrage nach Gütern des Zwangsbedarfs): Bei Preissenkungen (-erhöhungen) steigt (sinkt) die Nachfrage verhältnismäßig schwach.

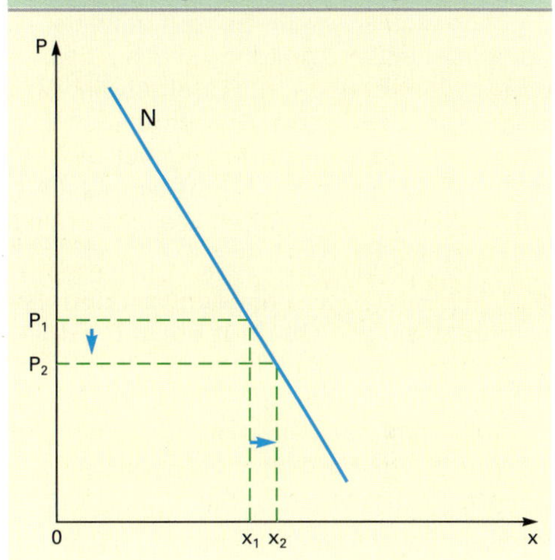

Abb. 2

Die Abb. 1 zeigt den elastischen Bereich einer Nachfragekurve. Verkürzt spricht man von **elastischer Nachfrage,** weil eine **relativ geringe Preisänderung** eine **relativ große Nachfrageänderung** mit sich bringt (z. B. Schmuck, Flugreisen).

Stellt die Nachfragekurve eine Parallele zur Abszisse (x-Achse) dar, ist die Elastizität unendlich groß (∞). Die Nachfrage ist **vollkommen elastisch** (siehe Abb. 3). Dies bedeutet praktisch, dass die Nachfrager **jede beliebige Menge** zu **einem** bestimmten Preis kaufen würden (Grenzfall). Ist die Nachfragekurve eine Parallele zur Ordinate (y-Achse), beträgt die Elastizität **null.** Die Nachfrage ist **vollkommen unelastisch** (siehe Abb. 4): Preisänderungen ziehen **keine** Änderungen der mengenmäßigen Nachfrage nach sich (z. B. lebensnotwendige Medikamente).

Vollkommen elastische Nachfrage

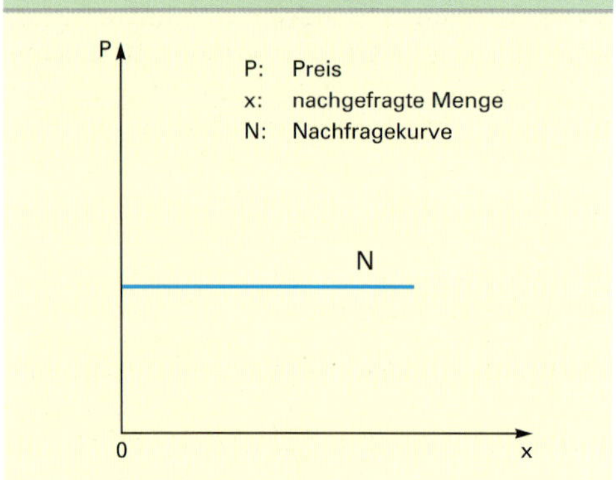

Abb. 3

Vollkommen unelastische Nachfrage

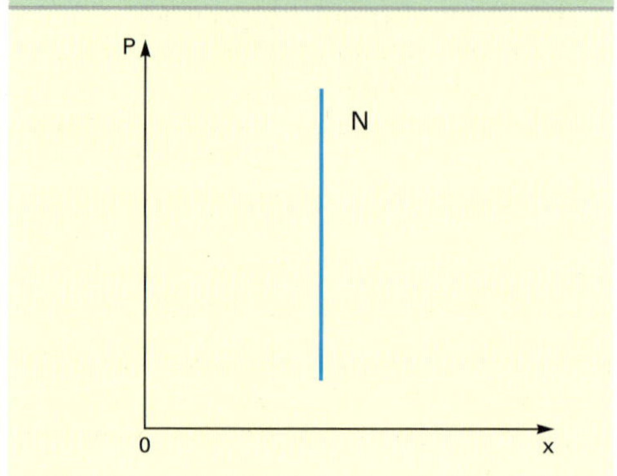

Abb. 4

Es ist sogar möglich, dass die Nachfragefunktion eine **anomale Gestalt** aufweist (vgl. nebenstehende Abbildung), d.h., dass bei **steigenden Preisen** mit **steigender Nachfrage** und umgekehrt zu rechnen ist. Diese Umkehrung des „Nachfragegesetzes" (**anomale** oder **inverse Nachfrageelastizität**) lässt sich in der Realität im Wesentlichen auf drei Ursachen zurückführen:

Snob-Effekt (anomale Nachfrage)

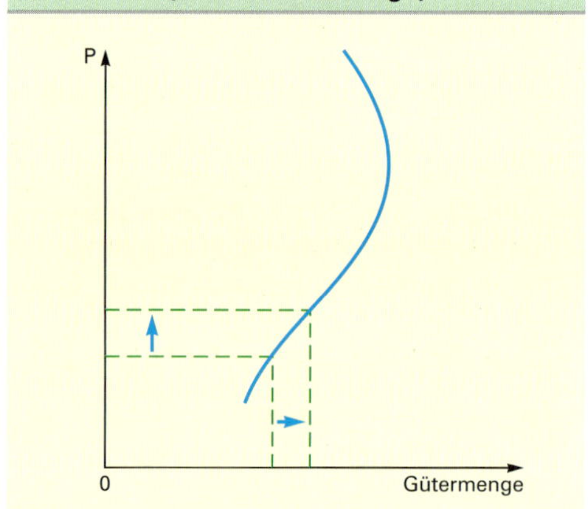

- Die Nachfrager **schließen von dem Preis direkt auf die Qualität eines Produktes,** sodass bei einem höheren Preis wegen der vermuteten höheren Qualität mehr von dem betreffenden Gut nachgefragt wird **(„Qualitätsvermutungseffekt").**
- Die Nachfrager kaufen ein teures Markenprodukt, um sich von der Masse abzuheben **(„Snob-Effekt").** Dieses Phänomen lässt sich u.a. bei Bekleidung beobachten, der erst von einem gewissen Preis an ein Wert beigemessen wird **(Snob-Value),** schon deshalb, weil nicht jeder diesen hohen Preis bezahlen kann.
- Entdeckt wurde das „anomale" Nachfrageverhalten allerdings nicht bei reichen, sondern bei besonders **armen** Haushalten, und zwar schon im 19. Jahrhundert von dem englischen Nationalökonomen Robert Giffen. Nicht zuletzt deshalb wird die anomale Nachfragereaktion auch als **Giffen-Fall** bezeichnet. So stellte Giffen in Londoner Armenvierteln fest, dass bei Haushalten mit sehr geringem Einkommen der Brotkonsum bei steigenden Preisen anstieg. Als Erklärung fand er heraus, dass die Haushalte auf die vor dem Brotpreisanstieg teilweise gekauften höherwertigen Güter wie Fleisch oder Fisch verzichteten. Um satt zu werden, kauften die Haushalte von dem eingesparten Geld trotz Brotpreisanstieg mehr Brot; denn im Brot blieben die sättigenden Kalorien immer noch **verhältnismäßig** billig. Derartiges Verhalten kann heute noch in

Kriegs- und Krisengebieten beobachtet werden, wo die Haushalte trotz steigender Lebensmittelpreise mehr Lebensmittel einkaufen.

Mit Zunahme des Brotpreises musste die ärmere Bevölkerung jedoch zur Deckung des täglichen Kalorienbedarfs ihr Einkommen mehr und mehr auf das lebensnotwendige Brot verwenden und auf den Konsum von höherwertigen Gütern gänzlich verzichten. Die durch den Verzicht auf höherwertige Güter entstandenen Einschnitte bei der Sättigung mussten durch eine entsprechende Ausweitung der täglichen Brotnachfrage ausgeglichen werden.

2.3.1.2 Bedeutung der direkten Preiselastizität der Nachfrage

Kann ein Anbieter aufgrund von Marketingmaßnahmen die Elastizitätskennziffern für sein Produkt bzw. für seine Ware ermitteln oder zumindest abschätzen, ist er auch in der Lage zu beurteilen, ob seine Preispolitik zu sinkenden oder zu steigenden Umsätzen führt.

Merke:

- Ist die Nachfrage **elastisch** ($El_{dir} > 1$), führen **Preissenkungen** zu steigenden Umsätzen, **Preiserhöhungen** zu **sinkenden** Umsätzen.
- Ist die Nachfrage **unelastisch** ($El_{dir} < 1$), führen **Preissenkungen** zu **Umsatzrückgängen, Preissteigerungen** zu **steigenden Umsätzen.**

Allerdings ist festzuhalten: Die immer größer werdende Zahl von verwandten Produkten führt zu zunehmender **Substitutkonkurrenz.** Daraus ist zu schließen, dass in den **hoch entwickelten** Volkswirtschaften die **direkte Preiselastizität** der Nachfrage **allgemein zunimmt.** Dies führt wiederum dazu, dass Preiserhöhungen eines einzelnen Anbieters unter sonst gleichen Bedingungen Umsatzeinbußen mit sich bringen. Preiserhöhungen im Gleichschritt oder mit kurzer zeitlicher Abstufung sind daher heute die Regel geworden. Der Konkurrenzkampf der Anbieter verlagert sich auf andere absatzpolitische Instrumente wie z. B. Werbung, Produktgestaltung, Wahl geeigneter Vertriebsformen und -wege.

2.3.2 Kreuzpreiselastizität – indirekte Preiselastizität der Marktnachfrage

2.3.2.1 Begriff und Arten der Kreuzpreiselastizität

Neben der direkten Preiselastizität kennt die Volkswirtschaftslehre den Begriff der **indirekten Preiselastizität,** auch **Kreuzpreiselastizität** (El_{ind}) genannt.

Merke:

- Die **Kreuzpreiselastizität (indirekte Preiselastizität der Nachfrage)** ist das Verhältnis einer prozentualen Nachfrageänderung für ein **Gut A** zu einer prozentualen Preisänderung eines **Gutes B.**
- $El_{ind} = \frac{\text{prozentuale Nachfrageänderung für das } \textbf{Gut A}}{\text{prozentuale Preisänderung für das } \textbf{Gut B}} = \frac{\Delta x_A \text{ in } \%}{\Delta P_B \text{ in } \%}$

Der Sachverhalt lässt sich auch mit folgender **Formel** wiedergeben:

$$El_{ind} = \frac{\Delta x_A \cdot 100}{x_A} : \frac{\Delta P_B \cdot 100}{P_B} = \frac{\Delta x_A \cdot 100 \cdot P_B}{x_A \cdot \Delta P_B \cdot 100} = \frac{\Delta x_A}{\Delta P_B} \cdot \frac{P_B}{x_A}$$

Die Symbole bedeuten:

El_{ind}: indirekte Preiselastizität der Nachfrage (Kreuzpreiselastizität)

Δx_A: Mengendifferenz (Unterschied zwischen bisher nachgefragter Menge des Gutes A und jetzt nachgefragter Menge des Gutes A)

ΔP_B: Preisdifferenz (Unterschied zwischen bisherigem Preis des Gutes B und neuem Preis des Gutes B)

x_A: bisher nachgefragte Menge des Gutes A

P_B: bisheriger Preis des Gutes B

Bei der indirekten Preiselastizität der Nachfrage ist die Elastizitätskennziffer (der Elastizitätskoeffizient) **negativ,** wenn es sich um **Komplementärgüter** handelt **(Komplementärelastizität).**

Beispiel:

Steigt der Preis für Benzin von 1,00 GE auf 1,10 GE, nimmt – so sei angenommen – die Nachfrage nach Autos mit hohem Benzinverbrauch von 2000 auf 1600 Stück je Periode ab. Die Komplementärelastizität beträgt – 2. Dies besagt, dass der Prozentsatz der Nachfrageverringerung beim Gut A (Autos) doppelt so groß ist wie der Prozentsatz der Preiserhöhung beim Gut B (Benzin).

Bei **Substitutionsgütern** ist die Elastizitätskennziffer positiv **(Substitutionselastizität).**

Beispiel:

Steigt der Preis für Schweinefleisch von 10,00 GE auf 12,00 GE je kg, nimmt die Nachfrage nach Brathähnchen – so sei unterstellt – von 1000 Stück auf 1100 Stück je Periode zu. Die Substitutionselastizität beträgt + 0,5. Dies besagt, dass die Haushalte in dem betreffenden Gebiet auf Hähnchen ausweichen, falls deren Preis konstant bleibt. Der Prozentsatz der Nachfrageerhöhung nach dem Gut A (Hähnchen) ist halb so groß (0,5) wie der Prozentsatz der Preiserhöhung des Gutes B (Schweinefleisch).

2.3.2.2 Bedeutung der Kreuzpreiselastizität

Für Anbieter ist es nicht nur wichtig, die Reaktionen der Käufer bei eigenen Preisänderungen vorauszuschätzen, sondern auch die Preisentwicklung bei **Konkurrenzprodukten,** die in der Regel den Charakter von Substitutprodukten besitzen (Autos verschiedener Hersteller, Weine verschiedener Provenienzen), zu beobachten. Bei Preiserhöhungen der Substitutionsgüter kann es daher sinnvoll sein, eigene Preiserhöhungen zu unterlassen, um einen größeren Marktanteil zu gewinnen. Eigene Preiserhöhungen führen hingegen dazu, dass die Kunden auf Konkurrenzprodukte (Substitute) ausweichen. Die steigende Zahl eng verwandter Produkte bringt so eine **Schwächung der Marktmacht** der Anbieter und eine Stärkung der Marktmacht der Verbraucher mit sich.

Anbieter, die Komplementärgüter herstellen bzw. vertreiben (z.B. Fensterglas – Rohbauerstellung), müssen mit einer negativen Kreuzpreiselastizität rechnen. **Steigen** die Preise der **Komplementärgüter,** sind unter sonst gleichen Bedingungen **Nachfragerückgänge** nach dem eigenen Produkt zu erwarten. Für Anbieter von Komplementärgütern ist es demnach lebenswichtig, den **langfristigen Trend** (Entwicklungsrichtung) auf dem Komplementärgütermarkt zu beobachten. Bei rückläufigen Entwicklungen helfen preispolitische Maßnahmen nicht, den Umsatz zu halten. Vielmehr müssen sich solche Anbieter rechtzeitig auf die Produktion bzw. den Handel mit zukunftssicheren Gütern einstellen.

2.3.3 Einkommenselastizität der Marktnachfrage

2.3.3.1 Begriff der Einkommenselastizität

Über die Beziehungen zwischen der durchschnittlichen Änderung des Einkommens **aller** Wirtschaftssubjekte einer Volkswirtschaft und der Entwicklung der **Nachfrage nach einem bestimmten Gut** gibt die **Einkommenselastizität der Nachfrage** (El_E) Auskunft.

Merke:

- Unter **Einkommenselastizität der Nachfrage** versteht man das Verhältnis einer prozentualen Nachfrageänderung eines Gutes zu einer prozentualen Veränderung des Volkseinkommens.
- $El_E = \frac{\text{prozentuale Nachfrageänderung für das Gut}}{\text{prozentuale Änderung des Volkseinkommens}} = \frac{\Delta\, x \text{ in } \%}{\Delta\, E \text{ in } \%}$

Die **Berechnungsformel** lautet:

$$El_E = \frac{\Delta x \cdot 100}{x} : \frac{\Delta E \cdot 100}{E} = \frac{\Delta x \cdot 100 \cdot E}{x \cdot \Delta E \cdot 100} = \frac{\Delta x}{x} \cdot \frac{E}{\Delta E}$$

Es bleibt offen, ob die Einkommenselastizität positiv oder negativ ist. Bei **Gütern des gehobenen Bedarfs** ist es in der Regel so, dass die **Nachfrage zunimmt,** wenn die **Einkommen steigen.** Güter mit einer **positiven** Einkommenselastizität heißen **superiore**[1] **Güter.** Man spricht von elastischer Nachfrage, wenn die Elastizitätskennziffer größer als 1 ist, von unelastischer Nachfrage, wenn die Elastizitätskennziffer kleiner als 1 ist.

2.3.3.2 Engel-Schwabe'sches Gesetz

Die Nachfrage nach verschiedenen Gütergruppen wächst mit steigendem Einkommen sehr unterschiedlich. So hat im Jahre 1857 der Statistiker Engel[2] nachgewiesen, dass mit steigendem Einkommen die privaten Haushalte für Grundnahrungsmittel kaum mehr ausgeben. Dies bedeutet, dass der prozentuale Anteil der Haushaltsausgaben für Grundnahrungsmittel mit steigendem Einkommen sinkt, mit sinkendem Einkommen wächst **(Engel'sches Gesetz).** Der Grund: Auch die Reichen können kaum mehr Wasser verbrauchen, mehr Brot essen oder mehr Salatöl verwenden als die Armen.

---

1 Superior: höherwertig, übergeordnet.

2 Ernst Engel (1821–1896) und Hermann Schwabe (1830–1874) waren preußische Statistiker.

Analog dazu stellte der Statistiker Schwabe[1] bei steigendem Einkommen **absolut steigende** Ausgaben für Wohnen fest, wobei der **Anteil** der Wohnausgaben vom Einkommen jedoch **sinkt.** Die Einkommenselastizität der Nachfrage nach Wohnungsnutzung ist also **kleiner** als eins. Das Engel'sche Gesetz bzw. **Engel-Schwabe'sche Gesetz** zählt zu den durch empirische Forschung am besten gesicherten wirtschaftlichen Gesetzmäßigkeiten.

Merke:

Mit **steigendem Einkommen** nehmen die **Ausgaben für Grundnahrungsmittel** (Engel) bzw. **Wohnraum** (Schwabe) **absolut zu,** der **Anteil dieser Ausgaben am Einkommen** aber **sinkt** (Engel-Schwabe'sches Gesetz).

Allerdings gibt es auch Güter, bei denen die Nachfrage nicht steigt, wenn die Einkommen steigen. Sie nimmt sogar absolut ab. Dies ist bei den so genannten **inferioren[1] Gütern** der Fall: Mit steigenden Einkommen werden sie durch **superiore Güter** ersetzt (z. B. Brötchen statt Brot, Fruchtsäfte statt Wasser, Gemüse statt Kartoffeln). Bei inferioren Gütern ist demnach die Einkommenselastizität **negativ.**

Zunehmende Nachfrage nach einem superioren Gut aufgrund von Einkommenserhöhungen (Verschiebung der Nachfragekurve nach „rechts")

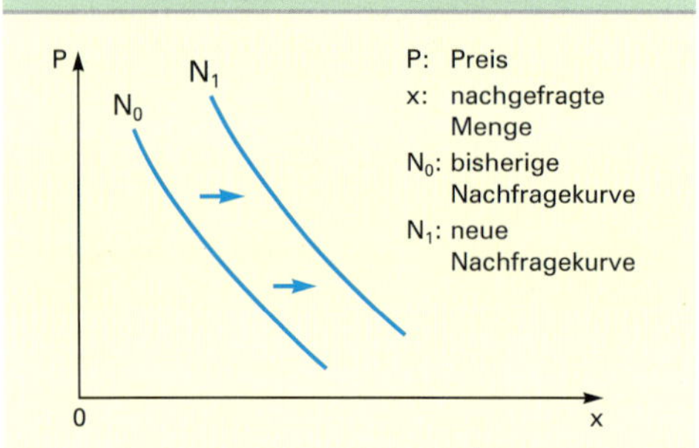

Abnehmende Nachfrage nach einem inferioren Gut aufgrund von Einkommenserhöhungen (Verschiebung der Nachfragekurve nach „links")

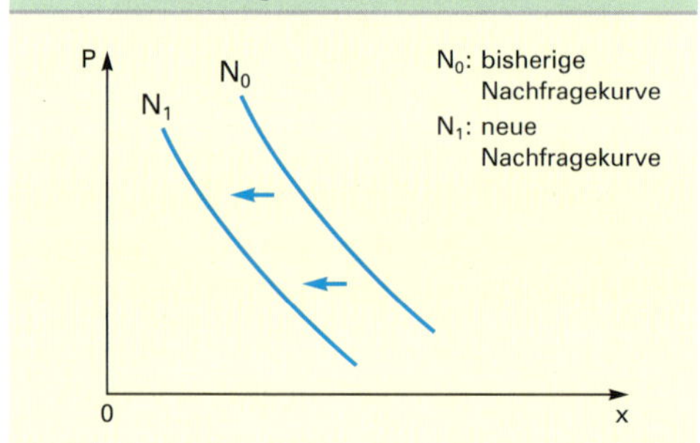

2.3.3.3 Bedeutung der Einkommenselastizität

Untersuchungsergebnisse über tatsächliche Einkommenselastizitäten in einer Volkswirtschaft sind nicht nur für die Unternehmen (die Anbieter) interessant, weil sich daraus Rückschlüsse auf die **Marktentwicklung** ziehen lassen, sondern auch für die Regierungen. Will eine Regierung z. B. die Steigerungsraten ihrer Einnahmen aus indirekten Steuern[2] an die Steigerungsraten der Einkommen binden, muss sie die Güter am stärksten belasten, die eine **hohe Einkommenselastizitätskennziffer** aufweisen. Diese Spaltung der Steuersätze ist auch sozialpolitisch erwünscht, weil die Schichten mit niedrigen Einkommen steuerlich entlastet werden.

---

1 Inferior: wörtl. minderwertig, untergeordnet.

2 Die Steuern werden von der Statistik in direkte und indirekte Steuern eingeteilt. Zu den **indirekten Steuern** rechnen alle **Kostensteuern,** d. h. die Steuern, die bei der Gewinnermittlung abzugsfähig sind und die die Unternehmen voll auf die Verbraucher überwälzen (z. B. Gewerbesteuer, Grundsteuer, Tabaksteuer, Kaffeesteuer und Umsatzsteuer). Alle übrigen Steuern werden als **direkte Steuern** bezeichnet, weil sie aus dem **Gewinn** zu zahlen sind (z. B. Einkommensteuer, Körperschaftsteuer).

In der Realität stößt man jedoch bei der Festlegung der Einkommenselastizitäten auf Schwierigkeiten, weil sich diese im Zeitablauf in nicht immer voraussehbarer Weise verändern. Technische Neuerungen, modische Änderungen, Geschmackswandel, wachsendes Umwelt- und Gesundheitsbewusstsein – insbesondere zwischen Generationen – und auch Schwerpunkte der Werbung beeinflussen das Verbraucherverhalten im Gegensatz zur Vergangenheit, in der die zumeist starke Steigerung der Einkommen zu einem optimistischen Verbraucherverhalten aufgrund sich rechtfertigender Einkommenserwartungen geführt hat.

Zusammenfassung

- Die **direkte Preiselastizität der Nachfrage** ist das Verhältnis einer **prozentualen** Änderung der nachgefragten **Menge** eines bestimmten Gutes zu einer **prozentualen Preisänderung** dieses Gutes.
- Die **direkte Preiselastizität** der Nachfrage ist im Normalfall **negativ.**
- Ist die Elastizität **größer** eins, spricht man von einer **elastischen Nachfrage,** ist die Elastizität **kleiner** eins, handelt es sich um eine **unelastische Nachfrage.**
- Ist die **Nachfrage elastisch,** führen **Preissenkungen zu Umsatzsteigerungen;** ist die **Nachfrage unelastisch,** führen **Preissenkungen zu Umsatzrückgängen.**
- Bei der **Kreuzpreiselastizität (indirekte Preiselastizität der Nachfrage)** setzt man die prozentuale Nachfrageänderung für ein **Gut A** zu einer prozentualen Preisänderung von **Gut B** in Beziehung.
- Ist die Kreuzpreiselastizität **positiv,** handelt es sich um **Substitutionsgüter,** ist sie hingegen **negativ,** handelt es sich um **Komplementärgüter.**
- Die **Einkommenselastizität** bemisst das Verhältnis einer prozentualen Nachfrageänderung zu einer prozentualen Einkommensänderung.
- Ist die Einkommenselastizität **negativ,** handelt es sich um ein **inferiores** Gut, ist sie hingegen **positiv,** handelt es sich um ein **superiores** Gut.
- Überblick über die **Arten der Nachfrageelastizität:**

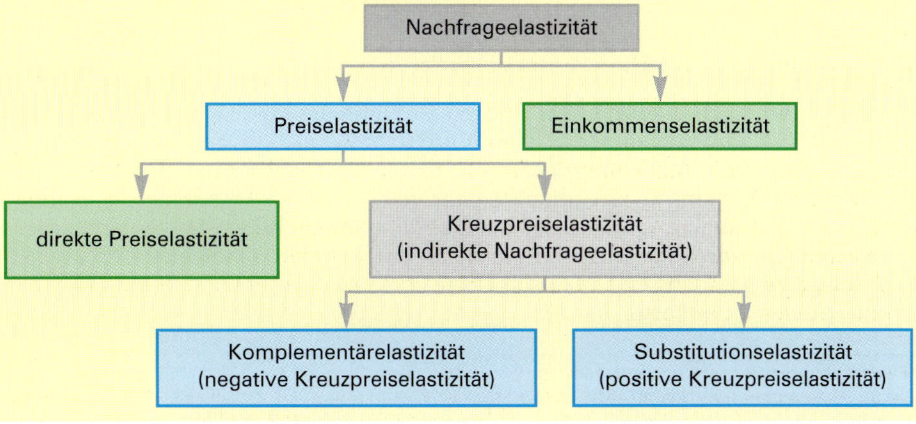

Übungsaufgaben

22 1. Definieren Sie die Arten der Nachfrageelastizität und geben Sie die jeweilige Berechnungsformel an!

2. Ein Winzer hat im vergangenen Jahr 100 hl Wein hergestellt. Seine Gesamtkosten beliefen sich auf 10000,00 GE. Er besitzt eine Stammkundschaft, die allerdings nicht bereit ist, jeden geforderten Preis zu zahlen. Seine Kunden reagieren auf Preisänderungen wie folgt:

Preis je Liter	1,90	1,80	1,70	1,60	1,50
Gekaufte Mengen (in l)	8000	8500	9000	9500	10000

Aufgaben:

2.1 Berechnen Sie die Elastizitätskennziffern, wenn der Winzer den Preis von 1,90 GE auf 1,80 GE, von 1,80 GE auf 1,70 GE, von 1,70 GE auf 1,60 GE und von 1,60 GE auf 1,50 GE senkt!

2.2 Welche Art der Elastizität haben Sie unter 2.1 berechnet?

2.3 Welchen Preis wird der Winzer festsetzen, wenn er einen maximalen Umsatz erzielen will? Wie hoch ist dann sein Reingewinn?

2.4 Welche Beziehungen bestehen zwischen den von Ihnen berechneten Elastizitätskennziffern und der Umsatzentwicklung bei alternativen Preisen?

3. Angenommen, der Bierpreis ist um 20 % gestiegen. Daraufhin nimmt die Nachfrage nach Wein um 10 % zu.

Aufgaben:

3.1 Wie groß ist die Elastizitätskennziffer?

3.2 Welche Art der Elastizität haben Sie unter 3.1 berechnet?

3.3 Erklären Sie die Zunahme der Nachfrage nach Wein!

4. Angenommen, die Baukosten sind um 10 % gestiegen. Daraufhin nimmt die Nachfrage nach Einbauküchen um 4 % ab.

Aufgaben:

4.1 Berechnen Sie die Elastizitätskennziffer!

4.2 Welche Art der Elastizität haben Sie unter 4.1 berechnet?

4.3 Erklären Sie die Gründe für die Abnahme der Nachfrage nach Einbauküchen!

5. Angenommen, die Einkommen aller privaten Haushalte einer Volkswirtschaft sind in einem bestimmten Jahr um 8 % gestiegen. Die Einkommenselastizität für Anzüge beträgt 0,8, die für Kaffee 0,75 und die für Mangold (Gemüsesorte) – 0,1. Im Jahr zuvor wurden 1 Mio. Anzüge, 20 Mio. kg Kaffee und 50 Mio. kg Mangold gekauft.

Aufgabe:

Wie entwickelte sich der Absatz bei den drei genannten Güterarten?

6. In Frage 5 sind drei Güterarten genannt.

Aufgaben:

6.1 Welche(s) davon sind (ist) inferior, welche(s) superior?

6.2 Worin liegt der Unterschied zwischen beiden Güterarten?

7. Lesen Sie nachstehenden Text sorgfältig durch:

Zunächst folgt aus der verschiedenen Nachfrageelastizität für diese oder jene Güter, „dass der Verbrauch der Individuen, ohne Rücksicht auf ihre Einkommensunterschiede, umso gleichförmiger zu sein pflegt, je unelastischer das infrage stehende Bedürfnis ist. Nun wissen wir aber, dass das umso mehr der Fall ist, je lebenswichtiger ein Bedürfnis ist. In der Tat verbrauchen die Reichen kaum mehr Wasser, Salz oder Brot als die Armen. Ein anderes Ergebnis ist dieses: Je kleiner das Einkommen ist, umso größer ist derjenige Teil, der für Lebensmittel ausgegeben wird. Diese Tatsache ist zuerst von dem preußischen Statistiker Engel im Jahre 1857 nachgewiesen worden (Engel'sches Gesetz); ein anderer Statistiker, Schwabe, hat später den gleichen Nachweis für Wohnungsausgaben erbracht (Schwabe'sches Gesetz)."[1]

Aufgaben:

7.1 Von welcher Elastizitätsart ist die Rede? Begründen Sie Ihre Aussage!

7.2 Welche Güterart wird angesprochen? Begründen Sie Ihre Antwort!

23 Frau Erika Kuhl hat folgende Nachfragefunktion nach Benzin:

$$P = 4 - \frac{1}{10}x,$$

wobei P: Preis und x: nachgefragte Liter Benzin je Woche bedeuten.

Aufgaben:

1. Zeichnen Sie die individuelle Nachfragekurve (N_1) von Frau Kuhl!
2. Begründen Sie, warum es sich um eine normale Nachfragekurve handelt!
3. Aufgrund einer Tariflohnerhöhung steigt das Einkommen von Frau Kuhl. Sie ist gewillt, bei jedem denkbaren Benzinpreis wöchentlich 10 Liter Benzin mehr als bisher zu kaufen.

   Stellen Sie zeichnerisch und verbal dar, wie sich die Nachfragekurve von Frau Kuhl gegenüber der Nachfragekurve N_1 (Aufgabe 1) verändert hat!
4. Frau Kuhl ändert ihr Verhalten und beschließt, aufgrund ihres gestiegenen Einkommens 25 % mehr Benzin als bisher (Situation 1, Nachfragekurve N_1) zu kaufen.

   Zeichnen Sie die neue Nachfragekurve!
5. Worin unterscheidet sich die Veränderung im Fall 4 von der Veränderung im Fall 3?
6. Frau Kuhl bekommt einen neuen Arbeitsplatz im Nachbarort, den sie nur mit dem Auto erreichen kann. Sie braucht wöchentlich 20 Liter Benzin. Auf private Autofahrten verzichtet sie vollständig.

   Zeichnen Sie die Nachfragekurve von Frau Kuhl!
7. Wie heißt eine derartige Nachfragekurve und wie lässt sich deren Verlauf begründen?
8. Frau Kuhl schließt sich mit einer Kollegin, die am gleichen Ort wohnt, zu einer Fahrgemeinschaft zusammen, sodass sie unter sonst gleichen Bedingungen wöchentlich nur noch halb so viel Benzin wie zuvor braucht.

   Zeichnen Sie die neue Nachfragekurve von Frau Kuhl!
9. Wilhelm Röpke schrieb in seinem Buch „Die Lehre von der Wirtschaft" u.a.: „Wir sehen den Vorgang in voller Deutlichkeit bei einem so trivialen Anlass wie dem des Kofferpackens für eine Reise. Da wir nicht unsere ganze Habe mitnehmen können, überlegen wir uns zunächst, welche Dinge wir am dringendsten brauchen (Auswahl); zugleich aber wägen wir ein Mehr an Hemden gegen ein Weniger an Schuhen, ein Mehr an Büchern gegen ein Weniger an Anzügen so gegeneinander ab, dass alles in einem vernünftigen Verhältnis zueinander steht (Begrenzung)."

   Aufgabe:

   Welches „Gesetz" wird hier von Röpke beschrieben? Begründen Sie Ihre Aussage!

---

1 Röpke, W., a.a.O., S. 27.

10. Der Grenznutzen eines privaten Verbrauchers je 100 g zusätzliche Einheit Brot entwickelt sich mit zunehmender Brotmenge wie folgt:

Brotmenge insgesamt	100	200	300	400	500	600
Grenznutzen je 100 g Brot in Nutzeneinheiten	60	35	25	15	10	0

Angenommen, der angesprochene private Haushalt hat pro Tag für den Brotkauf 3,00 GE eingeplant.

Aufgabe:

Leiten Sie die (individuelle) Nachfragekurve dieses Haushalts ab! Die alternativen Preise je 100 g Brot sollen betragen: 0,60 GE, 1,20 GE, 1,80 GE und 3,00 GE.

11. Wie wirken sich Einkommens-, Bedürfnis- und Preisänderungen anderer Güter auf die Haushaltsnachfrage nach einem Gut aus? Zeichnen Sie die Kurven und begründen Sie Ihre Feststellungen!

24

1. Wie müsste eine normale Nachfragekurve verlaufen, wenn die direkte Preiselastizität in jedem Punkt der Kurve 1 betragen soll?

2. Lesen Sie nachstehenden Zeitungsartikel sorgfältig durch:

Kaffee-Ersatz wieder aktuell

Die hohen Preise für Bohnenkaffee lassen die Nachfrage kräftig steigen

as. Hamburg (vwd). Die Verknappung von Rohkaffee am Weltmarkt und die daraus resultierenden stark gestiegenen Preise für Bohnenkaffee haben die Kaffee-Ersatzmittel wieder in das Blickfeld gerückt. Nicht nur in der Bundesrepublik hat sich die Nachfrage belebt, auch in den USA werden die teuren Bohnen mit so genanntem Kaffee-Ersatz gestreckt. Sogar in dem größten Kaffeeproduktionsland Brasilien werden für den inländischen Konsum aufgrund der Verknappung von Kaffee Überlegungen in dieser Richtung angestellt.

Die „Blütezeit" der Surrogate in der Bundesrepublik Ende der vierziger und Anfang der fünfziger Jahre dauerte nicht lange. Mit dem rapide zunehmenden Konsum von Bohnenkaffee verloren sie ständig an Boden und sanken in einen „Regalschlaf", die ursprünglich etwa 180 Hersteller von Kaffeemitteln schrumpften auf gegenwärtig nur noch acht zusammen. Marktführer unter ihnen ist mit weitem Abstand die zur Nestle-Gruppe gehörende Unifranck Lebensmittelwerke GmbH (Ludwigsburg) mit den traditionellen Marken Linde's und Kathreiner sowie den löslichen Produkten Caro, Mit und Kneipp-Malzkaffee.

Der in der Vergangenheit ständig rückläufige Absatz hat nach einem vorübergehenden Stillstand in den letzten Monaten eine deutliche Belebung erfahren. Je nach Produkt verzeichnete Unifranck, wir berichteten bereits kurz darüber, in den ersten Monaten dieses Jahres Umsatzsteigerungen bis zu 25%.

Aufgaben:

2.1 Von welcher Elastizitätsart ist die Rede? Begründen Sie Ihre Aussage!

2.2 Begründen Sie die Zunahme der Nachfrage nach Kaffee-Ersatz!

3. Nehmen Sie zu folgendem Zeitungsartikel Stellung:

Frische Zitrusfrüchte direkt auf den Müll

Italienische Obstbauern sind sauer – Preise werden künstlich erhöht

Selbst die süßesten Orangen machen die Bauern Italiens sauer. Bis zum Höhepunkt der Zitronenernte wurden über 700000 Doppelzentner Orangen, Mandarinen und Zitronen vernichtet.

Die Lastwagen fahren sie direkt von der Ernte in die staatlich überwachten Vernichtungslager oder Abfallplätze. Insgesamt gibt es 41 solcher Sammelstellen, wo die Südfrüchte vernichtet werden, um auf solch absurde Weise den Preis künstlich hochzuhalten.

Wer in diesen Tagen die Pflücker bei der Ernte anspricht, bekommt als Antwort Resignation, wütende Empörung oder vieldeutiges Schweigen. Die Empörung betrifft die Vernichtung, die Resignation die Einsicht, dass ohne diese Zerstörung des Früchtereichtums die Bauern nicht mehr auf ihre Kosten kämen.

Desinteresse der amtlichen Stellen, Schlendrian in den Lieferungen sowie Interessen der Mafia (daher das schweigende Achselzucken der Orangenpflücker) lassen die Früchte keineswegs in einer angemessenen Zeit und zu einem entsprechenden Preis an die Verbraucher kommen. Häufig bekommt der Verbraucher dann auch nicht die so hochgelobten Früchte, sondern Ramsch, weil der Transport unsachgemäß organisiert wurde, zu lange dauerte und mitunter schon vor Ort zweitklassige Ware verladen wurde.

Die Preise könnten durchaus konkurrenzfähig sein, wenn „ein parasitärer Zwischenhandel" ausgebootet würde, denn die durch die Vernichtungsaktionen gesicherten Preise liegen bei Mandarinen bei 20 Cents, bei Orangen bei 25 Cents und bei Zitronen bei 35 Cents je Kilogramm. Schon in Rom muss der Verbraucher ein Vielfaches dieser Preise zahlen.

4. Das Kaufhaus Reich & Sohn OHG machte im Dezember des vergangenen Jahres folgenden Versuch: An der Kasse der Lebensmittelabteilung wurden drei Körbe mit Apfelsinen des gleichen Exporteurs gefüllt. Die Apfelsinen unterschieden sich in nichts außer in ihrem Preis: 1,50 EUR, 1,80 EUR und 2,00 EUR je kg. Das Erstaunliche an diesem Versuch war, dass zuerst der Korb mit den teuersten, dann der Korb mit den zweitteuersten und dann erst der Korb mit den billigen Apfelsinen leer war.

Aufgaben:

4.1 Begründen Sie das Kaufverhalten der Kundinnen und Kunden!

4.2 Zeichnen Sie die individuelle Nachfragekurve einer Kundin, die ebenfalls die teureren den billigeren Apfelsinen vorzog!

4.3 Bezeichnen Sie die zu 4.2 gezeichnete Nachfragekurve!

4.4 Begründen Sie diese Bezeichnung!

5.

Chaos auf dem Bananenmarkt

HAMBURG (dpa). Der Bananenverbrauch in Deutschland ist nach Angaben der Fruchtimporteure seit dem 1. Juli in Deutschland „drastisch" um fast 40 Prozent gesunken. „Die europäischen Bananenmärkte sind im Chaos", bilanzierten Fruchtimporteure nach „100 Tagen Bananenregelung" am Donnerstag in Hamburg. Die Einzelhandelspreise in Deutschland seien um durchschnittlich 45 Prozent gestiegen.

Aufgaben:

5.1 Berechnen Sie die Nachfrageelastizität nach Bananen!

5.2 Welche Art der Nachfrageelastizität liegt vor?

3 Das Entscheidungsverhalten der Unternehmen als Anbieter

3.1 Produktions- und Kostentheorien

3.1.1 Kosten der Produktion[1]

Unter Kosten versteht man den in **Geld bewerteten Verzehr von Produktionsfaktoren** zur **Erstellung** und zum **Absatz** betrieblicher Leistungen sowie zur Aufrechterhaltung der hierfür notwendigen Kapazitäten. Der „Kostenverlauf" eines Unternehmens in Abhängigkeit von seinen produzierten Leistungen lässt sich mittels Kostenfunktionen darstellen. Eine **Kostenfunktion** beschreibt das **Ursache-Wirkungs-Verhältnis** zwischen der **Ausbringungsmenge (x)** als Ursache und den **aufzuwendenden Kosten** des mit Marktpreisen bewerteten Verzehrs an Produktionsfaktoren als Wirkung.

Beispiel:

Steigt bei einem Automobilhersteller die Anzahl der pro Jahr hergestellten Fahrzeuge, so benötigt das Unternehmen u.a. entsprechend mehr Roh-, Hilfs- und Betriebsstoffe und es kommt – unter sonst gleichen Bedingungen – zu einer Kostensteigerung.

Die **Ausbringungsmenge** eines Unternehmens – und somit auch deren **Kostenverlauf** – hängt jedoch **ganz entscheidend** von der zugrunde liegenden Produktionsfunktion ab. Die **Produktionsfunktion** beschreibt den **funktionalen Zusammenhang** zwischen der hergestellten Gütermenge und der Menge der in den Produktionsprozess eingehenden Produktionsfaktoren.

Bezüglich ihrer Eigenschaften lassen sich Produktionsfaktoren in vielerlei Hinsicht unterscheiden, so auch dahingehend, inwieweit die **eingesetzten Produktionsfaktoren austauschbar (Produktionsfaktor vom Typ A)** oder **nicht austauschbar (Produktionsfaktor vom Typ B)** sind.

3.1.2 Produktionsfunktion vom Typ A (Ertragsgesetz)

Im Folgenden werden die Beziehungen zwischen dem Einsatz der Produktionsfaktoren (kurz: **Faktoreinsatz** oder **Input** genannt) einerseits und der Gütererstellung (kurz: **Ausbringung** oder **Output** genannt) dargestellt.

Beispiel:

In einer landwirtschaftlichen Versuchsanstalt soll untersucht werden, welche Auswirkungen die Intensität der Bodenbearbeitung (pflügen, Unkraut jäten, hacken) unter sonst gleichen Bedingungen auf den mengenmäßigen Ertrag (Output) von Spätkartoffeln hat. Hierzu werden 8 Felder von je 10 Ar bereitgestellt, die die gleiche Bodenbeschaffenheit besitzen. Alle Felder werden mit der gleichen Düngermenge versehen. Außerdem wird auf allen Feldern die gleiche Anzahl Saatkartoffeln von gleicher Qualität gelegt.

1 Zu den betriebs- und volkswirtschaftlichen Kostenbegriffen vgl. Kapitel 3.2.1.2 im Rahmen des Kursthemas „Die Strukturen und Prozesse einer Volkswirtschaft".

Nach Ablauf des Erntejahres erhält die Versuchsanstalt folgende Ernteergebnisse:

Feld-Nr.	Arbeitseinsatz in 100 Stunden	Mengenmäßiger Ertrag in dt[1] je Feld (Gesamtertrag)	Durchschnittsertrag je 100 Arbeitsstunden	Grenzertrag in dt je 100 Arbeitsstunden
A	–	–	–	
B	1	5	5	5
C	2	14	7	9
D	3	25	8,3	11
E	4	34	8,5	9
F	5	40	8	6
G	6	43	7,1	3
H	7	41	5,9	– 2

Aus unserem Beispiel lässt sich eine Reihe von Erkenntnissen gewinnen:

(1) Prämissen des Modells

Ein Produktionsfaktor bzw. eine Faktorgruppe wird konstant gehalten (Boden, landwirtschaftliche Werkzeuge und/oder Maschinen, Düngemittel und Saatgut). Ein anderer Produktionsfaktor (im Beispiel der Arbeitseinsatz) wird variiert, d.h. in unterschiedlichen „Mengen" eingesetzt.

Weiterhin gilt, dass die Produktionsfaktoren zumindest teilweise gegenseitig austauschbar (substituierbar) sind.

Beispiel:

Auf 4 Feldern kann mit 400 Arbeitsstunden ebenso viel wie auf 3 Feldern mit 500 Arbeitsstunden erzeugt werden. Dies setzt wiederum voraus, dass die Produktionsfaktoren mindestens teilweise teilbar sind (z.B. Arbeit, Dünger, Saatgut).

(2) Produktionsfunktion

Die Gesamtertragskurve stellt den Graph der Produktionsfunktion dar.

Merke:

Die **Produktionsfunktion** (Ertragsfunktion) ist die Relation zwischen veränderlichem Faktoreinsatz und Ausbringung (Output).

Der in der Volkswirtschaftslehre verwendete Begriff „Ertrag" ist nicht mit dem buchhalterischen Ertragsbegriff zu verwechseln. In der Volkswirtschaftslehre ist in diesem Zusammenhang unter Ertrag der körperliche (physische) Output, also die Ausbringungsmenge zu verstehen.

1 dt = Dezitonne = 100 kg.

12 Boller-Hartmann 978-3-8120-0585-2

(3) Produktionsfunktion vom Typ A

Die in der Abbildung wiedergegebene Ertragskurve zeigt einen zunächst überproportionalen, dann unterproportionalen Verlauf. Wird der Arbeitseinsatz weiter intensiviert (verstärkt), nimmt der Gesamtertrag absolut ab. Diese Phase ist folglich nicht mehr Gegenstand ökonomischer Betrachtung.

In unserem Beispiel würden sich bei mehr als 600 Arbeitsstunden je Feld die Arbeitskräfte gegenseitig behindern und/oder durch übermäßiges Hacken der Pflanzen das Wachstum stören.

Eine Produktionsfunktion (Ertragsfunktion) mit (im Verhältnis zum Faktoreinsatz) **zunächst überproportional** (progressiv), **dann unterproportional** (degressiv) zunehmendem Ertrag bezeichnet man als Produktionsfunktion vom **Typ A,** weil sie in der Wirtschaftstheorie zuerst entwickelt wurde.

Der gezeigte Zusammenhang wurde erstmals von Turgot im Jahre 1768 als sogenanntes „Ertragsgesetz“ formuliert. Die Produktionsfunktion A wird deshalb auch als **ertragsgesetzliche Produktionsfunktion** bezeichnet.

Produktionsfunktion vom Typ A (ertragsgesetzliche Produktionsfunktion) mit dazugehörendem Grenzertragsverlauf

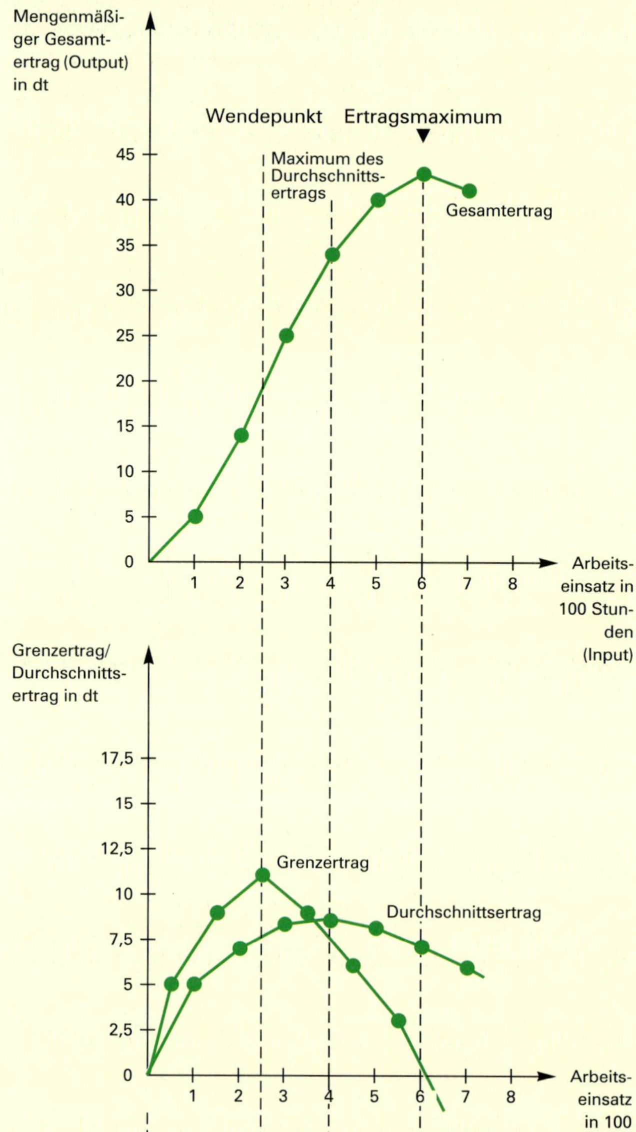

	Phase 1:	Phase 2:	Phase 3:	Phase 4:
Gesamtertrag:	steigt	steigt	steigt	sinkt
Durchschnittsertrag:	steigt	steigt	sinkt	sinkt
Grenzertrag:	steigt	sinkt	sinkt	sinkt

(4) Grenzertrag

Ist der Gesamtertrag gegeben, lässt sich der Grenzertrag ableiten.

Merke:

Unter **Grenzertrag** versteht man den Zuwachs des Gesamtertrags bei Vermehrung des variablen Faktors bzw. einer variablen Faktorgruppe um eine Einheit.[1]

Liegt eine Produktionsfunktion vom Typ A vor, steigen die Grenzerträge bis zum Wendepunkt der Gesamtertragskurve. Wird der Einsatz des variablen Faktors (einer variablen Faktorgruppe) weiterhin erhöht, nehmen die Grenzerträge ab. Sie werden negativ, wenn das Maximum des Gesamtertrags überschritten wird (vgl. Abbildungen).

Dieser Zusammenhang wird im **Ertragsgesetz** beschrieben:

Merke:

Unter Beibehaltung mindestens eines **konstanten Produktionsfaktors** führt der zunehmende Einsatz eines variablen Faktors (einer variablen Faktorgruppe) zu zuerst steigenden, dann fallenden Grenzerträgen („Gesetz von den zuerst steigenden, dann fallenden Grenzerträgen").

(5) Durchschnittsertrag

Aus unserem Beispiel ist außerdem zu erkennen, dass die Durchschnittserträge so lange steigen, wie die Grenzerträge höher als die Durchschnittserträge sind, und dass sie sinken, wenn die Grenzerträge niedriger als die Durchschnittserträge sind.

Merke:

Unter **Durchschnittsertrag** versteht man das Verhältnis von Ausbringungsmenge zur Einsatzmenge eines Produktionsfaktors.

Der Durchschnittsertrag gibt also nichts anderes als die Produktivität des untersuchten Produktionsfaktors an. In unserem Beispiel ist dies die Arbeitsproduktivität. Sie ist am größten, wenn der Durchschnittsertrag dem Grenzertrag gleich ist.[2] Der Grund: Sind die zusätzlichen Erträge (die Grenzerträge) **höher** als der Durchschnittsertrag, muss bei weiterem Faktoreinsatz der Durchschnitt **steigen.** Sind die zusätzlichen Erträge **kleiner** als der bisherige Durchschnitt, muss bei weiterem Faktoreinsatz der Durchschnitt **sinken.** Folglich haben die Durchschnittserträge ihr Maximum erreicht, wenn die zusätzlichen Erträge (der Grenzertrag) dem Durchschnitt der Erträge gleich sind.

1 Für praktische Zwecke genügt diese grobe Berechnung der Grenzerträge (Δ O, wobei O = Output bedeutet). Streng genommen ist der Grenzertrag der Ertragszuwachs (Δ O) je sehr kleine (gegen null tendierende) Faktoreinsatzerhöhung. In diesem Fall müssten die Produktionsfaktoren nahezu unendlich teilbar sein.

2 Die Faktorkombination mit der höchsten Produktivität (Output : Input) ist zugleich die mit den geringsten Kosten je Produktionseinheit. Deswegen wird diese Faktorkombination auch als **Minimalkostenkombination** bezeichnet.

Beispiel:

Den Sachverhalt kann man sich leicht an einem kleinen Beispiel verdeutlichen. Man stelle sich eine Schulklasse mit 20 Schülern vor, die im Durchschnitt genau 18 Jahre alt sind. Kommt ein neuer Schüler hinzu, der 21 Jahre alt ist, verteilt sich das zusätzliche Alter (der Grenzwert) auf alle 21 Schüler. Das Durchschnittsalter muss steigen (auf 18,14 Jahre), weil der Grenzwert über dem bisherigen Durchschnitt liegt. Ein zweiter hinzukommender Schüler, der genau so alt wie der bisherige Durchschnitt (18,14 Jahre) ist, ändert das Durchschnittsalter der Klasse nicht, weil der Grenzwert dem bisherigen Durchschnitt gleich ist. Kommt indessen ein dritter Schüler in die Klasse, der nur 16 Jahre alt ist, muss das Durchschnittsalter fallen (auf 18,05 Jahre), weil der zusätzliche Wert (16) unter dem bisherigen Durchschnitt liegt.

(6) Bedeutung des Ertragsgesetzes

Dass das Ertragsgesetz in der landwirtschaftlichen Produktion Gültigkeit hat, wird nicht bestritten. Röpke schrieb, dass es sich dabei um eine Wahrheit handle, „die jeder mit Hilfe einer bedauernswerten Tomatenpflanze und fortgesetzt gesteigerten Kunstdüngerdosen experimentell nachprüfen kann".[1]

Zu beachten ist jedoch, dass eine bestimmte ertragsgesetzliche Produktionsfunktion nur bei **unverändertem technischem Stand** als gegeben zu betrachten ist. Ändert sich die Technik, ändert sich auch die entsprechende Produktionsfunktion. Technische Verbesserungen sind so imstande, die Wirkung des Ertragsgesetzes immer weiter hinauszuschieben. In der Landwirtschaft geschieht dies beispielsweise durch Verbesserung der Maschinen, der Düngemittel, der Pflanzenschutzmittel und des Saatguts.

Dass das Ertragsgesetz auch für die gewerbliche Wirtschaft Gültigkeit besitzt, wird ebenso oft behauptet wie bestritten. Röpke meinte z.B., dass das Ertragsgesetz **allgemeine** Bedeutung habe.[2] Überall, wo die Bedingungen (Prämissen) des Ertragsgesetzes Geltung haben, also in solchen Betrieben, in denen bei Konstanz mindestens eines Produktionsfaktors ein anderer Produktionsfaktor bzw. eine andere Faktorgruppe variiert werden kann, muss auch das Ertragsgesetz gelten.[3] Dies ist vor allem in arbeitsintensiven Betrieben der Fall, bei denen die menschliche Arbeitsleistung (der Produktionsfaktor Arbeit) innerhalb der gegebenen Kapazität (z.B. innerhalb der gegebenen Räumlichkeiten) vermehrt oder vermindert werden kann.

Da in der Industrie jedoch in der Regel die Faktoreinsatzmengen in gleich bleibendem Verhältnis vermehrt oder vermindert werden müssen (z.B. eine Maschine **und** eine Arbeitskraft), wenn die Produktionsmenge (der Output) erhöht oder gesenkt werden soll, werden in der Industrie ertragsgesetzliche Produktionsfunktionen eher die Ausnahme darstellen. Nach Gutenberg ist das **Ertragsgesetz für die Industrie nicht als repräsentativ anzusehen.**[4] Diese Einschätzung hat sich mehrheitlich bis heute gehalten.

---

1 Röpke, W., a.a.O., S. 174.

2 Vgl. Röpke, W., a.a.O., S. 174.

3 Vgl. Schneider, E.: Einführung in die Wirtschaftstheorie, Bd. II, 1955, S. 114ff.

4 Vgl. Gutenberg, E.: Grundlagen der Betriebswirtschaftslehre, Bd. I, Die Produktion, 2. Aufl., 1955, S. 216.

Zusammenfassung

- Eine **Produktionsfunktion** (Ertragsfunktion) zeigt die Relation (die Beziehung) zwischen Faktoreinsatzmengen und Ausbringung (Output).
- Die **ertragsgesetzliche Produktionsfunktion** (die Produktionsfunktion vom **Typ A**) sagt aus, dass der Gesamtertrag zunächst überproportional, dann unterproportional steigt, wenn der variable Produktionsfaktor um je eine Einheit vermehrt wird. Der Gesamtertrag sinkt, wenn die Produktionsfaktoren überbeansprucht werden.
- Die **Prämissen des Ertragsgesetzes** sind:
  - Konstanz eines Produktionsfaktors (einer Faktorgruppe) und Variation eines Produktionsfaktors (einer Faktorgruppe);
  - Teilbarkeit und gegenseitige Ersetzbarkeit (Substituierbarkeit) der Produktionsfaktoren.
- Der **Gesamtertrag** ist die Ausbringungsmenge, die bei einer bestimmten Faktoreinsatzmenge erzeugt wird.
- Der **Grenzertrag** ist der Zuwachs des Gesamtertrags, wenn der variable Faktor (eine variable Faktorgruppe) um je eine Einheit vermehrt wird.
- Der **Durchschnittsertrag** ist das Verhältnis von Ausbringungsmenge zur Einsatzmenge eines Produktionsfaktors (einer Faktorgruppe).
- Das **Ertragsgesetz** ist das Gesetz von den zuerst steigenden, dann fallenden Grenzerträgen, wenn der Faktoreinsatz um je eine Einheit erhöht wird. Wird der Einsatz des variablen Produktionsfaktors übertrieben, die Produktionsfaktoren also überbeansprucht, werden die Grenzerträge negativ.

Übungsaufgabe

25

1. Definieren Sie den Begriff Ertragsfunktion!
2. Wie lautet das Ertragsgesetz in seiner heutigen Fassung?
3. Unter welchen Voraussetzungen gilt das Ertragsgesetz?
4. Definieren Sie die Begriffe
   4.1 Gesamtertrag,
   4.2 Durchschnittsertrag und
   4.3 Grenzertrag!
5. Angenommen, ein Landwirt besitzt 11 gleich große Felder. Auf jedem Feld investiert er die gleiche Menge Saatgut und die gleiche Arbeitsmenge. Lediglich der Düngereinsatz wird variiert (verändert).[1]

Felder:	A	B	C	D	E	F	G	H	I	K	L
Dünger in ME:	0	1	2	3	4	5	6	7	8	9	10
Ertrag in ME:	10	12,5	17,5	30	47,5	57,5	65	70	72	70	65

Aufgaben:

5.1 Zeichnen Sie die Gesamtertragskurve!

5.2 Berechnen Sie die Durchschnitts- und die Grenzerträge!

1 ME: Mengeneinheiten (z. B. kg).

5.3 Zeichnen Sie die Durchschnitts- und die Grenzertragskurve!

5.4 Warum beginnt die Ertragskurve in diesem Beispiel nicht bei null?

6. Erläutern Sie die Beziehungen zwischen Gesamtertrags-, Durchschnittsertrags- und Grenzertragskurve!

7. Warum wird das Maximum der Durchschnittsertragskurve von der Grenzertragskurve geschnitten?

8. Lesen Sie zunächst nachstehende Informationen!

a) **Hektarerträge (dt/ha) landwirtschaftlicher Erzeugnisse in der Bundesrepublik Deutschland von 1950 bis 2009:**[1]

Jahr*	Getreide			Kartoffeln	Zuckerrüben
	Getreide insgesamt	Brotgetreide	Futter und Industriegetreide		
1950	23,2	23,7	22,5	244,9	361,6
1955	26,0	26,0	26,0	202,7	341,3
1960	31,7	32,2	31,0	235,8	419,9
1965	28,2	28,2	28,2	231,1	366,1
1970	33,4	35,3	31,7	272,3	440,1
1975	40,2	41,6	39,1	261,3	427,7
1980	44,3	46,3	42,8	259,4	483,7
1981	44,5	47,4	42,4	308,9	548,4
1982	48,6	51,7	46,6	296,0	544,4
1983	45,7	50,4	42,2	253,0	414,7
1984	53,6	58,6	50,0	331,5	494,7
1985	53,1	57,0	50,2	359,3	516,3
1986	53,2	59,0	48,8	352,4	518,8
1987	50,6	55,3	46,8	332,3	507,1
1988	57,3	63,5	52,1	372,9	490,8
1989	56,3	59,4	53,6	372,6	541,6
1990	57,9	62,3	54,0	342,4	574,3
1991	59,9	63,0	56,9	298,5	467,9
1992	53,4	55,9	50,9	301,9	508,8
1993	57,1	61,3	53,1	392,5	548,3
1994	58,3	63,1	53,3	329,5	484,2
1995	61,1	64,7	55,0	314,0	507,9
1996	62,8	67,9	54,9	390,4	505,6
1997	64,9	68,5	58,1	384,1	511,6
2004	73,6	78,3	64,2	441,8	616,5
2006	64,9	68,6	57,4	365,7	577,3
2007	61,8	64,2	53,1	423,5	624,3
2008	71,2	75,2	59,5	437,6	622,9
2009	71,1	74,1	63,9	443,0	675,6

* Bis 1990 früheres Bundesgebiet. Ab 1991 Gesamtdeutschland.

1 Quellen: Leistung in Zahlen, mehrere Jahrgänge, hrsg. vom Referat Öffentlichkeit des Bundesministeriums für Wirtschaft sowie Statistisches Bundesamt: *www.destatis. de.*

b) **Bildstatistik:**

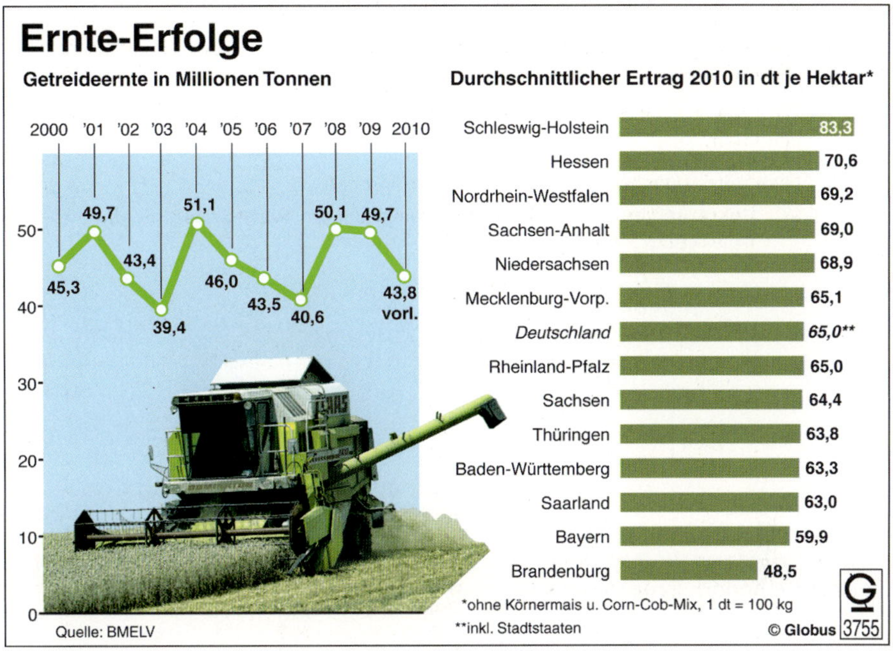

Aufgabe:

Beurteilen Sie, ob das Ertragsgesetz für die Landwirtschaft noch gilt!

3.1.3 Produktionsfunktion vom Typ B

Sind die Produktionsfaktoren **nicht** austauschbar (substituierbar), sondern müssen sie in einem festen Verhältnis zueinander eingesetzt werden, spricht man von **limitationalen** oder **komplementären Produktionsfaktoren.**[1]

Beispiel:

Eine Werkzeugmaschine muss von einer Arbeitskraft bedient werden. Mithilfe der Maschine erzeugt die Bedienung 20 Werkstücke in der Stunde. Soll die Ausbringung auf 40 Werkstücke erhöht werden, muss eine zusätzliche Maschine gekauft und eine zusätzliche Arbeitskraft eingestellt werden.

1 Limitational: begrenzt, sich begrenzend; komplementär: ergänzend.

Es ergibt sich folgende Beziehung zwischen Input und Output:

Einsatz der Produktionsfaktoren (Mensch – Maschine)	Leistung (Ausbringung, Output) in Stück je h
1 Arbeiter – 1 Maschine	20
2 Arbeiter – 2 Maschinen	40
3 Arbeiter – 3 Maschinen	60
4 Arbeiter – 4 Maschinen	80
5 Arbeiter – 5 Maschinen	100
6 Arbeiter – 6 Maschinen	120

Produktionsfunktion vom Typ B

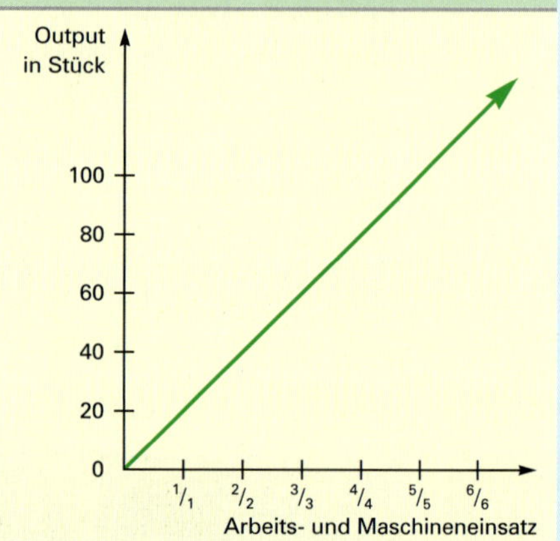

Merke:

Wird der Einsatz **limitationaler (komplementärer) Produktionsfaktoren** erhöht, ergibt sich eine **lineare Produktionsfunktion** (Produktionsfunktion vom **Typ B**).

3.1.4 Ableitung der Kostenkurven aus der Produktionsfunktion vom Typ B

(1) Variable Kosten

Im Kapitel 3.1.3 wurde gezeigt, dass der Einsatz komplementärer (limitationaler) Produktionsfaktoren zu linearen Produktionsfunktionen führt.

Merke:

Die **Kostenfunktionen** stellen das **Spiegelbild der Produktionsfunktionen** dar. Somit muss einer **linearen Produktionsfunktion** auch eine **lineare Kostenfunktion** folgen.

Beispiel:

Mit einem Arbeiter (Pf_1: Produktionsfaktor 1) und einem Kran (Pf_2) können 50 Paletten Bausteine je Acht-Stunden-Tag befördert werden. Soll die Tagesleistung erhöht werden, müssen zusätzliche Kräne eingesetzt und ebenso viele zusätzliche Arbeitskräfte eingestellt werden.

Hieraus ergibt sich eine lineare Produktionsfunktion.

Die **Kosten je Arbeits- bzw. Betriebsstunde** setzen sich wie folgt zusammen:

Lohnkosten	12,50 GE
Abschreibungen je Betriebsstunde[1]	25,00 GE
Zinskosten je Betriebsstunde	20,00 GE
sonstige Kosten (Strom, Schmiermittel, Reparaturen usw.) je Betriebsstunde	5,00 GE
	62,50 GE

1 Aus dem Beispiel wird ersichtlich, dass Kosten sowohl fix als auch variabel geplant werden können. So lassen sich beispielsweise die Abschreibungen und die Zinskosten auch als fixe Kosten verrechnen.

Die **(variablen) Kosten** je Acht-Stunden-Tag betragen demnach je Arbeiter und Kran 500,00 GE (62,50 GE · 8).

Anzahl der eingesetzten Arbeiter und Kräne	Output (Anzahl der beförderten Paletten)	Kosten der komplementären Produktionsfaktoren (variable Kosten: k_v) in GE
$^1/_1$	50	500,00
$^2/_2$	100	1 000,00
$^3/_3$	150	1 500,00
$^4/_4$	200	2 000,00
$^5/_5$	250	2 500,00
$^6/_6$	300	3 000,00

Einer linearen Ertragsfunktion entspricht eine lineare Kostenfunktion

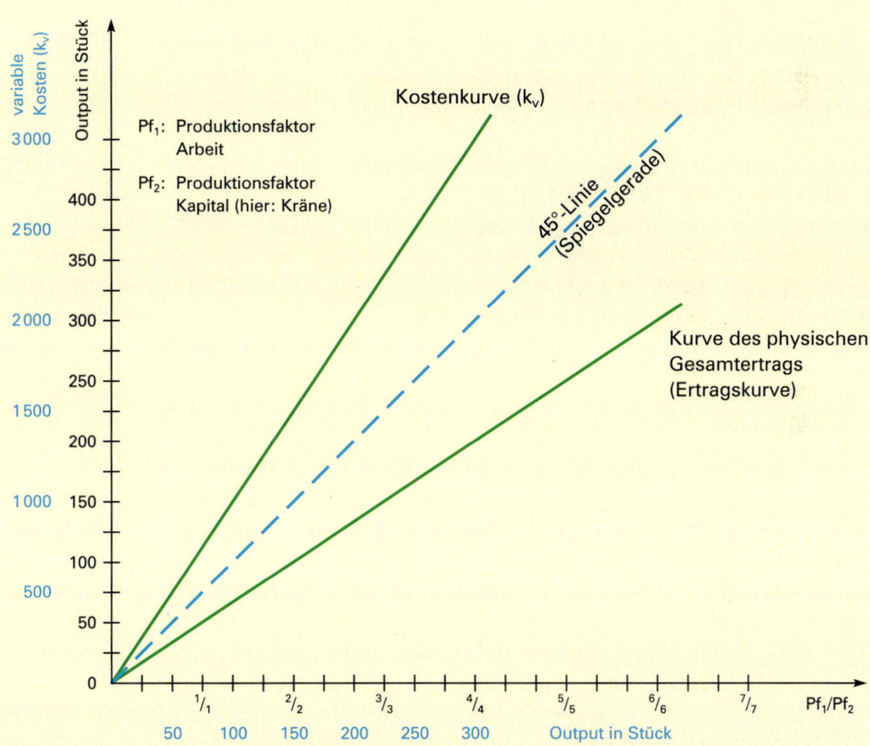

(2) Gesamtkosten

Addiert man zu den linear (proportional) variablen Kosten die fixen Kosten, erhält man eine lineare Gesamtkostenkurve (vgl. nebenstehende Abbildung). Statistische Untersuchungen bestätigen, dass man – vor allem in der **Industrie** – von **linearen Gesamtkostenverläufen** ausgehen muss. Allerdings ist dazu zu sagen, dass Kostenuntersuchungen in der Wirklichkeit **nicht** auf der ganzen Bandbreite der Kapazität möglich sind. Vielmehr beziehen sich solche Untersuchungen regelmäßig auf einen **kleinen Teilbereich der Kapazitätsausnutzung** (z.B. auf Beschäftigungsschwankungen zwischen 70 und 80 %). Je kleiner aber der untersuchte Beschäftigungsspielraum ist, desto weniger fällt ein nichtlineares Kostenverhalten auf.

Zu beachten ist, dass andererseits die empirische[1] Forschung auch festgestellt hat, dass die Gesamtkosten dann regelmäßig **progressiv** (überproportional zur Ausbringungsmenge) zu steigen beginnen, wenn ein Betrieb in der **Nähe der Kapazitätsgrenze** arbeitet. Der Grund liegt in der **Überbeanspruchung** der Produktionsfaktoren. So steigt z.B. der Krankenstand. Der **Ausschuss** nimmt überproportional zu, ebenso der **Verschleiß** der Maschinen, weil für Wartung und gründliche Reparaturen keine Zeit bleibt.

Linearer Gesamtkostenverlauf

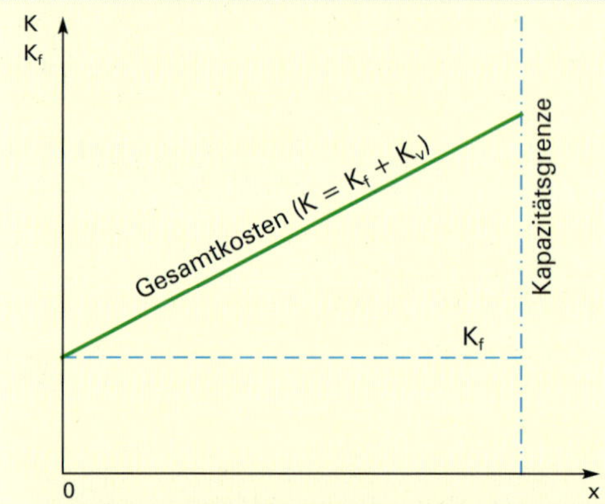

Die Gesamtkosten steigen in der Nähe der Kapazitätsgrenze überproportional

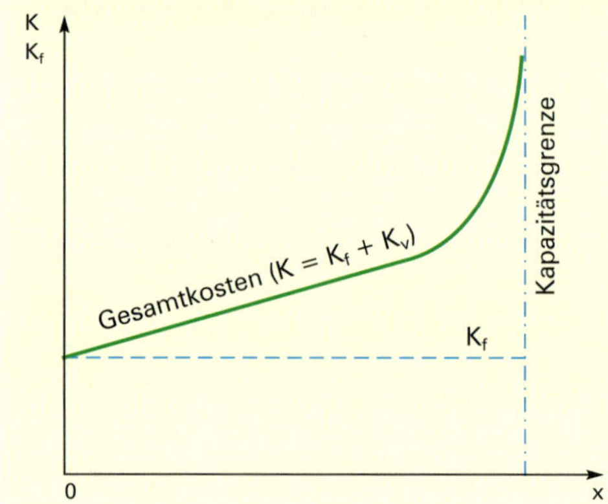

3.2 Gewinnermittlung und Gewinnmaximierung

Kritische Kosten- und Leistungspunkte		
Begriffe	**Merkmale**	
■ Gewinnschwelle (Nutzenschwelle, „toter Punkt", Break-even-Point)	Gesamtbetrachtung:	Der Umsatz entspricht den Gesamtkosten.
	Stückbetrachtung:	Der Preis entspricht den Stückkosten (den durchschnittlichen Gesamtkosten).
■ Gewinnmaximum (maximaler Nutzenpunkt)	Gesamtbetrachtung:	Die Differenz zwischen Umsatz und Gesamtkosten ist am größten.
	Stückbetrachtung:	Die Grenzkosten sind dem Preis gleich.
■ Gewinngrenze[2]	Gesamtbetrachtung:	Der Umsatz entspricht den Gesamtkosten.
	Stückbetrachtung:	Der Preis entspricht den Stückkosten.

1 Empirisch: aus der Erfahrung gewonnen.

2 Statt von Gewinngrenze wird in der Literatur auch von „Nutzengrenze" gesprochen.

Bei einem rein linearen Gesamtkostenverlauf ergibt sich praktisch nur noch ein kritischer Punkt, nämlich die **Gewinnschwelle.** Das **Gewinnmaximum** und der **optimale Kostenpunkt** (Betriebsoptimum) liegen an der **Kapazitätsgrenze.** Ein **Betriebsminimum existiert nicht,** weil die durchschnittlichen variablen Kosten, die den Grenzkosten entsprechen, in Bezug auf die einzelne Ausbringungseinheit fix sind.

Beispiel:

Ein Industriebetrieb, der nur ein Produkt herstellt, hat 12500 GE fixe Kosten. Die Kapazität beträgt maximal 1250 Stück. Die proportional variablen Kosten belaufen sich auf 6 GE je Stück. Das Produkt kann für 20 GE abgesetzt werden.

Hieraus ergibt sich folgende **Kosten-Leistungstabelle:**

x	K_f	K_v	K	U (= x · P)	Verlust (V) bzw. Gewinn (G)	k_v	k	K' (je Stück)	P (Erlös je Stück)	v bzw. g
0	12500,00	—	12500,00	—	12500,00	—	∞		20,00	∞
125	12500,00	750,00	13250,00	2500,00	10750,00	6,00	106,00	6,00	20,00	86,00
250	12500,00	1500,00	14000,00	5000,00	9000,00	6,00	56,00	6,00	20,00	36,00
375	12500,00	2250,00	14750,00	7500,00	7250,00	6,00	39,33	6,00	20,00	19,33
500	12500,00	3000,00	15500,00	10000,00	5500,00	6,00	31,00	6,00	20,00	11,00
625	12500,00	3750,00	16250,00	12500,00	3750,00	6,00	26,00	6,00	20,00	6,00
750	12500,00	4500,00	17000,00	15000,00	2000,00	6,00	22,67	6,00	20,00	2,67
875	12500,00	5250,00	17750,00	17500,00	250,00	6,00	20,29	6,00	20,00	0,29
1000	12500,00	6000,00	18500,00	20000,00	1500,00	6,00	18,50	6,00	20,00	1,50
1125	12500,00	6750,00	19250,00	22500,00	3250,00	6,00	17,11	6,00	20,00	2,89
1250	12500,00	7500,00	20000,00	25000,00	5000,00	6,00	16,00	6,00	20,00	4,00

Die Abkürzungen bedeuten:

x: Ausbringungsmenge
K_f: fixe Kosten
K_v: variable Kosten
U: Umsatz (Erlös)
V: Verlust
G: Gewinn
K: Totalkosten (Gesamtkosten)
k_v: durchschnittliche variable Kosten (variable Stückkosten)
k: durchschnittliche Totalkosten (Stückkosten)
K': Grenzkosten
P: Preis (Erlös je Stück)
v: durchschnittlicher Verlust (Stückverlust)
g: durchschnittlicher Gewinn (Stückgewinn)

Erläuterungen:

Wie aus der Abbildung zur **Gesamtbetrachtung** (vgl. nachfolgende Seite) ersichtlich, werden bei einer Produktionsmenge von **893 Stück** die Kosten durch die Erlöse gedeckt. Der **Umsatz entspricht** somit exakt den **Gesamtkosten.** Wird die Produktions- und Absatzmenge **über** die **Gewinnschwelle (Break-even-Punkt)** hinaus weiter ausgedehnt, so führt dies zu einem sukzessiv **ansteigenden Gewinn,** die Gesamterlöse übersteigen also die Gesamtkosten der Produktion.

Bei der **Stückbetrachtung** wird deutlich, dass die **Gesamtstückkosten** (durchschnittliche Gesamtkosten) an der **Gewinnschwelle** exakt dem **Marktpreis** entsprechen. Dies ist u.a. darauf zurückzuführen, dass die **Gesamtstückkosten** mit **zunehmender** Ausbringungsmenge ständig **abnehmen,** wohingegen die **Grenzerlöse** – also der für die zuletzt verkaufte Einheit erzielte Erlös – wegen der **konstanten** Preise von 20,00 GE **gleich** bleiben. Die bis zur **Kapazitätsgrenze** zu beobachtende **Abnahme** der **Gesamtstückkosten** (in obigem Beispiel von 106,00 GE pro Stück auf 16,00 GE pro Stück) ist damit zu begründen, dass sich die **Fixkosten** auf immer mehr Produktionseinheiten verteilen. Dies führt bei **gleich bleibenden variablen Stückkosten (Grenzkosten)** von 6,00 GE und **abnehmenden stückfixen Kosten** zu einer **Stückkostendegression.**

Der in der Abbildung dargestellte typische Verlauf der **Gesamtstückkosten** basiert auf dem **„Gesetz der Massenproduktion"** (auch „Bücher'sches Gesetz" genannt) und ist insbesondere in der industriellen Massenfertigung zu beobachten.

Kosten und Leistung bei linearem Gesamtkostenverlauf in der Gesamt- und Stückbetrachtung

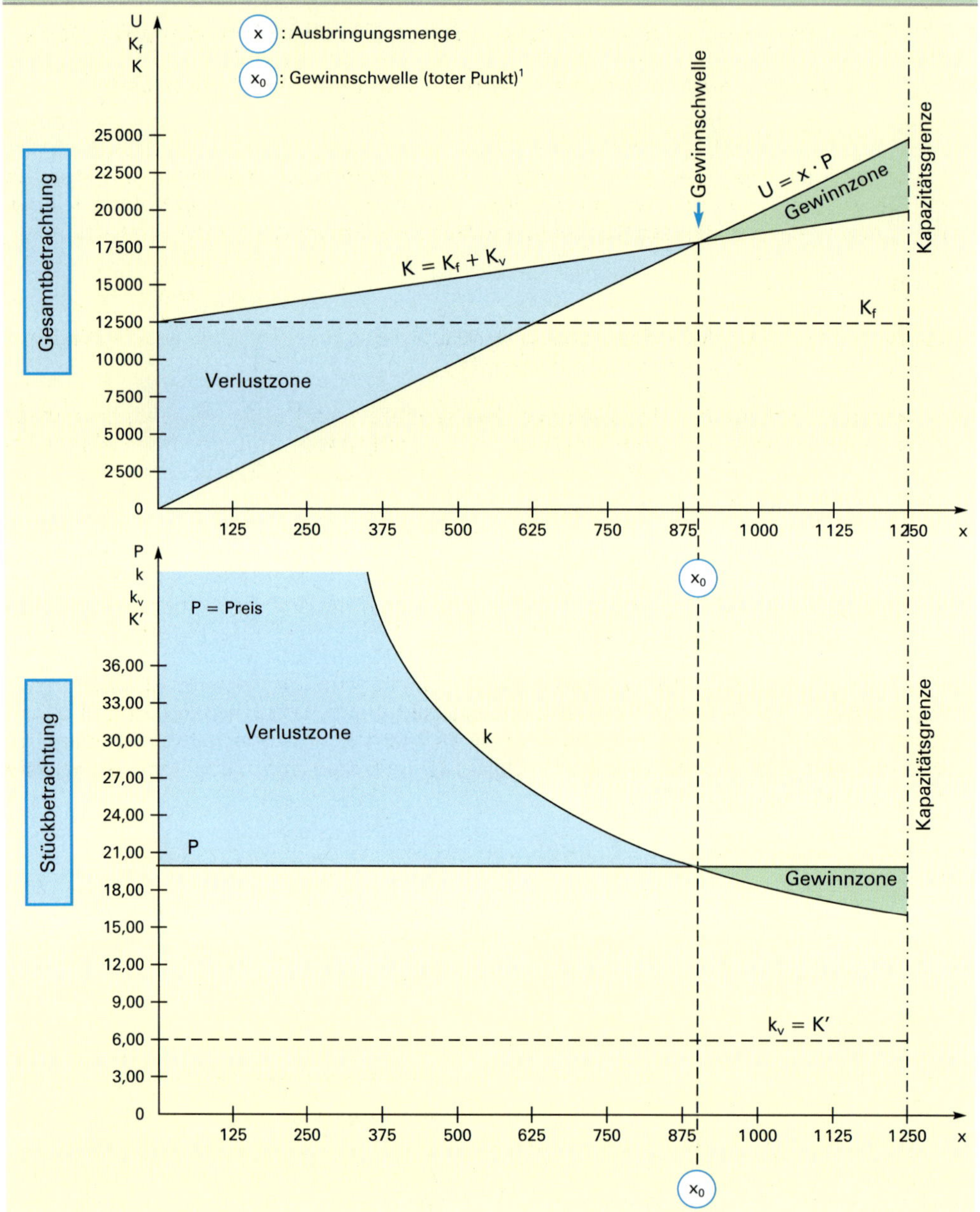

1 Rechnerisch lässt sich die Gewinnschwelle wie folgt berechnen:

$$K_f + K_v \cdot x = x \cdot P$$
$$12500 + 6x = 20x$$
$$14x = 12500$$
$$\underline{\underline{x = 893 \text{ Stück}}}$$

3.3 Angebot und Markt

3.3.1 Bestimmungsfaktoren für das individuelle Angebot eines Betriebs

3.3.1.1 Individuelle Angebotskurve in Abhängigkeit vom Preis eines Guts

(1) Stückkosten und Preisuntergrenze

Wie die vorangestellten Ausführungen gezeigt haben, **beeinflussen die Kosten** in **starkem** Maße die von den Unternehmen produzierte und letztlich am Markt **angebotene Menge.** Außerdem sind die **anfallenden Kosten** für die Höhe der **Preisuntergrenze** von Bedeutung.

Merke:

Die **kurzfristige (absolute) Preisuntergrenze** liegt bei dem Preis, bei dem der Stückerlös die **variablen Kosten je Einheit** abdeckt.

Für eine kurze Zeit kann das Unternehmen die fixen Kosten außer Acht lassen, denn diese fallen an, ob ein Verkauf getätigt wird oder nicht. **Langfristig** kann ein Unternehmen jedoch nur dann erfolgreich am Markt agieren, wenn es über den Marktpreis zumindest die Selbstkosten je Einheit vergütet erhält.

Merke:

Die **langfristige Preisuntergrenze** liegt bei dem Preis, bei dem der Stückerlös die entstandenen Selbstkosten je Einheit abdeckt.

Wie sich der **Verlauf der Stückkosten** auf die vom Unternehmen am Markt **angebotene Menge** auswirkt, verdeutlichen nachfolgende Abbildungen. Entscheidend für das Güterangebot eines Unternehmens ist dabei, ob das Unternehmen **innerhalb** der Kapazitätsgrenze (**degressiv** fallende Stückkosten) oder **außerhalb** der Kapazitätsgrenze (**progressiv** steigende Stückkosten) produziert.

(2) Individuelles Angebot innerhalb der normalen Betriebskapazität

Angebotsmenge bei gegebener Kostenstruktur und alternativen Preisen innerhalb der Kapazitätsgrenze

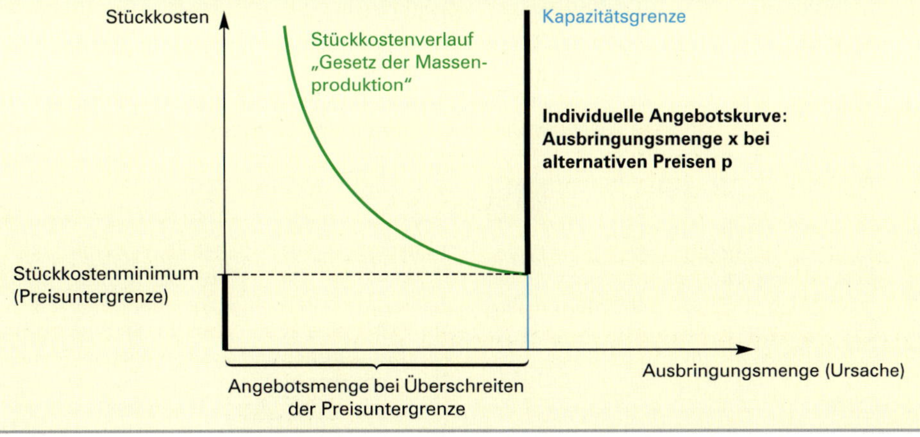

Merke:

- Bei gegebenem Kostenverlauf **innerhalb** der normalen Betriebskapazität – es gilt die Produktionsfunktion vom Typ B – wird der Anbieter bei einem Preis unterhalb des Stückkostenminimums (dauerhaft) **keine** Leistungen am Markt anbieten.
- Bei einem Marktpreis in Höhe des Stückkostenminimums oder gar darüber wird das Unternehmen – Gewinnmaximierung vorausgesetzt – **bis zur Kapazitätsgrenze** produzieren und die entsprechende Menge am Markt anbieten.

(3) Individuelles Angebot außerhalb der normalen Betriebskapazität

Angebotsmenge bei gegebener Kostenstruktur und alternativen Preisen außerhalb der Kapazitätsgrenze (kurzfristig flexible Kapazität)

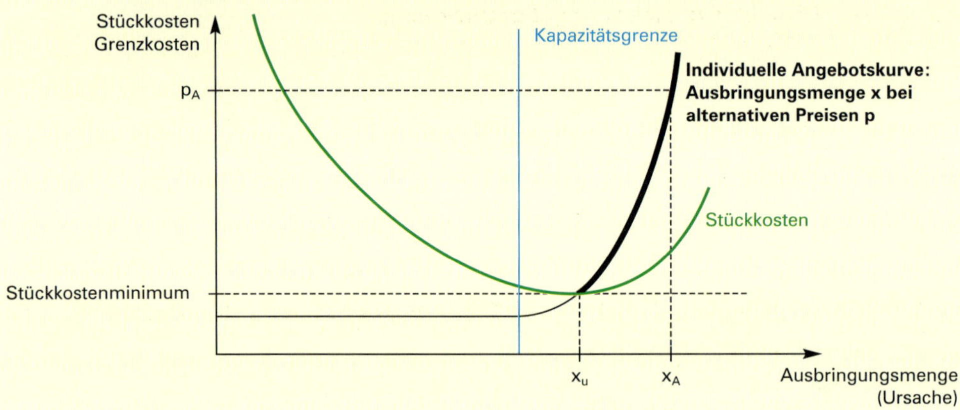

Merke:

- Bei gegebenem Kostenverlauf **außerhalb** der normalen Betriebskapazität wird der Anbieter bei einem Preis unterhalb des Stückkostenminimums (dauerhaft) **keine** Leistungen am Markt anbieten.
- Bei einem Marktpreis **in Höhe** des Stückkostenminimums wird das Unternehmen die Menge $\mathbf{x_u}$ anbieten. Bei einem Marktpreis **oberhalb** des Stückkostenminimums wird das Unternehmen die Produktionsmenge – kurzfristige Flexibilität der Kapazitätsgrenze vorausgesetzt – anbieten, bei der die **Grenzkosten den Grenzerlösen entsprechen.**

Beispiel:

Liegt in obiger Situation der Marktpreis bei p_A (vgl. Abbildung), so wird das Unternehmen die Menge x_A herstellen. Bei jeder Menge, die **kleiner** ist als x_A, könnte durch Produktionsausweitung eine **Gewinnsteigerung** erreicht werden, da die **Grenzerlöse größer** sind als die **Grenzkosten**. Erst ab der Menge x_A – wo die Grenzkosten genauso hoch sind wie die Grenzerlöse – wird keine Gewinnsteigerung mehr erzielt. Wird die Produktionsmenge über diesen Punkt hinaus ausgeweitet, kommt es mit Blick auf die **über** den Grenzerlösen liegenden Grenzkosten zu einer Gewinnschmälerung.

Vor diesem Hintergrund stellt der **aufsteigende Ast der Grenzkostenkurve** von den minimalen Stückkosten aufwärts die **individuelle** Angebotskurve eines Unternehmens dar.

(4) Gesetz des Angebots

Für **beide** beschriebenen Fälle gilt:

Steigen die Kosten für die eingesetzten Produktionsfaktoren (z.B. durch Lohnerhöhungen) nachhaltig, so führt dies unter sonst gleichen Bedingungen (ceteris paribus) zu einer Gewinnschmälerung bzw. zu einem Verlust.

Nur wenn es dem Unternehmen gelingt, die Kostenerhöhung an die **Nachfrager** weiterzugeben **oder** die **Stückkosten** durch entsprechende Maßnahmen wieder unter den Marktpreis zu **senken,** kann es das Marktangebot **dauerhaft** aufrechterhalten.

Gelingt dies nicht, werden einige **Anbieter** aus dem Markt **ausscheiden,** weil sie zu teuer produzieren. Dies führt zu einem **Angebotsrückgang**.

Merke:

Nach dem **„Gesetz des Angebots" steigt das Angebot** mit **steigendem Preis** und **sinkt das Angebot** mit **sinkendem Preis** des angebotenen Guts.

3.3.1.2 Individuelle Angebotskurve in Abhängigkeit zu einer Veränderung der Produktionstechnik

(1) Grundlegendes zu Verschiebungen der individuellen Angebotskurve

Ist ein Anbieter bereit bzw. in der Lage, zu gegebenen Preisen **mehr** anzubieten, so drückt sich dies in einer Verschiebung der Angebotskurve nach „rechts" aus: Das Angebot nimmt **zu.** Wird hingegen zu gegebenen Preisen **weniger** angeboten, verschiebt sich die Angebotskurve nach „links": Das Angebot nimmt **ab.**

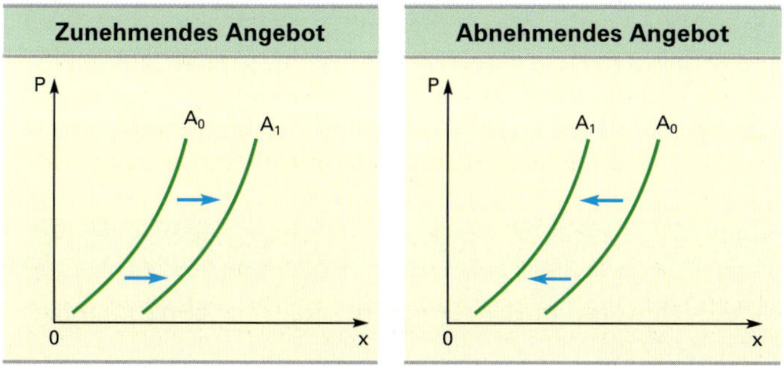

P: Preis des angebotenen Gutes

x: angebotene Menge

A_0: ursprünglicher Verlauf der Angebotskurve

A_1: neuer Verlauf der Angebotskurve

(2) Änderung der Produktionstechnik und individuelles Angebot

Eine Änderung der Produktionstechnik wirkt sich in der Regel auf das Verhältnis zwischen fixen Kosten einerseits und variablen Kosten andererseits aus. Geht ein Betrieb z.B. auf ein **anlageintensives** Verfahren über, **steigen** die **fixen Kosten** (höhere Anlagekosten wie Abschreibung, Zinskosten, Reparatur- und Wartungskosten), während die **variablen** Kosten je Produktionseinheit **abnehmen.**

Mit zunehmender Anlageintensität verschiebt sich die Grenzkostenkurve nach **„rechts".** Handelt ein Anbieter nach dem Gewinnmaximierungsprinzip, verschiebt sich damit seine individuelle Angebotskurve: Das Angebot nimmt **zu,** d.h., er bietet zu jedem denkbaren Preis, der **über** seinem Betriebsminimum liegt, **mehr** als zuvor an.

Verschiebung der Grenzkostenkurve (Angebotskurve) beim Übergang von einem arbeitsintensiven zu einem anlageintensiven Produktionsverfahren

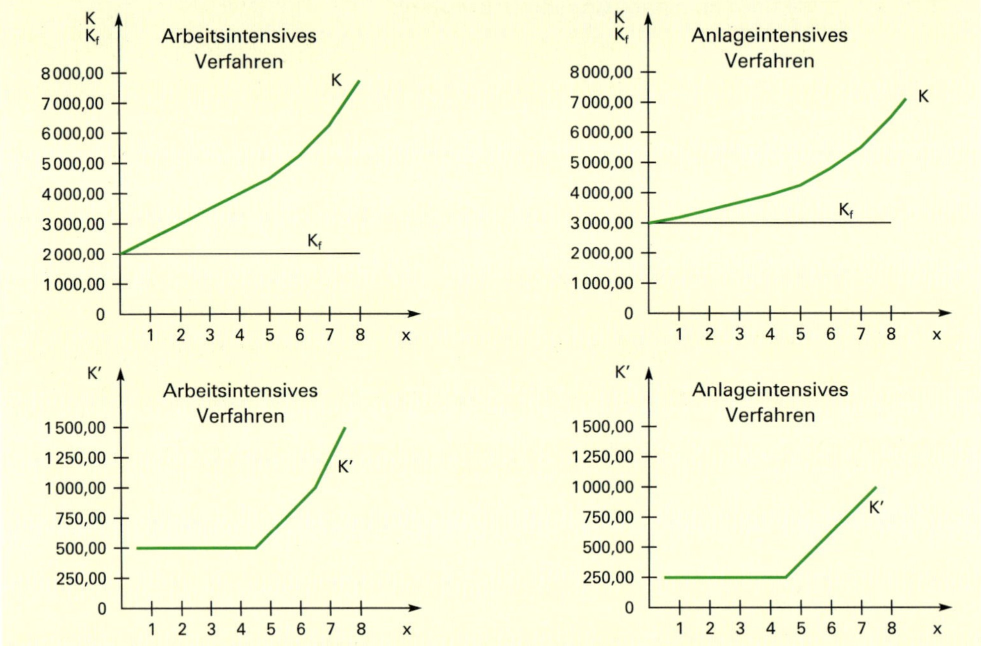

Merke:

Mit **zunehmender** Anlageintensität nimmt das Angebot **zu,** mit **abnehmender** Anlageintensität nimmt das Angebot **ab.**

3.3.1.3 Individuelle Angebotskurve in Abhängigkeit zu einer Veränderung der Faktorkosten (Preise der Produktionsfaktoren)

Steigen die Preise aller Produktionsfaktoren (die Kosten), so verschiebt sich die Grenzkostenkurve (siehe nebenstehende Abbildung). Hieraus ergibt sich, dass ein von den Kostensteigerungen betroffener Betrieb zu jedem möglichen Preis **weniger** anbietet. Liegt der Absatzpreis unter dem neuen Betriebsminimum, muss der Betrieb schließen.

Da in unseren Modellen unterstellt wird, dass die Anbieter mit Grenzkosten kalkulieren, gilt obige Aussage nur, wenn die variablen Kosten steigen. Steigen nur die fixen Kosten, ändern sich die Grenzkosten (und damit das Angebot) **nicht**.

Merke:

- **Steigen** die Faktorpreise, nimmt i.d.R. das individuelle Angebot **ab**.
- **Sinken** die Faktorpreise, nimmt i.d.R. das individuelle Angebot **zu**.

Verschiebung der Grenzkostenkurve (Angebotskurve) aufgrund gestiegener Gesamtkosten

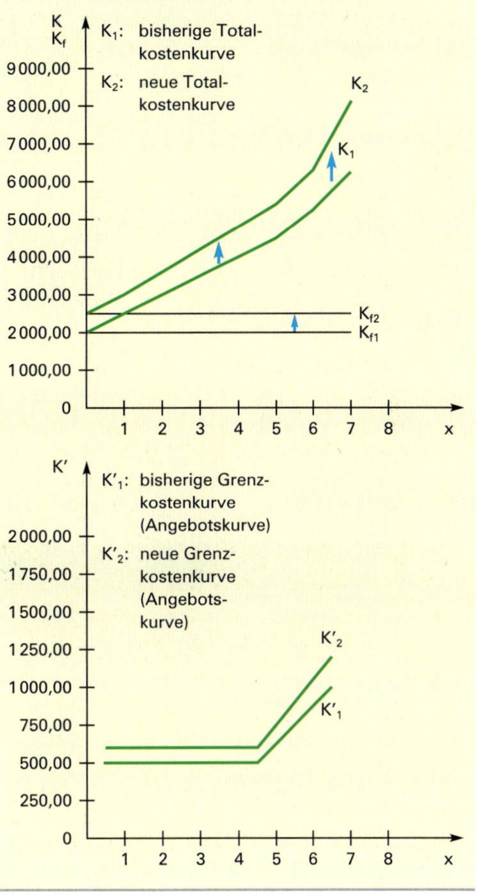

Erläuterungen zu den Abbildungen:

Steigen die Kosten um insgesamt 20 %, so verschiebt sich die Kostenkurve K_1 nach oben (K_2). Folglich müssen sich auch die Grenzkosten von K'_1 nach K'_2 erhöhen. Das bedeutet, dass der Betrieb bei gleich bleibendem Preis **weniger** anbieten wird oder die gleiche Menge nur zu einem **höheren** Preis anbieten kann, wenn er seinen Gewinn maximieren bzw. seinen Verlust minimieren möchte.

3.3.1.4 Individuelle Angebotskurve in Abhängigkeit zu einer Veränderung der Zahl der Anbieter

Die Zahl der Anbieter eines bestimmten Gutes wirkt sich nur indirekt auf das individuelle Angebot aus. Je größer die Zahl der Anbieter ist – so wird häufig behauptet –, desto stärker ist der Konkurrenzdruck. Da der einzelne Anbieter innerhalb einer großen Zahl von Anbietern den Preis nicht beeinflussen kann, besteht seine einzige Möglichkeit, den Gewinn zu erhöhen bzw. den Verlust zu mindern, darin, die Kosten zu senken (Rationalisierung). Kostensenkungen und/oder der Übergang zu anlageintensiveren Produktionsverfahren vergrößern das individuelle Angebot.

13 Boller-Hartmann 978-3-8120-0585-2

3.3.1.5 Individuelle Angebotskurve in Abhängigkeit zu einer Veränderung der Preise anderer Güter

Bleibt der Preis des bisher produzierten Gutes unverändert, während die **Preise anderer Güter steigen,** so führt dies – im Vergleich zu anderen Gütern – beim bisher angebotenen Gut zu einem geringeren Gewinn. Ist es produktionstechnisch möglich, werden die Unternehmen, um ihren Gewinn zu steigern, eine Produktionsverlagerung zugunsten der Güter vornehmen, deren Preis gestiegen ist. Diese Vorgehensweise führt zu einem Rückgang des Angebots bei dem Gut, dessen Preis nicht gestiegen ist. Die Angebotskurve verschiebt sich nach links, das **Angebot nimmt ab.**

Im umgekehrten Fall – die **Preise bei anderen Gütern sinken** – kommt es zu einer Rechtsverschiebung der Angebotskurve für das Gut, dessen Preis nicht gesunken ist. Das **Angebot nimmt zu.**

Selbstverständlich gibt es noch weitere Bestimmungsgründe des individuellen Angebots. Hegt die Geschäftsleitung eines Betriebs z. B. optimistische **Absatzerwartungen,** wird sie die Kapazität des Betriebs erweitern. Das künftige Angebot steigt. Pessimistische Zukunftserwartungen können hingegen sogar zu einem Abbau der Kapazitäten führen, sodass das Angebot abnimmt.

Des Weiteren können auch vom einzelnen Betrieb nicht beeinflussbare Faktoren sein Angebot verringern. So hängt in der Landwirtschaft das Angebot vom Klima während der einzelnen Vegetationsperioden ab. Um noch ein Beispiel zu nennen: Die Betriebe können gezwungen sein, aufgrund von Streiks oder aufgrund von Stockungen in der Materialzufuhr ihr Angebot einzuschränken.

Zusammenfassung

- Bei der **limitationalen** Produktionsfunktion (Produktionsfunktion vom Typ B) sind die Produktionsfaktoren **nicht** austauschbar.
- Eine **Steigerung** der Ausbringungsmenge ist nur möglich, wenn alle Produktionsfaktoren in einem bestimmten Verhältnis erhöht werden.
- Die **Kostenfunktionen** stellen das **Spiegelbild** der **Produktionsfunktionen** dar.
- Die **Gesamtkosten** eines Unternehmens setzen sich aus den **fixen** und **variablen** Kosten zusammen.
- Zu den **kritischen Kosten- und Leistungspunkten** zählen die Gewinnschwelle, das Gewinnmaximum sowie die Gewinngrenze.
- Überblick über die **Einflussfaktoren des individuellen Angebots:**

Das **Angebot** eines Betriebs **nimmt ab,** wenn	Das **Angebot** eines Betriebs **nimmt zu,** wenn
▪ die erzielbaren Preise niedrig sind, ▪ er zu arbeitsintensiven Produktionsverfahren übergeht, ▪ die Faktorpreise steigen, ▪ die Verkaufspreise anderer Güter steigen, ▪ die künftigen Absatzchancen pessimistisch beurteilt werden.	▪ die erzielbaren Preise hoch sind, ▪ er zu anlageintensiven Produktionsverfahren übergeht, ▪ die Faktorpreise sinken, ▪ die Verkaufspreise anderer Güter sinken, ▪ die künftigen Absatzchancen optimistisch beurteilt werden.

- Die **variablen Stückkosten** (k_v) stellen die **kurzfristige Preisuntergrenze** dar, weil das Unternehmen nur für kurze Dauer in der Lage sein dürfte, die fixen Kosten aus Eigenmitteln oder aufgenommenen Fremdmitteln zu decken.
- Die **Gesamtstückkosten** (k_g) bilden die **langfristige Preisuntergrenze,** da das Unternehmen kostendeckend arbeitet.
- Ist ein Anbieter bereit, **mehr** (weniger) anzubieten, so **verschiebt** sich seine Angebotskurve nach **rechts** (links).

Übungsaufgabe

26 1. 1.1 Leiten Sie aus nebenstehender Abbildung die Durchschnittsertrags- und die Grenzertragskurve ab und zeichnen Sie diese in ein Koordinatensystem ein!

1.2 Suchen Sie nach einem sinnvollen Beispiel, aus dem sich eine Produktionsfunktion vom Typ B herleiten lässt!

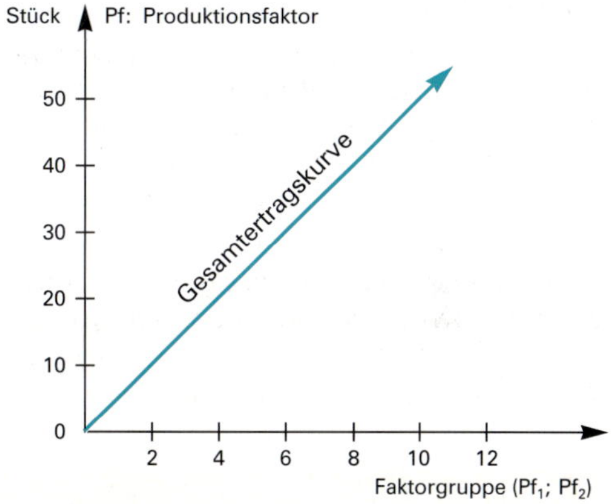

2. Warum kann man das Gewinnmaximum als langfristiges Gleichgewicht des Betriebs bezeichnen?
3. Warum kann man das Betriebsminimum lediglich als kurzfristiges Gleichgewicht des Betriebs ansehen?
4. Warum entspricht einer linearen Produktionsfunktion (Produktionsfunktion vom Typ B) eine lineare Kostenfunktion?
5. Die fixen Kosten eines Unternehmens mit einer Kapazität von 10 Produktionseinheiten betragen 1 000 GE. Die variablen Kosten belaufen sich auf 300 GE je Produktionseinheit. Bis zu einer Beschäftigung von 60 % steigen sie proportional. Mit zunehmender Beschäftigung nehmen sie mit 600, 800, 1 200 und 1 600 GE je Produktionseinheit zu. Der Marktpreis je Produktionseinheit beträgt 600 GE.

   Aufgaben:

   5.1 Stellen Sie mithilfe der Gesamtkostendarstellung Betriebsminimum und -optimum fest!

   5.2 Stellen Sie die gleichen Punkte mithilfe der Stück- und Grenzkostenkurven fest!

   5.3 Bestimmen Sie Gewinnschwelle, Gewinnmaximum und Gewinngrenze!

6. Lösen Sie rechnerisch nachstehende Übungsaufgaben nach folgenden Beispielen:

   Der Absatzpreis (P) eines Anbieters beträgt 30 GE. Seine maximale Kapazität liegt bei 200 Stück (x) je Periode, seine fixen Kosten (K_f) bei 1 500 Geldeinheiten (GE) je Periode. Die proportional-variablen Kosten (K_v) belaufen sich auf 15 GE je Stück.

   Beispiel 1: Bei wie viel Stück liegt die Gewinnschwelle (der „tote Punkt")?
   Die Nutzenschwelle ist gegeben, wenn der Umsatz ($P \cdot x$) den Gesamtkosten ($K_f + K_v$) entspricht. Daraus folgt:
   $30x = 1\,500 + 15x$
   $15x = 1\,500$
   $x = 100$
   Die Gewinnschwelle liegt bei 100 Stück.

Beispiel 2: Wie hoch ist sein Gewinn, wenn er 200 Stück je Periode absetzen kann?
Der Gewinn (G) ergibt sich aus Umsatz ($P \cdot x$) abzüglich Gesamtkosten ($K_f + K_v$). Es gilt also:

$G = 30 \cdot 200 - (1500 + 15 \cdot 200)$

$G = 6000 - 4500$

$G = 1500$

Der Gewinn beträgt 1500 GE.

Aufgaben:

6.1 Wie hoch wäre der Gewinn des Anbieters, wenn er nur 150 Stück zum Preis von 30 GE absetzen könnte?

6.2 Wie hoch wäre der Gewinn, wenn 150 Stück zu 30 GE und 20 Stück zu 25 GE je Periode abgesetzt werden könnten? (Zweifache Preisdifferenzierung!)

6.3 Wie hoch wäre der Gewinn, wenn 150 Stück zu 30 GE, 30 Stück zu 25 GE und 20 Stück zu 16 GE abgesetzt werden könnten? (Dreifache Preisdifferenzierung!)

6.4 Bei wie viel GE liegt die absolute Preisuntergrenze? Begründen Sie Ihre Antwort!

7. Der Absatzpreis für das Produkt eines Betriebs beträgt 25 GE. Die fixen Kosten belaufen sich auf 1500 GE je Periode, die proportional-variablen Kosten auf 10 GE je Stück.

Aufgaben:

7.1 Bei wie viel Stück liegt die Gewinnschwelle?

7.2 Angenommen, die Maximalkapazität beträgt 200 Stück je Periode. Wie hoch ist dann der Gesamtgewinn?

7.3 Bei welcher Produktionsmenge beträgt der Gewinn 750 GE?

7.4 Wo liegt die Gewinnschwelle, wenn die fixen Kosten um 20% steigen?

7.5 Wo liegt die Gewinnschwelle, wenn die fixen Kosten um 20% fallen?

7.6 Wie verschiebt sich die Gewinnschwelle, wenn die fixen Kosten um 20% steigen, die variablen Kosten aber auf 8 GE je Stück gesenkt werden können?

7.7 Welcher wirtschaftliche Sachverhalt kann dem Fall 7.6 zugrunde liegen?

8. Die fixen Kosten der Maschine A betragen 1000 GE je Periode, die Arbeitskosten 20 GE je Stück. Die fixen Kosten der Maschine B belaufen sich auf 1 500 GE je Periode, die Arbeitskosten betragen 10 GE je gefertigtem Stück. Die Arbeitskosten sind proportional-variabel.

Aufgaben:

8.1 Welche Maschine wird ein Betrieb kaufen, wenn er

8.1.1 150 Stück je Periode,

8.1.2 80 Stück je Periode oder

8.1.3 120 Stück je Periode absetzen kann?

8.2 Bei wie viel Stück liegt die kritische Produktionsmenge (Produktmenge, ab der sich der Übergang zu einem anderen Produktionsverfahren lohnt)?

8.3 Werden Investitionsentscheidungen nur nach Kostengesichtspunkten getroffen?

9. Unter welchen Bedingungen ist die Grenzkostenkurve die Angebotskurve eines wirtschaftlichen Betriebs?

10. Zeichnen Sie

10.1 die kurzfristige und

10.2 die langfristige Angebotskurve eines Betriebs, der nachstehenden Gesamtkostenverlauf aufweist:

Produktionseinheiten (PE)	0	1	2	3	4	5	6	7	8	9	10	11	12
Gesamtkosten (K) in Geldeinheiten (GE)	20	27	32	36	39,5	42,5	46	50	55	62	70	82	98

11. Erklären Sie, wie sich die individuelle Angebotskurve eines Betriebs verschiebt, wenn
    11.1 sich die Produktionstechnik und
    11.2 die Faktorpreise ändern!
12. Welcher Zusammenhang könnte zwischen der Zahl der Anbieter eines Gutes und der individuellen Angebotskurve eines Anbieters bestehen?
13. Wie verläuft die Angebotskurve eines Betriebs, der nicht mit Grenzkosten, sondern mit Stückkosten kalkuliert?

3.3.2 Ableitung des Gesamtangebots (Marktangebot) für ein Gut

(1) Begriff Marktangebot

Im vorigen Kapitel wurde gezeigt, dass **ein Betrieb** unter sonst gleichen Bedingungen in der Regel **bei steigenden Preisen größere** Mengen des von ihm hergestellten Gutes, bei **sinkenden Preisen aber geringere** Mengen dieses Gutes anbietet. Dabei ist zu berücksichtigen, dass die Angebotsänderungen aufgrund von Preisänderungen bei den einzelnen Betrieben unterschiedlich sind, weil jeder Betrieb eine andere Kostenstruktur besitzt. Wollen wir wissen, wie sich das Angebot **aller** Betriebe für ein Gut bei Preisänderungen dieses Gutes verhält, müssen wir gedanklich die individuellen Angebote aller Betriebe zusammenfassen (aggregieren).

Merke:

Das **Marktangebot (Gesamtangebot)** für ein Gut ist das Angebot **aller Betriebe** für dieses Gut. Es ergibt sich aus der Aggregation (Queraddition) aller individuellen Angebote.

(2) Mengenmäßiges Marktangebot

Beispiel:

Die Preisabhängigkeit des Angebots zweier Betriebe sei wie folgt festgelegt:

Preis in EUR je Stück	Angebotene Mengeneinheiten (1000 Stück Eier) je Zeiteinheit (je Woche) durch die Hühnerfarmen		Marktangebot von Eiern beider Anbieter (1) + (2)
	Klein (1)	Groß (2)	
0,00	–	–	–
0,10	2	–	2
0,20	2,5	2	4,5
0,30	3	3	6
0,40	3,5	4	7,5
0,50	4	5	9

Aggregation der individuellen Angebotskurven zur Marktangebotskurve

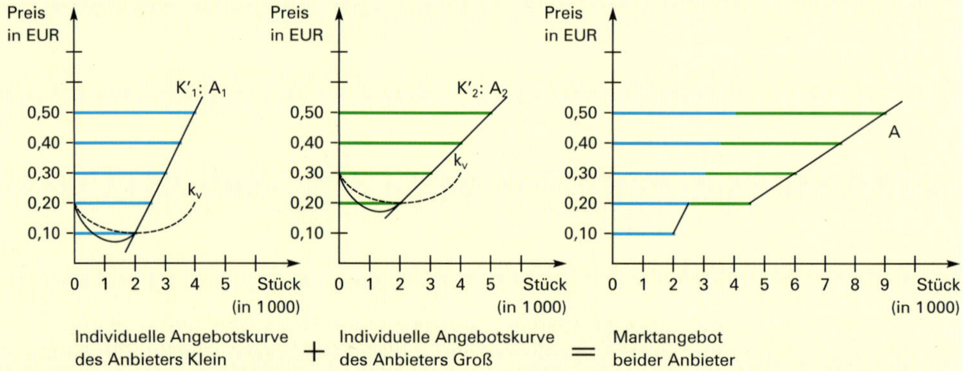

Aggregiert man die individuellen Angebotskurven einer sehr großen Zahl (streng genommen einer unendlich großen Zahl) von Anbietern, schwinden die „Treppen" in der Marktangebotskurve immer mehr: Man erhält eine geglättete Angebotskurve (vgl. nachfolgende Abbildung).

(3) Verlauf der Marktangebotskurve

Die **Annahme unterschiedlicher Kostenverläufe** ist realistisch, denn wenn wir zunächst einmal davon ausgehen, dass in einer Volkswirtschaft für ein bestimmtes Produkt eine sehr große Anzahl von Produzenten (Anbietern) vorhanden ist, so können wir nicht annehmen, dass die Kostenfunktionen aller Betriebe einer bestimmten Branche die gleiche Höhe und die gleiche Gestalt aufweisen. Die Kostenhöhe wird außer durch den Beschäftigungsgrad und die Faktorpreise auch von der Betriebsgröße und -struktur, dem Rationalisierungs- und Mechanisierungsgrad, der Ausbildung und dem Leistungswillen der Arbeitskräfte, der Betriebsführung, dem Standort, der Steuerhöhe und in der Landwirtschaft schließlich noch durch Bodenqualität und Klima bestimmt.

Normale Angebotskurve

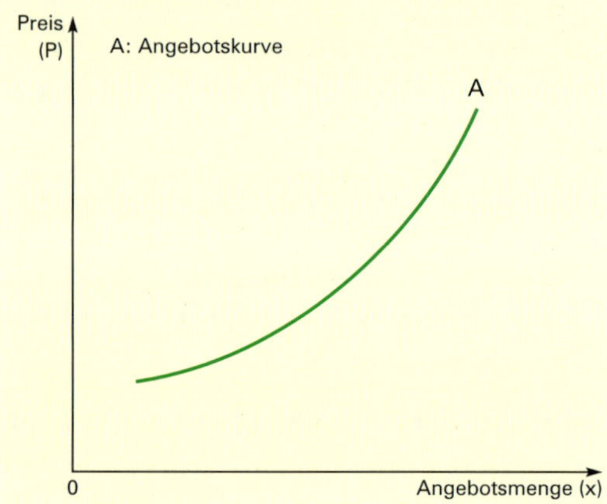

(4) Einfluss der Kosten auf die Marktangebotskurve

Zur Konstruktion der **Marktangebotskurve** brauchen wir jedoch nicht unbedingt den zuvor beschriebenen verhältnismäßig komplizierten Weg zu wählen. Er ist ohnehin nicht gangbar, wenn wir unterstellen, dass im nicht landwirtschaftlichen Bereich ein linearer

Kostenverlauf wahrscheinlich ist. Dann nämlich erhalten wir **lineare Grenzkosten**. Das **Gewinnmaximum** liegt an der **Kapazitätsgrenze**. In der folgenden Abbildung wird angenommen, dass die Unternehmen längerfristig die Vollkostendeckung[1] anstreben.

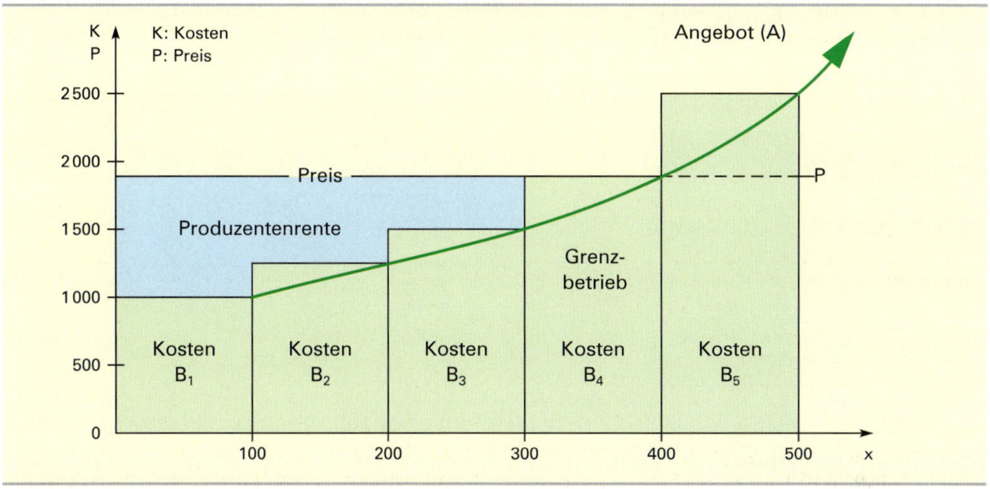

Vorstehendes Beispiel ordnet 5 Produktionsbetriebe nach ihrer **Kostenhöhe.** Es ist erkennbar, dass bei einem Preis von **1000 GE** gerade noch der Betrieb B_1 anbieten kann. **Alle anderen** Betriebe würden mit **Verlust** arbeiten. Das **gesamte** Angebot beträgt höchstens **100 Produktionseinheiten. Steigt** der Preis z. B. auf **1600 GE,** so bieten die Betriebe B_1 bis B_3 an. Steigt der Preis auf 1800 GE, nimmt das gesamte Güterangebot auf maximal 400 Produktionseinheiten zu. Dabei ist zu beachten, dass der Betrieb B_4 noch gerade seine Kosten deckt **(Grenzbetrieb).** Der fünfte Betrieb B_5 muss, zumindest langfristig, aus dem Markt ausscheiden. Die Betriebe B_1 bis B_3 hingegen erzielen eine **Produzentenrente.**

Sollte der Betrieb B_5 aus dem Markt ausgeschieden und liquidiert[2] worden sein und steigt der Preis auf z. B. 2500 GE, ist kurzfristig keine Angebotserhöhung möglich. Das Angebot ist **unelastisch.** Erst auf längere Sicht werden neue Konkurrenten auftreten, die sich bei diesem hohen Preis eine Rendite versprechen. Im Einzelnen wird die Angebotselastizität im nächsten Kapitel beschrieben.

Merke:

- Das Marktangebot für ein bestimmtes Gut ergibt sich aus der **Aggregation** (Queraddition, Zusammenfassung) **aller individuellen** Angebotskurven für ein Gut.
- Daraus folgt, dass die Gestalt (der Verlauf) der Marktangebotskurve von **allen** Faktoren, die das individuelle Angebot beeinflussen, mitbestimmt wird.

1 Vollkosten: Summe aus fixen und variablen Kosten.

2 Liquidieren: wörtl. verflüssigen, d. h. in flüssige Mittel (Geld) umwandeln. Unter Liquidation versteht man die (freiwillige) Auflösung eines Betriebs.

(5) Einfluss der Zahl der anbietenden Unternehmen auf die Marktangebotskurve

Daneben sind Verlauf bzw. Veränderung der Entwicklung des Marktangebots für ein Gut von der **Zahl** der anbietenden Unternehmen abhängig.

Beispiel:

Aufgrund der Energieverknappung nimmt die Zahl der Betriebe, die Sonnenkollektoren anbieten, laufend zu. Die Anbieter rechnen damit, dass in Zukunft immer mehr private Haushalte und Betriebe zu kostengünstigeren Heizsystemen übergehen werden. Die Angebotskurve verschiebt sich nach „rechts“ (das Angebot nimmt zu).

Zunehmendes Angebot von Sonnenkollektoren

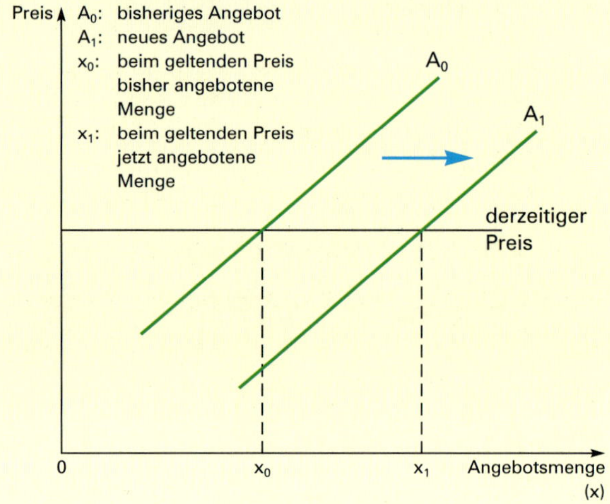

Merke:

- Steigt die Zahl der Anbieter, nimmt das Angebot für ein Gut zu.
- Sinkt die Zahl der Anbieter, nimmt das Angebot für ein Gut ab.

3.4 Preiselastizität des Angebots

3.4.1 Begriff Preiselastizität des Angebots

Die Erkenntnisse über die Preiselastizität des Angebots (Angebotselastizität: El_A) sind deswegen von Bedeutung, weil mit ihrer Hilfe Preisbildungsvorgänge auf den verschiedenen Märkten erklärt werden können.

Merke:

- Die **Preiselastizität des Angebots** (El_A) ist das Verhältnis einer **prozentualen Angebotsänderung** für ein bestimmtes Gut zu einer **prozentualen Preisänderung** dieses Gutes.
- $El_A = \frac{\text{prozentuale Angebotsänderung}}{\text{prozentuale Preisänderung}} = \frac{\Delta x \text{ in } \%}{\Delta P \text{ in } \%}$

Die Angebotselastizität ist im Normalfall **positiv,** weil Preiserhöhungen ein Steigen bzw. Preissenkungen ein Sinken des mengenmäßigen Angebots nach sich ziehen („Gesetz des Angebots“).

Der Sachverhalt lässt sich auch mit folgender **Formel** darstellen:

$$El_A = \frac{\Delta x \cdot 100}{x} : \frac{\Delta P \cdot 100}{P} = \frac{\Delta x \cdot 100 \cdot P}{x \cdot \Delta P \cdot 100} = \frac{\Delta x}{\Delta P} \cdot \frac{P}{x}$$

Die Symbole bedeuten:

El_A: Angebotselastizität

Δx: Mengendifferenz (Unterschied zwischen bisher angebotener und jetzt angebotener Menge)

ΔP: Preisdifferenz (Unterschied zwischen bisherigem Preis und neuem Preis)

x: bisher angebotene Menge

P: bisheriger Preis

3.4.2 Elastisches und unelastisches Angebot

Grundsätzlich kann sich das Angebot wie folgt verhalten:

Fall 1:

Das Angebot ist vollkommen elastisch. Dies ist vor allem dann der Fall, wenn die Betriebe unterbeschäftigt sind. Aufgrund einer möglichen Zunahme der Nachfrage können die Anbieter ihre Produktion und damit das Angebot ausdehnen. Ein Anlass für Preiserhöhungen besteht nicht, da mit steigendem Beschäftigungsgrad die Stückkosten zunächst sinken.

Vollkommen elastisches Angebot

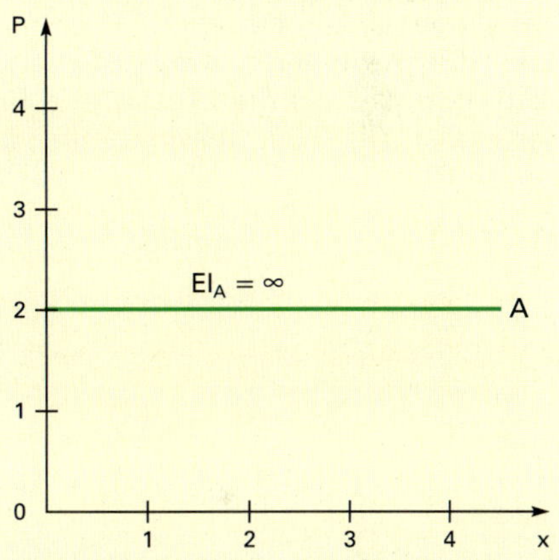

Fall 2:

Das Angebot ist vollkommen unelastisch. In diesem Fall sind die Anbieter vollbeschäftigt. **Kurzfristig** kann das Angebot nicht weiter ausgedehnt werden.

Auch das Angebot von leicht verderblichen landwirtschaftlichen Erzeugnissen (Spargel, Erdbeeren, Kirschen) ist zu einem bestimmten Zeitpunkt (z. B. Wochentag) vollkommen unelastisch: Die Anbieter müssen die Erntemengen sofort anbieten und den auf dem Markt sich bildenden Preis hinnehmen. Das Gleiche gilt für eine Fischauktion an einem bestimmten Tag. Ebenso ist das Angebot anlässlich einer Versteigerung vollkommen unelastisch.

Vollkommen unelastisches Angebot

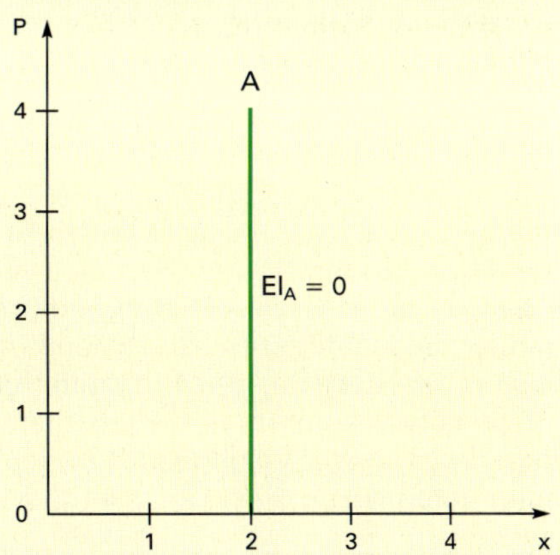

Fall 3:

Das Angebot ist proportional elastisch. Dies sagt aus, dass eine prozentuale Angebotsmengenänderung einer prozentualen Preisänderung gleich ist. Die Elastizität beträgt 1.

Dabei ist zu bemerken, dass **jede lineare Angebotskurve,** die im Ursprung des Koordinatensystems beginnt (bzw. sich bis zum Ursprung verlängern lässt), die **Elastizitätskennziffer 1** aufweist.

Da die Angebotskurven für ein Gut i.d.R. nicht linear, sondern gekrümmt verlaufen, ist eine Angebotselastizität von 1 ein theoretischer Grenzfall.

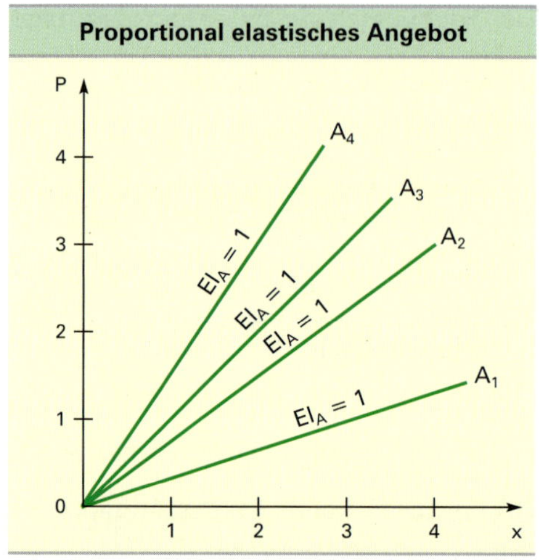

Fall 4:

Das Angebot ist elastisch. Das bedeutet, dass die prozentuale Angebotsmengenänderung **größer** als die prozentuale Preisänderung ist. Die Elastizitätskennziffer ist **größer als 1.**

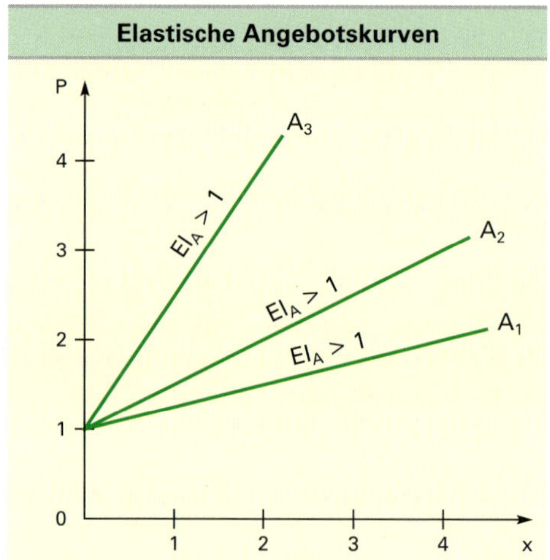

Fall 5:

Das Angebot ist unelastisch. Hier ist die prozentuale Angebotsänderung **geringer** als die prozentuale Preisänderung. Die Elastizitätskennziffer ist **kleiner als 1.**

Zu betonen ist, dass bei einer der Wirklichkeit angenäherten Marktangebotskurve weder von „elastischem" noch von „unelastischem" Angebot gesprochen werden kann. Vielmehr wird es so sein, dass das Angebot bei **Unterbeschäftigung** der betreffenden Branche[1] zunächst elastisch ist, um bei steigender Beschäftigung zunehmend unelastisch zu werden. Bei einer gekrümmten Angebotskurve kommt der Elastizitätskoeffizient 1 nur einmal vor (Punkt Y in der Abbildung unten links).

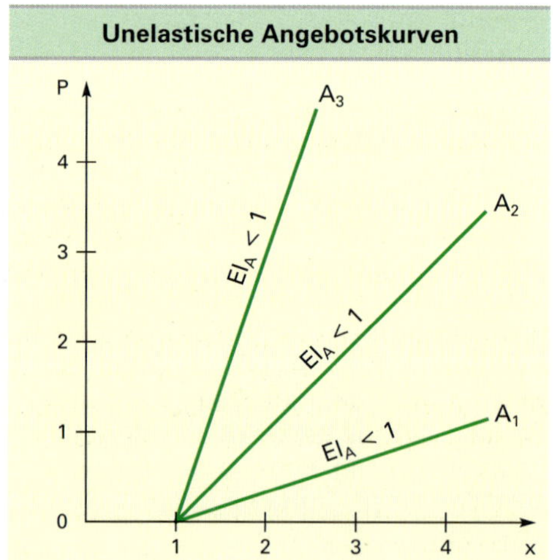

1 Branche: Wirtschaftszweig.

Die Angebotselastizität ändert sich auch im Zeitablauf. Treten z.B. zu den bisherigen Anbietern weitere hinzu und/oder erweitern die bisherigen Anbieter ihre Kapazitäten, wird die Angebotskurve nach „rechts" verschoben, d.h. sie wird elastischer (Abbildung unten rechts).

Mit zunehmender Kapazitätsauslastung nimmt die Angebotselastizität ab

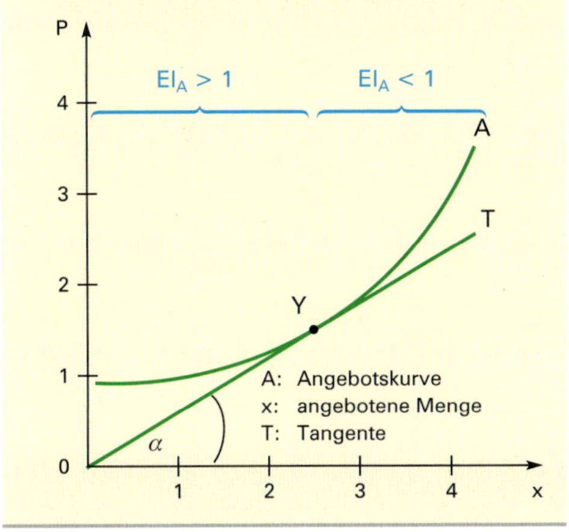

Zunehmende Angebotselastizität bei Kapazitätsausweitung

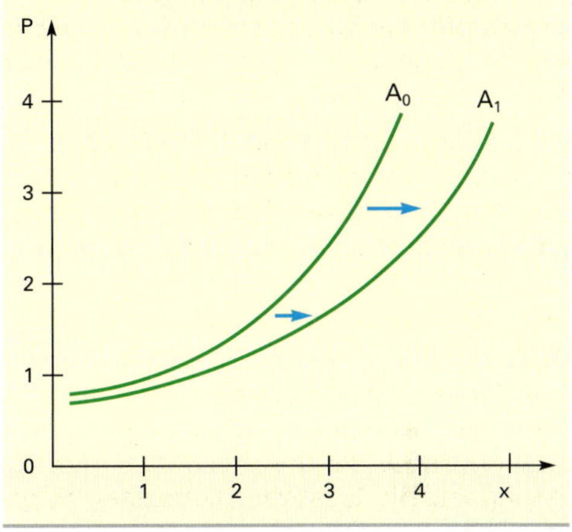

Fall 6:

Das Angebot ist invers[1] (anomal). Eine anomale Angebotskurve liegt vor, wenn bei steigenden Preisen das mengenmäßige Angebot sinkt und bei sinkenden Preisen steigt. Dies ist z. B. dann der Fall, wenn die Anbieter weiter steigende Preise **erwarten,** sodass sie ihr Angebot zurückhalten. Werden hingegen weiter sinkende Preise erwartet, wird das Angebot erhöht, um zukünftige Verluste zu vermeiden.

Ein anomales Angebot kommt auch vor, wenn nur ein oder wenige Anbieter auf dem Markt sind und diese mit Stückkosten kalkulieren. Aufgrund des **Gesetzes der Massenproduktion** sind sie in der Lage, größere Mengen zu niedrigeren Preisen anzubieten.[2]

Negative Angebotselastizität (anomale Angebotskurve)

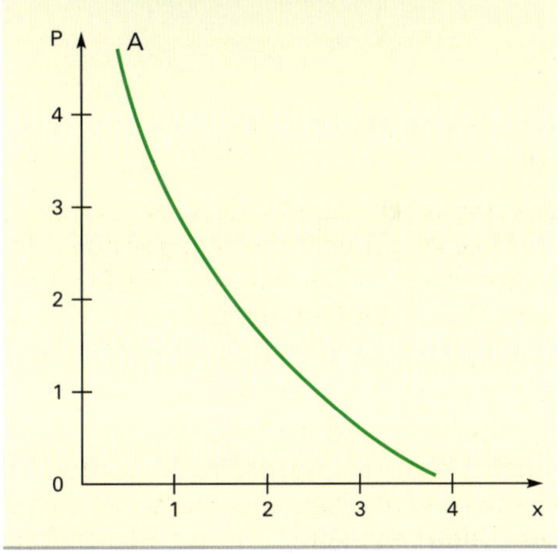

Ein weiteres Beispiel für die anomale Angebotselastizität findet man in der Landwirtschaft. So kann es sein, dass eine Preissenkung bei landwirtschaftlichen Produkten zu einer Vergrößerung der Anbaufläche und damit des Angebots führt, weil jeder Landwirt die Umsatzeinbuße durch eine vergrößerte Verkaufsmenge ausgleichen möchte.

1 Invers: umgekehrt, dem „Normalen" entgegengesetzt.

2 Näheres siehe Kapitel 3.1.3.

Zusammenfassung

- Das **Marktangebot** (Gesamtangebot) für ein Gut ergibt sich aus der **Aggregation** (Queraddition) **aller individuellen Angebote.**
- Das **Marktangebot** wird von **allen Faktoren** bestimmt, die auch das **individuelle** Angebot beeinflussen. Des Weiteren ist das Gesamtangebot auch noch abhängig von der **Zahl der Anbieter.**
- Die **Preiselastizität des Angebots** setzt die **prozentuale Änderung der Angebotsmenge** ins Verhältnis zur **prozentualen Preisänderung** des betrachteten Gutes.
- Das Angebot ist entweder
  - vollkommen elastisch,
  - vollkommen unelastisch,
  - proportional elastisch,
  - elastisch,
  - unelastisch oder
  - invers elastisch.

Übungsaufgabe

27

1. Definieren Sie den Begriff Marktangebot (Gesamtangebot) für ein Gut!
2. Erklären Sie mit eigenen Worten, wie das Marktangebot für ein Gut zustande kommt!
3. Die individuellen Angebotskurven folgender Betriebe sind bekannt (x: Mengeneinheiten):

Betrieb A	Betrieb B	Betrieb C
$P = 1\,{}^{1}/_{3}x$	$P = 1 + {}^{1}/_{2}x$	$P = 2x - 2$

Aufgaben:

3.1 Ermitteln Sie die Marktangebotskurve entsprechend der nachfolgenden Tabelle!

Preis	Angebotskurven			Gesamtangebot
	Betrieb A	Betrieb B	Betrieb C	
0				
1				
2				
3				
4				
5				
6				

3.2 Zeichnen Sie die drei Angebotskurven und konstruieren Sie die Marktangebotskurve durch Queraddition!

4. Aufgrund welcher Ursachen nimmt das Marktangebot zu? (Begründungen!)
5. Aufgrund welcher Ursachen nimmt das Marktangebot ab? (Begründungen!)
6. Definieren Sie den Begriff Angebotselastizität!

7. Berechnen Sie die Angebotselastizitäten in folgenden Fällen:

Güterart	Preisänderung je Einheit	Angebotsmengenänderung je Raum- und Zeiteinheit
Benzin	von 1,40 EUR auf 1,47 EUR	von 1 000 hl auf 1 200 hl
Radiogeräte	von 100,00 EUR auf 90,00 EUR	von 800 Stück auf 880 Stück
Milch	von 1,00 EUR auf 1,10 EUR	von 900 Liter auf 891 Liter
Taschenrechner	von 200,00 EUR auf 150,00 EUR	unverändert

8. Von welchen Faktoren können unterschiedliche Angebotselastizitäten abhängen?

9. Wilhelm Röpke berichtet in seinem Buch „Die Lehre von der Wirtschaft“ von den Farmern im amerikanischen Staat Alabama, dass sie im Jahre 1919 einem Insektenschädling (dem Kapselwurm) aus Dankbarkeit dafür, dass seine Verwüstungen in den Baumwollplantagen das Angebot an Baumwolle verringert hatten, ein Denkmal gesetzt hätten.

   Aufgabe:

   Erklären Sie diesen scheinbaren Widersinn!

10. Ein Orkan richtete in den Waldstücken von vier Forstwirten erheblichen Schaden an. Nur noch als Brennholz verwertbar sind 4000 Ster[1] aus dem Wald des Forstwirts A, 5000 Ster aus dem Wald des Forstwirts B, 4500 Ster aus dem Wald des Forstwirts C und 6000 Ster aus dem Wald des Forstwirts D. Die vier Forstwirte verhalten sich wie folgt:

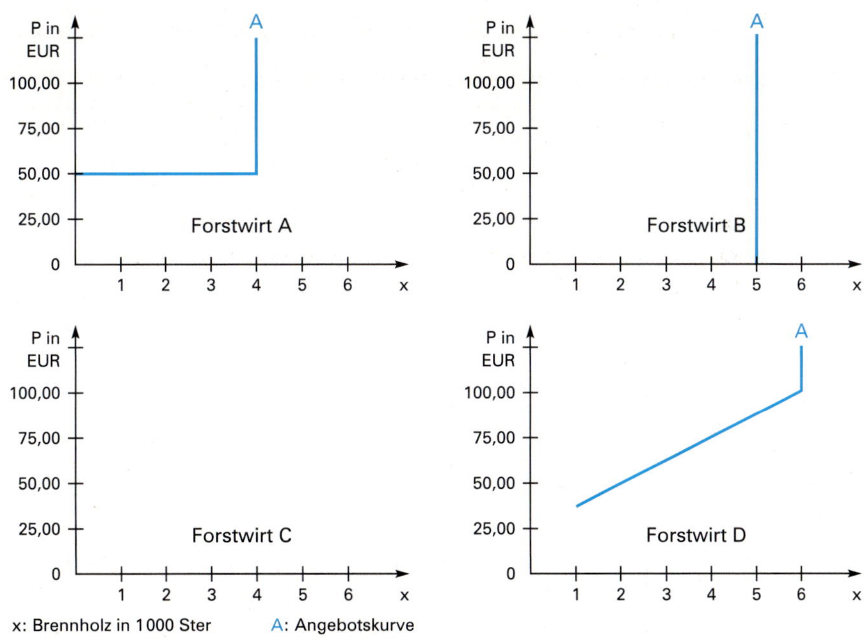

Aufgabe:

Interpretieren Sie das Marktverhalten der vier Forstwirte!

1 Ster: ein vor allem in der Forstwirtschaft verwendetes Raummaß für Holz (1 m^3).

4 Die Koordination von Angebot und Nachfrage durch den Preis

4.1 Preisbildung auf vollkommenen Märkten

4.1.1 Preisbildung bei vollständiger Konkurrenz (vollkommenes Polypol)

4.1.1.1 Gleichgewichtspreis

(1) Bildung des Gleichgewichtspreises

Um uns den Vorgang der **Preisbildung bei vollständiger Konkurrenz (auf einem vollkommenen polypolistischen Markt)** zu verdeutlichen, greifen wir zu einem einfachen Beispiel.

Beispiel:

Die Warenbörsen erhalten von den Käufern und Verkäufern Kauf- oder Verkaufsaufträge. Dabei können Käufer und Verkäufer ihre Aufträge limitieren, d.h. begrenzen. Ein Käufer kann z.B. den Warenmakler[1] beauftragen, eine bestimmte Warenmenge höchstens zu 62,00 EUR je Gewichtseinheit zu kaufen. Sollte der Kurs (der an der Börse festgelegte Preis) am Kauftag höher sein, wird der Auftrag nicht ausgeführt.

Ein Verkäufer kann den Warenmakler beauftragen, eine bestimmte Warenmenge zu mindestens 61,00 EUR zu verkaufen. Ist der Kurs (Preis) am Verkaufstag niedriger, wird der Auftrag ebenfalls nicht ausgeführt. Werden die Kauf- und Verkaufsaufträge nicht limitiert, werden die zum Kauf nachgefragten bzw. die zum Verkauf angebotenen Waren „bestens", d.h. zu dem am Abschlusstag gültigen Kurs (Preis) ge- oder verkauft.

Angenommen nun, bei einem Warenmakler laufen für eine Weichweizensorte einheitlicher Qualität folgende Aufträge ein:

Kaufaufträge (Nachfrage)	Verkaufsaufträge (Angebot)
50 dt[2] bestens	30 dt bestens
45 dt zu 61,00 EUR höchstens	45 dt zu 61,00 EUR mindestens
20 dt zu 62,00 EUR höchstens	85 dt zu 62,00 EUR mindestens
70 dt zu 63,00 EUR höchstens	40 dt zu 63,00 EUR mindestens
20 dt zu 64,00 EUR höchstens	35 dt zu 64,00 EUR mindestens

Der Warenmakler hat nun die Aufgabe festzustellen, bei welchem Preis (Kurs) der höchste Umsatz erzielt werden kann. Dazu muss festgestellt werden, welche Umsätze (Menge · Preis) bei den einzelnen Preisen möglich sind:

1 Ein Makler ist ein Kaufmann, der Geschäfte für andere vermittelt. Für seine Tätigkeit erhält er eine Maklergebühr (Courtage), die von beiden Vertragspartnern (Käufer, Verkäufer) je zur Hälfte zu zahlen ist.

2 1 dt: Dezitonne (100 kg).

Mögliche Preise (Kurse)	Durchführbare Kaufaufträge (Nachfrage)	Durchführbare Verkaufsaufträge (Angebot)	Umsetzbare Menge
60,00 EUR	205 dt[1]	30 dt[3]	30 dt
61,00 EUR	205 dt	75 dt	75 dt
62,00 EUR	160 dt[2]	160 dt	160 dt
63,00 EUR	140 dt	200 dt	140 dt
64,00 EUR	70 dt	235 dt	70 dt

In diesem Beispiel beträgt der vom Makler festgesetzte Preis 62,00 EUR je dt, weil hier der größtmögliche Umsatz getätigt werden kann. Man spricht vom **Gleichgewichtspreis.**

Merke:

Der **Gleichgewichtspreis** bringt Angebot und Nachfrage zum Ausgleich, er „räumt den Markt".

(2) Auswirkungen des Gleichgewichtspreises

Der Gleichgewichtspreis ist in der Lage, die **unterschiedlichen Interessen** der **Anbieter** und **Nachfrager** auszugleichen. Die **Anbieter** haben ein Interesse daran, möglichst **hohe Preise** zu erzielen. Das Interesse der **Nachfrager** hingegen besteht darin, die nachgefragten Güter zu möglichst **niedrigen Preisen** zu erhalten.

Zu beachten ist, dass die Anbieter, die einen **höheren Preis als den Gleichgewichtspreis** (Marktpreis) erzielen wollen, und die Nachfrager, die nur einen **niedrigeren Preis als den Gleichgewichtspreis** bezahlen wollen, **leer ausgehen.**

Die Marktteilnehmer jedoch, die zum Zuge kommen, befinden sich in unterschiedlichen Situationen.

- Diejenigen Anbieter, die auch zu einem niedrigeren Preis als zu dem Gleichgewichtspreis verkaufen würden, erzielen einen zusätzlichen Gewinn, den man als **Anbieterrente** bezeichnet. Handelt es sich bei diesen Anbietern um Hersteller bzw. Verkäufer von Produkten, deren Produktion Kosten verursacht hat, spricht man von **Produzentenrente.**
- Die Käufer hingegen, die auch einen höheren Preis als den Gleichgewichtspreis zu zahlen gewillt wären, erzielen eine **Nachfragerrente.** Handelt es sich um Nachfrager nach Konsumgütern, spricht man von der **Konsumentenrente.** Sie stellt für die Nachfrager nach Konsumgütern (also vor allem die privaten Haushalte) einen **Nutzengewinn** dar.

---

1 Bei einem Preis (Kurs) von 60,00 EUR wollen alle Auftraggeber kaufen, auch diejenigen, die eigentlich einen höheren Kurs zu zahlen bereit sind.

2 Bei einem Preis von 62,00 EUR kaufen die Auftraggeber nicht mehr, die höchstens 61,00 EUR anlegen wollten. Die Käufer, die nicht limitiert haben, kaufen jedoch zu jedem Kurs.

3 Es verkaufen nur die Auftraggeber, die nicht limitiert haben. Alle anderen wollten einen höheren Preis erzielen.

Beachte:

Handelt es sich um reproduzierbare Güter (immer wieder neu herstellbare Güter), kommt in den Preisforderungen der Anbieter die Höhe ihrer Produktionskosten zum Ausdruck. Je höher die Produktionskosten jedes einzelnen Anbieters sind, desto höher wird i. d. R. auch seine Preisforderung sein. In den Preisvorstellungen der Käufer kommen, falls es sich um Konsumgüter handelt, ihre individuellen Nutzenvorstellungen zum Ausdruck. Je höher der individuelle Nutzen des nachgefragten Gutes ist, desto mehr ist der einzelne Nachfrager zu zahlen bereit.

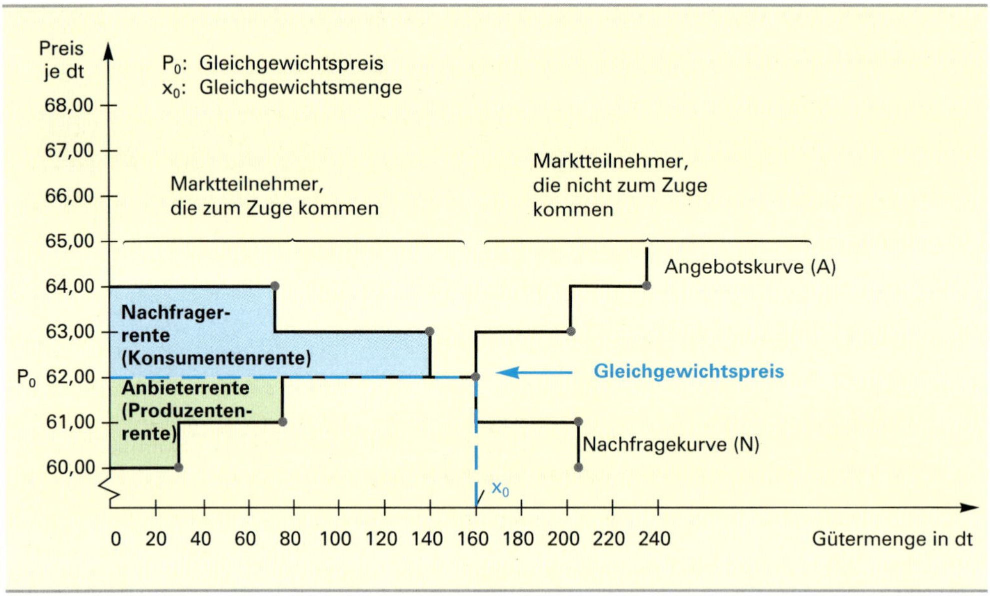

Wenn man sich nun vorstellt, dass sehr viele (theoretisch „unendlich" viele) Anbieter und Nachfrager auf dem Markt sind, verschwinden die „Treppen" aus der Angebots- und aus der Nachfragekurve. Es ergibt sich folgendes Bild:

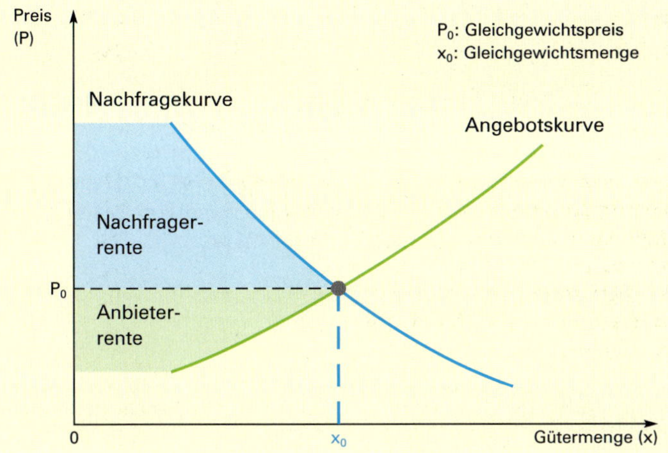

(3) Auswirkungen anderer Preise als der Gleichgewichtspreis

Ganz wesentlich ist die Erkenntnis, dass jeder andere als der Gleichgewichtspreis (Einheitspreis) den Markt nicht räumen kann. Setzt der Warenmakler beispielsweise einen Kurs von 61,00 EUR je dt fest, beträgt die Nachfrage 205 dt, das Angebot nur 75 dt (Unterangebot bzw. Übernachfrage: **Angebotslücke**).[1] Der Börsenmakler wird also den **Preis heraufsetzen.**

Merke:

Ist bei einem gegebenen Preis das Angebot kleiner als die Nachfrage **(Angebotslücke),** wird der Preis steigen.

Umgekehrt ist es, wenn der Warenmakler beispielsweise einen Preis von 63,00 EUR je dt bestimmt. Dann beläuft sich das Angebot auf 200 dt, die Nachfrage lediglich auf 140 dt (Überangebot bzw. Unternachfrage: **Nachfragelücke**).[1] Der Makler wird also den **Preis herabsetzen.**

Merke:

Ist bei einem gegebenen Preis die Nachfrage kleiner als das Angebot **(Nachfragelücke),** wird der Preis sinken.

1 Siehe Tabelle auf Seite 207.

14 Boller-Hartmann 978-3-8120-0585-2

4.1.1.2 Preismechanismus

(1) Preisgesetze

Weder Angebot noch Nachfrage bleiben im Laufe der Zeit unverändert. So mag es z.B. sein, dass die **Nachfrage** nach bestimmten Gütern und Dienstleistungen bei einem gegebenen Preis **zunimmt,** weil die Einkommen der Nachfrager gestiegen sind oder weil die Nachfrager künftige Preissteigerungen erwarten. Umgekehrt kann die **Nachfrage** zu einem bestimmten Preis **abnehmen,** weil die Einkommen gesunken sind (z.B. aufgrund von Arbeitslosigkeit) oder die Nachfrager Preissenkungen erwarten.

Eine **Zunahme der Nachfrage** wirkt sich in einer Verschiebung der Nachfragekurve nach **„rechts"** aus, eine **Abnahme der Nachfrage** in einer Verschiebung der Nachfragekurve nach **„links".**

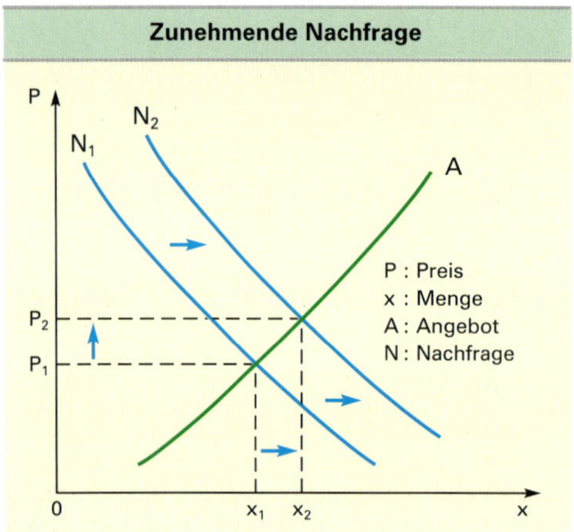

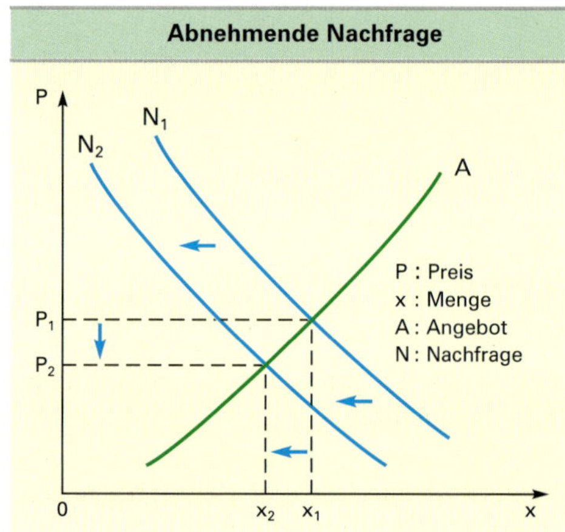

Merke:

Im Normalfall gelten auf vollkommenen polypolistischen Märkten folgende **„Preisgesetze":**

- Bei gleichbleibendem Güterangebot führt die **Zunahme der Nachfrage** zu **steigenden Preisen.**
- Bei gleichbleibendem Güterangebot führt die **Abnahme der Nachfrage** zu **fallenden Preisen.**

Desgleichen kann der Fall eintreten, dass das Angebot bei einem bestimmten Preis und bei gleichbleibender Nachfrage zu- oder abnimmt. So geht z.B. das Angebot landwirtschaftlicher Produkte bei Missernten zurück, während es bei Rekordernten zunimmt.

Die **Zunahme des Angebots** wirkt sich in einer Verschiebung der Angebotskurve nach **„rechts"** aus, eine **Abnahme des Angebots** in einer Verschiebung der Angebotskurve nach **„links".**

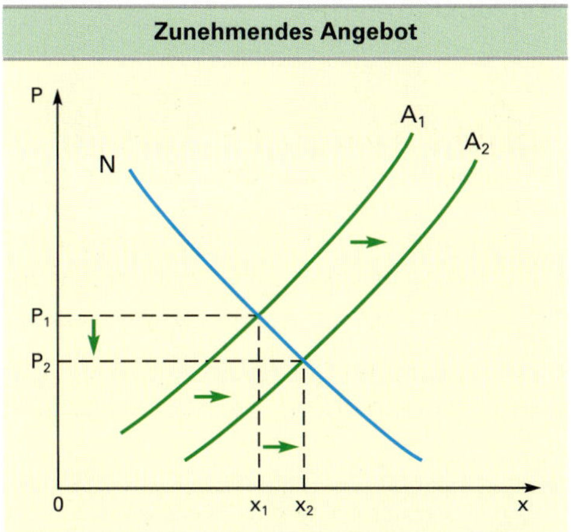

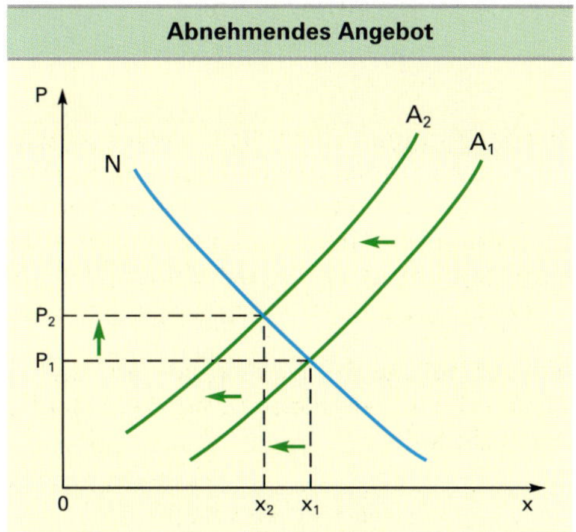

Merke:

Im Normalfall gelten auf vollkommenen polypolistischen Märkten folgende **„Preisgesetze“:**

- Bei gleichbleibendem Güterangebot führt die Zunahme der Nachfrage zu steigenden Preisen.
- Bei gleichbleibendem Güterangebot führt die Abnahme der Nachfrage zu fallenden Preisen.

Diese sogenannten **Preisgesetze** werden jedoch nur dann wirksam, wenn man von einer normalen Nachfragekurve (also vom Gesetz der Nachfrage) und von einer normalen Angebotskurve (also vom Gesetz des Angebots) ausgeht.

(2) Bedeutung der Preisgesetze

Die bisherigen Überlegungen zeigen, dass in einer freien Marktwirtschaft Preis, Angebot und Nachfrage, kurz: die **Märkte**, die Volkswirtschaft selbsttätig (automatisch) **steuern.** Was für die Güterpreise gilt, trifft im Modell auch auf die übrigen Marktpreise zu. So wird der **Arbeitsmarkt** über die **Löhne** (Preise für die Arbeitskraft) reguliert. Ist das Arbeitsangebot hoch und die Arbeitsnachfrage niedrig, wird eben der Lohn so lange sinken, bis der „Markt geräumt“ ist. Gleichermaßen werden die **Kreditmärkte** mithilfe des **Zinsmechanismus** gesteuert. Ist das Kreditangebot niedrig, die Kreditnachfrage hoch, wird der Zins so lange steigen, bis auch hier die Kreditnachfrage dem Kreditangebot entspricht. Somit erübrigen sich jegliche staatliche Eingriffe in das Marktgeschehen.

4.1.1.3 Funktionen des Preises im Modell des vollkommenen polypolistischen Marktes

Ausgleichsfunktion	Der Gleichgewichtspreis ist der Preis, bei dem der höchstmögliche Umsatz erzielt wird. Alle Nachfrager, die den Gleichgewichtspreis bezahlen wollen (oder können), und alle Anbieter, die zum Gleichgewichtspreis verkaufen wollen (oder können), kommen zum Zuge. „Der freie Preis räumt den Markt".
Signalfunktion	Sie äußert sich darin, dass der freie Marktpreis den Knappheitsgrad eines Gutes anzeigt (signalisiert). Steigt der Preis, so wird erkennbar, dass ■ sich entweder das Güterangebot bei gleichbleibender Nachfrage verknappt hat, ■ sich die Nachfrage bei gleichbleibendem Güterangebot erhöht hat oder ■ die Nachfrage schneller als das Güterangebot gestiegen ist. Der fallende Preis zeigt die gegenteilige Marktsituation an.
Lenkungsfunktion	Der freie Marktpreis steuert das Angebot und damit die Produktion auf diejenigen Märkte hin, auf denen die größte Nachfrage herrscht und folglich die höchsten Preise (und damit Gewinne) erzielt werden können. **Beispiel:** Sinkt die Nachfrage nach Rindfleisch zugunsten der Nachfrage nach Geflügelfleisch, werden die Rindfleischpreise sinken und die Geflügelpreise steigen. Die Landwirte stellen sich auf die Produktion von Geflügelfleisch um und schränken die Produktion von Rindfleisch ein.
Erziehungsfunktion	Da der Preis bei vollkommener polypolistischer Konkurrenz vom einzelnen Nachfrager nicht beeinflussbar ist, zwingt er die Produzenten, ihre Kosten zu senken, wenn sie rentabel anbieten wollen. Die Verbraucher werden dazu erzogen, möglichst sparsam (möglichst preisgünstig) einzukaufen, wenn sie ihren Nutzen maximieren wollen.

Zusammenfassung

- Auf einem **polypolistischen Markt** treten viele Anbieter und Nachfrager auf.
- Das Steuerungsinstrument freier Märkte ist der **Preis,** der sich aufgrund der Angebots- und Nachfrageverhältnisse ergibt.
- Ein **Gleichgewichtspreis (Einheitspreis)** entsteht nur dann, wenn auf einem freien polypolistischen Markt die **Prämissen (Voraussetzungen)** der **vollkommenen Konkurrenz** gegeben sind:
  - Homogenität der gehandelten Güter,
  - Punktmarkt,
  - Markttransparenz,
  - schnelle Reaktionsfähigkeit der Marktteilnehmer,
  - keine Präferenzen.
- Wer als Anbieter nicht bereit ist, zum Gleichgewichtspreis seine Güter zu verkaufen, wird ebenso vom **Marktgeschehen ausgeschlossen,** wie die Nachfrager, die nicht bereit sind, den Gleichgewichtspreis zu zahlen.
- Bei einem **unvollkommenen polypolistischen Markt** entstehen **unterschiedliche Preise** für ein Gut.
- Auf vollkommen polypolistischen Märkten gelten bei normalem Angebot und normaler Nachfrage folgende **„Preisgesetze“:**
  - Bei gleichbleibender Nachfrage steigt (sinkt) der Preis mit sinkendem (steigendem) Angebot.
  - Bei gleichbleibendem Angebot steigt (sinkt) der Preis mit steigender (sinkender) Nachfrage.
- Im Modell der vollkommenen polypolistischen Konkurrenz hat der **Preis** folgende **Funktionen:**

Ausgleichsfunktion	Signalfunktion	Lenkungsfunktion	Erziehungsfunktion
Der Markt wird geräumt.	Der Knappheitsgrad des Gutes wird angezeigt.	Die Produktion wird in die rentabelsten Bereiche gelenkt.	Die Marktteilnehmer werden zur Sparsamkeit „erzogen“.

Übungsaufgabe

28 1. Auf dem Markt für Vitamine herrscht bezüglich einer bestimmten Vitaminart folgende Nachfrage- und Angebotssituation:

Preis der Vitaminart in EUR:	30,00	25,00	20,00	15,00	10,00	5,00
Nachgefragte Stücke in 100:	0	1	3	5	7	9
Angebotene Stücke in 100:	6,5	5,5	4,5	3,5	2,5	1,5

Lösungshinweis: Zeichnen Sie die Angebots- und Nachfragekurve je 5,00 EUR bzw. je 100 Stück ≙ 1 cm und bestimmen Sie den Gleichgewichtspreis und die zu diesem Preis umsetzbaren Stückzahlen!

Aufgaben:

1.1 Wie viel EUR beträgt der Gleichgewichtspreis?

1.2 Begründen Sie das Zustandekommen des Gleichgewichtspreises!

2. Die Polypolpreisbildung stellt einen Ausgleichsmechanismus zwischen den gegensätzlichen Interessen der Anbieter und Nachfrager dar.

Aufgaben:

2.1 Welches sind die gegensätzlichen Interessen der Anbieter und Nachfrager?

2.2 Begründen Sie, warum es sich bei der Polypolpreisbildung um einen Mechanismus, d. h. um ein sich selbstständig regelndes System, handelt!

3. Begründen Sie, wie sich folgende Datenänderungen auf den Gleichgewichtspreis bei vollständiger und vollkommener Konkurrenz auswirken! Es wird unterstellt, dass sich alle übrigen Bedingungen nicht ändern. Angebot und Nachfrage verhalten sich normal.

Aufgaben:

3.1 Die Gewerkschaften setzen Arbeitszeitverkürzungen bei vollem Lohnausgleich durch. Die Unternehmer ersetzen die ausgefallenen Arbeitsstunden vollständig durch Neueinstellungen.

3.2 Die Nachfrage nach Kalbfleisch geht zurück, weil die Verbraucher fürchten, dass die Züchter die Tiere mit gesundheitsschädlichen Stoffen mästen.

3.3 Der Staat senkt die Kostensteuern.

3.4 Rationalisierungsmaßnahmen der Unternehmer führen zu steigender Produktivität.

3.5 Die Verbraucher fürchten Preiserhöhungen; sie sparen deshalb weniger.

4. Bei einem Makler an einer Warenbörse gehen folgende Kauf- und Verkaufsaufträge ein:

Kaufaufträge	Verkaufsaufträge
10 t bestens	15 t bestens
15 t zu 80,00 EUR höchstens	10 t zu 81,00 EUR mindestens
5 t zu 81,00 EUR höchstens	20 t zu 82,00 EUR mindestens
20 t zu 82,00 EUR höchstens	5 t zu 83,00 EUR mindestens
30 t zu 83,00 EUR höchstens	25 t zu 84,00 EUR mindestens
25 t zu 84,00 EUR höchstens	30 t zu 85,00 EUR mindestens

Aufgabe:

Welchen Kurs legt der Warenmakler fest?

5. Angenommen, auf einem Wochenmarkt treten folgende Anbieter frischer und absolut gleichwertiger Pfifferlinge auf, wobei jeder Anbieter 10 kg auf den Markt bringt. Die Mindestpreisvorstellungen der Anbieter sind:

Anbieter:	A	B	C	D	E	F
Preis je kg in EUR:	10,00	11,00	12,00	13,00	14,00	15,00

Als Nachfrager treten 50 Hausfrauen auf, die höchstens Folgendes ausgeben und je 1 kg kaufen wollen:

Hausfrauen:	1 – 10	11 – 20	21 – 30	31 – 40	41 – 50
Preisvorstellung je kg in EUR:	13,00	12,50	12,00	11,50	11,00

Aufgaben:

5.1 Zeichnen Sie die Angebots- und Nachfragekurve! Stellen Sie den Gleichgewichtspreis fest!

5.2 In diesem Beispiel haben wir zwar so getan, als ob es sich um einen vollkommenen polypolistischen Markt handle. In Wirklichkeit ist dies jedoch nicht der Fall. Warum nicht?

6. Eine Bedingung für „vollständige Konkurrenz" ist, dass die Marktteilnehmer keine sachlichen, zeitlichen, räumlichen oder persönlichen Präferenzen haben.

Aufgaben:

Kennzeichnen Sie als Lösung die nachfolgenden Fälle mit einer

(1), wenn sachliche Präferenzen vorliegen,

(2), wenn zeitliche Präferenzen vorliegen,

(3), wenn räumliche Präferenzen vorliegen,

(4), wenn persönliche Präferenzen vorliegen,

(9), wenn keine Präferenzen vorliegen.

6.1 Karl Müller möchte 100 000,00 EUR auf einem Sparkonto anlegen. Aus mehreren Angeboten entscheidet er sich für das Institut, das ihm die beste Verzinsung garantiert.

6.2 Die Schülerin Anke Engelke möchte sich einen neuen Sportwagen kaufen. Dabei entscheidet sie sich wegen der längeren Lieferzeit nicht für das günstigste Angebot.

6.3 Die Autoversicherung für ihr neues Auto schließt Frau Engelke – ohne weitere Informationen einzuholen – bei ihrem Bekannten ab.

6.4 Fritz Schwabe beauftragt eine Preisagentur mit dem Kauf einer Brockhaus-Enzyklopädie.

6.5 Aufgrund seiner Bewerbungen für eine Ausbildung zum Bankkaufmann erhält Carsten Clever mehrere Zusagen. Um Fahrtkosten zu sparen, entscheidet er sich für den Ausbildungsbetrieb in seinem Wohnort.

6.6 Der Informatiker Bernd Bits möchte seine Bankgeschäfte von zu Haus aus erledigen. Aus mehreren Angeboten, die alle den gleichen Service bieten, wählt er das kostengünstigste aus.

6.7 Nachdem Carsten seine Ausbildungsstelle bei der Ulmer Volksbank angetreten hat, eröffnen seine Eltern dort ein Depot.

7. Angenommen, in dem Beispiel auf S. 206 würden alle Anbieter „bestens" verkaufen wollen.

Aufgabe:

Wie hoch ist dann der Gleichgewichtspreis (Kurs)?

8. Welche Aussagen lassen sich treffen, wenn das Angebot und die Nachfrage gleichzeitig zu- oder abnehmen? (Begründen Sie Ihre Antworten zeichnerisch, d.h. mithilfe der Angebots- und Nachfragekurven!)

4.1.2 Preisbildung des vollkommenen Angebotsmonopols

(1) Begriff vollkommenes Angebotsmonopol

Im Sprachgebrauch werden alle marktbeherrschenden Unternehmen bzw. staatlichen Betriebe als „Monopole“ bezeichnet. Theoretisch liegt ein Monopol jedoch nur dann vor, wenn ein einziger Anbieter oder Nachfrager auf dem Markt ist.[1] Wir wollen uns im Folgenden auf das Angebotsmonopol beschränken.

Merke:

- Ein **Angebotsmonopol** liegt vor, wenn einem **einzigen Anbieter** eine **Vielzahl von Nachfragern** gegenübersteht.
- Ein **vollkommenes Angebotsmonopol** ist gegeben, wenn der Monopolist nur **ein homogenes Gut** anbietet und darüber hinaus alle sonstigen Bedingungen des **vollkommenen Marktes** gegeben sind.

Das vollkommene Monopol ist somit ein theoretischer Grenzfall. Unter den Bedingungen des vollkommenen Marktes kann es nur **einen einheitlichen Monopolpreis** geben, ein Fall, der in Wirklichkeit nur äußerst selten anzutreffen sein wird. In der Regel sind nämlich die Angebotsmonopolisten in der Lage, Preisdifferenzierung zu betreiben, d.h. für ein und dasselbe Gut unterschiedliche Preise zu verlangen.

(2) Monopolpreisbildung

Da der Angebotsmonopolist definitionsgemäß der alleinige Anbieter eines Gutes ist, vereinigt er die **Gesamtnachfrage** nach einem Gut auf sich. Dies bedeutet, dass er sich der Gesamtnachfragekurve gegenübersieht.[2] Diese Gesamtnachfragekurve wird auch als **Preis-Absatz-Kurve** bezeichnet, weil aus ihr ablesbar ist, welche **Gütermengen** die Käufer bei **alternativen Monopolpreisen** zu kaufen beabsichtigen.

In der Realität kennt der Monopolist das Nachfrageverhalten seiner Kunden nicht genau, wenngleich mithilfe der heutigen Marktforschungsmethoden Aussagen darüber gemacht werden können, wie die Nachfrager auf geplante Preis- oder Angebotsmengenänderungen eines Monopolisten voraussichtlich reagieren werden.

Im Gegensatz zum polypolistischen Anbieter, der aufgrund seiner verschwindend geringen Marktmacht den Absatzpreis als gegeben, d.h. als „Datum“ hinnehmen muss, kann der Angebotsmonopolist den Absatzpreis für das von ihm angebotene Gut frei **(autonom)** bestimmen: Er kann **Preispolitik** betreiben.

Natürlich ist für den Monopolisten auch **Mengenpolitik** möglich. Dann allerdings muss er den Preis hinnehmen, der sich auf dem Markt bildet. Die **Festsetzung** von **Preis und Angebotsmenge** zugleich ist **nicht möglich.**

---

1 Bei einem **Nachfragemonopol** sieht sich ein Nachfrager zahlreichen Anbietern gegenüber (z.B. Bundeswehr – Zuliefererbetriebe). Ein zweiseitiges Monopol (bilaterales Monopol) weist nur einen Anbieter und einen Nachfrager auf (z.B. näherungsweise Arbeitgeber einerseits und Gewerkschaften andererseits).

2 In den folgenden Überlegungen unterstellen wir, dass die Gesamtnachfrage für ein Gut linear verläuft, d.h., dass mit steigendem Preis weniger, mit sinkendem Preis mehr nachgefragt wird.

Beispiel:

Angenommen, die Erdöl exportierenden Staaten (OPEC) setzen den Preis für Erdöl, nicht aber die Fördermengen fest. In diesem Fall müssen sie abwarten, welche Mengen bei dem gegebenen Preis auf dem Weltmarkt absetzbar sind. Vereinbaren sie hingegen bestimmte Fördermengen, müssen sie die Preisbildung dem Weltmarkt überlassen.

Unterstellt, sie würden Preis und Fördermengen (Angebotsmengen) festlegen. Dann ergeben sich zwei Möglichkeiten, wenn man von dem unwahrscheinlichen Fall absieht, dass sie den Preis getroffen haben, zu dem die Käufer genau die geförderten Mengen zu kaufen bereit sind.

Fall 1: Der autonom festgelegte Monopolpreis ist in Bezug auf die geförderten (angebotenen) Mengen zu hoch: Die Erdölproduzenten bleiben auf einem Teil ihrer Fördermengen „sitzen". Wollen sie diese absetzen, müssen sie die überschüssigen Mengen auf freien Märkten (den „Spot-Märkten") zu niedrigeren Preisen verkaufen.

Fall 2: Der gewählte Preis ist in Bezug auf die geförderten (angebotenen) Mengen zu niedrig. Es entsteht eine Angebotslücke, sodass der Weltmarktpreis auch ohne Zutun der Produzenten steigt. Soll eine Preissteigerung vermieden werden, muss die Fördermenge gesteigert werden.

Um feststellen zu können, welchen Preis ein Monopolist festlegen muss, um seinen Gewinn zu maximieren bzw. seinen Verlust zu minimieren, greifen wir zu einem vereinfachenden Beispiel. Folgende **Voraussetzungen** sollen gelten:

- Es herrschen die **Bedingungen des vollkommenen Markts.**
- Dem Monopolisten ist die **Preis-Absatz-Kurve bekannt.** Sie verläuft linear.
- Es entstehen **fixe und proportional-variable Kosten.**
- Der Monopolist richtet sich nach dem (kurzfristigen) **Gewinnmaximierungsprinzip.**
- Lager werden nicht gebildet **(Produktionsmenge entspricht der Angebotsmenge).**

Beispiel:

Die Preis-Absatz-Funktion eines vollkommenen Monopols lautet: $x = \frac{8000 - 2P}{1000}$

Dabei bedeuten x: hergestellte sowie angebotene Menge (Produktionseinheiten) und P: Preis. Die fixen Kosten belaufen sich auf 1 500 Geldeinheiten (GE) je Periode, die proportional-variablen Kosten auf 1 000 GE je Produktionseinheit (x).

Ausbringungsmenge (x)	Preis (P)	Umsatz (U = P · x)	Gesamtkosten (K)	Gewinn bzw. Verlust (U – K)	Grenzkosten (K')	Grenzumsatz (U')	Kritische Punkte
0	4 000	—	1 500	– 1 500			
					1 000	3 500	Gewinnschwelle
1	3 500	3 500	2 500	1 000			
					1 000	2 500	
2	3 000	6 000	3 500	2 500			
					1 000	1 500	
3	2 500	7 500	4 500	3 000			Gewinnmaximum
					1 000	500	
4	2 000	8 000	5 500	2 500			
					1 000	– 500	
5	1 500	7 500	6 500	1 000			Gewinngrenze
					1 000	– 1 500	
6	1 000	6 000	7 500	– 1 500			
					1 000	– 2 500	
7	500	3 500	8 500	– 5 000			
					1 000	– 3 500	
8	—	—	9 500	– 9 500			

Kosten und Leistung des vollkommenen Angebotsmonopols in der Gesamt- und Stückbetrachtung

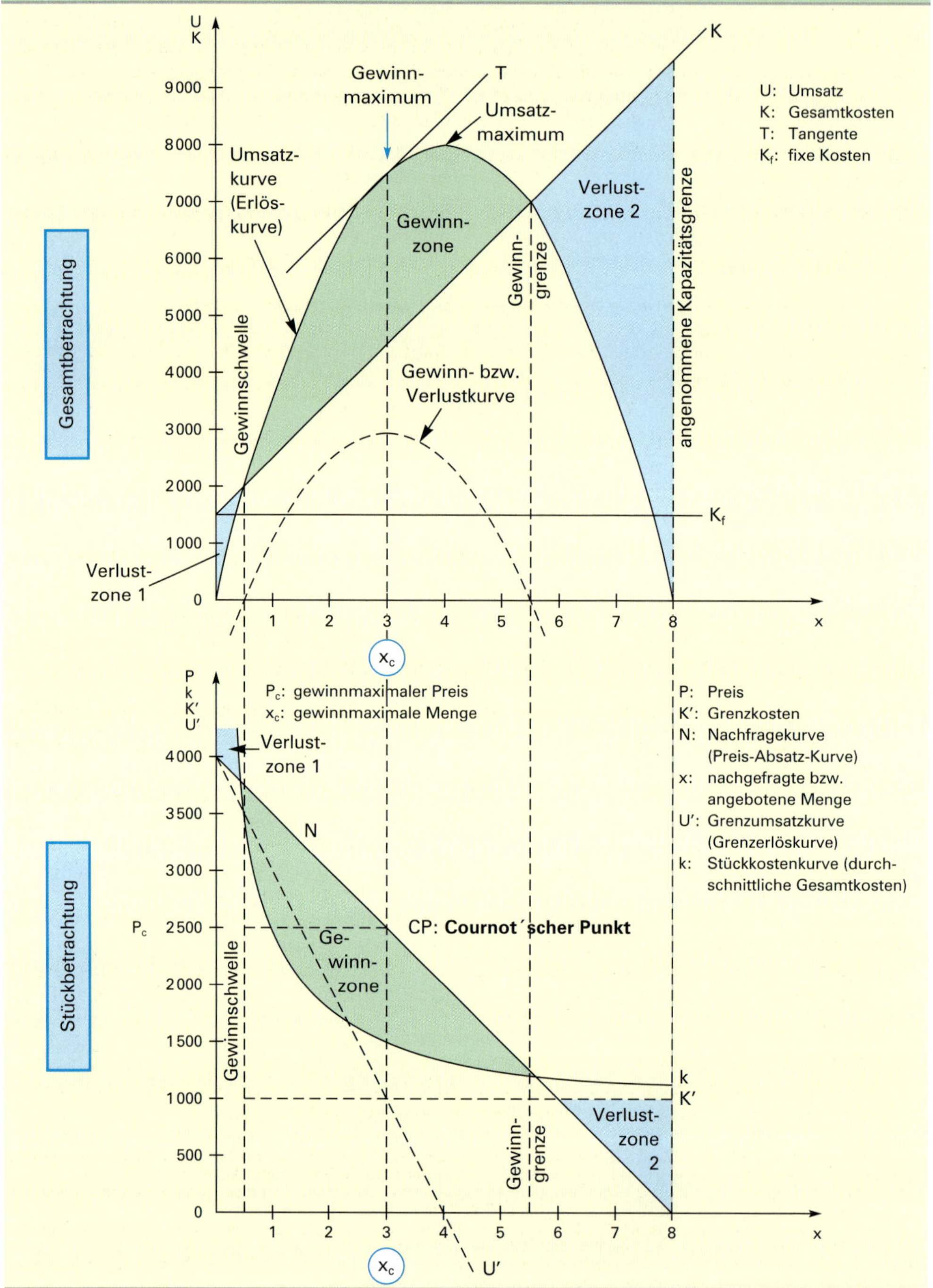

Erläuterungen zur Tabelle:

Unter den Bedingungen des vollkommenen Angebotsmonopols erhält man folgende Ergebnisse:

- Variiert der Monopolist den Absatzpreis, hängt die Umsatzentwicklung von der jeweiligen Nachfrageelastizität[1] ab. Ist die **Elastizität größer als 1,** so führen **Preissenkungen** zu **steigenden Umsätzen** und **Preiserhöhungen** zu **sinkenden Umsätzen.** Ist die **Elastizität** hingegen **kleiner als 1,** so führen **Preissenkungen** zu **sinkenden Umsätzen, Preiserhöhungen** jedoch zu **steigenden Umsätzen.** Das **Umsatzmaximum** ist erreicht, wenn die Elastizität der Nachfrage 1 beträgt.
- Der **Umsatz** ergibt sich, indem man den Absatzpreis (P) mit der bei diesem Preis nachgefragten Menge (x) multipliziert.
- Der **Grenzumsatz** ergibt sich, indem man den **Umsatzzuwachs je Produktionseinheit** errechnet.

> **Merke:**
>
> Der **Grenzumsatz (Grenzerlös)** ist der zusätzliche Erlös je Produktionseinheit.

- Bei einer Ausbringungsmenge von 0,5 Produktionseinheiten erzielt der Monopolist Kostendeckung **(Gewinnschwelle).**
- Dehnt der Monopolist seine Beschäftigung (seine Ausbringungsmenge) weiter aus oder senkt er weiterhin seinen Absatzpreis, tritt er in die **Gewinnzone** ein. Hier ist der Umsatz höher als die Gesamtkosten (Gesamtbetrachtung).
- Das **Gewinnmaximum** ist erreicht, wenn die Differenz zwischen Umsatz und Gesamtkosten am größten ist, im Beispiel also bei 3 Produktionseinheiten.
- Die **Grenzkosten** erhält man, indem man den **Kostenzuwachs je Produktionseinheit** errechnet.

> **Merke:**
>
> Unter **Grenzkosten** sind die zusätzlichen Kosten zu verstehen, die dann entstehen, wenn die Beschäftigung des Betriebs um eine Produktionseinheit erhöht wird.

Bei einem **linearen Gesamtkostenverlauf** sind die **variablen Stückkosten den Grenzkosten gleich.**

- Aus der Stückbetrachtung lässt sich entnehmen, dass im Gewinnmaximum die **Grenzkosten** dem **Grenzumsatz** (Grenzerlös) gleich sein müssen.

  Dies ist leicht einzusehen. Ist der **zusätzliche Umsatz höher als die zusätzlichen Kosten,** muss bei weiterer Ausbringung der **Gesamtgewinn steigen.** Betragen z. B. der zusätzliche Umsatz (der Grenzumsatz) 1 500 GE, die zusätzlichen Kosten (die Grenzkosten) jedoch nur 1 000 GE, so nimmt der Gesamtgewinn um 500 GE zu (bzw. der Gesamtverlust um 500 GE ab). Wird die Beschäftigung (die Ausbringung) weiter erhöht, steigt der Gesamtgewinn so lange, bis der Grenzumsatz den Grenzkosten gleich ist. Ist der **zusätzliche Umsatz niedriger als die zusätzlichen Kosten,** muss der **Gesamtgewinn sinken.**

  Betragen z. B. der zusätzliche Umsatz (der Grenzumsatz) 500 GE, die zusätzlichen Kosten (die Grenzkosten) 1 000 GE, nimmt der Gesamtgewinn um 500 GE ab (bzw. der Gesamtverlust um 500 GE zu).

> **Merke:**
>
> Das **Gewinnmaximum** des vollkommenen Angebotsmonopols ist erreicht, wenn die Grenzkosten dem Grenzumsatz gleich sind (Gewinnmaximierungsregel).

---

1 Unter der (direkten) **Preiseleastizität der Nachfrage** versteht man das **Verhältnis** einer **prozentualen Nachfrageänderung** (Mengenänderung Δx) nach einem bestimmten Gut zu einer **prozentualen Preisänderung** (ΔP) dieses Gutes.
- Sind die Änderungen der nachgefragten Menge prozentual (relativ) größer als die prozentualen Preisänderungen (die Elastizität ist größer als 1), spricht man von **elastischer Nachfrage.**
- Sind die Änderungen der nachgefragten Menge prozentual (relativ) kleiner als die prozentualen Preisänderungen (die Elastizität ist kleiner als 1), spricht man von **unelastischer Nachfrage.**

Die **Preiselastizität der Nachfrage** ist im **Normalfall negativ,** weil Preiserhöhungen ein (stärkeres) Sinken bzw. Preissenkungen ein (stärkeres) Steigen der mengenmäßigen Nachfrage nach sich ziehen.

- Projiziert man den Schnittpunkt von Grenzumsatz- und Grenzkostenkurve auf die Preis-Absatz-Kurve, erhält man den **Cournot´schen Punkt.**[1] Der Cournot´sche Punkt (CP) ordnet den **gewinnmaximalen Preis** (P_c) der **gewinnmaximalen Ausbringungsmenge** (x_c) zu.

(3) Rechnerische Ermittlung des Cournot´schen Punkts

Ausgangspunkt der Ermittlung der gewinnmaximalen Preisforderung ist die als bekannt unterstellte **Preis-Absatz-Funktion (PAF),** also die **funktionale** Beziehung zwischen Preis und Absatzmenge eines Gutes, die der Nachfragefunktion entspricht. Sie zeigt an, welche Mengen des betrachteten Gutes bei jeweils unterschiedlich hohen Preisforderungen absetzbar sind, sodass allgemein gilt: Die absetzbare Menge ist:

$$x = f(p)$$

Wie die nebenstehende Abbildung verdeutlicht, hat die **linear fallende** Preis-Absatz-Funktion ihren Ursprung auf der Ordinate in Höhe des sogenannten **Prohibitivpreises** (auch Höchstpreis genannt), also des Preises, zu dem die **nachgefragte Menge** gleich **null** beträgt.

Der Schnittpunkt mit der Abszisse markiert die sogenannte **Sättigungsmenge.** Hierbei handelt es sich um die nachgefragte Menge eines Gutes beim **Preis von null.**

Preis-Absatz-Funktion

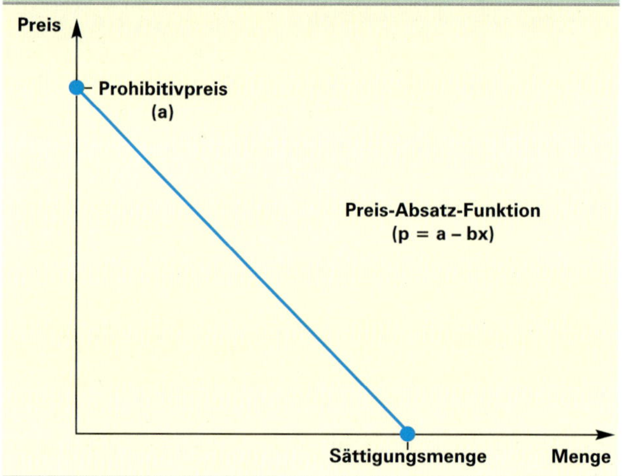

In den meisten Fällen betrachtet das Unternehmen jedoch nicht den Angebotspreis als **Aktionsparameter,** sondern die **Absatzmenge.** Allgemein gilt:

$$p = g(x)$$

Die Preis-Absatz-Funktion als **linear fallende** Funktion lässt sich algebraisch wie folgt umschreiben:

$$p = a - bx$$

Die PAF mit ihrem **negativen** Steigungsmaß **b** hat also ihren **Ursprung** auf der Ordinate in Höhe des Prohibitivpreises **a.** Setzt man für die Nachfragemenge x den Wert null in die allgemein formulierte Preis-Absatz-Funktion ein, so erhält man für y den Wert a, also den Preis, bei dem die nachgefragte Menge gleich null ist.

1 Antoine Augustin Cournot, 1801–1877, war französischer Wirtschaftswissenschaftler. Er gilt als wichtigster Begründer der mathematischen Schule der Volkswirtschaftslehre. Cournot untersuchte vor allem die Preisbildung des Monopols und Oligopols.

Aussagen darüber, wie sich die **Cournot'sche Menge** und der **Cournot'sche Preis** im Einzelnen verändern, wenn sich die Absatzsituation verbessert (Rechtsverschiebung der PAF) bzw. verschlechtert (Linksverschiebung der PAF) oder die Kostensituation variiert, lassen sich mithilfe der sogenannten **„Cournot-Formeln"** treffen.

Im Folgenden sollen deshalb diese beiden allgemeinen Cournot-Formeln für die **Cournot'sche Menge (x_c)** und den **Cournot'schen Preis (p_c)** kurz hergeleitet werden.

$$\text{Gewinn} = \text{Umsatzerlöse} - \text{Kosten}$$

wobei die Umsatzerlöse definiert sind als:

$$U = p \cdot x$$

Setzt man für p nunmehr die Preis-Absatz-Funktion ein, so erhält man folgende Gewinnfunktion:

$$G = (a - bx) \cdot x - K$$
$$G = ax - bx^2 - K$$

Zur Bestimmung des Gewinnmaximums muss die 1. Ableitung der Gewinnfunktion (G) gebildet und diese gleich null gesetzt werden:

$$G' = a - 2bx - K' \overset{!}{=} 0$$
$$a - 2bx - K' = 0$$
$$2bx = a - K'$$

$$\mathbf{x_c = \frac{a - K'}{2b}}$$

Die Cournot'sche Menge berechnet sich also aus der **Differenz zwischen Prohibitivpreis und Grenzkosten, dividiert** durch das **doppelte Steigungsmaß** der PAF.

Die **gewinnmaximale Preisforderung (p_c)** erhält man durch Einsetzen von x_c in die PAF:

$$p_c = a - b \cdot \left(\frac{a - K'}{2b}\right)$$

$$p_c = a - \left(\frac{ba - bK'}{2b}\right)$$

$$p_c = a - \left(\frac{b(a - K')}{2b}\right)$$

$$\mathbf{p_c = a - \frac{1}{2}a + \frac{1}{2}K'}$$

$$p_c = \frac{1}{2}a + \frac{1}{2}K'$$

$$\mathbf{p_c = \frac{a + K'}{2}}$$

Wie sich mithilfe dieser beiden allgemeinen Cournot-Formeln beispielsweise Aussagen zu Veränderungen der Nachfragesituation treffen lassen, verdeutlichen die zwei nachfolgenden Beispiele.

Beispiele:

- Verbessert sich die Nachfragesituation am Markt durch eine parallele Rechtsverschiebung der PAF, so hat dies zur Folge, dass der Prohibitivpreis (a) steigt, wohingegen das Steigungsmaß (b) und die Kostensituation (und somit auch die Grenzkosten K') unverändert bleiben. Betrachtet man nunmehr die allgemeine Cournot-Formel für die gewinnmaximale Menge (x_C), so wird deutlich, dass diese bei einem Anstieg des Prohibitivpreises a ebenfalls gestiegen sein muss. Der Cournot'sche Preis (p_C) steigt bei der vorgenannten Veränderung der Absatzsituation ebenfalls, da sich der Zähler der allgemeinen Formel zur Bestimmung dieses gewinnmaximalen Preises erhöht.
- Erhöhen sich hingegen die Fixkosten eines Monopolisten, so hat dies weder Auswirkungen auf die Cournot'sche Menge noch auf die Cournot'sche Preisforderung, da die Fixkosten bei der Bestimmung dieser beiden Größen – wie die allgemeinen Formeln verdeutlichen – keine Rolle spielen.

Schließlich sei an dieser Stelle noch kurz angemerkt, dass diese beiden Formeln selbstverständlich ebenso **zur Berechnung der gewinnmaximalen Preis-Mengen-Kombination** genutzt werden können, wie die weiter oben beschriebene Bestimmung dieser Größen durch Maximierung der Gewinnfunktion.

4.1.3 Preisbildung des vollkommenen Angebotsoligopols

Das Wesen des Angebotsoligopols besteht darin, dass wenige Anbieter den Markt beherrschen. Im Unterschied zum Polypol und Monopol müssen die Oligopolisten mit Gegenmaßnahmen der Konkurrenten rechnen, wenn sie am Markt absatzpolitische Maßnahmen (z.B. Preisänderungen) vornehmen. Deshalb bezeichnet man den oligopolistischen Wettbewerb auch als **zirkulare Konkurrenz**:[1] Die Handlungen eines Oligopolisten werden einmal von den Aktionen der Konkurrenten bestimmt, zum anderen von den Erwartungen darüber, wie die Konkurrenten auf eigene Aktionen reagieren werden.[2]

Beim vollkommenen Oligopol wird ein homogenes Gut angeboten, ein in Wirklichkeit kaum anzutreffender Fall. Als Beispiel könnte man sich etwa vorstellen, dass sich zwei oder mehr Braunkohlebrikettfabriken an einem Ort befinden, deren Erzeugnisse sich deswegen nicht unterscheiden, weil die Braunkohle aus derselben geologischen Schicht stammt.

Homogene Märkte können nur einen einheitlichen Preis aufweisen, wie bereits mehrfach bewiesen wurde, ebenso das homogene Oligopol.

Merke:

Würde ein Oligopolist versuchen, den **Preis** zu **senken,** gewänne er **alle** Kunden, falls seine Konkurrenten nicht nachzögen. Würde er den **Preis erhöhen,** verlöre er **alle** Kunden, falls die Konkurrenten nicht reagieren.

Diese Tatsache erklärt bereits, dass auf oligopolistischen Märkten relative **Preisstarrheit** herrscht, weil **friedliches Verhalten** für alle Anbieter i.d.R. von Vorteil ist. Bei Kostensteigerungen werden die Oligopolisten **gemeinsam** ihre Preise erhöhen (abgestimmtes Ver-

1 Vgl. Woll: Allgemeine Volkswirtschaftslehre, 4. Aufl. 1974, S. 158.

2 Ebenda, S. 158.

halten), sei es durch vertragliche Abmachung (Kartell) oder stillschweigende Übereinkunft **(Quasikartell).** Möglicherweise wird es auch einem **Preisführer** überlassen, an dessen preispolitischem Verhalten sich die Mitbewerber orientieren.

Merke:

Weisen die Oligopolunternehmen **Kostenunterschiede** auf, mag es für das kostengünstiger arbeitende Unternehmen langfristig von Nutzen sein, mit Niedrigpreisen (Verdrängungspreisen) zu arbeiten, also gewissermaßen ein **kriegerisches Verhalten** an den Tag zu legen **(Verdrängungswettbewerb).**

Setzt man gleiche Finanzierungsmöglichkeiten voraus, kann es dem **kostengünstiger** arbeitenden Oligopolisten gelingen, die Konkurrenten aus dem Markt zu drängen, die bei einem für sie zu niedrigen Marktpreis nicht mehr in der Lage sind, ihre Kosten zu decken. Die Nachfrage nach den Erzeugnissen der verdrängten Unternehmen fließt dann dem verbleibenden Anbieter zu, der nunmehr seinen Preis wieder erhöhen kann.

4.1.4 Einschränkung der Preisfunktionen auf monopolistischen und oligopolistischen Märkten

Die Preisfunktionen werden durch Monopole und Oligopole ganz oder teilweise außer Kraft gesetzt.

(1) Einschränkung der Ausgleichsfunktion

Die Ausgleichsfunktion kann aufgehoben werden, weil ein Monopolist den Preis so festsetzen kann, dass ein Nachfrageüberhang entsteht (der Preis ist zu niedrig), sodass Auftragsbestände und Lieferfristen entstehen.

Es ist aber auch möglich, dass der Monopolist den Preis so hoch festlegt, dass bei Aufrechterhaltung der Mindestkapazitätsausnutzung auf Lager gearbeitet werden muss. Sowohl im Fall des zu hohen als auch im Fall des zu niedrigen Preises wird der Markt durch den Preis **nicht geräumt.**

(2) Einschränkung der Signalfunktion

Auch die Signalfunktion der Preise auf monopolistischen Märkten ist eingeschränkt, da der Monopolpreis autonom von den marktbeherrschenden Unternehmen festgesetzt wird. So muss z. B. eine Monopolpreiserhöhung nicht unbedingt auf eine Zunahme der Nachfrage zurückzuführen sein. Es ist vielmehr möglich, dass die Monopolpreiserhöhung auf eine künstliche Verknappung des Angebots durch den Monopolisten (z.B. durch ein Kartell) zurückzuführen ist.

(3) Einschränkung der Lenkungsfunktion

In der Regel kann von einer Lenkungsfunktion des Preises auf monopolistischen Märkten ebenfalls nicht gesprochen werden. Bei polypolistischer Konkurrenz soll z. B. eine zunehmende Nachfrage über eine zunächst stattfindende Preiserhöhung zu einer Zunahme des

Angebots führen. Wird die zusätzliche Nachfrage vom Monopolisten jedoch nur zur Erhöhung des Stückgewinns bei gleichbleibender Produktionsmenge (Absatzmenge) ausgenutzt, wird die Lenkungsfunktion des Preises ausgeschaltet.

(4) Einschränkung der Erziehungsfunktion

Ähnliches gilt für die Erziehungsfunktion des Preises. Der polypolistische Wettbewerb zwingt die Unternehmen zum wirtschaftlichsten Einsatz der Produktionsfaktoren und zur Produktion qualitativ einwandfreier Erzeugnisse. Ob ein Monopolist unter diesem Zwang steht, ist anzuzweifeln. Da er in seiner Absatzpolitik nur von den Nachfragern, nicht aber von Mitbewerbern abhängig ist, kann er durchaus versuchen, hohe Kosten, die auf schlechter Organisation und mangelnder Rationalisierung beruhen, durch hohe Preise auf die Kunden abzuwälzen.

Zusammenfassung

- Ein **vollkommenes Angebotsmonopol** liegt vor, wenn einem einzelnen Anbieter eines homogenen Produkts eine sehr große Zahl von Nachfragern gegenübersteht.
- Unterstellt man, dass der Monopolist nach dem Gewinnmaximierungsprinzip handelt, setzt er für sein Produkt einen Absatzpreis fest, bei dem der Grenzerlös den Grenzkosten gleich ist **(Gewinnmaximierungsregel)**.
- Statt **Preispolitik** kann der Monopolist auch **Mengenpolitik** betreiben, d. h., er legt die Absatzmenge fest, bei der die Gewinnmaximierungsregel erfüllt ist.
- Bei Volkswirtschaften mit monopolistischen und oligopolistischen Märkten kann folgende Entwicklung eintreten:
  - bei Nachfragerückgängen kommt es zu einem Anstieg der Preise,
  - bei Nachfragesteigerungen kommt es zu einem Absinken der Preise.
- Auf monopolistischen und oligopolistischen Märkten wirken die Preisfunktionen nur teilweise oder werden ganz aufgehoben.

Übungsaufgabe

29

1. Definieren Sie den Begriff Angebotsmonopol!
2. Warum ist das vollkommene Angebotsmonopol als ein theoretischer Grenzfall zu bezeichnen?
3. Warum erzielt der Angebotsmonopolist sein Gewinnmaximum dann, wenn der Grenzerlös (Grenzumsatz) den Grenzkosten entspricht?

4.

Ausbringungsmenge (x)	Preis (P)	Umsatz (U = P · x)	Gesamtkosten (K)	Gewinn bzw. Verlust (U – K)	Grenzkosten (K′)	Grenzumsatz (U′)	Kritische Punkte
0	60000		450000		15000		
15	52500				15000		
30	45000				15000		
45	37500				15000		
60	30000				15000		
75	22500				15000		
90	15000				15000		
105	7500				15000		
120	—						

Aufgabe:

Vervollständigen Sie die obige Tabelle und berechnen Sie die Gewinnschwelle, das Gewinnmaximum sowie die Gewinngrenze!

5. Wie hoch sind Gleichgewichtspreis und Gleichgewichtsmenge auf einem vollkommenen polypolistischen Markt, wenn die Angebotsfunktion die Gestalt $P = 10 + 0{,}2x$ und die Nachfragefunktion die Gestalt $P = 20 - 0{,}05x$ besitzen? (P: Preis, x: nachgefragte bzw. angebotene Menge.)

Aufgabe:

Bestimmen Sie Gleichgewichtspreis und -menge sowohl rechnerisch als auch zeichnerisch!

6. Die ursprüngliche Nachfragefunktion (Preis-Absatz-Funktion) eines Monopolisten hat die Gestalt $x = 6 - 4P$. In der Folgeperiode nimmt die Nachfrage auf $x = 8 - 4P$ zu, in der nächsten Periode auf $x = 10 - 4P$.

x: Produktionseinheiten, z. B. 1000 Stück; P: Preis je Produktionseinheit.

Aufgaben:

6.1 Zeichnen Sie die drei Preis-Absatz-Funktionen in ein Koordinatensystem ein! (1 cm auf der y-Achse = 0,50 GE; 1 cm auf der x-Achse = 1 PE.)

6.2 Ermitteln Sie die jeweiligen Cournotschen Punkte unter der Annahme, dass die Grenzkosten 0,50 GE betragen!

6.3 Bestimmen Sie die Angebotskurve (Reaktionskurve, Cournotsche Kurve) des Monopolisten, indem Sie die Cournotschen Punkte verbinden!

6.4 Prüfen Sie, ob die Preisgesetze auch für das Angebotsmonopol gelten, sofern der Monopolist nach dem (kurzfristigen) Gewinnmaximierungsprinzip handelt!

7. Text 1:[1]

Es gibt auf die Dauer weder unverkäufliche Mengen bei den Produzenten (kein Angebotsüberhang) noch eine Nachfrage, die bei diesem Preis nicht befriedigt wird (kein Nachfrageüberhang).

Man muss dabei aber sehen, dass die Koordination durch den Preis in einem bestimmten Sinn unsozial ist: Ein steigender Preis „rationiert" die Nachfrage und beschränkt in der Tendenz die Nachfrage der weniger Kaufkräftigen. Wegen dieser unsozialen Rationierungsfunktion des Preises werden bei der Koordination der Wirtschaftspläne von Produzenten und Konsumenten also eher die Bedürfnisse der kaufkräftigen Nachfrager berücksichtigt als die Wünsche aller Verbraucher. So wird teures Hundefutter produziert, während manche Menschen sich kein Fleisch kaufen können.

1 Textauszüge aus Basseler/Heinrich/Koch: Grundlagen der Volkswirtschaft, 11. Aufl. 1988, S. 212.

15 Boller-Hartmann 978-3-8120-0585-2

Text 2:

Der Preis ist weiterhin ein ideales Instrument, die für die Entscheidungen von Produzenten und Konsumenten notwendigen Informationen zu liefern. Verschiebt sich z. B. die Nachfragekurve nach rechts (Erhöhung der Nachfrage), so wird bei dem alten Preis ein Nachfrageüberhang entstehen und die Konkurrenz unter den Nachfragern wird den Preis in die Höhe treiben ...

Text 3:

Die Information durch den Preis genügt jedoch nicht, es muss auch erreicht werden, dass die Produzenten das Gewünschte produzieren. Dazu ist ein Sanktionssystem erforderlich, das in einer Marktwirtschaft durch die freie Verfügbarkeit der erzielten Gewinne geschaffen wird. Anbieter, die sich einer veränderten Marktlage schneller anpassen als ihre Konkurrenten, werden durch vorübergehend höhere Gewinne oder geringere Verluste belohnt.

Aufgaben:

7.1 Welche Preisfunktion wird im Text 1 beschrieben?

7.2 Welche Kritik üben die Autoren dieses Textes an der beschriebenen Preisfunktion?

7.3 Von welcher Preisfunktion ist im Text 2 die Rede?

7.4 Erläutern Sie das Sanktionssystem in einer Marktwirtschaft!

8. 8.1 Bestimmen Sie den Cournot'schen Punkt
   - grafisch (zwei Arten) und
   - rechnerisch!

   Gehen Sie von folgenden Funktionen aus:

   Erlös-(Absatz-)kurve: $p = 18 - 2x$
   Gesamtkostenkurve: $K_G(x) = 5 + {}^1/_2 x$

   Berechnen Sie:

   Gesamterlös (Umsatz), Gewinn, Erlöszuwächse,
   Gesamtkosten, Grenzkosten, Grenzerlöse!

8.2 Welche Bedeutung hat der Cournot'sche Punkt für den Monopolisten?

8.3 Wie verändert sich der Cournot'sche Punkt, wenn die fixen Kosten um 20 % steigen?

8.4 Welche Grenzen bestehen für die Preispolitik eines Monopolisten?

8.5 Welcher Größenzusammenhang besteht zwischen Erlös- und Gewinnmaximum des Monopolisten?

8.6 Wodurch unterscheiden sich die gewinnmaximalen Punkte bei vollkommener Konkurrenz und monopolistischem Markt?

8.7 Wie beurteilen Sie die Tendenz zur Monopolbildung in der Bundesrepublik Deutschland?

9. Der weltweit einzige Anbieter von gesundheitsunschädlichen Zigaretten ermittelt mittels Marktforschung seine Preis-Absatz-Funktion $p = 30 - 0{,}5x$. Seine Gesamtkostenfunktion lautet $K_G(x) = 1\,500\,000{,}00 + x$. Der Monopolist strebt nach maximalem Gewinn.

Aufgaben:

9.1 Ermitteln Sie die kurzfristige Preisuntergrenze!

9.2 Erläutern Sie die Bedeutung der kurzfristigen Preisuntergrenze im Monopol!

10. Ein Monopolist ermittelt mittels Marktforschung seine Preis-Absatz-Funktion $p = 10 - 0{,}5x$. Seine Gesamtkosten entsprechen der Funktion $K_G(x) = 4 + 1{,}5x$.

Aufgaben:

10.1 Bestimmen Sie mathematisch die erlösmaximale Preis-Mengen-Kombination und ermitteln Sie für diese Kombination den Gesamtgewinn!

10.2 Bestimmen Sie mathematisch die gewinnmaximale Preis-Mengen-Kombination und ermitteln Sie den Gesamtgewinn!

10.3 Wie verändert sich die gewinnmaximale Absatzmenge, wenn nur Fixkosten anfallen?

10.4 Wie verändert sich die gewinnmaximale Absatzmenge, wenn sich die Fixkosten auf 6 GE erhöhen?

11. Die Marktforschungsabteilung eines Monopolisten ermittelt, dass bei einem Preis von 150,00 EUR das Produkt des Unternehmens am Markt keinen Absatz mehr finden würde. Bei dem derzeitigen Preis von 75,00 EUR werden laut Absatzstatistik 150000 Stück verkauft.

Aufgaben:

11.1 Ermitteln Sie die Preis-Absatz-Funktion!

11.2 Berechnen Sie die erlösmaximale Preis-Mengen-Kombination des Monopolisten!

12. Die linear fallende Preis-Absatz-Funktion eines Monopolisten hat sich aufgrund von Nachfragerückgängen um den Prohibitivpreis zum Ursprung hin gedreht. Die gewinnmaximale Menge ist von 40 Mengeneinheiten auf 30 Mengeneinheiten gesunken. Der ursprüngliche Preis betrug 12,00 EUR. Durch gezielte Marketingaktivitäten wäre der Monopolist in der Lage, die Absatzverschlechterung zu kompensieren. Dadurch erhöhen sich die bisherigen Grenzkosten um 4,00 EUR und es treten zusätzliche fixe Kosten in Höhe von 6,00 EUR pro Periode auf. Die bisherige Kostenfunktion lautete $K_G(x) = 20 + 6x$.

Aufgaben:

12.1 Bestimmen Sie die Preis-Absatz-Funktion vor und nach Durchführung der Marketingaktivitäten!

12.2 Entscheiden Sie ferner, ob der Monopolist die Maßnahmen durchführen soll, falls er nach Gewinnmaximierung strebt (bitte analytisch nachweisen)!

4.2 Preisbildung auf unvollkommenen Märkten

4.2.1 Preisbildung des unvollkommenen Polypols

4.2.1.1 Preisbildung bei verzögerter Angebotsreaktion

Merke:

Fehlt auch nur eine einzige Prämisse des vollkommenen Marktes, so liegt ein **unvollkommener (heterogener)**[1] **Markt** vor.

Wir heben zunächst die Prämisse einer sofortigen (theoretisch unendlich schnellen) Reaktionsfähigkeit der Marktteilnehmer auf, weil in Wirklichkeit auch bei vollständigem Wettbewerb[2] die Anbieter nicht sofort auf Nachfrageänderungen reagieren können. Dies ist vor allem dann der Fall, wenn für die Bereitstellung der nachgefragten Güter längere Produktionszeiten und/oder Kapazitätserweiterungen erforderlich sind.

Beispiel:

Die Situation auf einem Schweinemarkt sei in einem bestimmten Jahr so, dass bei einem Angebot von 50000 kg die gesamte Produktion zu einem Preis von 10 GE je kg aufgenommen wird (P_0 in der nachfolgenden Abbildung). Aufgrund von Lohnerhöhungen steige die Nachfrage, was sich geometrisch in einer Verschiebung der Nachfragekurve ausdrückt (N_2). Bei vollkommener Konkurrenz müsste der Preis **sofort** auf 12,50 GE steigen. Da aber die Produzenten unverzüglich kaum mehr Fleisch als bisher auf den Markt bringen können, weil die Aufzucht von Schweinen etwa ein halbes Jahr in Anspruch nimmt, ist das Angebot zunächst praktisch vollkommen unelastisch. Der Preis erhöht sich nicht auf 12,50 GE, sondern auf 15 Ge (P_1).

Dieser hohe Preis regt nun auch Produzenten an, die bisher nicht angeboten haben **(latente**[2] **Anbieter),** Schweine aufzuziehen. Auch die übrigen Anbieter werden zu Neuinvestitionen schreiten, d.h., mehr Jungferkel kaufen, Ställe erweitern oder neu bauen, in der Erwartung, dass der Preis in Höhe von 15 GE erhalten bleibt. Sobald nach einem halben Jahr die Mehrproduktion auf den Markt kommt (in unserem Beispiel 20000 kg), wird der Preis auf 11,25 GE sinken müssen, wenn die Gesamtproduktion von 70000 kg gekauft werden soll. Die Grenzproduzenten werden bei diesem Preis aus dem Markt scheiden, weil ihre verhältnismäßig hohen Kosten nicht mehr gedeckt werden. Auch die übrigen Anbieter werden ihre nunmehr unrentable Produktion drosseln, bis lediglich ein Gesamtangebot von 55000 kg auf dem Markt erscheint. Bei der gegebenen Nachfragestruktur wird diese Menge von den Käufern zu einem Preis von 13,75 GE (P_3) gekauft, was wiederum zu einer Angebotserhöhung führt. Der Prozess setzt sich so lange fort, bis nach theoretisch unendlich vielen, pratisch wenigen Perioden der Gleichgewichtspreis von 12,50 GE erreicht ist.

1 Heterogen (griech.): zusammengesetzt, unterschiedlich.

2 Weil immer wieder Verwechslungen auftreten, sei nochmals darauf hingewiesen, dass ein vollständiger Markt dann vorliegt, wenn sich theoretisch unendlich viel Anbieter und Nachfrager gegenüberstehen. Der vollständige Markt (das Polypol) kann vollkommen (homogen) oder unvollkommen (heterogen) sein.

3 Latent (lat.): versteckt, verborgen. (Der Möglichkeit nach vorhanden, aber nicht unbedingt hervortretend.)

Grafische Darstellung des Spinnwebtheorems (konvergierendes[1] Modell)

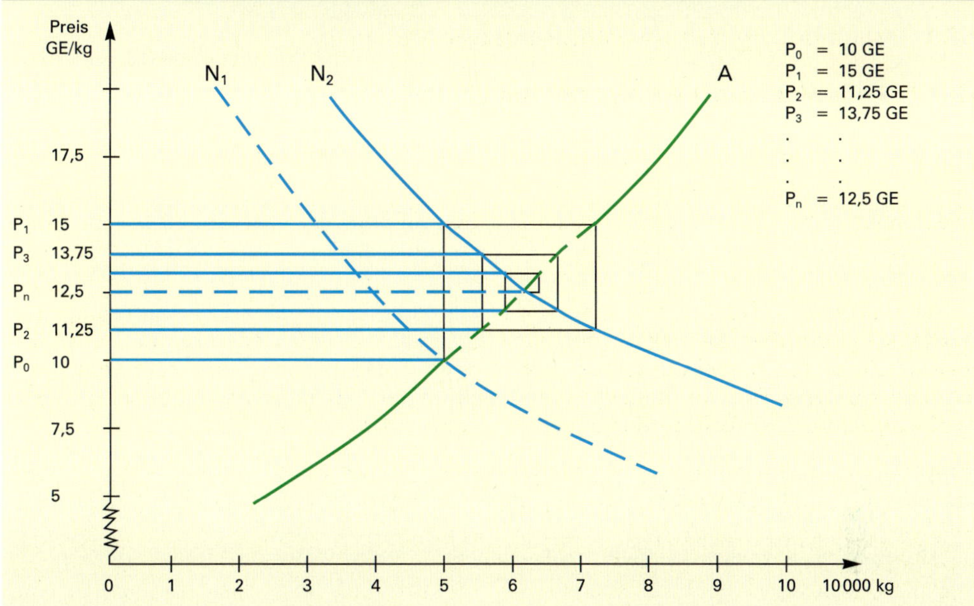

Das **Spinnwebtheorem**[2] wurde erstmals von Hanau nachgewiesen, der die Preisbewegungen auf den Schweinemärkten vor 1914 statistisch untersuchte **(„Schweinezyklus")**[3]. Wie sich die Zyklen entwickeln, hängt vom Verhältnis der Steigungen der Angebotskurven und Nachfragekurven zueinander ab (vgl. nachfolgende Abbildungen). Es ist durchaus möglich, dass ein Gleichgewichtspreis überhaupt nicht erreicht wird und die Preisschwankungen immer größer werden (**divergierendes**[4] oder **explodierendes**[5] Modell) oder fortlaufend um den Gleichgewichtspreis schwanken (**indifferentes**[6] oder **oszillierendes**[7] Modell). Dazu ist noch zu bemerken, dass sich das explodierende Modell auch in der Wirklichkeit antreffen lässt (vgl. Abbildung auf der nachfolgenden Seite). Der Preisbildungsprozess kann sich jedoch nicht unendlich lange fortsetzen, weil negative Werte praktisch undenkbar sind.

1 Konvergieren (lat.): zueinander streben, aufeinander zugehen.
2 Theorem (griech., lat.): Lehrsatz, kleine in sich geschlossene Theorie.
3 Zyklus (griech., lat.): in bestimmten Zeitabständen immer wiederkehrende Erscheinung.
4 Divergieren (lat.): auseinanderstreben, auseinandergehen.
5 Explodieren (lat.): durch heftigen Druck auseinanderfliegen, platzen, bersten. Gegensatz: Implodieren (lat.): (durch äußeren Druck) zusammenfallen.
6 Indifferent (lat.): unentschieden, schwankend.
7 Oszillierend (lat.): schwankend, schwingen, schwanken.

Konvergierendes (gedämpftes) Modell. Die Steigung der Angebotskurve (Winkel α) ist größer als die Steigung der Nachfragekurve (Winkel β).

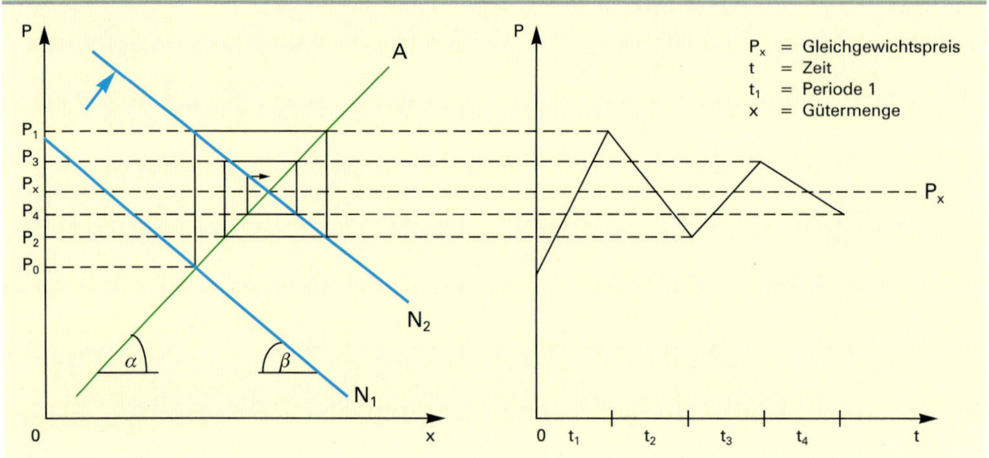

Divergierendes (explosives) Modell. Die Steigung der Angebotskurve (Winkel α) ist kleiner als die Steigung der Nachfragekurve (Winkel β).

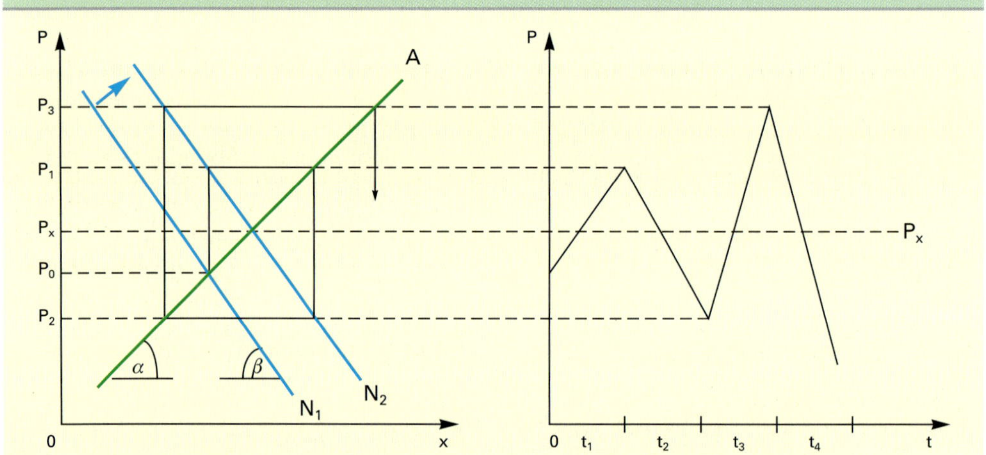

Das explosive Modell ist ein Beispiel für ein sogenanntes **Marktversagen.**

Indifferentes (oszillierendes) Modell. Die Steigung der Angebotskurve (Winkel α) entspricht der Steigung der Nachfragekurve (Winkel β).

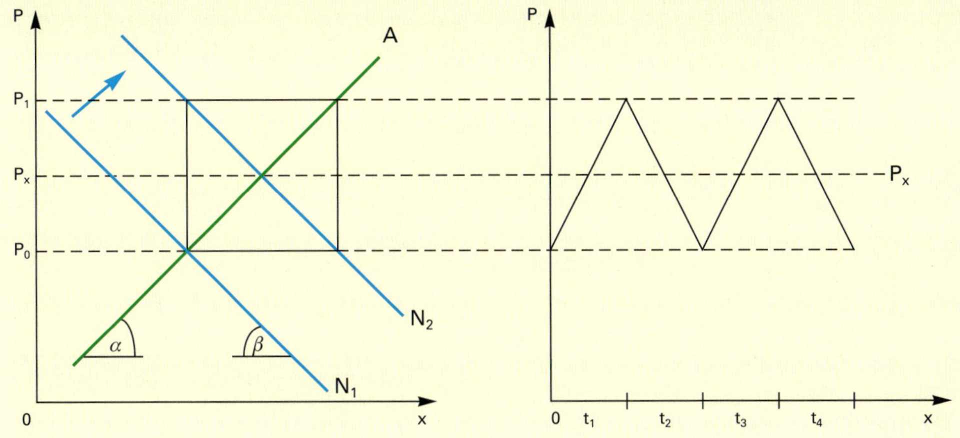

Außer dem Schweinezyklus hat man weitere Zyklen festgestellt, so z.B. einen Kartoffel-, einen Kaffee-, einen Wohnungsbau- und einen Schiffsbauzyklus.

4.2.1.2 Preisbildung bei heterogenen Gütern und fehlender Markttransparenz

(1) Herausbildung eines Preisniveaus für ein Gut

Auch im Modell der freien Marktwirtschaft kann man nicht davon ausgehen, dass die Märkte vollkommen sind. Es wäre im Grunde auch eine armselige Wirtschaftsgesellschaft, in der von jeder Güterart nur eine einzige Sorte hergestellt und angeboten wird. Das äußere Merkmal des unvollkommenen Marktes ist, dass es für eine Güterart **unterschiedliche** Preise gibt.

Beispiele:

Eine bestimmte Brotsorte kostet in verschiedenen Bäckereien nicht dasselbe; für eine bestimmte Weinsorte muss man in Geschäften und Lokalen unterschiedliche Preise bezahlen.

Die **Gründe für die Unvollkommenheit** der Märkte sind im Einzelnen:

- Eine bestimmte Güterart wird in verschiedenen Qualitäten, Abmessungen, Aufmachungen, Farben usw. hergestellt. Das Gut ist heterogen (verschiedenartig).
- Angebot und Nachfrage treffen weder am gleichen Ort noch zur gleichen Zeit zusammen (dezentralisierte, nicht organisierte Märkte).
- Anbietern und Nachfragern fehlt die Marktübersicht. (Beispiel: Eine Person, die für ihren Haushalt einkauft, weiß nicht, was die Milch im übernächsten Geschäft kostet.)
- Käufer und Verkäufer hegen persönliche, sachliche, räumliche oder zeitliche Präferenzen.

Die fast unüberschaubare Zahl eng verwandter Güter führt dazu, dass der Markt für die Nachfrager nur in Ausnahmefällen „vollkommen transparent" ist. Diese Tatsache allein erlaubt es den Anbietern bereits, ihre Preise innerhalb einer bestimmten Spanne festzusetzen, ohne bei Preiserhöhungen sofort alle Kunden an die Konkurrenz zu verlieren oder bei Preissenkungen alle Kunden gewinnen zu können. Deswegen ergibt sich bei zeichnerischer Darstellung des Angebots keine „Angebotskurve", sondern ein „Angebotsband". Dieses drückt aus, dass unter den Bedingungen der unvollkommenen polypolistischen Konkurrenz ein Anbieter in der Lage ist, eine bestimmte Gütermenge innerhalb bestimmter Grenzen zu unterschiedlichen Preisen anzubieten.

Umgekehrt besitzen auch die Nachfrager keine eindeutige Preisvorstellung. (Will beispielsweise eine Mutter ihrem Kind einen Pullover kaufen, hat sie die Vorstellung, dass sie „etwa" 20,00 EUR bis 25,00 EUR ausgeben möchte. Die Nachfrage stellt sich also ebenfalls als ein „Band" dar.)

Die nebenstehende Abbildung zeigt, dass es bei **unvollkommener Konkurrenz** (auch wenn sie vollständig, d. h. polypolistisch ist) **keinen einheitlichen Preis** geben kann. Es gibt lediglich eine **Preisunter-** und eine **Preisobergrenze.** Je heterogener (z. B. je undurchschaubarer) ein Markt ist, desto größer ist der mögliche **Preisspielraum.** Es lassen sich lediglich Durchschnittspreise für ein bestimmtes Gut errechnen.

Auf unvollkommenen Märkten gibt es keinen Einheitspreis

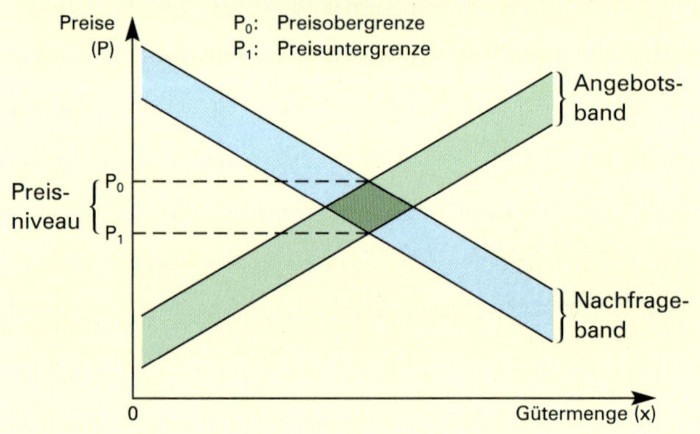

Beispiel:

Marktberichte in Tageszeitungen oder im Fernsehen.

Merke:

Auf einem unvollkommenen Markt gibt es **keinen Einheitspreis.**

Es erhebt sich die Frage, ob auf unvollkommenen polypolistischen Märkten die „Preisgesetze" außer Kraft gesetzt sind. Soweit normales Angebots- und Nachfrageverhalten der Marktteilnehmer vorausgesetzt werden kann, gelten auch hier die Preisgesetze, allerdings nicht in Form einer Entwicklung zum Gleichgewichtspreis, sondern lediglich in einer **Tendenz zu einem Durchschnittspreisniveau** für ein bestimmtes Gut.

In der nebenstehenden Abbildung ist angenommen, dass sich das **Angebot erhöht** hat. Aufgrund dieser Tatsache entsteht bei dem zunächst noch hohen Preisniveau eine **Nachfragelücke**.[1] Im Zeitablauf merken die Anbieter, dass sie auf einem Teil ihrer Waren „sitzen bleiben". Verringern sie die bisher angebotene Gütermenge nicht, müssen sie die Preise senken, wenn sie ihre Lager räumen wollen.

Der Preisdruck bei Nachfragelücken

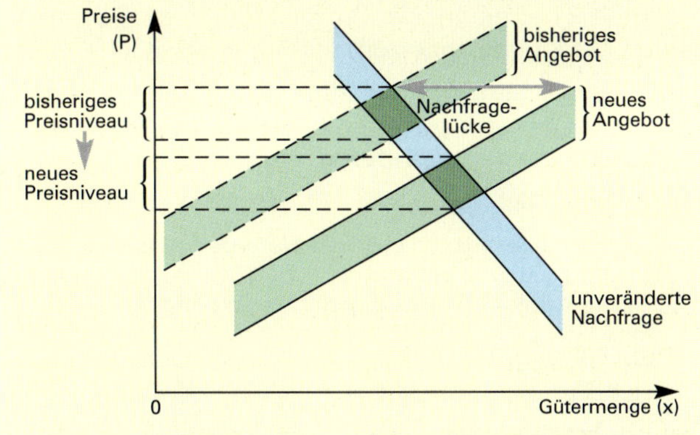

Merke:

Bei **gegebener Nachfragelücke** besteht auch auf **unvollkommenen polypolistischen Märkten** eine Tendenz zu **Preissenkungen.**

In der nebenstehenden Abbildung ist unterstellt, dass sich die **Nachfrage erhöht** hat. Es entsteht bei dem zunächst noch niedrigen Preisniveau eine **Angebotslücke**.[2] Im Zeitablauf merken die Anbieter, dass ihre Lagerbestände abnehmen und/oder dass sie mit ihren Lieferungen nicht mehr nachkommen. Die Ware wird ihnen sozusagen „aus den Händen gerissen". Sie werden folglich ihre Preise erhöhen.

Der Preisauftrieb bei Angebotslücken

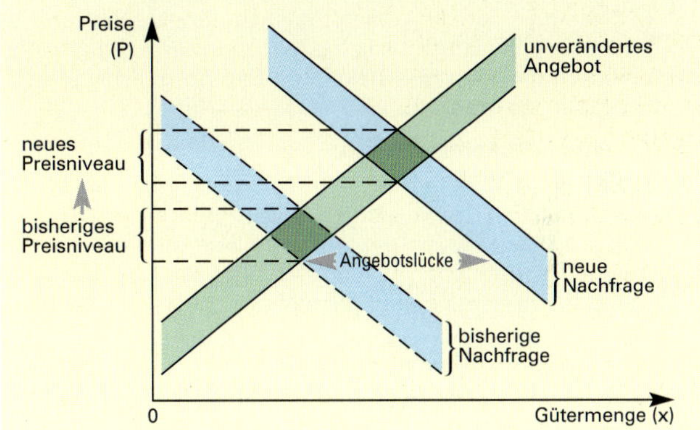

Merke:

Bei **gegebener Angebotslücke** besteht auch auf **unvollkommenen polypolistischen Märkten** eine Tendenz zu **Preissteigerungen.**

1 Beim geltenden Preis ist die **Nachfrage zu gering** bzw. das **Angebot zu groß.** Daher spricht man von einer „Nachfragelücke" oder von einem „Angebotsüberhang".

2 Beim geltenden Preis ist die **Nachfrage zu groß** bzw. das **Angebot zu gering.** Daher spricht man von einer „Angebotslücke" oder von einem „Nachfrageüberhang".

(2) Monopolistischer Preisspielraum eines einzelnen Anbieters

Unter den Bedingungen des vollkommenen Polypols kann der einzelne Anbieter **keine Preispolitik** betreiben. Der Preis ist für ihn ein **Datum.** Würde er seinen Absatzpreis höher als den Marktpreis ansetzen, verlöre er sämtliche Kunden.

Anders ist die Situation des einzelnen Anbieters beim unvollkommenen Polypol. Hier haben die **Nachfrager** gegenüber den Anbietern und/oder deren Erzeugnissen bzw. Handelswaren bestimmte **Präferenzen,** so z. B.:

- **Sachliche Präferenzen**

  Die Käufer haben sachliche Präferenzen, wenn die Güte (Qualität) der angebotenen Waren oder Erzeugnisse unterschiedlich ist. Vielfach spielt auch die persönliche Meinung der Kunden eine erhebliche Rolle, obwohl die angebotenen Güter objektiv gleichwertig sind. (**Beispiel:** Eine Gruppe von Bierliebhabern „schwört" auf das „Gänsebier", die andere auf das „Felsenbier". In diesem Fall besitzen die beiden Bierhersteller ein „Meinungsmonopol", das ihnen gestattet, für ihre Biere unterschiedliche Preise zu verlangen.)

- **Persönliche Präferenzen**

  Diese liegen beispielsweise vor, wenn die Kunden einen Anbieter deswegen bevorzugen, weil er ihnen persönlich bekannt und besonders sympathisch ist oder weil die Bedienung sehr geschickt und der Service einwandfrei ist.

- **Räumliche Präferenzen**

  Hier ziehen die Käufer den nächstliegenden Anbieter aus Bequemlichkeit, aus Gründen der Zeit- und Transportkostenersparnis oder wegen der Besichtigungsmöglichkeit der Erzeugnisse und Waren vor. (**Beispiel:** Der „Laden um die Ecke" ist schneller und bequemer erreichbar als der möglicherweise preisgünstigere Supermarkt am Rand der Stadt.)

- **Zeitliche Präferenzen**

  In diesem Fall ist ein Anbieter deshalb für eine Vielzahl von Kunden attraktiv, weil er schneller und/oder pünktlicher als seine Mitbewerber zu liefern imstande ist. (**Beispiel:** Im Elektromarkt am Ort kann man den gekauften Laptop gleich mitnehmen, auf den im Internet bestellten Laptop muss man u. U. einige Tage warten.)

- **Fehlende Markttransparenz**

  Häufig führt fehlende Markttransparenz (Mangel an Informationen über die angebotenen Sachgüter und Dienstleistungen) zu Präferenzen. Aber die fehlende Markttransparenz ist an sich schon ein Faktor, der zur Unvollkommenheit der Märkte beiträgt, weil insbesondere die privaten Verbraucher nicht in der Lage sind, bei der Vielzahl der angebotenen Waren in den Besitz der notwendigen Informationen über Güte und Preise zu gelangen.

Die Summe aller möglichen Präferenzen verschmilzt in der Praxis zu einer Einheit, die man in der volkswirtschaftlichen Literatur als **akquisitorisches Kapital** eines Unternehmens bezeichnet hat. Je stärker dieses akquisitorische Kapital ist, desto größer ist die Möglichkeit der Anbieter, Preispolitik zu betreiben. Die Unternehmen sind daher bemüht, mithilfe verschiedener absatzpolitischer Maßnahmen (Marketingmaßnahmen) das akquisitorische Kapital zu erhöhen. Beispielsweise dient die **Werbung** u. a. dazu, die „Meinung" der Kunden zu beeinflussen. Mithilfe der **Produktgestaltung** (z. B. Qualitätsverbesserung, Formgebung, Verpackungsgestaltung, Einführung von Markenzeichen) sollen die sachlichen Präferenzen verstärkt werden. Durch die Wahl geeigneter **Absatzmethoden** kann die Kundennähe vergrößert werden.

Aufgrund all dieser Maßnahmen enthält die **Preis-Absatz-Kurve (Nachfragekurve)** des **polypolistischen Anbieters** einen **„monopolistischen Bereich"** (daher auch „monopolistische Konkurrenz"), der ihm gestattet, innerhalb gewisser Grenzen eigene **Preispolitik** zu betreiben.

Beispiel:

Der Besitzer einer Hühnerfarm hat es verstanden, sich durch den Verkauf „naturfrischer" Eier einen guten Ruf zu schaffen, weil seine Legehennen auf eigenen Wiesen freien Auslauf haben. Seine Preis-Absatz-Kurve (Nachfragekurve) hat folgende Gestalt:

x (angebotene Eier in 1000 Stück)	**P** (Preis je Stück)	**U** (Umsatz = P · x)	**Grenzerlös** (Umsatzzuwachs je 10000 Stück)	**Grenzerlös je Stück**
0	0,25 GE	—		
			2500 GE	0,25
10	0,25 GE	2500 GE		
			2500 GE	0,25
20	0,25 GE	5000 GE		
			2500 GE	0,25
30	0,25 GE	7500 GE		
			2100 GE	0,21
40	0,24 GE	9600 GE		
			1400 GE	0,14
50	0,22 GE	11000 GE		
			– 500 GE	– 0,05
60	0,175 GE	10500 GE		
			– 1400 GE	– 0,14
70	0,13 GE	9100 GE		
			– 300 GE	– 0,03
80	0,11 GE	8800 GE		
			200 GE	0,02
90	0,10 GE	9000 GE		
			1000 GE	0,10
100	0,10 GE	10000 GE		
			1000 GE	0,10
110	0,10 GE	11000 GE		

Erläuterungen:

- Der **monopolistische Preisspielraum** des Anbieters liegt zwischen 0,25 GE und 0,10 GE. Würde er seinen Preis höher als 0,25 GE festsetzen, verlöre er alle Kunden an die Konkurrenz. Läge sein Absatzpreis unter 0,10 GE, gewänne er alle Kunden.
- Den **Umsatz (Erlös)** erhält man, indem man die Absatzmenge mit dem Stückpreis multipliziert.
- Der **Grenzerlös (Grenzumsatz)** ist der Umsatzzuwachs je Produktionseinheit (hier je 10000 Stück).
- Der **Grenzerlös je Stück** ergibt sich, indem man den Grenzerlös durch 10000 Stück dividiert.
- Grenzerlös und Grenzerlös je Stück sind Differenzwerte. Sie sind deshalb in der vorangestellten Tabelle und in der nachstehenden Abbildung als **Zwischenwerte** eingetragen.

Preis-Absatz-Kurve beim unvollkommenen Polypol

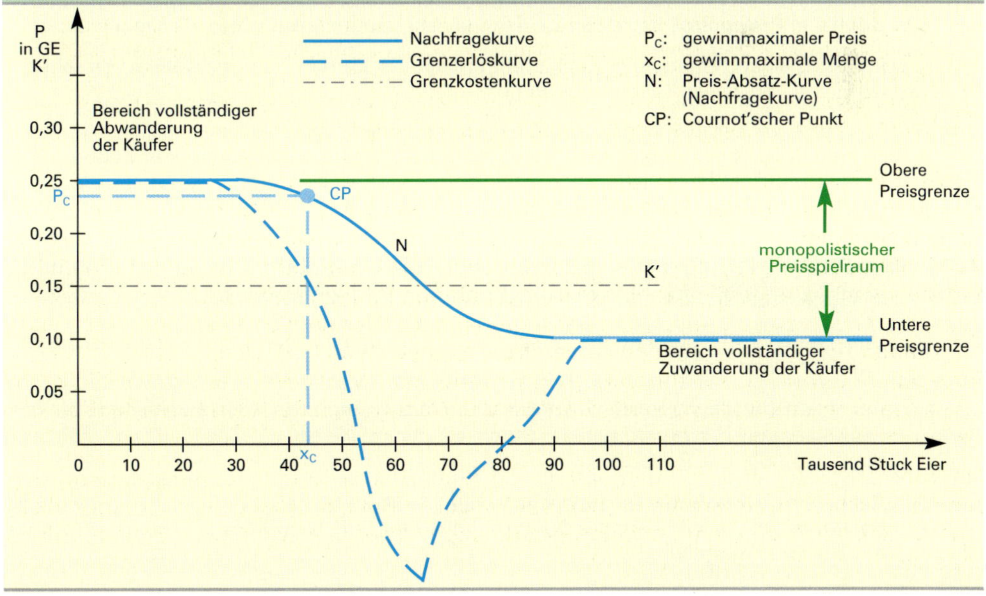

Erläuterungen:

- Die **„geschwungene" Nachfragekurve** in der Abbildung bringt zum Ausdruck, dass der Polypolist bei heterogener Konkurrenz einen mehr oder weniger großen monopolistischen Spielraum besitzt, innerhalb dessen er Preispolitik betreiben kann, ohne dass seine Konkurrenten zu stark reagieren.
- Treibt der Polypolist Preispolitik, so liegt sein **Gewinnmaximum** bei der Ausbringungs- und Verkaufsmenge, bei der die **Grenzkosten dem Grenzerlös gleich** sind.
- In diesem Beispiel wird der polypolistische Anbieter einen Preis von ca. 0,23 GE verlangen, weil bei diesem Preis die Bedingung Grenzkosten (0,15 GE) gleich Grenzerlös (0,15 GE) erfüllt ist (Cournotscher Preis).

  Ob ein Polypolist bei heterogener Konkurrenz tatsächlich Preispolitik betreibt, hängt zunächst davon ab, ob sein monopolistischer Bereich innerhalb seiner maximalen Kapazität liegt. Bleiben wir bei unserem Beispiel. Könnte unser Anbieter beispielsweise nur 30000 Eier pro Tag erzeugen, wird er sich wie ein Anbieter bei vollkommener Konkurrenz verhalten müssen, d.h. den Absatzpreis von 0,25 GE als Datum hinnehmen. Preispolitik kann er auch dann nicht betreiben, wenn seine Kapazität z.B. 110000 Stück beträgt und er in der Nähe seiner Kapazitätsgrenze produziert. Liegen seine Grenzkosten bei 0,15 GE, wird er seine Ausbringung vermindern müssen. Hätte er jedoch Grenzkosten in Höhe von beispielsweise 0,08 GE, würde er seine Kapazität voll ausnutzen.

Zusammenfassung

- **Fehlt** z.B. auf einem polypolistischen (vollständigen) Markt die **sofortige Reaktionsfähigkeit** der Anbieter, hängt es von den Angebots- und Nachfrageelastizitäten ab, ob sich aufgrund von Nachfrageänderungen ein neuer Gleichgewichtspreis herausbilden kann oder nicht.
- **Fehlt** z.B. auf einem polypolistischen Markt die **Markttransparenz der Nachfrage** und sind die gehandelten Güter nicht homogen, kann sich kein Einheitspreis entwickeln. Es entwickelt sich eine Preisspanne (ein „Preisniveau").
- **Heterogene polypolistische Konkurrenz** (monopolistische Konkurrenz) liegt vor, wenn eine oder mehrere Prämissen des vollkommenen Marktes fehlen, aber unendlich viele Anbieter und Nachfrager auf dem Markt vertreten sind.
- Der **Polypolist** besitzt bei heterogener Konkurrenz einen monopolistischen Spielraum, innerhalb dessen er **Preispolitik** betreiben kann, ohne dass seine Konkurrenten reagieren.
- Ob ein Polypolist bei heterogener Konkurrenz **Preispolitik** betreibt, hängt vor allem von **seiner Kapazität** und von seiner **Kostenstruktur** ab.
- Der Polypolist wird in der Regel versuchen, durch Einsatz verschiedener absatzpolitischer Instrumente (Marketingmaßnahmen) seinen **monopolistischen Spielraum** zu vergrößern.

Übungsaufgabe

30

1. Unter welcher Bedingung (unter welchen Bedingungen) liegt ein unvollkommener polypolistischer Markt vor?
2. Auf einem unvollkommenen polypolistischen Markt nimmt das Angebot bei gleich bleibender Nachfrage ab. Wie wird sich das Durchschnittspreisniveau auf diesem Markt verändern? Begründen Sie Ihre Feststellung!
3. Auf einem unvollkommenen polypolistischen Markt nimmt bei unverändertem Angebot die Nachfrage ab. Wie wird sich das Durchschnittsniveau auf diesem Markt verändern? Begründen Sie Ihre Feststellung!

4. Ein Polypolist auf unvollkommenem Markt sieht sich folgender Preis-Absatz-Situation gegenüber:

- Bei einem Absatzpreis von 120 GE je PE (Produktionseinheit) kann er maximal 12 PE absetzen. Erhöht er den Preis über 120 GE, verliert er alle Kunden an die Konkurrenz.
- Bei einem Absatzpreis von 60 GE und darunter gewinnt er alle Kunden.
- Der monopolistische Spielraum des Angebotspolypolisten liegt somit zwischen 120 GE und 60 GE. Die Nachfrage nach seinen Erzeugnissen verhält sich normal und ist linear:

Absatzpreis (P)	120[1]	110	100	90	80	70	60[2]
Nachgefragte Menge in Stück (PE)	12	16	20	24	28	32	36

1 höchstens
2 mindestens

- Die proportional-variablen Stückkosten (Grenzkosten) belaufen sich auf 30 GE.
- Die fixen Kosten betragen 1000 GE je Periode. Die Kapazitätsgrenze des Polypolisten liegt bei 44 Stück je Periode.

Aufgaben:

4.1 Erstellen Sie eine Tabelle mit folgenden Spalten:
(1) PE (Produktionseinheiten, produzierte und verkaufte Mengeneinheiten)
(2) P (Absatzpreis)
(3) U (Umsatz, Erlös)
(4) U' (Grenzerlös je 4 PE)
(5) U'/PE (Grenzerlös je Produktionseinheit)
(6) K_f (fixe Kosten)
(7) K_V (variable Kosten)
(8) K'/PE (Grenzkosten je PE)
(9) K (Gesamtkosten)
(10) Gew/Verl (Gewinn bzw. Verlust)

Lösungshinweis: Berechnen Sie die erforderlichen Werte jeweils für 4 Produktionseinheiten (PE), in der Spalte (1) also für 0, 4, 8, 12 usw. bis einschließlich 60 PE.

4.2 Zeichnen Sie die Preis-Absatz-Kurve, die Grenzumsatzkurve und die Grenzkostenkurve des Polypolisten!
Lösungshinweis: Teilen Sie die Koordinaten wie folgt ein:
x-Achse: 1 cm ≙ 6 PE; y-Achse: 1 cm ≙ 20 GE.

4.3 Stellen Sie die gewinnmaximale Absatzmenge und den gewinnmaximalen Absatzpreis fest!

4.4 Für welchen Absatzpreis wird sich der Polypolist entscheiden, wenn er nach Umsatzmaximierung strebt? (Begründung!)

4.5 Wie fällt die Preisentscheidung des Polypolisten aus, wenn sein oberstes Unternehmensziel die Vollbeschäftigung (Erhaltung der Arbeitsplätze) ist? (Begründung!)

4.6 Angenommen, der Polypolist kann seine Kapazität unter sonst gleich bleibenden Bedingungen auf 60 PE ausweiten. Für welchen Absatzpreis wird er sich entscheiden, wenn er nach Gewinnmaximierung strebt? (Begründung!)

4.7 Von welchen Faktoren hängt die Entscheidung eines nach Gewinnmaximierung strebenden Polypolisten ab, seinen monopolistischen Preisspielraum auszunutzen?

5. Der unvollkommene polypolistische Markt wird auch als „monopolistische Konkurrenz" bezeichnet.

Aufgabe:

Erklären Sie diesen Begriff!

6. Auf einem Polypolmarkt mit verzögerter Angebotsreaktion gibt es bei Nachfrageverschiebungen grundsätzlich drei Modelle: a) die Preisentwicklung konvergiert, b) sie oszilliert oder c) sie divergiert.

Aufgaben:

6.1 Erklären Sie die drei Modelle!

6.2 Angenommen, die Steigung der Nachfragekurve entspricht der Steigung der Angebotskurve. Welches Modell liegt vor?

4.2.2 Preisbildung des unvollkommenen Angebotsmonopols

Ebenso wie die polypolistischen Märkte sind auch die monopolistischen Märkte in der Regel **unvollkommen,** d. h., es fehlen eine oder mehrere Prämissen des vollkommenen Marktes.

Merke:

Ein **unvollkommenes Monopol** liegt vor, wenn das Monopolunternehmen in der Lage ist, **Preisdifferenzierung** – auch **Preisdiskriminierung** genannt – zu betreiben, indem es die „Konsumentenrente“ ausnutzt.

Beispiel:

Ein Angebotsmonopol sieht sich einer Nachfragekurve gegenüber, wie sie in den nachfolgenden Abbildungen wiedergegeben wird.

Die Preisdifferenzierung (ein Produkt wird zu verschiedenen Preisen verkauft) setzt voraus, dass die Käufer voneinander entweder räumlich oder sachlich (Inländer – Ausländer, Endverbraucher – Wiederverkäufer) getrennt werden können. Falls es unserem Monopolisten gelingt, beispielsweise 3 Abnehmergruppen voneinander zu scheiden und seine Preise auf 1400 GE, 1200 GE und 1000 GE festzusetzen, so beträgt sein Umsatz 3 · 1400, 1 · 1200 und 1 · 1000 GE, zusammen also 6400 GE. Betragen seine Gesamtkosten bei einem Umsatz von 5 Produktionseinheiten 3600 GE, so macht er einen Gewinn von 2800 GE. Ohne Preisdifferenzierung würde der Monopolist lediglich einen Umsatz von 5000 GE erzielen (5 · 1000 GE). In diesem Fall beliefe sich sein Gesamtgewinn nur auf 1400 GE (siehe linke Abbildung).

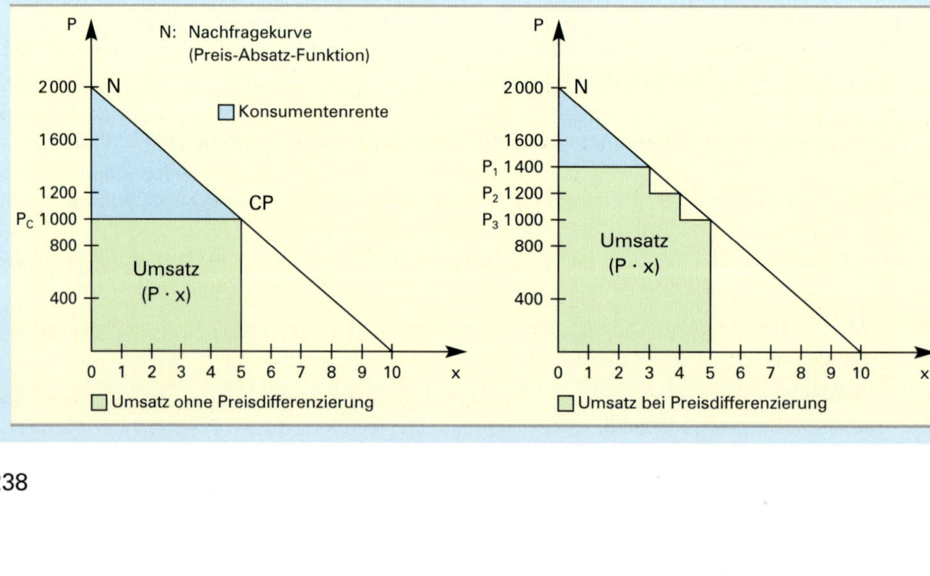

Je weiter die Preisdifferenzierung durchgeführt werden kann, desto größer ist der Gesamtgewinn. Die **absolute Preisuntergrenze** ist die Höhe der **Grenzkosten**: Jede weitere Produktionsausdehnung verursacht mehr zusätzliche Kosten als zusätzlich erlöst wird.

Überblick über die Arten der Preisdifferenzierung

Arten	Kriterien	Beispiele
Sachliche Preisdifferenzierung	■ Nach dem Verwendungszweck des Gutes; ■ nach der gekauften Menge; ■ nach der Produktgestaltung.	Strom für private Haushalte – Strom für Industriebetriebe. Staffelrabatte. Preise für Standardmodelle – für Luxusmodelle bei Autos.
Persönliche Preisdifferenzierung	■ Nach den Einkommen der Kunden; ■ nach der Gruppenzugehörigkeit.	Differenzierte Arztrechnungen. Niedrigere Eintrittspreise für Schüler, Studenten und Schwerbehinderte.
Räumliche Preisdifferenzierung	Nach der räumlichen Verteilung der Käufer.	Angebotspreise im Ausland weichen ab von denen im Inland (z. B. Preise bei Fast-Food-Ketten); Zonenpreise (z. B. Benzinpreise).
Zeitliche Preisdifferenzierung	Nach der zeitlichen Verteilung der Nachfrage.	Tagstrom- und Nachtstromtarife; Sommer- und Winterpreise für Heizmaterial oder unterschiedliche Eintrittspreise im Kino in Abhängigkeit vom Wochentag.
Verdeckte Preisdifferenzierung	Nach den künstlich geschaffenen Meinungen bei den Käufern.	Vortäuschung von Produktunterschieden (insbesondere durch Werbung, wie z. B. für ein homogenes Gut wie Kraftstoff für den Pkw).

Übungsaufgaben

31 Das Städtische Theater (800 Sitzplätze) in Neustadt hat unter Abzug der Subventionen im Durchschnitt fixe Kosten in Höhe von 10000,00 EUR je Theaterabend. (Die variablen Kosten sind so gering, dass sie kostenrechnerisch vernachlässigt werden können.)

Die Theaterleitung erwartet, dass die Besucher auf Preisänderungen wie folgt reagieren werden:

Preis je Karte in EUR	20,00	19,00	18,00	17,00	16,00	15,00	14,00
Zahl der verkauften Karten	500	550	600	650	700	750	800

Aufgaben:

1. Angenommen, die Theaterleitung will die Karten zu einem Einheitspreis verkaufen und den abendlichen Gewinn maximieren. Ermitteln Sie rechnerisch den Preis je Abendkarte, der

den gewinnmaximalen Kartenverkauf erbringt! Stellen Sie hierzu eine Kosten-Leistungs-Tabelle nach folgendem Muster auf:

Zahl der Besucher	Preis je Abendkarte	Umsatz	Kosten	Verlust bzw. Gewinn
500	20,00 EUR	10000,00 EUR	10000,00 EUR	—
550	19,00 EUR	10450,00 EUR	10000,00 EUR	+ 450,00 EUR
⋮	⋮	⋮	⋮	⋮

2. Wie viel Karten bleiben unverkauft, wenn der gewinnmaximierende Einheitspreis (Monopolpreis) festgesetzt wird? (Begründung!)

3. Angenommen, die Theaterleitung handelt nicht nach dem Gewinnmaximierungsprinzip, sondern nach dem Kostendeckungsprinzip.

   Aufgaben:

   3.1 Welchen Preis wird sie verlangen?

   3.2 Wie viel Kunden können dann keine Karte erhalten? Handelt es sich in diesem Fall um eine Angebots- oder um eine Nachfragelücke? (Begründen Sie Ihre Antwort!)

4. Warum sind in diesem Beispiel Gewinn- und Umsatzmaximum identisch?

5. Die Theaterleitung gelangt zur Ansicht, dass der Gewinn durch Preisdifferenzierung bei ausverkauftem Haus erhöht werden kann. Sie teilt die vorhandenen Plätze in drei Ränge ein. Für den Rang I (500 Plätze) verlangt sie 20,00 EUR je Karte, für den Rang II (200 Plätze) 16,00 EUR und für den Rang III (100 Plätze) 14,00 EUR.

   Aufgaben:

   5.1 Werden alle Karten verkauft? (Begründen Sie Ihre Antwort!)

   5.2 Wie hoch ist der Gesamtgewinn? (Rechnerisch nachweisen!)

6. Welche Art des Angebotsmonopols liegt im Fall 5. vor?

4.2.3 Preisbildung des unvollkommenen Angebotsoligopols

Die Probleme der Oligopoltheorie sind bis heute noch nicht befriedigend gelöst. Zwar gibt es eine große Anzahl von Oligopolmodellen. Empirisch haben sie jedoch ebenso wenig Bedeutung, wie manche der komplizierteren Fortentwicklungen. Die heutige Theorie wendet sich daher mehr und mehr von den Modellen ab. Vielmehr wird versucht, die Wirklichkeit zu beobachten, typische Verhaltensweisen festzustellen und daraus brauchbare allgemein gültige Aussagen zu gewinnen. Diese Notwendigkeit ergibt sich vor allem deshalb, weil in der Wirklichkeit die homogenen Oligopole kaum vorkommen, sondern die heterogenen Oligopole vorherrschen.

Zum Zwecke der Veranschaulichung seien im Folgenden dennoch zwei Oligopolmodelle vorgestellt, die einige grundsätzliche Aussagen über das Wesen oligopolistischer Märkte zulassen.

1. Beispiel:

Angenommen, es bieten zwei Oligopolisten (Angebotsdyopol) ein heterogenes Gut (z. B. zwei Stanzmaschinentypen) an. Hat z. B. Anbieter A die Mengen-Preis-Kombination CP (4000/400) verwirklicht und senkt er den Preis auf P_1 (300 GE), wird er, falls sein Konkurrent nicht nachzieht, die Menge x_2 (5500 Stück), sonst die Menge x_1 (4800 Stück) je Zeiteinheit absetzen. Eine konkurrierende Preissenkung ist wahrscheinlicher, sodass die Nachfrage bei oligopolistischer heterogener Konkurrenz unelastischer reagiert (von x_0 nach x_1) als beim Monopolisten (von x_0 nach x_2).

Geknickte Nachfragekurve

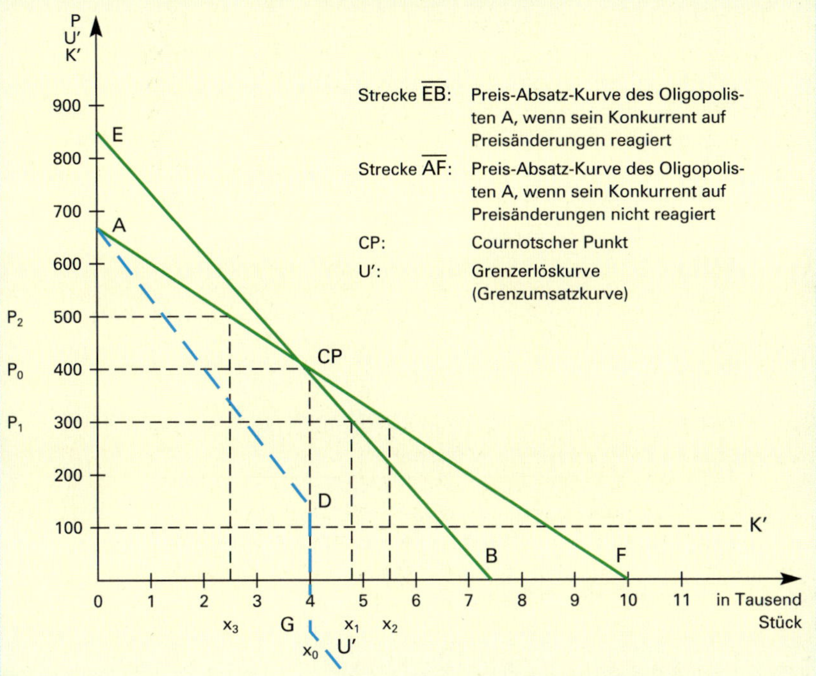

Bei einer Preiserhöhung wird hingegen der Konkurrent wahrscheinlich nicht nachziehen, weil ihm nunmehr die Nachfrage zuströmt, die der Anbieter A aufgrund der Preiserhöhung verliert. Erhöht Anbieter A den Preis z. B. auf 500 GE, wird er lediglich die Menge x_3 absetzen können. Seine Preis-Absatz-Kurve verläuft also entlang der Strecke $\overline{ACP}$. Die Nachfragekurve des Oligopolisten besitzt mithin einen „Knick" (kinked demand curve = geknickte Nachfragekurve).

Wegen dieses Knicks besitzt die Grenzerlöskurve (U') einen unbestimmten Bereich $\overline{DG}$, sodass bei einer Kostensenkung bzw. -erhöhung innerhalb dieses Bereichs keine Änderung in der gewinnmaximalen Mengen-Preis-Kombination eintritt. Dies erklärt die Tatsache, dass auf oligopolistischen Märkten häufig eine relative Preisstarrheit zu beobachten ist.

16 Boller-Hartmann 978-3-8120-0585-2

2. Beispiel:

Die Modelle für die heterogene polypolistische Konkurrenz können auch auf die Oligopoltheorie angewendet werden, denn auch beim heterogenen Angebotsoligopol besitzen die Anbieter einen mehr oder weniger großen autonomen (monopolistischen) Bereich, der ihnen gestattet, Preispolitik zu betreiben, ohne dass die Konkurrenz reagiert oder reagieren muss. Angenommen, in einer Volkswirtschaft teilen sich drei Autohersteller den Kraftfahrzeugmarkt mit drei verschiedenen Typen. Dem Produzenten A ist es gelungen, bei einem Teil der Käufer durch Reklame, Formgestaltung und Leistung die Vorstellung zu erwecken, dass sein Auto besonders robust, preiswert und wirtschaftlich sei. Sein Preis liegt bei 5000 GE.

Doppelt geknickte Nachfragekurve

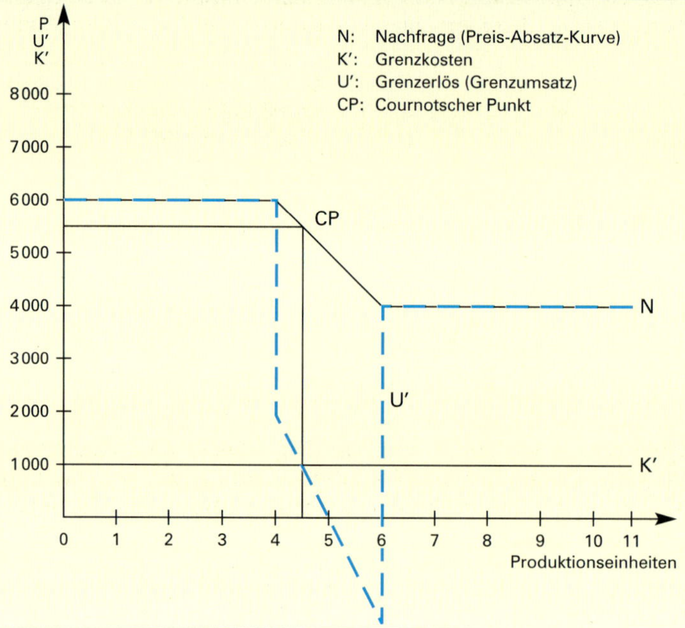

Der zweite Anbieter B kann einen Preis von 6000 GE verlangen, weil er eine gehobene Käuferschicht davon zu überzeugen verstand, dass sein Autotyp auch verwöhnten Ansprüchen genügt.

Der dritte Anbieter C schließlich wendet sich mit seinem Produkt an die schwächeren Einkommensschichten und fordert einen Preis von 4000 GE.

Unter den gegebenen Bedingungen kann Anbieter A seinen Preis nicht höher als 6000 GE festsetzen, denn bei einem Preis von 6000 GE und darüber würde er alle seine Kunden verlieren, weil diese nunmehr den Wagen des Anbieters B kaufen. Senkt A seinen Preis auf 4000 GE, so gewinnt er alle Kunden des C, weil diese nun auch den (zumindest vermeintlich) besseren Wagen kaufen wollen. Bei Preisen von 4000 und 6000 GE befindet sich das Unternehmen A also in der Situation des Mengenanpassers. Zwischen diesen Preisen aber ist – behalten die Konkurrenzunternehmen ihre Preise bei – das Unternehmen in seiner Preisgestaltung mehr oder weniger frei. Eine Preiserhöhung des Anbieters A von 5000 auf z. B. 5500 GE wird einen Verlust an Kunden bringen, weil mancher sich jetzt entschließt, etwas mehr und länger zu sparen, um dann den Wagen des Unternehmens B zu kaufen. Senkt A seinen Preis von 5000 GE auf beispielsweise 4500 GE, können zwar Kunden gewonnen werden, aber nicht allzu viele, da der Preis von 4500 GE für die meisten Käufer des C-Typs immer noch zu hoch ist.

Der Zusammenhang lässt sich leicht bildlich darstellen (siehe vorangestellte Abbildung). Tragen wir auf der y-Achse den Pkw-Preis, auf der x-Achse die absetzbaren Pkw-Einheiten ab, so zeigt sich, dass die Absatzkurve (Nachfragekurve) des Herstellers A einen monopolistischen Teilbereich zwischen den Preisen von 4000 und 6000 GE besitzt, innerhalb derer er nur mit den Reaktionen seines eigenen Kundenstamms zu rechnen hat. Liegen seine Grenzkosten z.B. bei 1000 GE, so wird er, falls er Gewinnmaximierung anstrebt, einen Preis in Höhe von 5500 GE wählen und 4,5 Pkw-Einheiten produzieren und absetzen (Cournotscher Punkt).

Diese Aussage gilt nur, wie bereits gesagt wurde, wenn die **Konkurrenten** des A ihre Preise **unverändert** lassen. Setzt nämlich B seinen Preis auf 5500 GE herunter, verliert A **sämtliche** Kunden an B, falls er seinen Preis nicht ebenfalls zurücknimmt. Weitere Preissenkungen von A und B müssten endlich auch den Anbieter C veranlassen, seinen Preis zu reduzieren, wenn er nicht seinerseits seine Kunden an A und B abgeben will.

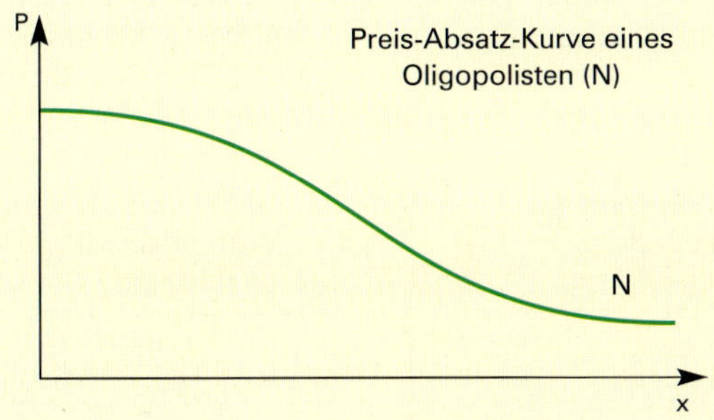

Die Preis-Absatz-Kurve des Oligopolisten wird in Wirklichkeit geschwungen verlaufen. Auch wird er bei einer Preiserhöhung über 6000 GE nur **allmählich** Kunden verlieren, bei einer Preissenkung unter 4000 GE nur allmählich Kunden hinzugewinnen.

Zusammenfassung

Überblick über die Marktformen

	Zahl der Anbieter	Marktbeschaffenheit	Preisbildung
wachsende Marktmacht ↓	**viele**	vollkommene polypolistische Konkurrenz	Bildung eines Einheitspreises; der einzelne Anbieter bzw. Nachfrager hat keinen Einfluss auf den Preis
		unvollkommene polypolistische Konkurrenz	Es gibt mehrere Preise für ein Gut; der einzelne Anbieter hat einen geringen Spielraum bei der Preisfestsetzung
	wenige	vollkommene oligopolistische Konkurrenz	Bildung eines Einheitspreises durch abgestimmtes Verhalten der Oligopolisten
		unvollkommene oligopolistische Konkurrenz	Es gibt unterschiedliche Preise für eine Güterart; Oligopolisten müssen die Reaktion ihrer Konkurrenten bei Preisänderungen und/oder Produktänderungen berücksichtigen
	einer	vollkommenes Monopol	Der Monopolist kann nur einen Preis für ein Gut verlangen; er ist in der Preisbildung unabhängig
		unvollkommenes Monopol	Der Monopolist kann Preise differenzieren (z. B. Tag- und Nachtstromtarif)

Wachsende Marktmacht führt zu zunehmender Aufhebung der Preisgesetze

Übungsaufgabe

32

1. Erklären Sie, warum auf oligopolistischen Märkten i. d. R. Ruhe an der „Preisfront" herrscht!

2. Erläutern Sie, warum das Modell des Angebotspolypolisten auf unvollkommenem Markt auch auf das mögliche Verhalten eines Angebotsoligopolisten auf unvollkommenem Markt anwendbar ist!

3. Angenommen, auf dem Markt für Universallexika befinden sich nur zwei Anbieter (Verlage), und zwar der Arnold-Verlag und der Brecht-Verlag. Die Nachfrage ist polypolistisch.

   Der Arnold-Verlag kann zurzeit in einer Periode 3000 Lexika (1 Lexikon = 12 Bände) zu einem Preis von je 2500 GE verkaufen. Seine Grenzkosten (proportional-variablen Kosten) betragen 1000 GE je Lexikon.

   Der Arnold-Verlag sieht sich zwei möglichen linearen Nachfragekurven gegenüber:

■ Preis-Absatz-Kurve, wenn der Brecht-Verlag auf Preisänderungen des Arnold-Verlags entsprechend reagiert

Preis	3750 GE	1250 GE
Lexika	1500 Stück	4500 Stück

■ Preis-Absatz-Kurve, wenn der Brecht-Verlag auf Preisänderungen des Arnold-Verlags nicht reagiert

Preis	3000 GE	1500 GE
Lexika	2000 Stück	5000 Stück

Aufgaben:

3.1 Zeichnen Sie die beiden möglichen Preis-Absatz-Kurven des Arnold-Verlags, die dazugehörigen Grenzerlöskurven (Grenzumsatzkurven) sowie die Grenzkostenkurve!

Lösungshinweis:

x-Achse: 1 cm ≙ 1 000 Lexika (1 PE, d. h. Produktionseinheit);
y-Achse: 1 cm ≙ 500 GE.

3.2 Der Arnold-Verlag muss damit rechnen, dass der Brecht-Verlag seinen Absatzpreis stabil hält, wenn er seinen Absatzpreis anhebt. Andererseits muss der Arnold-Verlag davon ausgehen, dass bei einer eigenen Preissenkung der Brecht-Verlag in gleicher Weise reagiert.

3.2.1 Begründen Sie die vermuteten Entscheidungen des Brecht-Verlags!

3.2.2 Zeichnen Sie die „geknickte Preis-Absatz-Kurve" des Arnold-Verlags!

3.3 Beim Arnold-Verlag sind die proportional-variablen Kosten (Grenzkosten) um 50 % gestiegen. Wie wird der Arnold-Verlag entscheiden, wenn sein oberstes Unternehmensziel die Gewinnmaximierung ist und der Brecht-Verlag nicht reagiert?

3.4 Angenommen, der Arnold-Verlag hat die Absicht, seinen Konkurrenten (den Brecht-Verlag) vom Markt zu verdrängen. Er will notfalls auf die Deckung seiner fixen Kosten verzichten, unter keinen Umständen jedoch auf die Deckung seiner variablen Kosten, die sich zurzeit auf 1 250 GE belaufen.

3.4.1 Für welchen Absatzpreis wird sich der Arnold-Verlag entscheiden, wenn er unter den oben genannten Bedingungen einen möglichst hohen Marktanteil „erobern" möchte und der Brecht-Verlag auf seine Maßnahme entsprechend reagiert?

3.4.2 Wie viel Exemplare könnte der Arnold-Verlag unter den oben genannten Bedingungen absetzen, wenn der Brecht-Verlag nicht reagieren würde?

5 Das Entscheidungsverhalten des Staates

Der Marktpreis kann nicht „sozial", nicht „gerecht" sein. Er ist eine objektive Größe. Deswegen greift in der sozialen Marktwirtschaft der Staat indirekt oder direkt in das Marktgeschehen ein, um Nachfrager und/oder Anbieter zu schützen.

5.1 Der Staat als Nachfrager und Anbieter (marktkonforme Staatseingriffe)

5.1.1 Begriff marktkonforme Staatseingriffe

Merke:

Staatseingriffe, die den **Preismechanismus nicht außer Kraft setzen,** bezeichnet man als **marktkonform** (systemkonform).[1]

Marktkonforme Eingriffe liegen vor, wenn der Staat die Nachfrage und/oder das Angebot erhöht oder senkt, die Preisbildung aber dem Markt überlässt. Man spricht daher auch von **indirekter Marktlenkung.**

5.1.2 Instrumente für marktkonforme Staatseingriffe

(1) Erhöhung der Nachfrage

Der Staat kann selbst als Nachfrager auftreten, wenn er z. B. eine unterbeschäftigte Wirtschaft aus der Depression[2] herausführen möchte. Zahlreiche Möglichkeiten sind gegeben: Erteilung zusätzlicher Forschungsaufträge, Aufträge an die Bauwirtschaft (Bau von Straßen, Krankenhäusern, Schulen, Kindergärten, Ausgaben für Kanalisation, für militärische Zwecke usw.) oder auch zusätzliche Einstellungen von Personal. Die Wirkung wird sein, dass die Beschäftigung zunimmt. Die Gefahr von Preis- und Lohnsteigerungen besteht.

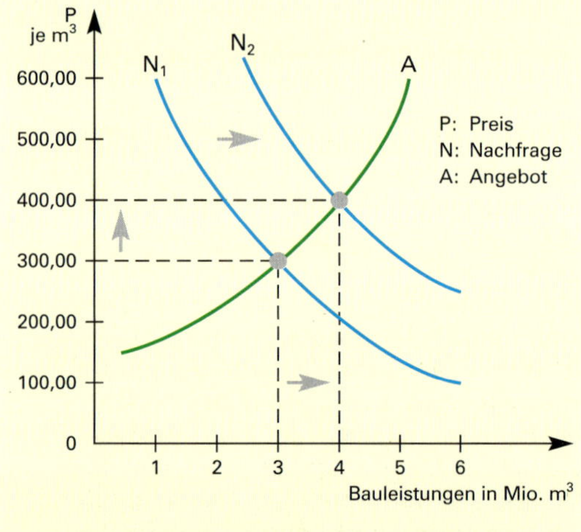

Der Staat erhöht die Nachfrage nach Bauleistungen um 1 Mio. m^3 umbauten Raums. Bei normalem Angebot und gleich bleibendem technischem Stand steigen Beschäftigung und Preise.

Wenn der Staat die Nachfrage erhöhen will, selbst aber nicht als Nachfrager auftreten möchte (z. B. weil er bestimmte Wirtschaftsgüter gar nicht braucht), kann er die möglichen Nach-

1 Konform sein: in Einklang stehen mit etwas; marktkonforme Maßnahmen sind also solche, die mit der Idee der Marktwirtschaft in Einklang stehen.

2 Depression: wörtl. Niedergeschlagenheit; hier: eine Wirtschaft, die unterbeschäftigt ist, z. B. Arbeitslosigkeit aufweist.

frager subventionieren.[1] Auch hier gibt es in der Bundesrepublik Deutschland zahlreiche Beispiele: Wohngeld (Erhöhung der Nachfrage nach Neubauwohnungen), Zinssubventionen für Bauherren und Landwirte, Steuerermäßigungen (Abschreibungsmöglichkeiten für Unternehmer), Barsubventionen an Not leidende Unternehmen (Kohlebergbau, Werften), Förderung der Klein- und Mittelbetriebe (Mittelstandsförderung).

(2) Senkung der Nachfrage

Will der Staat die Nachfrage (und damit die Preisentwicklung) dämpfen, kann er die Staatsnachfrage einschränken, indem er geplante Staatsaufträge streicht oder aufschiebt. Auch **Steuererhöhungen** wirken in die gleiche Richtung, weil in der Regel weniger gekauft wird, wenn die Nettoeinkommen sinken.

Weitere Möglichkeiten zur Verringerung der Nachfrage sind die Streichung von Subventionen und von Abschreibungsvergünstigungen.

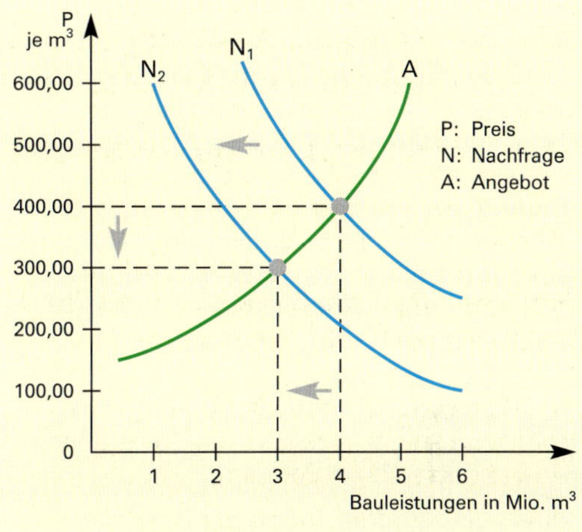

Der Staat verringert seine Nachfrage nach Bauleistungen um 1 Mio. m^3 umbauten Raums. Bei normalem Angebot gehen Preise und Beschäftigung zurück.

(3) Erhöhung des Angebots

In seltenen Fällen hat der Staat die Möglichkeit, das Angebot unmittelbar zu erhöhen, dann nämlich, wenn er selbst Eigentümer wirtschaftlicher Betriebe ist. Hierher gehören z.B. erhöhte Leistungen öffentlicher Verkehrsbetriebe, staatlicher Forschungsanstalten oder städtischer Wohnungsbaugesellschaften. Der indirekten Einflussnahme auf das Angebot kommt jedoch größere Bedeutung zu. Beispiele sind: **Zollsenkungen,** um das Angebot ausländischer Waren auf dem Inlandsmarkt zu erhöhen, oder **Subventionen** an die Produzenten (z.B. an die Landwirte), damit diese in die Lage versetzt werden, Kostensteigerungen aufzufangen, d.h. zum gleichen Preis mehr anzubieten. Bei

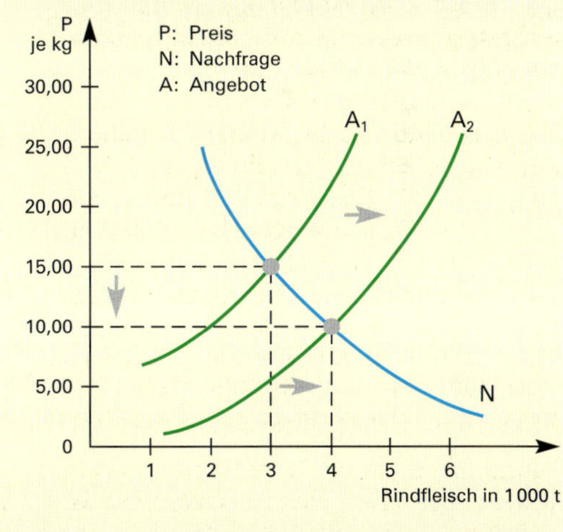

Das Angebot an Rindfleisch nimmt um 1000 Tonnen zu, weil die Landwirte Milchsubventionen erhalten. Die Versorgung der Bevölkerung nimmt bei sinkenden Preisen zu.

---

1 Subvention: Zuschuss (von staatlichen Geldern).

Kuppelprodukten[1] nimmt das Angebot aller Produkte zu, wenn auch nur eines subventioniert wird (z.B. die Milcherzeugung wird subventioniert, das Angebot von Milch, Rindfleisch und Rohleder erhöht sich, siehe vorangestellte Abbildung).

(4) Senkung des Angebots

Die Verringerung des staatlichen Angebots an Sachgütern und Dienstleistungen ist nur bei Staatsbetrieben möglich (z.B. Schließung von staatlichen Krankenhäusern, Beratungsstellen und Forschungsanstalten). Mittelbare Maßnahmen sind häufiger. Beispiele sind: **Zollerhöhungen,** um das Güterangebot im Inland zu verringern, **Streichung von Subventionen** an Produzenten oder **Erhöhung von Kostensteuern** (z.B. Gewerbesteuer, Verbrauchsteuern).

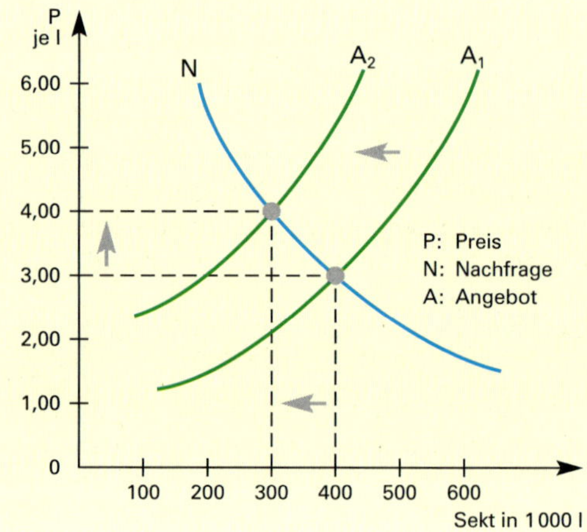

Der Staat erhöht die Sektsteuer um 1,00 GE. Der Absatz nimmt bei steigenden Preisen ab.

Die genannten Maßnahmen stellen lediglich Beispiele für marktkonforme Maßnahmen in der sozialen Marktwirtschaft dar. In den Arbeitsmarkt wird z.B. indirekt eingegriffen, wenn der Staat die Schulpflicht verlängert und/oder das Rentenalter herabsetzt (Verknappung des Arbeitsangebots). Die Vergabe von Forschungsaufträgen durch den Staat erhöht langfristig die Produktivität. Die Sonderbesteuerung umweltschädlicher Produkte und die Steuerbegünstigung umweltfreundlicher Erzeugnisse verändern das Angebot. Darüber hinaus beeinflussen die Maßnahmen der Europäischen Zentralbank das Verhalten der Wirtschaftssubjekte. Gemeinsam ist allen marktkonformen Maßnahmen, dass sie die Wirtschaftssubjekte nicht zu bestimmten Verhalten zwingen, sondern lediglich Anreize geben.

5.2 Der Staat als Regulierungsinstanz (marktkonträre Staatseingriffe)

5.2.1 Begriff marktkonträre Staatseingriffe

Der Preismechanismus wird dann außer Kraft gesetzt, wenn der Staat entweder die Produktions- bzw. Verbrauchsmengen durch Gesetz festlegt oder den Preis unmittelbar vorschreibt. Derartige Eingriffe widersprechen dem Wesen einer Marktwirtschaft.

Merke:

Staatseingriffe, die den **Preismechanismus außer Kraft** setzen, bezeichnet man als **marktkonträr**[2].

1 Kuppelprodukte sind Erzeugnisse, deren Herstellung an die Erzeugung weiterer Güter „gekoppelt" ist, z.B. Koks, Gas und Teer.

2 Konträr: entgegengesetzt.

5.2.2 Instrumente für marktkonträre Staatseingriffe

(1) Festsetzung von Produktionsmengen[1]

Die staatliche Festsetzung von Produktionsmengen kann den Zweck haben, die Mindestversorgung der Bevölkerung zu sichern. Hierbei geht es der Regierung darum, die bisherigen **Produktionsmengen** möglichst **zu erhalten** oder **zu erhöhen.** Die Produzenten werden unter Strafandrohung gezwungen, ihre Produktionsmengen den entsprechenden staatlichen Behörden zu melden und an diese bzw. an die gesetzlich vorgeschriebenen Stellen abzuliefern.

Die staatliche Mengenpolitik kann auch zum Ziel haben, die **Produktionsmengen zu verringern.** Der Zweck ist, das Preisniveau zu erhöhen. Es sollen die Produzenten vor Überproduktion und damit vor einem Preisverfall geschützt werden.

(2) Festsetzung von Verbrauchsmengen[1]

Setzt der Staat die Verbrauchsmengen fest, will er eine gleichmäßige Versorgung der Wiederverwender und/oder der Letztverbraucher sichern. Die Festsetzung von Verbrauchsmengen ist – wie die Festsetzung von Produktionsmengen auch – vor allem in Kriegswirtschaften und/oder Zentralverwaltungswirtschaften zu finden.

(3) Staatliche Preisfestsetzung

Die vom Staat vorgeschriebenen Preise können Höchstpreise, Festpreise oder Mindestpreise sein.

Höchstpreise

Höchstpreise liegen in der Regel **unter** dem Preis, der sich bei freier Preisentwicklung ergeben würde. Sie dienen demnach dem **Schutz des Verbrauchers.** Ist der Höchstpreis so niedrig, dass ein Teil der Produzenten nicht mehr kostendeckend anbieten kann, ist die Wirtschaft unterversorgt.

Beispiel:

Höchstmieten im sozialen Wohnungsbau.

Der Höchstpreis wird besonders in Kriegs- bzw. Krisengebieten für lebensnotwendige Güter angeordnet.

Höchstpreis

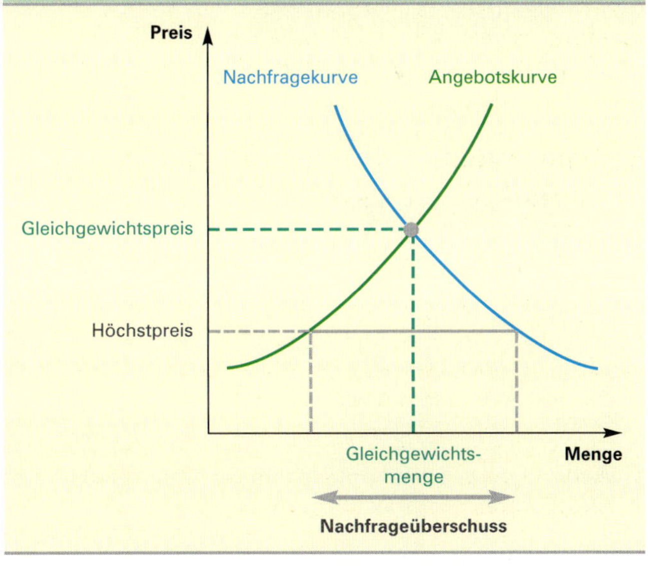

1 Die Festsetzung von Produktions- und Verbrauchsmengen bezeichnet man als Kontingentierung.

Wie allerdings aus der Grafik ersichtlich, führt der Höchstpreis regelmäßig zu einem **Nachfrageüberschuss** (Angebotsdefizit), sodass viele Nachfrager leer ausgehen.

Dies zwingt den Staat zu einer Reihe weiterer Maßnahmen zur Beeinflussung der Güterverteilung, wie beispielsweise die Einführung eines **administrativen Zuteilungssystems** (z. B. durch Bezugsscheine, Wartelisten). Des Weiteren muss der Staat versuchen, die aus der Unterversorgung der Nachfrager typischerweise resultierende Gefahr des **Schwarzmarkthandels** einzudämmen.

Merke:

Bei dem **Schwarzmarkt** handelt es sich um einen **ungesetzlichen** Markt, der dann entstehen kann, wenn vorhandene Nachfrage nach Gütern auf legalen Märkten durch **Rationierungen oder staatlich festgelegte Höchstpreise** nicht befriedigt wird (z. B. Benzinrationierung, Rationierung von Wohnraum).

Bei Höchstpreisen sind viele Käufer aufgrund des entstandenen Nachfrageüberhangs bereit, solche Waren und Erzeugnisse zu einem **höheren** Preis als dem staatlich festgesetzten Preis zu kaufen.

Mindestpreise

Mindestpreise liegen **über** dem Preis, der sich bei freier Preisentwicklung ergeben würde. Sie dienen demnach dem **Schutz des Produzenten.** Durch den Mindestpreis werden die Produzenten zur Mehrproduktion angeregt, die die Verbraucher aufgrund des hohen Preises nicht restlos aufnehmen wollen oder können.

Beispiel:

Zum Schutz der Landwirtschaft werden in der Europäischen Union (EU) für Getreide Mindestpreise festgelegt. Liegt der Mindestpreis über dem Marktpreis, muss die EU die Überproduktion aufkaufen, um die Preise zu stützen.

Mindestpreis

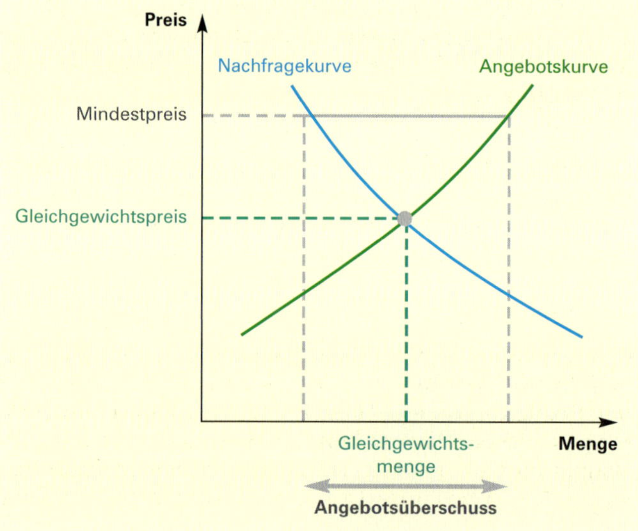

Eingesetzt wird der Mindestpreis vorzugsweise dort, wo sich für ganze Branchen – beispielsweise durch Nachfragerückgang bedingt – Absatzschwierigkeiten ergeben und mit einem gravierenden Preisverfall zu rechnen ist (z. B. Landwirtschaft, Kohlebergbau).

Wie aus der Grafik ersichtlich, führt der Mindestpreis regelmäßig zu einem **Angebotsüberschuss** (Nachfragedefizit), da viele Anbieter aufgrund der durch die über dem Gleichgewichtspreis liegenden Preise angeregt werden, mehr zu produzieren.

Auch bei den Mindestpreisen ist der Staat zu einer Reihe weiterer Maßnahmen zur Verringerung der überschüssigen Güterproduktion gezwungen. So kann er beispielsweise bei lagerfähigen Gütern den **Angebotsüberschuss aufkaufen und einlagern.** Hierdurch entstehen allerdings **Güterberge** (z. B. Milchberg, Butterberg, Kohleberg), die zudem wegen der Lagerung weitere Kosten verursachen. Des Weiteren könnte der Staat aufgekaufte **Angebotsüberschüsse** – insbesondere von verderblicher Ware – **vernichten** oder die **Überproduktion durch Prämien** (z. B. Stilllegungs- oder Abschlachtprämien) bzw. die Einführung von **Mengenkontingenten** im Sinne einer maximalen Abgabemenge pro Anbieter **drosseln.** Bei der letztgenannten Maßnahme besteht allerdings die Gefahr, dass sich ein **grauer Markt** bildet, auf dem die Mehr- bzw. Überschussproduktion angeboten wird. So könnten illegale Marktanbieter auftreten, die bereit wären, das zu Mindestpreisen und Mengenkontingenten gehandelte Produkt zu einem verbotenen **niedrigeren** Preis abzugeben (z. B. der Verkauf von Milch ab Hof **unterhalb** des üblichen Handelspreises).

Einem Mindestpreis gleichzusetzen ist der für den **Arbeitsmarkt** von Gewerkschaften, einigen Verbänden oder Parteien in regelmäßigen Abständen geforderte **Mindestlohn.**

Merke:

Ein **Mindestlohn** ist ein in der Höhe gesetzlich festgelegtes für alle Arbeitnehmer branchenübergreifend geltendes Mindest-Arbeitsentgelt.

In Deutschland gibt es zwar **keinen** allgemeinen, für **alle Arbeitsverhältnisse** gültigen, **durch Gesetz verordneten Mindestlohn.** Allerdings gelten **branchenspezifische Mindestlöhne,** wie etwa im Baugewerbe, in der Gebäudereinigung sowie neuerdings für Postzustelldienste.

Um **branchenweite Mindestlöhne** einzuführen, müssen sich Arbeitgeberverbände und Gewerkschaften einer Branche auf einen tariflichen Mindestlohn einigen und gemeinsam beim Bundesministerium für Arbeit und Soziales die sogenannte **„Allgemeinverbindlichkeit"** beantragen. Nur wenn **mindestens die Hälfte** aller Arbeitnehmer bei tarifgebundenen Arbeitgebern beschäftigt ist und ein **öffentliches Interesse** besteht, kann der Tarifvertrag als allgemeingültig erklärt werden. Er gilt dann für alle Arbeitnehmer und Arbeitgeber dieser Branche.

Mindestlöhne – egal ob branchenspezifisch oder als ein allgemeiner gesetzlicher Mindestlohn fixiert – werden unter sozial- und arbeitsmarktpolitischen Aspekten in Wissenschaft und Politik kontrovers diskutiert. Als Hauptargument für Mindestlöhne wird die **Verbesserung der Einkommenssituation** von Beschäftigten im Niedriglohnsektor anführt; als Hauptargument dagegen wird der mögliche **Verlust von Arbeitsplätzen** genannt, so dass es auf dem Arbeitsmarkt zu Angebotsüberschüssen kommen.

Festpreise

Festpreise können **über** oder **unter** dem Preis liegen, der sich bei freier Preisentwicklung ergeben würde. Liegt der Festpreis über dem Gleichgewichtspreis, wirkt er wie ein **Mindestpreis;** liegt er darunter, wirkt er wie ein **Höchstpreis.**

Zusammenfassung

- Überblick über mögliche marktkonforme Maßnahmen des Staates

Erhöhung der Nachfrage

1. Erhöhung der Staatsnachfrage;
2. Steuersenkung (Wirtschaftssubjekte können mehr ausgeben);
3. Verbesserungen der Abschreibungsmöglichkeiten (Unternehmen werden angeregt, mehr Investitionsgüter nachzufragen);
4. Subventionen an Verbraucher (z.B. Wohngeld, Kindergeld).

Ziel: Verbesserung der Beschäftigungslage (Abbau der Arbeitslosigkeit).

Gefahr: Preissteigerungen (Inflation).

Verringerung der Nachfrage

1. Verringerung der Staatsnachfrage;
2. Steuererhöhungen (Wirtschaftssubjekte können weniger ausgeben);
3. Abbau der Abschreibungsvergünstigungen (die Investitionsgüternachfrage wird gebremst);
4. Streichung und/oder Kürzung von Subventionen an Verbraucher.

Ziel: Dämpfung der Preissteigerungsraten (Inflationsbekämpfung).

Gefahr: Unterbeschäftigung (Arbeitslosigkeit).

Erhöhung des Angebots

1. Erhöhung des Angebots der staatlichen Betriebe;
2. Subventionen an Produzenten;
3. Zollabbau (Erhöhung des Angebots von ausländischen Waren).

Ziel: Dämpfung der Preissteigerungsraten (Inflationsbekämpfung).

Gefahr: Überproduktion, falls Preissenkungen ausbleiben.

Verringerung des Angebots

1. Verringerung des Angebots der staatlichen Betriebe;
2. Streichung und/oder Kürzung von Subventionen an Produzenten; Erhöhung der Kostensteuern;
3. Zollerhöhungen (Verringerung des Angebots von ausländischen Waren).

Ziel: Verhinderung der Überproduktion.

Gefahr: Preissteigerungen und Unterbeschäftigung (Arbeitslosigkeit).

- Überblick über mögliche marktkonträre Maßnahmen des Staates

Höchstpreispolitik

- dient zum Schutz des Verbrauchers
- Höchstpreis in der Regel niedriger als Marktpreis

Folgen:

- Angebotslücke (Nachfrageüberhang)
- schwarzer Markt
- Staat muss rationieren (z.B. Gutscheine ausgeben)

Festpreispolitik

- Preis darf weder unter- noch überschritten werden

Zweck:

- (untaugliches) Mittel der Inflationsbekämpfung

Mindestpreispolitik

- dient zum Schutz des Herstellers
- Mindestpreis in der Regel höher als Marktpreis

Folgen:

- Nachfragelücke (Angebotsüberhang)
- Staat muss Überschuss aufkaufen, lagern, zweckentfremden, vernichten oder Kapazitäten stilllegen lassen

liegt Festpreis unter dem Marktpreis

liegt Festpreis über dem Marktpreis

Übungsaufgabe

33 1. In nebenstehender Abbildung wird der Markt für Getreide dargestellt. Der Preis P_0 darf nicht unterschritten, wohl aber überschritten werden.

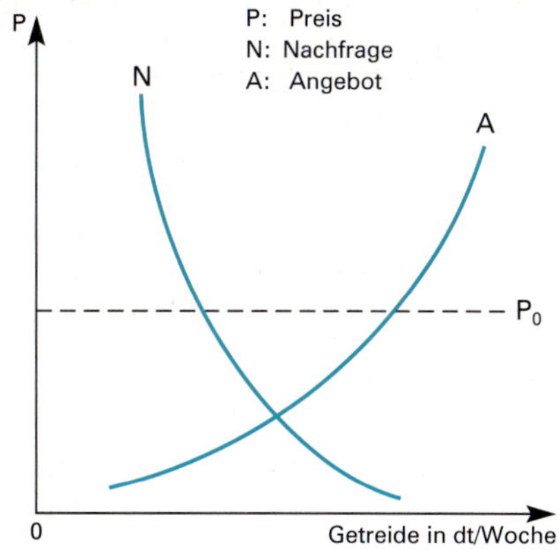

Aufgaben:

1.1 Handelt es sich um eine marktkonforme oder marktkonträre Maßnahme des Staates? Begründen Sie Ihre Antwort!

1.2 Welcher Art ist der Preis P_0? (Antwort begründen!)

1.3 Welche Marktsituation liegt vor und welche Konsequenzen ergeben sich langfristig?

2. In nebenstehender Abbildung wird der Markt für Sozialwohnungen dargestellt. Der Mietsatz P_0 darf nicht überschritten, wohl aber unterschritten werden.

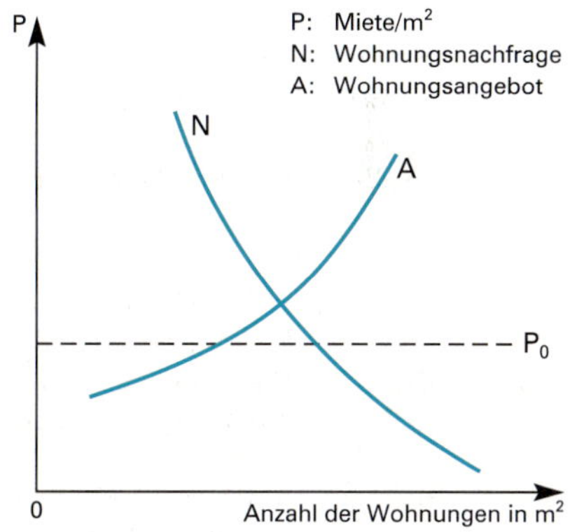

Aufgaben:

2.1 Handelt es sich um eine marktkonforme oder marktkonträre Maßnahme des Staates? Begründen Sie Ihre Antwort!

2.2 Welcher Art ist der Preis P_0? (Antwort begründen!)

2.3 Welche Marktsituation liegt vor und welche Konsequenzen ergeben sich langfristig?

3. Beschreiben Sie das Wesen marktkonformer Staatseingriffe auf einem Gütermarkt!

4. Nennen Sie mindestens drei Möglichkeiten, wie der Staat auf einem Gütermarkt systemkonform eingreifen kann! Beschreiben Sie die Wirkungsrichtung dieser Eingriffe!

5. Auf dem europäischen Markt herrscht für ein bestimmtes Agrarprodukt nachfolgende Angebots- und Nachfragesituation.

Die EU-Kommission setzt einen Mindestpreis fest, der pro Tonne um 300,00 EUR vom Gleichgewichtspreis entfernt ist.

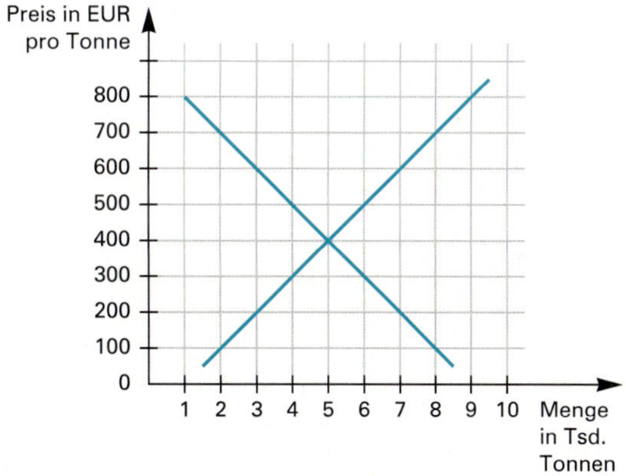

Aufgaben:

5.1 Erläutern Sie kurz das Motiv, das die EU-Kommission zu dieser Intervention veranlasst haben könnte!

5.2 Wie hoch ist der von der EU-Kommission festgesetzte Mindestpreis pro Tonne?

5.3 Ermitteln Sie den Aufwand der Europäischen Union, wenn diese die gesamte jährliche Angebotsmenge zum garantierten Mindestpreis aufkauft!

5.4 Wie hoch ist der Verlust der EU pro Jahr, wenn diese die auf dem europäischen Markt zum Gleichgewichtspreis absetzbare Menge zu eben diesem Preis verkauft und die dann noch vorhandenen Überschüsse auf dem Weltmarkt für 200,00 EUR pro Tonne absetzt?

5.5 Angenommen, der Europäischen Union gelänge es, durch die Einführung entsprechender Produktionskontingente den jährlichen Angebotsüberschuss des betrachteten Agrarproduktes um 2000 Tonnen abzusenken. Ermitteln Sie die unter den Annahmen der Aufgabenstellungen 5.2 – 5.4 hieraus resultierende jährliche Ersparnis!

5.6 In Abwandlung der Aufgabenstellung 5.5 soll nunmehr davon ausgegangen werden, dass die EU-Kommission plant, die Reduzierung der Angebotsmenge um 2000 Tonnen jährlich durch die Einführung einer sogenannten Flächenstilllegungsprämie zu erreichen. Langjährigen Studien zur Folge liegt der Ernteertrag pro Hektar bei durchschnittlich 0,5 Tonnen im Jahr. Wie hoch dürfte eine solche zur Produktionsreduzierung geplante Einmalzahlung pro Hektar an die Produzenten maximal ausfallen, wenn diese durch die Ersparnisse der ersten fünfzehn Folgejahre gegenfinanziert werden sollte?

Kursthema: Die Rolle des Staates in gesamtwirtschaftlicher Perspektive

1 Die Wirtschaftsordnung als Regelungssystem

1.1 Notwendigkeit und Gestaltung eines Ordnungsrahmens

Merke:

Politik[1] ist **zielgerichtetes** Handeln. Die Ziele, die sich der Staat setzt, hängen davon ab, welche Wirtschafts- und Gesellschaftsordnung als richtig angesehen wird, welche Ziele also anzustreben sind.

Verfechter der **sozialistischen Planwirtschaft** (der Zentralverwaltungswirtschaft) sind der Meinung, dass der Staat die Wirtschaftsabläufe zu planen, zu steuern und zu kontrollieren hat, um das Ziel der sozialen Gerechtigkeit zu erreichen, wobei unter Gerechtigkeit meistens Gleichheit verstanden wird. Anhänger einer **freien Marktwirtschaft** gehen hingegen davon aus, dass die freien Kräfte des Marktes allein in der Lage sind, die bestmögliche Marktversorgung selbsttätig zu garantieren. Der Staat soll ihrer Meinung nach so wenig wie möglich in das Wirtschaftsgeschehen eingreifen. Die Vertreter einer **sozialen Marktwirtschaft** schließlich befinden sich auf einer „mittleren Position"[2] zwischen den beiden extremen[3] Anschauungen und damit im Spannungsverhältnis zwischen den Zielen **„so viel Freiheit wie möglich und so wenig staatliche Eingriffe wie nötig."**

Merke:

Eine Entscheidung darüber, ob ein staatlicher Eingriff (eine Intervention)[4] nötig ist oder nicht, kann nur dann erfolgen, wenn ein Staat oder eine Staatengemeinschaft **konkrete**[5] **Ziele** festlegt.

Dann kann man eine Aussage darüber machen, ob das freie Spiel der Kräfte (z.B. ein bestimmter Gütermarkt) in der Lage ist, dieses Ziel zu erreichen. Wird das Ziel nicht erreicht, liegt – immer im Vergleich mit dem vorgegebenen Ziel – ein Marktversagen vor.

---

1 Das Wort **Politik** wurde im 17. Jahrhundert aus dem gleichbedeutenden französischen Wort *politique* entlehnt, das auf das lateinische Wort *politice* (Staatskunst) zurückgeht. Das lateinische Wort ist wiederum aus dem Griechischen *politike* übernommen (Kunst der Staatsverwaltung). Es hängt unmittelbar mit den griechischen Wörtern *polites* (Stadtbürger, Staatsbürger) und *polis* (Stadt) zusammen.

2 Vgl. Kapitel 2.1.2.

3 Extrem (lat.): weit auseinanderliegend, an beiden äußersten Enden, äußerst.

4 Intervention (lat., franz.): Dazwischentreten, Eingriff. Intervenieren: eingreifen.

5 Konkret (lat.): wörtl. „zusammengehäuft". Im Sprachgebrauch bedeutet konkret anschaulich, etwas ganz Bestimmtes, genau Beschriebenes. Ein konkretes Ziel liegt z.B. vor, wenn die EU vorschreibt, dass die jährliche Staatsverschuldung nicht mehr als 3 % des Bruttoinlandsprodukt betragen darf.

Merke:

Wirtschaftspolitische Ziele kann man **nicht isoliert**[1] formulieren. Sie stehen in einem mehr oder weniger engen Zusammenhang mit anderen politischen Zielen eines Staates.

Um nur einige Beispiele zu nennen: Die Verfolgung wirtschaftlicher Ziele beeinflusst gleichzeitig mehr oder weniger steuerpolitische, bildungspolitische, gesundheitspolitische, außenpolitische, finanzpolitische und geldpolitische Ziele. Diese Zusammenhänge müssen bei der Beurteilung der Frage berücksichtigt werden, ob im Einzelfall ein staatlicher Eingriff in das Wirtschaftsgeschehen **notwendig** und **richtig** ist oder nicht.

Jede Wirtschafts- und Gesellschaftsordnung benötigt, wenn sie funktionieren soll, vorformulierte Ziele, Spielregeln (Normen)[2] und Maßnahmen, die die **Rahmenbedingungen** für den längerfristigen Wirtschaftsablauf festlegen. Hierher gehört die Ausstattung der verschiedenen wirtschaftlichen Teilordnungen wie z. B. die Eigentumsordnung, die Regelung des Berufswesens, das Unternehmensrecht, das Wettbewerbsrecht, die Mitbestimmung sowie die Befugnisse der staatlichen **Träger der Wirtschafts- und Geldpolitik.** Die Gestaltung der Rahmenbedingungen ist Aufgabe der **Ordnungspolitik.**

Merke:

Die **staatliche Wirtschaftspolitik** kann in **zwei große Bereiche** gegliedert werden, nämlich die **Ordnungspolitik**[3] einerseits und die **Ablaufpolitik (Prozesspolitik)** andererseits.

Während die Ordnungspolitik den Rahmen und die Ziele der angestrebten Wirtschaftsordnung angibt und bestimmte wirtschaftspolitische Maßnahmen empfiehlt, greift die Prozesspolitik in den Wirtschaftsablauf ein, um die vorgegebenen Ziele soweit wie möglich zu erreichen. Hierzu dienen in einer Marktwirtschaft vor allem die geld- und fiskalpolitischen[4] Instrumente. Die Geldpolitik ist Aufgabe der Zentralbanken, in der EU also der Europäischen Zentralbank. Die Fiskalpolitik obliegt den Regierungen. Zuständig sind vor allem die Finanz- und Wirtschaftsminister.

Merke:

Bei den **ablaufpolitischen** Maßnahmen ist zu unterscheiden, ob die von der Politik zu beeinflussenden bzw. beeinflussten wirtschaftlichen Prozesse **kurz- bzw. mittelfristiger** oder **langfristiger** Natur sind.

Zu den kurzfristigen Abläufen gehört vor allem die **Konjunktur,**[5] zu den langfristigen das Wirtschaftswachstum und die **Strukturveränderungen**[6]. Dementsprechend lässt sich die

1 Isoliert (lat., franz.): vereinzelt, abgesondert, für sich allein. Isolieren = absondern. Isolation = Absonderung, Getrennthaltung.

2 Norm (griech., lat.): Richtschnur des Handelns aller Beteiligten, Maßstab, Regel.

3 Wesentlichster Bestandteil der Ordnungspolitik ist die Wettbewerbspolitik. Sie wird im Kapitel 3 behandelt.

4 Unter **„Fiskus"** versteht man heute den Staat schlechthin, insoweit er es mit den Staatseinnahmen (vor allem Steuern), den Staatsausgaben oder dem Staatsvermögen zu tun hat („Einheit von Fiskus und Staat"). Das Wort Fiskus kommt aus dem Lateinischen und bedeutet Korb, Geldkorb, Kasse. Fiskalpolitik ist somit Wirtschaftspolitik mit Geldmitteln aus der „Staatskasse".

5 Konjunktur: Wirtschaftslage, -entwicklung. Das Wort stammt aus dem Lateinischen conjungere: verbinden.

6 Struktur (lat.): Gefüge, Bau, Aufbau, innere Gliederung. Eine strukturelle Änderung liegt z.B. vor beim Übergang von einer Agrar-(Ackerbau-)Gesellschaft zu einer Industriegesellschaft.

Fiskalpolitik in **Konjunkturpolitik** einerseits und **Wachstums- und Strukturpolitik** andererseits einteilen. Beide Bereiche der Wirtschaftspolitik haben die Aufgabe, zu einem möglichst störungsfreien und angemessenen Wirtschaftswachstum beizutragen.

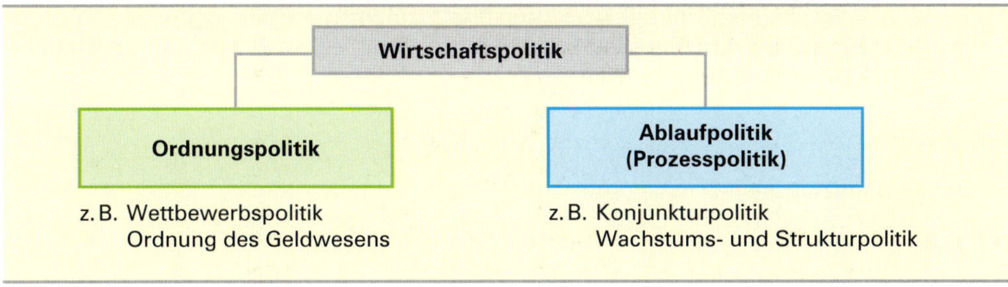

1.2 Individualismus versus Kollektivismus

1.2.1 Grundprinzipien der Wirtschaftsordnung

(1) Begriff Wirtschaftsordnung

Merke:

Unter einer **Wirtschaftsordnung** versteht man die Art und Weise, wie eine Volkswirtschaft die Produktion und die Verteilung der hergestellten Güter organisiert.

Die Ausgestaltung der Wirtschaftsordnung hängt weitgehend von den gesellschaftspolitischen Grundentscheidungen zwischen **Individualismus** einerseits und **Kollektivismus** andererseits ab. Individualismus und Kollektivismus stellen die beiden großen **gegensätzlichen Anschauungen über das Wesen des Menschen** dar.

(2) Individualismus als Grundlage der freien Marktwirtschaft

Für den **Individualismus** ist die Freiheit des Einzelnen oberster Grundsatz. Der Staat ist nur ein Zweckverband, innerhalb dessen die Bürger ihren einzelwirtschaftlichen egoistischen[1] Zielen nachgehen. Die Aufgabe des Staates besteht lediglich darin, den inneren und äußeren Rechtsschutz zu gewährleisten (Nachtwächterstaat).

Der Individualismus ist davon überzeugt, dass die uneingeschränkte Verfolgung der Einzelinteressen der Erreichung des höchsten Allgemeinwohls dient. Das ist der **Gedanke der natürlichen Harmonie.** Wenn nämlich jeder seinen eigenen Vorteil sucht, so wird der Produzent diejenigen Waren herstellen, die er am billigsten produzieren kann, um einen Höchstgewinn zu erzielen (Maximalprinzip). Auf der anderen Seite wird jeder die Waren dort kaufen, wo sie am billigsten zu haben sind (Minimalprinzip). Der freie, d.h. der nicht vom Staat beeinflusste Wettbewerb (Konkurrenz) ist nach dieser Auffassung so imstande,

1 Egoistisch: selbstsüchtig.

17 Boller-Hartmann 978-3-8120-0585-2

wie eine „unsichtbare Hand" die Einzelinteressen auf das Gesamtinteresse zu lenken: **Eigennutz ist zugleich Gemeinnutz.**

In der Wirklichkeit gibt es keine reine freie Marktwirtschaft. Es handelt sich hier um eine idealtypische Wirtschaftsordnung. Von „Idealtyp" spricht man deswegen, weil die genannten extremen Wirtschaftsmodelle lediglich in der Idee, aber nicht in der Realität (Wirklichkeit) vorkommen.

Merke:

Die **freie Marktwirtschaft**[1] ist eine idealtypische Wirtschaftsordnung, in der der Staat nicht in das wirtschaftliche Geschehen eingreift. Die Freiheit des Einzelnen ist das oberste Gebot.

(3) Kollektivismus[2] als Grundlage der Zentralverwaltungswirtschaft

Während das Modell der freien Marktwirtschaft auf dem Individualismus beruht, ist die geistige Grundlage der Zentralverwaltungswirtschaft der **Kollektivismus.** Für den Kollektivismus ist der Mensch in erster Linie ein Sozialwesen (Gemeinschaftswesen). Deswegen stehen **Staat und Gesellschaft über dem Einzelnen.** Hieraus folgt, dass sich der **Einzelne** den Prinzipien der Gesellschaft bzw. des Staates **unterzuordnen** hat.

Im Gegensatz zum Individualismus stellt der Kollektivismus fest, dass sich die Einzelinteressen keineswegs immer mit dem Gesamtinteresse decken. Vielfach stehen sie derart im Widerspruch, dass der Forderung „Gemeinnutz geht vor Eigennutz" Geltung verschafft werden muss. Für die Wirtschaftsordnung ergibt sich daraus die Notwendigkeit der **zentralen Planung,** der Abschaffung der Vertragsfreiheit, der Gewerbefreiheit, des privaten Unternehmergewinns („Profit") und des privaten Eigentums an den Produktionsmitteln. Hierbei handelt es sich um extreme Vorstellungen, die bis heute noch nirgends vollständig verwirklicht worden sind.[3] Die Zentralverwaltungswirtschaft ist – wie die freie Marktwirtschaft – eine idealtypische Wirtschaftsordnung.

Merke:

Die **Zentralverwaltungswirtschaft** ist eine idealtypische Wirtschaftsordnung, in der der Staat das gesamte wirtschaftliche Geschehen plant, lenkt und kontrolliert. Gemeinnutz geht vor Eigennutz.

(4) Zusammenhang zwischen wirtschaftlicher und politischer Ordnung eines Landes

Zwischen der **wirtschaftlichen** und **politischen Ordnung** eines Landes bestehen allerdings **Abhängigkeiten.** Wie eng die Zusammenhänge zwischen dem Idealtyp einer Wirtschaftsordnung und dem politischen System einer Volkswirtschaft sind, zeigt die

1 Einzelheiten siehe Kapitel 1.2.2.

2 Kollektiv: Gesamtheit, Zusammenschluss (Kollektivum: das Ganze). Aufgrund des Lehrplans wird die Zentralverwaltungswirtschaft im Folgenden nicht dargestellt.

3 Versuche zur Verwirklichung der Idee der Zentralverwaltungswirtschaft waren z.B. die sozialistischen Wirtschaftsordnungen der ehemaligen Ostblockstaaten (z.B. die der UdSSR, der DDR, der VR Polen) sowie der Volksrepublik China.

nachfolgende Übersicht. So lassen sich die Staatsform einer Demokratie und die Zentralverwaltungswirtschaft dauerhaft ebenso wenig miteinander vereinbaren wie totalitäre Staatsformen und die Marktwirtschaft. Wie die Übersicht verdeutlicht, wird sich in demokratischen Staaten langfristig eine eher marktwirtschaftliche Wirtschaftsordnung durchsetzen, wohingegen totalitäre politische Systeme auf lange Sicht zu einer Zentralverwaltungswirtschaft neigen.

Politisches System / Wirtschaftsordnung	demokratisch	totalitär
Marktwirtschaft	stabil ↑	labil ↓
Zentralverwaltungswirtschaft	labil	stabil

Abbildung: Interdependenzen zwischen Wirtschaftsordnung und politischem System

1.2.2 Marktwirtschaft versus Zentralverwaltungswirtschaft

(1) Funktionsweise des Modells

Sowohl in der freien Marktwirtschaft als auch in der Zentralverwaltungswirtschaft wird geplant, denn ohne Planung ist – wie wir wissen – wirtschaftliches Handeln nicht möglich. Der Unterschied zwischen den beiden Wirtschaftsordnungen besteht darin, dass in der freien Marktwirtschaft nicht von einer zentralen Stelle aus, sondern von autonomen, d.h. in ihrer Handlungsfreiheit unbeeinträchtigten Unternehmen und Haushalten Pläne erstellt und durchgeführt werden.

Unsichtbare Hand

„Nicht von dem Wohlwollen des Fleischers, Brauers oder Bäckers erwarten wir unsere Mahlzeit, sondern von ihrer Bedachtnahme auf ihr eigenes Interesse. Wir wenden uns nicht an ihre Humanität, sondern an ihren Egoismus und sprechen [...] nie von unseren Bedürfnissen, sondern von ihrem Vorteil. [...] Jeder Einzelne bemüht sich darum, sein Kapital so einzusetzen, dass es den größten Ertrag bringt. Im Allgemeinen wird er wenig bestrebt sein, das öffentliche Wohl zu fördern, noch wird er wissen, inwieweit er es fördert. Er interessiert sich nur für seine eigene Sicherheit und seinen eigenen Gewinn. Und gerade dabei wird er, wie von unsichtbarer Hand geleitet, ein Ziel fördern, das er von sich aus gar nicht anstrebt; indem er seine eigenen Interessen verfolgt, fördert er das Wohl der Gesellschaft häufig wirksamer, als wenn er es direkt beabsichtigt hätte."

Quelle: Adam Smith, Untersuchung über Wesen und Ursachen des Reichtums der Völker, hg. v. Erich W. Streissler, übers. v. Monika Streissler, Tübingen 2005, S.98.

Merke:

Das **Modell der freien Marktwirtschaft** ist durch **dezentrale**[1] **Entscheidungsfindung** gekennzeichnet.

1 Dezentral: nicht von einer zentralen Stelle aus.

Die Haushalte treten auf den **Faktormärkten** als Anbieter der beiden **Produktionsfaktoren** Arbeit und Boden auf, die von den Unternehmen nachgefragt werden. Die Unternehmen bieten auf den **Konsumgütermärkten** ihre Fertigerzeugnisse an, die die Haushalte aufkaufen. Umgekehrt fließen den Haushalten für Arbeitsleistungen und zur Verfügung gestellte Bodennutzungen **Einkommen** zu. Die Einnahmen aus dem Verkauf der Fertigerzeugnisse stellen für die Unternehmen **Umsatzerlöse** dar. Den Leistungs- und Güterströmen entsprechen also entgegenlaufende Geldströme (monetäre Ströme). Dies gilt auch für die **Kreditmärkte:** Den Banken fließen u.a. die Ersparnisse der Haushalte zu, es entstehen Forderungen der Haushalte an die Banken. Die Unternehmen erhalten Kredite, es entstehen Verbindlichkeiten der Unternehmen gegenüber den Banken.

Merke:

Im **Modell der freien Marktwirtschaft** regulieren sich die Gütermärkte mithilfe des **Preises,** die Kreditmärkte mithilfe des **Zinses** und die Faktormärkte mithilfe des **Lohns** und des **Pachtzinses (Marktautomatismus).** Der Markt ist in der freien Marktwirtschaft **Koordinationsinstanz.**[1]

(2) Ordnungsmerkmale (Grundvoraussetzungen) des Modells

Damit eine marktgesteuerte Wirtschaft funktionsfähig sein kann, müssen folgende **Ordnungsmerkmale** gegeben sein:

- Der Staat greift überhaupt **nicht** in das Wirtschaftsgeschehen ein. Er hat lediglich die Aufgabe, die marktwirtschaftliche Grundordnung zu erhalten, die äußere Sicherheit zu gewährleisten und die Einhaltung der Spielregeln zu überwachen **(Nachtwächterstaat).**
- Die Entscheidung darüber, was, wo und wie viel produziert wird, liegt **ausschließlich** bei den Unternehmen **(Produktionsfreiheit, Gewerbefreiheit, Niederlassungsfreiheit).**
- Die Entscheidung darüber, was und wie viel gekauft wird, liegt ausschließlich bei den Konsumenten **(Konsumfreiheit).**
- Es bleibt den Unternehmen und Haushalten überlassen, ob und wie viel sie importieren oder exportieren wollen **(Freihandel).**
- Die Ausgestaltung der Verträge (Kauf-, Miet-, Pacht-, Kartellverträge usw.) wird den Vertragsparteien überlassen **(Vertragsfreiheit).**
- Die Steuerung der Wirtschaft über den Preis setzt das Vorhandensein eines allgemein anerkannten Zahlungsmittels, also von Geld, voraus **(Geldwirtschaft).**
- Das **Privateigentum an den Produktionsmitteln** (am „Kapital", daher „Kapitalismus") muss gewährleistet sein.
- **Freie Berufswahl, Arbeitsplatzwahl** und **Freizügigkeit** müssen garantiert sein (andernfalls kann der „Lohnmechanismus" nicht wirken).

Merke:

Das Modell der freien Marktwirtschaft ist durch eine **freiheitliche Rechtsordnung,** das **Privateigentum,** die **Vertragsfreiheit** und die **Freiheit der wirtschaftlichen Betätigung** gekennzeichnet.

1 Koordination: Abstimmung; Instanz: maßgebliche „Stelle".

(3) Fehlentwicklungen in einer rein marktwirtschaftlichen Ordnung

Das Modell der freien Wirtschaft war am ehesten im Kapitalismus[1] des 19. und des frühen 20. Jahrhunderts verwirklicht. Dieser brachte krasse soziale Missstände mit sich.

Dazu gehören u. a. eine heute in Europa nicht mehr vorstellbare Ausbeutung der Arbeitskraft bei niedrigsten Löhnen, Wirtschaftskrisen und eine Konzentration der Vermögen (und damit der Macht) bei wenigen.

Nach dem **Modell der freien Marktwirtschaft** hätte sich die kapitalistische Wirtschaft ohne Störungen entwickeln müssen. Die egoistische Verfolgung der Einzelziele hätte dem Wohl aller dienen müssen. In Wirklichkeit war dies nicht der Fall. Warum? Hierfür gibt es mehrere Gründe.

- Zunächst könnte man meinen, die freie Marktwirtschaft entlohne die Produktionsfaktoren nach ihrer **Leistung,** weil sich der Preis für die Güter, für die Arbeit und für das Kapital nach Angebot und Nachfrage richtet. Selbst wenn man das **Leistungsprinzip** als „gerechte" Lösungsmöglichkeit des Verteilungsproblems ansieht, muss man feststellen, dass der Preis an sich weder gerecht noch ungerecht sein kann. Er ist vielmehr eine objektive Größe, die sich aufgrund der Knappheitsverhältnisse herausbildet.

  Beispiel:

  In der freien Marktwirtschaft ist auch der Arbeitsmarkt sich selbst überlassen. Der Lohn als Preis für Arbeit schwankt je nach Arbeitsangebot und Arbeitsnachfrage. Besteht ein Überangebot von Arbeitskräften (besteht also Arbeitslosigkeit), sinken die Löhne. Hunger und Krankheit sorgen für eine Dezimierung (Verminderung) der besitzlosen Arbeitnehmer (Proletarier). Der Lohn wird erst wieder steigen, wenn die Arbeitskräfte im Verhältnis zur Arbeitsnachfrage wieder knapp geworden sind.

  Das System der freien Marktwirtschaft führt somit zu einer **starken Abhängigkeit der Arbeitnehmer.**

- Bleibt eine freie Marktwirtschaft sich selbst überlassen, bilden sich in kurzer Zeit Kartelle und andere Konzentrationsformen (z.B. Konzerne, Trusts) heraus mit dem Ziel, den freien Wettbewerb einzuschränken oder auszuschalten. Die unbeschränkte, durch keinerlei staatliche Kontrolle gehinderte Freiheit der Wirtschaftssubjekte (der Staat soll bekanntlich nur ein „Nachtwächterstaat" sein) gibt nicht nur den Intelligenten, Fähigen, Fleißigen und Starken eine Chance (Leistungsprinzip), sondern auch den Rücksichts- und Skrupellosen. Monopolbildungen aber heben die Steuerungsfunktion des Preises weitgehend auf: Die **Preise** werden nicht mehr von den natürlichen Gegebenheiten des Marktes bestimmt, sondern sie werden von den **monopolistischen Machtgebilden diktiert.**

- Da marktstarke Unternehmen (Monopole, Oligopole) in der Lage sind, ihre Absatzpreise höher als die anzusetzen, die sich bei freier Konkurrenz ergeben würden, führen die überhöhten Gewinne der Unternehmen im Lauf der Zeit zu einer **Vermögenskonzentration bei den wenigen Produzenten** auf Kosten der abhängigen und vermögenslosen Arbeitnehmer.

1 Im Allgemeinen wird eine Wirtschaftsordnung dann als „kapitalistisch" bezeichnet, wenn sich die Produktionsmittel, also das Kapital im volkswirtschaftlichen Sinne, in Privathand (also in Händen der „Kapitalisten") befinden. Dies ist ein wesentliches Ordnungsmerkmal einer freien Marktwirtschaft.

■ Da in der freien Marktwirtschaft die Anbieter lediglich dann produzieren, wenn sie Gewinn erwarten (rentabilitätsorientierte Produktion), bleiben **Kollektivbedürfnisse[1] in vielen Fällen unbefriedigt.**

Zu einer kritischen Würdigung des Kapitalismus jener Zeit gehört aber auch, dass er zu großen Leistungen geführt hat, eine Tatsache, die auch seine Gegner anerkennen. In diese Zeit fallen Industrealisierung, Massenproduktion, Kanalisierung, Schaffung von Eisenbahnlinien und die Erschließung neuer Märkte in Übersee. Die Privilegien (Vorrechte) des Adels wurden beseitigt. Das Bürgertum erhielt die Chance des sozialen (gesellschaftlichen) Aufstiegs.

Marx und Engels[2] schrieben 1848 im Kommunistischen Manifest:

„Die Bourgeoisie[3] hat in ihrer kaum hundertjährigen Klassenherrschaft massenhaftere und kolossalere Produktionskräfte geschaffen als alle vergangenen Generationen zusammen. Unterjochung der Naturkräfte, Maschinerie, Anwendung der Chemie auf Industrie und Ackerbau, Dampfschifffahrt, Eisenbahnen, elektrische Telegrafen, Urbarmachung ganzer Weltteile, Schiffbarmachung der Flüsse, ganze, aus dem Boden hervorgestampfte Bevölkerungen – welches frühere Jahrhundert ahnte, dass solche Produktionskräfte im Schoß der gesellschaftlichen Arbeit schlummerten."[4]

Die **Grenzen des Marktes** und somit die **Notwendigkeit staatlichen Handelns** verdeutlicht nachfolgender Artikel.

Grenzen des Marktes

Die bisherigen Annahmen zur Marktpreisbildung, zum Wettbewerb und zum Privateigentum zeigen, wie die Verteilung knapper Produktionsfaktoren auf die gewünschte Produktion idealerweise gelingen sollte. Angemessene Steuerungsanreize und individuelle Entscheidungsfreiheit sollen sich produktiv ergänzen. Die Koordination über den Markt benötigt auf den ersten Blick keine Eingriffe in die persönliche Freiheit, da der Einzelne am besten weiß, was er braucht. Er kann seine Bedürfnisse angemessen einschätzen und weiß, was für deren Befriedigung sinnvoll ist. Die wettbewerblichen Marktmechanismen halten die unterschiedlichen Interessen in Schach und sollen dafür sorgen, dass einerseits effizient mit knappen Gütern umgegangen und andererseits den Bedürfnissen der Verbraucher Rechnung getragen wird, sodass die Verfolgung des Eigeninteresses gleichzeitig dem Gesamtwohl dient.

Damit eine solche Wirtschaftsordnung tatsächlich funktioniert, sind bestimmte Voraussetzungen erforderlich. Zur Sicherung von Leistungsanreizen bedarf es der Sicherung des Wettbewerbs und der Gewährleistung von Eigentumsrechten. Der Preismechanismus muss sich entfalten können, wofür es auch einer gewissen Preisniveaustabilität bedarf, damit die Signale über Knappheit und Überschuss wirksam werden. Unter diesen Bedingungen hat sich in den vergangenen Jahrzehnten ein beispielloses Wachstum der Produktion entfaltet, das vielfältige Möglichkeiten der Umverteilung birgt. Allerdings existieren zahlreiche Bedingungen, unter denen die Verfolgung des Eigennutzes nicht dem Gemeinwohl dient.

1 Kollektivbedürfnisse werden mit Gütern befriedigt, die von allen Mitgliedern der Gesellschaft genutzt werden können (z.B. Straßen, Schulen, öffentliche Verkehrsmittel, saubere Umwelt).

2 Karl Marx (1818–1883) ging es als erstem Vertreter des wissenschaftlichen Sozialismus vor allem darum, zu beweisen, dass der Sozialismus eine zwangsläufige Phase der gesellschaftlichen Entwicklung ist.
Friedrich Engels (1820–1895) war engster Mitarbeiter von Karl Marx. Sein Werk „Die arbeitenden Klassen in England" wurde zu einem grundlegenden Werk des wissenschaftlichen Sozialismus.

3 Bourgeoisie: Bürgertum (hier: Klasse der Kapitalisten und ihre Interessenvertreter).

4 Marx/Engels: Manifest der Kommunistischen Partei, 1848, zitiert in: Becher, J. u.a.: Politische Ökonomie des Kapitalismus und des Sozialismus, Lehrbuch für das marxistisch-leninistische Grundlagenstudium, Berlin (Ost), 1974, S. 110.

Das Problem der Kollektivgüter

Vor allem bei Kollektivgütern ist nicht zwangsläufig gewährleistet, dass die Verfolgung des individuellen Interesses dem Gesamtinteresse zu Gute kommt. Kollektivgüter sind Güter, von deren Nutzung niemand ausgeschlossen werden kann und über die niemand ein privates Verfügungsrecht hat. Solche Güter drohen übernutzt zu werden, da die Versuchung groß ist, seinen eigenen Vorteil auf Kosten der anderen zu erhöhen. Dies muss nicht einmal mit böser Absicht geschehen. Das Verhalten im Umgang mit fast allen natürlichen Ressourcen liefert dafür vielfältige Beispiele. Die Fischfangflotten einzelner Länder versuchen möglichst viele Fische zu fangen, ohne dabei auf die Regeneration der Fischbestände zu achten. Die Autofahrer belasten die Atmosphäre mit klimaschädlichen Emissionen, ohne für die Folgen der Klimaerwärmung zur Rechenschaft gezogen zu werden. Auf diese Weise führt die Verfolgung des Eigeninteresses zum Ruin der Gemeingüter, wie es der Biologe Garrett Hardin mit der „Tragik der Allmende" beschrieb. Sein Beispiel bezog sich auf eine Wiese im Gemeinschaftseigentum, bei der jeder den Anreiz hatte, möglichst viele Kühe dort weiden zu lassen, weil sich damit sein persönlicher Ertrag steigerte. Diese individuelle Nutzenmaximierung führte zur Übernutzung der Weide, so dass in der Folge alle mit weniger Erträgen rechnen mussten. Oft erfolgt dies sehr allmählich und für den Einzelnen zunächst kaum spürbar. Als Problem tritt es oft erst dann zutage, wenn das Gemeingut knapp wird. Ohne gesellschaftliche Kooperation oder politische Regeln lässt sich dieses individuelle Verhaltensdilemma kaum lösen.

Das Problem der externen Effekte

Durch den Wettbewerb soll der sparsame Einsatz knapper Güter erzwungen werden und die Ausrichtung der Produktion in Menge und Qualität den Bedürfnissen der Konsumenten entsprechen. Dies gelingt aber nicht bei allen Gütern. Aufgrund ihrer speziellen Eigenschaften wird von ihnen mehr oder weniger produziert als gesellschaftlich erwünscht. Gelingt es den Produzenten, Kosten auf andere auszulagern, kann das Gut billiger verkauft werden, als wenn die durch seine Herstellung verursachten Schäden berücksichtigt werden. So können landwirtschaftliche oder industrielle Abwassereinleitungen die Nahrungsmittelproduktion flussabwärts beeinträchtigen. Abgase können Renovierungs- und Gesundheitskosten an anderer Stelle erhöhen. Würden die auf andere ausgelagerten Kosten bei der Produktion berücksichtigt, müsste das Gut teurer verkauft werden, in der Folge würden die Konsumenten weniger davon nachfragen. Die Möglichkeit, „soziale Kosten" zu erzeugen, also Kosten bei Dritten entstehen zu lassen, führt dazu, dass mehr von dem Gut produziert wird als unter Bedingungen erwünscht wäre, die alle Kosten einbezögen. Hier sind gesellschaftliche oder politische Regeln erforderlich, die solche „externen Effekte internalisieren", also dem Verursacher zuordnen und Über- oder Unterproduktion verhindern.

Das Problem des Freifahrerverhaltens

Um Gemeingüter entstehen zu lassen oder zu erhalten, müssten eigentlich viele Individuen nur einen kleinen Beitrag leisten. Dafür erhalten sie gleichzeitig die Leistungen anderer gratis. In einer solchen Situation befindet man sich allerdings in einem Dilemma: Wie soll man sich verhalten? Das Gut (zum Beispiel das Klima), von dessen Nutzung niemand ausgeschlossen werden kann, lässt sich nur erhalten, wenn viele dazu beitragen oder zumindest an dessen Zerstörung gehindert werden. Trägt man selbst höhere Kosten für emissionsmindernde Technologien oder gewisse Unbequemlichkeiten, während die anderen weiterhin die Atmosphäre belasten wie bisher, wird der Klimawandel trotz der eigenen höheren Kosten nicht aufgehalten.

Das ist nicht sehr motivierend. Individuen hingegen, die nichts tun, ersparen sich die Kosten und profitieren vielleicht trotzdem von den Bemühungen anderer. Es gibt also einen Anreiz, sich als Trittbrettfahrer – man könnte auch sagen Schwarzfahrer – zu verhalten, der kontraproduktiv wirkt, wenn es nicht zu gesellschaftlichen oder politischen Regeln kommt.

Das Problem des Moral Hazard

Doch selbst wenn Menschen zu einem Gemeingut beitragen, können sie geneigt sein, sich daran schadlos zu halten. Ein Beispiel ist die Absicherung gegen künftige Risiken. Diese Leistung wird von Versicherungen angeboten. Hier zahlen viele Versicherte kleine Beiträge und erwarten dafür, dass die Versicherung die Schäden begleicht, wenn sie eintreten. Würden nun bei allen Versicherten hohe Schäden entstehen, müssten die Beiträge so angehoben werden, dass sie für den Einzelnen unerschwinglich wären. Blieben die Beiträge aber niedrig und könnten sie die entstehenden Schadenskosten nicht abdecken, würden sich kaum Versicherungen finden, die solche Verlustrisiken eingehen. Für die einzelnen Versicherten stellt sich die Situation dagegen anders dar. Sie zahlen regelmäßig unterschiedlich hohe Beiträge, von denen sie ohne Schadensfall scheinbar nichts haben. Dies kann Einzelne dazu verleiten, sich durch vorsätzliche Verursachung eines Versicherungsfalls einen Teil der Beiträge zurückzuholen oder durch risikoreicheres Verhalten den Eintritt des Versicherungsfalls in Kauf zu nehmen. So kann die Kollektivrationalität zugunsten des eigenen Interesses untergraben werden. Für die Versicherungen erhöhen sich die Kosten, für die Versicherten die Beiträge. Es bedarf also Mechanismen, die Versicherungsbetrug auf Kosten der Allgemeinheit verhindern.

■ Das Problem der adversen Selektion

Um das Marktangebot angemessen bewerten und damit auch steuern zu können, benötigt der Konsument zahlreiche Informationen. Bei den wenigsten Gütern kann die Qualität heute noch vorab durch den Käufer geprüft werden, während den Verkäufern mögliche Schwächen und Mängel des Produktes bekannt sein dürften. Die Informationen zwischen Käufern und Verkäufern sind also asymmetrisch verteilt. Die Konsequenzen daraus hat der US-amerikanische Nobelpreisträger George Akerlof für den Gebrauchtwagenmarkt beschrieben: Die Käufer argwöhnen, dass viele schadhafte Autos angeboten werden und sind nicht bereit, hohe Preise zu zahlen. In der Folge sinken die Preise. Bei sinkenden Preisen sind aber auch Besitzer guter Gebrauchtwagen immer weniger bereit, ihre Wagen unter Wert anzubieten. In der Folge steigt der Anteil schadhafter Autos auf dem Gebrauchtwagenmarkt: „Die Zitronen bleiben übrig." Dieses Problem wird auch als „adverse Selektion" bezeichnet. Es beschreibt, wie Informationsasymmetrien zu suboptimalen Ergebnissen führen und qualitativ gute Angebote vom Markt verschwinden. So ist es auch nachvollziehbar, dass bei Gütern, deren Wert kaum angemessen beurteilt werden kann, die Gefahr besteht, dass gute Anbieter im Preiskampf verdrängt werden und es zu ruinöser Konkurrenz kommt. Es bedarf Maßnahmen, die die Informationsasymmetrie mindern.

■ Das Problem der Einkommensverteilung

Die bisherigen Argumente verdeutlichten, warum der Markt nicht immer in der Lage ist, bestimmte Güter effizient in der richtigen Menge und Qualität herzustellen. Berücksichtigt werden dabei aber nur die Bedürfnisse der kaufkräftigen Konsumenten bzw. derjenigen, deren Leistungsfähigkeit durch den Markt honoriert wird. Unberücksichtigt bleiben Menschen, deren Einkommen zu niedrig sind oder die am Arbeitsmarkt nicht teilhaben. „Marktwirtschaften sind zwar effizient und leistungsfähig bei der Produktion von Reichtum, aber dabei können einige Leute sehr reich werden und die anderen verhungern", so der Nobelpreisträger Joseph Stiglitz. Er führt weiter aus, dass, abhängig von seltenen, aber vom Markt als wertvoll gedeuteten Begabungen, die einen hohe Einkommen erhalten, während diejenigen mit weiter verbreiteten Fähigkeiten sich teilweise mit einem Lohn knapp über dem Existenzminimum zufrieden geben müssen. Da dies den sozialen Frieden gefährdet, ist Einkommensumverteilung eine wichtige staatliche Aufgabe.

■ Das Problem der Stabilität

Auch die Annahme, dass die Preisbildung Angebot und Nachfrage auf den Märkten ins Gleichgewicht bringe, lässt sich angesichts der häufig beobachtbaren Konjunkturschwankungen bezweifeln. Ungleichgewichte können auf dem Gütermarkt auftreten, wenn die gesamtwirtschaftliche Nachfrage kleiner ist als das gesamtwirtschaftliche Angebot, etwa wenn die Menschen – aus Angst vor einer Krise oder vor Arbeitslosigkeit – mehr sparen. Dieses gesparte Kapital stünde dann theoretisch zwar für Investitionen zur Verfügung, würde aber kaum abgerufen, weil sich die Investoren von zurückhaltenden Kunden keine zusätzlichen Absatzmöglichkeiten für ihre Produktion versprechen. Wenn die Preise nicht so flexibel sind wie erhofft, bringen sie Angebot und Nachfrage auf den Märkten nicht ins Gleichgewicht. Die Produktionsfaktoren Arbeit und Kapital bleiben über lange Zeit unausgelastet, und die Volkswirtschaft produziert unter ihren Möglichkeiten. Auch hier ist eine Instanz erforderlich, die Wege aus der Krise bahnt, etwa indem beispielsweise die fehlende private Nachfrage durch staatliche Nachfrage ausgeglichen wird

Quelle: Informationen zur politischen Bildung, Heft 308.

Zusammenfassung

- **Politik** ist **zielgerichtetes** Handeln, wobei sich die zugrunde gelegten Ziele an der **Wirtschaftsordnung** eines Landes orientieren.
- **Staatliche Eingriffe** setzen voraus, dass der Staat **konkrete** Ziele festlegt.
- Die **wirtschaftspolitischen** Ziele sind von den **politischen** Zielen eines Staates abhängig.
- Die staatliche Wirtschaftspolitik untergliedert sich in **Ordnungspolitik** einerseits und **Ablaufpolitik** (Prozesspolitik) andererseits.
- Zu der **Ordnungspolitik** zählen u. a. die **Wettbewerbs- und Geldpolitik.**
- Die **Konjunktur- bzw. Wachstums- und Strukturpolitik** lassen sich der Ablaufpolitik zuordnen.
- Die **Wirtschaftsordnung** ist ein **Ordnungsgefüge,** das die **Beziehungen der Wirtschaftssubjekte untereinander regelt** und die **wirtschaftlichen Handlungen** der Wirtschaftssubjekte miteinander **koordiniert.**
- **Ordnungsmerkmale** der **freien Marktwirtschaft:**

Planungssystem	dezentrale Planung
Koordinationssystem	Märkte mittels Preismechanismus
Motivationssystem	**Haushalte:** Nutzen **Unternehmen:** Gewinn
Eigentumsordnung	Privateigentum
Vertragsfreiheit	ja
Gewerbefreiheit	ja
Konsumfreiheit	ja
Funktion des Staates	Festlegung eines Ordnungsrahmens
Festsetzung der Löhne und Gehälter	Einzel- bzw. Kollektivverträge (Tarifverträge)

- Das Modell der **freien Marktwirtschaft** führt insbesondere zu **folgenden Missständen:**
  - Starke **Abhängigkeit der Arbeitnehmer** vom Kapital.
  - Bildung von **monopolistischen Machtgebilden.**
  - **Vermögenskonzentration** auf Kosten der abhängigen und vermögenslosen Arbeitnehmer.
  - **Kollektivbedürfnisse** werden **vernachlässigt.**

Übungsaufgabe

34

1. Halten Sie eine Volkswirtschaft für denkbar, bei der die Bedürfnisse der Bevölkerung ohne Planung gedeckt werden könnten?
2. Welche grundsätzlichen Lösungsmöglichkeiten gibt es für die Fragen was, wie, wann und für wen produziert werden soll?
3. Wodurch erfolgt die Steuerung der Marktwirtschaft?
4. Ist eine Marktwirtschaft ohne Privateigentum an Produktionsmitteln realistisch?
5. Wie erfahren die Wirtschaftssubjekte in einer Marktwirtschaft, ob ein Gut knapp ist?
6. Wodurch wird in der Marktwirtschaft vermieden, dass es zu wirtschaftlicher Macht kommt?
7. Gibt es die Marktwirtschaft unter den aufgeführten Bedingungen in der Wirklichkeit?
8. Erläutern Sie den Zusammenhang zwischen der Wirtschaftsordnung eines Landes und der jeweiligen Staatsform!

2 Die Rahmenbedingungen der sozialen Marktwirtschaft

2.1 Gesellschaftspolitische Rahmenbedingungen

2.1.1 Entstehung der sozialen Marktwirtschaft in der Bundesrepublik Deutschland

Die soziale Marktwirtschaft prägt bereits seit der Währungsreform im Jahr 1948 das wirtschaftliche Geschehen in der Bundesrepublik Deutschland und entstand vor dem Hintergrund **negativer Erfahrungen** der jüngeren Vergangenheit.

So waren einerseits die nachteiligen Auswirkungen eines Systems der **staatlichen Wirtschaftslenkung** während der Zeit der nationalsozialistischen Herrschaft noch allgegenwärtig. Andererseits waren aber auch die Schattenseiten einer **staatslosen liberalen Wirtschaftsordnung** im Sinne einer „Laissez-faire-Wirtschaft" aus der Zeit des Beginns der Wirtschaftskrise in den zwanziger Jahren des vorigen Jahrhunderts hinreichend bekannt.

Zu diesen Nachteilen zählten u.a. die **starken Konzentrationstendenzen** bei den Unternehmen, die den Wettbewerb weitgehend außer Kraft setzten, einhergehend mit einer **stetig ansteigenden Arbeitslosigkeit** sowie **vielfältigen sozialen Problemen,** die zumeist ungelöst blieben. Der Staat reagierte in dieser Krisensituation sogar mit rapidem **Sozialabbau,** was bei weiterer Zunahme **sozialer Spannungen** zu einer **Radikalisierung der Politik** beitrug und schließlich den Aufstieg des Nationalsozialismus begünstigte.

Der **Begriff der sozialen Marktwirtschaft** wurde 1947 von dem Ökonomen **Alfred Müller-Armack** geprägt und von **Ludwig Erhard,** dem ersten Wirtschaftsminister der Bundesrepublik Deutschland, durch eine entsprechend ausgerichtete Wirtschaftspolitik mit Leben gefüllt.

2.1.2 Dualismus als geistige Grundlage der sozialen Marktwirtschaft

(1) Begriff und geistige Grundlagen der sozialen Marktwirtschaft

Der sozialen Marktwirtschaft liegt ein **dualistisches Menschenbild** zugrunde, d.h., der Mensch wird sowohl als **Individual-** als auch als **Kollektivwesen** gesehen. (Man spricht deswegen auch von der dualistischen oder auch von der personalistischen Gesellschaftsauffassung.) Hieraus folgt bereits, dass die soziale Marktwirtschaft zwischen den beiden extremen Modellen der freien Marktwirtschaft einerseits und der Zentralverwaltungswirtschaft andererseits stehen muss. Schlagwortartig könnte man das Grundziel dieser Wirtschafts- und Gesellschaftsordnung wie folgt umreißen: „So viel Freiheit wie möglich, so viel staatlichen Zwang wie nötig", wobei man sich freilich immer darüber streiten kann, was möglich bzw. was nötig ist.

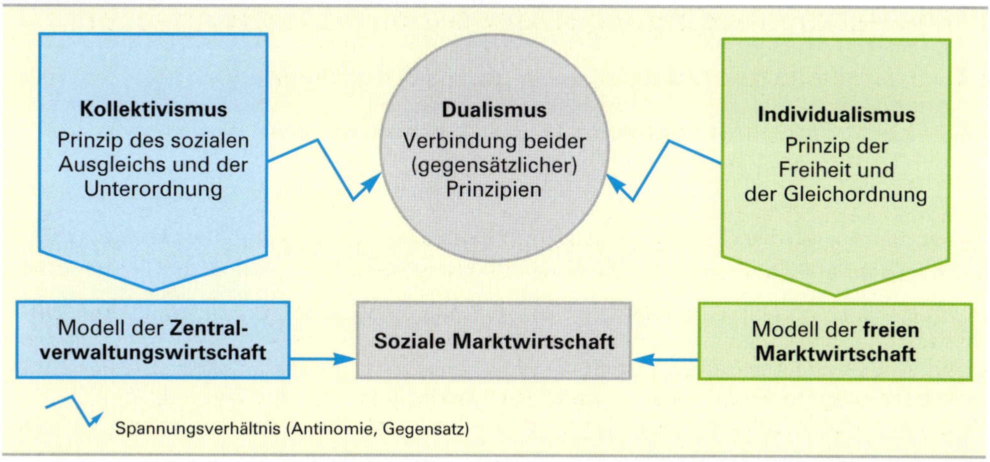

Merke:

Die **soziale Marktwirtschaft** in der Bundesrepublik Deutschland ist eine in der Wirklichkeit existierende Wirtschaftsform (Realform). Sie steht im **Spannungsverhältnis** zwischen den Forderungen nach **größtmöglicher Freiheit** einerseits und sozialer **Gerechtigkeit** andererseits.

(2) Freiheit der Märkte und sozialer Ausgleich als Grundlage der sozialen Marktwirtschaft

Die **Freiheit der Märkte** einerseits und der **soziale Ausgleich** andererseits bilden zusammen das **Konzept der sozialen Marktwirtschaft.** Der Staat legt die sozialen Schutzrechte und den Rahmen für die sozialen Sicherungssysteme (z.B. die Sozialversicherung[1]) fest, die dem Einzelnen den Lebensunterhalt auch dann sichern sollen, wenn er nicht in der Lage ist, für sich selbst zu sorgen. „Die schwierigste Aufgabe der Sozialpolitik ist die der ‚richtigen' Dosierung. Die Spanne zwischen notwendiger sozialer Sicherheit und einem **leistungshemmenden Versorgungsstaat** ist gering."[2]

Bei der sozialen Marktwirtschaft sind **Freiheit und Verantwortung** miteinander gekoppelt. Die Verantwortung umfasst die Verantwortung des **Einzelnen** für sich **selbst** und auch für **andere.**

Um dieses Ziel zu erreichen, lautet eine zentrale Forderung der sozialen Marktwirtschaft, dass über den Einsatz **ergänzender** Wirtschafts- und Sozialpolitik nach dem **Subsidiaritätsprinzip** entschieden werden soll. Dies bedeutet, dass übergeordnete (staatliche) Instanzen im Sinne einer **Hilfe zur Selbsthilfe** erst dann eingeschaltet werden sollen, wenn dezentrale Entscheidungsträger (z.B. Haushalte und Unternehmen) ein Problem allein nicht mehr bewältigen können. Die Betonung dieses Prinzips macht deutlich, dass zunächst vor allem der Einzelne gefordert ist und nicht der Staat automatisch im Sinne einer **allumfassenden** Sicherung einspringt.

1 Siehe Kapitel 2.2.2.3.

2 Hugle, R. und Larmann, W.: Staat und Wirtschaft, in: Wirtschaft und Unterricht, 25. Mai 1999, S. 2.

Beispiel:

Das Subsidiaritätsprinzip kommt u.a. beim Arbeitslosengeld II zum Tragen. So werden die Zahlungen dieser staatlichen Alimentierung gekürzt bzw. eingestellt, wenn der Antragsteller über eigenes, bestimmte Freibeträge übersteigendes Vermögen verfügt. Des Weiteren werden bei der Berechnung der vom Staat zu zahlenden Leistungen auch Einkommen von Personen berücksichtigt, die mit dem Antragsteller in einer Bedarfsgemeinschaft leben.

Die soziale Marktwirtschaft befindet sich in einem ständigen Wandel, denn die schnelle technische, wirtschaftliche und gesellschaftliche Entwicklung unserer Zeit verlangt eine dauernde Anpassung der wirtschaftlichen Rahmenbedingungen mit dem Ziel, soziale Gerechtigkeit und Sicherheit bei größtmöglicher Freiheit des Einzelnen zu erreichen.

2.1.3 Grundgesetz und soziale Marktwirtschaft

(1) Überblick

In einem Rechtsstaat muss die Wirtschaftsordnung in eine Rechtsordnung eingebunden sein, die sich wiederum an der Verfassung, in der Bundesrepublik Deutschland also am Grundgesetz,[1] auszurichten hat.

Das **Grundgesetz** schreibt **ausdrücklich keine bestimmte Wirtschaftsform** vor, sondern lässt einen weiten Spielraum für denkbare Wirtschaftsordnungen. Diese Tatsache ermöglicht es der Regierung bzw. dem Gesetzgeber (dem Bundestag und/oder den Landtagen), die als angemessen erscheinenden wirtschafts- und sozialpolitischen Maßnahmen zu ergreifen bzw. Gesetze zu beschließen. Allerdings enthält das Grundgesetz bestimmte Vorschriften (Normen), die gewissermaßen als „Eckpfeiler" auf der einen Seite eine reine Marktwirtschaft auf der anderen Seite eine reine Zentralverwaltungswirtschaft ausschließen. Laut Grundgesetz sind daher die verschiedensten Mischformen möglich, von denen eine die soziale Marktwirtschaft ist.

Im Folgenden werden die wichtigsten Artikel des Grundgesetzes daraufhin untersucht, ob und inwieweit sich aus ihnen wirtschafts- und sozialpolitische Ziele in der sozialen Marktwirtschaft ableiten lassen.

(2) Grundgesetz Artikel 2: Persönliche Freiheitsrechte

Art. 2 GG: (1) Jeder hat das Recht auf die freie Entfaltung seiner Persönlichkeit, soweit er nicht die Rechte anderer verletzt und nicht gegen die verfassungsmäßige Ordnung oder das Sittengesetz verstößt. (2) Jeder hat das Recht auf Leben und körperliche Unversehrtheit. Die Freiheit der Person ist unverletzlich. In diese Rechte darf nur aufgrund eines Gesetzes eingegriffen werden.

Im wirtschaftlichen Bereich bedeutet der Freiheitsgrundsatz, dass im Kern folgende **Freiheitsrechte** garantiert sind:

- **Gewerbefreiheit** (jeder hat das Recht, ein Unternehmen zu gründen, zu führen oder auch aufzulösen);
- **Vertragsfreiheit** (jeder hat das Recht, Verträge abzuschließen, aufzulösen und deren Inhalt frei zu gestalten);
- **Konsumfreiheit** (jeder hat das Recht, jede Ware dort zu kaufen, wo es ihm am günstigsten erscheint).

1 Grundgesetz für die Bundesrepublik Deutschland [GG] vom 23. Mai 1949.

Nur wenn diese „Freiheiten" bestehen, können sich Märkte entwickeln, auf denen Angebot und Nachfrage durch einen sich frei bildenden Preis (z.B. Güterpreis) automatisch ins Gleichgewicht gebracht werden. Umgekehrt: Soll eine Wirtschaft mithilfe des Preismechanismus gesteuert werden, müssen die Wirtschaftssubjekte in ihrer Entscheidungsfreiheit unbeeinträchtigt bleiben.

Andererseits begrenzt der Art. 2 GG die Freiheitsrechte dort, wo die Rechte anderer verletzt werden können. Wucherische (ausbeuterische) und sittenwidrige Rechtsgeschäfte sind verboten. Umfassende Arbeitsschutzgesetze schützen den einzelnen Arbeitnehmer.[1]

Zum Schutze des Verbrauchers, der Nachbarschaft und der Allgemeinheit ist die **Gewerbefreiheit eingeschränkt.** So werden z.B. gefährliche Anlagen (Betriebe) und bestimmte Gewerbezweige staatlich überwacht. Selbst die Konsumfreiheit ist in manchen Bereichen eingeengt: Bestimmte Arzneimittel dürfen von den Apotheken nur gegen ärztliches Rezept abgegeben werden. Der Handel mit Rauschgiften aller Art ist verboten.

Schließlich ist auch das Umweltrecht ein Eingriff in die Gewerbefreiheit. Bei Nichteinhaltung gesetzlicher Umweltvorschriften drohen privatrechtliche Schadensersatzansprüche und verwaltungsrechtliche bzw. strafrechtliche Sanktionen.[2]

Beispiel:

Schutzbereich	Umweltschutzgesetze	Sanktionen
Luftreinhaltung Lärmbekämpfung	Gesetz zum Schutz vor schädlichen Umwelteinwirkungen durch Luftverunreinigungen, Geräusche, Erschütterungen und ähnliche Vorgänge [Bundes-Immissionsschutzgesetz – BImSchG][3]	Betriebsverbot [§§ 20, 25 BImSchG]; Freiheits- oder Geldstrafen [§§ 325, 325a, 327 StGB]
Schutz vor gefährlichen Stoffen	Gesetz zum Schutz vor gefährlichen Stoffen [Chemikaliengesetz – ChemG]	Verbot der Inverkehrbringung [§ 11 III ChemG]; Freiheits- oder Geldstrafen [§ 27 ChemG]
Gewässerschutz	Gesetz zur Ordnung des Wasserhaushalts [Wasserhaushaltsgesetz – WHG]	Gefährdungshaftung nach dem UmweltHG sowie nach § 22 WHG; Freiheits- oder Geldstrafen [§ 324 StGB]
Naturpflege Artenschutz Bodenschutz	Gesetz über Naturschutz und Landschaftspflege [Bundesnaturschutzgesetz – BNatSchG]	Geld- oder Freiheitsstrafen [§§ 329, 330 StGB, § 30a BNatSchG]

Der Kern des Art. 2 darf – wie bei den übrigen Grundrechten auch – nicht in seinem Wesensgehalt angetastet werden [Art. 19 II GG]. Dies bedeutet, dass die Wirtschafts- und Sozialpolitik in der sozialen Marktwirtschaft dafür Sorge tragen muss, dass der Privatinitiative ein breiter Raum gelassen wird. Dies ist Aufgabe der **Ordnungspolitik.** Das Ziel lautet: **Sicherung des Wettbewerbs** durch Beschränkung der Staatseingriffe auf die Fälle, bei denen der Markt seine Funktionen nicht mehr erfüllt, und Verhinderung der Monopolisierung (Konzentration) in der Wirtschaft. Hierbei bleibt nicht aus, dass Konflikte (Spannungen) im Verhältnis von „Freiheit" einerseits und „staatlicher Reglementierung" andererseits auftreten.

1 Z.B. Kündigungsschutz, Arbeitszeitgesetz, Mutterschutzgesetz, Jugendarbeitsschutzgesetz, Arbeitsschutzgesetz, Sozialgesetzbücher usw.

2 Sanktionen (lat.): wörtl. Vergeltung, mit positiven oder negativen Folgen antworten.

3 **Immission** (lat.): Einleitung von Schadstoffen; das Einwirken von Luftverunreinigungen, Schadstoffen, Lärm, Strahlen u.Ä. auf Menschen, Tiere und Pflanzen.

(3) Grundgesetz Artikel 12: Berufsfreiheit

Art. 12 GG: (1) Alle Deutschen haben das Recht, Beruf, Arbeitsplatz und Ausbildungsstätte frei zu wählen. Die Berufsausübung kann durch Gesetz oder aufgrund eines Gesetzes geregelt werden.[1] (2) Niemand darf zu einer bestimmten Arbeit gezwungen werden, außer im Rahmen einer herkömmlichen allgemeinen, für alle gleichen öffentlichen Dienstleistungspflicht.

Im Art. 12 GG wird der Freiheitsgrundsatz des Art. 2 GG fortgeführt, denn in einer vorwiegend auf Privatinitiative und Wettbewerb beruhenden Gesellschaftsordnung muss das Recht auf freie Wahl des Berufs, des Arbeitsplatzes und der Ausbildungsstätte im Grundsatz garantiert sein. Mehr noch: Es muss das Recht bestehen, dort seinen Arbeitsplatz (und seinen Wohnsitz) zu nehmen, wo es einem beliebt (vgl. Art. 11 GG: Recht auf Freizügigkeit).

Der Anspruch des Art. 12 ist ein schwieriges sozial- und wirtschaftspolitisches Problem. Das Recht auf freie Berufs-, Arbeitsplatz- und Ausbildungsstättenwahl ist in der Wirklichkeit dort begrenzt, wo es an Arbeits- und Ausbildungsplätzen fehlt. Ein gerichtlich durchsetzbares „Recht auf Arbeit" gibt es nach dem Grundgesetz nicht. Ein solches Recht kann es in einer (wenn auch staatlich gesteuerten) Marktwirtschaft nicht geben, weil kein Unternehmen und keine Behörde gezwungen werden kann, mehr Arbeitskräfte einzustellen als benötigt werden. Das viel zitierte „Recht auf Arbeit" beinhaltet jedoch eine moralische Verpflichtung des Staates. Die Aussage des Art. 12 GG stellt eine Aufforderung an den Staat dar, dafür Sorge zu tragen, dass genügend Arbeits- und Ausbildungsplätze zur Verfügung stehen. Das aus Art. 12 GG folgende wirtschafts- und sozialpolitische Ziel ist somit ein **hoher Beschäftigungsstand** und das (stetige) **Wirtschaftswachstum.**

(4) Grundgesetz Artikel 9: Vereinigungsfreiheit

Art. 9 GG: (1) Alle Deutschen haben das Recht, Vereine und Gesellschaften zu bilden. (2) Vereinigungen, deren Zweck oder deren Tätigkeit den Strafgesetzen zuwiderlaufen oder die sich gegen die verfassungsmäßige Ordnung oder gegen den Gedanken der Völkerverständigung richten, sind verboten. (3) Das Recht, zur Wahrung und Förderung der Arbeits- und Wirtschaftsbedingungen, Vereinigungen zu bilden, ist für jedermann und für alle Berufe gewährleistet …

Eng mit dem Freiheitsgrundsatz ist auch der Grundsatz der **Vereinigungsfreiheit** verknüpft. Im wirtschaftlichen Bereich bedeutet dies nicht nur das Recht zur Gründung von Handelsgesellschaften, sondern auch das Recht, Gewerkschaften (Arbeitnehmerverbände) und Arbeitgeberverbände zu gründen, die **autonom,** d. h. unabhängig von staatlicher Beeinflussung, Arbeitsbedingungen (z. B. Löhne, Arbeitszeit) aushandeln können.

(5) Grundgesetz Artikel 14: Eigentum, Erbrecht und Enteignung

Art. 14 GG: (1) Das Eigentum und das Erbrecht werden gewährleistet. Inhalt und Schranken werden durch die Gesetze bestimmt. (2) Eigentum verpflichtet. Sein Gebrauch soll zugleich dem Wohle der Allgemeinheit dienen. (3) Eine Enteignung ist nur zum Wohle der Allgemeinheit zulässig. Sie darf nur durch Gesetz oder aufgrund eines Gesetzes erfolgen, das Art und Ausmaß der Entschädigung regelt …

Das Eigentumsrecht umfasst sowohl das Privateigentum an Konsumgütern (z.B. Kleidung, Privatauto, Eigenheim, Eigentumswohnung) als auch an Produktionsmitteln (Kapital im volkswirtschaftlichen Sinne) einschließlich Grund und Boden. Das Eigentumsrecht ist im Zusam-

1 **Beispiele:** Ärzte und Apotheker benötigen die Approbation (vom Staat verliehenes Recht zur Berufsausübung). Bei Handwerkern ist (noch) in vielen Fällen die Meisterprüfung (der „große Befähigungsnachweis") erforderlich, wenn sie z.B. Auszubildende beschäftigen.

menhang mit dem Freiheitsgrundsatz zu sehen. (Wer z.B. das Recht haben soll, ein Unternehmen zu gründen, muss auch das Recht haben, über die Produktionsmittel zu verfügen.)

Allerdings gewährt das Grundgesetz dem Gesetzgeber weitgehende Eingriffsrechte in das Privateigentum. Einmal soll das Eigentum dem Wohle der Allgemeinheit dienen **(„soziale Bindung des Eigentums"),** zum anderen ist eine Enteignung ausdrücklich erlaubt. Produktionsmittel, Grund und Boden und Naturschätze können verstaatlicht (in Gemeineigentum überführt) werden [Art. 15 GG]. Mithin wäre z.B. die Verstaatlichung der **Schlüsselindustrien**[1] verfassungskonform.[2]

(6) Grundgesetz Artikel 3: Gleichheit vor dem Gesetz

Art. 3 GG: (1) Alle Menschen sind vor dem Gesetz gleich. (2) Männer und Frauen sind gleichberechtigt. Der Staat fördert die tatsächliche Durchsetzung der Gleichberechtigung von Frauen und Männern und wirkt auf die Beseitigung bestehender Nachteile hin. (3) Niemand darf wegen seines Geschlechtes, seiner Abstammung, seiner Rasse, seiner Sprache, seiner Heimat und Herkunft, seines Glaubens, seiner religiösen oder politischen Anschauungen benachteiligt oder bevorzugt werden.

Der Art. 3 GG verlangt Gleichbehandlung in vergleichbaren Fällen. Man hat aus dem Gleichheitsgrundsatz des Grundgesetzes viele wirtschafts- und sozialpolitische Ziele abgeleitet. Folgende seien beispielhaft erwähnt:

- **Gleicher Lohn für gleiche Arbeit, d.h. also auch zwischen Mann und Frau oder zwischen In- und Ausländern.**

Dass gerade hier für Staat, Gewerkschaften und Arbeitgeber noch viel zu tun bleibt, um die Kluft zwischen dem Anspruch der Verfassung und der Wirklichkeit zu überbrücken, ist offensichtlich.

- **Gleiche Bildungs- und Berufschancen für alle („Chancengleichheit").**

Maßnahmen zur Verwirklichung des Ziels der Chancengleichheit sind z.B. Bereitstellung von Mitteln zum Ausbau von Schulen, betrieblichen Ausbildungsstätten und Hochschulen; Maßnahmen zur Umschulung und Weiterbildung Erwachsener (z.B. durch die gesetzliche Arbeitsförderung, SGB III); Ausbildungsförderung für Schüler und Studenten nach dem Bundesausbildungsförderungsgesetz [BAföG].

Zusammenfassung

- Die **soziale Marktwirtschaft** setzt sich zum Ziel, auf der Grundlage der Marktwirtschaft das Prinzip der Freiheit mit dem des sozialen Ausgleichs und der sozialen Gerechtigkeit zu verbinden.
- Wesentliche **Ordnungsmerkmale** der sozialen Marktwirtschaft sind:
  - Gewerbe-, Vertrags- und Konsumfreiheit. Einschränkungen zum Schutz des Einzelnen und/oder der Allgemeinheit sowie der Umwelt sind möglich.
  - Freier Wettbewerb, aber Verhinderung der Monopolisierung.
  - Freie Berufs- und Arbeitsplatzwahl.
  - Vereinigungsfreiheit.
  - Gewährleistung des Eigentums und des Erbrechts, jedoch Sozialbindung des Eigentums.
  - Verwirklichung des Gleichheitsgrundsatzes.

1 Schlüsselindustrien sind die Basis für die nachfolgenden Wirtschaftsstufen. Zu den Schlüsselindustrien gehören z.B. die Eisen und Stahl schaffende und die chemische Industrie.

2 Konform: gleichlaufend, hier: verfassungsgemäß, im Einklang mit der Verfassung.

Übungsaufgaben

35 1. Warum benötigt eine arbeitsteilige Volkswirtschaft ein Ordnungssystem zur Koordinierung des Wirtschaftsablaufs?

2. Die freie Marktwirtschaft ist ein idealtypisches Modell. Dem Modell am nächsten kam der Industriekapitalismus (Frühkapitalismus) des 19. Jahrhunderts.

   Aufgaben:

   2.1 Erläutern Sie, was unter einer freien Marktwirtschaft zu verstehen ist!

   2.2 Erklären Sie den Begriff Kapitalismus!

   2.3 Erläutern Sie den Begriff Liberalismus und begründen Sie, warum der Liberalismus die ideologische Grundlage der freien Marktwirtschaft ist!

   2.4 Beschreiben Sie in Stichworten positive und negative Erscheinungen des Kapitalismus des 19. Jahrhunderts!

   2.5 Bilden Sie Beispiele für die liberale Ansicht, dass das Einzelinteresse dem Gesamtinteresse entspreche!

   2.6 Wer bestimmt die Produktionsziele in einer freien Marktwirtschaft?

3. Die Missstände des Frühkapitalismus, vor allem die Verelendung breiter Massen, führten zur Entstehung neuer ökonomischer Konzeptionen. Die bedeutendste war die von Karl Marx (1818–1883), der eine Gesellschaft ohne Privateigentum an den Produktionsmitteln und damit die Abschaffung des Gewinnstrebens forderte. Die ideologische Grundlage seiner Konzeption war der Kollektivismus.

   Aufgaben:

   3.1 Wer war Karl Marx?

   3.2 Warum folgt aus der Grundhaltung des Kollektivismus zwangsläufig die Idee der Zentralverwaltungswirtschaft?

36 1. Stellen Sie mögliche Zielkonflikte in der sozialen Marktwirtschaft dar! Leiten Sie diese aus dem Spannungsverhältnis zwischen dem Ziel der größtmöglichen Freiheit einerseits und dem Ziel des sozialen Ausgleichs andererseits ab!

2. Beurteilen Sie folgende Zielsetzungen in der sozialen Marktwirtschaft aus der Sicht des Grundgesetzes:

   2.1 dezentrale Steuerung der Wirtschaft,

   2.2 Chancengleichheit,

   2.3 Recht auf Arbeit,

   2.4 Sozialisierung (Verstaatlichung) der Produktionsmittel und des Grund und Bodens.

3. In welcher Beziehung stehen Freiheit und Verantwortung in der sozialen Marktwirtschaft zueinander?

4. Welche Unterschiede bestehen zwischen der Marktwirtschaft und der sozialen Marktwirtschaft?

5. Untersuchen Sie die ersten fünfzehn Artikel des Grundgesetzes und stellen Sie heraus, inwiefern diese wichtige wirtschaftliche Grundrechte enthalten, die in engem Zusammenhang mit den Wesensmerkmalen des Ordnungsrahmens der sozialen Marktwirtschaft stehen!

6. Entscheiden Sie, ob die folgenden Regelungen des Staates mit den Prinzipien der sozialen Marktwirtschaft vereinbar sind!

   6.1 Das Steuersystem wird so geordnet, dass jeder Steuerpflichtige über das gleiche Nettoeinkommen verfügen kann.

6.2 Jeder Einwohner erhält das Recht, in Notfällen seinen Anspruch auf Unterstützung durch den Staat gerichtlich einklagen zu können.

6.3 Der Staat erhält das Recht, zum Wohle der Allgemeinheit Enteignungen gegen Entschädigung vornehmen zu dürfen.

6.4 Zur Erhaltung von 40 000 Arbeitsplätzen räumt der Staat dem Unternehmen X auf Dauer eine Ermäßigung der Umsatz- und Gewerbesteuer ein.

6.5 Zur Ankurbelung der Konjunktur gewährt der Staat Sonderabschreibungen für Anlageinvestitionen, die innerhalb eines bestimmten Zeitraums durchgeführt werden.

6.6 Der Staat verbietet durch Gesetz den Zusammenschluss von Unternehmen, wenn diese dadurch eine Marktbeherrschung erreichen wollen.

6.7 Der Staat zahlt Unternehmen einer Branche Zinszuschüsse für Anpassungsinvestitionen, die durch den technischen Fortschritt notwendig wurden, obwohl die Unternehmensleitungen diese Anpassungen in der Vergangenheit fahrlässig unterlassen haben.

6.8 Der Staat gewährt nach sozialen Gesichtspunkten gestaffelte Prämien für Arbeitnehmer, die einen Teil ihres Einkommens vermögenswirksam anlegen.

6.9 Der Staat schreibt Preise für Grundnahrungsmittel und Mietwohnungen vor.

6.10 Der Staat zahlt Umschulungsbeihilfen für Arbeitnehmer, die ihre Arbeitsplätze infolge technologischer Entwicklungen verloren haben.

7. In der sozialen Marktwirtschaft sollen die Eingriffe des Staates „marktkonform" erfolgen. Entscheiden Sie bei nachfolgenden Maßnahmen, inwieweit diese Forderung erfüllt wird!

Notieren Sie als Lösung eine

(1), wenn die Maßnahme marktkonform wirkt,

(2), wenn die Maßnahme marktinkonform wirkt,

(9), wenn eine genaue Zuordnung nicht möglich ist!

7.1 Der Staat fördert den Bau von privaten Eigenheimen durch die Zahlung einer zeitlich begrenzten Bauzulage.

7.2 Staatliche Betriebe werden privatisiert.

7.3 Das Privateigentum an Produktionsmitteln wird abgeschafft.

7.4 Bei der Zahlung von Arbeitslosengeld II werden die familiären Unterstützungsmöglichkeiten mit berücksichtigt.

7.5 Das Niveau des Arbeitslosengeldes II wird erhöht und übersteigt in starkem Maße die tariflichen Mindestlöhne.

7.6 Zur Unterstützung landwirtschaftlicher Betriebe werden staatliche Mindestpreise garantiert.

7.7 Aus konjunkturpolitischen Überlegungen heraus werden zeitlich begrenzte Investitionszuschüsse gezahlt.

7.8 Der Staat führt eine Einheitsrente für alle Bürger ein.

7.9 Zum Aufbau einer privaten Altersvorsorge werden bestimmte Vermögensanlagen staatlich gefördert.

7.10 Die Löhne und Gehälter werden nach Aufhebung der Koalitionsfreiheit staatlich festgelegt.

18 Boller-Hartmann 978-3-8120-0585-2

2.2 Aufgaben des Staates

2.2.1 Herausforderungen der sozialen Marktwirtschaft

Ende der achtziger Jahre haben die kapitalistischen Marktwirtschaften – und mit ihnen die soziale Marktwirtschaft – den Wettbewerb mit der sozialistischen Planwirtschaft gewonnen. Deshalb richtet sich der Blick viel unmittelbarer und kritischer auf die Marktwirtschaften, in der Bundesrepublik Deutschland also auf die soziale Marktwirtschaft. Und dieser drohen nicht zu unterschätzende Herausforderungen.

(1) Wirtschaftsethik

Marktwirtschaft bedarf, soll sie funktionieren, einer bestimmten Ethik, deren Regeln zumindest von einer starken Mehrheit einer Gesellschaft eingehalten werden. Solche **ethischen Regeln** sind z. B.:

- geschäftliche Anständigkeit,
- Unbestechlichkeit,
- Ehrlichkeit,
- Pünktlichkeit und Zuverlässigkeit,
- Verantwortungsbewusstsein gegenüber Mitmenschen und Natur,
- Gemeinsinn.

Beispiel:

Werden private oder staatliche Aufträge nicht an die leistungsfähigsten Anbieter vergeben, sondern an solche, die die höchsten Bestechungsgelder (Schmiergelder) bezahlen, werden volkswirtschaftliche Produktionsfaktoren verschleudert. Dadurch sinkt die Produktivität; der Lebensstandard nimmt ab. Außerdem wird der Preismechanismus außer Kraft gesetzt, der die Grundlage jeder Marktwirtschaft ist. Schließlich führt die durch die Korruption bewirkte Fehllenkung der Produktionsfaktoren zu einer Schwächung der weltwirtschaftlichen Stellung eines Landes, weil die Produktionskosten vergleichsweise (gegenüber Ländern mit geringerer Korruptionsanfälligkeit) steigen. Im Übrigen ist die Korruption leistungsfeindlich: Aufträge werden nicht aufgrund einer besonderen Leistung, sondern aufgrund von Sonderleistungen erteilt.

Fehlt es also an der notwendigen Wirtschaftsgesinnung, wird gelogen und betrogen, dem Geschäftspartner „das Fell über die Ohren gezogen“, schlechte Qualität produziert, werden Verträge nicht eingehalten, Zahlungstermine versäumt und verantwortungslose Entscheidungen getroffen, kann das System der sozialen Marktwirtschaft nicht funktionieren. Bestehende Marktwirtschaften geraten in die Krise, neu eingeführte können sich erst gar nicht entfalten. Die äußeren Zeichen der Krise kann man in den alten und jungen Marktwirtschaften erkennen: Wirtschaftskriminalität, Lebensmittelskandale, Umweltskandale, Bandenbildung, Bestechung von Politikern, ungerechte Entlohnung, in die eigene Tasche wirtschaftende Gewerkschafter, kurzsichtig entscheidende Manager und Politiker, fehlende Innovationsfähigkeit und -willigkeit, mangelnder Unternehmensgeist, Sattheit und Wohlgefälligkeit.

(2) Überlastung des sozialen Netzes

Gefahren drohen der sozialen Marktwirtschaft aber auch wegen der möglichen Überdehnung des sozialen Netzes, das eine Fülle von Möglichkeiten des Sozialmissbrauchs bietet. Beispiele sind die illegale Beschäftigung von Arbeitskräften, die Schwarzarbeit bei gleichzeitigem Bezug von Arbeitslosengeld oder anderen Unterstützungszahlungen und das mehrfache Abkassieren anderer Sozialleistungen.

Sozialmissbrauch schwächt das soziale Sicherungssystem der sozialen Marktwirtschaft, erhöht die Belastung der arbeitenden ehrlichen Leute, führt zu Leistungsunwillen und beeinträchtigt die Funktionsfähigkeit des Wirtschaftssystems und damit auch die soziale Leistungsfähigkeit.

(3) Abgaben- und Steuerbelastung

Auch die Belastung der arbeitenden Bevölkerungsteile findet ihre Grenzen. „Irgendwo hören – das ist jeweils auf konkret absehbare Zeiträume eine Tatsache – Opferbereitschaft, Zusammengehörigkeitsgefühl und Verständigungsbereitschaft unter den Menschen auf ... Wieweit lässt sich der Bürger besteuern, um in welchen anderen Gebieten zur ‚Gleichwertigkeit der Lebensbedingungen' beizutragen?"[1] Eine Überlastung der arbeitenden Menschen führt zur Arbeitsunlust, weil der Anreiz zur Leistung nachlässt. Die Motivation zur belohnten Leistung aber ist gerade der Motor jeder Marktwirtschaft. Fehlt sie, greifen Pessimismus, Unterbeschäftigung und Radikalismus um sich.

Welchen Zeitraum eines Jahres die Bundesbürger mittlerweile im Durchschnitt nur für die Steuern und Abgaben arbeiten müssen, verdeutlicht der Bund der Steuerzahler anhand des jährlich neu berechneten **„Steuerzahler-Gedenktages"**.

Am 4. Juli ist der Steuerzahlergedenktag 2010

BdSt fordert: Steuer- und Abgabenlast senken!

Heute, am Sonntag, dem 4. Juli 2010, ist der Steuerzahlergedenktag. Nach Berechnungen des Bundes der Steuerzahler arbeiten die Deutschen ab diesem Tag wieder für ihr eigenes Portemonnaie. Das gesamte Einkommen, das die Steuer- und Beitragszahler vor diesem Datum erwirtschaftet haben, wurde rein rechnerisch an den Staat abgeführt. Der Bund der Steuerzahler verkennt nicht, dass den Leistungen der Steuer- und Beitragszahler auch Leistungen des Staates und der Sozialversicherungsträger gegenüberstehen.

Ermittelt wird der Steuerzahlergedenktag auf Grundlage der volkswirtschaftlichen Einkommensbelastungsquote. Anhand dieser Quote wird deutlich, wie viel der Staat vom Einkommen seiner Bürger und Unternehmen über Steuern und Sozialabgaben einbehält. Für 2010 sind es genau 50,5 Prozent. Das bedeutet, dass der 4. Juli 2010, 7.47 Uhr, der exakte Zeitpunkt ist, bis zu dem die Steuer- und Abgabenzahler für den Staat arbeiten. Ab 7.48 Uhr arbeiten sie also rein rechnerisch in ihre eigene Tasche und damit deutlich früher als im Jahr 2009.

„In diesem Jahr ist der Steuerzahlergedenktag 10 Tage früher als im vergangenen Jahr. Das ist ein Erfolg für die Steuerzahler", sagt der Präsident des Bundes der Steuerzahler Dr. Karl Heinz Däke. „Wir haben die Politik aufgefordert, endlich steuerliche Entlastungen durchzuführen. Dieser Aufforderung ist sie in den vergangenen Monaten gefolgt, deshalb ist die Belastung der Bürger auch tatsächlich gesunken", macht Däke deutlich. Aufgrund folgender Faktoren arbeiten die Deutschen in diesem Jahr einige Tage weniger für den Staat als noch im vergangenen Jahr:

1 Wagner, A.: Volkswirtschaft für jedermann. Die marktwirtschaftliche Demokratie, 1992, S. 12.

Die verbesserte Abzugsfähigkeit von Beiträgen zur Kranken- und Pflegeversicherung trug zur Entlastung ebenso bei wie die erste volle Jahreswirkung der Absenkung des Krankenversicherungsbeitrags um 0,6 Prozentpunkte (zum 01.07.2009). Zudem wirkten sich die Korrekturen beim Lohn- und Einkommensteuertarif mit der Anhebung des Grundfreibetrages von 7835,00 auf 8004,00 EUR sowie die Verschiebung der Tarifeckwerte um jeweils 330,00 EUR zum 01.01.2010 positiv aus. Auch die parallele Anhebung des Kindergeldes und des Kinderfreibetrags zum 01.01.2010 trug zur Entlastung der Steuer- und Beitragszahler bei.

Däke mahnt aber, dass die Freude über den diesjährigen Steuerzahlergedenktag getrübt ist. „Noch immer behält der Staat über die Hälfte unserer Einkommen zunächst ein. Das ist zu viel und dabei darf es nicht bleiben", sagt Däke. Der Bund der Steuerzahler fordert die Politik daher auf, den Einkommensteuertarif gerecht zu reformieren bzw. den Knick im Tarifverlauf zu beseitigen. Zudem muss der Tarif auf Räder gestellt werden, damit er sich der Einkommensentwicklung anpasst. Nur wenn diese Korrekturen durchgeführt werden, kann von Gerechtigkeit gesprochen werden.

Quelle: Bund der Steuerzahler Deutschland e.V. vom 04.07.2010.

(4) Umweltbelastung

Schließlich erhebt sich die Frage, ob die soziale Marktwirtschaft in der Lage sein wird, die Umweltbelastung nachhaltig zu verringern. Der Hinweis darauf, dass in den ehemaligen sozialistischen Ländern die Umwelt noch viel rücksichtsloser und nachhaltiger ausgebeutet wurde, kann hier nicht „trösten". Die Folgen der Umweltbelastung sind mehr staatliche Vorschriften, mehr Ge- und Verbote, also mehr Kommando- als Marktwirtschaft. Hinzu kommen die Kosten für die Beseitigung der Umweltschäden. Die Gewinne der Unternehmen sinken, die Steuereinnahmen verringern sich, die staatlichen Ausgaben für konsumtive, produktive und soziale Zwecke werden gekürzt.

(5) Abnehmende Gemeinwohlorientierung

Gefahren für die soziale Marktwirtschaft entstehen auch durch die Erfüllung der Einzelinteressen von Verbänden durch die Regierungen zulasten der Allgemeinheit. „Erfahrungsgemäß wird jedoch oft vor allem dann, wenn es um die Erhaltung bisheriger Arbeitsplätze geht, eine solche Politik gefordert, sei es in Form von Subventionen oder von anderen protektionistischen Maßnahmen. Der Druck der betroffenen Verbände – leider oft auch unterstützt von den lokalen Kirchen – ist dann häufig extrem stark, und er wird meist von den Medien nachdrücklich unterstützt, wie viele Beispiele zeigen."[1] Die Folge ist, dass durch Subventionen und sonstige Protektion die Interessen anderer (z.B. der Konsumenten, Nachfrager, in- und ausländischer Wettbewerber) geschädigt werden.

(6) Globalisierung[2] der Märkte

Im Vergleich zum konkurrierenden Ausland zu hohe Produktionskosten (z.B. Lohnkosten, Lohnnebenkosten, Kosten des Umweltschutzes und Steuern) führen dazu, dass zahlreiche Unternehmen im Ausland produzieren lassen oder ins Ausland abwandern („Global Sourcing").[3] Die Folge ist, dass vor allem in den alten Industrieländern die Arbeitslosigkeit im industriellen Sektor zunimmt.

---

1 Tietmeyer, H.: Zur Ethik wirtschaftspolitischen Handelns, in: Forum – Vortragsreihe des Instituts der Deutschen Wirtschaft Köln, 43. Jg., Nr. 45 vom 9. November 1993, S. 2.

2 Globalisierung: erdweite Öffnung der Märkte (Globus: Kugel, Erdkugel).

3 Global Sourcing (engl.): wörtlich „Erdausschöpfung", d.h. erdweit die (günstigsten) Quellen suchen und ausschöpfen.

Zusammenfassung

Überblick über die Ordnungsmerkmale der sozialen Marktwirtschaft

- Der Staat greift in das Wirtschaftsgeschehen ein, um den **Wohlstand** und die **soziale Sicherheit** breiter Schichten zu gewährleisten (Sozialstaat).
- Grundsätzlich besteht **Gewerbefreiheit,** nicht jedoch für Gewerbezweige, die die Gesundheit und/oder die Sicherheit der Bevölkerung gefährden können (eingeschränkte Gewerbefreiheit).
- Grundsätzlich besteht **Konsumfreiheit,** nicht jedoch bei gesundheitsgefährdenden Konsumgütern (z. B. Drogen).
- Grundsätzlich besteht **Freihandel** und freie Austauschbarkeit der Währungen. Eingriffe in den Außenhandel sind aus konjunkturpolitischen Gründen erlaubt und erwünscht (z. B. Auf- oder Abwertungen, Freigabe der Wechselkurse, Devisenpolitik der Zentralbank, Zollsatzänderungen, Verbot des Waffenhandels mit kriegsgefährdeten Gebieten usw.).
- **Eingeschränkte Vertragsfreiheit** durch Verbot des Wuchers und der Ausnutzung der Notlage eines anderen, Kartellgesetzgebung, Missbrauchsaufsicht, Fusionskontrolle, Unternehmensrecht usw.
- Grundsätzlich steht das **Eigentum** unter dem Schutz des Staates. Staatseigentum an Produktionsmitteln ist möglich oder erwünscht (z. B. Sozialisierung, um Arbeitsplätze zu sichern).
- Grundsätzlich bestehen **freie Berufswahl,** Arbeitsplatzwahl und Freizügigkeit. Um Fehlentwicklungen auf dem Arbeitsmarkt abzuschwächen, sind staatliche indirekte Lenkungsmaßnahmen erwünscht (Beihilfen zur Umschulung, Stellenvermittlung durch Arbeitsagenturen, Berufsberatung).
- Der Staat nimmt eine **Einkommensumverteilung** mit dem Ziel einer „sozialverträglichen Einkommensverteilung" vor: prozentual höhere Besteuerung der mittleren und höheren Einkommen (Steuerprogression), Kindergeldzahlungen, Wohngeld für niedrige Einkommensschichten, Ausbildungsförderung, Sparförderung.
- **Bildung** ist grundsätzlich die Aufgabe des Staates. Jeder soll gemäß seinen Fähigkeiten und Neigungen die gleichen Bildungschancen haben („Chancengleichheit"). Der Staat stellt die Mittel für die Bildungseinrichtungen zur Verfügung.

Übungsaufgabe

37

1. Begründen Sie, warum die soziale Marktwirtschaft der Bundesrepublik Deutschland als „Realtyp" einer Wirtschaftsordnung bezeichnet wird!
2. Erläutern Sie den Begriff Dualismus!
3. Nennen Sie mögliche Mängel der freien Marktwirtschaft und leiten Sie hieraus die Grundzüge der sozialen Marktwirtschaft ab!
4. In der sozialen Marktwirtschaft werden bestimmte Freiheitsrechte eingeschränkt. Begründen Sie die Notwendigkeit anhand von 5 Beispielen!
5. Stellen Sie die wesentlichsten Ordnungsmerkmale der sozialen Marktwirtschaft den Ordnungsmerkmalen der freien Wirtschaft gegenüber! Begründen Sie die vorhandenen Abweichungen!
6. Kennzeichnen Sie die Sozialordnung der Bundesrepublik Deutschland anhand von mindestens drei sozialpolitischen Aktivitäten des Staates!

2.2.2 Sozialstaatsprinzip

2.2.2.1 Sozialpolitische Aktivitäten des Staates

Dem Ordnungsentwurf der sozialen Marktwirtschaft entspricht eine Synthese[1] von wettbewerbspolitisch zu sichernden wirtschaftlichen Freiheitsrechten einerseits und sozialer Bindung der wirtschaftlich tätigen Menschen und ihren Organisationen (den „Wirtschaftssubjekten") andererseits. Um diesen zweiten Aspekt realisieren zu können, bedarf es gestaltender Maßnahmen des Staates, die als **Sozialpolitik** bezeichnet werden.

Merke:

Das Ergebnis aller sozialpolitischen Entscheidungen und Maßnahmen bezeichnet man als **Sozialordnung.**

Für die Bundesrepublik Deutschland stellt Art. 20 I GG fest: *„Die Bundesrepublik Deutschland ist ein demokratischer und sozialer Bundesstaat."* Verwirklicht wird dieses „Sozialstaatspostulat"[2] des Grundgesetzes durch ein **Netz sozialer Sicherungsmaßnahmen.** Hierzu gehören vor allem die **Beschäftigungspolitik, die Verteilungspolitik,** die **Politik zum Schutz der Arbeitskräfte,** die **Politik zur Absicherung** von **Arbeitsrisiken** und **ergänzende Maßnahmen.**

Sozialpolitische Aktivitäten des Staates im Rahmen der sozialen Marktwirtschaft[3]

Beschäftigungspolitik

- Maßnahmen zur Erreichung eines möglichst hohen Beschäftigungsstands
- Erhaltung und Schaffung von Arbeitsplätzen
- Berufsberatung Arbeitsmarktberatung
- Ausbildungs- und Arbeitsvermittlung
- Förderung der beruflichen Bildung und Weiterbildung

Verteilungspolitik

Einkommens- und Vermögensumverteilung durch
- Steuerpolitik
- Vermögenspolitik
- Familienpolitik (z. B. Kindergeld)
- sonstige Sozialleistungen (Transferzahlungen wie z. B. Wohngeld, Arbeitslosengeld II, BAföG, Altershilfe für Landwirte)
- Preispolitik

Arbeitsschutzpolitik

- Schutz der materiellen Rechte durch Arbeitsvertrags-, Berufsbildungs-, Tarifvertrags- und Mitbestimmungsrecht (Arbeitsrecht i. e. S.)
- Sozialer Arbeitsschutz (z. B. Arbeitszeitgesetz, Mutterschutzgesetz, Jugendarbeitsschutzgesetz, Kündigungsschutzgesetz)
- Schutz des Lebens und der Gesundheit durch menschengerechte Gestaltung der Arbeit, technischen Arbeitsschutz und Unfallversicherung

Politik zur Absicherung von Arbeitsrisiken

- Gesetzliche Krankenversicherung
- Soziale Pflegeversicherung
- Gesetzliche Rentenversicherung
- Gesetzliche Arbeitsförderung (Arbeitslosenversicherung)
- Gesetzliche Unfallversicherung

Sonstige sozialpolitische Maßnahmen

- Umweltschutzpolitik
- Gesundheitspolitik
- Strukturpolitik
- Bevölkerungspolitik
- Bildungspolitik

1 Synthese (gr., lat.): Zusammenfügung einzelner Teile.

2 Postulat (lat.): Forderung. Sozialstaatspostulat: Forderung, einen Sozialstaat zu errichten bzw. zu erhalten.

3 Aufgrund des Lehrplans wird im Folgenden nur ein Überblick über die Arbeitsschutzpolitik und die Politik zur Absicherung von Arbeitsrisiken gegeben.

2.2.2.2 Arbeitsschutz

(1) Überblick

Alle Arbeitnehmer, insbesondere jedoch Kinder und Jugendliche, sind schutzbedürftig. Deshalb werden allen Arbeitnehmern Mindestrechte am Arbeitsplatz zugesichert, die vertraglich nicht ausgeschlossen werden können. Einen Überblick über die wichtigsten **Schutzbestimmungen** unseres **Arbeitsrechts** enthält die nachfolgende Übersicht.

Arbeitsrecht

Arbeitsrecht im engeren Sinne

z. B.:

- Berufsbildungsgesetz
- Bürgerliches Gesetzbuch
- Betriebsverfassungsgesetz
- Mitbestimmungsgesetz
- Tarifvertragsgesetz
- Entgeltfortzahlungsgesetz
- Nachweisgesetz
- Bundesurlaubsgesetz

Schutz der materiellen Rechte durch Arbeitsvertrags-, Berufsbildungs-, Tarifvertrags- und Mitbestimmungsrecht

Arbeitsschutzrecht

Sozialer Arbeitsschutz

z. B.:

- Arbeitszeitgesetz
- Mutterschutzgesetz
- Jugendarbeitsschutzgesetz
- Sozialgesetzbuch IX (Schwerbehindertenrecht)
- Kündigungsschutzgesetz
- Arbeitsplatzschutzgesetz
- Elterngeld- und Elternzeitgesetz

Betriebs- und Gefahrenschutz

z. B.:

- Arbeitsschutzgesetz[1]
- Gerätesicherheitsgesetz
- Arbeitssicherheitsgesetz
- Arbeitsstättenverordnung
- Sicherheitsregeln und Richtlinien der Berufsgenossenschaften, VDE-Bestimmungen, DIN-Normen (technische Regeln)

Schutz des Lebens und der Gesundheit durch menschengerechte Gestaltung der Arbeit, technischen Arbeitsschutz und Unfallverhütung

Die Vorschriften des Arbeitsschutzrechts stellen Gebote und Verbote auf, zu deren Beachtung Arbeitgeber und Arbeitnehmer verpflichtet sind. Die Einhaltung der Arbeitsschutzvorschriften wird z. B. durch die **Gewerbeaufsichtsämter** [§ 139b GewO] und die **Berufsgenossenschaften**[2] überwacht.

Die Beachtung und Befolgung der Arbeitsschutzvorschriften setzt ihre Kenntnis voraus. Deswegen ist in den wichtigsten Vorschriften angeordnet, dass ihre Texte in den von ihnen betroffenen Betrieben durch Auslegen oder durch Aushang allgemein zugänglich gemacht werden.

---

1 Auf der Rechtsgrundlage des Arbeitsschutzgesetzes [§§ 18, 19 ArbSchG] hat die Bundesregierung mehrere Verordnungen zum Arbeitsschutz erlassen (z. B. die Bildschirmarbeitsverordnung und die Arbeitsstättenverordnung).

2 Berufsgenossenschaften sind Verbände mit Zwangsmitgliedschaft für die versicherungspflichtigen Betriebe zur Finanzierung der gesetzlichen Unfallversicherung. Die Berufsgenossenschaften übernehmen den Versicherungsschutz bei Arbeitsunfällen, Wegeunfällen und Berufskrankheiten.

(2) Ausgewählte Gesetze zum sozialen Arbeitsschutz

Im Folgenden wird eine Übersicht über wichtige **Gesetze zum sozialen Arbeitsschutz** gegeben.

Wichtige Gesetze zum sozialen Arbeitsschutz		
Gesetz	Wirkungskreis	Wesentlicher Inhalt
Arbeitszeitgesetz [ArbZG]	Alle Arbeitgeber und die Arbeitskräfte, für die keine Sondervorschriften bestehen (z.B. JArbSchG).	Die werktägliche Arbeitszeit für Arbeitskräfte darf 8 Stunden nicht überschreiten. Die Arbeitszeit kann auf bis zu 10 Stunden täglich erhöht werden, wenn innerhalb von 6 Kalendermonaten oder innerhalb von 24 Wochen im Durchschnitt 8 Stunden werktäglich nicht überschritten werden [§ 3 ArbZG].[1] Nach Beendigung der täglichen Arbeitszeit müssen der Arbeitskraft mindestens 11 Stunden Freizeit verbleiben [§ 5 I ArbZG]. Nach mehr als 6 bis 9 Stunden Arbeitszeit ist eine Ruhepause von mindestens 30 Minuten zu gewähren [§ 4 ArbZG].
Mutterschutzgesetz [MuSchG]	Alle Arbeitgeber bezüglich der bei ihnen beschäftigten Frauen.	Befreiung von der Arbeit (auf Mitteilung hin) für 6 Wochen vor und mindestens 8 Wochen, bei Früh- und Mehrlingsgeburten bis zum Ablauf von 12 Wochen nach der Entbindung [§§ 3ff. MuSchG]. Während der Schwangerschaft, bis zum Ablauf von vier Monaten nach der Entbindung [§ 9 I MuSchG] und während der Elternzeit [§ 18 BEEG] besteht Kündigungsschutz. Für werdende Mütter bestehen zahlreiche Beschäftigungsverbote (Näheres siehe §§ 3 I, 4 MuSchG).
Jugendarbeitsschutzgesetz [JArbSchG]	Alle Arbeitgeber, die Jugendliche (bis zum vollendeten 18. Lebensjahr) beschäftigen	Verboten ist die Beschäftigung von Jugendlichen, die der Vollzeitschulpflicht unterliegen [§ 2 JArbSchG]. Wöchentliche Arbeitszeit: 5-Tage-Woche; 40-Stunden-Woche. Tägliche Arbeitszeit: 8-Stunden-Tag. Bezahlter Erholungsurlaub von mindestens 25 bis 30 Werktagen, je nach Alter der Jugendlichen [§ 19 JArbSchG]. Keine Beschäftigung an Berufsschultagen mit mehr als 5 Unterrichtsstunden von mindestens 45 Minuten, jedoch nur einmal in der Woche [§ 9 JArbSchG]. Jugendliche, die in das Berufsleben eintreten, müssen innerhalb der letzten 14 Monate von einem Arzt untersucht worden sein. Eine entsprechende Bescheinigung hat der Jugendliche vorzulegen. Fehlt die Bescheinigung, besteht ein Beschäftigungsverbot bzw. ein Grund zur fristlosen Entlassung [§§ 32ff. JArbSchG]. Jugendliche dürfen nicht mit gefährlichen Arbeiten betraut bzw. unter Tage beschäftigt werden [§§ 22, 24 JArbSchG].
Sozialgesetzbuch, Neuntes Buch (Rehabilitation und Teilhabe Behinderter Menschen)	Alle Arbeitgeber mit mindestens 20 Arbeitsplätzen (ohne Auszubildende)	Die betroffenen Arbeitgeber sind verpflichtet, einen bestimmten Prozentsatz schwerbehinderter Menschen (Personen mit einer mindestens 50%igen Behinderung) einzustellen [§§ 1, 71ff. SGB IX). Für unbesetzte Plätze muss i.d.R. eine Ausgleichsabgabe gezahlt werden [§ 77 SGB IX].
Gesetz zum Elterngeld und zur Elternzeit [Bundeselterngeld- und Elternzeitgesetz – BEEG]	Mütter **oder** Väter, die ihr Kind selbst betreuen und nicht mehr als 30 Stunden pro Woche erwerbstätig sind.	Das **Elterngeld** beträgt 67% des wegfallenden Nettoeinkommens, mindestens 300,00 EUR, höchstens 1800,00 EUR mit einer Laufzeit von 12 Monaten, bei Beteiligung des Partners bzw. bei Alleinerziehenden 14 Monate oder doppelte Laufzeit mit dem halben Monatsbetrag. Nach der Geburt ihres Kindes können Eltern gleichzeitig, jeder Elternteil anteilig oder allein bis zu drei Jahren **Elternzeit** nehmen. Ein Jahr kann mit Zustimmung des Arbeitgebers bis zum 8. Lebensjahr „aufgespart“ werden. Die Anmeldefrist beträgt 6 Wochen, wenn die Elternzeit sofort nach der Mutterschutzfrist genommen wird, in allen anderen Fällen 7 Wochen (siehe § 15 BEEG). Die Elternzeit wird in der gesetzlichen Rentenversicherung angerechnet. Während der Elternzeit besteht Kündigungsschutz [§ 18 BEEG].

1 Aufgrund eines Tarifvertrags oder aufgrund einer Betriebsvereinbarung kann unter bestimmten Bedingungen die werktägliche Arbeitszeit auch über zehn Stunden betragen (Näheres siehe § 7 ArbZG).

(3) Geräte- und Produktsicherheit als Beispiel für den Betriebs- und Gefahrenschutz

Ein Beispiel für den gesetzlichen Betriebs- und Gefahrenschutz ist das **Gesetz über technische Arbeitsmittel und Verbraucherprodukte (Geräte- und Produktsicherheitsgesetz [GPSG])**[1]. Das Gesetz betrifft alle Unternehmen, die gewerbsmäßig oder selbstständig technische Arbeitsmittel und Verbraucherprodukte ausstellen oder in den Verkehr bringen. Das GPSG gilt grundsätzlich auch für die Errichtung und den Betrieb überwachungsbedürftiger Anlagen.

Begriffe

Technische Arbeitsmittel	Technische Arbeitsmittel im Sinne des GPSG sind verwendungsfertige Arbeitseinrichtungen (vor allem Werkzeuge, Arbeitsgeräte, Arbeits- und Kraftmaschinen, Fördereinrichtungen, Beförderungsmittel).
Überwachungsbedürftige Anlagen	Überwachungsbedürftige Anlagen im Sinne des GPSG sind solche, die gewerblichen oder wirtschaftlichen Zwecken dienen oder durch die Beschäftigte gefährdet werden können. Hierzu gehören z. B. Dampfkesselanlagen, Druckbehälteranlagen, Aufzugsanlagen, Getränkeschankanlagen, Acetylenanlagen und Anlagen zur Lagerung, Abfüllung und Beförderung brennbarer Flüssigkeiten.
Verbraucherprodukte	Verbraucherprodukte im Sinne des GPSG sind alle Produkte, die für Verbraucher bestimmt sind bzw. unter vernünftigerweise vorhersehbaren Bedingungen von Verbrauchern benutzt werden könnten, selbst wenn sie nicht für diese bestimmt sind. Auch Produkte wie Getränkeautomaten oder Fitnessgeräte, die Verbraucher im Dienstleistungsbereich nutzen können, sind damit erfasst.
Inverkehrbringung	Inverkehrbringung ist jedes Überlassen technischer Arbeitsmittel an andere. **Ausstellen** ist das Aufstellen oder Vorführen von technischen Arbeitsmitteln zum Zweck der Werbung.

Inhalt des Gesetzes

Ein Produkt darf nur in den Verkehr gebracht werden, wenn die Sicherheit und Gesundheit von Anwesenden nicht gefährdet sind. Dies gilt sowohl für die bestimmungsmäßige Verwendung wie vorhersehbare Fehlanwendung. Letztere ist bedeutsam, da das Ausmaß von Fehlverhalten bei Konsumprodukten stets Quelle von Gefahren und Unfällen ist. Wird ein Produkt entsprechend einer anerkannten Norm produziert, so gilt es als sicher.

Bestimmte Produkte können, sofern sie zertifiziert sind, mit dem GS-Zeichen versehen werden. Das **GS-Zeichen** ist ein Zertifikat und steht für „Geprüfte Sicherheit". Es ist ein deutsches Sicherheits- und Gebrauchstauglichkeits-Prüfzeichen, das Hersteller freiwillig für bestimmte Produkte beantragen können.

Geht von einem Produkt Gefahr für Sicherheit und Gesundheit aus, müssen Hersteller, Bevollmächtigte und Importeure unverzüglich die Behörden unterrichten und mit ihnen zusammenarbeiten. Diese Informationspflicht gilt auch für Händler. Er darf kein Produkt in den Verkehr bringen, von dem er weiß oder anhand der ihm vorliegenden Informationen

1 Das Gesetz setzt die EU-Richtlinien über die allgemeine Produktsicherheit (2001/95/EG,ProdSRL) in nationales Recht um.

oder seiner Erfahrung wissen muss, dass es nicht den gesetzlichen Anforderungen an ein sicheres Produkt entspricht.

Auf jedem Produkt muss der Name des Herstellers stehen; kommt dieser nicht aus dem Europäischen Wirtschaftsraum der Name des Bevollmächtigten oder Importeurs. Hersteller, Bevollmächtigter oder Importeur müssen zudem Vorkehrungen treffen, um angemessen auf Gefahren reagieren zu können. Das reicht von Verbraucherinformationen bis zum Rückruf.

Strafen

Bei vorsätzlichen oder fahrlässigen Verstößen gegen bestimmte Vorschriften des GPSG können Geldbußen, Geldstrafen und auch Freiheitsstrafen verhängt werden.

Zusammenfassung

- Das **Arbeitsschutzrecht** umfasst Bestimmungen, Vorschriften, Maßnahmen, welche dem Schutz des Lebens und der Gesundheit der Arbeitskraft dienen.
- Dem **sozialen Arbeitsschutz** dienen z. B. die Vorschriften des Arbeitszeitgesetzes, des Mutterschutzgesetzes, des Jugendarbeitsschutzgesetzes, des Elterngeld- und Elternzeitgesetzes, des Kündigungsschutzgesetzes.
- Dem **Betriebs- und Gefahrenschutz** dienen z. B. das Arbeitsschutzgesetz, das Geräte- und Produktsicherheitsgesetz, das Arbeitssicherheitsgesetz, die Arbeitsstättenverordnung u.a.
- Die Einhaltung wird z. B. durch die **Gewerbeaufsichtsämter** und die **Berufsgenossenschaften** überwacht.

Übungsaufgabe

38

1. Wir unterteilen das Arbeitsrecht in das Arbeitsrecht i. e. S. und in das Arbeitsschutzrecht.

   Aufgaben:

   1.1 Worin besteht der Unterschied?

   1.2 Nennen Sie Beispiele!

2. Zählen Sie die wichtigsten Arbeitsschutzgesetze auf und nennen Sie den betroffenen Personenkreis!

3. **Arbeitsauftrag:** Lösen Sie in Einzel-, Partner- oder Gruppenarbeit folgende kleine Rechtsfälle. Nehmen Sie den Lehrbuchtext und Ihre Gesetzessammlung zu Hilfe!

   3.1 Die 17-jährige Bürogehilfin Bärbel Emsig muss nach bestandener Prüfung 45 Wochenstunden ohne Überstundenvergütung arbeiten. Der Chef beruft sich auf das Arbeitszeitgesetz, wonach sogar über 50 Wochenstunden zulässig sind. Ist er im Recht?

   3.2 Der Elektrogroßhändler Klar, Inhaber des Lampenhauses Lux e. K., zahlt seinen Angestellten grundsätzlich 10 % mehr als der Tarifvertrag vorsieht. Lediglich dem Neuling Lahm will er zunächst das Tarifgehalt zahlen. Ist dies zulässig?

   3.3 Der kaufmännische Auszubildende Karl-Heinz Jauch ist seit 1. August vergangenen Jahres „in der Lehre“. Sein Ausbilder hatte ihn im April, im Mai und im Juli des laufenden Jahres mehrfach dazu aufgefordert, sich bei einem Arzt der Nachuntersuchung zu unterziehen und ihm die ärztliche Bescheinigung vorzulegen. Karl-Heinz Jauch hat jedoch die Bescheinigung bis Ende Oktober noch nicht beigebracht. Der Arbeitgeber kündigt daher Anfang November das Ausbildungsverhältnis fristlos. Ist die fristlose Kündigung wirksam? Begründen Sie Ihre Antwort!

2.2.2.3 Politik zur Absicherung von Arbeitsrisiken

(1) Notwendigkeit der sozialen Absicherung

Merke:

Die **soziale Sicherung** ist eine wesentliche Lebensgrundlage der Menschen.

Die bedeutsamste Absicherung erfolgt in der Bundesrepublik Deutschland durch die gesetzliche **Sozialversicherung.**

- Kennzeichen der gesetzlichen Sozialversicherung ist das **Solidaritätsprinzip:** „Einer für alle, alle für einen." Im Gegensatz zur privaten Versicherung, die grundsätzlich eine freiwillige Versicherung ist, stellt die Sozialversicherung eine **gesetzliche Versicherung** dar, der die Mehrheit der Bevölkerung kraft Gesetzes angehören muss **(Pflichtversicherung).**
- Neben dem **Solidaritätsprinzip** und der **Pflichtmitgliedschaft** zeichnet sich die Sozialversicherung durch die **gesetzliche Festlegung der meisten Leistungen** und die **Beitragsbemessung nach der Höhe des Einkommens** aus. Versicherte mit hohen Einkommen sollen so zur Finanzierung von Leistungen für Versicherte mit niedrigen Einkommen beitragen.

(2) Zweige und Träger der Sozialversicherung

Das deutsche Sozialversicherungssystem umfasst **fünf Zweige.** Die **Träger der gesetzlichen Sozialversicherung** sind die Sozialversicherungsbetriebe, Institutionen und Einrichtungen, die die Übernahme der Versicherung wahrnehmen.

Die fünf Zweige der gesetzlichen Sozialversicherung				
Gesetzliche Krankenversicherung Träger z. B.: ■ Allgemeine Ortskrankenkassen ■ Betriebskrankenkassen ■ Innungskrankenkassen ■ Ersatzkassen (z. B. BEK, DAK, KKH)	**Soziale Pflegeversicherung** Träger: ■ Pflegekassen (verwaltet von den Krankenkassen)	**Gesetzliche Rentenversicherung** Träger z. B.: ■ Bundesträger (Deutsche Rentenversicherung Bund) ■ Regionalträger (Deutsche Rentenversicherung mit Zusatz für jeweilige regionale Zuständigkeiten)	**Gesetzliche Arbeitsförderung** Träger: ■ Bundesagentur für Arbeit in Nürnberg mit den Regionaldirektionen (mittlere Verwaltungsebene) und den Agenturen für Arbeit (örtliche Verwaltungsebene)	**Gesetzliche Unfallversicherung** Träger z. B.: ■ Gewerbliche und landwirtschaftliche Berufsgenossenschaften ■ Gemeindeunfallversicherungsverbände
Gesetzliche Krankenkassen	**Pflegekassen***	**Deutsche Rentenversicherung**	**Bundesagentur für Arbeit**	**Berufsgenossenschaften und Unfallversicherungsträger der öffentlichen Hand**
Träger der Sozialversicherung				

* Die soziale Pflegeversicherung ist eine eigenständige Säule im System der gesetzlichen Sozialversicherung, auch wenn die gesetzlichen Pflegekassen organisatorisch in die Träger der gesetzlichen Krankenversicherung eingebunden sind.

In Deutschland entstand das Sozialversicherungssystem bereits unter Bismarck, und zwar 1883 die gesetzliche Krankenversicherung, 1884 die gesetzliche Unfallversicherung, 1889 die Invaliden- und Altersversicherung und 1911 die Angestelltenversicherung. Erst 1927 entstand die Arbeitslosenversicherung. 1953 wurde die Sozialgerichtsbarkeit, 1970 die Lohnfortzahlung im Krankheitsfall, 1995 die soziale Pflegeversicherung und 2001 die staatlich geförderte private Altersvorsorge in Höhe von 60,00 EUR jährlich eingeführt.

(3) Grundsicherung für Arbeitsuchende

Aufgabe und Ziel

Merke:

Die **Grundsicherung für Arbeitsuchende** soll

- die Eigenverantwortung der erwerbsfähigen Hilfebedürftigen
- und von Personen, die mit ihnen in einer Bedarfsgemeinschaft leben, stärken
- und dazu beitragen, dass diese Personen ihren Lebensunterhalt – unabhängig von der Grundsicherung – aus eigenen Mitteln und Kräften bestreiten können.

Die Grundsicherung soll vor allem die erwerbsfähigen Hilfebedürftigen bei der Aufnahme oder Beibehaltung einer **Erwerbsfähigkeit unterstützen** und deren **Lebensunterhalt sichern.** Durch die Erhaltung, Verbesserung oder Wiederherstellung der Erwerbsfähigkeit mit anschließender Erwerbstätigkeit soll die Hilfebedürftigkeit vermieden oder beseitigt sowie die Dauer der Hilfebedürftigkeit verkürzt und der Umfang der Hilfebedürftigkeit verringert werden.

Träger der Grundsicherung

Träger der zu erbringenden Leistungen zur Grundsicherung ist die **Bundesagentur für Arbeit (Bundesagentur),** soweit nicht die **kreisfreien Städte** und **Kreise** (kommunale Träger) zuständig sind [§§ 6, 6a SGB III].

Berechtigte Personen

Leistungen erhalten Personen, die das 15. Lebensjahr vollendet und das 65. Lebensjahr noch nicht vollendet haben, erwerbsfähig und hilfebedürftig sind und ihren gewöhnlichen Aufenthalt in der Bundesrepublik Deutschland haben **(erwerbsfähige Hilfebedürftige).** Auch mit erwerbsfähigen Hilfebedürftigen in einer Bedarfsgemeinschaft lebende Personen (z.B. Eltern, Ehepartner, Lebenspartner) können unter bestimmten Voraussetzungen Leistungen erhalten.

Bei den in einer Bedarfsgemeinschaft lebenden Personen ist zur Feststellung der Hilfebedürftigkeit auch das Einkommen und Vermögen des Partners und bei hilfebedürftigen minderjährigen unverheirateten Kindern auch das Einkommen und Vermögen der Eltern zu berücksichtigen.

Leistungen

Leistungen zur Eingliederung in Arbeit

Durch diese Leistungen soll die Eingliederung der erwerbsfähigen Hilfebedürftigen in Arbeit unterstützt werden. Hierzu soll die Agentur für Arbeit z.B. für jeden erwerbsfähigen Hilfebedürftigen einen **persönlichen Ansprechpartner** benennen [§ 14 SGB II] und mit diesen Personen die für ihre Eingliederung erforderlichen Leistungen vereinbaren **(Eingliederungsvereinbarungen).** Bei der Erbringung ihrer Leistungen arbeiten die Agenturen für Arbeit insbesondere mit den Gemeinden, Kreisen und Bezirken, den Trägern der freien Wohlfahrtspflege, den Vertretern der Arbeitgeber und Arbeitnehmer, den Kammern sowie den berufsständischen Organisationen zusammen [§ 18 I SGB II].[1]

Beispiele:

Mögliche Leistungen sind die zur Sicherung des Lebensunterhalts gewährten verschiedenen Geldleistungen, die Betreuung minderjähriger oder behinderter Kinder, die häusliche Pflege von Angehörigen, die Schuldnerberatung, psychologische Betreuung, Suchtberatung und Leistungen nach dem Altersteilzeitgesetz.

Leistungen zur Sicherung des Lebensunterhalts

Zu diesen Leistungen gehören das Arbeitslosengeld II, Sozialgeld, Einstiegsgeld und die Freibeträge bei Erwerbstätigkeit.

Einstiegsgeld	Ein zeitlich befristetes Einstiegsgeld (als Zuschuss zum Arbeitslosengeld II) kann arbeitslosen erwerbsfähigen Hilfebedürftigen zur Überwindung ihrer Hilfebedürftigkeit bei Aufnahme einer Erwerbstätigkeit gezahlt werden.
Freibeträge	Freibeträge bei Erwerbstätigkeit erhalten erwerbsfähige Hilfebedürftige, die erwerbstätig sind. Von ihrem zu berücksichtigenden Einkommen aus Erwerbstätigkeit werden von der Höhe des Bruttolohns abhängige Freibeträge abgesetzt.
Arbeitslosengeld II	Als Arbeitslosengeld II werden vom Staat Leistungen zur **Sicherung des Lebensunterhalts** einschließlich der angemessenen Kosten für Unterkunft und Heizung gewährt. Zu berücksichtigende Einkommen und Vermögen mindern die Geldleistungen der Agentur für Arbeit und kommunalen Träger (z.B. Gemeinden, Kreise) [§ 19 SGB II].
Leistungen für Unterkunft und Heizung	Leistungen für Unterkunft und Heizung werden in Höhe der tatsächlichen Aufwendungen erbracht, soweit diese angemessen sind.
Sozialgeld	Sozialgeld erhalten nicht erwerbsfähige Angehörige ohne einen Anspruch auf Sozialhilfe, wenn diese mit erwerbsfähigen Hilfebedürftigen in einer **Bedarfsgemeinschaft** [§ 7 III SGB II] leben.

Finanzierung

Die Aufwendungen der Grundsicherung für Arbeitsuchende werden, soweit die Leistungen von der Bundesagentur für Arbeit erbracht werden, vom Bund getragen. Der Bund erstattet der Bundesagentur für Arbeit auch hierfür die Verwaltungskosten.

1 Durch die örtliche Zusammenarbeit soll auch ein Leistungsmissbrauch verhindert oder aufgedeckt werden.

Anzeige- und Bescheinigungspflicht bei Arbeitsunfähigkeit

Erwerbsfähige Hilfebedürftige, die Leistungen zur Sicherung des Lebensunterhalts beantragt haben oder beziehen, müssen der Agentur für Arbeit eine eingetretene Arbeitsunfähigkeit und deren voraussichtliche Dauer unverzüglich anzeigen und spätestens vor Ablauf des dritten Kalendertags nach dem Eintritt der Arbeitsunfähigkeit eine ärztliche Bescheinigung über die Arbeitsunfähigkeit und deren voraussichtliche Dauer vorlegen.

2.3 Träger der staatlichen Wirtschaftspolitik

(1) Parlament und Regierung

Merke:

Wichtigster Träger der Wirtschaftspolitik ist der „Staat". In demokratischen Wirtschafts- und Gesellschaftsordnungen ist seine politische Entscheidungsbefugnis auf die staatlichen Organe **Parlament** (Legislative), **Regierung** mit nachgeordneter Verwaltung (Exekutive) und **Rechtsprechung** (Judikative) verteilt.

Die Regierung wird von der Regierungsfraktion getragen und von der Opposition kontrolliert.

In einem **Bundesstaat** (einem föderalistischen Staat) tritt der Zentralstaat (der „Bund") Teile seiner Entscheidungsbefugnis an die Bundesländer ab, die einen Teil ihrer politischen Macht wiederum an Gemeinden, Gemeindeverbände und Kreise delegieren (weitergeben). In der Bundesrepublik Deutschland werden die Länder über eine eigene Kammer, den **Bundesrat,** an der Willensbildung des Bundes beteiligt.

(2) Regierungsunabhängige Institutionen

Außerdem wird in der Bundesrepublik Deutschland politische Macht an mehr oder weniger regierungsunabhängige (autonome) staatliche Institutionen abgetreten. Solche zur sogenannten mittelbaren Staatsverwaltung zählenden Körperschaften sind z.B. die Deutsche Bundesbank, die Bundesagentur für Arbeit, die Rentenversicherungsträger, die gesetzlichen Krankenkassen, die Industrie- und Handelskammern und die Handwerkskammern.

(3) Europäische Zentralbank

Die Europäische Zentralbank beeinflusst mittelbar und auch unmittelbar wirtschaftspolitische Entscheidungen in den Mitgliedsländern der WWU. So signalisiert bereits die Vorgabe eines **Geldmengenziels,** dass die EZB eine eher expansive[1] oder eine eher restriktive[2] Geldpolitik zu betreiben beabsichtigt.

Die Regierungen müssen sich auf die Geldpolitik der EZB einstellen, denn eine mögliche Erhöhung der **Leitzinssätze** beeinflusst bei allen WWU-Ländern mit Staatsschulden **unmittelbar** den Staatshaushalt. Steigen die Zinssätze, werden die Staatshaushalte mit

1 Expansiv (lat.): ausdehnend, erweiternd. Durch eine expansive Geldpolitik wird die Gelmenge z.B. aufgrund von Zinssatzsenkungen erhöht (ausgeweitet).

2 Restriktiv (lat.): zusammenziehend, einschränkend.

zusätzlichen Zinszahlungen belastet. Sollen die Staatsschulden nicht weiter erhöht werden, müssen die Ausgaben gekürzt und die Einnahmen (z.B. die Steuern) erhöht werden.

Da in der WWU die Regierungen der Mitgliedsländer auch nach der Schaffung des Euro eine eigene Wirtschaftspolitik betreiben, gibt es auch in den einzelnen WWU-Ländern unterschiedliche Konjunkturen. Die einheitliche Geldpolitik der EZB kann also im Einzelfall die Bemühungen der Regierung eines bestimmten WWU-Landes zunichte machen.

Beispiel:

In der WWU herrscht Inflationsgefahr, d.h., die Preissteigerungsrate droht über die 2%-Grenze hinaus zu steigen. Daraufhin erhöht die EZB die Leitzinssätze. Im Land A herrscht jedoch Unterbeschäftigung (Rezession). Maßnahmen der Regierung des Landes A zur Konjunkturförderung werden durch geldpolitische Entscheidung der EZB durchkreuzt.

Decken sich Staats- und Währungsgebiet, kann es zwar ebenfalls zu Widersprüchen zwischen der Regierung und der zuständigen nationalen Zentralbank kommen. Dennoch ist in diesen Staaten eine **abgestimmte Wirtschafts- und Geldpolitik** zwischen der Regierung und der nationalen Zentralbank erheblich einfacher als zwischen der EZB und den Regierungen der einzelnen Mitgliedsländer des europäischen Währungsgebiets.

(4) Verbände

Die Soziologie (die Lehre von der Gesellschaft) versteht unter dem Begriff „Verbände„ soziale Gruppen mit organisatorischem Überbau, in denen das Handeln durch eine mit Autorität (Führungsmacht mit Weisungsrecht) ausgestattete Führung bestimmt wird.[1]

Zu unterscheiden sind **Interessenverbände** und **politische Parteien.** Die Interessenverbände sind dauerhafte soziale Gruppen, die ungeachtet ihrer Rechtsform Einfluss auf Regierungsentscheidungen zu nehmen suchen, ohne politische Parteien zu sein.

Im Unterschied zu den Interessenverbänden müssen politische Parteien nach § 2 Abs. 1 ParteienG **parlamentarisch,** d.h. an der Vertretung des Volkes im Deutschen Bundestag mitwirken wollen.

Bei den Interessenverbänden gibt es solche, die ständig und ausschließlich bestimmte politische Ziele verfolgen, so z.B. die **Tarifpartner** (Gewerkschaften und Arbeitgeberverbände), der Bundesverband Bürgerinitiativen Umweltschutz e.V. (BBU) und der Bund für Umwelt und Naturschutz Deutschland e. V. (BUND). Andere Verbände versuchen nur gelegentlich, auf Parlamente und Regierungen Einfluss zu nehmen, so etwa karitative Verbände, Kleingärtner- und Tierzuchtvereine, Sportvereine und -verbände. Eine scharfe Trennung kann hier jedoch nicht vorgenommen werden; man denke nur daran, welche politische und wirtschaftliche Bedeutung der Sport in den letzten 20 Jahren gewonnen hat.

Zu den Interessenverbänden gehören auch die **Bürgerinitiativen.** Hierunter sind spontane, zeitlich meist begrenzte, organisatorisch eher lockere Zusammenschlüsse einzelner Bürger zu verstehen, die sich zumeist aus einem konkreten Anlass, häufig auch als unmittelbar Betroffene, zu Wort melden, um öffentlich für ihre Meinung zu werben und auf die

1 Die rechtliche Definition des Begriffs **„Verbände"** geht weiter. Hier wird unter einem Verband eine Personenvereinigung zu einem bestimmten Zweck verstanden, die durch eine Verfassung (Satzung) zur Bildung eines gemeinschaftlichen Willens begründet wird und, falls eine juristische Person vorliegt, rechtsfähig, d.h. selbst Träger von Rechten und Pflichten ist. Die Verbände sind danach teils privatrechtliche Vereinigungen (z.B. eingetragene und auch nicht eingetragene Vereine, Formkaufleute), teils öffentlich-rechtliche juristische Personen (z.B. Gemeinden, Gemeindeverbände, Rundfunkanstalten, Sozialversicherungsträger).

politischen Entscheidungsträger und/oder Unternehmen Einfluss zu nehmen. Ein Merkmal der Bürgerinitiativen ist, dass sie sich i. d. R. wieder auflösen, wenn sie ihr Ziel erreicht (oder auch endgültig nicht erreicht) haben. Sie können erheblichen Einfluss auf wirtschaftliche und umweltpolitische Entscheidungen nehmen, man denke z. B. an die Verhinderung des Baus von Atomkraftwerken, den Kampf gegen Flughafenerweiterungen, den Einsatz für Sport- und Freizeitmöglichkeiten und Kindergärten oder den Widerstand gegen Landschaftszersiedelung, kinderfeindliche Schulwege sowie den Bau einer Autobahn.

<table>
<tr><th colspan="3">Formen der Verbände</th></tr>
<tr><td colspan="2">Interessenverbände</td><td rowspan="2">Politische Parteien</td></tr>
<tr><td>Gelegenheits-
Interessenverbände</td><td>Reine
Interessenverbände</td></tr>
<tr><td>■ karitative Verbände
■ Gesangvereine
■ Sportvereine
■ Haustierzüchtervereine
■ Kleingärtnervereine
■ Briefmarkensammler-vereine</td><td>■ Tarifpartner
■ Gewerkschaften
– Arbeitgeber bzw. Arbeitgeberverbände
– Umweltschutzverbände
■ Steuerzahlerverbände</td><td rowspan="2">■ Volksparteien (Parteien, die alle Schichten der Bevölkerung vertreten wollen)
■ Interessenparteien (Parteien, die bestimmte soziale Gruppen vertreten wollen), z. B. Arbeiterparteien, Bauernparteien, Flüchtlingsparteien, Autofahrerparteien usw.</td></tr>
<tr><td colspan="2">Bürgerinitiativen</td></tr>
</table>

Wie geschieht nun die Einflussnahme der Verbände auf staatliche Entscheidungen? Der klassische Adressat der Verbandstätigkeit ist das Parlament.[1] In der Bundesrepublik Deutschland haben die Verbandsvertreter die Möglichkeit, ihre Vorstellungen (Ziele, Interessen) in dem Bundestagsausschuss einzubringen, in dem gemäß § 73 III der Geschäftsordnung des Deutschen Bundestags in sogenannten „Hearings" neben Sachverständigen auch Interessenvertreter (z. B. der deutschen Wirtschaft) gehört werden können. Daneben werden natürlich zahlreiche informelle Kontakte zwischen den Verbandsvertretern und Abgeordneten gepflegt.

Darüber hinaus lassen die Verbände ihre Vertreter (z. B. Vertreter des Mittelstands, der Heimatvertriebenen, der Landwirtschaft, der Unternehmer) von den politischen Parteien aufstellen und in die Parlamente (den Deutschen Bundestag und die Länderparlamente) wählen.

(5) Devisenausland

Wirtschaftspolitische Entscheidungen reichen über die Landesgrenzen hinaus, man denke z. B. an die Erhöhung oder Senkung von Zöllen, die Einführung oder Aufhebung der Devisenzwangswirtschaft, die Inflations- oder Deflationspolitik, die Erhöhung oder Senkung von Rüstungsausgaben usw. In jedem Fall wirken sich derartige wirtschaftspolitische Eingriffe des Devisenauslands auf die Binnenwirtschaft aus. Gegenmaßnahmen werden dann erforderlich, wenn die Eingriffe des Devisenauslands den eigenen wirtschaftspolitischen Zielen entgegenstehen.

1 Die Verbandsvertreter werden als **Lobbyisten** bezeichnet. Der Ausdruck stammt aus den USA und bezeichnet diejenigen Interessenvertreter, die im 19. Jahrhundert in der Wandelhalle des Parlaments (in der **„Lobby"**) die Abgeordneten in ihrem Sinne zu beeinflussen suchten.

(6) Internationale Konzerne

Nach Meinung vieler Autoren dominieren nicht mehr einzelne Länder oder Regionen die Weltwirtschaft, sondern multinationale[1] Unternehmen. Höchste Flexibilität (Anpassungsfähigkeit an neue Bedingungen) und räumliche Mobilität (Beweglichkeit) gestatten es ihnen, in Windeseile ganze Produktionszweige zu verlagern und neue Märkte zu erobern. Die Konsequenz ist ein zunehmender Bedeutungsverlust der Politik und damit auch der Wirtschaftspolitik. „Der Markt siegt über die Politik".[2]

(7) Supranationale[3] Organisationen

In besonderem Maße greift die Europäische Union in die Rechte der Mitgliedstaaten ein, indem z. B. die Richtlinien des Europäischen Rats von den EU-Ländern in nationales Recht umgesetzt werden müssen.

Beispiel:

Die Richtlinie des Europäischen Parlaments und des Rates über den „Verbrauchsgüterkauf und Garantien" musste spätestens zum Jahr 2002 in nationales Recht umgesetzt werden. Danach beträgt die Gewährleistungsfrist zwei Jahre. (Im deutschen Recht betrug die gesetzliche Gewährleistungsfrist nur sechs Monate.)

Darüber hinaus gibt es EG-Recht, das dann Anwendung findet, wenn durch nationales Recht auch andere Mitgliedstaaten der Europäischen Union nachteilig betroffen werden.

Beispiel:

Das deutsche Wettbewerbsrecht ist durch zahlreiche Ausnahmen stark „durchlöchert". Die EU setzt staatlichen Versuchen, den Wettbewerb einzuschränken (z. B. durch eine „Ministererlaubnis"), gewisse Grenzen. Das europäische Wettbewerbsrecht richtet sich nach Art. 85 und 86 EWG-Vertrag (EWGV). Es kennt weniger Ausnahmen als das deutsche Wettbewerbsrecht. Anwendbar ist es dann, wenn der zwischenstaatliche Handel (der Handel zwischen den EU-Ländern = Intrahandel) betroffen ist. In diesem Fall gilt der Grundsatz, dass das europäische Recht dem deutschen Recht vorgeht. Damit sind Bundesregierung und Bundestag nicht völlig frei in ihren wettbewerbspolitischen Entscheidungen. Sie dürfen z. B. Anbieter aus anderen EU-Ländern nicht willkürlich am Marktzugang hindern.

(8) Internationale Verträge

Auch internationale Verträge wie z. B. die Welthandelsorganisation begrenzen – durchaus im positiven Sinne – die politischen Gestaltungsmöglichkeiten der Regierungen und anderer Entscheidungsträger der Wirtschaftspolitik, indem sie z. B. Normen für den internationalen Handel aufstellen, die durch nationale Entscheidungen nicht umgangen werden dürfen.

Beispiel:

Die Mitgliedschaft in der Welthandelsorganisation beinhaltet u. a. die Verpflichtung, das Prinzip der Reziprozität (Gegenseitigkeit) anzuwenden. Nach diesem Grundsatz müssen alle Staaten, denen von anderen Staaten im Außenhandel Vergünstigungen eingeräumt werden, gleichwertige Gegenleistungen erbringen (Wechselseitigkeit der Bedingungen im Außenhandel).

---

1 Multi (abgeleitet von lat. „multus"): viel. Multinationale Konzerne (auch „Multis" genannt) sind Konzerne, die in vielen Ländern (Staaten) tätig sind.

2 Vgl. grenzenloses Wachstum, in FONDS MAGAZIN, Nr. 1999, S. 16.

3 Supranational (lat.): übernational, mehrere Nationen betreffend.

19 Boller-Hartmann 978-3-8120-0585-2

Zusammenfassung

- **Gesetzliche Sozialversicherung**
  - **Grundprinzipien**
    - Solidaritätsprinzip
    - Pflichtmitgliedschaft
    - Beitragsbemessung nach der Höhe des Einkommens
    - gesetzlich festgelegte Leistungen
  - **Zweige**
    - Krankenversicherung
    - Pflegeversicherung
    - Rentenversicherung
    - Arbeitsförderung
    - Unfallversicherung
- Der Staat fördert bei bestimmten Personengruppen die **private Altersvorsorge** durch eine **Altersvorsorgezulage.**
- Die **Grundsicherung** soll die erwerbsfähigen Hilfebedürftigen bei der Eingliederung in eine Arbeit unterstützen und in dieser Zeit den Lebensunterhalt sichern.
- Zu den **Trägern der Wirtschaftspolitik** zählen u. a.:
  - Parlament und Regierung,
  - regierungsunabhängige Institutionen,
  - Europäische Zentralbank,
  - Verbände,
  - Ausland.

Übungsaufgaben

39

1. Aus welchen Zweigen besteht das Sozialversicherungssystem der Bundesrepublik Deutschland?
2. Nennen Sie wichtige Träger der Sozialversicherung!
3. Die Beschäftigten der Karin Kosmetik GmbH sind alle sozialversichert.

   Aufgaben:

   3.1 Wodurch unterscheidet sich die gesetzliche Sozialversicherung von der Individualversicherung?

   3.2 Der Angestellte Huber verunglückt auf dem Heimweg von seiner Arbeitsstätte schwer, sodass er arbeitsunfähig wird.

   3.2.1 Welche Versicherung ist dafür zuständig?

   3.2.2 Erkundungsauftrag: Welche Leistungen sind von dieser Versicherung zu erbringen?
4. Erfragen Sie in Gruppen bei verschiedenen gesetzlichen Krankenkassen aktuelle Probleme der Sozialversicherung. Führen Sie die Aspekte im Klassenverband in einem Arbeitspapier zusammen und diskutieren Sie über mögliche Lösungsansätze!
5. 5.1 Was ist der Unterschied zwischen Arbeitslosengeld II und Sozialgeld?

   5.2 Muss der Arbeitslosengeld-II-Empfänger jede Arbeit annehmen, die ihm angeboten wird?

   5.3 Wie lange wird das Arbeitslosengeld II bezahlt?

3 Die Wettbewerbspolitik

3.1 Merkmale des Wettbewerbs

Den hohen Stellenwert eines funktionierenden Wettbewerbs verdeutlicht nachfolgender Artikel.

Die Bedeutung des Wettbewerbs

Konkurrenz belebt das Geschäft, heißt es im Volksmund. Dieses Sprichwort kennzeichnet auch die Funktion des Wettbewerbs. Wenn mehrere Anbieter das gleiche Ziel haben und außenstehende Dritte darüber entscheiden, wer das Ziel am besten erreicht hat, besteht zwischen den Wettbewerbern Rivalität und ein gegenseitiges Abhängigkeitsverhältnis. Dies resultiert daraus, dass der eine Wettbewerber sein besseres Ergebnis in der Regel zulasten des Mitbewerbers erreicht, wenn nicht insgesamt neue Nachfragepotenziale erschlossen werden. Insofern galt der Wettbewerb dem Ökonomen Joseph Schumpeter auch als Prozess der „schöpferischen" Zerstörung. Der Wettbewerb ist als **dynamisches Ausleseverfahren** für die Anbieter mühsam und unbequem, weil er ihnen permanente Verhaltensänderung abverlangt: Entweder müssen sie neue Produkte oder Verfahren entwickeln **(Innovation)** oder einem erfolgreichen Wettbewerber folgen **(Imitation).** Insofern bestehen für die Anbieter Anreize, den Wettbewerb über Verhaltensabstimmung, Absprachen oder Zusammenschlüsse zu beschränken.

Der Wettbewerb zwingt zur beständigen Überprüfung des eigenen Angebots im Blick auf die anderen Wettbewerber und auf die Nachfrage. Er nötigt dazu, beständig die Leistung bzw. das Produkt zu verbessern, über die Existenz und die Vorzüge des eigenen Produktes oder auch des eigenen Unternehmens zu informieren, bessere Absatzwege und -formen zu suchen, Preise zu senken oder Konditionen und Rabatte zu geben. Um die Kosten für solche marktorientierten Strategien zu tragen, sind die Wettbewerber auch beständig gezwungen, die Produktionsverfahren und die Kombination der Produktionsfaktoren auf ihre Effizienz zu überprüfen. So soll der Wettbewerb dafür sorgen, dass

- die Einkommensverteilung nach Marktleistung erfolgt **(Verteilungsfunktion),**
- die Produktion nach den Präferenzen der Käufer erfolgt **(Steuerungsfunktion)** und
- die Produktionsfaktoren in ihre günstigsten Einsatzmöglichkeiten gelenkt werden **(Allokationsfunktion).**

Der Wettbewerb soll zudem die Dynamik ermöglichen, dass

- sich Produktion und Produktionskapazitäten beständig an Veränderungen der Angebots- und Nachfragebedingungen anpassen **(Anpassungsfunktion)** und
- der technische Fortschritt sich durchsetzt **(Innovationsfunktion).**

Schließlich soll er verhindern, dass es zu dauerhaften wirtschaftlichen und politischen Machtpositionen kommt. Die Konsumenten sollen vom Wettbewerb durch günstigere Preise und eine bessere Qualität profitieren. Da der Wettbewerb für die Anbieter unbequem und lästig ist, muss der Staat für seine Erhaltung sorgen.

Quelle: Informationen zur politischen Bildung, Heft 308.

Funktionen des Wettbewerbs	
Wettbewerbsfunktion	**Erläuterungen**
Steuerungsfunktion (statische Funktion)	Der Wettbewerb sorgt dafür, dass ■ sich einerseits die Zusammensetzung des Güterangebots an den **Präferenzen der Konsumenten** orientiert und ■ andererseits die Produktionsfaktoren über die Preise in die **effizienteste Verwendung** gelenkt werden, um eine optimale Allokation der Produktionsfaktoren zu erreichen.
Anreizfunktion (dynamische Funktion)	Durch die Rivalität der Anbieter untereinander besteht ein ständiger Anreiz für die Unternehmen, sich mittels **Innovation und Imitation** und damit einhergehenden Produktverbesserungen sowie Kostensenkungen einen Wettbewerbsvorteil zu verschaffen. Dies trägt insgesamt zu einer Förderung des **technischen Fortschritts** und damit Maximierung des Sozialprodukts bei.

3.2 Gefährdung des Wettbewerbs

Merke:

Beim wirtschaftlichen **Wettbewerb** der Anbieter auf Märkten geht es speziell um das **Rivalisieren um Geschäftsabschlüsse** (Marktanteile), d.h., die konkurrierenden Anbieter versuchen ihren Geschäftspartnern (Nachfragern) möglichst **günstige Geschäftsbedingungen** einzuräumen.

Hierzu steht ihnen eine Vielzahl von **Aktionsparametern** zur Verfügung, wie der Preis, die Produktqualität, die Lieferungs- und Zahlungsbedingungen, der Service oder die Werbung.

Allerdings stellten bereits die klassischen Nationalökonomen im 18. Jahrhundert fest, dass die Anbieter bestrebt sind, eine **gegenseitige Entmachtung** im Rahmen des Wettbewerbs **zu umgehen.**

So schrieb beispielsweise **Adam Smith** im Jahr 1776: „Geschäftsleute des gleichen Gewerbes kommen selten, selbst zu Festen und zur Zerstreuung, zusammen, ohne dass das Gespräch in einer Verschwörung gegen die Öffentlichkeit endet oder irgendein Plan ausgeheckt wird, wie man die Preise erhöhen kann."[1]

Zur Verhinderung von Wettbewerb bieten sich für die in Konkurrenz zueinander stehenden Unternehmen grundsätzlich zwei Möglichkeiten:

- Entweder sie versuchen ihre Marktmacht durch eine entsprechende **wettbewerbsbeschränkende Zusammenarbeit** mit den Konkurrenten zu festigen oder
- die Konkurrenten – beispielsweise durch **unlautere Praktiken** – vom Markt zu verdrängen und somit die alleinige Beherrschung des Marktes zu übernehmen.

1 Adam Smith, Der Wohlstand der Nationen, München 1974, S. 112.

Merke:

Der Wettbewerb bedarf einerseits der **Förderung und Erhaltung,** damit er das Marktgeschehen steuert und andererseits der **Zügelung** durch das Recht, damit er nicht ausartet.

Um diesen Sachverhalt zu verdeutlichen, soll ein Beispiel aus dem Boxsport herangezogen werden: Während eine vorab getroffene Vereinbarung über den Ausgang eines Boxkampfes mit einer „Wettbewerbsbeschränkung" gleichzusetzen ist, würde ein regelwidriger Kopfstoß, mit dem ein Boxer seinen Gegner niederstreckt, als „unlauterer Wettbewerb" gelten.

Dieses Beispiel veranschaulicht, dass ein sich selbst überlassener Wettbewerb ohne ein Eingreifen des Staates als „Schiedsrichter" bald in seinen Keimen ersticken würde.

Merke:

Die staatliche Wettbewerbspolitik zielt vor allem darauf ab, einen **funktionsfähigen** Wettbewerb als **Steuerungsprinzip einer Marktwirtschaft** zu sichern, indem sie **wettbewerbsbeschränkende Verhaltensweisen** und **unlautere Wettbewerbspraktiken** der Anbieter zu verhindern sucht.

Nur wenn dies gelingt, kann der Wettbewerb auf Dauer seine ihm zugedachten Funktionen erfüllen.

Merke:

Das **zentrale** Ziel der Wettbewerbspolitik sollte darin bestehen, ein **wettbewerbliches Verhalten** der Anbieter auf den Märkten durch eine **ursachenadäquate** Politik sicherzustellen, damit die **Wettbewerbsfunktionen** realisiert werden können.

Voraussetzung für das Wettbewerbsverhalten der Anbieter ist allerdings eine entsprechende **Marktstruktur,** die ihrerseits als Ursache für mögliche Wettbewerbsbeschränkungen dem Staat als Wettbewerbshüter anzeigt, welche Instrumente zum Schutz des Wettbewerbs geeignet sind. Nur wenn die **Ursachen** für mangelndes Wettbewerbsverhalten erkannt und entsprechend behoben werden, ist eine **erfolgreiche** Wettbewerbspolitik möglich. Schließlich erfordern unterschiedliche Ursachen auch den Einsatz verschiedener Instrumente zu deren Bekämpfung. Bildlich gesprochen: Unterschiedliche Krankheiten erfordern auch verschiedenartige Behandlungen, wobei das Erkennen der Krankheitsursache mittels Diagnose die wesentliche Grundlage für eine erfolgreiche Behandlung darstellt.

Die vorgenannten Zusammenhänge verdeutlicht nachfolgende Abbildung, wobei anzumerken bleibt, dass der **staatliche Abbau strukturbedingter** Wettbewerbsbeschränkungen zur Rückkopplung „verfestigt vermachteter" Märkte hierzulande seitens der Wettbewerbshüter nach wie vor **keine** Anwendung findet, obwohl nur sie geeignet wäre, auch in solchen Märkten den Wettbewerb wiederherzustellen.

Ursachenadäquate Wettbewerbspolitik im Überblick

Wettbewerbsfunktion

Wettbewerbsfunktionen sind sogenannte Marktergebniskategorien, wobei **alle** Funktionen angestrebt werden. Die **drei wichtigsten Wettbewerbsfunktionen** sind:

1. eine **optimale Allokation** der Produktionsfaktoren;
2. Zusammensetzung des Güterangebots nach **Konsumpräferenzen;**
3. die **dynamischen** Funktionen der **Innovation und Imitation,** die im Wettbewerb u.a. zu Stückkosten- und somit zu Preissenkungen führen.

Voraussetzung für das Erreichen der Wettbewerbsfunktionen ist das Bestehen von Wettbewerbsverhalten (Wettbewerb = f [Rivalität]).

Wettbewerbsverhalten

Ein solches Verhalten bedeutet „Rivalisieren um Geschäftsabschlüsse" durch Einräumen günstiger Bedingungen bei Preisen, Produktqualitäten, Absatz- und Vertriebsmethoden gegenüber Tauschpartnern im Rahmen der gesetzlichen und gewohnheitsmäßigen Grenzen. Rivalität seinerseits wiederum ist **abhängig** von der **marktstrukturellen Ausgangssituation** und den vorhandenen wettbewerbspolitischen Instrumenten zur Rivalitätserhaltung.

Wettbewerbsvoraussetzungen:
Marktstruktur als Ausgangssituation

wettbewerblich	**vermachtet**	**verfestigt vermachtet**
Polypol – weites Oligopol	enges Oligopol – Monopol	enges Oligopol – Monopol
Aktion bewirkt Reaktion	**ohne** hohe Marktzutrittsschranken (Rivalität immer vorhanden wegen potenzieller Konkurrenz)	**mit** hohen Marktzutrittsschranken (Rivalität beschränkt sich in erster Linie auf die etablierten Anbieter)

Polypol kann überführt werden durch formale Bindungen wie Kartelle

Oligopol kann überführt werden durch wettbewerbsbeschränkende Informationskontakte, z.B. aufeinander abgestimmte Verhaltensweisen, vertikale Preisempfehlung

Rückkopplung durch **ursachenadäquate** Politik = Verhaltensverbote

Rückkopplung durch **Marktstruktureingriffe**

Als mögliche Instrumente für **Marktstruktureingriffe** eignen sich:

- das **Absenken von Marktzutrittsschranken,** um Newcomern die Chance einzuräumen, in diese Märkte einzutreten und die Rivalität zu beleben,
- der Abbau von Marktmacht durch eine zeitlich begrenzte **Förderung Marktschwacher** und/ oder in Einzelfällen sogar die **Entflechtung** von Unternehmen mit überragender Marktmacht.[1]

3.3 Träger der Wettbewerbspolitik

Der Wettbewerb ist ein **wesentliches Gestaltungsmerkmal** der sozialen Marktwirtschaft und sorgt für die **bestmögliche Verwendung der knappen Produktionsfaktoren.** Seine Erhaltung ist deshalb von zentraler Bedeutung.

Die Wettbewerbspolitik bedient sich **unterschiedlicher gesetzlicher Regelungen** wie des **Gesetzes gegen Wettbewerbsbeschränkungen** (Kartellverbot, Missbrauchsaufsicht, Fusionskontrolle) oder des **Gesetzes gegen den unlauteren Wettbewerb** (Verbot unlauterer geschäftlicher Handlungen, irreführender geschäftlicher Handlungen, vergleichender Werbung, unzumutbarer Belästigungen etc.), um auf die Wettbewerbssituation Einfluss zu nehmen, die Unternehmenskonzentration und eventuelle Marktmacht zu begrenzen. Die Einhaltung dieser Regelungen muss sichergestellt werden.

Merke:

- **Träger** der **Wettbewerbspolitik** in der Bundesrepublik Deutschland sind letztlich das **Parlament** und die **Regierung.**
- Als Träger im weiteren Sinne können die sogenannten **Kartellbehörden** bezeichnet werden, welche die gesetzlichen Vorschriften auszulegen und anzuwenden haben. Dies sind auf europäischer Ebene die **Europäische Kommission,** auf Bundesebene das **Bundeskartellamt** und auf Landesebene die **Landeskartellbehörden.**

Bedeutendste Kartellbehörde hierzulande ist das Bundeskartellamt mit Sitz in Bonn als **selbstständige Bundesoberbehörde,** die jedoch zum Geschäftsbereich des Bundesministers für Wirtschaft und Technik gehört. Somit ist das Bundeskartellamt **weisungsgebunden,** wobei das Gesetz den Umfang dieser Weisungsgebundenheit nicht detailliert festlegt, was durchaus zu Unstimmigkeiten führen kann.

Im Wesentlichen ist das **Bundeskartellamt zuständig** für:

- die **Missbrauchsaufsicht** über zulässige Preisbindungen und -empfehlungen,
- die **Zusammenschlusskontrolle** mit Ausnahme der Ministererlaubnis,
- alle **Wettbewerbsbeschränkungen,** die über das Gebiet eines **Bundeslandes** hinausreichen, sowie
- **alle Aufgaben,** die den Behörden der EU-Mitgliedsstaaten übertragen wurden, insbesondere **Amtshilfe** bei Verfahren der Europäischen Kommission.

Alle übrigen Fälle obliegen der Europäischen Kommission bzw. den **Landeskartellbehörden,** die in den jeweiligen Wirtschaftsministerien der Bundesländer agieren.

1 Vgl. Bartling, H. und Luzius, F., Grundzüge der Volkswirtschaftslehre, 12. Auflage, München 2000.

Die Entscheidungen der deutschen und europäischen Kartellbehörden unterliegen einer **gerichtlichen Kontrolle.** Dafür sind in der Bundesrepublik Deutschland die **Oberlandesgerichte** und der **Bundesgerichtshof** zuständig, in der Europäischen Union das **Europäische Gericht Erster Instanz** und der **Europäische Gerichtshof** in Luxemburg.

Neben den Kartellbehörden besteht noch die **Monopolkommission** als **unabhängige Instanz,** die sich aus fünf Mitgliedern zusammensetzt. Die Mitglieder müssen über besondere volkswirtschaftliche, betriebswirtschaftliche, sozialpolitische, technologische oder wirtschaftsrechtliche Kenntnisse und Erfahrungen verfügen und werden auf Vorschlag der Bundesregierung durch den Bundespräsidenten für die Dauer von **vier Jahren** berufen. Traditionell besteht die Monopolkommission aus zwei Professoren (einem Juristen und einem Ökonomen) und drei Experten aus der Wirtschaftspraxis.

Zentrale Aufgabe der Monopolkommission ist es, alle 2 Jahre **Gutachten** zum Stand und zur Entwicklung der Unternehmenskonzentration sowie zur Anwendung der Zusammenschlusskontrolle vorzulegen. Des Weiteren hat die Monopolkommission bei Anträgen auf eine Ministererlaubnis für einen vom Bundeskartellamt abgelehnten Zusammenschluss eine **gutachterliche Stellungnahme** abzugeben, auf deren Grundlage der Bundeswirtschaftsminister dann endgültig über das Zustandekommen der Fusion entscheidet.

Mit Blick auf die zunehmende **Globalisierung** der Weltwirtschaft, kommt es auch über die Grenzen der Europäischen Union hinweg immer wieder zu wettbewerbsrechtlichen Streitigkeiten, die ebenfalls einer Lösung zugeführt werden müssen. Als **zuständiger Träger** für derartige Streitigkeiten hat sich die **Welthandelsorganisation** (WTO: World Trade Organization) etabliert.

Merke:

Ziel der Welthandelsorganisation ist der **Abbau** von **Handelshemmnissen** und somit die **Liberalisierung** des **internationalen Handels** mit dem weiterführenden Ziel des internationalen **Freihandels.** Zudem ist sie zuständig für die **Streitschlichtung** bei **Handelskonflikten.**

Die Welthandelsorganisation (World Trade Organization WTO) wurde 1995 als Nachfolgeorganisation des Allgemeinen Zoll- und Handelsabkommens (GATT) gegründet. Sie hat ihren Sitz in Genf. Die WTO hat 153 Mitglieder und ist neben dem Internationalen Währungsfonds und der Weltbank die wichtigste Institution zur Lösung internationaler Wirtschaftsprobleme.

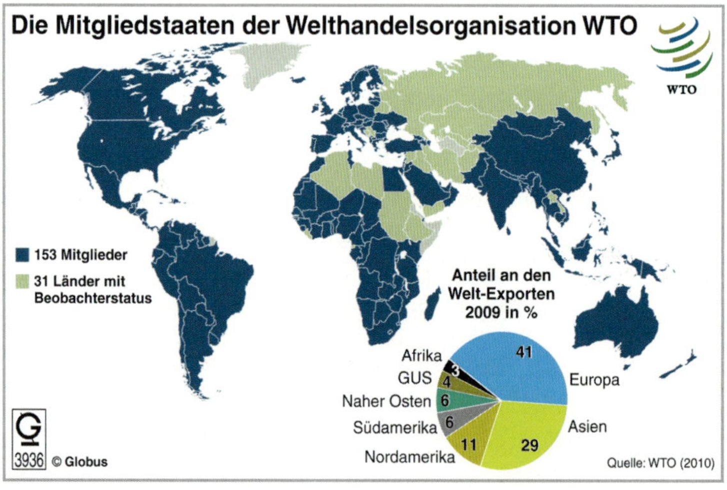

3.4 Instrumente der Wettbewerbspolitik

3.4.1 Grundlegendes

Die Unternehmen haben aufgrund der zunehmenden Fixkostenbelastung das Ziel, vor allem bei wirtschaftlichen Schwierigkeiten einem freien Wettbewerb durch Zusammenschlüsse auszuweichen. Deshalb muss der Staat den Wettbewerb durch eine **aktive Wettbewerbspolitik** (Ordnungspolitik) fördern und alle Unternehmenszusammenschlüsse, die erkennbar gegen die Prinzipien eines freien Wettbewerbs verstoßen, verbieten und unter Strafe stellen.

3.4.1.1 Kooperation

In einer Marktwirtschaft stehen die Unternehmen in einem mehr oder weniger harten Wettbewerb um die Käufer ihrer Leistungen (Erzeugnisse, Waren und Dienstleistungen). Um den Konkurrenzdruck zu mildern, arbeiten sie häufig mit anderen Unternehmen zusammen (sie kooperieren mit anderen Unternehmen), wobei sich die Zusammenarbeit (die Kooperation) auf den verschiedensten Gebieten vollziehen kann, beispielsweise im Einkauf (z.B. gemeinsame Beschaffung), in der Produktion (z.B. Schaffung gemeinsamer Normen) oder im Absatz (z.B. Gemeinschaftswerbung).

Merke:

Unter Kooperation versteht man ganz allgemein die **Zusammenarbeit** zwischen (meist wenigen) **wirtschaftlich und rechtlich selbstständigen Unternehmen,** wobei die wirtschaftliche Selbstständigkeit allerdings – je nach Form und Intensität der Kooperation – in dem Bereich der Kooperation (teilweise) aufgegeben wird.

(1) Formen der Kooperation

Untergliedert man die Kooperation nach den **beteiligten Wirtschaftsstufen,** so lassen sich folgende Formen einer Kooperation unterscheiden:

Formen der Kooperation in Abhängigkeit der beteiligten Wirtschaftsstufen		
Kooperationsformen	**Erläuterungen**	**Beispiele**
horizontale Kooperation	Bei der horizontalen Kooperation findet eine Zusammenarbeit zwischen Unternehmen der **gleichen Wirtschaftsstufe** (Branche) statt, die gleichartige oder eng substituierbare Produkte anbieten.	Deutsche Genossenschaftsbanken und Rabobank (Niederlande), Bausparkasse Schwäbisch Hall und Volks- und Raiffeisenbanken, Provinzial Versicherungen und Sparkassen
vertikale Kooperation	Bei dieser Form kooperieren Betriebe **aufeinanderfolgender** Wirtschaftsstufen miteinander.	forstwirtschaftlicher Betrieb – Sägewerk – Möbelfabrik – Möbelhaus; Bergwerk – Hüttenwerk – Walzwerk

Formen der Kooperation in Abhängigkeit der beteiligten Wirtschaftsstufen		
Kooperationsformen	**Erläuterungen**	**Beispiele**
diagonale (anorganische) Kooperation	Hierbei handelt es sich um eine Kooperation zwischen Unternehmen **verschiedener** Wirtschaftsstufen, deren Produkte in keinem (engen) Zusammenhang stehen	Kreditinstitut – Reiseveranstalter – Automobilhersteller; Versandhaus – Versicherung – Softwarehersteller

Außer nach dem Produktionsbereich lassen sich – je nach zugrunde gelegtem Kriterium – **weitere** Formen der Kooperation unterscheiden.

Weitere Formen der Kooperation	
Kriterium	**Kooperationsformen und Beispiele**
betriebliche Funktion der Kooperation	■ **Beschaffungskooperation:** Einzelhändler bilden eine Einkaufsgemeinschaft. ■ **Produktionskooperation:** Landwirte nutzen gemeinsam einen Mähdrescher. ■ **Absatzkooperation:** Biolandwirte verkaufen ihre Produkte über eine zentrale Vertriebsgesellschaft. ■ **Verwaltungskooperation:** Mehrere Kleingewerbetreibende richten ein gemeinsames Rechnungswesen ein. ■ **Finanzkooperation:** Bauunternehmen gründen eine Arbeitsgemeinschaft und nutzen somit ihre gebündelte Finanzkraft zur Abwicklung von Großaufträgen.
Marktgebiet	■ **Regionale Kooperation:** Mehrere kleine regionale Sparkassen organisieren im Rahmen einer Arbeitsgemeinschaft die betriebsinterne Aus- und Weiterbildung. ■ **Überregionale Inlandskooperation:** Inländische Brauereien starten eine gemeinschaftliche Werbung zur „Deutschen Braukunst". ■ **Internationale Kooperation:** Volks- und Raiffeisenbanken kooperieren mit einem ausländischen Kreditinstitut.
Dauer der Kooperation	■ **Auftragskooperation:** Mehrere Bauunternehmen kooperieren für ein Großprojekt zusammen. ■ **Kooperation auf „längere" Sicht:** Unternehmen kooperieren nicht fallbezogen, sondern zeitlich begrenzt kurz-, mittel- oder langfristig.

Je nach **Organisation einer Kooperation** lassen sich folgende Formen unterscheiden:

■ Unternehmensverbände

Hierbei handelt es sich meist um Vereinigungen von Unternehmen des gleichen fachlichen Wirtschaftszweiges, deren Ziel es ist, die gemeinsamen **wirtschaftlichen Interessen ihrer Mitglieder zu fördern.** Zumeist vertreten die Verbände auch die Interessen ihrer Mitglieder gegenüber der Öffentlichkeit, Regierungen, Gesetzgebungs- und Verwaltungsorganen. Des Weiteren übernehmen Verbände häufig weitere (Stabs-)Aufgaben für die Mitglieder wie z. B. Sammlung, Auswertung und Verteilung von Informationen, Durchführung von Aus- und Weiterbildungsmaßnahmen, Vereinheitlichung von Lieferungs- und Zahlungsbedingungen usw. Beispiele für Verbände aus der Kreditwirtschaft: Bundesverband der Deutschen Banken, Deutscher Sparkassen- und Giroverband, Bundesverband der Deutschen Volks- und Raiffeisenbanken e. V., Verband deutscher Hypothekenbanken, Verband deutscher Schiffsbanken, Verband der Auslandsbanken in Deutschland.

■ Interessengemeinschaft

Die kooperationswilligen Unternehmen schließen sich auf horizontaler Ebene zu einem gemeinsamen wirtschaftlichen Zweck zusammen. Zumeist wird diese Arbeitsgemeinschaft in der Rechtsform einer BGB-Gesellschaft oder eines eingetragenen Vereins geführt.

■ Arbeitsgemeinschaft

Die Zusammenarbeit der kooperierenden Unternehmen beschränkt sich auf die **Durchführung eines bestimmten Projekts,** beispielsweise den Bau einer Brückenanlage, eines Gebäudekomplexes oder einer Autobahn. Im Bereich der Kreditwirtschaft kommt der Vereinigung mehrerer Banken **(Konsortium)** zur gemeinsamen Durchführung eines Konsortialgeschäfts (z. B. Emissions-Konsortium zur Aktien- oder Anleiheemission) besondere Bedeutung zu.

■ Syndikate

Bei einem Syndikat gründen die beteiligten Unternehmen eine Absatzgesellschaft, über die sämtliche Verkäufe der von den Vertragspartnern produzierten Güter abgewickelt werden. Die zentrale Absatzorganisation bietet sich insbesondere in Bereichen an, in denen weitestgehend homogene Güter hergestellt werden (z. B. Kohle).

■ Aufeinander abgestimmte Verhaltensweisen

Diese Form der **wettbewerbsbeschränkenden Kooperation** findet zumeist in **oligopolistischen** Märkten statt. Die Verhaltensweise zeichnet sich dadurch aus, dass **formlose** Informationsketten, wie brancheninterne Telefonate oder Tagungen zwischen den Wettbewerbern stattfinden, um die Marktaktivitäten aufeinander abzustimmen und somit die Rivalität am Markt auszuschalten. Zumeist übernimmt einer der Teilnehmer eine Art Führungsfunktion. Ändert dieser einen Aktionsparameter (z. B. Preis, Qualität, Verpackungseinheit), so ziehen die übrigen Anbieter mit kurzer Verzögerung nach. Beobachtet wird dieses Verhalten zumeist bei Preisänderungen von Kraftstoffen.

■ Kartelle

Bei einem Kartell wird der solidarische Einsatz eines oder mehrerer Aktionsparameter zwischen **rechtlich selbstständigen** Konkurrenzunternehmen **vertraglich** vereinbart, mit dem Ergebnis, dass der **Wettbewerb** auf dem Markt **beschränkt** wird und die beteiligten Unternehmen ihre **wirtschaftliche Selbstständigkeit** in dem Bereich der vertraglichen Vereinbarung **freiwillig begrenzen.** Je nach Vertragsinhalt lässt sich eine Vielzahl von **Kartellarten** unterscheiden:

Kartellarten	
Kartellart	**Vertragsinhalt**
Preiskartell	Gegenstand der vertraglichen Absprache ist der **Preis.** Eine Sonderform des Preiskartells ist das **Submissionskartell.** Die beteiligten Unternehmen dieses Kartells vereinbaren bei ihren Angeboten zu (öffentlichen) Ausschreibungen, dass sie einen intern bestimmten Preis nicht unterschreiten oder nur ein ausgewähltes Mitglied des Kartells ein Angebot abgibt.
Konditionenkartell	Die Absprache der Kartellmitglieder beschränkt sich auf einheitliche Anwendung von **Geschäfts-, Lieferungs- und Zahlungsbedingungen** einschließlich der Gewährung von Skonti.
Quotenkartell	Bei dieser Form der vertraglichen Absprache wird der Absatz der Kartellmitglieder in Form von **Kontingenten** einheitlich organisiert und festgelegt (Kontingentierungskartell).
Gebietskartell	Die Unternehmen teilen sich das **Absatzgebiet** untereinander auf, um innerhalb dieser Flächen Konkurrenz zu vermeiden (Kontingentierungskartell).
Normen- und Typenkartell	Bei dieser Form des Kartells vereinbaren die Teilnehmer die **einheitliche Anwendung** von Normen oder Typen.
Spezialisierungskartell	Diese Form des Kartells zielt auf eine **Rationalisierung** wirtschaftlicher Vorgänge durch Spezialisierung ab, indem eine Konzentration der beteiligten Unternehmen auf eine bestimmte Produktion bzw. auf die Erbringung einer bestimmten Dienstleistung vereinbart wird.
Mittelstandskartell	Sie umfassen Vereinbarungen und Beschlüsse **mittelständischer** Unternehmen, welche die Rationalisierung wirtschaftlicher Vorgänge durch eine zwischenbetriebliche Zusammenarbeit (keine Spezialisierung) zum Ziel haben (§ 3 GWB).
Strukturkrisenkartell	Führt eine **nachhaltige** Änderung der Nachfrage zu einem dauerhaften Absatzrückgang, so vereinbaren die beteiligten Unternehmen dieses Wirtschaftszweiges eine planmäßige Anpassung der Kapazität an den Bedarf.

(2) Ziele der Kooperation

Für die Kooperationsbemühungen von Unternehmen wird in der Realität eine Vielzahl von Gründen angeführt. Zu den wichtigsten Zielen der Zusammenarbeit zählen:

- **Kostensenkung** durch Zusammenlegung betrieblicher Teilbereiche wie beispielsweise zentrale Einkaufsplanungen, gemeinsame Nutzung bestimmter Produktionsmittel, Zusammenarbeit im Bereich Absatz/Verkauf (z.B. gemeinsame Werbung, einheitliche Gestaltung von Verkaufsräumen), gemeinsame Verwaltung (z.B. Rechnungswesen) oder Führung (z.B. Kooperation bei Personalschulung und der Erstellung von Weiterbildungsprogrammen).
- **Verbesserung der Wettbewerbsposition** durch den Ausbau der Machtposition auf dem Markt, und zwar sowohl auf der Beschaffungs- als auch auf der Absatzseite.

- **Nutzung von Synergieeffekten**[1], die sich aus der Kooperation mehrerer Unternehmen mit unterschiedlichen Stärken ergeben.
- **Nutzung von Größen- und Verbundvorteilen,** die eine Realisierung von Großprojekten erst ermöglichen bzw. Kapitalkraft sowie Forschungs- und Entwicklungsarbeiten sinnvoll bündeln.

3.4.1.2 Konzentration

Unternehmenszusammenschlüsse können zur Machtzusammenballung („Monopolisierung") führen. Man spricht in diesem Fall von **Konzentration.**[2] Marktbeherrschende Unternehmenszusammenschlüsse werden als **Kollektivmonopole**[3] bezeichnet.

Merke:

- In Abgrenzung zur Kooperation spricht man bei Unternehmenszusammenschlüssen, bei denen die beteiligten Unternehmen ihre **rechtliche und/oder wirtschaftliche Selbstständigkeit verlieren** von einer Konzentration.
- Im Zuge der zunehmenden **Globalisierung** der Weltmärkte gewinnt die Konzentration verstärkt an Bedeutung.

(1) Formen der Konzentration

Je nach Ausgestaltung des Unternehmenszusammenschlusses lassen sich **zwei Grundformen** der Konzentration unterscheiden: der **Konzern** und der **Trust.**

Konzerne sind horizontale, vertikale oder anorganische Unternehmenszusammenschlüsse in Form von Kapitalverflechtungen, bei denen die beteiligten Unternehmen ihre **rechtliche Selbstständigkeit behalten,** ihre wirtschaftliche Eigenständigkeit hingegen aufgeben, indem sie sich einer **einheitlichen Leitung** unterstellen. Die Abstimmung der wirtschaftlichen Aufgaben und Interessen kann in unterschiedlicher Form durchgeführt werden.

- **Unterordnungskonzern (§ 18, I AktG):** Das **beherrschende** Unternehmen (Muttergesellschaft) erwirbt die Kapitalmehrheit an den übrigen Konzernunternehmen (Tochtergesellschaften).
- **Gleichordnungskonzern (§ 18, II AktG):** Es besteht keine Abhängigkeit eines Unternehmens von dem anderen Unternehmen. Die Konzernunternehmen sind durch einen **gleichmäßigen** Austausch von Kapitalbeteiligungen untereinander verflochten. Die gegenseitige Abstimmung erfolgt über eine einheitliche Leitung.

Übertragen die Konzernunternehmen ihre Aktien auf eine übergeordnete Gesellschaft, die lediglich Verwaltungsaufgaben und die Finanzierung des Konzerns übernimmt, so spricht man von einer **Holdinggesellschaft** (Dachgesellschaft).

Trusts sind horizontale, vertikale oder anorganische Unternehmenszusammenschlüsse, bei denen die beteiligten Unternehmen **sowohl ihre rechtliche als auch ihre wirtschaftliche Selbstständigkeit verlieren.** Trusts entstehen durch Verschmelzung (Fusion), wobei

1 Synergie (gr.-nlat.): zusammenwirkende, sich gegenseitig fördernde Kräfte. (Neulatein ist die lateinische Sprache seit dem 14. Jahrhundert. Es war damals die Sprache der Gelehrten und damit das internationale Verständigungsmittel in Europa.)

2 Konzentration: Zusammenfassung; hier: Zusammenballung wirtschaftlicher Macht bei einem oder weniger Unternehmen bzw. staatlichen Betrieben.

3 Kollektiv (lat.): Gesamtheit, Zusammenschluss.

gemäß § 2 des **Umwandlungsgesetzes** (UmwG) **zwei Arten** von Verschmelzungen zu unterscheiden sind:

- **Verschmelzung im Wege der Aufnahme durch Übertragung:** Das Vermögen eines bzw. mehrerer Unternehmen wird als Ganzes auf das **übernehmende** Unternehmen übertragen (z.B. Fusion von Deutsche Bank AG und Bankers Trust).
- **Verschmelzung im Wege der Neugründung durch Übertragung:** Das Vermögen der fusionierenden Unternehmen wird als Ganzes auf eine **neue,** von den verschmelzenden Unternehmen zu gründende Gesellschaft übertragen.

(2) Ziele der Konzentration

Für die in den letzten Jahren stark zunehmende Konzentration führen die Unternehmen eine Vielzahl von Gründen an:

- Durch die Konzentration können die Unternehmen ihre **Marktanteile erhöhen** und somit ihre **Marktposition stärken.**
- Konzentration führt zu einer **Verbesserung der Wettbewerbsfähigkeit** auf den zunehmend globalen Märkten.
- Konzentration ermöglicht eine **Verteilung von Risiken** durch Diversifikation (Ausweitung des Leistungsprogramms gegenüber dem bisherigen Angebot).
- Die Konzentration sichert **Kostenvorteile** bei Beschaffung, Produktion, Absatz, Forschung und Entwicklung.
- Die Konzentration führt zu einer **Bündelung der Finanzkraft** und sichert unter Umständen **Steuervorteile.**
- Durch eine Verbesserung der Wettbewerbsfähigkeit auf den zunehmend globalen Märkten können **Arbeitsplätze langfristig gesichert** werden.

Ein weiteres wichtiges Motiv der Konzentration in der Wirtschaft ist darüber hinaus die Ausnutzung von **Synergieeffekten,** die Unternehmenszusammenschlüsse (vor allem Fusionen)[1] mit sich bringen können.

Beispiel:

Zwei große Chemieunternehmen, A und B, schließen sich zusammen (fusionieren). Das Chemieunternehmen A forschte bislang auf den Gebieten I, II und III, das Unternehmen B auf den Gebieten III, IV und V. Durch den Zusammenschluss kann auf die parallele Forschung auf dem Gebiet III verzichtet werden, sodass Personal- und Sachkosten eingespart werden. Synergieeffekte treten auch dann auf, wenn die fusionierte Gesellschaft z.B. ihre Marketingabteilungen zusammenlegt.

Die Konzentration führt letztlich zur Aufhebung des freien Wettbewerbs, der eine Grundvoraussetzung für das Funktionieren des Marktmechanismus ist. Mindestbedingungen eines **freien Wettbewerbs** sind:

1 **Fusion** (lat.): Verschmelzung; hier: Unternehmenszusammenschluss. Eine Fusion erfolgt entweder aufgrund eines Aufkaufs eines schwächeren Unternehmens durch ein stärkeres (Fusion durch Aufnahme) oder durch Neugründung eines neuen Unternehmens, auf das die Vermögen der sich vereinigenden Unternehmen übertragen werden (Fusion durch Neubildung).

- Auf den Märkten stehen sich möglichst viele Anbieter und Nachfrager gegenüber (polypolistische Märkte).
- Anbieter und Nachfrager sind über das Marktgeschehen informiert, sie besitzen Markttransparenz.
- Die Marktteilnehmer sind voneinander unabhängig (autonom), d.h., sie bilden z.B. keine Kartelle.

Wird politisch also ein möglichst freier Wettbewerb gewünscht, muss der Staat dafür Sorge tragen, dass der Wettbewerb nicht durch die Monopolisierung eingeschränkt wird. Mit anderen Worten: Der Staat muss Wettbewerbspolitik betreiben.

Das **Kartellrecht** schafft die Voraussetzungen für einen **funktionierenden Wettbewerb** der auf den Märkten auftretenden Unternehmen. Insbesondere will es der Entstehung von zu viel Marktmacht eines Unternehmens vorbeugen. In Deutschland finden sich die kartellrechtlichen Regelungen vor allem im Gesetz gegen Wettbewerbsbeschränkungen (GWB). Die europarechtlichen Grundlagen stehen im Art. 81 EGV.[1]

3.4.2 Kartellkontrolle

3.4.2.1 Grundsätzliches Kartellverbot

Merke:

Vereinbarungen zwischen Unternehmen, Beschlüsse von Unternehmensvereinigungen sowie **aufeinander abgestimmte Verhaltensweisen** zur Verhinderung, Einschränkung oder Verfälschung des Wettbewerbs sind verboten [§ 1 GWB].

Von diesem Verbot sind sowohl Beschränkungen des Wettbewerbs von Marktteilnehmern auf der gleichen Wirtschaftsstufe (horizontale Beschränkungen) als auch solche von Wettbewerbern verschiedener Wirtschaftsstufen (vertikale Beschränkungen) erfasst.

- **Vereinbarungen** sind Verträge, durch die sich eine oder mehrere (natürliche oder juristische) Personen zu einem Tun oder Unterlassen verpflichten (z.B. Preise zu erhöhen, bestimmte Personengruppen nicht zu beliefern, Produktionsquoten einzuhalten). Unter das Verbot fallen mündliche oder schriftliche Vereinbarungen.
- **Beschlüsse** sind einstimmig oder mehrheitlich mit Rechtsfolgewillen getroffene Entscheidungen der zuständigen Gremien (Organe) von Unternehmensvereinigungen. Sie binden die Mitglieder der Vereinigung.
- **Abgestimmte Verhaltensweisen** sind dadurch gekennzeichnet, dass eine verbindliche Übereinkunft zwischen den sich am Markt gleichförmig verhaltenden Unternehmen fehlt. Dies kann bereits durch gegenseitige Information über ihr künftiges Marktverhalten oder die Befolgung einer Empfehlung der Fall sein. (Beispiel: Alle führenden Mineralölgesellschaften erhöhen ohne formale Absprache innerhalb weniger Tage ihre Absatzpreise.)

1 EGV: Vertrag zur Gründung der Europäischen Gemeinschaft.

Grundsätzlich verboten sind somit auch die sogenannten **Preisbindungen,** bei denen durch vertikale Vereinbarungen die Käufer daran gehindert werden, ihre Verkaufspreise selbst festzulegen.

§ 1 GWB gilt jedoch nicht für Zeitungen, Zeitschriften und Bücher (Näheres siehe § 30 GWB und § 3 BuchPrG).

Beispiel:

Die Teigwarenfabrik Mehlert GmbH in Neustadt verpflichtet ihre Abnehmer (die Lebensmitteleinzelhändler) dazu, die Mehlert-Erzeugnisse nur zu den von der Mehlert GmbH festgelegten Preise zu verkaufen.

3.4.2.2 Legalausnahme[1]

Kartelle müssen nicht bei einer **Wettbewerbsbehörde**[2] angemeldet und genehmigt werden. Vielmehr besteht ein System der Legalausnahme: Kartelle werden so lange als gesetzlich zulässig (legal) behandelt, wie sie nicht von einer Wettbewerbsbehörde oder einem Gericht als unzulässig angesehen werden.

3.4.2.3 Sonstige Ausnahmen

(1) Freigestellte Vereinbarungen

Merke:

Vom Kartellverbot des § 1 GWB **freigestellt** sind **Vereinbarungen zwischen Unternehmen, Beschlüsse von Unternehmensvereinigungen** oder **aufeinander abgestimmte Verhaltensweisen,** die unter **angemessener Beteiligung der Verbraucher** an dem entstehenden Gewinn[3] zur Verbesserung der Warenerzeugung oder -verteilung oder zur Förderung des technischen oder wirtschaftlichen Fortschritts beitragen.

Die freigestellten Kartellabsprachen dürfen lediglich solche Beschränkungen enthalten, die für die Erreichung der oben genannten Ziele unerlässlich sind. Sie dürfen den beteiligten Unternehmen nicht die Möglichkeit eröffnen, für einen wesentlichen Teil der betreffenden Waren den Wettbewerb auszuschalten (Näheres siehe § 2 GWB und Art. 81 III EGV).

(2) Mittelstandskartelle

Vereinbarungen zwischen miteinander im Wettbewerb stehenden Unternehmen und Beschlüsse von Unternehmensvereinigungen, die die Rationalisierung[4] wirtschaftlicher

---

1 Legal (lat.): gesetzlich erlaubt. Legalausnahme: Legaler Zustand, solange er nicht von einer zuständigen staatlichen oder zwischenstaatlichen Institution (z.B. Kartellbehörde, Gericht) für illegal (gesetzlich unzulässig) angesehen wird.

2 Die deutschen Wettbewerbsbehörden (Kartellbehörden) sind das **Bundeskartellamt,** das Bundesministerium für Wirtschaft und Technologie und die nach Landesrecht zuständigen obersten Landesbehörden wie z.B. das Wirtschaftsministerium.

3 Unter „Gewinn" ist hier nicht der in der Gewinn- und Verlustrechnung ausgewiesene Reingewinn zu verstehen, sondern der Vorteil der Unternehmen (z.B. Verbesserung der Produktqualität, Exportvorteile), den sie durch die Vereinbarungen, Beschlüsse und/oder abgestimmte Verhaltensweisen erlangen.

4 Ratio (lat.): Vernunft. Rationalisierung bedeutet im wirtschaftlichen (ökonomischen) Sprachgebrauch: vereinheitlichen, straffen, das Zusammenwirken der Produktionsfaktoren zweckmäßiger als bisher gestalten. Unter Rationalisierung ist demnach der Ersatz überkommener Verfahren durch zweckmäßigere und besser durchdachte zu verstehen.

Vorgänge durch zwischenbetriebliche Zusammenarbeit zum Gegenstand haben („Rationalisierungskartelle"), sind ebenfalls vom Kartellverbot nicht betroffen, wenn

- dadurch der Wettbewerb auf dem Markt nicht wesentlich beeinträchtigt wird und
- die Vereinbarung oder der Beschluss dazu dient, die Wettbewerbsfähigkeit kleinerer oder mittlerer Unternehmen, also von sogenannten **Mittelstandsunternehmen,** zu verbessern [§ 3 GWB].

Diese Regelung ist für die deutsche Wirtschaft von großer Bedeutung, denn sie lässt den mittelständischen Unternehmen bei ihren Vereinbarungen und Beschlüssen einen verhältnismäßig breiten Gestaltungsspielraum. Der **„Mittelstand"** setzt sich zusammen aus

- Kleinstbetrieben (bis 5 Beschäftigte),
- Kleinbetrieben (6 bis 19 Beschäftigte),
- kleinen mittelständischen Betrieben (20 bis 99 Beschäftigte) und
- größeren mittelständischen Betrieben (100 bis 499 Beschäftigte).

Er bildet 82 % aller Lehrlinge aus, beschäftigt 70 % aller Arbeitnehmer und tätigt 41 % aller Umsätze.

3.4.3 Missbrauchsaufsicht

Über bestehende marktbeherrschende Unternehmen besteht, unabhängig davon, ob die Marktbeherrschung durch internes oder externes Unternehmenswachstum entstand, eine Missbrauchsaufsicht durch das Bundeskartellamt.

Merke:

Eine **missbräuchliche** Ausnutzung einer **marktbeherrschenden Stellung** durch ein oder mehrere Unternehmen ist verboten [§ 19 I GWB].[1]

3.4.3.1 Formen des Missbrauchs

Ein **Missbrauch** liegt z. B. insbesondere dann vor, wenn ein marktbeherrschendes Unternehmen als Anbieter oder Nachfrager einer bestimmten Art von Waren oder gewerblichen Leistungen die Wettbewerbsmöglichkeiten anderer Unternehmen erheblich ohne sachlich gerechtfertigten Grund beeinträchtigt, Entgelte oder sonstige Geschäftsbedingungen fordert, die sich bei einem wirksamen Wettbewerb mit hoher Wahrscheinlichkeit nicht ergeben würden, oder sich weigert, einem anderen Unternehmen gegen ein angemessenes Entgelt Zugang zu den eigenen Netzen oder anderen Infrastruktureinrichtungen zu gewähren.[2] Ein Missbrauch ist auch dann gegeben, wenn es dem anderen Unternehmen aus rechtlichen oder tatsächlichen Gründen ohne die Mitbenutzung nicht möglich ist, auf dem vor- oder nachgelagerten Markt als Wettbewerber des marktbeherrschenden Unternehmens tätig zu werden (Näheres siehe § 19 IV GWB).[3]

1 Die Unternehmen haben deshalb die Möglichkeit, unmittelbar bei einem Zivilgericht zu klagen (z.B. wenn ein Unternehmen aufgrund seiner Marktstellung wesentlich überhöhte Preise verlangt). Das Bundeskartellamt oder eine andere Behörde muss somit nicht vorher tätig werden.

2 Zweck dieser gesetzlichen Regelung ist z.B., den Wettbewerb auf früheren monopolistischen Märkten dadurch zu fördern, dass bedeutende Netze bzw. Infrastrukturen wie z.B. Leitungsnetze für Strom und Nachrichten, Flughäfen und Medien grundsätzlich von allen Wettbewerbern genutzt werden können.

3 Dies gilt nicht, wenn das marktbeherrschende Unternehmen nachweist, dass die Mitbenutzung aus betriebsbedingten oder sonstigen Gründen nicht möglich oder unzumutbar ist [§ 19 IV GWB].

20 Boller-Hartmann 978-3-8120-0585-2

3.4.3.2 Begriff der Marktbeherrschung

Merke:

Marktbeherrschend ist ein Unternehmen, wenn es als Anbieter oder Nachfrager einer bestimmten Art von Waren **oder** gewerblichen Leistungen auf dem sachlich und räumlich relevanten Markt ohne Wettbewerber ist oder keinem wesentlichen Wettbewerb ausgesetzt ist **oder** im Verhältnis zu seinen Wettbewerbern eine überragende Marktstellung hat.

Marktbeherrschend **sind** z. B. zwei oder mehr Unternehmen, wenn zwischen ihnen für eine bestimmte Art von Waren oder von gewerblichen Leistungen kein wesentlicher Wettbewerb besteht (Näheres siehe § 19 II GWB).

Vermutet wird eine Marktbeherrschung, wenn ein Unternehmen einen Marktanteil von mindestens einem Drittel hat. Eine Gesamtheit von Unternehmen gilt als marktbeherrschend, wenn drei oder weniger Unternehmen zusammen einen Marktanteil von mindestens 50 % oder fünf oder weniger Unternehmen zusammen einen Marktanteil von mindestens zwei Dritteln erreichen. Diese Vermutung gilt nicht, wenn die Unternehmen z. B. nachweisen, dass sie im Verhältnis zu den übrigen Wettbewerbern keine überragende Marktstellung haben (Näheres siehe § 19 III GWB).

3.4.4 Fusionskontrolle (Zusammenschlusskontrolle)

(1) Zusammenschlüsse

Unternehmenszusammenschlüsse liegen z. B. in folgenden Fällen vor (Näheres siehe § 37 GWB):

- Erwerb des gesamten oder eines wesentlichen Teils des Vermögens eines anderen Unternehmens;
- Erwerb der unmittelbaren oder mittelbaren Kontrolle über andere Unternehmen durch Rechte, Verträge oder andere Mittel;
- Erwerb von Anteilen an einem anderen Unternehmen, wenn diese Anteile allein oder zusammen mit sonstigen, dem Unternehmen bereits gehörenden Anteilen a) 50 % oder b) 25 % des Kapitals oder der Stimmrechte des anderen Unternehmens erreichen.

(2) Anmelde- und Anzeigepflicht

Alle Unternehmenszusammenschlüsse sind **vor ihrem Vollzug** beim Bundeskartellamt anzumelden [§ 39 I GWB]. Sie unterliegen bis zur Freigabe durch das Bundeskartellamt dem **Vollzugsverbot** [§ 41 I GWB]. (Zur Ausnahme siehe § 41 II GWB.) Die zur Anmeldung verpflichteten einzelnen Unternehmen müssen in ihrer Anmeldung dem Bundeskartellamt die Form des Zusammenschlusses mitteilen. Weitere Angaben sind von den beteiligten Unternehmen z. B. zur Firma, zum Niederlassungsort, zur Art ihres Geschäftsbetriebs, zu ihren Umsatzerlösen im Inland sowie in der Europäischen Union und über ihre Marktanteile zu machen (Näheres siehe § 39 II, III GWB).

(3) Geltungsbereich der Zusammenschlusskontrolle

Die Vorschriften des GWB über die Zusammenschlusskontrolle gelten, wenn im letzten Geschäftsjahr vor dem Zusammenschluss die beteiligten Unternehmen insgesamt weltweit Umsatzerlöse von mehr als 500 Millionen EUR und mindestens ein beteiligtes Unternehmen im Inland Umsatzerlöse von mehr als 25 Millionen EUR erzielt haben [§ 35 I GWB]. (Zu den Ausnahmen siehe § 35 II, III GWB.)

(4) Verfahren der Zusammenschlusskontrolle

Die Untersagung von Unternehmenszusammenschlüssen ist grundsätzlich nur innerhalb einer Frist von 4 Monaten seit Eingang der vollständigen Fusionsanmeldung möglich (Näheres siehe § 40 GWB).

(5) Ministererlaubnis

Auf Antrag kann der Bundesminister für Wirtschaft und Technologie die Erlaubnis zu einem vom Bundeskartellamt untersagten Zusammenschluss erteilen, wenn dieser von gesamtwirtschaftlichem Vorteil ist oder durch ein überragendes Interesse der Allgemeinheit gerechtfertigt ist. Die Erlaubnis darf nur erteilt werden, wenn der Zusammenschluss die marktwirtschaftliche Ordnung nicht gefährdet [§ 42 GWB].

Von dieser Möglichkeit wurde in der Vergangenheit des Öfteren Gebrauch gemacht, wobei das Zustandekommen solcher Ausnahmegenehmigungen teilweise – wie nachfolgender Artikel verdeutlicht – zumindest im Nachhinein durchaus fragwürdig erscheint.

Fusion – nur mit Ministererlaubnis

19 Anträge zur Genehmigung von Zusammenschlüssen aus überragendem Allgemeininteresse wurden in der Zeit von 1974 bis 2006 gestellt. In sieben Fällen wurden sie – häufig mit Auflagen – erteilt. Ein Beispiel jüngeren Datums ist der Zusammenschluss der Energieversorger E.ON mit der Ruhrgas AG 2002.

Obwohl E.ON nach der Fusion von VIAG und VEBA 2000 schon als größter deutscher und zweitgrößter europäischer Energieversorger galt, wollte sich der Konzern durch die Übernahme des größten deutschen Gasanbieters, der Ruhrgas AG, fit machen für den internationalen Wettbewerb. Die Konkurrenten EnBW, RWE und Vattenfall befürchteten Wettbewerbsbehinderungen, wenn E.ON durch die Fusion größter europäischer Energiekonzern würde, die Verbraucher sorgten sich wegen möglicher Preiserhöhungen. Auch das Kartellamt und die Monopolkommission hatten den Zusammenschluss aus Sorge um eine marktbeherrschende Stellung abgelehnt.

E.ON beantragte eine Ministererlaubnis, da der Konzern ein überragendes Allgemeininteresse als gegeben ansah. Schließlich diene der Zusammenschluss der Sicherheit der Energieversorgung und der Arbeitsplätze und trage sogar zum Klimaschutz bei, auch könne im internationalen Wettbewerb nicht mehr allein der nationale Markt als Vergleichsmaßstab herangezogen werden.

Das Wirtschaftsministerium genehmigte den Zusammenschluss mit Auflagen, da kein Preisanstieg beim Gas zu erwarten sei und der Wettbewerb auf den internationalen Märkten zum Vorteil der deutschen Wirtschaft gestärkt würde. E.ON musste sich von einigen Beteiligungen an regionalen Energieanbietern trennen und zunächst 75, dann 200 Millionen Kilowattstunden an Wettbewerber abgeben. Nachdem die erste Erlaubnis wegen Verfahrensfehler zunächst zurückgezogen wurde, wurde sie wenig später – mit leicht verschärften Auflagen – erneut erteilt. Die Wettbewerber haben zwar weiter versucht, die Fusion mit gerichtlichen Verfahren zu verhindern, E.ON hat sich aber schließlich außergerichtlich mit ihnen geeinigt.

Die Angelegenheit war auch insofern delikat, als der zuständige Bundeswirtschaftsminister selbst früher Vorstandsmitglied der VEBA war. Nach seinem Ausscheiden als Minister ist er heute Vorstandsvorsitzender der RAG, an der die E.ON RAG-Beteiligungsgesellschaft – eine 100-prozentige Tochter der E.ON – mit 40 Prozent der Aktien der größte Anteilseigner ist. Der Staatssekretär, der in Vertretung die Ministererlaubnis erteilte, hat heute eine Führungsposition bei STEAG, einer Tochter der RAG.

Quelle: Informationen zur politischen Bildung Nr. 293.

(6) Bekanntmachungen

Folgende Tatbestände sind im Bundesanzeiger oder im elektronischen Bundesanzeiger bekannt zu machen *(www.ebundesanzeiger.de):*

Die Einleitung des Hauptverfahrens durch das Bundeskartellamt, Anträge auf Erteilung einer Ministererlaubnis, die Ministererlaubnis, die Ablehnung oder Änderung einer Ministererlaubnis, die Verfügungen des Bundeskartellamts über die Freigabe oder Untersagung von angemeldeten Unternehmenszusammenschlüssen und weitere wichtige, die Kartelle und Fusionen betreffende Tatbestände (Näheres siehe § 43 GWB).

(7) Sanktionen[1] zum Schutz des Wettbewerbs

Das Bundeskartellamt kann den Unternehmen und Unternehmenszusammenschlüssen ein nach den Vorschriften des GWB verbotenes Verhalten untersagen [§ 32 GWB]. Weitere Sanktionen sind die Verpflichtung zum Schadensersatz, der Unterlassungsanspruch [§ 33 GWB] sowie die Mehrerlösabschöpfung [§ 34 GWB].

Das Bußgeldverfahren bei einer Ordnungswidrigkeit (z. B. Geldbuße, gerichtliches Verfahren) ist in den §§ 81 ff. GWB geregelt. Vorschriften zu bürgerlichen Rechtsstreitigkeiten (z. B. Zuständigkeit der Landgerichte, Benachrichtigung und Beteiligung des Bundeskartellamts) enthalten die §§ 87 ff. GWB.

3.4.5 Die Bekämpfung unlauteren Wettbewerbs

Merke:

Die Bekämpfung unlauterer geschäftlicher Handlungen und somit der **Schutz** der **Mitbewerber,** der **Verbraucher** und der Interessen der **Allgemeinheit** steht im Zentrum des Gesetzes gegen den unlauteren Wettbewerb (UWG).

Das Gesetz dient dem Schutz der Verbraucher vor unlauteren geschäftlichen Handlungen und schafft einen angemessenen **Ausgleich** zwischen den **Interessen** der **Wirtschaft** und denen der **Verbraucher.**

Da es wegen des großen **„Erfinderreichtums“** der rivalisierenden Anbieter unmöglich ist, **alle** Formen unfairen Verhaltens mit Einzeltatbeständen gesetzlich festzulegen, wird in § 3 UWG eine sogenannte **Generalklausel** vorangestellt, auf deren Basis die **Rechtsprechung** Verhaltensnormen herausarbeiten kann und entscheiden muss, was als „unlauter“ im

1 Sanktionen: Zwangsmaßnahmen.

Sinne der Generalklausel zu werten ist. Das Wettbewerbsrecht ist somit zu großen Teilen **„Richterrecht"**.

§ 3 Verbot unlauterer geschäftlicher Handlungen

(1) Unlautere geschäftliche Handlungen sind unzulässig, wenn sie geeignet sind, die Interessen von Mitbewerbern, Verbrauchern oder sonstigen Marktteilnehmern spürbar zu beeinträchtigen.

Im Anschluss an die Generalklausel, welcher bei der Bekämpfung unlauterer Wettbewerbspraktiken eine tragende Rolle zukommt, werden in § 4 UWG in insgesamt elf Unterpunkten **Beispiele** unlauteren Wettbewerbs **explizit** angeführt, wobei dort **nicht erfasste** Wettbewerbshandlungen dennoch nach der Generalklausel von § 3 UWG **unzulässig** sein können. Des Weiteren enthält das Gesetz weitere wichtige **Einzeltatbestände** wie:

- **Verbot einer irreführenden geschäftlichen Handlung gem. § 5 UWG:** Zur Beurteilung, unter welchen Umständen eine geschäftliche Handlung (z.B. Werbung) als irreführend anzusehen ist, sind im Gesetz entsprechende Anhaltspunkte aufgeführt.
- **Vergleichende Werbung:** Vergleichende Werbung ist jede Werbung, die unmittelbar oder mittelbar einen Mitbewerber oder die von einem Mitbewerber angebotenen Waren oder Dienstleistungen erkennbar macht. Unter welchen Gesichtspunkten vergleichende Werbung als unlauter gilt, ist in § 6 UWG detailliert geregelt.
- **Unzumutbare Belästigungen: Unlauter im Sinne von § 3 UWG handelt, wer einen Marktteilnehmer in unzumutbarer** Weise **belästigt.** In welchen Fällen eine derartige Belästigung **anzunehmen** ist, regelt § 7 UWG.

3.5 Grenzen staatlicher Wettbewerbspolitik

Die vorgenannten Maßnahmen (Kartellkontrolle, Fusionskontrolle, Missbrauchsaufsicht und Bekämpfung unlauteren Wettbewerbs) zählen zu den wichtigsten Instrumenten des Staates, einen **funktionsfähigen** Wettbewerb als **Steuerungsprinzip einer Marktwirtschaft** zu sichern. Allerdings weist dieses Instrumentarium auch gewisse Schwächen auf, sodass der Staat nicht selten mit stumpfen Waffen seine Wettbewerbspolitik betreiben muss.

Einige Grenzen der staatlichen Wettbewerbspolitik sollen nachfolgend beispielhaft dargestellt werden:

(1) Vielzahl von Ausnahmeregelungen

Die Gesetze enthalten sehr viele Ausnahmeregelungen. So wird beispielsweise zunächst das **generelle Kartellverbot** durch die **Gruppenfreistellungsmöglichkeiten** partiell wieder **aufgehoben.** Auch bei der **Fusionskontrolle** sind die **Rechtsnormen sehr großzügig** festgelegt. So sind Fusionen **bis zur Grenze der Marktbeherrschung uneingeschränkt erlaubt,** was das Instrument der Fusionskontrolle als solches in seiner Bedeutung bereits im Vorfeld stark herabsetzt. Zudem gibt es weitere Einengungen, die das Unterbinden wettbewerbsbeschränkender Fusionen äußerst schwierig gestalten. Abgesehen von „Toleranzklauseln", die gesamtwirtschaftlich uninteressante Fusionen ausnehmen, muss die Kartellbehörde auch hier zahlreiche Ausnahmefälle zulassen. So reicht es beispielsweise aus, wenn die Unternehmen nachweisen können, dass durch die Fusion auch Verbesserungen der Wettbewerbsbedingungen eintreten, die die Nachteile der Marktbeherrschung überwiegen („Abwägungsklausel"). Selbst wenn die Kartellbehörde dennoch die Erlaubnis verweigert, besteht für die fusionswilligen Unternehmen – wie bei den Kartellen – immer noch die Möglichkeit, die Erlaubnis vom Bundeswirtschaftsminister zu erhalten.

(2) Problem der Marktabgrenzung

Bei vielen Entscheidungen spielt das Kriterium der „marktbeherrschenden" Stellung eine Rolle, wobei im Gesetz Vermutungstatbestände in Form von Marktanteilen angestellt werden, wann eine solche Stellung erreicht ist. Die Berechnung von Marktanteilen bedarf allerdings der **Festlegung eines Gesamtmarktes** als Bezugsgröße, sodass dieser zunächst abgegrenzt werden muss, was jedoch in der Praxis mit erheblichen Problemen verbunden ist.

Beispiel:

Wollen beispielsweise zwei große Brauereien fusionieren, so stellt sich die Frage, ob der Gesamtmarkt eng abzugrenzen ist (im Sinne eines Biermarktes) oder ob Bier nicht sogar im Wettbewerb zu **allen** alkoholischen Getränken steht. Eine noch weitere Abgrenzung wäre die Zugrundelegung des gesamten Getränkemarktes als Bezugsgröße, da Bier durchaus auch in Konkurrenz zu Softdrinks oder Mineralwasser steht.

Unter dem Gesichtspunkt der Globalisierung kann der relevante Markt wesentlich über den nationalen Markt hinausgehen.

(3) Problem der Operationalisierbarkeit der Rechtsbegriffe

Bei der Beurteilung von Marktbeherrschung in § 19, 2 GWB finden beispielsweise Begriffe Anwendung, die wenig präzise sind. So gelten Unternehmen als marktbeherrschend, soweit sie als Anbieter oder Nachfrager keinem **„wesentlichen"** Wettbewerb ausgesetzt sind oder wenn sie im Vergleich zu den Konkurrenten über eine **„überragende"** Marktstellung verfügen. Wie aber können diese Begrifflichkeiten zu einer objektiven Beurteilung tatsächlich ausgelegt und präzisiert werden?

(4) Schwierige Beweisführung und komplexe Rechtsvorschriften

Häufig scheitern Verfahren zum Schutz des Wettbewerbs auch an der schwierigen Beweisführung. Wie können beispielsweise Preisabsprachen zwischen den Wettbewerbern nachgewiesen werden, wenn diese auf informellem Wege durchgeführt werden?

Beispiel:

So erhöhten drei deutsche Großbanken 1979 ihre Sollzinsen am gleichen Tag um denselben Prozentsatz und wenige Tage später die Habenzinsen einheitlich. Trotz dieses Parallelverhaltens musste das Bundeskartellamt seinerzeit das Verfahren mangels Beweisen einstellen.

Zusammenfassung

- **Wettbewerb** unter Anbietern beinhaltet vor allem das **Rivalisieren um Geschäftsabschlüsse** durch Einräumen günstiger Geschäftsbedingungen.
- Der **Wettbewerb** steuert das **Marktgeschehen.**
- Die **staatliche Wettbewerbspolitik** zielt vor allem darauf ab, einen **funktionsfähigen** Wettbewerb als Steuerungsprinzip einer Marktwirtschaft zu sichern, indem sie **wettbewerbsbeschränkende Verhaltensweisen** und **unlautere Wettbewerbspraktiken** der Anbieter zu **verhindern** sucht.
- Zu den **Wettbewerbsfunktionen,** die es zu schützen gilt, zählen die **Steuerungsfunktion** und die **Anreizfunktion.**

- **Träger der Wettbewerbspolitik** sind die Kartellbehörden. Hierzu zählen auf europäischer Ebene die **EU-Kommission** und auf nationaler Ebene das **Bundeskartellamt** und die **Landeskartellämter.**
- Als **unabhängige Instanz** überwacht die **Monopolkommission** die Unternehmenskonzentration.
- Die **Welthandelsorganisation** (WTO) bemüht sich im internationalen Handel und den Abbau von Handelshemmnissen und Handelskonflikten. Mit Blick auf die **zunehmende Globalisierung** kommt dieser Organisation wachsende Bedeutung zu.
- Unter Kooperation versteht man ganz allgemein die **Zusammenarbeit** zwischen (meist wenigen) **wirtschaftlich und rechtlich selbstständigen** Unternehmen, wobei die wirtschaftliche Selbstständigkeit allerdings – je nach Form und Intensität der Kooperation – in dem Bereich der Kooperation (teilweise) aufgegeben wird.
- Unter **Konzentration** versteht man die Entstehung von Marktmacht (Monopolisierung).
- Eine Konzentration liegt vor, wenn Unternehmen **ihre rechtliche und/oder wirtschaftliche Selbstständigkeit** aufgeben.
- In einer sozialen Marktwirtschaft hat der Staat die Aufgabe, die Entstehung von **Marktmacht** zu **kontrollieren** und deren **Missbrauch** zu **verhindern,** um den **Wettbewerb** zu **sichern.**
- In der Bundesrepublik Deutschland soll mithilfe des **Gesetzes gegen Wettbewerbsbeschränkungen** die Konzentration kontrolliert werden.
- Das **Gesetz gegen Wettbewerbsbeschränkungen** enthält Vorschriften zur
  - Kartellkontrolle
  - Missbrauchsaufsicht und
  - Fusionskontrolle (Zusammenschlusskontrolle).
- Grundsätzlich verboten sind alle **Vereinbarungen** zwischen Unternehmen, **Beschlüsse** von Unternehmensvereinigungen und **abgestimmte Verhaltensweisen,** die den Wettbewerb verhindern, einschränken oder verfälschen.
- Kartelle werden so lange als gesetzlich zulässig behandelt, wie sie nicht von einer Wettbewerbsbehörde oder einem Gericht als unzulässig angesehen werden.
- Die **Bekämpfung des unlauteren Wettbewerbs** steht im Zentrum des UWG.
- Die staatliche Wettbewerbspolitik findet ihre **Grenzen** vor allem in der Vielzahl von **Ausnahmeregelungen,** dem Problem der **Marktabgrenzung** und **Operationalisierbarkeit** der Rechtsbegriffe sowie der mitunter **schwierigen Beweisführung.**

Übungsaufgaben

40 1. **Textauszug**

Fusionen bedrohen freien Markt

fo – Die Bilder gleichen sich: Shake-hands-Fotos gehen um die Welt und signalisieren, „wir werden die Zukunft ab heute gemeinsam meistern und die Konkurrenz auf die Plätze verweisen. „Kostenvorteile, **Synergieeffekte, Globalisierung** und Liberalisierung – mit diesem kurzen und einprägsamen Schlagwortkatalog werden fast alle **Fusionen** begründet.

Hilflos wirken Politik und staatliche Wettbewerbskontrolleure. Denn bei vielen großen **Zusammenschlüssen** haben die Fusionsaufseher wenig bis nichts zu melden. Ob DaimlerChrysler oder Telekom – bis auf kleine Details können die Wettbewerbshüter dieser Welt wenig ausrichten. Vor allem die langfristigen Folgen solcher Megafusionen entziehen sich ihrer gesetzlich begrenzten Zuständigkeit.

Das liegt wohl auch daran, dass die großen Deals der letzten Zeit grenzüberschreitend waren. [...]

Es gilt, den langfristigen Trend zu beobachten und sich vor allem für die Folgen einer weiter voranschreitenden **Konzentration** zu rüsten. [...]

Bis heute scheint sich aber vor allem die Politik – und nicht nur die nationale – herzlich wenig für das Thema zu interessieren. Das soll sich ändern. [...]

Der Kartellamtspräsident warnt mit Nachdruck davor, den Konzentrationsprozess zu unterschätzen. Denn im Gegensatz zu Kartellen, die zwar auch wettbewerbsfeindlich, aber in der Regel zeitlich begrenzt sind, seien Fusionen wesentlich stabiler und damit weitaus „gefährlicher".

Der Präsident hofft darauf, dass sich in absehbarer Zeit zumindest ein „Kern von Industriestaaten auf ein Fusionskontrollregime" einigt, dem sich dann weitere Staaten anschließen könnten. Diese Staaten müssten sich dann verpflichten, den von allen Beteiligten als weltmarktbeherrschend erkannten Unternehmen „den Rechtsschutz zu verweigern". Dieses Instrument reicht nach seiner Meinung weit über die Wirkung eines Bußgeldes hinaus.

Das Problem seien weniger Fusionen wie DaimlerChrysler, weil davon Länder mit einer wirksamen Wettbewerbskontrolle berührt sind. Aber man stelle sich einmal vor, zwei große Banken aus Europa und Japan schlössen sich zu einer Megabank mit Sitz auf den Bermudas zusammen. Keines der davon massiv betroffenen Länder habe dann noch einen rechtlichen Zugriff. Der Präsident des Bundeskartellamts: „Da wird's einem unbehaglich."

Quelle: Handelsblatt, Wirtschafts- und Finanzzeitung vom 10. Mai 1999, zitiert in: Deutsche Bundesbank, Auszüge aus Presseartikeln, Nr. 31 vom 10. Mai 1999, S. 19.

Aufgaben:

1.1 Erklären Sie die hervorgehobenen Begriffe!

1.2 Erläutern Sie die Begriffe Kooperation und Konzentration!

1.3 Welche Ziele verfolgen die Unternehmen durch Kooperation und Konzentration?

Der Präsident des Bundeskartellamts hält Fusionen für „gefährlicher" als Kartelle.

1.4 Erklären Sie den Begriff Kartell!

1.5 Worin kann die „Gefährlichkeit" der Konzentration bestehen?

1.6 Warum hält der Präsident des Bundeskartellamts Fusionen für „gefährlicher" als Kartelle?

In der Bundesrepublik Deutschland soll das Gesetz gegen Wettbewerbsbeschränkungen (GWB) die Konzentration kontrollieren.

1.7 Welche der Bereiche werden durch das GWB geregelt?

1.8 Warum können nationale Vorschriften zur Erhaltung des Wettbewerbs die internationale Konzentration nur in geringem Maß kontrollieren?

2. Auch die Verbraucherschutzgesetzgebung ist Teil der staatlichen Wettbewerbspolitik. Nennen Sie mindestens fünf Beispiele für Gesetze aus dem Bereich des Verbraucherschutzes!

   Lösungshinweis: Nehmen Sie gegebenenfalls Ihre Gesetzessammlung und Ihr Betriebswirtschaftslehrbuch zu Hilfe!

3. **Textauszug:**

Bus-Fusion: EU-Kommission stellt kartellrechtliche Bedenken hinten an

Mercedes darf Kässbohrer schlucken

STRASSBURG/STUTTGART/ULM (lsw). Die Europäische Kommission hat der Übernahme des angeschlagenen Ulmer Busherstellers Kässbohrer durch die Mercedes-Benz-AG (Stuttgart) zugestimmt. Die Brüsseler Wettbewerbshüter genehmigten während ihrer Sitzung in Straßburg am Dienstag den Zusammenschluss. Im Südwesten löste die Entscheidung sowohl bei den betroffenen Unternehmen als auch in der Politik Freude und Genugtuung aus.

Der zuständige Wettbewerbskommissar sagte nach der Entscheidung: „Obwohl wir kritische Bedenken hatten, waren wir von Anfang an der Meinung, dass es am besten ist, die Übernahme zu genehmigen." Trotzdem sei die Entscheidung schwierig gewesen. „Dies war ein Grenzfall. Deswegen hat es so lange gedauert." Die Entscheidung fiel nach Angaben von Experten so schwer, weil die Übernahme zwar wirtschaftlich plausibel war, sich wettbewerbsrechtlich jedoch nicht zweifelsfrei begründen ließ.

Mercedes hat im Übernahmeangebot dem Bushersteller den Fortbestand der 3200 Arbeitsplätze in Ulm bis 1998 zugesichert. Nach Gewerkschaftsangaben standen einschließlich der Arbeitsplätze bei Zulieferern in der Region sowie im Ausland rund 10000 Stellen auf dem Spiel.

Der wichtigste Grund für die positive Entscheidung der Kommission ist nach den Worten des Wettbewerbskommissars die „dynamische Entwicklung" des bisher in erster Linie deutschen Marktes hin zu einem europäischen. Obwohl Mercedes und Kässbohrer in Deutschland bisher eindeutig mit einem Marktanteil von rund 60 Prozent die Hauptspieler seien, stehe der Markt zunehmend auch ausländischen Anbietern offen.

Damit setzte sich die Ansicht des Wettbewerbskommissars durch, dass durch europaweite Ausschreibung öffentlicher Aufträge künftig die nationale Abschottung der Märkte aufgebrochen wird. Darüber hinaus entstehe auf dem EU-Markt keine zu große Konzentration, so der Kommissar. Der gemeinsame Bus-Marktanteil der beiden deutschen Produzenten in Westeuropa belaufe sich auf etwa 30 Prozent. Vor der Kommissionsentscheidung hatte bereits der beratende Ausschuss für Fusionskontrolle der EU den Zusammenschluss befürwortet.

Die EU-Entscheidung stieß in Ulm bei Kässbohrer und bei Mercedes in Stuttgart auf große Zufriedenheit. Nach den Worten des Mercedes-Chefs verfügen die beiden Unternehmen gemeinsam über die Kraft, sich im hart umkämpften europäischen Busmarkt zu behaupten. Der Kässbohrer-Pressesprecher sagte, die Mitarbeiter hätten jetzt einen sicheren Arbeitsplatz und die Kunden einen stabilen Geschäftspartner. Der stellvertretende Betriebsratsvorsitzende von Kässbohrer sagte: „Wir atmen tief durch und sind froh, dass das Gespenst der drohenden Arbeitslosigkeit gewichen ist."

Quelle: Badische Zeitung vom 15. Februar 1995.

Aufgaben:

3.1 Informieren Sie sich über die Europäische Kommission!

3.2 Welche kritischen Bedenken könnte die Kommission gegen die „Bus-Fusion" gehabt haben?

3.3 Welcher Hauptgrund veranlasste die Kommission, der Fusion zuzustimmen?

3.4 Welche positiven Aspekte der Bus-Fusion werden von den Vertretern der fusionierenden Unternehmen genannt?

4 Die wirtschaftspolitischen Ziele der sozialen Marktwirtschaft

4.1 Ziele nach dem Stabilitäts- und Wachstumsgesetz

Nach § 1 des Gesetzes zur Förderung der Stabilität und des Wachstums der Wirtschaft („Stabilitätsgesetz“) haben Bund und Länder bei ihren wirtschafts- und finanzpolitischen Maßnahmen die Erfordernisse des gesamtwirtschaftlichen Gleichgewichts zu beachten.

Merke:

Gesamtwirtschaftliches Gleichgewicht liegt vor, wenn **alle** Produktionsfaktoren vollbeschäftigt sind und sich **alle** Märkte (z. B. Arbeits-, Kredit-, Gütermärkte) ausgleichen.

Aus diesem **Oberziel** leitet das Stabilitätsgesetz [§ 1 S. 2 StabG] folgende **Unterziele (magisches Viereck)** ab:

- Stabilität des Preisniveaus,
- hoher Beschäftigungsstand,
- außenwirtschaftliches Gleichgewicht und
- stetiges und angemessenes Wirtschaftswachstum.

Die vier genannten Ziele sind **quantitative Ziele,** weil sie sich in Zahlen erfassen lassen. Zwei weitere wichtige, nicht ausdrücklich im Stabilitätsgesetz erwähnte **qualitative Ziele** sind:

- sozial verträgliche Einkommens- und Vermögensverteilung und
- Erhaltung der natürlichen Lebensgrundlagen (Umweltschutz).

Werden die quantitativen und qualitativen Ziele gleichzeitig verfolgt, so spricht man von einem **magischen Sechseck.**

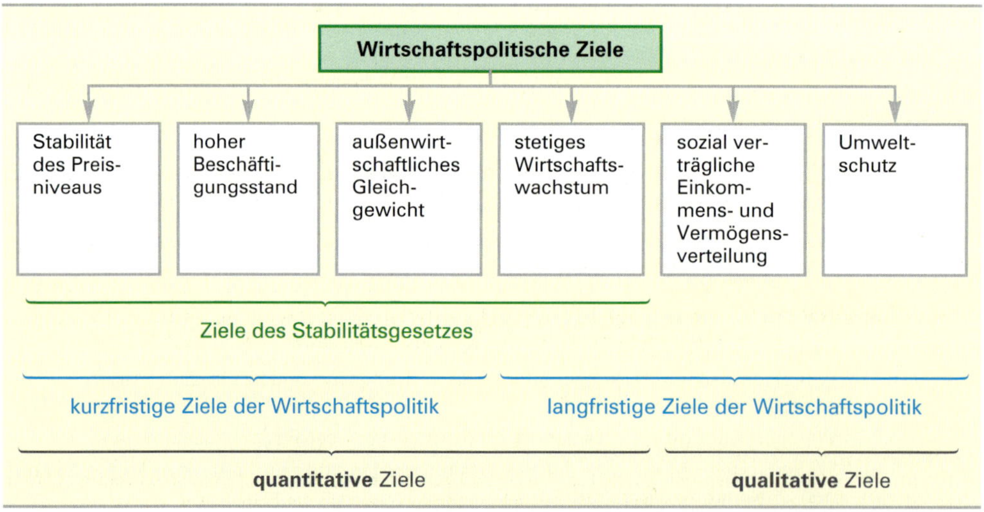

4.1.1 Stabilität des Preisniveaus

Merke:

Eine **absolute Geldwertstabilität** liegt vor, wenn sich das Preisniveau[1] überhaupt nicht verändert.

Die Preise der einzelnen Güter können sich dabei durchaus verändern. Bedingung ist jedoch, dass Preissteigerungen einzelner Wirtschaftsgüter durch die Preissenkungen anderer Wirtschaftsgüter ausgeglichen werden.

Beispiel:

Benzin wird teurer. Diese Preissteigerung wird dadurch ausgeglichen, dass Digitalkameras billiger werden. Im Durchschnitt besteht Preisstabilität.

Die Wirtschaftspolitik konnte bisher auf Dauer keine absolute Preisstabilität erreichen. Aus diesem Grund wird heute eine **relative Preisstabilität** gefordert. Dabei gelten Preissteigerungsraten von unter **2 %** bereits als großer Erfolg.

Inflationsraten[2], die über der genannten Zielvorstellung liegen, bringen erhebliche Nachteile mit sich. Die Sparer werden dann geschädigt, wenn die Inflationsraten (Preissteigerungsraten) höher als die Sparzinsen sind. Hingegen werden die Schuldner und die Eigentümer von Realvermögen (z. B. von Grundstücken, Betriebsvermögen und Anteilsrechten wie z. B. Aktien) bevorzugt. Steigt das inländische Preisniveau schneller als das ausländische, wird der Export beeinträchtigt, sodass die Arbeitsplätze in Gefahr geraten.

4.1.2 Hoher Beschäftigungsstand

Merke:

Unter **Beschäftigung** verstehen wir den Grad der Kapazitätsausnutzung einer Volkswirtschaft.

Die Beschäftigungslage in einer Volkswirtschaft beurteilt man meist an den Arbeitslosenzahlen und den offenen Stellen.

Vollbeschäftigung	Sie ist gegeben, wenn die **Arbeitslosenquote** (Anteil der Arbeitslosen an den beschäftigten Erwerbspersonen) **nicht mehr als rund 2 %** beträgt.
Überbeschäftigung	Sie liegt vor, wenn die Zahl der offenen Stellen erheblich über der Zahl der Arbeitslosen liegt.
Unterbeschäftigung	Sie ist gegeben, wenn die Arbeitslosenquote höher als rund 2 % ist und die Zahl der offenen Stellen niedriger als die Arbeitslosenzahl ist.

1 Preisniveau: gewogener Durchschnitt aller Güterpreise.

2 **Inflationsraten**: Preissteigerungsraten (prozentuale durchschnittliche Preissteigerungen in Bezug auf das Vorjahr). Unter Inflation (lat. Aufblähung) versteht man eine lang anhaltende und starke Steigerung des Preisniveaus.

Eine einheitliche Berechnungsformel für die Arbeitslosenquote gibt es nicht. Die Bundesagentur für Arbeit verwendet in Anlehnung an die Berechnung der EU-Arbeitslosenquote folgende Berechnungsmethode:

$$\textbf{Arbeitslosenquote} = \frac{\text{Arbeitslosenzahl} \cdot 100}{\text{Anzahl der Erwerbspersonen}}$$

Unter **Erwerbspersonen** sind die selbstständigen und die unselbstständigen Erwerbspersonen **zuzüglich der Arbeitslosen** zu verstehen. Demnach besteht die Zahl der abhängigen Erwerbspersonen aus den abhängig Beschäftigten **und** den Arbeitslosen.

Zu den wichtigsten **Problemen der Unterbeschäftigung** innerhalb einer Volkswirtschaft zählen:

- Drohende Arbeitslosigkeit bewirkt einen **Rückgang der Nachfrage.**
- Die **Steuereinnahmen** des Staates **gehen zurück,** sodass dieser seine Aufgaben nicht mehr in vollem Umfang erfüllen kann.
- Die **Familien** der Arbeitslosen kommen in **finanzielle Schwierigkeiten,** sodass die sozialen Probleme zunehmen.
- Sinkende Beitragseinnahmen der **Sozialversicherungsträger** und zugleich steigende Ausgaben (z.B. der Arbeitslosenversicherung), steigende Lohnnebenkosten der Unternehmen durch Erhöhung der Beitragssätze, dadurch Gefährdung der internationalen Wettbewerbsfähigkeit, Verschärfung einer bestehenden Arbeitslosigkeit.
- **Soziale Konflikte** können sich verstärken (z.B. Radikalisierung).

Die Probleme bei Unterbeschäftigung zeigen, dass eine der wichtigsten Aufgaben der Wirtschaftspolitik die Sicherung eines hohen Beschäftigungsstands ist.

4.1.3 Außenwirtschaftliches Gleichgewicht

Merke:

Unter **außenwirtschaftlichem Gleichgewicht** versteht man den mittelfristigen Ausgleich der Zahlungsbilanz.

Die Zahlungsbilanz ist die Gegenüberstellung aller in Geld messbaren Transaktionen (Bewegungen, Übertragungen) zwischen In- und Ausland. Sind die Zahlungsströme ins Inland größer als die Zahlungsströme ins Ausland, spricht man von Zahlungsbilanzüberschuss. Sind die Zahlungsströme vom Inland ins Ausland größer als die Zahlungsströme vom Ausland ins Inland, handelt es sich um ein Zahlungsbilanzdefizit. Im ersten Fall liegt eine **aktive Zahlungsbilanz,** im zweiten eine **passive Zahlungsbilanz** vor.

Da die Hauptursachen von **Zahlungsbilanzungleichgewichten** meistens in einem anhaltenden **Missverhältnis von Importen und Exporten** liegen, wollen wir uns auf die Wirkungen von Export- bzw. Importüberschüssen beschränken.

Exportüberschüsse	Exportüberschüsse führen zu **Devisenüberschüssen,**[1] weil die Exporteure die eingenommenen Devisen in der Regel bei den Banken in Binnenwährung umtauschen. Die Banken wiederum refinanzieren sich bei der Zentralbank. Somit steigt der Geldumlauf in der Binnenwirtschaft. Bei bestehender Vollbeschäftigung steigt das Preisniveau („importierte Inflation").[2]
Importüberschüsse	Importüberschüsse haben die gegenteilige Wirkung. Die Importeure zahlen die Importe entweder in Binnen- oder in Fremdwährung. Wird in Binnenwährung gezahlt, tauschen die im Devisenausland ansässigen Exporteure ihre Erlöse in ihre eigene Währung um. Wird in Fremdwährung gezahlt, müssen die Importeure die benötigten Devisen im eigenen Währungsgebiet kaufen. In beiden Fällen **schrumpft der Devisenvorrat** der Binnenwirtschaft: Die Zahlungsbilanz wird passiv. Die abnehmende Geldmenge bremst zwar den Preisauftrieb, gefährdet aber die Arbeitsplätze.

4.1.4 Stetiges und angemessenes Wirtschaftswachstum

(1) Begriff Wirtschaftswachstum

Merke:

Ein **Wirtschaftswachstum** liegt vor, wenn die Leistungsfähigkeit der Volkswirtschaft, also ihre Kapazität, zugenommen hat.

Das Wirtschaftswachstum ist in allen Wirtschaftsordnungen ein wesentliches Ziel der Wirtschaftspolitik, denn nur dann, wenn die Produktion wirtschaftlicher Güter schneller als die Bevölkerung wächst, kann der materielle Lebensstandard pro Kopf der Bevölkerung erhöht werden. Wirtschaftliches Wachstum ist umso wichtiger, je geringer der Entwicklungsstand und damit der Lebensstandard einer Volkswirtschaft ist.

Schwieriger als der Begriff des stetigen Wirtschaftswachstums ist der Begriff des **angemessenen Wirtschaftswachstums** zu bestimmen, denn was unter „angemessen" zu verstehen ist, kann nur politisch entschieden werden. Derzeit würde ein jährliches Wirtschaftswachstum von 3 % im Bundesdurchschnitt als großer wirtschaftspolitischer Erfolg gewertet werden.

Bedingungen des quantitativen Wirtschaftswachstums

- ausreichend zur Verfügung stehende Rohstoff- und Energiequellen (Ressourcen);
- hohe Sparrate, die hohe Investitionen ermöglicht;
- gute Ausbildung der arbeitenden Bevölkerung („Know-how");
- ausgebaute Infrastruktur;
- optimistische Zukunftserwartungen der Wirtschaftssubjekte;
- sicherer (steigender) Absatz mit angemessenen Unternehmensgewinnen.

1 **Devisen:** Zahlungsmittel (z. B. Schecks und Überweisungen) in Fremdwährung.

2 Weil bei Exportüberschüssen gegenüber Fremdwährungsländern der Geldumlauf im eigenen Währungsgebiet steigt und dort zugleich das Güterangebot sinkt, spricht man auch vom **doppelt inflationären Effekt** der **Exportüberschüsse.**

(2) Grenzen des Wirtschaftswachstums

Die Bedingungen des Wirtschaftswachstums machen zugleich seine möglichen Grenzen sichtbar: Die **Rohstoff- und Energievorräte** der Erde sind begrenzt, die **Bevölkerungszahl** der hoch industrialisierten Länder stagniert oder schrumpft und die **Umweltbelastung** durch Schadstoffe nimmt zu. Hinzu kommt, dass in den industriellen „Wohlstandsgesellschaften" die materiellen Grundbedürfnisse weitgehend befriedigt sind.

4.2 Weitere Ziele

4.2.1 Sozial verträgliche Einkommens- und Vermögensverteilung

(1) Zielsetzung

Das wirtschafts- und sozialpolitische Ziel einer sozial verträglichen Einkommens- und Vermögensverteilung läuft darauf hinaus, die Einkommen und Vermögen in Zukunft gleichmäßiger unter die großen sozialen Gruppen der Arbeitnehmer einerseits und der Selbstständigen („Unternehmer") einschließlich der sonstigen Vermögensbesitzer andererseits zu verteilen.

Merke:

Sozial verträgliche Einkommenspolitik ist bestrebt, die **Lohnquote** (Anteil der Arbeitnehmer am Gesamteinkommen) **zu erhöhen.**

Das Ziel einer sozial verträglichen Einkommensverteilung hängt eng mit der Vermögensverteilung zusammen. Dies ist einmal deswegen der Fall, weil die Bezieher hoher Einkommen leichter Vermögen bilden können als die Bezieher niedrigerer Einkommen, zum anderen aber auch deshalb, weil die Eigentümer der Produktionsfaktoren Boden und Kapital auch die Bodenrente (Fruchtertrag, Miete, Pacht) und den Kapitalzins beziehen. Haushalten mit viel Vermögen fließen damit entsprechend hohe Einkommen zu.

Die konkrete Ausgestaltung dieses staatlichen Eingreifens im Rahmen der Verteilungspolitik ist allerdings eng mit der Frage nach einer **„gerechten"** Verteilung verknüpft.

Merke:

Eine Antwort darauf, welche Einkommens- und Vermögensverteilung als gerecht anzusehen ist, lässt sich **objektiv** nicht geben. Schließlich ist Gerechtigkeit ein **Empfinden** und als solche nicht **absolut** messbar.

Eine gerechte Einkommens- und Vermögensverteilung wäre demzufolge allenfalls dann realisiert, wenn **alle** Wirtschaftssubjekte einer Gesellschaft ihre relative Einkommens- und Vermögensposition als gerecht ansehen. Eine derartige Zieldefinition dürfte allerdings in der Realität nicht zu erreichen sein.

Vor diesem Hintergrund werden andere Bezugsgrößen einer „gerechten" Verteilung herangezogen. Zu den grundsätzlichen **Bezugsgrößen einer gerechten Verteilung** werden Bedarf und Leistung angesehen, woraus sich folgende **Verteilungsprinzipien** ableiten lassen:

Leistungsprinzip	Es besagt, dass jeder das Einkommen (und somit auch Vermögen) erhalten soll, das dem Wert des von ihm erbrachten Beitrages innerhalb des Produktionsprozesses entspricht.
Bedarfsprinzip	Bei diesem Prinzip wird die Stellung der Wirtschaftssubjekte als Konsumenten betont. Ausgangspunkt bildet die Überlegung, dass die Wirtschaftssubjekte zu ihrer physischen und kulturellen Existenz einer ausreichenden Menge an Güter bedürfen. Die Umsetzung dieses Verteilungsprinzips erfordert zweifelsohne die größte Umverteilung staatlicherseits. Allerdings gibt es bis heute noch keinen Konsens über eine einheitliche Verteilungsnorm nach dem Bedarfsprinzip.

Wenn also das wirtschaftspolitische Ziel einer „gerechten" Einkommens- und Vermögensverteilung inhaltlich **nicht verbindlich festgelegt** werden kann, so besteht doch heute weitgehend Einigkeit darüber, dass die personalen Einkommensunterschiede, wie sie sich als Ergebnis des Marktprozesses bilden, durch Umverteilung verringert werden sollen. Das **Ziel der Verteilungspolitik** besteht demzufolge primär darin, zu einer **gleichmäßigeren Verteilung** von Einkommen und Vermögen innerhalb einer Gesellschaft beizutragen.

Welches Verständnis bezüglich der **sozialen Gerechtigkeit** innerhalb der Bevölkerung aktuell vorherrscht, verdeutlicht nachfolgendes Umfrageergebnis.

Umfrage: Soziale Gerechtigkeit		
„Welche dieser drei Definitionen von sozialer Gerechtigkeit halten Sie für zutreffend?"		
Soziale Gerechtigkeit ist, wenn der Staat darauf achtet, ...		TNS Forschung für den SPIEGEL vom 16. und 17. Oktober 2007, 1000 Befragte; an 100 fehlende Prozent: „weiß nicht/keine Angabe".
... dass alle die gleichen Chancen für Ihre Entwicklung haben, zum Beispiel bei Schulbildung und beruflicher Ausbildung, dann aber jeder selbst sehen muss, was er daraus macht.	... dass für alle Bürger, unabhängig von Ihren Leistungen, ein menschenwürdiges Dasein gesichert und ein Abgleiten in die Armut verhindert wird.	... dass es keine allzu großen Unterschiede in den Einkommens- und Lebensbedingungen der Menschen gibt und das, was die Gesellschaft erwirtschaftet, einigermaßen gleichmäßig verteilt wird.
trifft zu 85 %	trifft zu 79 %	trifft zu 52 %
14 % trifft nicht zu	19 % trifft nicht zu	48 % trifft nicht zu

Quelle: Der Spiegel Nr. 43/2007.

Einen Einblick in die aktuelle Einkommenssituation privater Haushalte in der Bundesrepublik Deutschland gibt nachfolgende Übersicht.

Durchschnittlich fließen den Haushalten in Deutschland monatlich 3471 Euro an Einkünften und Transferzahlungen zu. Davon bleiben nach Abzug der Steuern und Sozialabgaben 2706 Euro netto. Zieht man davon lebensnotwendige Ausgaben für Miete, Strom, Heizung, Lebensmittel und Möbel ab, bleiben den Haushalten im Durchschnitt noch 1345 Euro zur freien Verfügung, also weniger als die Hälfte des Nettoeinkommens. Alleinerziehende sind im bundesweiten Durchschnitt am schlechtesten gestellt: Sie haben unter dem Strich noch knapp 31 % ihres Nettolohns – das sind 578 Euro – in der Tasche. Noch schlechter ergeht es nur noch Arbeitslosen mit knapp 24% des Nettoeinkommens und Studenten mit rund 21 %. Auf der Sonnenseite stehen dagegen Paare ohne Nachwuchs: Ihnen bleiben über 53% vom Nettoeinkommen. Die im Auftrag des Finanzdienstleisters AWD erstellte Studie bestätigt weiterhin die bereits bekannten Gefälle zwischen West und Ost sowie Süd und Nord: Den bayerischen Haushalten bleibt durchschnittlich 1631 Euro ihres Nettoeinkommens. Die Haushalte in Mecklenburg-Vorpommern bilden mit 869 Euro das Schlusslicht im Vergleich der Bundesländer.

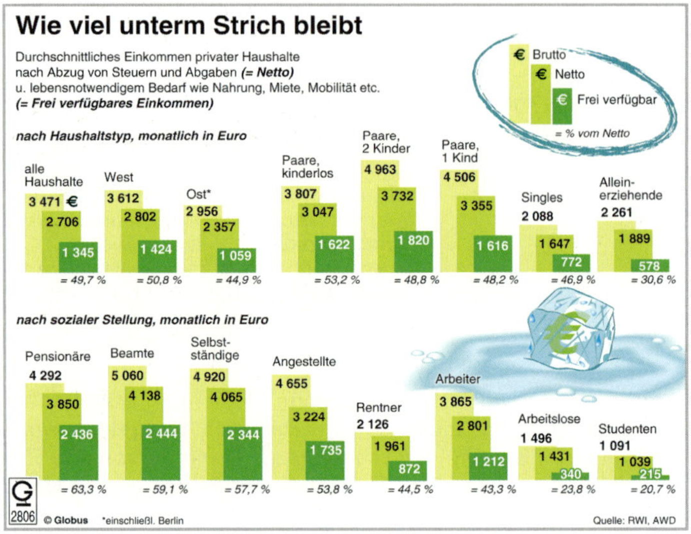

(2) Träger der Umverteilungspolitik

Träger der Umverteilungspolitik sind der **Staat** und die **Sozialpartner** (Gewerkschaften und Arbeitgeberverbände).

Die Verfolgung des Ziels einer sozial verträglichen Einkommensverteilung ist für die Regierung der Bundesrepublik Deutschland deswegen schwierig, weil Tarifautonomie besteht, d.h., weil die Sozialpartner (Tarifpartner) das Recht haben, die Arbeitsentgelte selbstständig und ohne staatliche Einmischung zu vereinbaren. Dennoch verbleiben dem Staat eine Reihe von **wirtschafts- und sozialpolitischen Maßnahmen** vor allem vermögenspolitischer Art. Hierzu gehören die **Einführung eines Investivlohns** (Gewinnausschüttungen an Arbeitnehmer, die im eigenen oder in fremden Unternehmen investiert werden), der **Kombilohn** (bei niedrigen Löhnen stockt der Staat den Lohn auf) und **Sparförderungsmaßnahmen.** Hinzu kommt die **Steuerpolitik,** mit deren Hilfe die **Einkommen umverteilt** werden: Hohe Einkommen werden überproportional hoch, niedrigere Einkommen nur gering oder überhaupt nicht direkt besteuert **(Steuerprogression).**

Dass die mit der staatlichen Umverteilung über Steuern angestrebte **soziale Gerechtigkeit** je nach Betroffenheit des Einzelnen als mehr oder weniger gerecht empfunden wird und somit rein subjektiver Natur ist, verdeutlicht nachfolgende Geschichte.

Eine Steuerfabel

Es waren einmal 10 Männer, die jeden Tag miteinander zum Essen gingen und die Rechnung für alle zusammen betrug jeden Tag genau 100,00 Euro. Die Gäste zahlten ihre Rechnung wie wir unsere Steuern und das sah ungefähr so aus:

Vier Gäste (die Ärmsten) zahlten nichts. Der Fünfte zahlte 1,00 Euro. Der Sechste 3,00 Euro. Der Siebte 7,00 Euro. Der Achte 12,00 Euro. Der Neunte 18,00 Euro. Der Zehnte (der Reichste) zahlte 59,00 Euro.

Das ging eine ganze Zeitlang gut. Jeden Tag kamen sie zum Essen und alle waren zufrieden. – Bis der Wirt Unruhe in das Arrangement brachte, indem er vorschlug, den Preis für das Essen um 20,00 Euro zu reduzieren. „Weil Sie alle so gute Gäste sind!" Wie nett von ihm. Jetzt kostete das Essen für die 10 nur noch 80,00 Euro, aber die Gruppe wollte unbedingt beibehalten, so zu bezahlen, wie wir besteuert werden. Dabei änderte sich für die ersten vier nichts, sie aßen weiterhin kostenlos. Wie sah es aber mit den restlichen sechs aus? Wie konnten sie die 20,00 Euro Ersparnis so aufteilen, dass jeder etwas davon hatte? Die sechs stellten schnell fest, dass 20,00 Euro geteilt durch sechs Zahler 3,33 Euro ergibt. Aber wenn sie das von den einzelnen Teilen abziehen würden, bekämen der fünfte und der sechste Gast noch Geld dafür, dass sie überhaupt zum Essen gehen. Also schlug der Wirt den Gästen vor, dass jeder ungefähr prozentual so viel weniger zahlen sollte wie er insgesamt beisteuere. Er setzte sich also hin und begann das für seine Gäste auszurechnen. Heraus kam Folgendes:

Der fünfte Gast, ebenso wie die ersten vier, zahlte ab sofort nichts mehr (100% Ersparnis). Der Sechste zahlte 2,00 Euro statt 3,00 Euro (33% Ersparnis). Der Siebte zahlte 5,00 statt 7,00 Euro (28% Ersparnis). Der Achte zahlte 9,00 statt 12,00 Euro (25% Ersparnis). Der Neunte zahlte 14,00 statt 18,00 Euro (22% Ersparnis). Und der Zehnte (der Reichste) zahlte 50,00 statt 59,00 Euro (15% Ersparnis).

Jeder der sechs kam günstiger weg als vorher und die ersten vier aßen immer noch kostenlos. Aber als sie vor der Wirtschaft noch mal nachrechneten, war das alles doch nicht so ideal wie sie dachten. „Ich hab' nur 1,00 Euro von den 20,00 Euro bekommen!", sagte der sechste Gast und zeigt auf den zehnten Gast, den Reichen. „Aber er kriegt 9 Euro!" „Stimmt!" rief der Fünfte. „Ich hab' nur 1,00 Euro gespart und er spart neunmal so viel wie ich." „Wie wahr!" rief der Siebte. „Warum kriegt er 9,00 Euro zurück und ich nur 2,00? Alles kriegen mal wieder die Reichen!" „Moment mal," riefen da die ersten vier aus einem Munde. „Wir haben überhaupt nichts bekommen. Das System beutet die Ärmsten aus!" Und wie aus heiterem Himmel gingen die neun gemeinsam auf den Zehnten los und verprügelten ihn.

Am nächsten Abend tauchte der zehnte Gast nicht zum Essen auf. Also setzten die übrigen 9 sich zusammen und aßen ohne ihn. Aber als es an der Zeit war, die Rechnung zu bezahlen, stellten sie etwas Außerordentliches fest: Alle zusammen hatten nicht genügend Geld, um auch nur die Hälfte der Rechnung bezahlen zu können! Und wenn sie nicht verhungert sind, wundern sie sich noch heute.

Quelle: Autor unbekannt.

4.2.2 Erhaltung einer lebenswerten Umwelt

Angesichts der immer weiter um sich greifenden Umweltzerstörung wurde 1994 der Umweltschutz durch Einfügung von Artikel 20a in das Grundgesetz als Staatsziel mit Verfassungsrang erhoben.

Art. 20a [Schutz der natürlichen Lebensgrundlagen] Der Staat schützt auch in Verantwortung für die künftigen Generationen die natürlichen Lebensgrundlagen und die Tiere im Rahmen der verfassungsmäßigen Ordnung durch die Gesetzgebung und nach Maßgabe von Gesetz und Recht durch die vollziehende Gewalt und die Rechtsprechung.

Wird in den Zielkatalog einer sozialen Marktwirtschaft das Ziel des Umweltschutzes aufgenommen, müssen – ebenso wie dies zur Erreichung sozialer Ziele erforderlich ist – **staatliche Eingriffe** erfolgen, die die Marktbedingungen so verändern, dass Nachfrage und Angebot in der gewünschten Weise gelenkt werden. **Marktkonforme Maßnahmen** müssen hierbei die Regel, **marktkonträre Maßnahmen** die Ausnahme bilden.

Die **wirtschaftlichen Folgen** der Umweltpolitik sind Beschäftigungsrückgänge in den umweltbelastenden Wirtschaftszweigen und positive Beschäftigungseffekte in den Umweltschutzindustrien. Viele Wirtschaftswissenschaftler sind der Meinung, dass die positiven Beschäftigungseffekte überwiegen, d.h., dass langfristig der Umweltschutz kein „Jobkiller" ist.

Kurzfristig führt der Strukturwandel in bestimmten Bereichen sicher zu sozialen Härten, die der Staat – also die Allgemeinheit – ausgleichen muss.

4.3 Mögliche Zielkonflikte

Die Forderung, dass die Wirtschaftspolitik gleichzeitig Vollbeschäftigung, Preisniveaustabilität (Geldwertstabilität), außenwirtschaftliches Gleichgewicht und stetiges Wirtschaftswachstum anzustreben habe, ist leicht zu erheben, aber schwierig zu erfüllen.

Je nach Ausgangslage besteht **Zielharmonie** oder **Zielkonflikt.**

(1) Zielharmonie

Von **Zielharmonie** spricht man, wenn bestimmte wirtschaftspolitische Maßnahmen der Erreichung mehrerer Ziele dienlich sind.

Beispiel:

Unternehmen investieren nicht, um Arbeitsplätze zu schaffen. Unternehmen investieren nur, wenn es sich lohnt, wenn also die Geschäftserwartungen gut sind und Gewinne in Aussicht stehen. Es gibt somit eine enge Verknüpfung von Konjunkturlage, Investitionsklima und Arbeitsplätzen. Läuft es mit der Wirtschaft reibungslos und sind zufriedenstellende Überschüsse zu erwarten, dann stecken die Unternehmen auch mehr Geld in neue Maschinen, Anlagen und Gebäude. Dann wächst – allerdings mit einer gewissen zeitlichen Verzögerung – auch die Zahl der Arbeitsplätze. In der Flaute dagegen, wenn die Betriebe sparen und ihre Investitionslust schwindet, gehen in der Regel auch Arbeitsplätze verloren.

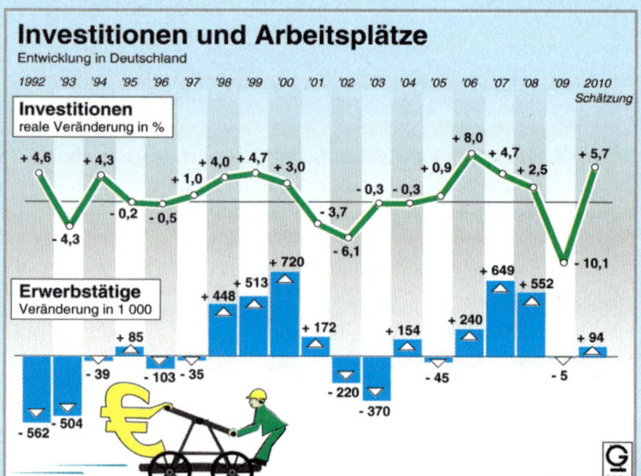

(2) Zielkonflikte

Ein **Zielkonflikt** liegt vor, wenn die Ergreifung einer bestimmten Maßnahme die Wirtschaft zwar einem Ziel näher bringt, sie dafür aber von anderen Zielen entfernt.

Die Realität hat gezeigt, dass es bei der Verfolgung eines noch nicht realisierten Ziels häufig zu unerwünschten Veränderungen bei den anderen Zielen kommt. Beispielhaft sollen im Folgenden einige Zielkonflikte zwischen den wirtschaftspolitischen Zielen dargestellt werden.

Fall 1: Eine Volkswirtschaft ist unterbeschäftigt

Ausgangssituation	Die Zahl der Arbeitslosen übersteigt die Anzahl der offenen Stellen; der Preisauftrieb ist gedämpft. Die Investitionsneigung der Unternehmen ist gering, weil der entsprechende Absatz fehlt. Die Steuereinnahmen des Staates reichen nicht aus, um die Staatsausgaben zu finanzieren. Die Zahlungsbilanz ist ausgeglichen.
Wirtschaftspolitische Maßnahme	Die Wirtschaft soll mithilfe von **Exportförderungsmaßnahmen** (z. B. Exportsubventionen) belebt werden.
Auswirkungen auf die wirtschaftspolitischen Ziele	Das Ziel der **Vollbeschäftigung** wird **gefördert.** Das Ziel der **Preisstabilität** ist **nicht gefährdet,** weil die unterbeschäftigte Wirtschaft zunächst zu konstanten Preisen anbieten kann. Durch die Exportförderung entsteht jedoch ein Exportüberschuss und damit ein Zahlungsbilanzungleichgewicht, d. h., das Ziel des **außenwirtschaftlichen Gleichgewichts wird verletzt.**

Fall 2: Eine Volkswirtschaft ist vollbeschäftigt

Ausgangssituation	Das Preisniveau steigt verhältnismäßig schnell; die Staatseinnahmen decken die Ausgaben, sodass auch die Parlamente ausgabefreudig sind. Es bestehen Zahlungsbilanzüberschüsse.
Wirtschaftspolitische Maßnahme	Die Inflationsrate soll durch **Ausgabenkürzungen des Staates** gesenkt werden.
Auswirkungen auf die wirtschaftspolitischen Ziele	Das Ziel **Preisstabilität** wird **gefördert.** Durch die Ausgabenkürzungen des Staates nimmt die Nachfrage ab und die Beschäftigung geht zurück. Durch die Politik der Preisstabilisierung wird die **Vollbeschäftigung gefährdet.** Durch die Preisstabilität kann es außerdem zu Exportüberschüssen kommen, sodass das Ziel des **außenwirtschaftlichen Gleichgewichts nicht erreicht** werden kann.

Fall 3: Soziale Schieflage der Einkommens- und Vermögensverteilung

Ausgangssituation	Die Kräfte des Marktes haben zu einer ungerechten Einkommens- und Vermögensverteilung geführt.
Wirtschaftspolitische Maßnahme	Einführung eines Steuertarifs, der besser verdienende Einkommensbezieher stärker belastet. In Deutschland tragen 20 % der Steuerpflichtigen rund 70 % des gesamten Aufkommens an der Einkommen- bzw. Lohnsteuer. Die schlechter verdienende Hälfte der Einkommensbezieher trägt nicht einmal ein Zehntel zum Einkommensteueraufkommen. Jeder fünfte Steuerbürger braucht aus sozialen Gründen überhaupt keine Einkommen- bzw. Lohnsteuer zu zahlen.
Auswirkungen auf die wirtschaftspolitischen Ziele	Eine Änderung der Einkommens- und Vermögensverteilung ist dann am leichtesten erreichbar, wenn die Volkswirtschaft regelmäßig wächst. Dann nämlich können die Zuwächse an Vermögen und Einkommen zugunsten der Arbeitnehmer verlagert (umverteilt) werden, ohne dass die Investitionstätigkeit leidet. In einer stagnierenden Wirtschaft bei Unterbeschäftigung führen die Lohnerhöhungen lediglich zu einer Erhöhung der Stückkosten in allen Bereichen, was zu weiteren Preissteigerungen beiträgt. Zwar mag eine Lohnerhöhung bei der Konsumgüterindustrie zu höheren Umsätzen (bei steigenden Preisen) beitragen, in der Investitionsgüterindustrie wird sich jedoch der Konsumzuwachs kaum als höhere Nachfrage nach Investitionsgütern bemerkbar machen, solange die Konsumgüterindustrie selbst unterbeschäftigt ist; denn kein Unternehmen wird Erweiterungsinvestitionen vornehmen, wenn seine Kapazität ohnehin nicht ausgelastet ist. Zwischen den Zielen **„Wachstum"**, **„Preisniveaustabilität"** und **„sozial verträgliche Einkommens- und Vermögensverteilung"** können somit **erhebliche Zielkonflikte** bestehen.

Fall 4: Steigende Umweltverschmutzung

Ausgangssituation	Mit dem industriellen Wachstum steigt auch der Verschmutzungsgrad. Die Folgen sind verkürzte Lebenserwartung, Zerstörung der Erholungsgebiete, Vernichtung des ökologischen Gleichgewichts und Rückgang der land-, fisch- und forstwirtschaftlichen Produktion.
Wirtschaftspolitische Maßnahme	Der Energieverbrauch wird mit einer speziellen Öko-Steuer verteuert. Produktionsabfälle müssen fachgerecht entsorgt werden. Der Staat legt Grenzwerte für Schadstoffe in Lebensmitteln, Kosmetika, Autoabgasen usw. fest.
Auswirkungen auf die wirtschaftspolitischen Ziele	Zwischen dem wirtschaftspolitischen Ziel der **„Erhaltung einer lebenswerten Umwelt"** und dem **Wachstumsziel** besteht somit ein **unauflöslicher Zielkonflikt**, soweit sich das Wachstum auf die materielle Produktion bezieht. Wird hingegen das **Wachstum gebremst,** um die Umwelt zu schonen, geraten das **Vollbeschäftigungsziel** und eventuell das **außenwirtschaftliche Gleichgewicht in Gefahr.**

Schlussfolgerungen aus Fall 1 bis Fall 4: Es wird deutlich, dass alle wirtschafts- und sozialpolitischen Ziele miteinander zusammenhängen **(magisches Sechseck)**:[1]

Magischs Sechseck der Wirtschaftspolitik

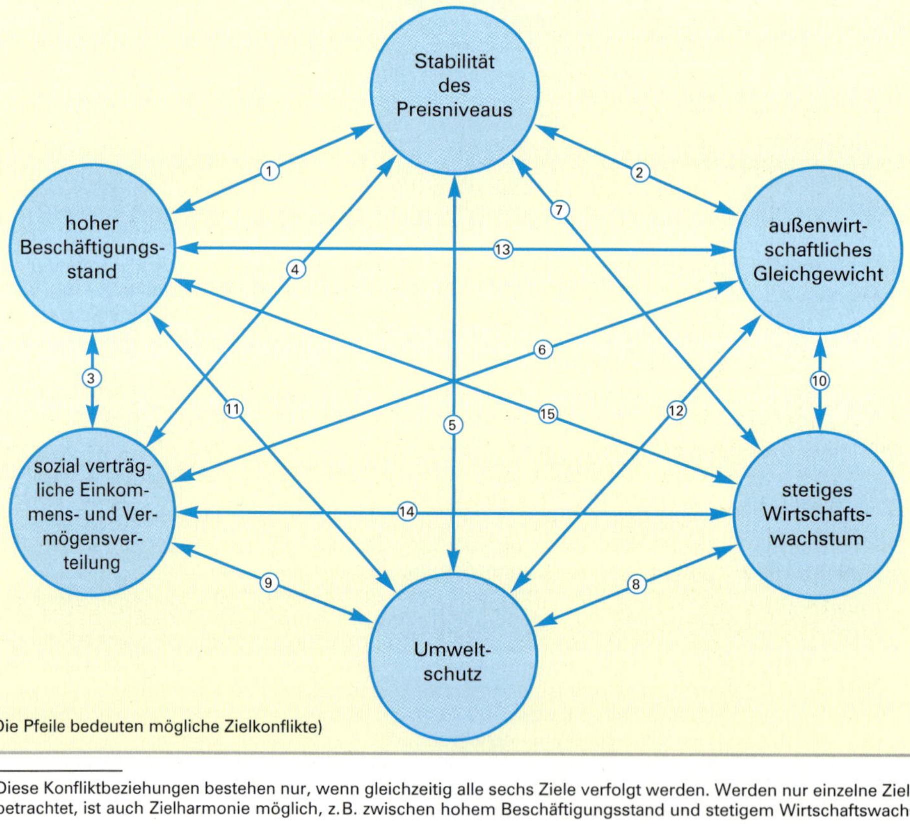

(Die Pfeile bedeuten mögliche Zielkonflikte)

1 Diese Konfliktbeziehungen bestehen nur, wenn gleichzeitig alle sechs Ziele verfolgt werden. Werden nur einzelne Zielpaare betrachtet, ist auch Zielharmonie möglich, z.B. zwischen hohem Beschäftigungsstand und stetigem Wirtschaftswachstum.

4.4 Wirtschaftspolitische Kompromisse

Da es häufig nicht möglich ist, alle wirtschaftspolitischen Ziele **gleichzeitig** zu erreichen, müssen sich die politischen Instanzen (z. B. Bundesregierung, Länderregierungen und die Europäische Zentralbank) in erster Linie mit demjenigen wirtschaftspolitischen Ziel auseinandersetzen, das am meisten gefährdet erscheint. Anders ausgedrückt: Die politischen Instanzen müssen Prioritäten[1] setzen.

Herrscht z. B. Arbeitslosigkeit, wird man versuchen, den Beschäftigungsstand zu erhöhen, selbst wenn dadurch die Preisstabilität und das außenwirtschaftliche Gleichgewicht gefährdet werden. Herrscht hingegen Inflation bei Vollbeschäftigung, wird die Wirtschaftspolitik versuchen müssen, die Preissteigerungsrate herabzudrücken, auch auf die Gefahr hin, dass Arbeitslosigkeit entsteht.

Zusammenfassung

- Unter der **Wirtschaftspolitik** versteht man die Gesamtheit der Maßnahmen, mit denen der Staat regelnd und gestaltend in die Wirtschaft eingreift.
- Die **Träger der Wirtschaftspolitik** sind die Parlamente und die Regierungen, regierungsunabhängige Institutionen (vor allem die Zentralbanken), Verbände (z. B. Gewerkschaften, Arbeitgeberverbände) sowie internationale Organisationen.
- Die wirtschaftspolitischen **Ziele des Stabilitätsgesetzes** sind:

  (1) Stabilität des Preisniveaus,
  (2) hoher Beschäftigungsstand,
  (3) außenwirtschaftliches Gleichgewicht und
  (4) stetiges und angemessenes Wirtschaftswachstum.
- Die Ziele (1) bis (3) sind kurzfristig zu erreichen. Das Ziel (4) ist ein nur langfristig zu erreichendes Ziel.
- Weitere, nicht im Stabilitätsgesetz genannten langfristigen Ziele sind

  (5) eine sozial verträgliche Einkommens- und Vermögensverteilung und
  (6) die Erhaltung der natürlichen Lebensgrundlagen.
- Soziale Gerechtigkeit ist ein **subjektives Empfinden** und als solches **nicht absolut** messbar. Als Bezugsgröße für eine gerechte Verteilung werden **Bedarf und Leistung** herangezogen und dienen als Orientierung für eine Verteilung nach dem **Leistungsprinzip** oder **Bedarfsprinzip.**
- Die Ziele (1) bis (4) bilden das sogenannte **„magische Viereck“** und die Ziele (1) bis (6) das **„magische Sechseck“,** denn man müsste ein Zauberer (Magier) sein, wenn man alle Ziele gleichzeitig erreichen könnte.
- Es gibt folgende Zielbeziehungen: Zielharmonie, Zielkonflikt und Zielindifferenz.
  - **Zielharmonie** liegt vor, wenn zwei oder mehrere Ziele mit ein und denselben wirtschaftspolitischen Maßnahmen erreicht werden können.

---

1 **Priorität:** Vorrangigkeit.

- Von einem **Zielkonflikt** spricht man, wenn mit einer wirtschaftspolitischen Maßnahme ein Ziel (oder ein Zielbündel) nur zu Lasten eines anderen Ziels (oder Zielbündels) erreicht werden kann.
- Eine **Zielindifferenz** ist gegeben, wenn durch die Verfolgung eines wirtschaftspolitischen Ziels die Erreichung anderer wirtschaftspolitischer Ziele weder negativ noch positiv beeinflusst wird.

- Da bei der Verfolgung wirtschaftspolitischer Ziele häufig Zielkonflikte bestehen, müssen die politischen Instanzen (z. B. die Regierung, die Länderregierungen, die Europäische Zentralbank) **Kompromisse** eingehen.

Übungsaufgaben

41 Bearbeiten Sie folgende Aufgaben:

1. Das Oberziel der Wirtschaftspolitik der Bundesrepublik Deutschland ist nach § 1 StabG das „gesamtwirtschaftliche Gleichgewicht". Was ist hierunter zu verstehen?
2. Welche quantitativen Ziele werden im § 1 StabG genannt?
3. Warum ist die Vollbeschäftigung ein wichtiges Ziel der Wirtschaftspolitik?
4. Unter welchen Bedingungen liegt Vollbeschäftigung vor?
5. Erklären Sie das wirtschaftspolitische Ziel „Preisniveaustabilität"!
6. Begründen Sie, warum der Staat für außenwirtschaftliches Gleichgewicht sorgen sollte!
7. Welche möglichen Zielkonflikte können zwischen den Zielen „hoher Beschäftigungsstand", „Stabilität des Preisniveaus" und „außenwirtschaftliches Gleichgewicht" bestehen?
8. Erklären Sie, was unter stetigem Wirtschaftswachstum zu verstehen ist!
9. Nennen Sie neben dem Ziel des stetigen Wirtschaftswachstums noch weitere langfristige Ziele der Wirtschaftspolitik!
10. Welche Zielkonflikte können sich zwischen dem Ziel des stetigen Wirtschaftswachstums einerseits und den kurzfristigen Zielen des „magischen Dreiecks" ergeben?
11. Die möglichen Zielkonflikte erfordern, dass der Staat wirtschaftspolitische Kompromisse schließen muss. Was heißt das?
12. Wie erklären Sie sich, dass in der Bundesrepublik Deutschland trotz Wirtschaftswachstum das Ziel eines möglichst hohen Beschäftigungsstands seit Jahren unerreichbar scheint?

42 Beurteilen Sie, ob in den nachstehenden Fällen Zielharmonie, Zielindifferenz oder Zielkonflikt besteht!

1. In einer Volkswirtschaft wirkt das „Gesetz der Massenproduktion". Die Wirtschaft ist unterbeschäftigt. Die Regierung beschließt, die Staatsausgaben (bei gleichbleibenden Einnahmen) zu erhöhen. Ihre vorrangigen wirtschaftspolitischen Ziele sind zz. der Abbau der Arbeitslosigkeit und die Preisniveaustabilität.

2. In einer mit dem Ausland stark verflochtenen Volkswirtschaft übersteigen die Exporte seit längerer Zeit die Importe. Die Wirtschaft ist unterbeschäftigt. Die Regierung beschließt die Senkung der Importzölle und die Aufhebung bisheriger Exportförderungsmaßnahmen. Ihre vorrangigen wirtschaftspolitischen Ziele sind zz. außenwirtschaftliches Gleichgewicht, Preisniveaustabilität und Vollbeschäftigung.

3. In einer vollbeschäftigten Volkswirtschaft steigen die Preise jährlich um ca. 10%. Es bestehen laufende Exportüberschüsse. Das Wirtschaftswachstum beträgt im kommenden Jahr voraussichtlich 3%. Der Grad der Umweltverschmutzung ist sehr hoch, sodass die Lebenserwartung der Bevölkerung zu sinken beginnt. Die derzeitige Einkommens- und Vermögensverteilung wird als „gerecht" empfunden.

   Die Regierung beschließt, die Grenzen weiter zu öffnen, um die Importe zu steigern. Die sechs magischen Ziele der Wirtschaftspolitik werden von der Regierung als gleichrangig betrachtet.

4. Welche Zusammenhänge drücken die nachfolgenden Abbildungen aus?

Zielbeziehungen

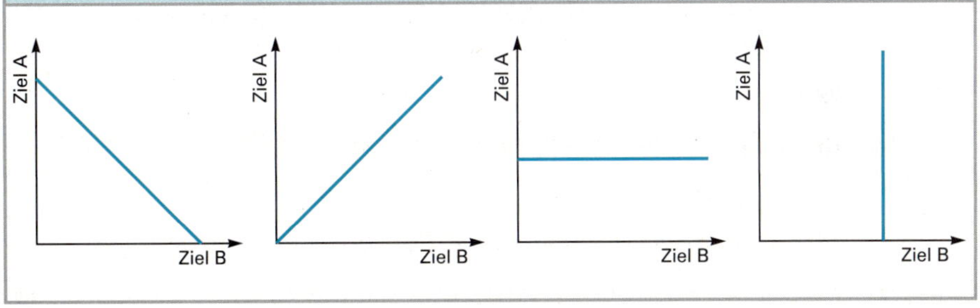

Kursthema: Die Stabilisierungsaufgaben und Stabilisierungspolitik

1 Das gesamtwirtschaftliche Gleichgewicht und mögliche Störungen

1.1 Typische Konjunkturverläufe und Konjunkturzyklen[1]

1.1.1 Abgrenzung des Konjunkturbegriffs

(1) Konjunkturschwankungen und Konjunkturverlauf

Begriff Konjunkturschwankungen

Das Phänomen[2] ist den Menschen seit jeher bekannt: Die wirtschaftliche Entwicklung vollzieht sich nicht regelmäßig, sondern in „Schwankungen". Schon die Bibel berichtet von den „sieben fetten und den sieben mageren Jahren".

Merke:

- Als **Konjunktur** bezeichnet man den Sachverhalt, dass die wirtschaftliche Entwicklung einer Volkswirtschaft in gewisser Regelmäßigkeit in mehrjährigen Auf- und Abwärtsbewegungen verläuft.
- Mittelfristige Wirtschaftsschwankungen werden als **Konjunkturschwankungen** bezeichnet. Man rechnet heute mit einer Zyklendauer von rund 4 Jahren.

Begriff und Formen des Konjunkturverlaufs

Der **Konjunkturverlauf** wird im Allgemeinen an den Schwankungen des realen Bruttoinlandsprodukts gemessen. Dabei werden **Konjunkturschwankungen** als **Abweichungen vom Trend**[3] angesehen. Der Trend stellt die langfristige Entwicklung der Kapazität (Leistungsfähigkeit) einer Volkswirtschaft, gemessen am **realen** Bruttoinlandsprodukt, dar.

In **wachsenden** Volkswirtschaften ist der Trend „nach oben" gerichtet. In **stagnierenden** (stationären) Volkswirtschaften verändert sich die gesamtwirtschaftliche Kapazität im Zeitablauf nicht („Nullwachstum"). **Schrumpfende** Volkswirtschaften weisen einen „nach unten" gerichteten Trend auf.

Beispiel:

Betrug das reale Bruttoinlandsprodukt (BIP_r) eines Landes im Jahr 01 800 Mrd. Geldeinheiten (GE) und beläuft sich die Wachstumsrate (jährliche prozentuale Zunahme des realen Brutto-

1 Zyklus: regelmäßig wiederkehrender Ablauf.

2 Phänomen: Erscheinung.

3 Trend: Entwicklungsrichtung.

inlandsprodukts) auf 4,5 %, so ergibt sich folgender Wachstumspfad, wie der Trend auch genannt wird:[1]

Jahr	BIP_r in Mrd. GE
01	800
02	836
03	874
04	913
05	954
06	997
07	1 042

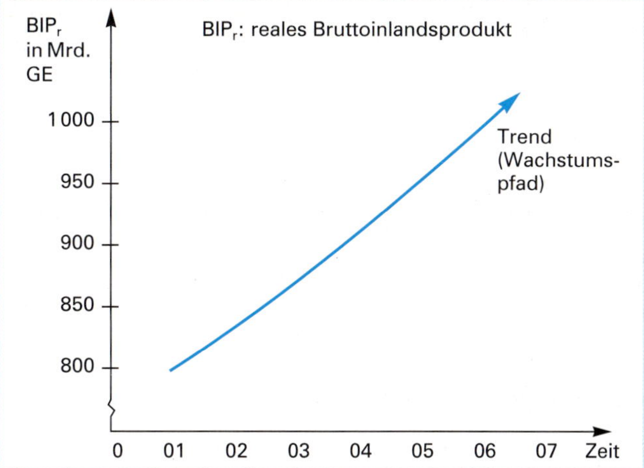

Ist die tatsächliche Leistung der Wirtschaft höher als die durch den Trend gekennzeichnete Normalleistung, herrscht **Überbeschäftigung.** Es werden z. B. Überstunden geleistet, Hausfrauen für Halbtagsbeschäftigungen geworben, Schüler und Studenten mit „Ferienjobs" beschäftigt und ausländische Arbeitskräfte eingestellt. Liegt hingegen die tatsächliche Kapazitätsausnutzung unter der Normalbeschäftigung, liegt **Unterbeschäftigung** vor (sog. **konjunkturelle Arbeitslosigkeit**).

Wie bereits gesagt wurde, werden wirtschaftliche Schwankungen üblicherweise an der Entwicklung des realen Bruttoinlandsprodukts gemessen. Da im Inlandsprodukt **alle** Wirtschaftsschwankungen erfasst werden, ist es im Einzelnen sehr schwierig, Änderungen in der Höhe des Bruttoinlandsprodukts den einzelnen Ursachen der Wirtschaftsschwankungen zuzurechnen.

So kann der Anstieg des Bruttoinlandsprodukts z. B. auf das langfristige Wachstum (den Trend), auf konjunkturelle Erscheinungen oder auf Saisonschwankungen oder auf alle drei dieser Einflussfaktoren zurückzuführen sein. In den nebenstehenden Abbildungen wird gezeigt, wie die tatsächliche Entwicklung des Bruttoinlandsprodukts durch Saison- und Konjunkturschwankungen geprägt wird.

Merke:

Um die **„reinen"** Konjunkturschwankungen zu ermitteln, müssen die Statistiker die **Saisonschwankungen** aus tatsächlichen Schwankungen des realen Bruttoinlandsprodukts **herausrechnen.**

1 In diesem Beispiel handelt es sich um ein exponentielles Wachstum, eine spezielle Art des stetigen Wachstums, weil das Bruttoinlandsprodukt von Jahr zu Jahr um den gleichen Prozentsatz zunimmt.

Zum Verständnis statistischer Darstellungen sei noch auf ein weiteres Problem aufmerksam gemacht. Konjunkturschwankungen müssen sich nämlich keineswegs in einem absolut sinkenden Bruttoinlandsprodukt bemerkbar machen. Erst wenn der Trend stagniert[1] oder gar zurückgeht, nimmt im Abschwung das reale Bruttoinlandsprodukt absolut ab: Es ergeben sich negative Änderungen des realen Bruttoinlandsprodukts (BIP_r).[2]

Auch der **Trend selbst** unterliegt **langfristigen Schwankungen,** die als „lange Wellen" bezeichnet werden. Der Begriff ist auf den Russen N. D. Kondratieff zurückzuführen, der 1926 die Theorie aufstellte, dass sich die Wirtschaft in Form „langer Wellen" fortentwickle, wobei die Dauer dieser Wellen rund 50 bis 60 Jahre beträgt. Die Ursachen dieser sogenannten **„Kondratieff-Wellen"** liegen in tief greifenden strukturellen Wandlungen der Wirtschaft, die durch technische Neuerungen hervorgerufen wurden und werden (z. B. Dampfmaschinen, Eisenbahnen, Flugzeuge, Raumfahrt, Mikroelektronik).

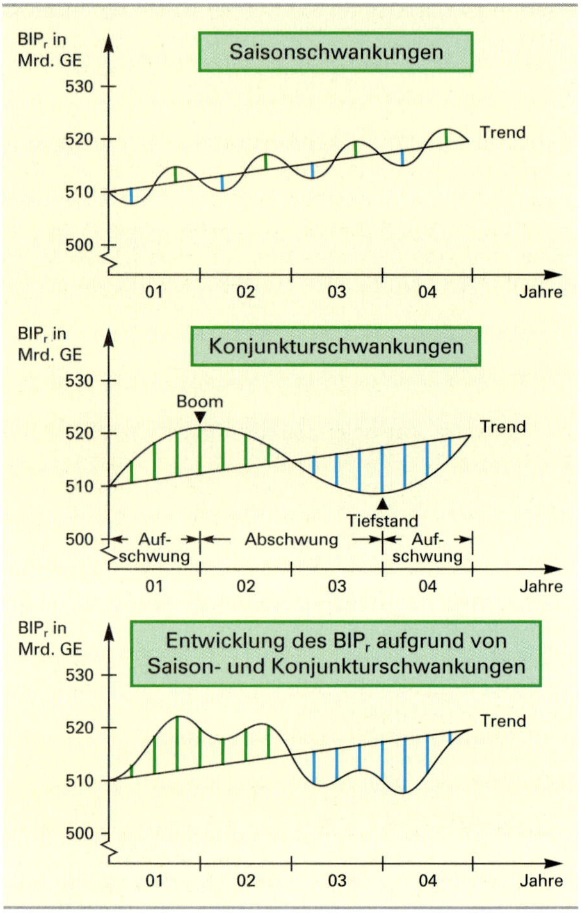

Neben den langfristigen strukturellen und den mittelfristigen konjunkturellen Schwankungen der wirtschaftlichen Aktivitäten gibt es die jahreszeitlich wiederkehrenden **saisonalen Schwankungen.** Sie haben ihre Ursachen in erster Linie im Klimawechsel der Jahreszeiten. So sind beispielsweise die Bau-, Land-, Forst- und Transportwirtschaft im Winter mehr oder weniger stark betroffen. Die Jahreszeiten beeinflussen ferner die Be-

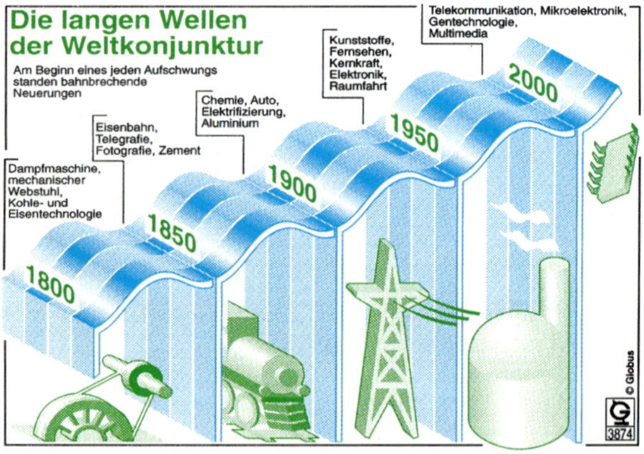

1 Stagnieren (lat.): stocken, stillstehen.
2 Absolute Zahlen: Gesamtwerte (z. B. 1 000, 1 100, 1 210). Relative Zahlen: Prozentwerte (z. B. Preissteigerungsraten, Wachstumsraten, z. B. 10 %). Die übergroßen Wachstumsraten in den ersten Perioden wurden der zeichnerischen Darstellbarkeit wegen gewählt.

kleidungs- und Getränkeindustrie sowie den Brennstoffhandel. Auch die Lage besonderer Festtage (Ostern, Weihnachten) sowie die traditionellen Ferienzeiten beeinflussen den Umsatz (die Beschäftigung) vieler Wirtschaftsbereiche (z.B. Einzelhandel, Reiseveranstalter).

Schließlich sind die konjunkturellen Schwankungen einer Volkswirtschaft auch auf die **Einflüsse der Weltkonjunktur** zurückzuführen. Dies gilt vor allem für Länder mit hohem Export- bzw. Importanteil, also für Volkswirtschaften mit starkem Außenhandel. Länder mit Außenhandel betreiben internationale Arbeitsteilung. Im Idealfall heißt das, dass die Güter auf den Weltmärkten von den Ländern angeboten werden, die sie am kostengünstigsten bereitstellen bzw. erzeugen können.

(2) Einfluss der Globalisierung auf Konjunkturschwankungen

Die moderne Ausprägung der internationalen Arbeitsteilung wird als **Globalisierung** bezeichnet. Erfolgte der Austausch von Waren, Dienstleistungen und Rechten (z.B. Lizenzen) früher in der Weise, dass der Exporteur die im Inland hergestellten Güter an den ausländischen Importeur lieferte, so lassen die Hersteller heute nicht nur im Inland, sondern auch im Ausland – also in Kundennähe – fertigen. Dies hat einen **Wettbewerb der Standorte** zur Folge. Die präzise weltweite Steuerung wird durch die hoch entwickelte Informationstechnik ermöglicht. Ein weiteres Merkmal der Globalisierung ist, dass die Übertragung von Kapital für Investitions- oder reine Anlagezwecke schneller gewachsen ist als die Weltproduktion. Nur etwa 5% aller Devisengeschäfte – so wird geschätzt – stehen in einem unmittelbaren Zusammenhang mit Zahlungsvorgängen im internationalen Waren- und Dienstleistungsverkehr.

Merke:

Globalisierung ist ein **Prozess,** durch den **Märkte und Produktion** in verschiedenen Ländern immer mehr voneinander **abhängig** werden – dank der Dynamik des Handels mit Gütern und Dienstleistungen und durch die Bewegung von Kapital und Technologie.

Dies führt nicht nur zu einer sehr ausgeprägten **internationalen Spezialisierung** der einzelnen beteiligten Länder und zu gegenseitigen **politischen Abhängigkeiten.** Vielmehr entwickelt sich auch eine **wirtschaftliche Abhängigkeit,** die sich z.B. in der konjunkturellen Verbundenheit der am Welthandel beteiligten Staaten zeigt.

Merke:

Konjunkturelle Einbrüche bei den führenden Industrieländern bewirken aufgrund des Nachfragerückgangs zwangsläufig auch Beschäftigungsrückgänge bei deren Handelspartnern und umgekehrt.

1.1.2 Ursachen für Konjunkturschwankungen

Einen Überblick über die **wichtigsten Gründe für Konjunkturschwankungen** gibt nachfolgende Übersicht.

Determinanten[1] des Konjunkturverlaufs	
Faktoren, die den Konjunkturaufschwung auslösen können:	Faktoren, die den Konjunkturabschwung auslösen können:
▪ Ausweitung des Geldangebots (Kreditangebots) durch die Zentralbank: sinkende Zinssätze – steigende Kreditnachfrage **(monetäre Theorie)**. ▪ Steigende private und staatliche Investitionsgüternachfrage **(Überinvestitionsthoerie)**. ▪ Steigende private und staatliche Konsumgüternachfrage **(Überkonsumtionstheorie)**. ▪ Steigender Außenbeitrag (Export > Import). ▪ Zahlungsbilanzüberschüsse. ▪ Optimistische Zukunftserwartungen der Wirtschaftssubjekte. ▪ Positive politische Ereignisse (z. B. Beendigung von Kriegen, Abschluss wichtiger Friedensverträge).	▪ Verknappung des Geldangebots (Kreditangebots) durch die Notenbank: steigende Zinssätze – sinkende Kreditnachfrage **(monetäre Theorie)**. ▪ Sinkende private und staatliche Investitionsgüternachfrage **(Unterinvestitionsthoerie)**. ▪ Sinkende private und staatliche Konsumgüternachfrage **(Unterkonsumtionstheorie)**. ▪ Sinkender Außenbeitrag (Export < Import). ▪ Zahlungsbilanzdefizite. ▪ Pessimistische Zukunftserwartungen der Wirtschaftssubjekte. ▪ Negative politische Ereignisse (z. B. Kriegsausbrüche, Aufstände, Generalstreiks, Terroranschläge).

1.1.3 Merkmale des Konjunkturverlaufs

(1) Überblick

Kein Konjunkturzyklus ist dem anderen gleich, denn die sozialen, technischen und wirtschaftlichen Bedingungen sind laufenden Änderungen unterworfen. Dennoch gibt es besonders hervorstechende Gemeinsamkeiten (typische Merkmale), die im Folgenden kurz erläutert werden.

Darstellung eines Konjunkturzyklus von vierjähriger Dauer

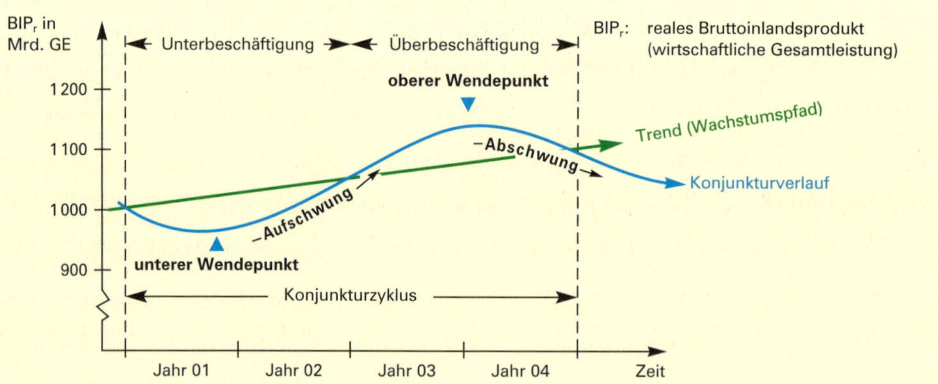

1 **Determinanten**: Ursachen, (Bestimmungs-)Gründe.

(2) Aufschwung

Der konjunkturelle Aufschwung ist durch zunehmende Kapazitätsauslastung und abnehmende Arbeitslosigkeit, sofern diese nicht strukturell bedingt ist, gekennzeichnet. Da die Unternehmen jetzt mit sinkenden Stückkosten arbeiten, bleibt trotz steigender Nachfrage nach Konsum- und Investitionsgütern das Preisniveau weitgehend stabil, sofern nicht Materialpreise und/oder Löhne unverhältnismäßig steigen. Da die Käufer von Aktien steigende Unternehmensgewinne erwarten, klettern auch die Aktienkurse in die Höhe (Effektenhausse). Zu Beginn des Aufschwungs ist der Kreditmarkt noch flüssig, d.h., die Banken besitzen genügend finanzielle Mittel zur Kreditgewährung. Somit bleiben die Zinsen noch verhältnismäßig niedrig, sieht man von möglichen Eingriffen der Zentralbank ab.

(3) Oberer Wendepunkt

Bevor die Konjunktur „umkippt", tritt die Situation der **Konjunkturüberhitzung** ein, die als **Boom** oder **Hochkonjunktur** bezeichnet wird. Auf den Kreditmärkten werden die Mittel knapp. Die Zinsen steigen. Damit beginnen die Wertpapierkurse zu sinken. Die Preissteigerungsraten erhöhen sich. Ebenso steigen die Löhne verhältnismäßig schnell, weil die Arbeitskräfte knapp sind: Die Gewerkschaften haben eine starke Stellung. Infolge der erhöhten Kosten nehmen die Unternehmergewinne ab. Die Investitionsgüternachfrage geht zurück, während die Nachfrage nach Konsumgütern noch steigt. Im Investitionsgüterbereich finden die ersten Betriebsstilllegungen und Entlassungen statt. Die **Krise (oberer Wendepunkt** des Konjunkturverlaufs) tritt ein, der Abschwung wird eingeleitet.

(4) Abschwung

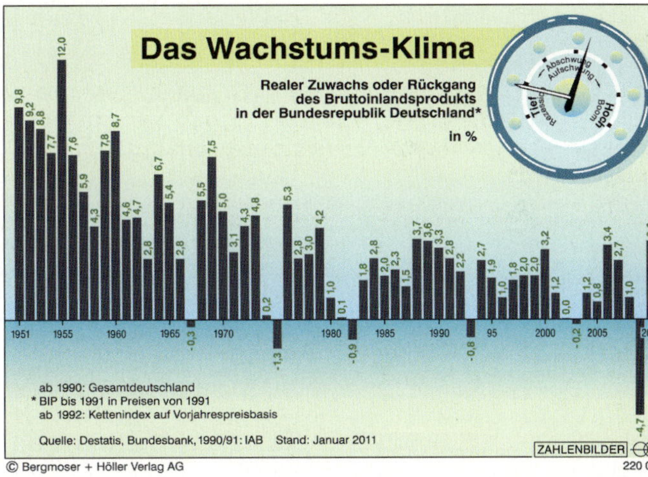

© Bergmoser + Höller Verlag AG 220 000

Die allgemeine Grundhaltung der Verbraucher und Unternehmer ist pessimistisch. Die allseits zu beobachtende Kaufzurückhaltung führt zu Umsatzeinbußen, zu weiteren Betriebsstilllegungen, Vergleichen und Insolvenzen. Die Arbeitslosenzahl steigt. Die abnehmende Kreditnachfrage führt zu sinkenden Zinssätzen. Der früher zu beobachtende Rückgang des Preisniveaus während der **Rezession,** wie heute der Abschwung auch bezeichnet wird, ist nicht mehr gegeben, weil zu viele Faktoren einen generellen Preisrückgang verhindern.[1] So steigen z.B. die Stückkosten, die Rohstoffpreise und die Löhne. (Auch in Zeiten der Unterbeschäftigung pflegen die Gewerkschaften Lohnerhöhungen durchzusetzen, wenngleich die Steigerungsraten i.d.R. niedriger als in Zeiten der Vollbeschäftigung sind.)

1 Gründe sind z.B. gewinnunabhängige Steuern, Starrheit der Löhne, langfristige Lieferverträge mit festen Preisen, hoher Fixkostenanteil an den Produktionskosten.

(5) Unterer Wendepunkt

Kommt der Abschwung zum Stillstand und beginnt sich die Konjunktur wieder zu erholen, nimmt die Nachfrage also wieder zu, ist der untere Wendepunkt – die sogenannte **Talsohle** – überschritten.

Zusammenfassender Überblick über die Konjunkturphasen								
Konjunkturphasen	**Auftragsbestände/ Produktion**	**Konjunkturelle Arbeitslosigkeit**	**Lohnentwicklung**	**Zinsen**	**Wertpapierkurse**	**Preisentwicklung**	**Sparneigung**	**Zukunftserwartungen**
■ **Aufschwung**	steigend	noch hoch	mäßige Lohnerhöhungen	noch niedrig	hoch	geringe Preissteigerungsraten	sinkend	optimistisch
■ **Boom** (Hochkonjunktur, Überkonjunktur, Überbeschäftigung)	bei Konsumgütern noch steigend, bei Investitionsgütern stagnierend oder sinkend	sinkend	kräftige Lohnerhöhungen	steigend	sinkend	hohe Preissteigerungsraten	niedrig	optimistisch
■ **oberer Wendepunkt** (Konjunkturgipfel)	bei Konsumgütern stagnierend, bei Investitionsgütern sinkend	gleichbleibend	kräftige Lohnerhöhungen („Lohnlag"[1])	hoch	niedrig	hohe Preissteigerungsraten	niedrig	abwartend bis pessimistisch
■ **Abschwung** (Rezession, Niedergang)	sinkend	steigend	mäßige Lohnerhöhungen (Inflationsausgleich), u. U. Abbau übertariflicher Leistungen	langsam sinkend	langsam steigend	abnehmende Preissteigerungsraten (auf polypolistischen Märkten u. U. sinkende, auf oligopolistischen und monopolistischen Märkten weiter steigende Preise)	steigend	pessimistisch
■ **unterer Wendepunkt** (Talsohle)	auf niedrigem Niveau verharrend	hoch	mäßige Lohnerhöhungen, geringe übertarifliche Leistungen	niedrig	hoch	geringere Preissteigerungsraten; Kosteninflation (Stagflation) jedoch möglich	hoch	abwartend oder vorsichtiger Optimismus

1 Lag (engl.): Verschiebung, Verzögerung.

(6) Depression[1]

Ein lang anhaltender Tiefstand wirtschaftlicher Aktivitäten wird als Depression oder auch als **Stagnation**[2] bezeichnet.

1.2 Konjunkturindikatoren und Kennziffern zur Konjunkturmessung

Im vorigen Kapitel haben wir das Bruttoinlandsprodukt als Maßstab verwendet, um Konjunkturschwankungen zu erfassen. Das wirtschaftliche Auf und Ab lässt sich jedoch mithilfe weiterer Größen messen. Bestimmte wirtschaftliche Erscheinungen lassen sogar Rückschlüsse auf die künftige Entwicklung zu, dienen also der Konjunkturprognose.[3]

Merke:

Daten, die den Konjunkturverlauf messen und/oder Voraussagen (Prognosen) für künftige Entwicklungen zulassen, werden als **Konjunkturindikatoren**[4] bezeichnet.

(1) Realwirtschaftliche Konjunkturindikatoren

Realwirtschaftliche[5] Konjunkturindikatoren beziehen sich vor allem auf die Güter- und Arbeitsmärkte:

Entwicklung der Arbeitslosenzahlen und offenen Stellen	Steigende Arbeitslosenzahlen und sinkende offene Stellen zeigen an, dass die Wirtschaft unterbeschäftigt ist. Die Unternehmen werden sich bei den Investitionen zurückhalten, weil sie eine stagnierende oder gar zurückgehende Konsumgüternachfrage erwarten. Die umgekehrte Reaktion tritt ein, wenn die Bundesanstalt für Arbeit eine steigende Zahl offener Stellen meldet und wenn die Arbeitslosenzahlen zurückgehen.
Entwicklung der Konsumgüternachfrage	Steigt der private Konsum (angezeigt durch steigende Einzelhandelsumsätze), ist eine positive Entwicklung des wirtschaftlichen Geschehens zu erwarten, weil in der Folge die Großhandelsumsätze und schließlich die Umsätze der Herstellerbetriebe steigen werden. Ist die Wirtschaft vollbeschäftigt, werden Preissteigerungen eintreten. Stagnierende oder sinkende Einzelhandelsumsätze bewirken das Gegenteil.
Entwicklung der Investitionsgüternachfrage	Steigt die Investitionsgüternachfrage (angezeigt durch steigende Umsätze und/oder Auftragsbestände in der Investitionsgüterindustrie), kann eine Erhöhung der Beschäftigung erwartet werden, die auch nicht ohne Einfluss auf die Arbeitsnachfrage bleiben wird. Bei Vollbeschäftigung können steigende Preise (zunächst in der Investitionsgüterindustrie) und steigende Löhne vorausgesagt werden. Sinkende Investitionsgüternachfrage lässt den gegenteiligen Schluss zu.

1 Depression (lat.): gedrückte Stimmung.

2 Stagnation (lat.): Stillstand.

3 Prognose (griech., lat.): Voraussage, Vorausschau.

4 Indikator (lat.): Anzeiger.

5 Real: wirklich; von lat. res: Sache.

Entwicklung des Außenhandels	Nimmt der Export schneller als der Import zu, ist auf eine Belebung der Konjunktur zu schließen. Eine vollbeschäftigte Wirtschaft muss mit Preissteigerungen rechnen, weil die Gesamtnachfrage (Auslands- und Inlandsnachfrage) das Gesamtangebot der Volkswirtschaft übersteigt. Steigen die Importe indessen schneller als die Exporte, ist der gegenteilige Effekt wahrscheinlich.
Entwicklung der Staatsausgaben und -einnahmen	Aus dem Staatshaushaltsplan kann entnommen werden, in welchem Verhältnis die Staatsausgaben zu den Staatseinnahmen stehen werden. Strebt der Staat große zusätzliche Konsum- oder Investitionsvorhaben an, ohne die Steuern zu erhöhen, ist eine Belebung der Wirtschaftstätigkeit wahrscheinlich. Auch in diesem Fall sind Preiserhöhungen zu erwarten, wenn die Wirtschaft vollbeschäftigt ist. Voraussichtliche Steuererhöhungen indessen können die Investitionstätigkeit der Unternehmen vermindern.
Entwicklung der Lagerbestände	Steigen die Lagerbestände der Unternehmen über das saisonal übliche Maß, so liegt offenbar Überproduktion vor. Es kann der Schluss gezogen werden, dass die Unternehmen ihre Produktion drosseln werden, was einen Konjunkturabschwung bewirken kann. Nehmen die Lagerbestände ab, ist das Gegenteil der Fall. Diese Aussage gilt jedoch nicht uneingeschränkt. Es mag nämlich sein, dass die Unternehmen ihre Lagerbestände bewusst abbauen, weil sie sinkende Umsatzzahlen erwarten, und ihre Lagerbestände aufstocken, weil ein Konjunkturanstieg eingesetzt hat.
Kapazitätsauslastung und Auftragsbestände	Steigende Auftragsbestände kündigen einen Konjunkturaufschwung an. Die Auslastung der Kapazität folgt der Entwicklung der Auftragsbestände.
Vertrauensindikatoren	Für die Beurteilung zukünftiger Entwicklungen spielen die Erwartungen der Unternehmen und der Verbraucher eine große Rolle. Nimmt das Vertrauen in eine (positive) wirtschaftliche Entwicklung zu, ist mit einer steigenden Konsum- und Investitionsgüternachfrage zu rechnen.

(2) Finanzwirtschaftliche Konjunkturindikatoren

Geldpolitik	Als Konjunkturindikator zählt auch die (vermutete) künftige Geldpolitik einer Zentralbank. Aufgrund von Zinssenkungen kann die Konjunktur belebt, aufgrund von Zinserhöhungen ein „Überschäumen" der Konjunktur verhindert werden.
Wechselkurse	Steigende Wechselkurse (Mengennotierung) verteuern die Binnenwährung. Der Export in Fremdwährungsländer wird gebremst, die Konjunktur wird negativ beeinflusst. Sinken die Wechselkurse, wird die Binnenwährung für die Devisenausländer billiger. Es ist zu erwarten, dass die Exporte steigen und die Konjunktur angekurbelt wird.

(3) Bedeutung

Voraussagen über die mutmaßliche Konjunkturentwicklung sollen Unterlagen für die Wirtschaftspolitik liefern. So kann eine Regierung ihre konjunkturpolitischen Entscheidungen – vorausgesetzt, die Prognosen stimmen – rechtzeitig treffen.

Es muss aber an dieser Stelle auf die Problematik derartiger Voraussagen hingewiesen werden. Denn wenn, wie häufig angenommen wird, die Konjunktur einen streng zyklischen Verlauf hat, braucht man keine Konjunkturvoraussagen. Andererseits ist klar, dass Vorhersagen die Wirtschaftssubjekte veranlassen, ihre Dispositionen zu ändern. Die Folge ist, dass der vorhergesagte Verlauf nicht eintreten kann, eben *weil* sich die Grundlagen der Vorhersage geändert haben.

In bestimmten Situationen kann eine Prognose auch dazu führen, dass die vorausgesagte Entwicklung durch die Prognose selbst verstärkt wird **(Selffulfilling Prophecy)**[1].

Beispiel:

Prophezeit ein Institut steigende Preise, wird die Inflation geradezu herbeigeredet, weil die Wirtschaftssubjekte veranlasst werden, jetzt zu relativ niedrigen Preisen mehr nachzufragen, wodurch die Preise erst zu steigen beginnen.

Pessimistische Voraussagen können sich auch deshalb bewahrheiten, weil durch die Voraussage der allgemeine Pessimismus erst hervorgerufen wird.

Beispiel:

Sagt ein Institut zunehmende Arbeitslosigkeit voraus, werden die Arbeitnehmer mehr sparen, um sich einen Notgroschen zurückzulegen: Die Konsumgüternachfrage stagniert oder geht zurück. Die Unternehmen investieren nur zögernd – ein Verhalten, das als **„Attentismus“**[3] bezeichnet wird –, weil sie ihre Absatzmöglichkeiten pessimistisch beurteilen.

Zusammenfassung

- Mittelfristige Schwankungen der wirtschaftlichen Aktivitäten heißen **Konjunkturschwankungen.**
- Ein **Konjunkturzyklus** dauert rund vier bis fünf Jahre.
- Vom Auf und Ab der Konjunktur sind die kurzfristigen **saisonalen Schwankungen** und die langfristigen **Kondratieff-Wellen** zu unterscheiden.
- Im Allgemeinen wird der **Konjunkturverlauf** an den Schwankungen des **realen Bruttoinlandsprodukts** gemessen.
- Der Konjunkturverlauf wird in folgende Phasen (Zeitabschnitte) eingeteilt:
  - **Aufschwung,**
  - **Boom (Hochkonjunktur)** und
  - **Abschwung.**
- Die **Konjunkturprognose** stützt sich auf die Beobachtung der Konjunkturindikatoren.
- Man unterscheidet zwischen **realwirtschaftlichen** und **finanzwirtschaftlichen Konjunkturindikatoren.**

---

1 Selffulfilling (engl.): sich selbst erfüllend; prophecy (engl.): Voraussage.

2 Attentismus: abwartende Haltung (franz. attendre: warten, abwarten).

22 Boller-Hartmann 978-3-8120-0585-2

Übungsaufgaben

43 In nebenstehender Abbildung sind die wesentlichen Phasen (Abschnitte) des typischen Konjunkturverlaufs mit den Ziffern I bis V versehen.

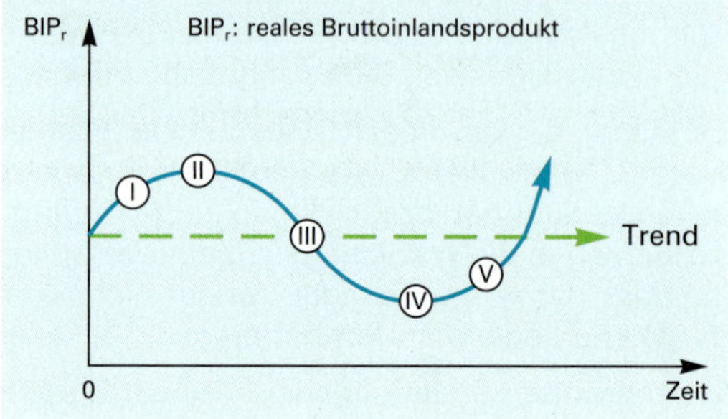

Aufgaben:

1. Erklären Sie den Begriff Konjunktur!
2. Benennen Sie die einzelnen Konjunkturphasen!
3. Beschreiben Sie kurz das Wesen der einzelnen Konjunkturphasen!
4. Welche Faktoren können den Konjunkturaufschwung auslösen? Begründen Sie Ihre Antworten!
5. Welche Faktoren können den Konjunkturabschwung auslösen? Begründen Sie Ihre Antworten!
6. **Textauszug:**

Aktienkurse und Konjunktur

Viele machen sich große Sorgen über den Preissturz an den Börsen. Wird das Ende des Booms an den Aktienmärkten Folgen für die Weltwirtschaft haben? Tatsächlich haben geplatzte Finanzblasen oft den Zusammenbruch von Produktion und Beschäftigung zur Folge.

Während eines Börsenbooms, wenn die Aktienpreise durch das starke Vertrauen der Investoren hoch getrieben werden, hilft die Börse mit, einen wirtschaftlichen **Boom** zu erzeugen. Verbraucher, die Aktien besitzen, fühlen sich reicher und kaufen mehr. Auch nehmen sie Kredite auf, um neue Wohnungen, Autos, und andere teure Güter zu kaufen.

Zudem ist es für Unternehmen einfach, Anleihen aufzunehmen oder neue Aktien auszugeben. Sie lösen damit einen Investitionsboom in der Wirtschaft aus. Die Banken gewähren Haushalten und Unternehmen zu günstigen Bedingungen Kredite, wenn sie hoch bewertete Aktien besitzen. Sie halten den Wertpapier-Reichtum für ausreichende Sicherheiten. Und ausländische Investoren bringen Geld ins Land, um sich ihren Anteil am Geschehen zu sichern.

Wenn ein Börsenboom zu Ende geht und die Preise einbrechen, kehren sich diese Verhaltensmuster um. Konsum und Investitionen sinken, ausländische Investoren ziehen sich zurück. Bankdarlehen werden knapper. Diese Faktoren bremsen die Wirtschaft ab.

Allerdings kann eine wirtschaftliche Beruhigung auch zu einer **Rezession** oder gar **Depression** werden: Zum einen kann der Einbruch der Aktienpreise wie in Japan, Mexiko und in Argentinien zu einer Bankenkrise führen. Zum anderen können Banken merken, dass sie während eines Börsensturzes ihre Forderungen nicht realisieren können. Sie dürften dann vor Zahlungsschwierigkeiten stehen und daher neue Kredite stark einschränken. In extremen Fällen bangen die Kontoinhaber um ihre Einlagen und ziehen ihr Geld ab. Dadurch wird eine Bankenkrise verschärft. Auch ausländische Investoren können sich zurückziehen. Das Land kann in eine Zahlungsbilanzkrise geraten, in der es ausländische Schulden nicht bedienen kann. Handel und Produktion werden unterbrochen …

Quelle: Sachs, J.: Der Einbruch an den Börsen führt zu keiner Depression, in: Die Welt vom 1. August 2002.

Aufgaben:

6.1 Erklären Sie die hervorgehobenen Begriffe!

6.2 Überlegen Sie, welchen Einfluss die Aktienkurse auf die Konjunktur haben können!

6.3 Überlegen Sie, welchen Einfluss die Konjunkturentwicklung auf die Aktienkurse haben kann!

6.4 Überlegen Sie sich mögliche Zusammenhänge zwischen einer von Ihnen genannten Rezessionsursache und den Folgen, die die Rezession weiter verstärken!

6.5 Nennen Sie Beispiele für „konjunkturelle Rahmenbedingungen"!

6.6 Begründen Sie, warum die Kfz-Zulassungszahlen ein Indikator für Konjunkturbewegungen sein können!

2 Die Volkswirtschaftliche Gesamtrechnung (VGR) als Datenbasis für wirtschaftspolitische Entscheidungen

Wie bereits in Kapitel 5.2 im Rahmen des Kursthemas „Die Strukturen und Prozesse einer Volkswirtschaft" ausführlich dargelegt, dient die Volkswirtschaftliche Gesamtrechnung dem Ziel, das Wirtschaftsgeschehen einer Volkswirtschaft für eine zurückliegende und daher abgeschlossene Zeitperiode quantitativ möglichst umfassend zu beschreiben. Da die einzelnen Rechnungsverfahren zur Ermittlung des realen Bruttoinlandsproduktes und des Nationaleinkommens in Kapitel 5.2 sehr detailliert aufgezeigt wurden, wird an dieser Stelle darauf verzichtet.

Merke:

Die Daten der Volkswirtschaftlichen Gesamtrechnung stellen eine **wichtige Informationsgrundlage** für die Politik dar, um konjunkturelle und wirtschaftspolitische Entscheidungen treffen zu können.

Ohne diese Daten wäre die Verabschiedung von **konjunkturpolitischen Maßnahmen** rein dem Zufall überlassen. Auch sind diese Daten ein Maßstab dafür, inwieweit die Ziele des Stabilitätsgesetzes von 1967 erreicht wurden.

Darüber hinaus sind die Daten der Volkswirtschaftlichen Gesamtrechnung auch für **weitere Entscheidungsträger** eine wichtige Basis.

- So werden Angaben wie Einkommens-, Produktivitäts- und Preisniveauentwicklungen sowohl von **Arbeitgeberverbänden** wie auch von **Gewerkschaften** für Tarifverhandlungen benötigt.
- Ebenso stellen die Daten für die geldpolitischen Entscheidungen der **Europäischen Zentralbank** eine wesentliche Säule dar.
- Zudem sind die **Forschungsinstitute** für ihre Analysen und Prognosen auf die Daten der Volkswirtschaftlichen Gesamtrechnung angewiesen.
- Nicht zuletzt benötigen **internationale Organisationen** diese Daten, u. a. für die Ermittlung der Finanzierungsbeiträge und Leistungen (z. B. Ermittlung der EU-Beiträge oder EU-Zuwendungen).

3 Die wirtschaftspolitischen Grundkonzeptionen

3.1 Begriff der Konjunkturpolitik

Wie die vorangestellten Ausführungen zum Konjunkturzyklus verdeutlicht haben, sind Volkswirtschaften im Zeitablauf durch ein **fortwährendes Auf und Ab** gekennzeichnet. Mal haben wir Zeiten starker Konjunktur mit der Folge von inflationären Preisschüben, mal haben wir zu wenig Konjunktur mit einem Anschnellen der Zahl der Arbeitslosen. Dabei weisen die Schwankungen der volkswirtschaftlichen Größen wie Preisniveau, Beschäftigung oder Höhe des Wirtschaftswachstums erstaunliche Regelmäßigkeiten auf.

Wenn wir vereinfacht von einem Gesamtmarkt für alle Güter und Dienstleistungen in einer Volkswirtschaft ausgehen, erklären sich die Konjunkturschwankungen dadurch, dass die gesamtwirtschaftliche Nachfrage im Vergleich zum – sich im Zeitablauf eventuell ebenfalls ändernden – gesamtwirtschaftlichen Angebot mal zu gering (Talsohle) und mal zu hoch (Boom) ist. Die konjunkturpolitischen Maßnahmen sollen dem entgegenwirken, indem sie auf die wichtigsten Bestimmungsgrößen des gesamtwirtschaftlichen Angebots und der gesamtwirtschaftlichen Nachfrage so einwirken, dass die zyklischen Schwankungen möglichst verschwinden.

Merke:

Unter **Konjunkturpolitik** versteht man die Summe **wirtschaftspolitischer Maßnahmen,** die darauf ausgerichtet sind, die Konjunktur zu glätten und ein möglichst gleichmäßiges, positives Wirtschaftswachstum zu erreichen.

3.2 Konjunkturpolitische Instrumente

Nach wie vor streiten sich Wirtschaftswissenschaftler und Wirtschaftspolitiker darüber, wie eine „richtige" Wirtschaftspolitik auszusehen hat. Zwei gegensätzlich scheinende Lehrmeinungen – sogenannte „Schulen" – stehen einander gegenüber. Die eine hängt der nachfrageorientierten, die andere der angebotsorientierten Konjunkturpolitik an.[1]

3.2.1 Nachfrageorientierte Konjunkturpolitik (Wirtschaftspolitik)

Die ideale Grundlage der nachfrageorientierten Konjunkturpolitik ist, wenn der Staat (genauer z.B. die Bundesregierung, die Länder und die Gemeinden) eine antizyklische[2] Finanzpolitik betreibt.

(1) Begriff antizyklische Fiskalpolitik[3]

Die echte **antizyklische Fiskalpolitik** sorgt also für einen ausgeglichenen Staatshaushalt, weil sie Mindereinnahmen und Mehrausgaben aus den Rücklagen decken kann, die in Zeiten guter Konjunktur gebildet wurden. Man spricht auch von einem **„atmenden Haushalt"**. Die antizyklische Fiskalpolitik ist im wahrsten Sinne des Wortes **Konjunkturpolitik.**

1 Nähere Erläuterungen hierzu werden in Kapitel 5 (Fiskalpolitik) gemacht.

2 Antizyklisch: dem Konjunkturzyklus entgegengesetzt.

3 Unter **„Fiskus"** versteht man heute den Staat schlechthin, insoweit er es mit Staatseinnahmen (vor allem Steuern), Staatsausgaben oder Staatsvermögen zu tun hat („Einheit von Fiskus und Staat"). Das Wort Fiskus kommt aus dem Lateinischen und bedeutet Korb, Geldkorb, Kasse. Fiskalpolitik ist somit Wirtschaftspolitik mit Geldmitteln aus der „Staatskasse".

Die „antizyklische Finanzpolitik" ist die konsequente Anwendung des von John Maynard Keynes[1] verbreiteten Gedankenguts. Nach Keynes und seinen Anhängern ist die **Einnahmen- und Ausgabenpolitik** der Regierung (d.h. die Politik des Fiskus [Fiskalpolitik]) das **Hauptmittel,** mit dem man erfolgreich lenkend in den Konjunkturverlauf eingreifen kann **(Fiskalismus).** Durch die Steigerung der Staatsausgaben und/oder durch Steuersenkungen ist der Staat in der Lage, die Wirtschaft aus einem konjunkturellen Tal herauszuführen und die Arbeitslosigkeit zu bekämpfen. Auf der anderen Seite sehen die Fiskalisten in einer Verringerung der Staatsausgaben und/oder in Steuererhöhungen Möglichkeiten, inflationäre Tendenzen zurückzudrängen.

Da sich die so angewandte Fiskalpolitik hauptsächlich auf die gesamtwirtschaftliche Nachfrage auswirkt, spricht man auch von einer **nachfrageorientierten Konjunkturpolitik.**

(2) Deficit-spending[2]

Die Regierungen (und die Parlamente) neigen dazu, in konjunkturell guten Zeiten die Mehreinnahmen auszugeben anstatt sie zu sparen, also in die Konjunkturausgleichsrücklage einzustellen. In konjunkturell schlechten Zeiten muss folglich der Staat Kredite aufnehmen, um die Konjunktur zu stützen. Man spricht von **Deficit-spending.**

Eine derartige Haushaltspolitik hat in den letzten Jahrzehnten zu einem massiven Anstieg der öffentlichen Verschuldung in Deutschland geführt. Im **Jahr 2010** stieg der Schuldenstand der öffentlichen Haushalte auf **insgesamt ca. 2,0 Billionen EUR** an. Die **Neuverschuldung** der öffentlichen Haushalte wächst nach den Berechnungen des Bundes der Steuerzahler aktuell um **2279,00 EUR pro Sekunde.**

Schließlich erreicht die Staatsverschuldung eine Höhe, die politisch und wirtschaftlich nicht mehr vertretbar ist. Die Regierungen sind gezwungen, die Staatseinnahmen (z.B. durch Steuererhöhungen) zu steigern und die Staatsausgaben zu kürzen (z.B. durch den Abbau von Subventionen und Sozialausgaben), und dies auch dann, wenn sich die Wirtschaft in einer Rezession und/oder Strukturkrise befindet. Eine übermäßige Staatsverschuldung ist das Ende staatlicher Konjunkturpolitik. Im Gegenteil: Weil gerade im Konjunkturrückgang gespart werden muss, verstärken die staatlichen Sparmaßnahmen die Rezession.

1 John Maynard Keynes, britischer Volkswirtschaftler (1883 – 1946), legte in seinem Hauptwerk „Die allgemeine Theorie der Beschäftigung, des Zinses und des Geldes" die Grundlagen der nachfrageorientierten Wirtschaftspolitik.

2 Deficit (engl.): Fehlbestand, Defizit. To spend (engl.): (Geld) ausgeben.

Zahlreiche Kannvorschriften des Stabilitätsgesetzes werden in der Bundesrepublik Deutschland seit Jahren praktisch nicht mehr angewendet. Der Hauptgrund: Regierungen und Parlamente haben es versäumt, in „guten Zeiten" (in der Hochkonjunktur) vorhandene Schulden zu tilgen und Konjunkturausgleichsrücklagen zu bilden. Wahltaktisch zahlt es sich kurzfristig besser aus, Steuersenkungen zu beschließen, Subventionen zu gewähren und überhaupt Ausgaben zu erhöhen, also „Wahlgeschenke" zu machen. Die in der Hochkonjunktur erforderliche Sparpolitik ist hingegen unpopulär (d.h. bei der Bevölkerung und bei den Verbänden unbeliebt) und daher schwer durchsetzbar.

3.2.2 Angebotsorientierte Konjunkturpolitik (Wirtschaftspolitik)

(1) Begriffe angebotsorientierte Konjunkturpolitik und Monetarismus

Die **angebotsorientierte Konjunkturpolitik** beruht auf dem **Monetarismus.**[1] Angebotsorientierte Maßnahmen können kurzfristiger Natur sein (z.B. erhöhte Abschreibungsmöglichkeiten für einen begrenzten Zeitraum). Es handelt sich dann um konjunkturpolitische Maßnahmen. Die angebotsorientierte Wirtschaftspolitik kann auch mittel- und langfristig angelegt sein (z.B. eine Reform des Steuerrechts zugunsten der Unternehmen). Auf eine Langzeitwirkung angelegte politische Entscheidungen gehören zum Bereich der Struktur- und Wachstumspolitik.

These 1	Die Monetaristen argumentieren, dass die Arbeitslosigkeit durch den Staat (genauer: durch die Regierungen) selbst verschuldet wird. Der Staat muss sich deshalb bei Eingriffen in den Wirtschaftsablauf zurückhalten, für bessere wirtschaftliche Rahmenbedingungen sorgen und den Abbau der Arbeitslosigkeit den Selbstheilungskräften des Marktes überlassen.
These 2	Es besteht eine enge Beziehung zwischen der Beschäftigung (der Entwicklung des realen Bruttoinlandsprodukts) einerseits und der Geldmenge andererseits: ■ Steigt die Geldmenge, wird über die zusätzlich finanzierte Nachfrage die Wirtschaft angekurbelt; das Inlandsprodukt steigt, die Arbeitslosigkeit nimmt längerfristig ab. ■ Wird das Geldmengenwachstum gestoppt, kann die mögliche zusätzliche Nachfrage nicht finanziert werden; die Preissteigerungsraten werden geringer; die Güterproduktion stagniert oder geht zurück. Die Arbeitslosigkeit nimmt zu.

Merke:

Aus den beiden Thesen folgt:

- Eine **Verstetigung des Geldmengenwachstums** muss auch zu einer **Verstetigung des Wirtschaftswachstums** führen.
- Die führende Rolle in der Wirtschaftspolitik muss die **Zentralbank** (Notenbank) eines Landes bzw. einer Währungsunion haben.

Die **Geldpolitik der Zentralbank** (Kapitel 4) wird ergänzt durch eine **angebotsorientierte Wirtschaftspolitik** der Regierung: Um die Beschäftigung zu erhöhen, müssen die Kosten der Unternehmen (der Anbieter) gesenkt werden.

1 **Monetär** (lat.): geldlich, das Geld betreffend. Der Monetarismus ist eine Theorie, die sich mit der Wirkung von Geldmengenänderungen befasst. Hauptvertreter des Monetarismus ist der amerikanische Nobelpreisträger Milton Friedman.

Einzelmaßnahmen bzw. -forderungen einer angebotsorientierten Wirtschaftspolitik sind z. B.:

- Gesetze, die die wirtschaftlichen Tätigkeiten der Unternehmen einschränken, sollen vereinfacht oder außer Kraft gesetzt werden (Deregulierung, „Entstaatlichung").
- Bislang öffentliche Betriebe sind zu privatisieren und in den freien Wettbewerb zu entlassen.
- Die Ansprüche auf Sozialleistungen sollen reduziert (gekürzt) werden. An ihre Stelle sollen Eigeninitiative und Selbstverantwortung treten.

Zusammenfassung

- Eine staatliche Konjunkturpolitik, die ihre Ziele durch Beeinflussung der Gesamtnachfrage zu erreichen sucht, bezeichnet man als **nachfrageorientierte Konjunkturpolitik.**
- Die nachfrageorientierte Konjunkturpolitik basiert auf der **antizyklischen Fiskalpolitik.**
- Die antizyklische Fiskalpolitik ist darauf gerichtet, in wirtschaftlich guten Zeiten (im Aufschwung und in der Hochkonjunktur) finanzielle Reserven **(Konjunkturausgleichsrücklagen)** anzulegen, um in der Rezession die erforderlichen Mittel zur Nachfragebelebung bereitstellen zu können.
- Die Überzeugung, dass der Staat in der Lage ist, durch seine Einnahmen- und Ausgabenpolitik die Wirtschaft in seinem Sinne steuern zu können, bezeichnet man als **Fiskalismus.**
- Der Fiskalismus fand in der Bundesrepublik Deutschland z. B. seinen Niederschlag im sogenannten **Stabilitätsgesetz.**
- Das Stabilitätsgesetz wird nicht mehr angewendet, weil aufgrund der hohen **Staatsverschuldung** die Regierungen nicht mehr in der Lage sind, in Zeiten des Konjunkturrückgangs die Steuern zu senken und die Ausgaben zu erhöhen.
- Eine Nachfragepolitik, die auf einen langfristig ausgeglichenen Staatshaushalt verzichtet (die in der Rezession nicht auf finanzielle Reserven zugreifen kann), nennt man **Deficit-spending.**
- Die nachfrageorientierte Wirtschaftspolitik findet ihre **Grenzen,** wenn ein Staat stark verschuldet ist. Der Grund: Die Ausweitung der Staatsausgaben in wirtschaftlich schwierigen Zeiten führt zu immer höherer Staatsverschuldung.
- Die **angebotsorientierte Konjunkturpolitik** basiert auf dem **Monetarismus.**
- Der Monetarismus ist davon überzeugt, dass sich der Staat wirtschaftspolitisch zurückhalten sollte. Nach Meinung der **Monetaristen** hat vor allem die **Zentralbank** die Aufgabe, die Wirtschaft mithilfe der Geldpolitik auf Wachstumskurs zu halten.
- Nach Auffassung der Monetaristen ist es **Aufgabe des Staates,** die Angebotsbedingungen (vor allem die Kostensituation der Unternehmen) langfristig konstant (unverändert) zu lassen oder zu verbessern. Die angebotsorientierte Wirtschaftspolitik ist mittel- und langfristig angelegt. Ihre Maßnahmen gehören deswegen zur Wachstums- und Strukturpolitik.
- Auch die Angebotspolitik findet ihre **Grenzen** in einer möglicherweise bestehenden Staatsverschuldung sowie in ihrer politischen Durchsetzbarkeit.

Übungsaufgaben

44 Setzen Sie sich mit nachfolgenden Texten auseinander!

Textauszug 1:

„Sicher ist, dass sich die nachfrageorientierte Wirtschaftspolitik auch auf das Angebot auswirkt und dass umgekehrt eine angebotsorientierte Wirtschaftspolitik nicht ohne Wirkung auf die Nachfrage bleibt."

Textauszug 2:

„Manche Fragen der Volkswirtschaftstheorie hören sich für den Praktiker so an, wie wenn jemand wissen will, ob der linke oder aber der rechte Schuh wichtiger ist. Für einen Menschen mit zwei Beinen sind selbstverständlich beide Schuhe gleich wichtig. Keine der beiden Möglichkeiten ist von vornherein völlig unwichtig, wenn man **Angebotspolitik** und **Nachfragepolitik** vergleicht und dabei die sachlogische innere Verknüpfung bedenkt. Wie es überhaupt dazu kommen konnte, die Alternativen als unvereinbar wie Feuer und Wasser zu sehen, ist unter zwei Blickrichtungen verständlich. Zum Ersten tendieren Theoretiker von Berufs wegen dazu, alles auf ein Entweder-oder hin zu analysieren. Im Entweder-oder lässt sich trefflich streiten; man kann Kontroversen austragen und dadurch in die Literatur eingehen. Zum Zweiten bringt jede Vereinfachung, die bei den ökonomisch Oberflächlichen zur einseitigen Übertreibung gerät, notwendigerweise nach einer gewissen Zeit einen überbetonten Gegenstandpunkt zum Vorschein.

Die Interdependenz nachfrageseitiger und angebotsseitiger Störungen oder Schwächen des Wachstumsprozesses ist nur sehr schwer exakt zu modellieren. Man macht also mit starken Worten und eingängigen Schlagworten auf Sachverhalte aufmerksam, die dabei zu wenig bedacht werden. Um das Jahr 1980 herum geschah dies, um einer verbreiteten Verengung des Blickes auf die aus Keynesschen Kreislaufüberlegungen oberflächlich abgeleiteten Politikempfehlungen entgegenzuwirken. Obwohl eigentlich stets Nachfrage und Angebot bei wirtschaftspolitischen Konzeptionen der Wachstumspolitik berücksichtigt werden wollen, mussten die „Fünf Weisen" 1981 mit den folgenden Ausführungen für eine stärkere Hinwendung zur so genannten **„Angebotspolitik"** werben: ‚Am meisten Skepsis begegnet die Angebotspolitik in Zeiten sehr schwacher Gesamtnachfrage. Warum sollte aufgrund verbesserter Angebotsbedingungen Produktion und Investition zunehmen, wenn es allgemein an Nachfrage mangelt? Die Nachfrage ist freilich keine Größe, die gegeben ist oder unabhängig vom Angebot entsteht. Es wird leicht aus den Augen verloren, dass in entwickelten Marktwirtschaften die Nachfrage keineswegs auch nur normalerweise einen Vorlauf gegenüber dem Angebot hat. Im Gegenteil, zu großen Teilen entwickeln sich Angebot und Nachfrage im Gleichschritt und in wichtigen Teilen des Marktgeschehens hat das Angebotshandeln einen Vorlauf. Das Angebot, das Produzieren, schafft über das Einkommen, das dabei erzielt wird, kaufkräftige Nachfrage.

Im Vorlauf ist Angebotshandeln überall dort, wo investiert, also künftige Produktion vorbereitet wird, oder wo für künftigen Bedarf Lager gehalten werden. Hier ist erwartete Nachfrage, nicht die aktuelle, in der Führungsrolle. Und es ist nicht die erwartete Nachfrageexpansion als Teil künftiger allgemeiner Nachfrageexpansion, die zählt. Es genügt, dass das einzelne Unternehmen darauf setzt, sich im Produkt- und Preiswettbewerb zusätzliche Nachfrage sichern zu können' (Sachverständigenrat 1981, S. 143)."

Quelle: Wagner, A.: Volkswirtschaft für jedermann. Die marktwirtschaftliche Demokratie, dtv, o.Jg., S. 127f.

Aufgaben:

1. Welche Wirkungen kann das Angebot auf die Nachfrage, welche Wirkungen die Nachfrage auf das Angebot ausüben?
2. Wie begründet der Verfasser bzw. der Sachverständigenrat im Text 2 den Gegensatz zwischen der Angebots- und der Nachfragepolitik?
3. Im Text 2 wird gefragt, warum aufgrund verbesserter Angebotsbedingungen Produktion und Investition zunehmen sollen, wenn es allgemein an Nachfrage mangelt. Geben Sie eine Antwort auf diese Frage!

45 Textauszug:

Ist Deficit-spending die Lösung?

Alle beschwichtigenden Rufe sind verstummt – die Lage der deutschen Wirtschaft ist unbestritten dramatisch. Landauf, landab vermelden die Unternehmen immer schlechtere Geschäftsdaten und trübere Perspektiven.

Um den Wirtschaftsmotor endlich wieder auf Touren zu bringen, sind durchgreifende Reformen besser heute als morgen erforderlich. Doch so mancher Vorschlag ist eher kontraproduktiv.[1]

Einen Fehlschuss gab jüngst auch der DGB mit seinem Plan ab, der Fiskus solle durch zusätzliches Geld aus dem Staatssäckel Investitionen und Konsum ankurbeln – und so die Wirtschaft aus dem Tal stemmen. Finanziert werde sollen die vermeintlichen Wohltaten vor allem über eine höhere Neuverschuldung.

So lieblich die gewerkschaftlichen Worte zunächst auch klingen mögen – bei näherem Hinhören bleiben doch immer mehr Misstöne im Ohr hängen. Denn in der Realität kann eine solche nachrageorientierte Strategie nicht funktionieren – aus mehreren Gründen:

1. Staat verdrängt private Nachfrage. Nach den Ideen der Gewerkschafter soll die öffentliche Hand zusätzliche Kaufkraft aus dem Hut zaubern. Die Gefahr ist aber groß, dass sie an anderer Stelle Nachfrage verschwinden lässt. Denn die Extra-Ausgaben müssen nun einmal irgendwie finanziert werden.

Geschieht dies über Steuererhöhungen, werden die Einkommen der Verbraucher oder die Gewinne der Unternehmen verringert – Konsum und Investitionen können dann noch weniger zur Wirtschaftsleistung beitragen. Macht der Staat dagegen gemäß dem Wunsch des DGB zusätzliche Schulden, kann dies zu steigenden Zinsen führen – ebenfalls mehr Wachstumskiller denn -knüller.

Zudem sind die Schulden von heute die Steuern von morgen. Entsprechend könnten sich manche Konsumenten und Investoren schon jetzt bei Anschaffungen für den Haushalt oder den Betrieb zurückhalten, um für den späteren Zugriff des Fiskus finanziell vorzusorgen.

2. Finanzpolitik ist wenig glaubwürdig. Wenn überhaupt, darf der Staat in Krisenphasen nur dann höhere Defizite zulassen, wenn er sie in besseren Zeiten wieder abbaut. Doch die Erfahrungen mit dem EU-Stabilitätspakt haben gezeigt, dass Politiker diese Regel allzu gerne missachten. Wird der Schuldenberg ständig aufgehäuft, droht er sämtliche Wachstumskräfte zu ersticken – nicht zuletzt, weil am Kapitalmarkt immer höhere Risikoprämien verlangt, also die Zinsen nach oben getrieben werden.

3. Politische Vertrauenskrise wird verschärft. Der konjunkturpolitische Aktionismus à la DGB lässt schließlich die Hoffnung der Bürger weiter schwinden, die Politik würde die wahren Wachstums- und Beschäftigungshürden endlich aus dem Weg räumen. Denn das Gewerkschaftsrezept widerspricht den Forderungen fast aller Wirtschaftsexperten, das öffentliche Auf- und Ausgabenpaket handlicher zu machen. Folgten die Politiker dem Ruf der Gewerkschaften, würden sie ihre Unfähigkeit signalisieren, diesen steinigen, aber unausweichlichen Reformweg tatsächlich zu gehen. Die ohnehin verunsicherten Verbraucher und Investoren würden dann ihre derzeitige Zurückhaltung, die die Inlandsnachfrage lähmt, wohl kaum wie gewünscht aufgeben.

Daher kann Deutschland nicht mit einer kurzfristigen Nachfragestimulierung, sondern nur mit einer nachhaltigen Stärkung der Angebotskräfte auf die Erfolgsspur zurückfinden. Dazu muss vor allem das Steuersystem effizienter gestaltet und die Belastung für Haushalte und Unternehmen gesenkt werden – was allerdings nur mit mutigen Einschnitten in den öffentlichen Etats und den Sozialversicherungen solide zu finanzieren ist. Zwar braucht eine angebotsorientierte Wirtschaftspolitik eine gewisse Zeit, um ihre Wirkungen zu entfalten. Doch auch Nachfrageprogramme wären nicht von jetzt auf gleich umzusetzen. Entscheidend ist vielmehr, dass die Politik so schnell wie möglich die Bereitschaft zeigt, die staatlichen Fesseln zu lockern und damit Wachstums- und Beschäftigungspotenziale freizusetzen.

Quelle: iwd vom 15. Mai 2003.

Aufgaben:

1. Welche Vorschläge zur Überwindung der Unterbeschäftigung macht der DGB?
2. Welches wirtschaftspolitische Konzept liegt der Gedankenwelt des DGB zugrunde?
3. Welche Folgen kann eine weitere Schuldenpolitik des Staates haben?
4. Begründen Sie, von welcher Art Fiskalpolitik im Punkt 2 des Artikels gesprochen wird!

1 Produktiv (lat.): wirksam; kontra (lat.): entgegengesetzt, dagegen; kontraproduktiv: der Wirksamkeit entgegenlaufend, sich von der Zielerreichung entfernend.

4 Geldpolitik

4.1 Geldbegriff

Die Entstehung, Arten und Funktionen des Geldes wurden bereits im Kapitel 4.4 im Rahmen des Kursthemas „Die Strukturen und Prozesse einer Volkswirtschaft" ausführlich behandelt.

4.2 Geldschöpfungsmöglichkeiten

4.2.1 Geldproduzenten

Wenn wir in den kommenden Kapiteln von „Geld" sprechen und nichts anderes gesagt wird, sind unter Geld die in der Geldmenge M1 zusammengefassten Erscheinungsformen des Geldes (Münz-, Noten- und Giralgeld) zu verstehen (Zentralbankgeldmenge). Mit „Zentralbank" bezeichnen wir eine Bank, die das alleinige Recht zur Ausgabe von Banknoten besitzt.

Merke:

Geld schöpfen (produzieren) können in der Europäischen Wirtschafts- und Währungsunion die **Mitgliedstaaten** (vertreten durch die Regierungen), die **Europäische Zentralbank** (EZB) und die **Geschäftsbanken.**

- Ein **Staat** ist Geldproduzent, weil die Regierung Münzen prägen lassen kann, die von der jeweiligen nationalen Zentralbank in Umlauf gebracht werden. Der **Münzgewinn** (der Unterschied zwischen Prägekosten und Nominalwert) fließt dem Staat zu.
- Die **Europäische Zentralbank** schafft („produziert") Notengeld (und Giralgeld), indem sie Aktiva (vor allem in Form von Forderungsrechten) erwirbt (siehe Kapitel 4.2.2 und Kapitel 4.5.2).
- Die **Geschäftsbanken (Kreditinstitute)**[1] schöpfen Geld, weil sie in der Lage sind, mehr Kredite zu gewähren, als sie an Einlagen besitzen (siehe Kapitel 4.2.3).

1 Kreditinstitute sind Unternehmen, die Bankgeschäfte betreiben, wenn der Umfang dieser Geschäfte einen in kaufmännischer Weise eingerichteten Geschäftsbetrieb erfordert. Zu den Kreditinstituten gehören z.B. die Genossenschaftsbanken, die Sparkassen, die Geschäftsbanken (z.B. Deutsche Bank AG, Commerzbank AG) und die Deutsche Postbank AG (Näheres siehe § 1 KWG und § 2 PTNeuOG).

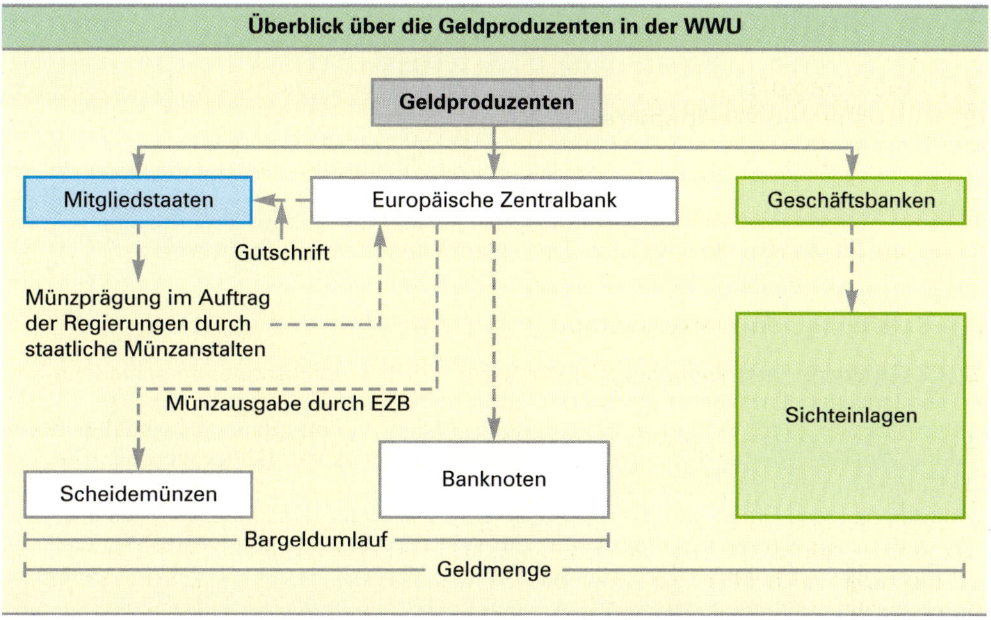

4.2.2 Geldschöpfung der Zentralbank

Zentralbanken sind Banken, die das alleinige Recht zur Banknotenausgabe besitzen. Sie werden deshalb auch als Notenbanken bezeichnet. Beispiele für Zentralbanken sind das Federal Reserve Board (die „Fed") in den USA, die Bank of England in Großbritannien oder die Europäische Zentralbank (EZB) in der WWU. Die nationalen Zentralbanken der WWU-Länder sind keine Zentralbanken (Notenbanken) in diesem Sinne. Sie sind lediglich ein Bestandteil des Europäischen Systems der Zentralbanken (ESZB).

Merke:

- Eine Zentralbank **schöpft** (produziert) Noten- bzw. Buchgeld, indem sie Aktiva (z.B. Gold, Devisen, Wertpapiere) erwirbt oder beleiht.
- Umgekehrt **vernichtet** die Zentralbank Geld, wenn sie Aktiva verkauft. Geld wird auch vernichtet, wenn Schuldner der Zentralbank (i.d.R. Kreditinstitute) ihre Verbindlichkeiten tilgen.

4.2.2.1 Möglichkeiten der Geldschöpfung und -vernichtung

(1) An- und Verkauf von Wertpapieren

Durch den Ankauf von Wertpapieren (z.B. Schuldverschreibungen von Kreditinstituten, Industrie- und Handelsunternehmen sowie der öffentlichen Hand) schöpft eine Zentralbank Geld, durch den Verkauf vernichtet sie Geld.

Der Kauf bzw. Verkauf von Wertpapieren wird von einer Zentralbank im Rahmen der sogenannten Offenmarktpolitik[1] eingesetzt (Näheres siehe Kapitel 4.5.2).

(2) Ausgabe von Wertpapieren

Verkauft (emittiert)[2] eine Zentralbank eigene Schuldverschreibungen, verringert sie die umlaufende Geldmenge; sie schöpft – wie man sagt – Liquidität[3] ab. Tilgt sie die Schuldverschreibungen oder kauft sie diese vor Fälligkeit zurück, nimmt die umlaufende Geldmenge zu. Mit anderen Worten: Die Zentralbank stellt mehr Liquidität bereit.

(3) Beleihung von Wertpapieren

Eine Zentralbank kann ihren Geschäftspartnern (i.d.R. Kreditinstitute) verschiedene Kreditmöglichkeiten (Fazilitäten)[4] gegen refinanzierungsfähige Sicherheiten anbieten. Sicherheiten sind vor allem Schuldverschreibungen, Aktien und aus Handelsgeschäften stammende Wechsel (Handelswechsel), die an die Zentralbank verpfändet werden. (Die Verpfändung erfolgt a) durch **Einigung** zwischen dem Kreditinstitut [dem Schuldner] und der Zentralbank [dem Gläubiger] darüber, dass dem Gläubiger das Pfandrecht zustehen soll und b) durch **Übergabe** des Pfands [z.B. der Wertpapiere]. Eigentümer des Pfands bleibt der Schuldner, Besitzer wird der Gläubiger.)[5]

Durch die Inanspruchnahme von Fazilitäten bei der Zentralbank wird die Geldmenge vermehrt, durch die Tilgung wird sie vermindert.

(4) An- und Verkauf von Gold und Devisen[6]

Durch den Ankauf von Gold oder Devisen schöpft eine Zentralbank Geld, durch den Verkauf vernichtet sie Geld.

Eine Zentralbank muss Devisen in Binnenwährung umtauschen, weil die Exporteure des Währungsgebiets die aus den Ausfuhren erlösten Devisen bei den Geschäftsbanken in Binnenwährung (z.B. Euro) eintauschen, um ihre Verpflichtungen (z.B. Lohnzahlungen, Steuerzahlungen, Liefererrechnungen) in der Binnenwährung erfüllen zu können. Die Geschäftsbanken refinanzieren sich bei der Zentralbank. Wird in Binnenwährung fakturiert,[7] ergibt sich letztlich der gleiche Effekt: Die gebietsfremden Importeure tauschen ihre Devisen (z.B. US-$) in Binnenwährung um (z.B. Euro), um ihre Rechnungen begleichen zu können.

Der umgekehrte Vorgang ergibt sich, wenn Waren in das eigene Währungsgebiet eingeführt (importiert) werden. In diesem Fall brauchen die Importeure Devisen, die sie sich bei den Kreditinstituten beschaffen. Diese wiederum kaufen die erforderlichen Devisen

---

1 Der Begriff **Offenmarktpolitik** ist geschichtlich zu verstehen. Er stammt aus England, wo es den offenen Markt für Staatsanleihen gab, auf dem die englische Zentralbank im Rahmen der „open market policy" mit jedermann handelte.

2 Emittieren: herausgeben.

3 Liquidität (lat.): wörtl. Flüssigkeit, hier: Zahlungsmittel, Kaufkraft.

4 **Fazilität** (lat.): Möglichkeit. Fazilität (eigentlich „Kreditfazilität") bedeutet die Möglichkeit, einen Kredit aufnehmen zu können. Einlagenfazilität ist die Möglichkeit, Geld bei einer Zentralbank anlegen zu können (Näheres siehe Kapitel 4.5.3).

5 Ein Kredit, der gegen Hinterlegung von Pfändern gewährt wird, heißt Lombardkredit. Das Wort Lombard stammt aus Italien, weil in der Lombardei bereits im Mittelalter derartige Geschäfte getätigt wurden. (Oberitalien war im Mittelalter Zentrum des europäischen Handels.)

6 Devisen sind Zahlungsmittel eines fremden Währungsgebiets. Für den Euro-Raum sind z.B. auf US-$ oder Yen lautende Zahlungsmittel (z.B. Schecks, Wechsel, Zahlungsanweisungen) Devisen.

7 Fakturieren (lat.): in Rechnung stellen. Faktura: Rechnung.

bei der Zentralbank. Wird in Binnenwährung (z.B. Euro) fakturiert, tauschen die ausländischen Exporteure ihre Erlöse in die ausländische Währung (z.B. US-$) um, um ihren Verpflichtungen nachkommen zu können.

Beispiel:

Die Bilanz einer Zentralbank weist auf der Aktivseite ihr Vermögen und auf der Passivseite den Banknotenumlauf, ihr Eigenkapital (Grundkapital und Rücklagen) sowie ihre Schulden (Verbindlichkeiten) aus.

Vereinfachte Bilanz einer Zentralbank (in Mrd. GE)

Aktiva		Passiva	
Gold	14	Banknotenumlauf	235
Devisen und sonstige Währungsreserven	115	Einlagenfazilitäten	56
Fazilitäten	62	Grundkapital und Rücklagen	12
Wertpapiere	150	Sonstige Passiva	47
Sonstige Aktiva	9		
	350		350

4.2.2.2 Vorgang der Geldschöpfung und -vernichtung durch eine Zentralbank

Der Vorgang der Geldschöpfung einer Zentralbank wird im Folgenden anhand stark vereinfachter Geschäftsfälle und Buchungen dargestellt. Die Vereinfachung besteht vor allem darin, dass die Gutschriften der Zentralbank unmittelbar in Banknoten abgerufen werden.

Beispiel:

① Eine neu gegründete Zentralbank kauft Gold im Wert von 2,8 Mrd. GE. (Buchung: Konto Gold an Konto Notenumlauf 2,8 Mrd. GE.)

Zentralbankbilanz

Aktiva		Passiva	
Gold	2,8	Banknoten-umlauf	2,8

② Die Zentralbank kauft Devisen im Wert von 3 Mrd. GE, die aus Exporterlösen der Unternehmen stammen. (Buchung: Konto Devisen an Konto Notenumlauf 3 Mrd. GE.)

Zentralbankbilanz

Aktiva		Passiva	
Gold	2,8	Banknoten-umlauf	5,8
Devisen	3,0		

③ Die Zentralbank kauft Wertpapiere im Wert von 4 Mrd. GE. (Buchung: Konto Wertpapiere an Konto Notenumlauf 4 Mrd. GE.)

Zentralbankbilanz

Aktiva		Passiva	
Gold	2,8	Banknoten-umlauf	9,8
Devisen	3,0		
Wertpapiere	4,0		

④ Die Zentralbank verkauft Wertpapiere im Wert von 0,7 Mrd. GE. (Buchung: Konto Notenumlauf an Konto Wertpapiere.)

Aktiva	Zentralbankbilanz		Passiva
Gold	2,8	Banknotenumlauf	9,1
Devisen	3,0		
Wertpapiere	3,3		

⑤ Die Zentralbank beleiht Wertpapiere im Wert von 1,5 Mrd. GE. (Buchung: Konto Forderungen an Konto Notenumlauf 1,5 Mrd. GE.)

Aktiva	Zentralbankbilanz		Passiva
Gold	2,8	Banknotenumlauf	10,6
Devisen	3,0		
Wertpapiere	3,3		
Forderungen	1,5		

Merke:

- **Geldproduzenten** sind der **Staat** (Münzen), die **Europäische Zentralbank** (Noten- und Giralgeld) und die **Kreditinstitute.**
- Die Europäische Zentralbank **schöpft Geld,** indem sie Aktiva erwirbt; sie **vernichtet Geld,** indem sie Aktiva verkauft.

4.2.3 Geldschöpfung der Geschäftsbanken

Geschäftsbanken sind Unternehmen, die regelmäßig Kredite[1] gewähren (Kreditinstitute). Während eine Zentralbank in der Lage ist, Notengeld **und** Giralgeld (Buchgeld, Kreditgeld) zu produzieren, können die **Geschäftsbanken lediglich Giralgeld** schöpfen.

Die Giralgeldschöpfung durch die Geschäftsbanken wird dadurch ermöglicht, dass sie erfahrungsgemäß nur einen Teil der Sichteinlagen[2] (Geldeinlagen der Bankkunden auf Girokonten) als **Reserve in bar** halten müssen. Den Rest, die sogenannte **Überschussreserve,** können sie wieder ausleihen. Fließen die im Wege des Kredits ausgeliehenen Gelder wieder in das Geschäftsbankensystem zurück, entstehen neue Einlagen, die zum größten Teil wieder ausgeliehen werden können.

---

1 **Kredit** (lat., franz.): einem Unternehmen kurz- oder langfristig zur Verfügung stehende fremde Geld- oder Sachgüter (Geld- bzw. Sachmittelkredit). Das Wort hängt mit dem lateinischen „Kredo" („ich glaube") zusammen. Der Gläubiger (Kreditgeber) glaubt daran, dass der Schuldner (Kreditnehmer) den Kredit vereinbarungsgemäß zurückzahlen wird.

2 **Sichteinlagen** sind Gelder, die bei Abruf durch den Bankkunden („bei Sicht") fällig sind. Die Sichteinlagen befinden sich auf den Girokonten. Eine allgemein bekannte Form des Girokontos ist das „Gehaltskonto", das die meisten Arbeitnehmer bei einem Kreditinstitut besitzen. Über das Girokonto kann mit Überweisung, Scheck oder Auszahlungsschein jederzeit – eben „bei Sicht" – verfügt werden.

Im Folgenden wird vereinfachend angenommen, dass die ausgeliehenen Gelder wieder **vollständig** bei den Banken einbezahlt werden **(Modell des vollständigen Bargeldrückflusses).**

Beispiel:

Angenommen, ein Bankkunde legt bei seiner Bank A eine Einlage in Höhe von 125000,00 GE ein. Unter der Bedingung (Prämisse), dass *alle* Banken eine *Liquiditätsreserve* (Barreserve) in Höhe von 20 % ihrer Sichteinlagen halten, die Geldnachfrager alle von den Banken angebotenen Gelder in Anspruch nehmen und die erhaltenen Kredite auch vollständig wieder bei den Banken einbezahlt werden, ergibt sich folgender Prozess (Verlauf), falls sich die Zentralbank jeglicher Einflussnahme enthält:

Die Geschäftsbank, nennen wir sie Bank A, hat nach der Einzahlung nachstehende Bilanz:

Aktiva	Bilanz Bank A		Passiva
Kasse	125 000,00	Sichteinlagen	125 000,00

Unter der Voraussetzung einer 20 %igen Liquiditätsreserve (Barreserve) kann die Bank A nunmehr einen Kredit in Höhe von 100 000,00 GE neu schaffen („schöpfen"), da sie eine **Überschussreserve** in dieser Höhe besitzt. Wird dieser Kredit tatsächlich von den Bankkunden in Anspruch genommen, sieht die Bilanz der Bank A wie folgt aus:

Aktiva	Bilanz Bank A		Passiva
Kasse	25 000,00	Sichteinlagen	125 000,00
Forderungen	100 000,00		
	125 000,00		125 000,00

Wenn wir annehmen, dass der Betrag von 100 000,00 GE abgehoben wird und vollständig bei einer anderen Bank einbezahlt wird **(totaler Bargeldrückfluss),** bietet sich bei der nächsten Bank folgendes Bild:

Aktiva	Bilanz Bank B		Passiva
Kasse	100 000,00	Sichteinlagen	100 000,00

Hiervon kann die Bank B wiederum 80 % ausleihen:

Aktiva	Bilanz Bank B		Passiva
Kasse	20 000,00	Sichteinlagen	100 000,00
Forderungen	80 000,00		
	100 000,00		100 000,00

Diesen Prozess einer fortschreitenden (multiplen) Geldschöpfung (Kreditschöpfung) könnte man nun theoretisch in unendlich vielen Perioden verfolgen, wie die Darstellung des Prozessverlaufs zeigt:

Periode	Überschussreserve	Neue Kredite (Geldschöpfung)	Liquiditätsreserve-zuwachs
1	100 000,00	100 000,00	25 000,00
2	80 000,00	80 000,00	20 000,00
3	64 000,00	64 000,00	16 000,00
4	51 200,00	51 200,00	12 800,00
5	40 960,00	40 960,00	10 240,00
.	.	.	.
.	.	.	.
Ergebnis nach n Perioden	0,00 (Grenzwert)	500 000,00 (Summe)	125 000,00 (Summe)

Der **Geldschöpfungsmultiplikator** leitet sich wie folgt ab:

$$100\,000 + 100\,000 \cdot \frac{4}{5} + 100\,000 \cdot \left(\frac{4}{5}\right)^2 + 100\,000 \cdot \left(\frac{4}{5}\right)^3 + \ldots$$

Die Summe dieser unendlich geometrischen Reihe ist:

$$100\,000 \cdot \frac{1}{1-\frac{4}{5}} = 100\,000 \cdot \frac{1}{\boxed{\frac{1}{5}}} = 100\,000 \cdot \boxed{5} = 500\,000 \text{ GE}$$

Geldschöpfungsmultiplikator

Liquiditätsreservesatz (Barreservesatz)

Der Nenner des Bruchs zeigt nichts anderes als den Liquiditätsreservesatz in Höhe von $^1/_5$ (= 0,2 = 20 %). Damit können wir sagen, dass der **Geldschöpfungsmultiplikator** (Kreditschöpfungsmultiplikator) bei vollständigem Bargeldrückfluss gleich dem reziproken Wert des Liquiditätsreservesatzes (Barreservesatzes) ist:

$$\frac{1}{\frac{1}{5}} = \frac{1}{20\,\%} = \frac{1}{0{,}2} = 5$$

Bezeichnen wir den **Barreservesatz** mit R und die **Überschussreserve** mit Ü,[1] so ergibt sich die gesamte Geldschöpfungsmöglichkeit (Kreditschöpfungsmöglichkeit) des Bankenapparats (Kr) aus:

$$Kr = 100\,000 \cdot \frac{1}{0{,}2} = \frac{100\,000}{0{,}2} = \frac{\text{Ü}}{R}$$

Ist z. B. R = 10 %, so beträgt die gesamte Geldschöpfungsmöglichkeit (ein Geldschöpfungsspielraum) in unserem Beispiel 112 500 GE[2] · 10 = 1 125 000 GE. Bei einem Barreservesatz von R = 25 % beläuft sich die Geldschöpfungsmöglichkeit auf 93 750 GE[3] · 4 = 375 000 GE.

---

1 Beträgt der Barreservesatz 20 % und beläuft sich die Überschussreserve auf 100 000 GE (≙ 80 %), errechnet sich eine Sichteinlage von 125 000 GE (≙ 100 %), wie auch aus den Bankbilanzen auf S. 351 f. zu entnehmen ist.

2 Beläuft sich der Barreservesatz unter sonst gleichen Bedingungen auf nur 10 %, errechnet sich die Überschussreserve wie folgt: 125 000 GE (≙ 100 %) – 12 500 GE (≙ 10 %) = 112 500 GE (≙ 90 %).

3 Beträgt der Barreservesatz 25 %, ergibt sich unter sonst gleichen Bedingungen eine Überschussreserve von 125 000 GE (≙ 100 %) – 31 250 GE (≙ 25 %) = 93 750 GE (≙ 75 %).

Von **Geldschöpfungsmöglichkeit** (vom Geldschöpfungsspielraum) wird gesprochen, weil die Kreditinstitute nur dann Geld schöpfen können, wenn die entsprechende Geldnachfrage (Kreditnachfrage) besteht.

Merke:

- Je höher die Liquiditätsreservehaltung (Barreservehaltung) der Geschäftsbanken ist, desto geringer sind ihre Geldschöpfungsmöglichkeiten.
- Je niedriger die Liquiditätsreservehaltung (Barreservehaltung) der Geschäftsbanken ist, desto größer sind ihre Geldschöpfungsmöglichkeiten.
- Die Geschäftsbanken schöpfen Giralgeld, indem sie Überschussreserven ausleihen. Das Giralgeld wird vernichtet, wenn die Kreditnehmer die von den Geschäftsbanken gewährten Kredite tilgen oder die von ihnen gewährten Kredite kündigen.

Die **Bedeutung des Giralgeldschöpfungsmodells** liegt nicht nur darin, dass es auf anschauliche Weise zeigt, wie die Banken Giralgeld schaffen, sondern wie sie es auch vernichten können, nämlich dann, wenn sie die von ihnen gewährten Kredite kündigen. Eine Welle der **Geldvernichtung** kann auch ausgelöst werden, wenn ein Kreditinstitut – nennen wir es Bank A – Geld an unsichere Kunden ausgeliehen hat und sich herausstellt, dass diese ihren Verpflichtungen nicht nachkommen können. Die Bank A gerät in finanzielle Schwierigkeiten, denn die Gläubiger der Bank A (Geldinstitute, Versicherungen, Handels- und Industrieunternehmen, Private) werden ihr Geld zurückverlangen. Da die von der Bank A gewährten Kredite jedoch wenig oder überhaupt keinen Gegenwert besitzen, müssen die Gläubiger der Bank A – nennen wir sie Gläubigergruppe B – ihre Forderungen teilweise oder vollständig abschreiben. Ihre Kreditwürdigkeit nimmt ebenfalls ab. Kredite sind für sie kaum mehr zu erhalten, und wenn nur zu hohen Zinssätzen. Schlimmer noch: Die Gläubiger der Gruppe B werden – soweit dies vertraglich möglich ist – Kredite kündigen, sodass wieder Unternehmen der Gruppe B zahlungsunfähig werden. Kurz: Es entsteht ein Dominoeffekt,[1] der durch die leichtsinnige Kreditgewährung eines Geldinstituts (oder einer Gruppe von Geldinstituten) verursacht wurde. Ein wirtschaftlicher Niedergang (eine Rezession) ist die Folge.

4.3 Binnenwert des Geldes[2]

4.3.1 Handelsvolumen

In jeder Volkswirtschaft werden Güter erzeugt, deren Preise in einer sozialen Marktwirtschaft teils vom Markt her, teils durch den Staat bestimmt werden. Zur Vereinfachung unserer Überlegungen unterstellen wir, dass alle hergestellten Güter auch umgesetzt, d.h. verkauft werden. Außerdem nehmen wir an, dass sich die Importe und Exporte von Gütern wertmäßig die Waage halten.

In einer Geldwirtschaft gibt es ebenso viele Preise wie es Güter gibt. Will man nun den **Wert** aller in einer Periode (z.B. in einem Jahr) hergestellten und umgesetzten (verkauften)

1 Seinen Namen hat der **Dominoeffekt** vom „Dominospiel", einem Geschicklichkeitsspiel, bei dem die Spielsteine in einer Reihe hochkant so aufgestellt werden, dass beim Umwerfen des ersten Steins dieser den zweiten Stein, dieser den dritten Stein usw. umwirft, bis alle Steine zum Liegen gekommen sind. (Domino = lat. Herr. Im 18. Jahrhundert durfte sich der Sieger des Anlegespiels als „Herr" bezeichnen.)

2 Wert des Geldes innerhalb einer Volkswirtschaft bzw. eines Währungsgebiets. Näheres zum Außenwert des Geldes siehe im Kapitel 4.7.

23 Boller-Hartmann 978-3-8120-0585-2

Güter feststellen, muss man jedes umgesetzte Gut mit seinem jeweiligen Preis vervielfachen. Möchte man feststellen, ob die umgesetzte (angebotene und verkaufte) Gütermenge im Folgejahr gleich geblieben, gestiegen oder gesunken ist, muss man mit den alten Preisen (**„konstanten Preisen"**) rechnen, denn bei Preisveränderungen ergäbe sich sonst ein falsches Bild. (Die Gütermenge an sich kann nicht festgestellt werden, denn die verschiedenartigen Güter sind nicht addierbar.) Das Jahr, dessen Güterpreise man wählt, bezeichnet man als **Basisjahr.**[1]

Merke:

Die Summe aller während einer Periode umgesetzten Güter, bewertet zu konstanten Preisen, bezeichnet man als **Handelsvolumen** (= H).

Beispiel:

Angenommen, in einer Volkswirtschaft werden nur fünf Güterarten erzeugt und umgesetzt, und zwar Kohle, Stahl, Getreide, Kleidung und Bauleistungen. Sie werden zu den Preisen eines Ausgangsjahrs (= Basisjahr) bewertet. Nur so lässt sich feststellen, wie sich die Gütermenge von Jahr zu Jahr entwickelte.

In der Volkswirtschaft erzeugte und umgesetzte Güter	Jahr 00 (Basisjahr)			Jahr 01			Jahr 02		
	Umgesetzte Gütermengen (in Mio. Einheiten)	Preise je Einheit in GE	Wert der umgesetzten Güter (in Mio. GE)	Umgesetzte Gütermengen (in Mio. Einheiten)	Konstante Preise (Basisjahr) in GE	Wert der umgesetzten Güter zu konstanten Preisen (in Mio. GE)	Umgesetzte Gütermengen (in Mio. Einheiten)	Konstante Preise (Basisjahr) in GE	Wert der umgesetzten Güter zu konstanten Preisen (in Mio. GE)
Kohle	10 t	400	4000	10 t	400	4000	11 t	400	4400
Stahl	20 t	750	15000	20 t	750	15000	22 t	750	16500
Getreide	50 t	500	25000	50 t	500	25000	60 t	500	30000
Kleidung	200 Stück	100	20000	200 Stück	100	20000	250 Stück	100	25000
Bauten	60 m³	600	36000	60 m³	600	36000	73,5 m³	600	44100
	Handelsvolumen →		100000	Handelsvolumen →		100000	Handelsvolumen →		120000

Das Beispiel zeigt, dass die Gütermenge (das Handelsvolumen) im Jahr 01 gegenüber dem Jahr 00 konstant (gleich geblieben) ist, während sie im Jahr 02 gegenüber dem Vorjahr um 20% zunahm.

4.3.2 Nachfragewirksame Geldmenge

Auch hier müssen wir vereinfachen, um zu einem eindeutigen Ergebnis zu gelangen. Wenn im vorigen Beispiel im Jahre 02 das Handelsvolumen 120000 GE betrug, wurde zum Kauf dieser Güter auch die **Geldmenge** in Höhe von 120000 GE benötigt, falls wir unterstellen, dass das gesamte Handelsvolumen in einem Zuge nachgefragt und gekauft wurde. Diese so genannte **nachfragewirksame** Geldmenge ist in der Regel nicht mit der Gesamtgeldmenge der Wirtschaft gleichzusetzen, weil die Wirtschaftssubjekte einen Teil ihrer Einnahmen nicht wieder ausgeben, sondern sparen. Von der Gesamtgeldmenge ist also die Ersparnis (die dem Geldkreislauf entzogene Sparsumme) abzusetzen.

1 Basis (griech., lat.): Grundlage; hier: Ausgangszeitpunkt.

Nun entspricht es aber nicht der Wirklichkeit, dass die gesamte Gütermenge, die in einem Jahr erzeugt wird, auf **ein** Mal umgesetzt wird. Vielmehr **verteilen** sich die Umsätze über das ganze Jahr hinweg.

Beispiel:

Lassen wir einmal die Umsätze zwischen den Unternehmen außer Acht. Vergessen wir auch, dass es einen Staatshaushalt gibt und dass die Haushalte sparen. Nehmen wir unter diesen Bedingungen an, dass die privaten Haushalte im Jahr 120000 GE verdienen und dass ihnen dieses Geld nur **ein Mal** im Jahr ausbezahlt wird, wird tatsächlich eine Geldmenge (Buch- und Giralgeld) in Höhe von 120000 GE benötigt: Den privaten Haushalten fließen ein Mal im Jahr 120000 GE zu, die sie im gleichen Jahr zum Kauf von Gütern bei den Unternehmen verwenden. Die **Umlaufgeschwindigkeit des Geldes** ist **1**.

Wenn wir unterstellen, dass die Löhne und Gehälter im Jahr **zwei Mal** ausbezahlt werden, kommt die Wirtschaft mit 60000 GE aus. Der Grund: Mit der ersten Gehaltszahlung kaufen die privaten Haushalte Güter im Werte von ebenfalls 60000 GE. Der gleiche Vorgang wiederholt sich danach im zweiten Halbjahr, weil die privaten Haushalte die zweite Lohnzahlung wiederum zum Kauf von Gütern im Werte von 60000 GE verwenden. Mit einer Geldmenge von 60000 GE wird somit ein jährlicher Umsatz von 120000 GE getätigt. Die **Umlaufgeschwindigkeit des Geldes** ist also **2**.

Würden die Gehälter und Löhne z.B. **12-mal** im Jahr ausbezahlt und wieder ausgegeben, könnte man mit einer Geldmenge von 10000 GE einen jährlichen Umsatz von 120000 GE bewirken. Die **Umlaufgeschwindigkeit des Geldes** beträgt dann **12**.

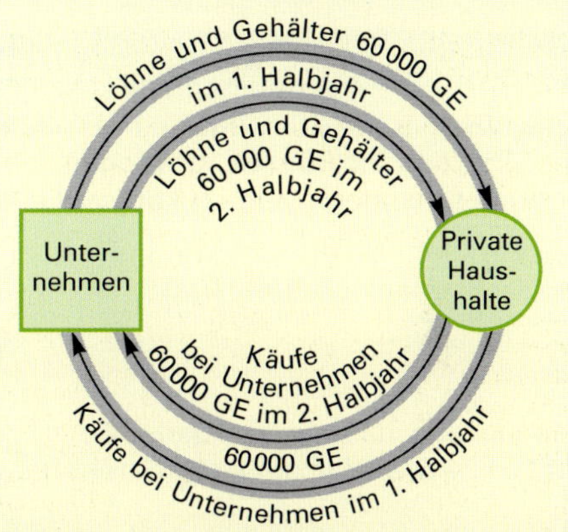

Mit einer Geldmenge von 60000 GE werden im Jahr Umsätze von 120000 GE bewirkt. Die Umlaufgeschwindigkeit des Geldes ist 2.

Die nachfragewirksame Geldmenge setzt sich aus dem für Kaufzwecke bereitgestellten Bar- und Giralgeld, multipliziert mit seiner Umlaufgeschwindigkeit, zusammen.

Nachfragewirksame Geldmenge = Geldmenge (M) · Umlaufgeschwindigkeit (U)

4.3.3 Preisniveau

Beispiel:

Angenommen, im Jahr 01 sei die nachfragewirksame Geldmenge von 100000 GE auf 120000 GE gestiegen, während die zu konstanten Preisen gemessene Gütermenge unverändert blieb. Man sagt, dass sich das **reale** (= wirkliche) Handelsvolumen nicht verändert hat. Ein möglicher Grund hierfür ist, dass die Wirtschaft vollbeschäftigt ist, sodass aufgrund der gestiegenen Nachfrage nicht mehr angeboten werden kann.

Die Folge der gestiegenen Nachfrage (Geldmenge) bei Vollbeschäftigung ist, dass die Unternehmen ihre Preise so lange anheben, bis auf den Märkten wieder Gleichgewicht herrscht.[1]

Der Faktor, um den sich die Preise **aller** Güter im Durchschnitt verändern müssen, lässt sich leicht errechnen, indem man die nachfragewirksame Geldmenge durch das zu konstanten Preisen gemessene Handelsvolumen teilt:

$$\text{Veränderungsfaktor des Preisniveaus (P)} = \frac{120\,000}{100\,000} = \underline{\underline{1{,}2}}$$

Allgemein:

$$\mathbf{P = \frac{M \cdot U}{H}}$$

Die Zahl für P = 1,2 bedeutet, dass sich gegenüber dem Vorjahr das **Preisniveau** um das 1,2-fache oder um 20 % erhöht hat. Wäre die nachfragewirksame Geldmenge (M · U) z. B. um 50 % auf 150 000 GE gestiegen, ergäbe sich eine Preissteigerungsrate von 50 %, sofern das Handelsvolumen konstant geblieben ist.

Steigt im Jahr 02 die Geldmenge z. B. auf 150 000 GE und das Handelsvolumen (zu konstanten Preisen) auf 120 000 GE, ergibt sich:

$$P = \frac{150\,000}{120\,000} = \underline{\underline{1{,}25}}$$

Dies sagt aus, dass sich im Jahr 02 das Preisniveau gegenüber dem Jahr 00 (Basisjahr) um das 1,25-fache oder um 25 % erhöht hat.

Merke:

- Die Entwicklung des Preisniveaus (die Höhe der Güterpreise) hängt weitgehend von der Entwicklung der nachfragewirksamen Geldmenge ab.
- Steigt die nachfragewirksame Geldmenge schneller als das Handelsvolumen (die Menge der zu konstanten Preisen bewerteten Güter), steigt in einer freien Wirtschaft das Preisniveau, sofern diese vollbeschäftigt ist.
- Steigt die nachfragewirksame Geldmenge in gleichem Maße wie das Handelsvolumen, wird das Preisniveau gleich bleiben.

Eine **Umkehrung** der letzten beiden Sätze ist jedoch nicht möglich. Eine Verringerung der nachfragewirksamen Geldmenge wird in der heutigen Wirtschaft nur selten und dann nur auf Teilmärkten zu **Preissenkungen** führen. Hierfür gibt es viele Gründe.

Zum einen **steigen** bei zurückgehender Produktion die Stückkosten der Betriebe, sodass die Betriebe, falls sie marktstark genug sind, sogar die Preise erhöhen können. Zum anderen gibt es viele Kosten, die trotz schwindender Nachfrage nicht sinken. Hierzu gehören einige Steuern (z. B. Grundsteuer, Kfz-Steuer), die tariflich festgelegten Mindestlöhne der Arbeitskräfte oder die Importpreise der Rohstoffe **(institutionelle Starrheiten)**. Sinkt also die nachfragewirksame Geldmenge, wird nicht das Preisniveau fallen, sondern das Güterangebot abnehmen. Somit entsteht **Unterbeschäftigung** (Arbeitslosigkeit).

---

1 Dies ist natürlich nur in einer freien Wirtschaft möglich. Werden vom Staat Höchstpreise vorgeschrieben, können die Preise nicht im erforderlichen Umfang steigen. Es entsteht Übernachfrage, sodass der Staat rationieren muss.

4.3.4 Kaufkraft

Merke:

Mit steigendem Preisniveau **sinkt** die Kaufkraft, denn mit einer Geldeinheit kann man jetzt **weniger** Güter kaufen als zuvor.

Beispiel:

Angenommen, vom Jahr 00 bis zum Jahr 02 steigt die nachfragewirksame Geldmenge von 100000 GE auf 150000 GE, während das Handelsvolumen von bisher 100000 GE konstant bleibt. Die Veränderung des **Preisniveaus** beträgt 50 %:

$$P = \frac{M \cdot U}{H} = \frac{150000}{100000} = \underline{\underline{1{,}5}}$$

Die **Kaufkraft** hat sich gegenüber dem Vorjahr wie folgt verändert:

$$K = \frac{H}{M \cdot U} = \frac{100000}{150000} = \underline{\underline{\frac{2}{3}}}$$

Dies besagt, dass man sich im Jahr 01 mit einer Geldeinheit nur noch $^2/_3$ der Gütermenge des Jahres 00 kaufen konnte. Die **Kaufkraft** des Geldes ist also um $^1/_3$ (= 33 $^1/_3$ %) **gesunken.**

Merke:

Der Veränderungsfaktor der Kaufkraft ist der **reziproke** (umgekehrte) Wert des Veränderungsfaktors des Preisniveaus.

Steigen die Preise z.B. um 100 % (Preisveränderungsfaktor 2), beträgt die Kaufkraft einer Geldeinheit nur noch 50 % (Veränderungsfaktor der Kaufkraft $^1/_2$).

Aus der Formel zur Berechnung des Veränderungsfaktors des Preisniveaus lässt sich die **Fishersche Verkehrsgleichung des Geldes**[1] (auch **Quantitätsgleichung** genannt) ableiten, indem man die ganze Gleichung mit H (= Handelsvolumen) multipliziert:

$$\mathbf{P \cdot H = M \cdot U}$$

Die Quantitätsgleichung ist die formelmäßige Darstellung der Quantitätstheorie, die einen engen Zusammenhang zwischen Geldmenge und Preisniveau (den Güterpreisen) annimmt. In der neueren Quantitätstheorie **(Neoquantitätstheorie)**[2] wird die Meinung vertreten, dass die Entwicklung der Geldmenge weitgehend Richtung und Umfang der wirtschaftlichen Entwicklung (des Handelsvolumens und deren Preise) bestimmt. Die Neoquantitätstheorie bildet die Grundlage des **Monetarismus.**

In der Geldpolitik wird H mit dem **realen Bruttoinlandsprodukt** und P · H mit dem **nominellen Bruttoinlandsprodukt** gleichgesetzt. Die Quantitätsgleichung dient dann der Berechnung der Umlaufgeschwindigkeit des Geldes in einer Volkswirtschaft.

---

1 Die Verkehrsgleichung stammt von Irving Fisher: „The purchasing power of money“ (1911).

2 Neo (griech.): neu.

4.3.5 Preisindizes[1]

4.3.5.1 Verbraucherpreisindex (VPI)

Den einzelnen Verbraucher interessiert es weniger, wie sich das **allgemeine** Preisniveau verändert. Selbst die Preissteigerungen bei bestimmten Luxusgütern kümmern den durchschnittlichen Verbraucher nicht: Ihm ist es gleichgültig, ob irgendein Luxusauto nunmehr statt 90000,00 EUR stolze 100000,00 EUR kostet. Selbst bei den Gütern des täglichen Bedarfs wirken sich Preissteigerungsraten bei den einzelnen Gütern unterschiedlich auf das Budget (das „Haushaltsgeld") eines privaten Haushalts aus. Steigen z.B. die Preise für eine Streichholzschachtel von 0,50 EUR auf 1,00 EUR, also um 100 %, ist dies für den Einzelnen wenig bedeutsam. Steigen indessen die Preise für Heizmaterialien um 100 %, trifft dies die einzelnen Bürger recht empfindlich.

Um ermitteln zu können, wie sich die Preisveränderungen der Konsumgüter auf die privaten Haushalte auswirken, hat das Statistische Bundesamt in Wiesbaden neben vielen anderen Indizes den **Verbraucherpreisindex** entwickelt. Dieser Preisindex erfasst die Preisänderungen bei 750 Gruppen von Sachgütern und Leistungen **(„Warenkorb"),** die vom privaten Haushalt gekauft werden.

Manchmal passen Gefühl und Fakten einfach nicht zueinander: Die monatliche Inflationsrate in Deutschland fiel in der zweiten Hälfte des Jahres 2009 auf Null oder sogar darunter, Waren und Dienstleistungen wurden also billiger. Im Empfinden vieler Bürger wird das Leben trotzdem immer teurer. Das kann zum Beispiel daran liegen, dass sich die Preise für häufig gekaufte Produkte erhöhen – was dem Betroffenen besonders stark auffällt –, der Einfluss dieser Erhöhung auf die Inflationsrate aber gering ist.

Die Inflationsrate – oder der Verbraucherpreisindex – fasst nämlich nicht nur die Preisentwicklung für diejenigen Waren und Dienstleistungen zusammen, die ein durchschnittlicher Privathaushalt im Monat braucht (Warenkorb). Sondern er gewichtet diese Preise auch je nach Bedeutung für die Gesamtausgaben. Das heißt: Weil Kosten für die Wohnung (Miete etc.) im Schnitt fast ein Drittel eines Haushaltsbudgets ausmachen, spielen Preissteigerungen hier auch eine besonders starke Rolle für den Gesamtindex. Auch Veränderungen bei Kraftstoffen machen sich sehr deutlich bemerkbar. Andere wie Telefon- oder Postkosten haben eher wenig Gewicht.

Zur Ermittlung der Preise notieren Beobachter monatlich die Preise für festgelegte Produkte in den immer gleichen Geschäften (Kaufhäuser, Supermärkte, Fachgeschäfte etc). Alle fünf Jahre wird der Warenkorb den veränderten Kaufgewohnheiten der Deutschen angepasst.

---

1 Index (lat.): Anzeiger. Indizes = Mz. von Index.

Da nicht alle Güter das gleiche Gewicht im Warenkorb besitzen, musste das Statistische Bundesamt ein **„Wägungsschema"** erstellen, das von Zeit zu Zeit den neuen Verbrauchsstrukturen angepasst werden muss. Die Waren nämlich, die von einem durchschnittlichen Haushalt heute gekauft werden, sind nicht mehr die gleichen wie die im Jahr 1995 oder im Jahr 2000. Man braucht hier nur an Konsumgüter wie z.B. Handys, Blu-ray-Player, Multifunktionsgeräte, Spielkonsolen, Laptops, Mikrofaserkleidung, Heimsportgeräte, Digitalkameras, DVD-Player, MP3-Player, Espresso-Maschinen oder die Internetnutzung zu denken. Außerdem verschiebt sich der prozentuale Anteil bestimmter Ausgaben zugunsten anderer. So gab z.B. der durchschnittliche private Haushalt 1970 noch 33,3% seines Einkommens für Nahrungs- und Genussmittel aus. Im Jahr 2005 betrug dieser Anteil nur noch rund 14%.

Das Wägungsschema wird entwickelt, indem man für ein Basisjahr die durchschnittlichen Ausgaben eines durchschnittlichen Haushalts für verschiedene Güter und Leistungen in Prozenten seiner Gesamtausgaben ermittelt.

Beispiel:

Um den Vorgang der Preisindexberechnung deutlich zu machen, sei ein sehr vereinfachtes Wägungsschema zugrunde gelegt (5 statt 750 Positionen):

Warenkorb	Wägungsschema Jahr 00		Preise		
			01	02	03
1. Nahrungsmittel	615,00 GE	41%	615,00 GE	615,00 GE	615,00 GE
2. Kleidung	600,00 GE	40%	600,00 GE	660,00 GE	660,00 GE
3. Wohnung	150,00 GE	10%	200,00 GE	200,00 GE	200,00 GE
4. Brennstoffe	60,00 GE	4%	60,00 GE	60,00 GE	180,00 GE
5. Dienstleistungen	75,00 GE	5%	75,00 GE	75,00 GE	75,00 GE
Gesamtausgaben	1500,00 GE	100%	1550,00 GE	1610,00 GE	1730,00 GE

Die Indexzahlen werden wie folgt ermittelt:

Das Basisjahr 00 wird mit 100 Punkten angesetzt. Die angenommene Verteuerung der Wohnungsausgaben um 50,00 GE im Jahr 01 (= $33^1/_3$%) bewirkt bei Konstanz aller anderen Preise eine Erhöhung der Lebenshaltungskosten um 3,3 Punkte auf 103,3.[1]

Steigen im Jahr 02 z.B. die Preise für Kleidung um 10%, erhöhen sich die Lebenshaltungskosten um 4 Punkte auf 107,3 Punkte.[2]

Die angenommene Steigerung der Brennstoffkosten um 200% im Jahr 03 bewirkt allein eine Steigerung der Lebenshaltungskosten auf 115,3 Punkte.

Insgesamt gilt also, dass Preissteigerungen bei bestimmten Waren und Diensten sich auf den Verbraucherpreisindex umso stärker auswirken, je größer ihr prozentualer Anteil (ihr „Gewicht") an den Gesamtausgaben eines durchschnittlichen Haushalts ist.

1 Berechnung: 1500,00 GE (00) ≙ 100 Punkte
1550,00 GE (01) ≙ x Punkte

$$x = \frac{100 \cdot 1550}{1500} = \underline{\underline{103{,}3 \text{ Punkte}}}$$

2 Berechnung: 1500,00 GE (00) ≙ 100 Punkte
1610,00 GE (02) ≙ x Punkte

$$x = \frac{100 \cdot 1610}{1500} = \underline{\underline{107{,}3 \text{ Punkte}}}$$

Der Verbraucherpreisindex für die Bundesrepublik Deutschland entwickelte sich wie folgt (Basisjahr 2005):

Jahr	2005	2006	2007	2008	2009	2010
Verbraucher-preisindex	100,0	101,6	103,9	106,6	107,0	108,2

Quelle: Monatsberichte der Deutschen Bundesbank, mehrere Jahrgänge.

Mithilfe des Verbraucherpreisindex lässt sich das reale Bruttoinlandsprodukt berechnen:

$$\mathbf{BIP_r = \frac{BIP_n \cdot 100}{Preisindex}}$$

Die Europäische Zentralbank bezeichnet die Preisindizes als **Deflatoren,**[1] weil sie den „Abschlag" wiedergeben, mit dessen Hilfe das **nominelle** Bruttoinlandsprodukt bereinigt werden muss, um das reale Bruttoinlandsprodukt zu erhalten.

Beispiel:

Jahr	Nominelles Brutto-inlandsprodukt	Preisänderung gegenüber Vorjahr (Jahr 00 ≙ 100 %)	Deflatoren	Reales Brutto-inlandsprodukt
01	2 109,44 GE	2,4 %	102,40	2 060,00 GE
02	2 204,20 GE	2,5 %	104,96	2 100,00 GE
03	2 269,68 GE	2,0 %	107,06	2 120,00 GE
04	2 397,78 GE	1,8 %	108,99	2 200,00 GE

4.3.5.2 Harmonisierter Verbraucherpreisindex (HVPI)

Vom Statistischen Bundesamt wird zusätzlich zum VPI der **Harmonisierte Verbraucherpreisindex (HVPI)** erstellt.

Merke:

Wichtigste Aufgabe des HVPI ist der Vergleich der Preisveränderungsraten zwischen den Mitgliedsländern der Europäischen Union (EU).

Die Europäische Union hat verbindliche Regeln für die Berechnung des HVPI aufgestellt, deren Einhaltung vom Statistischen Amt der Europäischen Union **(Eurostat)** überwacht wird. Aufgrund der nationalen Harmonisierten Verbraucherpreisindizes berechnet Eurostat die Harmonisierten Verbraucherpreisindizes für die Europäische Union, die Europäische Währungsunion (WWU) und den Europäischen Wirtschaftsraum (EWR).[2]

Der HVPI für das Euro-Währungsgebiet weist folgende Kennzahlen aus (Basisjahr 2005):

Jahr	2005	2006	2007	2008	2009	2010
Verbraucher-preisindex	100,0	102,2	104,4	107,8	108,1	109,8

Quelle: Monatsberichte der Europäischen Zentralbank.

1 Deflator (lat.): Abschlag, Zusammenziehung, Minderung.

2 Dem Europäischen Wirtschaftsraum gehören neben den EU-Ländern noch Island, Liechtenstein und Norwegen an.

4.3.5.3 Reallohn

Die Entwicklung eines Preisindex lässt im Allgemeinen keine Aussage darüber zu, ob sich der **Lebensstandard** der Arbeitnehmer (und Arbeitgeber) verbessert oder verschlechtert hat. Neben der Qualitätsverbesserung der angebotenen Güter muss vor allem die Entwicklung des **Nettolohns** berücksichtigt werden.

Die Reallöhne steigen (Kaufkraftzuwachs)

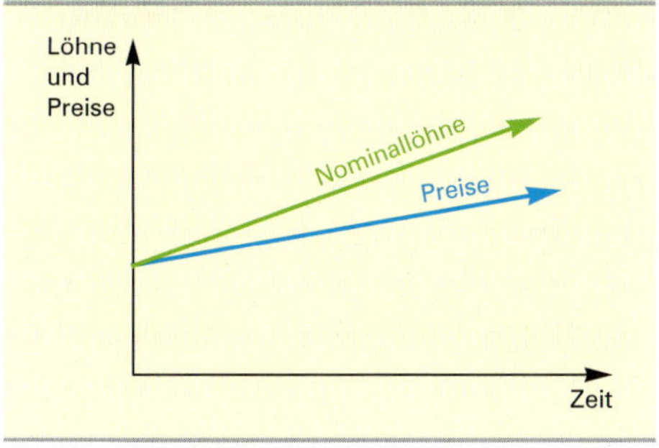

Die Reallöhne fallen (Kaufkraftverlust)

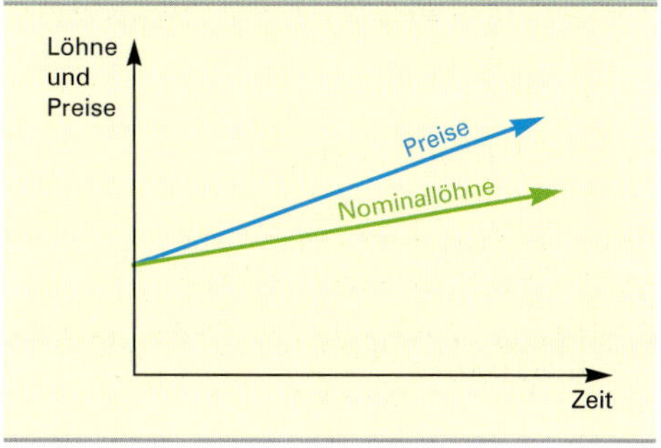

Was der Arbeitnehmer am Monatsende ausbezahlt erhält, nennt man **Nettolohn**. Dieser Nettolohn entspricht längst nicht dem, was der Arbeitgeber für die Arbeitskraft aufzuwenden hat. Zu berücksichtigen ist nämlich, dass der Arbeitgeber i. d. R. die Hälfte der Sozialversicherungsbeiträge zu tragen hat. Zieht man von dem Betrag, den der Arbeitgeber insgesamt für den Arbeitnehmer aufzuwenden hat, den Arbeitgeberanteil ab, erhält man den **Bruttolohn**. Dieser erscheint auf der Lohnabrechnung des Arbeitnehmers. Vom Bruttolohn werden die Sozialversicherungsbeiträge (der sog. Arbeitnehmeranteil) und die Lohn- und Kirchensteuer abgezogen.

Beispiel:

Vom Arbeitgeber aufzubringender Betrag (tatsächliche Lohnkosten)	3 000,00 EUR
– Arbeitgeberanteil an der Sozialversicherung ca.	350,00 EUR
– sonstige Personalnebenkosten (z. B. 13. Monatsgehalt, Urlaubsgeld, Lohnfortzahlung im Krankheitsfall)	750,00 EUR
Bruttolohn	1 900,00 EUR
– Arbeitnehmeranteil an der Sozialversicherung ca.	350,00 EUR
– Lohnsteuer, Solidaritätszuschlag und ggf. Kirchensteuer	325,00 EUR
Nettolohn	**1 225,00 EUR**

Der in der Lohn- bzw. Gehaltsabrechnung „genannte" Lohn ist der **Nominallohn**. Aus der Sicht des Arbeitnehmers ist dies sein **Nettolohn.**

Der Nominallohn sagt nichts darüber aus, wie viel sich ein Arbeitnehmer dafür kaufen kann.

Merke:

- Steigt der Nominallohn **schneller** als das Preisniveau, nimmt der Lebensstandard trotzdem **zu.** Mit anderen Worten: Der **Reallohn** (real: wirklich) ist gestiegen.

- Steigen Preise und Nettolohn **in gleichem Maße,** hat sich der Reallohn **nicht verändert.**
- Steigen indessen die Nominallöhne **langsamer** als die Preise, nimmt der Reallohn (die Kaufkraft) **ab.**

4.3.6 Inflation und Deflation

4.3.6.1 Inflation[1]

(1) Begriff Inflation

In manchen Geschichtsbüchern findet sich folgender Satz: „Als die große Inflation, die 1923 ihren Höhepunkt fand, hereinbrach ...". Dieser Satz ist falsch, denn Inflationen sind keine Naturereignisse, sondern sie werden von Menschen gemacht, und zwar am allerwenigsten „von den Leuten", sondern vor allem von den für Wirtschaft und Politik Verantwortlichen.

Merke:

Unter **Inflation** versteht man ein anhaltendes Steigen des Preisniveaus.

Steigen hin und wieder die Preise einzelner Güter bzw. Gütergruppen, so liegt noch keine Inflation vor. Im Winter steigen beispielsweise die Preise für landwirtschaftliche Produkte, weil – bei gleichbleibender Nachfrage – das Angebot abnimmt.

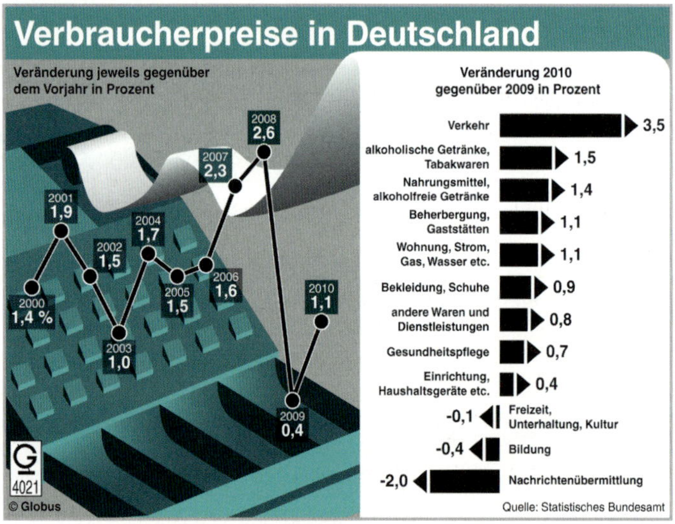

Die Verbraucherpreise in Deutschland sind im Durchschnitt des Jahres 2010 um 1,1 % im Vergleich zum Vorjahr gestiegen. Insbesondere höhere Preise für Verkehr (3,5 %), alkoholische Getränke und Tabakwaren (1,5 %) sowie Nahrungsmittel und alkoholfreie Getränke (1,4 %) haben die Teuerung wieder etwas angeheizt. Der größte Preisrückgang wurde rund um die Nachrichtenübermittlung mit minus 2,0 % verzeichnet. 2009 hatte die Wirtschaftskrise die Teuerungsrate in Deutschland auf 0,4 gedrückt – den niedrigsten Wert seit der Wiedervereinigung: In der Krise horteten Unternehmen und Verbraucher Geld, statt es zu investieren oder auszugeben. Mit der starken Konjunkturerholung zogen die Preise nun aber besonders zum Jahresende 2010 wieder an.

1 Inflation: lat. Aufblähung; hier: Aufblähung der nachfragewirksamen Geldmenge.

(2) Arten der Inflation

Nach der **Erkennbarkeit**:

Art	Erläuterung	Beispiel
Offene Inflation	Hier steigt das Preisniveau „offen" gemäß den Marktbedingungen. Der Staat schreibt weder Fest- noch Höchstpreise vor bzw. passt diese laufend an die Marktgegebenheiten an.	Die große deutsche Inflation von 1914 bis 1923 war eine offene Inflation. Sie war auf eine unmäßige Geldmengenvermehrung durch die damalige Regierung zurückzuführen. Folgende Zahlen geben einen Eindruck: Der Wechselkurs[1] zum US-Dollar betrug Ende April 1923 29800,00 Mark, Ende Mai 70000,00 Mark, Ende Juli 1100000,00 Mark, acht Tage später 4869000,00 Mark; am 9. Oktober wurde die Milliardengrenze überschritten. Am 20. November belief sich der Dollarkurs auf rund 4,2 Billionen Mark.
Verdeckte Inflation	In diesem Falle schreibt der Staat Höchst- und/oder Festpreise vor, ohne diese an die tatsächlichen Marktverhältnisse anzupassen. Das Preisniveau wird verhältnismäßig stabil gehalten. Die Leute können aber mit ihrem „Geld" wenig anfangen, weil das Güterangebot zu gering ist. Der Staat muss rationieren[2] (z.B. Lebensmittelmarken ausgeben).	Eine verdeckte (gestoppte) Inflation herrschte in Deutschland von 1939 bis 1948. Preise und Löhne waren vom Staat vorgeschrieben (Preis- und Lohnstopp). Verdeckte Inflationen sind daran erkennbar, dass „schwarze Märkte" entstehen, auf denen die knappen Waren gesetzeswidrig zu Wucherpreisen gehandelt werden.

Nach der **Schnelligkeit der Geldentwertung**:

Art	Erläuterung	Beispiel
Schleichende Inflation	Diese Art der Inflation ist durch verhältnismäßig niedrige, aber lang anhaltende Preissteigerungen gekennzeichnet. Von schleichender Inflation kann man sprechen, wenn die Preissteigerungsrate nicht höher ist als der Zinssatz für langfristige Geldanlagen.	Die Wirtschaft der Europäischen Wirtschafts- und Währungsunion (EWWU) ist durch eine schleichende Inflation gekennzeichnet.
Galoppierende Inflation	Liegt die Preissteigerungsrate im Durchschnitt über dem Zins für langfristige Geldanlagen (etwa über 6 bis 8 %), liegt eine galoppierende Inflation vor. Bei jährlichen Preissteigerungsraten von mehr als 50 % spricht man von **Hyperinflation.**	Die deutsche Inflation von 1923 war eine Hyperinflation. – In Simbabwe stiegen die Preise im Oktober 2007 gegenüber dem Vormonat um 14840 Prozent.

1 Der Wechselkurs drückt das Wertverhältnis zwischen zwei Währungen aus.

2 Rationieren: in „Rationen" einteilen, d.h. Mengenzuteilungen vornehmen.

Nach **Anzahl und Art der in die Geldwertmessung einbezogenen Güter**:

■ **Gesamtinflation**

In diesem Fall werden die Preissteigerungsraten der in den Warenkörben der amtlichen Statistiken enthaltenen Güter ermittelt, gleichgültig, ob die Preisveränderungen vorübergehender oder nachhaltiger Natur sind.

■ **Kerninflation**

Bei der Berechnung der Kerninflationsraten werden die (voraussichtlich) vorübergehenden Preisschwankungen aus den Gesamtinflationsraten (z.B. dem HVPI) herausgerechnet. (Eine allgemein gültige Verfahrensweise gibt es allerdings nicht.)

Beispiele:

Der Preisanstieg bei Lebensmitteln, deren Angebotsmengen und/oder Qualitäten von der Jahreszeit (Saison) sowie von der Witterung abhängen. – Preiserhöhungen beim Mineralöl (Ölpreisschock).

Nach der **Wahrnehmung durch die Verbraucher**:

■ **Offizielle Inflation**

Hierunter versteht man die Inflationsarten, die von den statistischen Ämtern (z.B. dem Statistischen Bundesamt oder von Eurostat) ermittelt und veröffentlicht werden.

■ **Gefühlte Inflation**

Mit diesem Begriff wird zum Ausdruck gebracht, dass die Verbraucher in bestimmten Situationen die Preissteigerungen als viel stärker empfinden als die amtlichen Statistiken ausweisen. Dies liegt vor allen Dingen daran, dass zahlreiche Waren und Dienstleistungen, die im täglichen Leben gekauft werden (müssen), in den offiziellen „Warenkörben" nur eine geringe Bedeutung (Gewichtung) haben.

Beispiel:

Im ersten Quartal 2002 haben sich nach einer Untersuchung des Instituts der Deutschen Wirtschaft die Güter des täglichen Bedarfs gegenüber dem Vorjahr um 4,8% verteuert. Damit war die „gefühlte" Inflation zweieinhalbmal höher als der offizielle Wert des Statistischen Bundesamtes.

(3) Ursachen der Inflation

Falls die Zentralbank eines Landes der Wirtschaft jede gewünschte Geldmenge zur Verfügung stellt, kann man folgende wichtige Inflationsursachen nennen:

■ **Anspruchsinflation**

Hier steigen die Ansprüche der Wirtschaftssubjekte schneller als das Handelsvolumen wächst.

Nachfrageinflation	Die privaten Haushalte, die Unternehmen und vor allem der Staat sparen zu wenig und/oder nehmen Kredite auf, um ihre Ansprüche zu finanzieren.
Kosteninflation	Die Gewerkschaften setzen überhöhte Lohnforderungen durch, der Staat erhöht die Steuern oder ausländische Rohstofflieferer erhöhen ihre Rohstoffpreise. Die Unternehmen erhöhen die Preise, um die gestiegenen Kosten zu decken.
Gewinninflation	Die Unternehmen besitzen eine starke Marktstellung (Oligopole und Monopole), sodass sie ihre Absatzpreise auf Kosten der Verbraucher erhöhen können, um ihre Gewinne zu steigern.

Wie geschickt Unternehmen dabrei vorgehen, die Absatzpreise auf Kosten der Verbraucher zu erhöhen, zeigt nachfolgender Artikel.

Handel

Teure Schrumpfkuren

Seit geraumer Zeit gibt es keine festen Verpackungsgrößen mehr. Die Industrie feiert die neue Flexibilität, Verbraucherschützer warnen vor Mogelpackungen.

Mitte Januar lag beim Discounter Netto eine neue Butter im Regal, die der alten 250-Gramm-Eigenmarke täuschend ähnlich sah: Die stilisierten Almwiesen auf der Verpackung wirkten vielleicht etwas saftiger, und das Blau des Bergsees war am Computer noch satter gemalt worden. Aber sonst war die Kitsch-Kulisse identisch.

Etwas handlicher wirkte das neue Exemplar vielleicht. Das war alles.

Tatsächlich hatte Netto die Butter einfach geschrumpft. Seit Jahrzehnten wiegt das Päckchen hierzulande 250 Gramm. Dieses jedoch war 50 Gramm leichter – zum „Aktionspreis" von 79 Cent.

Die Kunden würden „vorsätzlich getäuscht", monierte die Verbraucherzentrale Hamburg. Billiger war die Butter nämlich keinesfalls. Netto murrte, mit „Aktionspreis" sei ja auch nur die zeitliche Begrenzung des Angebots gemeint.

Nach einer Woche verschwand die Butter erst mal wieder aus den Regalen. Doch für die Verbraucherschützer war mit diesem Fall ein Tabu gebrochen. Sie sprechen seither vom „ersten Angriff auf Verpackungsgrößen bei Grundnahrungsmitteln".

Was war passiert? Seit April 2009 gibt es für Nahrungsmittel keine vorgeschriebenen Produktgrößen mehr. Nationale Verpackungsverordnungen, die den Konsumenten lange als Vergleichsmaß dienten, hielt EU-Kommissar Günter Verheugen für „unnötige Bürokratie". Brüssel kann damit vor allem dem Wunsch der Lebensmittelwirtschaft nach, die mehr Flexibilität gefordert hatte.

Seit 2000 sind deshalb die Vorschriften für einheitliche Gebinde schrittweise abgebaut worden. Während die Größe von Schokoladentafeln, Milchtüten und Zucker noch bis vor wenigen Monaten reglementiert war, fiel etwa das Normmaß für Butter schon vor fast zehn Jahren. Hersteller und Händler hatten sich bisher nur weiter an die gewohnte Päckchengröße gehalten.

Vertreter der Industrie behaupten, mit maßgeschneiderten Verpackungen könne endlich besser auf sich verändernde Gesellschaften reagiert werden. Immerhin gebe es heute viel mehr Single-Haushalte, in denen auch andere Verpackungsgrößen erwünscht seien. Verbraucherschützer halten das für einen Vorwand, um Preiserhöhungen raffiniert kaschieren zu können.

Die Hamburger Verbraucherzentrale hat bereits eine Liste von über 60 Mogelpackungen veröffentlicht. Sie wächst ständig, weil Kunden laufend neue Produkte entdecken, die zwar kleiner wurden, aber genauso teuer sind wie zuvor.

Zwar gehen nicht alle Schrumpfkuren auf die jüngste EU-Liberalisierung zurück, die Kritiker für eine „Lizenz zum Mogeln" halten. Aber in den vergangenen Monaten haben viele Hersteller das Verpackungswirrwar genutzt, um den Kunden gewohnte Produkte in vermeintlich neuer Rezeptur und Outfit zu erhöhten Preisen unterzujubeln.

Ganz frisch auf der Liste der Hamburger Verbraucherschützer hat es erneut die Fruchtbuttermilch der Molkerei Weihenstephan geschafft, die zum Konzern des Milch-Milliardärs und bekennenden Steuerflüchtlings Theo Müller gehört.

Statt vorher 89 Cent kostet die Buttermilch jetzt zwar nur noch rund 85 Cent, doch statt wie bisher 500 sind jetzt nur noch 400 Milliliter drin – eine Preiserhöhung von gut 19 Prozent.

Der Verbraucher habe einfach eine praktischere Verpackung gewollt, behauptet eine Sprecherin. Der neue Tetra-Pack-Becher sei zudem wiederverschließbar – und das koste eben auch etwas mehr.

Neu auf der Liste sind auch die Wellness-Flakes von Lidl, die nun in kleinerer Verpackung gut 36 Prozent teurer geworden sind. Der Discounter wollte dazu nicht Stellung nehmen.

Um die Packungsvorschriften zu umgehen, zeigten vor allem die Schokoladenhersteller Kreativität im Übermaß: Schon vor vier Jahren probierte Aldi es mit einer 95-Gramm-Tafel (was damals verboten war). Vor zwei Jahren dann unterlief Ritter Sport die seit dem Jahr 2000 geltenden Größenstufen zwischen 85 und 500 Gramm einfach mit einer 65 Gramm leichten Bio-Tafel – unterhalb von 85 Gramm war nämlich alles erlaubt.

Das zusammengeschmolzene Bio-Quadrat kostet etwa dasselbe wie die normalen 100-Gramm-Tafeln. Da eine Preissteigerung von 35 Prozent allein mit dem teureren Bio-Kakao kaum zu erklären ist, führt ein Sprecher die separierte Bio-Produktion und Lagerung als Grund an.

Bei Kritik an der neuen Unübersichtlichkeit verweisen die Hersteller gern auf den weiterhin verbindlichen 100-Gramm- oder Ein-Liter-Grundpreis, der auf jedem Preisschild erkennbar sein muss. Doch der ist oft in ähnlich mikroskopisch kleiner Schrift gehalten wie die Nährwert-Algebra und die Zutatenliste auf den Verpackungen.

Um den Eindruck versteckter Preiserhöhungen zu vermeiden, winden sich die Hersteller mitunter in abenteuerlichen Ausreden. Bereits im Jahr 2008 halbierte beispielsweise Reckitt Benckiser den Inhalt seiner Pickelcreme Clearasil von 30 auf 15 Milliliter. Der Preis blieb gleich.

Die Preiserhöhung von satten 100 Prozent begründete die Firma mit einer „verbesserten Produktleistung". Worin diese bestand, wollte das Unternehmen nicht verraten.

Der Süßwaren-Multi Mars schmolz seine Schokoriegel Milky Way und Balisto im vergangenen Frühjahr um einige Gramm ein – pünktlich zum Auslaufen der Verpackungsverordnung, die für die Riegel sowieso nicht galt. Der Preis blieb auch in diesem Fall derselbe. Man müsse gestiegene Rohstoff- und Energiekosten weitergeben, hieß es – dabei waren die günstiger als im Jahr zuvor.

Die neue Verordnung diene aber auch dem Umweltschutz, lässt eine Sprecherin des Konsumgüterherstellers Procter & Gamble wissen. Man könne Produkte neuerdings „kompaktieren", sie ausreichend befüllen und so Verpackungsmüll vermeiden. Fraglich ist nur, weshalb der Konzern dann drei gleich große Ariel-Flaschen anbietet mit drei unterschiedlichen Füllmengen.

Ähnlich geschmeidig wie bei den Produktgrößen wirkt Procter & Gamble auch bei der Begründung von Preiserhöhungen: Warum etwa sind die Pampers-Baby-Dry-Windeln vor einigen Monaten um zehn Prozent teurer geworden? Erst hieß es, gestiegene Rohstoffkosten seien verantwortlich. Als die Verbraucherzentrale Hamburg nachfragte, weil die Preise für Zellstoff im Jahr 2008 gefallen waren, verwies die Firma auf die verbesserte Produktqualität.

Auf Nachfrage, was das genau bedeute, wird nun auf die TV-Werbung „Goldener Schlaf" verwiesen. Darin ist von einer extra Trockenheitslage die Rede, die es allerdings schon seit mindestens 2008, also auch beim Vorgängerprodukt, gab.

Eine ganz eigene Logik entwickelte Mars, als das Unternehmen gefragt wurde, weshalb das Tierfutterprodukt Frolic Rodeo mit Rind plötzlich viel kleiner geworden war. Bei der Umstellung, so eine Kundenmanagerin, habe man sich „voll und ganz an den Wünschen und Bedürfnissen der Verbraucher orientiert". Und es habe sich gezeigt, „dass die Mehrheit der Konsumenten eine Mengenreduzierung einer Preiserhöhung vorzieht".

Die versteckte Preiserhöhung des Hundefutters betrug allerdings 50 Prozent.

Quelle: DER SPIEGEL 6/2010.

Außennachfrageinflation

Laufende Exportüberschüsse gegenüber Fremdwährungsgebieten führen zu Deviseneinnahmen, die nicht wieder für Importzwecke benötigt werden. Die Exporteure tauschen die Devisen bei den Banken in Binnenwährung um, sodass die Geldmenge steigt. Die dieser Geldmenge gegenüberstehenden „Gütermengen" wurden indessen in Fremdwährungsgebiete exportiert, sodass also letztlich das Preisniveau im eigenen Währungsgebiet steigen muss. Da Exportüberschüsse gegenüber Fremdwährungsgebieten in der Regel vor allem dann entstehen, wenn dort die Inflationsraten **höher** als im eigenen Währungsgebiet sind (die Exportwaren werden für die gebietsfremden Importeure relativ billiger), spricht man von **importierter Inflation.** (Die Inflation wird sozusagen vom Fremdwährungsgebiet ins eigene Währungsgebiet „hereingetragen".)[1]

Die Inflationen kann man auch danach einteilen, ob sie **„angebotsinduziert",**[2] wie die Kosten- und die Gewinninflation oder **„nachfrageinduziert",**[3] wie es die Binnennachfrageinflation oder die importierte Inflation[3] sind.

Angebotsinflation

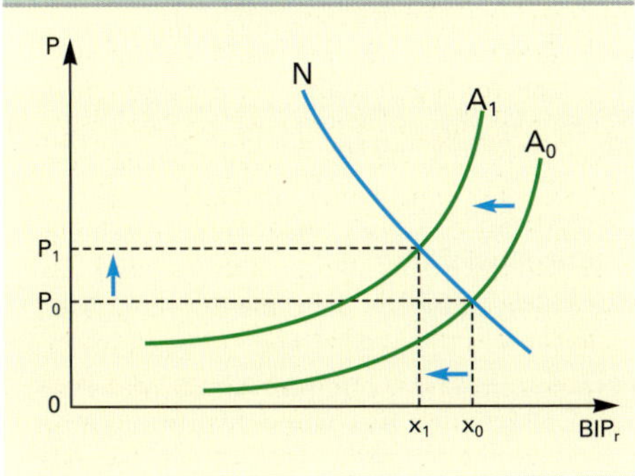

Nachfrageinflation

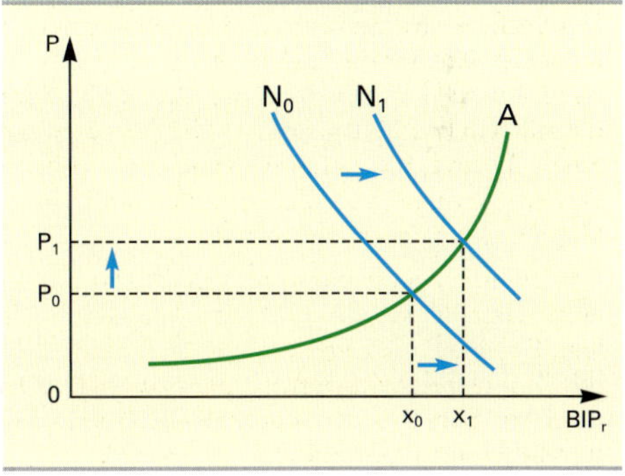

Legende:

A = Gesamtangebot BIP$_r$ = Bruttoinlandsprodukt
N = Gesamtnachfrage P = Preisniveau

Bei unveränderter normaler Gesamtnachfrage nimmt die umgesetzte Gütermenge bei steigenden Preisen ab (zunehmende Arbeitslosigkeit bei steigenden Preisen).

Ist die Nachfrage vollkommen unelastisch (oder nimmt sie entsprechend der Angebotsverschiebung zu), steigen die Preise bei unverändertem mengenmäßigem Umsatz **(Stagflation).**

Bei unverändertem normalem Gesamtangebot nimmt die umgesetzte Gütermenge bei steigenden Preisen zu, sofern die Wirtschaft nicht vollbeschäftigt ist (abnehmende Arbeitslosigkeit bei steigenden Preisen).

Ist die Wirtschaft vollbeschäftigt, steigen die Preise bei unverändertem mengenmäßigem Umsatz (Vollbeschäftigung mit Inflation).

1 Als Gegenstück zur importierten Inflation wird in den Zeitungen häufig die „hausgemachte" Inflation genannt. Hausgemachte Inflationen liegen z. B. vor, wenn der Staat die Steuern erhöht, die Staatsausgaben über den Staatseinnahmen liegen, die Löhne schneller als das Handelsvolumen steigen oder die Unternehmen ihre Marktmacht ausnutzen.

2 Induzieren: beeinflussen, auslösen.

3 Die importierte Inflation ist deshalb eine nachfrageinduzierte Inflation, weil sie auf überhöhter Nachfrage des Auslands nach inländischen Gütern beruht.

(4) Wirkungen der Inflation

Die Wirkungen der Inflation sind im Wesentlichen als negativ zu beurteilen. Die wohl schlimmste Folge ist die **Stagflation,** d.h. Stagnation mit Inflation. Sie entsteht z.B. dadurch, dass in einer Wirtschaft mit Außenhandel die Unternehmen die gestiegenen Kosten aus Konkurrenzgründen nicht mehr voll auf die Preise überwälzen können, sodass ihre Gewinne sinken bzw. ihre Verluste größer werden. Dies führt dazu, dass die zusätzlichen Investitionen (Nettoinvestitionen) sinken: Die Güterproduktion stagniert und es entsteht Arbeitslosigkeit bei steigenden Preisen.

Weitere Folgen der Inflation sind:

- Schuldner werden begünstigt, weil der reale Wert der Kreditaufnahme im Laufe der Zeit sinkt. Dies gilt insbesondere dann, wenn die Inflationsraten (= jährliche Preissteigerung in Prozent) höher als der Kreditzinssatz sind. Umgekehrt werden die Gläubiger (Sparer) geschädigt.
- Besitzer von Sachvermögen (u.U. auch Besitzer von Grundstücken, Unternehmen usw.) können im Gegensatz zu den Geldbesitzern (Kontensparern) ihr Vermögen erhalten. Geht man davon aus, dass die Arbeitnehmer i.d.R. ihre Ersparnisse auf Sparbüchern oder in festverzinslichen Wertpapieren[1] anlegen, während die Selbstständigen und die Unternehmen ihr Vermögen in Sachwerten investiert haben, verschiebt sich die Vermögensverteilung zugunsten der Selbstständigen und der Unternehmen. Die soziale Ungleichheit wird also durch die Inflation vergrößert.
- Inflation löst „Flucht in die Sachwerte“ aus. Die Angst vor weiterer Geldentwertung führt in der Anfangsphase der Inflation zu steigender Nachfrage, was wiederum die Inflation anheizt („Inflationsmentalität“).
- Soziale Gruppen, die nicht von starken Interessenverbänden vertreten werden, hinken mit ihren Einkommen hinter der allgemeinen Preis- und Lohnentwicklung her.
- Die Angst vor Arbeitslosigkeit lässt die Sparquote ansteigen, sodass auch die Konsumgüternachfrage stagniert oder gar zurückgeht.
- In der Anfangsphase der Inflation steigen die Steuereinnahmen der öffentlichen Körperschaften (des „Staates“). Dies verführt die Parlamente dazu, staatlichen Ausgabensteigerungen zuzustimmen. Die gesetzlich fixierten Ausgaben können kaum mehr zurückgenommen werden, sodass im Laufe der Zeit immer größere Haushaltsdefizite entstehen, die dann durch Steuererhöhungen ausgeglichen werden müssen.

4.3.6.2 Deflation[2]

(1) Begriff Deflation

Die Deflation im traditionellen (althergebrachten) Sinne ist das „Gegenteil“ der Inflation: Die Preise sinken (die Kaufkraft steigt). Man könnte nun glauben, dass dies gerade für die Verbraucher ideal sei. Wie zu zeigen sein wird, ist das Gegenteil der Fall.

Sinkendes Preisniveau bewirkt, dass Unternehmen und private Haushalte mit ihren Käufen eine abwartende Haltung einnehmen, ganz einfach deshalb, weil sie weiter sinkende Preise erwarten: sie **sparen.** Arbeitsplätze gehen verloren, die Einkommen sinken.

---

1 Zu den festverzinslichen Wertpapieren rechnen z.B. Industrieobligationen, Pfandbriefe, Anleihen des Bundes, der Länder und der Gemeinden.

2 Deflation (lat.): Zusammenziehung.

Merke:

Unter **Deflation** im traditionellen Sinne versteht man ein anhaltendes Sinken des Preisniveaus, verbunden mit zunehmender Arbeitslosigkeit.

Beispiel:

Die deutsche Deflation von 1930 bis 1932 brachte dem Deutschen Reich rund 6 Millionen Arbeitslose. Sie wurde im Wesentlichen dadurch erzeugt, dass der damalige Reichskanzler Brüning den Staatshaushalt an das durch Exportrückgänge geschrumpfte Handelsvolumen laufend anpasste, indem er die Staatsausgaben drastisch senkte.

(2) Ursachen der Deflation

- Kürzungen der Staatsausgaben (z.B. um die in den Vorjahren vorgenommenen Haushaltsdefizite auszugleichen).
- Pessimistische Zukunftserwartungen der Wirtschaftssubjekte, die z.B. durch Sparmaßnahmen des Staates oder politische Instabilität ausgelöst werden können. Die Folgen sind:
  - Kaufzurückhaltung (überhöhtes Sparen),
  - fehlende Investitionsneigung der Unternehmen und
  - sinkende Umlaufgeschwindigkeit des Geldes.

Beispiel:

Der „Schwarze Freitag"

Nach kräftigen Aktienspekulationen kam es im Oktober 1929 an der New Yorker Wall Street zu einem Börsenkrach, der als „Schwarzer Freitag" in die Geschichte einging. Innerhalb kurzer Zeit weitete sich der Crash, bei dem die Aktienkurse bis März 1933 um 80% fielen, zu einer Weltwirtschaftskrise aus. In Deutschland zum Beispiel sanken die Preise zwischen 1929 und 1932 um insgesamt 22%, das reale Bruttoinlandsprodukt schrumpfte um 16%, die Zahl der Arbeitslosen verdoppelte sich von rund 3 auf 6 Millionen.

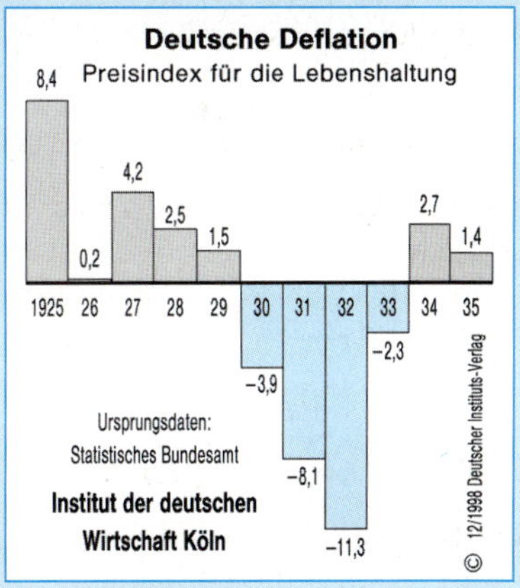

Dass sich die Depression in Deutschland ausbreiten konnte, hatte mehrere Gründe. Zum einen lief die Konjunktur schon seit Jahren schlecht. Seit Mitte der zwanziger Jahre stagnierte der Konsum, die Investitionen gingen zurück und die Arbeitslosigkeit stieg – ein idealer Nährboden für Deflation. Zum anderen hatten die Amerikaner wegen des Börsenkrachs massive Liquiditätsprobleme und zogen deshalb in großem Stil Kapital aus Deutschland ab.

Schließlich reagierte auch noch die deutsche Wirtschaftspolitik falsch: Um die wachsenden Haushaltslöcher zu stopfen und vermeintliche Inflationsgefahren einzudämmen, kürzte die Regierung Brüning die Staatsausgaben und erhöhte Steuern und Zinsen. Ein Paket, das die bestehende Krise vollends verschärfte.

Quelle: iwd vom 19. März 1998, S. 4.

24 Boller-Hartmann 978-3-8120-0585-2

4.4 Träger der Geldpolitik

4.4.1 Europäische Wirtschafts- und Währungsunion (EWWU)

Die Schaffung einer europäischen Einheitswährung, der Euro (EUR, €), wurde 1991 von den Staats- und Regierungschefs der Mitgliedsländer der **E**uropäischen **U**nion **(EU)**[1] in **Maastricht** (Niederlande) beschlossen. Der Maastricht-Vertrag trat 1992 in Kraft.

Das einheitliche Währungsgebiet, die **E**uropäische **W**irtschafts- und **W**ährungs**u**nion **(EWWU)**, wurde in mehreren Stufen verwirklicht. Im Juni 1998 wurde die **E**uropäische **Z**entral**b**ank **(EZB)** mit Sitz in Frankfurt a. M. errichtet, die ihre Funktionen seit dem 1. Januar 1999 wahrnimmt.

Anfang 1998 entschieden die Staats- und Regierungschefs der EU über die Teilnahme der Länder von Beginn der Währungsunion an. Die Teilnehmer hätten nach dem Maastricht-Vertrag folgende Kriterien (auch **„Maastricht-Kriterien"** oder **„Konvergenzkriterien"**[2] genannt) genügen sollen:

- Preisanstieg höchstens 1,5 Prozentpunkte über dem Preisanstieg der drei stabilsten Länderwährungen.
- Haushaltsdefizit höchstens 3 % der Wirtschaftsleistung.
- Staatsverschuldung nicht höher als 60 % der Wirtschaftsleistung.
- Langfristiger Zinssatz höchstens 2 Prozentpunkte über dem durchschnittlichen Zinssatz der drei preisstabilsten Länder.

Obwohl die „Maastricht-Kriterien" von vielen EU-Ländern nicht vollständig erfüllt wurden, hat die Europäische Kommission Anfang des Jahres 1998 elf Länder zur Teilnahme an der WWU empfohlen. Diese Länder waren Belgien, Deutschland, Finnland, Frankreich, Irland, Italien, Luxemburg, Niederlande, Österreich, Portugal und Spanien.

Dänemark, Großbritannien und Schweden wollen (noch) nicht teilnehmen. Griechenland durfte wegen seines zu hohen Defizits des Staatshaushalts nicht teilnehmen, trat aber zum 1. Januar 2001 der WWU bei. Am 1. Januar 2007 wurden Slowenien, am 1. Januar 2008 Malta und Zypern, am 1. Januar 2009 die Slowakei und zum 1. Januar 2011 Estland in den Währungsverbund aufgenommen.

Die nicht teilnehmenden EU-Länder werden als **„Outs"**[3] bezeichnet. Zwischen den Euro-Ländern und den Outs bleibt das Europäische Währungssystem, das als **W**echsel**k**urs**m**echanismus II (WKM II) bezeichnet wird, erhalten.[4]

Anfang 1999 begann eine weitere Stufe der WWU mit der Einführung der europäischen Währung in „non-cash-form".[5] Das bedeutete, dass das ehemalige Bargeld in den Teilnehmerländern zunächst noch erhalten blieb.

Am 1. Januar 2002 wurden die Banknoten und Münzen der Euro-Währung eingeführt. Damit verloren die nationalen Noten und Münzen in den WWU-Ländern ihre Gültigkeit.[6]

1 Zur Europäischen Union (EU) siehe Kursthema: „Von der Volkswirtschaft zur Weltwirtschaft", Kapitel 1.
2 Konvergenz (lat.): Annäherung.
3 Outs (engl.): draußen Gebliebene, Außenstehende.
4 Zum WKM siehe Kapitel 4.7.3.
5 Non-cash-form (engl.): unbare (nicht bare) Form.
6 Auch über diesen Zeitpunkt hinaus tauschen die Hauptverwaltungen der Deutschen Bundesbank die DM-Banknoten und -Münzen in Euro um.

4.4.2 Europäische Zentralbank (EZB)

Verantwortlich für die Geldpolitik (Steuerung der Geldmenge und der Zinssätze) in den Mitgliedstaaten der Europäischen **W**irtschafts- und **W**ährungs**u**nion **(WWU)** ist die **E**uropäische **Z**entral**b**ank **(EZB).** Die Organe der EZB sind das Direktorium, der EZB-Rat und der Erweiterte EZB-Rat. Aufbau und Aufgaben der EZB sind in der **EZB-Satzung** festgelegt.

Direktorium	Das Direktorium besteht aus dem Präsidenten, dem Vizepräsidenten und vier weiteren Mitgliedern. Dem Direktorium obliegt die Geschäftsführung, d. h., ■ es führt die vom EZB-Rat beschlossene Geldpolitik aus, ■ verwaltet die Währungsreserven der Mitgliedstaaten, ■ führt Devisengeschäfte[1] durch und ■ sorgt für funktionierende Zahlungssysteme.
Europäischer Zentralbankrat (EZB-Rat)	Der Europäische Zentralbankrat (EZB-Rat) setzt sich aus dem **Direktorium** und den Präsidenten der **nationalen Notenbanken** der WWU-Mitgliedstaaten zusammen. Stimmberechtigt sind jedoch **maximal 15 Präsidenten** nationaler Zentralbanken, wobei die Stimmrechte auf der Grundlage eines **Rotationssystems** wechseln. Der EZB-Rat trifft mit einfacher Stimmenmehrheit die geldpolitischen Entscheidungen und erlässt Weisungen und Leitlinien für die Zentralbanken der Teilnehmer.
Erweiterter EZB-Rat	Dem Erweiterten EZB-Rat gehören der **EZB-Rat** und die **Zentralbank-Präsidenten** der Staaten der Europäischen Union (EU) an, die (noch) nicht Mitglieder der WWU sind.

Damit die EZB ihre Aufgaben erfüllen kann, ist sie mit einer dreifach gesicherten **Unabhängigkeit** (Autonomie) ausgestattet:

- Sie ist **institutionell unabhängig.** Nach Art. 107 EGV[2] darf weder die EZB noch eine nationale Zentralbank noch ein Mitglied ihrer Beschlussorgane Weisungen von EU-Organen oder von den Regierungen der Mitgliedstaaten einholen oder entgegennehmen.
- Sie ist **personell unabhängig.** Der Präsident und die übrigen geschäftsführenden Direktoren der EZB werden von den Regierungen, vertreten durch die Staats- bzw. Regierungschefs der Mitgliedstaaten, für i. d. R. acht Jahre gewählt. Eine Amtsenthebung kann nur durch den Europäischen Gerichtshof erfolgen. Die im EZB-Rat vertretenen Präsidenten der nationalen Zentralbanken werden für eine Amtszeit von mindestens fünf Jahren berufen.
- Sie ist **operativ unabhängig.** Die EZB entscheidet autonom über ihre geldpolitischen Maßnahmen.

4.4.3 Europäisches System der Zentralbanken (ESZB)

(1) Aufbau und Aufgaben des ESZB

Das **E**uropäische **S**ystem der **Z**entral**b**anken **(ESZB)** besteht aus der Europäischen Zentralbank und den nationalen Zentralbanken der Mitgliedstaaten der Europäischen Union. Nach Art. 105 EVG sowie der Satzung des ESZB ist das **vorrangige Ziel** des ESZB die **Preisstabilität.** Insoweit die Erreichung dieses Ziels nicht beeinträchtigt wird, unterstützt das ESZB die Wirtschaftspolitik der EU-Länder. Ebenso wie die EZB im Einzelnen ist das ESZB im Ganzen von Weisungen politischer Instanzen unabhängig.

1 Devisen (lat., franz.): Zahlungsmittel in Fremdwährung.

2 EGV: EG-Vertrag.

Öffentliche Haushalte dürfen vom ESZB nicht finanziert werden.

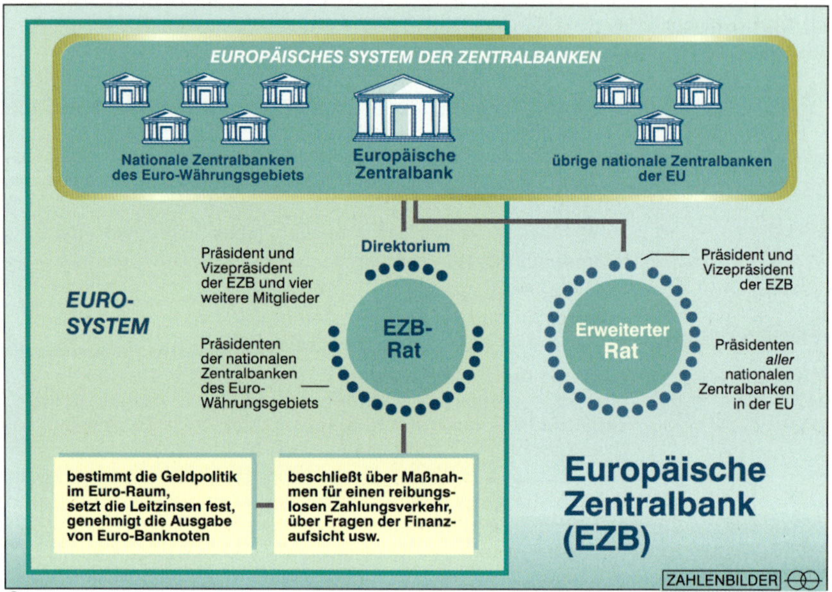

 715 560

Das Eurosystem wird von den Beschlussorganen der Europäischen Zentralbank, das heißt vom EZB-Rat und vom Direktorium geleitet. Der **EZB-Rat** bestimmt die Geldpolitik im Euro-Währungsgebiet. Die Umsetzung der im Eurosystem gefassten operativen[1] Beschlüsse erfolgt durch die nationalen Zentralbanken der Eurozone.

(2) Stabilitätsziel

Nach der Definition der EZB liegt Preisniveaustabilität (kurz: Preisstabilität) vor, wenn der Anstieg des **H**armonisierten **V**erbraucher**p**reis**i**ndex[2] **(HVPI)** der WWU **unter 2 %** gegenüber dem Vorjahr beträgt. Zur Preisstabilität gehört aber auch die Vermeidung einer Deflation. Deswegen wird von der EZB eine Inflationsrate (Preissteigerungsrate) von jährlich weniger als 1 % als problematisch angesehen.

(3) Zwei-Säulen-Strategie[3]

Um mögliche Gefahren für die Preisstabilität rechtzeitig feststellen und die notwendigen Maßnahmen zur Abwehr ergreifen zu können, untersucht der EZB-Rat regelmäßig die wirtschaftliche Lage von zwei Seiten her. An erster Stelle steht eine breit angelegte **wirtschaftliche Analyse** zur Ermittlung der kurz- und mittelfristigen Risiken für die Preisstabilität. Die sich daraus ergebenden Inflationsanzeichen werden in einem zweiten Schritt anhand der **monetären Analyse** aus mittel- und langfristiger Perspektive ermittelt.

1 Operation (lat.): Eingriff. Operative Beschlüsse sind solche, die in den Geldkreislauf eingreifen wie z.B. Offenmarktkäufe.

2 Index (lat.): Anzeiger, Indizes: Mehrzahl von Index. „Harmonisierter" Preisindex deswegen, weil die statistischen Methoden zur Ermittlung der Preisveränderungsraten u.a. in den Mitgliedsländern der WWU aufeinander abgestimmt sind.

3 Strategie (griech.-lat.): genauer Plan des eigenen Vorgehens, um ein militärisches, politisches, wirtschaftliches oder ein anderes Ziel zu erreichen, indem man diejenigen Faktoren, die in die eigene Aktion hineinspielen könnten, von vornherein einzukalkulieren versucht. Wenn von strategischen Zielen die Rede ist, sind meistens langfristig zu erreichende Ziele gemeint.

Ein wichtiger Bestandteil dieser Analyse ist die Bewertung der Geldmengenentwicklung. Richtschnur zur längerfristigen Beurteilung des Geldmengenwachstums ist der so genannte **Referenzwert,**[1] der in längeren Zeitabständen von der EZB überprüft wird. Der Referenzwert wird in Prozent der Geldmenge M3 ausgedrückt.[2]

Beispiel:

Der EZB-Rat legt für das Jahr 20.. den Referenzwert für das Geldmengenwachstum M3 nach folgendem Schema fest:

1.	Wachstum des realen Bruttoinlandsprodukts (BIP_r) = Handelsvolumen (H)	2,0 %
2.	Höchstzulässiger Preisanstieg des HVPI	≦ 2,0 %
3.	Zuschlag für die Verminderung der Umlaufgeschwindigkeit des Geldes bzw. Abschlag für die Erhöhung der Umlaufgeschwindigkeit des Geldes (U)	+ 0,5 %
=	Referenzwert (angestrebtes Geldmengenwachstum)	4,5 %

Die Umlaufgeschwindigkeit wird auf der Basis der Quantitätsgleichung (Verkehrsgleichung) des Geldes berechnet:

$$H \cdot P = M \cdot U$$

Das Produkt aus H · P entspricht dem nominellen Bruttoinlandsprodukt ($BIP_r \cdot P = BIP_n$). Setzen wir für M (Geldmenge) zum Beispiel die Geldmenge M3, so erhalten wir folgende Rechnung:

$$BIP_n = M3 \cdot U \quad \text{oder} \quad U = \frac{BIP_n}{M3}$$

Beträgt das nominelle Bruttoinlandsprodukt in einem Quartal z. B. 1500 Mrd. Euro und beläuft sich die Geldmenge M3 auf 5000 Mrd. Euro, errechnet sich eine Umlaufgeschwindigkeit von 0,3 je Quartal (1500 Mrd. Euro : 5000 Mrd. Euro) bzw. 1,2 je Jahr.

Die Geldumlaufgeschwindigkeit geht seit längerer Zeit langsam zurück. Dies wird damit erklärt, dass im Vergleich zum Wachstum des Bruttoinlandsprodukts immer mehr Geld in Vermögensanlagen investiert, d. h. dem Geldkreislauf entzogen wird. Der Rückgang der Umlaufgeschwindigkeit des Geldes wird von der EZB durch einen Zuschlag zur Geldmenge M3 ausgeglichen.

4.4.4 Aufgaben der Deutschen Bundesbank im ESZB

Die währungspolitischen Entscheidungen des EZB-Rats werden i. d. R. dezentral durch die nationalen Zentralbanken – in der Bundesrepublik Deutschland durch die Deutsche Bundesbank – umgesetzt. Nur wenn der EZB-Rat Ermessensspielräume zulässt, hat eine nationale Zentralbank wie z. B. die Deutsche Bundesbank gestalterische Möglichkeiten der Umsetzung.

Die Deutsche Bundesbank ist wie die übrigen nationalen Zentralbanken der EU **integraler Bestandteil**[3] des ESZB. Sie wirkt an der Erfüllung seiner Aufgaben mit dem vorrangigen Ziel mit, die Preisniveaustabilität zu gewährleisten. Sie verwaltet die Währungsreserven der Bundesrepublik Deutschland, sorgt für die bankmäßige Abwicklung des Zahlungsverkehrs im Inland und mit dem Ausland und trägt zur Stabilität der Zahlungs- und Verrechnungssysteme bei (§ 3 BBankG).

1 Referenz (franz. référence, engl. reference): Empfehlung, Referenzwert: empfohlener Wert.

2 Zur Geldmenge M3 siehe Kapitel 4.4.1.2 im Kursthema: „Die Strukturen und Prozesse einer Volkswirtschaft.

3 Integraler Bestandteil: vollständig eingegliederter Bestandteil. Integrieren (lat.): eingliedern. Integration: (vollständige) Eingliederung.

Leitendes **Organ der Deutschen Bundesbank** ist der **Vorstand.** Er leitet und verwaltet die Bank (§ 7 I BBankG) und vertritt die Deutsche Bundesbank gerichtlich und außergerichtlich (Näheres siehe § 11 BBankG). Der Vorstand besteht aus dem Präsidenten und dem Vizepräsidenten sowie vier weiteren Mitgliedern, die alle eine besondere fachliche Eignung haben müssen (§ 7 II BBankG). Die Mitglieder des Vorstands werden vom **Bundespräsidenten** bestellt. Die Bestellung des Präsidenten und des Vizepräsidenten sowie eines weiteren Mitglieds erfolgt auf Vorschlag der **Bundesregierung,** die der übrigen Mitglieder auf Vorschlag des **Bundesrats** im Einvernehmen mit der Bundesregierung (§ 7 III BBankG).

Der Vorstand fasst seine Beschlüsse mit einfacher Mehrheit der abgegebenen Stimmen. Bei Stimmengleichheit gibt die Stimme des Vorsitzenden den Ausschlag (§ 7 V BBankG).

Die Deutsche Bundesbank hat 9 **Hauptverwaltungen,** die jeweils von einem dem Vorstand der Deutschen Bundesbank unterstehenden **Präsidenten** geleitet werden (§ 8 I, II BBankG). Bei jeder Hauptverwaltung besteht ein **Beirat,** der regelmäßig mit dem Präsidenten der Hauptverwaltung zusammentrifft und mit ihm über die Durchführung der in seinem Bereich anfallenden Arbeit berät (Näheres siehe § 9 BBankG).

Die Deutsche Bundesbank darf **Filialen** unterhalten, die der zuständigen Hauptverwaltung unterstehen (§ 10 BBankG).

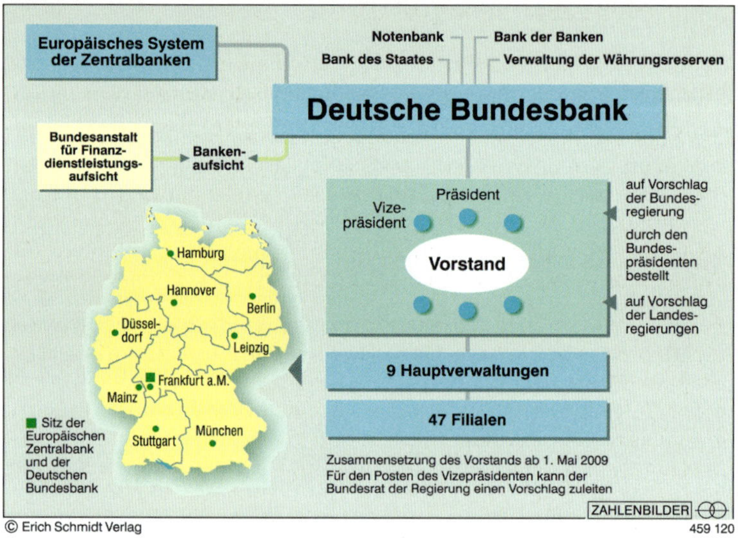

Die Hauptverwaltungen sind für folgende Gebiete zuständig (§ 8 I BBankG):

- Baden-Württemberg,
- Bayern,
- Berlin und Brandenburg,
- Bremen, Niedersachsen und Sachsen-Anhalt,
- Hamburg, Mecklenburg-Vorpommern und Schleswig-Holstein,
- Hessen,
- Nordrhein-Westfalen,
- Rheinland-Pfalz und Saarland sowie
- Sachsen und Thüringen.

Die Deutsche Bundesbank ist bei der Ausübung ihrer Befugnisse von Weisungen der Bundesregierung unabhängig. Soweit dies unter Wahrung ihrer Aufgabe als Bestandteil des ESZB möglich ist, unterstützt die Deutsche Bundesbank die allgemeine Wirtschaftspolitik der Bundesregierung (§ 12 BBankG).

4.5 Steuerung der Geldpolitik

Während in früheren Zeiten die Fürsten das alleinige Recht besaßen, Geld zu schöpfen, d.h. Münzen zu prägen, ist in den heutigen Volkswirtschaften das Recht der Notengeldschöpfung auf die Zentralbanken (Notenbanken) übergegangen. In der Europäischen Wirtschafts- und Währungsunion ist das – wie bereits bekannt ist – die Europäische Zentralbank (EZB).

Merke:

Staatliche Banken, die das alleinige Recht zur Ausgabe von Notengeld besitzen, bezeichnet man als **Zentralbanken** oder **Notenbanken.**

4.5.1 Mindestreservepolitik

Mindestreserven sind Geldbeträge, die die Kreditinstitute gegen eine geringe Verzinsung oder auch unverzinslich bei der Europäischen Zentralbank einzahlen müssen.[1]

Die Mindestreservepflicht der Kreditinstitute bemisst sich nach der Höhe ihrer Verbindlichkeiten gegenüber Nichtbanken aus täglich fälligen Einlagen (Sichteinlagen), Einlagen mit vereinbarter Laufzeit, Einlagen mit vereinbarter Kündigungsfrist, Repogeschäften, ausgegebenen Schuldverschreibungen und ausgegebenen Geldmarktpapieren. Die Mindestreservesätze sind der prozentuale Anteil der Mindestreserven am Wert der genannten Verbindlichkeiten. Sie können je nach Art der Verbindlichkeiten unterschiedlich hoch sein.

Zum Verständnis des Zusammenhangs genügt es, wenn wir die Mindestreserven für Sichteinlagen betrachten. Dabei ist es wichtig zu wissen, dass die Kreditinstitute zwar kein Bargeld (Münz- und Notengeld), wohl aber Giralgeld schaffen (schöpfen) können, weil sie **mehr** Geld ausleihen können als sie Einlagen besitzen. Der Grund: Es ist kaum zu erwarten, dass **alle** Bankkunden gleichzeitig ihr Geld abheben wollen. Es genügt vielmehr, wenn die Banken eine verhältnismäßig geringe Bargeldsumme zur Auszahlung bereithalten.

Beispiel:

Angenommen, ein Bankkunde zahlt auf sein Girokonto 10000,00 EUR ein. Der Mindestreservesatz der EZB beträgt 2%. Ferner pflegt die Bank 20% der Sichteinlagen als Barreserve (Kassenreserve für Auszahlungszwecke) zu halten. Die Bank – nennen wir sie Bank A – kann nunmehr 7800,00 EUR ausleihen, falls sich ein Kreditnachfrager findet.

Erhöht die EZB den Mindestreservesatz auf beispielsweise 3%, muss die Bank A bei einer Einlage von 10000,00 EUR eine Barreserve von 2000,00 EUR und eine Mindestreserve von 300,00 EUR halten, sodass sich ihre Giralgeldschöpfungsmöglichkeit auf 7700,00 EUR vermindert.

1 Anfang 2011 betrug der Mindestreservesatz für täglich fällige Einlagen mit vereinbarter Laufzeit und Kündigungsfrist von bis zu zwei Jahren, Schuldverschreibungen und Geldmarktpapiere 2%, für Verbindlichkeiten mit vereinbarter Laufzeit und Kündigungsfrist von über zwei Jahren, Repogeschäfte und Schuldverschreibungen 0%.

Da der Geldschöpfungsmultiplikator unter den im Kapitel 4.2.3[1] entwickelten Modellbedingungen dem reziproken Wert des Barreservesatzes (einschließlich des Mindestreservesatzes) entspricht, beträgt der gesamte Kreditschöpfungsspielraum der Kreditinstitute **nach** der Mindestreservesatzerhöhung 33478,26 EUR.[1] **Vorher** belief sich der Kreditschöpfungsspielraum auf 35454,55 EUR.[2]

Aus dem Beispiel folgt:

- Je höher die Mindestreservesätze, desto geringer sind die Geldschöpfungsmöglichkeiten der Kreditinstitute.
- Je niedriger die Mindestreservesätze, desto höher sind die Geldschöpfungsmöglichkeiten der Kreditinstitute.

Merke:

- **Erhöhung der Mindestreservesätze:** Ist die Wirtschaft vollbeschäftigt und besteht Inflationsgefahr, erhöht die EZB die Mindestreservesätze. Die Kreditinstitute können **weniger** Giralgeld anbieten. Kaufwünsche der Wirtschaftssubjekte können nur in geringerem Umfang erfüllt werden. Die Nachfrage nach Sachgütern und Dienstleistungen wird gebremst, die Inflationsgefahr verringert.
- **Senkung der Mindestreservesätze:** Ist die Wirtschaft unterbeschäftigt und herrscht Preisstabilität, senkt die EZB die Mindestreservesätze. Die Kreditinstitute können **mehr** Giralgeld anbieten. Kaufwünsche der Wirtschaftssubjekte können erfüllt werden. Die Nachfrage nach Gütern wird gefördert. Die EZB hofft, dass die Wirtschaft angekurbelt wird.

Modell der Mindestreservepolitik

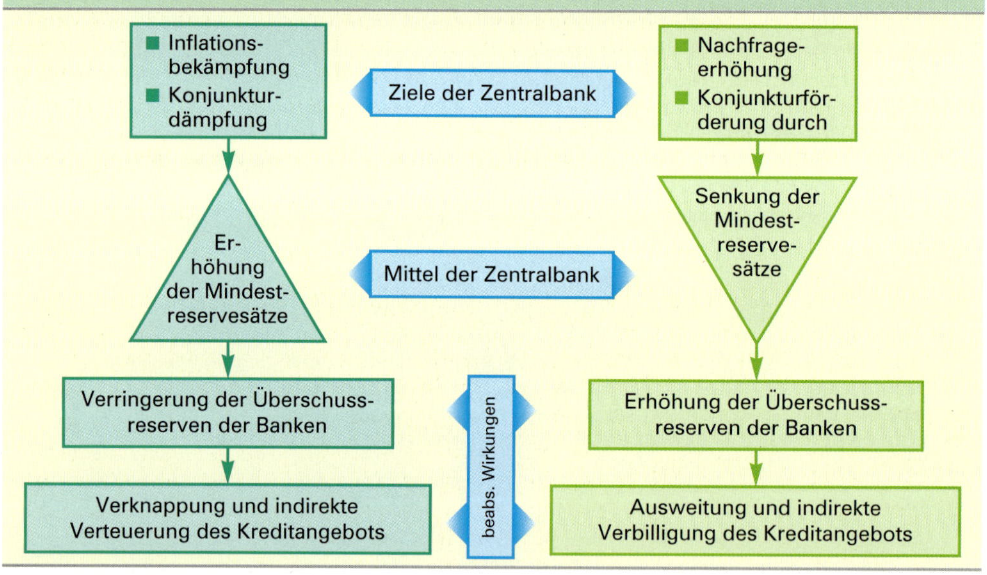

1 7700,00 EUR : $\frac{23}{100}$ = 33478,26 EUR.

2 7800,00 EUR : $\frac{22}{100}$ = 35454,55 EUR.

4.5.2 Offenmarktpolitik

Die Offenmarktpolitik spielt eine wichtige Rolle in der Geldpolitik der Europäischen Zentralbank bzw. des Systems der Europäischen Zentralbanken. Offenmarktgeschäfte werden eingesetzt, um **Zinssätze** und **Liquidität** (die Geldmenge) am Markt zu steuern und um **Signale** zu setzen.

4.5.2.1 Instrumente der Offenmarktpolitik

Es stehen fünf Arten von Instrumenten zur Durchführung von Offenmarktgeschäften zur Verfügung:

- definitive Käufe von Schuldverschreibungen,
- befristete Transaktionen,
- Emissionen von Schuldverschreibungen,
- Devisenswapgeschäfte und
- Hereinnahme von Termineinlagen.

(1) Definitive Käufe und Verkäufe von Wertpapieren

Der definitive[1] Kauf oder Verkauf von Wertpapieren[2] ist ein mögliches Instrument einer Zentralbank zur Beeinflussung der Geldmenge und des Zinsniveaus.

Die definitiven Käufe von Wertpapieren rechnet die EZB zu den so genannten **„strukturellen Operationen"**. Sie finden unregelmäßig, d.h. bei Bedarf statt.

Durch den Kauf bzw. Verkauf von Wertpapieren beeinflusst die Zentralbank die Zinssätze. Technisch geschieht das in der Weise, dass die Zentralbank vom Marktzinssatz abweichende Abgabe- und Annahmesätze (Verkaufs- und Ankaufssätze) fixiert (festlegt) und es den Kreditinstituten überlässt, wie viele Papiere sie bei der Zentralbank kaufen bzw. an sie verkaufen wollen. Ist z.B. der Kreditmarkt flüssig, kann die Zentralbank die Abgabesätze über den Marktzinssatz hinaus erhöhen. Für die Kreditinstitute ist es dann vorteilhaft, überschüssige Mittel nicht auf dem Markt anzubieten, sondern in Wertpapieren anzulegen. Der Geldmarkt „verknappt sich" und der Zinssatz steigt.

Merke:

- **Verkauf von Wertpapieren:** Ist die Wirtschaft vollbeschäftigt und besteht Inflationsgefahr, verkauft die Zentralbank Wertpapiere am offenen Markt. Dem Kreditmarkt wird Liquidität entzogen. Die Überschussreserven der Kreditinstitute und damit das Kreditangebot verringern sich. Zusätzliche Nachfrage kann nicht finanziert werden. Es ist zu erwarten, dass die inflationäre Entwicklung gebremst wird.
- **Kauf von Wertpapieren:** Ist die Wirtschaft unterbeschäftigt, kauft die Zentralbank Wertpapiere am offenen Markt. Dem Kreditmarkt wird Liquidität zugeführt. Die Überschussreserven der Kreditinstitute erhöhen sich und damit das Kreditangebot. Zusätzliche Kreditnachfrage kann also finanziert werden.

---

1 Definitiv (lat.) = wörtl. bestimmt. Hier: Ein endgültiger Kauf ohne Nebenbedingungen wie z.B. Rücknahmevereinbarungen.

2 Zu den Offenmarktpapieren siehe Kapitel 4.2.2.

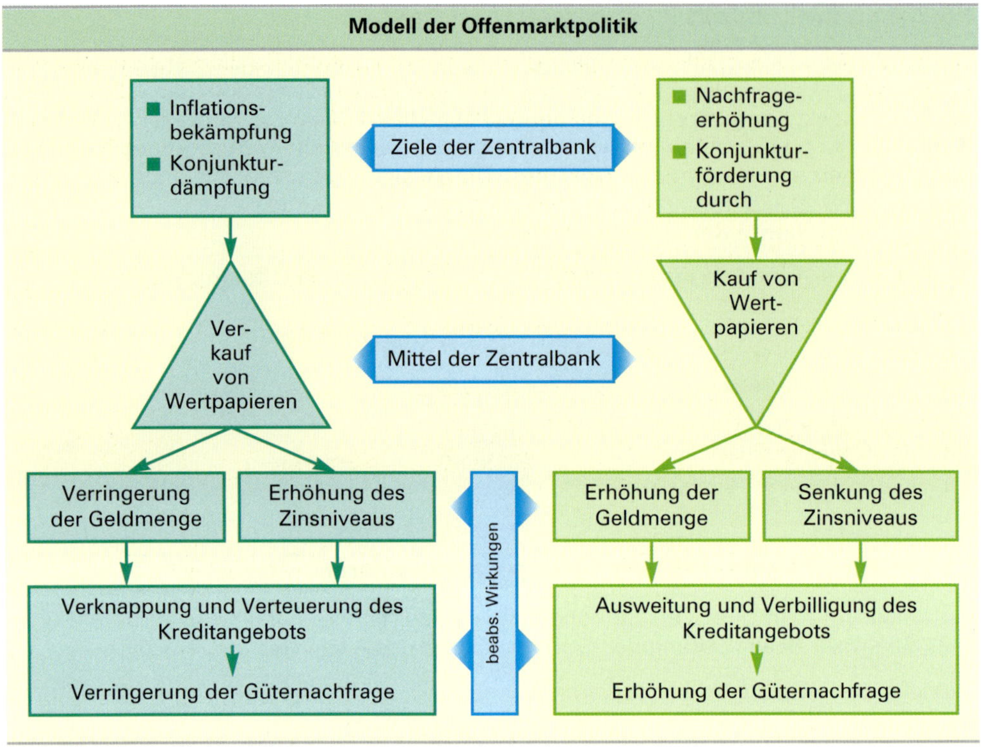

(2) Befristete Transaktionen

Befristete Transaktionen werden vom **Eurosystem** in Form von Pensionsgeschäften und Pfandkrediten durchgeführt. Das Eurosystem setzt sich aus der EZB und den nationalen Zentralbanken der EU-Mitgliedstaaten, die bereits den Euro eingeführt haben, zusammen.

■ Pensionsgeschäfte

Pensionsgeschäfte sind Offenmarktgeschäfte **auf Zeit** (daher der Begriff „befristete Transaktionen"), weil den Kreditinstituten nur für eine im Voraus feststehende Zeit Zentralbankgeld (Sichtguthaben oder Bargeld) zur Verfügung gestellt wird. Von Pensionsgeschäften spricht man deshalb, weil das Eurosystem Wertpapiere mit der Maßgabe kauft, dass die Kreditinstitute die Papiere nach Ablauf einer bestimmten Zeit (z.B. nach 28 Tagen) wieder zurückkaufen. Die Papiere werden von den Kreditinstituten beim Eurosystem sozusagen „in Pension" gegeben. Die Pensionsgeschäfte unterscheiden sich also von den definitiven Käufen durch die **Rücknahmevereinbarung** zwischen dem Kreditnehmer und dem Eurosystem. Sie werden deswegen auch als **Repogeschäfte** bezeichnet.

Praktisch vollzieht sich ein Pensionsgeschäft wie folgt:

Die Kreditinstitute verkaufen Wertpapiere an das Eurosystem. Da die Pensionsgeschäfte i.d.R. von den nationalen Zentralbanken durchgeführt werden, verkaufen z.B. die deutschen Kreditinstitute Wertpapiere an die Deutsche Bundesbank gegen Gutschrift auf dem Konto der Hauptverwaltung mit der Verpflichtung, diese Papiere zu einem späteren festgelegten Zeitpunkt wieder zurückzukaufen. Die Verzinsung besteht darin, dass das Eurosystem den Rückkaufbetrag höher festlegt als den Ankaufbetrag.

Wertpapierpensionsgeschäft

Das Eurosystem bietet Pensionsgeschäfte an: Laufzeit 20 Tage, Pensionssatz 3%. Bank A verkauft Wertpapiere für 3 Mio. EUR.

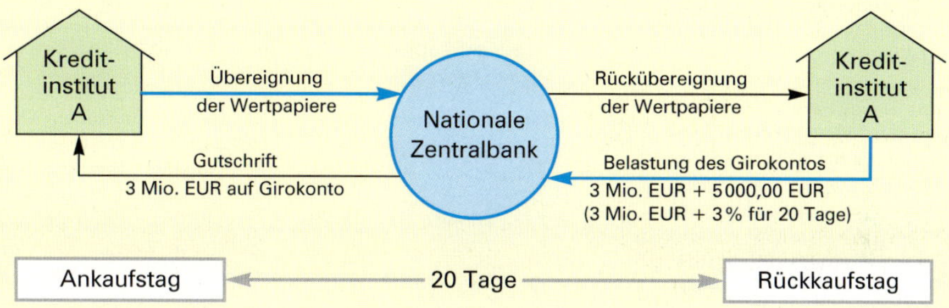

Die Kreditvergabe erfolgt im Wege sogenannter Standardtender[1].

Das Eurosystem kann Standardtender entweder als **Mengen- oder Zinstender** ausschreiben, wobei der Zinstender in Abhängigkeit von den Zuteilungsmodalitäten als **holländisches oder amerikanisches Zuteilungsverfahren** ausgestaltet sein kann.

Durch das Herauf- bzw. Heruntersetzen des Mindestbietungssatzes (Pensionssatzes) wird das gesamte Zinsniveau (gewissermaßen der gewogene Durchschnitt aller Zinssätze) beeinflusst, weil die Zinssätze interdependent, d.h. gegenseitig abhängig sind.

Beispiel:

Steigt der Zins für kurzfristige Kredite von 6 auf 8% und verharrt der Zinssatz für langfristige Kredite noch auf beispielsweise 7%, so werden kurzfristige Kredite durch langfristige ersetzt, d.h., langfristige Kredite werden so lange nachgefragt, bis auch auf den Kapitalmärkten die Zinssätze steigen.

1 Das Wort Tender hängt mit dem englischen Wort „to tend" (Kurzform von „to attend") und dem lateinischen Wort attendere (vgl. franz. attendre) zusammen. Es bedeutet so viel wie aufpassen, Sorge tragen für etwas, auf etwas achten.

Standardtenderverfahren im Überblick

Standardtender als:

Mengentender

Bei dem Mengentender wird der **Zinssatz** von der EZB **im Voraus festgelegt.** Die teilnehmenden **Geschäftspartner** bieten den Betrag, den sie zu diesem Festsatz übernehmen möchten.

Nach Vorliegen der Angebote teilt die EZB den Geschäftspartnern dann denjenigen Betrag zu, der ihren liquiditätspolitischen Vorstellungen entspricht. Übersteigt die Summe der Einzelgebote der Kreditinstitute die Vorstellungen der EZB, erfolgt eine gleichmäßige Quotierung aller Angebote.

Während das Eurosystem **bis Juni 2000** beim Hauptrefinanzierungsgeschäft **stets den Mengentender** einsetzte, benutzte es **bis 2008 den Zinstender.** Der Grund für den Wechsel lag darin, dass die Banken beim Mengentender so **hohe Gebote** abgaben, dass der Anteil der bedienten Gebote (Repartierungsquote) schließlich **unter ein Prozent** sank.

In der Zeit der Finanzkrise hat der EZB-Rat allerdings beschlossen, so lange wie nötig die Hauptrefinanzierungsgeschäfte wieder als Mengentender, jedoch mit **vollständiger** Zuteilung abzuwickeln, um dem Bankensektor so die benötigte Liquidität zuzuführen.

Beispiel:

Die EZB möchte dem Markt insgesamt 10 Mrd. EUR Liquidität zur Verfügung stellen.

Zinsvorgabe: 2,5 %

Gebote:

Geschäftspartner A:	4,0 Mrd. EUR
Geschäftspartner B:	7,0 Mrd. EUR
Geschäftspartner C:	2,0 Mrd. EUR
Geschäftspartner D:	4,0 Mrd. EUR
Geschäftspartner E:	3,0 Mrd. EUR
Gesamt:	**20,0 Mrd. EUR**

Quotierung: 50 %

Geschäftspartner A:	2,0 Mrd. EUR
Geschäftspartner B:	3,5 Mrd. EUR
Geschäftspartner C:	1,0 Mrd. EUR
Geschäftspartner D:	2,0 Mrd. EUR
Geschäftspartner E:	1,5 Mrd. EUR
Gesamt:	**10,0 Mrd. EUR**

Zinstender

Bei dem Zinstender bieten die Geschäftspartner des Eurosystems **sowohl** den von ihnen gewünschten **Betrag** als auch den **Zinssatz,** zu dem sie das Geschäft abzuschließen bereit sind. Wenn die Geschäftspartner **zu niedrige Zinsen** bieten, laufen sie Gefahr, bei der **Zuteilung leer auszugehen.** Umgekehrt haben sie bei **hohen Zinsgeboten** die Chance, **volle Zuteilung** des gewünschten Betrages zu erhalten. Die EZB setzt **intern** allerdings einen **Gesamtkreditbetrag** als Höchstgrenze fest. Gebote zu dem gerade noch zum Zuge gekommenen Zinssatz (marginaler Zinssatz) werden auch hier – falls erforderlich – quotiert.

Als **marginaler Zinssatz** wird der Satz bezeichnet, zu dem der Markt geräumt wird. Es handelt sich immer um den **letzten** Zins, zu dem noch **zugeteilt** wurde (hier: 3,50 %).

holländisches Verfahren

Die **Zuteilung** bei diesem Verfahren erfolgt zu einem **Einheitszinssatz.**

Dieser Zuteilungssatz ist der niedrigste akzeptierte Bietungssatz, für alle zum Zuge kommenden Gebote.

Beispiel:

Die EZB gibt einen Mindestbietungssatz von 3,0 % bekannt. Der Gesamtkreditbetrag wird **intern** auf 15 Mrd. EUR festgelegt.

Gebote:

Geschäftspartner A:	4,0 Mrd. EUR	zu 4,00 %
Geschäftspartner B:	6,0 Mrd. EUR	zu 3,75 %
Geschäftspartner C:	3,0 Mrd. EUR	zu 3,60 %
Geschäftspartner D:	2,0 Mrd. EUR	zu 3,50 %
Geschäftspartner E:	2,0 Mrd. EUR	zu 3,50 %
Geschäftspartner F:	3,0 Mrd. EUR	zu 3,20 %
Gesamt:	**20,0 Mrd. EUR**	

Zuteilung erfolgt einheitlich zu 3,50 %:

Geschäftspartner A:	4,0 Mrd. EUR	zu 3,50 %
Geschäftspartner B:	6,0 Mrd. EUR	zu 3,50 %
Geschäftspartner C:	3,0 Mrd. EUR	zu 3,50 %
Geschäftspartner D:	1,0 Mrd. EUR	zu 3,50 %
Geschäftspartner E:	1,0 Mrd. EUR	zu 3,50 %
Gesamt:	**15,0 Mrd. EUR**	

Bei den Geschäftspartnern D und E erfolgt eine Quotierung mit 50 %.

amerikanisches Verfahren

Bei diesem Zuteilungsverfahren entspricht der **Zuteilungszinssatz** dem **individuellen Bietungssatz** des jeweiligen Geschäftspartners.

Vor allem die **Hauptrefinanzierungsgeschäfte** werden nach dem **amerikanischen** Zinstenderverfahren durchgeführt.

Beispiel:

Die EZB gibt einen Mindestbietungssatz von 3,0 % bekannt. Der Gesamtkreditbetrag wird **intern** auf 15 Mrd. EUR festgelegt.

Gebote:

Geschäftspartner A:	4,0 Mrd. EUR	zu 4,00 %
Geschäftspartner B:	6,0 Mrd. EUR	zu 3,75 %
Geschäftspartner C:	3,0 Mrd. EUR	zu 3,60 %
Geschäftspartner D:	2,0 Mrd. EUR	zu 3,50 %
Geschäftspartner E:	2,0 Mrd. EUR	zu 3,50 %
Geschäftspartner F:	3,0 Mrd. EUR	zu 3,20 %
Gesamt:	**20,0 Mrd. EUR**	

Zuteilung erfolgt nach den individuellen Geboten:

Geschäftspartner A:	4,0 Mrd. EUR	zu 4,00 %
Geschäftspartner B:	6,0 Mrd. EUR	zu 3,75 %
Geschäftspartner C:	3,0 Mrd. EUR	zu 3,60 %
Geschäftspartner D:	1,0 Mrd. EUR	zu 3,50 %
Geschäftspartner E:	1,0 Mrd. EUR	zu 3,50 %
Gesamt:	**15,0 Mrd. EUR**	

Bei den Geschäftspartnern D und E erfolgt eine Quotierung mit 50 %.

Merke:

- **Erhöhung des Pensionssatzes:** Setzt eine Zentralbank den Pensionssatz herauf, steigt das Zinsniveau. Die Kreditinstitute geben die gestiegenen Refinanzierungskosten an ihre Kunden (vor allem Unternehmen und private Haushalte) weiter, indem sie ihre Sollzinsen erhöhen. Die Geldnachfrage geht zurück, weil
  - gestiegene Zinssätze geplante Investitionsvorhaben der Unternehmen unrentabel („uninteressant") machen können und weil
  - für manche privaten Haushalte die Kreditaufnahme für Konsumzwecke zu teuer wird.

  Die Zinserhöhung verringert also die Nachfrage nach Investitions- und Konsumgütern, sodass die Konjunktur gedämpft und eine bestehende Inflationsgefahr verringert wird.

- **Senkung des Pensionssatzes:** Setzt eine Zentralbank den Pensionssatz herab, sinkt das Zinsniveau. Die Kreditinstitute geben die gesunkenen Refinanzierungskosten an ihre Kunden weiter, indem sie die Sollzinssätze senken.

  Die Zentralbank hofft, dass die Kreditnachfrage zunimmt, weil die gesunkenen Zinssätze
  - kreditfinanzierte Investitionsvorhaben rentabler machen und
  - den privaten Haushalten Anreize geben, mehr Konsumgüter auf Kredit zu kaufen.

  Die Zinssenkung – so wird erwartet – erhöht die Nachfrage nach Investitions- und Konsumgütern, sodass die Konjunktur „angekurbelt" wird.

- Durch das Herauf- bzw. Herabsetzen des Pensionssatzes gibt eine Zentralbank dem Bankensystem und der gesamten Wirtschaft ein **Signal** (Zeichen).
  - Mit einer Zinserhöhung wird signalisiert, dass die Zentralbank weitere Preissteigerungen (ein Steigen der Inflationsrate) nicht hinnehmen möchte. Die Kreditinstitute werden das Signal verstehen und ihre Zinssätze erhöhen, denn sie wissen, dass andernfalls der Zentralbank weitere restriktive Maßnahmen wie z.B. eine Erhöhung der Mindestreservesätze zur Verfügung stehen.
  - Mit einer Zinssenkung wird signalisiert, dass die Zentralbank die Geldwertstabilität als gesichert ansieht und ihren Teil zur Förderung der Konjunktur und des Wirtschaftswachstums beitragen möchte.

- **Verpfändung refinanzierungsfähiger Sicherheiten**

In diesem Fall hinterlegen die Kreditinstitute bei einer nationalen Zentralbank Sicherheiten (Pfänder), die von dieser befristet beliehen werden können.)

(3) Emission von Schuldverschreibungen

Die Emission (Ausgabe) von Schuldverschreibungen durch das Eurosystem zählt ebenfalls zu den strukturellen Operationen. Die Schuldverschreibungen stellen eine Verbindlichkeit des Eurosystems gegenüber dem Inhaber der Schuldverschreibung dar. Sie werden stückelos[1] begeben und bei Zentralverwahrern[2] im Euro-Währungsraum verwahrt.

1 Stückelos heißt, dass keine Wertpapiere gedruckt werden.

2 Zentralverwahrer in Deutschland ist die Deutsche Börse Clearing AG (vormals Deutscher Kassenverein). Sie ist die zentrale Verwaltungsstelle für girosammelverwahrte Wertpapiere und Trägerin des Effektengirosystems.

Die Schuldverschreibungen werden in abgezinster Form emittiert, d.h. zu einem Kurs, der unter dem Nennwert liegt, und bei Fälligkeit zum Nennwert eingelöst.

Die geschäftliche Abwicklung erfolgt über die nationalen Zentralbanken. Ebenso wie die definitiven Verkäufe und Käufe von Wertpapieren beeinflusst die Ausgabe von Wertpapieren die Geldmenge und das Zinsniveau.

Merke:

- **Verkauf von Schuldverschreibungen:** Besteht Inflationsgefahr, emittiert die EZB über die nationalen Zentralbanken Schuldverschreibungen. Dem Geldmarkt wird Liquidität entzogen. Die Überschussreserven der Kreditinstitute verringern sich und damit das Geldangebot. Zusätzliche Nachfrage kann nicht finanziert werden. Es ist zu erwarten, dass die Inflation gebremst wird.

  Da das Geldangebot abnimmt, steigt das Zinsniveau.

- **Tilgung von Schuldverschreibungen:** Durch die Tilgung von Schuldverschreibungen wird dem Geldmarkt Liquidität zugeführt. Die Überschussreserven der Kreditinstitute erhöhen sich und damit das Geldangebot. Zusätzliche Geldnachfrage kann also finanziert werden. Unter sonst gleichen Bedingungen führt das zunehmende Geldangebot zu einem sinkenden Zinsniveau.

  Die liquiditätszuführende Wirkung von Tilgungsleistungen kann geldpolitisch unerwünscht sein. Die EZB kann diese Wirkung durch eine weitere oder erhöhte Ausgabe von Schuldverschreibungen kompensieren (ausgleichen) oder überkompensieren.

(4) Devisenswapgeschäfte[1]

Mithilfe der Devisenswapgeschäfte (man spricht auch von der Swapsatzpolitik oder Swappolitik) will die EZB den Geldexport fördern (inflationsdämpfende Maßnahme) oder erschweren (konjunkturfördernde Maßnahme). Devisenswapgeschäfte werden i.d.R. dezentral von den nationalen Zentralbanken durchgeführt.

Ein Swapgeschäft ist eine Kombination zwischen einem Devisenkassageschäft[2] und einem Devisentermingeschäft.[3] Besitzen die Kreditinstitute überschüssige Mittel und wollen sie diese in Fremdwährung anlegen, so hat das Eurosystem die Möglichkeit, den Kreditinstituten die entsprechenden Devisen (z.B. US-$) zu verkaufen (Kassageschäft) und **zugleich** per Termin (z.B. nach 3 Monaten) zum gleichen Kurs (Kassakurs) abzüglich eines Deports (Abschlags) oder zuzüglich eines Reports (Aufschlags) zurückzukaufen (Termingeschäft).

1 To swap (engl.): tauschen. Ein Swapgeschäft ist ein (Devisen-)Tauschgeschäft.

2 Kassageschäft: ein Geschäft, das „per Kasse", also zum Zeitpunkt des Abschlusses, abgewickelt wird.

3 Termingeschäft: ein Geschäft, das „per Termin", also zu einem späteren Zeitpunkt, abgewickelt wird. (Verpflichtungsgeschäft und Erfüllungsgeschäft fallen zeitlich auseinander.)

Beispiel:

Angenommen, die Kreditinstitute im Euro-Raum könnten bei einer Geldanlage in US-$ für Dreimonatsgeld netto 4 %,[1] bei einer Geldanlage im Euro-Raum jedoch nur $3\,^1/_2$ % Zinsen erzielen. Will das Eurosystem den Geldexport verhindern, bietet es den Kreditinstituten einen Report von mehr als $^1/_2$ % an, sodass die Anlage im Inland günstiger wird.

Berechnet das Eurosystem hingegen einen Report von weniger als $^1/_2$ % bzw. einen Deport, so wird der Kauf der US-$ günstiger.

Merke:

- **Einschränkung bzw. Verhinderung des Geldexports:** Die Geldanlage erfolgt im eigenen Währungsgebiet. Es erfolgt kein Druck auf das Zinsniveau, sondern es sind eher Zinssenkungen zu erwarten. Die Konjunktur wird gefördert.
- **Förderung des Geldexports:** Die Geldanlagen erfolgen nicht im eigenen, sondern in einem fremden Währungsgebiet. Der Geldmarkt wird „verknappt". Die Zinssätze steigen (Liquiditätsabschöpfung).

Die „Devisenswaps" sind befristete Transaktionen, die unregelmäßig und nicht standardisiert erfolgen. Sie dienen der Feinsteuerung des Geldmarkts und werden über Schnelltender oder als bilaterale[2] Geschäfte durchgeführt.

(5) Hereinnahme von Termineinlagen

Das Eurosystem kann den Geschäftspartnern die Hereinnahme verzinslicher Termineinlagen bei der nationalen Zentralbank des Mitgliedstaates anbieten, in dem sich die Niederlassung des Kreditinstituts befindet. Termineinlagen werden hereingenommen, um Liquidität am Markt abzuschöpfen, d.h. das Geldangebot zu verringern.

Der gegenteilige Effekt tritt ein, wenn die Termineinlagen fällig sind und nicht mehr verlängert werden.

Ebenso wie die Devisenswapgeschäfte stellen die Hereinnahmen von Termineinlagen befristete Transaktionen dar, die der Feinsteuerung dienen. Sie sind nicht standardisiert, erfolgen unregelmäßig über Schnelltender oder als bilaterale Geschäfte.

4.5.2.2 Kategorien der Offenmarktpolitik

Die Offenmarktgeschäfte können hinsichtlich ihrer Zielsetzung, der Abstände, in denen sie stattfinden, und der angewandten Verfahren in vier **Kategorien** (Gruppen) unterteilt werden:

- Hauptrefinanzierungsinstrument,
- längerfristige Refinanzierungsgeschäfte,
- Feinsteuerungsoperationen und
- strukturelle Operationen.

---

1 Abzüglich der Umtausch- und Kreditsicherungskosten.

2 Bilateral: zweiseitig. Bilaterale Verfahren sind Geschäfte zwischen dem Eurosystem und einem bzw. mehreren Kreditinstituten.

(1) Hauptrefinanzierungsinstrument

Die Hauptrefinanzierungsoperationen sind die wichtigsten Offenmarktgeschäfte des Eurosystem. Es sind liquiditätszuführende Transaktionen, die regelmäßig jede Woche durchgeführt werden. Sie haben i.d.R. eine Laufzeit von zwei Wochen und werden von den nationalen Zentralbanken in Form von **Standardtendern** durchgeführt.

Der von der EZB festgelegte Zinssatz für die Hauptrefinanzierung **(Refi-Satz)** ist der entscheidende **Leitzins** in der WWU. Von Leitzins spricht man deshalb, weil sich nach ihm alle übrigen Zinssätze, wie z.B. der Zinssatz für Übernacht-Kredite bzw. Übernacht-Einlagen, richten. Die Spanne zwischen der Zinssatz-Obergrenze für Übernacht-Kredite und der Zinssatz-Untergrenze für Übernacht-Einlagen wird als **Zinsband,** als **Zinskorridor** oder als **Zinskorsett** bezeichnet.

(2) Längerfristige Refinanzierungsgeschäfte

Bei den längerfristigen Refinanzierungsgeschäften handelt es sich um regelmäßige Refinanzierungsgeschäfte mit dreimonatiger Laufzeit. Gewöhnlich wird bei diesen Geschäften die Form des Zinstenders gewählt. Das Eurosystem ist, wie der Fachausdruck heißt, Zinsnehmer.

Längerfristige Refinanzierungsgeschäfte werden regelmäßig monatlich von den nationalen Zentralbanken über Standardtender durchgeführt.

(3) Feinsteuerungsoperationen

Das Eurosystem kann Feinsteuerungsmaßnahmen in Form von befristeten Offenmarkttransaktionen durchführen, um unerwartete Liquiditätsschwankungen auszugleichen. Feinsteuerungsoperationen finden unregelmäßig statt. Ihre Laufzeit ist nicht standardisiert (einheitlich festgelegt). Sie werden i.d.R. dezentral durch die nationalen Zentralbanken vorgenommen.[1]

(4) Strukturelle Operationen

Strukturelle Operationen sind liquiditätszuführende Operationen, die sowohl regelmäßig als auch unregelmäßig stattfinden können, wobei die Laufzeit nicht von vornherein standardisiert ist. Strukturelle Operationen werden dezentral von den nationalen Zentralbanken durchgeführt.

4.5.3 Ständige Fazilitäten

Ständige Fazilitäten umfassen

- Kreditbereitstellungen des Eurosystems, die von den Kreditinstituten jederzeit bei Bedarf in Anspruch genommen werden können **(Spitzenrefinanzierungsfazilität)** und
- die Bereitschaft des Eurosystems, Einlagen der Kreditinstitute entgegenzunehmen **(Einlagenfazilität).**

1 Der EZB-Rat entscheidet, ob in Ausnahmefällen bilaterale befristete Transaktionen zur Feinsteuerung von der EZB durchgeführt werden können.

(1) Spitzenrefinanzierungsfazilität

Die Spitzenrefinanzierungsfazilität dient der Abdeckung von am Tagesende bestehenden (i. d. R. durch den Zahlungsverkehr entstandenen) Sollsalden der Kreditinstitute. Der Kredit des Eurosystems erfolgt „über Nacht" gegen refinanzierungsfähige Sicherheiten (z. B. Wertpapiere, Wechsel). Der Zinssatz wird von der EZB festgelegt und bildet die Obergrenze des Tagesgeldzinssatzes.[1]

Die nationalen Zentralbanken (z. B. die Deutsche Bundesbank) können im Rahmen der Spitzenrefinanzierungsfazilität den Kreditinstituten Liquidität (Geld) in Form von **Übernacht-Pensionsgeschäften** oder als **Übernacht-Pfandkredite** zur Verfügung stellen. Beim Pfandkredit wird vom Kreditnehmer (Schuldner) dem Eurosystem (dem Gläubiger) ein Sicherungsrecht an den hinterlegten Pfändern[2] (z. B. Wertpapieren) eingeräumt, wobei der Schuldner das Eigentum an den Pfändern behält.

(2) Einlagenfazilität

Die Einlagenfazilität ist gewissermaßen das Gegenteil der Spitzenrefinanzierungsfazilität, denn hier ermöglicht das Eurosystem den Kreditinstituten, Übernachtliquidität (in der Regel durch den Zahlungsverkehr entstandene Habensalden) bei den nationalen Zentralbanken anzulegen. Die Einlagen werden zu einem im Voraus festgelegten Zinssatz verzinst, der im Allgemeinen die Untergrenze des Tagesgeldzinssatzes bildet.

Der Zugang zur Einlagenfazilität wird nur gemäß den Zielen und allgemeinen geldpolitischen Erwägungen der EZB gewährt. Die EZB kann die Bedingungen der Fazilität jederzeit ändern oder sie aufheben, z. B. in Zeiten konjunktureller Schwäche, in denen keine Liquiditätsabschöpfung erwünscht ist.

EZB-Zinssätze und Tagesgeldsatz

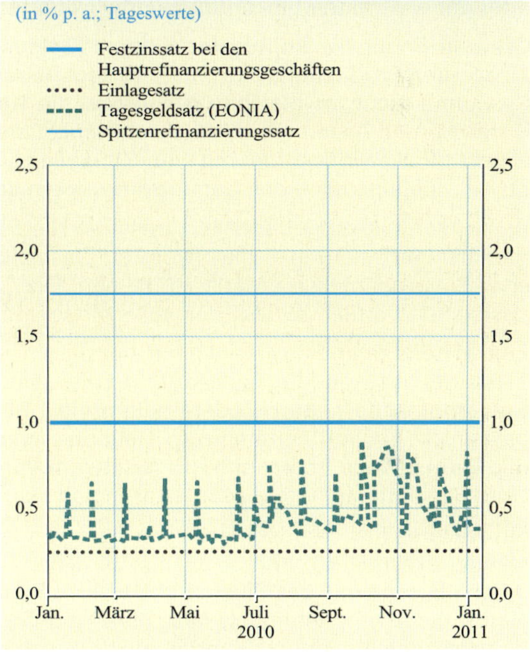

Quelle: Monatsbericht der EZB, Januar 2011, S. 32.

1 Zinssatz, der für täglich fälliges Geld zu zahlen ist.

2 Die Kreditinstitute können beim Eurosystem Pfänder hinterlegen, um bei Bedarf z. B. die Übernacht-Pfandkredite in Anspruch nehmen zu können. Die hinterlegten Sicherheiten werden als **Pfanddepot** bezeichnet.

4.6 Wirkungen und Probleme der Geldpolitik

Es wird häufig gesagt, dass die Geldpolitik ein Schwert mit einer stumpfen und einer scharfen Seite ist. Die scharfe Seite ist die **restriktive**[1] Geldpolitik. Erhöht z. B. die EZB die Mindestreservesätze, stehen den Banken weniger Überschussreserven zur Verfügung als sie bräuchten, um die Kreditnachfrage zu befriedigen. Das Wachstum der Güternachfrage der Unternehmen und der privaten Haushalte wird gedämpft, denn wo kein Geld ist, ist auch keine Güternachfrage. Weiterhin hat die EZB die Möglichkeit, das Geldmengenwachstum durch definitive Wertpapierverkäufe und/oder die Erhöhung verschiedener Leitzinssätze zu beschränken. Es ist zu erwarten, dass steigende Zinslasten manche Verbraucher und Investoren davon abhalten, kreditfinanzierte Konsum- bzw. Investitionsgüterkäufe vorzunehmen.

Senkt hingegen die EZB die Mindestreservesätze, kauft sie Wertpapiere und/oder senkt sie die Leitzinssätze, so zeigt sich die „stumpfe Seite der Waffe": Das Geldangebot ist zwar da, aber weder Unternehmen noch Haushalte können gezwungen werden, mehr Güter nachzufragen. Denn die Güternachfrage hängt nicht vom Geldangebot und nicht zwingend von der Höhe der Zinssätze ab, sondern in starkem Maße von der tatsächlichen und/oder der erwarteten Einkommensentwicklung der Arbeitnehmerhaushalte.

Grenzen findet die **Politik des billigen Geldes** auch dadurch, dass künstlich gesenkte Zinsen den Produktionsfaktor Kapital gegenüber dem Faktor Arbeit verbilligen. Wenn die Reallöhne nicht im gleichen Maße wie die Kapitalkosten (Zinsen) sinken, werden die Unternehmen Arbeit vermehrt durch Kapital ersetzen. So kann die Niedrigzinspolitik vor allem in Volkswirtschaften mit wenig flexiblen Löhnen die Arbeitslosigkeit sogar erhöhen, obwohl sie eigentlich das Gegenteil bewirken soll.[2]

Schließlich gilt es zu bedenken, dass die Niedrigzinspolitik einem Subventionieren nicht marktfähiger Leistungen gleichkommt. Zinssenkungen ermöglichen es weniger erfolgreichen Unternehmen im Markt zu bleiben. Die „Auslesefunktion" des Marktes wird nicht ausreichend erfüllt, sodass das volkswirtschaftliche Wachstum gebremst werden kann.[2]

Zu den genannten Schwierigkeiten, vor die sich **jede** Zentralbank gestellt sieht, kommt die Tatsache, dass die Mitgliedsländer der EU keineswegs eine einheitliche Wirtschafts- und Steuerpolitik betreiben. Zudem halten viele EU-Länder die Vorschriften des Stabilitätspakts nicht ein und nehmen zum Teil hohe Inflationsraten (also einen hohen Wertverlust des Euro) in Kauf. So können z. B. aus geldpolitischen Gründen im Land A hohe Zinsen, im Land B jedoch niedrige Zinsen erforderlich sein.

Ein weiteres Problem ist, dass viele Euro-Länder die Eigenständigkeit der EZB nicht vollständig akzeptieren. Immer wieder wird die Forderung der Politik laut, die EZB-Politik müsse besser mit der Finanz- und Wirtschaftspolitik koordiniert werden, was letztlich nichts anderes bedeutet, als dass der Unabhängigkeitsstatus der EZB unterwandert werden soll.[3] Auch nationale Zentralbanken sehen sich dem Verlangen der Finanz- und Wirtschaftspolitik gegenüber, ihre Autonomie einzuengen. So muss sich z.B. die Deutsche Bundesbank als Teil des Eurosystems gegen Versuche der Finanzpolitik wehren, sie zum Verkauf eines Teils ihrer Goldreserven zu bewegen, um aus den Erlösen die Haushaltsdefizite zu verkleinern.[4]

---

1 Restriktiv (lat.): einschränkend, einengend.

2 Vgl. Polleit, Th. und L.H. Dierks: Geldpolitik a la Keynes, in: Börsenzeitung vom 26. Oktober 2006.

3 Vgl. „Unabhängigkeit der EZB in Gefahr", in: Börsenzeitung vom 20. November 2006.

4 Vgl. z. B. Reservepolitik, in: Frankfurter Allgemeine Zeitung vom 22. März 2006; K.D. Oehler: Der Goldschatz, in: Stuttgarter Zeitung vom 22. März 2006; M. Kurm-Engels: Steinbrück will ans Gold, in: Handelsblatt Wirtschafts- und Finanzzeitung vom 3. Februar 2006.

Zusammenfassung

- Die **Europäische Wirtschafts- und Währungsunion (WWU)** ist ein einheitliches Währungsgebiet. Gesetzliches Zahlungsmittel in den Mitgliedsländern ist der Euro (EUR, €). Die Notenbank des Eurosystems ist die **Europäische Zentralbank (EZB).**
- Die EZB arbeitet mit folgenden **Geldmengenbegriffen:**
  - Zentralbankgeldmenge M1 = Bargeldumlauf + täglich fällige Einlagen;
  - M2 = M1 + kurzfristige Einlagen;
  - M3 = M2 + sonstige marktfähige Verbindlichkeiten des Bankensektors.
- **Geldproduzenten** sind neben der EZB die Geschäftsbanken und der Staat.
- Die EZB schöpft Noten- bzw. Buchgeld, indem sie Aktiva erwirbt oder beleiht. Die Geschäftsbanken schöpfen dadurch Buchgeld, dass sie Überschussreserven ausleihen.
- Im Modell des vollständigen Bargeldrückflusses ergibt sich der **Giralgeldschöpfungsmultiplikator** aus dem reziproken Wert des Barreservesatzes.
- Das **Handelsvolumen** (H) ist die Summe aller während einer Periode umgesetzten Güter, bewertet zu konstanten Preisen.
- Die **nachfragewirksame Geldmenge** (M · U) ist das von Wirtschaftssubjekten für Nachfragezwecke bereitgestellte Bar- und Giralgeld, multipliziert mit seiner Umlaufgeschwindigkeit.
- Unter **Preisniveau** versteht man den gewogenen Durchschnitt aller Güterpreise.
- Die **Kaufkraft** drückt aus, wie viel Gütereinheiten man für eine Geldeinheit kaufen kann.
- Die Kaufkraft ist der **reziproke Wert** der Veränderung des Preisniveaus:
  - Steigt das Preisniveau, nimmt die Kaufkraft einer Geldeinheit ab.
  - Sinkt das Preisniveau, nimmt die Kaufkraft einer Geldeinheit zu.
- Die **Verkehrsgleichung** des Geldes lautet:

$$\mathbf{P \cdot H = M \cdot U}$$

- Die Verkehrsgleichung darf nicht mechanistisch angewendet werden, um die Ursachen von Geldwertschwankungen zu erklären. Sie definiert lediglich, dass der Wert des Handelsvolumens zu tatsächlichen Preisen der nachfragewirksamen Geldmenge gleich ist.
- Bei der Berechnung eines **Preisindex** wird das Preisniveau des Basisjahrs mit 100 Prozent („Punkten") angesetzt. Steigt das Preisniveau gegenüber dem Basisjahr, liegt der Preisindex über 100 Prozent („Punkten"); sinkt das Preisniveau gegenüber dem Basisjahr, liegt der Preisindex unter 100 Prozent („Punkten").
- Der **Verbraucherpreisindex** ist der wichtigste Maßstab für die Veränderungen des Binnenwerts des Geldes.
- Die **Preissteigerungsrate** (Inflationsrate) sagt aus, um wie viel Prozent die Preise gegenüber dem *Vorjahr* gestiegen sind.
- Der **Nominallohn** ist der Lohn, den ein Arbeitnehmer tatsächlich ausbezahlt bekommt (Nettolohn).
- Der **Reallohn** drückt aus, welche Gütermenge ein Arbeitnehmer für seinen Nettolohn tatsächlich kaufen kann.
- Unter **Inflation** versteht man ein anhaltendes Steigen des Preisniveaus.
- Eine **Deflation** liegt vor, wenn das Preisniveau anhaltend sinkt.

- Die Europäische Zentralbank und die nationalen **Zentralbanken** der EU-Mitgliedstaaten **sind im Europäischen System der Zentralbanken (ESZB)** zusammengefasst. Vorrangiges Ziel des ESZB ist die Preisstabilität.
- Das ESZB sowie die EZB sind von Weisungen politischer Instanzen **unabhängig.**
- Die von der Europäischen Zentralbank verfolgte geldpolitische Strategie wird als **„Zweisäulenstrategie"** bezeichnet, weil sie sowohl die allgemeinen wirtschaftlichen Risiken und Chancen einerseits abschätzt und andererseits die Geldmengenentwicklung untersucht.
- Die wichtigsten geldpolitischen Instrumente der EZB sind die **Mindestreservepolitik,** die **Offenmarktpoltik** und die **ständigen Fazilitäten.**
- Die **Grenzen und Probleme der Geldpolitik der EZB** sind:
  - Wirtschaftliche Voraussagen sind – wie jede Voraussage – mehr oder weniger unsicher.
  - Die WWU ist zwar ein einheitliches Währungsgebiet. Es fehlt indessen eine einheitliche Wirtschafts-, Finanz- und Sozialpolitik.
  - Nur die restriktive Geldpolitik besitzt Zwangscharakter. Die expansive Geldpolitik hat lediglich Angebotscharakter.
  - Die Unabhängigkeit der EZB ist einem ständigen Druck seitens der Politik ausgesetzt.

Übungsaufgaben

46

1. Angenommen, ein Kreditinstitut besitzt eine Überschussreserve in Höhe von 200000,00 GE. Alle Kreditinstitute halten eine Barreserve in Höhe von 25% der Sichteinlagen. Die Geldnachfrage (Kreditnachfrage) ist vollkommen elastisch (jeder angebotene Kredit wird in Anspruch genommen). Die Zentralbank enthält sich jeglicher Einflussnahme. Das von den Kreditinstituten ausgeliehene Bargeld fließt vollständig in das Bankensystem zurück.

   Aufgaben:

   1.1 Stellen Sie den Vorgang der Geldschöpfung tabellarisch dar!

   1.2 Berechnen Sie den Geldschöpfungsmultiplikator!

   1.3 Leiten Sie den Geldschöpfungsmultiplikator unter den Bedingungen des vollständigen Geldrückflusses ab, ohne im Text dieses Buches nachzusehen!

   1.4 Warum ist das hier darzustellende Geldschöpfungsmodell sehr unrealistisch?

2. Angenommen, das Geldschöpfungsvolumen (der Geldschöpfungsspielraum) der Kreditinstitute wurde unter den Bedingungen der Aufgabe 1 (unveränderte Sichteinlage) vollständig ausgeschöpft. Die Kreditinstitute erhöhen nun (z.B. aufgrund einer Vorschrift der Zentralbank) ihre Barreservesätze einheitlich auf 30%.

   Aufgaben:

   2.1 Wie hat sich nunmehr der Geldschöpfungsspielraum verändert?

   2.2 Wie viel Giralgeld wird vernichtet?

3. Angenommen, der einheitliche Mindestreservesatz einer Zentralbank (Notenbank) beträgt 10%. Dieser wird um 10% gesenkt.

   Vor der Mindestreservesatzsenkung hat die aggregierte Bilanz der Geschäftsbanken folgendes Aussehen (Zahlen in Mrd. GE):

Aktiva		Bilanz der Geschäftsbanken	Passiva
Kasse	3600	Sichteinlagen	4000
Zentralbankguthaben	400	sonstige Passiva	20000
sonstige Aktiva	20000		
	24000		24000

Das Bankensystem hält zusätzlich zur Mindestreserve durchschnittliche Barreserven in Höhe von 20 % der Sichteinlagen. (Modellannahme: ausgeliehene Gelder fließen zu 100 % ins Bankensystem zurück.)

Aufgaben:

3.1 Wie hoch ist der Kreditschöpfungsspielraum des Bankensektors *nach* der 10 %igen Senkung des Mindestreservesatzes?

3.2 Angenommen, die Zentralbank erhöht den (einheitlichen) Mindestreservesatz um 2,5 Prozentpunkte auf 12,5 %. Um wie viel Prozent verändert sich der Kreditschöpfungsspielraum der Banken gegenüber der Ausgangssituation? (Alle anderen Bedingungen bleiben gleich!)

3.3 Was bezweckt die Zentralbank mit der Erhöhung des Mindestreservesatzes?

3.4 Erläutern Sie einen möglichen Zielkonflikt!

4. Das Bankensystem eines Landes besitzt Sichteinlagen in Höhe von 400 Mrd. GE. Ausgeliehene Gelder fließen vollständig in das Bankensystem zurück.

Berechnen Sie jeweils

Aufgaben:

4.1 den Giralgeldschöpfungsmultiplikator und

4.2 den Kreditschöpfungsspielraum (das Kreditangebot) des Bankensystems bei folgenden einheitlichen Barreservesätzen (einschließlich Mindestreservesätzen):

30 %, 32 %, 35 %, 38 % und 40 %.

5. Ein Wirtschaftslexikon definiert die Tauschgleichung (Quantitätsgleichung) wie folgt:

„Die Tauschgleichung beschreibt das Gleichgewicht der Transaktionen einer mit Geld operierenden Tauschwirtschaft (Geldwirtschaft). Sie setzt an einer bestimmten Stelle des Güter-Geld-Kreislaufs (bei der Güterausbringung der Unternehmen) an und stellt die Tatsache heraus, dass in einer abgegrenzten Periode der Gesamtwert der im Güterkreislauf übertragenen Güter dem Gesamtwert der im Geldkreislauf dagegen eingetauschten Geldeinheiten entspricht. Die Tauschgleichung ist daher eine Identitätsgleichung. Im Naturaltausch gehandelte und unternehmensintern verrechnete Güter sind in der Tauschgleichung nicht berücksichtigt."

Quelle: Wirtschaftslexikon, hrsg. von A. Woll, 6. Aufl. 1992, S. 661.

Aufgaben:

5.1 Leiten Sie die Quantitätsgleichung (Verkehrsgleichung) des Geldes für eine Volkswirtschaft ab, in der es nur **ein** Gut gibt!

5.2 Erklären Sie folgende Begriffe:

5.2.1 Handelsvolumen,

5.2.2 nachfragewirksame Geldmenge und

5.2.3 Preisniveau!

5.3 Welche Güter sind in der Quantitätsgleichung nicht berücksichtigt?

5.4 Inwiefern kann die Entwicklung des Preisniveaus von der Entwicklung der nachfragewirksamen Geldmenge einerseits und der Entwicklung des Handelsvolumens andererseits abhängen? Zeigen Sie die Zusammenhänge anhand selbst gewählter Zahlenbeispiele!

5.5 Beurteilen Sie den Aussagewert der Quantitätsgleichung (Verkehrsgleichung) des Geldes!

5.6 Geben Sie einige Gründe dafür an, dass in der heutigen Wirtschaft das Preisniveau in der Regel nicht sinkt, wohl aber ständig steigt!

6. Berechnen Sie die fehlenden Größen:

Veränderungsrate des Preisniveaus (Preissteigerungs- bzw. -senkungsrate)	+ 4 %		+ 7 %	– 1 %	
Kaufkraftzu- bzw. -abnahme		– 5 %			+ 2 %

7. „An einem Derbyrenntag erstanden zwei Freunde, Bob und Joe, ein Fass Bier und machten sich auf den Weg nach Epsom, um es auf der Rennbahn auszuschenken. Als Preis wollten sie 6 d fürs Maß rechnen und den Erlös brüderlich untereinander teilen. Unterwegs bekam nun Bob greulichen Durst, und da ihm als einziges von allen Gütern dieser Erde ein schönes Dreipennystück in der Tasche verblieben war, so trank er ein Maß von ihrem Bier und gab Joe die 3 d als dessen Anteil am Marktpreis. Einige Zeit später wurde Joe von dem gleichen Bedürfnis übermannt und trank seinerseits ein Maß, worauf er die 3 d an Bob zurückgab. Der Tag war heiß und nach kurzer Zeit war Bob aufs Neue scheußlich durstig und Joe etwas später ebenfalls. So geschah es, dass sich die 3 d bei ihrer Ankunft in Epsom wieder in Bobs Tasche befanden und dass sie einander immer redlich und vollständig ihre Schulden bezahlt hatten und – dass das ganze Bier dabei draufgegangen war. Auf diese Weise hatte also ein einziges Dreipennystück ein Umsatzvolumen bewältigt, für das viele Schillinge nötig gewesen wären, wenn man dem ursprünglichen Plane gefolgt und das Bier an die Zuschauer verkauft hätte.

(WiSt, Wirtschaftswissenschaftliches Studium, 1. Jahrgang 1972, Seite 224f., nach D. H. Roberson, Das Geld, zweite verb. deutsche Auflage, Wien 1935, S. 33f.)

Aufgaben:

7.1 Was soll durch das vorstehende Beispiel verdeutlicht werden?

7.2 Geben Sie an, welche Größen der Verkehrsgleichung angesprochen werden!

8. Berechnen Sie in nachstehender Tabelle die fehlenden Werte!

Jahr	Handelsvolumen (in Preisen des Jahres 00)	nachfragewirksame Geldmenge (M · U)	Veränderungsfaktor des Preisniveaus gegenüber dem Jahr 00	Handelsvolumen zu tatsächlichen Preisen	Preis-index	Preis-steigerungs-rate
00	100 000,00 GE	100 000,00 GE	–	100 000,00 GE	100	– –
01	120 000,00 GE	120 000,00 GE				
02	140 000,00 GE	154 000,00 GE				
03	140 000,00 GE	168 000,00 GE				
04	130 000,00 GE	162 500,00 GE				
05	150 000,00 GE	200 000,00 GE				

9. Berechnen Sie mithilfe der in Aufgabe 8 angegebenen Zahlen

9.1 den jährlichen Kaufkraftverlust gegenüber dem Jahr 00 und

9.2 den jährlichen Kaufkraftverlust gegenüber dem jeweiligen Vorjahr!

10. Geben Sie die Bedingungen an, unter denen die Reallöhne steigen, gleichbleiben oder sinken!

11. Warum ist es falsch, den Bruttolohn zur Berechnung der Reallohnentwicklung heranzuziehen?

12. Der vom Statistischen Amt eines Landes ermittelte Preisindex für die Lebenshaltung ist in den Jahren 02, 08, 12 und 20 jeweils auf eine neue Basis (= 100) gestellt worden.

Vom Jahr 20 bis April 26 stieg der Preisindex für die Lebenshaltung auf 140,6.

Aufgaben:

12.1 Welche in der Zeit vom Jahr 00 bis 20 eingetretenen Veränderungen können das Statistische Amt veranlasst haben, den dem Index zugrunde liegenden Warenkorb mehrfach neu aufzustellen?

12.2 In welchem Verhältnis steht das durch Preisindizes gemessene Preisniveau zum Geldwert?

12.3 Berechnen Sie in Prozenten die Geldwertänderung (Kaufkraftverlust), die vom Basisjahr 20 bis April 26 eingetreten ist!

13. Der Preisindex eines Währungsgebiets entwickelte sich wie folgt:

Jahre	**00**	**01**	**02**	**03**	**04**	**05**	**06**
Preisindex	92	97	99	100	97,5	101	105

Aufgaben:

Berechnen Sie

13.1 die jährlichen Preisveränderungsraten,

13.2 die jährliche Kaufkraftveränderung und

13.3 den Kaufkraftverlust in den Jahren 00 bis 06!

14. Der Professor Theo Rettisch lehrt Volkswirtschaftslehre und ist immer bemüht, die wissenschaftlichen Theorien auch praktisch umzusetzen. Seine Tochter Leonie, die zurzeit noch eine Fachoberschule besucht, ist ebenfalls an ökonomischen Fragen sehr interessiert. Damit die jährlichen Verhandlungen zwischen Vater und Tochter bezüglich der Taschengelderhöhung etwas problemloser verlaufen, haben beide Folgendes vereinbart:

Leonie erhält eine Erhöhung ihres Taschengeldes in der Höhe der gestiegenen Preise der Güter und Dienstleistungen in ihrem „Warenkorb", d.h. der Güter und Dienstleistungen, die sie monatlich konsumiert. Sie erhält diese Erhöhung jedoch nicht automatisch, sondern sie muss jedes Jahr „berichten", um wie viel Prozent ihre Ausgaben gestiegen sind. Dabei bedient sie sich folgenden Schemas:

„Warenkorb" von Leonie	Preis je Einheit im Basisjahr P_0	Menge im Basisjahr Q_0	Wert im Basisjahr $P_0 \cdot Q_0$	Preis je Einheit im Berichtsjahr 1 P_1	Wert im Berichtsjahr 1 $P_1 \cdot Q_0$	Preis je Einheit im Berichtsjahr 2 P_2	Wert im Berichtsjahr 2 $P_2 \cdot Q_0$
Zeitschriften	7,50	2		8,00		8,20	
Schokolade	1,00	20		1,10		1,20	
Handy	1,50	30		1,40		1,60	
Kosmetik	1,00	30		1,10		1,20	
Kino	6,00	2		6,00		6,50	
Wert des „Warenkorbs"							

Verbraucherpreisindex	**100**		
Preissteigerung/Taschengelderhöhung	–		

Quelle: In Anlehnung an Geld & Geldpolitik, Deutsche Bundesbank, Frankfurt am Main 2006.

Formel zur Berechnung des Verbraucherpreisindexes:

$$\frac{\sum P_n \cdot Q_0}{\sum P_0 \cdot Q_0} \cdot 100$$

n = jeweiliges Berichtsjahr

Aufgaben:

14.1 Ermitteln Sie den Wert des „Warenkorbs“ von Leonie und somit die Höhe des Taschengeldes im Basisjahr!

14.2 Angenommen, die Mengen in Leonies „Warenkorb“ verändern sich nicht, d.h., dass Leonie in den beiden Berichtsjahren die gleiche Menge der Güter und Dienstleistungen konsumiert wie im Basisjahr. Ermitteln Sie den Wert des „Warenkorbs“ für Leonies Berichtsjahre 1 und 2!

14.3 Wie hoch ist der Verbraucherpreisindex im Berichtsjahr 1?

14.4 Wie hoch ist die Preissteigerung bzw. Taschengelderhöhung für Berichtsjahr 1 gegenüber dem Basisjahr?

14.5 Wie hoch ist der Verbraucherpreisindex im Berichtsjahr 2?

14.6 Wie hoch ist die Preissteigerung bzw. Taschengelderhöhung für Berichtsjahr 2 gegenüber dem Berichtsjahr 1?

47 1. **Textauszug:**

„**Theorien über die Ursachen der Inflation** sind so zahlreich wie Sand am Meer oder kaum weniger häufig wie Menschen, die sich zu diesem Problem geäußert haben. So macht einer den Krieg in irgendeinem Erdteil, ein zweiter kauflustige Hausfrauen, ein dritter die Besteuerung von Dienstleistungen, ein vierter übermäßige Ansprüche an das Bruttoinlandsprodukt verantwortlich – eine Liste, die sich beliebig verlängern ließe. Welche Erklärungen, Umstände und Motivationen man im Einzelnen auch heranziehen mag: Der Wissenschaftler muss daran festhalten, dass Preisniveausteigerungen nur eintreten können, wenn die aufgezeigten Inflationsbedingungen erfüllt sind. … Stets muss gezeigt werden, warum die Determinanten des Preisniveaus sich so ändern, dass eine Inflation hinreichend und notwendig begründet ist. … Alle Erklärungen, die die Komponenten des Preisniveaus nicht tangieren, sind – unter den angegebenen Prämissen – wirtschaftswissenschaftlich irrelevant und allenfalls psychologisch aufschlussreich.

Die wissenschaftlich relevanten Inflationstheorien lassen sich unter verschiedene Oberbegriffe subsumieren. …“

Quelle: Woll, A.: Allgemeine Volkswirtschaftslehre, 11. Aufl. 1993, S. 517.

Aufgaben:

1.1 Definieren Sie den Begriff Inflation!

1.2 Unterscheiden Sie die Inflationen nach

1.2.1 der Schnelligkeit der Inflation,

1.2.2 der Erkennbarkeit!

1.3 Welche Determinanten (Bestimmungsgründe) des Preisniveaus (= Inflationsbedingungen) werden im oben zitierten Text angesprochen?

1.4 Erläutern Sie kurz die Ihnen bekannten „wissenschaftlich relevanten Inflationstheorien“!

1.5 Vor noch nicht allzu langer Zeit hat man die Inflation als „Preis für Vollbeschäftigung“ bezeichnet. Nehmen Sie Stellung!

1.6 „Es gibt Leute, Gruppen und Institutionen, die aus der Inflation Nutzen ziehen.“ Nehmen Sie zu dieser Aussage Stellung!

1.7 Welche gesamtwirtschaftlichen Nachteile hat die Inflation? Begründen Sie Ihre Feststellungen!

1.8 Welche sozialen und politischen Auswirkungen können extreme Inflationen mit sich bringen?

2. Der Preisindex für die Lebenshaltung eines Vier-Personen-Arbeitnehmerhaushalts mit mittlerem Einkommen entwickelte sich wie folgt:

Jahr:	00	01	02	03	04
Preisindex:	100	105,1	110,8	117,9	125,7

Aufgaben:

2.1 Analysieren Sie diese Daten und beschreiben Sie, wie sie gewonnen werden!

2.2 Warum kann man aus dem Preisindex allein keine Aussage über die Entwicklung des Lebensstandards machen?

2.3 Auf welche Ursachen lässt sich diese Preisentwicklung zurückführen?

2.4 Welche gesamtwirtschaftlichen Entwicklungen und welches Verhalten der Wirtschaftssubjekte sind häufig Begleiterscheinungen eines sinkenden Geldwertes?

2.5 In welcher Form können Inflationen auftreten?

2.6 Welche Folgen kann eine offene Inflation stärkeren Ausmaßes für die Menschen eines Landes haben?

3. Die Quantitätstheorie macht bestimmte Aussagen über Änderungen des Geldwerts in Abhängigkeit von Geldmengenänderungen.

Aufgabe:

Erklären Sie mithilfe der Fisherschen Verkehrsgleichung, wie es sich auf das Preisniveau auswirken kann, wenn das Vertrauen der Wirtschaftssubjekte in die Währung sinkt!

4.

Geld, das man am besten zum Fenster hinauswirft (Textauszüge)

Von unserem Korrespondenten Harry Schleicher

„Oma", sagt der Verkäufer mitleidig zu der von Alter und Krankheit gezeichneten Frau, „dieses Geld ist nichts mehr wert. Du kannst es wegwerfen." Die alte Frau starrt ungläubig auf den Mann und die Banknoten. Auf einer prunkt stolz das Konterfei des serbischen Fürsten Milos, der im vergangenen Jahrhundert Serbien auf dem Weg zur Unabhängigkeit ein beträchtliches Stück voranbrachte. …

Als „Oma" in Tränen ausbricht, schenkt ihr der Bauer eine Handvoll Kartoffeln. Das Geld nimmt er nicht. „Es lohnt nicht", sagte er mit großzügiger Geste.

… Galt die Banknote beim Erscheinen noch etwa 2,50 Euro, ist ihr Wert inzwischen auf 25 Eurocents abgestürzt.

Bei einer stündlichen Inflationsrate von drei Prozent vergeht aber selbst Humoristen das Lachen. Die Menschen kennen sich mit dem Geld und seinem aktuellen Wert kaum noch aus. Manche Waren ändern täglich ihren Preis. Grundnahrungsmittel mit noch immer staatlich vorgeschriebenen Preisen wie Brot und Milch sind kurz nach der Öffnung der Geschäfte ausverkauft.

„Bei uns ist täglich Schlussverkauf, nur dass sich die Menschen Stunden vor Ladenöffnung um das tägliche Brot anstellen müssen", meint eine geplagte Hausfrau. Es besteht geradezu ökonomischer Zwang, jedweden verfügbaren Dinar Bargeld sofort in irgendeine Ware umzusetzen, weil man weiß, dass das gleiche Erzeugnis am nächsten Tag ein Mehrfaches kosten würde. „Wenn ich könnte, würde ich die Zeitung von morgen am liebsten schon heute kaufen", scherzt ein Kollege in Anbetracht der Tatsache, dass sich der Zeitungspreis zuletzt täglich erhöhte. So kostete die relativ billige „Politik" am Montag vier, am Dienstag acht und am letzten Mittwoch 15 Milliarden Dinar.

Pfiffige Leser, die sich die Zeitungslektüre bei einem Monatslohn von fünf bis acht Euro oder gar einer Rente von einem bis eineinhalb Euro nicht mehr leisten können, erfinden listige Notprogramme. Sie leihen sich am Kiosk eine Zeitung für zwei Stunden zum halben Preis und geben sie nach der Lektüre wieder zurück. Eine andere Überlebenshilfe ist das bargeldlose Zahlen. Jede Kleinigkeit wird per Scheck bezahlt. Da die Abbuchung vom Konto frühestens nach drei Tagen erfolgt, spart der Käufer auf diese Weise viel Geld.

Retten können sich bestenfalls jene, die ihre Waren und Dienstleistungen zunehmend für harte Devisen anbieten. …

Quelle: Badische Zeitung vom 31. Dez. 1993.

Aufgaben:

4.1 Welche Inflationsart wird in diesem Zeitungsartikel beschrieben?

4.2 Wie hoch ist die Inflationsrate, wenn der Wert der Banknote von 2,50 EUR auf 0,25 EUR „abgestürzt" ist?

4.3 Wie hoch ist die tägliche Inflationsrate, wenn die stündliche Inflationsrate 3% beträgt?

4.4 Wie lässt sich die im Text beschriebene Inflation erklären?

5. Textauszug:

In Deutschlands wirtschaftspolitischen Diskussionen hetzt ein Krisenwort das andere. Neben der Arbeitsmarktkrise, der Globalisierungsfalle und der Asiengrippe steht gegenwärtig die Deflationsgefahr ganz hoch im Kurs. Ein genauer Blick auf die Fakten zeigt jedoch, dass von einer akuten Bedrohung durch eine Deflations-Depressions-Spirale überhaupt keine Rede sein kann.

Seit Jahren setzen die Industrieländer alles daran, die Inflation zu bekämpfen. Kaum aber ist dieses Ziel in Reichweite, haben einige Berufspessimisten schon das Gegenteil von Inflation, also Deflation, ausgemacht und erinnern an deren Folgen in der Weltwirtschaftskrise Ende der zwanziger Jahre. Nicht zuletzt dieser Vergleich führt oft zu allerlei Missverständnissen darüber, was Deflation eigentlich ist …

Tatsächlich kann die Deflationsspirale, wenn sie denn in Gang gekommen ist, zu einem wahren Ungeheuer auswachsen. Dabei greifen verschiedene Mechanismen ineinander.

Quelle: iwd Nr. 12 vom 19. März 1998.

Aufgaben:

5.1 Erklären Sie den Begriff Deflation!

5.2 Informieren Sie sich in Ihrem Geschichtsbuch über die Ursachen und Folgen der Weltwirtschaftskrise in den zwanziger Jahren!

5.3 Erläutern Sie, was Sie unter dem Begriff „Deflations-Depressions-Spirale" verstehen!

5.4 Welche Wirkungen (Folgen) haben Deflationen?

5.5 Warum wirken sich in den heutigen Volkswirtschaften Deflationen weniger auf das Preisniveau, sondern überwiegend auf die Beschäftigung aus?

6. Lesen Sie zunächst folgenden Artikel!

Das Discounter-Paradox

Düsseldorf – Mindestens achtmal haben in diesem Jahr die großen deutschen Discounter mit groß annoncierten Preissenkungen Beben durch den deutschen Lebensmittel-Einzelhandel geschickt. Mal verbilligten Aldi, Lidl und Co. Fischstäbchen, Marmelade und Hundefutter, mal wurde Butter billiger, oder der Rotstift wurde bei Fertigpizza und Dosentomaten angesetzt. Und die Konkurrenz – egal, ob Edeka, Rewe, Netto, Penny oder Norma – musste folgen. Denn der Marktführer gilt in der Branche als Trendsetter, an dem sich alle im Preiseinstiegsbereich orientieren müssen.

Wer allerdings aus diesen Preissenkungen auf einen generellen Trend im Einzelhandel schließen will, muss sich vom Statistischen Bundesamt eines Besseren belehren lassen. Trotz aller lautstarken Werbung in Großanzeigen für Preissenkungen sind Lebensmittel in Deutschland in den vergangenen zwölf Monaten spürbar teurer geworden – mit Stand November um durchschnittlich 3,4 Prozent.

Tatsächlich beschränkt sich der Preiskampf nach einer Untersuchung der Gesellschaft für Konsumforschung (GfK) auf nur 40 von 275 gängigen Warengruppen. Der Grund ist einfach: Nur bei häufig gekauften Produkten wie Kaffee, Schokolade, Butter, Joghurt oder Fruchtsäften erkennen die Verbraucher Preisänderungen sofort und richten danach ihr Einkaufsverhalten aus. Hier ist der Preiskampf am härtesten. Bei seltener gekauften Produkten wie Reinigungsmitteln, Gewürzen oder Essiggurken dagegen können die Verbraucher oft nur raten, ob der Preis günstig ist. Das eröffnet dem Handel Spielräume für Preiserhöhungen.

Quelle: net-tribune.de vom 27.12.2010.

Aufgaben:

6.1 Um welche Marktform handelt es sich im vorliegenden Fall?

6.2 Beschreiben Sie kurz, wie sich nach Angaben des Artikels die Preise auf diesem Markt bilden!

6.3 Erläutern Sie kurz, welche Art von Inflation hier vorliegt. Begründen Sie dabei Ihre Entscheidung!

48 1. Ein geldpolitisches Instrument der Europäischen Zentralbank ist die Mindestreservepolitik.

Aufgaben:

1.1 Erläutern Sie, was unter Mindestreservepolitik und unter Mindestreservesatz zu verstehen ist!

1.2 Beurteilen Sie die Wirkungen steigender bzw. sinkender Mindestreservesätze!

1.3 In welchen wirtschaftlichen Gesamtsituationen wird die EZB die Mindestreservesätze

1.3.1 erhöhen und

1.3.2 senken? (Begründen!)

1.4 Angenommen, die EZB erhöht die Zins- und Mindestreservesätze. Die Unternehmen gehen deshalb dazu über, Anleihen zu emittieren, um sich Kredite zu beschaffen. Wie kann die EZB diese Maßnahmen der Wirtschaft durchkreuzen?

2. Welche Maßnahmen sollte die EZB in folgenden Fällen ergreifen? Begründen Sie Ihre Antworten und gehen Sie auf mögliche Zielkonflikte ein!

2.1 Die Wirtschaft befindet sich im Zustand der Unterbeschäftigung (Arbeitslosigkeit). Die Inflationsrate ist gering.

2.2 Die Wirtschaft befindet sich im Zustand der Überbeschäftigung mit hohen Preissteigerungsraten.

2.3 Die Importe übersteigen die Exporte. Die Inflationsrate ist hoch. Die Wirtschaft ist unterbeschäftigt.

2.4 In den USA sind die Zinssätze niedrig, in der WWU im Verhältnis dazu hoch. Die Inflationsrate in der WWU ist nach Ansicht der EZB zu hoch.

3. **Textauszug:**

Einigung gibt es inzwischen auch über das anzuwendende notenbankpolitische Instrumentarium und seine Ausgestaltung. In der operativen[1] Geldpolitik agiert die EZB hauptsächlich mit **Offenmarktinstrumenten** in Form von **Repo-Geschäften.** Sie haben sich mittlerweile bei allen nationalen Zentralbanken als marktgerechtes und effektives Instrument durchgesetzt. Auch die deutschen Kreditinstitute sind in der Form der wöchentlichen **Wertpapierpensionsgeschäfte** damit schon seit langem vertraut. Eine so genannte **Hauptrefinanzierungsfazilität** soll wöchentlich mit einer Laufzeit von zwei Wochen abgeschlossen werden. Daneben werden von dem ESZB längerfristige Refinanzierungsgeschäfte angeboten. Diese Geschäfte nehmen mit der Laufzeit von drei Monaten ein wichtiges Element des Diskontkredits auf. Entsprechend dem Charakter einer Basisfinanzierung ist der Kreis der teilnahmeberechtigten **Geschäftspartner** breit gezogen. Für die Vertenderung ist allerdings ein monatlicher Rhythmus vorgesehen. Damit kann dieses Instrument zur Verstetigung des Geldmarkts sowie zur Dispositionssicherheit insbesondere bei kleineren Banken beitragen.

Um unerwarteten Liquiditäts- und damit auch Zinsschwankungen angemessen begegnen zu können, kann das ESZB auf ein breites Spektrum von **Feinsteuerungsoperationen** wie z. B. **Devisenswaps** zurückgreifen.

Als **ständige Fazilitäten,** deren Inanspruchnahme auf Initiative der Geschäftspartner erfolgt, wird es eine **Spitzenrefinanzierungsfazilität** und eine **Einlagenfazilität** geben. Die Spitzenrefinanzierungsfazilität entspricht dabei funktionell dem deutschen **Lombard.** Sie ist damit also in erster Linie ein Sicherheitsventil bei kurzfristigen Liquiditätsengpässen im Bankensystem und begrenzt so auch die Ausschläge der Geldmarktsätze nach oben. …

Quelle: Tietmeyer, H.: Nach einer Rede vom 8. Juli 1998, zitiert in Deutsche Bundesbank, Auszüge aus Presseartikeln vom 10. Juli 1998, S. 3f.

Aufgaben:

3.1 Erläutern Sie die im Text hervorgehobenen Begriffe!

3.2 Welche Instrumente der Offenmarktpolitik werden im obigen Text nicht angesprochen? Erläutern Sie diese Instrumente!

3.3 Verdeutlichen Sie am Beispiel des effektiven Kaufs bzw. Verkaufs von Wertpapieren durch eine Zentralbank die Wirkungsweise der Offenmarktpolitik!

3.4 Inwieweit hat die Offenmarktpolitik eine Doppelwirkung?

3.5 In welcher Situation wird es für die Kreditinstitute günstiger sein, Wertpapiere von einer Zentralbank beleihen zu lassen als sie an die Zentralbank effektiv zu verkaufen?

3.6 Im Text wird gesagt, dass die Spitzenrefinanzierungsfazilität auch dazu dient, Ausschläge der Geldmarktsätze (Geldmarktzinssätze) nach oben zu begrenzen. Begründen Sie diese Aussage!

3.7 Erläutern Sie, wie die Inanspruchnahme der Einlagenfazilität durch die Kreditinstitute auf die Geldmarktzinssätze wirkt!

3.8 Der Text spricht von „Vertenderung". Damit ist die Anwendung eines Tenders bei der Vergabe von Krediten durch das Eurosystem gemeint. Erläutern Sie, was unter einem

3.8.1 Mengentender,
3.8.2 Zinstender,
3.8.3 Standardtender,
3.8.4 Schnelltender

zu verstehen ist!

3.9 Angenommen, das Eurosystem möchte 12 Mrd. EUR zuteilen. Es bieten die Bankengruppen A 4,5 Mrd. EUR zu 4 %, B 4,2 Mrd. EUR zu 3,95 %, C 5,1 Mrd. EUR zu 3,90 %, D 2,7 Mrd. EUR zu 3,85 % und E 1,5 Mrd. EUR zu 3,80 %.

Welche Bankengruppen kommen zum Zuge? (Es wird das amerikanische Verfahren angewendet.)

1 Operation (lat.): Eingriff. Operative Maßnahmen der EZB sind Eingriffe in den Geldmarkt.

4.7 Außenwert des Geldes

4.7.1 Begriff und Arten der Wechselkurse

Merke:

Der **Wechselkurs** drückt den **Außenwert** des Geldes aus. Ist eine Fremdwährung „teuer", ist der Außenwert des eigenen Geldes gering. Ist eine Fremdwährung „billig", ist der Außenwert des eigenen Geldes groß.

Dies stellen Sie z. B. dann fest, wenn Sie eine Auslandsreise planen. So kann es sein, dass der „Preis" (der Kurs) für Schweizer Franken schon wieder gestiegen ist. Andererseits lesen Sie in der Zeitung, dass der US-Dollar im Wert abnahm. Es ergeben sich somit zwei Grundfragen. Erstens: Warum schwanken die Wechselkurse (Umtauschkurse der Währungen) ständig? Und zweitens: Welche Auswirkungen haben Kursschwankungen für die Wirtschaft, für die Arbeitsplätze, für uns selbst?

Merke:

- Der **Binnenwert des Geldes** stellt sich in seinem Austauschverhältnis zu anderen Wirtschaftsgütern, also im **Preis** bzw. im **Preisniveau** dar.
- Der **Außenwert des Geldes** ist hingegen das Austauschverhältnis zwischen zwei **Währungen,** also der **Wechselkurs.**

Es wird zwischen **Sorten** (= auf Fremdwährung lautende Münzen und Banknoten) und **Devisen** (= auf Fremdwährung lautende Zahlungsmittel wie z. B. Schecks, Zahlungsanweisungen und Wechsel) unterschieden. Im weiteren Sinne versteht man unter Devisen auch die auf Fremdwährung lautenden Münzen und Banknoten. Wir verwenden im Folgenden den Devisenbegriff im weiteren Sinne. Dies ist auch deshalb gerechtfertigt, weil die Sorten- und Devisenkurse in der Praxis nicht wesentlich voneinander abweichen.

Noch eine kurze Bemerkung: Die **Ankaufskurse der Sorten** sind die Kurse, die die Banken zahlen, wenn ein Kunde sein Fremdwährungs-Bargeld (Sorten) in Binnenwährung umtauschen möchte. Die Ankaufskurse sind niedriger als die **Verkaufskurse.** Dies sind die Kurse, die der Bankkunde bezahlen muss, wenn er bei einer Bank Sorten kaufen will.

DEVISENMARKT

1 Euro =	Devisen Geld/Brief	Sorten Ank./Verk.
Australien(Austr.-$)	1,3250/1,3450	1,24/1,41
Dänemark(dkr)	7,4342/7,4742	7,10/7,82
Großbrit.(Pfund)	0,8388/0,8428	0,81/0,87
Japan(Yen)	111,30/111,78	107,66/116,98
Kanada(Kan.-$)	1,3331/1,3451	1,27/1,41
Neuseel.(NZ-$)	1,7489/1,7729	1,56/1,96
Norwegen(nkr)	7,8191/7,8671	7,46/8,30
Polen(poln. Zloty)	3,8510/3,8990	3,48/4,20
Schweden(skr)	8,7776/8,8256	8,40/9,23
Schweiz(sfr)	1,2967/1,3007	1,27/1,34
Südafrika(Rand)	9,7300/9,9700	8,84/11,11
Tschechien(Kr)	23,680/24,480	22,35/28,00
Türkei(Lira)	2,1180/2,1680	2,00/2,28
Ungarn(Forint)	267,35/272,55	240,29/302,29
USA(US-$)	1,3512/1,3572	1,31/1,40

Kurse in Euro		Geld/Brief	Ank./Verk.
Australien	1 Austr.-$	0,7435/0,7547	0,71/0,80
Dänemark	100 dkr	13,379/13,451	12,79/14,08
Großbrit.	1 Pfund	1,1865/1,1922	1,15/1,23
Japan	100 Yen	0,8946/0,8985	0,85/0,93
Kanada	1 Kan.-$	0,7434/0,7501	0,71/0,79
Neuseel.	1 NZ-$	0,5640/0,5718	0,51/0,64
Norwegen	100 nkr	12,711/12,789	12,05/13,40
Polen	100 poln. Zloty	25,648/25,967	23,79/28,71
Schweden	100 skr	11,331/11,393	10,84/11,90
Schweiz	100 sfr	76,882/77,119	74,64/78,98
Südafrika	1 Rand	0,1003/0,1028	0,09/0,11
Tschechien	100 Kr	4,0850/4,2230	3,57/4,48
Türkei	1 Lira	0,4613/0,4721	0,44/0,50
Ungarn	100 Forint	0,3669/0,3740	0,33/0,42
USA	1 US-$	0,7368/0,7401	0,72/0,76

Quelle: LBBW. Kurse können von Bank zu Bank abweichen.

Quelle: HAZ v. 08.02.2011, S. 10.

Ähnliches gilt für die **Devisen i. e. S.** Der Käufer einer Währung muss mehr bezahlen (Brief) als ein Verkäufer der gleichen Währung erhält (Geld).

Beispiel:

Geld	Brief
Die Banken verkaufen US-$ zum Kurs von 1,04. Das bedeutet, dass sie Euro zum Kurs von 1,04 kaufen.[1]	Die Banken kaufen US-$ zum Kurs von 1,05. Das bedeutet, dass sie Euro zum Kurs von 1,05 verkaufen.

Will z.B. ein Importeur 100000,00 US-$ in die USA überweisen, wird er von seiner Bank mit 96153,85 EUR belastet.[2]

Tauscht ein Exporteur 100000,00 US-$ bei seiner Bank in Euro um, werden ihm nur 95238,10 EUR gutgeschrieben.[3]

Auf die Kursunterschiede (Geld oder Brief) wird in den folgenden Modellen nicht eingegangen.

Merke:

- Der **Außenwert** des Geldes wird durch das Austauschverhältnis (den Kurs) zwischen der Binnen- und der Fremdwährung bestimmt.
- Der **Kurs** (Wechselkurs) drückt das Wertverhältnis zwischen zwei Währungen aus.

Bei **Banknoten** ist die Bezugsgröße der Wechselkurse i.d.R. 100 Einheiten der Fremdwährung, z.B. 100 Schweizer Franken (sfrs), 100 dänische Kronen (dkr) oder 100 norwegische Kronen (nkr). Die Kursangaben für amerikanische Dollars (US-$) oder das englische Pfund (£) sind auf einen US-$ oder auf ein £ bezogen. Die Notierung[4] der Banknoten heißt **Preisnotierung.**

Beispiel:

Der Verkaufskurs des kanadischen Dollars (CAD) beträgt 0,68. Das bedeutet, dass für einen CAD 0,68 EUR zu zahlen sind.

Bei **Devisen i.e.S.** ist die Bezugsgröße ein Euro. Diese Art der Notierung heißt **Mengennotierung.**

Beispiel:

Der Briefkurs des kanadischen Dollars beträgt 1,55. Das bedeutet, dass man für 1,00 EUR 1,55 CAD erhält.

In Zukunft wird voraussichtlich auch die Preisnotierung der Noten durch die international übliche Mengennotierung ersetzt werden.

---

1 Die Spanne (der Unterschiedsbetrag) zwischen dem Kaufpreis und dem Verkaufspreis ist der Rohgewinn der Banken. (Rohgewinn abzüglich Aufwendungen = Reingewinn.)

2 1,04 US-$ ≙ 1,00 EUR
100000,00 US-$ ≙ x EUR

$$x = \frac{1 \cdot 100000}{1,04} = 96153,85 \text{ EUR}$$

3 1,05 US-$ ≙ 1,00 EUR
100000,00 US-$ ≙ x EUR

$$x = \frac{1 \cdot 100000}{1,05} = 95238,10 \text{ EUR}$$

4 Notierung (lat.): Festsetzung, Festlegung. Hier: Festsetzung eines Börsenpreises (auch für Wertpapiere und Waren).

4.7.2 System freier Wechselkurse (Floating)[1]

4.7.2.1 Kursbildung

(1) Devisennachfrage (Angebot von Binnenwährung) und Importvolumen

Merke:

Nach dem **Gesetz des Angebots** steigt das Angebot von Binnenwährung (die Nachfrage nach Devisen) mit steigendem Kurs und sinkt das Angebot von Binnenwährung (die Nachfrage nach Devisen) mit sinkendem Kurs.

Der Grund: **Sinkender Kurs** bedeutet, dass die Fremdwährung (z.B. der Schweizer Franken) **teurer** wird. Deshalb geht die Nachfrage nach Importgütern (z.B. auch nach Ferienreisen in Fremdwährungsgebiete) zurück. **Werden aber weniger Waren eingeführt (importiert), werden auch weniger Devisen nachgefragt,** d.h., es wird **weniger Inlandswährung** angeboten.

Umgekehrt ist es, wenn der Kurs steigt. Dann sind die Importwaren billiger. **Es wird mehr aus Fremdwährungsländern importiert. Zur Bezahlung der Importe werden mehr Devisen benötigt,** d.h., es wird **mehr Inlandswährung** angeboten.

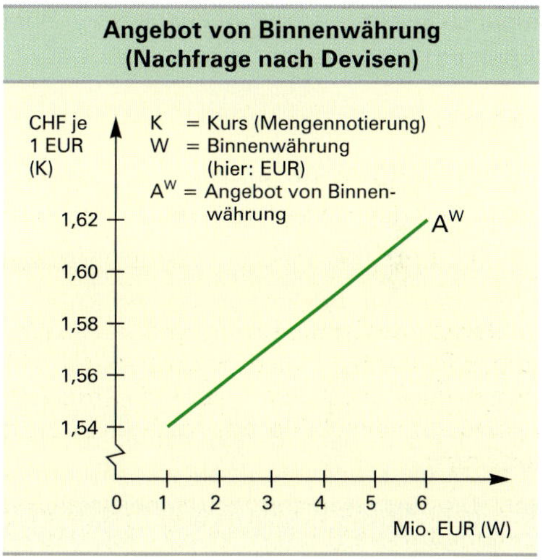

(2) Devisenangebot (Nachfrage nach Binnenwährung) und Exportvolumen

Merke:

Nach dem **Gesetz der Nachfrage** steigt die Nachfrage nach Binnenwährung (das Angebot an Devisen) mit sinkendem Kurs und sinkt die Nachfrage nach Binnenwährung (das Angebot an Devisen) mit steigendem Kurs.

Der Grund: **Sinkender Kurs** bedeutet, dass für Gebietsfremde die Binnenwährung **billiger** wird.

Beispiel:

Beträgt der US-$-Kurs zz. 1,10, so kostet dem amerikanischen Importeur ein deutsches Auto zum Preis von 30000,00 EUR genau 33000,00 US-$. Sinkt der Kurs auf 1,05, muss der amerikanische Importeur nur noch 31500,00 US-$ bezahlen.

1 To float (engl.): fließen

Sinkender Wechselkurs führt somit zu steigenden Exporten (Ausfuhren) in Fremdwährungsgebiete. Die Exporteure bieten die erlösten Devisen auf den Devisenmärkten an, d. h., sie fragen Binnenwährung nach.

Umgekehrt ist es, wenn der **Kurs steigt**. Dann werden für die in Fremdwährungsgebieten ansässigen Importeure die Binnenwaren teurer. **Der Export in das Devisenausland geht zurück. Die Folge ist, dass weniger Devisen erlöst und angeboten werden.**[1] Das sinkende Devisenangebot entspricht einer sinkenden Nachfrage nach Binnenwährung.

Nachfrage nach Binnenwährung (Angebot von Devisen)

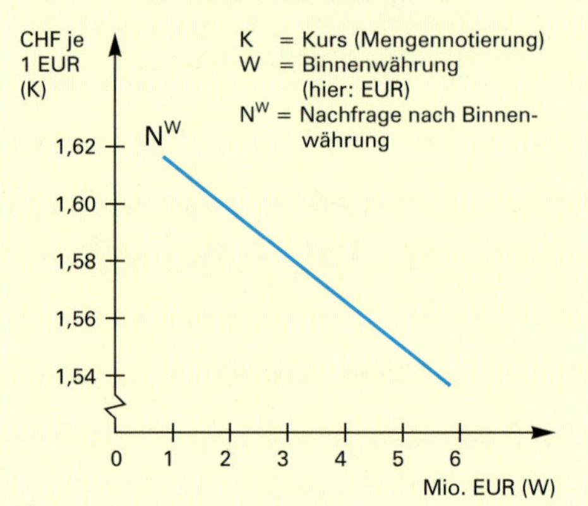

(3) Gleichgewichtskurs

Merke:

Der **Gleichgewichtskurs** ist der Kurs, der Devisenangebot (Nachfrage nach Binnenwährung) und Devisennachfrage (Angebot von Binnenwährung) in Einklang bringt.

Die Kursbildung auf den Devisenmärkten vollzieht sich nach den gleichen Grundsätzen wie die Preisbildung auf den Gütermärkten. Die täglich in den Wirtschaftsteilen der Zeitungen veröffentlichten Wechselkurse sind **Referenzkurse,** d. h. vom ESZB empfohlene Kurse. Die von den privaten Banken aufgrund des Devisenangebots und der Devisennachfrage ermittelten „Orientierungspreise“ weichen nicht wesentlich von den Referenzkursen ab.

Gleichgewichtskurs

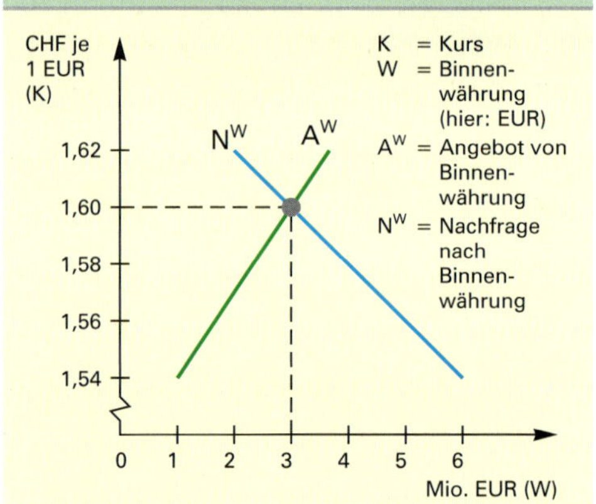

(4) Verschiebungen der Devisennachfrage (des Angebots von Binnenwährung)

■ Zunahme der Devisennachfrage bzw. des Angebots von Binnenwährung

Devisen werden – wie wir bereits sagten – vor allem dazu benötigt, Importe zu bezahlen. (Auch unsere Ferienreisen in fremde Währungsgebiete stellen in diesem Sinne Importe dar: Es werden Dienstleistungen importiert, d. h. in Anspruch genommen.)

1 Zahlen die in Fremdwährungsgebieten ansässigen Importeure mit Euro, ändert sich letztlich auch nichts. Euro mussten oder müssen sie sich ebenfalls kaufen. Die Nachfrage der Gebietsfremden nach Euro entspricht dem Angebot an Devisen.

Nehmen die Importe bei zunächst gegebenem Kurs zu, nimmt auch die Devisennachfrage und damit das **Angebot von Binnenwährung zu.** (Die Angebotskurve von Binnenwährung verschiebt sich nach rechts.)

Gründe für eine zunehmende Importtätigkeit können sein:

- Die Waren aus fremden Währungsgebieten werden im Vergleich zu den Binnenwaren immer billiger, weil im eigenen Währungsgebiet die Preise schneller als im Fremdwährungsland steigen.
- Die Binnenwirtschaft befindet sich im Aufschwung, sodass die Einkommen steigen. Es werden deshalb *mehr* Konsum- und Produktionsgüter aus Fremdwährungsländern importiert.

Das Angebot von Binnenwährung (die Nachfrage nach Devisen) nimmt zu

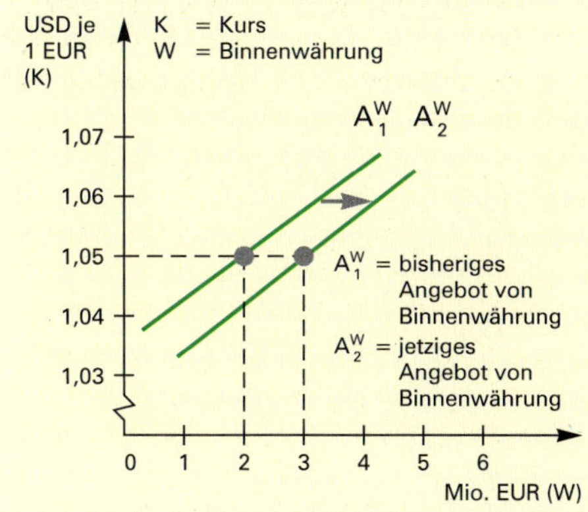

Weitere Gründe für eine zunehmende Devisennachfrage (ein zunehmendes Angebot von Binnenwährung) sind:

- Die Regierungen gehen zusätzliche internationale Verpflichtungen ein (z. B. höhere Zahlungen an internationale Organisationen wie z. B. die NATO oder die Gewährung von Entwicklungshilfe).
- Die Zinssätze steigen in Fremdwährungsgebieten schneller als im eigenen Währungsgebiet.
- Finanztransaktionen finden aus spekulativen[1] Gründen statt. Die Spekulanten rechnen damit, dass der Kurs einer Fremdwährung sinken wird. Sie kaufen beim gegebenen Kurs zusätzliche Devisen. Erwarten die Besitzer von Binnenwährung ständige Kursverluste der eigenen Währung und kaufen sie deshalb in großem Stil eine als „sicher" angesehene Fremdwährung, spricht man von **„Kapitalflucht"**.

Beispiel:

Kauf von 10 000,00 sfrs im Jahr 01 zum Kurs von 1,60, also für 6 250,00 EUR.[2] Verkauf der 10 000,00 sfrs im Jahr 02 zum Kurs von 1,50. Der Spekulant erhält 6 666,67 EUR,[3] macht also einen Spekulationsgewinn von $6^2/_3$ %.

- **Abnahme der Devisennachfrage (des Angebots von Binnenwährung).**

Die Devisennachfrage bzw. das Angebot von Binnenwährung nimmt z. B. ab, wenn die Importe aus fremden Währungsgebieten bei zunächst gegebenem Kurs zurückgehen. (Die Angebotskurve von Binnenwährung verschiebt sich nach links.)

---

1 Spekulativ (lat.): auf Mutmaßungen beruhend; auf Gewinne aus Preisveränderungen abzielend.

2 1,60 sfrs ≙ 1,00 EUR
10 000,00 sfrs ≙ x EUR

$$x = \frac{1 \cdot 10\,000}{1{,}6} = 6\,250{,}00 \text{ EUR}$$

3 1,50 sfrs ≙ 1,00 EUR
10 000,00 sfrs ≙ x EUR

$$x = \frac{1 \cdot 10\,000}{1{,}50} = 6\,666{,}67 \text{ EUR}$$

26 Boller-Hartmann 978-3-8120-0585-2

Ursachen abnehmender Importtätigkeit aus Fremdwährungsgebieten können sein:

- Die Importwaren werden im Vergleich zu den Binnenwaren immer teurer, weil beispielsweise die Preise im Fremdwährungsgebiet schneller steigen als im eigenen Währungsgebiet oder fremde Rohstoffexporteure sich zu einem Kartell zusammenschließen, um die Rohstoffpreise zu erhöhen (Erdölkartell, Kupferkartell).
- Die Binnenwirtschaft befindet sich im Abschwung, sodass die Einkommen nicht mehr steigen oder sogar abnehmen. Es werden deshalb **weniger** Konsum- und Produktionsgüter importiert.

Das Angebot von Binnenwährung (die Nachfrage nach Devisen) nimmt ab

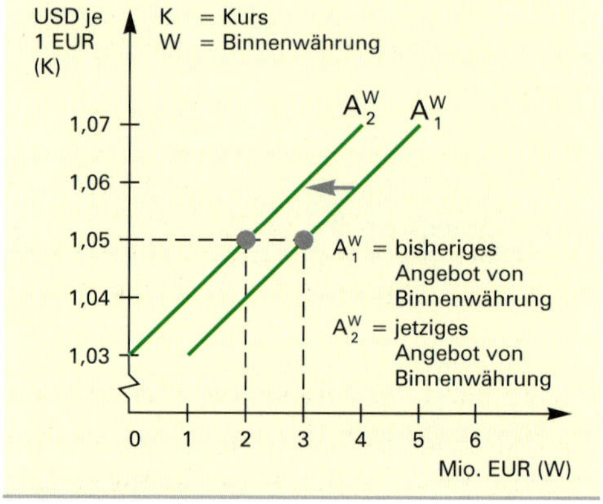

Weitere Gründe für eine abnehmende Devisennachfrage (ein abnehmendes Angebot von Binnenwährung) sind:

- Die Regierungen kürzen Zahlungen an internationale Organisationen oder streichen Entwicklungshilfeleistungen.
- Spekulanten rechnen damit, dass der Kurs einer Fremdwährung steigen wird und stellen ihre bisherigen Devisenkäufe ein.
- Die Zinssätze steigen im eigenen Währungsgebiet schneller als in Fremdwährungsgebieten.

(5) Verschiebungen des Devisenangebots (der Nachfrage nach Binnenwährung)

Zunahme des Devisenangebots bzw. der Nachfrage nach Binnenwährung

Ebenso wie die Devisennachfrage verschiebt sich im Laufe der Zeit das Devisenangebot. Devisen werden bekanntlich vor allem deswegen angeboten, weil Güter in fremde Währungsgebiete exportiert werden. **Nehmen z.B. die Exporte in fremde Währungsgebiete bei zunächst gegebenen Kursen zu, nimmt auch das Devisenangebot** und damit **die Nachfrage nach Binnenwährung zu.** (Die Nachfragekurve nach Binnenwährung verschiebt sich nach rechts.)

Die Nachfrage nach Binnenwährung (das Angebot von Devisen) nimmt zu

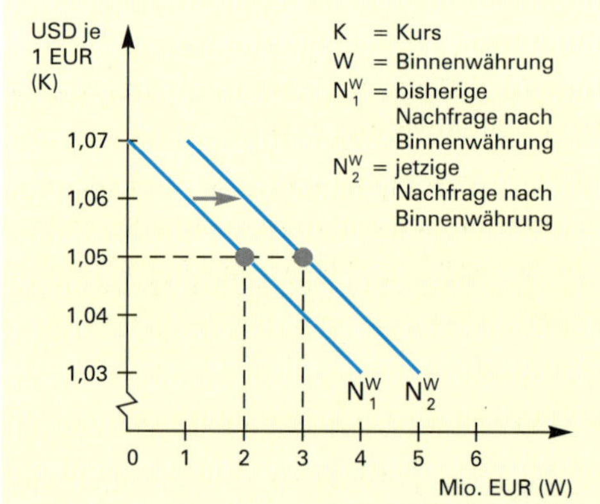

Gründe für eine zunehmende Exporttätigkeit in Fremdwährungsgebiete können sein:

- Die Binnenwaren werden im Vergleich zu den Waren aus den Fremdwährungsländern immer billiger, weil im eigenen Währungsgebiet die Preise langsamer als im Fremdwährungsgebiet steigen.

- Technischer Vorsprung des eigenen Währungsgebiets.
- Die Fremdwährungsländer befinden sich im Aufschwung, sodass dort die Einkommen steigen. Es werden deshalb **mehr** Konsum- und Produktionsgüter in diese Länder exportiert.

Weitere Gründe für ein zunehmendes Devisenangebot (eine zunehmende Nachfrage nach Binnenwährung) sind:

- Ein Fremdwährungsland erhält Zuschüsse von internationalen Organisationen, z.B. Devisenhilfen, um seine Importe finanzieren (bezahlen) zu können, Entwicklungshilfe oder Wiedergutmachungszahlungen (Reparationen).
- Spekulanten rechnen damit, dass der Kurs einer Fremdwährung steigen wird. Sie verkaufen ihre Devisenvorräte (kaufen Binnenwährung) zu dem noch geltenden Kurs.

Abnahme des Devisenangebots bzw. der Nachfrage nach Binnenwährung

Das Devisenangebot und damit die Nachfrage nach Binnenwährung nimmt z.B. ab, wenn die Exporte bei zunächst gegebenem Kurs zurückgehen. (Die Nachfragekurve nach Binnenwährung verschiebt sich nach links.)

Ursachen abnehmender Exporttätigkeit in Fremdwährungsgebiete können sein:

- Die Preise auf dem Binnenmarkt steigen schneller als in den Fremdwährungsländern.
- Technischer Rückstand des eigenen Währungsgebiets.
- Die Fremdwährungsländer befinden sich im Abschwung, sodass dort die Einkommen sinken. Es werden deshalb **weniger** Konsum- und Produktionsgüter in diese Länder verkauft.

Die Nachfrage nach Binnenwährung (das Angebot von Devisen) nimmt ab

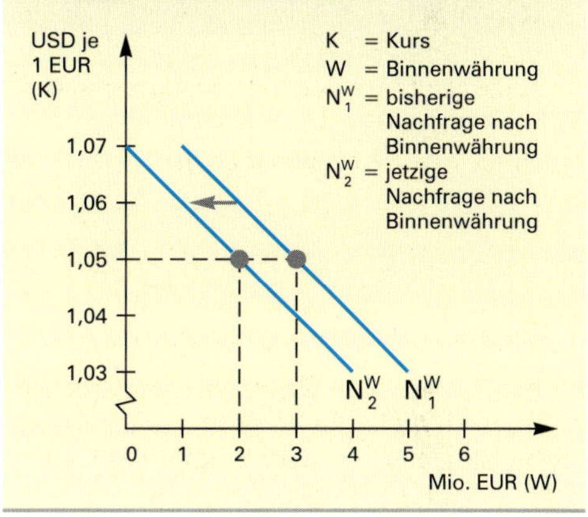

Weitere Gründe für ein abnehmendes Devisenangebot (eine abnehmende Nachfrage nach Binnenwährung) sind:

- Einem Fremdwährungsland werden Zuschüsse von internationalen Organisationen gekürzt oder die Entwicklungshilfe wird gestrichen.
- Spekulanten rechnen damit, dass der Kurs einer Fremdwährung sinken wird. Sie werden daher ihre bisherigen Devisenverkäufe einstellen.

(6) Wechselkursmechanismus

Die folgenden vier Abbildungen zeigen den Zusammenhang zwischen dem Angebot von Binnenwährung, der Nachfrage nach Binnenwährung und dem Wechselkurs (Wechselkursmechanismus).

Zunehmende Nachfrage nach Binnenwährung = zunehmendes Devisenangebot: Der Wechselkurs steigt

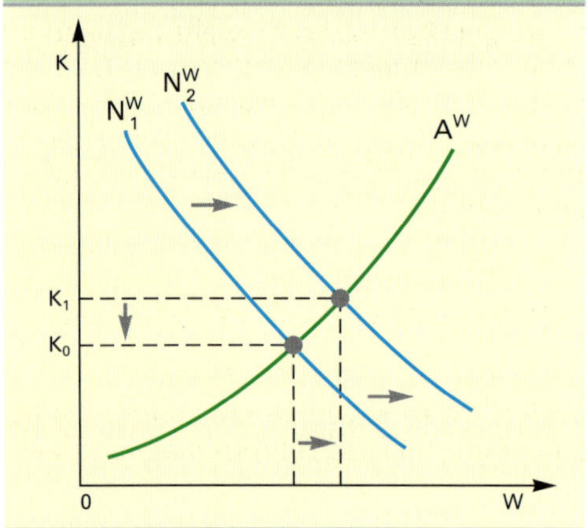

Abnehmende Nachfrage nach Binnenwährung = abnehmendes Devisenangebot: Der Wechselkurs sinkt

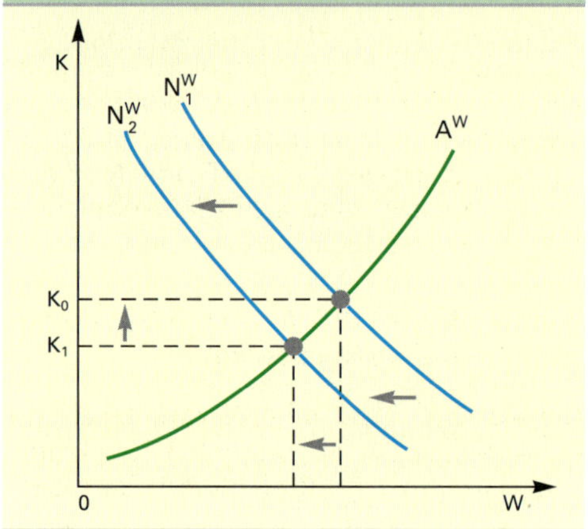

Zunehmendes Angebot von Binnenwährung = zunehmende Devisennachfrage: Der Wechselkurs sinkt

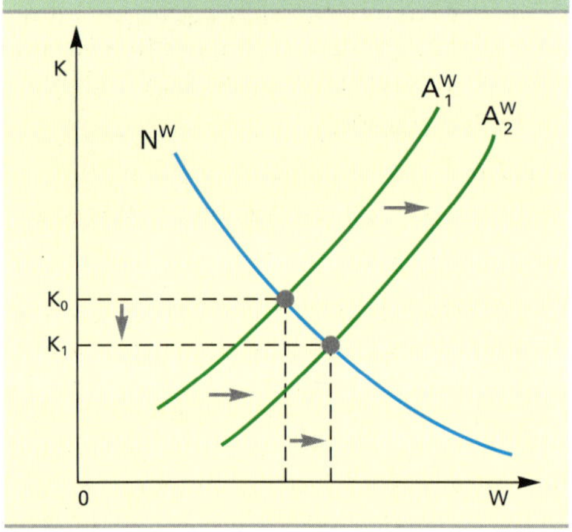

Abnehmendes Angebot von Binnenwährung = abnehmende Devisennachfrage: Der Wechselkurs steigt

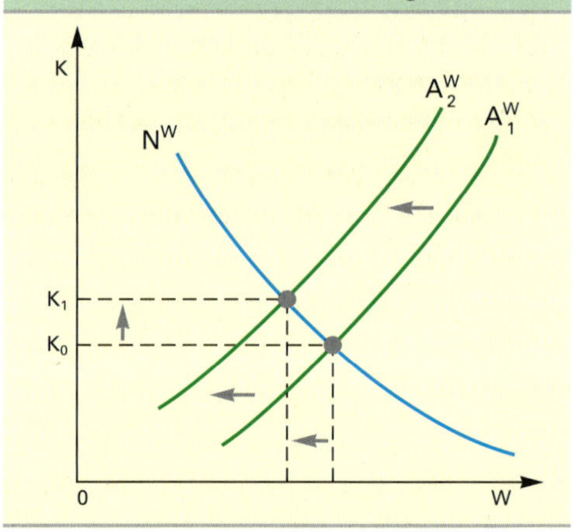

Legende:

K = Kurs
K_0 = bisheriger Kurs
K_1 = neuer Kurs
W = Binnenwährung

A^W = Angebot von Binnenwährung
A^W_1 = bisheriges Angebot von Binnenwährung
A^W_2 = jetziges Angebot von Binnenwährung

N^W = Nachfrage nach Binnenwährung
N^W_1 = bisherige Nachfrage nach Binnenwährung
N^W_2 = jetzige Nachfrage nach Binnenwährung

Im Normalfall gelten somit auf den Devisenmärkten die gleichen Preisgesetze wie für den Gütermarkt.

(7) Bedeutung des Systems flexibler Wechselkurse

Freie (flexible) Wechselkurse haben die Tendenz, sich immer wieder auf den Gleichgewichtskurs hinzuzubewegen. Der Markt sorgt dafür, dass keine Währung unter- oder überbewertet wird. Die Inflation (allgemeine Preissteigerung) aus Fremdwährungsländern wird **nicht** importiert, d.h. auf die Binnenwirtschaft übertragen, weil mit steigenden Preisen bei den Handelspartnern zunächst der Import und damit die Devisennachfrage (das Angebot von Binnenwährung) zurückgeht. Dies aber bewirkt steigende Kurse (siehe Abbildung auf der vorigen Seite). Mit steigenden Kursen verbilligen sich die Importwaren, sodass die Importpreise im Wesentlichen konstant bleiben.

4.7.2.2 Beziehungen zwischen Binnen- und Außenwert des Geldes im System freier Wechselkurse

Die Aussage, dass freie Wechselkurse die importierte Inflation verhindern können, ist ein Teilergebnis der sogenannten Kaufkraftparitätentheorie,[1] die den **Zusammenhang zwischen Außen- und Binnenwert des Geldes** erklärt.

Gehen wir z.B. davon aus, dass das Preisniveau in Fremdwährungsländern *schneller* als das im eigenen Währungsgebiet steigt. Dann **nehmen** – immer aus der Sicht der Binnenwirtschaft – die Exporte in die Fremdwährungsgebiete **zu,** während die Importe aus diesen Gebieten **abnehmen.** Der Grund: Die Importwaren werden immer teurer, während die Exportwaren für die Fremdwährungsländer vergleichsweise immer billiger werden. Die **Exportüberschüsse** aber erhöhen den Geldumlauf im eigenen Währungsgebiet, weil die Exporteure ihre Devisen bei den Banken in Binnenwährung umtauschen, um ihre Kosten (z.B. Löhne und Gehälter, Energiekosten, Steuern) bezahlen zu können. Ist die Binnenwirtschaft vollbeschäftigt, ist mit Preissteigerungen zu rechnen, weil

- im eigenen Währungsgebiet die Geldmenge steigt und
- das Güterangebot abnimmt (die exportierten Waren werden nicht im eigenen Währungsgebiet, sondern in Fremdwährungsgebieten angeboten).

Bei flexiblen Kursen aber wird dieser Inflationsschub schon bald dadurch gebremst, dass aufgrund des gestiegenen Devisenangebots (der gestiegenen Nachfrage nach Binnenwährung) der Wechselkurs zu **steigen** beginnt. Spekulative Finanztransaktionen tun ihr Übriges: Weil die Spekulanten mit steigendem Kurs rechnen, kaufen sie Binnenwährung mit dem Ergebnis, dass der Kurs weiter nach oben getrieben wird. Die Importwaren werden also billiger, während sich die Exportwaren verteuern. Es ergibt sich folgende „umgekehrte" Entwicklung: Der Export sinkt, während der Import steigt. Die Importeure kaufen bei den Banken Devisen, um die Importe bezahlen zu können. Die spekulativen Finanztransaktionen laufen in die umgekehrte Richtung, weil die Geldanleger mit steigenden Kursen bei den Fremdwährungen rechnen. Die Inflation wird gebremst, weil

- die Geldmenge abnimmt und
- das Güterangebot (aufgrund der gestiegenen Importe) zunimmt.

Ein Sinken des Preisniveaus ist allerdings i.d.R. nicht zu erwarten, wie bereits im Zusammenhang mit der Behandlung der Quantitätstheorie[2] gezeigt wurde.

---

1 Parität (lat.): Gleichheit, Gleichgewichtigkeit, Gleichstellung.

2 Siehe Kapitel 4.3.4.

Die Beziehungen zwischen Preisniveau, Import und Export bei flexiblen Wechselkursen lassen sich wie folgt darstellen:

Schematische Darstellung der Kaufkraftparitätentheorie

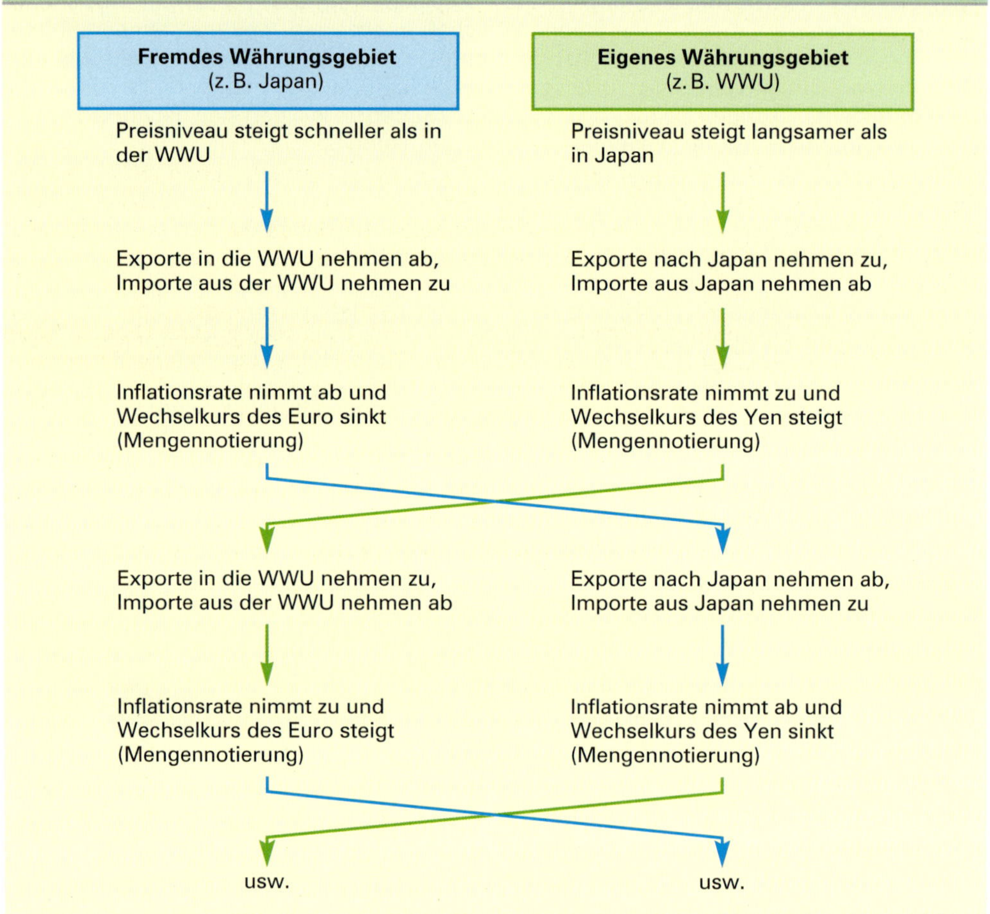

4.7.3 Relativ starre Wechselkurse

(1) Wesen der relativ starren Wechselkurse

Starre Wechselkurse (feste Wechselkurse) werden entweder zwischenstaatlich vereinbart oder von der Regierung eines Landes autonom festgelegt. Schwankungen der Kurse sind nicht zugelassen. Absolut feste Wechselkurse sind vor allem in Zentralverwaltungswirtschaften üblich, in denen Devisenbewirtschaftung herrscht.

Das System relativ starrer (fester) Wechselkurse lässt bestimmte **Schwankungsbreiten** der Kurse zu. Innerhalb dieser Schwankungsbreiten **(Bandbreiten)** vollzieht sich die Kursbildung nach den Grundsätzen eines freien Markts.

Wenn im Folgenden von festen (gebundenen) Wechselkursen die Rede ist, sind immer die relativ festen Wechselkurse gemeint. Das Wesen der festen Wechselkurse besteht darin, dass die Regierungen sogenannte **Paritäten**[1] **(Leitkurse)** miteinander vereinbaren, wobei die Kurse nach oben und unten mit einem bestimmten Prozentsatz (z.B. je 2,5 %) vom Leitkurs abweichen dürfen. Die zugelassene Schwankungsbreite (z.B. 5 %) wird als **Bandbreite** bezeichnet.

(2) Kurssicherung durch die Zentralbank

Angenommen, die Regierungen des Landes A und des Landes B vereinbaren zwischen ihren Währungen eine **Parität** von 2 : 1. Dies bedeutet, dass der **Leitkurs** 2 AGE (= Geldeinheiten der Währung A) für 1 BGE (= Geldeinheiten der Währung B) beträgt. Bei einer Bandbreite von 5 % darf der Kurs dann höchstens auf 2,05 steigen und höchstens auf 1,95 sinken.

Würde der Kurs aufgrund gestiegener Nachfrage nach BGE oder aufgrund gesunkenen Angebots von BGE **über** 2,05 steigen, müsste die Zentralbank des Landes B eingreifen (intervenieren), indem sie AGE kauft (BGE verkauft), um den Kurs zu senken. Die obere Grenze der Bandbreite heißt deswegen **oberer Interventionspunkt.**[2]

Droht hingegen der Kurs unter 1,95 zu fallen, weil die Nachfrage nach BGE abgenommen oder das Angebot von BGE zugenommen hat, muss die Zentralbank des Landes B eingreifen (intervenieren), d.h. AGE aus ihren Devisenvorräten verkaufen (BGE kaufen), um den Kurs zu heben. Die untere Grenze der Bandbreite wird deshalb als **unterer Interventionspunkt** bezeichnet.

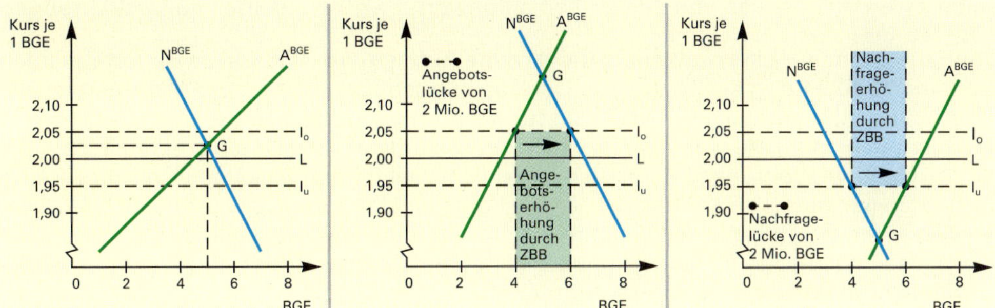

Der Gleichgewichtskurs liegt **innerhalb** der Bandbreite. Die Zentralbank des Landes B muss **nicht** eingreifen.

Der Gleichgewichtskurs liegt **über** dem oberen Interventionspunkt. Die Zentralbank B muss die **Angebotslücke**[3] schließen, indem sie BGE anbietet, d.h. Devisen nachfragt.

Der Gleichgewichtskurs liegt **unter** dem unteren Interventionspunkt. Die Zentralbank B muss die **Nachfragelücke**[4] schließen, indem sie BGE nachfragt, d.h. Devisen verkauft.

A^{BGE}: Angebot von BGE;
N^{BGE}: Nachfrage nach BGE;
ZBB: Zentralbank des Landes B;
G: Gleichgewichtskurs;
L: Leitkurs;
I_o: oberer Interventionspunkt;
I_u: unterer Interventionspunkt.

1 Parität: wörtl. Gleichheit; hier: festgelegtes Austauschverhältnis.

2 Intervenieren: eingreifen.

3 Angebotslücke: Das Angebot von Binnenwährung ist kleiner als die Nachfrage nach Binnenwährung.

4 Nachfragelücke: Die Nachfrage nach Binnenwährung ist kleiner als das Angebot von Binnenwährung.

(3) Bedeutung des Systems relativ fester Wechselkurse

Der Vorteil fester Devisenkurse ist, dass der Wirtschaft sichere Kalkulationsgrundlagen geboten werden. Die Gefahr eines plötzlichen Kursverfalls oder eines unerwarteten Kursanstiegs ist weitgehend gebannt.

Die Nachteile dürfen jedoch nicht übersehen werden. So kann z.B. eine Zentralbank nur so lange Devisen verkaufen, um den Kurs nicht unter den unteren Interventionspunkt fallen zu lassen, wie sie über Devisen verfügt. Sind ihre Devisenvorräte erschöpft, muss der Leitkurs (die Parität) herabgesetzt, d.h. die eigene Währung **abgewertet** werden. Die neue Parität muss mindestens so niedrig sein wie der Kurs, der sich bei freien Wechselkursen ergeben würde. Währungen, die laufend abgewertet werden müssen, heißen **weiche Währungen.**

Der Hauptgrund für eine erforderliche **Abwertung** (Devalvation) ist, dass die Importe zu hoch, die Exporte zu niedrig sind (Devisenmangel). Durch die Abwertung werden die Importe gedrosselt (die Fremdwährung und damit die Importe werden teurer) und der Export gefördert.

Seltener kommt es vor, dass der Leitkurs zu niedrig ist. Dies ist dann der Fall, wenn eine Zentralbank Devisen kaufen muss, um den Kurs nicht über den oberen Interventionspunkt steigen zu lassen. Theoretisch kann die Zentralbank laufend Devisen aufkaufen: Inlandsgeld kann sie jederzeit drucken und in Umlauf setzen (Geldschöpfung). Die größte Gefahr dieser Politik besteht darin, dass der Geldumlauf im eigenen Währungsgebiet erhöht wird und so die Preise steigen. Längerfristig muss die Binnenwährung **aufgewertet,** d.h. der Leitkurs heraufgesetzt werden (Revalvation). Die neue Parität sollte so hoch sein wie der Kurs, der sich bei freien Wechselkursen ergeben würde. Währungen, die stark nachgefragt werden, die also von Zeit zu Zeit aufgewertet werden, heißen **harte Währungen**.

Der Hauptgrund für eine notwendig gewordene Aufwertung ist, dass die Exporte zu hoch, die Importe zu niedrig sind (laufende Devisenüberschüsse). Die eigene Währung ist also unterbewertet, sodass die Exportwaren für die Fremdwährungsländer billig sind. Dies ist vor allem dann der Fall, wenn die Preise in den Fremdwährungsländern schneller steigen als im eigenen Währungsgebiet; dann nämlich weicht der Gleichgewichtskurs immer mehr vom Leitkurs (von der Parität) ab. Die Folge ist, dass aufgrund der dauernden Devisenkäufe der Notenbank der Geldumlauf im eigenen Währungsgebiet steigt und das Preisniveau nach oben klettert. Man bezeichnet die auf Exportüberschüssen beruhenden Preissteigerungen als **„importierte Inflation"**.

Ein wirtschaftsgeschichtliches Beispiel für ein System relativ fester Wechselkurse war das **E**uropäische **W**ährungs**s**ystem (EWS) oder auch **W**echsel**k**urs**m**echanismus I (WKM I) genannt. Zuletzt nahmen zwölf EU-Länder am System relativ fester Wechselkurse teil, nämlich Belgien, Bundesrepublik Deutschland, Dänemark, Finnland, Frankreich, Irland, Italien, Luxemburg, Österreich, Niederlande, Portugal und Spanien. Die Bandbreite betrug 30%. Drohte eine größere Kursabweichung einer Währung, mussten die nationalen Zentralbanken stützend einspringen.

(4) Europäischer Wechselkursmechanismus II (WKM II)

Der WKM II ist die Fortsetzung des EWS zwischen der WWU und den Mitgliedsländern der Europäischen Union, die noch nicht der WWU[1] angehören wollen bzw. aufgenommen werden können. „Ankerwährung"[2] ist der Euro.

Wichtige Regelungen für den WKM II sind:

- Die Teilnahme ist freiwillig.
- Die Leitkurse der Outs[3] werden auf den Euro festgelegt. Die Schwankungsbreite beträgt grundsätzlich ± 15 %.
- Leitkurse und Bandbreite werden in einem gemeinsamen Verfahren unter Beteiligung der EU-Kommission, der Europäischen Zentralbank, der Minister der WWU, der Minister und der Zentralbankpräsidenten der Outs und des Wirtschafts- und Sozialausschusses der EU festgelegt.
- Sind Interventionen an den Interventionspunkten erforderlich, sollen diese grundsätzlich automatisch und unbegrenzt erfolgen. Die Interventionen dienen der Verteidigung der Wechselkurse.
- Die EZB kann Interventionen aussetzen, wenn diese das Hauptziel der EZB, nämlich die Geldwertstabilität, gefährden können.

Am Wechselkursmechanismus in der EU nehmen zurzeit Dänemark (Bandbreite ± 2,25 %) sowie Lettland und Litauen (Bandbreite jeweils ± 15 %) teil.

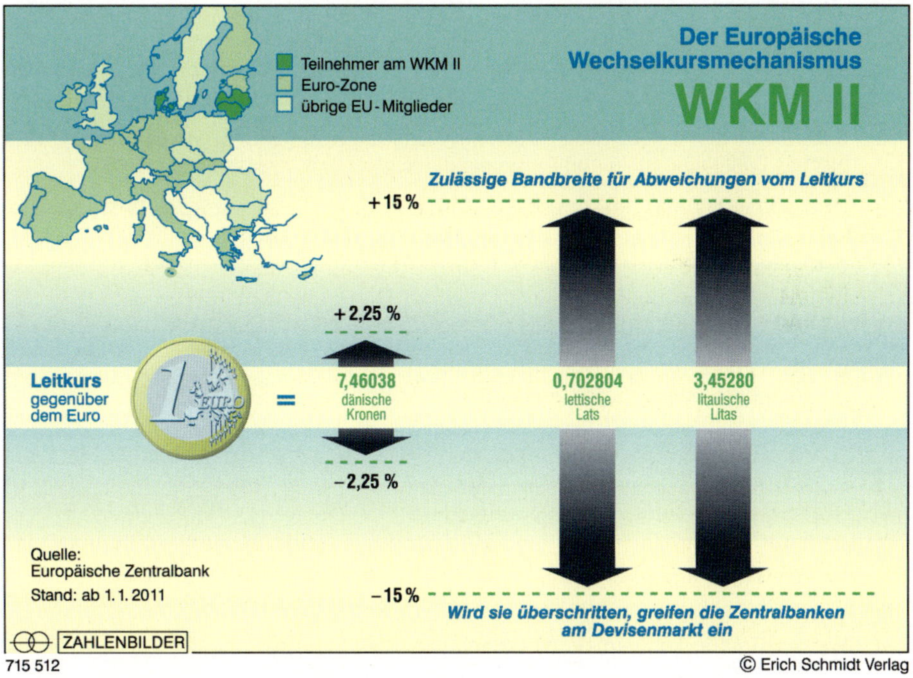

1 Zur WWU (Europäische **W**irtschafts- und **W**ährungs**u**nion) siehe Kapitel 4.4.1.

2 Ankerwährung: Währung, zu der Fremdwährungen in einem absolut oder relativ festen Umtauschverhältnis stehen, mit der sie also mehr oder weniger fest „verankert" sind.

3 Outs (engl.): draußen Gebliebene, Außenstehende.

Zusammenfassung

- Die Höhe der Güterein- und -ausfuhr wird nicht nur durch die *absoluten* oder *komparativen* Kostenvorteile mitbestimmt, sondern auch von der Höhe der **Wechselkurse.**
- Der Wechselkurs drückt das Wertverhältnis zwischen zwei **Währungen** aus.
- Beim **System freier Wechselkurse** (dem **Floating**) greift der Staat nicht in die Wechselkursbildung ein. Es gelten die allgemeinen Preisgesetze. Die Höhe des Wechselkurses hängt von der Nachfrage nach Devisen (dem Angebot von Binnenwährung) und dem Angebot von Devisen (der Nachfrage nach Binnenwährung) ab.
- Werden die Wechselkurse vom Staat oder von einer Währungsunion festgelegt, spricht man von **festen** (starren oder auch gebundenen) **Wechselkursen.** Werden bestimmte Schwankungsbreiten zugelassen, handelt es sich um **relativ feste Wechselkurse.**
- Der **Europäische Wechselkursmechanismus II (WKM II)** ist ein System relativ fester Wechselkurse.

Übungsaufgabe

49

1. „Der Wechselkurs ist der Maßstab für den Außenwert des Geldes." Erklären Sie diesen Satz!
2. Begründen Sie, warum der Wechselkurs beim Floating (beim System freier Wechselkurse) einen Gleichgewichtskurs (Gleichgewichtspreis) darstellt!
3. Erklären Sie die Abhängigkeit zwischen Wechselkurs, Angebot bzw. Nachfrage von ausländischen Zahlungsmitteln und Außenhandel (Export bzw. Import)!
4. Wie wirkt sich nebenstehende Situation auf das Außenhandelsvolumen (Export und Import) aus?

   Begründen Sie Ihre Antwort!

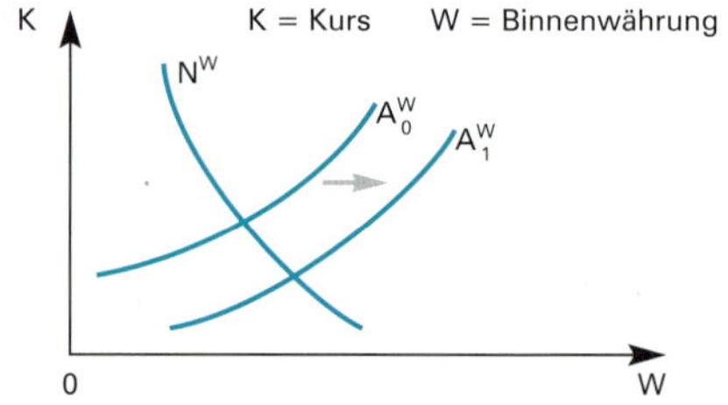

5. Welche Gründe könnten zur Verschiebung der Angebotskurve von Binnenwährung auf dem Devisenmarkt geführt haben?
6. Wie wirkt sich nebenstehende Situation auf das Außenhandelsvolumen (Export und Import) aus?

   Begründen Sie Ihre Antwort!

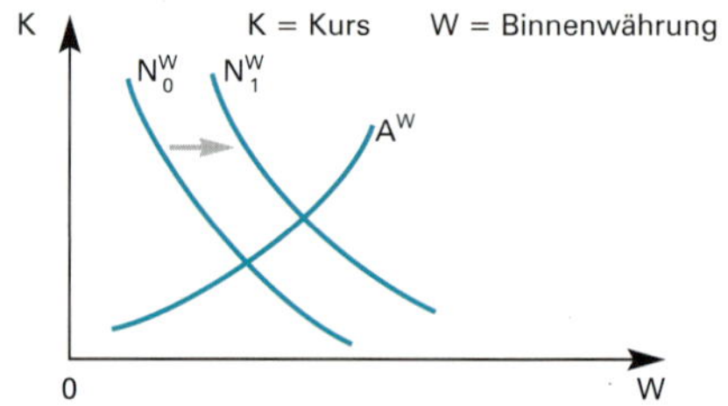

7. Welche Gründe könnten zur Verschiebung der Nachfragekurve nach Binnenwährung auf dem Devisenmarkt geführt haben?
8. Inwiefern kann das System freier Wechselkurse zur Stabilisierung des Binnenwerts des Geldes beitragen?

9. Die nebenstehende Abbildung zeigt die Situation auf einem Devisenmarkt bei relativ festen Wechselkursen.

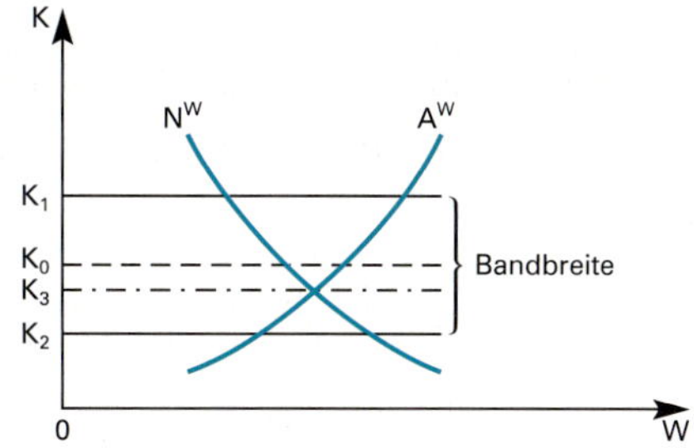

Die Abkürzungen bedeuten:

K = Kurs (Mengennotierung)
W = Binnenwährung
N^W = Nachfrage nach Binnenwährung
A^W = Angebot von Binnenwährung

Aufgaben:

9.1 Wie werden die Kurse K_0, K_1, K_2 und K_3 bezeichnet?

9.2 Muss die Zentralbank (Notenbank) eingreifen? Begründen Sie Ihre Antwort!

9.3 Angenommen, der Wechselkurs der Währung eines EU-Landes, das dem WKM II angehört, droht unter K_2 zu sinken. Welche Maßnahmen muss die Zentralbank dieses Landes ergreifen?

9.4 Angenommen, der Wechselkurs der Währung eines EU-Landes, das dem WKM II angehört, droht über K_1 zu steigen. Welche Maßnahmen muss die Zentralbank dieses Landes ergreifen?

5 Die Fiskalpolitik

5.1 Träger und Rahmenbedingungen der Fiskalpolitik

Ende des Jahres 2010 zeigte die „Schuldenuhr" des Bundes ca. 1700 Mrd. EUR an – je Einwohner über 21000 EUR. Die Schulden müssen zurückgezahlt werden, und bis dahin fallen Jahr für Jahr Milliarden Euro Zinsen an. Dieses Geld fehlt an anderer Stelle des Bundeshaushalts, beispielsweise für Bildung und Investitionen. Die Arbeitnehmer tragen über ihre Steuern die Hauptlast der Zinsen und einer eventuellen Tilgung. Je Erwerbstätigen gerechnet hat der Bund über 41000 EUR Schulden. Und weil die heute Erwachsenen den Schuldenberg aller Voraussicht nach nicht abtragen werden, bleibt er als Hypothek für die nächste Generation.

Da das Haushaltsgebaren des Staates erheblichen Einfluss auf die Gesamtwirtschaft ausübt, liegt es nahe, dass der Staat seine Einnahmen- und Ausgabenpolitik (Finanzpolitik) bewusst in den Dienst der Wirtschaftspolitik stellt. Die staatliche Konjunkturpolitik mithilfe der Einnahmen- und Ausgabenpolitik wird auch als Fiskalpolitik bezeichnet.

Merke:

Die **Konjunkturpolitik** hat die Aufgabe, die Konjunkturausschläge so gering wie möglich zu halten, d.h. für ein **stetiges und angemessenes Wirtschaftswachstum** bei gleichzeitiger **Stabilität des Preisniveaus, hohem Beschäftigungsgrad** und **außenwirtschaftlichem Gleichgewicht** zu sorgen [§ 1 StabG].

Geht man davon aus, dass die nachfragewirksame Geldmenge tatsächlich die Entwicklung des Preisniveaus wesentlich beeinflusst, hat der Staat die Möglichkeit, Stabilitäts- und Beschäftigungspolitik zu betreiben.

Erhöhung der Staatseinnahmen Senkung der Staatsausgaben	Besteht Inflationsgefahr, kann der Staat die Steuern erhöhen **(Steuerpolitik)** und die zusätzlichen Einnahmen bei der Deutschen Bundesbank stilllegen **(Konjunkturausgleichsrücklage)**. Dem Wirtschaftskreislauf wird Geld entzogen, die Inflation wird gebremst. Die Kürzung von Staatsausgaben (z.B. Einstellungs- und Beförderungsstopp im öffentlichen Dienst, Verringerung der Staatsausgaben für öffentliche Investitionen) wirkt in die gleiche Richtung: Die nachfragewirksame Geldmenge wird geringer, der Preisauftrieb wird gedämpft.
Senkung der Staatseinnahmen Erhöhung der Staatsausgaben	Ist die Wirtschaft unterbeschäftigt, kann der Staat die Steuern senken und den Einnahmeausfall durch **Auflösung der Konjunkturausgleichsrücklage** und/oder durch **Kreditaufnahmen** decken. Dem Wirtschaftskreislauf wird zusätzliches Geld zugeführt. Der Staat erwartet, dass aufgrund dieser Maßnahme die Nachfrage nach Konsum- und Investitionsgütern steigt und so die Arbeitslosigkeit abgebaut wird. Die Politik bewussten Schuldenmachens durch den Staat zum Zweck der Konjunkturförderung wird als **„Deficit-spending"** bezeichnet.[1] In die gleiche Richtung wirkt die Ausweitung der Staatsausgaben, die der Staat mit Krediten finanziert. Fragt der Staat z.B. mehr Bauleistungen nach, erhöht sich die Beschäftigung in der Bauindustrie. Diese wiederum kann mehr Baumaterialien, mehr Maschinen, mehr Kraftfahrzeuge und mehr Arbeitskräfte nachfragen (Multiplikatorwirkung[2] zusätzlicher Staatsausgaben).

1 Deficit (engl.): Defizit, Fehlbestand.

2 Multiplikator (lat.): Vervielfältiger.

5.2 Probleme der Fiskalpolitik

Problematisch ist diese Form der Fiskalpolitik, die auch als **antizyklische Finanzpolitik** bezeichnet wird, wenn sich die Wirtschaft im Zustand der Stagflation befindet. Wird die nachfragewirksame Geldmenge erhöht, steigen die Preise noch stärker, ohne dass eine Garantie dafür besteht, dass auch die Beschäftigung zunimmt. Wird auf eine Erhöhung der nachfragewirksamen Geldmenge verzichtet, ist zwar die Inflationsgefahr geringer, dafür ist aber auch kein Abbau der Arbeitslosigkeit zu erreichen (Zielkonflikt).

Eine wirkungsvolle staatliche Konjunkturpolitik setzt auch die Bewältigung einer Reihe von **Abstimmungsproblemen** (Koordinationsproblemen) voraus. So müssen z.B. Bund, Länder und – wenn möglich – die Gemeinden „am gleichen Strang" ziehen, d.h. die der jeweiligen konjunkturellen Situation entsprechenden Maßnahmen ergreifen. Auch zeitliche Abstimmungsprobleme müssen gelöst werden: Konjunkturförderungs- bzw. -dämpfungsmaßnahmen dürfen nicht zu spät erfolgen. Häufig ist es in der Praxis jedoch so, dass von der Beschlussfassung bis zur Realisierung geraume Zeit verstreicht, sodass konjunkturfördernde Maßnahmen erst dann wirksam werden, wenn man sie eigentlich nicht mehr bräuchte, konjunkturdämpfende Maßnahmen erst dann greifen, wenn sich die Konjunktur bereits im Abschwung befindet.

Die antizyklische Finanzpolitik im Modell (Idealfall)

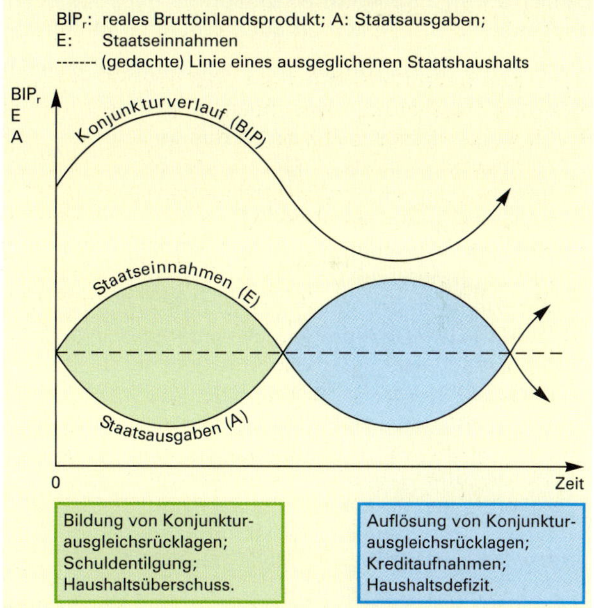

Weiterhin ist zu bemerken, dass die Möglichkeiten der staatlichen Konjunkturförderung von der Ausgabenseite her begrenzt sind, weil die meisten Staatsausgaben gesetzlich oder durch internationale Vereinbarungen festgelegt sind (z.B. Ausgaben für Löhne und Gehälter der Staatsbediensteten, für die soziale Sicherung, für die Verteidigung). Werden in Zeiten der Hochkonjunktur bestehende Schulden nicht ausreichend abgebaut und keine Konjunkturrücklagen gebildet, nehmen die Staatsschulden von Konjunkturrückgang zu Konjunkturrückgang zu. Die staatliche Konjunkturpolitik besteht dann nur noch aus einem immer umfangreicher werdenden Deficitspending. Der wachsende Schuldendienst (Zins- und Tilgungszahlungen) verkleinert dann zunehmend die finanzielle Manövriermasse,[1] die zur Konjunkturförderung eingesetzt werden könnte.

Mit steigender Schuldenlast verlagert sich deshalb die staatliche Konjunkturpolitik immer mehr auf die Einnahmenpolitik, vor allem die **Steuer- und Abschreibungspolitik**.

1 Manövrieren (frz.): geschickt zu Werke gehen; finanzielle Manövriermasse: Geldmittel, die der Staat frei je nach Bedarf einsetzen kann.

5.3 Maßnahmen und Wirkungen der Fiskalpolitik

5.3.1 Nachfrageorientierte Wirtschaftspolitik (Fiskalismus)

5.3.1.1 Wesen des Fiskalismus

Die zuvor dargestellte „antizyklische Finanzpolitik" ist die konsequente Anwendung des von John Maynard Keynes[1] verbreiteten Gedankenguts. Nach Keynes und seinen Anhängern ist die **Einnahmen- und Ausgabenpolitik** der Regierung (d.h. die Politik des Fiskus: Fiskalpolitik) das **Hauptmittel,** mit dem man erfolgreich lenkend in den Konjunkturverlauf eingreifen kann **(Fiskalismus).**

Merke:

- Durch die Steigerung der Staatsausgaben und/oder durch Steuersenkungen ist der Staat in der Lage, die Wirtschaft aus einem konjunkturellen Tal herauszuführen und die Arbeitslosigkeit zu bekämpfen.
- Auf der anderen Seite sehen die Fiskalisten in einer Verringerung der Staatsausgaben und/oder in Steuererhöhungen Möglichkeiten, inflationäre Tendenzen zurückzudrängen.

Da sich die so angewandte Fiskalpolitik hauptsächlich auf die gesamtwirtschaftliche Nachfrage auswirkt, spricht man auch von einer **nachfrageorientierten Wirtschaftspolitik.**

Die (erhofften) Wirkungen der **nachfrageorientierten Wirtschaftspolitik** lassen sich wie folgt darstellen:

- Es wird unterstellt, dass sich das gesamtwirtschaftliche Güterangebot normal verhält: Mit steigendem Preisniveau werden mehr Güter, mit sinkendem Preisniveau weniger Güter angeboten. In diesem Fall wirkt die Zunahme der gesamtwirtschaftlichen Güternachfrage beschäftigungssteigernd, aber auch inflationär. Das gesamtwirtschaftliche Güterangebot setzt sich aus der Produktion von Konsum-, Investitions- und Exportgütern zusammen. Volkswirtschaftliches Gleichgewicht herrscht, wenn die gesamtwirtschaftliche Nachfrage dem gesamtwirtschaftlichen Angebot entspricht.

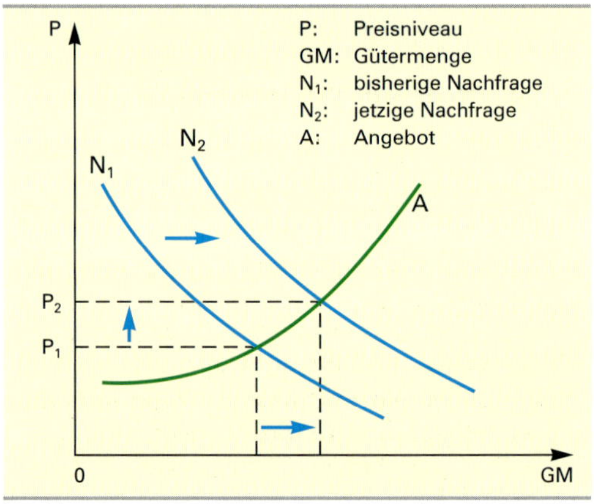

1 John Maynard Keynes, britischer Volkswirtschaftler (1883 – 1946), legte in seinem Hauptwerk „Die allgemeine Theorie der Beschäftigung, des Zinses und des Geldes„ die Grundlagen der Fiskalpolitik.

- Es wird unterstellt, dass sich das gesamtwirtschaftliche Güterangebot (z. B. aufgrund des Gesetzes der Massenproduktion) anomal verhält. In diesem Fall wirkt die Zunahme der gesamtwirtschaftlichen Güternachfrage beschäftigungssteigernd und preisdämpfend, falls sich das Angebot nicht verändert.

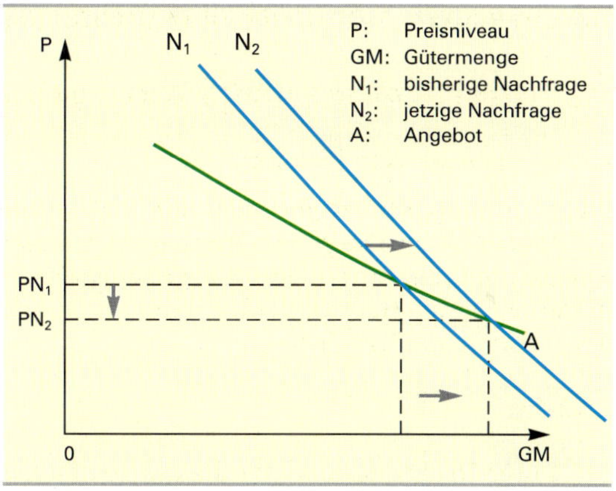

Die **Geldpolitik der Zentralbank** spielt in der fiskalistischen Theorie nur eine untergeordnete Rolle. Sie soll lediglich die Wirtschaftspolitik des Staates unterstützen, indem sie durch eine entsprechende Gestaltung des Zinsniveaus (z. B. über die Offenmarktpolitik) die Kreditaufnahmebereitschaft der Wirtschaftssubjekte anregen (stimulieren) oder zurückdrängen soll. Zum anderen hat die Zentralbank die Aufgabe, die Überschussreserven und damit den Geldschöpfungsspielraum der Kreditinstitute zu beeinflussen (z. B. mithilfe der Mindestreservepolitik), um die Verwirklichung staatlicher Ziele zu erleichtern.

Die fiskalistische Theorie beeinflusste nach 1949 stark die wirtschaftspolitische Praxis der Bundesrepublik Deutschland. Auch die Inhalte des „Stabilitätsgesetzes" (Gesetz zur Förderung der Stabilität und des Wachstums [StabG] vom 8. Juni 1967) fußen weitgehend auf dem Gedankengut der Fiskalisten.

5.3.1.2 Kritik am Fiskalismus

Am Fiskalismus wird aus mehreren Gründen Kritik geübt:

- Konjunktursteuerungsmaßnahmen der Regierungen erfolgen in aller Regel zu spät. Wird im **Aufschwung** gebremst, tritt die dämpfende Wirkung erst ein, wenn der Abschwung bereits im Gang ist. Die Konjunkturdämpfungsmaßnahmen verschärfen somit noch die Rezession. Wird im **Abschwung** die Konjunktur gefördert, treten die anregenden Wirkungen erst dann ein, wenn der Aufschwung bereits eingesetzt hat. Die Konjunkturförderungsmaßnahmen verstärken somit den Boom und die Inflation.
- Die **„Stop-and-go-Politik"** der Fiskalisten richtet auch deswegen mehr Schaden an, als sie Gutes bewirkt, weil die bei jedem Konjunkturzyklus erforderlichen Bremsmaßnahmen Unternehmen zum Aufgeben zwingen, also volkswirtschaftliche Kapazitäten und damit Arbeitsplätze vernichten.
- Für die Regierungen ist es leichter, die öffentlichen Ausgaben zu erhöhen, als sie einzuschränken. Die Folge ist, dass die im Abschwung entstandene **Staatsverschuldung** nicht mehr oder nicht in vollem Umfang abgebaut wird **(Deficit-spending)**. Auf diese Weise steigt die Staatsverschuldung von Konjunkturzyklus zu Konjunkturzyklus. Die Staatshaushalte werden immer mehr durch steigende Tilgungs- und Zinsleistungen belastet, sodass der Spielraum der Regierungen für fiskalpolitische Maßnahmen immer enger wird.
- Die erforderlichen Kreditaufnahmen durch die verschuldeten öffentlichen Haushalte erhöhen die Gesamtkreditnachfrage und damit das Zinsniveau. Die Investitionsneigung der Unternehmen nimmt ab, die Arbeitslosigkeit nimmt zu.

5.3.2 Angebotsorientierte Wirtschaftspolitik (Monetarismus)[1]

5.3.2.1 Wesen des Monetarismus

Die These der **Monetaristen** ist, dass die Arbeitslosigkeit durch den Staat (genauer: durch die Regierungen) selbst verschuldet wird. Der Staat muss sich deshalb bei Eingriffen in den Wirtschaftsablauf zurückhalten, für bessere wirtschaftliche Rahmenbedingungen sorgen und den Abbau der Arbeitslosigkeit den Selbstheilungskräften des Marktes überlassen.

Die **monetaristische Theorie** geht davon aus, dass eine enge Beziehung zwischen der Beschäftigung (der Entwicklung des realen Bruttoinlandsprodukts) einerseits und der Geldmenge andererseits besteht:

Merke:

- Steigt die Geldmenge, wird über die zusätzlich finanzierte Nachfrage die Wirtschaft angekurbelt; das Bruttoinlandsprodukt steigt, die Arbeitslosigkeit nimmt längerfristig ab.
- Wird das Geldmengenwachstum gestoppt, kann die mögliche zusätzliche Nachfrage nicht finanziert werden; die Preissteigerungsraten werden geringer; die Güterproduktion stagniert oder geht zurück. Die Arbeitslosigkeit nimmt zu.

Aus diesen beiden Thesen folgt, dass eine **Verstetigung des Geldmengenwachstums** auch zu einer **Verstetigung des Wirtschaftswachstums** führen muss. Die führende Rolle in der Wirtschaftspolitik muss also die **Zentralbank** eines Landes bzw. eines Währungsgebiets haben.[2]

Die Geldpolitik der Notenbank wird ergänzt durch eine **angebotsorientierte Wirtschaftspolitik** der Regierung: Um die Beschäftigung zu erhöhen, müssen die Kosten der Unternehmen (der Anbieter) gesenkt werden. Einzelmaßnahmen bzw. -forderungen sind z.B.:

- Die Löhne und die Lohnnebenkosten (vor allem Sozialversicherungsbeiträge) dürfen nicht im selben Maße wie die Produktivität steigen.
- Die Kostensteuern müssen gesenkt und die Abschreibungsmöglichkeiten verbessert werden.[3]

Die Wirkungen der angebotsorientierten Wirtschaftspolitik lassen sich ebenfalls mithilfe der gesamtwirtschaftlichen Angebotskurve und der gesamtwirtschaftlichen Nachfragekurve darstellen:

- Es wird unterstellt, dass sich das gesamtwirtschaftliche Angebot normal verhält. Kostensenkungen führen zu steigender Beschäftigung und (falls die Nachfrage unverändert bleibt) zu sinkendem Preisniveau.

---

1 Hauptvertreter des Monetarismus ist der amerikanische Nobelpreisträger Milton Friedmann.

2 Siehe auch Kapitel 4.5.

3 Diese Forderung geht auf den amerikanischen Wirtschaftswissenschaftler Laffer zurück, der die These vertritt, dass es zwei unterschiedlich hohe Steuersätze gibt, bei denen das gleich hohe Steueraufkommen erzielt wird. Wird eine bestimmte Steuersatzhöhe überschritten, geht sogar das Steueraufkommen zurück, weil die Leistungsbereitschaft der Steuerpflichtigen abnimmt, Steuerflucht (z.B. durch Kapitalflucht) einsetzt und Schwarzarbeit zu einer blühenden „Schattenwirtschaft" führt. Steuersenkungen sind angebracht.

So einfach wie das Modell ist die Wirklichkeit nicht. Häufig werden die Anbieter aufgrund von Kostensenkungen ihre Preise nicht senken, sondern ihre Gewinne erhöhen. Ob dies zu einer Steigerung der Investitionsgüternachfrage führt, hängt von den Zukunftserwartungen der Anbieter ab.

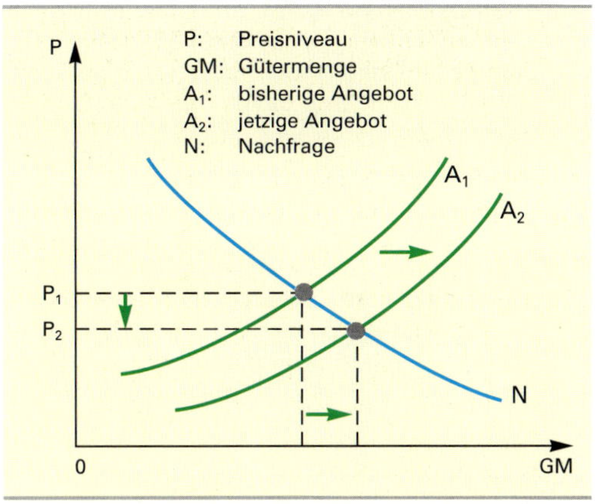

- Es wird unterstellt, dass sich das gesamtwirtschaftliche Angebot anomal aufgrund des Gesetzes der Massenproduktion verhält. Kostensenkungen führen ebenfalls zu steigender Beschäftigung und zu sinkendem Preisniveau, und zwar dies auch dann, wenn die Nachfrage steigen sollte.

Auch in diesem Modell ist unterstellt, dass die Anbieter die Kostensenkungen an die Nachfrager weitergeben. Tun sie das nicht, ist das Ergebnis das gleiche wie im obigen Fall 1: Eine wirtschaftliche Belebung erfolgt nur, wenn die gestiegenen Gewinne für zusätzliche Investitionen verwendet werden, die gesamtwirtschaftliche Güternachfrage also zunimmt.

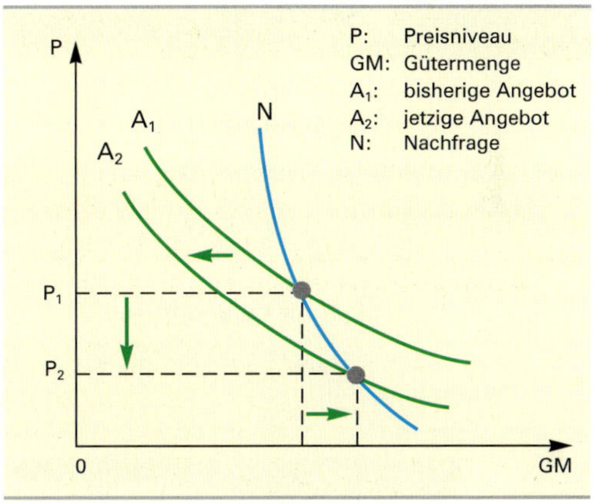

5.3.2.2 Kritik am Monetarismus

An der monetaristischen Theorie sowie an der angebotsorientierten Wirtschaftspolitik wird z. B. aus folgenden Gründen Kritik geübt:

- Der Monetarismus im Verein mit der angebotsorientierten Wirtschaftspolitik bevorzuge – so wird gesagt – einseitig die Anbieter. Außerdem sei zweifelhaft, ob die Anbieter Kostensenkungen (z. B. Steuererleichterungen) an die Nachfrager (z. B. an die Verbraucher) weitergäben. Die monetaristische Wirtschaftspolitik sei daher unsozial.
- Der Monetarismus geht davon aus, dass eine Vermehrung der Geldmenge in jedem Fall das Wirtschaftswachstum (das Angebot) fördert. Dies muss jedoch nicht der Fall sein. Schlägt sich die Geldmengenerhöhung nicht in einem erhöhten Angebot nieder (z. B. weil die Unternehmen nicht in ausreichendem Maße Zusatzinvestitionen vornehmen wollen oder können), führt

27 Boller-Hartmann 978-3-8120-0585-2

die Geldmengenvermehrung lediglich zur Inflation (steigende Nachfrage bei gleichbleibendem oder nicht in gleichem Maße steigendem Angebot). Die monetaristische Theorie, so wird spöttisch gesagt, gehe davon aus, dass man dicker werde, wenn man den Gürtel lockerer schnalle, nicht aber davon, dass man den Gürtel lockerer schnallen müsse, wenn man dicker wird.

- Der Monetarismus in Verbindung mit der angebotsorientierten Wirtschaftspolitik zeigt erst auf mittlere Sicht Auswirkungen. Die Begrenzung des Geldmengenwachstums zum Zweck der Inflationsbekämpfung führt dazu, dass unrentable Unternehmen ausscheiden müssen und dadurch die Arbeitslosigkeit erhöht wird. Dies aber führt zu Protesten politischer Parteien und Gewerkschaften, denen sich die Regierungen aufgrund der kurzen Wahlperioden (i.d.R. 4 Jahre) nicht entziehen können. Die angebotsorientierte Wirtschaftspolitik sei daher aus sozialpolitischen Gründen nicht wünschenswert und aus politischen Gründen nicht durchsetzbar.

Zusammenfassung

- Die Ausgaben- und Einnahmenpolitik des Staates zum Zweck der Konjunktursteuerung bezeichnet man als **Fiskalpolitik.**
- Die **antizyklische Fiskalpolitik** verlangt, dass der Staat
  - im Konjunkturaufschwung die Einnahmen (vor allem Steuern) erhöht und die Ausgaben kürzt, um eine Konjunkturüberhitzung zu vermeiden,
  - im Konjunkturabschwung die Einnahmen (vor allem Steuern) senkt und die Ausgaben erhöht, um die Konjunktur anzukurbeln.
- Verschuldet sich der Staat, um die Konjunktur zu fördern, spricht man von **Deficitspending** (Defizitpolitik).
- 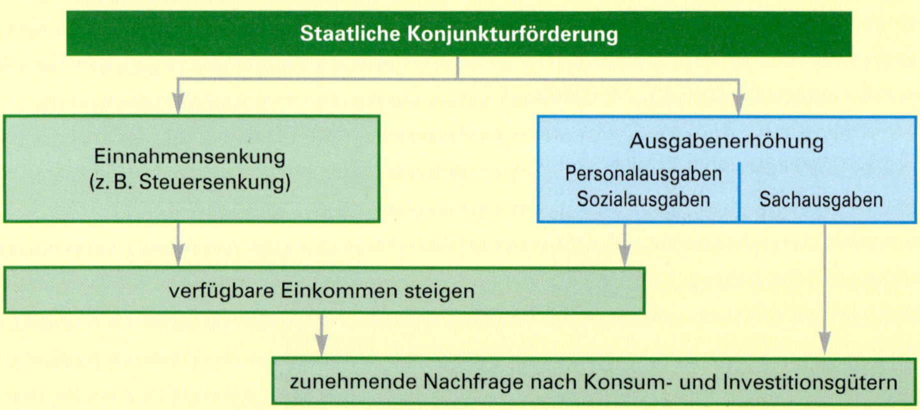

  Gefahren – Inflation
  – wachsende Staatsverschuldung

■

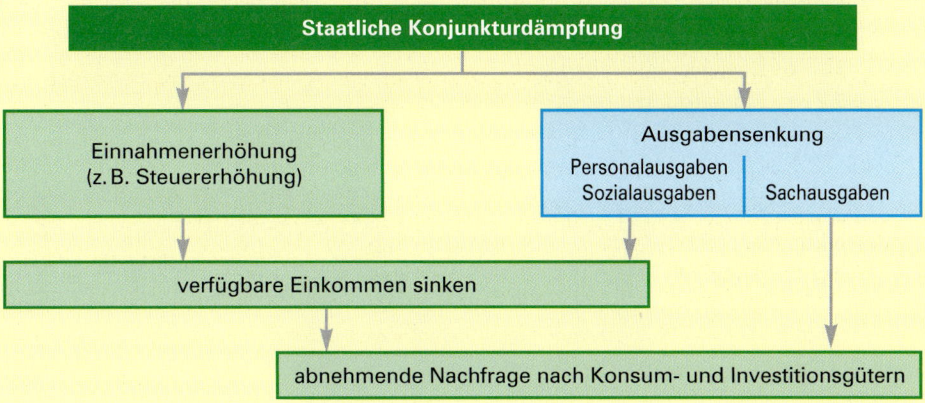

Gefahren – Rezession
– zunehmende Arbeitslosigkeit

■ Versucht der Staat mit seinen Maßnahmen vorrangig die Nachfrage zu stützen, spricht man von **nachfrageorientierter Wirtschaftspolitik (Fiskalismus).**

■ Eine staatliche Wirtschafts- und Sozialpolitik, die vorrangig das Angebot beeinflusst, heißt **angebotsorientierte Wirtschaftspolitik (Monetarismus).**

Übungsaufgabe

50 1. Welche Möglichkeit staatlicher Konjunkturpolitik wird in nebenstehender Abbildung veranschaulicht?

Begründen Sie Ihre Feststellung!

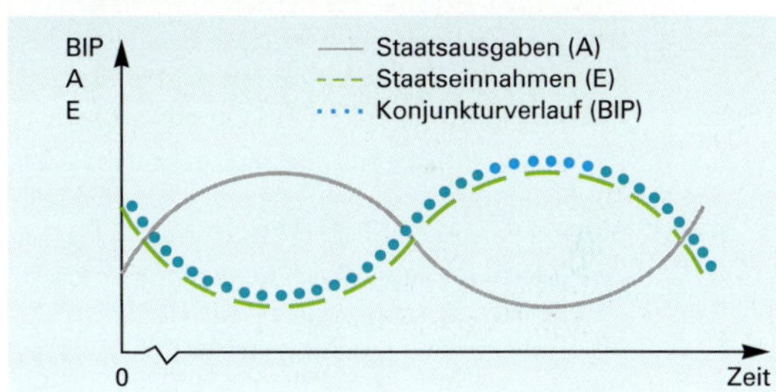

2. Der Versuch des Staates (der Regierung), durch Steuer- und Ausgabenpolitik den Konjunkturverlauf zu beeinflussen, wird als Fiskalpolitik bezeichnet. Die Fiskalpolitik sollte „antizyklisch„ sein.

Aufgaben:

2.1 Begründen Sie die Forderung nach einer antizyklischen Fiskalpolitik (Finanzpolitik)!

2.2 Die antizyklische Finanzpolitik setzt i. d. R. voraus, dass der Staat „Deficitspending„ betreibt, wenn er die Konjunktur ankurbeln möchte. Warum?

2.3 Während der Hochkonjunktur soll der Staat Konjunkturausgleichsrücklagen bilden oder Staatsschulden vorzeitig tilgen (zurückzahlen). Welche Auswirkungen auf den Konjunkturverlauf kann diese Rücklagenpolitik haben? Begründen Sie Ihre Feststellungen!

3. Im Kapitel 4.5 wurde das währungs- und kreditpolitische Instrumentarium der Europäischen Zentralbank dargestellt. Im Kapitel 5 wurden Sie über die wesentlichsten Mittel staatlicher Konjunkturpolitik informiert.

Aufgaben:

Stellen Sie kurz dar, wie der Staat und die Zentralbank zusammenwirken müssten, wenn

3.1 die Konjunktur gefördert und

3.2 die Konjunktur gebremst werden soll!

4. **Textauszug 1:**

BRÜSSEL (dpa). Die Europäische Union erhöht den Druck auf die Haushaltssünder Deutschland und Frankreich wegen Nichteinhaltung der Maastricht-Kriterien. Die EU-Finanzminister bestätigten am Dienstag das laufende Defizit-Strafverfahren gegen Berlin und forderten Maßnahmen gegen die Neuverschuldung bis zum 21. Mai. Frankreich bekommt als erstes EU-Land den sogenannten blauen Brief – eine Frühwarnung wegen des erwartet hohen Defizits in diesem Jahr.

Die tugendhafte deutsche Sparpolitik stößt in Paris auf Unverständnis. Der französische Premierminister nannte kürzlich die deutsche Steuerpolitik „ziemlich brutal". Die deutsche „Malaise" drohe das Wachstum in ganz Europa abzuwürgen. Der Premier hält auch nicht viel von der strikten Einhaltung des Stabilitätspakts. Der Pakt sollte „modernisiert und erleichtert werden", sagte er.

Allerdings ist der Stabilitätspakt keinZankapfel zwischen Paris und Berlin, die den 40. Jahrestag des deutsch-französischen Freundschaftsvertrags feierten. Beide Länder wollen vielmehr gemeinsam noch vorhandene Wachstumsreserven mobilisieren.

Quelle: Badische Zeitung vom 22 Januar 2003.

Textauszug 2:

Bundesbank warnt:

Unsere Kinder erben nur Schulden

FRANKFURT (AP/rob). Ohne schnelle und wirksame Reformen im Renten- und Steuersystem werden künftige Generationen nach Befürchtung der Deutschen Bundesbank unter der finanziellen Abgabenlast zusammenbrechen.

Der wachsende Anteil älterer Menschen in der Bevölkerung drohe die gesetzliche Altersversorgung so zu verteuern, dass die Leistungsfähigkeit der gerade erwerbstätigen Generation überfordert werden könnte, heißt es im Monatsbericht November der Bundesbank. Die Währungshüter fordern deshalb von den Politikern echte Einsparungen statt bloßer Umfinanzierung und Verschiebung finanzieller Lasten in die Zukunft.

Das ist unmissverständlich Kritik an der Bundesregierung, die kürzlich eine Erhöhung des Rentenbeitrags beschlossen hat.

Geboten sind nach Ansicht der Währungshüter aber eine geringere Staatsquote sowie Leistungskürzungen im Sozialbereich. Auch eine stärkere als die bisher beschlossene Senkung des Rentenniveaus schließt die Bundesbank offenbar nicht aus. Sie müsste aber frühzeitig angekündigt werden, damit die Bürger privat vorsorgen könnten. Um eine Gleichverteilung der Lasten zwischen den heute Geborenen und künftigen Generationen zu gewährleisten, wäre eine Reduzierung der Leistungen für die Alterssicherung (einschließlich der Beamtenpensionen) um 38 Prozent erforderlich. Einen solchen harten Einschnitt halten die Währungshüter aber nicht für machbar.

Sollten die Politiker Einsparungen und Reformen nicht zuwege bringen, könnte laut Monatsbericht ein erschreckendes Szenario eintreten. Männer (oder voll berufstätige Frauen) z. B. des Geburtsjahrgangs 1996 zahlen laut Berechnung mit einem speziellen Generationenmodell in ihrem Leben voraussichtlich durchschnittlich rund 460000 Abgaben und bekommen rund 250000 staatlicher Transferzahlungen wie Rente, Wohngeld oder Sozialhilfe zurück. Die daraus entstehende Nettobelastung von rund 210000 ergibt bezogen auf das zu erwartende Einkommen einen „Lebenszeitsteuersatz" von 28,2 Prozent. Für künftige Generationen könnte diese Belastung ohne Reformen auf 66,8 Prozent schnellen. Die heute noch gar nicht Geborenen müssten um 140 Prozent höhere Zahlungen an den Staat leisten als die Menschen des Jahrgangs 1996.

Quelle: Badische Zeitung vom 20. November 1997.

Textauszug 3:

Wachsende Bedeutung der antizyklischen Fiskalpolitik

Einige scheinen noch nicht begriffen zu haben, dass hinter einem auf Stabilität gegründeten Euro das Konzept des „atmenden Haushalts" steht: Während des Aufschwungs sollen die Mitgliedstaaten ihre Etats so restriktiv fahren, dass die damit erzielten Reserven oder Überschüsse in Schlechtwetterphasen das Wirken der „automatischen Stabilisatoren" ermöglichen. Das bedeutet, dass geringere Steuereinnahmen und höhere Sozialausgaben in Form steigender Defizite bis zur 3%-Grenze hingenommen werden können. Deutschland, Frankreich, Italien und Portugal konnten schon im vergangenen Jahr nur eingeschränkt von einem derart „atmenden Haushalt" Gebrauch machen, weil sie in den guten Jahren zu wenig konsolidiert hatten.

Diese mangelnde Vorsorge rächt sich jetzt. Die vier Sünder müssen nun nachholen, was sie versäumt haben. [...]

Quelle: Hort, P.: Gefahr für den Euro, in: FAZ vom 17. Mai 2002.

Aufgaben:

4.1 Im Textauszug 1 ist von „Maastricht-Kriterien" die Rede. Erklären Sie, was hierunter zu verstehen ist!

4.2 Nennen Sie die in den Textauszügen genannten Folgen der Staatsverschuldung!

4.3 Warum ist die Bedeutung der Fiskalpolitik seit der Gründung der Europäischen Zentralbank gewachsen?

4.4 Erläutern Sie die Begriffe angebotsorientierte und nachfrageorientierte Wirtschaftspolitik!

6 Die Arbeitsmarktpolitik

6.1 Das Phänomen Arbeitslosigkeit

6.1.1 Begriff und Messung der Arbeitslosigkeit

(1) Begriffe Arbeitslosigkeit und Beschäftigung

Merke:

Als **arbeitslos** gilt, wer trotz **Arbeitsfähigkeit** und **Arbeitswilligkeit** nicht in einem Beschäftigungsverhältnis steht.

Die Bundesagentur für Arbeit rechnet zu den Arbeitslosen alle Personen, die das 15., aber noch nicht das 65. Lebensjahr vollendet haben, die beschäftigungslos sind oder nur eine kurzzeitige Beschäftigung (zz. weniger als 15 Stunden je Woche) ausüben und ein versicherungspflichtiges, mindestens 15 Wochenstunden umfassendes Beschäftigungsverhältnis suchen. Als arbeitslos gilt außerdem nur, wer sich persönlich bei der Bundesagentur für Arbeit oder einem Jobcenter arbeitslos gemeldet hat, der Arbeitsvermittlung zur Verfügung steht und nicht arbeitsunfähig erkrankt ist.

Arbeitslosigkeit ist **nicht** unbedingt identisch (gleichbedeutend) mit dem Begriff **„Unterbeschäftigung"**. Misst man nämlich die Beschäftigung an der Ausnutzung der in einer Volkswirtschaft zur Verfügung stehenden Produktionsmittel (dem Sachkapital), so ist eine Wirtschaft unterbeschäftigt, wenn Kapazitäten brachliegen. Eine Wirtschaft kann dann vollbeschäftigt sein, obwohl es Arbeitslose gibt, ganz einfach deshalb, weil im Verhältnis zu den gegebenen Arbeitsplätzen zu viel Arbeitskräfte vorhanden sind. Umgekehrt mag es möglich sein, dass eine Wirtschaft alle Arbeitskräfte beschäftigt und außerdem noch offene Stellen besitzt. In diesem Fall sind die sachlichen Produktionsfaktoren unterbeschäftigt. Die vollständige Ausnutzung ist nur durch die Einstellung ausländischer Arbeitskräfte möglich.

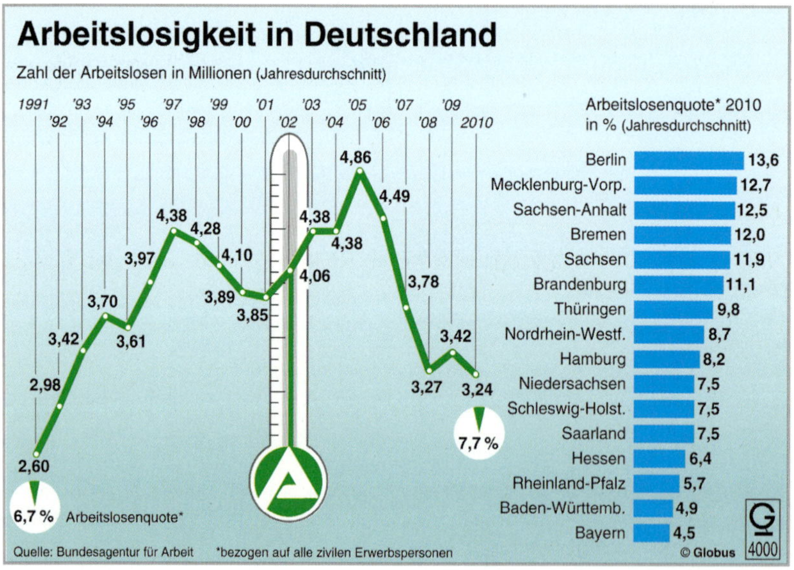

Im Allgemeinen misst man die Beschäftigungslage in einer Volkswirtschaft an der Zahl der Arbeitslosen **und** den **offenen Stellen.**

Merke:

- Von **Vollbeschäftigung** spricht man, wenn die Arbeitslosenquote nicht mehr als 1 bis 2 % beträgt.
- **Überbeschäftigung** liegt vor, wenn die Zahl der offenen Stellen erheblich über der Zahl der Arbeitslosen liegt.
- **Unterbeschäftigung** liegt vor, wenn die **Arbeitslosenquote** höher als 2 % ist und die Zahl der offenen Stellen niedriger als die Arbeitslosenzahl ist.

Eine einheitliche Berechnungsformel für die Arbeitslosenquote gibt es nicht. Die Bundesagentur für Arbeit verwendet in Anlehnung an die Berechnung der EU-Arbeitslosenquote folgende Berechnungsmethode:

$$\text{ALQ} = \frac{\text{Arbeitslosenzahl} \cdot 100}{\text{Anzahl der Erwerbspersonen}}$$

Unter **Erwerbspersonen** sind die selbstständigen und die unselbstständigen Erwerbspersonen **zuzüglich der Arbeitslosen** zu verstehen. Demnach besteht die Zahl der abhängigen Erwerbspersonen aus den abhängig Beschäftigten **und** den Arbeitslosen.

Unter-, Über- und Vollbeschäftigung

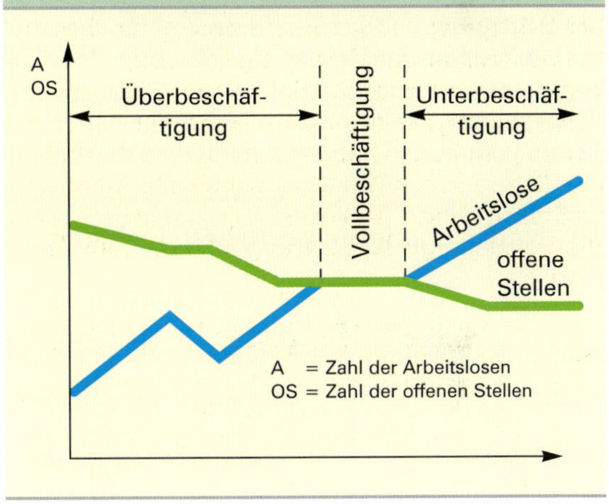

(2) Erwerbsquote

Zur Beurteilung der Beschäftigungslage einer Volkswirtschaft kann auch die Erwerbsquote herangezogen werden.

Merke:

Unter **Erwerbsquote** versteht man den prozentualen Anteil der Erwerbspersonen an der Gesamtbevölkerung.

Eine steigende (sinkende) Erwerbsquote ist ein möglicher Hinweis auf eine zunehmende (abnehmende) Beschäftigung. Sie sagt jedoch nicht unbedingt etwas über eine abnehmende (zunehmende) Arbeitslosigkeit aus.

Die Arbeitslosenquote, die Zahl der offenen Stellen und die Erwerbsquote sind Hilfsgrößen zur Beurteilung der Beschäftigungslage einer Wirtschaft. Wie wir eingangs gesehen haben, müsste die Beschäftigung **aller** Produktionsfaktoren untersucht werden. Dies ist jedoch aus verschiedenen Gründen nicht möglich. Einmal fehlt ein gemeinsamer Nenner, zum anderen liegen keine Kriterien für die Gewichtung der einzelnen Produktionsfaktoren vor. Die Theorie begnügt sich daher damit, das **Volkseinkommen** als Maßstab für Beschäftigungsänderungen zu verwenden. Eine Erhöhung des Volkseinkommens zu konstanten Preisen bedeutet dann eine Verbesserung der Beschäftigungslage, während die Verminderung des Volkseinkommens auf eine Verschlechterung hinweist.

6.1.2 Ursachen und Arten der Arbeitslosigkeit

Die Arbeitslosigkeit kann nach verschiedenen Gesichtspunkten eingeteilt werden. Einteilungsgesichtspunkte sind z. B. ihre durchschnittliche Dauer oder ihre Ursachen, die statistische Erfassbarkeit (verdeckte bzw. offene Arbeitslosigkeit). Im Folgenden werden die Formen der Arbeitslosigkeit nach ihren Ursachen und nach ihrer Dauer unterschieden.

(1) Friktionelle[1] Arbeitslosigkeit

Durch Wechsel des Arbeitsplatzes, Umstrukturierungen in den Unternehmen und durch die oft zeitaufwendige Suche nach einer angemessenen Beschäftigung bleibt auch in Zeiten der Vollbeschäftigung eine niedrige Arbeitslosenquote erhalten. Die Tatsache, dass Leute eine Arbeit aufgegeben und eine andere noch nicht aufgenommen haben, führt sozusagen zu „Reibungsverlusten" auf dem Arbeitsmarkt.

(2) Nachfragebedingte Arbeitslosigkeit

Kurz- und mittelfristige Nachfrageschwankungen können die Zahl der Arbeitslosen erhöhen oder verringern. Kurzfristige Nachfrageschwankungen sind i. d. R. saisonal,[2] mittelfristige i. d. R. konjunkturell bedingt. Man unterscheidet deshalb auch zwischen saisonaler (saisoneller) und konjunktureller Arbeitslosigkeit.

Saisonale Arbeitslosigkeit	Als saisonale Arbeitslosigkeit werden die durch den Wechsel der Jahreszeiten hervorgerufenen Beschäftigungsrückgänge bezeichnet. Wirtschaftszweige, die unter saisonaler Arbeitslosigkeit leiden, sind z. B. das Baugewerbe, die Landwirtschaft und die Gewerbe, die vom Tourismus abhängig sind (z. B. das Hotel- und Gaststättengewerbe). Um die wahre Entwicklung auf dem Arbeitsmarkt beurteilen zu können, müssen die Arbeitslosenzahlen um die saisonal bedingten Einflüsse bereinigt werden.
Konjunkturelle Arbeitslosigkeit	Die konjunkturelle Arbeitslosigkeit ist, soweit sie auf „normale" konjunkturelle Ausschläge zurückzuführen ist, wirtschaftspolitisch verhältnismäßig unproblematisch, weil sie im Laufe eines Konjunkturaufschwungs mehr oder weniger „automatisch" abgebaut wird.

1 Friktio (lat.): Reibung.

2 Saison (frz.): Hauptbetriebszeit.

Sättigungstendenzen	In den sechziger und siebziger Jahren des vorigen Jahrhunderts konnte man noch davon ausgehen, dass Hochkonjunktur zugleich Vollbeschäftigung bedeutete. Aber schon in der Hochkonjunktur 1979 sank die Arbeitslosenquote nicht mehr unter 5,4 %. Selbst beim Wiedervereinigungsboom von 1990 betrug die Arbeitslosenquote 8,3 %. Die Ursache der hohen Wachstumsraten in den sechziger und siebziger Jahren ist – unter vielen anderen – auch in den Entwicklungen zu suchen, die vom kräftigen Wirtschaftswachstum nach dem Ende des zweiten Weltkriegs ausgingen. Europa war weitgehend zerstört und musste wieder aufgebaut werden. Die Masseneinkommen nahmen schnell zu und damit auch der Massenkonsum. Immer mehr private Haushalte waren in der Lage, sich mit langlebigen Konsumgütern wie Waschmaschinen, Kühlschränken, Spülmaschinen, Elektrogeräten aller Art, Fernsehgeräten und Autos auszustatten. Die Industrie wuchs entsprechend der Nachfrage. Seit den achtziger Jahren machten sich zunehmend Sättigungstendenzen bemerkbar, sodass die Nachfrage nicht mehr im gleichen Maße wuchs und wächst.

(3) Angebotsbedingte Arbeitslosigkeit

Die angebotsbedingte Arbeitslosigkeit hat viele Ursachen, von denen hier nur einige genannt werden können. Letztlich handelt es sich um Einflussfaktoren, die unmittelbar oder mittelbar die Kosten der Unternehmen negativ beeinflussen.

Lohnkosten-bedingte Arbeitslosigkeit	Die Löhne und Gehälter sowie die Lohnzusatzkosten sind auf vielen Teilmärkten des Arbeitsmarkts (z. B. für gering qualifizierte Arbeit) so hoch, dass sie von Unternehmen und Behörden nicht mehr bezahlt werden können **(lohnkostenbedingte Arbeitslosigkeit).** Andererseits wird einfache Arbeit von manchen Arbeitsuchenden nicht angenommen, weil sie als nicht lohnend und als unattraktiv angesehen wird **(„freiwillige Arbeitslosigkeit“).** Die lohnkostenbedingte Arbeitslosigkeit ist umso größer, je höher der Mindestlohn über dem Marktlohn liegt. (Der Marktlohn ist der Lohn, der sich auf einem freien Arbeitsmarkt bilden würde.)
Durch sonstige Produktionskosten verursachte Arbeitslosigkeit	Die im Vergleich zum Ausland zu hohen Kosten (Steuerkosten, Kosten des Umweltschutzes) veranlassen zahlreiche Unternehmen, im Ausland produzieren zu lassen **(„Global Sourcing“).**[1] Die Folge der **Globalisierung der Märkte** ist, dass vor allem in den Hochlohnländern die Arbeitslosigkeit zunimmt. Schlagwortartig wird vom Arbeitsplatzexport gesprochen.
Gesetzliche und administrative Hemmnisse	Staatliche Regulierungen wie z. B. strenge **Kündigungsvorschriften** halten zahlreiche Unternehmen von Neueinstellungen ab. Bei Nachfragebelebungen werden vielmehr Überstunden geleistet. Viele Unternehmen würden mehr Arbeitskräfte einstellen, wenn die gesetzlichen Kündigungsfristen weniger rigide[2] wären. Die **bürokratische Regelungsdichte** ist vor allem in Deutschland und in Frankreich so hoch, dass viele unternehmerische Vorhaben nur langsam, gar nicht oder in einem fremden Land mit weniger Bürokratie durchgeführt werden.

1 Global Sourcing: wörtl. „Erdausschöpfung“, d. h. erdweit die (günstigsten) Quellen nutzen (Global: erdweit; source: Quelle).
2 Rigid, rigide (lat.): streng, starr, unnachgiebig.

Reformstau	Neben der Bürokratiebarriere führt auch die **Nichtdurchführung notwendiger Reformen** zu einem ungünstigen Investitionsklima. In der Bundesrepublik Deutschland stehen z.B. folgende Reformen aus: Eine gründliche Änderung des Steuerrechts, eine auf die Zukunft ausgerichtete Reform des gesamten Sozialversicherungssystems sowie gesetzliche Maßnahmen zur **Senkung der Lohnnebenkosten.** Unklare Rahmenbedingungen erschweren eine strategische (langfristige) Planung der Unternehmen und lassen das Vertrauen in die Politik schwinden.
Geringe Flexibilität	Die Arbeit ist in Deutschland im Gegensatz zu beispielsweise den USA oder den Niederlanden wenig flexibel (beweglich) organisiert. Es fehlt z.B. an Teilzeitarbeitsplätzen, an Möglichkeiten, unbezahlten Urlaub zu nehmen oder in auftragsstarken Zeiten mehr und in auftragsarmen weniger zu arbeiten usw.
Managementfehler	Managementfehler führen und führten zu Arbeitsplatzverlusten, weil versäumt wurde, die Fertigungsverfahren und die Produkte rechtzeitig an die sich ändernden Marktbedingungen anzupassen.
Mangelnde Risikobereitschaft	Die Schaffung neuer zukunftsträchtiger Arbeitsplätze wird beeinträchtigt, weil große Teile der Gesellschaft zu Recht oder zu Unrecht Angst vor den Auswirkungen der technologischen Entwicklung haben. So wird z.B. der Bau von Straßen, Brücken, Kanälen, Hochgeschwindigkeitszügen, Fabriken und Flugplätzen aus politischen und/ oder aus Umweltschutzgründen behindert, verhindert oder verzögert.
Außenwirtschaftliche Bedingungen	Die Wechselkursentwicklung beeinflusst die Beschäftigung nachhaltig. Je niedriger der Kurs ist, desto billiger sind die Exporterzeugnisse für in Fremdwährungsgebieten ansässige Käufer. Je höher der Kurs, desto teurer sind die Exporterzeugnisse für die Importeure in den Fremdwährungsländern. Steigt also der Kurs, nehmen die Exportchancen ab und damit die Beschäftigung in der Exportwirtschaft. Sinkt der Kurs, nimmt die Beschäftigung zu.
Zinspolitik der Zentralbank	Hält die Zentralbank eines Wirtschaftsgebiets die Zinssätze hoch (um z.B. das Preisniveau stabiler zu halten), sind die Finanzierungskosten für Investitionen hoch. Die Unternehmen halten sich mit ihren Investitionen zurück, sodass weniger Arbeitsplätze ersetzt werden bzw. neu entstehen, als dies bei einem niedrigen Zinsniveau der Fall wäre.
Wirtschaftspolitische Entscheidungen	**Staatsverschuldung:** Die Schuldenpolitik vieler Staaten führt und führte zu einer so hohen Belastung der Staatshaushalte mit Zins- und Tilgungszahlungen, dass für beschäftigungsfördernde Staatsausgaben keine Mittel mehr übrig bleiben. Im Gegenteil: Um den Staatshaushalt auszugleichen, müssen die Staatsausgaben weiter gesenkt und die Abgaben weiter erhöht werden. **Schlanker Staat:** Die staatlichen Sparmaßnahmen beeinflussen nicht nur die Gesamtnachfrage negativ, sondern unmittelbar auch die Beschäftigung. Die Beschäftigtenzahl in Deutschland ist bei Bund, Ländern und Gemeinden in den letzten Jahren sukzessive zurückgegangen. **Subventionspolitik:** Strukturelle Ungleichgewichte entstehen z.B., wenn der Staat nicht mehr konkurrenzfähige Wirtschaftszweige durch Subventionen am Leben hält. Mit zunehmender Staatsverschuldung nimmt der Zwang zum Sparen zu. Subventionen müssen mehr oder weniger kurzfristig gestrichen werden. Statt einer langfristigen Anpassung veralterter Wirtschaftszweige erfolgt die Schließung nicht mehr konkurrenzfähiger Betriebe, sodass schlagartig weitere Arbeitskräfte freigesetzt, d.h. entlassen werden müssen.

	Die Subventionierung veralterter Wirtschaftszweige bewirkt außerdem, dass der Anschluss der Volkswirtschaft an konkurrierende Volkswirtschaften mit zukunftsträchtigen und Arbeitsplatz schaffenden Technologien verpasst wird.
Steigende Arbeitsproduktivität	Der Produktivitätsanstieg ist vor allem auf den **technischen Fortschritt** zurückzuführen, der sich in der Substitution von menschlicher Arbeit durch Maschinenarbeit äußert, also den Verlust von Arbeitsplätzen bewirkt **(technologische Arbeitslosigkeit).** Der technische Fortschritt als „Jobkiller" sollte indessen nicht überschätzt werden. Empirische Untersuchungen zeigen, dass gerade innovationsfreudige Unternehmen und Branchen eine günstige Beschäftigung aufweisen. Technologischer Wandel und Rationalisierungsinvestitionen erhöhen die Produktivität und ermöglichen somit Kostensenkungen. Sie erhöhen die Flexibilität der Unternehmen, führen zur Verbesserung vorhandener Produkte sowie zu neuen Produkten. Die neuen Maschinen, Automaten und Produktionsanlagen ihrerseits müssen erst einmal produziert werden; dadurch werden Arbeitsplätze geschaffen oder erhalten.
Unzureichende Ausbildung	Der Mangel an qualifizierten Mitarbeitern ist ein Hinderungsgrund für Neueinstellungen. Knapp die Hälfte aller Arbeitslosen in Deutschland haben **keine abgeschlossene Berufsausbildung.** Die Arbeitsplätze für einfache Arbeiten wurden (und werden) vor allem in der Industrie weitgehend wegrationalisiert. Anders ausgedrückt: Der **Produktivitätsfortschritt** kostete (und kostet) vor allem weniger anspruchsvolle Arbeitsplätze.
Berufliche und räumliche Immobilität	Im Grenzfall kann es sein, dass in einer Periode das gesamte Arbeitsangebot der gesamten Arbeitsnachfrage entspricht und dennoch Arbeitslosigkeit besteht. Dies kann darauf zurückzuführen sein, dass in einer Region die Arbeitsnachfrage das Arbeitsangebot übersteigt, während in einer anderen die umgekehrte Situation vorliegt. Das Beschäftigungsproblem muss auch unter dem Blickwinkel der **qualitativen (beruflichen) Mobilität** gesehen werden, denn es gibt im Grunde ebenso viele Arbeitsmärkte, wie es Berufe gibt. Klaffen qualitative Arbeitsnachfrage und qualitatives Arbeitsangebot auseinander, ist „der" Arbeitsmarkt im Ungleichgewicht.
Schattenwirtschaft	Zur Schattenwirtschaft (Untergrundwirtschaft, Hidden Economy) rechnen alle wirtschaftlichen Betätigungen, für die legal oder illegal keine Steuern entrichtet und keine Sozialversicherungsabgaben abgeführt werden. Die Bereiche der Schattenwirtschaft werden statistisch nur als Schätzgröße erfasst (z. B. Hausarbeit, Lieferungen und Leistungen durch Gewerbetreibende ohne Rechnung). 

	Beispiele: ■ Zum **legalen** Bereich der Schattenwirtschaft gehören die Tätigkeiten der Hobbygärtner, die Selbstversorgung, die Nachbarschaftshilfe sowie die ehrenamtlichen Tätigkeiten in Hilfsorganisationen und nicht wirtschaftlichen Vereinen. ■ **Illegale** Bereiche der Schattenwirtschaft sind Schwarzarbeit, die illegale Beschäftigung von Ausländern oder kriminelle Aktivitäten wie z.B. Drogenhandel. Die **Schwarzarbeit** ist nicht zuletzt die **Folge** einer von der Bevölkerung als **zu hoch** empfundenen **Belastung** mit direkten Steuern (Einkommen- bzw. Lohnsteuer, Kirchensteuer, Solidaritätszuschlag) und Sozialversicherungsabgaben. Sie ist aber zugleich auch eine **Ursache** steigender Arbeitslosigkeit, weil sie an die Stelle der legalen Arbeit tritt. In der Folge sinken die Staatseinnahmen aus direkten Steuern und die Einnahmen der Sozialversicherungsträger. Der Staat muss die Steuersätze anheben (meist werden die indirekten Steuern wie z.B. Umsatzsteuer und/oder Mineralölsteuer erhöht), um die Einnahmeausfälle auszugleichen. Ein **sich selbst verstärkender Prozess** ist in Gang gesetzt: Die steigenden Abgaben erhöhen den Anreiz zur Schwarzarbeit, sodass diese weiter zunimmt.
Unternehmens-übernahmen	Aufkäufe von Unternehmen haben neben vielen anderen Gründen auch den Zweck, sogenannte **Synergieeffekte**[1] freizusetzen. Einsparungen sind z.B. durch die Zusammenlegung von ganzen Abteilungen (z.B. der Forschungs- und Entwicklungsabteilung) oder von Fertigungsstätten (z.B. Einzelteilefertigung) und die damit verbundene „Freisetzung" von Arbeitnehmern zu erzielen. Mitunter werden Unternehmen auch von großen, meist ausländischen Konzernen aufgekauft, um sie zunächst finanziell auszunutzen, dann ihr technisches Know-how zu übernehmen und sie anschließend in die Insolvenz (Zahlungsunfähigkeit) zu entlassen.

(4) Strukturelle Arbeitslosigkeit

Die auf den wirtschaftlichen und technischen Wandel zurückzuführende Arbeitslosigkeit bezeichnet man als **strukturelle Arbeitslosigkeit.** Betroffen sind vor allem die Beschäftigten solcher Branchen (Wirtschaftszweige), die

- an wirtschaftlicher Bedeutung verlieren,
- die neue und arbeitssparende Techniken einführen und
- die langfristige Anpassungsschwierigkeiten erleiden.

Die strukturelle Arbeitslosigkeit ist im Gegensatz zur saisonalen oder konjunkturellen Arbeitslosigkeit langfristiger Natur und wird auch im wirtschaftlichen Aufschwung überhaupt nicht oder nur geringfügig abgebaut **(Sockelarbeitslosigkeit).** Der Arbeitsmarkt befindet sich dauerhaft im Ungleichgewicht. Das Arbeitsangebot ist größer als die Arbeitsnachfrage. Die strukturelle Arbeitslosigkeit wird deswegen auch als **Mismatch-Arbeitslosigkeit**[2] bezeichnet.

1 Synergie (griech.): Zusammenwirken. Synergieeffekt: Vorteil, der sich aus dem Zusammenwirken des Zusammenschlusses ergibt.

2 Mismatch-Arbeitslosigkeit (engl. mis...: falsch; match: Gleiches, Ebenbürtiges). Ein deutsches Wort für Mismatch-Arbeitslosigkeit gibt es nicht. Ein englisches Wörterbuch liefert folgende Erklärung: Mismatch: a failure to correspond or match a discrepancy: a huge mismatch between supply and demand.

Die Sockelarbeitslosigkeit ist dadurch gekennzeichnet, dass sie sich von Konjunkturrückgang zu Konjunkturrückgang – so jedenfalls die bisherige Entwicklung – verstärkt. Dies ist u. a. damit zu erklären, dass bei hoher Arbeitslosigkeit die Arbeitgeber bei der Einstellung neuer Arbeitskräfte immer anspruchsvoller werden. Die **Wiederbeschäftigungschancen** für **weniger qualifizierte** Personen werden entsprechend geringer. Die Folge ist, dass sich bei diesen Personen die Zeit der Arbeitslosigkeit verlängert **(Langzeitarbeitslosigkeit)**.

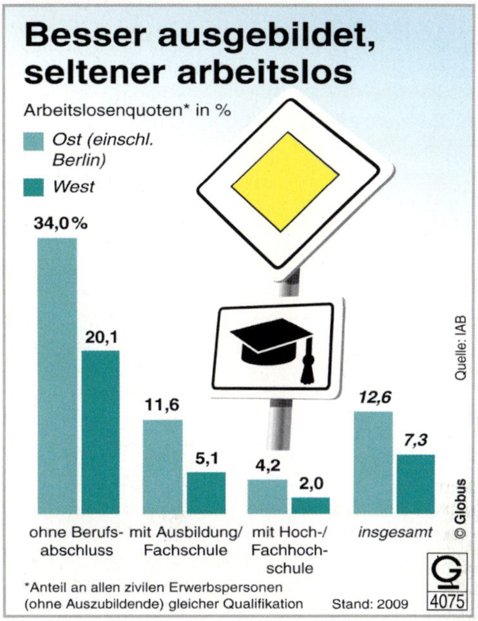

Eine gute Schul- und Berufsausbildung ist nach Einschätzung von Arbeitsmarktforschern weiterhin der beste Schutz vor Arbeitslosigkeit. Denn gut ausgebildeten Fachkräften droht weitaus seltener der Jobverlust als Männern und Frauen ohne einen Berufsabschluss. Von ihnen war im Jahr 2009 jeder Fünfte arbeitslos – in Ostdeutschland 34 %, in Westdeutschland 20 %. Dies geht aus einer Studie des Nürnberger Instituts für Arbeitsmarkt- und Berufsforschung hervor. Von den Bundesbürgern mit abgeschlossener Berufs- oder Fachschulausbildung waren im Jahr 2009 dagegen nur 6,6 % arbeitslos (Ost: 11,6 %, West: 5,1 %). Von den Hoch- und Fachhochschulabsolventen waren im selben Zeitraum bundesweit sogar nur 2,5 % ohne Stelle (Ost: 4,2 %, West: 2,0 %).

Neben der registrierten Arbeitslosigkeit gibt es auch noch eine **nicht registrierte Arbeitslosigkeit.** Hierbei handelt es sich um das Arbeitskräftepotenzial, das aus unterschiedlichen Gründen **nicht** in der **Arbeitslosenstatistik erfasst wird** (Kurzarbeiter, Vorruheständler, Personen in ABM-Maßnahmen, Umschulungen oder in „Ein-Euro-Jobs" etc.).

Im Durchschnitt des Jahres 2010 waren rund 3,24 Millionen Erwerbspersonen bei den Arbeitsagenturen als Arbeit suchend registriert. Das waren fast 200 000 weniger als 2009. Was die Statistik jedoch nicht ausweist, ist die Zahl der sogenannten verdeckt Arbeitslosen: Die Zahl derjenigen arbeitswilligen Personen, die sich beispielsweise in Kurzarbeit, Arbeitsbeschaffungsmaßnahmen, Umschulungen und Vorruhestand befanden, betrug 1,3 Millionen. Zählt man die verdeckt Arbeitslosen zu den bei den Agenturen als arbeitslos Registrierten hinzu, liegt die Zahl der Erwerbslosen mit 4,54 Millionen noch immer sehr hoch.

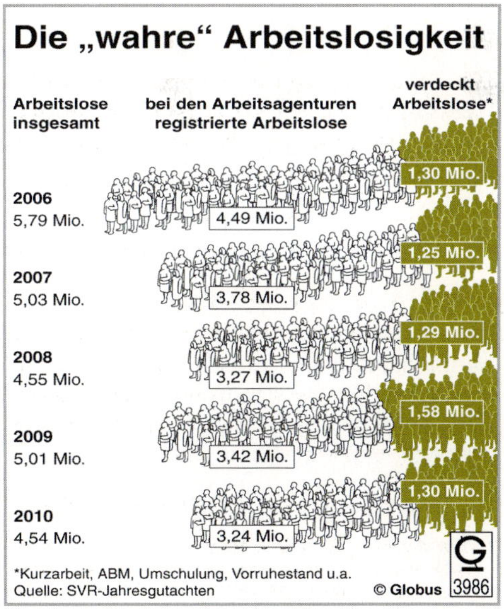

6.1.3 Folgen der Arbeitslosigkeit

6.1.3.1 Psychologische Auswirkungen der Arbeitslosigkeit auf die Arbeitslosen

Normalerweise ist eine Entlassung einer Arbeitskraft eine **Einzelentlassung.** Sie wird von den entlassenen Personen als mit- oder gar selbstverschuldet erlebt, „weil – im Vergleich zu jenen, die nicht entlassen werden – Leistungsfähigkeit, Qualifikation usw. scheinbar nicht ausreichen."[1] Die der Entlassung folgende Arbeitslosigkeit geht häufig mit einer Stigmatisierung[2] einher: Die Arbeitslosen werden von vornherein als weniger qualifiziert eingeschätzt. Bei der Suche nach einem neuen Arbeitsplatz müssen sie begründen, warum sie entlassen worden sind.[3] „Dauert die Arbeitslosigkeit länger, setzt außerdem eine zunehmende Isolierung ein. Die Öffentlichkeit nimmt vom Einzelfall kaum Notiz. Parallel vollzieht sich damit zugleich ein Entsolidarisierungsprozess, der nicht selten auf eine gesellschaftliche Ausgrenzung der Arbeitslosen hinausläuft. Neben mangelnder Leistungsfähigkeit und unzureichender Qualifikation unterstellt man ihnen nun auch noch Missbrauch der Sozialleistungen, Arbeitsunwilligkeit und dergleichen mehr."[4]

Eine andere Wirkung als Einzelentlassungen haben **Massenentlassungen** infolge von Insolvenzen und Rationalisierungsmaßnahmen (z.B. Betriebsstilllegungen, Betriebsverlagerungen). Da der Verlust der Arbeitsplätze **gemeinsam** erlebt wird, muss die Arbeitslosigkeit nicht vom Einzelnen gerechtfertigt werden, weil allgemein bekannt ist, dass man „schuldlos" entlassen worden ist.[5]

Die menschliche Erfahrung mit der Arbeitslosigkeit

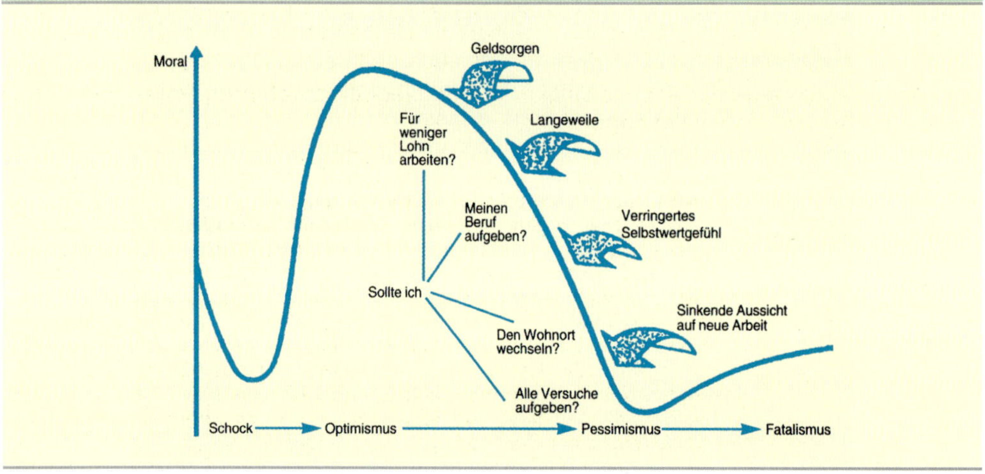

Quelle: Bundesanstalt für Arbeit (Hrsg.): Überlegungen II zu einer vorausschauenden Arbeitsmarktpolitik, 1978, S. 209.

1 Osterland, M.: Einzelentlassung und Massenentlassung als kollektive Erfahrung, in: Dressel, W. u.a. (Hrsg.): Lebenslauf, Arbeitsmarkt und Sozialpolitik, Nürnberg 1990, S. 139f., zitiert in Kontrovers, Arbeitsmarktpolitik, a.a.O., S. 54.

2 Stigmatisierung (gr.): Brandmarkung, Kennzeichnung.

3 Vgl. Osterland, M., a.a.O., S. 54.

4 Osterland, M., a.a.O., S. 54.

5 Vgl. Osterland, M., a.a.O., S. 55.

6.1.3.2 Finanzielle Folgen der Arbeitslosigkeit

Bei den finanziellen Folgen der Arbeitslosigkeit lassen sich grundsätzlich zwei Kategorien unterscheiden:

Kategorie	Erläuterungen
finanzielle Folgen für den Einzelnen	Für den Arbeitslosen selbst ergeben sich zunächst finanzielle Folgen. So verringert sich durch die Arbeitslosigkeit sein verfügbares Einkommen. Gleichzeitig erhöht sich sein Rentenanspruch nicht in dem Maße, wie dies bei Fortbestehen des Beschäftigungsverhältnisses der Fall wäre.
finanzielle Folgen für die Gesamtheit	Zunächst bedeutet Arbeitslosigkeit eine erhebliche **Belastung des Staatshaushaltes** (fehlende Einnahmen aus der Lohn- und Einkommensteuer) und **der Sozialsysteme** in zweierlei Hinsicht. So erhöhen sich durch die zu leistenden Transferzahlungen in Form von Arbeitslosengeld I oder Arbeitslosengeld II nicht nur die Ausgaben der Arbeitslosenversicherung bzw. des Bundes, vielmehr sinkt gleichzeitig auch das **Beitragsaufkommen der Sozialversicherung.** Die aus sinkenden Beitragseinnahmen bei gleichzeitig steigenden Ausgaben entstehende Finanzierungslücke bei den Sozialsystemen kann häufig nur durch einen höheren **Zuschuss** aus dem Bundeshaushalt geschlossen werden. Durch das Absinken des verfügbaren Einkommens bei den Arbeitslosen **verringert** sich auch die **Inlandsnachfrage.** Dies wiederum kann eine weitere Arbeitskräftefreisetzung zur Folge haben; zudem **sinkt** das **Steueraufkommen.** Schließlich stehen vielen Beziehern von Arbeitslosengeld II aufgrund des geringen Einkommens weitere staatliche Hilfen zu (z.B. Wohngeld, Kinderzuschlag für bedürftige Familien), die die öffentlichen Kassen zusätzlich belasten.

Die finanziellen Folgen der Arbeitslosigkeit werden jedoch durch Entgeltersatzleistungen der Arbeitslosenversicherung abgefedert.

Arbeitslosengeld	Arbeitnehmer haben einen Anspruch auf Arbeitslosengeld bei **Arbeitslosigkeit** oder bei **beruflicher Weiterbildung.** Arbeitnehmer mit Erreichen des Jahres ihrer Regelaltersgrenze (65. bis 67. Lebensjahr) haben von Beginn des folgenden Monats an keinen Anspruch mehr auf Arbeitslosengeld. Anspruchsvoraussetzung beim Arbeitslosengeld wegen Arbeitslosigkeit ist, dass sich der arbeitslose Arbeitnehmer bei der Agentur für Arbeit arbeitslos gemeldet und die Anwartschaft erfüllt hat. Der Arbeitslose hat sich persönlich bei der zuständigen Agentur für Arbeit arbeitslos zu melden. Wer einen Arbeitsplatz ohne wichtigen Grund aufgibt, erhält Arbeitslosengeld grundsätzlich erst nach 12 Wochen. Überhaupt kein Arbeitslosengeld erhält, wer einen von der Agentur für Arbeit vermittelten zumutbaren Arbeitsplatz auf Dauer ablehnt.[1] Die Dauer des Anspruchs auf Arbeitslosengeld hängt von der Dauer des Versicherungsverhältnisses und dem Lebensalter der arbeitslosen Person bei der Entstehung des Anspruchs ab.[2] Das Arbeitslosengeld beträgt zurzeit 60 % und für die Arbeitslosen, die z. B. mindestens ein Kind haben, 67 % des für den Bemessungszeitraum berechneten pauschalierten Nettoentgelts.

1 Die Dauer der **Sperrzeit** wegen Arbeitsablehnung, wegen Ablehnung einer beruflichen Eingliederungsmaßnahme oder wegen Abbruchs einer beruflichen Eingliederungsmaßnahme beträgt drei oder sechs Wochen, bei unzureichenden Eigenbemühungen zur Beendigung der Arbeitslosigkeit zwei Wochen.

2 Das Arbeitslosengeld wird in der Regel 12 Monate gezahlt. Nach 30 Beitragsmonaten und Vollendung des 50. Lebensjahres wird Arbeitslosengeld für 15 Monate gewährt, nach 36 Beitragsmonaten und 55 Lebensjahren für 18 Monate und nach 48 Beitragsmonaten und 58 Lebensjahren 24 Monate.

konjunkturelles Kurzarbeitergeld	Das konjunkturelle Kurzarbeitergeld (Kug) wird gewährt, wenn in Betrieben oder Betriebsabteilungen die regelmäßige betriebsübliche wöchentliche Arbeitszeit infolge wirtschaftlicher Ursachen oder eines unabwendbaren Ereignisses vorübergehend verkürzt wird. Das Kurzarbeitergeld wird längstens sechs Monate für den Arbeitsausfall während der Bezugsfrist gezahlt[1]. Unter bestimmten Voraussetzungen verlängert sich die Bezugsfrist oder es beginnt eine neue Bezugsfrist. Das Kurzarbeitergeld beträgt für Arbeitnehmer mit dem erhöhten Leistungssatz beim Arbeitslosengeld (z. B. Arbeitnehmer mit mindestens einem Kind) zurzeit 67 % und für die übrigen Arbeitnehmer zurzeit 60 % der sogenannten Nettoentgeltdifferenz im Anpruchszeitraum. Das Kurzarbeitergeld soll als teilweiser Lohnersatz dazu beitragen, den Arbeitnehmern die Arbeitsplätze und den Unternehmern die eingearbeiteten Arbeitskräfte zu erhalten.
Saison-Kurzarbeitergeld	Unter bestimmten Voraussetzungen können Arbeitnehmer im **Baugewerbe oder** einem **anderen Wirtschaftszweig,** der von saisonbedingtem Arbeitsausfall betroffen ist, wie z. B. Gerüstbauer, Dachdecker, Beschäftigte im Garten- und Landschaftsbau, in der **Schlechtwetterzeit** (1. Dez. bis 31. März) bei erheblichem Arbeitsausfall **Saison-Kurzarbeitergeld** beanspruchen. **Ergänzend** haben diese **Arbeitnehmer,** wenn ihre Arbeitsverhältnisse während der Schlechtwetterzeit **nicht gekündigt** werden können, Anspruch auf **Wintergeld** als **Zuschuss-Wintergeld** und **Mehraufwands-Wintergeld.** **Arbeitgeber** haben Anspruch auf die Erstattung der von ihnen zu tragenden Beiträge zur Sozialversicherung, soweit für diese Zwecke Mittel durch eine Umlage aufgebracht werden.
Insolvenzgeld	Insolvenzgeld[2] erhalten im Inland beschäftigte Arbeitnehmer, wenn sie z. B. bei der Eröffnung des Insolvenzverfahrens über das Vermögen des Arbeitgebers für die dem Insolvenzereignis vorausgehenden drei Monate des Arbeitsverhältnisses noch Ansprüche auf Arbeitsentgelt haben. Das Insolvenzgeld wird in Höhe des **Nettoarbeitsentgelts** geleistet.

6.2 Ziel und Träger der Arbeitsmarktpolitik

Merke:

Die **Arbeitsmarktpolitik** umfasst alle Maßnahmen, die dazu dienen, die strukturelle Arbeitslosigkeit zu beseitigen, neue Arbeitsplätze zu schaffen und vorhandene Arbeitsplätze zu sichern.

Neben der **Bundesagentur für Arbeit** mit Sitz in Nürnberg ist die Bekämpfung des Problems der Arbeitslosigkeit aber unter anderem auch Aufgabe der **Regierung,** der **Arbeitgeber,** der **Arbeitnehmer** und der **Tarifparteien** (Arbeitgeberverbände und Gewerkschaften).

Diesen Beteiligten steht eine Vielzahl möglicher Maßnahmen zur Verfügung, die teilweise bereits umgesetzt sind oder aber diskutiert werden.

1 Mit der dritten Änderungsverordnung vom 01.12.2010 wurde die **Bezugsfrist** für das konjunkturelle Kurzarbeitergeld in der Zeit vom 01.01. bis 31.12.2011 **auf 12 Monate verlängert.**

2 Als **Insolvenz** bezeichnet man vorübergehende Zahlungsschwierigkeiten oder die dauernde Zahlungsunfähigkeit eines Schuldners.

Beteiligte	(mögliche) Maßnahmen
Regierung	■ Senkung der Lohnnebenkosten ■ staatliche Beschäftigungsprogramme ■ Förderung von Existenzgründungen (z.B. durch einen Gründungszuschuss) ■ Investitionsförderprogramme ■ Zahlung zeitlich befristeter Lohnzuschüsse für die Neueinstellung von Langzeitarbeitslosen („Kombilohn") ■ Sonderprogramme zur Bekämpfung von Jugendarbeitslosigkeit ■ Organisation von Gesprächsrunden zwischen Regierung, Arbeitgeber- und Gewerkschaftsvertretern (z.B. „Bündnis für Arbeit") ■ Änderung gesetzlicher Regelungen (z.B. Regelungen zum Kündigungsschutz oder zur Entgeltfortzahlung im Krankheitsfalle, Änderung der Rentengesetzgebung: Senkung/Erhöhung des Renteneintrittsalters, Vorruhestands- oder Altersteilzeitregelungen) ■ Erhöhung von Bildungs- und Forschungsinvestitionen ■ staatliche Konjunkturprogramme zur Belebung der Nachfrage
Arbeitgeber	■ Ausweitung der Teilzeitarbeitsmöglichkeiten ■ Neueinstellungen durch Überstundenabbau ■ Durchführung bisher zurückgestellter Investitionen
Arbeitnehmer	■ berufliche Weiterbildung ■ Erhöhung der regionalen Mobilität ■ Bereitschaft zur Annahme einer Beschäftigung mit geringeren Qualifikationsanforderungen und/oder niedrigerer Bezahlung als vorher
Tarifpartner	■ Arbeitszeitverlängerung bei gleichem Lohn ■ moderate Lohnerhöhungen ■ Öffnung von Tarifverträgen

6.3 Lohnfindung in der Bundesrepublik Deutschland

Welche Bedeutung den Tarifpartnern bei der Bekämpfung der Arbeitslosigkeit zukommt, verdeutlicht der Tatbestand, dass die Festlegung der Lohnhöhe in der Bundesrepublik Deutschland weitestgehend den **Tarifparteien** – also den Gewerkschaften und Arbeitgeberverbänden – obliegt. In den zwischen beiden Seiten abgeschlossenen Tarifverträgen legen sie unter anderem den **„Preis" für den Produktionsfaktor Arbeit** fest und beeinflussen somit ganz wesentlich das **„Gleichgewicht" des Arbeitsmarktes.**

Der Abschluss neuer Tarifverträge erfolgt nach Verhandlungen und eventuellen Arbeitskämpfen im Rahmen der **Tarifautonomie,** wobei die Verhandlungspartner **unterschiedliche** Zielsetzungen verfolgen.

28 Boller-Hartmann 978-3-8120-0585-2

Die Tarifrunden ähneln einem Ritual: Die Gewerkschaften fordern mehr, als sie durchsetzen können; die Arbeitgeber bieten weniger an, als sie schließlich zugestehen müssen. Die Suche nach einem Kompromiss, mit dem beide Seiten leben können, verläuft nach Regeln, die in Satzungen und Verträgen festgelegt sind. **Kampfmaßnahmen** sind nur unter bestimmten Voraussetzungen möglich. Mit ihnen soll die andere Seite wieder an den Verhandlungstisch gezwungen werden. Der normale Ablauf sieht so aus: Wenn die Tarifverhandlungen zu keinem Ergebnis führen und eine Seite sie für gescheitert erklärt, kann (muss aber nicht) versucht werden, den Streit mithilfe von einem **unbeteiligten Dritten** zu schlichten. Nach dem Scheitern der Verhandlungen oder der Schlichtung setzt die Gewerkschaft eine **Urabstimmung** über einen **Streik** an, dem in der Regel **mindestens drei Viertel der Mitglieder** zustimmen müssen. Auf einen Streik können die Arbeitgeber mit **Aussperrung** (vorübergehende Freistellung von Arbeitnehmern von der Arbeitspflicht durch einen Arbeitgeber ohne Fortzahlung des Arbeitslohnes) reagieren. Der Streik endet, wenn in neuen Verhandlungen ein Kompromiss gefunden wird und in einer **zweiten Urabstimmung** mindestens **ein Viertel der Gewerkschaftsmitglieder** zustimmt.

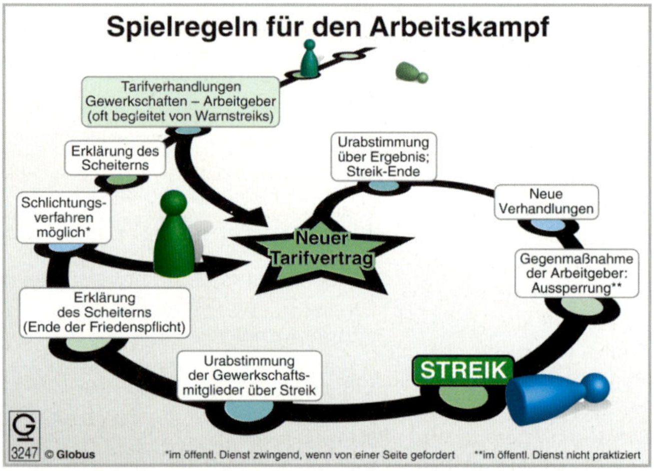

Während die **Gewerkschaften** überwiegend eine Veränderung der **Einkommensverteilung zugunsten ihrer Mitglieder** anstreben, betonen die **Arbeitgeberverbände** die **Bedeutung des Lohnes als Kostenfaktor** und somit als wichtige Entscheidungsgrundlage für die Anzahl der von ihnen angebotenen Arbeitsplätze.

Vor dem Hintergrund der hohen Arbeitslosigkeit wird insbesondere in entwickelten Volkswirtschaften die Fragwürdigkeit der tarifvertraglich ausgehandelten kollektiven Mindestlohnsicherung zunehmend diskutiert und die **„Öffnung"** der Tarifverträge gefordert.

Als wesentliche Argumente gegen diese sogenannten **Flächentarifverträge** und somit für **Öffnungsklauseln** gelten die durch zu **hohe Lohnabschlüsse bedingte Arbeitslosigkeit** sowie die aufgrund der **Flächenbindung zu geringe Flexibilität** der einzelnen Betriebe.

Nicht zuletzt diese eher arbeitsplatzgefährdende Politik der Gewerkschaften dürfte mit dazu beigetragen haben, dass die Legitimation der Gewerkschaften als Sprachrohr der Belegschaften auf immer wackligeren Füßen steht. Gerade einmal noch ein Fünftel aller abhängig Beschäftigten besitzen einen Mitgliedsausweis einer Gewerkschaft.

Aktuell fordern die Gewerkschaften sowohl einen **branchenübergreifenden Mindestlohn** als auch die Anhebung der untersten Saläre. Beide Maßnahmen könnten dazu führen, Arbeit zu verteuern und somit die Chancen Geringqualifizierter auf einen Arbeitsplatz zu verringern.

In Deutschland gibt es **keinen einheitlichen gesetzlichen Mindestlohn,** der für alle Wirtschaftszweige gilt. Allerdings existieren **verbindliche Vereinbarungen für einzelne Branchen und Berufe.** Der festgelegte Mindestlohn schwankt dabei derzeit von 6,50 EUR Stundenlohn für Beschäftigte in ostdeutschen Großwäschereien und 12,95 EUR für Fachwerker im Bauhauptgewerbe. Mit dem 1. September haben sich die Löhne für einige Beschäftigte in Mindestlohn-Branchen leicht erhöht. So sind die Mindestlöhne für Beschäftigte im Bauhauptgewerbe je nach Tarifgruppe um jeweils 5 bis 25 Cent und die Mindestlöhne für Gesellen im Maler- und Lackiererhandwerk um 25 Cent pro Stunde gestiegen. Weitere Mindestlohn-Erhöhungen wird es dann wieder zu Beginn des Jahres 2011 beim Dachdecker-, beim Elektro- und beim Gebäudereinigerhandwerk geben.

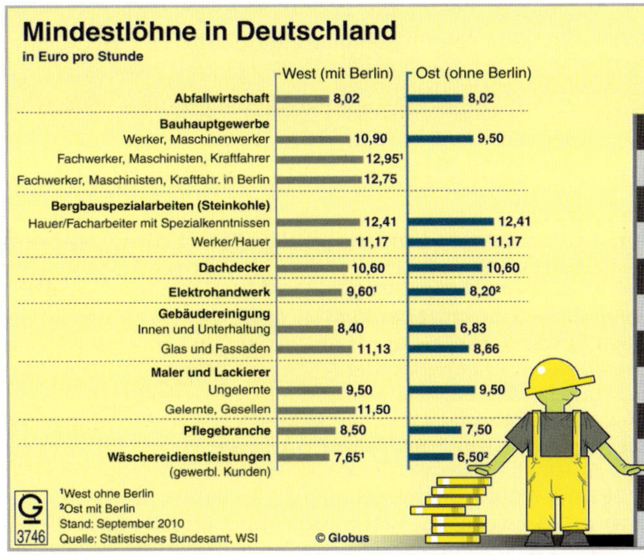

6.4 Maßnahmen, Wirkungen und Probleme der Arbeitsmarktpolitik

6.4.1 Staatliche Maßnahmen zur Bekämpfung der Arbeitslosigkeit

6.4.1.1 Kurzfristig wirksame Instrumente

Kurzfristige nachfrageorientierte Maßnahmen des Staates zur Bekämpfung der Arbeitslosigkeit sind z.B. die Erhöhung der Staatsausgaben und die Senkung der Staatseinnahmen im Rahmen der antizyklischen Finanzpolitik.

Die staatliche Wirtschaftspolitik kann durch die Geld- und Währungspolitik der Zentralbank unterstützt werden, indem diese z.B. die Zinssätze senkt, die Mindestreservesätze herabsetzt und/oder Offenmarktkäufe tätigt. Konflikte zwischen einer (unabhängigen) Zentralbank und einer Regierung ergeben sich dann, wenn die Zentralbank aus Stabilitätsgründen die Zinssätze hoch halten möchte, während die Regierung ein niedriges Zinsniveau wünscht, um die Investitionstätigkeit anzuregen und damit die Beschäftigung zu fördern.

Besonders in der WWU sind **Konflikte zwischen den Regierungen einzelner WWU-Länder** und der **Europäischen Zentralbank** nicht auszuschließen, weil es nur einen **einheitlichen** Leitzinssatz für **alle** Mitgliedsländer geben kann. Länder mit hoher Arbeitslosigkeit benötigen jedoch ein niedriges Zinsniveau, während in Ländern mit inflationären Tendenzen ein hohes Zinsniveau angebracht ist.

In diesem Zusammenhang sind auch die so genannten **staatlichen Beschäftigungsprogramme** zu nennen. Hierbei handelt es sich um einmalige Ausgaben für solche Wirtschaftszweige, von denen starke nachfragewirksame Impulse[1] auf die Gesamtwirtschaft ausgehen. Eine solche „Schlüsselindustrie" ist z. B. die Bauwirtschaft. Die Wirkung solcher zusätzlichen „Konjunkturspritzen" ist jedoch zweifelhaft. Kritiker meinen, dass sie allenfalls ein Strohfeuer auslösen. Sie sind sogar von Nachteil, wenn der Staat verschuldet ist.

6.4.1.2 Langfristig wirksame Instrumente (Beispiele)

(1) Senkung der Lohnnebenkosten (Lohnzusatzkosten)

Der Staat kann dazu beitragen, die Arbeitskosten zu senken, indem er dafür sorgt, dass die **gesetzlichen Lohnnebenkosten** (z. B. die Sozialversicherungsbeiträge der Arbeitgeber) gesenkt werden. Dies kann nur durch eine mutige Reformierung der Sozialversicherung geschehen.

(2) Kombilöhne[2] an Arbeitnehmer

Arbeitslose mit niedriger Qualifikation haben es besonders schwer, auf dem Arbeitsmarkt eine Arbeitsstelle zu bekommen, und wenn, dann zu einem Lohnsatz, der unter dem Niveau der sozialen Grundsicherung liegt. Zu einem solchen Lohn wird jedoch kein Arbeitsuchender eine Stelle antreten.

Um das Problem in den Griff zu bekommen, wurden in den letzten Jahren zahlreiche Kombilohnmodelle vorgeschlagen und teilweise auch in verschiedenen Bundesländern versuchsweise verwirklicht. Ziel ist es, einerseits den Arbeitgebern zu ermöglichen, Arbeitslose zu einem Niedriglohn in ungefährer Höhe der Grundsicherungsleistungen einzustellen, und andererseits den Arbeitnehmern die Chance zu eröffnen, in gewissen Grenzen hinzuzuverdienen, ohne dass dies zu entsprechenden Minderungen ihrer Ansprüche führt.

Liegen die Marktlöhne unter dem Niveau der sozialen Grundsicherung, können an die Arbeitgeber Lohnkostenzuschüsse aus den staatlichen Kassen bezahlt werden. Man erwartet aufgrund der sinkenden Lohnkosten eine Zunahme der Nachfrage nach Arbeitskräften. Die bis jetzt nicht befriedigend beantwortete Frage ist, wie die erforderlichen Mittel aufgebracht werden sollen.

Eine besondere Form des Kombilohns ist die vor allem in den USA verwirklichte **negative Einkommensteuer,** die auch als Negativsteuer oder als Bürgergeld bezeichnet wird.

Beispiel:

Ein Steuertarif setzt sich aus einem proportionalen Satz, zum Beispiel 30 %, und einem festen Anspruchsbetrag von 8000 Geldeinheiten (GE) zusammen. Bei einem Einkommen von 60000 GE ergibt sich somit eine Steuerpflicht von 18000 GE abzüglich 8000 GE Bürgergeld = 10000 GE. Verdient eine steuerpflichtige Person nur 20000 GE, ergibt sich eine Negativsteuer von 6000 GE – 8 000 GE = – 2000 GE, die vom Finanzamt ausbezahlt wird.

Die Gefahr bei den Kombilöhnen ist, dass sie den Arbeitgebern den Anreiz bieten, schon bestehende oder bereits geplante Beschäftigungsverhältnisse in Kombilohnmodelle umzuwandeln. Man spricht in diesem Zusammenhang auch von einem **„Drehtüreffekt"**.

1 Impuls (lat.): Anstoß, Anreiz.

2 Kombilöhne: Abkürzung von Kombinationslohn. Kombination (lat.): Zusammenstellung.

(3) Verbesserung der Rahmenbedingungen für privatwirtschaftliche Investoren

Die Rahmenbedingungen der Volkswirtschaft müssen für Unternehmer und Existenzgründer berechenbar sein. Die Planungssicherheit muss erhöht werden.

(4) Deregulierung

Unter Deregulierung versteht man den weitgehenden Rückzug des Staates aus bisher von ihm wesentlich bestimmten Bereichen sowie eine Lockerung des engmaschigen Regelwerks von Schutzmaßnahmen für die Arbeitnehmer (z.B. Lockerung des Kündigungsschutzes). Von der Deregulierung (zu der auch die Entbürokratisierung gehört) verspricht man sich eine Freisetzung unternehmerischer Kräfte, weil sie die Unternehmen in die Lage versetzt, beweglicher auf die Herausforderungen des Markts zu reagieren und so die Beschäftigung zu stabilisieren oder sogar neue Arbeitsplätze zu schaffen.

Zur Deregulierung gehört auch die Privatisierung von bisherigen Staatsunternehmen mit der Begründung, dass weniger staatliche Aufgaben auch weniger Ausgaben und damit weniger Steuern bedeuten. Die Befürworter der Deregulierung sind der Ansicht, dass es viele Bereiche gibt, in denen private Unternehmen wirtschaftlicher arbeiten als der Staat.

(5) Durchführung notwendiger Reformen

Eine Ursache der wachsenden Arbeitslosigkeit ist das Hinauszögern notwendiger struktureller wirtschaftlicher und sozialer Reformen, ein Verhalten, für das sich das Wort **„Reformstau"** durchgesetzt hat.

Beispiele:

Steuerreform (Vereinfachung der Steuergesetzgebung, mehr Steuergerechtigkeit, Schaffung von Planungssicherheit), Reform der Sozialversicherungssysteme (Anpassung an die Bevölkerungsentwicklung, Stärkung der privaten Vorsorge, Senkung der Lohnnebenkosten), Flexibilisierung des Arbeitsmarkts.

(6) Sektorale[1] Strukturpolitik

Die sektorale Strukturpolitik fördert (oder bremst) **gezielt** bestimmte **Wirtschaftszweige**. Zu den Bereichen der sektoralen Strukturpolitik gehören u.a. die Landwirtschaftspolitik, die Fischereiwirtschaftspolitik, die Energiepolitik, die Verkehrspolitik, die Bergbaupolitik und die Außenwirtschaftspolitik.

Strukturpolitik darf keine Strukturerhaltungspolitik sein. Unter der letzteren versteht man eine Subventionspolitik, die veraltete Wirtschaftszweige zu erhalten versucht. Dennoch wurde (und wird) in vielen Industrieländern Strukturerhaltungspolitik betrieben, obwohl nachweisbar ist, wie kostspielig diese Strukturkonservierung langfristig für die Gesellschaft insgesamt ist und auf welches Wirtschaftswachstum (und damit Arbeitsplätze) verzichtet werden muss.

Eine Strukturpolitik, die der Erhaltung und Schaffung von Arbeitsplätzen dient, muss vielmehr hochtechnologie-intensive Wirtschaftszweige fördern (z.B. Mikroelektronik, Informations- und Kommunikationstechnik, Multimedia, Bio- und Gentechnik).

1 Sektor (lat.): wörtl. Ausschnitt; hier: Wirtschaftszweig, Wirtschaftsbereich.

(7) Regionale[1] Strukturpolitik

Regionale Strukturpolitik liegt vor, wenn die wirtschaftliche Entwicklung einzelner Landesteile gezielt gefördert wird, z. B. durch Maßnahmen, die die Ansiedlung neuer Betriebe zum Ziel haben.

Eine der wichtigsten Voraussetzungen für die Gründung neuer Betriebe ist eine ausgebaute **Infrastruktur.** Darunter versteht man die Gesamtheit aller privaten und öffentlichen Einrichtungen eines Wirtschaftsraums, die der Allgemeinheit (also auch den Wirtschaftsbetrieben) zur Verfügung stehen.

Beispiele:

Öffentliche und private Straßen, Eisenbahnlinien, Schulen.

In das Wachstum des Dienstleistungsbereichs (des tertiären Sektors) werden von vielen Wirtschaftlern und Politikern große Hoffnungen gesetzt. Man glaubt, dass die **Tertiarisierung**[2] künftig mehr Arbeitsplätze schaffen wird, als im sekundären Sektor verloren gehen.

(8) Förderung von Bildung und Forschung

Um die Wettbewerbsfähigkeit der deutschen Wirtschaft (und damit auch die Arbeitsplätze) erhalten zu können, müssen die staatlichen und privaten Investitionen in Bildung, Forschung und Entwicklung verstärkt (und nicht gekürzt) werden.

(9) Aktive Arbeitsmarktpolitik

Die Bundesagentur für Arbeit hat den Auftrag, nicht nur die einmal eingetretene Arbeitslosigkeit (z. B. durch **Arbeitsplatzvermittlung**) und deren Folgen (z. B. durch Arbeitslosengeld, Kurzarbeitergeld, Insolvenzgeld) zu beseitigen, sondern vor allem Arbeitslosigkeit zu **verhindern.**

Wichtige Maßnahmen sind: berufliche Fortbildung, Umschulung, Rehabilitation u. a.

(10) Förderung umweltschutzorientierter Anlagen und Unternehmen

Zu den umweltschutzrelevanten[3] Tätigkeiten zählen die „klassischen“[4] Bereiche wie z. B. Lärmbekämpfung, Abwasserbehandlung, Rauchgasentschwefelung und Abfallwirtschaft sowie die „neuen“ Tätigkeitsfelder wie z. B. Energie- und Gebäudemanagement, alternative Methoden der Energiegewinnung, ökologische Land-, Forst- und Fischwirtschaft.

(11) Zweiter Arbeitsmarkt

Unter zweitem Arbeitsmarkt versteht man die durch die Allgemeinheit (durch den Staat) finanzierte Einstellung von Arbeitskräften, die ohne diese Hilfe keinen Arbeitsplatz erhal-

1 Region (lat.): Gebiet, Landschaft. Regional: auf ein Gebiet bezogen.

2 Tertiärer Sektor (lat.): wörtl. dritter Ausschnitt. Hier: Dienstleistungsbereich. Traditionell werden die wirtschaftlichen Tätigkeiten in drei Sektoren eingeteilt. Der erste (primäre) Sektor umfasst die Land-, Fisch- und Forstwirtschaft. Zum zweiten (sekundären) Sektor gehören die handwerkliche und industrielle Produktion und zum dritten (tertiären) die Dienstleistungen. Neuerdings wird auch ein „Vier-Sektoren-Modell“ vorgestellt. In diesem Modell werden alle Tätigkeiten, die vorwiegend aus dem Umgang mit Informationen bestehen, aus dem tertiären Sektor herausgelöst.

3 Relevant (lat.): erheblich, wichtig. Relevanz: Bedeutung, Wichtigkeit.

4 Klassisch (lat., franz.): hier: althergebraucht, traditionell.

ten können (öffentliche Beschäftigung). Zum zweiten Arbeitsmarkt gehören die **A**rbeits**b**eschaffungs**m**aßnahmen (ABM) und die Errichtung von Beschäftigungsgesellschaften.

Arbeitsbeschaffungsmaßnahmen	In der Regel sind die Träger der Arbeitsbeschaffungsmaßnahmen Gemeinden, Wohlfahrtsverbände oder Vereine, die für die Bereitstellung von Arbeitsplätzen Lohn- und Sachkostenzuschüsse aus öffentlichen Kassen erhalten. Eine ABM-Stelle, für die der jeweilige Tariflohn gezahlt werden muss, wird normalerweise für bis zu einem Jahr bewilligt, wobei eine Verlängerung möglich ist. Die Förderung muss im öffentlichen Interesse liegen. Deswegen werden solche Maßnahmen bevorzugt gefördert, die zur Verbesserung der ökonomischen, sozialen und ökologischen Struktur einer Region und zur dauerhaften Verbesserung der Arbeitsmarktlage beitragen oder schwer vermittelbaren Arbeitslosen Dauerarbeitsplätze in Aussicht stellen.
Beschäftigungsgesellschaften	Als Beschäftigungsgesellschaften können neue Unternehmen gegründet werden, die von den Arbeitslosen selbst, von Vereinen, Gewerkschaften oder Gemeinden betrieben werden. Beschäftigungsgesellschaften bieten z.B. Garten-, Reparatur- und Reinigungsarbeiten oder soziale Dienstleistungen an. Auch die Beseitigung von Altlasten (z.B. Bodensanierung, Verschrottung alter Anlagen) kann von Beschäftigungsgesellschaften durchgeführt werden. Dabei sind sie auf finanzielle Zuschüsse aus öffentlichen Haushalten angewiesen.

(12) Gründungszuschuss

Existenzgründer, die Arbeitslosengeld I beziehen, können unter bestimmten Umständen einen Zuschuss gewährt bekommen. Voraussetzung ist ein von fachkundiger Stelle überprüfter Business-Plan,[1] in dem das Geschäftsvorhaben genau beschrieben wird. Der Gründungszuschuss umfasst zwei Phasen: Neun Monate lang können Existenzgründer eine Förderung in Höhe des Arbeitslosengelds (ALG I) zuzüglich 300,00 EUR monatlich erhalten. In der zweiten Förderphase bekommen sie nach einer Prüfung für sechs weitere Monate eine Pauschale von 300,00 EUR monatlich. Ein Wiederaufleben des Anspruchs auf Arbeitslosengeld I ist ausgeschlossen. Der Antrag wird bei der örtlichen Agentur für Arbeit gestellt.

(13) Verhinderung des Sozialmissbrauchs

Man redet nicht gern darüber: Aber zur Bekämpfung der Arbeitslosigkeit gehört z.B. auch die Verhinderung des Sozialmissbrauchs (z.B. die überhöhte Abrechnung von ärztlichen Leistungen, der ungerechtfertigte Bezug von Arbeitslosengeld, BAFöG[2] und Hartz-IV-Leistungen sowie die Bekämpfung der Schwarzarbeit).

Übersteigerte oder ungerechtfertigte Abrechnungen durch Ärzte erhöhen die Krankenkassenbeiträge der Arbeitnehmer und Arbeitgeber. Der ungerechtfertigte Bezug von Transferleistungen belastet ebenfalls die Arbeitnehmer und Arbeitgeber, weil letztlich z.B. die Arbeitslosenversicherungsbeiträge und/oder die Steuern erhöht werden müssen. Schwarzarbeit schließlich entzieht dem Staat Steuern, den Sozialversicherungen Beiträge und steht in Konkurrenz zu regulären Arbeitsplätzen.

1 Business (engl.): Geschäft. Business-Plan: Geschäftsplan.

2 Geldzahlungen nach dem Bundesausbildungsförderungsgesetz.

6.4.2 Nichtstaatliche Maßnahmen zur Bekämpfung der Arbeitslosigkeit

Wie wir in den vorigen Kapiteln gesehen haben, hängt das Angebot von Arbeitsplätzen u.a. auch von dem **Lohnniveau** ab. Deshalb haben in Deutschland nicht nur der Staat, sondern auch die **Tarifverbände,** nämlich die Gewerkschaften einerseits und die Arbeitgeber bzw. ihre Verbände andererseits, Einfluss auf die jeweilige Beschäftigungslage. Während für Beamte, Richter und Soldaten der Staat die Lohnhöhe festlegt, haben in Deutschland die Tarifverbände (Tarifpartner, Sozialpartner) das Recht, die Arbeitsbedingungen (z.B. Tarifverträge, Arbeitszeit) in ihren **Tarifverträgen** unabhängig von staatlicher Beeinflussung abzuschließen **(Tarifautonomie).**

Wichtige Ziele der Gewerkschaften sind, zum einen den Anteil der Arbeitnehmer am Volkseinkommen (die Lohnquote) zu sichern oder zu erhöhen und zum anderen die Arbeitslosigkeit zu bekämpfen.

(1) Produktivitätsorientierte Lohnpolitik

Soll die bisher erreichte Lohnquote erhalten bleiben, werden sich die Gewerkschaften zum Ziel setzen, Lohnerhöhungen in Höhe der jährlichen Produktivitätssteigerung der Volkswirtschaft (zuzüglich eines Inflationsausgleichs) durchzusetzen. Die produktivitätsorientierte Lohnpolitik hat folgende Vorteile:

- Die Verteilung des Volkseinkommens ändert sich nicht,
- der materielle Lebensstandard der Arbeitnehmer steigt entsprechend der volkswirtschaftlichen Gesamtleistung und
- die Preise bleiben unter sonst gleichen Bedingungen stabil.

Eine Gefahr für die Arbeitsplätze besteht von dieser Seite her deswegen nicht, weil die Konsumgüternachfrage entsprechend der Mehrproduktion (des Produktivitätsfortschritts) steigen kann.

Beispiel:

Angenommen, eine Volkswirtschaft produziert mit einem Kapitalstock von 5000 Mrd. GE und mit 25 Mio. unselbstständigen Arbeitskräften Güter im Wert von 500 Mrd. GE. Die Ersparnis und die Nettoinvestition sei null. Wenn wir eine Lohnquote von 50% voraussetzen, entfallen vom Volkseinkommen in Höhe von 500 Mrd. GE je 250 Mrd. GE auf die Arbeitnehmer und die Unternehmen bzw. die Unternehmerhaushalte. Steigt aufgrund von Verbesserungsinvestitionen das reale Volkseinkommen auf 550 Mrd. GE, so bedeutet dies bei gleichem Einsatz von Arbeitskräften eine Produktivitätssteigerung von 10%. (Vor der Produktivitätserhöhung betrug die Produktivität 500 Mrd. GE : 25 Mio., nunmehr 550 Mrd. : 25 Mio.)

Um die bisherige Lohnquote in Höhe von 50% zu halten, müssen die Löhne ebenfalls um 10% angehoben werden, d.h. auf 275 Mrd. GE. Dies ist allein schon zur Erhaltung der Vollbeschäftigung notwendig, falls die Unternehmen bzw. die Unternehmerhaushalte nicht die Mehrproduktion allein aufkaufen, was unwahrscheinlich ist. Andernfalls bleiben die Unternehmen auf ihrer Mehrproduktion „sitzen" und sehen sich zu Produktionseinschränkungen oder Preissenkungen gezwungen.

Sind indessen die Preise aus irgendwelchen Gründen bei gleicher Ausbringung um 10% gestiegen, oder mit anderen Worten: ist das nominelle Volkseinkommen bei Konstanz des realen Volkseinkommens gestiegen, so bleibt zwar der **Nominallohn** erhalten (250 Mrd. GE), die **Reallöhne** aber sinken: Die Arbeitnehmer nämlich können nunmehr statt bisher 50% nur noch 45,5% der gesamtwirtschaftlichen Leistung kaufen. Soll also die Lohnquote und damit der Reallohn erhalten bleiben, müssen die Löhne um ebenfalls 10% auf 275 Mrd. GE erhöht werden.

Merke:

Die **produktivitätsorientierte Lohnpolitik** trägt unter sonst gleichen Bedingungen zur Sicherung der Beschäftigung bei.

(2) Expansive Lohnpolitik

Erstreben die Gewerkschaften hingegen eine Erhöhung der Lohnquote, müssen sie eine expansive Lohnpolitik betreiben, d.h., sie müssen Lohnerhöhungen durchsetzen, die *über* den Produktivitätszuwachs und die Preissteigerungsrate hinausgehen. Haben sie Erfolg, so muss unterschieden werden, ob die Wirtschaft vollbeschäftigt ist oder nicht. Ist die Wirtschaft unterbeschäftigt, werden die Gewerkschaften ihre Forderungen kaum durchsetzen können. Kräftige Lohnsteigerungen würden zu weiteren Arbeitsplatzverlusten führen. Ist die Wirtschaft vollbeschäftigt und steigen die Löhne schneller als die Preise und der Produktivitätszuwachs, sind aus diesem Grunde zwar keine Arbeitsplätze in Gefahr; jedoch nimmt die Konsumgüternachfrage schneller als das Angebot von Gütern und Leistungen zu, sodass die Preise steigen. Die Inflation frisst sozusagen die Lohnsteigerungen wieder auf.

Beispiel:

Beträgt das Volkseinkommen im Ausgangszeitpunkt 500 Mrd. GE und ist die Lohnquote 50%, steigt bei einer 20%igen Lohnerhöhung das Arbeitnehmereinkommen kurzfristig auf 300 Mrd. GE an. Beläuft sich der Produktionszuwachs jedoch nur auf 10% und geben die Arbeitnehmer ihr gesamtes Zusatzeinkommen – was vereinfachend unterstellt sein soll – wieder aus, werden die Unternehmer ihre Preise um 10% erhöhen. Das Volkseinkommen ist um real 50 Mrd. GE, nominell aber um 100 Mrd. GE gestiegen. Nach Ablauf einer bestimmten Zeit ist die alte Einkommensverteilung wieder hergestellt.

Nicht ganz so leicht fallen Preiserhöhungen, wenn entweder das zusätzliche Arbeitnehmereinkommen teilweise gespart wird, oder aber wenn billigere Auslandswaren importiert werden. Dann nämlich würden die Preissteigerungen nicht mit der Lohnentwicklung Schritt halten und die Einkommensverteilung würde sich zugunsten der Arbeitnehmer verschieben. In diesem Fall entsteht jedoch ein neues Problem: Die höheren Lohnkosten ziehen stagnierende oder gar abnehmende Gewinne nach sich. Dies aber bewirkt, dass die Unternehmen ihre Investitionspläne überprüfen und Investitionsvorhaben streichen. Unter Umständen führt das dazu, dass das Volkseinkommen real nicht mehr wächst, während Löhne und Preise weiter steigen (Stagnation bei Inflation oder kurz **„Stagflation"** genannt). Falls die Nettoinvestitionen zurückgehen, ist sogar mit zunehmender Arbeitslosigkeit zu rechnen.

Merke:

- Ziel der **expansiven Lohnpolitik** ist, die Lohnquote (den prozentualen Anteil des Arbeitnehmerentgelts) zu erhöhen.
- Bei Unterbeschäftigung führt die (erfolgreiche) expansive Lohnpolitik zu Arbeitsplatzverlusten.
- Die expansive Lohnpolitik kann bei Vollbeschäftigung eine Lohn-Preis-Spirale auslösen, sodass auf längere Sicht ebenfalls Arbeitsplätze gefährdet sind.

(3) Arbeitszeitverkürzung

Die Gewerkschaften in vielen Ländern Europas haben in den letzten Jahrzehnten erhebliche Verkürzungen der Arbeitszeiten (vor allem kürzere Wochenarbeitszeiten, mehr Urlaub) durchgesetzt. Die These: Das Arbeitsangebot wird verknappt, die Durchsetzung von Lohnforderungen wird erleichtert und die Arbeitslosigkeit verringert. Die Arbeitszeitverkürzung kann jedoch nur unter bestimmten Bedingungen zum Abbau der Arbeitslosigkeit beitragen, nämlich dann, wenn die Arbeitszeitverkürzung mit einer entsprechenden Lohnkürzung einhergeht und auf dem Arbeitsmarkt genügend geeignete Bewerber zur Verfügung stehen. Muss jedoch der gleiche Lohn für weniger Arbeit gezahlt werden **(Arbeitszeitverkürzung bei vollem Lohnausgleich),** werden die Unternehmen die teuer gewordene Arbeit durch den Einsatz von Maschinen ersetzen.

Wird die Arbeitszeit in Berufsfeldern verkürzt, bei denen nicht genügend Arbeitsuchende vorhanden sind, muss die vorhandene Belegschaft die Arbeit z. B. durch intensiveren Einsatz oder durch Mehrarbeit übernehmen. Ein möglicherweise vorhandener Mangel an Fachkräften verstärkt sich. Die Unternehmen werden gezwungen, den Arbeitskräfteausfall durch Personal aus dem Ausland zu ersetzen. Die Arbeitslosigkeit wird nicht verringert.

(4) Öffnung der Tarifverträge

Noch vor wenigen Jahren waren die meisten Tarifverträge **starr,** d. h., sie galten für jedes tarifgebundene Unternehmen, gleichgültig, in welcher wirtschaftlichen Lage es sich befand. Angesichts der hohen Arbeitslosigkeit werden die Tarifverträge zunehmend flexibler (beweglicher) gestaltet: Tariföffnungsklauseln sollen es den Betrieben, denen es nicht besonders gut geht, ermöglichen, ihre Belegschaft für eine bestimmte Zeit (z. B. für ein Jahr) bis zu einem vereinbarten Prozentsatz unter Tarif zu bezahlen **(Entgeltkorridor).** Die konkreten Vereinbarungen zu dieser sogenannten **Härteklausel** werden dann zwischen Betriebsrat und Arbeitgeber ausgehandelt.

(5) Zeitarbeit

Eine weitere nichtstaatliche Maßnahme, die Arbeitslosigkeit zu bekämpfen, ist das **Personalleasing** (Arbeitnehmerüberlassung, Leiharbeit, Zeitarbeit, Personalleihe). Gewerbsmäßige Zeitarbeitsunternehmen (Verleiher) überlassen anderen Unternehmen (den Entleihern) Arbeitskräfte. Der Arbeitsvertrag wird zwischen dem Verleiher und den Arbeitskräften abgeschlossen. Der Verleiher schließt seinerseits mit dem Entleiher einen **Arbeitnehmerüberlassungsvertrag** ab. Das entleihende Unternehmen zahlt an den Verleiher die vereinbarten Gebühren.

(6) Teilzeitarbeit

Auch die Teilzeitarbeit trägt dazu bei, die Arbeitslosigkeit zu verringern. Teilzeitarbeit (Teilzeitbeschäftigung) liegt vor, wenn Arbeitnehmer mit einer geringeren als der tariflich bzw. betrieblich vorgesehenen Regelstundenzahl beschäftigt werden. Die Teilzeitarbeit gewinnt auch in Deutschland zunehmend an Bedeutung. Hier haben rund 8 Prozent der Männer und 45 Prozent der Frauen einen Teilzeitarbeitsplatz. Teilzeitarbeitsplätze können auch dadurch entstehen, dass sich zwei Personen einen Vollzeitarbeitsplatz teilen **(Jobsharing).**[1]

Zusammenfassung

- Die **Beschäftigung einer Volkswirtschaft** kann mithilfe der **Arbeitslosenquote** gemessen werden. Hierunter versteht man den prozentualen Anteil der arbeitslosen Personen an der Anzahl der Erwerbspersonen.
- Die **Erwerbsquote** ist der prozentuale Anteil der Erwerbspersonen an der Gesamtbevölkerung.
- Die **strukturelle Arbeitslosigkeit** ist die wirtschafts- und gesellschaftspolitische problematischste Form der Unterbeschäftigung, weil sie langfristiger Natur ist. Sie ist dadurch gekennzeichnet, dass die Nachfrage nach Arbeitskräften (Arbeitsnachfrage) niedriger ist als das Angebot von Arbeitskräften (Arbeitsangebot). Man spricht von **Mismatch-Arbeitslosigkeit.**
- Kurzfristige Erscheinungsformen der Arbeitslosigkeit sind die **friktionelle** und die **konjunkturelle Arbeitslosigkeit.**
- In Literatur und Politik werden zahlreiche **Ursachen des Missverhältnisses zwischen Arbeitsnachfrage und Arbeitsangebot** diskutiert:
  - **Nachfragebedingte Ursachen** sind z.B. Konjunkturrückgänge, starke Auslandskonkurrenz und politische Ursachen.
  - **Angebotsbedingte Ursachen** sind z.B. ordnungspolitische Fehler (Bürokratie, verfehlte Steuerpolitik, Staatsverschuldung, hohe Lohnnebenkosten, geringe Flexibilität auf den Arbeitsmärkten, falsche Subventionspolitik), unzureichende Ausbildung, Schattenwirtschaft, berufliche und räumliche Immobilität, Unternehmensübernahmen und Managementfehler.
- Die **Arbeitslosigkeit** hat nicht nur negative **Auswirkungen auf die Arbeitsuchenden** (Einkommensverlust, bei längerer Arbeitslosigkeit fehlende berufliche Praxis, Enttäuschung, Selbstzweifel, Pessimismus), sondern auf die **gesamte Gesellschaft:**
  - Die Einnahmen des Staates aus Steuern und Sozialabgaben sinken,
  - die Staatsausgaben für Transferzahlungen steigen,
  - die Schwarzarbeit nimmt zu, sodass dem Staat weitere Steuereinnahmen entzogen werden,
  - der Staat ist gezwungen, sich weiter zu verschulden.
- **Staatliche Instrumente der Beschäftigungs- und Arbeitsmarktpolitik** sind z.B.:
  - nachfrageorientierte Maßnahmen wie z.B. Konjunkturprogramme,
  - Niedrigzinspolitik der Zentralbank in Kooperation mit den Regierungen,
  - angebotsorientierte Maßnahmen wie z.B. Senkung der Lohnnebenkosten, Förderung von Bildung und Forschung, Gewährung eines Gründungszuschusses, Einführung von Kombilöhnen, strukturpolitische Maßnahmen, Schaffung eines zweiten Arbeitsmarkts,
  - ordnungspolitische Maßnahmen wie z.B. Deregulierung, Abbau der Bürokratie, Durchführung notwendiger Reformen (z.B. Steuervereinfachung).

1 To share (engl.): teilen. Sharing: Teilung. Jobsharing: Arbeitsplatzteilung.

■ Zu den **nichtstaatlichen Maßnahmen zur Bekämpfung der Arbeitslosigkeit** gehören die Tarifpolitik der Tarifpartner (produktivitätsorientierte Lohnerhöhungen, Arbeitszeitverkürzung ohne Lohnausgleich, flexible Tarifverträge), die Teilzeitarbeit, das Jobsharing und die Zeitarbeit (Leiharbeit, Personalleihe, Arbeitnehmerüberlassung) gewerbsmäßiger Zeitarbeitsunternehmen.

Übungsaufgaben

51

1. Erklären Sie die Begriffe friktionelle, konjunkturelle und strukturelle Arbeitslosigkeit!
2. Wie erklärt sich, dass die Sockelarbeitslosigkeit von Konjunkturzyklus zu Konjunkturzyklus zunimmt?
3. Zeichnen Sie eine normale Arbeitsangebotskurve und eine normale Arbeitsnachfragekurve nach dem Preisbildungsmodell des vollkommenen Polypols[1] und beantworten Sie folgende Fragen:

   Aufgaben:

   3.1 Wie lässt sich eine normale Arbeitsangebotskurve, wie eine normale Arbeitsnachfragekurve erklären?

   3.2 Welche Folgen ergeben sich, wenn der Mindestlohn

   3.2.1 unter dem Gleichgewichtslohn (Marktpreis der Arbeit) und

   3.2.2 über dem Gleichgewichtslohn liegt?

   3.3 Stellen Sie grafisch dar, wie sich eine Verkürzung der Arbeitszeit (z.B. der Wochenarbeitszeit) auf den Marktlohn auswirkt!

4. **Textauszug:**

Das dänische Arbeitsmarktmodell

KOPENHAGEN. „Flexicurity" heißt das Schlüsselwort für das dänische Arbeitsmarktmodell: die Kombination aus hoher Flexibilität und der für die Arbeitnehmer nötigen Sicherheit. Sie gilt als Grundpfeiler für die hohen Exportüberschüsse, die schwarzen Zahlen im Staatshaushalt und für die Arbeitslosenquote in Höhe von nur vier Prozent.

Der dänische Ansatz mixt die liberalen Regeln des angelsächsischen mit der sozialen Sicherheit des mittel- und nordeuropäischen Systems. Der Kündigungsschutz ist minimal, Kündigungsfristen für Arbeiter sind nicht existent, für Angestellte meist nur wenige Wochen. Heuern und feuern ist problemlos. Der Vorteil ist die Flexibilität. Unternehmen können sich den Marktbedingungen anpassen und müssen nicht lange kalkulieren, ob sie sich neue Mitarbeiter leisten können. Geht es wieder bergab, können diese rasch wieder entlassen werden.

Den Nachteil für die Arbeitnehmer federt einerseits das relativ hohe Arbeitslosengeld ab, andererseits ein feinmaschiges Netz an Maßnahmen, das die Betroffenen wieder zurück auf den Arbeitsmarkt bringen soll. Statt Jobsicherheit gibt es soziale Sicherheit. Das Arbeitslosengeld beträgt maximal 90 Prozent des letzten Einkommens, allerdings nur bis zu einer Höchstgrenze von brutto 1950 Euro im Monat.

Das System ist also vor allem auf niedrige Einkommen zugeschnitten, Besserverdienende müssen erhebliche Einbußen verkraften. Das Arbeitslosengeld wird bis zu vier Jahre lang bezahlt, doch statt passiver Versorgung steht aktive Arbeitssuche und Arbeitsbeschaffung im Vordergrund.

Jeder Arbeitslose hat das Recht auf einen individuellen Jobplan mit Weiterbildung und im Ausnahmefall auch Jobs mit Lohnzuschuss. Er hat aber auch die Pflicht, jede angebotene Beschäftigung anzunehmen, sonst droht der Entzug der Stütze. Die Daten sind in der Jobbank der Arbeitsvermittlung gespeichert, aktive Arbeitssuche ist eine Voraussetzung für das Arbeitslosengeld.

1 Siehe Kapitel 4.1.1, S. 206.

Das System hat geholfen, selbst Massenkündigungen in der Textilindustrie, Werften oder Schlachthäusern aufzufangen. Der Idealfall: Dank der Weiterbildung kehren die Entlassenen als besser qualifizierte Mitarbeiter auf den Arbeitsmarkt zurück.

Das Modell kostet Geld. Hohe Steuern für seine Finanzierung und ein moderner, gut funktionierender öffentlicher Sektor sind eine Voraussetzung für sein Funktionieren. Nur den Kündigungsschutz herauszupicken, ohne auch Arbeitsvermittlung, Fortbildung und Steuersystem anzupassen, hat nicht viel mit dem „dänischen Modell" zu tun.

Quelle: Gamillscheg, H.: Feuern und heuern? Vorbild für Deutschland, in: Badische Zeitung vom 6. November 2006.

Aufgaben:

4.1 Welche Instrumente setzt das dänische Arbeitsmarktmodell ein?

4.2 Viele deutsche Politiker glauben, dass Wirtschaftswachstum der wichtigste Faktor ist, die Arbeitslosigkeit zu bekämpfen. Nehmen Sie Stellung!

4.3 Nennen und beurteilen Sie drei wichtige Instrumente der deutschen Arbeitsmarktpolitik und beurteilen Sie deren Wirkung!

5. **Textauszug:**

Drei Millionen neue Jobs?

BERLIN. Der Ökonom Hans-Werner Sinn fordert die Politik zum Umdenken in der Arbeitsmarktpolitik auf. Der Staat solle für gering qualifizierte Arbeitslose Lohnzuschüsse zahlen, damit Betriebe sie einstellten. Deutschland sei Weltmeister bei der Arbeitslosigkeit der gering Qualifizierten, sagte der Chef des Münchner Ifo-Instituts gestern bei der Vorstellung seines überarbeiteten Konzepts der „aktivierenden Sozialhilfe". Grund dafür sei, dass mit der Sozialhilfe und dem Arbeitslosengeld II praktisch ein Mindestlohn festgelegt sei. Dadurch werde gering qualifizierte Arbeit für Unternehmen zu teuer. Die Folge sei der Abbau von Arbeitsplätzen.

Sinn plädiert dafür, dass der Staat gering qualifizierten Arbeitslosen zumutet, jede Arbeit annehmen zu müssen – zu welchem Lohn auch immer. Im Gegenzug soll ein zweites – staatliches – Einkommen hinzukommen, damit die Menschen von den Gesamteinkünften leben können. Ein Recht auf staatliche Unterstützung hätten nur die, die eine Stelle annähmen. Ausgenommen sollen Personen sein, die nicht arbeiten könnten. Falls ein Erwerbsloser keinen Job findet, sollten die Kommunen Beschäftigung anbieten.

Mit der „aktivierenden Sozialhilfe" könnten drei Millionen neue Jobs in Deutschland geschaffen werden. Voraussetzung sei, dass die Löhne für niedrig qualifizierte Tätigkeiten um etwa ein Drittel sänken. Davon betroffen seien 6,6 Millionen Arbeitnehmer im Niedriglohnsektor. Das Modell könne aber nur funktionieren, wenn kein gesetzlicher Mindestlohn eingeführt werde.

Den Einwand, die Einführung des von Sinn vorgeschlagenen Modells sei zu teuer, lässt dieser nicht gelten. Der Staat gebe jährlich 100 Milliarden Euro für Massenarbeitslosigkeit und Frühverrentungen aus. Laut Ifo-Institut könne der Staat mit dem von Sinn entwickelten Modell im Vergleich zu den Kosten der Grundsicherung 20 Milliarden Euro jährlich sparen.

Quelle: Pichler, R.: Ökonom Sinn: Lohnzuschüsse statt Hartz IV, in: Badische Zeitung vom 27. Januar 2006.

Aufgabe:

Im Kapitel 6.4.1 wurde eine Reihe von staatlichen Maßnahmen zur Bekämpfung der Arbeitslosigkeit vorgestellt. Zu welchem Instrument gehört das im obigen Textauszug beschriebene Modell?

52 1. Welche Personengruppen werden in der Arbeitslosenstatistik nicht registriert und welche Konsequenzen ergeben sich hieraus?

2. Beschreiben Sie kurz die Folgen der Arbeitslosigkeit für die Volkswirtschaft als Ganzes!

3. Auch nach der Einigung über einen Mindestlohn in einzelnen Branchen ist die Festlegung eines gesetzlichen Mindestlohnes in Deutschland weiterhin sehr umstritten.

Aufgaben:

3.1 Erläutern Sie, was man unter einem gesetzlichen Mindestlohn versteht!

3.2 Als Alternative zur Einführung eines gesetzlichen Mindestlohnes wird von den Kritikern die Ausweitung des Kombilohnes vorgeschlagen!

3.2.1 Erklären Sie Inhalt und Zielsetzung des Kombilohnmodells!

3.2.2 Erläutern Sie zwei Vorteile des Kombilohnmodells!

3.2.3 Erläutern Sie zwei Nachteile des Kombilohnmodells!

4. Wie die nebenstehende Abbildung verdeutlicht, gibt es in 20 der 27 EU-Staaten einen gesetzlichen – also vom Staat festgesetzten – Mindestlohn. Er reicht von Bulgarien mit 0,71 EUR pro Stunde bis zu Luxemburg mit 10,16 EUR Stundenlohn.

Aufgabe:

Diskutieren Sie mögliche Gründe, die für bzw. gegen die Einführung eines allgemeinen, für alle Arbeitsverhältnisse gültigen, durch Gesetz verordneten Mindestlohnes sprechen!

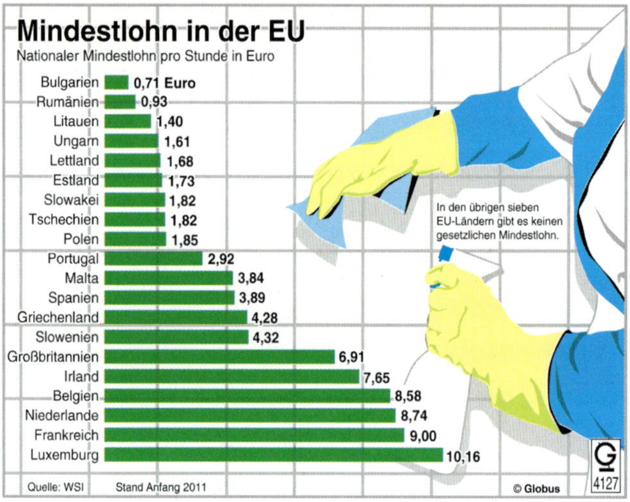

5. Die Bundesagentur für Arbeit veröffentlicht nachfolgende Daten der Arbeitsmarktstatistik:

	1. Jahr	2. Jahr	3. Jahr
Erwerbspersonen in Tsd.	39587	39704	39645
Arbeitnehmer in Tsd.	32251	31883	31937
Arbeitslose in Tsd.	3498	3907	3710
Offene Stellen in Tsd.	327	337	422

Aufgaben:

5.1 Ermitteln Sie die Arbeitslosenquoten für das 2. und 3. Jahr!

5.2 Stellen Sie fest, um wie viel Prozentpunkte die Arbeitslosenquote vom 3. Jahr gegenüber dem 1. Jahr gestiegen ist!

5.3 Begründen Sie, warum sich trotz der gestiegenen Zahl der Arbeitslosen die Anzahl der offenen Stellen erhöht hat und diese nicht durch Neueinstellungen von Arbeitslosen besetzt werden konnten!

6. Die kaufmännische Angestellte Ingrid Schäfer schließt mit dem Kaufhaus Schneider GmbH einen Arbeitsvertrag, in dem auch auf die Regelungen im Tarifvertrag hingewiesen wird.

Aufgaben:

Beantworten Sie nachfolgende Fragen unter Berücksichtigung des Tarifvertragsgesetzes!

6.1 Für wen gelten die im Tarifvertrag getroffenen Regelungen, für wen gelten die zwischen dem Kaufhaus Schneider GmbH und Frau Schäfer getroffenen Vereinbarungen?

6.2 Was regelt ein Tarifvertrag?

6.3 Wer ist berechtigt, Tarifverträge abzuschließen?

6.4 Für wen gelten die Regelungen eines Tarifvertrages?

6.5 Was versteht man unter der Tarifautonomie der Sozialpartner?

7. Betrachten Sie nachfolgende Abbildung!

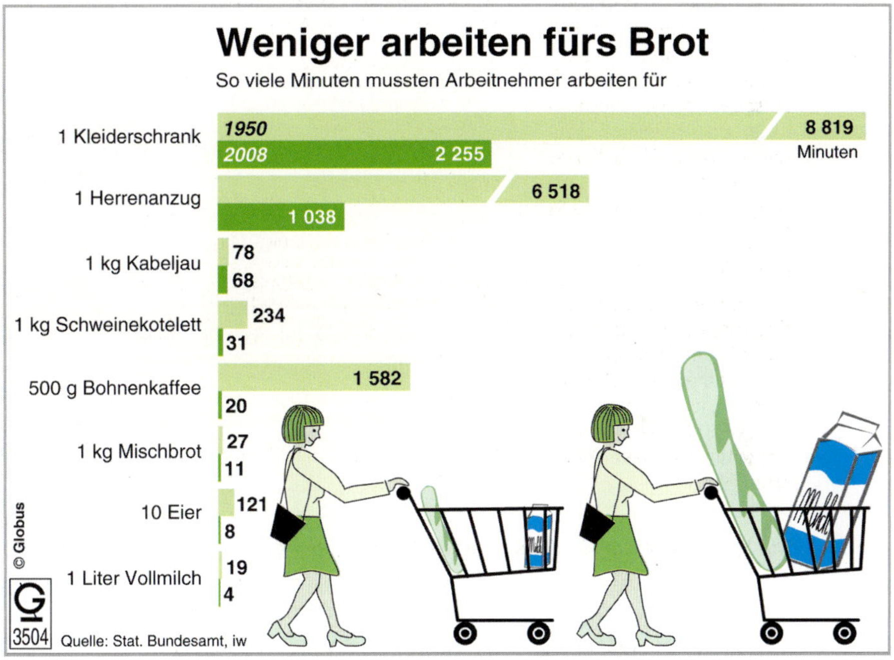

In den Medien wird immer wieder über eine neue Armut und eine Verschlechterung der Lebensbedingungen für viele Haushalte in der Bundesrepublik Deutschland diskutiert. Beim Anblick der nebenstehenden Abbildung gewinnt der Betrachter jedoch einen entgegengesetzten Eindruck.

Aufgabe:

Diskutieren Sie mögliche Ursachen für diesen Widerspruch, der sich aus der Entwicklung der Lohnkaufkraft gemäß der Abbildung einerseits und den aktuellen Veröffentlichungen zur Armutsentwicklung andererseits ergibt!

8. **Unterrichtsvorschlag: Brainstorming mit anschließender Diskussion**

Betrachten Sie nachfolgende Abbildung! Notieren Sie spontane Einfälle hierzu!

Werten Sie die gesammelten Eindrücke anschließend aus und diskutieren Sie, inwiefern diese Maßnahme zur Bekämpfung des Problems der Arbeitslosigkeit beitragen kann!

Karikatur: Gerhard Mester, Wiesbaden.

9. **Unterrichtsvorschlag: Projekt**

Sammeln Sie aktuelle Zeitungsartikel zum Thema Arbeitslosigkeit!

Werten Sie diese aus, indem Sie einerseits die aktuelle Situation am Arbeitsmarkt darstellen und andererseits die zurzeit diskutierten Maßnahmen zur Bekämpfung des Problems der Arbeitslosigkeit vorstellen! Gehen Sie dabei insbesondere auf die mit den diskutierten Maßnahmen verbundenen Vor- und Nachteile ein!

7 Die Außenwirtschaftspolitik

7.1 Notwendigkeit des Außenhandels

Die deutsche Volkswirtschaft exportiert mehr als ein Drittel ihres Bruttoinlandsprodukts und importiert fast ebenso viel aus anderen Staaten der Welt. Sie ist damit ein klassisches Beispiel einer **offenen Volkswirtschaft,** d. h. einer Volkswirtschaft mit wirtschaftlichen Beziehungen zum Ausland.

Während es internationalen Handel bereits seit vielen Jahrhunderten gibt (z. B. Gewürze, Seide), hat die **wirtschaftliche, soziale** und **politische** Bedeutung in den letzten Jahrzehnten stark zugenommen. Als **Ursache** für den Anstieg des Außenhandels können insbesondere die Industrialisierung, verbesserte Transportmöglichkeiten (Containerschifffahrt) sowie multinational aufgestellte Unternehmen angeführt werden. All diese Entwicklungen haben enorme Auswirkungen auf das internationale Handelssystem.

Zunehmender internationaler Handel ist nicht nur eine **wichtige Quelle für wirtschaftliche Einnahmen** vieler Länder. Ohne Außenhandel wären die jeweiligen Länder nicht nur auf die innerhalb ihrer eigenen Grenzen produzierten Waren und Dienstleistungen beschränkt, sie müssten vielmehr auch ausschließlich mit den Rohstoffen ihres Landes auskommen. Dies wäre für ein **rohstoffarmes** Industrieland wie die Bundesrepublik Deutschland mit **enormen Wohlstandsverlusten** verbunden, da die meisten Rohstoffe (Öl, Gas, Eisenerz) mangels ausreichenden Vorkommens für den Produktionsprozess bzw. Konsum nicht in den benötigten Mengen zur Verfügung stünden. Insgesamt würde sich die Waren- und Dienstleistungsvielfalt erheblich verringern, da viele Güter ohne die importierten Rohstoffe bzw. Nahrungs- und Genussmittel (Weizen, Südfrüchte, Kaffee, Kakao, Tee, Rohtabak) nicht entsprechend angeboten werden könnten.

Merke:

In einer Zeit **wachsender Erdbevölkerung** einhergehend mit globalem **Wirtschaftswachstum** und daraus resultierendem **erhöhten Verbrauch** an Gütern und Dienstleistungen gewinnt der Außenhandel zunehmend an Bedeutung.

7.2 Bedeutung des Außenhandels für die Bundesrepublik Deutschland

(1) Begriff Außenhandel

Merke:

Unter **Außenhandel** bzw. **internationalem Handel** versteht man den Austausch von Gütern, Dienstleistungen und Kapital **über nationale Grenzen** hinweg.

Der Außenhandel ist der wichtigste Teil der außenwirtschaftlichen Beziehungen einer Volkswirtschaft bzw. einer Wirtschaftsgemeinschaft. Aus der Sicht der Bundesrepublik Deutschland sowie der Mitgliedsländer der **Europäischen Union (EU)** umfasst der Außenhandel den gewerbsmäßigen Güteraustausch (Sachgüter, Dienstleistungen, Rechte) mit **Drittländern** (Länder, die nicht der EU angehören) sowie den Transithandel.

Der Handel innerhalb der EU (der **Binnenhandel**) besteht aus dem **innergemeinschaftlichen Erwerb** (Käufe aus Mitgliedsländern) und den **innergemeinschaftlichen Lieferungen** (Verkäufe an Mitgliedsländer).

In den Statistiken und in den nationalen Zahlungsbilanzen sind in den Ex- und Importwerten sowohl der Güteraustausch mit Drittländern als auch die innergemeinschaftlichen Lieferungen enthalten.

Die deutschen Exporte könnten 2011 erstmals die Grenze von einer Billion Euro überspringen. Das geht aus der jüngsten Prognose des Bundesverbandes Großhandel, Außenhandel, Dienstleistungen (BGA) hervor. Derzeit wachsen sie so stark wie seit einem Jahrzehnt nicht mehr. Schneller als erwartet werde damit das Niveau vor der Weltwirtschaftskrise wieder erreicht. Die exportorientierten deutschen Unternehmen profitieren inzwischen von einem Boom der Nachfrage aus dem Ausland. Im laufenden Jahr erwartet der BGA einen Anstieg der Exporte um 16 Prozent auf 937 Milliarden Euro. Besonders dynamisch entwickeln sich die Exporte in die Länder außerhalb der EU: Sie können laut BGA um bis zu 25 Prozent wachsen, während die Ausfuhren in die EU um 13,5 Prozent steigen sollen.

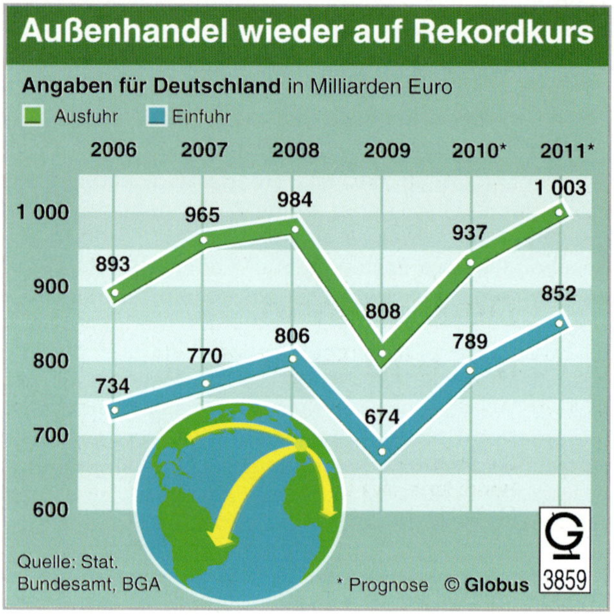

(2) Wichtige Ausfuhrgüter

Wichtige Ausfuhrgüter der Bundesrepublik Deutschland sind Fertigwaren, wie z.B. Werkzeugmaschinen, Kraftfahrzeuge, feinmechanische Geräte, elektrische Ausrüstungen, sowie Halbwaren wie z.B. Gießerei- und Walzwerkerzeugnisse oder Chemikalien. Die Ausfuhr von Rohstoffen (z.B. Kohle, Kali, Tonerde) und von Nahrungs- und Genussmitteln (z.B. Fleischwaren, Geflügel, Wein) ist im Rahmen der Gesamtausfuhr hingegen von geringer Bedeutung.

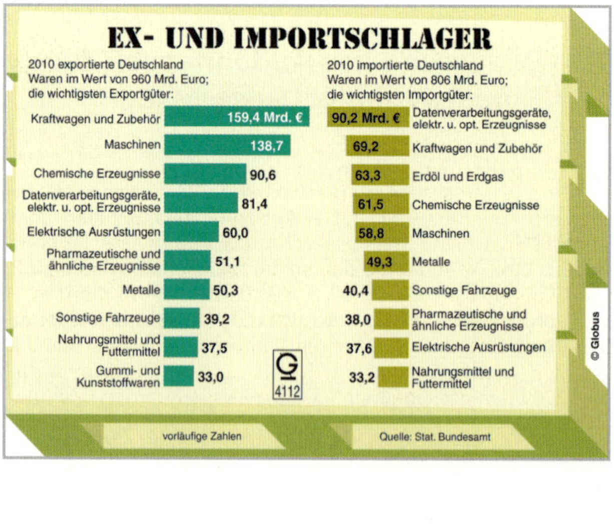

(3) Wichtige Einfuhrgüter

Wichtige Einfuhrgüter der Bundesrepublik Deutschland sind neben den Halb- und Fertigwaren Rohstoffe (z. B. Erdöl, Eisenerz, Steine und Erden, Rohphosphate) und Nahrungsmittel (z. B. Weizen, Mais, Gemüse, Südfrüchte, Kakao, Ölfrüchte, Kaffee, Rohtabak, Wein).

Der internationale Handel wird durch „offene Grenzen" gefördert. Der Wegfall von **„Handelsschranken"** wie Zölle, mengenmäßige Export- und Importbeschränkungen (Kontingentierungen) sowie technischen Hemmnissen (z. B. unterschiedliche technische Normen, Prüfverfahren, Sicherheitsvorschriften) kommt allen Handelspartnern zugute, wie das Beispiel der EU zeigt.

- 2010 betrug z. B. die **Einfuhr** der Bundesrepublik Deutschland 797,4 Mrd. EUR. Davon entfielen auf den innergemeinschaftlichen Erwerb 455,9 Mrd. EUR, das sind **57,2 %**.
- Die **Ausfuhr** der Bundesrepublik Deutschland betrug im gleichen Zeitraum 951,9 Mrd. EUR. Die innergemeinschaftlichen Lieferungen machten davon 578,2 Mrd. EUR aus. Das entspricht einem Anteil von **60,7 %**.

Die Exporte deutscher Unternehmen boomen nach der Krise wieder, auch wenn das Niveau von 2008 noch nicht ganz erreicht ist. Der Außenhandel blüht also, doch den Titel des **Exportweltmeisters** bekommt Deutschland trotzdem nicht zurück: Laut einer DIHK-Studie behauptet China den Spitzenplatz. Im Jahr 2011 könnten die deutschen Exporte um rund acht Prozent wachsen, wie eine Umfrage bei den Experten der deutschen Auslandshandelskammern in 80 Ländern ergab. Der Rekordwert aus dem Jahr 2008, als die Exporte sich auf 984 Milliarden Euro beliefen, werde in greifbare Nähe rücken. Den Vorsprung des amtierenden Exportweltmeisters China kann Deutschland 2010 und 2011 nicht aufholen, wie der Deutsche Industrie- und Handelskammertag (DIHK) mitteilte. China hatte Deutschland 2009 den prestigeträchtigen Titel abgenommen und baut seinen Weltmarktanteil stetig aus.

(4) Begriff Außenwirtschaft

Der internationale Handel mit Sachgütern („Waren") stellt zwar den wichtigsten, nicht aber den gesamten Bereich der Außenwirtschaft dar. Die wirtschaftlichen Beziehungen zwischen den Volkswirtschaften sind vielfältiger. Nicht nur Waren werden über die Grenzen hinweg gekauft und verkauft, sondern auch Dienstleistungen.[1] Ferner finden Geld- und Kreditbewegungen über die Grenzen hinweg statt, die nicht oder nicht unmittelbar mit den Waren- und Dienstleistungsaus- bzw. -einfuhren zusammenhängen. So strömen z. B. Gelder in ein Land ein, dessen Zinsniveau höher als das anderer Länder ist oder dessen Währung besonders stabil erscheint. Länder, die Kriege verloren haben, müssen Reparationen (Wiedergutmachungszahlungen) leisten. Viele Staaten, so auch die Bundesrepublik Deutschland, haben sich verpflichtet, Beiträge an internationale Organisationen zu entrichten (z. B. an die UNO, die NATO, die EU). Auch die Entwicklungshilfeleistungen stellen einen Bereich der Außenwirtschaft dar.

Merke:

- Die Bundesrepublik Deutschland ist ein **rohstoffabhängiges** und **exportorientiertes Land.**
- Der **Umfang des Außenhandels** bestimmt weitgehend den **hohen Lebensstandard** und den **hohen Beschäftigungsstand** in der Bundesrepublik Deutschland.
- Wareneinfuhr und -ausfuhr stellen den wichtigsten Teil der **außenwirtschaftlichen Beziehungen** der Bundesrepublik Deutschland dar.
- Der Begriff „außenwirtschaftliche Beziehungen" umfasst alle Leistungs- und Geld-(Kredit)bewegungen über die Grenzen einer Volkswirtschaft hinweg.
- Der Begriff **Ein- und Ausfuhr** (Im- und Export) bezeichnet die Verbringung von wirtschaftlichen Gütern von einem Drittland ins Inland bzw. vom Inland in ein Drittland.

7.3 Monetäre Einflüsse

Die Bildung von Wechselkursen wurde in Kapitel 4.7 (Außenwert des Geldes) ausführlich erläutert, wobei auf die Folgen von Wechselkursschwankungen für den Außenhandel speziell in Kapitel 4.7.2.2 eingegangen wurde.

Vor diesem Hintergrund beschränken sich die folgenden Ausführungen auf die Zahlungsbilanz und deren Ungleichgewichte.

7.3.1 Begriff der Zahlungsbilanz

Merke:

Die **Zahlungsbilanz** eines Landes ist eine **systematische Zusammenfassung** aller ökonomischen Transaktionen zwischen Inländern (Gebietsansässigen) und Ausländern (Gebietsfremden) während eines bestimmten Zeitraumes, in der Regel eines Jahres.

1 Zu den Dienstleistungen rechnen der Reiseverkehr und die Transportleistungen.

Zu den **Inländern** zählen alle Wirtschaftseinheiten mit ständigem Wohnsitz oder Aufenthalt im Inland.

Dazu gehören statistisch auch ausländische Gastarbeiter und Unternehmen in ausländischem Eigentum mit Sitz im Inland. Unter die **ökonomischen Transaktionen** fallen alle Waren- und Dienstleistungsexporte bzw. Waren- und Dienstleistungsimporte (entgeltliche Leistungen) sowie Übertragungen (unentgeltliche Leistungen) und Kapitalexporte sowie -importe.

Da in der Zahlungsbilanz **keine Bestände,** sondern nur **Stromgrößen** (Veränderungen) erfasst werden, lässt sich grundsätzlich nicht die Höhe der einzelnen Bestände (im Sinne einer Bestandsbilanz), sondern nur die **Veränderungen** innerhalb einer abgeschlossenen Periode **(Bewegungsbilanz)** erkennen.

Wesentliche **Aufgabe der Zahlungsbilanz** ist die Bereitstellung der Datenbasis für

- die **Geld- und Währungspolitik** und die übrige Wirtschaftspolitik sowie
- wesentliche Bestandteile der **Volkswirtschaftlichen Gesamtrechnungen.**

In der Regel kann es sich kein Land auf Dauer leisten, dass sich die inländischen Wirtschaftseinheiten zunehmend gegenüber dem Ausland verschulden. Um also die Vorteile der internationalen Arbeitsteilung zu nutzen, müssen sich die Außenwirtschaftsbeziehungen langfristig etwa **gleichgewichtig** entwickeln. Vor diesem Hintergrund ist das im Stabilitätsgesetz angeführte gesamtwirtschaftliche **Ziel des außenwirtschaftlichen Gleichgewichts** zu verstehen.

7.3.2 Gliederung der Zahlungsbilanz

Je nach **Art der Transaktionen** wird die **Zahlungsbilanz der Bundesrepublik Deutschland** in verschiedene **Teilbilanzen,** die nach **wirtschaftlichen Gesichtspunkten** gebildet werden, untergliedert. Diese Teilbilanzen sind auch bedeutende Bausteine für die Zahlungsbilanzen der Europäischen Währungsunion und der Europäischen Union.

Zum **Inland** zählt das Wirtschaftsgebiet der Bundesrepublik Deutschland. Zum **Ausland** zählen alle anderen Länder, auch die anderen Mitgliedsländer der Europäischen Währungsunion.

Wichtige Teilbilanzen sind die **Leistungsbilanz, Vermögensübertragungen** und die **Kapitalbilanz.**

Teilbilanzen	Erläuterungen
I. Leistungsbilanz	Die Leistungsbilanz erfasst die Übertragungen mit dem Ausland, die Einfluss auf Einkommen und Verbrauch haben. Die Leistungsbilanz umfasst: ■ den **Außenhandel** (Warenausfuhr und -einfuhr), einschließlich der **Ergänzungen zum Warenverkehr** (hauptsächlich Lagerverkehr auf inländische Rechnung und Absetzung von Rückwaren). Übersteigen die Exporte die Importe, spricht man von einer **aktiven Handelsbilanz.** Sind hingegen die Importe größer als die Exporte, liegt eine **passive Handelsbilanz** vor. ■ die **Dienstleistungen,** also die Export- und Importwerte verschiedenartiger immaterieller Güter. Hierzu zählen der touristische Reiseverkehr (Ausgaben von Inländern im Ausland stellen Dienstleistungsimporte dar, wohingegen Ausgaben von Ausländern im Inland zu den Dienstleistungsexporten zählen), Transporte, Telekommunikation, die Finanzdienstleistungen (da Kapitalerträge in Form von Zinsen, Dividenden und Gewinne als Erträge für geleistete Kapitaldienste gedeutet werden können), Patente und Lizenzen sowie Regierungsleistungen. Die Dienstleistungsbilanz ist **aktiv,** wenn die Exporte die Importe übersteigen; im umgekehrten Fall handelt es sich um eine **passive** Dienstleistungsbilanz. Die traditionell passive Dienstleistungsbilanz der Bundesrepublik Deutschland ist in erster Linie auf den negativen Saldo im Reiseverkehr zurückzuführen. Der **Saldo** aus Außenhandel einschließlich der Ergänzungen zum Warenhandel und Dienstleistungen wird als **Außenbeitrag** (zum BIP) bezeichnet. ■ die **Erwerbs- und Vermögenseinkommen:** Hierbei handelt es sich hauptsächlich um die Erfassung der Einkommen aus unselbstständiger Arbeit und der Kapitalerträge, die Inländern aus dem Ausland bzw. die Ausländern aus dem Inland zufließen. ■ die **laufenden Übertragungen** – auch als **Bilanz der unentgeltlichen Leistungen** bezeichnet – sind Geld- und Sachleistungen, denen keine unmittelbaren Gegenleistungen gegenüberstehen. Hierunter fallen beispielsweise Beiträge an internationale Organisationen, private Renten- und Unterstützungszahlungen an Ausländer, staatliche Entwicklungshilfe, Überweisungen der Gastarbeiter an ihre Familien im Ausland. Der **Saldo der Leistungsbilanz** gilt allgemein als **Maßstab für das außenwirtschaftliche Gleichgewicht.** Theoretisch wäre dieses Ziel erreicht, wenn dieser Saldo gleich null ist.
II. Vermögensübertragungen	Erfasst werden u.a. Vermögensübertragungen, die als **„einmalig“** betrachtet werden können (z.B. Schuldenerlasse, Erbschaften, Schenkungen, Erbschaft- und Schenkungsteuer, Vermögensmitnahmen von Aus- bzw. Einwanderern). Hier wird auch der Kauf/Verkauf von **immateriellen nicht produzierten** Vermögensgütern erfasst, wie z.B. Patente, aktivierter Firmenwert (Goodwill) beim Kauf eines Unternehmens.
III. Kapitalbilanz	Die **Kapitalbilanz einschließlich** der **Veränderungen der Währungsreserven der Bundesbank** enthält alle Transaktionen[1], bei denen sich grenzüberschreitende Finanzdispositionen (z.B. Guthaben, Wertpapiere oder Beteiligungen) verändern. ■ **Deutsche Kapitalanlagen im Ausland** (Kapitalausfuhr) führen zu **Forderungen** an das Ausland. ■ **Kapitalanlagen von Ausländern im Inland** (Kapitaleinfuhr) führen zu **Verbindlichkeiten** des Inlandes gegenüber dem Ausland.

1 lat.) trans: über, agere: führen; Übertragungen

Teilbilanzen	Erläuterungen
	Die **Zunahme der Forderungen** bzw. die **Abnahme** der **Verbindlichkeiten** werden in der von der Deutschen Bundesbank erstellten Zahlungsbilanz mit **negativem Vorzeichen** (–) gekennzeichnet. Umgekehrt erhalten die **Abnahme** der **Forderungen** bzw. die **Zunahme** der **Verbindlichkeiten** ein **positives Vorzeichen** (+). Die Kapitalbilanz gliedert sich in: ■ **Direktinvestitionen** (z. B. Beteiligungen), ■ **Wertpapieranlagen und Finanzderivate** (z. B. Aktien, Anleihen, Investmentzertifikate, Geldmarktpapiere), ■ **übriger Kapitalverkehr** Hier werden Finanz- und Handelskredite, Bankguthaben und sonstige Kapitalanlagen zusammengefasst. Gegliedert wird dieser Posten nach den Sektoren – Monetäre Finanzinstitute, – Unternehmen und Privatpersonen, – Staat, – Bundesbank. ■ **Veränderungen der Währungsreserven zu Transaktionswerten** Die Währungsreserven der Deutschen Bundesbank in der EWU bestehen aus Gold und Goldforderungen, der Reserveposition im Internationalen Währungsfonds und Sonderziehungsrechte sowie Devisenreserven. Es werden **keine Bewertungsänderungen,** sondern ausschließlich Transaktionen erfasst. **Goldtransaktionen** der Bundesbank sind nur mit anderen Zentralbanken (oder Währungsbehörden) zahlungsbilanzrelevant. Goldtransaktionen mit anderen Geschäftspartnern sind als Warengeschäfte zu behandeln. Hier wird das Gold „demonetisiert", d. h. von Währung (Geld) zur Ware.
IV. Saldo der statistisch nicht aufgliederbaren Transaktionen	Dieser **Restposten** ist erforderlich, um die Zahlungsbilanz statistisch auszugleichen. Hier werden also Beträge aufgenommen, die **statistisch nicht erfasst** werden können, wie etwa sogenannte „Koffergeschäfte", Transaktionen mit Bargeld, Überweisungen unterhalb der Meldegrenze. Des Weiteren werden über diese Bilanz **statistische Ermittlungsfehler** ausgeglichen. Zwischen den Teilbilanzen I bis III gibt es einen inneren Zusammenhang. Addiert man die **Leistungsbilanz und** die **Vermögensübertragungen,** so geht ein Überschuss mit einem Nettozuwachs der Forderungen oder einer Nettoabnahme der Verbindlichkeiten einher. Umgekehrt ist es bei einem Defizit. Der **Saldo** der **Kapitalbilanz** einschließlich der **Veränderungen der Währungsreserven muss ebenso groß** sein **wie** der **Saldo der Leistungsbilanz zuzüglich des Saldos der Vermögensübertragungen.** Es gilt für die Teilbilanzen: I + II = III Da aber eine periodengerechte Zuordnung der Transaktionen nicht immer möglich ist und in den Teilbilanzen I bis III statistische Erfassungslücken bestehen, ist die Gleichung meist nicht erfüllt. Der Ausgleich wird über den Posten IV herbeigeführt. I + II + III + IV = 0 Die Summe aus I + II stellt den Finanzierungssaldo dar. III zeigt die Veränderung des Netto-Auslandsvermögens auf. Die Summe der Salden der Teilbilanzen ergibt den Wert null (0).

Die Teilbilanzen der Zahlungsbilanz im Überblick

Zahlungsbilanz

		+	−	
Leistungsbilanz	**Außenhandelsbilanz**	Warenexport	Warenimport	■ Warenexporte ■ Warenimporte
Leistungsbilanz	**Ergänzungen zum Warenverkehr**	Warenexport	Warenimport	■ Erfasst wird hier die Lagerung von Waren in Freihäfen oder offenen Zolllagern ■ Absetzung von Rückwaren
Leistungsbilanz	**Dienstleistungsbilanz**	Dienstleistungsexport	Dienstleistungsimport	■ touristischer Reiseverkehr ■ Transporte ■ Finanzdienstleistungen ■ Patente ■ Lizenzen
Leistungsbilanz	**Erwerbs- und Vermögenseinkommen**	Einnahmen	Ausgaben	Einkommen aus: ■ unselbstständiger Arbeit ■ Zinsen ■ Miete ■ Pacht ■ Dividenden
Leistungsbilanz	**Laufende Übertragungen**	empfangene Leistungen	geleistete Leistungen	■ Beiträge von internationalen Organisationen ■ private Renten- und Unterstützungszahlungen ■ staatliche Entwicklungshilfe ■ Heimatüberweisungen von ausländischen Mitbürgern
	Vermögensübertragungen	empfangene Leistungen	geleistete Leistungen	■ Einmalige Transfers ■ Schuldenerlasse ■ Erbschaften ■ Schenkungen ■ Vermögensmitnahmen von Aus- und Einwanderern ■ Kauf/Verkauf von immateriellen nicht produzierten Vermögensgütern
	Kapitalbilanz	Kapitalimport	Kapitalexport	■ Aktivseite: Zunahme der Verbindlichkeiten/Abnahme der Forderungen ■ Passivseite: Abnahme der Verbindlichkeiten/Zunahme der Forderungen ■ Direktinvestitionen ■ Wertpapieranlagen ■ Übriger Kapitalverkehr
darunter	**Veränderungen der Währungsreserven zu Transaktionswerten**	(Devisen) Abnahme	(Devisen) Zunahme	
	Saldo der statistisch nicht aufgliederbaren Transaktionen (Restposten)			■ „Restposten“ ■ „Koffergeschäfte“ ■ Überweisungen unterhalb der Meldegrenze

Der Saldo aus diesen drei Teilbilanzen stellt den **Außenbeitrag (zum BIP)** dar.

Der Saldo aus diesen vier Teilbilanzen stellt den **Außenbeitrag (zum BNE)** dar.

7.3.3 Zahlungsbilanzungleichgewichte

7.3.3.1 Ursachen für Zahlungsbilanzungleichgewichte

Wie bereits erwähnt, ist eine Zahlungsbilanz wegen des Prinzips der doppelten Buchführung **formal immer ausgeglichen,** sodass man sich bei der Beurteilung des Zielerreichungsgrades auf die Analyse verschiedener Teilbilanzen stützt, zumeist der Leistungsbilanz oder der Devisenbilanz.

Generell erscheint es wirtschaftspolitisch sinnvoll, sich **nicht einseitig** an nur einer Teilbilanz zu orientieren, sondern den außenwirtschaftlichen Informationsgehalt der Zahlungsbilanz durch „kombinierte" Analysen mehrerer Aspekte zu erhöhen.

Um jedoch durch **„ursachenadäquate"** wirtschaftspolitische Maßnahmen die Umsetzung des Ziels des außenwirtschaftlichen Gleichgewichts innerhalb der Teilbilanzen anzustreben, muss man zunächst die Gründe für ein solches Ungleichgewicht analysieren.

Zu den wichtigsten **Ursachen für Störungen** des Zahlungsbilanzgleichgewichtes zählen:

- **Strukturunterschiede** bei der Ausstattung mit Produktionsfaktoren (z.B. Boden: Importabhängigkeit rohstoffarmer Länder, Kapital: Unterschiede bei der Produktionstechnologie, Arbeit: Unterschiede in Bezug auf berufliches Wissen und Können).
- Unterschiede im **Preisniveau** zwischen In- und Ausland führen in aller Regel zu einem Importüberschuss und somit zu einem Zahlungsbilanzdefizit (wenn das Preisniveau im Ausland niedriger ist als im Inland) bzw. zu einem Exportüberschuss und somit zu einem Zahlungsbilanzüberschuss (wenn das Preisniveau im Ausland höher ist als im Inland).
- Unterschiede beim **Zinsniveau** zwischen In- und Ausland führen zu entsprechenden Kapitalwanderungsbewegungen: Ein im Vergleich zum Ausland höheres Zinsniveau im Inland zieht ausländisches Kapital an, wohingegen ein im Vergleich zum Ausland niedrigeres Zinsniveau im Inland dazu beiträgt, dass inländisches Kapital verstärkt ins Ausland fließt.
- **Politische Entscheidungen** (z.B. Ex- oder Importverbote, Handelsbeschränkungen für die Ein- oder Ausfuhr von Waren oder Dienstleistungen, steuerpolitische Maßnahmen [z.B. Umsatzsteuerbefreiung von Exporten], unentgeltliche Leistungen an das Ausland sind höher als die unentgeltlichen Leistungen des Auslandes an das Inland und umgekehrt).

7.3.3.2 Folgen von Zahlungsbilanzungleichgewichten

Ungleichgewichte – beispielsweise bei der Leistungsbilanz – bleiben dauerhaft betrachtet nicht ohne Folgen für eine Volkswirtschaft.

Wie kritisch beispielsweise ein permanenter Überschuss der Außenhandelsbilanz zu sehen ist, verdeutlicht nachfolgende Einschätzung:

Für die BR Deutschland waren zwischen Mitte der sechziger und Anfang der neunziger Jahre die Handels- und mit Ausnahme der Jahre 1979 bis 1981 auch die gesamte Leistungsbilanz positiv, und viele sehen darin einen Beweis deutscher Tüchtigkeit. Jedoch fragt es sich, ob derartige Leistungsbilanzüberschüsse ökonomisch überhaupt anzustreben sind. Sicherlich ist ein Überschuss der Handelsbilanz für die Bundesrepublik insoweit positiv zu bewerten, als dadurch die Defizite der Dienstleistungsbilanz und auch der Übertragungsbilanz ausgeglichen werden. Darüber hinaus freilich sind permanente Überschüsse der Handelsbilanz wenig sinnvoll. Sie bedeuten vielmehr auf Dauer einen Verkauf realer Güter an das Ausland, deren monetäre Entgelte gegebenenfalls als teils unverzinsliche Währungsreserven bei der Bundesbank festliegen und aus politischen Gründen nicht jederzeit vollständig in Güterimporte überführt werden können. Statt von einem Verkauf ließe sich ökonomisch dann teilweise von einem „Verschenken" inländischer Güter sprechen. Entsprechend lautet das außenwirtschaftspolitische Ziel auch nicht Maximierung der Leistungsbilanzüberschüsse, sondern es geht um den langfristigen Ausgleich der Leistungsbilanz, der allerdings kurzfristige Ungleichgewichte nicht ausschließt. Mitte der neunziger Jahre weist die deutsche Handelsbilanz – teilweise vereinigungsbedingte – Defizite auf, und auch die Devisenbilanz ist zum Teil negativ, sodass die Währungsreserven der Deutschen Bundesbank leicht zurückgegangen sind.

Quelle: Bartling, H., und F. Luzius, Grundzüge der Volkswirtschaftslehre, 12., verbesserte und ergänzte Auflage, München 1998.

Die Folgen, die sich aus Zahlungsbilanzungleichgewichten ergeben können, zeigt nachfolgende Übersicht:

Zahlungsbilanzüberschuss	Zahlungsbilanzdefizit
■ **Inländischer Geldumlauf steigt** wegen der Devisenankäufe durch die Zentralbank (Währungsreserven der Zentralbank steigen an). ■ **Zinsniveau** im Inland **fällt** (bedingt durch steigende Geldmenge). ■ **Beschäftigung nimmt** – insbesondere bei exportbedingtem Leistungsbilanzüberschuss – **zu,** was allerdings eine starke Abhängigkeit der inländischen Beschäftigung vom Ausland zur Folge hat. ■ Bei Vollbeschäftigung kommt es zu **Preissteigerungen** („importierte Inflation"). ■ **Anstieg außenpolitischen Drucks,** wenn die Exporte aus konjunkturellen Gründen bei den ausländischen Handelspartnern unerwünscht sind (Gefahr protektionistischer Maßnahmen des Auslands wächst).	■ **Inländischer Geldumlauf verringert** sich aufgrund der für den Import erforderlichen Devisenverkäufe der Zentralbank an die Wirtschaftssubjekte (Währungsreserven der Zentralbank nehmen ab). ■ **Zinsniveau** im Inland **steigt** (bedingt durch sinkende Geldmenge). ■ Ein durch hohe Importe bedingtes Zahlungsbilanzdefizit führt zu einem **Rückgang** der **Beschäftigung.** ■ Rückgang der Preissteigerungsraten; dies führt zu **deflatorischen** Tendenzen auf vollkommenen Märkten. ■ Zunehmende **Verschuldung** gegenüber dem Ausland und damit einhergehend eventueller Verlust der Kreditwürdigkeit eines Landes.

7.3.3.3 Maßnahmen zur Behebung von Zahlungsbilanzungleichgewichten

Wegen der negativen Folgen von Zahlungsbilanzungleichgewichten auf die anderen gesamtwirtschaftlichen Ziele, kommt den wirtschaftspolitischen Maßnahmen zur Behebung dieser Ungleichgewichte große Bedeutung zu.

Dabei lassen sich grundsätzlich zwei Kategorien von Maßnahmen unterscheiden:

- **währungspolitische** Maßnahmen (in Abhängigkeit vom System der Wechselkurse),
- **sonstige** Maßnahmen.

(1) Währungspolitische Maßnahmen

Zahlungsbilanzüberschüsse bzw. -defizite führen aufgrund eines erhöhten Devisenangebots bzw. einer erhöhten Devisennachfrage zu Wechselkursschwankungen.

Bei **flexiblen** Wechselkursen kann es theoretisch aufgrund der Kursschwankungen zu einem **automatischen Ausgleich** der Zahlungsbilanz kommen. So führt beispielsweise bei einem Zahlungsbilanzüberschuss (Zahlungsbilanzdefizit) das damit einhergehende steigende (sinkende) Devisenangebot tendenziell zu einem sinkenden (steigenden) Devisenkurs. Hierdurch verteuern (verbilligen) sich die Exporte, wohingegen die Importe billiger (teurer) werden. Als Folge dieses **„Wechselkursmechanismus"** tendiert die Zahlungsbilanz zum Ausgleich, da durch die „Aufwertung" der inländischen Währung die Exporte (Importe) nunmehr zurückgehen, wohingegen die Importe (Exporte) zunehmen.

Bei **(relativ) festen** Wechselkursen können allerdings die Regierung bzw. Zentralbank des betroffenen Landes z.B. in Form einer **Aufwertung oder Abwertung** intervenieren. Im Falle eines Zahlungsbilanzüberschusses (Zahlungsbilanzdefizits) könnte etwa eine Aufwertung (Abwertung) der inländischen Währung vorgenommen werden. Dies hätte eine Verteuerung (Verbilligung) – und damit einhergehend ein Absinken (Ausweiten) – der Exporte zur Folge, wohingegen sich Importe verbilligen (verteuern) und somit gefördert (gebremst) würden. Durch diese währungspolitische Maßnahme könnte der Leistungsbilanzüberschuss bzw. das Leistungsbilanzdefizit abgebaut werden.

(2) Sonstige wirtschaftspolitische Maßnahmen

Sonstige wirtschaftspolitische Maßnahmen zur Beseitigung von Zahlungsbilanzungleichgewichten (Übersicht):

Zahlungsbilanzüberschuss	Zahlungsbilanzdefizit
Bei einem Zahlungsbilanzüberschuss besteht die Aufgabe der Wirtschaftspolitik darin, die **Exporte** zu **drosseln** und gleichzeitig die **Importe** zu **erhöhen.** 1. **Expansive** Wirtschaftspolitik (Erhöhung der inländischen Nachfrage): Einleitung **nachfragesteigernder Maßnahmen** im Inland zur Senkung des Exportes bzw. Steigerung des Importes (z.B. durch Ausweitung der Staatsnachfrage mittels Erhöhung der Staatsausgaben oder Steuersenkungen zur Stärkung der privaten Nachfrage). 2. **Preispolitische Maßnahmen** durch Zoll- oder Subventionspolitik zur Behebung eventuell bestehender Unterschiede im Preisniveau zwischen In- und Ausland: ■ **Zollpolitik:** Durch Variation der bei Grenzüberschreitung einer Ware erhobenen Abgabe (= **Zoll**) kann der Export gedrosselt bzw. der Import erhöht werden. Grundsätzlich stehen zwei Möglichkeiten zur Verfügung: – Senkung der Importzölle zur Verbilligung der Importe – Anhebung der Exportzölle. ■ **Subventionspolitik**: Zur Drosselung des Exports könnten beispielsweise bisher gezahlte „Exportsubventionen" abgebaut oder eingestellt werden. Zudem könnte zur Belebung des Imports und zum Ausgleich bestehender Preisniveauunterschiede zwischen In- und Ausland z.B. eine Subvention für die Einfuhr ausländischer Güter gezahlt werden.	Bei einem Zahlungsbilanzdefizit besteht die Aufgabe der Wirtschaftspolitik darin, die **Exporte** zu **erhöhen** und gleichzeitig die **Importe** zu **drosseln.** 1. **Kontraktive** Wirtschaftspolitik (Dämpfung der inländischen Nachfrage): Exportchancen steigen bzw. Importe gehen zurück, wenn das **inländische Preisniveau sinkt** (z.B. Drosselung der Staatsnachfrage durch Verringerung der Staatsausgaben oder Erhöhung der Steuern zur Abschöpfung von Kaufkraft und damit Schwächung der privaten Inlandsnachfrage). 2. **Preispolitische Maßnahmen** durch Zoll- oder Subventionspolitik zur Behebung eventuell bestehender Unterschiede im Preisniveau zwischen In- und Ausland: ■ **Zollpolitik:** Durch Variation des Zolls kann der Export erhöht bzw. der Import gebremst werden. Zur Beseitigung des Handelsbilanzdefizits bieten sich deshalb an: – Anhebung der Importzölle zur Verteuerung der Importwaren. Dieses Instrument kann zudem zur Bekämpfung von Gefahren eingesetzt werden, die von stark subventionierten ausländischen Unternehmen, die mit (vom Staat subventionierten) **Dumpingpreisen** auf den inländischen Markt drängen, ausgehen. – Senkung bzw. Abschaffung eventuell vorhandener Exportzölle. ■ **Subventionspolitik:** z.B. Zahlung einer Exportsubvention zur Belebung des Exports (Möglichkeit subventionierter Dumpingpreise).

3. **Mengenpolitische Maßnahmen** im Sinne einer Kontingentierungs- bzw. Verbotspolitik:
   - Festlegung von **Exportkontingenten** zur mengen- oder wertmäßigen Begrenzung des Exports;
   - **Exportverbote**: Sie übertreffen die Kontingentierung hinsichtlich ihrer Wirkung und unterbinden den Handel völlig. Zumeist werden sie für bestimmte Warengruppen oder für bestimmte Abnehmerstaaten ausgesprochen (z. B. Verhängung eines Handelsembargos: auf staatliche Anweisung müssen Exporteure ihre Lieferungen an ein bestimmtes Land einstellen).
4. **Sonstige administrative** Maßnahmen: z. B.
   - staatliche Bevorzugung ausländischer Produkte zur Belebung der Importtätigkeit;
   - Einstellung staatlicher Ausfuhrgarantien und -bürgschaften: Durch diese Maßnahme erhöhen sich die Risiken für Exporteure, was zu einem Exportrückgang führen kann.

3. **Mengenpolitische Maßnahmen** im Sinne einer Kontingentierungs- bzw. Verbotspolitik:
   - Festlegung von **Importkontingenten** zur mengen- oder wertmäßigen Begrenzung des Imports;
   - **Importverbote,** z. B. Boykott ausländischer Erzeugnisse oder als Folge eines Handelsembargos.
4. **Sonstige administrative** Maßnahmen: z. B.
   - Festlegung von technischen Normen, Gesundheits-, Umweltschutz- oder Sicherheitsstandards zur „Diskriminierung" ausländischer Produkte;
   - staatliche Bevorzugung inländischer Produkte (z. B. Polizei oder Bundeswehr fragen im Inland hergestellte Fahrzeuge nach) zur Drosselung des Imports;
   - staatliche Ausfuhrgarantien und -bürgschaften zur Reduzierung der Risiken für Exporteure.

Sollte ein **Zahlungsbilanzdefizit** ursächlich auf **Strukturunterschiede** bei der Ausstattung mit Produktionsfaktoren zurückzuführen sein, könnte dieses Ungleichgewicht durch eine **gezielte staatliche Förderung** zum Abbau dieser Strukturunterschiede – zumindest durch Verbesserung der Qualität bei den Produktionsfaktoren Arbeit und Kapital – auf lange Sicht behoben werden. Hierzu zählen beispielsweise die staatliche Förderung qualifizierter Aus- und Weiterbildungsmaßnahmen für den Produktionsfaktor Arbeit oder staatliche Maßnahmen zur Förderung des technischen Fortschritts beim Realkapital.

Aber auch in Bezug auf den Produktionsfaktor Boden ließen sich durch wirtschaftspolitische Maßnahmen eventuell bestehende Strukturunterschiede langfristig betrachtet zumindest reduzieren. So könnte etwa eine gezielte staatliche Förderung von Forschung und Entwicklung – beispielsweise im Bereich alternativer Energien (z. B. Windenergie, Biogasanlagen, Erdwärmenutzung, Kraftstoffe aus regenerierbaren Rohstoffen) – dazu beitragen, die aufgrund von „Rohstoffarmut" bestehende Importabhängigkeit eines Landes (z. B. Abhängigkeit von Erdöl exportierenden Ländern) zu verringern.

7.4 Kritische Betrachtung des Außenhandels

Länder mit Außenhandel (gegenseitigem Warenaustausch) betreiben **internationale Arbeitsteilung.**

Die Vor- und Nachteile des Außenhandels sind:

Vorteile	Nachteile
■ **Güter,** die eine Volkswirtschaft nicht oder nicht in ausreichendem Maße selbst produzieren kann, **werden eingeführt (importiert),** in der Bundesrepublik Deutschland z.B. Südfrüchte und Mineralstoffe. Die **Gegenleistung** besteht in der **Ausfuhr (im Export)** von Halb- und Fertigerzeugnissen, die die Handelspartner nicht selbst oder nicht in der gewünschten Qualität herstellen können (oder wollen). ■ Güter, die eine Volkswirtschaft nur mit höheren Kosten als andere Volkswirtschaften herstellen kann, werden importiert. Die auf diese Weise **eingesparten Produktionsfaktoren** können zur **Herstellung anderer Güter** eingesetzt werden, die möglicherweise kostengünstiger als im Ausland produziert werden können. ■ Nicht nur bei absoluten, sondern auch bei **relativen (komparativen) Kostenvorteilen** kann die internationale Arbeitsteilung für die beteiligten Länder von Vorteil sein.	■ Die **wirtschaftliche Abhängigkeit** zeigt sich z.B. in der konjunkturellen Verbundenheit der am Welthandel beteiligten Staaten. Konjunkturelle Einbrüche bei den führenden Industrieländern bewirken aufgrund des Nachfragerückgangs zwangsläufig **Beschäftigungsrückgänge** bei den Handelspartnern. ■ Ebenso wie die Konjunkturrückgänge können auch **Inflationen importiert** werden. ■ Weiterhin zeigt die Geschichte der Entwicklungsländer, dass die einseitige, durch die ehemaligen Kolonialmächte geförderte Spezialisierung auf die Förderung von Rohstoffen und die Erzeugung von Agrarprodukten („Plantagenwirtschaft") ein den Industrieländern vergleichbares **Wachstum verhindert.** ■ Eng mit der wirtschaftlichen Abhängigkeit ist die politische Abhängigkeit verflochten. So sind z.B. Länder, die auf Rohstoffzufuhren angewiesen sind, wirtschaftlich **und** politisch erpressbar. So können die Rohstoff exportierenden Länder beispielsweise versuchen, durch Preis- und/oder Mengendiktate **politische Entscheidungen** in den Abnehmerländern zu **beeinflussen.**

Die moderne Ausprägung der internationalen Arbeitsteilung wird als **Globalisierung** bezeichnet. Dieser neue Begriff ist gerechtfertigt. Früher erfolgte der Austausch von Waren, Dienstleistungen und Rechten (z.B. Lizenzen) in der Weise, dass der Exporteur die im Inland hergestellten Güter an den ausländischen Importeur lieferte. Heute ist es so, dass zahlreiche Hersteller nicht nur im Inland, sondern auch im Ausland (in Kundennähe) produzieren lassen, sodass es zu einem **Wettbewerb der Standorte** kommt. Die präzise weltweite Steuerung wird durch die hoch entwickelte Informationstechnik ermöglicht.

Ein weiteres Merkmal der Globalisierung ist, dass die **Übertragungen von Kapital** für Investitions- oder reine Anlagezwecke schneller gewachsen sind als die Weltproduktion.

Die Globalisierung wird folgendermaßen sichtbar:

- Der internationale Handel weitet sich schneller aus als die Weltproduktion.
- Die Direktinvestitionen steigen schneller als die Handelsströme.
- Das Finanzkapital wird international um ein Mehrfaches der Direktinvestitionen ausgetauscht.

1 Komparativ: vergleichsweise.

Zusammenfassung

- Der **internationale Handel** (die internationale Arbeitsteilung) erhöht die Produktivität und damit den Lebensstandard der Handel treibenden Länder.
- Der Außenhandel trägt dazu bei, **Produktionsfaktoren ihrer produktivsten Verwendung** zuzuführen (Ausnutzung von Standort- und anderen Kostenvorteilen).
- Der **Nachteil des Außenhandels** ist, dass er zu wirtschaftlicher und politischer Abhängigkeit führt.
- Die **Zahlungsbilanz** eines Landes ist eine **statistische Zusammenfassung** aller ökonomischen Transaktionen zwischen Inländern (Gebietsansässigen) und Ausländern (Gebietsfremden) während eines bestimmten Zeitraumes, in der Regel eines Jahres.
- Wesentliche **Aufgabe der Zahlungsbilanz** ist die Bereitstellung der Datenbasis für:
  - die **Geld- und Währungspolitik** und die übrige Wirtschaftspolitik,
  - wesentliche Bestandteile **der Volkswirtschaftlichen Gesamtrechnungen.**
- Je nach **Art der Transaktionen** lässt sich die Zahlungsbilanz in verschiedene **Teilbilanzen** unterglieden:

Teilbilanzen der Zahlungsbilanz

Leistungsbilanz bestehend aus:	Bilanz der Vermögensübertragungen	Kapitalbilanz bestehend aus:
■ Außenhandel ■ Dienstleistungen ■ Erwerbs- und Vermögenseinkommen ■ laufende Übertragungen	Erfasst werden unter anderem Vermögensübertragungen, die als „einmalig" betrachtet werden.	■ Direktinvestitionen ■ Wertpapieranlagen und Finanzderivate ■ Übriger Kapitalverkehr ■ Veränderung der Währungsreserven zu Transaktionswerten (Erfassung der Veränderungen der Währungsreserven der Bundesbank zu Transaktionswerten)

- Auftretende **Bilanzungleichgewichte** können veschiedene Ursachen haben:

Ursachen für Zahlungsbilanzungleichgewichte

Strukturunterschiede bei der Ausstattung von Produktionsfaktoren	Unterschiede beim Preisniveau zwischen In- und Ausland	Unterschiede beim Zinsniveau zwischen In- und Ausland	Politische Entscheidungen

- **Mögliche Folgen** von Zahlungsbilanzungleichgewichten:

Zahlungsbilanzüberschuss	Zahlungsbilanzdefizit
■ Inländischer Geldumlauf steigt. ■ Zinsniveau im Inland fällt. ■ Beschäftigung nimmt zu; allerdings starke Abhängigkeit der inländischen Beschäftigung vom Ausland. ■ Bei Vollbeschäftigung kommt es zu Preissteigerungen („importierte Inflation"). ■ Anstieg außenpolitischen Drucks.	■ Inländischer Geldumlauf verringert sich. ■ Zinsniveau im Inland steigt. ■ Rückgang der Beschäftigung. ■ Rückgang der Preissteigerungsraten; dies führt zu deflatorischen Tendenzen auf vollkommenen Märkten. ■ Zunehmende Verschuldung gegenüber dem Ausland.

- Zur Bekämpfung von Zahlungsbilanzungleichgewichten lassen sich grundsätzlich **zwei Kategorien** von Maßnahmen unterscheiden:
  - **währungspolitische** Maßnahmen (in Abhängigkeit vom System der Wechselkurse),
  - **sonstige** Maßnahmen.
- Je nach **Währungssystem** stehen verschiedene **währungspolitische Maßnahmen** zur Verfügung:

Währungspolitische Maßnahmen

↓

sind abhängig vom Währungssystem

System freier Wechselkurse	System (relativ) fester Wechselkurse
Keine währungspolitischen Maßnahmen erforderlich; aufgrund des Wechselkursmechanismus kommt es i. d. R. zum automatischen Ausgleich der Zahlungsbilanz.	■ Aufwertung der inländischen Währung bei Zahlungsbilanzüberschuss. ■ Abwertung der inländischen Währung bei Zahlungsbilanzdefizit.

- **Zahlungsbilanzdefizite,** die ursächlich auf **Strukturunterschiede** bei der Ausstattung mit Produktionsfaktoren zurückzuführen sind, könnten durch eine **gezielte staatliche Förderung** zum Abbau dieser Strukturunterschiede – zumindest durch Verbesserung der Qualität bei den Produktionsfaktoren Arbeit und Kapital – auf lange Sicht verringert werden.

Übungsaufgaben

53

1. Welche Bedeutung hat der Außenhandel für den Lebensstandard in der Bundesrepublik Deutschland? Begründen Sie Ihre Antwort!
2. Erklären Sie kurz die Struktur des Außenhandels der Bundesrepublik Deutschland! Begründen Sie seine Zusammensetzung!
3. Grenzen Sie die Begriffe Außenhandel und Außenwirtschaft voneinander ab!
4. Üben Sie Kritik an der Theorie der komparativen Kosten!

54 1. Nennen Sie jeweils drei mögliche Vor- und Nachteile des Außenhandels!

2. 2.1 Erklären Sie den Begriff „Floating“!

   2.2 Nennen Sie drei Gründe für einen im Verhältnis zum USD steigenden Euro!

   2.3 Flexible Wechselkurse führen bei Ungleichgewichten von Export und Import mittelfristig zu einem Gleichgewicht dieser beiden Größen. Nehmen Sie an, der Export von Deutschland in die USA (Fakturierung in Euro) sei größer als der Import (Fakturierung in USD). Erläutern Sie die mittelfristige Wirkung bei flexiblen Wechselkursen aus dem Blickwinkel Deutschlands auf

   2.3.1 Euronachfrage,

   2.3.2 Dollarangebot,

   2.3.3. Eurokurs,

   2.3.4. Dollarkurs,

   2.3.5. Exporte und

   2.3.6 Importe!

   2.4 Erläutern Sie kurz ein Argument für und gegen das System flexibler Wechselkurse!

   2.5 Angenommen, auf dem Devisenmarkt steigt der Wechselkurs für 1,00 EUR von 1,3100 USD auf 1,5585 USD. Ein in Deutschland gefertigter Sportwagen kostet in der Bundesrepublik Deutschland 59900,00 EUR. Zu welchem USD-Preis kann dieser Pkw vor und nach der Wechselkursänderung in den USA angeboten werden, wenn sich die Gewinnspanne des Anbieters nicht ändern soll? Transportkosten, Zölle etc. bleiben bei der Betrachtung außen vor.

3. Die Zusammensetzung der Dienstleistungsbilanz ist aus folgender Tabelle im Einzelnen ersichtlich:

4. Dienstleistungsverkehr der Bundesrepublik Deutschland mit dem Ausland, Erwerbs- und Vermögenseinkommen (Salden)

Mio €

	Dienstleistungen										
							übrige Dienstleistungen				
								darunter:			
Zeit	insgesamt	Reiseverkehr 1)	Transport 2)	Finanzdienstleistungen	Patente und Lizenzen	Regierungsleistungen 3)	zusammen	Entgelte für selbständige Tätigkeit 4)	Bauleistungen, Montagen, Ausbesserungen	Erwerbseinkommen 5)	Vermögenseinkommen (Kapitalerträge)
2005	– 25 677	– 36 317	+ 6 379	+ 1 622	– 1 203	+ 3 688	+ 153	– 1 638	+ 3 086	– 1 285	+ 26 182
2006	– 13 740	– 32 771	+ 5 723	+ 2 232	– 1 895	+ 3 736	+ 9 235	– 1 790	+ 3 980	– 773	+ 45 666
2007	– 11 603	– 34 324	+ 6 770	+ 2 886	– 2 192	+ 3 309	+ 11 947	– 1 977	+ 3 089	+ 342	+ 43 163
2008	– 7 031	– 34 644	+ 8 312	+ 4 067	– 1 715	+ 2 351	+ 14 598	– 1 583	+ 3 059	+ 523	+ 42 094
2009	– 9 662	– 33 299	+ 6 877	+ 3 941	– 357	+ 2 315	+ 10 861	– 1 164	+ 2 165	– 344	+ 34 142
2009 1.Vj.	– 1 253	– 5 410	+ 2 260	+ 921	– 994	+ 615	+ 1 355	– 342	+ 311	+ 677	+ 11 273
2.Vj.	– 2 261	– 8 308	+ 1 855	+ 697	– 343	+ 644	+ 3 193	– 254	+ 467	+ 269	– 362
3.Vj.	– 7 752	– 13 821	+ 1 325	+ 732	+ 103	+ 577	+ 3 332	– 276	+ 585	– 720	+ 11 435
4.Vj.	+ 1 604	– 5 760	+ 1 437	+ 1 591	+ 877	+ 478	+ 2 981	– 291	+ 802	– 570	+ 11 796
2010 1.Vj.	– 1 467	– 5 465	+ 1 399	+ 905	+ 1	+ 585	+ 1 109	– 237	+ 457	+ 812	+ 10 663
2.Vj.	– 2 892	– 8 269	+ 1 992	+ 683	+ 220	+ 600	+ 1 882	– 265	+ 600	+ 366	+ 540
3.Vj.	– 7 283	– 13 864	+ 1 919	+ 1 099	– 326	+ 601	+ 3 288	– 336	+ 639	– 609	+ 10 802
2010 Jan.	– 1 885	– 1 872	+ 361	+ 303	– 560	+ 154	– 271	– 81	+ 136	+ 250	+ 3 255
Febr.	– 407	– 1 597	+ 475	+ 289	+ 397	+ 213	– 184	– 70	+ 111	+ 270	+ 3 387
März	+ 825	– 1 997	+ 563	+ 314	+ 164	+ 218	+ 1 563	– 86	+ 209	+ 292	+ 4 022
April	+ 275	– 1 999	+ 660	+ 414	+ 381	+ 182	+ 636	– 79	+ 176	+ 112	+ 712
Mai	– 1 685	– 2 946	+ 637	+ 117	+ 44	+ 231	+ 233	– 80	+ 57	+ 134	– 3 598
Juni	– 1 481	– 3 325	+ 696	+ 152	– 205	+ 187	+ 1 013	– 106	+ 367	+ 120	+ 3 426
Juli	– 2 996	– 4 717	+ 698	+ 287	– 446	+ 174	+ 1 008	– 156	+ 234	– 203	+ 3 708
Aug.	– 3 102	– 5 211	+ 705	+ 446	+ 163	+ 202	+ 593	– 73	+ 142	– 206	+ 3 680
Sept.	– 1 185	– 3 936	+ 517	+ 366	– 42	+ 225	+ 1 687	– 107	+ 264	– 201	+ 3 414
Okt.	– 1 392	– 3 734	+ 514	+ 229	– 77	+ 209	+ 1 468	– 91	+ 257	– 165	+ 3 754
Nov.	+ 874	– 1 588	+ 521	+ 307	+ 188	+ 269	+ 1 177	– 115	+ 152	– 186	+ 3 745

1 Ergebnisse ab Januar 2001 mit größerer Unsicherheit behaftet.— 2 Ohne die im cif-Wert der Einfuhr enthaltenen Ausgaben für Frachtkosten. — 3 Einschl. der Einnahmen von ausländischen militärische Dienststellen für Warenlieferungen und Dienstleistungen. — 4 Ingenieur- und sonstige technische Dienstleistungen, Forschung und Entwicklung, kaufmännische Dienstleistungen u.a.m. — 5 Einkommen aus unselbständiger Arbeit.

Quelle: Monatsbericht der Deutschen Bundesbank, Januar 2011.

Aufgaben:

3.1 Welcher Posten der Dienstleistungsbilanz erfordert die höchsten Ausgaben?

3.2 Beurteilen Sie die Tatsache, dass die Position Lizenzen und Patente zumeist negativ ist!

3.3 Erläutern Sie mögliche Gründe, die dazu beitragen, dass die Vermögenseinkommen so stark schwanken!

4. Betrachten Sie die Bilanz der laufenden Übertragungen bzw. der Vermögensübertragungen!

Aufgaben:

4.1 Welcher Posten hat die größte Bedeutung bei den laufenden Übertragungen?

4.2 Wodurch unterscheidet sich die Bilanz der laufenden Übertragungen grundsätzlich von den anderen Teilbilanzen der Zahlungsbilanz?

4.3 Beurteilen Sie die Bedeutung der Bilanz der Vermögensübertragungen!

5. Laufende Übertragungen der Bundesrepublik Deutschland an das bzw. vom Ausland (Salden) — 6. Vermögensübertragungen (Salden)

Mio €

Zeit	5. Insgesamt	Öffentlich 1)				Privat 1)			6. Insgesamt 4)	Öffentlich 1)	Privat 1)
		zusammen	Internationale Organisationen 2): zusammen	darunter: Europäische Gemeinschaften	sonstige laufende Übertragungen 3)	insgesamt	Überweisungen der Gastarbeiter	sonstige laufende Übertragungen			
2005	– 28 712	– 17 588	– 16 264	– 14 687	– 1 324	– 11 124	– 2 926	– 8 198	– 1 369	– 3 419	+ 2 050
2006	– 27 206	– 14 496	– 14 902	– 13 348	+ 406	– 12 710	– 2 927	– 9 783	– 258	– 1 947	+ 1 689
2007	– 32 206	– 16 752	– 18 659	– 16 876	+ 1 908	– 15 454	– 2 997	– 12 458	+ 110	– 2 034	+ 2 145
2008	– 34 303	– 17 907	– 19 611	– 17 536	+ 1 704	– 16 395	– 3 079	– 13 316	– 209	– 1 857	+ 1 648
2009	– 33 727	– 19 486	– 19 657	– 17 317	+ 171	– 14 241	– 2 995	– 11 247	– 186	– 1 645	+ 1 459
2009 1.Vj.	– 12 099	– 8 469	– 7 873	– 7 010	– 597	– 3 629	– 749	– 2 881	+ 25	– 407	+ 432
2.Vj.	– 6 075	– 2 202	– 4 662	– 4 183	+ 2 460	– 3 873	– 749	– 3 124	+ 290	– 303	+ 592
3.Vj.	– 8 159	– 5 019	– 4 288	– 3 766	– 731	– 3 140	– 749	– 2 392	– 42	– 360	+ 318
4.Vj.	– 7 395	– 3 796	– 2 834	– 2 358	– 962	– 3 599	– 749	– 2 850	– 459	– 576	+ 117
2010 1.Vj.	– 13 416	– 9 954	– 8 959	– 8 268	– 994	– 3 463	– 759	– 2 704	+ 293	– 376	+ 669
2.Vj.	– 6 353	– 2 270	– 4 168	– 3 763	+ 1 898	– 4 083	– 759	– 3 324	– 434	– 395	– 39
3.Vj.	– 10 627	– 7 108	– 6 382	– 5 665	– 726	– 3 519	– 759	– 2 760	+ 67	– 416	+ 484
2010 Jan.	– 4 353	– 3 179	– 2 952	– 2 716	– 227	– 1 175	– 253	– 922	+ 82	– 112	+ 193
Febr.	– 6 328	– 5 137	– 4 696	– 4 358	– 442	– 1 191	– 253	– 938	+ 432	– 108	+ 540
März	– 2 735	– 1 638	– 1 312	– 1 194	– 326	– 1 097	– 253	– 844	– 220	– 156	– 64
April	– 2 034	– 711	– 1 349	– 1 166	+ 638	– 1 324	– 253	– 1 071	– 197	– 115	– 82
Mai	– 1 519	– 284	– 1 642	– 1 589	+ 1 358	– 1 234	– 253	– 982	– 50	– 124	+ 74
Juni	– 2 800	– 1 275	– 1 177	– 1 007	– 98	– 1 525	– 253	– 1 272	– 187	– 156	– 30
Juli	– 3 633	– 2 387	– 2 092	– 1 931	– 295	– 1 247	– 253	– 994	+ 424	– 144	+ 568
Aug.	– 3 459	– 2 349	– 2 013	– 1 673	– 336	– 1 110	– 253	– 857	– 108	– 126	+ 18
Sept.	– 3 535	– 2 372	– 2 277	– 2 061	– 96	– 1 162	– 253	– 909	– 248	– 146	– 102
Okt.	– 3 603	– 2 720	– 2 335	– 2 085	– 385	– 882	– 253	– 629	– 235	– 173	– 62
Nov.	– 4 032	– 2 776	– 2 288	– 2 162	– 488	– 1 257	– 253	– 1 004	– 165	– 200	+ 35

1 Für die Zuordnung zu Öffentlich und Privat ist maßgebend, welchem Sektor die an der Transaktion beteiligte inländische Stelle angehört. — 2 Laufende Beiträge zu den Haushalten der internationalen Organisationen und Leistungen im Rahmen des EU-Haushalts (ohne Vermögensübertragungen). — 3 Zuwendungen an Entwicklungsländer, Renten und Pensionen, Steuereinnahmen und -erstattungen u.a.m. — 4 Soweit erkennbar; insbesondere Schuldenerlass.

Quelle: Monatsbericht der Deutschen Bundesbank, Januar 2011.

5. Die Wirtschaftsbeziehungen zwischen den Industrieländern und der sogenannten Dritten Welt werden nicht selten wie folgt beschrieben: „Der Reichtum der Industrienationen resultiert im Wesentlichen aus dem Handel dieser Länder mit den Volkswirtschaften der Dritten Welt."

Aufgaben:

5.1 Nehmen Sie zu dieser Behauptung in Bezug auf die Bundesrepublik Deutschland kritisch Stellung!

5.2 Des Weiteren wird behauptet, dass Entwicklungshilfezahlungen einseitige Geschenke der Geber- an die Empfängerländer seien. Erläutern Sie anhand von vier Beispielen, dass derartige Zahlungen durchaus auch für die Geberländer positive Auswirkungen haben können!

5.3 Erläutern Sie kurz, warum Entwicklungsländer unter einer Wirtschaftskrise besonders stark leiden!

5.4 Betrachten Sie zunächst die nachfolgende Abbildung und lesen Sie den darauffolgenden Text.

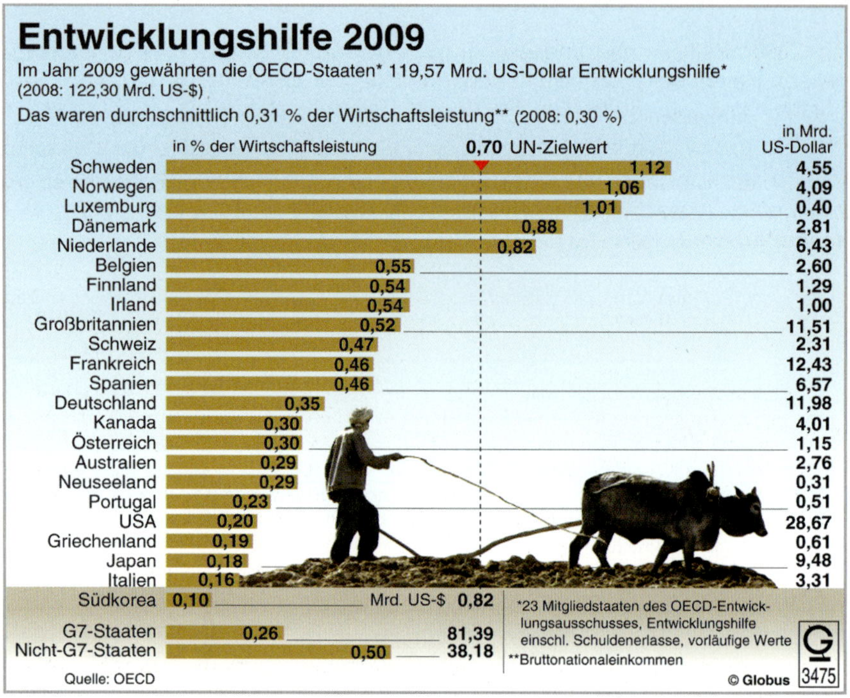

Trotz der Wirtschafts- und Finanzkrise erhöhten 2009 die meisten Industriestaaten wie geplant ihre Entwicklungshilfe. Doch Deutschland kappte die Ausgaben und wurde daher von Frankreich als zweitgrößtes Geberland nach den USA überholt. Auch andere Euro-Staaten wie Italien, Irland und Österreich schraubten die Hilfen zurück. Das spüren vor allem die afrikanischen Empfängerstaaten. Insgesamt sank die öffentliche Entwicklungshilfe um 2,2 Prozent. Im Schnitt entsprach sie damit 0,31 Prozent der Wirtschaftsleistung, gemessen am Bruttonationaleinkommen. Nur fünf Staaten übertrafen 2009 das UN-Ziel, mehr als 0,7 Prozent ihrer Wirtschaftskraft für die Entwicklungshilfe auszugeben: Schweden, Norwegen, Luxemburg, Dänemark und die Niederlande. In absoluten Zahlen lagen die USA mit einer Steigerung um 5,4 Prozent auf netto 28,7 Milliarden Dollar an der Spitze. Frankreich schob sich mit plus 16,9 Prozent und 12,43 Milliarden Dollar auf Platz zwei. Deutschland, das seine Ausgaben um 12,0 Prozent auf 11,98 Milliarden Dollar senkte, fiel auf Platz drei zurück. Mit 0,35 Prozent des Bruttonationaleinkommens war die deutsche Entwicklungshilfe (netto) relativ deutlich niedriger als die französische (0,46 Prozent), aber spürbar höher als die Hilfe der USA (0,20 Prozent).

Aufgabe:

Erläutern Sie, warum die Entwicklungshilfevorgaben der Vereinten Nationen ebenfalls dazu beitragen, dass Entwicklungsländer von einer Weltwirtschaftskrise in besonderem Maße betroffen sind!

8 Die Konjunktur- und Wachstumspolitik als Kombination verschiedener wirtschaftspolitischer Einzelmaßnahmen

8.1 Allgemeine Ziele, Maßnahmen und Zielkonflikte

Die Ziele, Maßnahmen und Zielkonflikte der Konjunktur- und Wachstumspolitik wurden bereits weiter oben detailliert behandelt (vgl. u.a. Kapitel 3, S. 291 ff., im Rahmen des Kursthemas „Die Rolle des Staates in gesamtwirtschaftlicher Perspektive"; Kapitel 3, S. 340 ff., des Kursthemas „Die Stabilisierungsaufgaben und Stabilisierungspolitik").

Vor diesem Hintergrund werden an dieser Stelle die Ziele, Maßnahmen und möglichen Zielkonflikte verschiedener wirtschaftspolitischer Einzelmaßnahmen nur noch einmal **exemplarisch** dargestellt.

(1) Kombinierter Einsatz wirtschaftspolitischer Instrumente

„Der amerikanische Nobelpreisträger Paul Samuelson hat vor Jahrzehnten das vielleicht berühmteste ökonomische Diktum formuliert: „Gott gab den Ökonomen zwei Augen, damit sie Angebot und Nachfrage betrachten." Diese Weisheit schien lange Zeit vergessen. Zunächst dachten die Keynesianer, das Wirtschaftswachstum lasse sich durch eine staatliche Manipulation der gesamtwirtschaftlichen Nachfrage steuern, ohne auf die Angebotsbedingungen zu achten. Die ihnen nachfolgende Gegenbewegung formulierte ganz anders, aber nicht weniger radikal: In der ökonomischen Debatte der vergangenen zwanzig Jahre war fast ausschließlich von Angebotspolitik die Rede. Wer schüchtern auf die Bedeutung der Nachfrage für den Wirtschaftsprozess hinwies, wurde als verstaubtes Fossil dargestellt oder einfach ausgelacht..."[1]

Zwischenzeitlich hat sich jedoch mehrheitlich die Auffassung durchgesetzt, dass sowohl die Angebotspolitik als auch die Nachfragepolitik Instrumente besitzt, die gleichzeitig eingesetzt (kombiniert) werden können, um bestimmte wirtschaftspolitische Ziele zu erreichen.

Beispiel:

In einer Volkswirtschaft herrscht hohe Arbeitslosigkeit und die Kapazitäten der Unternehmen sind nicht voll ausgelastet. Die Regierung beschließt eine Verbesserung der Ausbildung und Weiterbildung der Arbeitnehmer, den Ausbau des Bildungswesens und stellt weitere Mittel für Forschung und Entwicklung bereit. Diese langfristig angelegte Maßnahme zur Qualitätssteigerung der Produktionsfaktoren Arbeit und Bildung ist ein Instrument der **angebotsorientierten Wirtschaftspolitik.** Kurzfristig wird jedoch die Beschäftigungslage (die Konjunktur) nicht wesentlich beeinflusst. Vielmehr muss die Regierung, wenn sie den Zielen eines möglichst hohen Beschäftigungsstands *und* eines möglichst stetigen (störungsfreien) Wirtschaftswachstums näherkommen will, die Nachfrage mithilfe **nachfrageorientierter Instrumente** stärken. Dazu gehören z.B. Erhöhung der Staatsausgaben für Sachinvestitionen und Personal und die Senkung der Sozialabgaben. Erst die sinnvolle **Kombination mehrerer wirtschaftspolitischer Instrumente** macht es möglich, dass die Regierung ein von ihr gesetztes wirtschaftspolitisches Ziel erreichen kann.

1 Quelle: Braunberger, G., Die Ökonomik der OECD, in: FAZ vom 7. August 1998.

Aus weiter oben gemachten Ausführungen ist bekannt, dass wirtschafts- und sozialpolitische Ziele häufig nicht gleichzeitig erreichbar sind, und dass die Verfolgung eines Ziels oft zulasten der Erreichung eines anderes Ziels oder weiterer Ziele geht **(Zielkonflikte)**.

Beispiel:

Der im vorigen Beispiel genannte kombinierte Einsatz wirtschaftspolitischer Instrumente steht dann im Widerspruch zum Ziel eines langfristig ausgeglichenen Staatshaushalts, wenn es die Regierungen versäumt haben, in den Jahren der Hochkonjunktur Rücklagen zu bilden oder wenigstens Schulden zu tilgen. Außerdem trägt die steigende Kreditnachfrage dazu bei, die Zinssätze in die Höhe zu treiben, sodass sogar dem Vollbeschäftigungsziel entgegengesetzte Wirkungen eintreten: Steigende Zinsen können unter bestimmten Bedingungen dazu führen, dass geplante Investitionen nicht durchgeführt oder aufgeschoben werden.

Vor allem dann, wenn Zielkonflikte vorliegen, müssen **Kompromisse** geschlossen werden.

Beispiel:

Erstrebenswert sind sowohl ein hoher Beschäftigungsgrad als auch eine gerechte Einkommensverteilung. Von verschiedenen Seiten wird der gesetzliche Mindestlohn gefordert. In einem marktwirtschaftlichen System ist jedoch die Einführung von Mindestlöhnen weder zielnoch **systemkonform** (marktkonform), weil der Marktmechanismus teilweise außer Kraft gesetzt wird (siehe auch Kapitel 5.2). Da der Mindestlohn über dem Marktlohn liegen muss (andernfalls wäre er überflüssig), erhöht er die Arbeitslosigkeit.

Quelle: Braunberger, G., Die Ökonomik der OECD, in: FAZ vom 7. August 1998.

(2) Wechselwirkungen wirtschaftspolitischer Maßnahmen

Beispiel:

Angenommen, die Regierung eines Landes setzt die Einkommensteuersätze herauf, um die Staatseinnahmen zu erhöhen. Die Rechnung dieses Ursache-Wirkungsdenkens („höhere Steuersätze bringen dem Staat mehr Geld") geht nicht auf: Die Steuereinnahmen steigen nicht. Sie nehmen sogar ab, weil die Konsumenten weniger Geld zur Verfügung haben, sodass die Konsumausgaben sinken. Die Beschäftigung im Handel in der Konsumgüterindustrie geht zurück. Letztere wiederum stellt ihre Investitionsvorhaben zurück, sodass die Kapazitätsauslastung in der Investitionsgüterindustrie sinkt. Die Steuererhöhung hat das Gegenteil dessen bewirkt, was sie eigentlich wollte.

Das Beispiel zeigt, dass die Wirkungen wirtschaftspolitischer Maßnahmen meistens nicht richtig beurteilt werden können, wenn einfache „lineare" Denkmuster zugrunde gelegt werden. Das Denken in „Wenn-dann-Beziehungen" (Ursache-Wirkungsbeziehungen) führt deswegen zu ungenauen, manchmal sogar falschen Ergebnissen, weil neben den **unmittelbaren (direkten) Beziehungen eines Systems**[1] auch die **mittelbaren (indirekten)** Beziehungen, die außerdem *zeitverzögert* eintreten können, berücksichtigt werden müs-

1 System (griech.): ein aus zahlreichen Elementen (Einzelteilen) zusammengesetztes Ganzes, bei dem jedes einzelne Element mit jedem anderen mittelbar oder unmittelbar zusammenhängt. Ein einfaches Beispiel für ein System ist das Mobile. Gleichgültig, welches Einzelteil auch angestoßen wird, es werden sich – oft auf nicht vorhersehbare Weise – alle anderen Elemente bewegen und mit einer gewissen Zeitverzögerung auch auf die Bewegung des ursprünglich angestoßenen Teils Einfluss nehmen.

sen. Außerdem sind **Rückkopplungen,** d. h. in diesem Falle also Rückwirkungen bestimmter staatlicher Maßnahmen, zu berücksichtigen (feedback). Darüber hinaus können sich staatliche Eingriffe auf die gesamte Wirtschaft (das In- und Ausland) auswirken. Beispiele sind die Auswirkungen von Zollerhöhungen oder -senkungen auf den Außenhandel und die Beschäftigung, von Umweltschutzmaßnahmen auf die Investitionstätigkeit inländischer und ausländischer Investoren oder der Zulassung oder Nichtzulassung von genmanipulierten[1] Futter- und Nahrungsmitteln auf die in- und ausländische Landwirtschaft und die Gesundheit der Bevölkerung.

Das Fundament des „Denkens in Systemen" (des „vernetzten Denkens") bildet die **Kybernetik.**[2] Hierunter versteht man die Wissenschaft vom Aufbau und inneren Zusammenhang komplexer[3] Systeme.

Beispiel:

Ein einfaches Beispiel für ein kybernetisches System ist eine durch einen Thermostat[4] gesteuerte Heizung. Der Thermostat misst die Raumtemperatur mithilfe eines Sensors[5] und vergleicht den gemessenen Wert (Isttemperatur) mit einem vorgegebenen Sollwert. Abweichungen vom Sollwert veranlassen den Thermostaten, über den Effektor die Heizung so zu regulieren, dass der Istwert wieder den Sollwert erreicht. Das Ergebnis der Steuerung wird wieder an den Sensor zurückgemeldet (Rückkopplung).

Das Denken in Systemen beinhaltet nicht nur die Beachtung der Wechselbeziehungen **innerhalb eines Systems** (z. B. innerhalb des Wirtschaftssystems), sondern es berücksichtigt auch die Zusammenhänge **zwischen verschiedenen Systemen** wie sie z. B. zwischen Wirtschaft und Gesellschaft (Sozialordnung, Rechtsordnung, Religionen) oder zwischen Wirtschaft und dem Ökosystem der Erde (z. B. Energieerzeugung einerseits und Klimaveränderung andererseits) bestehen.

8.2 Bewertung aktueller politischer Maßnahmen vor dem Hintergrund der wirtschaftspolitischen Grundkonzeptionen

Im Rahmen dieses Kapitels sollen die Schülerinnen und Schüler gemäß Lehrplan anhand von **konjunktur- und wachstumspolitischen Beispielen beurteilen,** inwieweit die **aktuelle** Politik den Zielen des **nachhaltigen Wachstums** und der **Sicherung des Marktmechanismus** Rechnung trägt.

Die Lernenden sollen **aktuelle wirtschaftspolitische Maßnahmen** der im Rahmen dieses Kursthemas bis hierher dargestellten **Politikbereiche** vor dem Hintergrund ihrer Auswirkungen auf Konjunktur und Wachstum **analysieren** und anschließend unter Effizienzaspekten und vor dem Hintergrund der wirtschaftspolitischen Grundkonzeptionen von Nachfrage- und Angebotsorientierung **bewerten.** Um diesen Anforderungen Rechnung zu tragen, wurde nachfolgende Projektaufgabe formuliert.

1 Gen (griech.): Erbfaktor. Genmanipulation: künstliche Veränderung der Erbfaktoren.
2 Kybernetik (griech.): Steuermannskunst.
3 Komplex (lat.): vielfältig, verflochten, miteinander verbunden, voneinander abhängig.
4 Thermostat (griech., lat.): Temperaturregler.
5 Sensor (lat.): Fühler, Messfühler

Übungsaufgabe

55 Projekt

Sammeln Sie über einen längeren Zeitraum Zeitungsartikel oder Artikel aus dem Internet zu aktuellen wirtschaftspolitischen Entscheidungen der Bundesregierung mit folgender Aufgabenstellung:

1. Beurteilen Sie, inwieweit die getroffenen Entscheidungen der Bundesregierung den Zielen nachhaltigen Wachstums und der Sicherung des Marktmechanismus Rechnung tragen.
2. Analysieren Sie die möglichen Auswirkungen der getroffenen Entscheidungen auf Konjunktur und Wachstum.
3. Bewerten Sie die gesammelten politischen Maßnahmen unter Effizienzgesichtspunkten und vor dem Hintergrund der wirtschaftspolitischen Grundkonzeptionen von Nachfrage- und Angebotsorientierung.

Die Ergebnisse dieses Projektes sollten in Form einer Präsentation vor der Lerngruppe vorgestellt werden.

Kursthema: Von der Volkswirtschaft zur Weltwirtschaft

1 Die Europäische Union – von der nationalen zur europäischen Volkswirtschaft

1.1 Europäische Union (EU)

Die Europäische Union ist **kein Staat;** sie ist vielmehr eine **übernationale** (supranationale) **Organisation der Mitgliedstaaten,** die einen Teil ihrer nationalen Hoheitsrechte auf diese Organisation übertragen haben.

Sie unterscheidet sich von anderen internationalen Organisationen dadurch, dass sie in bestimmten Bereichen, z. B. in der Außenhandelspolitik, als **unabhängige** Rechtspersönlichkeit unmittelbar auf die Mitgliedstaaten einwirken kann.

Für diese Bereiche enthalten die zwischen den Mitgliedstaaten abgeschlossenen Verträge (primäres Gemeinschaftsrecht) jeweils eine konkrete Ermächtigungsnorm.

1.1.1 Geschichtliche Entwicklung

Einen Überblick über den chronologischen Verlauf der **EU-Integration**[1] vermittelt nachfolgende Aufstellung:

Chronik der EU-Integration	
1952	Gründung der Europäischen Gemeinschaft für Kohle und Stahl (Montanunion) durch Belgien, Niederlande, Luxemburg, Frankreich, Italien und die Bundesrepublik Deutschland (6er-Gemeinschaft).
1958	Gründung der Europäischen Wirtschaftsgemeinschaft (EWG) und der Europäischen Atomgemeinschaft (EURATOM) durch die gleichen sechs Staaten.
1967	Entstehung der Europäischen Gemeinschaft (EG) durch Zusammenfassung der Organe der Montanunion, EWG und EURATOM (gemeinsamer Ministerrat und gemeinsame Kommission).
1968	Vollendung der Zollunion durch Abbau der Zölle und Handelsbeschränkungen innerhalb der EG-Länder und Errichtung eines gemeinsamen Zolltarifs gegenüber Drittländern.
1973	Beitritt Großbritanniens, Irlands und Dänemarks zur EG (9er-Gemeinschaft), Freihandelsabkommen mit den restlichen EFTA-Ländern.
1979	Erstmalige Direktwahlen zum Europäischen Parlament (Neuwahlen alle fünf Jahre) und Beginn des Europäischen Währungssystems (EWS).
1981	Beitritt Griechenlands (10er-Gemeinschaft).
1986	Beitritt Portugals und Spaniens (12er-Gemeinschaft).
1987	Einheitliche Europäische Akte mit dem Hauptzweck der Vollendung des einheitlichen Binnenmarktes bis Ende 1992.
1990	Beitritt der DDR zur Bundesrepublik Deutschland und damit zur EU.

1 **Integration** (lat. integer: ganz, unversehrt) bedeutet Zusammenfassung kleiner Einheiten zu einer größeren. Unter Integration im politischen und rechtlichen Sinne ist somit ein Zusammenschluss mehrerer Staaten zu verstehen, die einen Teil ihrer Souveränität an übergeordnete gemeinsame Organe übertragen.

Chronik der EU-Integration	
1992	Maastricht-Vertrag über die Europäische Union als Regierungsabkommen mit anschließenden Ratifizierungen in den Mitgliedsländern. Der Vertrag regelt die Schaffung der Wirtschafts- und Währungsunion (WWU) bis spätestens Anfang 1999.
1993	Europäischer Binnenmarkt tritt zum 01.01.1993 in Kraft. Damit entsteht in der EG ein Wirtschaftsraum, in dem der freie Verkehr von Personen, Waren und Dienstleistungen und Kapital gewährleistet ist. Am 01.11.1993 wird aus der Europäischen Gemeinschaft (EG) die Europäische Union (EU).
1994	Beginn der zweiten Stufe der Währungsunion: Europäisches Währungsinstitut (EWI) – Vorläufer der EZB – wird in Frankfurt am Main eingerichtet.
1995	Beitritt Österreichs, Finnlands und Schwedens (15er-Gemeinschaft).
1997	EU-Staats- und Regierungschefs verabschieden in Amsterdam einen Stabilitäts- und Wachstumspakt zur Sicherung der Stabilität des Euro nach dem Start der Währungsunion.
1998	Staats- und Regierungschefs der EU-Mitgliedstaaten einigen sich in Brüssel auf der Grundlage der Berichte der EU-Kommission und des EWI darauf, dass elf Länder am 01.01.1999 in die Währungsunion starten werden (Griechenland erfüllt die Konvergenzkriterien nicht; freiwillig bleiben der gemeinsamen Währung noch fern Großbritannien, Schweden und Dänemark).
1999	Dritte Stufe der WWU: Euro-Einheitswährung für 11 der 15 Mitgliedsländer, die EZB übernimmt die Verantwortung für die Geldpolitik.
2004	Beitritt von zehn neuen Ländern in die EU: Estland, Lettland, Litauen, Malta, Polen, Slowakische Republik, Slowenien, Tschechische Republik, Ungarn und Zypern.
2007	Beitritt der beiden Länder Bulgarien und Rumänien (vgl. hierzu auch nachfolgende Abb.).
2009	Zum **1. Dezember 2009** trat der **„Vertrag von Lissabon** zur Änderung des Vertrags über die Europäische Union und des Vertrags zur Gründung der Europäischen Gemeinschaft" in Kraft. Dieser Vertrag ergänzte die bestehenden Vertragsgrundlagen des europäischen Integrationsverbandes; so erhielt die Europäische Union eine einheitliche Struktur und Rechtspersönlichkeit.

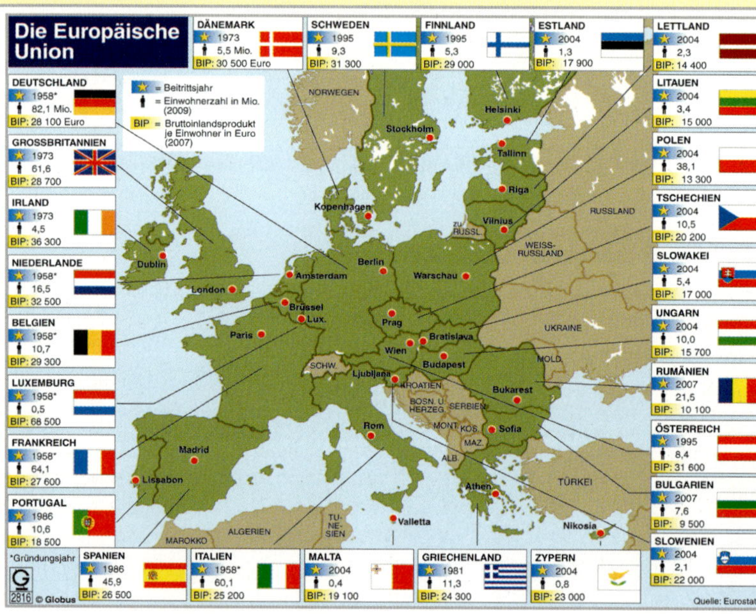

1.1.2 Organe der Europäischen Union

1.1.2.1 Überblick

Mit seinen 27 Mitgliedstaaten und knapp 500 Millionen Menschen entwickelte sich die Euroäische Union zum mittlerweile **weltweit größten Wirtschaftsraum.** Die Europäische Union wuchs in mehreren Etappen, parallel dazu weiteten sich ihre Zuständigkeiten aus. Heute ist sie auf **fast allen Politikfeldern** aktiv. Eines ihrer **zentralen politischen Ziele** hat die Europäische Union erreicht: die **dauerhafte und friedliche Integration Europas.** Unter dem Eindruck des Zweiten Weltkrieges sahen ihre Gründer in einer **engen wirtschaftlichen Verflechtung** der Staaten, die **wachsende gegenseitige Abhängigkeiten** schafft, den aussichtsreichsten Weg für ein Leben in Frieden und Wohlstand.

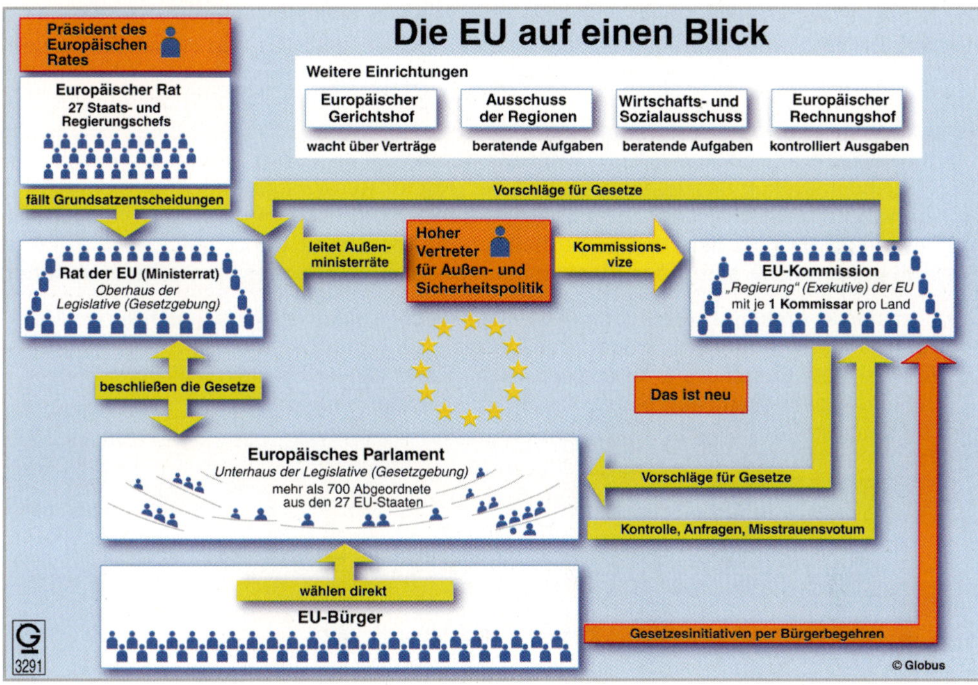

1.1.2.2 Europäischer Rat

Der Europäische Rat fungiert als „politischer Impulsgeber" und gilt somit als **Motor der europäischen Integration.** Er setzt sich aus **den jeweiligen Staats- und Regierungschefs** der einzelnen Mitgliedstaaten sowie dem **Präsidenten** zusammen. Der hauptamtliche Präsident des Europäischen Rates wird mit **qualifizierter** Mehrheit vom Europäischen Rat für zweieinhalb Jahre bei einmaliger Wiederwahlmöglichkeit gewählt.

Die **Hauptaufgabe** des Präsidenten besteht darin, die Vorbereitung und **Kontinuität** der Arbeiten des Europäischen Rates zu gewährleisten und auf einen **Konsens** hinzuarbeiten. Das Amt des Präsidenten des Europäischen Rates ist mit keinem anderen nationalen Mandat vereinbar. Zudem soll er **nicht** in die **Tagespolitik** eingreifen und kann öffentlich letztlich nur die Positionen vertreten, auf die sich die Staats- und Regierungschefs zuvor geeinigt haben.

Zu den **Kernaufgaben des Europäischen Rates** gehört die Festlegung der „allgemeinen politischen Zielvorstellungen und Prioritäten" der Europäischen Union, ohne dass der Rat selbst gesetzgeberisch tätig wird. Seine Aufgaben umfassen vielmehr **grundlegende Entscheidungen** wie etwa neue EU-Erweiterungen oder die Übertragung weiterer Kompetenzen an die EU. Des Weiteren schlägt der Europäische Rat den Kommissionspräsidenten, den Hohen Vertreter für Außen- und Sicherheitspolitik und die übrigen Kommissionsmitglieder vor. Die Entscheidungen trifft der Rat grundsätzlich „im Konsens", also **einstimmig;** nur bei Personalentscheidungen gilt die qualifizierte Mehrheit.

1.1.2.3 Rat der Europäischen Union

Der Rat der Europäischen Union (kurz: Ministerrat) **vertritt die Regierungen der Mitgliedstaaten.** Er teilt seine Aufgaben in den Bereichen Gesetzgebung und Haushalt mit dem Europäischen Parlament und spielt bei der gemeinsamen Außen- und Sicherheitspolitik und der Koordinierung der Wirtschaftspolitik eine zentrale Rolle. Der Rat besteht aus den **Ministern der einzelnen Mitgliedstaaten,** die für das jeweils aktuelle Thema, für das der Rat zusammentritt, zuständig sind. Die Präsidentschaft wechselt **halbjährlich** zwischen den Mitgliedstaaten. Eine Ausnahme bildet der „Rat für Auswärtige Angelegenheiten". Für diesen Außenministerrat wird als fester Vorsitzender der auf fünf Jahre gewählte **„Hohe Vertreter der EU für Außen- und Sicherheitspolitik"** bestimmt, der zugleich auch das Amt des Außenkommissars und des Vizepräsidenten der Europäischen Kommission innehat.

Der Ministerrat **tagt öffentlich** und trifft Entscheidungen zumeist mit qualifizierter Mehrheit, in Ausnahmefällen (z.B. Fragen der Außen- und Sicherheitspolitik, Steuerfragen) ist ein einstimmiger Beschluss erforderlich. Ab dem **Jahr 2014** wird die qualifizierte Mehrheit durch die **doppelte Mehrheit** ersetzt, nach der 55 % der Mitgliedstaaten zustimmen müssen, die mindestens 65 % der EU-Bevölkerung repräsentieren.

714 035

1.1.2.4 Europäische Kommission

Die Europäische Kommission nimmt in der Europäischen Union in etwa die Funktionen einer **Regierung** wahr. Sie ist ein supranationales Organ, das nicht die Interessen eines bestimmten Mitgliedstaates, sondern die Interessen der Europäischen Union vertritt. Die Kommission setzt sich seit dem Beitritt von Bulgarien und Rumänien im Jahr 2007 aus **27 Mitgliedern** zusammen, darunter der Präsident, der die Kommission leitet. Jeder Mitgliedstaat ist mit einem Kommissionsmitglied vertreten.

<table>
<tr><th></th><th>Aufgabenbereiche der Europäischen Kommission</th></tr>
<tr><td>„Hüterin der Verträge“</td><td>Sie überwacht zum einen die Einhaltung und Durchführung der Europäischen Vertragswerke, weshalb sie auch die „Hüterin der Verträge“ genannt wird.</td></tr>
<tr><td>„Herrin des Verfahrens“</td><td>Die Kommission wird als die „Herrin des Verfahrens“ bezeichnet, weil nur sie allein Vorschläge für einzelne Rechtsakte der Europäischen Union machen kann. Sie besitzt damit gegenüber dem Rat und dem Parlament ein sogenanntes Initiativmonopol. Die Vorschläge der Kommission müssen das europäische Interesse in den Vordergrund stellen und den Grundsätzen der Subsidiarität (sofern keine ausschließliche Zuständigkeit der Gemeinschaft besteht) und der Verhältnismäßigkeit entsprechen.

 714 025</td></tr>
<tr><td>Exekutivfunktion</td><td>Die Kommission ist für die Ausführung von Gemeinschaftsrecht zuständig (Exekutivfunktion).</td></tr>
<tr><td>Interessenvertretung auf internationaler Ebene</td><td>Die Kommission übernimmt die Vertretung der Interessen der Europäischen Union in internationalen Organisationen.</td></tr>
</table>

Diese umfassenden und weitreichenden Kompetenzen machen die Kommission im Vergleich zu den beiden anderen Organen des „institutionellen Dreiecks“ (Rat der Europäischen Union, Europäisches Parlament) zum wichtigsten Anwalt der Unionsinteressen.

1.1.2.5 Europäisches Parlament

Das Europäische Parlament ist weltweit die **einzige direkt gewählte multinationale** parlamentarische Versammlung sowie seit 1979 das einzige Organ der Europäischen Union, das aus **direkten** Wahlen hervorgeht. Die Wahlen finden alle **fünf** Jahre statt. Die Zahl der Mitglieder hat mit den verschiedenen Erweiterungen der EU zugenommen. Seit dem Jahr 2009 zählt das Parlament maximal **750 Abgeordnete** aus 27 Mitgliedstaaten, die sich auf der Grundlage ihrer politischen Ausrichtung und nicht nach Staatsangehörigkeit in Fraktionen zusammenschließen. Der offizielle **Sitz** des Europäischen Parlaments befindet sich in **Straßburg**.

Die genauen Bestimmungen über die **Zusammensetzung des Europäischen Parlaments** überlässt der Vertrag von Lissabon einer späteren Entscheidung des Europäischen Rates. Die Aufteilung der Sitze erfolgt jedoch nach dem **Grundsatz der „degressiven Proportionalität"**, wonach die Abgeordneten der bevölkerungsreichsten Mitgliedstaaten mehr Bürger ihres Landes vertreten als die Abgeordneten der Länder mit weniger Einwohnern. Darüber hinaus ist für jeden Mitgliedstaat eine Mindestzahl von 6 und eine Höchstzahl von 96 Abgeordneten festgelegt.

Das Europäische Parlament wird **gemeinsam** mit dem Rat der Europäischen Union als **Gesetzgeber** tätig und übt gemeinsam mit ihm die **Haushaltsbefugnisse** aus. Das Parlament besitzt das letzte Wort über alle Ausgaben der EU, die letzte Entscheidung über die Einnahmen der EU liegt aber beim Rat, sodass das Parlament nicht selbstständig den Gesamtetat erhöhen oder neue EU-Steuern einführen kann.

Die **Abstimmungen** des Parlaments erfolgen regelmäßig mit **absoluter** Mehrheit der **abgegebenen** Stimmen, in der zweiten Lesung bei Gesetzgebungsprozessen mit absoluter Mehrheit der **gewählten** Mitglieder, bei Ausnahmeentscheidungen (z.B. Misstrauensantrag gegen die Kommission) mit **Zweidrittelmehrheit**.

Seit 1979 sind die Befugnisse des Parlaments durch die europäischen Verträge Schritt für Schritt erweitert worden. Das Europäische Parlament ist wohl das am meisten unterschätzte Organ der EU. Es wird in der Öffentlichkeit immer noch als machtlos und mit wenig Kompetenzen ausgestattet angesehen. Dabei hat das Parlament weitreichende Befugnisse, die fast alle klassischen Funktionen eines Parlaments umfassen.

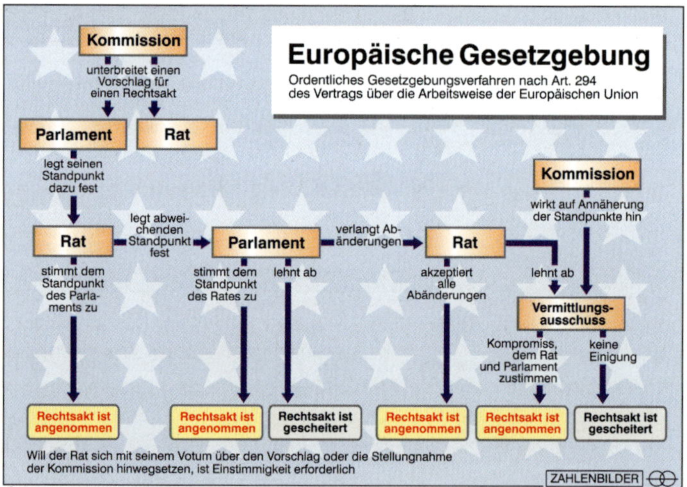

© Bergmoser + Höller Verlag 715 420

1.1.2.6 Europäischer Gerichtshof

Der Europäische Gerichtshof (jedes Mitgliedsland stellt einen Richter) sichert die Wahrung des Rechts bei der Auslegung und Anwendung der Verträge. Er stellt z. B. fest, ob ein Mitgliedsland gegen eine vertragliche Verpflichtung verstoßen hat. Der Sitz des Europäischen Gerichtshofs ist Luxemburg.

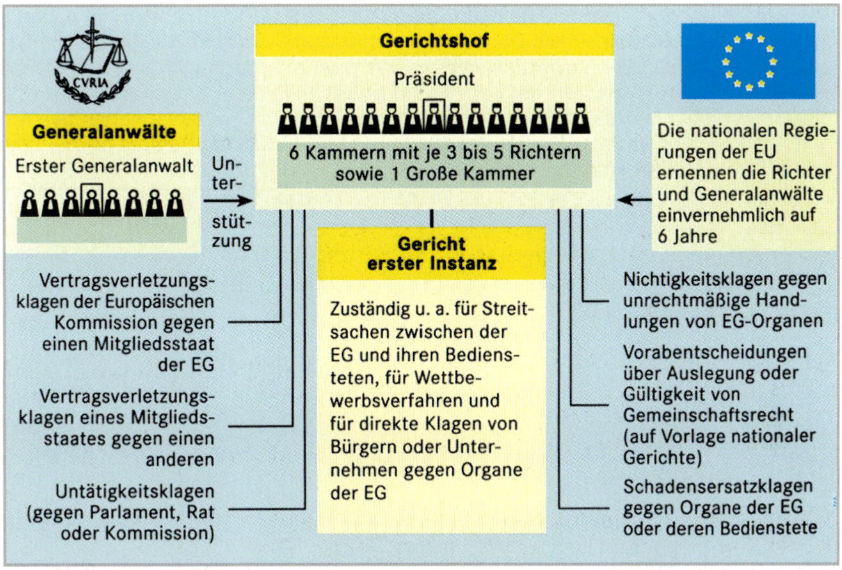

Quelle: Recht A-Z – Fachlexikon für Studium und Beruf, Bonn 2007.

1.1.2.7 Weitere EU-Institutionen

Europäische Investitionsbank	Sie hat die Aufgabe, zur Erschließung wirtschaftlich benachteiligter Gebiete in der EU und in den assoziierten Staaten durch Kreditgewährung und/oder Übernahme von Bürgschaften beizutragen. Die verschiedenen Europäischen Fonds geben Finanzhilfen in wichtigen Sonderbereichen. Innerhalb des Europäischen Währungsverbunds hat der Europäische Währungsfonds wichtige Aufgaben.
Europäischer Rechnungshof	Er legt dem Parlament und dem Rat eine Erklärung über die Zuverlässigkeit der Rechnungsprüfung vor. Nach Abschluss eines Haushaltsjahres erstattet er einen Jahresbericht. Er unterstützt den Rat und das Parlament bei der Kontrolle der Ausführung des Haushaltsplans.
Wirtschafts- und Sozialausschuss	Der Wirtschafts- und Sozialausschuss (WSA) ist ein beratendes Organ, in dem die Vertreter des wirtschaftlichen und sozialen Lebens mitwirken. Die Mitglieder bilden drei Gruppen: Arbeitgeber, Arbeitnehmer und Sonstige (z. B. Vertreter der Landwirtschaft, der Verkehrswirtschaft, der freien Berufe und der Verbraucher). Der Wirtschafts- und Sozialausschuss muss von Rat und Kommission in einer Reihe von Fällen angehört werden, z. B. bei Fragen der Agrarpolitik, der Freizügigkeit, des Niederlassungsrechts, des Dienstleistungsverkehrs, der Verkehrspolitik oder der Rechtsangleichung innerhalb der EU.

Ausschuss der Regionen	Im **Ausschuss der Regionen (AdR)** wirken entsprechend den Vorgaben des EG-Vertrags Vertreterinnen und Vertreter der Regionen und der kommunalen Ebene beratend an der europäischen Rechtsetzung mit. Es können auch Ministerinnen und Minister der regionalen Ebene für die Mitgliedstaaten im Rat handeln. Mit der Verankerung in Art. 5 EG-Vertrag wurde das **Subsidiaritätsprinzip** zur allgemein gültigen Grundlage des politischen Zusammenlebens in der Gemeinschaft. Damit ist aus regionaler Sicht auch die Bedeutung der unteren Ebene in der Gemeinschaft erkennbar gesteigert worden. Durch diese Neuerungen hat sich die Europäische Union deutlich in Richtung auf ein **„Europa der drei Ebenen"** weiterentwickelt, in dem – neben den Mitgliedstaaten und der europäischen Ebene – auch die Regionen eine eigenständige Rolle spielen.

1.2 Europäischer Binnenmarkt

1.2.1 Gründe für die Schaffung eines gemeinsamen Binnenmarktes

Die Schaffung eines gemeinsamen Binnenmarktes **ohne nationale Grenzen** innerhalb der Staatengemeinschaft gehört zu den Kernzielen der europäischen Integration. Gleichwohl spielen nationale Grenzen innerhalb der Europäischen Union immer noch eine größere Rolle als etwa die Grenzen zwischen den Bundesstaaten in den Vereinigten Staaten von Amerika.

Das vermutlich **wichtigste Argument** für einen grenzenlosen Binnenmarkt ist **politischer** Natur.

Merke:

Eine **enge wirtschaftliche Verflechtung** von Ländern schafft durch die entstehende wechselseitige Abhängigkeit **politische Stabilität** und sichert so den **Frieden.**

Neben diesem Aspekt sind es dann aber vor allem **wirtschaftliche** Gesichtspunkte, die für einen Binnenmarkt sprechen:

- Der freie Austausch von Gütern und Dienstleistungen steigert den **Wohlstand** aller Menschen innerhalb der Europäischen Union durch eine bessere **Arbeitsteilung** und eine **höhere Produktvielfalt.** Der Freihandel mit innovativen Gütern fördert auch die schnelle Verbreitung von moderner Technologie.
- Der im Vergleich zu einem abgeschotteten nationalen Markt stärkere **Wettbewerbsdruck** führt zu einem größeren Angebot von Gütern und Dienstleistungen mit einem guten Preis-Leistungs-Verhältnis. Dieser Wettbewerbsdruck und die damit einhergehenden Spezialisierungseffekte tragen mit dazu bei, dass die Unternehmen der Mitgliedstaaten auch auf den Weltmärkten erfolgreich sein können.
- Der Binnenmarkt kann somit das **Wirtschaftswachstum** steigern und damit auch den Arbeitnehmerinnen und Arbeitnehmern höhere Beschäftigungschancen und bessere Einkommensperspektiven ermöglichen. Unterentwickelten Regionen und Staaten bietet sich die Chance verbesserter Exportmöglichkeiten, und sie können in der wirtschaftlichen Entwicklung zu den wohlhabenderen Gebieten aufschließen.
- Durch all diese Effekte kann der europäische Wirtschaftsraum **besser** mit den anderen großen Wirtschaftsblöcken dieser Welt – wie Asien und Nordamerika – **konkurrieren.**

1.2.2 Vier Grundfreiheiten

Der Artikel 3 des Vertrags zur Gründung der Europäischen Wirtschaftsgemeinschaft („EG-Vertrag") sieht unter anderem vor:

- **(1)** die Abschaffung der Zölle und mengenmäßigen Beschränkungen bei der Ein- und Ausfuhr von Waren sowie aller sonstigen Maßnahmen gleicher Wirkung zwischen den Mitgliedstaaten;
- die Beseitigung der Hindernisse für
  (2) freien Personen-,
  (3) Dienstleistungs- und
  (4) Kapitalverkehr
  zwischen den Mitgliedstaaten.

Europäischer Binnenmarkt: vier Grundfreiheiten	
Warenverkehrs-freiheit	Der freie Warenaustausch innerhalb der Staaten der EU wird im Rahmen der Warenverkehrsfreiheit gewährleistet. Ziel ist es dabei, über die Öffnung der nationalen Märkte das Produktangebot auf allen Märkten zu verbessern und zu erweitern sowie knappe Güter sogar zu verbilligen.
Personenverkehrs-freiheit	Im Rahmen der Personenverkehrsfreiheit genießen alle EU-Bürger das Recht, sich in jedem Land der EU aufzuhalten, einen Beruf auszuüben und dort zu verbleiben. So haben Arbeitnehmer und Selbstständige das Recht, in jedem Mitgliedsland zu leben und zu arbeiten. Kein Unionsbürger darf aufgrund seiner Staatsangehörigkeit benachteiligt werden (Diskriminierungsverbot).
Dienstleistungs-verkehrsfreiheit	Dienstleistungsfreiheit bedeutet die Liberalisierung der Erbringung von Dienstleistungen; dazu zählen z. B. Versicherungsabschlüsse, Beratungstätigkeiten und andere Serviceleistungen.
Kapitalverkehrs-freiheit	Die Kapitalflüsse zwischen den Mitgliedstaaten unterliegen keinerlei Restriktion im Rahmen der Kapitalverkehrsfreiheit. Durch die Europäische Wirtschafts- und Währungsunion wurde der Geld-, Kapital- und Zahlungsverkehr in der EU vollständig liberalisiert sowie die Fiskal- und Geldpolitik verstärkt koordiniert.

Welch **hohes Konfliktpotenzial** die Umsetzung der vier Grundfreiheiten in sich birgt, ist am politischen Kampf um die **EU-Dienstleistungsrichtlinien** zu ersehen.

EU-Dienstleistungsrichtlinie

Dem Dienstleistungssektor kommt mit einem Anteil von 71 Prozent an allen Beschäftigten in der EU inzwischen eine überragende wachstums- und beschäftigungspolitische Rolle zu. Vor diesem Hintergrund hat die Europäische Kommission im Jahr 2004 den Entwurf einer Richtlinie zur weiteren Liberalisierung des grenzüberschreitenden Dienstleistungsgeschäfts im Binnenmarkt vorgelegt. Mit der Richtlinie sollen die immer noch weit verbreiteten bürokratischen Hürden für den Binnenmarkt im Bereich der Dienstleistungen verringert werden und auf diese Weise ein Beitrag für mehr Wettbewerb, Beschäftigung und Wachstum erbracht werden. Immer noch erschweren es heute umfassende Genehmigungs- und Anmeldevorschriften, Dienstleistern wie beispielsweise Handwerkern, Monteuren, IT-Spezialisten oder Beratern, ihre Dienste auch in einem anderen Land des Binnenmarktes anzubieten.

Obwohl der freie Dienstleistungsverkehr von Beginn an eines der zentralen Ziele des Binnenmarktes war, hat der vom damaligen Binnenmarktkommissar Frits Bolkestein vorgelegte Entwurf der Dienstleistungsrichtlinie (DLR) eine harte politische Kontroverse ausgelöst. Im Mittelpunkt dieser Debatte, die eine wichtige Rolle bei der Ablehnung des Verfassungsvertrags im französischen Referendum im Mai 2005 gespielt hat, stand dabei das sogenannte Herkunftslandprinzip. Dieses im Ursprungsentwurf der DLR zentrale Prinzip besagt, dass bei grenzüberschreitend angebotenen Dienstleistungen nicht die gesetzlichen Regelungen des Landes gelten, in dem die Dienstleistung konsumiert wird, sondern die des Herkunftslandes des Anbieters. Kritiker befürchteten als Folge dieses weit reichenden Liberalisierungsansatzes ein Absinken sozialer Standards und Löhne und auch eine Abwärtsspirale beim Umwelt- und Verbraucherschutzrecht. Befürworter verwiesen hingegen auf den Erfolg des Herkunftslandprinzips bei der Liberalisierung der Gütermärkte und auf eine Reihe von Ausnahmeregeln, die „Sozialdumping" und andere Probleme zuverlässig vermieden hätten. Nachdem der Ursprungsentwurf aufgrund des starken öffentlichen Protestes in Frankreich und anderen Staaten weder im Rat noch im Parlament konsensfähig war, konnte im Jahr 2006 im Parlament und im Rat ein Kompromiss erzielt werden. Dieser sieht die Streichung des umstrittenen Herkunftslandprinzips vor. Stattdessen werden die Mitgliedsstaaten mit bestimmten Übergangsfristen verpflichtet, einen freien Zugang zum tertiären Sektor zu ermöglichen und eine freie Ausübung von Dienstleistungen zu gewährleisten. Lediglich aus Gründen der öffentlichen Sicherheit, der öffentlichen Ordnung und zum Schutz der Umwelt und der Gesundheit sind Ausnahmen von dieser Regelung zulässig. Innerhalb der EU soll es demnach keine Marktzutrittsschranken für Dienstleistungen mehr geben. Vollständig ausgenommen von der Geltung der DLR sind allerdings wichtige Dienstleistungsbereiche wie Gesundheit, Verkehr, Zeitarbeitsagenturen und einige Teilbereiche der öffentlichen Dienste.

Quelle: Bundeszentrale für politische Bildung, 279/2006.

1.2.3 Weitere Maßnahmen zur Sicherung des Binnenmarktes

Die vorgenannten Grundfreiheiten des Binnenmarktes werden ergänzt durch **weitere wichtige Bestimmungen,** die unter anderem den Wettbewerb zum Wohle der Verbraucherinnen und Verbraucher sichern und Diskriminierungen von Unternehmen aufgrund ihrer nationalen Herkunft unterbinden sollen. Hierzu zählen im Einzelnen die **Wettbewerbskontrolle,** das **Subventionsverbot,** die **öffentliche Auftragsvergabe** sowie die **Wirtschafts- und Währungsunion.**

(1) Wettbewerbskontrolle

Die Verwirklichung des Binnenmarktes erfordert eine Bindung aller Beteiligten an **gleiche Regeln für den Wettbewerb.** So sind Kartelle und Preisabsprachen zwischen Unternehmen untersagt und ziehen hohe Geldstrafen nach sich. Fusionen werden nicht genehmigt, wenn durch den Zusammenschluss eine **marktbeherrschende** Stellung im Binnenmarkt droht. Zudem wurden in der Vergangenheit wichtige frühere staatliche Monopole durch diese Binnenmarktprinzipien aufgelöst, wie z. B. die Monopole der deutschen Bundespost oder Bundesbahn. Um Verfälschungen des Wettbewerbs zu verhindern, müssen aber auch die **Steuervorschriften angeglichen** (harmonisiert) werden. Durch die **Angleichung des Gesellschaftsrechts** müssen die nationalen Bestimmungen zum Schutz der Gesellschaften sowie Dritter gleichwertig und damit wettbewerbsneutral verabschiedet werden.

(2) Subventionsverbot

Staatliche Beihilfen, die den Wettbewerb verzerren, sind generell verboten. Über Ausnahmen entscheidet die Europäische Kommission. Die praktischen Konsequenzen des Subventionsverbots betrafen beispielsweise die deutschen Sparkassen und Landesbanken. Ihre Eigentümer, die deutschen Bundesländer und Kommunen, gewährten diesen Institutionen in der Vergangenheit unbegrenzte Garantien für den Fall einer finanziellen Schieflage („Gewährträgerhaftung"). Diese Sicherheiten wurden von den privaten Konkurrenten und der Europäischen Kommission als verdeckte Subventionen angesehen, die den Wettbewerb erheblich verzerren. Daher war die Gewährträgerhaftung in ihrer früheren Form nicht mehr vereinbar mit dem Subventionsverbot und wird mit bis zum Jahr 2015 geltenden Übergangsfristen endgültig abgeschafft.

(3) Öffentliche Auftragsvergabe

Bei der Vergabe öffentlicher Aufträge sollen auch Unternehmen anderer EU-Staaten eine faire Chance auf den Zuschlag haben. Aus diesem Grunde besteht ab bestimmten Schwellenwerten des Auftragsvolumens die **Pflicht zur europaweiten Ausschreibung öffentlicher Aufträge.**

1.3 Europäische Wirtschafts- und Währungsunion (EWWU)

1.3.1 Geschichtliche Entwicklung

Neben den vier Grundfreiheiten stellt die **Einführung des Euro** als Buchgeld im Jahr 1999 bzw. als Bargeld seit dem 1. Januar 2002 einen weiteren Meilenstein für den **Binnenmarkt** dar. Die rechtlichen Grundlagen zur Vollendung der **Wirtschafts- und Währungsunion** und der Einführung des Euro bildeten verschiedene Artikel des in Maastricht geschlossenen Vertrags über die Europäische Union (im Vertrag von Amsterdam nunmehr die Artikel 98 bis 124). Die rechtliche Ausgestaltung der Einführung der neuen Währung ist Sache des **europäischen Gesetzgebers.** Mit Beginn der dritten Stufe der Wirtschafts- und Währungsunion am 1. Januar 1999 ist die **Währungshoheit** und damit die ausschließliche Gesetzgebungskompetenz in diesem Bereich auf die Europäische Gemeinschaft übertragen worden.

Merke:

Die **europäische Gemeinschaftswährung beseitigt Hindernisse** durch verschiedene nationale Währungen, die zuvor das grenzüberschreitende Wirtschaften im Binnenmarkt belastet hatten. Mit dem Euro ist zumindest in den Teilnehmerländern ein hohes Maß an **Preistransparenz** eingekehrt.

31 Boller-Hartmann 978-3-8120-0585-2

1.3.2 Veränderungen des Wechselkurses des Euro

Der Euro zählt zu den Währungen, deren Wechselkurs sich durch Angebot und Nachfrage **frei am Markt** bildet **(„Floating")**.

Die Veränderung des Wechselkurses des Euro innerhalb eines 16-Monat-Zeitraums zeigt die nebenstehende Abbildung. Ein **Anstieg des Index** bedeutet eine **Aufwertung des Euro** gegenüber den Währungen der wichtigsten Handelspartner des Euro-Währungsgebiets und aller nicht dem Euro-Währungsgebiet angehörenden EU-Mitgliedstaaten.

Wie sich der Wechselkurs durch Verschiebungen von Devisenangebot und -nachfrage ändert, soll anhand der nachfolgenden Beispiele verdeutlicht werden.

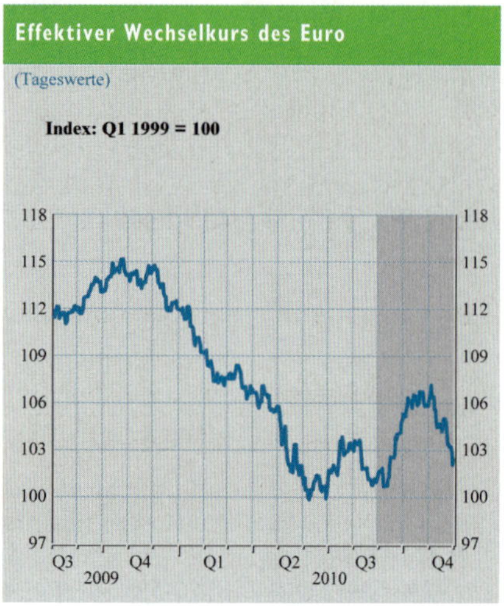

Quelle: EZB-Monatsbericht, Dezember 2010.

(1) Aufwertung des Euro

Beispiel:

Angenommen, die Nachfrage nach Euro steigt durch einen den Import **übersteigenden** Export von Gütern aus Deutschland in die USA (**aktive** Außenhandelsbilanz). Als Folge dieser Situation fragen die amerikanischen Importeure verstärkt Euro nach, um die auf **Euro** lautenden Rechnungen begleichen zu können (vorausgesetzt die Exporteure sind in der starken Position, die Rechnung zum Ausschluss von Währungsrisiken in Euro zu fakturieren).

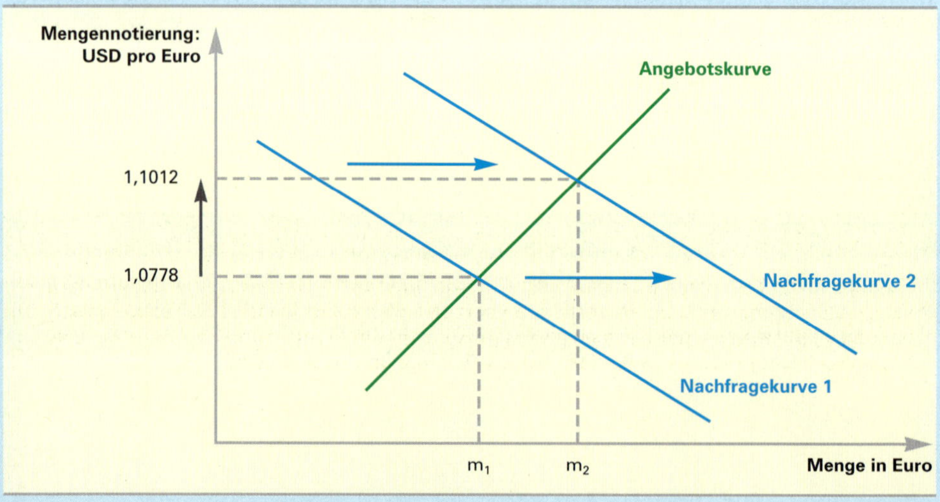

Der **Wert des Euro** ist im Vergleich zum Wert des US-Dollar **angestiegen.** Erhielt man vor der Ausweitung der Nachfrage nach Euro noch 1,0778 USD, so hat sich durch die Nachfrageverschiebung das Austauschverhältnis zugunsten des Euro auf 1,1012 USD **erhöht.** Die **ausländischen Importeure** müssen also für die gleiche Gütermenge **mehr Dollar** ausgeben, wodurch sich der Import für sie verteuert. Dieser Prozess der **Erhöhung des Preises der einheimischen Währung** (hier: Euro) gegenüber ausländischen Währungseinheiten (hier: USD) wird als **Aufwertung** bezeichnet. Die **Aufwertung der inländischen Währung** (Euro) gegenüber der ausländischen Währung (USD) **bedeutet** gleichzeitig eine **Abwertung der ausländischen Währung** (USD) gegenüber der inländischen Währung (Euro).

Die wichtigsten **Folgen der Aufwertung:**

Für das „aufwertende" Land („Euroland")	Für das „abwertende" Land (USA)
■ **Verteuerung** der **Exportgüter** und damit Rückgang des Exports. ■ **Verbilligung** der **Importgüter** und somit Importanstieg. **Beispiel:** Ein deutscher Importeur kauft eine Maschine in den USA zum Preis von 500 000,00 USD. Vor der **Euro-Aufwertung** musste er hierfür 500 000 USD : 1,0778 USD/EUR = 463 907,96 EUR zahlen; nach der Euro-Aufwertung kostet ihn die gleiche Maschine nur noch 500 000 USD : 1,1012 USD/EUR = 454 050,13 EUR. **Konsequenzen:** Export geht zurück, Import steigt, Tendenz zum Gleichgewicht zwischen Ex- und Import (Außenhandelsbilanzüberschuss sinkt).	■ **Verteuerung** der **Importgüter** und damit Rückgang des Imports. ■ **Verbilligung** der **Exportgüter** und somit Exportanstieg. **Beispiel:** Ein amerikanischer Importeur kauft eine Maschine aus Deutschland zum Preis von 250 000,00 EUR. Vor der **USD-Abwertung** musste er hierfür 250 000,00 EUR · 1,0778 USD/EUR = 269 450,00 USD zahlen; nach der USD-Abwertung kostet ihn die gleiche Maschine 250 000,00 EUR · 1,1012 USD/EUR = 275 300,00 USD. **Konsequenzen:** Import geht zurück, Export steigt, Tendenz zum Gleichgewicht zwischen Ex- und Import (Außenhandelsbilanzdefizit sinkt).

(2) Abwertung des Euro

Beispiel:

Im **umgekehrten Fall,** wenn also deutsche Unternehmen mehr Güter aus den USA importieren als in die USA exportieren, der Import den Export also **übersteigt** (**passive** Außenhandelsbilanz), bieten die inländischen Unternehmen als Folge dieser Entwicklung in großem Maße Euro an, um USD zur Begleichung der in Dollar fakturierten Rechnungen zu erwerben.

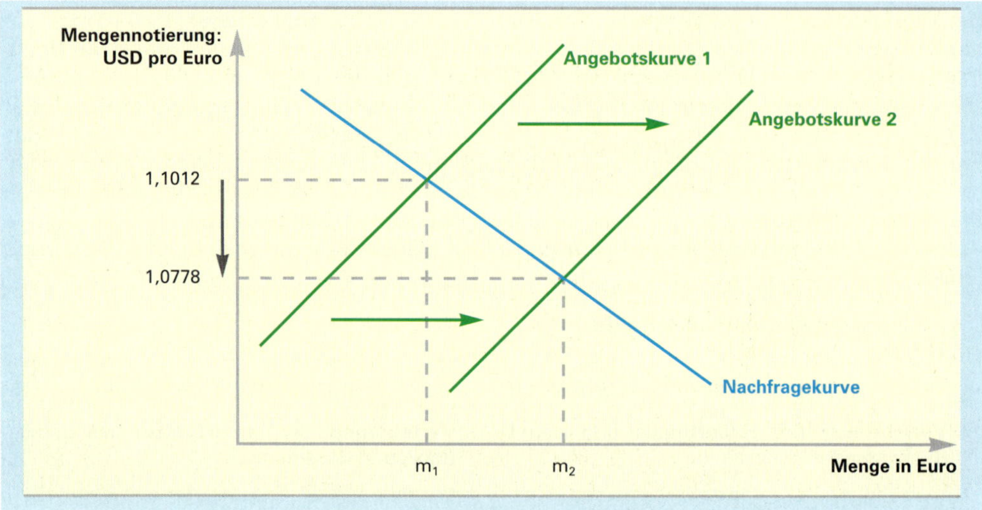

Der **Wert des Euro** ist im Vergleich zum US-Dollar **gefallen.** Erhielt man vor der Ausweitung der Angebots an Euro noch 1,1012 USD, so hat sich durch die Angebotsverschiebung das Austauschverhältnis zu Lasten des Euro auf 1,0778 USD **verschlechtert.** Die **inländischen Importeure** müssen also für die gleiche Gütermenge mehr Euro hingeben, wodurch sich der Import für sie verteuert. Dieser Prozess der **Herabsetzung des Preises der einheimischen Währung** (hier: Euro) gegenüber ausländischen Währungseinheiten (hier: USD) wird auch als **Abwertung** bezeichnet. Die **Abwertung der inländischen Währung (Euro)** gegenüber der ausländischen Währung (USD) **bedeutet** gleichzeitig eine **Aufwertung der ausländischen Währung** (USD) gegenüber der inländischen Währung (Euro).

Die wichtigsten **Folgen der Abwertung**:

Für das „abwertende" Land („Euroland")	Für das „aufwertende" Land (USA)
▪ **Verbilligung** der Exportgüter und damit Anstieg des Exports. ▪ **Verteuerung** der **Importgüter** und somit Importrückgang.	▪ **Verbilligung** der **Importgüter** und damit Anstieg des Imports. ▪ **Verteuerung** der **Exportgüter** und somit Exportrückgang.
Beispiel: Ein deutscher Importeur kauft eine Maschine in den USA zum Preis von 500 000,00 USD. Vor der **Euro-Abwertung** musste er hierfür 500 000,00 USD : 1,1012 USD/EUR = 454 050,13 EUR zahlen; nach der Euro-Abwertung kostet ihn die gleiche Maschine 500 000,00 USD : 1,0778 USD/EUR = 463 907,96 EUR.	**Beispiel:** Ein amerikanischer Importeur kauft eine Maschine aus Deutschland zum Preis von 250 000,00 EUR. Vor der **USD-Aufwertung** musste er hierfür 250 000,00 EUR · 1,1012 USD/EUR = 275 300,00 USD zahlen; nach der USD-Aufwertung kostet ihn die gleiche Maschine nur noch 250 000,00 EUR · 1,0778 USD/EUR = 269 450,00 USD.
Konsequenzen: Export steigt, Import geht zurück, Tendenz zum Gleichgewicht zwischen Ex- und Import (Außenhandelsbilanzdefizit sinkt).	**Konsequenzen:** Export geht zurück, Import steigt, Tendenz zum Gleichgewicht zwischen Ex- und Import (Außenhandelsbilanzüberschuss sinkt).

(3) Außenwert des Geldes

Neben dem Wechselkurs gibt der **Außenwert** des Geldes – und somit auch der Außenwert des Euro – auch die **reale Kaufkraft** der über den Wechselkurs umgerechneten inländischen Währung im Ausland an. Tauscht man beispielsweise 1000,00 EUR in US-Dollar um und kann damit in den USA mehr Güter kaufen als mit 1000,00 EUR in Deutschland, dann ist der Außenwert des Euro in den USA höher als der Binnenwert, die Kaufkraft des Euro in „Euroland".

Merke:

Wenn der **Binnenwert** und der **Außenwert übereinstimmen,** wird von **Kaufkraftparität** gesprochen.

Wie sich der Außenwert des Euro innerhalb eines einzigen Jahres im Vergleich zu einigen ausgewählten Währungen verändert hat, zeigt die nebenstehende Abbildung.

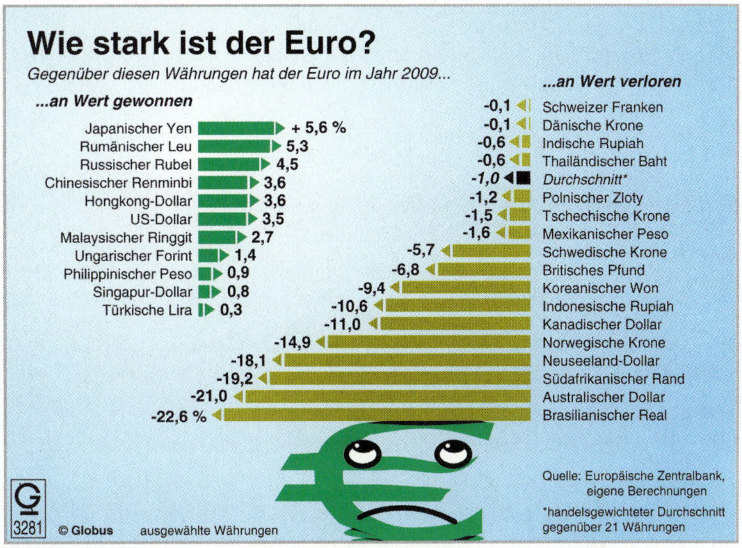

1.3.3 Theorie optimaler Währungsräume

(1) Theoretische Grundlagen

Merke:

Die **Theorie optimaler Währungsräume** beschäftigt sich mit der **ökonomisch sinnvollen Größe und Beschaffenheit** von Währungsräumen.

Im Zentrum der wissenschaftlichen Abhandlungen zu diesem Thema steht die Frage, ob es für bestimmte Länder vorteilhaft ist, einen gemeinsamen Währungsraum zu bilden. Bei der Beantwortung dieser Frage ist es entscheidend, ob die **Kosten** die **Nutzen** einer Währungsunion übersteigen oder umgekehrt.

Der Wirtschaftsnobelpreisträger **Robert Mundell** untersuchte in einem Zwei-Länder-Modell die unterschiedlichen **Auswirkungen asymmetrischer Nachfrageschocks.** Dabei kam er zu dem Ergebnis, dass ein Währungsraum dann optimal sei, wenn zur Abfederung asymmetrischer Schocks der Produktionsfaktor Arbeit über eine ausreichende Mobilität verfügt.

Beispiel für Mundells Theorie:

Die beiden Länder A und B produzieren beide ein bestimmtes Produkt. Eine geänderte Nachfragesituation durch einen Trend hin zur Bevorzugung des von B hergestellten Produkts gegenüber dem von A hergestellten Produkt (asymmetrischer Schock) führt zu einem Rückgang der Nachfrage in A und damit zu einem Anstieg der Arbeitslosigkeit und einem Außenhandelsdefizit. In B dagegen steigt die Inflation (importierte Inflation). In Situationen wie dieser kann eine gemeinsame Geldpolitik nicht die Probleme beider Wirtschaften lösen. Eine restriktive Geldpolitik könnte die Inflation in B senken, würde jedoch das Problem der Arbeitslosigkeit in A verschärfen. Eine expansive Geldpolitik würde die Beschäftigungslage in A verbessern, die Inflation in B jedoch anheizen.

Das durch den Schock verursachte Ungleichgewicht erfordert daher eine Änderung des relativen Preisverhältnisses, um das frühere Gleichgewicht wieder herzustellen. Haben die beiden Länder **getrennte** Währungen, lässt sich dies durch eine Änderung der Wechselkurse erzielen. So müsste die Währung von Land A gegenüber der Währung von Land B **abgewertet** werden. Land A würde damit seine Wettbewerbsposition durch niedrigere Reallöhne und Preise zurückerlangen, wodurch die Nachfrage anzieht und die Arbeitslosigkeit zurückgeht.

Haben die beiden Regionen jedoch eine **gemeinsame Währung** – oder einen festen Wechselkurs – muss die Produktions- und die Beschäftigungslage in A auf andere Art wiederhergestellt werden, beispielsweise durch:

- einen Rückgang der nominalen Löhne und Preise,
- eine Aufwärtsentwicklung der Angebotskurve bei heimischen Waren, beispielsweise durch Abwanderung von Arbeitskräften aus dem Land oder
- eine expansive Fiskalpolitik.

Mundells Analyse legt daher Folgendes nahe:

Merke:

- Sind die Auswirkungen von Schocks auf bestimmte Gebiete gleich (also symmetrisch), sind feste Wechselkurse oder eine Währungsunion angemessen.
- Sind die Auswirkungen von Schocks asymmetrisch, treten vor allem eine hohe Arbeitsmobilität und/oder Lohnflexibilität (vor allem nach unten) in den Vordergrund.

Das **Mundell´sche Kriterium** betont die **Faktormobilität.** Wenn zwei (oder auch mehrere) Länder auf asymmetrische Weise durch Nachfrage- oder Angebotsschocks getroffen werden, so kann die Anpassung entweder auf der Mengen- oder auf der Preisseite erfolgen.

Merke:

Das **Mundell´sche Kriterium** besagt,

- dass eine Wechselkursfixierung bei fixen nominellen Güterpreisen die Preisanpassung unmöglich macht und
- dass die dann erforderliche Mengenanpassung entweder Faktorwanderungen zwischen diesen Ländern erfordert oder aber zu Unterbeschäftigung in einzelnen Regionen führen wird.

Optimale Währungsräume sind danach durch ein hohes Maß an interner Faktormobilität gekennzeichnet.

Die Theorie des optimalen Währungsraums betont, dass die Abwägung der Vor- und Nachteile der Wechselkursflexibilität nur unter Bezugnahme auf konkrete Besonderheiten der jeweils in Frage stehenden Länder erfolgen kann. Dies scheint genau jener Weg zu sein, der auch in der Praxis beschritten wird, zweifelhaft aber scheint, ob die Praxis dabei die von der Theorie betonten Kriterien für einen optimalen Währungsraum beachtet.

(2) Anwendung der Theorie optimaler Währungsräume auf die EWWU

Die Theorie optimaler Währungsräume wird häufig von **Euro-Kritikern** als Begründung gegen eine gemeinsame Währung herangezogen, da der Euroraum in der Tat die meisten Kriterien nur zum Teil erfüllt. Vergleichende Studien kommen allerdings zum Ergebnis, dass auch die USA kein optimaler Währungsraum sind.

Die im Zuge der Euro-Einführung festgelegten **Konvergenzkriterien**[1] sind als Kriterien zur Überprüfung der Optimalität des Währungsraumes zu sehen – Länder, die die Konvergenzkriterien erfüllen, brauchen asymmetrische Schocks nur in begrenztem Umfang zu fürchten, sodass der Verlust einer nationalen Geld- und Währungspolitik für sie nicht schwer wiegt. Die britische Regierung legte fünf eigene Kriterien fest, an denen sie den Integrationsgrad des Landes mit den anderen EU-Ländern überprüfen will. Erst wenn diese Kriterien erfüllt sind, kommt es in Großbritannien zu einer Volksbefragung über den Euro.

Durch die EU-Osterweiterung und die absehbare Euro-Einführung in den betroffenen Ländern, aber vor allem auch durch die hohe Staatsverschuldung und die damit einhergehende Gefahr eines Staatsbankrotts der in die Diskussion geratenen **PIIGS-Staaten** (das sind die Euroländer Portugal, Italien, Irland, Griechenland und Spanien) kam es zu einer erneuten Diskussion um die Optimalität des Euroraums, wie auch nachfolgender Zeitungsartikel verdeutlicht.

Optimale Währungsräume

Die politische Währungsunion

Die Einführung der D-Mark in der DDR vor zwanzig Jahren war von Beginn an ein politisches Projekt. Die Transfergemeinschaft war dann der Preis für die Einheit. Er wird bis heute gezahlt. Und die Einführung des Euro? Wer Europa voranbringen will, darf das Projekt nicht überlasten.

Von Stefan Ruhkamp

Fragt man Ökonomen, hätte es wohl nie eine Währungsunion geben dürfen: Keine deutsche vor zwanzig Jahren, als die D-Mark die Einheit vorwegnahm. Und keine europäische, deren Happy End noch in den Sternen steht. Die Wirtschaftswissenschaften haben für solche Fälle die Theorie der optimalen Währungsräume entwickelt. Das Rezept für die perfekte gemeinsame Währung sieht demnach so aus: Nur Länder mit einer möglichst ähnlichen Wirtschaft, flexiblen Arbeits- und Kapitalmärkten und viel Handel untereinander sollten sich zusammentun. Und obendrein sollte die Wirtschaftspolitik möglichst ähnlich sein. Nach solchen Kriterien wäre der Euro schon vor seiner Einführung durchgefallen und Ostdeutschland hätte wohl heute noch seine Mark – und wenig durchlässige Grenzen.

1 Zu den Konvergenzkriterien siehe Kapitel 4.4.1 des Kursthemas „Die Stabilisierungsaufgaben und Stabilisierungspolitik".

Glücklicherweise läuft die Welt aber nicht immer nur nach ökonomischen Kriterien. Die deutsch-deutsche Währungsunion war von Beginn an ein politisches Projekt. Den Beteiligten war klar, dass sich eine nüchterne Kosten-Nutzen-Rechnung, ausgedrückt in Mark und Pfennig, aus westdeutscher Sicht nicht lohnen würde. Die Transfergemeinschaft war der Preis für die politische Einheit, und er wird bis heute gezahlt. Die Menschen in den alten Bundesländern haben die vielen hundert Milliarden Mark und Euro, die seit 1990 über den Länderfinanzausgleich und den Solidaritätszuschlag in den Osten geflossen sind, nicht immer gern gegeben. Aber es gibt doch einen breiten politischen Konsens, dass die Grundentscheidung für eine rasche Einheit richtig war.

Die erste Euphorie über D-Mark und Marktwirtschaft vergällt

Der wirtschaftliche Erfolg hat, wie von Ökonomen befürchtet, auf sich warten lassen. Die Arbeitslosigkeit hat in den neuen Ländern bald die erste Euphorie über D-Mark und Marktwirtschaft vergällt. Aus eigener Wirtschaftskraft trägt sich der Osten bis heute nicht, auch wenn die Früchte der Transfers und des gemeinsamen Wirtschaftens mittlerweile die von Helmut Kohl prophezeiten „blühenden Landschaften" erahnen lassen.

Euphorie und Schock der schlagartigen Aufwertung der Ostmark durch den Umtausch im Verhältnis eins zu eins sind Geschichte. Wer will das Urteil wagen, dass mit einem anderen Umtauschkurs alles leichter gewesen wäre? Eine schmerzhafte Anpassung der Wirtschaft der neuen Bundesländer an den Westen hätte es in jedem Fall gegeben und teure Transferzahlungen von West nach Ost auch.

Und der Euro? Auch er ist in seinem Kern ein politisches Projekt. Das Wagnis sind die Europäer nur eingegangen, weil sie die Währungsunion als Vorboten einer politischen Einigung verstanden haben. Die einen wollten den Euro als Krönung der politischen Integration und warnten vor einem Schnellschuss. Die anderen wollten ihn als Beschleuniger auf dem Weg zu einem stärkeren und intensiveren Europa.

Ganz ohne solche Zahlungen mag es auch in Europa nicht gehen

Damit enden auch schon die Parallelen zur deutschen Währungsunion. Für Deutschland war von Beginn an klar, dass die Vereinigung des prosperierenden Westens mit der darniederliegenden Wirtschaft im Osten riesige Transfers notwendig machen würde. Ganz ohne solche Zahlungen mag es auch in Europa nicht gehen. Seit Jahrzehnten zahlt Deutschland mehr ein, als es aus den diversen Beihilfetöpfen ausgezahlt bekommt – mal bereitwillig, mal murrend. Derzeit beträgt die Summe jährlich rund 9 Milliarden Euro. Mit dem Geld werden Olivenbauern in Griechenland, Straßenbau in Portugal und Skilifte in Spanien bezahlt. Manches davon mag sinnvoll sein, anderes nicht. Wichtig ist nur, dass den Zahlungen Grenzen gesetzt sind.

Nun droht jedoch ein Systemwechsel, der das politische Projekt Euro an den Rand des Scheiterns bringen könnte. In der Schuldenkrise haben die europäischen Regierungen Stabilisierungen auf den Weg gebracht, die die Verantwortung für die Fiskalpolitik verschwimmen lassen. Zählt man die Hilfen des Internationalen Währungsfonds (IWF) und die Hilfen für Griechenland mit, stehen 860 Milliarden Euro an Krediten bereit, um finanzschwache Euro-Staaten zu stabilisieren. Obendrein kauft die Europäische Zentralbank immer noch Anleihen der Wackelkandidaten.

Sollte das der Einstieg in eine hemmungslose Transferunion sein, wird sie bald an ihre Grenzen stoßen. Denn die Bereitschaft, die Last für andere mitzutragen, ist innerhalb Europas ungleich geringer als innerhalb Deutschlands. Das ist keine deutsche Besonderheit. Viele mögen den Euro, schon weil er das lästige Umtauschen im Urlaub erspart. Aber man frage die Niederländer, ob sie bereit sind, die griechischen Schulden zu begleichen. Oder man frage die Franzosen, wie groß ihr Mitleid für überschuldete spanische Bauherren ist. Die Antwort dürfte in den meisten Fällen eisige Ablehnung sein. Nicht wenn es um Hilfen in begrenztem Umfang geht, aber riesige Summen mit einem Federstrich zu übereignen, das werden auch die begeisterungsfähigsten Europäer auf Dauer nicht akzeptieren. Wer Europa voranbringen und den Euro behalten will, darf das Projekt nicht überlasten. Zu einem gesunden Euro gehört auch ein gesundes Maß an Eigeninteresse.

Quelle: FAZ-Net vom 01.07.2010

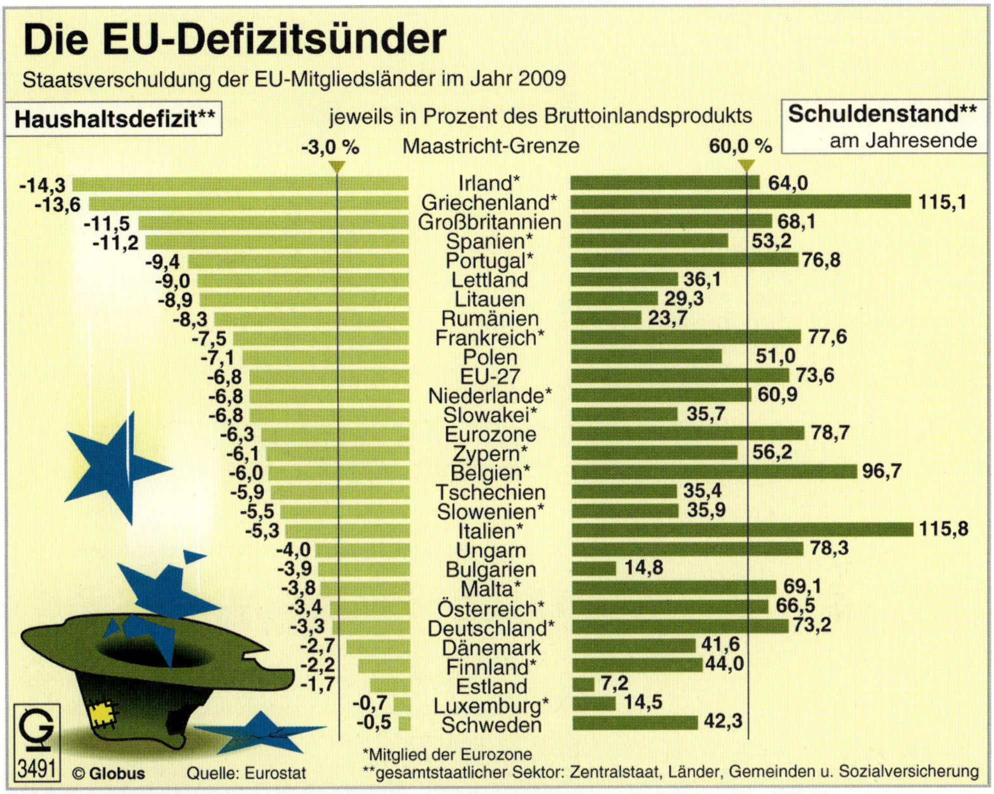

Die Beseitigung der Folgen der globalen Finanz- und Wirtschaftskrise hat in den Budgets der EU-Länder tiefe Haushaltslöcher hinterlassen. Auch wenn für Griechenland das Haushaltsdefizit für das Jahr 2009 von 12,7 auf 13,6 Prozent des Bruttoinlandsprodukts (BIP) korrigiert werden musste, haben die Hellenen in der Eurozone aktuell nicht das höchste Budgetdefizit, sondern Irland (-14,3 Prozent). 2009 verbuchte kein Euro-Staat einen Haushaltsüberschuss. Die niedrigsten öffentlichen Defizite wurden in Schweden (-0,5 Prozent), Luxemburg (-0,7 Prozent) und Estland (-1,7 Prozent) verzeichnet. Für Deutschland meldeten die Statistiker ein Defizit von 3,3 Prozent. Im Unterschied zu anderen Defizitsündern bewegt sich Griechenland mit einem Schuldenstand von 273,5 Milliarden Euro und 115,1 Prozent vom BIP allerdings am Rande einer Staatspleite. Die Griechen sind de facto zahlungsunfähig, da die Refinanzierung der Staatsschulden am Kapitalmarkt bei nahezu zweistelligen Renditen auf lange Sicht untragbar ist. Deshalb hat die Regierung in Athen das Notfallpaket der Euroländer und des IWF aktiviert. Die Milliardenhilfen sind allerdings nicht mehr als ein Tropfen auf den heißen Stein. Da nach dem Offenbarungseid die Risikoprämien nicht gesunken sind, rechnet der Markt weiterhin mit einer Umschuldung. Dann müssten die Gläubiger auf einen bestimmten Prozentsatz ihrer Forderungen verzichten. Das größte Risiko besteht jedoch darin, dass das Griechenland-Debakel auf andere Wackelkandidaten übergreift: Hier werden neben Irland immer wieder Spanien, Portugal und Italien genannt.

Die EU hat zur Rettung kriselnder Euro-Mitglieder vor dem Staatsbankrott einen beispiellosen Rettungsschirm gespannt. Insgesamt 750 Milliarden Euro Kredite könnten im Notfall fließen. Das Hilfssystem der EU ist gestützt auf drei Säulen: Bis zu 60 Milliarden Euro Kredite sollen von der EU-Kommission kommen. Dazu kommen bilaterale Garantien der Euro-Staaten von insgesamt bis zu 440 Milliarden Euro. Bis zu 123,2 Milliarden Euro kämen von Deutschland. Zusätzlich zu den 500 Milliarden Euro der Europäer kommen nochmals bis zu 250 Milliarden Euro vom IWF.

Hinweis:

Im Folgenden werden einige ausgewählte politische Entscheidungen zur Sicherung des Binnenmarktes exemplarisch skizziert.

1.4 Konsequenzen der Europäisierung für die Wirtschaftssubjekte

1.4.1 Ausgewählte politische Entscheidungen zur Sicherung des europäischen Binnenmarktes

1.4.1.1 Harmonisierte Wettbewerbspolitik

Ein **Binnenmarkt** hätte wenig Sinn, wenn der Wettbewerb zwischen Unternehmen aus verschiedenen Mitgliedstaaten durch Kartelle und sonstige wettbewerbsbeschränkende Absprachen eingeschränkt werden könnte. Solche Absprachen würden den Verbraucher daran hindern, die Vorteile leistungsstarker, wettbewerbsfähiger Märkte, die im Allgemeinen eine breitere Auswahl an Gütern und Dienstleistungen zu den **niedrigst** möglichen Preisen bieten, voll auszuschöpfen. Schließlich fördert der Wettbewerb das **Qualitätsbewusstsein** der Anbieter, ihre **Innovationsbereitschaft** und ihr **Verständnis** für die Bedürfnisse der Verbraucher.

Bereits bei der Gründung der EWG waren sich die Staats- und Regierungschefs darüber einig, dass sich die allgemeinen Ziele der Gemeinschaft am besten in einem Wirtschaftssystem mit **unverfälschtem Wettbewerb** verwirklichen lassen. Die in Artikeln 85–95 des **Maastrichter** Vertrages, die inhaltlich den Artikeln 81–89 des **Amsterdamer** Vertrages entsprechen, niedergelegten Wettbewerbsregeln sollen den Wettbewerb im gemeinsamen Markt vor Verfälschungen schützen. Das **Wettbewerbsrecht der EU geht innerstaatlichem Recht vor** und ist in den Mitgliedstaaten unmittelbar anwendbar. Das Zusammenspiel zwischen der EU-Kommission einerseits und den nationalen Wettbewerbsbehörden andererseits verdeutlicht nachfolgender Auszug einer Bekanntmachung der Kommission:

Bekanntmachung der Kommission über die Zusammenarbeit zwischen der Kommission und den Wettbewerbsbehörden der Mitgliedstaaten

1. Im Bereich der Wettbewerbspolitik kommen der Gemeinschaft und den Mitgliedstaaten unterschiedliche Funktionen zu. Während die Gemeinschaft für die Durchführung der gemeinschaftlichen Wettbewerbsregeln zuständig ist, wenden die Mitgliedstaaten ihr nationales Recht an, sind aber auch in die Anwendung der Artikel 85 und 86 EG-Vertrag einbezogen.
2. Die Einbeziehung der Mitgliedstaaten in die gemeinschaftliche Wettbewerbspolitik ermöglicht es, die Entscheidungen möglichst bürgernah zu treffen. Die dezentrale Anwendung der gemeinschaftlichen Wettbewerbsregeln führt auch zu einer besseren Aufgabenteilung. Wenn in Anbetracht des Umfangs oder der Auswirkungen ein beabsichtigtes Vorgehen besser auf Gemeinschaftsebene verwirklicht werden kann, ist es Sache der Kommission, tätig zu werden. Im Übrigen ist es Sache der nationalen Behörden, einzugreifen.

Quelle: Die Europäische Kommission, Generaldirektion Wettbewerb.

Die Wettbewerbsvorschriften finden allerdings **nicht in allen** Wirtschaftsbereichen Anwendung. So sind die Vorschriften in den Sektoren Verkehr und Landwirtschaft nur eingeschränkt anwendbar; für die Unternehmen der Montanindustrie gelten hingegen ausschließlich die Wettbewerbsregeln des EGKS-Vertrages (Artikel 65 und 66).

Des Weiteren erfassen die gemeinsamen Wettbewerbsregeln nur solche Wettbewerbsbeschränkungen, die sich auf den Handel **zwischen Mitgliedstaaten** auswirken. Wettbewerbsbeschränkende Maßnahmen hingegen, die sich nur innerhalb eines Mitgliedstaates auswirken, unterliegen dem jeweiligen **nationalen** Kartellrecht.

Voraussetzung für die Anwendung des Gemeinschaftsrechts ist, dass von den betreffenden Maßnahmen zumindest eine **spürbare** Beeinträchtigung des Wettbewerbs innerhalb des gemeinsamen Marktes ausgehen muss. So fallen beispielsweise wettbewerbsbeschränkende Vereinbarungen von geringer Bedeutung nicht unter das Verbot des Art. 81 des Amsterdamer Vertrages. Hierzu zählen Vereinbarungen zwischen Unternehmen, deren gemeinsamer Marktanteil die Schwelle von **5 % bei horizontalen** Vereinbarungen bzw. **10 % bei vertikalen** Vereinbarungen nicht überschreitet sowie Vereinbarungen **zwischen kleinen und mittleren** Unternehmen.

Grundsätzlich unterliegt das Handeln der Kommission der Rechtsaufsicht des Gerichtshofs und des Gerichts erster Instanz der Europäischen Gemeinschaften, die für Klagen gegen Institutionen der EU in Wettbewerbssachen und anderen Fällen zuständig sind.

Während die **Kommission** die **Wettbewerbspolitik in der täglichen Praxis anwendet,** erstellt das **Europäische Parlament** jedes Jahr einen **Bericht über die Tätigkeit der Kommission.** Darüber hinaus äußert sich das Parlament zu wichtigen Entwicklungen in der Wettbewerbspolitik.

In vielen Fällen werden wettbewerbsrechtliche Probleme dadurch gelöst, dass die betreffenden Länder oder Unternehmen ihre Wettbewerbspolitik freiwillig ändern. In anderen Fällen entscheidet die Kommission, ob das Verhalten der Beklagten rechtmäßig war oder nicht und ordnet eine Änderung der Wettbewerbspolitik an oder verhängt eine Geldbuße, die bis zu **10 % des Jahresumsatzes** der beklagten Unternehmen betragen kann.

Nachfolgende Artikel aus der jüngeren Vergangenheit verdeutlichen, wie groß der **Handlungsbedarf** der Europäischen Kommission zum **Schutz des Wettbewerbs** auf einem gemeinsamen Binnenmarkt ist.

EU-Kommission bemängelt mangelnden Wettbewerb

Was passiert, wenn man Mobilfunkunternehmen Preisobergrenzen vorschreibt? Klar: Sie schöpfen sie bis zur Oberkante aus. Ein echter Wettbewerb, klagt die EU-Kommission, herrsche auf diesem Markt noch immer nicht.

Brüssel – Die Preise für Handy-Gespräche im Ausland sind der EU-Kommission noch immer zu hoch. Zwar haben Mobilfunkbetreiber ihre Tarife entsprechend den Vorgaben aus Brüssel gesenkt, sie blieben aber ganz dicht an den diktierten Preisobergrenzen. Es herrsche immer noch kein ausreichender Wettbewerb, bilanzierte die Kommission in Brüssel. Seit 2005 seien die Preise für Anrufe per Handy im EU-Ausland um 70 Prozent und für versandte SMS um 60 Prozent zurückgegangen.

„Dennoch werden den Verbrauchern noch immer keine Tarife angeboten, die wirklich deutlich unter den EU-Höchstpreisen liegen", bilanzierten die Wettbewerbshüter. Seit 2007 schreibt ein EU-Gesetz den Mobilfunkbetreibern Höchstgrenzen für Preise vor. Von diesem Donnerstag an werden Handy-Gespräche aus dem europäischen Ausland erneut billiger: Abgehende Anrufe dürfen noch maximal 39 Cent je Minute kosten, eingehende 15 Cent – plus Mehrwertsteuer.

Besser sieht es laut EU-Kommission bei der mobilen Internet-Nutzung aus. In diesem Bereich sei unter Mobilfunkanbietern mehr Wettbewerb entstanden – und folglich sanken die Preise. Wer Anfang 2009 auf Reisen via Handy im Web surfte, zahlte noch durchschnittlich 3,62 EUR pro Megabyte – Ende des Jahres war es knapp ein Euro weniger.

Selbst das ist in Bezug zu heute üblicher Internetnutzung ein Witz. Der Abruf eines 90-Minuten-Films niedrigster Qualität aus einer Online-Mediathek würde so noch immer rund 1580,00 EUR kosten. Das Bizarre daran: Der Schutz der Verbraucher vor solchen Wucher-Fallen funktioniert innerhalb der EU auf Auslandsreisen besser als im Inland. Denn für das mobile Surfen gilt ab dem 1. Juli eine automatische und gesetzliche Kostenobergrenze von 50,00 EUR pro Monat (zuzüglich Mehrwertsteuer). Betreiber müssen die Verbraucher warnen, wenn diese sich dem Limit nähern – zum Beispiel per SMS oder E-Mail. Bestätigt der Nutzer nicht ausdrücklich, dass er weiter online bleiben will, bricht die Verbindung ab, sobald die 50,00 EUR erreicht sind. Im Inland sind die Betreiber weitgehend frei in der Preisgestaltung – was zu absurden Tarifen führt, bei denen einige Stunden Web-Nutzung schon einmal mit dem Preis für einen Kleinwagen zu Buche schlagen können.

Ein Wink mit dem Zaunpfahl?

Noch verbindet die EU-Kommission keine konkrete Ankündigung weiterer Preissenkungs-Vorschriften mit ihrer Beobachtung des Marktes. Kommissarin Neelie Kroes, zuständig für die sogenannte Digitale Agenda der Kommission, machte ihr Missfallen darüber deutlich, dass es an echtem Wettbewerb fehle. Die Kommission wird die Umsetzung der Preissenkungs-Verordnung von 2007 bis Juni 2011 beobachten und dann darüber entscheiden, ob der Markt weitere Nachhilfe benötigt: Ziel der Kommission ist es, innerhalb der EU das Preisniveau für Auslandsnutzung bis 2015 den jeweiligen Inlands-Preisen anzugleichen – es soll auch ein digitaler Binnenmarkt entstehen.

Davon sind die Mobilfunkanbieter auch drei Jahre nach der ersten preislichen Roaming-Regulierung so weit entfernt, wie es ihnen gerade noch erlaubt ist. Die Veröffentlichung des Zwischenberichts zur Entwicklung des Roaming-Marktes für Mobilkommunikation kann man also auch als freundliche Erinnerung lesen – als Mahnung an die Mobilfunkbetreiber.

Quelle: Spiegel Online vom 29. Juni 2010.

Neue Wettbewerbsregeln

EU will Reparaturkosten drücken

Neufahrzeuge und Autoreparaturen könnten demnächst billiger werden: Die Europäische Kommission lockert die Wettbewerbsregeln für den Kfz-Handel sowie die Werkstätten und will dadurch für mehr Konkurrenz auf dem Markt sorgen.

Brüssel – Beim Autoverkauf werden die strikten Vorgaben für Händler aufgehoben, sodass deren Vertriebskosten sinken. Bei Reparaturen stärkt die Kommission freie Werkstätten. Sie können künftig Ersatzteile anderer Anbieter einbauen und auf technische Informationen der Hersteller zugreifen. Alle Einsparungen sollen die Unternehmen direkt an die Kunden weitergeben.

„Die Preise werden sinken, es wird mehr Auswahl geben und der Service wird besser werden", versprach EU-Wettbewerbskommissar Joaquín Almunia am Donnerstag. In den vergangenen Jahren seien Reparaturen immer teurer geworden.

Nach Angaben der Kommission machen Wartung und Instandhaltung 40 Prozent der Gesamtausgaben eines Autobesitzers für seinen Wagen aus. „Ein Auto ist eine teure Angelegenheit, die teuerste, die wir besitzen – abgesehen von einem Haus", sagte der Kommissar. Hersteller dürfen künftig ihre Garantien nicht mehr davon abhängig machen, dass Ölwechsel oder andere Arbeiten nur in Vertragswerkstätten erledigt werden.

Beim Vertrieb hebt die Kommission EU-Vorgaben von 2002 wieder auf. Um den Wettbewerb zu stärken, hatte Brüssel seit 2002 Händler mit mehreren Marken („Autosupermärkte") zugelassen. Der Effekt war laut Kommission aber negativ, weil Hersteller die Händler mit engen Vorgaben beispielsweise für die Marken-Präsentation knebelten und deswegen die Vertriebskosten stiegen.

Künftig können Autobauer ihren Händlern wieder vorschreiben, nur eine Marke zu verkaufen. „Wir werden keine besonderen Anreize für den Mehrmarkenvertrieb geben", sagte Almunia. Der Wettbewerb auf diesem Feld sei hart, zudem nähmen die Autobauer den Vertrieb häufig selbst in die Hand. Die EU-Kommission setzt sich damit über Bedenken aus dem EU-Parlament hinweg, das fürchtet, die Einschränkung des Mehrmarkenvertriebs bedrohe Händler in ländlichen Regionen.

Die Vorgaben für Werkstätten treten bereits am 1. Juni in Kraft. Die Änderungen treten nach einer Übergangsphase 2013 in Kraft. Das gesamte Regelwerk wird bis 2023 gelten.

Quelle: Spiegel Online vom 27. Mai 2010.

Marktmacht

Politik greift Stromkonzerne an

Der politische Druck auf die großen deutschen Energiekonzerne wächst. Führende deutsche Wirtschaftspolitiker, darunter EU-Kommissar Günther Oettinger, attackieren die Unternehmen und wollen ihre ungebrochene Marktmacht beschneiden. Besonders der grenzübergreifende Stromhandel funktioniere noch nicht.

Düsseldorf – Die vier großen Energiekonzerne Eon, RWE, EnBW und Vattenfall müssen sich laut einem Zeitungsbericht auf massiven Druck der EU-Kommission, der Bundesregierung und des Bundeskartellamts einstellen. Grund sei die Marktmacht der Unternehmen, berichtete das „Handelsblatt".

Nach Ansicht von EU-Energiekommissar Günther Oettinger gebe es „längst noch nicht die technische, rechtliche und wirtschaftliche Grundlage für Wettbewerb" im Stromsektor. Europa sei von einem Strombinnenmarkt weit entfernt, weil es an Möglichkeiten für den Stromaustausch über Landesgrenzen hinweg mangele, sagte der Kommissar. Einzelne Unternehmen hätten daher in ihren „Stammgebieten" noch immer eine sehr starke Stellung.

Wirtschaftsminister Rainer Brüderle (FDP) sagte dem „Handelsblatt", es gehöre zu den Zielen der Bundesregierung, den Wettbewerb im Stromsektor „noch deutlich zu stärken". Dazu müsse der europäische Strommarkt weiter zusammenwachsen, Hemmnisse müssten abgebaut werden.

Umweltminister Norbert Röttgen (CDU) sagte: „Dass der größte Teil der Erzeugungskapazitäten in der Hand weniger Versorger liegt, ist eine der Ursachen für hohe Strompreise." Der Umweltminister setzt auf eine Dezentralisierung der Erzeugung. Sie erleichtere neuen Anbietern den Markteintritt und stärke den Wettbewerb.

Die Argumentation der Stromkonzerne, Preise bildeten sich längst über Landesgrenzen hinweg, ist auch aus Sicht der Kartellbehörden nicht überzeugend: „Da bin ich sehr zurückhaltend. Wir haben den Eindruck gewonnen, dass der grenzüberschreitende Stromhandel allenfalls mit Österreich wirklich reibungslos funktioniert", sagte Bundeskartellamtspräsident Andreas Mundt dem „Handelsblatt".

Quelle: manager magazin Online vom 29. März 2010.

Regulierung

EU-Kommission will Monopole in Glasfasernetz verhindern

Klatsche für die großen Telekom-Konzerne: Die neuen superschnellen Glasfaser-Datenübertragungsnetze sollen nach dem Willen der EU-Kommission allen interessierten Anbietern offen stehen. Auch über die Preise sollen die Großen nicht allein bestimmen dürfen.

Frankfurt am Main – Internetfernsehen, Bildertransfer, Videokonferenzen – der Bedarf für Leitungen, die einen hohen Datendurchsatz erlauben, ist enorm. Und er wird in den kommenden Jahren noch drastisch wachsen. Grund genug für die großen Telekom-Konzerne, das Geschäftsfeld nicht unbeackert zu lassen. Aus ihrer Sicht ist dabei ein kleiner Kreis von Anbietern nur von Vorteil – denn so lassen sich die Preise leichter auf einem – hohen – Niveau festlegen, dass eine schnelle Amortisation der Investitionen ermöglicht.

Der Plan der Konzernstrategen hat nur einen Haken: Er killt den freien Wettbewerb. Aus Sicht der EU-Kommission gehört das aber zu den Todsünden. Um dem wirksam vorzubeugen, will die Brüsseler Behörde nach Informationen der „Financial Times Deutschland" am kommenden Montag Leitlinien verabschieden, denen zufolge beim Ausbau des Glasfaserkabelnetzes weder die Deutsche Telekom noch andere Netzbetreiber neue Monopole errichten dürfen. Damit lege die Kommission die lang erwarteten Regeln für das Hochgeschwindigkeitsnetz fest.

Für die Branche ist die Aufrüstung der Infrastruktur wichtig, um lukrative Dienste wie Internetfernsehen und Videokonferenzen in hoher Bildqualität anbieten zu können. Der Investitionsbedarf ist gewaltig: Allein in Deutschland soll der Glasfaserausbau 40 bis 50 Milliarden Euro kosten. Unklarheit über die Regeln für die Nutzung der Netze hatte in den vergangenen Jahren den Ausbau gehemmt.

In ihrem Entwurf geht die EU-Kommission noch einen Schritt weiter. Die Preise für den Zugang zu den neuen Glasfasernetzen sollen von den jeweiligen Regulierungsbehörden festgelegt werden. In Deutschland müsse die Bundesnetzagentur „prüfen, ob die Investoren ausreichende Kabelschachtkapazitäten für Dritte installieren und einen kostenorientierten Zugang zu diesen Kapazitäten gewähren", zitiert die Zeitung aus dem Papier.

Die Leitungsmieten sollen – wie bereits das derzeitige DSL-Netz – dem Genehmigungsvorbehalt durch die Regulierungsbehörde unterliegen. Telekom-Konzerne wie die Deutsche Telekom, Vodafone oder O2 hatten sich in den vergangenen Monaten vehement gegen eine Regulierung der Glasfasernetze gestemmt.

Quelle: Spiegel Online vom 14. September 2010.

1.4.1.2 Harmonisierung der Außenhandelspolitik

Neben der gemeinsamen Agrarpolitik und der Wettbewerbspolitik ist die Außenhandelspolitik der Politikbereich, der der Zuständigkeit der EU-Mitgliedstaaten **weitestgehend** entzogen und seit 01.01.1973 in die Kompetenz der damaligen EG überführt worden ist.

Seit Beginn der Zollunion hat die EG/EU die **alleinige Entscheidungsbefugnis** in außenwirtschaftlichen Angelegenheiten (z.B. in Form von Verordnungen und Handelsverträgen). Die außenpolitischen Entscheidungen werden allein von den zuständigen Organen der EU getroffen und sind **unmittelbar** für die Mitgliedstaaten **rechtswirksam. Nationale Alleingänge** der Mitgliedstaaten sind **nicht erlaubt**. Die EU-Mitgliedstaaten dürfen im Außenhandelsbereich nur dann tätig werden, wenn sie von der EU dazu ausdrücklich ermächtigt worden sind. Zudem können sie nach vorheriger Abstimmung mit der EU Kooperationsabkommen mit Drittländern abschließen.

Der Außenhandel im „Vertrag von Amsterdam"

Artikel 132

(ex Artikel 112)

(1) Unbeschadet der von den Mitgliedstaaten im Rahmen anderer internationaler Organisationen eingegangenen Verpflichtungen werden die Systeme der von den Mitgliedstaaten für die Ausfuhr nach dritten Ländern gewährten Beihilfen schrittweise vereinheitlicht, soweit dies erforderlich ist, um eine Verfälschung des Wettbewerbs zwischen den Unternehmen der Gemeinschaft zu vermeiden.

Auf Vorschlag der Kommission erlässt der Rat die hierzu erforderlichen Richtlinien mit qualifizierter Mehrheit.

(2) Die vorstehenden Bestimmungen gelten nicht für die Rückvergütung von Zöllen oder Abgaben gleicher Wirkung sowie von indirekten Abgaben, einschließlich der Umsatzsteuer, der Verbrauchsabgaben und der sonstigen indirekten Steuern bei der Ausfuhr einer Ware eines Mitgliedstaats nach einem dritten Land, soweit derartige Rückvergütungen nicht höher sind als die Belastungen, welche die ausgeführten Waren unmittelbar oder mittelbar treffen.

Artikel 133

(ex Artikel 113)

(1) Die gemeinsame Handelspolitik wird nach einheitlichen Grundsätzen gestaltet; dies gilt insbesondere für die Änderung von Zollsätzen, den Abschluss von Zoll- und Handelsabkommen, die Vereinheitlichung der Liberalisierungsmaßnahmen, die Ausfuhrpolitik und die handelspolitischen Schutzmaßnahmen, zum Beispiel im Fall von Dumping und Subventionen.

(2) Die Kommission unterbreitet dem Rat Vorschläge für die Durchführung der gemeinsamen Handelspolitik.

(3) Sind mit einem oder mehreren Staaten oder internationalen Organisationen Abkommen auszuhandeln, so legt die Kommission dem Rat Empfehlungen vor; dieser ermächtigt die Kommission zur Einleitung der erforderlichen Verhandlungen.

Die Kommission führt diese Verhandlungen im Benehmen mit einem zu ihrer Unterstützung vom Rat bestellten besonderen Ausschuss nach Maßgabe der Richtlinien, die ihr der Rat erteilen kann. Die einschlägigen Bestimmungen des Artikels 300 finden Anwendung.

(4) Bei der Ausübung der ihm in diesem Artikel übertragenen Befugnisse beschließt der Rat mit qualifizierter Mehrheit.

(5) Der Rat kann auf Vorschlag der Kommission und nach Anhörung des Europäischen Parlaments durch einstimmigen Beschluss die Anwendung der Absätze 1 bis 4 auf internationale Verhandlungen und Übereinkünfte über Dienstleistungen und Rechte des geistigen Eigentums ausdehnen, soweit sie durch diese Absätze nicht erfasst sind.

Artikel 134

(ex Artikel 115)

Um sicherzustellen, dass die Durchführung der von den Mitgliedstaaten im Einklang mit diesem Vertrag getroffenen handelspolitischen Maßnahmen nicht durch Verlagerungen von Handelsströmen verhindert wird, oder wenn Unterschiede zwischen diesen Maßnahmen zu wirtschaftlichen Schwierigkeiten in einem oder mehreren Staaten führen, empfiehlt die Kommission die Methoden für die erforderliche Zusammenarbeit der Mitgliedstaaten. Genügt dies nicht, so kann sie die Mitgliedstaaten ermächtigen, die notwendigen Schutzmaßnahmen zu treffen, deren Bedingungen und Einzelheiten sie festlegt.

Im Dringlichkeitsfall ersuchen die Mitgliedstaaten die Kommission, die umgehend entscheidet, um die Ermächtigung, selbst die erforderlichen Maßnahmen zu treffen, und setzen sodann die anderen Mitgliedstaaten davon in Kenntnis. Die Kommission kann jederzeit entscheiden, dass die betreffenden Mitgliedstaaten diese Maßnahmen zu ändern oder aufzuheben haben.

Es sind mit Vorrang solche Maßnahmen zu wählen, die das Funktionieren des Gemeinsamen Marktes am wenigsten stören.

Grundlage der Außenhandelspolitik der EU ist die **Zielsetzung**:

- einen Gemeinsamen Markt der Mitgliedstaaten mit **einheitlichen** (Außen-) **Zolltarifen** und einer **gemeinsamen Handelspolitik** gegenüber Drittländern zu schaffen,
- durch schrittweise **Beseitigung der Beschränkungen** im internationalen Handelsverkehr, zum Abbau der Zollschranken und zur harmonisierten Entwicklung des Welthandels beizutragen,
- die gemeinsamen außenwirtschaftlichen **Interessen gegenüber Drittländern** zu wahren.

Die gemeinsame Handelspolitik wird gem. Art. 133 nach einheitlichen Grundsätzen durchgeführt, wobei **zwei Verfahrensweisen** zu unterscheiden sind: die autonome und die vertragliche Handelspolitik.

Autonome Handelspolitik	Sie besteht im Erlass von einseitigen Regelungen durch den Rat und finden nur auf die Mitgliedstaaten der EU bzw. der Unternehmen und Einzelpersonen Anwendung (z. B. Vereinheitlichung von Ein- und Ausfuhrbestimmungen).
Vertragliche Handelspolitik	Hierbei handelt es sich um zwei- oder mehrseitige Abkommen zwischen der EU und ihren Handelspartnern bzw. zwischen der EU und anderen internationalen Organisationen.

Während die EU mit vielen Staaten bzw. Staatengemeinschaften **Kooperationsabkommen** geschlossen hat, sind die Handelsbeziehungen der EU zu den verschiedenen Handelspartnern keineswegs einheitlich. So bestehen beispielsweise mit den beiden größten außereuropäischen Handelspartnern, den USA und Japan, keine umfassenden Außenhandelsverträge, zumal es mit diesen Staaten immer wieder zu Konflikten kommt.

So basiert der Streit zwischen der EU und den USA auf gegenseitigen Vorwürfen, insbesondere im Agrarsektor durch **protektionistische Maßnahmen** (Förderung von Agrarexporten durch Subventionen und Aufbau von Handelshemmnissen zur Verhinderung von Agrarimporten) die einheimische Produktion zu schützen.

Der Konflikt mit Japan basiert auf dem **Missverhältnis zwischen den Exporten und Importen**. Während Japan mit seinen Produkten stark auf den Markt der EU drängt, schottet sich das Land durch entsprechende Handelsmauern gleichzeitig vor Importen ab.

Mit Blick auf die selbst gesetzten Ziele im Bereich der Außenhandelspolitik muss die EU jedoch **langfristig** betrachtet ihre Marktbeschränkungen (z. B. im Agrar- und Textilbereich) abbauen und selektive **Protektionismusmaßnahmen** aufheben und sich dem Wettbewerb des Weltmarktes uneingeschränkt stellen. Nur so kann sie dauerhaft einen entscheidenden Beitrag zu einer harmonischen Entwicklung des Welthandels leisten.

Dass die EU allerdings bereit ist, „unfaire" Handelspraktiken – zumindest auf Drängen von Drittstaaten – abzustellen, verdeutlicht nachfolgender Artikel zur Reform der Zuckermarktordnung.

Der K(r)ampf um Zucker – ein volkswirtschaftliches Lehrstück

Bruno Philipps

40 Jahre lang hielt die EU mit hohen Zöllen und subventionierten Preisen billigere (Rohrzucker)Konkurrenten von ihrem Markt fern und schützte so ihre rund 325 000 Rübenbauern und die Arbeitsplätze in den Zuckerfabriken. Dagegen hatte u.a. Brasilien bei der WTO (Welthandelsorganisation in Genf) geklagt, weil insbesondere der Export von subventioniertem Rübenzucker auf dem Weltmarkt eine unfaire Handelspraktik sei. Die EU hat daraufhin die Zuckermarktordnung umfassend reformiert. Diese Reform hat erhebliche soziale Konsequenzen für Landwirte, Gewerbetreibende und Arbeitnehmer. Bei wirtschaftspolitischen Entscheidungen sollten die Folgen für die betroffenen Personen stärker beachtet werden.

Ist der Kampf um den Zucker nicht eigentlich eher ein Krampf? Warum hat die EU nicht einfach die 40 Jahre alte Zucker-Marktordnung aufgehoben und den Zucker dem freien weltweiten Wettbewerb überlassen? Wissen wir nicht – spätestens seit David Ricardo sein Theorem der komparativen Kosten erstellt hat – dass der ungehinderte Welthandel allen Beteiligten nur zusätzlichen Reichtum bringt?

Wäre es nicht richtiger gewesen, man wäre wieder in das 18. Jahrhundert zurückgegangen? Da war der Rohrzuckerhandel völlig frei und die großen, englischen Plantagebesitzer in der Karibik erzielten riesige Monopolgewinne mit Zucker, zumal die Lohnkosten durch die Sklavenarbeit noch geringer waren als heute etwa auf brasilianischen Zuckerrohrplantagen. Alles war gut, wenn nicht der 21.11.1806 gekommen wäre. An diesem Tag erließ Napoleon I. sein berühmtes Berliner Dekret, mit dem er über England und alle seine Kolonien die Blockade verhängte. Die Folge war, dass es keinen Zucker (und viele andere Kolonialprodukte) mehr in Kontinentaleuropa (ohne Russland) gab. Doch die Not machte erfinderisch und bald war die Zuckergewinnung aus Zuckerrüben erfunden und verbreitete sich schnell. Aber dann kam die Aufhebung der Kontinentalsperre im Jahre 1813 und der Rohrzucker war wieder da. Der Rübenzucker war aber nicht mehr zu verdrängen, obwohl er – zuletzt vor 40 Jahren durch die EU – stets gegen die freie Konkurrenz durch den Rohrzucker geschützt werden musste. Ist dies wirklich sinnvoll? Nach einer Untersuchung der EU soll diese Agrarpolitik den europäischen Konsumenten pro Jahr 6,5 Milliarden Euro kosten, sofern man den heutigen Weltmarktpreis für Zucker (ohne die Nachfrage der EU!) zum Vergleich heranzieht. Was spricht eigentlich für einen Schutz des Rübenzuckeranbaus in der EU?

1. Bei freiem Wettbewerb mit Rohrzucker käme die Produktion von Rübenzucker wohl zum Erliegen. Die 325.000 Rübenbauern mit ihren Arbeitern und die Arbeiter in den Zuckerfabriken und die Arbeitsplätze in den Folgebetrieben (z.B. Traktorenfabriken und -werkstätten usw.) würden wohl auf Dauer arbeitslos, da ein Einsatz in anderen Industrien bei der heutigen EU-weiten Arbeitslosigkeit wohl nicht möglich wäre.

2. Es ist fraglich, ob die heutigen riesigen Anbauflächen für Zuckerrüben, die sich zudem noch auf bestimmte Regionen konzentrieren, mit anderen Agrarerzeugnissen angebaut werden könnten.

3. Die riesigen Zuckerrohrplantagen z.B. in Brasilien, die mit billigen, sehr billigen Arbeitskräften und ohne jeden Umweltschutz günstig Rohrzucker produzieren können, würden nicht nur die europäischen Rübenzuckeranbauer, sondern auch die kleineren Rohrzuckerfarmen in Afrika, Asien und Mittelamerika vom Weltmarkt fegen. (Die EU schützt auch kleinere Farmer z.B. in bestimmten Staaten in Afrika, die mit der EU ein Abkommen haben.)

Rund 50 Prozent des Landes in Brasilien gehören einem Prozent der Bevölkerung, die diese riesigen Flächen mit riesigen Großplantagen nutzen.

4. Wenn einmal der Rübenzucker in Europa ausgedient hat, die Zuckerrübenfelder versteppt und die Fabrikanlagen beseitigt sind, können sich die wenigen Großanbieter aus Brasilien und anderswo über Preise und Mengen leicht einigen und wieder Monopolpreise für Zucker nehmen.

5. Ein gesundheitliches Argument soll nicht vergessen werden. Die Europäer essen viel zu viel Zucker. Da jede Verbilligung zu noch mehr Konsum führen würde, sollte man dies vermeiden.

Die Theorie vom weltweiten Freihandel, der allen nutzt und alle reicher werden lässt, ist ein Theorem, dem man in Zeiten der Vollbeschäftigung zustimmen kann. Heute ist dieses Theorem für viele zum Glaubensgrundsatz geworden und seine eifrigsten Propheten sind die, die durch die Globalisierung riesige Gewinne einfahren.

In Deutschland und in der EU hat die Schaffung von Arbeitsplätzen – gerade auch einfacherer Art – unbedingten Vorrang. Die Hunderttausende von Arbeitsplätzen im Rübenanbau, in den Zuckerfabriken und in den begleitenden Gewerben müssen deshalb erhalten bleiben.

Quelle: Geldprofi 2/2007.

32 Boller, Hartmann - ISBN 978-3-8120-0585-2

1.4.1.3 Assoziierungs- und Entwicklungspolitik

Der Europäischen Union können weitere europäische Länder beitreten. Europäische Staaten, für die ein Beitritt aus wirtschaftlichen oder politischen Gründen nicht oder noch nicht infrage kommt, können sich der EU assoziieren. Die Assoziierung steht auch außereuropäischen Staaten offen. Unter Assoziierung versteht man einen losen „Anschluss", der in der Regel einen Abbau von Handelshemmnissen vorsieht.

Zwischen der Türkei und der EU besteht eine Zollunion.[1] Neben den Vereinbarungen mit Marokko, Tunesien, Ägypten, Israel, Jordanien, Libanon und Syrien bestehen zurzeit mit insgesamt 77 Staaten in **A**frika, in der **K**aribik und im **P**azifik **(AKP-Staaten)** Abkommen über handelspolitische und industrielle Zusammenarbeit und über Finanzhilfe. Die Assoziierung der Entwicklungsländer ist ein wesentlicher Beitrag zur Milderung der großen Einkommensunterschiede zwischen Nord und Süd.

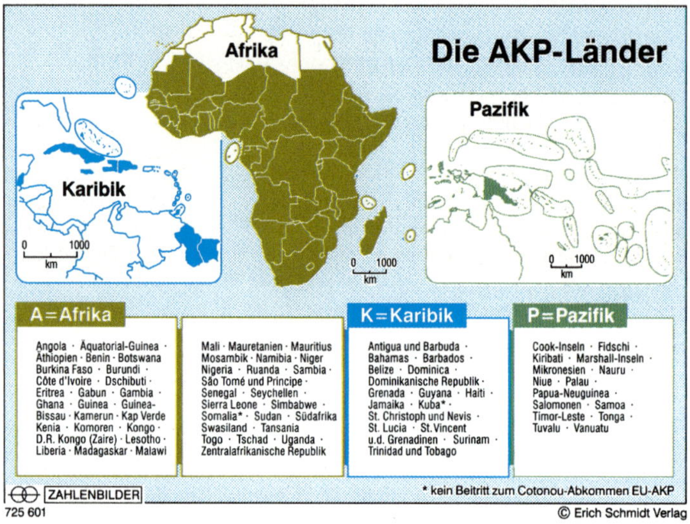

Dass die Europäische Union über die Assoziierung hinaus bemüht ist, einen Beitrag zum **Abbau des Wohlstandsgefälles** zwischen den Industrie- und Entwicklungsländern zu leisten, dokumentiert auch nachfolgender Artikel zur eigenständigen **Entwicklungspolitik der EU**.

Entwicklungspolitik

Seit Mitte der 1970er-Jahre betreibt die EU eine eigenständige Entwicklungspolitik, die die Aktivitäten der Mitgliedstaaten ergänzt und die in ihren Zielsetzungen weitestmöglich mit den anderen internationalen Geldgebern – etwa der Weltbank und dem Internationalen Währungsfonds (IWF) – abgestimmt wird. Rechtliche Grundlage hierfür waren zunächst lediglich die Bestimmungen des EWG-Vertrags über die „Assoziierung der überseeischen Hoheitsgebiete", womit die damaligen Kolonien der Gründungsstaaten Frankreich, Belgien und Niederlande gemeint waren. Erst mit dem Vertrag von Maastricht von 1993 erhielt die gemeinschaftliche Entwicklungspolitik eine rechtlich verbindliche Grundlage auch gegenüber den unabhängigen Staaten der Dritten Welt.

Vorrangige Ziele der EU-Entwicklungspolitik sind eine **nachhaltige Entwicklung, die Verringerung der weltweiten Armut und die Eingliederung der Entwicklungsländer in die Weltwirtschaft.** Außerdem will die EU zur Konsolidierung demokratischer und rechtsstaatlicher Strukturen beitragen sowie den Schutz der Menschenrechte und Grundfreiheiten fördern.

---

1 Eine **Zollunion** liegt vor, wenn sich bestimmte Staaten zusammenschließen, um den Handel zu liberalisieren und gegenüber Drittländern einen gemeinsamen Außenzoll zu errichten.

Die EU-Entwicklungspolitik stellt eine Ergänzung – keineswegs einen Ersatz – der nationalen Politiken dar, wobei sich die Mitgliedstaaten dazu verpflichtet haben, ihre nationalen Entwicklungspolitiken zu koordinieren. Dies wurde zuletzt Anfang 2005 bei der Aufarbeitung der Tsunami-Flutkatastrophe in Südostasien erkennbar. Die EU stellte selbst 450 Millionen Euro humanitäre und Wiederaufbauhilfe zur Verfügung. Sie wurde zudem beauftragt, die Finanzhilfen der 25 Mitgliedstaaten, die mehr als eine Milliarde Euro zusagten, zu koordinieren. Weitgehende Beachtung fand auch der Aufruf der EU, am 5. Januar 2005 den Opfern der Flutkatastrophe in drei Schweigeminuten zu gedenken.

Die wesentlichen Instrumente der EU-Entwicklungspolitik sind der Abschluss internationaler Abkommen mit einzelnen Entwicklungsländern oder mit Staatengruppen, das Allgemeine Präferenzsystem zur Erleichterung des Zugangs von Produkten aus Entwicklungsländern zum gemeinsamen Markt, finanzielle und technische Unterstützung sowie humanitäre Hilfsaktionen oder Beteiligung an der Aids-Bekämpfung.

Besondere Bedeutung kommt der Zusammenarbeit der EU mit mehr als 70 Staaten im afrikanischen, im karibischen und im pazifischen Raum (AKP-Staaten) zu, die ganz überwiegend ehemalige Kolonien der EU-Staaten waren. Seit 1975 wurden vier Abkommen in Lomé, der Hauptstadt Togos, geschlossen. Das nachfolgende Partnerschaftsabkommen, am 23. Juni 2000 in Cotonou, dem Regierungssitz von Benin, unterzeichnet, hat die Eindämmung der Armut zum zentralen Ziel. Ein integriertes Entwicklungskonzept soll sicherstellen, dass sich die wirtschaftliche, die soziale, die kulturelle und die institutionelle Dimension wechselseitig ergänzen.

Quelle: Informationen zur politischen Bildung, Nr. 279/2006.

1.4.1.4 Europäische Sozialpolitik

Dass es trotz aller Anpassungsbestrebungen der letzten Jahre innerhalb der Europäischen Union zwischen den Mitgliedstaaten immer noch ein erhebliches **Wohlstandsgefälle** gibt, zeigt nachfolgende Abbildung.

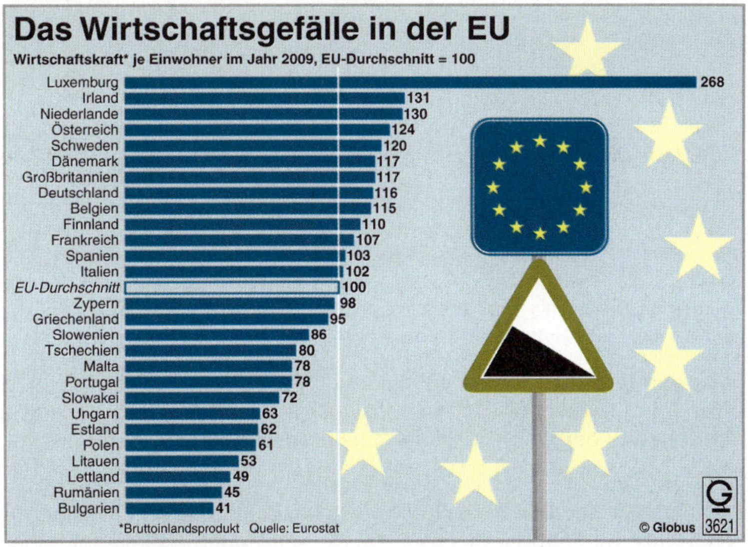

Luxemburg ist das wirtschaftlich stärkste Land in der EU. Das ergeben Berechnungen von Eurostat, der Statistikbehörde der EU. Die Wirtschaftsleistung Luxemburgs – errechnet als Bruttoinlandsprodukt (BIP) je Einwohner – ist mehr als zweieinhalb mal so hoch wie der Durchschnitt aller EU-Länder. Am unteren Ende der Wohlstands-Skala finden sich die EU-Mitglieder Rumänien und Bulgarien. Die Werte in der Grafik wurden übrigens Land für Land aus den jeweiligen nationalen Währungen auf eine vergleichbare Basis umgerechnet. Für die Umrechnung wurden sogenannte Kaufkraftstandards benutzt, die Unterschiede im Preisniveau ausgleichen. So wird die tatsächliche Binnenkaufkraft einer Währung mitberücksichtigt.

Wie schwierig es allerdings werden dürfte, die **Sozialstandards** der Mitgliedsländer in naher Zukunft zu **vereinheitlichen,** verdeutlicht nachfolgender Artikel.

Hemmnisse einheitlicher Sozialpolitik

[...] Ebenso wie der gemeinsamen Außen- und Sicherheitspolitik stehen auch einer gemeinsamen Sozialpolitik so gravierende Differenzen der nationalen Interessen und Präferenzen entgegen, dass konsensuale europäische Lösungen extrem schwierig oder sogar unmöglich erscheinen.

Was die Interessen angeht, liegen die Schwierigkeiten auf der Hand: Unter den gegenwärtigen Mitgliedstaaten der EU liegt das Verhältnis der Pro-Kopf-Einkommen im ärmsten und im reichsten Land bei 1:3 bis 1:4, und nach der Osterweiterung wird sich diese Diskrepanz noch verdoppeln. Länder wie Griechenland und Portugal, geschweige denn Polen oder die Slowakei, könnten sich den großzügigen und teuren Sozialstaat einfach nicht leisten, den etwa die Dänen für angemessen halten. Aber das ist nicht einmal der wichtigste Grund. Schweden, Großbritannien und Deutschland haben etwa das gleiche Pro-Kopf-Einkommen, aber sie gehören drei grundverschiedenen „Sozialstaats-Familien" an – nämlich der „skandinavisch-sozialdemokratischen", der „angelsächsisch-liberalen" und der „kontinentaleuropäisch-konservativen".

So wären die Briten, die sich auf einen minimalen Sozialstaat eingestellt und dafür ihre private Vorsorge aufgebaut haben, niemals bereit, die extrem hohe Abgabenlast zu akzeptieren, die in Schweden eine universalistische Rundum-Versorgung finanziert. Ebenso wenig könnten die schwedischen Familien mit dem in Deutschland herrschenden Mangel an öffentlich finanzierten sozialen Dienstleistungen auskommen; und bei uns würden Patienten und Ärzte gemeinsam rebellieren, wenn eine europäische Richtlinie die Umstellung von der Krankenversicherung auf das System des britischen National Health Service verlangen würde.

Kurz: die Rede von dem einen „europäischen Sozialmodell" ist irreführend. Es gibt mehrere Modelle nebeneinander, die sich in ihren Leistungen und in ihrer Finanzierung grundsätzlich unterscheiden. Überall aber haben sich die Bürger in ihren Lebensplänen auf das vorhandene Sozialsystem eingerichtet – mit der Folge, dass selbst sehr begrenzte Reformen innerhalb des jeweiligen Systems auf erbitterten politischen Widerstand stoßen. Keine Regierung könnte es deshalb wagen, gemeinsamen europäischen Lösungen zuzustimmen, die im eigenen Land die Strukturen des Sozialstaats grundlegend verändern würden. [...]

Quelle: Fritz W. Scharpf, „Was man von einer europäischen Verfassung erwarten und nicht erwarten sollte", in: Blätter für deutsche und internationale Politik 1/2003, S. 54ff.

1.4.2 Europäische Freihandelsassoziation (EFTA)

Die Europäische Freihandelsassoziation (**E**uropean **F**ree **T**rade **A**ssociations **[EFTA]**) mit dem Sitz in Genf wurde 1960 von Dänemark, Großbritannien, Norwegen, Österreich, Portugal, Schweden und der Schweiz gegründet. 1970 traten Island und 1985 Finnland als weitere Mitglieder bei.

Nach den Beitritten Dänemarks, Großbritanniens, Irlands (1972), Portugals (1986), Finnlands, Österreichs und Schwedens (1995) zur EG bzw. EU besteht die EFTA derzeit aus vier Ländern, nämlich aus Island, Liechtenstein, Norwegen und der Schweiz.

Im Gegensatz zur EU stellt die EFTA lediglich eine **Freihandelszone** dar. Hierunter versteht man eine Gruppe von zwei oder mehreren Zollgebieten, zwischen denen die Zölle und andere den Außenhandel beschränkende Maßnahmen beseitigt werden.

Während in einem gemeinsamen Markt wie z.B. in der EU eine **Zollunion** besteht (Wegfall der Binnenzölle, Errichtung eines gemeinsamen Außenzolltarifs), behalten die in einer Freihandelszone zusammengeschlossenen Staaten ihre nationalen Außenzölle bei.

1.4.3 Europäischer Wirtschaftsraum (EWR)

Im Jahre 1992 haben die Außenminister der EG-Mitgliedstaaten und der damals noch sieben EFTA-Staaten das Abkommen über die Schaffung des **E**uropäischen **W**irtschafts**r**aums **(EWR)** geschlossen. Geschaffen wurde eine Überwachungsbehörde, ein ständiger Ausschuss und ein Gerichtshof der EFTA-Länder. Da die Schweiz das Abkommen im Dezember 1992 ablehnte, trat der EWR-Vertrag erst am 1. Januar 1994 in Kraft. Liechtenstein trat dem Vertrag nach Regelung seiner Beziehungen zur Schweiz Anfang 1995 bei.

Dem Prinzip nach geht es beim EWR um die Übernahme der vier „Grundfreiheiten" des Personen-, Waren-, Dienstleistungs- und Kapitalverkehrs von der EU durch die EFTA. Allerdings hat man sich auf zahlreiche Ausnahme- und Übergangsregeln geeinigt. So müssen z. B. die EFTA-Länder das Regelwerk der EU-Agrarpolitik nicht übernehmen.

Auch sind die EFTA-Staaten nicht in die EU-Zollunion eingetreten und behalten ihre handels-, steuer- und währungspolitische Eigenständigkeit. Die Freiheit des Personenverkehrs wurde ebenfalls nicht in allen Mitgliedstaaten des EWR verwirklicht. Dem **Schengener Abkommen,**[1] durch das die Personenkontrollen an den Binnengrenzen aufgehoben wurden, sind Großbritannien und Irland noch nicht in vollem Umfang beigetreten.

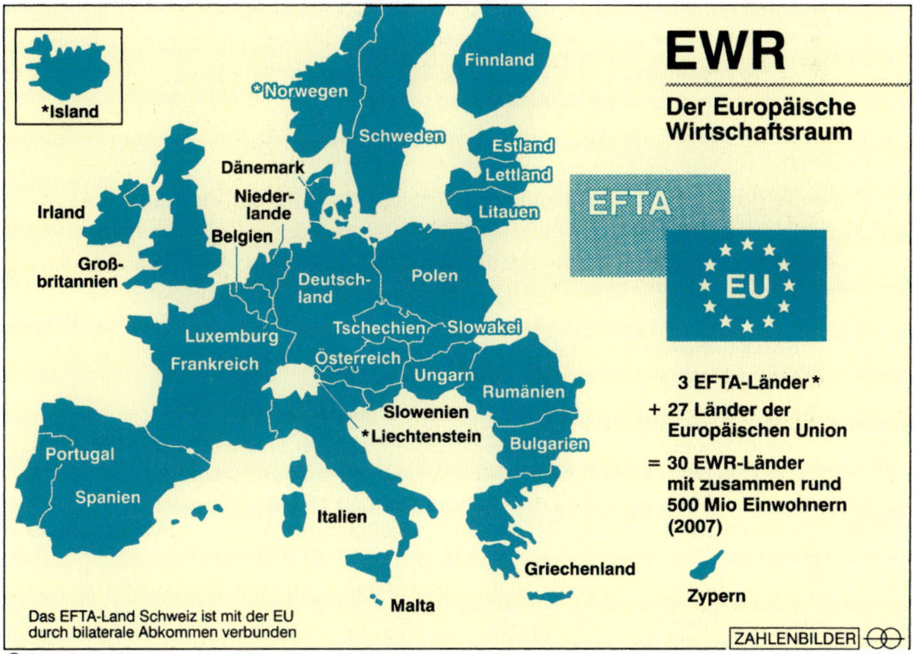

 769 490

1 In Schengen, einem kleinen Ort in Luxemburg, kamen 1985 die Regierungen von Belgien, Deutschland, Frankreich, Luxemburg und Niederlande überein, die Passkontrollen an den Grenzen abzubauen. Erst 10 Jahre später trat das Abkommen, dem zu diesem Zeitpunkt auch Portugal und Spanien beitraten, in Kraft. Die weiteren Beitritte erfolgten ab 1997 und 2001.

Zusammenfassung

- Die **Europäische Union** ist **kein Staat;** sie ist vielmehr eine **übernationale Organisation** der Mitgliedstaaten, die einen Teil ihrer nationalen **Hoheitsrechte** auf diese Organisation übertragen hat.
- Eine **enge wirtschaftliche Verflechtung** von Ländern schafft durch die entstehende wechselseitige Abhängigkeit **politische Stabilität** und sichert so den **Frieden.**
- Zu den wichtigsten **Organen der EU** gehören der **Europäische Rat,** das **Europäische Parlament,** der **Ministerrat** sowie die **Europäische Kommission.**
- Die **vier Grundfreiheiten** des europäischen Binnenmarktes umfassen den **freien Personen-, Güter-, Dienstleistungs- und Kapitalverkehr.**
- Die vorgenannten Grundfreiheiten des Binnenmarktes werden flankiert durch **weitere wichtige Bestimmungen,** die unter anderem den Wettbewerb zum Wohle der Verbraucherinnen und Verbraucher sichern und Diskriminierungen von Unternehmen aufgrund ihrer nationalen Herkunft unterbinden sollen. Mittel dazu sind die **Wettbewerbskontrolle,** das **Subventionsverbot,** die **öffentliche Auftragsvergabe** sowie die **Wirtschafts- und Währungsunion.**
- Die **europäische Gemeinschaftswährung** beseitigt Hindernisse im innereuropäischen Handel.
- Unter **Wechselkurs** versteht man das Austauschverhältnis zwischen zwei Währungen.
- Der Prozess der **Erhöhung** des Preises **der einheimischen Währung** gegenüber ausländischen Währungseinheiten wird als **Aufwertung** bezeichnet.
- Der Prozess der **Herabsetzung** des Preises der **einheimischen Währung** gegenüber ausländischen Währungseinheiten wird als **Abwertung** bezeichnet.
- Stimmen der **Binnenwert** und der **Außenwert** einer Währung überein, spricht man von **Kaufkraftparität.**
- Die **Theorie optimaler Währungsräume** beschäftigt sich mit der **ökonomisch sinnvollen Größe und Beschaffenheit** von Währungsräumen.
- Europäische Staaten, für die ein Beitritt aus wirtschaftlichen oder politischen Gründen nicht oder noch nicht infrage kommt, können sich der EU **assoziieren.**
- Bereits bei der Gründung der EWG waren sich die Staats- und Regierungschefs darüber einig, dass sich die allgemeinen Ziele der Gemeinschaft am besten in einem Wirtschaftssystem mit **unverfälschtem Wettbewerb** verwirklichen lassen.
- Grundlage der **Außenhandelspolitik** der EU ist die **Zielsetzung:**
  - einen Gemeinsamen Markt der Mitgliedstaaten mit **einheitlichen** (Außen-)**Zolltarifen** und einer **gemeinsamen Handelspolitik** gegenüber Drittländern zu schaffen,
  - durch schrittweise **Beseitigung der Beschränkungen** im internationalen Handelsverkehr zum Abbau der Zollschranken und zur harmonisierten Entwicklung des Welthandels beizutragen,
  - die gemeinsamen außenwirtschaftlichen **Interessen gegenüber Drittländern** zu wahren.
- Die **gemeinsame Handelspolitik** wird gem. Art. 133 nach einheitlichen Grundsätzen durchgeführt, wobei **zwei Verfahrensweisen** zu unterscheiden sind:
  - **autonome Handelspolitik:** Sie besteht im Erlass von einseitigen Regelungen durch den Rat und finden nur auf die Mitgliedstaaten der EU bzw. der Unternehmen und Einzelpersonen Anwendung (z. B. Vereinheitlichung von Ein- und Ausfuhrbestimmungen);
  - **vertragliche Handelspolitik:** Hierbei handelt es sich um zwei- oder mehrseitige Abkommen zwischen der EU und ihren Handelspartnern bzw. zwischen der EU und anderen internationalen Organisationen.

Übungsaufgabe

56 1. Nennen Sie die Organe und Institutionen der EU!

2. Welche Hauptaufgaben erfüllen die Organe der EU?

3. Die Außenhandelsstatistik beweist die große Bedeutung der EU für die Bundesrepublik Deutschland.

   Aufgabe:

   Versuchen Sie zu erklären, warum der Handel mit den EU-Ländern einen solchen Aufschwung nehmen konnte!

4. Welche Hauptziele hat sich die EU gesetzt?

5. In der Bundesrepublik Deutschland wird in regelmäßigen Abständen immer wieder die Einführung eines branchenübergreifenden gesetzlichen Mindestlohns gefordert.

   Aufgabe:

   Vergleichen Sie die Mindestlohnregelungen einzelner Länder und bewerten Sie die unterschiedlichen Regelungen!

6. **Unterrichtsvorschlag: Referat**

   Stellen Sie die aktuelle Entwicklung des Binnen- und Außenwertes des Euros dar! Leiten Sie anschließend auf der Basis des ausgewerteten Datenmaterials mögliche volkswirtschaftliche Konsequenzen aus dieser Entwicklung ab!

7. **Unterrichtsvorschlag: Referat**

   Lesen Sie zunächst den nachfolgenden Artikel!

Luftfracht-Kartell

EU verhängt hohe Strafe gegen Fluggesellschaften

British Airways, Air France und neun weitere Airlines müssen eine Geldbuße von fast 800 Millionen Euro zahlen. Die EU-Kommission ahndete damit illegale Preisabsprachen eines weltweiten Luftfracht-Kartells. Die Lufthansa entging einer Bestrafung – sie hatte die Verstöße gemeldet.

Brüssel – In einem Kartellverfahren gegen internationale Luftfrachtunternehmen hat die EU-Kommission eine der bisher höchsten Strafen erlassen. Elf Unternehmen, darunter Air France und British Airways, müssen insgesamt 799,4 Millionen Euro bezahlen. Das teilte die Kommission nach mehrjährigen Ermittlungen am Dienstag mit. Der deutschen Fluggesellschaft Lufthansa sei innerhalb der Kronzeugenregelung die Geldbuße vollständig erlassen worden. Sie hatte die Kommission als erstes Unternehmen über das Kartell informiert und „wertvolle Informationen" zur Verfügung gestellt.

Bei den Absprachen ging es von 1999 an um die Höhe von Kerosinzuschlägen, die von vielen Fluggesellschaften wegen der Ölpreissteigerungen erhoben wurden. Später führten die Airlines dann auch einen „Sicherheitszuschlag" ein. Die Absprachen dauerten bis Anfang 2006.

Es sei „bedauerlich, dass so viele große Fluggesellschaften ihre Preise zum Nachteil der europäischen Unternehmen und Verbraucher abgesprochen haben", erklärte EU-Wettbewerbskommissar Joaquín Almunia. Mit der Verhängung der Strafzahlungen stelle die Kommission klar, „dass sie Kartelle nicht duldet".

Die höchste Strafe muss mit 182,9 Millionen Euro Air France zahlen. Der mit ihr zusammengeschlossenen niederländischen Fluggesellschaft KLM wurde eine Buße von 127 Millionen Euro auferlegt. British Airways erhielt mit 104 Millionen Euro die dritthöchste Strafe. Die übrigen Unternehmen, die verurteilt wurden, sind Quantas, Air Canada, die chilenische Fluggesellschaft LAN, die skandinavische Fluggesellschaft SAS, das Luxemburger Unternehmen Cargolux, Marinair, Cathay Pacific, Japan Airlines und Singapore Airlines. Fünf Fluggesellschaften hatten wegen angeblicher Zahlungsunfähigkeit beantragt, die Bußen zu verringern. Die Kommission ging jedoch nicht auf diese Wünsche ein.

Air France-KLM bezeichnete die Strafe als unverhältnismäßig. Die wirtschaftlichen Analysen hätten gezeigt, dass das beanstandete Verhalten Speditions- und Frachtunternehmen nicht geschadet habe.

Absprachen zum Schaden von Verbrauchern und Unternehmen sind in der EU streng verboten. Die Kommission kann Bußen von bis zu zehn Prozent eines Jahresumsatzes verhängen – dieser Rahmen wird aber in der Regel nicht ausgeschöpft.

Quelle: Spiegel Online vom 9. November 2010.

Aufgabe:

Recherchieren Sie über einen Zeitraum der letzten Monate, welche „spektakulären" Verstöße von den EU-Wettbewerbshütern aufgegriffen bzw. welche Veränderungen bezüglich eines harmonisierten Wettbewerbsrechts in Angriff genommen wurden. Untersuchen Sie dabei vor allem die Gründe für das Einschreiten der EU-Kommission!

8. 8.1 Erläutern Sie die vier wichtigsten Grundfreiheiten des europäischen Binnenmarktes. Gehen Sie anschließend auch auf wichtige Bestimmungen ein, die den Wettbewerb zum Wohle der Verbraucherinnen und Verbraucher sichern sowie Diskriminierungen von Unternehmen aufgrund ihrer nationalen Herkunft unterbinden sollen!

8.2 Skizzieren Sie kurz die wichtigsten Argumente für einen gemeinsamen europäischen Binnenmarkt!

8.3 Dem Dienstleistungssektor kommt mit einem Anteil von 71 Prozent an allen Beschäftigten in der EU inzwischen eine überragende wachstums- und beschäftigungspolitische Rolle zu. Vor diesem Hintergrund hat die Europäische Kommission im Jahr 2004 den Entwurf einer Richtlinie zur weiteren Liberalisierung des grenzüberschreitenden Dienstleistungsgeschäfts im Binnenmarkt vorgelegt. Mit der Richtlinie sollen die immer noch weit verbreiteten bürokratischen Hürden für den Binnenmarkt im Bereich der Dienstleistungen verringert werden und auf diese Weise ein Beitrag für mehr Wettbewerb, Beschäftigung und Wachstum erbracht werden. Der Verabschiedung der Dienstleistungsrichtlinie gingen heftige politische Auseinandersetzungen voraus.

Aufgabe:

Erläutern Sie kurz mögliche Vor- und Nachteile einer solchen Dienstleistungsrichtlinie!

9. Lesen Sie zunächst nachfolgenden Text!

Trick mit der Quote

Sie wissen, wonach sie suchen. Akribisch durchforsten sie Tabellen, ziehen alles verfügbare Zahlenmaterial zurate. Die Beamten der Abteilung Intelligence der EU-Betrugsbekämpfungsbehörde Olaf sind echte Profis in der Analyse von Daten.

Sie wissen, dass jetzt, in der zweiten Augusthälfte, die ersten Ladungen geschmuggelten Knoblauchs aus China eintreffen. Denn Olaf hat den Produktionszyklus von Knoblauch in China und anderen Exportländern genau studiert.

Aber warum ist das wichtig? Ganz einfach: Der Schmuggel der Knolle ist ein Millionengeschäft. Bei keinem anderen Agrarprodukt registriert die EU vergleichbar hohe Zollausfälle durch Schmuggel. Das ist die Folge einer komplizierten Agrarpolitik und des unverhohlenen Agrarprotektionismus der EU. Mit aller Macht wollen europäische Knoblauchproduzenten den weltweit größten Anbauer China aussperren.

Als 2001 der damalige EU-Agrarkommissar Franz Fischler mit China Einfuhrquoten für Knoblauch aushandelte, ahnte er nicht, wie sich der Markt entwickeln würde. Der Vereinbarung nach dürfen die Chinesen gut 13 000 Tonnen jährlich zollfrei in die EU ausführen. Ist die Quote erschöpft, fallen 1200 Euro Zoll pro Tonne an. Vor allem die Agrarlobby aus Spanien und Italien hatte auf diese Regelung gedrungen mit dem Hinweis, dass die Produktionskosten der chinesischen Landwirte nur bei einem Zehntel des europäischen Niveaus liegen. Den eigenen Produktionsrückgang haben sie damit aber nicht aufhalten können. Seit 2002 ist die Knoblauchproduktion in der EU um 14 Prozent auf 242 000 Tonnen zurückgegangen, im größten Anbauland Spanien sogar um über ein Viertel.

Gleichzeitig ist der Schmuggel aufgeblüht. Im Jahr kommen rund 25 000 Tonnen Knoblauch illegal aus China in die EU, schätzen die Experten von Olaf.

In der ersten Zeit wurde der Knoblauch von China in ein Land gebracht, das für dieses Produkt zollfreien Zugang in die EU genießt: Ägypten, Jordanien oder die Türkei. Dort gibt ein Mittelsmann vor, einheimischen Knoblauch exportieren zu wollen, und erschleicht sich eine Ausfuhrgenehmigung. Den Olaf-Leuten fiel aber auf, dass kurz nach der Ernte in China die Exporte aus Ländern hochschnellten, in denen der Knoblauch überhaupt noch nicht reif war.

Darum praktizieren die Schmuggler inzwischen andere Methoden. So verstecken sie den gewöhnlichen Knoblauch unter einer Lage Elefantenknoblauch. Für dieses teurere Gewächs gelten nämlich keine EU-Quoten. Oder die Schmuggler geben vor, dass der Knoblauch gefroren ist, weil er dann ebenfalls nicht unter die Quote fällt. Seit Kurzem fälschen sie auch verstärkt Einfuhrlizenzen, um den Zoll zu umgehen.

Die Ermittler von Olaf schätzen, dass der EU durch die Trickserei im Jahr 30 Millionen Euro an Zolleinnahmen entgehen. Dem Verbraucher entstehen dadurch keine Schäden. Im Gegenteil: Die illegale Importware dürfte auf den Preis drücken, zudem gilt der chinesische Knoblauch als besonders gesund, weil er viel Selen enthält. [...]

Den Tricks der chinesischen Knoblauch-Netzwerke stellen die Fahnder immer ausgeklügeltere Methoden entgegen. Stellt der Zoll Ladungen in den Häfen sicher, die aus China stammen könnten, nehmen sie Proben und schicken sie zur Isotopenanalyse in die USA. Mit dieser Untersuchung lässt sich feststellen, wo der Knoblauch tatsächlich gewachsen ist. In jahrelanger Kleinarbeit haben die Amerikaner eine Datenbank mit den Eigenschaften von Knoblauch aus der ganzen Welt aufgebaut.

Die Fahnder von Olaf haben einen guten Riecher. „Mittlerweile erzielen wir eine gute Trefferquote“, sagt eine Ermittlerin. [...]

Quelle: WirtschaftsWoche Nr. 34 vom 21. August 2006.

Aufgabe:

Diskutieren Sie mögliche Gründe dafür, dass der Import von Knoblauch und anderen landwirtschaftlichen Produkten in die Europäische Union nicht unbegrenzt zugelassen wird und welche Auswirkungen diese Beschränkung für die Konsumenten hat!

2 Die Globalisierung – von der europäischen zur Weltwirtschaft

2.1 Struktur und Kennzeichen der Globalisierung

2.1.1 Entwicklung der Globalisierung

Merke:

Globalisierung im wirtschaftlichen Sinne bedeutet die zunehmende **erdweite Verflechtung von Volkswirtschaften.**

Bis 1990 sprach man in diesem Zusammenhang noch von der Internationalisierung der Märkte. Erst danach setzte sich der viel umfassendere Begriff „Globalisierung"[1] durch.

Die Globalisierung ist keine „Erfindung der Neuzeit", sondern – wie nachfolgender Zeitungsartikel verdeutlicht – ein über viele Jahrhunderte **andauernder Prozess.** Allenfalls die Geschwindigkeit, in der dieser Prozess abläuft, hat sich stark verändert, sodass es nicht verwundert, wenn aktuell der Begriff der **„Turbo-Globalisierung"** verwandt wird.

Globalisierung

Die Welt ist ein Markt

Globalisierung ist ein altes Phänomen. Sie begann vor 500 Jahren am Kappad Beach. In dem indischen Palmenparadies zeigen sich bis heute die Folgen des Handels ohne Grenzen

Von Thomas Fischermann

Zur Geburtsstätte der Globalisierung pilgert man in einer Badehose. Schließlich ist der Kappad Beach ein tropisches Strandparadies. Auch würde ein Besucher in vollständiger Kleidung schnell bis auf die Knochen durchweichen. Alle paar Stunden zieht an diesem wolkenverhangenen Monsuntag ein Sturm herauf, dann fliehen die Fischer und ihre Fußball spielenden Kinder in die Häuschen zwischen den Palmen, und der Indische Ozean spült schaumigweiße Gischt an Land. Zwei oder drei Minuten noch, dann prasselt ein warmer Wasserfall vom Himmel und verwandelt den Sand in Morast.

Von „Regengüssen und Gewittern, die unablässig auf die Küste und auf uns niedergingen", berichtete schon ein anonymer Seefahrer, der 1498 mit Vasco da Gama die Malabarküste abwärts segelte. Eine moosgeschwärzte Betontafel markiert heute die Stelle, an der er schließlich den Anker warf: Am Strand von Kappad eben, unweit des Städtchens Kalikut im Südwesten Indiens gelegen. Die Seefahrt des portugiesischen Königsgesandten, sein zehnmonatiger caminho duvidoso um das Kap der Guten Hoffnung und durch das Arabische Meer, überwand damals das Monopol arabischer Händler auf den See- und Landrouten nach Indien. So traten die Europäer des 15. Jahrhunderts in die Globalisierung ein – die wirtschaftliche Verflechtung der Welt durch den Handel, die Wanderung von Menschen und Investitionen in ferne Länder.

Allerdings stießen sie recht spät zu dieser Party. Als Vasco da Gama in Kappad landete, war die Malabarküste schon jahrtausendelang ein interkontinentales Handelszentrum. Ein Treffpunkt chinesischer Dschunken und arabischer Daus, ein Drehkreuz von Gewürzrouten, die im Osten weiter nach China, Indonesien oder in die Archipele der Südsee führten, im Westen zur arabischen Halbinsel und durch das Rote Meer nach Afrika. Der **globalisierteste Strand der Welt.** Viel hatte das mit dem Monsunregen zu tun. Ein paar Stunden landeinwärts, an den Hängen des Westghats-Gebirges, ließ das feuchte Klima schon immer den besten schwarzen Pfeffer der Welt gedeihen. Epoche für Epoche hatte dieser Reichtum Phönizier, Griechen und Römer angelockt, Araber und Ägypter, Chinesen und Mongolen, Christen und Juden, Seefahrer aus Sumatra und Ceylon. In den Häfen von Malabar tummelten sich höfische Gesandte und *gentleman adventureres* auf der Suche nach Ruhm und Abenteuern und jenen schweren Pfefferkörnern,

1 Vgl. zu diesem Kapitel auch: Informationen zur politischen Bildung Nr. 280, 3. Quartal 2003 (Themenheft Globalisierung).

die in ihrer Heimat so wertvoll waren wie pures Gold. **Chilischoten:** der süßliche Duft einer frisch geöffneten Packung Kartoffelchips. Ingwer: der schwere Karamellgeruch einer Portion warmer Zuckerwatte. Schwarzer Pfeffer: holzig und herb und so scharf beißend, dass man den Kopf abwendet und an die frische Luft fliehen will. AG Mathew lacht und fällt in seine liebste Rolle: die des Dozenten über alles, was mit Gewürzen zu tun hat. „Das Geheimnis des Pfeffers ist, dass er gar kein Gewürz im eigentlichen Sinn ist", sagt er. „Was wir als Schärfe wahrnehmen, ist eher eine Stressreaktion des Körpers."

Man glaubt ihm das sofort. Der 72-jährige Doktor der Lebensmittelchemie, der mit vollem Namen Attokaran George Mathew heißt und seinen Vornamen nach indischer Gewohnheit mit zwei Initialen abkürzt, hat 28 Jahre lang in staatlichen Forschungszentren für die Gewürzkunde gearbeitet. Vor ein paar Jahren wechselte er zu einer Firma namens Plant Lipids am Stadtrand der Hafenstadt Cochin. An deren Produktionsanlagen der gedrungene Mann in seinem grauen Anzug gerade halsbrecherisch herumklettert. Mit leuchtenden Augen erklärt er Gewürz für Gewürz, Aromawolke für Aromawolke. Aber die Stahlgerüste und Silotrommeln, die vielen Rohre, Stellhebel und zischenden Töpfe lassen eher an ein Chemiewerk denken als an einen Marktführer im Gewürzeexport. Plant Lipids exportiert Gewürze auf fortgeschrittene Art. Gigantische Gewürzmühlen aus Stahl zerdrücken oder zerhacken die angelieferten Kerne, Nüsse und Schoten, Transportbänder kippen sie in ein Lösungsmittelbad aus Alkohol oder Aceton. Nach Stunden oder Tagen werden die giftigen Stoffe wieder herausgewaschen, und Arbeiter entfernen die Feststoffe mit einer Art Mistgabel aus den Trommeln. Bei dieser Behandlung schrumpfen beispielsweise 30 Kilo Chilischoten auf ein Kilo dickflüssiges Extrakt zusammen, das schließlich, in blauen Plastikeimern versiegelt, auf Lastwagen verladen und in den Hafen gefahren wird.

Ein Viertel aller indischen Gewürzexporte läuft heute auf diese Weise ab. Nur so sind Gewürze nämlich heute als moderne Massenprodukte am Weltmarkt zu vertreiben. Die Lebensmittelindustrie, ob Kraft oder Nestlé, bezieht sie am liebsten in dieser Form. Konzentrate lassen sich preiswert transportieren, sie überstehen auch ruppigere Methoden der Lagerung und des Transports. Vor allem ist ihre Zusammensetzung klar vermessbar: AG Mathew kann seinen Kunden genaue Auskunft über die Farbe und die Schärfe geben, die Süße und die Zusammensetzung Hunderter weiterer Geschmacksstoffe, die sich in Gewürzen finden. Wie ein Alchemist beherrscht er die Kunst, aus indischen Chilis die Schärfe herauszunehmen, damit der gewonnene Extrakt süß schmeckt wie roter Pfeffer aus Spanien. Er kann sogar aus minderwertigen Muskatnüssen Delikatessen machen. „Für einen Koch ist das Würzen eine Kunst", sagt er mit der distanzierten Art, die Forschern zu eigen ist, „aber für die Lebensmittelchemie ist es eine Wissenschaft." Für Mathew ist es auch eine Selbstverständlichkeit, dass längst nicht alle Gewürze, die bei Plant Lipids verarbeitet werden, aus den Plantagen der Region stammen. „Broken, wormy and punky" wünsche er sich seine Muskatnüsse, sagt er und kann darüber herzhaft lachen. Zerbrochen, wurmstichig und modrig. Sein Lieblingswitz und trotzdem nah an der Realität. Warum sollte Mathew teures Geld für perfekt geformte Nüsse zahlen, wenn er ihren edlen Geschmack auch billiger hinbekommt? „Selbst unseren Pfeffer kaufen wir am liebsten in Sri Lanka", verrät der Gewürzexperte. Dort wachsen verschrumpeltere Körner. Aber sie können preiswerter gepflanzt und geerntet werden. Das Land, in dem der Pfeffer wächst, hat also den Anbau von Gewürzen outgesourct. Selbst ferne Länder wie Vietnam und Nigeria liefern heute Gewürze nach Malabar, damit Firmen wie Plant Lipids sie dort weiterverarbeiten können. Sie folgen der eisernen Logik des Weltmarktes. Dinge werden eingekauft, wo sie in der besten Qualität oder zum günstigsten Preis hergestellt werden können. Für Gewürzextrakte gilt das wie für Fernseher und Kleinwagen, Duschgel und Wintermützen, Spielzeugpuppen und Rasierapparate.

Es ist die weltweite Anwendung eines Grundsatzes, den die Urväter der Wirtschaftswissenschaft formuliert hatten. Adam Smith im späten 18. Jahrhundert und **David Ricardo** im frühen 19. Jahrhundert. Für den Wohlstand der Nationen sei es am besten, wenn die Menschen keine Generalisten und Selbstversorger blieben. Sie sollten Spezialisten werden und untereinander Güter tauschen. Am Ende würde dann jeder die Tätigkeit ausüben, die er am besten beherrscht.

Im Kern hat diese Lehre bis heute überlebt. Doch nie wurde sie so eifrig befolgt wie heute. Wir leben im Zeitalter der **Turbo-Globalisierung.** Transporte sind billiger als je zuvor, die Kommunikationsmöglichkeiten größer. Politiker haben Zölle gesenkt und andere Handelsschranken fallen lassen. Der Welthandel hat sich seit 1980 verfünffacht. 55 Prozent aller Waren und Dienstleistungen, die irgendwo auf der Welt entstehen, werden gehandelt. Die meisten Leute sind dadurch wohlhabender geworden. Adam Smith und David Ricardo hatten das also richtig vorausgesagt. Allerdings profitierten nicht alle. Große Bevölkerungsgruppen verloren ihre Arbeit an Konkurrenten in fernen Ländern und fanden keine neue. Globalisierungskritische Gruppen wie Attac erleben heute regen Zulauf, Demonstranten gehen für die Entflechtung der Welt auf die Straße. Die Globalisierung mag nichts Neues sein, doch die Geschwindigkeit des Wandels ist vielen Menschen unheimlich geworden...

Den Landstreifen entlang der Malabarküste nennt man heute Kerala. Er ist ein vergleichsweise wohlhabender Bundesstaat der indischen Republik. Auf den ersten Blick ist das schwer zu erklären: Es gibt hier nur wenig Industrie, die Produktivität ist niedrig, die Äcker sind zerstückelt. Entwicklungsökonomen haben immer wieder das Rätsel vom „Kerala-Phänomen" untersucht, sie lobten mal die guten Schulen und mal die kommunistische Regierung. Doch die beste Erklärung ist die Globalisierung.

Zwar wäre der Export von Gewürzen und Kokosnussfasern, Gummi und Kaffee zu klein, um allein den Wohlstand in Kerala zu erklären. Aber die Globalisierung war immer schon mehr als Gütertausch. Entlang der Handelsrouten verbreiten sich auch neue Ideen und Techniken. Kapital wurde um die Welt transferiert, Handelsposten und Produktionsstätten in fernen Ländern begründet, um dort günstige Rohstoffe oder fähige Arbeitskräfte nutzbar zu machen. Wo Staaten es erlaubten, zogen die Menschen selbst in die Ferne und arbeiteten dort, wo ihre Fertigkeiten am dringendsten gebraucht wurden. Die Leute von Kerala haben das genauso gemacht wie türkische Gastarbeiter, die zu uns nach Deutschland kamen.

In jeder Stadt entlang der Küste von Malabar kann man heute Plakatwände sehen, auf denen Produkte, Immobilien oder Geldanlagen für „NRIs" angeboten werden. Das sind „Non Resident Indians", Inder, die im Ausland arbeiten. „Unter den indischen Gastarbeitern ist eine Mehrheit aus Kerala", sagt GK Nair, ein örtlicher Wirtschaftsreporter der Zeitung *The Hindu.* Fast jeder Haushalt hat hier ein Familienmitglied, das für ein paar Jahre an den Persischen Golf zieht, um auf Ölbohrplattformen zu arbeiten, als Sekretärinnen in den Werbeagenturen Dubais oder als Computerfachkräfte im fernen Amerika. Überweisungen von NRIs in ihre Heimat machten zuletzt ein Viertel des Einkommens im Staat Kerala aus.

Der Infopark ist nur ein paar Kilometer vom Stadtzentrum Cochins entfernt, aber das Taxi braucht fast eine Stunde. Geduldig umkurvt der Fahrer regengefüllte Schlaglöcher, Hunde, Handkarren und die Statue des Maha Rama Varma, um schließlich in eine gigantische Baustelle einzubiegen. Erst blickt man auf fünf Bürotürme, noch in Rohbeton. Am hinteren Ende sind die Gebäude aber schon fertig. An einem steht „Outsource Partners International", das blaugrau verspiegelte Glas leuchtet in der Sonne wie das Arabische Meer. Nebenan ein cremefarbener Bau, die Niederlassung der Firma Wipro. Wipro ist eine der größten Outsourcing-Firmen Indiens. Sie verdient ihr Geld mit der modernsten Form des Handels, die die Globalisierung hervorgebracht hat: Dienstleistungen bei fernen Kunden, mit denen die Wipro-Mitarbeiter über Satelliten, Unterseekabel, Computer und Telefone verbunden sind. In Callcentern beantworten sie Kundenanfragen für amerikanische und europäische Banken, über das Internet warten sie die Kassen- und Lagerhaltungscomputer amerikanischer Supermarktketten. 2006 setzte der Konzern 3,4 Milliarden Dollar um.

„Sie stehen im am schnellsten wachsenden Standort Wipros!", sagt JK Sanjay. Er ist hier mit 38 Jahren der Chef und führt stolz durch die nagelneuen Großraumbüros. Es riecht nach frischem Kiefernholz und Klebstoffen, auf manchen Bildschirmen sieht man Maschinencodes, auf anderen Mikroskopdarstellungen von Leiterplatinen. „Heute erwarten die Kunden immer mehr von uns", fügt er noch hinzu. „Sie wollen jetzt schon, dass wir ihre Computersysteme komplett entwerfen und aufbauen."

Dafür braucht Wipro Leute. Viele Leute. Die sind inzwischen sogar in Indien schwer zu finden. Wipro geht daher an 120 indischen Colleges auf Rekrutenjagd, und die Firma baut an immer entlegeneren Orten ihre Niederlassungen auf. Auch in Cochin, 14 Autostunden von Bangalore entfernt. Hier lassen sich noch viele qualifizierte Leute mit der Aussicht locken, für ein indisches Unternehmen zu arbeiten und weiter zu Hause in der Nähe der Familie zu leben. Premy Varghese ist einer von ihnen. Ein Ingenieur, geboren in Cochin, der gerade etwas gehetzt aus einem Besprechungszimmer eilt. Er gerät schnell ins Plaudern. Wie viel er über die Welt gelernt habe, seit er im Geschäft mit dem Outsourcing angefangen hat! Über die Japaner zum Beispiel, mit denen er zu tun hat, seit er im vergangenen Herbst dort zu einer Kundenfirma reiste und ein neues Projekt besprach. „Die haben diese Einstellung, dass alles gleich beim ersten Mal perfekt sein muss", erzählt er, „darum sprechen sie lange Zeit alle Aspekte einer neuen Entwicklung durch." Auch über die Deutschen weiß er Bescheid, die seien „ebenfalls gründlich, aber weniger streng als Japaner". Dann lacht er und fügt hinzu, als müsse er etwas Versöhnliches sagen: „Dafür sind die Deutschen flexibler." Man merkt es gleich, Leute wie Premy Varghese sind die neue Avantgarde der Globalisierung.

Es musste ja so kommen: Die Geburtsstätte der Globalisierung hat den Handel des 21. Jahrhunderts entdeckt. Und die Kosmopoliten der Malabarküste werden daran wieder prächtig verdienen.

Quelle: Die Zeit, 46/2007.

Globalisierung umfasst jedoch weit mehr als die zunehmende Integration der Weltwirtschaft und sollte nicht auf wirtschaftliche Prozesse verkürzt werden. Insbesondere die Umweltprobleme (z.B. Treibhauseffekt, Ozonloch) erfordern eine weltweite Zusammenarbeit.

2.1.2 Bedeutung der Globalisierung

Merke:

Die zunehmend liberalisierte und digitalisierte Weltwirtschaft mit ihren **offenen nationalen Märkten** erlaubt **Handelsverflechtungen der Volkswirtschaften** in einem bisher nicht gekannten Ausmaß.

Wie stark die **Verflechtungen des internationalen Handels** mittlerweile sind, veranschaulicht nachfolgende Übersicht.

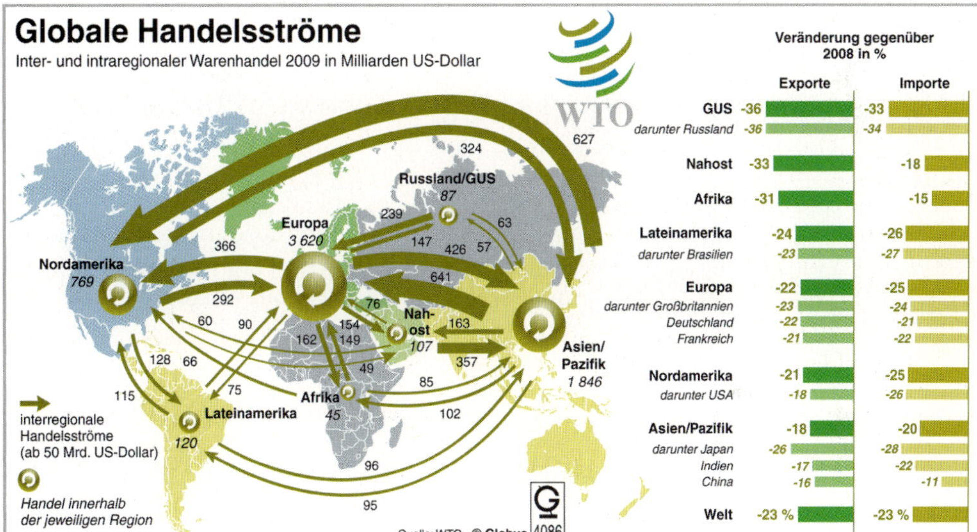

Der Welthandel wird von den **reichen Industrieländern dominiert** – allein die Europäische Union hat einen Anteil von mehr als einem Drittel. Die Handelsströme zwischen den großen Regionen der Erde spiegeln dies wider. Aus Asien kommen die Waren vor allem aus China, Japan und den sogenannten „Tigerstaaten". Afrikanische und südamerikanische Länder haben zusammen nur einen geringen Anteil an den Weltexporten.

Die ärmeren Länder kämpfen deshalb seit Jahren für größere Exportchancen. Trotz WTO-Mitgliedschaft gibt es noch zu **viele Handelshemmnisse** für Entwicklungs- und Schwellenländer.

Die Öffnung der Grenzen veranlasst die Unternehmen, die sich ergebenden **Standortvorteile** in den verschiedenen Ländern der Erde durch Handelsbeziehungen, Informationsaustausch, Unternehmenszusammenschlüsse und sonstige Aktivitäten aller Art zunutze zu machen.

Beispiel:

Ein Automobilkonzern, der Forschungs- und Entwicklungsstandorte in Deutschland, den USA und Japan besitzt, kann die Entwicklungszeit für einen neuen Motor auf ein Drittel verkürzen, da aufgrund der Zeitverschiebung ohne Schichtarbeit rund um die Uhr geforscht und getestet werden kann. Bevor der deutsche Kollege Feierabend macht, stellt er sein Arbeitsergebnis seinem amerikanischen Kollegen via Internet zur Verfügung, dieser wiederum dem japanischen Kollegen usw.

Besonders intensiv sind die internationalen Handelsverflechtungen der Volkswirtschaften mit starker Exportorientierung. In letzter Zeit wird der Warenexport und -import zunehmend durch den Handel mit Dienstleistungen erweitert. Die modernen Kommunikationstechniken – vor allem das Internet – erleichtern den weltweiten Handel mit Dienstleistungen (z. B. Beratung, Know-how-Transfer).

2.2 Beschleuniger der Globalisierung

Merke:

Bei der Globalisierung handelt es sich **nicht** um ein plötzlich auftretendes Phänomen, sondern um einen **Prozess,** der schrittweise verlaufen ist und auf mehreren, unterschiedlich starken Triebkräften beruht, die diesen Entwicklungsverlauf beschleunigten.

(1) Wohlstandsgewinne

Eine der wohl wichtigsten Antriebsfedern der Globalisierung ist das **wirtschaftliche Interesse** der beteiligten Volkswirtschaften. Bereits im 19. Jahrhundert entwickelte sich die theoretische Einsicht und sehr bald auch praktische Erfahrung, dass Staaten, die sich wirtschaftlich nicht abschotten, sondern in einen offenen Austausch mit anderen Volkswirtschaften treten, davon profitieren und **Wohlstandsgewinne** für ihre Bürgerinnen und Bürger erzielen.

Die **OECD** (Organization for Economic Cooperation and Development – Organisation für wirtschaftliche Zusammenarbeit und Entwicklung), ein Zusammenschluss der großen Industriestaaten, bezeichnet Globalisierung folglich als einen „Prozess, durch den **Märkte und Produktion** in verschiedenen Ländern immer mehr voneinander **abhängig** werden – dank der Dynamik des Handels mit Gütern und Dienstleistungen und durch die Bewegung von Kapital und Technologie". Einen besonderen Schub löste in diesem Zusammenhang der Zusammenbruch des Ostblocks aus, als an die Stelle der Konkurrenz zweier Gesellschaftsvorstellungen ein weltweiter Kampf um wirtschaftliche Marktanteile trat.

(2) Liberalisierung

Begünstigt wurde die zunehmende internationale Verflechtung durch staatliche Entscheidungen. So konnten vor allem wirtschaftlich starke Staaten sukzessive durchsetzen, dass **Schutzwälle** um Volkswirtschaften schrittweise abgetragen wurden und werden **(außenwirtschaftliche Liberalisierung).** Bei vielen Produkten haben nationale Zölle und mengenmäßige Importbeschränkungen ihre Schutzfunktion für die jeweils heimische Produktion längst eingebüßt. War die Konkurrenz eines Unternehmens anfangs vorwiegend innerhalb staatlicher Grenzen zu suchen, so ist sie nun überall auf der Welt anzutreffen. Die Liberalisierung nach außen ging einher mit dem Abbau staatlicher Vorschriften im Inneren (Deregulierung).

(3) Grenzüberschreitender Kapitalverkehr

Doch nicht nur Güter und Dienstleistungen werden weltweit gehandelt, ohne dass sie große Hürden zu überwinden hätten. Auch der Fluss des Geldes ist von nahezu allen staatlichen Fesseln befreit worden, sodass in der heutigen Zeit vom **internationalen Kapitalmarkt** gesprochen werden kann. Kapital findet sich überall dort ein, wo es entweder als Investition in ein Unternehmen oder auf den Finanzmärkten anderer Staaten eine gute Rendite verspricht. Eine Folge ist, dass über 90 % der Gelder, die täglich um die Welt zirkulieren, nichts mehr mit der Bezahlung von Gütern und Dienstleistungen zu tun hat. Vielmehr ist Geld selbst zur Ware geworden. Dabei fließen mitunter riesige Geldströme in Länder, in denen sie vorübergehend einen hohen Gewinn versprechen, um bei wechselnder Lage ebenso schnell wieder abgezogen zu werden – ungeachtet der **finanzpolitischen Zerrüttungen,** die dann entstehen können.

(4) „Digitale Revolution"

Merke:

Nachdrücklich beschleunigt wurde der Prozess der Marktöffnung für Waren, Dienstleistungen und Geld durch die **„digitale Revolution",** also durch Innovationen im Bereich der Mikroelektronik, der Telekommunikation sowie durch Methoden zur Gewinnung, Übertragung und Speicherung von Informationen.

Diese Entwicklungen ermöglichten, die Welt mit einem dichten Kommunikationsnetz zu überspannen, das nahezu jeden Punkt dieser Erde in oft nur Bruchteilen von Sekunden erreichbar werden lässt. Die schnelle Übertragung der Daten über das Internet schafft neben der entstehenden Konkurrenz nicht nur einen großen **Weltfinanzmarkt** mit gegenseitiger Abhängigkeit. Vielmehr entsteht dadurch auch die Notwendigkeit einer stabilen Datenübertragungsinfrastruktur und ständiger Innovationen in diesem Bereich.

Für Unternehmen eröffnet das digitale Zeitalter neue Chancen. Ein Unternehmen kann sich durch die weltweite Vernetzung **neue Zielgruppen** erschließen, die Unternehmenskommunikation intensivieren, den Bekanntheitsgrad seiner Marke und das Image verstärken und in einem kontinuierlichen Dialog mit seiner Zielgruppe bleiben. Die Welt als großer Markt- und Handelsplatz ohne unnötige Beschränkungen und Schranken ist insofern für die Industriestaaten und ihre Produkte wichtig, als dass sie jene über die eigenen und benachbarten Grenzen hinweg verkaufen bzw. produzieren lassen können. Da Entwicklungsländer oftmals über eine große Bevölkerungszahl verfügen, macht alleine schon die Masse an potenziellen Kunden einen großen Anreiz für die Industrienationen aus, ihre Ware dort zu platzieren und alle notwendigen Maßnahmen zu treffen, einen weltweiten und reibungslosen Warenaustausch zu ermöglichen.

(5) Verbesserte Verkehrstechnologie

Aber nicht nur Straßen und Routen für Daten bilden ein wichtige Grundlage eines funktionierenden grenzüberschreitenden Handels, sondern auch der **Ausbau der Verkehrsinfrastruktur** für den Gütertransport ist ein zentraler Punkt, um globalisierten Handel und ein Zusammenwachsen über die Kontinente hinweg überhaupt erst für alle Beteiligten zu ermöglichen.

Merke:

Als weitere Beschleuniger der Globalisierung gelten der **Ausbau der Verkehrsinfrastruktur, sinkende Transportkosten** und die zunehmende **Vereinheitlichung technischer Normen.**

2.3 Die Rolle internationaler Institutionen und Abkommen

Die Ausführungen im Rahmen dieses Kapitels beschränken sich auf die WTO, den Internationalen Währungsfonds und die Weltbank. Weitere Institutionen und Abkommen werden im Rahmen des Kapitel 2.7 behandelt.

2.3.1 Regelung der weltweiten Handels- und Wirtschaftsbeziehungen durch die Welthandelsorganisation (WTO)

Wichtige **Voraussetzungen für weltweite Wirtschaftsaktivitäten** sind der Abbau von Zöllen und die Beseitigung von Beschränkungen für den internationalen Kapitalverkehr. Die aus dem GATT[1] hervorgegangene **Welthandelsorganisation (WTO)**[2] mit Sitz in Genf beschäftigt sich im Auftrag der 153 Mitgliedsländer[3] mit der Verbesserung und Regelung der internationalen Handels- und Wirtschaftsbeziehungen.

1 Englisch: **G**eneral **A**greement on **T**ariffs and **T**rade (deutsch: Allgemeines Zoll- und Handelsabkommen).
2 Englisch: **W**orld **T**rade **O**rganization.
3 Stand: Februar 2011.

Die **Welthandelsorganisation** (Englisch: World Trade Organization: WTO) ist die internationale Organisation, die sich mit der Regelung der weltweiten Handels- und Wirtschaftsbeziehungen beschäftigt. Sie wurde 1995 gegründet und ist die Nachfolgeorganisation des GATT mit erweiterter Zielsetzung. Sie ist eine eigenständige Organisation im System der Vereinten Nationen. Zurzeit hat sie **153 Mitgliedstaaten.**

Aufgaben der WTO

Das Allgemeine Zoll- und Handelsabkommen GATT (Englisch: General Agreement on Tariffs and Trade) war nach dem 2. Weltkrieg gegründet worden, um die **Zölle** zwischen den Handelspartnern zu **senken.** Der Handel sollte zum Nutzen aller Teilnehmer erleichtert werden. In insgesamt acht Verhandlungsrunden wurden die Zölle insbesondere für Industrieprodukte gesenkt.

Die Aufgaben der WTO als Nachfolgeorganisation sind erweitert auf den **Abbau von Handelshemmnissen aller Art,** um so den internationalen Handel zu fördern. Die WTO umfasst nun auch Dienstleistungen, geistiges Eigentum und landwirtschaftliche Produkte. Die **Liberalisierung des Welthandels** bedeutet jedoch nicht, dass es generell keine Handelsschranken mehr geben darf. So dürfen **Maßnahmen zum Schutz vor Krankheiten und Seuchen** ergriffen werden.

Grundsätze der Welthandelsbeziehungen

Die Mitglieder der WTO haben sich auf mehrere Grundsätze verständigt, die im Welthandel gelten sollen. Diese galten teilweise bereits im GATT. Der **Grundsatz der Meistbegünstigung** legt fest, dass ein WTO-Mitglied **alle** Partner im Handel gleich behandeln muss. Wer einem anderen Land bestimmte Vorteile einräumt, muss dies grundsätzlich gegenüber allen Ländern tun.

Das **Inländerprinzip** schreibt vor, dass ausländische Waren und Dienstleistungen nicht anders behandelt werden dürfen als solche aus dem Inland. Um die Transparenz im Handel zu erhöhen, müssen die WTO-Länder ihre nationalen Vorschriften über den Handel bei der WTO melden. Damit soll sichergestellt werden, dass kein Handelspartner vor Änderungen überrascht wird.

Das **Prinzip der Gegenseitigkeit** besagt, dass in den Verhandlungen die jeweiligen Zugeständnisse der Partner ausgewogen sein sollen. Nur die Entwicklungsländer können davon ausgenommen werden.

Die Organisation der WTO

Das wichtigste Organ der WTO ist die **Konferenz der Wirtschafts- und Handelsminister.** Ein Allgemeiner Rat führt die laufenden Geschäfte. Als Generalsekretär fungiert seit 2005 der Franzose Pascal Lamy. Der Sitz der WTO ist Genf (Schweiz).

Die Ministerkonferenz tagt mindestens alle zwei Jahre. Sie legt die Themen fest, über die die Mitglieder verhandeln wollen. Seit 1996 hat es sieben Verhandlungsrunden gegeben.

Die laufende Doha-Runde, benannt nach der Hauptstadt Katars, ist bisher erfolglos geblieben. Die Gegensätze zwischen der EU und den USA einerseits und den Entwicklungs- und Schwellenländern andererseits konnten bisher nicht überbrückt werden. Hauptstreitpunkt ist die Agrarpolitik.

Die Streitschlichtung der WTO

Auch wenn sich die Mitglieder der WTO zu den genannten Prinzipien bekennen, so werden sie nicht immer eingehalten. Handelskonflikte gehören daher seit der Gründung des GATT 1947 zur politischen Normalität des Welthandels.

Eine wichtige Neuerung in der WTO war die Verbesserung des bereits im GATT bestehenden **Streitschlichtungsverfahrens.** Dieses wird vom Allgemeinen Rat wahrgenommen, der zu diesem Zweck Schiedsgerichte bildet.

In einem mehrstufigen Verfahren können Länder andere Partner des WTO-Abkommens quasi verklagen. Kommt das Schiedsgericht zum Ergebnis, dass die Klage zu Recht erhoben wurde, können Gegenmaßnahmen in Form von Strafzöllen erhoben werden. Immer wieder wird die WTO als Schiedsrichterin angerufen, um die Konflikte zwischen den Partnern zu schlichten. Das Streitschlichtungsverfahren hat sich als erfolgreiches Instrument für einen fairen Welthandel herausgestellt.

WTO und Europäische Union

Die Mitgliedstaaten der Europäischen Union führen eine gemeinsame Außenhandelspolitik. Sie sprechen deshalb in der WTO „mit einer Stimme". Die Europäische Kommission vertritt bei den WTO-Treffen die europäischen Handelsinteressen. Die EU ist ein eigenständiges WTO-Mitglied – ebenso wie jeder ihrer Mitgliedstaaten.

Quelle: www.bundesregierung.de.

33 Boller-Hartmann 978-3-8120-0585-2

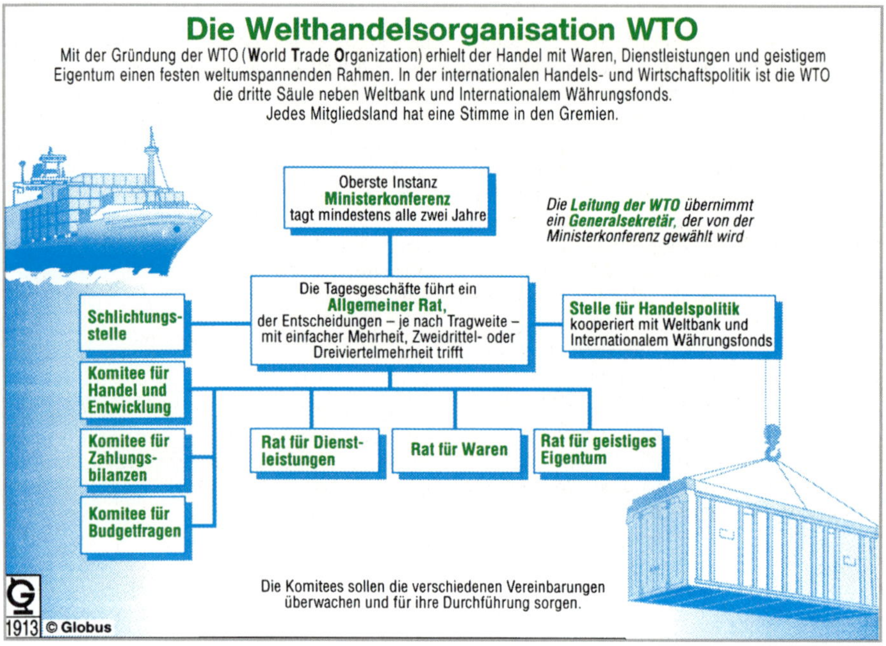

2.3.2 Internationaler Währungsfonds (IWF)

(1) Grundlegendes

Der **I**nternationale **W**ährungs**f**onds (IWF, englisch: **I**nternational **M**onetary **F**und, IMF) ist eine Sonderorganisation der Vereinten Nationen mit Sitz in Washington D.C., USA. Vorrangige Aufgabe des IWF ist es, seinen Mitgliedern Kredite (sogenannte **S**onder**z**iehungs**r**echte, SZR) zur Überwindung von Zahlungsschwierigkeiten und zur Strukturanpassung zu gewähren.

- **Hintergrund**

Der IMF hat derzeit 187 Mitgliedsländer, deren Stimmrecht sich nach ihrem Kapitalanteil richtet. Die **Stimmanteile** der wichtigsten Mitgliedstaaten: USA 16,7 Prozent, Japan 6,0 Prozent, Deutschland 5,86 Prozent, Frankreich 4,84 Prozent, Vereinigtes Königreich 4,84 Prozent. Die 27 EU-Mitglieder verfügen insgesamt über 32 Prozent der Stimmen [...]. Einige Beschlüsse im IWF müssen mit einer Mehrheit von 85 Prozent getroffen werden. Die USA verfügen damit offiziell über eine Sperrminorität.

- **Geschichtliche Entwicklung**

Der IWF wurde am 22. Juli 1944 durch eine internationale Übereinkunft gegründet und nahm im Mai 1946 seine Arbeit auf. Sie erfolgte aufgrund der Beschlüsse der **Konferenz in Bretton Woods,** einer Kleinstadt im US-Bundesstaat New Hampshire. Diese für den Wiederaufbau des Weltwirtschaftssystems entscheidenden Verhandlungen dauerten vom 1. bis zum 22. Juli 1944.

- **Aufgaben und Ziele**

Der IWF vergibt unter bestimmten Auflagen **befristete Kredite** an Mitgliedstaaten, die unter Zahlungsbilanzproblemen leiden. **Bedingungen** für die Gewährung von Krediten sind zum Beispiel:

- Kürzung der Staatsausgaben,
- niedrige Inflation,
- Steigerung des Exports sowie
- die Liberalisierung des Bankenwesens.

Die den Staaten auferlegten Bedingungen in Form von **Strukturanpassungsprogrammen** können zum Beispiel Privatisierung von öffentlichen Einrichtungen wie Sparkassen, Elektrizitäts- und Wasserversorgung, Telekommunikation usw. sowie Entlassung von bestimmten Gruppen von Mitarbeitern vorsehen. Darüber hinaus unterstützt der IWF Entwicklungsländer in Afrika, Asien und Südamerika bei der **Erarbeitung von Wachstums- und Wohlstandkonzepten** und fördert diese durch direkte Geldhilfen der gebenden Mitgliedsländer. Ebenso wie die Kreditvergabe ist auch die Entwicklungszusammenarbeit oft an Bedingungen der **Good Governance** (Korruptionsabbau, Demokratie, ...) und der Liberalisierung gekoppelt.

Zu den **Zielen** gehören unter anderem:

- Förderung der internationalen Zusammenarbeit in der Währungspolitik
- Stabilisierung von internationalen Finanzmärkten
- Förderung nachhaltiger Entwicklungshilfeprojekte
- Ausweitung des Welthandels
- Vergabe kurzfristiger Kredite zum Ausgleich von Zahlungsbilanzdefiziten

Kernaufgabe des IWF ist es, die **makroökonomische Stabilität** in seinen 187 Mitgliedstaaten und in der Weltwirtschaft insgesamt zu fördern. Er untersucht unter diesem Blickwinkel regelmäßig die Wirtschafts- und Finanzpolitik der Mitgliedstaaten und zeigt dabei gegebenenfalls Risiken auf. Bei **Zahlungsbilanzkrisen** kann der IWF finanzielle Hilfe in Form von Krediten leisten. Er vereinbart dabei mit dem betreffenden Mitgliedstaat zugleich wirtschafts- und finanzpolitische Maßnahmen, die eine dauerhafte Rückkehr zu einer stabilen Lage unterstützen sollen.

Entscheidungen des IWF werden vom **IWF-Stab** unter Leitung des Geschäftsführenden Direktors vorbereitet und vom **Exekutivdirektorium** gebilligt. **Deutschland** ist einer der wichtigsten Anteilseigner des IWF und wirkt über einen deutschen Exekutivdirektor an den Entscheidungen dieses Gremiums mit. Grundsatzentscheidungen werden vom **Gouverneursrat des IWF** und vom **International Monetary and Financial Committee** getroffen, die bei den Herbst- und Frühjahrstagungen von IWF und Weltbank zusammenkommen.

Innerhalb der Bundesregierung ist das **Bundesministerium der Finanzen** für den IWF federführend. Die **deutschen Botschaften** verfolgen die Vereinbarung und Umsetzung von IWF-Programmen vor Ort.

Quelle: www.bundesfinanzministerium.de

2.3.3 Weltbank-Gruppe

Die **IBRD** – kurz **Weltbank** – wurde 1944 zusammen mit dem **Internationalen Währungsfonds** (**I**nternational **M**onetary **F**und – IMF) in Bretton Woods (USA) gegründet. Die beiden Organisationen werden deshalb als „Bretton-Woods-Institution" bezeichnet. Die IBRD hat zurzeit 187 Mitglieder. Sitz ist Washington, D.C. (USA).

Die Weltbank verfolgt zusammen mit IDA, IFC, MIGA und ICSD das Ziel, die wirtschaftliche Entwicklung in ihren weniger entwickelten Mitgliedsländern durch finanzielle und andere Hilfen (z.B. Beratung) zu fördern. Diese Organisationen besitzen jeweils eine eigene Rechtspersönlichkeit. Praktisch sind sie jedoch durch eine gemeinsame Leitung und Geschäftsführung weitgehend integriert.

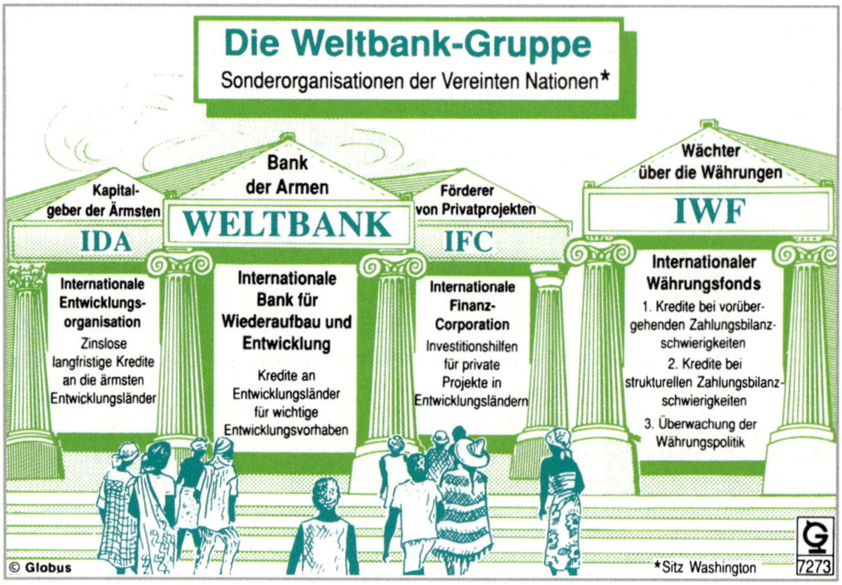

Die Aufgaben der Weltbankgruppe sind im Einzelnen:

- Die **Internationale Bank für Wiederaufbau und Entwicklung** (**I**nternational **B**ank for **R**econstruction and **D**evelopment – IBRD) – kurz *Weltbank* – vergibt *zinsgünstige* Darlehen zu wichtigen Entwicklungsvorhaben. Die Mittel stammen aus Beteiligungen der Mitgliedsländer, aus dem Verkauf von Ausleihungen auf den internationalen Finanzmärkten und aus den Rückflüssen aus früher gewährten Darlehen.
- Die **internationale Entwicklungsorganisation** (**I**nternational **D**evelopment **A**ssociation – IDA) vergibt *zinslose* Kredite an die ärmsten Entwicklungsländer.
- Die **Internationale Finanz-Corporation** (**I**nternational **F**inance **C**orporation – IFC) fördert privatwirtschaftliche Investitionen in Entwicklungsländern durch unterstützende Darlehen.
- Die **Multilaterale Investitionsgarantie-Agentur** (**M**ultilateral **I**nvestment **G**urantee **A**gency – MIGA) hat die Aufgabe, ausländische Privatinvestitionen vor politischen und nichtkommerziellen Risiken (z. B. Überschwemmungen, Erdbeben) zu versichern.
- **Internationales Zentrum zur Beilegung von Investitionsstreitigkeit** (**I**nternational **C**entre for **S**ettlement of **I**nvestment **D**isputes – ICSID) trägt zur Beilegung von Streitigkeiten zwischen ausländischen Investoren und den Gastländern bei.

2.4 Unternehmen im Globalisierungsprozess

Import- und Exportabhängigkeit können zu **wirtschaftlicher** und **politischer Abhängigkeit** eines Landes bzw. eines Währungsgebiets und somit auch von Unternehmen führen.

- Die **konjunkturelle Verbundenheit** der am Welthandel beteiligten Unternehmen kann im Falle konjunktureller Einbrüche einen extremen **Nachfragerückgang** bewirken.
- Ebenso wie die Konjunkturrückgänge können auch **Inflationen** importiert werden. Erhöhen z. B. die Rohöl exportierenden Länder die Ölpreise, steigen in den Importländern die Preise für

die Produkte, die aus Erdöl hergestellt oder zu deren Herstellung Erdöl benötigt wird. Insbesondere für das verarbeitende Gewerbe **erhöhen sich die Kosten für den Herstellungsprozess** der Güter.

- Eng mit der wirtschaftlichen Abhängigkeit ist die **politische Abhängigkeit** verflochten. So sind z.B. Länder, die auf Rohstoffzufuhren angewiesen sind, wirtschaftlich und politisch erpressbar. So können die Rohstoff exportierenden Länder beispielsweise versuchen, durch Preis- und/oder Mengendiktate politische Entscheidungen in den Abnehmerländern zu beeinflussen. Etwaige **Preis- bzw. Mengendiktate** können sich ebenfalls unmittelbar auf den Leistungserstellungsprozess der Unternehmen auswirken.

2.5 Auswirkungen der Globalisierung auf den Arbeitsmarkt

Globalisierung ist zwar in erster Linie ein ökonomisches Phänomen, ihre Auswirkungen gehen jedoch weit darüber hinaus[1]. Viele Menschen in den Industriestaaten sehen sie als eine Gefährdung ihrer sozialen Sicherheit und ihrer Zukunftschancen an. Der Abbau zwischenstaatlicher Hindernisse erleichtert es besonders großen, kapitalkräftigen Unternehmen, die ihre Produktionskosten verringern wollen, sich in Ländern mit niedrigeren Lohnkosten, minimalen umweltpolitischen Auflagen sowie schwachen sozialen Sicherungssystemen niederzulassen. Für einfache Tätigkeiten wird in manchen Ländern so wenig bezahlt, dass die dort hergestellten Produkte ungeachtet der Transportkosten immer noch billiger sind als solche, die in Deutschland fabriziert wurden.

Dieser sogenannte **Arbeitsplatzexport** kann z.B. folgende Gründe haben:

- Die **soziale und politische Stabilität** des Auslands wird höher eingeschätzt als die inländische.
- Die **Umweltvorschriften (Umweltstandards)** sind im Ausland weniger streng als im Inland.
- Das Ausland fördert Gewerbeansiedlungen durch **Steuererleichterungen** und/oder **Subventionen.** Das Problem ist, dass der Staat den Unternehmen, die mit der Auslagerung von Produktionsstätten drohen, seinerseits Steuererleichterungen gewährt und/oder Subventionen zahlt. Die Folge ist, dass die Steuereinnahmen sinken.
- Im Ausland ist die **„Regulierungsdichte"** (z.B. Bauvorschriften, Zulassungsverfahren, Behördenwege) geringer als im Inland.
- Die **Arbeitskosten** sind im Ausland niedriger als im Inland. Für die Konkurrenzfähigkeit ist allerdings nicht allein die absolute Höhe der Arbeitskosten maßgebend. Vielmehr muss die Arbeitsproduktivität berücksichtigt werden. Diese drückt aus, welche Gütermenge eine Arbeitskraft je Zeiteinheit (z.B. je Arbeitsstunde) erzeugt.

Gefährdet sind vor allem solche **Arbeitsplätze,** für die schon geringe Qualifikationen ausreichen. Folglich müssen die Menschen ein immer **höheres Ausbildungsniveau** und innovative Fähigkeiten aufweisen, um mit der Arbeitnehmerschaft anderer Industriestaaten konkurrenzfähig zu bleiben. Überdurchschnittliche Qualifikationen werden entsprechend bezahlt und weltweit nachgefragt. Speziell im Bereich der Informations- und Kommunikationstechnologien ist ein neuer Arbeitsmarkt entstanden, der allerdings hohe Anforderungen an die Ausbildung stellt. Damit vergrößert sich unter globalen Wettbewerbsbedingungen die ohnehin bestehende Spanne zwischen Spitzenverdienern und Lohnempfängern am unteren Ende der Einkommensskala.

1 Vgl. hierzu und im Folgenden Informationen zur politischen Bildung (Heft 280).

Wer seine Fähigkeiten mithilfe des Internets anbieten kann, muss seinen Standort nicht unbedingt wechseln. Er kann von zu Hause aus sein Wissen dort einbringen, wo es sich am besten bezahlt macht. Er setzt sich allerdings mithilfe der neuen Kommunikationsmöglichkeiten einem internationalen Wettbewerb aus und wird damit ebenso in die **weltweite Arbeitsteilung** einbezogen wie große Unternehmen. Aussagen, dass das Industriezeitalter Arbeit für die Massen gebracht habe, wohingegen das Informationszeitalter nur noch Arbeit für eine kleine Elite biete, beziehen sich auf diese Entwicklung.

2.6 Chancen und Risiken der Globalisierung

Kaum ein Thema wird hinsichtlich seiner Auswirkungen kontroverser diskutiert: Im Zeitalter der Globalisierung und der zusammenwachsenden Märkte eröffnen sich einerseits große Chancen; andererseits müssen aber auch die Risiken ernst genommen werden.

Der **kontrovers** diskutierte Prozess der Globalisierung löst in der Öffentlichkeit – je nach Sicht der Dinge – unterschiedliche Gefühle aus, welche die gesamte Spannbreite von Aufbruchstimmung bis hin zu Angstgefühlen umfasst. Während die Befürworter vor allem das durch den Abbau von zwischenstaatlichen Handelsbeschränkungen **effizientere Wirtschaften** betonen, sehen die Kritiker die **abnehmende staatliche Steuerungsfähigkeit** der einzelnen Staaten durch die wachsende internationale Verflechtung als besonders nachteilig an.

Merke:

Indem Staaten den global handelnden Unternehmen und **internationalen Finanzströmen** den Weg ebnen, verringern sie ihre eigenen Einflussmöglichkeiten und schwächen ihre traditionellen wirtschafts- und finanzpolitischen Instrumente wie etwa Steuern und Zinsen.

Die zunehmende außenwirtschaftliche Liberalisierung und die damit einhergehende innerstaatliche Deregulierung kombiniert mit den Mechanismen eines globalen Marktes berühren die staatliche Souveränität. Dies führt dazu, dass viele Aufgaben, die vormals jede Regierung für sich lösen musste, nur noch im Verbund mit anderen Staaten wahrgenommen werden können.

Insbesondere die international agierenden Wirtschaftsunternehmen – auch **„Global Player"** genannt – rücken in den Fokus der Kritik, da sie heutzutage keiner wirksamen gesellschaftlichen Kontrolle mehr ausgesetzt sind und somit als Quelle für **politische und wirtschaftliche Instabilität** gelten, wie die **internationale Finanzmarktkrise** in der jüngeren Vergangenheit mit ihren negativen Auswirkungen auf die Realwirtschaft eindrucksvoll zeigte.

Zudem stören die zunehmenden **sozialen Ungleichheiten** in und zwischen den Staaten den **sozialen Frieden.** So erleichtert der Abbau zwischenstaatlicher Hindernisse den international agierenden Großunternehmen, die ihre Produktionskosten verringern wollen, sich in **Niedriglohnländern** mit **minimalen umweltpolitischen Auflagen** sowie **schwachen sozialen Sicherungssystemen** niederzulassen. Für einfache Tätigkeiten wird in manchen Ländern so wenig bezahlt, dass die dort hergestellten Produkte ungeachtet der

Transportkosten immer noch billiger sind als solche, die in Deutschland hergestellt wurden. Diese Billigproduktion ist auch deshalb möglich, weil es in vielen Ländern immer noch an **Arbeitnehmerschutzgesetzen** oder an Regelungen fehlt, die **Kinderarbeit** verbieten bzw. – falls derartige Gesetze existieren – Verstöße nicht entsprechend geahndet werden. Die vorgenannten Missstände dürften auch ein Grund für den zunehmenden internationalen **Terrorismus** sein, dessen Möglichkeiten und Instrumente sich überdies durch die Globalisierung deutlich verbessert haben.

Gerade diese Nachteile der Globalisierung sind der Nährboden von **globalisierungskritischen** Gruppen und Bewegungen, die sich seit den neunziger Jahren des vorangegangenen Jahrhunderts auf internationalen Konferenzen mit globaler Thematik zunehmend Gehör verschaffen. Dabei ist die Organisation **Attac** (frz.: Association pour une taxation des transactions financières pour l'aide aux citoyens – Vereinigung zur Besteuerung von Finanztransaktionen im Interesse der Bürgerinnen und Bürger) das wohl prominenteste Beispiel.

Attac – ein globalisierungskritisches Netzwerk

Am 30. November 1999 demonstrierten in Seattle Hunderttausende gegen ein Ministertreffen der Welthandelsorganisation. Mit Sitzblockaden hinderten sie die Delegierten am Zugang zu der Versammlung, sodass das Treffen ohne Entscheidungen zu Ende ging. Die medienwirksame Protestaktion führte dazu, dass erstmals eine breitere Öffentlichkeit das Netzwerk Attac, das an den Protesten beteiligt war, zur Kenntnis nahm.

Das Bündnis von Globalisierungskritikern war am 3. Juni 1998 in Paris gegründet worden. Vorausgegangen war eine Grundsatzerklärung des Chefredakteurs der Wochenzeitschrift Le Monde Diplomatique, Ignacio Ramonet, im Dezember 1997. „Der Wirbelsturm, der die asiatischen Geldmärkte verwüstet, bedroht die ganze Welt. Die Globalisierung des Anlagekapitals schafft universelle Unsicherheit. Sie verhöhnt nationale Grenzen und schwächt die Macht der Staaten, die Demokratie, den Wohlstand und das Glück ihrer Völker zu sichern", heißt es da. Als Antwort fordert Ramonet eine globale Lösung und sieht sie in der demokratischen Kontrolle über das Finanzkapital der Spekulanten.

Doch dann fragt sich Ramonet, wer denn so weitreichende politische Forderungen durchsetzen könnte. Deshalb schließt Ramonet mit einer Frage: „Warum nicht eine neue Nichtregierungsorganisation gründen, eine Vereinigung zur Besteuerung von Finanztransaktionen im Interesse der Bürgerinnen und Bürger (frz.: Association pour une taxation des transactions financières pour l'aide aux citoyens = Attac)? Zusammen mit den Gewerkschaften und der Vielzahl sozialer, kultureller und ökologischer Organisationen könnte sie vortrefflich Druck auf die Regierungen ausüben, diese Steuer endlich einzuführen. Im Namen universeller Solidarität." Dieser Aufruf stieß auf große Resonanz und führte schließlich zur Gründung von Attac.

Inzwischen arbeitet das Bündnis in 40 Ländern. In Deutschland sind rund 12 000 Menschen in 160 Regionalgruppen organisiert. Das einigende Ziel von Attac ist das Engagement gegen die Folgen einer Globalisierung, die nur über den freien Welthandel laufe. Dabei ist Attac nicht gegen die Globalisierung als solche. „Wir finden es gut, wenn Menschen ganz verschiedener Kulturen miteinander in Kontakt treten, wenn sich Menschenrechte und Demokratisierung globalisieren und es einen internationalen Austausch von Gütern gibt", sagt Christoph Bautz von Attac Deutschland. „Wir sind aber entschieden gegen die derzeitige neoliberale Globalisierung, die vor allem den Gewinninteressen von internationalen Konzernen und Finanzanlegern dient." Dagegen setzt Attac den Slogan: „Eine andere Welt ist möglich."

Das Bündnis hat kein detailliertes Programm und setzt inhaltlich auf Pluralismus, wobei die Kritik an der ihrer Ansicht nach unkontrollierten Globalisierung das einigende Band darstellt. In seinem Engagement konzentriert sich Attac weniger auf Lobbygespräche mit Parteien und Politikern. Im Vordergrund steht stattdessen der Versuch, öffentlichen Druck für eine Kontrolle der Finanzmärkte oder gegen die Privatisierung des Renten- und Gesundheitssystems zu organisieren: durch Publikationen, Informationsveranstaltungen, Demonstrationen oder spektakuläre Aktionen wie Straßentheater oder zivilen Ungehorsam. Bei alledem lehnt Attac Gewalt als Mittel der politischen Auseinandersetzung ab. Mit diesen spontanen Aktionsformen konnte das Bündnis viele jüngere Menschen wieder für Politik begeistern, die von Parteien und Gewerkschaften eher abgeschreckt sind.

Doch bei aller Mobilisierungskraft und Öffentlichkeit, die das Bündnis in den vergangenen Jahren erreichen konnte, deuten sich inzwischen erste Grenzen an. So ist die Themenpalette, die sich aus der „neoliberalen Globalisierung" ergibt, ungeheuer breit: Sie reicht von der Kontrolle der Finanzmärkte über Steuergerechtigkeit für die Gemeinden, Riester-Rente, Privatisierung des Gesundheitssystems und anderer Dienstleistungen bis hin zu Folgen des Weltmarktes für die Landwirtschaft und die Entwicklungspolitik. Nicht für jedes dieser Themen lässt sich gleich gut mobilisieren, nicht alle Themen können inhaltlich aufgearbeitet werden. Für die Zukunft stellt sich die Frage: Koordinieren die Nichtregierungsorganisationen ihre Arbeit unter einem gemeinsamen Dach – oder praktiziert man eine Arbeitsteilung, obwohl sich Problemkomplexe wie Welthandel und Klimaschutz eigentlich nicht voneinander trennen lassen?

Dazu kommt die internationale Herausforderung. Als Bündnis, das sich vor allem in den Industrieländern engagiert, kann sich Attac durchaus auf Forderungen nach einer Regulierung von Welthandel und Weltfinanzmärkten einigen. Doch im Süden der Welt gibt es viele Nichtregierungsorganisationen, die die Chancen ihrer Produzenten auf dem Weltmarkt verbessern wollen. Dies kann durchaus zu Lasten von Produzenten und Beschäftigten im reichen Norden der Welt gehen. Wofür entscheidet sich Attac dann? Für den Schutz des Lebensstandards im Norden oder für die Forderung nach einem höheren Lebensstandard im Süden?

Diese Fragen dürfen allerdings nicht darüber hinwegtäuschen, dass Attac bisher durchaus Erfolge aufweisen kann. Seine Aktionen haben dazu beigetragen, dass die Politik die Probleme im Zuge der Globalisierung weit offener als vorher diskutiert. Noch zeichnen sich keine Lösungen ab, doch die Politik ist gefordert, weil Attac viele Fragen stellt, die über Jahre unter den Teppich gekehrt wurden.

Wolfgang Kessler

Quelle: Bundeszentrale für politische Bildung, Nr. 280, Globalisierung.

Die Globalisierung bietet eine Vielzahl von Risiken und Chancen, wobei die nachfolgende Tabelle einen Überblick über die wichtigsten Aspekte gibt.

Chancen	Risiken
■ Nutzung der Kostenvorteile anderer Volkswirtschaften ■ Günstige Einkaufspreise durch weltweite Konkurrenz der Anbieter ■ Risikostreuung durch weltweites Engagement der multinationalen Konzerne („Global Players") ■ Verbesserung des Lebensstandards in den Entwicklungsländern durch Know-how-Transfer ■ Verringerung der Kriegsgefahr wegen der gestiegenen wirtschaftlichen Abhängigkeiten ■ Steigende Toleranz gegenüber anderen Kulturen und Mentalitäten durch den intensiven Austausch von Waren und Dienstleistungen	■ Vergrößerung der Umweltprobleme durch eine verstärkte Wirtschaftstätigkeit und höheren Konsum ■ Gefahr einer ruinösen Konkurrenz zwischen den einzelnen Volkswirtschaften ■ Menschen können mit der Geschwindigkeit des Strukturwandels nicht mithalten ■ Gefahr zunehmender Arbeitslosigkeit in Hochlohnländern ■ Sinkende Sozialstandards in den bisherigen Industrieländern durch den zunehmenden Kostendruck ■ Fremde Kultureinflüsse können zu Identitätsängsten führen (Gefahr des Terrorismus) ■ Weltweit operierende Konzerne untergraben die Macht der Nationalstaaten

Ob letztlich die Chancen oder die Risiken überwiegen werden, hängt vor allem vom fairen Umgang miteinander (z.B. gleichberechtigter Zugang zum Kapitalmarkt für alle Volkswirtschaften) und von der Fähigkeit der Staatengemeinschaft ab, staatsübergreifende Institutionen (z.B. WTO, Weltbank, UNO) zu stärken und mit den erforderlichen Mitteln auszustatten.

Zusammenfassung

- **Globalisierung** im wirtschaftlichen Sinne bedeutet die zunehmende **erdweite Verflechtung von Volkswirtschaften.**
- Wichtige Voraussetzung ist die **Öffnung der internationalen Märkte** (Abbau von Zöllen und anderen Beschränkungen).
- Der **wichtigste Nachteil** der außenwirtschaftlichen Beziehungen ist, dass sie zu **wirtschaftlicher und politischer** Abhängigkeit führen.
- Bei der Globalisierung handelt es sich **nicht** um ein plötzlich auftretendes Phänomen, sondern um einen **Prozess,** der schrittweise verlaufen ist und auf mehreren, unterschiedlich starken Triebkräften beruht, die diesen Entwicklungsverlauf beschleunigten.
- Nachdrücklich beschleunigt wurde der Prozess der Marktöffnung für Waren, Dienstleistungen und Geld durch die **„digitale Revolution".**
- Als weitere Beschleuniger der Globalisierung gelten der **Ausbau der Verkehrsinfrastruktur, sinkende Transportkosten** und die zunehmende **Vereinheitlichung technischer Normen.**
- Zu den wichtigsten internationalen Organisationen des Welthandels zählen die **WTO,** der **Internationale Währungsfonds** und die **Weltbank.**
- Die Globalisierung bringt zwar Kostenvorteile, hat aber den Nachteil, das aufgrund der Verlagerung von Produktionsstätten ins Ausland **Arbeitsplätze verloren** gehen **(Arbeitsplatzexport).**
- Die Globalisierung **gefährdet** vor allem solche **Arbeitsplätze,** für die schon geringe Qualifikationen ausreichen.

Übungsaufgabe

57 1. **Textauszug 1:**

Kostensenkung durch Globalisierung

Der Markt, der für die Industrie und viele Dienstleistungen bedeutsam ist, umfasst jetzt mehr und mehr die ganze Welt. Darauf wird ja abgestellt, wenn von Globalisierung die Rede ist. Begünstigt und gefördert wird die Globalisierung der Märkte nachhaltig auf mehrfache Weise: durch das Sinken der Kosten für den Transport von Gütern und Leistungen über weite Entfernungen; durch kostensparende Techniken für die Kommunikation von Worten, Texten, Tabellen und Grafiken, kurz: von Informationen und Ideen; durch die internationale Freizügigkeit des Finanz- und Investitionskapitals, die wohl auch in der Wirtschaft des 19. Jahrhunderts nie so groß war, und durch eine Angleichung der nationalen Rechtsvorschriften und Steuern, die vom internationalen Wettbewerb der Systeme vorangetrieben, wenn nicht erzwungen wird.

Mithin sinken auf breiter Front die Transaktionskosten im weitesten Sinne. Dies lässt sich praktisch nicht mehr aufhalten.

Quelle: Giersch, H.: Das Jahrhundert der Globalisierung, in: FAZ vom 11. November 1997.

Textauszug 2:

Arbeitsplatzexport durch Globalisierung

Von der deutschen Öffentlichkeit wird vielfach ungenügend zur Kenntnis genommen, dass Direktinvestitionen im Ausland weder Kapitalflucht noch Schikane gegen Arbeitnehmer in Deutschland sind, sondern in einem beträchtlichen Umfange inländische Arbeitsplätze sichern. Zusätzliche Auslandsmärkte, auch wenn sie nicht im Wege des Exports von Deutschland her erschlossen werden, tragen zum Beispiel dazu bei, erhebliche Investitionen in der pharmazeutischen Forschung und Entwicklung in ihrem Gesamtvolumen vertretbar und ihrem Risikogehalt überschaubarer zu machen. Durch Mischkalkulation, bei der kostengünstige Zulieferungen aus dem Ausland in das Endprodukt eingebaut werden, werden zahlreiche Fabrikate überhaupt erst wettbewerbsfähig und damit verkäuflich. Auslandsbezug sichert somit den Bestand inländischer, zugegeben personell oft abgespeckter Produktionsstätten. Die großen Jobkiller sind die deutschen Auslandsinvestitionen nicht. Nach einer Untersuchung des Ifo-Instituts für Wirtschaftsforschung haben die Investitionen ins Ausland insgesamt gesehen einen zwar negativen, aber keineswegs dramatischen Arbeitsplatzeffekt. So ist es keine Schutzbehauptung der Industrie, wenn diese auch auf die beschäftigungswirksamen Effekte hinweist. Es gilt die Daumenregel, dass drei im Ausland neu geschaffene Arbeitsplätze einen Arbeitsplatz im Inland sichern oder zusätzlich entstehen lassen …

Quelle: Johann, H.: Die Globalisierung zwingt Unternehmen zur Fitnesskur, in: Blick durch die Wirtschaft vom 18. April 1997.

Textauszug 3:

Arbeitsentgelte und Globalisierung

Wenn uns zum Beispiel klar ist, dass die Öffnung der Märkte dem deutschen Arbeitsmarkt eine verschärfte Weltkonkurrenz beschert, und dies vor allem für die weniger qualifizierte Arbeit, dann müssen sich unsere Lohn- und Einkommenserwartungen von vergangenheitlichen Steigerungsraten verabschieden. Andernfalls verlieren wir die Wettbewerbsfähigkeit unseres Humankapitals. Diejenigen immunisieren sich dann gegen Arbeitslosigkeit am besten, die dies frühzeitig erkennen und sich mit ihrem eigenen Preis-Leistungs-Verhältnis, das sie dem Arbeitsmarkt anbieten, entsprechend anpassen. Zudem müssen sich die Erwartungen darauf einstellen, dass die Nettoeinkommen vor allem derjenigen gefährdet sind, die im Globalisierungsprozess mit ihrer Mobilität relativ zurückfallen. Denn sie sind es, die als „Zurückgebliebene" die Standortkosten letztlich tragen müssen, weil die mobilen Faktoren abwandern. Der hochmobile Faktor Kapital wird deshalb gegenüber dem Faktor Arbeit, je immobiler dieser bleibt oder wird, gewinnen. Deshalb ist es wichtig, dass sich Arbeit und Kapital verbindet, um an der Mobilitätsrente teilzuhaben. Arbeiter müssen immer mehr zugleich auch Kapitalisten werden, etwa durch stärkere Beteiligung am Produktivvermögen insbesondere der internationalen Unternehmen.

Quelle: Blohm, B./Schäfer, W.: Globalisierung der Wirtschaft und Integration der Märkte entmonopolisieren mehr und mehr das Nationale, in: Welt am Sonntag vom 13. April 1997.

Textauszug 4:

Herausforderungen der Globalisierung

Die Globalisierung der Märkte und der schärfer werdende internationale Standortwettbewerb erzeugen Ängste. Das Schlagwort von der „Globalisierungsfalle" macht vielerorts die Runde. Danach drohen uns Verarmung, größere Einkommensungleichheit, weniger sozialer Schutz, das Ende staatlicher Souveränität, letztlich Gefahren für die Demokratie.

Um aus der „Globalisierungsfalle" herauszukommen, wird die politische Forderung erhoben, die Mitgliedsländer der Europäischen Union (und andere Industrieländer) mögen durch Absprachen im Bereich der Arbeitsmarktordnung, der Steuersysteme und der Sozialversicherung und mithilfe von handelspolitischen Schutzmaßnahmen, Entsendegesetzen und gezielten Eingriffen in den internationalen Kapitalverkehr („Tobin-Steuer") den Standortwettbewerb „ordnen", sprich beschränken.

Vor solchen Defensivstrategien ist nur zu warnen. Die Vorteile, die ein freier Welthandel und ein freier Kapitalverkehr mit sich bringen – in Form einer möglichst effizienten Faktorallokation,[1] die Basis jeder Wohlstandsmehrung ist –, wären schnell dahin. Die Lage am Arbeitsmarkt würde sich nicht verbessern, sie würde sich verschlimmern. Auch in der Vergangenheit hat protektionistisches Abschirmen – im nationalen Alleingang oder durch europaweite Koordination – nicht weitergeholfen. Weder der Landwirtschaft noch der Textil- und Bekleidungsindustrie, noch den Werften, noch dem Steinkohlebergbau hat staatlicher Schutz den Schrumpfungsprozess ersparen können ... Es war nur teurer ...

Quelle: Donges, I. B.: Defensivstrategien gefährden die Vorteile eines freien Welthandels und eines freien Kapitalverkehrs, in: Handelsblatt vom 7. Mai 1997.

Textauszug 5:

Fesseln und Chancen

Ein dramaturgischer Höhepunkt war der Auftritt des langjährigen Chef-Volkswirts der Hypo-Bank. Wenn er diagnostiziert, die Inflation scheine, dank des verstärkten Wettbewerbs, tot zu sein, kann man dies beruhigt zur Kenntnis nehmen – auch wenn dies Mitte der achtziger Jahre schon einmal diagnostiziert wurde. Fast alarmierend aber seine Feststellung: „Die Weltfinanzmärkte sind unglaublich gefährdet", vollständig abhängig von der Wall Street.[2] Er entwarf dann ein Schreckensszenario: Global Player[3] müssen Eigenkapitalrendite von mindestens 15 Prozent erwirtschaften, um auf den Finanzmärkten akzeptiert zu werden. Negativbeispiel: Als Siemens eine niedrigere Rendite vorweisen musste, „gingen die Kurse in den Keller".

Um solche Renditen zu erreichen muss strengstens rationalisiert, müssen gegebenenfalls Unternehmensteile stillgelegt oder abgestoßen werden. Nicht deutlich ausgesprochene aber schlüssige Folgerung: Wer solche Renditen nicht erwirtschaften kann, schrumpft oder verschwindet vom Markt. Die Global Player werden immer dominanter ...

Quelle: Wörl, V.: Fesseln und Chancen der Globalisierung, in: Süddeutsche Zeitung vom 20. Januar 1997.

---

1 Faktorallokation: Hinführung eines Produktionsfaktors an den Ort seiner größtmöglichen Wirksamkeit (Effizienz).

2 Gemeint ist die New Yorker Börse.

3 Global Player (wörtl. erdweite Spieler): alle Kräfte, die an der Globalisierung beteiligt sind (z.B. Investoren, Produzenten, Handelsunternehmen, Kreditinstitute, Geldanleger, Spekulanten).

Textauszug 6:

Die Jobverlagerung wird überschätzt

Freiburg. Das Klischee klingt eingängig: Deutsche Firmen verlagern mehr und mehr Jobs ins Ausland, was hierzulande zu Massenarbeitslosigkeit führt. Dem widerspricht eine neue Studie des arbeitgebernahen Instituts der Deutschen Wirtschaft (IW): Investitionen im Ausland nutzen uns insgesamt mehr als sie uns schaden. Die gewerkschaftsnahe Hans-Bökler-Stiftung stimmt zu.

„Wir waren gezwungen nach China zu gehen", sagt Nikolaus Gräf, „weil unsere Kunden auch nach China gehen." Gräf leitet die südbadische Firma Dunkermotoren. In Bonndorf fertigen 700 Mitarbeiter Antriebe für elektrische Jalousien oder Automatiktüren. Nun sind 50 Kollegen in China hinzugekommen, 2008 sollen es bereits 130 sein. „Dort fertigen wir die technisch einfachen Motoren in großer Stückzahl, in Bonndorf weiter die anspruchsvolleren in kleineren Mengen." Trotz des Engagements in Fernost hat Gräf in Bonndorf nach eigenen Angaben im vergangenen Jahr 42 Jobs geschaffen.

Gräfs Kunden – die Produzenten der Jalousien oder der Automatiktüren – wollen diese an die Chinesen bringen und müssen deshalb nahe am Kunden sein. „Natürlich kommt auch die Kostenersparnis in der Produktion hinzu. Außerdem sind wir unabhängiger von Währungsschwankungen und dem extrem starken Euro", sagt Gräf über den Gang nach China.

Das Beispiel Dunkermotoren ist typisch für die deutsche Wirtschaft: Die Investitionen in ausländische Produktionsstandorte sind nur zu einem kleinen Teil von Stellenstreichungen in der Bundesrepublik begleitet. Das steht in der neuen Studie der Kölner Forscher vom IW – auch wenn spektakuläre Verlagerungen wie bei AEG anders abliefen.

In Ost- und Mitteleuropa etwa haben deutsche Unternehmer laut Studie zwischen 1990 und 2004 in eigenen Töchterfirmen mehr als 750 000 Arbeitsplätze geschaffen – aber nur 120 000 davon aus Kostengründen. Stattdessen gehe es den Firmenchefs bei sieben von zehn Auslandsinvestitionen darum, den dortigen Markt zu erschließen. In diesen Fällen sicherten die Auslandsinvestitionen deutsche Jobs, statt sie zu vernichten.

Zustimmung kommt von der gewerkschaftsnahnen Hans-Böckler-Stifung. „Das zeigt deutlich, dass das Problem der Verlagerung überschätzt wird", sagte Gustav A. Horn gestern der Badischen Zeitung. „Wir sind Gewinner der Globalisierung, keine Verlierer", sagte der Chef des an die Stiftung angeschlossenen Forschungsinstituts IMK. „Allerdings dürfen wir nicht vergessen: Die Unternehmer drohen oft und gern mit der Verlagerung ins Ausland, um der Belegschaft Zugeständnisse abzuverlangen." Entgegen dieser Drohungen zeigt die IW-Studie: Nach einer Investitionswelle in den 90er-Jahren hat sich seit 2001 die Begeisterung deutscher Firmen für Osteuropa deutlich abgekühlt. „Seit 2001 ist kaum noch was passiert – verglichen mit den zehn Jahren davor", sagte Christof Römer, der Autor der Studie. „Selbst wenn ich als Unternehmer aus Kostengründen auslagere, dann lohnt es sich meist nur, die einfachen Tätigkeiten mit niedrigem Qualitätsstandard auszulagern. Das ist ein kleiner Teil der Produktion." Dieser kleine Teil wird nun bereits im Ausland erledigt, legen die Zahlen der Studie nahe …

Quelle: Bürckholdt, R. G.: Ausland ist kein Jobkiller, in: Badische Zeitung vom 21. März 2007.

Textauszug 7:

Der Sündenbock

Für viele ist die Globalisierung zum Sündenbock geworden, den man für alle Übelstände verantwortlich macht: Arbeitslosigkeit, sinkende Reallöhne, soziale Unsicherheit und den Auszug von Industrien in Billigländer.

Eine Studie des Internationalen Währungsfonds (IWF) in Washington kommt zu ganz anderen Schlüssen. Zunächst: Die viel gescholtene Globalisierung ist ein altes Phänomen aus der Zeit vor dem Ersten Weltkrieg (1850 bis 1914). Damals führte sie zu höherer Produktivität und zum Ausgleich des Wohlstandsgefälles unter den Industrienationen. Dann war dieser Prozess durch Kriege, Restriktionen und den Ost-West-Konflikt gebremst worden. Nun schreitet er wieder stürmisch voran, angetrieben durch die enorme Verbilligung von Informationen, Kommunikation und Transport, durch Marktwirtschaft und weltweite Liberalisierung.

Wieder verspricht dieser Prozess zur besseren Arbeitsteilung, zur Spezialisierung und zu höherem Wohlstand zu führen, auch wenn nicht alle gleichmäßig teilhaben. In Umbruchzeiten hat es immer privilegierte Aufsteiger, aber auch absteigende Industrien und Berufe gegeben. Das gilt heute überall dort in Europa, wo starre Arbeitsmärkte abgeschottet werden und sich Löhne und Preise nicht anpassen können. So erklärt sich, warum der alte Kontinent mit Massenarbeitslosigkeit kämpft, während Amerika – mit mobilen Arbeitern und flexiblen Einkommen – mit der Globalisierung besser zurechtkommt und praktisch vollbeschäftigt ist ...

Statt diese Globalisierung zu verdammen und Gespenster an die Wand zu malen, sollte man die Arbeitsmärkte liberalisieren und die Ausbildung fördern ...

Quelle: Zänker, A.: Fortschritt durch Globalisierung, in: Die Welt vom 13. Mai 1997.

Aufgaben:

Lesen Sie zunächst die Textauszüge und bearbeiten Sie anschließend folgende Aufgaben:

1.1 Erläutern Sie den Globalisierungsbegriff mithilfe eines selbst gewählten Beispiels!

1.2 Nennen Sie zwei Gründe, worauf die Globalisierung zurückgeführt werden kann!

1.3 Die Schuld an der hohen Arbeitslosigkeit in einigen Industrieländern wird der Globalisierung zugeschoben. Welche Möglichkeiten erwägen die Verfasser der zuvor zitierten Texte, die Arbeitslosigkeit trotz Globalisierung zu verringern?

1.4 Überlegen Sie, ob die Globalisierung neben den üblichen Vor- und Nachteilen des Außenhandels noch weitere Vor- und Nachteile mit sich bringt!

2. Aus dem Umweltbericht der adidas-Salomon AG:[1]

Transportkilometer für die Beschaffung von Rohstoffen für die Serienfertigung der Fußballschuhe und für die Ballproduktion sowie die Verlagerung der Schaftproduktion und des Ballnähens:

Rohstoffeinkauf Fußballschuhe:	179 633 km
Rohstoffeinkauf Fußbälle:	22 075 km
Schaftproduktion:	69 163 km
Ballnähen:	164 416 km

Aufgabe:

Welche Konsequenzen hat in diesem Fall die Globalisierung für den Standort Deutschland?

1 Vgl. adidas-Salomon AG (Hrsg.): Umweltbericht 2001, S. 16.

3. Die Baumwolle wird in *Kasachstan* oder *Indien* geerntet und anschließend in die Türkei versandt.

In der *Türkei* wird die Baumwolle zu Garn gesponnen.

In *Taiwan* wird die Baumwolle mit chemischer Indigofarbe aus Deutschland gefärbt.

Aus dem gefärbten Garn werden in *Polen* die Stoffe gewebt.

Innenfutter und die kleinen Schildchen mit den Wasch- und Bügelhinweisen kommen aus *Frankreich*, Knöpfe und Nieten aus *Italien*.

Alle „Zutaten" werden auf die *Philippinen* geflogen und dort zusammengenäht.

In *Griechenland* erfolgt die Endverarbeitung mit Birusstein.

Die Jeans werden in *Deutschland* verkauft, getragen und schließlich in der Altkleidersammlung einer karitativen Organisation gegeben.

Quelle: www.globalisierung-online.de.

Aufgaben:

3.1 Wie viele km werden für die Herstellung einer Jeans wohl zurückgelegt?

3.2 Diskutieren Sie in der Klasse über den Sinn dieser globalen Arbeitsteilung!

4. Die Globalisierung erleichtert nicht nur den grenzüberschreitenden Kapitalverkehr und sorgt somit für eine Zunahme internationaler Kapitalbewegungen; sie erweitert auch die Bandbreite der Anlagemöglichkeiten für Spekulanten. Lesen Sie zunächst nachfolgenden Artikel!

Ein Lob der Zockerei

Spekulanten – mehr als ein Risiko

[...] Spekulanten sorgen dafür, dass Märkte liquide bleiben und dort schnelle Reaktionen erfolgen können. Der Preis für Erdöl ist derzeit zweifellos spekulativ überhöht. Aber dank der Spekulation wird in schwierigen Zeiten wie diesen überhaupt schnell ein Preis gebildet, und die Märkte können angemessen auf neue Phänomene wie den Nachfrageschub aus China und Indien reagieren. Es geht aber um mehr. Das Wort „Spekulation" kommt aus dem Lateinischen „speculari", was so viel heißt wie „spähen" oder „in die Zukunft schauen". Tatsächlich ist Spekulation eine unersetzliche ökonomische Brücke zwischen Gegenwart und Zukunft. Märkte gab und gibt es immer und überall auf der Welt. Selbst in kommunistischen Diktaturen haben Menschen Dinge des Alltags getauscht. Aber nicht jeder Markt sorgt automatisch für wachsenden Wohlstand. Das geht nur, wenn der Kreislauf von Sparen und Investieren in Gang kommt, wenn es also Märkte gibt, auf denen die Zukunft gehandelt wird. Und dazu sind Spekulanten nötig, die Risiken eingehen.

Jeder, der investiert, spekuliert. Wer Bundesanleihen kauft, geht das sehr geringe Risiko ein, dass die Bundesrepublik den Staatsbankrott erklärt. Weil das Risiko kleiner ist als bei manch anderen Ländern, ist der Käufer mit einer entsprechend niedrigeren Rendite zufrieden. Wer Aktien kauft, stellt Unternehmen Risikokapital zur Verfügung, er wird an den Gewinnen ebenso wie an den Verlusten beteiligt. Entsprechend höher ist seine Renditeerwartung. Wer sich schließlich am Spiel mit Optionen und Futures beteiligt, riskiert täglich den Totalverlust seines Kapitals und spekuliert daher auf zweistellige Renditen.

Zum Spiel gehört es, dass sich Spekulanten irren können, unter Umständen auch massiv. Immer wieder kommt es vor, dass an den Börsen alle ihrem Herdentrieb folgen und kollektiv in die falsche Richtung rennen. Das war bei der holländischen Tulpenzwiebel-Hysterie im 17. Jahrhundert nicht anders als bei der amerikanischen Immobilienspekulation dieser Tage. Aber selbst an Spekulationsblasen ist nicht alles schlecht. Vom Eisenbahnboom des 19. Jahrhunderts blieben Schienen übrig, die nach dem Platzen der Blase von gesünderen Unternehmen genutzt werden konnten. Die Glasfaserkabel, die während des letzten Internet-Booms gelegt wurden, erhöhen heute die Produktivität der Wirtschaft. Kein Zweifel allerdings auch, dass Spekulation Einrichtungen zur Schadensbegrenzung braucht; ohne staatliche Regulierung können Märkte in die Katastrophe laufen. Wenn sie ihren Job gut machen, lernen die Regulierer aus jeder größeren Krise. Nach dem Börsenkrach von 1987 wurden an der New York Stock Exchange Sicherungen eingebaut, die den Handel mit einer Aktie bei extremen Kursstürzen unterbrechen. [...]

Und vielleicht werden die Gelehrten bald herausfinden, dass selbst der Kredit- und Immobilienboom der vergangenen Jahre noch irgend etwas Gutes in der Welt hinterlassen hat, auch wenn sich das heute noch niemand vorstellen kann.

Quelle: Süddeutsche Zeitung vom 23. Januar 2008.

Wie der Artikel verdeutlicht, haben die „ausufernden" Spekulationsgeschäfte in der Vergangenheit oft zu volkswirtschaftlichen Schäden geführt. Nicht umsonst ist der „Ruf der Spekulanten" in der breiten Öffentlichkeit negativ belegt.

Aufgabe:

Diskutieren Sie, inwiefern Spekulanten bzw. deren Geschäfte für eine Volkswirtschaft auch einen positiven Beitrag leisten können!

2.7 Problemfelder und mögliche Lösungsansätze

2.7.1 Grundlegendes

Trotz der Globalisierung zeigt die Zusammensetzung und Entwicklung der **globalen Wertschöpfung,**[1] dass das **Wohlstandsgefälle** zwischen den reichen und den armen Staaten bis heute nicht geringer, sondern eher größer geworden ist. Eine wesentliche Umverteilung des Wohlstands fand nicht statt; allenfalls **zwei Staatengruppen** konnten den Abstand zu den reichen Industrieländern – gemessen am Bruttoinlandsprodukt pro Kopf – beträchtlich verringern.

Zu den zwei Staatengruppen zählen einerseits die **Staaten im Nahen Osten,** die aufgrund ihrer enormen **Erdölexporte** hohe Einnahmen zu verzeichnen haben. Andererseits handelt es sich um die sogenannten **Schwellenländer,** die ihren Wachstumserfolg insbesondere der **Öffnung** ihrer Volkswirtschaft für den internationalen Handel zu verdanken haben.

Merke:

Als **Schwellenland** bezeichnet man die Staaten, die zwar noch typische Merkmale von Entwicklungsländern aufweisen, sich aber durch den **Umbau ihrer Wirtschaftsstruktur** weg von der Agrarwirtschaft hin zur Industrialisierung bewegen.

Zu den wohl bedeutsamsten Schwellenländern zählen die Volksrepublik China, Südkorea, Taiwan und Singapur. Nachfolgende Abbildung zeigt, wie sich die Ländergruppen der sogenannten **Gruppe der G-20**[2] auf unserem Globus verteilen.

1 Hierbei handelt es sich um das gesamte weltweit produzierte Sozialprodukt.

2 Gegründet wurde die G-20 Ende der 1990er-Jahre als Reaktion auf die Finanzkrisen in Asien, Brasilien und Russland. Zur G-20 gehören nicht nur die großen Volkswirtschaften der G8, sondern auch Schwellenländer. Die Europäische Union ist durch den jeweiligen Ratspräsidenten und die Europäische Zentralbank vertreten. Die G-20 vereint Länder ganz unterschiedlicher wirtschaftlicher Stärke: In den USA liegt die Wirtschaftsleistung pro Kopf bei über 40000 US-Dollar, in Indonesien und Indien dagegen zwischen 3000 und 4000 US-Dollar.

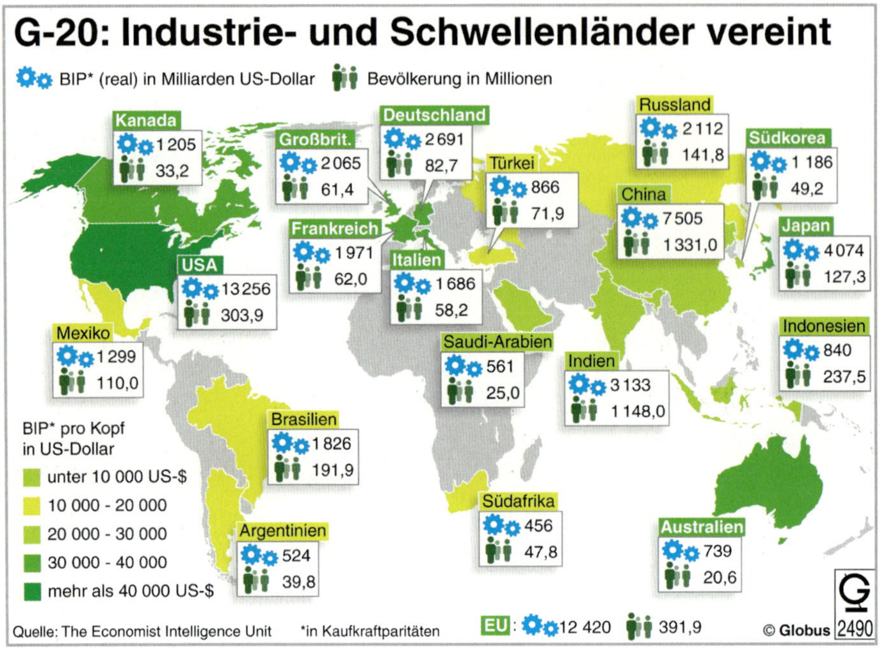

Insgesamt wird die **Ungleichverteilung des Wohlstands** nicht nur in den Entwicklungsländern zunehmend kritisch gesehen. Auch die Industrieländer sind bestrebt, diese Unterschiede aufzulösen, wobei vor allem den wirtschaftspolitischen Regelungen des Welthandels eine besondere Bedeutung beizumessen ist. Nicht zuletzt vor diesem Hintergrund sollen Entwicklungs- und Schwellenländer zukünftig verstärkt in den Welthandel und die damit einhergehenden Wohlstandsverbesserungen integriert werden.

6,9 Milliarden Menschen leben heute auf unserer Erde – knapp 85 Prozent davon in den 150 Reform- und Entwicklungsländern. Diese Menschen haben aber nur einen Anteil von 46 Prozent an der Weltwirtschaftsleistung und nur 35 Prozent Anteil am Welthandel. Ganz anders die 33 wohlhabenden Industrieländer: Sie stellen 15 Prozent der Weltbevölkerung, produzieren mit 54 Prozent über die Hälfte der Weltwirtschaftsleistung und beherrschen den weltweiten Handel mit einem Anteil von mehr als 65 Prozent.

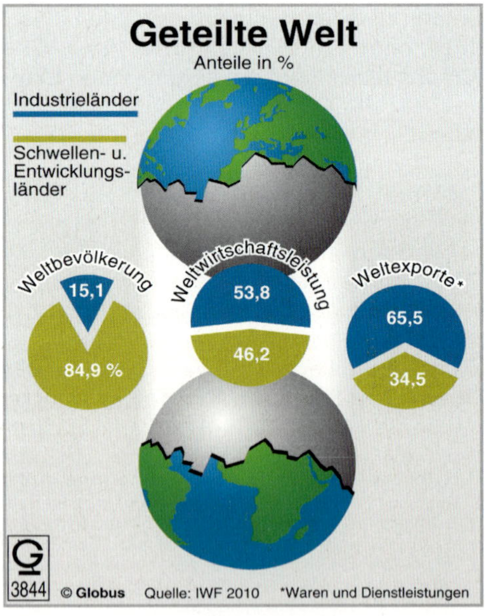

2.7.2 Begriff Entwicklungsländer

Im Allgemeinen wird der Begriff **„Entwicklungsländer"** mit den Begriffen **„Dritte Welt"** und **„Vierte Welt"** gleichgesetzt.

Merke:

Als **Entwicklungsländer** werden solche Staaten bezeichnet, deren **wirtschaftlich-technischer** Entwicklungsstand und der damit verbundene **soziale** Lebensstandard vergleichsweise **niedrig** ist.

Der Begriff stammt aus den 50er Jahren und beurteilt den **Entwicklungsstand** (u a. hohe Analphabetenquote, hohe Arbeitslosenquote, mangelhafte Infrastruktur, Monokultur, mangelhafte Kapitalausstattung) und den **Lebensstandard** (Massenarmut, Unterernährung etc.) der Entwicklungsländer aus Sicht der Industrienationen.

Einige der Entwicklungsländer konnten in den beiden letzten Jahrzehnten erhebliche wirtschaftliche und soziale Fortschritte erzielen, während andere nach wie vor ohne fremde Hilfe nicht überleben könnten.

Diese Ärmsten der Armen – also die **„Vierte Welt"** – werden von den Vereinten Nationen als **Least Developed Countries (LDC)**[1] bezeichnet. Ihnen werden von den internationalen Entwicklungsorganisationen und einzelnen Geberländern wesentlich günstigere Bedingungen zugestanden als den übrigen Entwicklungsländern. Zurzeit erstreckt sich die LDC-Liste der Vereinten Nationen auf 50 Länder mit zusammen knapp 700 Millionen Einwohnern. Das sind rund 11 % der Weltbevölkerung, aber nur 0,6 % der Wirtschaftsleistung.

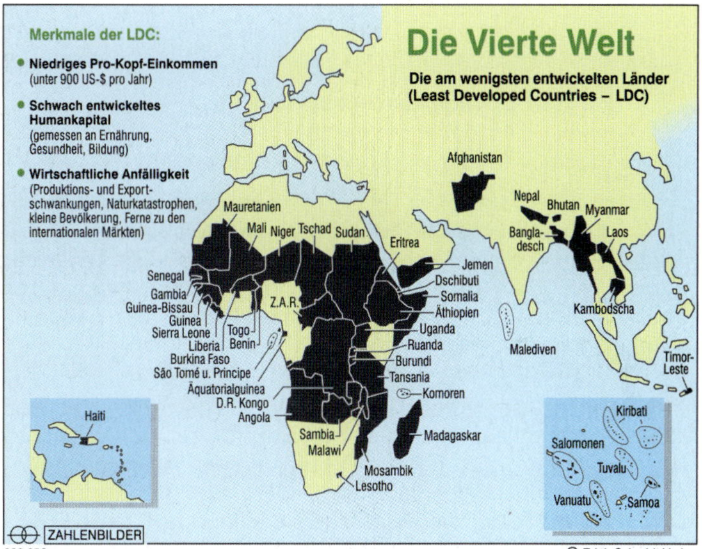

603 656 © Erich Schmidt Verlag

Die **Kriterien** (Maßstäbe) für die Zugehörigkeit zur **LDC-Liste** sind:

- **Niedriges Pro-Kopf-Einkommen** (unter 900 US-Dollar pro Jahr).
- **Schwache Entwicklung des Humankapitals** (Human capitals),[2] gemessen anhand eines Index, in den z. B. Daten zur Ernährung, zur Gesundheit und zur Bildung einfließen.

1 Least Developed Countries (engl.): am wenigsten entwickelte Länder.

2 **Human capital** (engl.): menschliches Kapital (Bildung, technisches Wissen und Können, Ausbildungsstand). In der volkswirtschaftlich ausgerichteten, ökonomischen Humankapitaltheorie konzentriert sich der Begriff auf die Bedeutung von Bildung und Wissen für das langfristige Wachstum einer Volkswirtschaft.

34 Boller-Hartmann 978-3-8120-0585-2

- **Wirtschaftliche Anfälligkeit,** wie sie in einer mangelhaften Wirtschaftsstruktur und in der wirtschaftlichen Anfälligkeit durch Schwankungen der landwirtschaftlichen Produktion (durch Umwelteinflüsse) und der Exportmöglichkeiten zum Ausdruck kommen.
- Weitere Anhaltspunkte sind die **Bevölkerungszahl,** weil kleine Länder wirtschaftlich verletzlicher als große sind, sowie die Auswirkungen von **Naturkatastrophen** (z.B. Dürreperioden, Überschwemmungen, Erdbeben).

Zwischen den einzelnen Entwicklungsländern bestehen große ethnische (abstammungsmäßige), geschichtliche, kulturelle, religiöse, ökologische, politische und wirtschaftliche Unterschiede. Dennoch gibt es **gemeinsame Merkmale,** die ein Land zu einem Entwicklungsland machen. Die Merkmale, die nicht auf jedes Entwicklungsland in gleichem Maße zutreffen müssen, sind:

- starkes Bevölkerungswachstum,
- Mangelernährung,
- Mangel an Arbeitsplätzen,
- niedrige Einkommen und ungleiche Einkommensverteilung,
- einseitige Abhängigkeit vom Weltmarkt,
- Mängel im Gesundheitswesen,
- Mängel im Bildungswesen und
- kriegerische Auseinandersetzungen.

Darüber hinaus leiden viele Entwicklungsländer an den Folgen einer fortschreitenden Umweltzerstörung.

2.7.3 Begriff Entwicklungspolitik

Merke:

Unter **Entwicklungspolitik** versteht man die politischen, sozialen und wirtschaftlichen Aktivitäten verschiedener Akteure – insbesondere Staaten, internationale Organisationen (z.B. die Vereinten Nationen, die EU), Stiftungen, Kirchen und Nichtregierungsorganisationen –, die auf eine **Verbesserung der Lebensbedingungen** in Entwicklungsländern abzielen.

Ursprünglich war „Entwicklungspolitik" der Versuch, die Entwicklungsländer innerhalb einer Generation aus dem Zustand frühzeitlicher Landwirtschaft auf die Entwicklungsstufe der Industrieländer zu führen. Dieser Versuch ist gescheitert, weil man glaubte, dass für alle Entwicklungsländer der gleiche Weg zum Ziel führen werde und weil man überdies nicht erkannte, dass die natürlichen Ressourcen dieser Erde nicht ausreichen, um allen Menschen den Wohlstand zu bringen, den die Industrieländer erreicht haben.

Gegenwärtig richtet die Entwicklungspolitik ihre Maßnahmen (Strategien) an den unterschiedlichen länder-, religions- und kulturspezifischen Gegebenheiten aus. Darüber hinaus wird nicht mehr versucht, die Entwicklungsländer auf den oft zweifelhaften „hohen Stand" der Industrieländer zu bringen.

Merke:

Eine Entwicklungspolitik, die sich an der **individuellen Situation** der einzelnen Entwicklungsländer orientiert, vor allem die Kultur, die Ressourcenausstattung, die Religion, das Klima, die natürliche Umwelt und die politischen Verhältnisse berücksichtigt, wird als **angepasste Entwicklungspolitik** bezeichnet.

2.7.4 Ziele der Entwicklungspolitik

(1) Millenniumserklärung

Im September 2000 kamen hochrangige Vertreter von 189 Ländern, die meisten von ihnen Staats- und Regierungschefs, zu dem bis dahin größten Gipfeltreffen der **Vereinten Nationen** in New York zusammen. Als Ergebnis des Treffens verabschiedeten sie die sogenannte **Millenniumserklärung.** Sie beschreibt die Agenda[1] für die internationale Politik im 21. Jahrhundert und definiert vier programmatische, sich wechselseitig beeinflussende und bedingende Handlungsfelder für die internationale Politik:

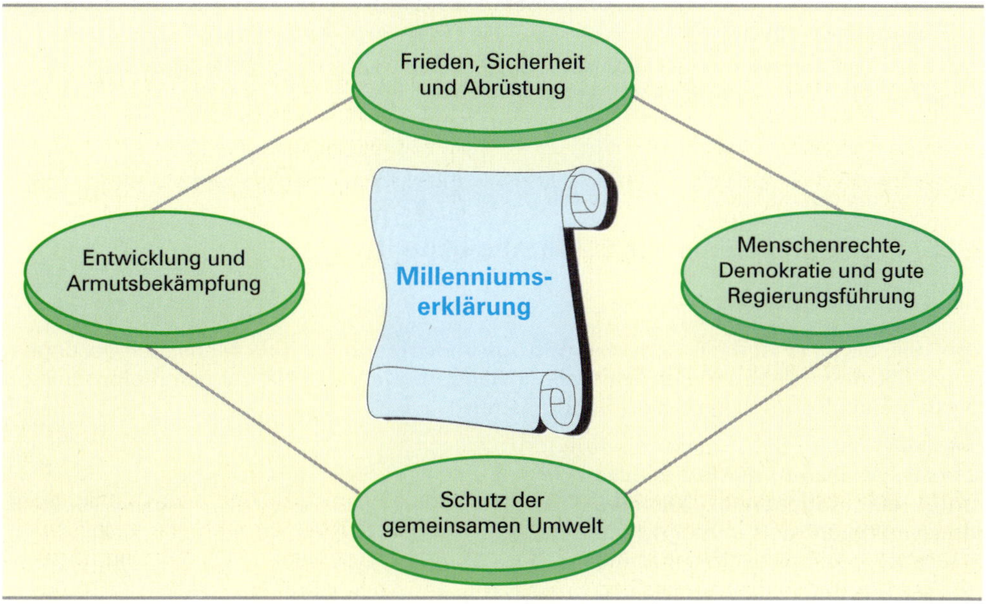

In der Millenniumserklärung legt die Staatengemeinschaft dar, wie sie den zentralen Herausforderungen zu Beginn des neuen Jahrtausends begegnen will. Die Erklärung leitet eine neue globale Partnerschaft für Entwicklung ein. Aus der Erklärung wurden später acht internationale Entwicklungsziele abgeleitet, die **Millenniumsentwicklungsziele („Millennium Development Goals", MDGs):**

Die Millenniumsentwicklungsziele

- **MDG 1:** den Anteil der Weltbevölkerung, der unter extremer Armut und Hunger leidet, halbieren
- **MDG 2:** allen Kindern eine Grundschulausbildung ermöglichen
- **MDG 3:** die Gleichstellung der Geschlechter fördern und die Rechte von Frauen stärken
- **MDG 4:** die Kindersterblichkeit verringern
- **MDG 5:** die Gesundheit der Mütter verbessern
- **MDG 6:** HIV/AIDS, Malaria und andere übertragbare Krankheiten bekämpfen
- **MDG 7:** den Schutz der Umwelt verbessern
- **MDG 8:** eine weltweite Entwicklungspartnerschaft aufbauen

Die internationale Gemeinschaft will diese Ziele bis zum Jahr 2015 erreichen.

1 Agenda: wörtl. „was zu tun ist"; Terminkalender, Aufstellung von Gesprächspunkten bei politischen Verhandlungen, Tagesordnung.

(2) ODA-Ziele

Um die ehrgeizigen Ziele der Entwicklungspolitik zu erreichen, bedarf es u.a. eines hohen finanziellen Aufwands. Auf der Tagung des Rates für Allgemeine Angelegenheiten und Außenbeziehungen der Europäischen Union (EU) im Mai 2005 in Brüssel haben die Regierungsvertreterinnen und -vertreter einen verbindlichen Stufenplan zur Erhöhung der öffentlichen Mittel für **Entwicklungszusammenarbeit (Official Development Assistance – ODA)** beschlossen. Die ODA-Ziele der EU-Länder für das Jahr 2015 sind folgende:

- **Mitgliedstaaten, die der EU vor 2002 beigetreten sind,** verpflichten sich, bis 2015 eine **ODA-Quote von 0,7 % des Bruttonationaleinkommens (BNE)** zu erreichen. Mitglieder, die diese Quote bereits erfüllen, verpflichten sich, mit ihren Leistungen oberhalb dieses Ziels zu bleiben.
- **Nach 2002 beigetretene EU-Mitglieder** bemühen sich, bis 2015 eine **ODA-Quote von 0,33 % des Bruttonationaleinkommens** zu erreichen.

2.7.5 Problembereiche der Entwicklungspolitik

2.7.5.1 Bevölkerung

Von 1950 bis 2010 ist die Erdbevölkerung von 2,5 auf rund 6,9 Mrd. Menschen gestiegen. Über 80 % davon leben in den Entwicklungsländern. Kann die Nahrungsmittelproduktion mit dem Bevölkerungswachstum Schritt halten?

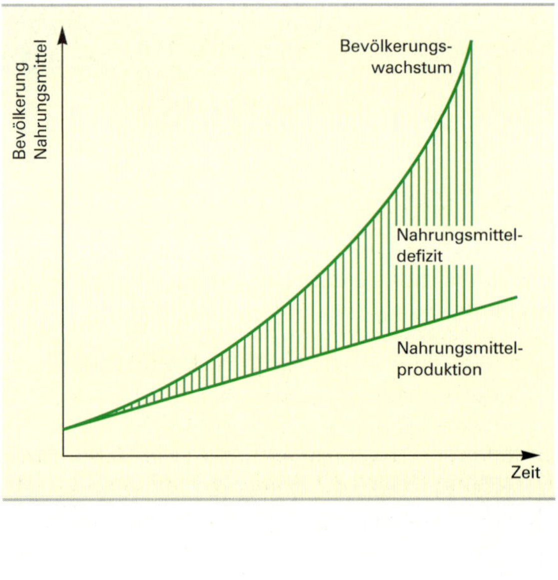

Das seit etwa 1800 einsetzende schnelle Wachstum der Erdbevölkerung (die sogenannte **Bevölkerungsexplosion**) gab immer wieder Anlass zu pessimistischen Prognosen. Die bekannteste ist die des englischen Geistlichen Robert Malthus (1766–1834). Nach ihm hat die Erdbevölkerung die Tendenz, sich alle 25 Jahre zu verdoppeln, sich also in einer geometrischen Reihe zu vermehren, während die Nahrungsmittelproduktion nur in arithmetischer Ordnung vergrößert werden könne. Wenn die Menschen nicht durch moralische Enthaltsamkeit („moral restraint") für eine Verminderung der Zuwachsrate sorgen, dann werden – so schloss er – Elend und Laster („misery and vices") die Zahl der Menschen dezimieren.

Für Europa ist die von Malthus aufgestellte Prognose nicht eingetroffen. Weltweit nimmt die Weltbevölkerung zwar zu, die **Zuwachsrate sinkt** jedoch.

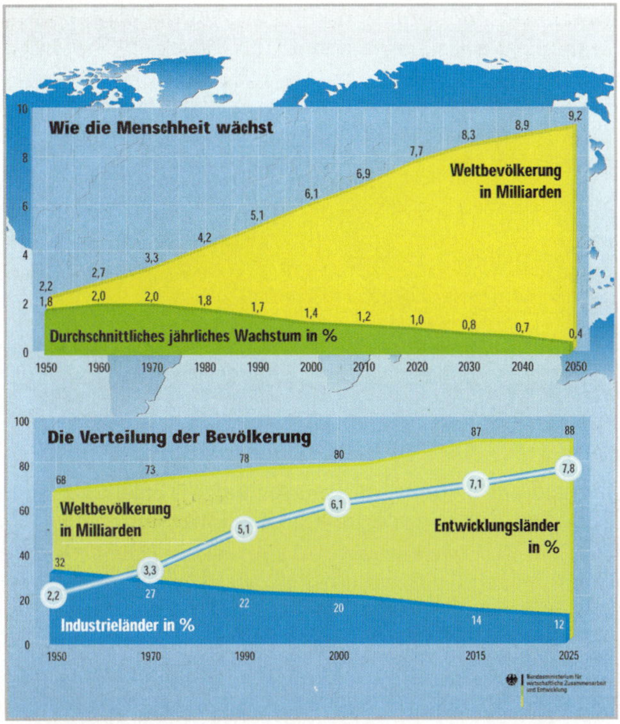

Quelle: Bundesministerium für wirtschaftliche Zusammenarbeit und Entwicklung.

2.7.5.2 Mangelernährung

Das Ernährungsproblem hängt u. a. mit dem Bevölkerungsproblem zusammen.

Merke:

In den Ländern, in denen die **Bevölkerung schneller** als die **Nahrungsmittelproduktion bzw. -einfuhr** steigt, nimmt die **Unterversorgung** zu.

Unterversorgung liegt vor, wenn die Nahrungsmittelaufnahme längerfristig **weniger als durchschnittlich 2200 kcal pro Kopf und Tag** beträgt.

Neben dem Kalorienmangel ist der Mangel an bestimmten lebenswichtigen Nährstoffen (z. B. Eiweiß, Vitamine) die Ursache für Hungerkrankheiten, vor allem bei Säuglingen und Kleinkindern.

Das Wachstum der Erdbevölkerung allein ist jedoch nicht Ursache der Unterernährung, denn erdweit werden genügend Nahrungsmittel erzeugt, um alle Menschen ausreichend ernähren zu können. Die Nahrungsmittelproduktion ist in den letzten 20 Jahren sogar schneller als die Erdbevölkerung gestiegen.

Eine der Hauptursachen der Unterernährung ist die große Armut, also der Mangel an Kaufkraft, die sich sowohl als **Armut des Einzelnen** zeigt, der sich nichts zu essen kaufen kann, obwohl es genügend zu essen gibt, als auch als **Armut des Staates,** der nicht in der Lage ist, den Nahrungsmangel im Inland durch bezahlte Nahrungsmittelimporte auszugleichen.

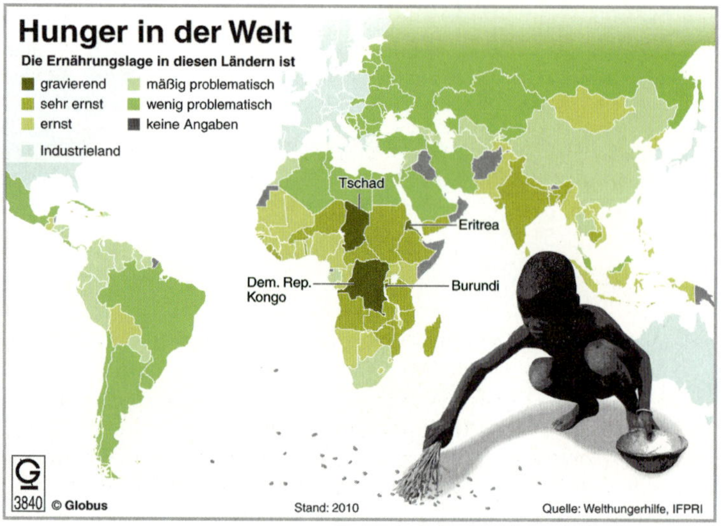

In vielen Entwicklungsländern kommt die **mangelhafte Verteilung** hinzu, z.B. die ungleiche Verteilung des Bodens, der Vermögen und der Einkommen.

2.7.5.3 Mangel an Arbeitsplätzen

(1) Probleme auf dem Land

Millionen von Menschen sind nicht in der Lage, sich ausreichend Nahrungsmittel zu beschaffen, weil sie zum einen **keinen Boden** besitzen, auf dem sie anbauen können, was sie als Nahrung brauchen und/oder es zum anderen an **Arbeitsplätzen fehlt,** die ihnen ein ausreichendes Einkommen sichern. In den meisten Entwicklungsländern besteht **kein „soziales Netz"** wie z.B. in der Bundesrepublik Deutschland. Wer in den Entwicklungsländern weder eigenes Land noch Arbeit hat, ist darauf angewiesen, zu betteln oder das Nötigste durch Gelegenheitsarbeit zu verdienen.

Man sollte meinen, dass es den Landbewohnern in den Entwicklungsländern im Hinblick auf die Nahrungsmittelversorgung besser gehen müsste als den Stadtbewohnern. Dies ist jedoch nicht der Fall. Die Zahl der hungernden Landbewohner ohne oder mit geringem Landbesitz steigt in allen Teilen der Dritten Welt aus sehr unterschiedlichen Gründen.

Beispiele:

- In **Afrika** herrscht südlich der Sahara der Gemeinbesitz an Boden vor. Die Ausdehnung bebaubarer Böden stößt an ihre Grenzen, die Bevölkerung wächst weiter. Die Folge: Die Böden werden intensiver bebaut (z.B. die Brachzeiten verkürzt) und der Anbau wird auf weniger ertragreiche Böden ausgedehnt. Die Nahrungsmittelerzeugung pro Kopf sinkt. Die Kleinbauern müssen sich verschulden, wegen der fehlenden Sicherheiten meist zu Wucherzinsen. Treten Dürrezeiten auf, fällt die Ernte teilweise oder ganz aus. Die Kleinstlandwirte geraten in die Abhängigkeit der Geldverleiher, die sie dazu zwingen, ihre Schulden in ihren Betrieben abzuarbeiten (sogenannte „Pfandarbeit").

- In **Lateinamerika** ist der Großgrundbesitz (Latifundien) vorherrschend, der den Nachkommen der iberischen Einwanderer gehört. Man geht davon aus, dass sich in Lateinamerika rund 80 % des landwirtschaftlich nutzbaren Bodens im Eigentum von nur 6 % der Grundbesitzer befindet, eine Folge der Kolonialzeit. Neben den Latifundien gibt es Millionen von Minifundien (Klein- und Kleinstbetriebe), die häufig unter dem **Subsistenzniveau** arbeiten. In der Regel sind daher die Kleinstbauern wie die Landlosen zur Lohnarbeit oder zur Arbeit unter Geldpacht- oder Naturalpachtbedingungen bei Großgrundbesitzern gezwungen.

Merke:

- Unter **Subsistenz** versteht man die Fähigkeit, sich und seine Familie gerade mit dem **Lebensnotwendigsten** versorgen zu können, ohne sich **verschulden** zu müssen.
- Unter **Subsistenzwirtschaft** versteht man eine durch ein niedriges Entwicklungsniveau der Produktionstechnik und eine geringe Arbeitsteilung gekennzeichnete landwirtschaftliche Wirtschaftsform, bei der die Produzenten (z.B. Großfamilie, Dorfgemeinschaft) vor allem für den Eigenverbrauch und nicht für den Markt produzieren. Diese Wirtschaftsform ist heutzutage vor allem in Entwicklungsländern anzutreffen.

(2) Probleme in der Stadt

Die zunehmende Bevölkerungsdichte auf dem Land führt zur **Landflucht,** weil sich die landlos gewordenen Menschen in der Stadt Arbeit und Brot erhoffen. Dies führt zu einem ungeheuren **Städtewachstum.** Den Zuwanderern ergeht es in der Regel in den Ballungszentren kaum besser als auf dem Land, denn hier benötigt man zum Überleben bares Geld.

Äußeres Zeichen der Armut in der Stadt ist die **Obdachlosigkeit** oder das Unterkommen unter menschenunwürdigen Bedingungen, wie dies z.B. in den sogenannten **Slums** der Fall ist. Es fehlt nicht nur an Wohnraum, sondern vor allem auch an **Arbeitsplätzen.** Die Not lässt Prostitution und alle Formen von Kriminalität entstehen. Kinderarbeit ist an der Tagesordnung.

Die Hälfte der Menschheit (49,4 Prozent) lebt in Städten. Und damit ist der Trend zur Verstädterung noch lange nicht abgeschlossen. Die Vereinten Nationen prognostizieren, dass 2050 fast siebzig Prozent der Weltbevölkerung Stadtbewohner sind. Dabei sind die Lebensbedingungen der vom Land Geflohenen oft alles andere als rosig. Viele Zugezogene stranden in sogenannten Slums: Siedlungen, in denen mehr als die Hälfte der Einwohner in unzumutbaren Unterkünften ohne grundlegende Versorgungseinrichtungen (Zugang zu sauberem Wasser oder sanitären Einrichtun-

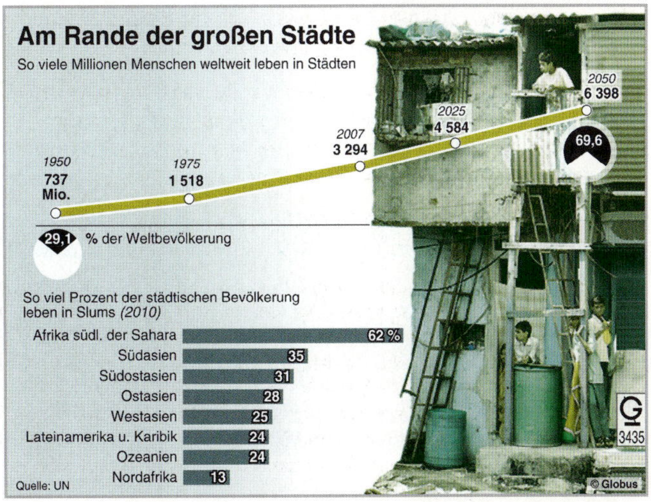

gen, ohne Eigentumsrechte und ausreichenden Wohnraum) lebt. In Afrika südlich der Sahara fristen fast zwei Drittel der städtischen Bevölkerung ihr Leben in diesen Elendsvierteln, in Asien zwischen 25 und 35 Prozent der Stadtbevölkerung.

2.7.5.4 Einseitige Abhängigkeit vom Weltmarkt

Bei den Entwicklungsländern, die Probleme mit der Ernährung ihrer Bevölkerung haben, muss man unterscheiden zwischen

- Staaten, die aufgrund der **natürlichen Gegebenheiten** (Bodenbeschaffenheit, Klima) und/oder hoher Bevölkerungsdichte nie in der Lage sein werden, alle Einwohner ausreichend mit einheimischen Agrarprodukten zu versorgen;
- Staaten, die zwar in der Lage wären, ihre Bevölkerung ausreichend mit eigenen Produkten zu ernähren, jedoch wegen **politischer Fehlentscheidungen** (z. B. fehlende Bodenreform, falsche Preispolitik, Hemmung der Eigeninitiative in zentralverwaltungswirtschaftlichen Systemen, einseitige Förderung der Städte und der Industrie, Waffenkäufe, Kriegführung) an Nahrungsmittelmangel leiden;
- Staaten, in denen zu bestimmten Zeiten wegen **vorübergehender Schwierigkeiten** (Überschwemmungen, Dürreperioden) Nahrungsmittelmangel herrscht.

Nur wenige Entwicklungsländer sind in der Lage, Nahrungsmittel auf dem Weltmarkt zu kaufen, weil ihnen die hierfür notwendigen Devisen fehlen. Die Hauptgründe sind:

Schwankende Rohstoffpreise	Die Entwicklungsländer sind auf den Export von mineralischen, land-, forst- und fischereiwirtschaftlichen Rohstoffen angewiesen. Die Rohstoffpreise auf dem Weltmarkt schwanken stark und sind in einigen Bereichen seit Jahren auf einem extrem niedrigen Niveau, vor allem deshalb, weil a) das Angebot zunahm (eben um mehr Devisen zu erlösen) und b) die Nachfrage durch Rezessionen und durch den Übergang zu Substitutionsgütern zurückging.
Verschuldung	Der Devisenmangel wurde (und wird) durch übermäßige Aufnahme von Auslandskrediten ausgeglichen. Dies konnte nur so lange gutgehen, wie die Schuldnerländer in der Lage waren, die Zins- und Tilgungsleistungen pünktlich zu bezahlen.

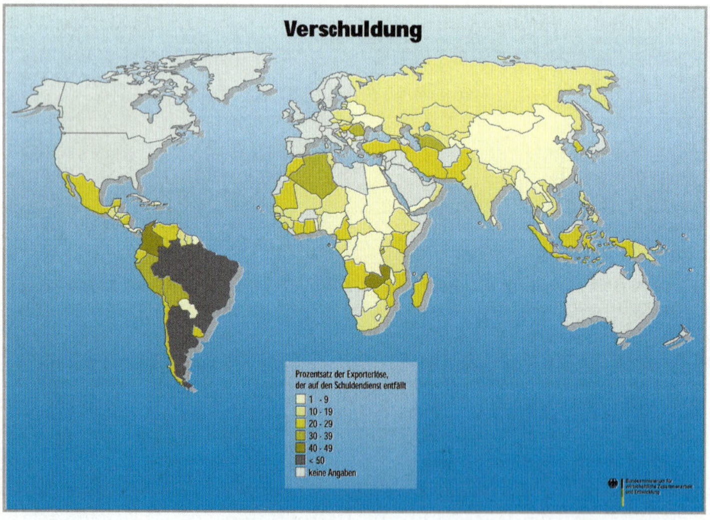

Quelle: Bundesministerium für wirtschaftliche Zusammenarbeit und Entwicklung.

2.7.5.5 Mängel im Gesundheitswesen

Merke:

Mögliche **Indikatoren** für den **Gesundheitszustand** einer Bevölkerung sind z. B. die **Zahl der Einwohner je Arzt,** die **Säuglingssterblichkeit** und die **Lebenserwartung.**

In rund 40 Entwicklungsländern kommt auf mehr als 5000 Einwohner ein Arzt. Zum Vergleich: In Deutschland gibt es für rund 400 Einwohner einen Arzt. Von Entwicklungsland zu Entwicklungsland herrschen allerdings große Unterschiede. Am wenigsten medizinisch versorgt sind die Menschen in den afrikanischen Ländern südlich der Sahara.

In den Industrieländern werden die Menschen durchschnittlich 76 Jahre alt, in vielen afrikanischen Ländern höchstens 50 Jahre. In den meisten Ländern Afrikas erleben von 1 000 Säuglingen mindestens 100 nicht ihren ersten Geburtstag. In den Industrieländern sind es durchschnittlich acht.

2.7.5.6 Mängel im Bildungswesen

Im Jahre 1961 legte die UNESCO ein Programm für eine „Weltkampagne zur Bekämpfung des Analphabetismus" vor. Danach sollten bis 1970 alle Erwachsenen unter 50 Jahren das Lesen und Schreiben erlernt haben. Trotz eines beachtlichen Ausbaus des Bildungswesens in den Entwicklungsländern ist man heute von diesem Ziel fast genauso weit entfernt wie damals: In rund 30 Entwicklungsländern sind mehr als die Hälfte der über fünfzehnjährigen Einwohner Analphabeten.

Die mangelhafte Situation im Bildungswesen hat viele Gründe. So läuft z. B. die starke Bevölkerungszunahme dem Ausbau des Bildungswesens davon. Die finanziellen Mittel der Entwicklungsländer reichen nicht mehr aus, den steigenden Bedarf an Bildungseinrichtungen zu finanzieren.

Auch selbst dann, wenn eine Chance besteht, eine Schule zu besuchen, können sie viele Kinder und Jugendliche nicht wahrnehmen, weil sie arbeiten müssen, um den Lebensunterhalt der Familie sichern zu helfen.

Nie wieder Schule schwänzen

Düsseldorf (ots) – Drei Wochen nach dem Start der bundesweiten Plakatkampagne der Stiftung UNESCO – Bildung für Kinder in Not setzen sich Lehrer und Schüler zunehmend mit den Botschaften der Kampagne auseinander. Das geht aus zahlreichen Zuschriften hervor, die seitdem bei der Stiftung eingegangen sind. Pädagogen begrüßen die Botschaft und thematisieren die Inhalte nun im Rahmen des Unterrichts.

Unter der Headline „Sie würden gerne mal die Schule schwänzen. Wenn es eine gäbe" steht im Focus der Kampagne die Situation von weltweit über 100 Millionen Kindern, die keine Möglichkeit haben, zur Schule zu gehen oder eine ausreichende Grundbildung zu erwerben. Aber auch das sich auf bundesweiter Ebene ausbreitende Problem des „Schulschwänzens" wird im Rahmen der Kampagne thematisiert.

In vielen Teilen der Welt ist ein Schulbesuch keine Selbstverständlichkeit: etwa 100 Mio. Kinder leben auf der Straße, mehr als 170 Mio. Kinder müssen täglich arbeiten, zahllose Kinder werden durch Kriege und soziale Katastrophen ihrer Zukunft beraubt. „Wir freuen uns über die zahlreichen Zuschriften von Lehrern, die unsere Botschaften zum Anlass nehmen, auf das Schicksal dieser Kinder hinzuweisen", erklärt Dr. Stefan Rennicke, Geschäftsführer der Stiftung in Düsseldorf.

Nicht nur Pädagogen, auch die Schüler selbst fühlen sich durch die Plakate angesprochen. „Wir haben E-Mails von Schülern bekommen, die unsere Arbeit lobten, um mehr Informationen baten und uns versprachen, nie wieder die Schule zu schwänzen. Eine Reaktion, die mich ganz besonders freut", so Rennicke.

Jedoch soll die Kampagne nicht nur zum Nachdenken aufrufen. Dringend werden weitere Spenden für zahlreiche UNESCO-Projekte benötigt. Seit 13 Jahren unterstützt das UNESCO-Sonderprogramm „Bildung für Kinder in Not" Kinder und Jugendliche, die Opfer von Kriegen und sozialen Katastrophen geworden sind. In mittlerweile 284 Projekten in 81 Ländern werden Mittel zur Schulbildung und beruflichen Qualifikation bereitgestellt, für medizinische Versorgung und ausreichende Ernährung im Rahmen der Projekte gesorgt. Finanziert werden die Projekte ausschließlich durch private Spenden.

Quelle: (ots) Stiftung UNESCO – Bildung für Kinder in Not, veröffentlicht am 2. Februar 2006.

2.7.5.7 Kriege und Konflikte

Seit Ende des Zweiten Weltkriegs wurden nur 26 Tage ohne Krieg auf der Erde registriert. Dies war im Monat September des Jahres 1945. Seitdem gab es keinen Tag ohne militärische Konflikte. 95 % aller Kriege und Konflikte wurden und werden in den Entwicklungsländern ausgetragen.

Die kriegerischen Auseinandersetzungen kosten nicht nur Menschenleben, sondern auch Geld, und zwar viel Geld. Die Entwicklungsländer sind zu den größten Waffenimporteuren der Erde geworden. Die technologisch-industriell fortgeschrittensten unter ihnen – die sogenannten **Schwellenländer** wie z. B. Brasilien und Indien – besitzen eigene Rüstungsindustrien und können eigene ABC-Waffen (**a**tomare, **b**iologische und **c**hemische Waffen) herstellen.

Die Militärausgaben der Entwicklungsländer betragen grundsätzlich mehr, als ihnen netto aus der übrigen Welt in Form von Entwicklungshilfe, Krediten, Direktinvestitionen und Schenkungen zufließt.

2.7.6 Lösungsansätze

2.7.6.1 Bevölkerungspolitische Maßnahmen

Angesichts der Tatsache, dass derzeit die Zahl der unter 15-Jährigen in den Entwicklungsländern bis zu 50 % der Gesamtbevölkerung beträgt, wird die Erdbevölkerung bis zum Jahr 2050 auf mehr als 9 Mrd. ansteigen.

Daher ist die **Beschränkung der Geburten** eine dringende Aufgabe. Mit der Verbreitung von Verhütungsmitteln in der Dritten Welt allein wird das nicht zu schaffen sein. Vielmehr müssen die **sozialen und wirtschaftlichen Voraussetzungen** geschaffen werden, dass die Eltern ein Interesse an einer kleinen Kinderzahl haben. Bis jetzt ist in den meisten Entwicklungsländern die Kinderzahl ein Symbol für das Wohlergehen der Familie. Kinder sind die sicherste Altersversorgung der Eltern. In der **Subsistenzwirtschaft**[1] sind Kinder wertvolle Arbeitskräfte.

1 Vgl. hierzu Kapitel 2.7.5.3.

41 Prozent der Afrikaner sind jünger als 15 Jahre. Damit ist Afrika die jüngste Region der Welt. Nach wie vor zählen Kinder in vielen Ländern des schwarzen Kontinents als billige Arbeitskräfte und Lebensversicherung für die Eltern, da jegliches soziales Netz fehlt. Ganz anders die Situation in Nordamerika oder Europa. Hier ist gerade einmal jeder fünfte bzw. sechste Einwohner ein Kind. Während die armen Länder das Problem haben, ihre junge Bevölkerung auszubilden und zu versorgen, stehen die Industrieländer vor der Herausforderung, die soziale Sicherung einer zunehmend alternden Bevölkerung zu gewährleisten.

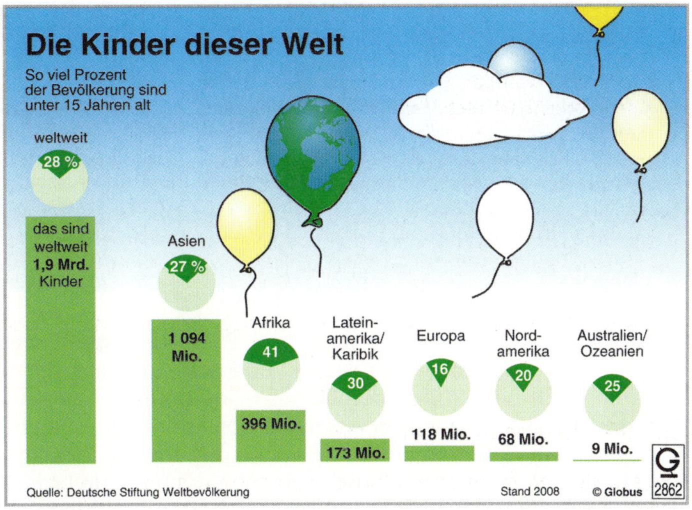

Abhilfe kann nur geschaffen werden, wenn es gelingt, die Familien wirtschaftlich so abzusichern, dass sie nicht mehr auf Kinder bzw. Kinderarbeit angewiesen sind. Auch staatliche und/oder private Empfängnisverhütungskampagnen können zur Verringerung der Geburtenrate beitragen, wie das Beispiel Thailands beweist.

Freilich kostet die Aufklärungsarbeit Geld, das die Entwicklungsländer allein nicht aufbringen können. Der jährliche Bedarf wird auf rund 30 Mrd. US-$ geschätzt, die die reichen Länder aufbringen sollten, gewissermaßen als „Anzahlung" für eine gesicherte Zukunft.

2.7.6.2 Sicherung der Ernährung

Der Hunger in der Welt hat nicht überall die gleichen Ursachen, kann also auch nicht überall mit den gleichen Mitteln bekämpft werden. Mit Geschenken allein (z.B. Nahrungsmittelspenden) ist es nicht getan. Solche Hilfen sind nur in Katastrophenfällen angebracht. Vielmehr muss **Hilfe zur Selbsthilfe** angeboten werden.

Da die Mehrzahl der extrem Armen der Erde vor allem auf dem Land lebt (und nicht in den Slums der Großstädte), muss die Hilfe auch im ländlichen Bereich ansetzen. **Ländliche Entwicklung** heißt nicht nur Förderung der Bauern, sondern auch **Aufbau einer ländlichen Infrastruktur,** d.h. bessere Versorgung mit Handwerksbetrieben, Reparaturwerkstätten, zentralen Getreidelagern, Bewässerungsanlagen, bessere Transportwege und ausreichende Transportmittel, um auch entlegenen Ansiedlungen Verkehrsverbindungen zu den Märkten der zentralen Orte zu bieten. Hierdurch wird nicht nur die landwirtschaftliche Produktion gefördert, sondern zugleich werden kleingewerbliche Arbeitsplätze mit Ausbildungsmöglichkeiten geschaffen.

Beispiele:

- Als sehr wirkungsvoll hat sich auch die Hilfe bei der **Errichtung von Selbsthilfeeinrichtungen,** wie z.B. landwirtschaftlichen Genossenschaften und Kreditgenossenschaften, erwiesen. Hier haben vor allen Dingen die privaten Einrichtungen der Entwicklungshilfe (z.B. Kirchen, politische Stiftungen, private Organisationen) Vorbildliches geleistet.
- Eine weitere Maßnahme ist, dort die sogenannte **Cash-Crop-Produktion** zugunsten der Produktion von im eigenen Land benötigten Nahrungsmitteln **einzudämmen,** wo keine ausreichenden Weltmarktpreise mehr erzielt werden können. Cash-Crops sind „Ernten für bares Geld". Es handelt sich dabei um agrarische Rohstoffe wie z.B. Kaffee, Kakao, Baumwolle und Erdnüsse.

Überwunden werden muss auch die **Rückständigkeit der Landwirtschaft** in vielen Ländern, vor allem in Afrika. Namhafte Fachleute sind der Meinung, dass Afrika schon bald nicht nur seinen eigenen Nahrungsmittelbedarf decken wird, sondern sogar noch Nahrungsmittelexporteur für Asien werden könnte. Vergleicht man nämlich Boden, Klima, nutzungsfähige Flächen oder Durchschnittserträge Afrikas mit den Daten anderer Regionen, so zeigt sich, dass hier eine große Reserve an Entwicklungsmöglichkeiten vorhanden ist.

Beispiel:

Ein Bauer in Afrika ernährt mit seiner Ernte seine Familie und durchschnittlich noch **zwei** weitere Personen; ein Bauer in Europa ernährt neben seiner Familie noch durchschnittlich **fünfzig** weitere Menschen.

Sollte indessen die landwirtschaftliche Produktion auf dem Stand von heute bleiben, wird der Nahrungsmangel zunehmen. Zahlreiche afrikanische Staaten werden dann in wenigen Jahren nicht mehr in der Lage sein, sich selbst zu ernähren.

2.7.6.3 Schaffung von Arbeitsplätzen

Der Hunger ist nicht nur eine Folge einer zu geringen Nahrungsmittelerzeugung und -bereitstellung. Da erdweit genügend Nahrungsmittel hergestellt werden, um **alle** Menschen ausreichend ernähren zu können, ist er vor allem eine Folge der Armut, also des Mangels an bezahlter Arbeit.

Wie können Arbeitsplätze geschaffen werden?

(1) Maßnahmen auf dem Land

Auf dem Land müssen neben den im vorigen Kapitel genannten entwicklungspolitischen Maßnahmen **Bodenreformen** durchgeführt werden. Denn eine Voraussetzung dafür, dass mehr Menschen Arbeit finden, ist ausreichender Besitz von eigenem Grund und Boden für möglichst viele Familien.

Natürlich stoßen solche Forderungen in den Entwicklungsländern auf den Widerstand der Großgrundbesitzer, die häufig in einem Interessenverband mit der Industrie und den Regierungen stehen. Auch aufseiten der Industrieländer können Vorbehalte entstehen, weil sich durch eine verstärkte Förderung von Selbsthilfemaßnahmen im ländlichen Bereich die Exportchancen verringern könnten. Jedoch sind solche Befürchtungen kurzsichtig, denn Bodenumverteilungsmaßnahmen in den Entwicklungsländern, verbunden mit Maßnahmen zur Produktionssteigerung, erfordern Investitionen (Maschinen, Geräte, Düngemittel usw.), steigern langfristig die Einkommen, vermehren so die Kaufkraft und stärken langfristig den internationalen Güteraustausch.

(2) Maßnahmen in der Stadt

In der Stadt ist der Arbeitsplatzmangel nicht nur auf das Bevölkerungswachstum und die Landflucht zurückzuführen, sondern auch darauf, dass viele Regierungen in den Entwicklungsländern das Ziel einer raschen **Industrialisierung** verfolgten und den Agrarsektor vernachlässigten. Die Industrie indessen beruht i. d. R. auf importierten **kapitalintensiven Fertigungsverfahren.** Hinzu kommt, dass die billige industrielle Massenfertigung in Konkurrenz zum ansässigen Handwerk steht und dort Arbeitsplätze vernichtet.

Ein weiterer Ausbau der Industrie wird auch in Zukunft das Angebot an **offiziellen Arbeitsplätzen**[1] kaum erhöhen. Der einzige Ausweg scheint derzeit die Förderung des **informellen Sektors** zu sein.

Merke:

Als **informellen Sektor** (formlos, formwidrig) bezeichnet man den Zweig der Wirtschaft, der im Verborgenen gedeiht und i. d. R. weder vom Finanzamt noch von anderen Behörden erfasst ist.

Beispiel:

Der informelle Sektor setzt sich z. B. aus Schuhputzern, Kofferträgern, fliegenden Händlern in Zügen und Bussen, Getränke- und Wasserverkäufern in den Slums, Köchinnen mit fahrbaren Kleinküchen vor Behörden und Ministerien, Kindern als Straßenhändler, Rikschafahrern, Fahrern von Taxis und Kleinbussen, ambulanten Handwerkern usw. zusammen.

Die Bedeutung des informellen Sektors für den Einzelnen als auch für die Volkswirtschaft wird mehr und mehr erkannt. Die Folge ist eine gezielte Förderung des informellen Sektors z. B. durch Zuteilung von Platzrechten für Straßenhändler oder die Bereitstellung von Grundstücken für Kleinhandwerker.

2.7.6.4 Förderung des Außenhandels

Der in den meisten Entwicklungsländern bestehende Devisenmangel ist darauf zurückzuführen, dass die Weltmarktpreise für die meisten Rohstoffe stagnieren oder zurückgehen, während die Preise für die Industrieprodukte steigen. Mit anderen Worten: Die Entwicklungsländer importieren wertmäßig mehr als sie exportieren.

1 Offizielle Arbeitsplätze sind Arbeitsplätze in der Industrie, im Handwerk, im Handel, in sonstigen Dienstleistungsbereichen sowie in staatlichen Verwaltungen (formeller Sektor).

Diese „Schere" lässt sich nur durch folgende **Maßnahmen** schließen:

Maßnahme 1: Die von den Entwicklungsländern als „ungerecht" empfundenen Rohstoffpreise werden in einem Rohstoffabkommen mit den Industrieländern erhöht oder zumindest stabilisiert.

Maßnahme 2: Die Fördermengen werden erhöht und es wird mehr exportiert.

Maßnahme 3: Die Entwicklungsländer produzieren das, was sie bisher einführen mussten, im eigenen Land (Importersatz).

Maßnahme 4: Die Entwicklungsländer importieren weniger als bisher.

Maßnahme 5: Die Industrieländer bauen ihre protektionistischen[1] Maßnahmen ab, um die Exportchancen der Entwicklungsländer zu stärken.

Erläuterungen:

Zu Maßnahme 1:

Hier lässt sich einwenden, dass sich die Preise auf den Märkten nach Angebot und Nachfrage richten müssen. Mindestpreise führen lediglich zu Angebotsüberschüssen (Nachfragelücken), ähnlich wie auf dem Agrarmarkt der EU. Ausgleichszahlungen der Industrieländer für Preisverluste könnten einen Ausweg bilden. [2]

Beispiel:

Den Weg über Ausgleichszahlungen ist die EU gegangen, indem sie mit den **AKP-Staaten**[2] folgendes Abkommen getroffen hat: Sinkt der Preis für einen Rohstoff unter eine vereinbarte Marke, wird der Ausfall an Exporterlösen aus einem Fond der EU erstattet (**Stab**ilisierungsfonds für **Ex**porterlöse: **STABEX**).

Um ihre Preisvorstellungen durchzusetzen, könnten die Entwicklungsländer auch versuchen, Kartelle zu bilden (ähnlich wie das ehemalige Ölpreiskartell der OPEC). Das könnte zwar – wenigstens zeitweise – mit Erfolg gekrönt sein. Andererseits können sich die Entwicklungsländer mit Rohstoffkartellen auch selbst schaden, insofern sie sich gegenseitig mit Rohstoffen beliefern. So trug z.B. der hohe Erdölpreis der OPEC nicht unerheblich zur heutigen Schuldenkrise der Dritten Welt bei. Außerdem besteht die Gefahr, dass die Industrieländer bei steigenden Rohstoffpreisen auf Ersatzstoffe ausweichen bzw. den Verbrauch einschränken.

Zu Maßnahme 2:

Werden die Förder- bzw. Erzeugungsmengen eines Rohstoffs erhöht, das Angebot also ausgeweitet, führt dies auf dem Weltmarkt i.d.R. zu einem Preisrückgang, falls die Nachfrage nicht in gleichem Maße wie das Angebot zunimmt. Die Folge: mehr Förderung, mehr Umweltzerstörung, mehr Export, bei unelastischer Nachfrage sinkende Exporterlöse.

Zu Maßnahme 3:

Dies ist sicherlich ein möglicher und richtiger, aber ein langwieriger Weg, weil in den Entwicklungsländern zunächst Arbeitsplätze auf dem Land geschaffen werden müssen, damit die Menschen Geld verdienen können, also Kaufkraft geschaffen wird. Denn erst, wenn Absatzmärkte vorhanden sind, können lebensfähige Industrien gegründet werden.

1 Protektion: Schutz, Abschirmung. Protektionistisch: der Abschirmung dienend.

2 Traditionell ist die Zusammenarbeit mit den Ländern **A**frikas, der **K**aribik und des **P**azifiks (AKP-Staaten) ein Schwerpunkt der europäischen Entwicklungspolitik.

Zu Maßnahme 4:

Diese Maßnahme ist nur sinnvoll, wenn ein Entwicklungsland auf Einfuhren verzichten kann, die nicht lebensnotwendig sind (Luxusgüter). Dies ist jedoch i.d.R. die Ausnahme. Die meisten Entwicklungsländer sind z.B. auf die Einfuhr von Erdöl angewiesen.

Zu Maßnahme 5:

Von wachsender Bedeutung für die Entwicklungsländer ist, dass ihre Waren **freien Zugang zu den Märkten** der Industrieländer haben. Waren, die sie in Europa, Nordamerika oder Japan anbieten, sollten nicht durch Zölle oder durch andere Handelshemmnisse benachteiligt werden. Ein funktionierender Außenhandel ist nämlich die beste Hilfe für die Entwicklungsländer. Steigende Ausfuhren schaffen Arbeitsplätze und bringen Devisen, die zur weiteren Entwicklung investiert und/oder zum Abbau von Schulden verwendet werden können.

Für den **Abbau von Zöllen und anderen Handelshemmnissen** wurde bereits viel getan, vieles liegt aber noch im Argen. So hat z.B. das **GATT**[1] zum weltweiten Abbau der Zolltarife beigetragen. Andererseits gibt es immer noch – obwohl vom GATT untersagt – nichttarifäre[2] Handelshemmnisse, vor allem im Textil-, Kohle-, Stahl-, Schiffbau- und Agrarbereich. Vor allem die Landwirtschaft wird in fast allen Industrieländern durch preis- und einkommenstützende Maßnahmen (Agrarsubventionen) geschützt. Dies führt zu großen Produktionsüberschüssen, die – durch Exportsubventionen wieder verbilligt – auf dem Weltmarkt die Preise drücken, zum Schaden der Entwicklungsländer, deren Konkurrenzfähigkeit gemindert oder zerstört wird.

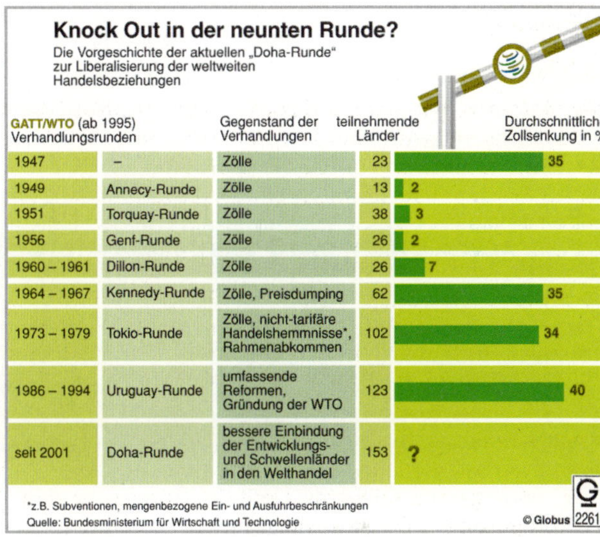

Es besteht somit ein grundlegender **Konflikt zwischen den Industrieländern einerseits und den Entwicklungsländern andererseits.** Etwas vereinfacht gesagt: Die Industrieländer wollen Freihandel in den Bereichen, wo sie eine starke Stellung haben, und Protektionismus dort, wo sie ihre eigenen Industrien bzw. ihre eigene Landwirtschaft schützen wollen. Die Entwicklungsländer wollen Freihandel in den Bereichen, in denen sie konkurrenzfähig sind bzw. werden wollen (z.B. bei landwirtschaftlichen Produkten, im Textilbereich), wollen aber garantierte Mindestpreise für ihre Rohstoffe. Ob dieser Konflikt in absehbarer Zeit durch die WTO mit einem tragbaren Kompromiss gelöst werden kann, ist fraglich.

Einen Ausweg bietet möglicherweise der **„faire"**[3] **Handel.** Er umfasst bis jetzt nur rund 3 % des Handels mit Produkten aus den Entwicklungsländern. Für die betroffenen Kleinbauern und Genossenschaften in Afrika, Lateinamerika oder Asien ist er jedoch eine große Hilfe

1 GATT: General Agreement on Tariffs and Trade.

2 Nichttarifäre Handelshemmnisse sind nicht durch Zolltarife herbeigeführte Handelshemmnisse.

3 Fair (engl.): angemessen, gerecht.

bei der allmählichen Verbesserung ihrer sozialen Lage. Denn fairer Handel heißt Import ohne Zwischenhändler, wobei die „fairen" Importeure neben einem vereinbarten Mindestpreis einen Zuschlag für die Schaffung bzw. Verbesserung sozialer Einrichtungen an die Produzenten in den Entwicklungsländern zahlen.

Die fairen Importeure kontrollieren, ob die Produkte tatsächlich aus Betrieben und/oder aus Genossenschaften stammen, in denen die Sozialstandards eingehalten werden und zum Beispiel keine Kinder arbeiten.

2.7.6.5 Gesundheitspolitik

Aus den bisherigen Überlegungen folgt, dass die Entwicklungspolitik vorrangig auf die Sicherung der menschlichen Grundbedürfnisse ausgerichtet sein muss, wenn sie längerfristig wirksam sein soll **(grundbedarfsorientierte Entwicklungspolitik).**

Neben den Grundbedürfnissen nach ausreichendem Essen, nach sauberem Wasser, nach menschlichem Wohnen usw. besteht auch ein Grundbedürfnis nach Gesundheit. Zusätzlich zur Verbesserung der allgemeinen Lebensumstände umfasst die **Entwicklungshilfe im Rahmen der Gesundheitspolitik**:

- Bereitstellung von **Studienplätzen** für ausländische Medizinstudenten;
- Entsendung von **medizinisch ausgebildeten Entwicklungshelfern** in die Entwicklungsländer (z.B. Ärzte, Krankenpfleger, Krankenschwestern), die besonders auf ihre Tätigkeit vorbereitet sind;
- Zusammenarbeit der staatlichen mit der nichtstaatlichen Entwicklungshilfe im **medizinischen Bereich;**
- Beratung und finanzielle Unterstützung bei der **Errichtung eines Gesundheitswesens** (Krankenhäuser, medizinische Beratungsstellen);
- Finanzierung und Lieferung von **Ausrüstungen für Krankenhäuser** sowie von **Medikamenten** in die Entwicklungsländer.

Dass sich die Politik – zumindest auf parlamentarischer Ebene – dieser Aufgabe stellt, verdeutlicht ein Parlamentsbeschluss vom 29. Mai 2008.

Entwicklungspolitik

Deutschland soll seine globale Verantwortung für die Gesundheit in Entwicklungsländern stärker wahrnehmen. Dafür hat sich der Bundestag am 29. Mai ausgesprochen. Das Parlament stimmte mit der Koalitionsmehrheit einem Antrag von CDU/CSU und SPD (16/8884) dazu zu, ein späterer Antrag der FDP zu diesem Thema (16/9309) wurde dagegen abgelehnt. Die Koalition forderte in ihrer Parlamentsinitiative die Bundesregierung auf, sich vor allem für den Zugang aller Menschen zu Medikamenten einsetzen. „Jährlich leiden und sterben viele Millionen Menschen an Krankheiten, die vermeidbar oder behandelbar wären", so die Begründung. Daher solle die Bundesregierung die Arzneimittelunternehmen zu alternativen Preisgestaltungen „ermutigen" und sich für verstärkte Forschung und den Ausbau von Produktionskapazitäten von lebensrettenden Arzneimitteln durch die Entwicklungsländer selbst einsetzen. Notwendig sei ein breites Spektrum von Plattformen einschließlich öffentlich-privater Partnerschaften, die die Forschung armutsbedingter, tropischer und vernachlässigter Krankheiten zum Ziel hat. Die FDP forderte ihrerseits ein eigenständiges Programm für die Erforschung typischer Tropenkrankheiten und ein neues Forschungszentrum, das helfen soll, die Programme innerhalb der Fachministerien besser zu koordinieren. Multi- und bilaterale Initiativen zur Bekämpfung der Tropenkrankheiten sollten verstärkt finanziert werden, heißt es.

Quelle: Das Parlament Nr. 23/2. Juni 2008.

2.7.6.6 Bildungspolitik

Ein weiteres Grundbedürfnis ist das Bedürfnis nach ausreichender Bildung, um in der jeweiligen Gesellschaft menschenwürdig bestehen zu können. Dabei kann es nicht darum gehen, möglichst viele Akademiker auszubilden, die nach Abschluss ihrer Ausbildung arbeitslos sind oder lediglich in der öffentlichen Verwaltung Anstellung finden. Notwendig sind vielmehr **produktive Bildungsinvestitionen**. Bildung und Ausbildung müssen so gestaltet werden, dass sie auch unter den Bedingungen armer Länder wirksam zur Steigerung der gesamtwirtschaftlichen Produktivität beitragen.

Das bedeutet z. B.:

- Hilfe beim **Ausbau eines Primarschulwesens,** dessen Inhalte sich an den Bedürfnissen der künftigen Lebens- und Arbeitswelt ausrichten und den Schüler befähigen, seine Umwelt zu verstehen und seine Lebensqualität zu verbessern;
- Hilfe bei der **Errichtung eines beruflichen Schulwesens** in Form von technischer und persönlicher Hilfe (Beratung durch Handwerker, Techniker und Berufsschullehrer);
- **Förderung einer** in der Selbsthilfebewegung integrierten **Erwachsenenbildung.**

2.7.6.7 Friedenspolitik

Viele kriegerische Konflikte in und zwischen den Entwicklungsländern wurzeln in sozioökonomischen und politischen Ungleichheiten. Häufig werden sie verschärft durch das Eingreifen (durch Interventionen) von Großmächten (USA, Russland) oder auch von kleineren Staaten, deren Regierungen Aufständische mit gleicher oder ähnlicher Ideologie unterstützen (z. B. Kuba).

Folgende **Maßnahmen** können z. B. **friedenstiftende Wirkung** haben:

- der Abbau von **wirtschaftlichen und sozialen Ungleichheiten,** z. B. durch Landreformen, Förderung handwerklicher und kleinindustrieller Aktivitäten, gerechtere Einkommensverteilung und gleiche Bildungschancen;
- der Abbau **politischer Ungleichheiten** durch Demokratisierungsprozesse;
- der Abbau ethnisch-kultureller Spannungen durch Schutz von **nationalen Minderheiten** und Herausbildung **nationaler Identitäten** (nation-building);
- die Förderung einer verstärkten **Kooperation zwischen den Entwicklungsländern** (Süd-Ost-Kooperation).

Zusammenfassung

- Trotz der Globalisierung zeigt die Zusammensetzung und Entwicklung der **globalen Wertschöpfung,** dass das **Wohlstandsgefälle** zwischen den reichen und den armen Staaten bis heute nicht geringer, sondern eher größer geworden ist.
- Als **Schwellenland** bezeichnet man die Staaten, die zwar noch typische Merkmale von Entwicklungsländern aufweisen, sich aber durch den **Umbau ihrer Wirtschaftsstruktur** weg von der Agrarwirtschaft hin zur Industrialisierung bewegen.
- Die **ärmsten** Staaten werden als **Least Developed Countries (LDC)** bezeichnet.

35 Boller-Hartmann 978-3-8120-0585-2

- Zu den **wesentlichen Merkmalen von Entwicklungsländern** zählen u.a.:
  - starkes Bevölkerungswachstum,
  - Mangelernährung,
  - Mangel an Arbeitsplätzen,
  - niedrige Einkommen und ungleiche Einkommensverteilung,
  - einseitige Abhängigkeit vom Weltmarkt sowie
  - Mängel im Gesundheits- und Bildungswesen.
- Unter Entwicklungspolitik versteht man die politischen, sozialen und wirtschaftlichen Aktivitäten verschiedener Akteure, die auf eine **Verbesserung der Lebensbedingungen** in Entwicklungsländern abzielen.
- Eine Entwicklungspolitik, die sich an der individuellen Situation der einzelnen Entwicklungsländer orientiert, bezeichnet man als **angepasste Entwicklungspolitik.**
- Die wichtigsten **Ziele der Entwicklungspolitik** sind u.a. in der sogenannten **Millenniumserklärung** der Vereinten Nationen festgelegt.
- Zu den **dringlichsten Handlungsfeldern** zur Lösung der Probleme von Entwicklungsländern zählen:
  - bevölkerungspolitische Maßnahmen,
  - Sicherung der Ernährung,
  - Schaffung von Arbeitsplätzen,
  - Förderung des Außenhandels,
  - Gesundheitspolitik,
  - Bildungspolitik,
  - Friedenspolitik

Übungsaufgabe

58

1. Erklären Sie den Begriff Entwicklungsländer!
2. Nennen Sie die Kriterien (Maßstäbe) für die Zugehörigkeit der Länder zu der Gruppe der „Vierten Welt", auch als Least Developed Countries (LDC) bezeichnet!
3. Nennen Sie mindestens fünf Merkmale eines Entwicklungslandes!
4. „Um 1960 fand die Welle der **Unabhängigkeitserklärungen** der schwarzafrikanischen Staaten ihren Höhepunkt. Gleichzeitig setzte fast weltweit eine gezielte Entwicklungspolitik ein, wobei die Vorstellung dominierte, Entwicklung sei nahezu ausschließlich mit wirtschaftlichem Wachstum, gemessen an der Steigerung des **Bruttosozialprodukts** (BSP) pro Kopf der Bevölkerung, gleichzusetzen. Dieses Wachstum sollte im Wesentlichen durch eine nachholende **Industrialisierung** und **Modernisierung** erreicht werden. Folgerichtig lagen die Schwerpunkte der Politik der ersten Entwicklungsdekaden in einer vorrangigen und kapitalintensiven Förderung des industriellen Sektors sowie in den Anstrengungen zum Ausbau einer **modernen Infrastruktur** und einer effizienten **Staatsbürokratie.** Ziel dieser Entwicklungsbemühungen, die vor allem die soziokulturelle Dimension völlig außer Acht ließen, war es, die Volkswirtschaften der Entwicklungsländer so schnell wie möglich an den Stand der westlichen Industrieländer heranzuführen. Man ging von der Annahme aus, dass auch innerhalb der einzelnen Entwicklungsländer die Wachstumsprozesse im modernen Sektor bis zu den **ärmeren Bevölkerungsgruppen durchsickern** und die Regierungen in Entwicklungsländern aus Legitimationsgründen zunehmend zu einer progressiven Besteuerung der Reichen und zu Umverteilungsmaßnahmen greifen würden."[1]

---

1 Oberndörfer, D. (Hrsg.): Entwicklungspolitik, S. 194.

Aufgaben:

4.1 Welche Ziele der Entwicklungspolitik werden im obigen Text beschrieben?

4.2 Worin unterscheiden sich diese Ziele von der heutigen „angepassten Entwicklungspolitik"?

5. Die Entwicklungspolitik wird immer wieder mit der Bezeichnung „Neokolonialismus" bezeichnet. „Das Wort Neokolonialismus will – wenn es exakt gebraucht wird – sagen, dass Kräfte am Werk sind, die versuchen, Abhängigkeiten und Ausbeutungsmechanismen des Kolonialzeitalters mit anderen, weniger auffälligen Mitteln zu konservieren oder neu zu etablieren. Es wäre einigermaßen erstaunlich, wenn es solche Kräfte nicht gäbe. Die koloniale Vergangenheit liegt erst wenige Jahre zurück und politische Unabhängigkeit ist nicht gleichbedeutend mit wirtschaftlicher."[1]

Aufgaben:

5.1 Welche Vorstellung(en) verknüpfen Sie mit dem Begriff Kolonialismus?

5.2 Was soll damit gesagt werden, wenn behauptet wird, Entwicklungspolitik sei Neokolonialismus?

5.3 Nehmen Sie aus Ihrer Sicht Stellung zum Vorwurf des Neokolonialismus!

6. Nehmen Sie zu der These Stellung, dass die Förderung des Außenhandels die beste Entwicklungshilfe sei!

7. Erläutern Sie folgende Aussage: „Entwicklungspolitik ist auch Weltwirtschaftspolitik"!

8. 8.1 Erklären Sie, was unter fairem Handel zu verstehen ist!

8.2 Worauf weist das abgebildete Kennzeichen hin?

8.3 Erkunden Sie im Einzelhandel, in Kantinen und Restaurants, ob und welche Produkte aus fairem Handel stammen!

9. Erklären Sie den Begriff „Bevölkerungsexplosion"!

10. Ende der 60er-Jahre hatte die Wachstumsrate der Weltbevölkerung ihr Maximum von 2 % pro Jahr erreicht; seither ist ein Rückgang auf 1,2 % zu verzeichnen. Trotzdem wird die Bevölkerungszunahme von heute bis weit in das nächste Jahrtausend hineinreichen.

Aufgabe:

Erklären Sie, warum das so ist!

11. Auf der Erde werden mehr Nahrungsmittel erzeugt als für die Ernährung aller Menschen notwendig ist. In vielen Ländern gibt es jedoch zu wenig Grundnahrungsmittel.

Aufgabe:

Gibt es Möglichkeiten, diesen Widerspruch aufzulösen?

---

1 Eppler, E.: Wenig Zeit für die Dritte Welt, 5. Aufl., S. 124.

12. Im Rahmen der Entwicklungspolitik sind die Industrieländer bestrebt, die globalen Wohlstandsunterschiede schrittweise auszugleichen. Diese Absicht steht jedoch oftmals im Widerspruch zu politischen Regelungen auf anderen Politikfeldern der Industrieländer, wie auch nachfolgender Text verdeutlicht.

Was Moses von der Milch bleibt

[...] In den Regalen der Supermarktkette Uchumi in Kampala, Uganda, herrscht kein Mangel an Milchprodukten: Mascarpone und Parmesan aus Italien, Gouda aus Holland, Milchpulver aus Irland und Südafrika. Markt-Manager Eric Korir ist stolz auf das internationale Sortiment. „Die nationale Produktion kann die Nachfrage ja längst nicht befriedigen."

Das ist wahr und falsch zugleich. Denn Ugandas Bauern liefern ausreichend Milch – viele haben schon vor Jahren Friesen-Kühe eingekreuzt, um die Erträge zu steigern. Doch der Großteil der Milch findet nicht den Weg in Molkereien. Die Vermarktung, die die staatliche Milchgesellschaft bis Anfang der 90er organisierte, funktioniert nicht mehr.

„GBK Dairy Products" ist eine der wenigen Molkereien, die den Niedergang der Milchwirtschaft nach der Liberalisierungseuphorie überlebt haben. Am einzigen Standort in Mbarara verarbeitet GBK heute gerade mal bis zu 35 000 Liter Milch am Tag – auch zu Butter und Yoghurt. „Wir würden die Kapazität gerne steigern, die Nachfrage ist da, aber uns fehlen die Mittel", sagt Betriebsleiter Godwin Tumwebaze.

[...] Gegen die Dumpingimporte aus Europa haben heimische Produzenten so gut wie keine Chance. Nach Berechnungen von Oxfam liegen die Exportpreise in Deutschland im Schnitt 41 Prozent und in der EU 31 Prozent unter den Produktionskosten in Europa. „Dumping findet nach wie vor im großen Stil statt", sagt Oxfam-Agrarreferentin Marita Wiggerthale. Ein Großteil sei auf die EU-Exportsubventionen von 1,43 Milliarden Euro zurückzuführen, die auf das Konto großer Milchkonzerne gingen. [...] „Es gibt viele Milchbauern, die ihre Familien nicht mehr richtig ernähren können", weiß Farmer Patrick Bharunhanga, der rund 70 Kühe auf der Weide hat. [...] „Keiner von uns bekommt Subventionen, wie sollen wir da mit den Importen konkurrieren können?"

Für Armin Paasch, Handelsexperte des Food First Informations- und Aktions-Netzwerks (Fian), ist die Situation der Kleinbauern eine direkte Folge der europäischen Handelspolitik. „Europäische Agrarexporte zu Dumpingpreisen gefährden das Menschenrecht auf Nahrung", sagt Paasch. [...] Wehren können sich afrikanische Staaten wie Uganda gegen Importe aus der EU nicht. Dafür sorgen Wirtschaftspartnerschaftsabkommen (EPA), denen bereits zahlreiche Länder zugestimmt haben. Auch Uganda hat sich darin verpflichtet, seine Importzölle für 80 Prozent der EU-Einfuhren in den nächsten Jahren abzuschaffen und die restlichen Zölle auf niedrigem Niveau einzufrieren.[...]

Quelle: Tobias Schwab, „Was Moses von der Milch bleibt".

Aufgabe:

Lesen Sie zunächst diesen Text!

Diskutieren Sie konkrete politische Maßnahmen, wie den Landwirten aus Uganda geholfen werden könnte. Unterziehen Sie ihre Vorschläge einer kritischen Würdigung, indem Sie diese sowohl aus Sicht der Europäischen Union als auch aus Sicht des Staates Uganda beurteilen!

3 Stabilisierungsaufgaben und Stabilisierungspolitik im globalen Kontext

Auf Ausführungen zu diesem Themenbereich wird im Rahmen dieses Lehrbuchs bewusst verzichtet, da zur Sicherung und Vertiefung ausgewählter Handlungsfelder der nationalen Wirtschaftspolitik aus globaler Perspektive sowohl dem Lehrenden als auch den Lernenden die Freiheit gewährt werden sollte, aktuelle politische Entscheidungen unter globalen Gesichtspunkten zu analysieren und einer kritischen Würdigung zu unterziehen.

Stichwortverzeichnis

H

Q

R

S